上海辞书出版社文学鉴赏辞典编纂中心 编

新一版

新诗鉴赏辞典

赵朴初 题

上海辞书出版社

《新诗鉴赏辞典》

编 委

孙光萱　张　新　戴　达

撰稿人（以姓氏笔画为序）

丁　芒	丁国成	丁景唐	于成鲲	凡　尼	马兆兴	王太顺
王圣思	王佐良	王宏图	王铁仙	云惟利	毛闰宇	毛时安
毛　翰	公　木	公　刘	文学武	方仁念	方克强	方　铁
方　铭	忆明珠	尹在勤	邓牛顿	艾　青	古远清	古继堂
冉启兰	宁　宇	冯光廉	吕　进	吕家乡	朱文华	朱先树
朱　倩	朱　晶	任丽青	任　愫	刘士杰	刘扬烈	刘延庆
刘　强	刘登翰	许德民	孙玉石	孙光萱	孙绍振	孙　思
孙基林	孙琴安	苏兴良	杜运燮	杜荣根	杨匡汉	杨光治
杨金亭	杨益萍	李天靖	李元洛	李复兴	李　雪	李　黎
吴开晋	吴立昌	吴欢章	吴　嘉	何佩刚	余秋雨	邹荻帆
辛　笛	沙　鸥	沈　思	沈　栖	宋恒亮	张同道	张　伟
张志民	张克平	张炳隅	张　新	张德厚	陆惠芳	陆耀东
阿　刚	阿　红	陈从周	陈永志	陈良运	陈思和	陈　超
陈福康	陈耀忠	邵伯周	林　希	林　林	林明华	林唯民
罗绍书	罗　洛	金乐敏	金定海	金钦俊	金　洁	周忠乔
周啸天	郑　敏	屈小燕	孟　晖	珊　珊	赵　奔	赵　颖
柯　岩	柳　杨	皇甫积庆		俞平伯	饶　嵎	施圣扬
洪子诚	洲　水	祝一寰	姚国建	贺敬之	骆寒超	袁可嘉
袁忠岳	耿建华	钱光培	钱　江	钱　虹	钱朝阳	徐生林
徐缉熙	殷　仪	高占祥	高　缨	唐　祈	唐　弢	唐　湜
黄子平	黄子健	黄心村	戚　钧	龚济民	雪　怀	崔明芬

章亚昕　梁上泉　梁永安　琴　尼　葛乃福　蒋登科　韩小默
　　鲁　煤　谢　冕　蓝棣之　鲍昌宝　蔡其矫　蔡清富　臧克家
　　瘦　民　漆　瑗　谭德晶　黎焕颐　颜廷奎　潘颂德　燎　原
　　戴　达　戴思源

1991 年版

主　　编：公　木
责任编辑：蔡才宝
助理编辑：洪　平

2013 年重编本

编　　委：孙光萱　张　新　戴　达
责任编辑：杨　凯

目 录

出版说明 ·································· 1

凡　　例 ·································· 1

序言（一）································ 1—15

序言（二）································ 1—5

篇 目 表 ································ 1—15

正　　文 ································ 1—1277

附　　录

　新诗大事记 ···························· 1278

　新诗书目 ······························ 1300

索　　引

　篇目笔画索引 ·························· 1443

　诗人笔画索引 ·························· 1452

出版说明

本书是上海辞书出版社"中国文学鉴赏辞典系列"之一，1991年初版，2013年出版了重编本，这次改版在重编本的基础上又作了修订。

新诗是指五四新文化运动发生以来的新体诗歌，它采用与现代口语相接近的白话进行创作，并在形式上、格律上作了很多方面的探索和创造。新诗的出现，是中国诗歌历史上的一次伟大的变革，在其跨越一个世纪的历史行程中，新诗取得了很大的成绩，先后产生过众多的艺术流派和一大批各具风姿的代表诗人，涌现了许多脍炙人口的佳作。

自1991年《新诗鉴赏辞典》出版以来，一直广受读者欢迎。然而该书无论从内容还是形式来说，都需要适应文化需求的变化和新诗发展的态势，进行修订和改版。我社邀请有关专家组成编委会，对初版本进行了较为广泛和深入的修订，重新编纂，增补了初版以来二十年间涌现的新人新作，对收录的诗人和作品也进行了精选，于2013年推出重编本。此次改版，在重编本的基础上再次增补了一批有影响力和代表性的诗人和诗作，对重编本收录的诗人和作品也作了精选调整；对"大事记"等有关资料信息进行了补充与修订；修订了"新诗书目"；增加了诗人索引，以期更好地服务读者。形式上扩大开本、革新版式、放大字体、调整体例、改进装帧、提升品位。

本书的修订出版，正值新诗诞生百年之际。抚今追昔，总结新诗百年取得的成绩，力图向广大热爱诗歌的读者展示百年新诗风貌，也就具有了特别的纪念意义。希望本书能有助于读者朋友了解和欣赏新诗，同时也能对新诗的繁荣和发展提供借鉴。

本书的编纂得到了编委张新先生和戴达先生的大力支持，在此表示衷心的感谢。对已经离开我们的《新诗鉴赏辞典》主编公木先生、编委孙光萱先生也致以深深的敬意和怀念。

上海辞书出版社

二〇一七年四月

凡　例

一、本书共收五四新文化运动以来百年间的新诗作品近600篇,包括台湾、香港诗人的作品。

二、本书正文中的诗人的排列,大致以其开始创作的时间先后为序。同一诗人的作品按编年顺序排列。

三、本书原则上是一首诗一篇赏析文章,也有极少数难以分割的组诗,合在一起赏析。

四、篇幅较长的诗作不附原作,只注明出处,以便读者查找。

五、原诗的题记、注解全部保留;属本书编者所注的,则以"编者注"字样表明。

六、为节省篇幅,赏析文章中所引原诗均不转行,以"/"表示分行,"//"表示分节。

七、本书涉及古代史部分的历史纪年,一般用旧纪年,夹注公元纪年。括注内的公元纪年,一般省略"年"字。

八、本书原诗中的外国人名、地名的译法一如其旧,未加改动。赏析文章中的外国人名、地名则采用现行译法。

九、本书采用简体字,在可能产生歧义时,酌用繁体字或异体字。

序言（一）

公 木

  中国新诗是随着五四新文化运动,中国文学进入了光辉的现代时期而形成的。把"五四"以后的诗歌视为中国诗歌的一个独立阶段和特殊部分,称之为新诗,不仅因为它在时间上属于现代,更因为它反映了中国诗歌现代化的进程,是现代意义上的诗歌,这也就是新诗之所以新的所在。就其主流而言,新诗的特征主要为:(一)作为中国现代文学的先锋和一个纵队,在科学与民主的文化启蒙下,它是以现代的民主主义、社会主义思潮为思想基础的,集中表现了对于人的命运和人民命运、民族命运的关注,并在创作主体的个性、自我意识和描写对象社会化的广度和深度上,都得到了从未有过的加强。(二)以改变诗歌语言为突破口,以白话为武器,经历了真正的"诗界革命",而与旧传统决裂,有意识地摆脱古典诗词的严整格律,终于实现了"诗体的大解放","从很接近旧诗的诗变到很自由的新诗"(胡适《谈新诗》及《尝试集·再版自序》),从而形成了完全独立于传统的诗词之外的崭新诗歌形式,并建立起现代诗歌的新传统。(三)新诗既以旧诗为革命对象,则自必以引进外来形式为诗体模式,"我们的新诗在'五四'时代基本上是从外国诗(主要是英国诗)借来音律形式的"(朱光潜《新诗从旧诗学习得些什么》),因而它乃是"累积了几百年世界进步文学传统的一个新拓的支流",在中国诗歌流变史上,是"截然异质的突起的飞跃"(胡风《论民族形式问题》)。这样就决定了中国新诗不断接受外来影响并融化在自己民族风格中,以致在语言铸造和诗艺运营上,愈来愈与外国诗歌趋同,逐渐增加了它的世界性色彩。(四)新诗诚然完成了旧传统的打破和新传统的建立;但打破或者叫决裂,并不意味着割断,而只能是扬弃与吸收、批判与继承,也就是推陈出新。不推陈便不能出新,而没有可推之陈也便没有可出之新。每一时代的新诗歌,总是在民歌和前代诗歌基础上,吸取其他民族的新因素而生发创造出来,但它的根须却必然深深扎在社会现实生活的土壤中。

从中国古典诗歌的历史发展中来探讨中国诗歌的民族传统,就好像一道九曲黄河,永不停息地滚滚奔流着:一方面是千变万化,有往而无复;另一方面是后浪催前浪,一浪接一浪。它是既多曲折又割不断的一道长流。在这道长流中,浪头往往是民歌,它是源头活水,是富有生机,最生动活泼的部分,是前进的主导;主体则是前代遗留下来的士庶文人诗歌,它是洸洸中流,是最为丰富多彩的部分,是前进的主力。这种源流升降的形势就构成为诗歌的民族传统。在这道长流中,当然还会不断汇入支流别派,不断接受外来影响溶化到源头以至中流中来。就是这样,揭开了一幕又一幕的中国诗歌发展史上的新场面。而"五四"以来的新诗歌,则正是这黄河九曲中的一曲。是的,它是最重要最关键的一曲,冲出了高山狭谷而流入中州平原的一曲。在中国诗歌流变史上,这一曲意味着古典诗歌的终结,现代诗歌的开端。诗歌也如同任何意识形态一样,不可能具有自己单独的、纯粹自我的历史,而当它一旦形成,一旦为其他诸因素、归根到底是社会经济原因所造成的时候,便又依照自身的规律而递嬗升降,决不会中断。虽然它确乎也接受了外来影响,比起历史上的任何时代,诸如汉魏六朝以迄唐宋元明之接受西域、天竺、高句丽、东胡等异族影响,更要深刻显著得多;但即使如此,也不过像泾渭汾洛之汇入黄河一样,黄河虽然转了弯,它还是一脉相承,并没有也不能够割断。新的地理形势促使黄河转了弯,新的历史条件推动"五四"以来诗歌的革新。如果循流溯源,那当然还是"黄河之水天上来",那当然还是继承与发展着殷周以至明清的诗歌传统。只是自此而下,黄河便一泻千里,"奔流到海不复回";现代诗歌,已经突破"民族的片面性和狭隘性",而直接汇入"世界文学"的汪洋了。

人所共知,胡适是新诗最早的开拓者,从 1915—1916 年就着手白话诗的试验,一开始就朝着打破旧诗词最顽固的语言形式桎梏的方向冲击:"若想有一种新内容和新精神,不能不先打破那些束缚精神的枷锁镣铐。"他主张:诗要"合乎语言的自然","话怎么说,诗就怎么写"。他曾说:"诗歌革命自何始,要须作诗如作文",他把这种"诗探索"叫作诗的"尝试",并概括为"诗体的大解放"(《谈新诗》)。这是完全符合他在当时所提出的《文学改良刍议》的"八不"精神的。胡适的"刍议"遭到国粹派士大夫们的反对,是毫不奇怪的,直到今天不是还有些学人在激愤地指斥其浅薄与误妄吗?但在当年却如同雷鸣谷应,云流景行,得到广大进步文化界的热烈反响。白话诗很快就流行开了,出现了一个"初期白话诗派":胡适、刘半农、沈尹默、李大钊、陈独秀、唐俟(鲁迅)、周作人,以及刘大白、陈衡哲、冰心、康白情、朱自清、徐玉诺等,在形式与风格上做到了多样化,而统一于白话。假如说,"五四"初期的诗体解放事业,肇始于胡适,而完成于严肃地实践着"文学为人生"主张的文学研究会诸诗人,主要还属于开创阶段,致力于对旧诗的否定;那么,1921年以郭沫若为旗帜的创造社的成立,当时称之为"异军突起",就更立志于新诗的创造,不再单纯着眼于诗的形式的创新,而是把目光投向"充满缺陷的人生",诚如郭沫若所陈述的,"前一期的陈、胡、钱、周主要在向旧文学的进攻,这一期的郭、郁、成主要在向新文学的建设,他们以'创造'为标语,便可以知道他们的运动的精神"(《创造社的回顾》)。是的,确实如此;假如说,首倡"诗体的大解放"的胡适和他的《尝试集》,只可视为区分新旧诗的界碑;那么,堪称为新诗革命先行和纪念碑式作品的,则历史性地留给了稍后出现的郭沫若和他的《女神》。这就奠定了以创造为宗旨的新诗传统的基础,战斗的现实主义和浪漫主义的新诗传统的基础。

正是在这个基础上,以诗人郭沫若为代表,从《星空》走下来,写出了革命的《前茅》,从而涌现了一个斑驳陆离的新的诗群:包括曾一度醉心于象征手法的穆木天、冯乃超、王独清,"狂飙"式的高长虹、柯仲平,"璎珞"般的戴望舒、施蛰存,起步于"湖畔"的应修人、潘漠华、汪静之、冯雪峰,以及更广大的时代的忠实的儿子、暴风雨的歌者蒋光慈、钱杏邨、孟超、黄药眠、冯乃超、柔石、胡也频、李伟森、冯铿等,宛如群星丽天,杂花生树,在起点上虽然各自有着不同的风格与特色,但在时代风云的感召下,却共同走上了战斗的道路。尽管在由文学革命转向革命文学的历程中,一般都表现出不同程度的偏激和简单化,显示着幼稚与极"左"情绪,这实际上是"拉普"思想的翻版。不过标举出革命文学的旗帜还是反映了时代精神,而且除个别人不无犹豫外,他们中的绝大多数一直在坚持着发展着,不少人还为他们坚持的事业英勇牺牲,献出了"中国无产阶级革命文学和先驱的血",这就不仅是以诗为生命,而且更是以生命为诗了。

须要特别指出的,与上述诗风不同,在二十年代后期的诗坛上被称作"诗怪"的李金髪,是一位风格独具的诗人。他把导源于法国的象征派诗艺引进中国来,打破程式,任意涂抹,刻意追求一种新奇神秘的色彩,而由于在语言运用上,文白夹杂,语序错乱,又缺少可寻的章法,那色彩便往往浓得化不开,难于找到知音,不为一般读者所接受;但以其奇特的意象,出人意表的丰富的想象和自由联想,真实地表现其身羁异乡的抑郁孤独,清凉愁苦情绪,虽然缺少震撼人心的思想力量,却也禁得时代风雨的淘洗,而耐人咀嚼寻味。另一值得注意的现象是:在新诗第一个十年间,以口语入诗,且取得显著成绩,是必须肯定的,不过诗终须讲究节奏韵律,怎样在口语中提炼出诗的语言,似还没有来得及着意探求,以致不免过分直白松散。针对这种情况,继自由诗确立之后,格律诗的问题便被提出来了。本来符合现代格律诗要求的新诗,在"五四"前后伴随着新诗的出现便已经有了,只是未曾提到理论上加以提倡。最早提倡新诗格律化,"戴着脚镣跳舞",并且在创作上取得了卓越成绩的当首推闻一多。闻一多于1926年发表《诗的格律》一文,主张诗的音乐美、绘画美和建筑美,更以自己的创作来印证,得到徐志摩、朱湘、陈梦家诸诗人的应和,迅速形成了以讲求格律为标志的流派,它就是朱自清所指出的新文学第一个十年内的第二个诗歌流派,即继自由诗派之后的格律诗派,也就是新月诗派。新月诗派的诗人和诗,跨二三十年代是发生过广泛影响的。主要代表自然还是徐志摩和闻一多。他们"虽然风格不同,一则轻快,一则凝重;虽然同样'拿来'西诗形式,也羼入一些文言词藻;但用现代汉语,特别是以口语入诗,都能吐出'活'的、干脆利落的声调,很少以喜闻乐见为名,行陈词滥调之实"(卞之琳《徐志摩诗集·序》)。实则是轻快的偏向浪漫,凝重的贴近现实,有三条积极的主线是共同的:爱祖国,反封建,讲"人道"。不过徐志摩华年早逝,猝死非命,不及闻一多走得更远,成就更多,自我完成得更充实。而罪恶的黑手也没有让闻一多善终天年,诗人还是以鲜血写成其最后诗篇的。这也说明:凡要做真实的人,写真实的诗,在那年月,是躲不开政治的。与新月派比较接近的还有"浅草"和"沉钟"的抒情诗人冯至,在二十年代写的诗幽婉、清新,由自由体向格律体逐渐演化;及至经历了向生活深处迈步,在艺术之峰攀登,反映着学者生涯,更以移植自西方的商籁体创作哲理诗,这就发展为纯粹的格律诗了。这已属于四十年代间的事,在这一点上也与闻一多具有着共同趋向。

新诗进入三十年代,还是以继承与发扬革命文学传统的《新诗歌》最富有生气,它是由左联领导下的"中国诗歌会"所主办,聚集了一大批中青年诗人如穆木天、杨骚、任钧、柳倩、蒲风、王亚平、窦隐夫等等,在全国各地建立了许多分会,联系和团结了广大青年诗歌爱好者,名副其实地组成了一个诗歌战线,开展起诗歌运动。于诗艺的提高虽不显著,对诗运的普及则很突出。大众化的口号就是在这种意义上提出来的。他们很重视鲁迅说的"新诗直到现在,还是在交倒霉运"(《致窦隐夫》),因为不为群众所接受,不能把旧诗从人们的脑子中挤出去。因此,他们说"在今日的中国,在新诗的现阶段中,我们主张:新诗的创作,一方面要尽可能地利用活在大众中的旧形式;一方面要极力创造能够被大众所了解,至少要能够被大众的前卫所了解的新形式"。显然,他们看重的是诗的宣传作用、批判作用,在自我价值观念上,首先是战士,然后才是诗人,注意面向群众,从中国社会实际出发,反对"把发生在苏联和日本的理论,机械地死板地移植到中国来"(张松甫《新诗歌的内容与形式》,载1933年《文学杂志》三四期合刊)。对于从左翼游离出去的现代派诗人戴望舒、施蛰存,以及带着京派风味的"汉园"诗人何其芳、卞之琳等,是看作对立面呢、还是看作同路人呢,在他们内部是有争议的。一部分爱抡板斧,"左"得可爱的批评家,往往是盛气凌人;但是来自内部的自我批评也是非常严厉的,1932年张闻天就曾提醒过:"使左翼文艺运动始终停留在狭窄的秘密范围内的最大障碍物……是'左'的关门主义",并指出这种关门主义,"第一,表现在对'第三种人'与'第三种文学'的否定","第二,表现在文学只是某一阶级'煽动的工具''政治留声机'的理论";还说,"'煽动的工具''政治留声机'中固然有文艺作品,然而决不是一切宣传鼓动的作品都是文艺的作品……事实上这种作品的大多数却并不是文艺作品"(《文艺战线上的关门主义》)。这种意见深得多数青年诗人赞赏,比如北平左联领导下的《文学杂志》,在其1933年三四期合刊上,便曾刊载出由署名木农写的《批评家须知》:"勿做脱离群众的左倾空嚷嚷,自己以前卫自居,实际只能代表极少数人意见,弄成光杆子理论家";"对于一部分已经转变或正在转变的作家,须设法了解他过去以及目前所处的环境,只能就他目前所能做到的事,而鼓励其继续前进,勿操之过急,责备求全"云云。凡此也还是单从政治标准着眼,看不到戴望舒、何其芳、卞之琳等,在当时实际上标志着新诗创作的水平。

三十年代真正能够"把一代底精神,赋以活的呼吸,吹向来世"的,是臧克家的《烙印》和《罪恶的黑手》,艾青的《芦笛》和《向太阳》,田间的《给战斗者》这些发扬着现实主义战斗传统的诗篇。不论诗人们各自源头何自,比如说臧克家师承新月派,艾青曾受到比利时大诗人维尔哈仑的影响,田间是唱着"牧歌"走来的"农民之子",他们在诗艺上各具特色,都是有其自我的"这一个",而到头来又汇合到抗日救亡的洪流中去。诗当然不是政治的附庸,政治也不是诗的固有属性,可是终究还是救亡和抗战把诗人们号召到战斗的主流中来了。因此,衡量一个诗人在文学史上的地位,是不能不考虑他同历史主线相结合的程度的。

芦沟桥头一声炮响,中国人民抗日的狂飙爆发了,一百年来的民族郁愤,在一个巨大的决口上奔涌出来了。四万万人民齐奋起,黄河在咆哮,大地在怒吼,迎来一个有声有色的诗歌时代。诗人们以先锋队的姿态挺身而起,不论什么派,什么艺术倾向,不分老中青,都团结一致,向着一个民族解放的伟大目标并肩前进。作为主流的革命现实主义和革命浪漫主义诗歌,自然更加意气风发,斗志昂扬;就是"象征派""新月派""现代派"以及躲在象牙之塔中的"汉园"诗人,也在这民族危亡的关键时刻怵然惊醒,投奔到现实中来了。炮弹不会谈情说爱,硝烟里的风景也不可能明丽。卞之琳不再"站在桥上看风景",而到了西北战区,献出了他的《慰劳信集》;何其芳更从"画梦"里跃起,投向战斗的队列中,开始了一个完全崭新而质朴真诚的人生,在《夜歌》里歌唱:"生活是多么广阔!"戴望舒收起了彷徨"雨巷"中的"油纸伞",而在"狱中题壁",并且"用我残损的手掌,摸索这广大的土地",放声歌唱"永恒的中国"!甚至早已宣告自己再也"没有写诗的兴趣了"的李金发,也不禁写出《亡国是可怕的》这种明白如话的诗篇,刊登在《抗战诗歌选》上。更不用说田间擂着更响亮的鼓点从华东奔赴华北战场;艾青高擎着《火把》穿过《复活的土地》走向延安,伴同他的是诗人厂民(严辰),而延安则早已聚集着萧三、柯仲平、胡乔木等老中青诗群在迎候着。由胡风经营,以田间、艾青奠基的"七月派"(它正是为了不忘七七事变而命名的)则覆盖了全中国,他们"有的奔波在抗日民主根据地,有的在大西南大后方从事进步的文化工作,有的在公开的战斗行列之中,有的在秘密的地下从事艰险的革命活动,有的正在大学读书,有的还是些未成年的中学生"。的确是"斗争养育了文学,从这斗争里面成长的文学又反转来养育了这个斗争"(胡风《七月·代致辞》)。放眼中国,从腹地到边疆,从大后方到解放区以至沦陷区,哪里不是一片浩瀚的诗海,哪里没有诗人在以各种形式进行着斗争?诚然,战争锤炼了诗,也锤炼了诗人,如果开列名单,这里的篇幅就难以容纳了。总之,我们当代知名的诗人,大多数是从伟大的民族解放战争中涌现出来的。除非抱有特殊偏见的人,不会否认这些事实。战争使人们走出城市、来到乡村,走出校园、来到战场,走出知识分子狭小圈子、来到工农兵的广大天地,从上海亭子间,投向延安土窑洞,一步跨越了一个时代,战争促进了诗人与人民群众的结合,密切了诗歌与现实的联系,与抗战无关的艺术自然而然地歇息了。在这种形势下,诗人们进一步加深了对于"大众化"的认识,所谓"大众化"不是"化大众",而是和大众的思想感情打成一片,要想做群众的先生,就先做群众的学生,认真学习群众语言。诗人们展开了关于"民族形式"的讨论,要废止洋八股,而代之以新鲜活泼的,为中国老百姓所喜闻乐见的中国作风中国气派,所谓民族化,无须着意讲求,而是真诚创作的必然属性。战争造成印刷出版与发行流通的困难,为了克服这困难,更为了适应抗战的需要,歌咏运动与诗朗诵广泛盛行,歌诗与朗诵诗空前丰收,朗诵活动更促使着长诗逐渐发展起来,有的抒情,有的叙事,有的记述抗战行迹和个人感受,有的为英雄烈士作传,题材不一,表现手法多样,比如力扬的《射虎者及其家族》,玉杲的《大渡河支流》、田间的《赶车传》,都称得上是力作。在延安文艺座谈会以后,民歌体新诗以及伴歌伴舞的剧诗也迅速兴盛起来,前者如李季《王贵与李香香》,阮章竞《漳河水》,后者如《兄妹开荒》《白毛女》《血泪仇》等等，都深受群众欢迎。抗战诚然阻隔和减少了国际交流，但我们并没有把了解西方文化的大门封闭，更没有把学习世界诗歌的愿望窒息，不但拜伦、雪莱、歌德、席勒、普希金、莱蒙托夫，以至泰戈尔等等，依然在敌后在战地被广泛传诵着，而惠特曼、聂鲁达、马雅可夫斯基，岂不正是在抗战期间更加为众人所熟悉所热爱，而影响了许多诗人的创作风格吗？固然，强调为抗战服务，在文艺批评上突出政治标准，在一定程度上导致了纯美诗艺的弱化，在战火映照下写成的诗篇，不少是粗犷以至粗糙的，但恐怕并不能说"在三四十年代间只剩下街头诗和民歌"了。惠特曼的"长行排句体"，马雅可夫斯基的"楼梯诗"，是这期间通行的；艾青式的自由体，臧克家的半格律，以至冯至的十四行，更是大量存在着，在现实主义精神统摄下，多种表现手法都被广泛运用着，包括西方现代派象征派的手法，在这一点上，连延安诗坛也不例外，更不用说"七月派"和后起的《九叶集》诸诗人了。《九叶集》作者辛笛、陈敬容、杜运燮、杭约赫、郑敏、唐祈、唐湜、袁可嘉、穆旦，他们大多数还是二三十岁的年轻人。他们忠诚于自己对时代的观察和感受，也忠诚于各自心目中的诗艺，注意蕴藉含蓄，重视内心的发掘；比起新月派、现代派来，他们的视野更开阔，与现实生活更接近；在诗艺上，他们在古典诗词和新诗优秀传统的薰陶下，又吸收了西方后期象征派和现代派诗人如里尔克、艾略特、奥登的某些表现手法，丰富了新诗的表现力。可以认为，《九叶集》诗人在抗战后期以迄解放战争时期是最具代表性的。

  中华人民共和国成立后，来自各个解放区，来自原来的国统区，来自新光复的沦陷十四年的敌占区，各路诗人的大会合，应和着亿万人民的同声欢呼，涌起了意气风发的诗的高潮。"诗人们作为时代的歌手，老一代新一代无不热血沸腾。他们几乎在同一个清晨，都甩干了久积于笔端的血水、泪水，蘸饱欢乐的酒浆，写起光明之歌、解放之歌、建设之歌"，写起中华人民共和国颂歌。这是诗人张志民在为《中国新文学大系（1949—1966）诗集》所作的《导言》中指出的，他还继续说："这里需要提醒的是，此间所说的老一代新一代，都远不是当今的概念。建国之初，我国新诗开路人之一的《女神》作者郭沫若，还不到耳顺之年；翻译《国际歌》的老诗人萧三，刚刚年过五十；冰心、臧克家、冯至、柯仲平、冯雪峰、胡风、王亚平、力扬、苏金伞……只有四十几岁；艾青、田间、何其芳、光未然、卞之琳、郭小川、公木、鲁藜、袁水拍、严辰、徐迟、邹荻帆、蔡其矫、阮章竞、方冰、戈壁舟、王希坚、吕剑、方纪、曼晴、芦荻、方殷……才初度中年；李季、闻捷、贺敬之、魏巍、袁鹰、徐放、朱子奇、绿原、屠岸、牛汉、曾卓、玛金、晏明、沙鸥、蓝曼……这许多为新中国写下第一支赞歌的诗人们，都还是二十几岁的热血青年。"他开列了这样"还远不算完整的一长串名单","目的是为了说明建国之初的诗坛盛况"。可是,我们仍然必须再作补充,更值得珍贵的乃是更多更多的新来者:张志民、雁翼、公刘、孙静轩、周良沛、严阵、傅仇、陆棨、高缨、顾工、韩笑、梁上泉、胡昭、流沙河、魏钢焰、苗得雨、石方禹……以及脱颖而出的各少数民族的诗人:纳·赛音朝克图、巴·布林贝赫、饶阶巴桑、铁衣甫江、克里木·霍加、康朗甩、康朗英、包玉堂、汪承栋、韦其麟、晓雪、金哲……当然,这名单更是"还远不算完整的",天上的星星怎么能数得清呢?这说明,同五星红旗一同升起的崭新的诗的队伍,迈着坚定的步伐,登上中国诗坛,这才更是我们人民共和国的精华和骄傲啊!新老诗人共同演奏起朝气蓬勃的大合唱,谁也没有感到或发现什么"代沟",各自得心应手地熟练地使用着自由体、格律体、民歌体,又富有变幻,形式多样;或感情浓重,或文采清新,或手法细腻,或气势宏阔,或激昂慷慨,或潇洒自如,各有特色,风格不一;创作题材不拘一格,除去豪迈雄壮的政治抒情诗,也写绮丽多姿的山水纪游诗,从边疆草原牧歌、矿山工厂新声、陆海空军进行曲,到《和平最强音》《向困难进军》,以至投掷敌人和鞭挞时弊的讽刺诗,应有尽有。国际间阴森的冷战气氛,帝国主义的严密封锁,还有抗美援朝的火热战斗,更增加了诗人们的激越诗情。进入五十年代,中国新诗,刚好年逾不惑,可以说是成熟了,而且丰收在望。

但是,成熟而且丰收在望,却稀见瑶草琼花,更不用说参天巨树了。新诗四十年,在语言形式和技艺上算是成熟了,开国的兴旺气象又带来了新的繁荣。但不愧为伟大时代的伟大诗篇,却止于呼唤而终未出台,这是为什么?有人说,诗与政治扣得太紧,诗人忘记了自己是诗人,而更多充当政治家的角色,怎么能创作出真正的诗篇呢?更别说伟大了。诚然,诗不等于政治,政治更不就是诗;但是,如果把政治看作诗的病原体,恐怕也并不符合实际。自从"五四"新诗歌诞生,就开始了现实主义与浪漫主义的战斗传统,在各个历史时期,确也不断受到"拉普"情绪、关门主义、极"左"教条的干扰,而从总体上看,在整个新民主主义革命过程中,正是革命给予了诗人的生命以意义,给予了诗歌以生命。选择了革命,岂不正是诗人的个体生命对社会压力的超越吗?岂不正意味着诗人自我意识的实现,自我人格的完成吗?难道把艺术当作逃避现实的隐身地,把自己关进象牙之塔里,不是真诚人生的扭曲或压扁,反而会是个性自由的表现吗?难道诗人的审美意识能够脱离其良知意识而单独存在吗?因此,新诗诞生和发展四十年,即使不说政治拓宽了诗的道路,诗也决不曾被政治逼进死胡同。问题是新诗发展到第五个十年间,当诗人们正满怀激情地歌颂胜利和未来,热烈讨论诗歌形式问题的时候,中国却在为胜利激发起来的"左"倾思潮支配下,发生了"史无前例"的"文化大革命"。文艺特别是诗歌便无可逃遁地变成为重灾区。正是这种情势才致使诗论家不胜感慨地说:"可惜的是,我们的诗歌队伍在人民取得了全国政权之后,却日益缩小了。"(谢冕《共和国的星光》,194页)共和国发展史上的曲折不能不在诗人的创作上打上烙印。这是可悲的,但可以给予解释。

中国新诗到了新时期,真好像山洪狂啸,春花怒放,锋发韵流,极一时之盛。可是,"新时期"的概念却并不单纯是由诗歌以至文学艺术开拓出来的,它是经济、政治、文化的综合体现,中国的历史以其不可逆转的发展,进入了社会主义现代化建设的新时期。是"新时期"给了新诗以新的生机、新的生命。新时期的新诗,我以为可以用这样两句或者四句话来加以概括:一是重放的花朵,归来的歌;二是崛起的诗群,新的诗潮。前者指第一代第二代,后者指第三代。他们相荡相激又相反相成,相碰撞又相渗透,而显示出灿烂缤纷,争新斗妍。第四代诗人也跃跃欲试地走上来了,流派纷呈,旗帜飞扬,让我们预祝他们"更上一层楼"吧。

重放的花朵,格外鲜艳;归来的歌,能不动情?"暴风雨中的雷声特别响,乌云深处的闪电特别亮。只有通过漫长的黑夜,才能喷涌出火红的太阳"(艾青《光的赞歌》)。经历了十年二十年的顿挫、忧患,艰苦的跋涉,诗人的创作升上一个新的高峰。艺术境界,天空海阔。艾青一部庄严雄浑的"交响乐"——《光的赞歌》,表现了他以及他那一代人的坚定不移的信念,百折不挠的锐气,老而弥壮的进取精神,以及其对人类前途的深刻的确信。"光"的问题,实际上是诗人的"诗体的哲学",是诗人的宇宙观、真理观、以至于美学观的一篇诗的表述。当然,构成这个时期主力的,还是那一大批重返诗坛的中年诗人,他们属于第二代,即建国初期的新一代,到这时大多已"日过中天"了,自然也是一生中最成熟最光辉的时期。这些诗人除保持着个人的风格外,如张志民的谐趣、公刘的沉雄、流沙河的刚健、梁南的华采、胡昭的质朴、林希的舒展、昌耀的奇崛、孙静轩的柔曼、王辽生的厚重、周良沛的丰赡……大致都点染着时代的共同色调,在处理竖向继承和横向借鉴二者的关系问题上,大致落在既不顽固守旧也不盲目媚外的座标点上;他们的诗,就其主流和基调而言,基本态度是入世的、积极的、拥抱现实和直面人生,说真心话,写真实的诗。正是这些诗人站在了新诗复兴承前启后的门槛上,担负起继往开来的重任。他们发展了"五四"新诗歌的战斗传统,并且与第三代相衔接了。

新时期的新生力量,还是第三代。他们起步于20世纪六七十年代之交,在没有诗的时代,填补着诗的空白,在不引人注目的活动中,萌生着新的生机。进入八十年代，便蔚为大国，成为崛起的诗群了。他们的生活体验与切身感受，不同于第二代尤其第一代诗人，这使着他们的歌声更渲染着时代的色调。他们的诗像挟泥带沙的湍流，跳跃、奔突、飞溅、穿鸣于乱石涧底，有一股冲劲，富有活力。舒婷、顾城、杨炼……是这一代诗人的代表，还有傅天琳、梁小斌、王小妮、李小雨、吕贵品……数不尽的富有才情的青年诗人补充到这个行列中来了，这预示着它的生命力的旺盛。他们在艺术表现上，强调主观感受对外界事物的溶解作用，强调审美主体的能动作用，强调主观性、自我性，带有强烈的心理色彩，把用感性浸泡过的形象，组合成新鲜的意象，而忽略客观真实，由此产生出浓郁的诗意。这种新的诗潮，无疑是有开拓性，有深化诗艺的意义，因而给诗坛带来很大震动，冲击波遍及全国，超越了诗歌界的范围，以至引起一场关于"朦胧诗"的论战。其实这是一场不难澄清的误会，新潮诗怎能用"朦胧"两字来加以概括呢？"朦胧"仅仅是其部分诗歌的风格特点，它可以是美的，也可以是丑的。诗当然可以写得"朦胧"，但如若加以提倡，那又何必呢？但真正的新潮诗还是自然存在着、发展着，以至依照自然规律，逐渐居于主流地位。有的论者欢呼是同世界现代诗潮相汇合的征象，是中国现代主义的新崛起。当然，中国新诗自从"五四"以来就已汇入"世界文学"的汪洋，它同世界现代诗潮有所交流，是极自然也是极正常的。它所唤起的仍然不外是强烈的时代感、历史感和使命感，无论是专心致志于给艺术本身增添色彩，给诗的王国增加财富的诸如舒婷的《致橡树》，顾城的《生命幻想曲》，也都可出来作证，他们不是游离于社会之外的"局外人"。因此，正如美学家高尔泰所指出的，他们的"向内转"，主要还是一种历史的反思，而不是西方现代派那种"多余人"的自我挖掘；他们的内省精神，主要还是一种"与全民族共忏悔"的群体意识，而不是西方现代派那种惊惧、焦灼而又凄厉的个体意识。这就是说，号称"先锋派"的新潮诗，虽然与西方现代派不无交叉，而他们是地地道道生长于中国的"大地之子"。他们的诗实质上是借用着象征、隐喻、通感、变形、超验、意识流等超实主义方法或手法的现实主义作品。高尔泰说它是"中国现实主义的深化"，我们是有同感的。新时期既已带来诗的新春，总会百花盛开的。

我们不惮其烦地概述了七十年来中国新诗的诞生与发展，不过是为了给读者阅读这本《新诗鉴赏辞典》提供一个可资参考的历史背景。它自然不能不反映着一定的观点，对各个时期的划分与评述，表达出一种看法，于众家不避称引，也不求苟同，见仁见智，容有歧义，谨供参考吧。相信读者慧眼有珠，会自作裁断的。《新诗鉴赏辞典》在编写体例中，虽亦曾说"艺术性与科学性、鉴赏性与学术性并重",但这只可视为我们努力以赴的目标,能达到什么程度,是不能不受到我们学力和能力的局限的。不过主旨当然还是在于提供鉴赏,而鉴赏或曰欣赏,则又是人所特有的审美活动,它是有很大的主观相对性的,俗话说"情人眼里出西施",就是这番意思。我们在所选的每首诗后面,各作了相当的解析,都是邀请诗家或诗人写的,相信对读者会有一定的帮助。不过虽曰"辞典",也只是意在启发;鉴赏或曰欣赏,其终极乃是读者自己的再创作。"鉴赏"而曰"辞典"者,取其博杂又略作指点之义,非"样板"之谓也。鉴赏新诗,正如诗人梁宗岱说的:"文艺的欣赏是读者与作者间精神底交流与默契:读者底灵魂自鉴于作者灵魂底镜里。"(《谈诗》)我们在诗人灵魂之镜即其诗篇中照见自己的灵魂,并不胜惊喜、富有激情地加以审视、品评、遐想、变形、幻化,以至思绪万千,这也便是诗的再创作了。我们这部《辞典》,只可视作如此这般诗的再创作的导游吧。在这里,只就两个大范围的外部问题略作陈说,未必有当,但愿与读者共同研讨而已。

一曰:在文艺上,在诗歌上,主要的潮流或者倾向,从来就共有三个,它们是:现实主义、浪漫主义、超实主义。早在两千多年前,亚里士多德就曾在《诗学》中指出过:"像画家和其他形象创造者一样,诗人既然是一种摹仿者,他就必然在三种方式中去摹仿事物:照事物的本来样子去摹仿,照事物为人们所说所想的样子去摹仿,或是照事物应当有的样子去摹仿。"(参见朱光潜《西方美学史》上卷74页)这之中已包含着如实、理想与幻想三种摹仿方式,从而也便暗含了现实主义、浪漫主义、超实主义三种创作方法。作为创作方法,古今中外,千种万种,难以数计;但若单就主客体关系这一角度来看,特别是从主体与客体以及主体与主体的关系来看,则实不外现实主义、浪漫主义与超实主义这三种,这自然是从其极广义上来界定的。现实主义——"照事物的本来样子去摹仿",本来如此,实际如此;浪漫主义——"照事物应当有的样子去摹仿",应当如此,希望如此;超实主义——"照事物为人们所说所想的样子去摹仿",假定如此,传闻如此;传闻假定,不免虚拟、幻想、直觉、错觉、荒诞、变形、非理性……近百年来西方流行的形形色色的现代主义概可归属于超实主义。三种创作方法本身,也都不会是僵死的固定的,而是随着历史发展而不断丰富变化的。

任何一个作家或诗人,都不会只依照一种固定的创作方法进行创作,他的作品不得用任何一种创作方法加以整除,愈是杰出和伟大的作家或诗人愈是如此。可是也必有畸轻畸重,或者两结合,或者三结合。也许三除之后,仍有余数,亦不奇怪,既然三者只是主要的潮流或者倾向,有主要的就不免有次要的,这并没有什么奇怪。

不同流派尽可以独标一种创作方法,不同时代尽可能以某种流派最风行;但从人类总体上来看,从历史全局上来看,三种创作方法则必然是既彼此分流,又互相渗透,递生代长,螺旋上升的。在今天,在中国,三种创作方法都具活力,分别为老中青不同流派的诗人所执持、所宏扬,各有千秋,进而形成多元化的局面。我认为智利诗人巴勃罗·聂鲁达的意见是很值得重视的,他说:"一个诗人若不是一个现实主义者,就是一个死的诗人。一个诗人若仅仅是一个现实主义者,也是一个死的诗人。一个诗人仅仅不合情理,就只有他自己和他所亲爱的人看得懂,那十分可悲。一个诗人完全合情合理,甚至笨如牡蛎也看得懂,那也非常可悲。"(《我承认生活过:回忆录》第十一章,见《诗歌总集·前言》)这是由于作为人类精神的创造物,"诗国的太阳"只能在"精神的宇宙里"存在,难为庸人和白痴所企及;但任何"王国"只能建立在现实生活的土地上,任何历史都只能是人类进步过程的一部分,"诗的王国"和"诗的历史"也不例外。"诗的太阳"亦必从大地升起,并照耀到人类的现实的大地上,否则它的光芒便既无来源也无所映射,那便会是一颗死寂的太阳。"纯诗人"尽可以固守着自己的"纯感觉",约束着自己"决不考虑人民的疾苦,政治的黑暗这些现实的问题",而只是把"语言"视为"一种由气流控制的生命的内在需要的表现","去创造一种幻象",去拥抱"诗本体",既"不是传达什么",也"不是说明什么",更睥睨甚至厌恶那种"首先是战士,然后是诗人"的表白。一切献身"纯诗"的"纯诗人"的高洁是无可褒贬的,不过诗与诗人无论"纯"到什么程度,有一条基本事实是不能改变的:诗是由人创造的,人不是由诗生成的。所以"首先是人,然后是诗",这还是必要和必需的。"回归到诗本体",应该是由非人的东西向人回归,而不是人向非人回归。作为精神产品的诗,无论"纯"度怎样,总是人的创造物和功能,从而它必然是应该赋予我们此时此地的人生以多元的和多层次的价值和意义。主观能动地"参与"性地而不是淡漠被动地"反映"性地作如此这般的"把握",也就是创造,也就是审美,也就是使那诗国的太阳得以升高的杠杆。它离不开此时此地的人生这一支点。据此,我们倾向于:在现实主义精神统摄下的多种表现手法以至多种创作方法。不过,倾向云者,亦只是一种看法,创作实践,还只是由诗人自取所好,各行其是为主,春兰秋菊,夏云冬雪,各随时令,皆成景观。气象台可预报,却决不得指令。创作如此,欣赏亦然。相信《新诗鉴赏辞典》的读者,是会各自充分发挥主体性的。

二曰:诗歌体裁属于艺术形式范畴,形式决定于内容,又反馈于内容。那么,决定于现代诗歌本质特征的新诗体裁形式是怎样的呢?它应该是以及将会是怎样的呢?是的,六七十年来,弹指一挥间,方生方死,方死方生,有待定型,尚难确指；不过，生动活泼，发展快，变化多，岂不正是新生的富有活力的本质反映吗？综合看来，新诗体裁形式，我们以为可以探索提出三种主要类型，即：自由体、格律体、民歌体。千变万化，大多是以这样三种类型为基础的。

中国新诗是带着两大革命胎记诞生的：首先是在科学与民主以至社会主义的新思潮推动下，扫除了旧体诗词唱滥了的那套封建士大夫的审美情趣，确立了富有现代社会色彩和生活情调的诗歌境界；其次是力图摒弃僵死的文言词语，而以口语入诗，作所谓白话诗，以利于反映现实表现真情。从而走上了"诗体的大解放"的道路，其主要成就便是自由诗的诞生。在音律形式上它自然也曾对外国诗歌有所借鉴，但主要都加以融化，在中国现代口语基础上提炼出诗的语言来，而形成为中国的自由体新诗。它是"五四"以来新诗运动对于旧传统的突破，属于创造性的新发展。放在中国诗歌流变史的长河中来看，如商周四言，楚汉骚赋，汉魏乐府，晋宋五言，隋唐律绝，宋词，元明曲令，都是递嬗升降，各自打着时代烙印；那么"五四"以来便是自由诗。它是我们这个时代新诗歌中所特有，因而是最富生机，最有前途的，不论有多少权威说它"在交倒霉运"，或者"我就是不看"，这无损它的成长和发展，并且不可能用其他形式来代替。如果让艾青"戴着脚镣跳舞"，还会有《大堰河——我的保姆》《向太阳》《火把》以及《古罗马的大斗技场》这些肯定能给我们时代增色的诗篇吗？如果让未央把《驰过燃烧的村庄》《枪给我吧！》写成格律体，那将会成个什么样子呢？自由诗并不是不要韵律，而是"诗的韵律不在字的抑扬顿挫上，而在诗的情绪的抑扬顿挫上，即在诗情的程度上"。这是诗人戴望舒在《论诗零札》中指出的，他还说："韵和整齐的字句会妨碍诗情，或使诗情成为畸形的。倘把诗的情绪去适应呆滞的、表面的旧规律，就和把自己的足去穿别人的鞋子一样。愚劣的人们削足适履，比较聪明一点的人选择较合脚的鞋子，但是智者却为自己制最合自己脚的鞋子。"依脚制鞋，量体裁衣，当然不必有固定的形式，固定的尺寸，用这道理来比喻作诗，当然就是自由诗了，只有诗人中的智者才会这样做的。但自由诗却并不是没有形式，没有节奏韵律，它正是以没有固定的形式为形式，没有固定的节奏韵律为节奏韵律。它如同行云流水，临风作态，随物赋形，虽然变化莫测，但并非没有理路可寻。即如艾青所擅长的自由体是否毫无理路可寻？不是的。艾青就在其《诗论》中曾这样表达过："艺术的规律是在变化里取得统一，是在参错里取得和谐，是在运动里取得均衡，是在繁杂里取得单纯，自由而自己成了约束。"只有摆脱了一切格律的束缚，语言运用的技巧才能达到极妙的境界。讥讽自由诗是"分行写的散文"，无非是僵化了的审美偏见而已。

新诗首先应该肯定自由诗,这是绝对的;但说"韵和整齐的字句会妨碍诗情,或使诗情成为畸形的",这就只有相对的道理了。节奏韵律原是诗的固有属性,在每个民族语言里,总可发现两种语言形式:普通语言和诗的语言。后者比前者还要原始,而后者又是从前者加工提炼出来的。所谓诗的语言便是以节奏韵律加强了的语言。所以新诗中的格律体与自由体实质上是孪生兄弟,只是节奏韵律、切句法、段落的变化、音节的配合等等,几乎迟了十年才被提倡,所谓音乐美、绘画美、建筑美,新格律诗才得命名。几十年来,新格律诗曾由无数诗人和学者主张过,设计过,在创作实践上也多有建树。甚至移植外国格律,如"十四行"与"汉俳"等等。假如说,作为传统格律诗的古典诗歌,正是在以汉字记录下来的古汉语的基础上形成的;那么,现代新诗所使用的白话,在语言结构上与古汉语并无本质区别,所使用的记录符号依然还是单音独体的汉字更完全相同,怎么能在格律形式上不保留着一定的民族性特点呢?这就决定了新格律体丰富多采的样式,与自由体并行发展,同样是不可或缺的。前面我们曾以行云流水比喻自由体,在这里我们更可以相与对照地来说,格律体则如同月御星罗,升沉盈亏,出没转移,依照季节时令,得以绘制图像。新格律诗的产生与发展同样是适应着时代的呼唤。

作为新格律诗的一种原型与特殊发展,又有所谓民歌体新诗。它原发端于所谓"旧瓶装新酒",到抗战后期大大兴盛起来,甚至与自由体、格律体相鼎足,成为新诗的重要体裁。有的不改旧民歌句型体式,成为新民歌;有的则加以变化,发展成为名副其实的民歌体新诗。这种形式,用以抒情,固无不可,如贺敬之的《回延安》,运用民歌"信天游"的形式,便形神并茂;但也不无局限,如李季用同样形式,在大庆油田写一首哀悼周总理的诗,读起来便觉得不够谐调。民歌体新诗实际上更多地适于叙事,叙写边疆草原农村的人与事,可短更宜长,比兴手法,地方语言,富音乐性,甚至可以伴歌伴舞,而发展为歌舞剧即剧诗。而优秀的民歌体新诗则不仅仅是拟民歌,而是认真学习了民歌再加以生发创造,充分显示出诗人的风格个性,如张志民的《死不着》,尤其是《"死不着"的后代们》;甚至发展到《梦的自白》这样具有重大内涵和深刻意义的长篇力作,就其质朴无华,就其明白晓畅,就其机智幽默,就其深入浅出……就这些方面来看,也还是起步于民歌的。因此,可以说,路遥知马力,民歌体新诗足可以与自由体、格律体并驾齐驱,驰骋于整个诗的王国里。

七十年来新诗万紫千红,自然不限于以上三种形式,但诸多变化,大致不外这三种基本类型的化分或化合、简化或复化而已。至于不同于新格律的传统格律体,即所谓"现代诗词"或"当代诗词",近年来也颇有"复兴"之势,诗词社团蜂起,诗词报刊层出。这证明:它的格律形式经过上千年的摩挲砥砺,已经深入人心,大家觉得它是一种最方便、最熟练、最能得心应手的文学样式。所以"五四"新诗虽然以它为对立面而打破旧传统,建立了新传统;但半个世纪以后,到如今旧瓶装上新酒,施以现代化洗礼,也便又重植于现代园地里,得列于新诗之林了。不过,它要得到真正的发展,还有待于急起直追,赶上时代步伐,必须充实当代意识,扩充题材领域,促进语言变化,探求声韵改革,以力求风格意境的更新和格律形式的多样。一句话,"现代诗词"或"当代诗词"的出路在于革新与创造,这种势头已经出现了。不过它还暂时未被编选进我们这部《新诗鉴赏辞典》当中,这个问题就不在这里展开讨论了。

《新诗鉴赏辞典》这项工程得以按计划完成,全赖当代诗人与诗家通力合作,积极支持,谨致衷心感谢。缺欠与失误,容或难免,甚望读者予以指正。

一九八九年二月

序言（二）

《新诗鉴赏辞典》重编本编委会

《新诗鉴赏辞典》初版本出版至今已经过去二十多年了。由于广大读者的厚爱，该书已经在新诗界与广大新诗爱好者中享有很好的声誉，产生了广泛的影响。之所以能取得如此的成绩，是因为该书在作品篇目的遴选方面，遵循客观性、历史性、现代性和多样性的主旨，坚持思想性与艺术性统一的原则。正如初版本主编公木先生在序言中所说：一部新诗史，各门诗派"相荡相激又相反相成，相碰撞又相渗透，而显示出灿烂缤纷，争新斗妍"；各类佳作如"春兰秋菊，夏云冬雪，各随时令，皆成景观"。我们的责任就是要客观、公正地把这一灿烂景观呈现给读者。

有了好的作品，还需高质量的鉴赏文章。《新诗鉴赏辞典》初版本鉴赏文章的担当作者大都是长期活跃于新诗领域的诗评家、研究专家，因此，鉴赏文章的视界开阔，常能以点及面，由此及彼，由表及里，丰富与拓展了作品的内涵和鉴赏空间。尤其为读者称道的是，本辞典较早采用诗人自写与互写鉴赏文章的新形式，从而提供了另一种与专家所写鉴赏文字不同的鉴赏视野。有的鉴赏文章甚至包含诗人第一次披露的文献史料，势必对理解甚至研究该诗人及其作品起到非常积极的作用。例如臧克家的《老马》一诗，一直以来，学术界在习惯性的政治化"象征原型"思维模式的影响下，以为"老马"意象理所当然是象征旧社会似同"马牛"的农民。这次臧克家在自己的鉴赏文章中首次说明《老马》只是一首传统式的借景抒情、以物明志的"状物诗"，与杜甫的《病马》、李纲的《病牛》"时代各异，而感寓正同"。因此，《新诗鉴赏辞典》初版本虽历经二十多年岁月的洗礼与沉淀，仍能幸免于历史的嫌弃与遗忘，而于生机勃勃的浩瀚书海中获得一席之地。

虽然如此，我们仍然不得不清醒地看到该书存在的不足。作为一部酝酿、诞生于20世纪80、90年代之交那个特殊时期的《新诗鉴赏辞典》，自然受到一些不可抗拒的外部因素的制约,这从已经入选的北岛被撤下便可窥一斑而略知全豹。当然,归根到底,许多存在的问题都与编选者自身思想水平与鉴赏能力的不足有关。例如,遗漏了一些有代表性的诗人和作品,选入了一些并非该诗人最有代表性的作品,等等。

鉴于上述种种原因,同时也为了顺应《新诗鉴赏辞典》出版二十多年来新诗发展的态势,上海辞书出版社遂决定出版《新诗鉴赏辞典》重编本。这实乃新诗界和新诗爱好者的一件喜事!我们编委会三人都参加过《新诗鉴赏辞典》初版本的编选与鉴赏文章的撰写工作,这次受上海辞书出版社之邀,来承续《新诗鉴赏辞典》重编本的编选工作,既深感荣幸,又倍觉担子的沉重。我们觉得,有了对于《新诗鉴赏辞典》初版本的梳理与总结,进一步汲取二十多年来新诗界新的创作与研究成果,我们就有了《新诗鉴赏辞典》重编本编选工作的清晰理路。下面我们将这次重编工作的主要方面简要地作一说明。

这次重编的重点之一是通过增补一些诗人与作品,使《新诗鉴赏辞典》能够更全面地反映新诗史上各主要时期的重要诗歌现象。例如,以往对于抗日战争时期的作品,各类辞典大多只收解放区的诗人和作品,却很少关注反映正面战场的作品。随着抗日战争面貌被更加客观、全面地发掘和描述,过去一度被忽视与遮蔽的正面战场的史迹越来越清晰地呈现在世人面前。我们非常高兴和惊讶地发现,其实反映这方面题材的佳作并不鲜见。这次增补了汪铭竹的《大战行进中一插曲》、臧克家的《兵车向前行》、杜运燮的《滇缅公路》等作品,让读者能够借助这些作品感受我们民族这一光荣与艰难的历史。

又如,20世纪80年代是新诗史上成绩最突出的时期之一,许多勇于探索的青年诗人崭露头角,他们的作品(其中一些创作于万马齐喑的"文革"时期)呼应了思想解放的时代精神。同时,一批"文革"后复出的中老年诗人则凭借着青年诗人所欠缺的丰富、复杂的情感体验与积累,令他们的作品,包括那些创作于失去创作自由时期的"地下写作",具有更深刻、更贴近人性和更富有自由精神的个性特质,有些作品甚至代表了他们创作生涯的一个新高峰。但是,由于如前所述的种种原因,初版本收录的这方面的诗人和作品与这一时期的实绩很难相称。这次我们增补了当时的青年诗人北岛、食指、江河、欧阳江河、芒克等诗人及其作品,增补了中老年诗人穆旦的《智慧之歌》等作品,增补了鲁藜的《贝壳》、牛汉的《我是一颗早熟的枣子》、绿原的《又一个哥伦布》、邵燕祥的《致空气》等作品,从而使这一时期的作品在整体上更能呈现生气勃勃的思想解放思潮与反思精神,同时,这些风格各异的作品也是那个时期诗界对新诗美学和发展路径的积极探重编本除了对这两个重要诗歌现象中的诗人与作品做了补缺与加强之外，对反映其他一些重要诗歌现象的诗人与作品也做了相应的强化。对于初版本之后二十多年新诗史的重要诗歌现象，我们同样顺应这样一个思路。例如，20世纪90年代以来，随着工业化和城市化的蓬勃发展，环境污染日益严重。敏感的诗人开始把自己的情感触须探向人与自然环境关系这一新的表现领域。从新诗史角度看，这一表现领域是20世纪30年代兴起的表现人与人、人与社会、人与自身的生存环境关系命题在新时期的新拓展。这次增补彭国梁的《茶色的池塘》、韩作荣的《纸上的风景》等作品，让读者通过这些作品真切地体验诗人对人类生存环境日益恶化的忧患之情。

我们还通过增补陈忠村的《大树移植》、郑小琼的《方言》，为历史保存一点与城市化相伴相生的打工一族的农民兄弟作为城乡的"漂零者"命运的断片。而增补的于坚的《我梦想着看见一只老虎》、西川的《夕光中的蝙蝠》等作品，则揭示了"知识霸权"其实是另一种面目的专制主义的实质，同样是与人的自由意志、独立精神相违背的。这一诗歌现象的滥觞，是新文化运动倡导的科学与民主精神在新时期的承续和拓展。

通过充实以上这些诗人与作品，新诗史上各个时期主要的诗歌现象就得以在《新诗鉴赏辞典》重编本里有比较完整的呈现，由众多诗人个体情感汇聚而成的时代精神将更为充实与厚重。

这次重编工作的又一个重点是进一步发扬《新诗鉴赏辞典》初版本在选目上的多元化、多样性的优点。形象比思想丰富。尽可能还原历史多样化的情态是理解诗人及其作品的可靠途径。这首先表现在通过作品的调整和增补，避免绝对化地将诗歌流派和诗人个体锁定在某种人为的、既定的诗学框架内，尽可能多层面地反映一个诗歌流派和诗人个体的完整面目。例如，对于七月派这样一个诗歌群体，我们增补充分体现一个知识分子那种忧患、孤独与自省意识的《无题》与《孤岛》(阿垅)，增补既继承鲁迅反思"国民性"传统又呈现胡风"精神奴役的创伤"理念的《殡仪》(彭燕郊)，增补具有现代派诗人里尔克的名作《豹》风格的《铁栏与火》(曾卓)等作品，这些作品和原有作品一起，更加全面和多层次地反映了七月派的诗学特征。其次，在诗人个体方面，我们增补了与体现《女神》那种狂飙式精神不同的《夜步十里松原》；增补了与袁水拍的《马凡陀山歌》风格迥异的《理发匠》；增补了潘漠华的《再生》，让我们看到湖畔诗派并非只是沉浸在纯情世界里的一群痴情少年；增补了卞之琳的《尺八》、冯至的《给一个战士》、郑敏的《金黄的稻束》等作品,其目的也都是希望多少能够展现他们作品题材与风格的另一面。

　　这次修订工作的另一个重点是,通过作品的调整和增补,在题材、风格、创作方法等方面进一步拓展作品的表现空间。例如在表现爱情题材的领域里,有表现暗恋的《邻女》(金克木)和表现初恋的《初恋》(林新荣),有表现爱情被历史沉封却又难以割舍的《埋葬了的爱情》(苏金伞)、《镜中》(张枣)和《冰着的》(陆萍),有把爱表现得亲近而单纯、明亮的《恋的透明体》(徐迟),也有尽写爱情的朦胧与缠绵的《谣曲》(方含),还有把爱升华为形而上的《纸上的秋天》(欧阳江河),更有表现融合着灵与肉的大胆、率真的爱情观的《发现》(穆旦)。而像痖弦的《秋歌——给暖暖》、陈所巨的《摇篮曲》、吕德安的《父亲和我》、柏桦的《家居》等作品,也以不同的方式表现了亲情的细腻与丰富。这次还增加了一定分量的儿童诗,除了因为儿童诗特有的情趣与审美价值之外,我们还有一个想法,在物质主义搅得人心浮躁、道德严重滑坡的时候,让读者能够静下心来听一听儿童诗那种纯真、无邪的天籁之音。这样,本书所选作品整体包容的情感与人性空间就可能更为广阔。

　　还有一些入选的作品可能不如有些作品那样具有整体优势,但是在某一方面的特质却比较突出:或视角别致,或意象尖新,或想象奇丽,或方法独特,甚至就是一两句特别出彩。只要是体现着真善美,只要有独到的真知灼见和品位情趣,都没有理由拒绝。像非马的《秦俑》让人们能够从对"兵马俑"的单一讴歌式思维定势中定定神,看一看秦俑维护封建专制主义的另一面侧影。而同样表现台湾诗人乡愁的《瓶竹》(舒兰),表现沙漠与驼队意境的《驼峰》(黄淮),以及《水的怀念》(沈紫曼)、《乌篷船》(邹荻帆)、《鱼》(王家新)等,也都有诗人个性化的独特视角、情趣与意象营造方法。又像《晨的恋歌》(蓉子)、《蓬松的午后》(非马)、《春之舞》(多多)、《秋的味》(李广田)等作品,虽然只是一情一景的体悟,即兴式的感触,然而情感是真诚的,情趣是盎然的,故散发出较强的艺术感染力。至于海子的《诗人叶赛宁(组诗)之八:醉卧故乡》或许没有他另一些作品有名,但是当我们读到"大地,你先我而醉/你阴郁的面容先我而醉/我要扶住你/大地!"这样的诗句时,我们无论如何也难以对这样的作品无动于衷了。而像王独清的《玫瑰花》、刘梦苇的《铁路行》能够入选,是为了给读者提供新诗史上曾经发生过的有关"纯诗"与"格律诗"诗学实验的一种感性体验。

　　这次修订,我们有幸又重读并比较了诗人的作品,在此基础上尽可能做到使入选作品实至名归,所收作品尽可能不受"诗外"因素的干扰。例如这次删除的有些作品,编委会并未因为作品的鉴赏文章是编委会成员自己撰写而手下留情。即便如此,由于所选诗人与作品总有篇幅的限制,而且篇目的选择既然需要考虑还原历史的真实性、丰富性以及诗人与作品的多样性,也就有一个兼顾不同诗歌样态和多种诗歌鉴赏品味(包括编者自己品味)的平衡甚至妥协的问题,一些优秀的诗人与作品的落选在所难免。

初版本原收诗人250多位,作品530首。这次修订撤下诗人4位,删除作品约100多首,增补诗人50多位,增补作品170多首。《新诗鉴赏辞典》重编本总共选收诗人300多位,作品580多首。我们对《附录》中的《诗人小传》《新诗大事记》和《新诗书目》作了必要的调整与补充。也对初版本的一些错误作了改正。这次《新诗鉴赏辞典》的重编工作得到了许多诗人、专家的积极合作与支持,谨致衷心感谢。对于失误与缺陷,望读者指正。我们在编选重编本的时候,沉痛地发现,近二十年来,不少著名诗人、诗评家相继离开了人世:初版本主编公木先生也已离开了我们。尤其是孙光萱先生,他不仅是初版本的副主编,还是重编本的第一编委,为本书作出了巨大贡献。不幸的是,在重编本即将出版之际,他却因病去世,而不能亲眼目睹它的问世。我们想,在本书将以新的面貌呈现于读者面前的时候,应该就是可以告慰他们的时候。我们希望呈现在大家面前的《新诗鉴赏辞典》重编本不仅能够承续初版本的长处,而且更能够有所发展和超越。

二〇一二年十月

篇目表

胡 适
- 一念 …………………………… 1
- 鸽子 …………………………… 2
- 老鸦 …………………………… 4
- 小诗 …………………………… 5

刘半农
- 相隔一层纸 …………………… 6
- 一个小农家的暮 ……………… 7
- 教我如何不想她 ……………… 10

沈尹默
- 月夜 …………………………… 12
- 三弦 …………………………… 13

鲁 迅
- 梦 ……………………………… 14
- 他 ……………………………… 16
- 人与时 ………………………… 17

周作人
- 小河 …………………………… 19
- 苍蝇 …………………………… 23

康白情
- 草儿 …………………………… 25
- 窗外 …………………………… 27
- 江南 …………………………… 28
- 送客黄浦 ……………………… 30

郑振铎
- 我是少年 ……………………… 33
- 云与月 ………………………… 34

汪敬熙
- 方入水的船 …………………… 37

朱自清
- 黑暗 …………………………… 39
- 赠友 …………………………… 41
- 毁灭 …………………………… 43

郭沫若
- 凤凰涅槃 ……………………… 48
- 天狗 …………………………… 49
- 炉中煤 ………………………… 52
- 地球,我的母亲！ ……………… 54
- 太阳礼赞 ……………………… 60
- 夜步十里松原 ………………… 62
- 天上的市街 …………………… 63
- 春莺曲 ………………………… 65

玄 庐
- 十五娘 ………………………… 69

刘大白
- 田主来 ………………………… 74
- 邮吻 …………………………… 77
- 秋晚的江上 …………………… 78

俞平伯
孤山听雨 …… 80
凄然 …… 82

陆志韦
小船 …… 85
小溪 …… 88

徐玉诺
跟随者 …… 89
故乡 …… 91

刘延陵
水手 …… 93

王统照
长城之巅 …… 95
正是江南好风景 …… 97
铁匠铺中 …… 99

应修人
小小儿的请求 …… 101
妹妹你是水 …… 102
负情 …… 104
到邮局去 …… 105

汪静之
伊底眼 …… 107
无题曲 …… 108

潘漠华
再生 …… 110
离家 …… 112
月光 …… 113

冯雪峰
落花 …… 115
山里的小诗 …… 117
米色的鹿 …… 118

冰 心
繁星（一） …… 120
繁星（四八） …… 121
春水（三三） …… 123
纸船 …… 123
相思 …… 125

宗白华
春与光 …… 126
夜 …… 127

蒋光慈
哀中国 …… 129

成仿吾
序诗 …… 132

瞿秋白
赤潮曲 …… 135

闻一多
太阳吟 …… 137
忆菊 …… 140
口供 …… 144
也许 …… 145
死水 …… 147
心跳 …… 149
祈祷 …… 152
洗衣歌 …… 154

梁宗岱
散后 …… 157
晚祷 …… 158

石评梅
雁儿呵，永不衔一片红叶再
　飞来！ …… 160

李金髮
弃妇 …… 162

里昂车中 ………………… 165
故乡 ……………………… 167
温柔 ……………………… 169
有感 ……………………… 172

徐志摩
雪花的快乐 ……………… 175
沙扬娜拉 ………………… 177
沪杭车中 ………………… 178
残诗 ……………………… 179
变与不变 ………………… 181
半夜深巷琵琶 …………… 182
再别康桥 ………………… 184
我不知道风—— ………… 186
偶然 ……………………… 188

王独清
我从 CAFÉ① 中出来…… 190
但丁墓旁 ………………… 192
玫瑰花 …………………… 194

穆木天
落花 ……………………… 196
流亡者的悲哀 …………… 198
苍白的钟声 ……………… 200
月夜渡湘江 ……………… 203

蹇先艾
春晓 ……………………… 207

滕固
我记起你的一双眼 ……… 208

冯至
我是一条小河 …………… 210
蛇 ………………………… 212
南方的夜 ………………… 213
十四行集(什么能从我身上
　脱落)…………………… 215
十四行集(从一片泛滥无形的
　水里) ………………… 217
给一个战士 ……………… 219

朱湘
答梦 ……………………… 221
采莲曲 …………………… 223
葬我 ……………………… 226
雨景 ……………………… 227

朱大枏
加煤 ……………………… 229

冯乃超
残烛 ……………………… 233
苍黄的古月 ……………… 235

戴望舒
雨巷 ……………………… 237
断指 ……………………… 240
古神祠前 ………………… 243
我的记忆 ………………… 245
深闭的园子 ……………… 248
我用残损的手掌 ………… 249
过旧居 …………………… 251
萧红墓畔口占 …………… 255

胡也频
旷野 ……………………… 257
因我心未死 ……………… 258
秋色 ……………………… 260

石民
黄昏 ……………………… 262

殷夫
别了,哥哥 ……………… 264
血字 ……………………… 267

孙大雨
议决 ·········· 269
诀绝 ·········· 271
纽约城 ·········· 273

方玮德
海上的声音 ·········· 275

于赓虞
影 ·········· 276

刘梦苇
铁路行 ·········· 279

饶孟侃
招魂 ·········· 281

方令孺
灵奇 ·········· 283

林徽因
笑 ·········· 285
别丢掉 ·········· 287
静院 ·········· 289

陈梦家
一朵野花 ·········· 293
雁子 ·········· 294
鸡鸣寺的野路 ·········· 295

臧克家
难民 ·········· 297
老马 ·········· 299
壮士心 ·········· 300
兵车向前方开 ·········· 302
三代 ·········· 303
春鸟 ·········· 304
生命的零度 ·········· 307
有的人 ·········· 311

林庚
风雨之夕 ·········· 314
春天的心 ·········· 315

汪铭竹
法兰西与红睡衣 ·········· 317
大战行进中一插曲 ·········· 319

玲君
公园里的一张椅 ·········· 321
喷水池 ·········· 323

陈江帆
麦酒 ·········· 325
鼠嫁女 ·········· 327

沈紫曼
水的怀念 ·········· 328

吕亮耕
影答形 ·········· 330

罗大冈
无法投递 ·········· 332
珠有泪 ·········· 333

严辰
侧关尼 ·········· 336
雪落满了你黑色的大氅 ·········· 338
星的歌·晨星 ·········· 340

马子华
台城上 ·········· 342

田汉
义勇军进行曲 ·········· 344

光未然
五月的鲜花 ·········· 346

王亚平
灯塔守者 ·········· 347
向日葵 ·········· 349

常任侠
  吴淞 ……… 350
贾 芝
  北海白塔 ……… 353
邵洵美
  季候 ……… 354
何其芳
  预言 ……… 356
  脚步 ……… 359
  欢乐 ……… 361
  花环 ……… 362
  夏夜 ……… 364
  我为少男少女们歌唱 ……… 366
  成都，让我把你摇醒 ……… 367
李广田
  第一站 ……… 371
  地之子 ……… 373
  窗 ……… 375
  秋的味 ……… 377
卞之琳
  古镇的梦 ……… 378
  距离的组织 ……… 381
  圆宝盒 ……… 383
  断章 ……… 385
  第一盏灯 ……… 386
  雨同我 ……… 387
  无题 ……… 388
  尺八 ……… 389
废 名
  街头 ……… 391
  星 ……… 392
  十二月十九夜 ……… 393

蒲 风
  荔枝湾上卖唱的姑娘 ……… 395
温 流
  唱 ……… 397
罗念生
  眼 ……… 399
  时间 ……… 400
金克木
  雨雪 ……… 402
  邻女 ……… 404
侯汝华
  水手 ……… 406
张寒晖
  松花江上 ……… 409
方 敬
  雨景 ……… 411
  背夫 ……… 412
徐 迟
  茗雪的溪水上 ……… 414
  江南 ……… 416
  恋的透明体 ……… 417
李白凤
  小楼 ……… 419
吴秋山
  雪夜 ……… 420
辛 笛
  航 ……… 422
  山中所见——一棵树 ……… 423
  风景 ……… 425
  蝴蝶、蜜蜂和常青树 ……… 426
纪 弦
  火灾的城 ……… 429

二月之窗 ……………………… 430
你的名字 ……………………… 431

番 草
桥 …………………………… 434

苏金伞
夜巷 ………………………… 436
埋葬了的爱情 ………………… 437

南 星
静息 ………………………… 440
寄远 ………………………… 441

王一心
车水 ………………………… 445

胡 风
为祖国而歌 …………………… 447
睡了的村庄这样说 …………… 450

聂绀弩
一个高大的背影倒了 ………… 454

田 间
假使我们不去打仗 …………… 458
坚壁 ………………………… 459
自由，向我们来了 …………… 460

鲁 藜
延河散歌 ……………………… 462
泥土 ………………………… 463
贝壳 ………………………… 464

邹荻帆
走向北方 ……………………… 466
在天池的下面 ………………… 469
乌篷船 ……………………… 471

任钧
警报 ………………………… 473
鲁迅逝世两周年祭 …………… 474

柯仲平
延安与中国青年 ……………… 476

公 木
八路军进行曲 ………………… 479
登雨花台有感 ………………… 481
我爱 ………………………… 483
棘之歌 ……………………… 487

孙毓棠
宝马 ………………………… 489
渔夫 ………………………… 491

俞铭传
隐居者 ……………………… 494

艾 青
透明的夜 ……………………… 496
大堰河——我的保姆 ………… 499
春 …………………………… 504
雪落在中国的土地上 ………… 507
我爱这土地 …………………… 511
手推车 ……………………… 513
鱼化石 ……………………… 515
盼望 ………………………… 517

韩北屏
牧 …………………………… 519
非洲三题 ……………………… 522

曾 卓
门 …………………………… 526
铁栏与火 ……………………… 527
有赠 ………………………… 530
悬崖边的树 …………………… 533
我遥望 ……………………… 534

曹葆华
西北哨兵 ……………………… 536

杜 谷
　泥土的梦 ………………… 537
魏 巍
　午夜图 …………………… 540
　蝈蝈,你喊起他们吧 …… 542
彭燕郊
　殡仪 ……………………… 544
许幸之
　铁蹄下的歌女 …………… 548
穆 旦
　诗八首 …………………… 549
　赞美 ……………………… 555
　裂纹 ……………………… 558
　发现 ……………………… 559
　旗 ………………………… 561
　演出 ……………………… 563
　冬 ………………………… 564
　智慧之歌 ………………… 566
程光锐
　黎明鸟 …………………… 569
丹辉
　五月之夜呵 ……………… 572
陈 辉
　妈妈和孩子 ……………… 574
　姑娘 ……………………… 575
柳 倩
　假如我战死了 …………… 578
商展思
　卷毛芦花马 ……………… 580
蔡其矫
　肉搏 ……………………… 582
　雾中汉水 ………………… 584

双虹 ……………………… 586
祈求 ……………………… 587
波浪 ……………………… 588
高 兰
　哭亡女苏菲 ……………… 591
井岩盾
　磷火 ……………………… 598
黎·穆特里夫
　给岁月的答复 …………… 600
力 扬
　雾季诗抄 ………………… 603
　射虎者及其家族 ………… 605
萧 三
　敌后催眠曲 ……………… 608
阿 垅
　无题 ……………………… 611
　孤岛 ……………………… 612
方 冰
　歌声 ……………………… 615
沙 鸥
　新月 ……………………… 617
鲁 煤
　牢狱篇 …………………… 618
袁水拍
　钉子 ……………………… 621
　理发匠 …………………… 623
李 季
　王贵与李香香 …………… 625
唐 祈
　游牧人 …………………… 627
　老妓女 …………………… 629
　女犯监狱 ………………… 631

杜运燮
- 追物价的人 ………… 633
- 井 ………… 635
- 滇缅公路 ………… 637
- 秋 ………… 641

青勃
- 苦难的中国有明天 ………… 643

林林
- 我得掌握我自己 ………… 645

玉杲
- 大渡河支流 ………… 647

朱丹
- 天与海 ………… 650

陈敬容
- 雨后 ………… 651
- 力的前奏 ………… 653
- 珠和觅珠人 ………… 655
- 山和海 ………… 656

袁可嘉
- 冬夜 ………… 658
- 出航 ………… 661
- 上海 ………… 662
- 母亲 ………… 663

唐湜
- 我的欢乐 ………… 665
- 北戴河 ………… 666

郑敏
- 雷诺阿的《少女画像》 ………… 669
- 心象组诗 ………… 670
- 心象组诗 ………… 672
- 金黄的稻束 ………… 674

杭约赫
- 题照相册 ………… 676
- 启示 ………… 678

徐訏
- 画像 ………… 680

何达
- 我们开会 ………… 682

张志民
- 梦的自白 ………… 684
- 推菜车的人 ………… 686

阮章竞
- 漳河水 ………… 688
- 风沙 ………… 691

覃子豪
- 追求 ………… 693
- 距离 ………… 695

未央
- 祖国,我回来了 ………… 696

杨唤
- 二十四岁 ………… 700

张永枚
- 骑马挂枪走天下 ………… 702

傅仇
- 夜景 ………… 704

郑愁予
- 错误 ………… 707
- 赋别 ………… 708

胡昭
- 军帽底下的眼睛 ………… 710

雁翼
- 在云彩上面 ………… 712

贺敬之
　回延安 …………………………… 715
　桂林山水歌 ……………………… 720
　西去列车的窗口 ………………… 725

戈壁舟
　故乡 ……………………………… 727

吕　剑
　我常常注视着 …………………… 729

乔　林
　白兰花 …………………………… 731

梁上泉
　吻 ………………………………… 734
　月亮里的声音 …………………… 735

闻　捷
　苹果树下 ………………………… 738
　葡萄成熟了 ……………………… 740

白　桦
　轻！重！ ………………………… 742
　情思 ……………………………… 744
　雪 ………………………………… 748

张　长
　失落的笑声 ……………………… 751

饶阶巴桑
　母亲 ……………………………… 752

纳·赛音朝克图
　窗口 ……………………………… 754

铁依甫江
　唱不完的歌 ……………………… 756

郭小川
　望星空 …………………………… 758
　甘蔗林——青纱帐 ……………… 759
　秋歌 ……………………………… 763

　团泊洼的秋天 …………………… 766

绿　原
　又一名哥伦布 …………………… 770
　重读《圣经》 …………………… 773

公　刘
　西盟的早晨 ……………………… 779
　上海夜歌 ………………………… 780
　寄冥 ……………………………… 782

严　阵
　月下的练江 ……………………… 789

田　地
　纸船 ……………………………… 790

痖　弦
　土地祠 …………………………… 792
　秋歌 ……………………………… 794

高　缨
　等待 ……………………………… 796

林　子
　爱情诗十一首 …………………… 798

李　瑛
　哨所鸡啼 ………………………… 801
　黄河落日 ………………………… 803

韩　笑
　登明月峰 ………………………… 805

张天民
　爱情的故事 ……………………… 808

晏　明
　黄山印象 ………………………… 811

沙　白
　水乡行 …………………………… 812
　红叶 ……………………………… 814

魏钢焰
  江南 …………………………… 816
阿 红
  淮河啊 ………………………… 818
林 希
  你曾经是我的舞伴 …………… 821
王尔碑
  南河 …………………………… 824
忆明珠
  墨黑墨黑的小蝌蚪 …………… 827
昌 耀
  峨日朵雪峰之侧 ……………… 830
  回忆 …………………………… 832
  夜行在西部高原 ……………… 834
  致史前期一对娇小的彩陶罐 … 835
金 波
  如果我是一片雪花 …………… 837
张秋生
  爱读诗的鱼 …………………… 839
晓 雪
  秋色赞 ………………………… 840
李学鳌
  太行树海 ……………………… 843
赵瑞蕻
  梅雨潭的新绿（二） ………… 846
巴·布林贝赫
  故乡的风 ……………………… 848
黄 淮
  驼峰 …………………………… 850
王致远
  胡桃坡 ………………………… 852

刘 征
  海燕戒 ………………………… 854
汪承栋
  拉萨河的性格 ………………… 857
古苍梧
  二十五岁见雪 ………………… 859
牛 汉
  悼念一棵枫树 ………………… 861
  我是一颗早熟的枣子 ………… 865
  汗血马 ………………………… 867
罗 青
  水稻之歌 ……………………… 870
  逃狱的月亮 …………………… 871
石 祥
  骆驼草 ………………………… 873
方 含
  谣曲 …………………………… 875
余光中
  碧潭 …………………………… 879
  乡愁 …………………………… 881
  寻李白 ………………………… 883
  民歌 …………………………… 886
洛 夫
  长恨歌 ………………………… 888
  金龙禅寺 ……………………… 895
  边界望乡 ……………………… 896
  与李贺共饮 …………………… 899
彭邦桢
  冬兴四首 ……………………… 902
叶维廉
  箫孔里的流泉 ………………… 904

罗 门
　流浪人 …………………………… 907
　伞 ………………………………… 908
蓉 子
　晨的恋歌 ………………………… 910
周梦蝶
　十月 ……………………………… 912
舒 兰
　瓶竹 ……………………………… 914
柯 岩
　周总理，你在哪里？ …………… 916
　月亮会不会搞错 ………………… 919
廖公弦
　赶场去 …………………………… 921
舒巷城
　山顶缆车 ………………………… 923
管用和
　纤索的歌 ………………………… 924
许达然
　路 ………………………………… 927
韩 瀚
　重量 ……………………………… 928
李发模
　呼声 ……………………………… 929
雷抒雁
　小草在歌唱 ……………………… 932
　雨中谒郑成功墓 ………………… 940
汤世杰
　隧道群 …………………………… 942
刁永泉
　往事与随想 ……………………… 944

夐 虹
　殒星 ……………………………… 945
周良沛
　珍珠 ……………………………… 947
流沙河
　故园六咏 ………………………… 949
　故园六咏 ………………………… 950
朱子奇
　听肖邦的钢琴声响 ……………… 952
顾 工
　回忆像潇潇雨丝 ………………… 955
刘 章
　北山恋 …………………………… 958
食 指
　相信未来 ………………………… 960
　这是四点零八分的北京 ………… 963
北 岛
　回答 ……………………………… 966
　一切 ……………………………… 968
　履历 ……………………………… 970
　古寺 ……………………………… 973
舒 婷
　船 ………………………………… 976
　致橡树 …………………………… 977
　双桅船 …………………………… 980
　神女峰 …………………………… 981
顾 城
　一代人 …………………………… 984
　眨眼 ……………………………… 985
　回归 ……………………………… 986
罗 洛
　给诗人 …………………………… 989

我和时间 …………………… 992
信念 ………………………… 995
赵　恺
第五十七个黎明 ……………… 997
圣　野
磨刀石 ………………………… 1003
张万舒
黄山松 ………………………… 1004
梁　南
野百合花 ……………………… 1006
宫　玺
最后的飞翔 …………………… 1008
丁　芒
江南烟雨 ……………………… 1010
写给当炮兵的儿子 …………… 1011
屠　岸
丁香 …………………………… 1014
冀　汸
回响 …………………………… 1016
韦　丘
焦灼 …………………………… 1019
邵燕祥
沉默的芭蕉 …………………… 1022
青海 …………………………… 1024
致空气 ………………………… 1027
杨　炼
屈原 …………………………… 1030
大雁塔 ………………………… 1031
梁小斌
中国,我的钥匙丢了 ………… 1034
莫文征
海雾 …………………………… 1037

高伐林
燧石 …………………………… 1041
周嘉堤
请为冤者起诉 ………………… 1044
杨　牧
我骄傲,我有辽远的地平线 … 1046
江　河
星星变奏曲 …………………… 1051
柯　原
无题 …………………………… 1054
韩　东
山民 …………………………… 1055
傅天琳
七层塔顶的黄桷树 …………… 1057
红草莓 ………………………… 1060
黄　襄
情歌四章 ……………………… 1062
黎焕颐
赠一个藏族兄弟 ……………… 1065
孙静轩
媚态观音 ……………………… 1067
林　泠
阡陌 …………………………… 1069
杨　山
雨天的信 ……………………… 1070
章德益
我与大漠的形象 ……………… 1072
西部太阳 ……………………… 1074
陈千武
雨中行 ………………………… 1077
刘祖慈
龙湾湖 ………………………… 1078

任彦芳
烈士的眼睛 …………………… 1080
孔 孚
海上日落 …………………… 1081
春风 ………………………… 1082
兵马俑一号坑即景 …………… 1083
李勤岸
夫妻 ………………………… 1084
孙友田
护城河 ……………………… 1086
熊召政
渔暮 ………………………… 1088
吕贵品
流泪的男人和女人 …………… 1090
李 钢
蓝水兵 ……………………… 1093
马丽华
我的太阳 …………………… 1096
张 枣
镜中 ………………………… 1099
深秋的故事 ………………… 1101
王家新
星空：献给一个人 …………… 1104
鱼 …………………………… 1108
芒 克
阳光中的向日葵 …………… 1109
陆 萍
冰着的 ……………………… 1111
戴 天
童诗四帖 …………………… 1113
宋 琳
淘金者与豹 ………………… 1115

致埃舍尔 …………………… 1118
周 涛
这是一块偏心的版图 ………… 1122
王小妮
印象二首 …………………… 1125
一块布的背叛 ……………… 1126
李小雨
红纱巾 ……………………… 1128
陶罐 ………………………… 1132
海 子
女孩子 ……………………… 1135
诗人叶赛宁之六：醉卧
　故乡 …………………… 1137
面朝大海，春暖花开 ………… 1139
吉狄马加
自画像 ……………………… 1141
严 力
还给我 ……………………… 1144
刘畅园
写在抱月湾的信 …………… 1146
宁 宇
倒下的黄山松 ……………… 1148
王辽生
自然之恋 …………………… 1150
刘湛秋
中国的土地 ………………… 1151
木 斧
垂钓 ………………………… 1153
非 马
秦俑 ………………………… 1155
蓬松的午后 ………………… 1157

梅绍静
  三片叶子 …………………… 1158
叶延滨
  唐朝的秋蝉和宋朝的蟋蟀 …… 1160
  驮炭的毛驴走在山道上 ……… 1162
张学梦
  绿灯 ………………………… 1165
陈所巨
  摇篮曲 ……………………… 1167
白　灵
  长城 ………………………… 1168
许德民
  墙 …………………………… 1170
伊　蕾
  黄果树大瀑布 ……………… 1173
于　坚
  南高原 ……………………… 1175
  一只蝴蝶在雨季死去 ……… 1177
  我梦想着看到一只老虎 …… 1179
张　烨
  求乞的女孩,阳光跪在你
  　面前 ……………………… 1180
翟永明
  女人 ………………………… 1181
车前子
  一颗葡萄 …………………… 1184
多　多
  致太阳 ……………………… 1186
  春之舞 ……………………… 1187
席慕蓉
  泪・月华 …………………… 1190
  十六岁的花季 ……………… 1192

李　琦
  雪山 ………………………… 1194
吕德安
  父亲和我 …………………… 1197
桂兴华
  父亲 ………………………… 1199
陆忆敏
  美国妇女杂志 ……………… 1201
芦　萍
  没有靠岸的船 ……………… 1204
欧阳江河
  纸上的秋天 ………………… 1206
  履历 ………………………… 1208
赵丽宏
  帘 …………………………… 1211
向　明
  湘绣被面 …………………… 1213
梦　如
  季节的错误 ………………… 1215
刘向东
  母亲的灯 …………………… 1216
戈　麦
  影子 ………………………… 1219
骆一禾
  黑豹 ………………………… 1220
柏　桦
  家居 ………………………… 1222
朱金晨
  日光浴 ……………………… 1224
西　川
  夕光中的蝙蝠 ……………… 1226
  我跟随一位少女穿过城市 … 1229

林新荣
　初恋 …………………………… 1231
黑大春
　当我在晚秋时节归来 ………… 1233
韩作荣
　纸上的风景 …………………… 1237
朱增泉
　北京猿人头盖骨 ……………… 1239
俞　强
　大地之舷 ……………………… 1241
彭国梁
　茶青色的池塘 ………………… 1243
娜　夜
　幸福 …………………………… 1245
马　非
　雨夜 …………………………… 1246
李天靖
　乌衣巷 ………………………… 1248
柳　沄
　眺望森林 ……………………… 1251

萧　融
　高原牧场 ……………………… 1254
陈东东
　雨中的马 ……………………… 1256
郑小琼
　方言 …………………………… 1257
陈忠村
　大树移植 ……………………… 1259
季振邦
　断桥的苦楚 …………………… 1261
孙　思
　阿炳与《二泉映月》 ………… 1264
黄礼孩
　秋日边境 ……………………… 1267
小　海
　鸟儿的原野 …………………… 1269
余秀华
　我爱你 ………………………… 1270
叶　舟
　怀想 …………………………… 1273

胡　适

【诗人小传】（1891—1962）　原名胡洪骍，字适之，安徽绩溪人。1910年留学美国康奈尔大学、哥伦比亚大学。1917年初在《新青年》发表《文学改良刍议》，提出文学改良主张。1917年7月回国，任北京大学教授。参加编辑《新青年》，提倡白话文，并最早尝试新诗的写作。1923年与徐志摩等组织新月社。1924年与陈西滢、王世杰等创办《现代评论》周刊。1928年后历任中国公学校长、北京大学文学院院长、国民政府驻美国大使、行政院最高政治顾问、北京大学校长。1948年离开北平，后转赴美国。1957年任台湾"中央研究院"院长。一生在哲学、文学、史学、古典文学考证诸方面都有成就。

一　念

胡　适

今年在北京，住在竹竿巷。有一天，忽然由竹竿巷想到竹竿尖。竹竿尖乃是吾家村后的一座最高山的名字。因此便做了这首诗。

我笑你绕太阳的地球，一日夜只打得一个回旋；
我笑你绕地球的月亮儿，总不会永远团圆；
我笑你千千万万大大小小的星球，总跳不出自己的轨
　　道线；
我笑你一秒钟走五十万里的无线电，总比不上我区区
　　的心头一念。
我这心头一念：
　　才从竹竿巷，忽到竹竿尖，
　　忽在赫贞江上，忽到凯约湖边；
我若真个害刻骨的相思，便一分钟绕遍地球三千万转！

选自《新青年》1918年第4卷第1号

在胡适尝试写作的新诗中，有一部分篇章，本身似乎并没有强烈的政治色彩，或没有什么重大的社会思想内容，主要是想从艺术表现方法的角度来探寻新诗写作的新路子，这些作品事实上也的确取得了一定的成功。写于1917年秋冬间的《一念》即属此例，全诗诗体甚为解放，音节也十分自然和谐，在口语化的、近

似散文的句式中,蕴含着诗歌的强烈的音乐节奏感。朱自清在20世纪30年代编选《中国新文学大系·诗集》时把此篇置于卷首,无疑是有艺术鉴赏眼光的。

从诗的序中可以知道,胡适当年在北京寓居竹竿巷,而他家乡有座大山也以竹竿命名。正是这一巧合,使作者发生了某种联想,并尝试用新诗记下来。一般地说,两个地名的巧合,虽然有趣,但毕竟是小事一桩,似乎难以发掘出什么有深意的东西。然而由于胡适是个系统地接受过西洋近代科学知识的学者,所以他能够出奇制胜地运用科学知识来表述作者对于神速的人脑思维的赞颂。

和出奇制胜的诗歌内容相适应,该诗在具体的艺术处理方法上也是别开生面,即先用排比句指出了自然界星球的运转情况,以及新的科学技术产物(无线电波)的速度;更有意思的是,作者在四个排比句中,每句都冠以"我笑你"三个字,这就通过对上述事物的速度的抑中有扬、扬中有抑的揭示,自然地引出了作者对于神速的人脑思维的赞叹:人的"区区的心头一念",远比其他堪称神速的事物更为神速。诗作到这里恰到好处地插入作者对写作此诗动机的说明,并以此作为一个例证:我现住的竹竿巷和家乡的竹竿尖虽然相距几千里,但脑中一闪念就使两者相通。为了进一步说明这一点,作品又举例说:住在北京的我,一闪念同样可以心驰自己曾经留学过的地方——美国康奈尔大学的凯约湖和哥伦比亚大学的赫贞江。本来,该诗完全可以就此打住,然而作者又补了画龙点睛的一笔:其实人脑思维的神速远不止此,"我若真个害刻骨的相思,便一分钟绕遍地球三千万转"。显然,这一句丰富的潜台词至少有这样的内容:人是万物之灵,而人之所以为万物之灵,在于他能思维,而且思维的能量是巨大的,尤其是那些具有独立人格和独立思维能力的人。由于作者思路开阔,摄取意象的角度巧妙,并且十分注意材料择取上的科学性和形象性,这首诗以很小的篇幅包含了相当丰富的思想容量。日本学者青木正儿在论及胡适的新诗时说:"胡适只要作诗,便会闪现西学的新知识,而且具有新鲜气息。"(《以胡适为漩涡中心的文学革命》)这一分析不无道理。

(朱文华)

鸽　子

胡　适

云淡天高,好一片晚秋天气!
有一群鸽子,在空中游戏。
看他们三三两两,
　　　回环来往,

夷犹如意,——

忽地里,翻身映日,白羽衬青天,十分鲜丽!

选自《新青年》1918年第4卷第1号

新诗第一次出现是在《新青年》第4卷第1号上,作者有胡适、沈尹默、刘半农。胡适作四首,第一首便是《鸽子》。因此,这首诗在中国新诗运动史上自有独特的地位。

这首诗写于1917年秋冬间,当时诗人刚从美国留学归来,执教于北京大学。他在北京大学这个新文化运动的大本营里颇有春风得意之感,因为他当时与陈独秀、李大钊等一批新文化运动的其他倡导者相处得很融洽,并且以他们这几个人为中心,团结了一批追随者,致力于新文化运动的深入开展。这首诗正是在这样的背景中写下的,因而该诗的主旨,是将自己以及几位朋友比作自由翱翔的飞鸽,从而表达一种投身于新文化运动的自豪感。

从艺术上来看,这首中国早期新诗的代表作也有很多特色,尤其是它较好地体现了作者本人提出的一套开风气的新诗理论。如胡适曾指出:关于新诗的音节,靠的是"语气的自然节奏"和"每句内部所用的字的自然和谐",平仄并不重要;而用韵方面,可以有多种自由,或"用现代的韵",或"平仄互押","有韵固然好,没有韵也不妨";至于艺术表现方法,则需要用"具体的做法",换言之,"凡是好诗,都是具体的;越偏向具体的,越有诗意诗味。凡是好诗,都能使我们脑子里发生一种或多种——明显的逼人的影像"(《谈新诗》)。对照《鸽子》一诗,正是如此。首先,该诗的音节确实大体上做到了自然和谐,全诗基本上用自然的语气一气贯注下来,相当流畅;其次,该诗注意押韵,且全诗又押同一韵(i),然而诗中用的又是现代韵,也不受平仄限制,这样,全诗既自由地表达了思想,又具有诗歌的音乐感;还有,该诗的主旨(表达新文化运动倡导者的自豪感)虽是抽象的,但作品的确采用了"具体的写法",即把笔墨集中在描绘洁白的鸽子在蓝天中"回环往来,夷犹如意"和"翻身映日"这幅鲜丽的画面上,这就避免了"抽象的题目用抽象的写法"的弊病,也给读者留下了联想和回味的余地。

胡适在尝试新诗写作时,还特别强调"诗体的大解放"。《鸽子》一诗在这方面同样是突出的。全诗六句,每句字数不等,音节数也参差不齐,用韵又随便,语言上又是相当的口语化,总之,它是明显地冲破了旧体诗词格律的束缚。不过,作为中国最早的新诗代表作,《鸽子》一诗(包括《尝试集》中其他一些作品)实际上还留有文言旧诗的若干痕迹,如"夷犹如意"句,就不那么通俗,也不够口语化,甚至全诗还多少受着旧诗词的影响。可贵的是,胡适稍后也看到了这一点:"我现在回头看我这五年来的诗,很像一个缠过脚后来放大了的妇人回头看他一年一年的放脚鞋样,虽然一年放大一年,年年的鞋样上总还带着缠脚时代的血腥气。"(《尝试集·四版自序》)应当说,所谓"缠脚时代的血腥气",那是一种不值得后人苛求反而是应当充分谅解的历史局限性。

(朱文华)

老　　鸦　　　　　　胡　适

（一）

我大清早起,
站在人家屋角上哑哑的啼。
人家讨嫌我,说我不吉利：——
我不能呢呢喃喃讨人家的欢喜!

（二）

天寒风紧,无枝可栖。
我整日里飞去飞回,整日里又寒又饥。——
我不能带着鞘儿,翁翁央央的替人家飞;
也不能叫人家系在竹竿头,赚一把黄小米!

选自《尝试集》,亚东图书馆1922年4版

当新文化运动受到封建旧势力的激烈反抗后,新文化运动的倡导者面临着三条道路的抉择:或是继续斗争,或是偃旗息鼓,或是投向反动阵营。胡适当时在反对封建主义旧思想旧文化传统的问题上是立场坚定、态度坚决的,这首写于1917年12月11日的《老鸦》诗,以老鸦自比,正是明确地宣布了自己的抉择:尽管"人家讨嫌我,说我不吉利",但是"我不能呢呢喃喃讨人家的欢喜"! 也尽管"天寒风紧,无枝可栖",然而"我不能带着鞘儿,翁翁央央的替人家飞;也不能叫人家系在竹竿头,赚一把黄小米"! 很显然,通过这样的诗句,作者进而表达了一种强烈的社会责任感。《老鸦》所呼喊出来的心声,不只是胡适个人的,同样代表着他的朋友们。

这首诗采用"抽象的题目用具体的写法",并有新的特点。这主要表现为全诗通篇用的是象征手法,即以"寓言诗"的形式,把老鸦充分地拟人化,通过老鸦的口吻——内心独白来揭示新文化运动的倡导者们在极为严峻的斗争环境中的思想风貌。唯其如此,这首诗的每一行,就都有着丰富的社会政治内涵。例如起

首的"我大清早起，/站在人家屋角上哑哑的啼"，不仅十分形象地描绘了新文化运动的倡导者们对旧思想旧文化作主动出击的情景，而且还预示了必然产生的思想斗争。所谓"人家讨嫌我，说我不吉利"，则又是表明了当时新旧思想冲突的不可避免性。至于第二节中"天寒风紧，无枝可栖"和"我整日里飞去飞回，整日里又寒又饥"，又显然是隐喻新文化运动的倡导者们斗争生活的艰辛。也正因为有了上述诗句作一种背景的交待，这样，诗中那几句以老鸦的口吻说出来的无限感慨的话，就更富于情感的力量，也足以引起读者的共鸣。

（朱文华）

小　　诗　　　　　　胡　适

开的花还不多；
且把这一树嫩黄的新叶
当作花看罢。

十一，四，十，在天津

选自《胡适手稿》（第十集），台北胡适纪念馆1970年发行

提起胡适的诗歌，人们一般只知道《尝试集》。其实，胡适在1922年3月印行《尝试集》增订第四版后，又陆续写了不少新诗，这些诗作后来还被编成《努力集》《日黄中》《尝试后集》，但这三本集子都没有在其生前公开出版。

胡适编选《尝试后集》时，筛下了76首诗，这些作品直到胡适逝世后才发表。这首《小诗》即是其中之一。

《小诗》是一首名副其实的小诗，短短的三句似乎是信手拈来，却隽永而有哲理性：在一个开风气的时代，先驱者的努力，即使不那么成熟，也自有其特殊的价值和意义。胡适在1921年12月曾写过一首《晨星篇——送叔永莎菲到南京》（收入《尝试集》增订四版），其最末一段是："在这欲去未去的夜色里，/努力造几颗小晨星；/虽没有多大的光明，/也使那早行的人高兴。"这几句话显然可以作为《小诗》的注脚，不过两者相比较，在艺术表现上，似乎还是《小诗》含蓄一些，意境也更深远一些。

在中国新诗发展史上，写"小诗"最早、且是最成功的当然要推冰心。胡适这首《小诗》的写作时间与冰心的《春水》交合，但晚于她的《繁星》。看来，胡适也尝试"小诗"，可能是受了冰心诗作的启迪。不过他的这首《小诗》还是有着他自己的特色。

胡适于1922年3月4日与鲁迅会晤时，鲁迅因"深感现在创作文学的人太

少"而劝胡适"多作文学",当晚胡适在日记中表示:"我没有文学的野心,只有偶然的文学冲动。我这几年太忙了,往往把许多文学的冲动错过了,很是可惜。将来必要在这一方面努一点力,不要把我自己的事业丢了来替人家做不相干的事。"(《胡适的日记》)可以推想,胡适在一个月后写这首《小诗》,大概是对自己的又一次文学冲动的捕捉。

(朱文华)

【诗人小传】

刘半农

(1891—1934) 原名寿彭,改名复,字半农,号曲庵,江苏江阴人。早年积极投身于五四新文化运动,并一度参加《新青年》编辑工作。1920年入英国伦敦大学,1921年转入法国巴黎大学专攻语音学,获法国国家文学博士学位,并被巴黎语言学会推为会员。1925年秋回国,任北京大学国文系教授。1926年夏主编《世界日报》副刊,同年秋任中法大学国文系主任。1929年起历任北京大学国文系教授、北平大学女子文学院院长、辅仁大学教务长、历史语言研究所语言主任等职。早年诗作大多描写下层劳动人民的生活和疾苦。民歌专著《瓦釜集》对民歌形式的利用,作了有益的探索。

相隔一层纸　　　　刘半农

屋子里拢着炉火,
老爷分付开窗买水果,
说"天气不冷火太热,
别任它烤坏了我。"
屋子外躺着一个叫化子,
咬紧了牙齿对着北风喊"要死"!
可怜屋外与屋里,
相隔只有一层薄纸!

1917年10月,北京
选自《新青年》1918年第4卷第1号

新诗运动虽从形式革新入手,但是革新形式的目的当然也是为了能容纳新

的内容。如果说胡适对于新诗运动的贡献主要在于提倡白话入诗与诗体解放,那么刘半农对新诗运动的贡献则在于他能更鲜明地或者说更直接地强调诗的精神的革新。旧诗发展到清末,由于对传统的因循沿袭,诗体的束缚与文言的陈腐已到了十分严重的地步,因此解放诗体、复苏语言的功能便成为迫切的任务。然而,旧诗之所以旧,不仅仅在于形式的保守封闭,还在于内容的陈腐老朽,这就是说,新诗运动必须对形式与内容进行同步变革。刘半农是最早从理论上和实践上关注新诗内容革新的诗人之一。

这首诗在新诗史上的意义,就在于它运用正在尝试着的新诗的形式表达一种新的、体现新的时代精神的内容。刘半农认为:诗贵在一个"真";"只须将思想中最真的一点,用自然音响节奏写将出来便算了事,便算极好";新诗要汲取自《国风》以来的优秀传统,"为野老征夫游女怨妇写照",善于在"社会现象中见到真处"。显然,这首诗明显地借鉴了传统诗歌,尤其是在意念与表现方法上得到杜甫"朱门酒肉臭,路有冻死骨"诗句的暗示与启迪,通过两个反差极大的场景的对比描写,鲜明、具体地揭示了社会不平等现象和贫富的悬殊对立,具有较强的批判性。这首诗还显示了刘半农运用语言的功力。叙事与描写简洁概括,人物的语言鲜明有个性,诸如老爷的语言漫不经心,显示其富贵而傲慢;而叫化子的语言简短有力,节奏突兀,令人感受到他的愤怨之情。整首诗的叙事、人物的语言转换灵活、流畅,并能注意语言的音乐性,在当时一味强调"解放"的风尚下,这是很可贵的。所以周作人评价刘半农说,他是最能驾驭得住白话的人。当然,时人也有评论,说倘若"薄"字不用,诗的煞尾会更和谐更有力,这种看法不无道理。

(张　新)

一个小农家的暮　　　　刘半农

她在灶下煮饭,
新砍的山柴,
必必剥剥的响。
灶门里嫣红的火光,
闪着她嫣红的脸,
闪红了她青布的衣裳。

他衔着个十年的烟斗,

慢慢地从田里回来；
屋角里挂去了锄头，
便坐在稻床上，
调弄着只亲人的狗。

他还踱到栏里去，
　看一看他的牛，
回头向她说：
"怎样了——
我们新酿的酒？"

门对面青山的顶上，
松树的尖头，
已露出了半轮的月亮。

孩子们在场上看着月，
还数着天上的星：
"一，二，三，四……"
"五，八，六，两……"

他们数，他们唱：
"地上人多心不平，
天上星多月不亮。"

一九二一，二，七，伦敦
选自《新青年》1921年第9卷第4号

刘半农在倡导"五四"白话新诗运动中，是一位卓有成效的诗人。他不但运用白话口语，还吸收民歌民谣的语言入诗；他主张"破坏旧韵，重造新韵"；要"增多诗体"；提倡"写真"，写出"思想中最真的一点"。在题材内容上，他提倡多写社会基层，写工农劳动群众的生活和命运，同情并赞赏劳动人民。他常常从劳动者的立足点和具体生活环境落笔,写出了不少备受好评和广为传诵的好篇章,如《叫我如何不想她》《相隔一层纸》《学徒苦》《铁匠》《奶娘》《敲冰》等,包括《一个小农家的暮》,都是具有代表性的新诗佳作,值得新诗史的肯定和传承。

《一个小农家的暮》正是刘半农尝试的众多体裁的一种。此诗虽是作者留学伦敦时所写,但仍真实地写出了他所了解的,并怀有深情厚爱的中国农村景象,可称得上一幅中国农村的风俗画和风情画。

此诗在艺术表现上的基本特点是,不同于直抒胸臆的表现自我,亦不重义理警策,而是全然采取写实主义的白描手法。这种手法有以下几层用心:首先是善于提炼和剪裁,直接截取小农家的一个短小而又完整的生活片断。在一个劳动日的傍晚时分,太阳刚下山,这户农家的女主人在灶间烧火煮饭,农夫从田地上收工回家,坐下,抽烟,逗狗,去栏里看牛,问妻子要尝米酒。然后夜幕降临,月亮升起,孩子们在禾场上仰天数星,唱着儿歌。自始至终,诗篇呈现在读者面前的,全是生活场景,栩栩如生,让人有身临其境之感。其次,不同于抒情诗的直白、自叙,本诗着重写人物,写活动,写细节,写场面。"她在灶下煮饭","嫣红的火光"照映出"她嫣红的脸";"新砍的山柴,必必剥剥的响";他衔着烟斗回来,"屋角里挂去了锄头";"踱到栏里去,看一看他的牛"……以及孩子们数着星望着月,边跳边唱等,都是生动传神、令人过目不忘的细节和场面。透过这种真切的描写,让人感觉出这个家庭里人与人的关系是平等的,互动的,亲密的,和谐的,拥有一份真心实意的忠诚的爱,这就达到了人物刻画的效果。再次,诗人在如实白描的基础上,又精心渲染、烘托出那种动心的、令人陶醉的诗意境界。"门对面青山的顶上,/松树的尖头,/已露出了半轮的月亮。"这是诗,也是画,忽然间冒出的描绘,真是精美绝伦,令人扼腕叹服。

《一个小农家的暮》,显然描画出了诗人心目中理想化的农村。农民凭着辛勤的劳动,自食其力,自给自足,不受压迫和剥削,亦在自然灾害之外,享受安定而又怡然自乐的生活。尽管在当年的中国农村,这等幸运美景,大部分农民是无法享受的。但是,作为诗人,他带着理想成分是无可厚非的,何况诗中还倾注了他对农民的善良的了解和同情,和为农民争取生存与解放的热情。也可以说,诗中提出了中国农民生活的基本要求,这是万千农夫、农妇所乐意看到的。诗的最后二句"地上人多心不平,/天上星多月不亮",这亦暗示了现实社会中并非都是如诗中所写的小农家。

总体说来,这首诗在写工农大众题材、创造新诗体、运用通俗语言等方面,都属开风气之先。在写实主义和艺术表现手法上,亦获得了独特的成功。顺便重提一句,此诗乃诗人 1921 年初创作于异国他乡,由此足见其对故国之念、思乡之情的真切和深厚。

(何佩刚)

教我如何不想她　　　　刘半农

天上飘着些微云,
地上吹着些微风。
啊!
微风吹动了我头发,
教我如何不想她?

月光恋爱着海洋,
海洋恋爱着月光。
啊!
这般蜜也似的银夜,
教我如何不想她?

水面落花慢慢流,
水底鱼儿慢慢游。
啊!
燕子你说些什么话?
教我如何不想她?

枯树在冷风里摇,
野火在暮色中烧。
啊!
西天还有些儿残霞,
教我如何不想她?

1920 年 9 月 4 日,伦敦。
选自 1923 年 9 月 16 日《晨报副刊》

1920年,刘半农赴欧洲留学,致力语言学研究。在新文学运动中他是一员骁将,如今远离燃烧着反封建斗争烈火的故土,成了一名海外游子,感慨颇多,于是举笔写成这首感情深沉的诗作。

诗作发表时标题《情歌》,后改为《教我如何不想她》。据当年与诗人同在欧洲留学,并为这首诗词谱曲的赵元任教授说,诗中的"她",代表当年赵元任和刘半农在国外时日夜思念的祖国。如此看来,这首诗是诗人爱国之情的真切流露,而并非是一首如常人所理解的思念情人的情诗。

刘半农作诗的路子很宽,他主张形式可以通过"输入"与"自造"。他是最早提倡向歌谣汲取营养并获得实绩的诗人之一,这首诗便积极地借鉴了歌谣表现技巧的某些长处。诗共四节,每节开头都汲取了歌谣中最常用的"比兴"的手法,通过对某种景致的描写,借景传达诗人的意图,都是为了渲染、烘托"教我如何不想她"的内涵。在第一节中,微风、微云作为一种起兴,如同江河、明月一样,多为诗人创造的用以暗示思乡之情意境的一种媒介。微风、微云在情境上对应着淡淡的思乡之情的苦涩,作为全诗的开头颇为贴切。

接着,诗人通过对月光与海洋契合无间、依傍难分的情状的拟人化的描述,极富联想地将诗人内心那种缠绵不舍、依恋难分的思绪表达出来,从而生动地创造出一个在"蜜也似的银夜"下苦恋的意境。而水上浮花、河底游鱼,这两组意象本身就含有飘忽不定、孤苦无告的象征意义,而"慢慢"作为一种时间量,强调的是其反衬意义:诗人情思的急切感和思念不成的无可奈何之状。终于,诗人连传递家乡信息的燕子的言语也没有听清楚,这就更加深了诗人的失落感!第四节"枯树""野火"两句对得很有特色。从意义上说,"冷"对"热",是诗人思念之情的两个层次,即苦闷与焦灼;两者相辅相成,互为烘托。把残霞比喻成野火而不是烈火,也很有理趣。野火比烈火更符合诗人作为游子的身份;同时,野火也容易使人联想到春风,因此它多少寄寓了诗人的一些希冀。整首诗意境氛围由淡而浓,情感节奏由轻而重,从而使内容主旨由浅入深。

同时,这首诗注意到听觉形象的要求,形象生动鲜明,语言通俗简洁,节奏流畅,体式整齐,很适宜谱曲。这无疑对新诗形式的探索具有相当的启发性。

(张 新)

【诗人小传】

沈尹默

（1883—1971） 原名君默，字秋明、瓠瓜，浙江吴兴（今湖州）人。早年留学日本，毕业于京都帝国大学。归国后历任浙江高等师范学校教员、北京大学教授、河北省教育厅长、北平大学校长、北平女子文理学院院长等职。新中国成立后任中央文史馆副馆长、上海市中国书法篆刻研究会主任等职。新文化运动时期参加过《新青年》编辑工作，发表过白话诗。著有《秋明室杂诗》《秋明长短句》等。

月　夜

沈尹默

霜风呼呼的吹着，
　　月光明明的照着。
我和一株顶高的树并排立着，
　　却没有靠着。

1917

选自《新青年》1918年第4卷第1号

沈尹默是我国现代新诗的开拓者之一。1918年元月，《新青年》第4卷第1号发表了他的三首诗，即《鸽子》《人力车夫》和《月夜》。后来，他的《月夜》和《三弦》，一直是人们称道的好诗。康白情说"第一首散文诗，而具备新诗美德的是沈尹默的《月夜》"，并认为此诗"只可意会而不可言传"。足见它一开始发表，就引起了诗界的注意。

此诗写的是一个冬夜，北风呼啸，寒霜浓重；明月高照，冷气袭人。环境是萧森的，人物是孤独的，正好反映了"五四"运动之前的一个社会侧面——半封建半殖民地中国的某种社会相。面对这样的人世，这样的处境，诗人表现了独立不倚的坚强性格和奋斗精神：与高树并排立着，而不是靠着。在严寒下不妥协，在孤独中不退缩，这正显示出"五四"前夕一代青年的个性觉醒。追求人格独立，追求思想自由和个性解放，进而唤起国人的觉醒，民族的觉醒，乃是那时先进青年的奋斗目标。

这首诗形象鲜明，有强烈的自我意识，从而表现了个性的复苏和自主精神的增长。当时的中国，虽然经过了辛亥革命，已经推翻清王朝，但仍然处在北洋军阀的封建统治下，广大群众并没有真正觉醒。封建愚昧、锁闭保守仍旧严重地戕害着我们的民族。因此，唤起自由思想和个性意识，实在是太重要了。沈尹默所在的北京大学，就是这种民主思想的摇篮；他所参与的《新青年》，则是提倡新文化运动，推进新文化运动的旗帜。《月夜》中表现的摆脱传统思想的束缚，独立奋进的精神和个性解放的思想，正是大时代潮流中激起的一朵浪花。

简洁、含蓄的意境是这首诗在艺术上的突出特点。四句诗含义很广，没有半个字的说教；简炼的白描手法却分明地显示了在寒风中卓然独立的意象，传神写意，颇有韵致。这是该诗的巧妙处，也是诗人的独到处。沈尹默有较深的家学渊源，谙熟旧体诗词，并善于吸取其高明的艺术表现手法，清新质朴，含而不露；重意境，重气质，于细微中见精神。《月夜》一诗，就是一个典型的例证。（刘扬烈）

三　　弦　　　　　　　　沈尹默

中午时候，火一样的太阳，没法去遮拦，让他直晒着长街上。静悄悄少人行路；只有悠悠风来，吹动路旁杨树。

谁家破大门里，半院子绿茸茸细草，都浮着闪闪的金光。旁边有一段低低土墙，挡住了个弹三弦的人，却不能隔断那三弦鼓荡的声浪。

门外坐着一个穿破衣裳的老年人，双手抱着头，他不声不响。

选自《新青年》1918年第5卷第2号

全诗分为三小节，每一节都是一幅画。三小节诗依次清晰地表现为远景、中景、近景，从而又共同组合成有层次、有意境、逼真浑融的完整画面。

作者先描画的远景，重点突出了"中午时候，火一样的太阳"和"少人行路"的长街，强烈的日照，无人的街道，使画面显示出独特的静感。当然，这种静感与很多诗文中描写的"静夜"截然不同，夜晚的静，往往清冷恬淡，而《三弦》中夏日正午的"静"却反射出一种灼热感，使人觉得沉闷。在这般沉寂的背景中，唯有三弦的声浪在断墙颓垣边鼓荡，使原先那种寂寞、烦闷感又平添几分沉重。这便是作者在第二小节诗中所渲染的一种气氛。在这一节诗中，作者并没具体描绘三弦的弹奏者，而旨在表现三弦的声响与节奏，然而，就在这一静一动之中，画面与音响交融一体，互为映衬，奠定了诗的整体格调。虽然在这第二小节诗中，也有"绿茸茸细草"、"浮着闪闪的金光"，似乎透出几分自然的生机，但终究抵不住鼓荡着的三弦声浪。诗的第三小节正表现了这种情景。作者用特写的方式,描画了一个身穿破衣、双手抱头、不声不响的老人,他的面貌、神情虽不可见,然而他的动作、姿态却表明那声声拨动的"三弦",正激起他心中的共鸣,并表现出他内心的孤寂与沉痛。这一幅以人物为主角,以景物、音响为背景的图画,真实地表达出当时社会人生的一个侧面,将古老的中国北方城镇的衰老与没落描画得极为传神,整幅画面意象苍老、破败,情绪低回沉重而又焦躁,思想却深远地蕴藏着,作者似乎在表现一种世道没落的情怀,又似乎在作一种人道主义的感叹。

这首诗由三弦的乐音中缓缓吐出,诗中用了一连串声母均为d、t的字,用以模写三弦的声音,又把四声参错杂用,更显出三弦声的抑扬顿挫。《三弦》虽是新诗,却也采用了旧体诗词的表现方法,运用双声叠韵来帮助音节的和谐,造成有韵味的音乐效果。这首新诗在继承发展我国古典诗词描绘音乐的优良传统并有所革新创造方面,也作出了可贵的探索与尝试。还应指出的是,《三弦》中所用的白话,白得彻底,但决不粗俗,这在那个时代,实为难能可贵。

此诗用了散文体的形式,然而读了只觉得是诗,正如茅盾所指出的是:"比我们常见的分行写成长短一样的几行而且句末一字押韵的诗更'诗些'的。"(《论初期白话诗》,载《文学》第八卷第一期)

(漆 瑗)

【诗人小传】

鲁 迅

(1881—1936) 原名周树人,字豫才,浙江绍兴人。1902年去日本学医。1909年回国,先后在杭州、绍兴、北京等大中学校执教。五四运动前后,参加《新青年》杂志的工作。1926年8月到厦门大学执教,1927年又到中山大学执教。1927年10月到上海定居。从五四时期开始积极参加新文化运动,后又参加革命文艺运动,成为中国文化革命的伟人。早年写有新诗,此后主要从事小说和杂文的写作,并取得很高的成就。

梦 鲁迅

很多的梦,趁黄昏起哄。

前梦才挤却大前梦时,后梦又赶走了前梦。

去的前梦黑如墨,在的后梦墨一般黑;

去的在的仿佛都说,"看我真好颜色。"
颜色许好,暗里不知;
而且不知道,说话的是谁?

暗里不知,身热头痛。
你来你来!明白的梦。

选自《新青年》1918年第4卷第5号

  1918年5月,鲁迅在《新青年》上发表新文学史的第一篇白话小说《狂人日记》的同时,还发表了白话新诗《梦》《爱之神》《桃花》等三首,接着又发表了《他们的花园》《人与时》等几首。鲁迅说他是"不喜欢做新诗的","只因为那时诗坛寂寞,所以打打边鼓,凑些热闹;待到称为诗人的一出现,就洗手不作了"(《集外集·序言》)。"打打边鼓"之说,自然是鲁迅自谦之词。但以后鲁迅致力于小说、杂文的写作,很少再写新诗,确系实情。这不多的几首诗,在五四时期,对新诗的发展也确是起了"打打边鼓"的作用。

  在《梦》这首诗中,鲁迅以"梦"的意象来表达自己的一些想法。人们做梦这一心理现象,总是发生在睡眠之时。但诗中却说,在"黄昏"时候,"很多的梦""起哄"。这里说的"黄昏",显然不是指日落黄昏的时候,而是指特定的历史时期;所谓"梦",也不是指心理现象的"梦",而是指一种憧憬、一种希望、一种理想。鲁迅说他青年时候就曾经"做过许多好梦",比如去日本学医,就做过治病救人或在必要时去当军医这样"很美满"的"梦";稍后弃医从文,筹办《新生》时,又与几个朋友做着"纵谈将来的美梦"(《呐喊·自序》)。然而,这些"梦"都没有成为现实。这首诗里所说的"梦"的含意正在于:在那"风雨如磐"的黑暗年代,各种各样的人,做着各种各样的"梦":什么"钩爪锯牙"呀,"制造商估立宪国会"呀,"反清革命""恢复汉官威仪"呀,等等。这一个又一个的"梦",不是"黑如墨",就是"墨一般黑",没有什么不同。"去的"或"在的""梦"都说自己"真好颜色",都是"好梦"。或许真的是这样,但在黑暗中又怎么辨别得清楚呢?甚至是什么样的人在吹嘘自己的"好梦"也不容易弄清楚。这里的言外之意是:过去的就让它过去吧!这是对过去的彻底否定。

  结尾两行,是这首诗的主旨所在:身处黑暗中,什么都看不见,就像在"没有窗户"的"铁屋子"里,"身热头痛",快要被闷死了。然而,诗人已敏感到:"时候已是二十世纪了,人类眼前早已闪出曙光。"(《坟·我之节烈观》)呼唤"快来快来,明白的梦"，正是诗人对光明的热切期待。

以"梦"作为意象，既有具体的感性形式，含蓄但不是朦胧；又有理性内容，直白但不是说教。这就是这首诗的主要特色。

（邵伯周）

他

鲁迅

一

"知了"不要叫了，
他在房中睡着；
"知了"叫了，刻刻心头记着。
太阳去了，"知了"住了，——还没有见他，
待打门叫他，——锈铁链子系着。

二

秋风起了，
快吹开那家窗幕。
开了窗幕，会望见他的双靥。
窗幕开了，——一望全是粉墙，
白吹下许多枯叶。

三

大雪下了，扫出路寻他；
这路连到山上，山上都是松柏，
他是花一般，这里如何住得！
不如回去寻他，——阿！回来还是我家。

选自《新青年》1919 年第 6 卷第 4 号

鲁迅是旧体诗名家。"五四"时期，为了推动新诗运动的发展，他也创作过虽然为数不多，但无论思想内容，还是艺术表现，都颇具特色的新诗。这首《他》便是其中之一。

这是一首颇具特色的爱情诗。"五四"之前，汉字中没有表示女性的"她"字。刘半农 1920 年 6 月 6 日所作的《她字问题》一文主张创造"她"字，作为"第三位阴性代词"。刘半农的这一主张，后来得到文化界的认同。从此，女性用"她"字来表示。这首《他》发表于刘半农这一提议一年多前。细读全诗，诗中的"他"，当

是女性。

全诗分为三节,抒写"我"从夏到冬对意中人"她"的思念与寻找。

首节表现夏季对"她"的关心、思念,一心想见"她"的强烈愿望。诗人抓住富有夏季特征的事物,表现自己对"她"的关心。从开头两句可以看出,"我"家与"她"家相隔不远,"我"对"她"的生活习惯是相当了解的。或许,时间正是午后,"她"正午睡,所以抒情主人公呼唤"'知了'不要叫了",但知了哪里知道"我"的愿望呢,自然叫个不停,因而"我""刻刻心头记着",担心知了的叫声影响了"她"的休息。这样一直从午后到日落西山,连不知疲倦的知了也停止了叫声,"我"还没有见"她"。想到打门叫"她",但是,"锈铁链子系着"。从诗人精心创造的"锈铁链子"这一意象,可见"她"家是一个破落的封建家庭。出身于这种封建家庭的青年女子,自然被封建礼教束缚着。要冲破封建礼教的束缚,那是困难重重的。

诗的第二节,抒写"我"秋天仍未见到"她"的失望情绪。夏天未见到"她",一到秋天,"我"自然想尽早见到"她",希望"她"家"开了窗幕,会望见他的双靥",但事与愿违,"窗幕开了",却"一望全是粉墙","我"的失望情绪是可想而知的,所以这节以"白吹下许多枯叶"作结。

第三节写冬天"我"去寻找"她"而未得的失落情绪。如果说前两节是写"我"强烈的盼望见"她"的主观愿望,那么,经过从夏到秋的漫长时间里,一直未能见到"她",这一节是写"我"由见"她"的愿望落实到寻"她"的行动——"大雪下了,扫出路寻他",但花一般的"她",难以住在全是松柏的山上。正当"我"急切地一心想回去寻"她"时,猛然间,发现"回来还是我家"。诗篇至此,戛然而止,真切地抒写了"我"追求爱情而不得的失望、失落情怀。

这首诗表现了"我"对爱情的执著追求与追求爱情而不得的失望情绪,感情的抒发既真挚,又自然,因而具有感人的艺术力量。这种执著追求爱情的行为,在封建礼教像"锈铁链子系着"一般束缚广大男女青年的五四时期,无疑具有强烈的反封建意义,这就使这首诗具有了"五四"的时代精神。

这首诗的语言平易朴素、清新自然,构思精巧而不露斧凿的痕迹。第一节"睡着""记着""系着"三个"着"字同韵相押,第二节"靥""叶"押韵,第三节"他""柏""家"押韵。各节押韵,节与节自然换韵,音韵和谐,增强了诗的音乐美感。

(潘颂德)

人 与 时　　　　鲁迅

一人说,将来胜过现在。

> 一人说,现在远不及从前。
>
> 一人说,什么?
>
> 时道,你们都侮辱我的现在。
>
> 从前好的,自己回去。
>
> 将来好的,跟我前去。
>
> 这说什么的,
>
> 我不和你说什么。

选自《新青年》1918年第5卷第1号

"五四"时期的一些新诗人,都曾"尝试"过哲理诗,如胡适的《威权》。这首《人与时》也可说是鲁迅写哲理诗的一种"尝试"。

在诗中,鲁迅把"现在"这个抽象的时间概念拟人化,使之具有人的品格,他以"我"的口气评论三种人对"我"——"现在"的三种不同态度,借以表达三种不同的见解:一种人认为,"将来胜过现在",一种人认为"现在远不及从前",一种人说"什么",就是没有明确表示自己的看法。"我"认为这三种看法都"侮辱"了"我的现在"。至于原因,诗人没有具体说明。但只要联系诗人的一些杂文来看,是不难理解的。

鲁迅是一向不满现实的黑暗而寄希望于将来的。他相信"将来必胜于过去,青年必胜于老年"。他认为"多有不自满的人的种族,永远前进,永远有希望";他鼓励人们努力去"战取"将来的光明。但鲁迅寄希望于将来,却从不忘记"现在",而是执著现在的。他说:"杀了'现在',也便杀了将来,——将来是子孙的时代。"(《热风·随感录五十七·现在的屠杀者》)在鲁迅看来,要战取将来的光明,必须从"现在"出发。如果脱离"现在"的实际而空想将来,那只是一种虚无飘渺的空想、幻想,不足取的。说"现在远不及从前",显然是复古主义思想的表现。复古主义者总是留恋"逝去的岁月"的,他们念念不忘"祖传""老例""国粹",在他们看来,"只要从来如此,便是宝贝"。他们对于新思想、新事物,总是这也看不惯,那也不满意,甚至抱敌视态度。所以说"现在远不及从前"这种话,就是"侮辱""现在"。至于说"什么"的人,就是对"什么"都不关心的糊涂虫:既麻木不仁,看不到"现在"的黑暗;又鼠目寸光,看不到将来的光明,他们总是因循守旧,不图改革的。

对于这三种不同思想的人,"我"采取不同的态度:对那种认为"现在远不及从前"的人,就请他"自己回去",也就是"仰慕往古的,回往古去罢"(《华盖集·杂感》)。说"将来好的"人,还有着向往将来的一面,所以请他"跟我前去",共同战取光明。至于只说"什么"的糊涂虫,就没有什么好说的了,让他去罢。

　　用拟人化手法把抽象的时间观念具象化,借以表达诗人自己的见解,鼓励人们执著现在,努力战取光明的将来,就是这一首诗的立意所在。　　(邵伯周)

【诗人小传】

周作人

(1885—1967)　原名櫆寿,后改名槐树、遐寿,字起孟、启明,号知堂。浙江绍兴人。1901年入南京江南水师学堂管轮班学习。1906年赴日本留学,1911年回国。1917年到北京,任北京大学教授等职。五四时期参加过新文化运动,并参与筹组文学研究会。1937年抗战爆发后,曾任伪华北教育总署督办、汪精卫南京政府国府委员、日伪华北综合调查研究所副理事长。抗战胜利后,以汉奸罪被国民党政府逮捕。1949年1月出狱。新中国成立后居家从事翻译与写作。作品以散文为主。

小　河

周作人

　　有人问,我这诗是什么体,连自己也回答不出。法国波特来尔(Baudelaire)提倡起来的散文诗,略略相象,不过他是用散文格式,现在却一行一行的分写了。内容大致仿那欧洲的俗歌;俗歌本来最要叶韵,现在却无韵。或者算不得诗,也未可知:但这是没有什么关系。

　　一条小河,稳稳的向前流动。
　　经过的地方,两面全是乌黑的土,
　　生满了红的花,碧绿的叶,黄的实。
　　一个农夫背了锄来,在小河中间筑起一道堰,
　　下流干了;上流的水,被堰拦着,下来不得:
　　不得前进,又不能退回,水只在堰前乱转。
　　水要保他的生命,总须流动,便只在堰前乱转。
　　堰下的土,逐渐淘去,成了深潭。
　　水也不怨这堰——便只是想流动,
　　想同从前一般,稳稳的向前流动。

一日农夫又来,土堰外筑起一道石堰。

土堰坍了:水冲着坚固的石堰,还只是乱转。

堰外田里的稻,听着水声,皱眉说道,——
"我是一株稻,是一株可怜的小草,
我喜欢水来润泽我,
却怕他在我身上流过。
小河的水是我的好朋友,
他曾经稳稳的流过我面前,
我对他点头,他向我微笑,
我愿他能够放出了石堰,
仍然稳稳的流着,
向我们微笑:
曲曲折折的尽量向前流着,
经过的两面地方,都变成一片锦绣。
他本是我的好朋友,——
只怕他如今不认识我了;
他在地底里呻吟,
听去虽然微细,却又如何可怕!
这不像我朋友平日的声音,
——被轻风挽着走上沙滩来时,
快活的声音。
我只怕这回出来的时候,
不认识从前的朋友了,
便在我身上大踏步过去:
我所以正在这里忧虑。"
田边的桑树,也摇头说,——
"我生的高,能望见那小河,——
他是我的好朋友,

他送清水给我喝,
使我能生肥绿的叶,紫红的桑葚。——
他从前清澈的颜色,
现在变了青黑;
又是终年挣扎,脸上添出许多痉挛的皱纹。
他只向下钻,早没工夫对了我点头微笑,
堰下的潭,深过了我的根了。
我生在小河旁边,
夏天晒不枯我的枝条,
冬天冻不坏我的根,
如今只怕我的好朋友,
将我带倒在沙滩上,
拌着他卷来的水草。
我可怜我的好朋友,
但实在也为我自己着急。"

田里的草和虾蟆,听了两个的话,
也都叹气,各有他们自己的心事。

水只在堰前乱转;
坚固的石堰,还是一毫不摇动。
筑堰的人,不知到那里去了?

选自《新青年》1919年第6卷第2号

　　《小河》写作于 1919 年 1 月,正是白话诗创作方兴未艾之时。它的发表给新文学带来不小的震动,胡适曾称它为"新诗中的第一首杰作"(《谈新诗》)。朱自清更是称赞它"融景入情,融情入理"(《〈新文学大系·诗集〉导言》)。但以后随着作者在敌伪时期的变节,也随着后来者艺术鉴赏趣味的改变,对这首诗的批评愈见增多。也许批评中掺杂了一些非诗因素,因此许多批评未必中肯。平心而论,《小河》确是新文学初期的新诗代表作之一。

　　诗的小序,透露出作者在创作准备时,已经融入了波德莱尔的影响,其表现为两点：第一，诗的形式是散文诗，不过是用分行的手法来写，但构思布局和语言特点都是散文化的；第二，在创作手法上，它是象征的、隐喻的，在小河的意象背后包容了诗人对西方现代思潮的理解。

因为是散文诗，所以它无韵，完全摆脱了旧体诗形式的束缚，换上明白达意的口语，形同散文。如果以抒情诗的要求来读它，难免觉得它在语言上的稚拙和不精炼，或者冗长。但它传达出来的，确实是诗的语言。它在亲切、朴素和细腻的文本形式下包含着两层意义：一是对具体意象的细密观察，描绘出小河流动受阻后的各种景象，以抒写个性要求发展的情怀，——也即朱自清所说的"融景入情"；二是更深入一步，借各种生物之口，诉说出它们对小河受阻后的同情、悲哀以及恐惧，曲折地表达了对生命力的复杂理解——也即"融情入理"。这首诗通篇没有说教的痕迹，始终围绕具体的意象，以描摹和象征的结合，显示了传统旧体诗词的程式化语言所无法表达的优越性。

文本的双重意义决定了小河的象征具有多层内涵。诗的前半部分是写一条小河在生满"红的花，碧绿的叶，黄的实"的两岸中间"稳稳的向前流动"，描绘出小河流动时生机盎然的常态画面。但是"一个农夫背了锄来，在小河中间筑起一道堰"，使小河"不得前进，又不能退回，水只在堰前乱转"，展开了对堰冲击的斗争。然而，河与堰并非有什么宿怨，"水也不怨这堰——便只是想流动，/想同从前一般，稳稳的向前流动"。这个假想反映了五四时代的人道主义思潮对作者的影响：一切都只是按着本性而行动，而发展，有所障碍，便去竭力排除，但排除它的目的只是为了进步和发展，并不是为了损害他人。作为筑堰堵水者的农夫也是个面目不清的形象，他为何一再筑堰，阻挠水流？诗中未加说明，也无须说明，它不过是象征了社会上一种妨碍个性发展的人为势力而已。

诗的后半部分从第十三行开始，叙事视角改变了。原先作为叙事者角色的作者退入了幕后，却出现了河、堰双方搏斗时作壁上观者——稻、桑、草和虾蟆们的对话，描绘出它们对于被囚住的河水的复杂感情。它们都是小河的"好朋友"，对小河的被阻怀着同情，它们对小河的生命力在石堰的囚阻下渐渐萎顿报以同情，但这种同情下面，它们又抱着深深的顾虑和畏惧。它们凭着本能的敏感担心着，小河的生命力得不到正常的流动后，会积聚起巨大的破坏因子，一旦冲出堰堤，就会发生可怕的后果。

诗的后半部分中，小河的意象内涵已经发生了变化。它展示出作者对它相当复杂与深刻的理解力。如果用中国传统思维习惯来解释这首诗，小河的意象自然会使人联想到"防民之口,甚于防川,川壅而溃,伤人必多"和"载舟覆舟"之类的古训,于是就得出作者对革命感到忧惧的结论。其实,在"五四"一代的知识分子中,对河流的意象已经赋有新的、来自西方的象征意义:暗示生命力的冲动,这概念来自柏格森的学说。罗曼·罗兰在《约翰·克利斯朵夫》中写下著名的开篇第一句:"水声浩荡",已开先河。生命力的困顿和受压抑,反使破坏力量因此而积聚,一旦冲破理性的堤防,将会是玉石俱焚、难以收拾。这种想法与当时刚刚传入中国学界的弗洛伊德学说显然是有关的。——柏格森+弗洛伊德,正是日本文艺理论家厨川白村的名著《苦闷之象征》带给中国知识分子的礼物。周作人当然不会例外。更何况他写《小河》的前后,正在起劲地读弗洛伊德、卡彭德和蔼理斯的书。联系全诗看,小河的象征由"个性"转到"生命力"再进而暗示出关于弗氏"潜意识""伊德"之类的理解,正表现出五四新诗与世界思潮同步的知识构造与开阔境界,这也正是深得其意的郑振铎在1935年时还说《小河》至今"却终于不易超越"(《〈中国新文学大系·文学论争集〉导言》)的含义所在。

(陈思和)

苍 蝇　　　　　周作人

　　我们说爱,
爱一切众生;
但是我——却觉得不能全爱。
我能爱狼和大蛇,
能爱在山林里的猪。
我不能爱那苍蝇。
我憎恶他们,我诅咒他们。
大小一切的苍蝇们,
美和生命的破坏者,
中国人的好朋友的苍蝇们啊!
我诅咒你的全灭,
用了人力以外的
最黑最黑的魔术的力。

一九二一年四月十八日
选自《雪朝》,商务印书馆1922年版周作人一向承认他身上藏着两个鬼：流氓鬼和绅士鬼。所谓"流氓"，指的是他敢于同封建传统思想捣乱，反抗现有的社会秩序；所谓"绅士"，可以说是中国传统士大夫文化在他身上的复生，使他逐渐生成清闲、平和与冷漠的心境。30年代以后的周作人的作品，多以绅士气为代表风格，然而在"五四"初期，他却实在是凌厉浮躁，叱咤风云过一阵子的，那些充满流氓气的作品便是证明。

　　《苍蝇》正是这样一首好斗的流氓气作品。写这首诗的时候，诗人因病住院，心境多少有些浮躁，他从诅咒开始，开宗明义地宣告了与苍蝇不共戴天的仇恨。这种态度自然与讲究博爱的谦谦君子风度相抵触，故而他率先排列出狼、大蛇和林里的猪为例，表明自己并非不宽厚，——以狼之凶残、蛇之阴毒和野猪之贪婪，已经够得上但丁笔下的狮、豹、狼的形象了，但作者以为尚且可以去爱，唯独苍蝇不仅是不能施之于爱，而且还要"用了人力以外的，最黑最黑的魔术的力"来诅咒它的灭亡。这种坚决的不妥协立场，倒是与鲁迅在《二十四孝图》中对反对白话者的强烈诅咒相近似。

　　从表面上看，诗人恨苍蝇只是因为接受了科学的洗礼，知道它能够传染病菌，因此对这种飞虫有着恶感。其实在诗的后半部分，隐隐地流露出他真正的攻击目标。当他诅咒苍蝇为"美和生命的破坏者"时，还可以理解为诗人病中的嫉世愤俗心情，然而紧接着一句"中国人的好朋友的苍蝇啊"，则点出了苍蝇作为愚昧、落后、不文明的社会环境的产物，他已经把苍蝇视作为中国旧文化的代表者了。唯有把苍蝇放在这样一个文化背景下，我们才能真正地把握诗人的那种激愤之情，也才能理解周氏兄弟在新文学初期同享盛名的原因所在。

　　无论在中国还是在西方，古典文人对苍蝇似乎都无恶感，歌之咏之者甚多，日本俳句诗人小林一茶甚至在诗中呼道"不要打哪，苍蝇搓他的手，搓他的脚呢"，颇有温馨的感情色彩。周作人终究是博学，对于这些咏蝇的文学作品亦是熟如指掌，当他读着这一句诗时，常常会想起自己的诗而觉得惭愧，以为自己的心情总不能达到那炉火纯青的一步，——当周作人把这些心境写进文章里时，已是1924年了，比写《苍蝇》迟了整整三年，由此也表明他身上的绅士气已经抬头，并终将要战胜他的流氓气。

（陈思和）

康白情

（1898—1968）　字洪章，四川安岳人。早年在北京大学求学。1918年参加少年中国学会。同年与傅斯年、罗家伦、俞平伯等组织新潮社，同时开始新诗创作。1920年大学毕业后留学美国加利福尼亚大学。诗作题材广泛，富于激情，提倡以散文入诗，不加修饰，具有明快、朴实、自然的艺术风格。

草　儿

康白情

草儿在前，
鞭儿在后。
那喘吁吁的耕牛，
正担著犁鸢，
眙着白眼，
带水拖泥，
在那里"一东二冬"地走着。

"呼——呼……"
"牛吧，你不要叹气，
快犁快犁，
我把草儿给你。"

"呼——呼……"
"牛吧，快犁快犁。
你还要叹气，
我把鞭儿抽你。"

牛呵！
人呵！

草儿在前，
　鞭儿在后。

1919年2月1日，北京
选自《草儿》，亚东图书馆1922年版

　　江南的春天，农民忙着春耕，乃是年年习见的景象。诗人不实写景色，而以"草儿"为题，这就另有一番意味。牛食草耕地，生产出供给人食用的稻粱菽麦。牛在为了人类的生存而耕耘的景况又是怎样的呢？"草儿在前，鞭儿在后"，诗以这两句开头，使人感到牛的辛苦拉犁，可怜而又悲壮：生存的欲望在前，人的威逼在后；草儿对它是一种引诱，鞭儿对它是一种威胁，它拉着沉重的犁，喘吁吁地，"睇着白眼，/带水拖泥，/在那里'一东二冬'地走着"。它走得动得走，走不动也得走，在后面挥着鞭儿赶它的人只是叫着："快犁快犁，/我把草儿给你"，甚至不准它叹一口气："你还要叹气，/我把鞭儿抽你。"动物世界中，牛是最能负重、最忠厚老实的动物。牛是农民的好帮手，它在人的世界里的境遇却是如此！

　　诗中所写，仅是为牛而悲叹吗？不，诗人其实倒是在为那挥着鞭儿赶牛的人而悲叹。中国的农民，他们是人的世界里的牛，牛的形象就是农民的形象，牛的境遇和命运，也是中国农民的境遇和命运。他们一年到头只是艰辛地劳作，吃的是"草"，得到的是"鞭子"的抽打。一年复一年，一代又一代，中国的农民就那样"担着犁鸢，睇着白眼，带水拖泥"，在中国广漠的田野上"一东二冬"地艰难劳动着，生活着。《草儿》用语虽简，表现的东西却远远超过我们从文字表面所见到的春耕场景。

　　"五四"时期的新诗人中，关心农民疾苦并在诗中有所表现的，不乏其人，刘半农、刘大白、康白情都留下了一些名篇。康白情的诗不像刘大白那样已将诗笔深入到农民的内心，他只是客观地观察，抒发中国知识分子传统的"悲天悯人"的情怀。对于作诗来说，这种"悲天悯人"又可能是作为他的一种审美追求而表现出来的。《草儿》也的确带有"触物比类，宣其性情"的意思，可让读者从"草儿在前，鞭儿在后"联想到那种不合理的社会制度。

　　这首《草儿》运用的是象征手法，不过他不是用李金髮式的神秘象征，而是在可以直观的形象性描写之后隐含另一种意义，字里行间有一种暗示性，合乎中国传统的那种"称名也小，取类也大"的象征，有点类似《诗经》中《硕鼠》之类的艺术表现。

（陈良运）

窗　外　　　　　　　　　　　康白情

窗外的闲月
　紧恋着窗内蜜也似的相思。
相思都恼了，
　她还涎着脸儿在墙上相窥。

回头月也恼了，
　一抽身儿就没了。
月倒没了；
　相思倒觉着舍不得了。

二月九日，北京
选自《草儿》，亚东图书馆1922年版

康白情是五四时期在文学上十分活跃的一位诗人。朱自清认为，与胡适的诗歌主张"同调"的只有康白情一人。不过，康白情比胡适在诗的立意上更具有创造性，表现手法更刻意求新，在诗体解放的路上也走得更大胆。这首诗便体现了诗人在处理题材和立意上新颖的想象力。

在传统诗歌中，表现月与相思的题材不计其数，并形成了一种模式：以月起兴，借月这一媒介，寄托诗人的相思之情。以这样一个传统题材为诗料，极易受到传统手法的束缚，诗人却偏要在其中寻觅新诗的表现力，这本身就是对诞生不久的新诗的一个考验。

胡适曾以这首诗为例，说明诗体解放对于表达复杂情感、精密观察的重要性，认为这首诗若用旧体，一定不能说得如此细腻。的确，这首诗表达的细腻与采用自由体和现代口语密切相关。例如第二节连续四个"了"，把闲月的羞恼的情绪和略带顽皮戏谑的个性细腻地表达了出来；这种自然的语言节奏与那种一唱三叹的旧诗节奏是迥然不同的。康白情是最早具体提出新诗应当注重顺耳、爽口、易唱功能的，因而他的诗注重节奏的自然，并与内容相和谐。在立意和表现手法方面，诗人一反传统模式，将月与相思充分人格化，使两者相互依恋而为一种人际关系，把通常是诗人与月的关系中的诗人一方隐去，直接地去描写月与相思的感情纠葛，呈示一种崭新的意境。第一节，写明月紧恋着相思。本来因见月而勾起相思之情，所谓"举头望明月，低头思故乡"；但是诗人却另辟蹊径，暗示思念本身也是一种痛苦,思念越多,痛苦越深。然而,明月似乎并不懂得相思的这种特殊的苦恼,或者说由于太偏执于与相思的依恋之情,于是反把相思弄恼了。第二节,明月原也是恋着相思,或更是怜悯着相思,却弄得个"多情却被无情恼",于是也终于气恼地离开了。然而,相思气恼明月原是因为见月愈久,相思愈深,也就愈伤情乱神,它并不是一个"无情物",如今月走了,相思又感到孤独了。真是"相见时难别亦难"。短短八句,就把如此复杂丰富的情感有层次而富于戏剧性地表达出来了。

(张　新)

江　南　　　　　　　康白情

一

只是雪不大了,
颜色还染得鲜艳。
赭白的山,
油碧的水,
佛头青的胡豆。
橘儿担着;
驴儿赶着;
蓝袄儿穿着;
板桥儿给他们过着。

二

赤的是枫叶,
黄的是茨叶,
白成一片的是落叶。
坡下一个绿衣绿帽的邮差
撑着一把绿伞,——走着。
坡上踞着一个老婆子,
围着一块蓝围腰,
咵咵地吹得柴响。

三

柳椿上拴着两条大水牛。

茅屋都铺得不现草色了。
一个很轻巧的老姑娘
端着一个撮箕，
蒙着一张花帕子。
背后十来只小鹅
都张着些红嘴，
跟着她，叫着。
颜色还染得鲜艳，
只是雪不大了。

二〇，二，四，在沪宁路车中

选自《少年中国》1920年第1卷第9期

"五四"时期大多数诗人受了胡适"诗的经验主义"的影响，一般作诗的态度便是以现实生活为主题，注重诗的客观真实性，强调诗应当采用具体化的写法。这是追求一种白描之美。康白情主张诗的"刻绘的作用"也就是这个意思。他认为，诗人"对于对象得了一个具体的印象"，然后把"属于对象底具体的印象具体的写出来"。这首诗并没有太深刻的诗的境界和思想内涵，但诗人对于具体对象有一种敏锐的观察力与选择力，并能捕捉较为概括与典型的印象，在看似漫不经心的随意的刻绘与描写中，呈示出山水人禽的大自然生态的鲜明生动的意趣。诗人笔下的景致之所以生动而充满活力，还在于诗人并不是静态地摹写自然，而是化静为动，给大自然注入生命之流。例如，不说他们走过板桥，而说"板桥儿给他们过着"，体现一种生机盎然的情趣。这种描写方法在当时还算很有表现力的。所以朱湘就说过，"康君别的不算作功劳，只有他的描写才是他对于新诗的一种贡献"。

这首诗为时人称道的另一特点是色彩的描写。胡适曾称赞这首诗的长处在于颜色的表现，在于自由的实写外界的景色。描写江南雪景难处较大，因为它缺乏的正是颜色。康白情似乎明白这种难处，因此他的意念就是捕捉颜色的信息，千方百计在白的单纯中追求色彩的丰富。如果诗人不是以颜色作为视线的落点，那么他很可能会轻易地放过邮差的伞、老婆子的围腰，更不用说小鹅的红嘴了。其次，诗人在句式的编排上也别有一番用意：全诗的句子几乎都以一种颜色为落点，在不断的重复中，有节奏地强化了颜色的分量，同时在心理上形成一种"假象"和错觉，反而把白色掩没在色彩里了。

（张　新）

送客黄浦

康白情

(八年七月十八日)

一

送客黄浦：
我们都攀着缆——风吹着我们的衣裳，——
站在没遮栏的船楼边上。
黑沉沉的夜色，
迷离了山光水晕，就星火也难辨白。
谁放浮镫？——仿佛是一叶轻舟。
却怎么不闻桡响？
今夜的黄浦，
明日的九江。
船呵，我知道你不问前途，
尽着直奔那逆流的方向！
这中间充满了别意，
但我们只是初次相见。

二

送客黄浦：
我们都攀着缆——风吹着我们的衣裳，——
站在没遮栏的船楼边上。
看看凉月丽空，
才显出淡妆的世界。
我想世界上只有光，
只有花，
只有爱！
我们都谈着——
谈到日本二十年来的戏剧，
也谈到"日本的光，的花，的爱"的须磨子。

我们都相互地看着，
只是寿昌有所思，
他不曾看着我，
也不曾看着别的那一个。
这中间充满了别意，
但我们只是初次相见。

三

送客黄浦：
我们都攀着缆，——风吹着我们的衣裳，——
站在没遮栏的船楼边上。
四周的人籁都寂了，
只有她缠绵的孤月，
尽照着那碧澄澄的风波。
碰着船毗里绷垅地响。
我知道人的素心，
水的素心，
月的素心——一样。
我愿水送客行，
月伴我们归去！
这中间充满了别意，
但我们只是初次相见。

选自《少年中国》1919年第1卷第2期

康白情这首送客诗，送的是他"少年中国学会"的挚友。虽然诗人与他们神交已久，不过这次是偶尔相聚相别，因此没有表现出多少别离的伤感，多是相互勉励之意。第一节寓意于"船呵，我知道你不问前途，/尽着直奔那逆流的方向"，逆水行舟，不进则退，希望朋友们在人生的旅途上努力奋斗，不懈地前进。第二节以希望"世界上只有光，/只有花，/只有爱"的美好祝愿，或者说去创造这样一个有光、有花、有爱的世界，而作临别的相许。第三节说虽然人世间会有风波，但朋友之间有纯洁的友谊，互有"素心"相映照，虽然此番只是初次相见，但今后的岁月里，我们都是"一片冰心在玉壶"。

全诗三节，每节都以"送客黄浦：/我们都攀着缆——风吹着我们的衣裳，——/站在没遮栏的船楼边上"三句开始，都以"这中间充满了别意，/但我们只是初次相见"两句作结，这五句诗三叠其唱，犹似古曲《阳关三叠》之声，造成了送君远行、依依惜别的气氛。三节诗三个层次，在视觉上和听觉上都特别分明，送者与被送者在船上殷殷叙别的情景，有具体的环境和形态描写，经三次重复，定格在人们的记忆中，心屏上。从时间来说，送客初到船时，是"黑沉沉的夜色，/迷离了山光水晕"；在船上话别时，是"凉月丽空，/才显出淡妆的世界"；船即将启航时，是"四周的人籁都寂了，/只有她缠绵的孤月，/尽照着那碧澄澄的风波"。三次时间的递进、空间景色的变换，也是主与客惜别时感情境界依次展开，情与景交融着，由迷离而明丽而缠绵，最后都以"素心"相许。第二节，是全诗的重心，这一节里表现了主、客双方对世界、对人生的希冀，"我想""我们都谈着"的是，这个世界应当"只有光，/只有花，/只有爱"，并且还"谈到日本二十年来的戏剧，/也谈到'日本的光，的花，的爱'的须磨子"，把具体的谈话内容都写进诗来了，而恰似一种散文式叙述，由此可说，这确是康白情对诗体的彻底解放了。接着还写了谈话人的神态，田汉（寿昌）之名则直接出现在诗中（他是"少年中国学会"发起者和组织人之一），这样写，更增强了这次送别情景的实感，使诗具有了纪实性意义。

从总体看，全诗确是"自由成章"，没有任何格律、音韵的拘限，但每节头尾诗句的叠唱，却又形成了该诗的"自然音节"的一定格式，每节中间的诗句虽然显得太散文化了（尤其是第二节），可是在全诗诵读中，便觉得规（自然之规）中有散，散而有规。同时，全诗似乎没有用韵，但三叠其唱，自有前后的呼应，而其中"衣裳"之"裳"的同韵字（不分平仄）在每一节中都有几次出现，没有固定的押韵方式却亦有音韵之美。

（陈良运）

郑振铎

（1898—1958）　福建长乐人。1921年与沈雁冰等组织文学研究会。同年到商务印书馆从事编辑工作。1923年主编《小说月报》。1931年起历任燕京大学、暨南大学等校教授，并主编《文学季刊》《世界文库》。新中国成立后曾任文化部副部长、国家文物局局长等职。早年写过新诗、小说，后从事文学史研究。

我 是 少 年

郑振铎

一

我是少年！我是少年！
我有如炬的眼，
我有思想如泉。
我有牺牲的精神，
我有自由不可捐。
我过不惯偶像似的流年，
我看不惯奴隶的苟安。
我起！我起！
我欲打破一切的威权。

二

我是少年！我是少年！
我有溃腾的热血和活泼进取的气象。
我欲进前！进前！进前！
我有同胞的情感，
我有博爱的心田。
我看见前面的光明，
我欲驶破浪的大船，
满载可怜的同胞，
进前！进前！进前！
不管它浊浪排空，狂飙肆虐，
我只向光明的所在，进前！进前！进前！

选自《新社会》1919年第1号

《我是少年》是郑振铎正式发表的第一首新诗。当时，他正是刚刚二十出头的青年，一名大学三年级的学生。郑振铎于1918年考上北京铁路管理学校高等科。当时，《新青年》编辑部已迁至北京，古城正酝酿着一场震撼整个中国的暴风骤雨。而郑振铎则在课余如饥似渴地阅读介绍新思想的书刊和俄国现实主义文学作品，不久又投入了五四新文化运动，并与新文化运动的领袖人物李大钊、陈独秀等建立了联系。他在该年11月1日与瞿秋白等创办了《新社会》旬刊。在他写的发刊词中豪迈地表示要创造一个"自由平等,没有一切阶级一切战争的和平幸福的新社会",这首《我是少年》即发表在该刊创刊号上。

这首诗,首先让人感受到的是强烈的五四时代精神。通篇竟用了20个"我"字,令人想到三个多月后郭沫若发表的《天狗》:"我飞奔,/我狂叫,/我燃烧。/我如烈火一样地燃烧!/我如大海一样地狂叫!/我如电气一样地飞跑!"也许,郑诗没有郭诗那样"狂";但其反抗叛逆的思想无异,热烈进取的精神则一。郑振铎与郭沫若分别是文学研究会与创造社这两个不同流派的新文学社团的主要负责人与代表作家,但他们最早的诗的风格竟这样相似,这说明形势所趋,潮流所向,对于一切进步的文学青年来说,有着超乎文学流派、创作方法之上的强大影响。

从艺术上看,这首诗没有巧妙的构思、美丽的修辞,在形式上似乎是略嫌粗糙的。但是,它以气势取胜,以激情动人。一往无前,先声夺人。它的第二段竟用了九个"进前",犹如吹响了嘹亮的进军号角。它像一篇豪迈的宣言书,袒露了少年郑振铎的壮怀豪情。诗中的"我",是诗人自己,同时又是当时整个朝气蓬勃的觉醒了的一代人。可以说,郑振铎一放开诗喉,便向内融入了当时民族的最强音;同时,也向外汇入了时代金鸡的晨唱。60多年后,叶圣陶说过:"振铎兄的这首《我是少年》发表在'五四运动'之后不久,可以说是当时年轻一代觉醒的呼声。这首诗曾经有人给配上谱,成为当时青年学生普遍爱唱的一支歌。……跟他结交四十年,我越来越深地感到这首诗标志着他的一生,换句话说,他的整个生活就是这首诗。他始终充满着激情,充满着活力,给人一种不可抗拒的感染。"

该诗是否被谱过乐曲,待考。但当时在美国哈佛大学任教授的著名语言学家赵元任,曾为该诗配过朗读用的表谱,并亲自朗诵,灌成唱片,广泛流传于国内外。他在所编《国语留声片课本》中说"这一首的节律颇复杂","念起来要照意思变通",指出了该诗在节奏韵律艺术上的特色。

(陈福康)

云　与　月

郑振铎

我若是白云呀,我爱,
　我便要每天的早晨,在洒满金光的天空,
　从远远的青山,浮游到你的门前,
　当你提了书囊出门时,
　我便要随了你,投我的阴影在你身,为你遮着日光了。

> 我若是小鸟呀,我爱,
> 我早已鼓翼飞到你的窗前,
> 当黄昏时,停在梨树的枝头,
> 看着你在微光里一针一针的缝你的丝裳,
> 只要你停针,抬头外望,
> 我便要唱歌,一只爱的歌,给你听了。
>
> 我若是月光呀,我爱,
> 我便当高高的挂在中天,
> 用我的千万只眼,照进白纱的帏帘,
> 窥望着你在甜蜜的眠着,
> 只要你的身向外转侧,
> 我便要在你的前额,不使你警觉,轻轻的密吻着了。
>
> 一九二三,四,二九,夜。
> 选自《中国新文学大系 1917—1927·诗集》,
> 上海良友图书印刷公司 1935 年版

1923 年 4 月 29 日夜晚,对于年轻的郑振铎来说,一定是一个十分激动的时刻。因为,在这个晚上,他竟一连写了两首情诗——也是他一生中发表的仅有的两首情诗——《爱》和《云与月》。

这是真正的情诗,是送给他当时热恋的高君箴小姐的;而不是像朱自清说的徐志摩写的情诗那样,"不一定是实生活的表现,只是想象着自己保举自己作情人,如西方诗家一样"。《云与月》的副标题"寄 M",据了解,这个"M"是从"妹"字来的爱称:高君箴在家里最小,被叫作"小妹"。

《爱》的前半部分用了自问自答的形式,歌颂了爱情的伟大力量:"每朵春花都爱和暖的日光么?/——是的。/每棵绿草都爱蒙蒙的细雨么?/——是的。/每条游鱼都爱潾潾的碧波么?/——是的。"经过这样的铺垫,最后诗人写道:"那么,我呢,我的爱——?/你给了我光,给了我水,给了我生命之源,我怎能不爱你呢?"整首诗充满了问号,是一个充满了诗意的逻辑结构,构思十分巧妙,简短而有回味。

这里入选的《云与月》的构思也是很巧妙的,全诗分为三节,由诗人想象自己如果化为白云,或化为小鸟,或化为月亮时,将如何对恋人表达自己的感情。很显然,这在构思上似乎受到我国古代陶渊明的《闲情赋》和某些民歌的启发的。陶渊明《闲情赋》中说:愿在衣而为领,承华首之余芳;愿在裳而为带,束窈窕之纤身;愿在发而为泽,刷玄鬓于颓肩;愿在眉而为黛,随瞻视以闲扬;愿在莞而为席,安弱体于三秋;愿在丝而为履,附素足以周旋;愿在夜而为烛,照玉容于两楹;愿在竹而为扇,含凄风于柔握;愿在木而为桐,作膝上之鸣琴;等等。构思也很巧。不过,陶渊明的《闲情赋》是以"悲"作结束的,更是以追求爱情的失败来表达他政治理想的幻灭。而郑振铎的《云与月》则充满欢愉,色彩明朗,情调也完全是现代的。

诗的第一段中说"当你提了书囊出门时",透露女方当时还是一个学生。确实,诗人与高小姐是"师生恋爱";但他比高小姐也不过大了三岁。关于他的恋爱经过,这里略作介绍,当可加深对诗的理解。

诗人很早就失怙,母亲靠帮人缝缝洗洗为生,家境十分贫困。五四运动时,他在北京上大学,因参加学生运动而与一位女大学生初恋。但那个女学生家里很有钱,家长又势利,拖了几年的初恋最终失败了。诗人在1922年曾因此而痛苦地写过《成人之哭》《忧闷》《空虚的心》等诗。正当他抑制悲伤努力工作时,由于业余在神州女学兼课,却得到了女学生高小姐的爱慕。高小姐是商务印书馆元老高梦旦的爱女。高家自然也很有地位和金钱,但高先生十分开通,十分重才,反而说自己的女儿配不上他。1923年4月中旬,在高先生的支持下,他与高小姐同游杭州。4月27日,在北京的周作人收到他的信,告诉他已经订婚。周作人便寄来一本《比较文学史》,以示祝贺之意。所以,这首诗是在他订婚以后写的。10月10日,他与高小姐举行婚礼。郑、高的婚事,在当时传为佳话。

(陈福康)

诗人小传

汪敬熙

(1897—1968) 字缉斋,江苏吴县(今苏州)人。曾就读于北京大学,参加新潮社,写有新诗和小说。1920年留学于美国约翰·霍普金斯大学。1924年回国后历任中州大学、中山大学、北京大学教授,中央研究院心理学研究所所长。1947年去巴黎工作。1954年去美国研究心理学。

方入水的船

汪敬熙

船！你入了水了！
我做几句诗来祝你：——
我不愿，
你在无边的海里平平安安的走！
越平安，越无生趣。
我愿，
你永远在风浪里冲着往前走！
冲破了浪，便往前进：
冲不破，便沉在海底，
却也可鼓舞后来的船的勇气，
却也可使后来的船知道，
应找别的方法儿走。
走！走！
永远在危险困苦里向前走！

选自《新潮》1919年第2卷第2号

  汪敬熙并不以诗见长，他主要是一个小说家。这首诗写于五四运动的高潮开始消退，许多青年在苦闷与恐惧的氛围中从现实生活里退缩的时候，但却继续表现了激流勇进、百折不挠的"五四"时期跃动的与反抗的时代精神，这是尤为难能可贵的。

  鲁迅在评价汪敬熙等新潮社小说家时说，他们"有一种共同前进的趋向"，"他们每作一篇，都是'有所为'而发，是在用改革社会的器械，——虽然也没有设定终极的目标"(《〈中国新文学大系·小说二集〉导言》)。这个评价同样适合汪敬熙的这首诗作。这首诗择取了一个浅显明了的具象——船，以船与大海拚搏的勇气与命运的抒写，创造一个悲壮与富有激情的情景氛围；一方面它是"五四"时期狂飙突进的反封建斗争的一种象征，另一方面，它又是作者立志社会改革的心迹的一种呈示。这里，景所包含的现实生活内容和情所寄托的诗人内心世界的心态都统一于船与大海的境界中。受《新青年》诗人群体影响的新潮社诗人，大多抱着注重"实生活写照"的写实态度，如康白情诸诗人十分强调诗的逼真的摹写的效果，因而诗有时更像一幅写生画，而缺少一点诗人自我的浓郁的情致。这首诗却能大体达到情与景的配合，这在那时的白话诗中是不多见的。

诗人这艘"现实之船"与"理想之船"并不是一帆风顺的。船入水了！这开首一句，一锤定音，将弄潮儿献身变革的勇气与时代风尚强烈地表现出来了。接下来"我不愿"与"我愿"两组对比强烈的诗句，既是对现实变革事业的由衷祈祷，又是诗人决心投入斗争洪流的自勉。"越平安，越无生趣"句与"冲不破，便沉在海底"句，恰到好处地表现了青年诗人对变革富于理想浪漫式的激越与亢奋，正因为此，诗里也隐约地渗漏出一种"少年不知愁滋味"的苦涩与悲壮之情！因为，尽管他仍然还大声疾呼，即使船沉海底，却可给后来的船指一条新的路，然而他毕竟连自己也"没有设定终极的目标"。这样，当汪敬熙在1925年自选一本《雪夜》的时候，说他的作品是"不会有什么批评人生的意义"的，便毫无足怪了。

这首诗如同汪敬熙同期的小说一样，留存着旧诗的痕迹，这当然不是指诗的语言与韵律，而是指旧诗通常采用的情景配合的手法。除此之外，这首诗表现了那个诗的解放的时代的诸多一致性的特点：大体整齐的自由体句式，服从于语气节奏的韵律，浅显的明喻，等等。应当指出的是，这首诗用作比喻载体的具象的船，虽然不同于后来象征诗那样是意象的契合，然而却也不完全同于"五四"时期的写实派诗与浪漫派诗；后者将比喻作为描写事物的纯粹修辞手段，而前者则将某种具象作为情感的"自我表现"。而这里的"船"却兼而有之。因而，这首诗在保持了那时代特有的平实、真挚、浅显的诗风的同时，还具有较丰富的精神内涵与诗韵。

（张　新）

诗人小传

朱自清

（1898—1948）　原名朱自华，字佩弦，号秋实，江苏扬州人。1920年毕业于北京大学哲学系，后在江苏、浙江等处任中学教师。在大学求学期间开始新诗创作，并参加新潮社、文学研究会。1922年与叶圣陶等组织中国新诗社并创办《诗》月刊。1923年与俞平伯等组织OM社。1925年任清华大学国文系教授，其创作转向散文，同时研究古典文学。1934年和郑振铎等编辑《文学季刊》，和陈望道编辑《太白》杂志。抗日战争爆发后随校南迁，任西南联大教授。

黑　　暗

朱自清

这是一个黑漆漆的晚上，
我孤零零地在广场的角上坐着。
远远屋子里射出些灯光，
仿佛闪电的花纹，散着的在黑绒毡上——
这些便是所有的光了。

他们有意无意地，
尽管微弱的力量跳荡；
看哪，一闪一烁地，
这些是黑暗的眼波哟！

颤动的他们里，
憧憧地几个人影转着；
周围的柏树默默无言地响着。……
一片——世界的声音；市声，人声；
从远远近近所在吹来的，
汹涌着，融和着。……
这些是黑暗的心澜哟！

广场的确大了，
大到不能再大了；
黑暗的翼张开，
谁能想象他们的界线呢？——
他们又慈爱，又温暖，
什么都愿意让他们覆着；
所有的自己全被忘却了。
一切都黑暗，
"咱们一伙儿！"

选自《雪朝》，商务印书馆1922年版

朱自清尚在北京大学读书时就开始写诗，自1919年至1926年，大约写作50

首左右。他的新诗,重点题旨在于写黑暗和光明。在最早写出的《光明》一诗中,就提示出"呀!黑暗歧路万千,/叫我怎么走好?""你要光明,/自己去造!"故在他的诗中,差不多贯穿着这样一条驱除黑暗、追逐光明的主线。他正是运用自由体新诗的形式,通过对日常生活中平易而琐细的题材的感悟与描写,来紧扣科学与民主的时代精神。笔触平易、朴素、细致、含蓄,很能引人咀嚼和思考。

这首题为《黑暗》的诗,题材最平凡不过,可谓随兴拈来,而又以意象化为表现手段,匠心独运地去铺展,去开掘,去丰富其内涵。诗人坐在广场的一角,不经意地发现远远的屋子里射出一些灯光,于是开始落笔去写出黑暗的起点,展现,扩大,最后吞没一切。我们不妨一层层地去领略诗人的细密思维和笔法:第一层,写黑暗如何在与灯光的较量中呈现。灯光从那些屋子的窗格子漏出,像"闪电的花纹",尽管微弱,也要在黑夜中"一闪一烁地"跳荡。诗人赞美它们"是黑暗的眼波哟",这无异于说它们是对准黑暗的斗士。第二层,写出黑暗与声音的互动。在这黑暗的广场上,"一片——世界的声音:市声,人声",从远远近近的所在吹来,"汹涌着,融和着",搅动了黑暗的统一体。可见声音们不肯默许黑暗的霸道,不想让这黑夜铁桶式地平安。第三层,写黑暗展开羽翼,扩大,无限扩大,从而覆盖一切,包容一切,融解一切。"咱们一伙儿",都无不自甘自愿投向黑暗的怀抱,领受着黑暗的"慈爱"和"温暖"。好一幅壮美的黑暗天国图!

此诗用最经济的取材,凭着诗人敏锐的感觉、细密的思维、具体的联想,描摹出黑暗如何主宰世界的过程,以及万事万物对于黑暗的逆来顺受。诗人以其无声的含蓄的画面,启发人们作哲理性的沉思。能引人思索的有如下几点:一是黑暗与光明是与生俱来的对立体,只能在不停息的坚持斗争中、此消彼长中存在,是不可能单方面持久地独立存在的。二是光明因素对于黑暗的攻击是正大的、可歌可泣的,因而也必须是顽强不屈、不辱使命、不计牺牲的。三是面对黑暗羽翼的覆盖,必须怀疑其合理性,"一切都黑暗",难道就对了,就无话可说了吗?黑暗果真是"仁慈"的、"温暖"的吗?不,那都是假象,是蒙人的烟雾。四是对黑暗不可逆来顺受,以为人人都平等地享受着黑暗,都在劫难逃,就可以"咱们一伙儿",就可以永远心安理得吗?不,承受就是耻辱,是永不翻身的灾难。五是必须自信光明也能战胜黑暗,黑暗是从与光明较量中达到覆盖一切的,光明亦能驱退了黑暗而有照耀整个世界的时候。

诗人讲述了一个亲眼所见的光明与黑暗竞争的故事,实际上蕴含着丰富的社会生活哲理,是在激励人们正确认识事态,以积极行为面对一切挑战。诗中所全力描绘的"黑暗",可以看成为象征。象征体并不含确定性,因而所涵盖的面就更广泛了。这里的"黑暗"真如一张撒开的网,可以网住许多方面的事物,让人们自己去联想被象征的东西。看起来,《黑暗》这首诗的高妙,就在于既是意象诗,又是哲理诗,还是象征诗,是三位一体的综合。由此可见诗人朱自清的不平凡了。

(何佩刚)

赠　友　　　　　　朱自清

你的手像火把,
你的眼像波涛,
你的言语如石头,
怎能使我忘记呢?
你飞渡洞庭湖,
你飞渡扬子江;
你要建红色的天国在地上!
地上是荆棘呀,
地上是狐兔呀,
地上是行尸呀;
你将为一把快刀,
披荆斩棘的快刀!
你将为一声狮子吼,
狐兔们披靡奔走!
你将为春雷一震,
让行尸们惊醒!
我爱看你的骑马,
在尘土里驰骋——
一会儿,不见踪影!
我爱看你的手杖,
那铁的铁的手杖;
它有颜色,有斤两,有铮铮的声响!
我想你是一阵飞沙走石的狂风,
要吹倒那不能摇撼的黄金的王宫!

那黄金的王宫!
呜～～～吹呀!
　　去年一个夏天大早我见着你:
你何其憔悴呢?
你的眼还涩着,
你的发太长了!
但你的血的热加倍的薰灼着!
在灰泥里辗转的我,
仿佛被焙炙着一般!——
你如郁烈的雪茄烟,
你如酽酽的白兰地,
你如通红通红的辣椒,
　　我怎能忘记你呢?

四,一五,宁波作。
选自《中国青年》1924年第28期

　　这首诗在1924年4月26日以《赠友》为题发表于《中国青年》第28期,后改题为《赠A.S.》重刊于同年7月出版的《我们的七月》。友人A.S.是谁?文学史家张毕来曾考证说:"这位友人,不知是谁,但分明是一位共产党员。……此诗发表之前数月(1923年12月),邓中夏同志曾有两首五律,均以'莽莽洞庭湖,五月两飞渡'开始,诗的主旨,正是要'建红色的天国在地上'。或邓中夏同志欤?"友人很可能指的是中国早期共产党人邓中夏。朱自清在北京大学读书时,曾参加过五四运动,并和邓中夏建立了深厚的友谊。《中国青年》发表这首诗时,邓中夏是该刊的编者之一。而A.S.又是邓中夏1923年在上海从事革命活动时使用过的名字"安石"两字的英文拼音的头两个字母。此外,这首诗中"你飞渡洞庭湖,/你飞渡扬子江"以及"你将为一把快刀,/披荆斩棘的快刀"等诗句,都是对上述张毕来提到的邓中夏的五律及有关诗作的呼应。不管友人是谁,这首诗是朱自清对包括邓中夏在内的早期共产党人的一支热情的颂歌,这一点是肯定的。

　　诗篇多角度、多侧面地在读者面前展现了友人的英雄形象,采用第一、第二人称,用"我"向"你"诉说的形式,着重写友人在"我"脑海中留下的深刻印象和对自己的有力鞭策。"在灰泥里辗转的我,/仿佛被焙炙着一般!——""我"的平庸、猥琐,与友人的为革命鞠躬尽瘁,形成了鲜明的对比。这一映衬手法的运用,突出了友人的高尚,并且使诗的感情显得格外真挚。

在语言运用上,诗人成功地运用了比喻、排比。诗的开头运用三个明喻句,从不同角度纵情赞美了友人。以火把喻手,歌颂友人掌握了革命真理,引导人民前进;以波涛喻眼睛,歌颂友人对革命满腔热情;以石头喻语言,歌颂友人革命立场坚定,革命意志刚强。诗中又以三个暗喻句将旧社会比作荆棘、狐兔、行尸,并对荆棘遍地、狐兔横行、行尸走肉的旧社会进行了愤怒的谴责。诗人又用三个暗喻句,将友人的革命实践与诗文分别比作快刀、狮吼与春雷,纵情歌颂他敢于反抗黑暗现实的勇敢精神,赞扬他的诗文具有打击敌人、惊醒愚蒙的巨大作用。诗中还用暗喻句,将友人喻作狂风,歌颂了友人与反动派斗争的英勇、顽强。诗的结尾,又用三个明喻句,进一步赞美了友人热烈、醇真的性格特征,并和诗的开头呼应,再一次抒写了自己怀念友人的深情。诗中的比喻新颖、贴切,不落俗套,收到了展示友人光辉形象、歌颂友人崇高精神的艺术效果。此外,这首诗句子比较短,语调活泼、明快,宜于吟唱,和歌颂革命者的题旨正相协调。 (潘颂德)

毁　　灭(原诗略)　　朱自清

朱自清作长诗原有他自己的特异风格,《毁灭》(载《小说月报》第 14 卷第 3 期)把这种风格格外表现得圆满充足,我自信对于这诗多少能了解一点——因我们心境相接近的缘故——冒昧地为之解析一下。

全诗共分八节。中间六节罗列各种诱惑的纠缠而一层一层地加以打破。作者的主旨在首尾两节中,故这两节尤为重要。第一节说明自己的病根:

　　白云中有我,

　　天风的飘飘;

　　深渊里有我,

　　伏流的滔滔;

　　只在青青的,青青的土泥上;

　　不曾印着浅浅的,隐隐约约的,我的足迹!

又说明自己的怅惘——身世之感:

　　在风尘里老了,

　　在风尘里衰了,

　　仅存的一个懒恹恹身子,

　　几堆黑簇簇的影子!

第八节则把解决的方法全盘托出。他先说明他的"日常生活的中和主义"：

摆脱掉纠缠，还原了一个平平常常的我。
…………
我要一步步踏在土泥上，打上深深的脚印！

随后又发挥他的"刹那主义"：

但现在的平常而渺小的我，
只看到一个个分明的脚步，
便有十分的欣悦——
那些远远远远的，是再不能，也不想理会的了。

这两节的意思可谓明白极了，已无申说的必要。他这两种主义，原只是一个主义的两个名词。我再以他来信的内容具体地说明日常生活的中和主义是什么。

"我的意思只是说，写字要一笔不错，一笔不乱，走路要一步不急，一步不徐，吃饭要一碗不多，一碗不少；无论何时，无论何地，有不调整的，总竭力，立刻求其调整。……总之，平常地说，我只是在行为上主张一种日常生活的中和主义。"（一九二二年十一月七日信）

他又再三申说他的刹那主义。

"生活的各个过程都有它独立的意义和价值。——每一刹那的意义与价值。每一刹那在持续的时间，有它相当的位置；它与过去将来，固有多少的牵连。但这些牵连是绵延无尽的，我们顾是顾不了许多，正不必徒萦萦于它们，而反让本刹那在他未看明这些牵连里一小部分之前，白白地闪过了。"（回信）

"我的意思只是生活的每一刹那有那一刹那的趣味，或也可不含哲学地说，对我都有一种意义和价值。我的责任便在实现这意义和价值，满足这个趣味，使我这一刹那的生活舒服。至于这刹那以前的种种，我是追不回来，可以无庸过问；这刹那以后还未到来，我也不必多费心思去筹虑。……我现在只管一步步走，最重要的是眼前的一步。"（一九二三年一月十三日信）

我上面所引的虽是这般简略，但想读者们已经可以看见作者对于生活的意念及对于人生问题的思索。他把一切的葛藤都斩断了，把宇宙人生之谜不了了之，他把那些殊途同归的人生哲学都给调和了。他不求高远，只爱平实，他不贵空想，只重行为；他承认无论怎样的伟大都只是在一言一语一饮一食下工夫。现代的英雄是平凡的,不是超越的;现代的哲学是可实行的,不是专去推理和空想的。他这种意想,是把颓废主义与实际主义合拢来,形成一种有积极意味的刹那主义。他观察人生和颓废者有一般的透彻;可是在行为上,意味却迥不相同。看第六节上说:

> 况我也终于不能支持那迷恋人的,只觉肢体的衰颓,心神的飘忽,便在迷恋的中间,也潜滋暗长着哩!真不成人样的我,就这般轻轻地速朽了么?不!不!

他反对这种颓废的生活,共有三个理由:(一)现实不容你不理它。(二)迷恋中间仍有烦闷暗暗地生长着。(三)自己不甘心堕落在这种生活中间。这是读《毁灭》之后人人可以觉到的。他给我的信上也说:

> "……他不管什么法律,什么道德,只求刹那的享乐,回顾与前瞻,在他都是可笑的。这正是颓废的刹那主义。我意不然!我深感时日匆匆的可惜,自觉从前的错误与失败,全在只知远处,大处,时时只是做预备的工夫,时时不曾做正经的工夫,不免令人有不足之感!"(一九二二年十一月七日信)

> "颓废的生活,我是可以了解的;他们也正是求他们的舒服,但他们的舒服实在是强颜欢笑;欢笑愈甚,愈觉不舒服,因而便愈寻欢笑以弭之;而不舒服必愈甚。因为强颜的欢笑愈甚与实有的悲怀对比起来,便愈显悲哀之为悲哀,所以如此。"(十二月十三日信)

这些话尤其痛快,更无解释之必要了。所以他所持的这种"刹那观",虽然根柢上不免有些颓废气息,而在行为上却始终是积极的,肯定的,呐喊着的,挣扎着的。他决不甘心无条件屈服于悲哀的侵袭之下,约言之,他要拿这种刹那观做他自己的防御线,不是拿来饮鸩止渴的。他看人生原只是一种没来由的盲动,但却积极地肯定它,顺它猝发的要求,求个段落的满足。这便是他唯一的道路。其余的逃避方法,如火热的恋爱,五色云里的幻想,玄冥像伏流一样的沉思,迷迷恋恋的颓废生活,小姑娘的引诱大力士的压迫的死……都只是诱惑的纠缠,都只是迷眩人的烟尘而已。他虽不根本反对这些麻醉剂,但他却明白证明它们的无效。无效这两个字,已足毁灭那诱惑而有余了。所以我说朱自清的刹那主义是中性的,是肯定人生的(他说,"对我有一种趣味"),是能见之行事的。这三个特色正是近代科学的特色。

总之,《毁灭》这诗所给我们的至少有两个极重要的策略,在人生的斗争方面:第一个是"撇"字,第二个是"执"字,撇是撇开,执是执住,凡现在没有人能答的，答了等于没答的问题，无论大的小的，新的老的，我们总把它们一起撇开，且撇得远远远远的，越远越好。因为这些问题，我们既不能回答，答了也无用，何如不答为佳。远远的将来时代我们原不能逆料，但我们留些问题给他们，也未必即是偷懒，也未必即是无用。宇宙间一切的问题，我们想包办不成？

至于执字，却更为重要。我们既有所去，即不能无所取。取什么呢？能答的问题，愿答的问题，必要答的问题，这三项，我们不但要解决它们，且要迅速地充足地解决它们。再说清楚一点，我们要努力把握这现在。刹那主义的所谓刹那，即是现在这一刹那。这一层意思，他也说得极为圆满：

"我觉得我们现在的生活里，往往只怅惘着过去，忧虑着将来，将工夫都费去了，将眼前应该做的事都丢下了，又添了以后怅惘的资料。这真是自寻烦恼。……譬如我现在写信，我一心只在写信上，更不去顾虑别的，耽误了我的笔，我要做完了一件才去想别件；我做一件，要做得无遗漏，不留那不必留的到以后去做，因为以后总还有以后的事。"（一九二三年一月十三日信）

你如把今天的事推到明天，可是明天有明天的事呢？我们既肯定生活，——即使懒懒地活着，——就不能没有"执著"。希望一方面经营生活，而又要摒弃一切的执著，这完全是绮语，不但我们决不信，且这即使是可能，我们也觉得毫无所取。生活原是一种执著，我们既然已经活着，就不得不执著。我们所喜悦的只是老实而平常的话语。伟大的声音，在弱小的弦上不起共鸣；因此弱小忘了它的弱小，而伟大也无从见它的伟大。我们很相信，如自己肯承认是痴子，即使不是聪明人，也总可以少痴一点。

"撇开"是专为成就这个"执著"的。因为如不撇开那些纠缠，则有所牵萦，便不能把握这生命的一刹那，便不能使现在的生活充实而愉快。老子说得好："无之以为用。"这就是《毁灭》的根本观念。必摆脱掉纠缠，然后才能还原了一个平平常常的我。《毁灭》便是生长。《毁灭》正是一首充满了积极意味的诗。我谨以此语贡献于读者诸君，不知是否有当于作者的原意，有当于读者们之心否？

我们要充分了解一件作品，除研诵本文以外，不能不略考作者的身世——成就作品的境遇。《毁灭》的中心思想既有如上所述；但这种思想意念又决非突然而来，且非单纯地构成的。无论何等高远的思想，其成因必在日常生活上面很微细的事情。所以玄言哲理从表面上看，极崇高而虚浮；从骨子里看，极平常而切实，哲学只是从生活事情反映出来的（从文字谈说两方面传抄来的，只是门面话，不得谓为真的哲学)一种倾向,一种态度;所以人人应当有的,人人必然有的,不算什么希罕事,若过于把它看得高大,则离真相便愈远了,故我希望读《毁灭》的人也作如是观。

除思想上的影响不计外,《毁灭》作者的病源,我所知及他自己说过的,至少有两个:家庭的穷困冲突与社会的压迫。这是凡读到《毁灭》第七节都可以知道的。我们读《笑的历史》(《小说月报》第十四卷第六号)至少能领会一些。这使他感受无限的隐痛,养成他的一种几乎过敏的感受性和凄怆眷恋的气息。

朱自清为人柔而不弱。我们只听他被家庭社会两重的压迫以后所发出的声音,可见他的本性绝非荏弱易折的。他所持的态度,正是他自己的一服对症的药。以他家庭状况的不安,自己成就的渺茫;所以要一步步地走,不去理会那些远远远远的。以人生担荷的过重,迷悟的纠纷;所以要摆脱纠缠,完成平常的自我。他承认解脱即在挣扎的本身上,并非两件事;所以明知道挣扎是徒劳的,还是挣扎着。他的人生观念——在《毁灭》及其他诸作中所表示的,是呻吟,也是口令,是怯者的,也是勇者的呼声;总之,决不是一面空大鼓敲着来吓唬人,或者给人玩儿的。这对于他自己,对于同病相怜的我们,极容易,极切实,极其有用,不敢说即是真理;但这总是我们的一服药。

五色的花在灰色的泥土上烂漫着,银雪的涛在巉利的暗礁间涌沸着;读《毁灭》的是赞颂还是咒诅呢?象垂巨齿,鹿挺巨角,孔雀曳巨鹿,作《毁灭》的是自喜还是自怨呢?

(俞平伯)

郭沫若

【诗人小传】(1892—1978) 原名郭开贞,四川乐山人。1914年赴日本学医,回国后从事文艺运动。1918年开始新诗创作。1921年与郁达夫等组织创造社,并出版第一部诗集《女神》,对中国的新诗创作产生了很大的影响,成为新文学的奠基者之一。1924年后开始倡导革命文学。1926年参加北伐战争,1927年参加南昌起义。1928年起旅居日本,从事中国古代史和古文字学的研究工作,成绩卓著。1937年抗日战争爆发后回国从事抗日救亡运动,并写下许多历史剧和大量诗文。新中国成立后曾任全国人大副委员长、全国政协副主席、中国科学院院长、全国文联主席等职,创作了大量的剧本、散文和小说。早年诗作形式自由活泼,风格雄奇壮美,具有浓厚的浪漫色彩,表现了五四时代的革命精神。

凤 凰 涅 槃(原诗略)

郭沫若

《凤凰涅槃》(载1920年1月30日、31日《时事新报·学灯》),以其象征形象的美妙以及这一形象符合我们的民族传统、民族心理和审美要求的特色而受到称赞。尽管诗人在写作这首诗前曾了解东西方关于凤凰的传说,尽管他给这首诗加的副标题是"菲尼克司的科美体"(意即凤凰的喜剧),但诗中的凤凰,并不来自希腊,也不仅来自"天方国"(即阿拉伯),它更是从我们民族的传统里起飞的。他们自焚的丹穴山,不正是从《演孔图》(《凤凰涅槃》短序作"《孔演图》",误。)、从《山海经》的记载演化出来的吗?丹穴山上的梧桐和醴泉,不也是据《庄子·秋水》关于鹓鶵(凤凰之属)"非梧桐不止""非醴泉不饮"的说法而设想出来的吗?他们的"即即""足足"的鸣声,本自《广雅》,他们死后再生、生而不死,则在我国民间有类似的传说,至于把凤凰作为光明、幸福、爱情的象征,据学者的研究,更是我们民族从古至今的传统了。郭沫若的凤凰,正是诞生在我们民族的传统里,因而能被人们所接受。群鸟的形象及其所象征,除了孔雀是唯一的例外,其他也都同样符合我们的民族心理和审美习惯。在诗中,凤凰的形象有双重的象征:既象征祖国的新生,又象征自我的新生。类似的运用,当然不自郭沫若开始,唐代诗人杜甫在《朱凤行》里就以凤自比,在《凤凰台》里更以凤凰象征唐室的中兴。《凤凰涅槃》当然不是对杜诗的模仿,甚至也不是受杜诗的启发,但这种类似,说明它和我们民族传统有着相当深刻的联系。从凤凰的双重象征,可引申出多重意义:既诅咒旧中国的毁灭、预言新中国的诞生,又塑造了一个焚毁旧我、创造新我的青年知识分子的形象;其间,还贯穿着弃旧图新、日新又新的深刻哲理。这些,反映着"五四"时代精神,特别是知识分子的进步理想与献身精神,对于今天、乃至将来人们的革新、创造仍然会有鼓舞作用。《凤凰涅槃》美好的形象蕴含着深刻而有魅力的思想。

《凤凰涅槃》的形式,吸取了外国自由体的优点,也融合了我国古典诗歌的特点,体现着自由体的民族化。这民族化的自由体具有怎样的特征呢?简单地说是既"自由"又有"规律"。就其"自由"而言,全诗没有固定的格律,每一节诗或押韵、或不押韵、或换韵、或一韵到底,都不固定;组成诗节的行数,每一诗行的顿数,也都不固定。然而,"自由"却不散乱,仍有某种"规律"使其统一。首先体现在节奏方面,每一诗节都力求在节奏变化中保持和谐。《序曲》第三节共8行,节奏由二顿和三顿的反复交替构成,这交替是有变化的,从"2、3、2、3"的交替变为"2、2、3、3"的交替。在统一中有变化,在变化中有和谐,不仅这一节诗如此,整个《序曲》,整篇《凤凰涅槃》都是如此。其次还体现在押韵方面,外国的自由诗是不押韵的,以《女神》为代表的"五四"自由体诗是押韵的,《凤凰涅槃》当然不例外,这正继承了我国古典诗歌的特点,而且押韵的方式,也是向我国古典诗歌学习的。采用偶数句押韵,不少诗节是一韵到底,并力求使韵脚与内容配合得当。正因为《凤凰涅槃》在形式上是自由而不散乱,努力从节奏、韵律上求得统一,这就使它抑扬顿挫、回环往复、音韵和谐,具有很强的音乐性。

《凤凰涅槃》是首抒情长诗,歌唱一个神奇的故事。它始终热情澎湃,气势磅礴,故事的展开又井然有序,这恐怕要归功于它的结构艺术。正如朱湘所说,诗人很注重"诗章"。在它的五次修改中,就曾牵涉到结构上的变动,这说明诗人在这方面是颇费心思的。尽管以后的修改使全诗更加严谨,但它的总体结构却在最初发表时就确定了的。全诗分为《序曲》《凤歌》《凰歌》《群鸟歌》《凤凰更生歌》五个诗章。这五个诗章组成三个场面:《序曲》为第一场面,即凤凰准备自焚的场面,是全诗情节的开端;《凤歌》《凰歌》《群鸟歌》为第二个场面,是凤凰自焚的场面,描写凤凰悲壮的歌舞,更以群鸟的丑恶、渺小来衬托凤凰的崇高与庄严,是情节的发展;《凤凰更生歌》为第三个场面,是凤凰更生的场面,两个美的精灵在欢唱、在舞蹈,是情节的高潮。这三个场面的联系很自然。第一个场面最后的"凤又舞,凰又唱,一群的凡鸟,自天外飞来观葬",领起第二个场面的三个诗章;第三个场面一开始先安排题为《鸡鸣》的三节诗,表示"光明更生""宇宙更生""凤凰更生",而后才出现《凤凰和鸣》,高唱自我更生与宇宙更生的欢歌,这就使第二个场面与第三个场面衔接得天衣无缝。总之,全诗严密的结构,把浓烈的感情和故事的展开有机融合着,把抒情性和叙事性巧妙地结合着。

(陈永志)

天　　狗　　　　　　　　郭沫若

一

我是一条天狗呀!
我把月来吞了,
我把日来吞了,
我把一切的星球来吞了,
我把全宇宙来吞了。
我便是我了!

二

我是月底光,

我是日底光,
我是一切星球底光,
我是 X 光线底光,
我是全宇宙底 Energy① 底总量!

三

我飞奔,
我狂叫,
我燃烧。
我如烈火一样地燃烧!
我如大海一样地狂叫!
我如电气一样地飞跑!
我飞跑,
我飞跑,
我飞跑,
我剥我的皮,
我食我的肉,
我嚼我的血,
我啮我的心肝,
我在我神经上飞跑,
我在我脊髓上飞跑,
我在我脑筋上飞跑。

四

我便是我呀!
我的我要爆了!

1920 年 2 月初作
选自 1920 年 2 月 7 日《时事新报·学灯》

〔注〕 ① 英语,物理学所研究的"能"。

《天狗》是《女神》中的一首有代表性的诗篇。这首诗写于郭沫若新诗创作的爆发期,正是青年郭沫若情感最炽烈的时刻。这首诗的风格是强悍、狂暴、紧张的。诗句要表达的是超出常态的强烈情感,故而时时逾越常规,使人感到惊骇不已,新奇得简直不可理解。

一开始诗人便自称"天狗",而且还是一条空前绝后、无与伦比的天狗:它不仅吞月(这是古代神话之原意),而且吞日,吞一切星球,吞全宇宙。我们习惯以"气吞山河"形容气魄之伟大,而青年郭沫若的气魄,更是伟大超群得不可想象。"我便是我了"表现了个性的充分张扬所带来的自豪感。所以它是诗人在"五四"时代精神的观照下对个性解放的赞歌,也正因有了冲决一切束缚个性发展的网罗的巨大勇气之后,个性才得以充分张扬,五四时代的新人才具有无限的能量:"我是全宇宙底 Energy 底总量!"这样的五四新人将能够改变山河、大地、宇宙。由是诗人也为自己的情感陶醉了,情不自已,便从他年轻的火热的胸膛里喷射出了惊雷闪电一般的诗句:"我飞奔,/我狂叫,/我燃烧。"这样的诗句就像猛烈的飓风,像奔腾的激流,在读者心头上呼啸而过,产生极其强烈的冲击波,使人感到五四新人的气概是何等豪迈。而接下来三个"我飞跑",更给人以急促振奋、迅雷不及掩耳的感觉。五四时代的个性解放,一般都经历过旧我不断被扬弃,新我不断产生的过程,故而"我剥我的皮,/我食我的肉,/我嚼我的血,/我啮我的心肝",意在表示脱胎换骨,方成新人。

五四时期的青年郭沫若,狂暴的激情常使他感情的弦绷得很紧,有时简直面临绷断的地步。该诗最后两句便把这种感情状态表现得淋漓尽致:"我便是我呀!/我的我要爆了!"个性的极度张扬,竟达到了身不由己的地步。诗人不能容忍一切的束缚,包括自己肉体对自己的束缚在内。所以,《天狗》用它强悍、狂暴、紧张的诗句,为"五四"新时代和新人奏起了惊心动魄的赞歌。它是五四时期人们第一次从诗歌中听到的勇猛咆哮的时代声音。"天狗"那种能够吞掉"一切的星球"和"全宇宙"的豪迈气概,正是五四时代要求破坏一切因袭传统,毁灭旧世界的精神的表现。青年郭沫若在《天狗》中运用幻想的夸张的形象,反映了五四青年要求个性解放,彻底改造旧世界和旧我,创造新世界和新我的社会理想。

与《天狗》一诗强悍、狂暴、紧张的风格相适应,在形式方面,它又表现出粗犷、率真和直抒胸臆的特点。青年郭沫若不讲究诗的形式,主张"绝端的自由,绝端的自主"。他表示:"我所著的一些东西,只不过尽我一时的冲动,随便地乱跳乱舞罢了。"(《论诗三札》)《天狗》一诗真正实践了诗人的主张。它的气势奔腾汹涌。全诗共 26 行,句句以"我"领起,形成排比句式,诗意贯通,一气呵成。全诗犹如高腔大嗓的一通喊叫,诗人虽无意于修饰文字,一任感情的宣泄,全诗却自有感情的内在韵律,诗句或长或短,诗意或急或缓,重复叠加,又完全受狂热的感情所支配,因而能够强烈地刺激着读者的视觉或听觉。兼之全篇采用并生发了古代神话,想象丰富奇特,更加显现出无与伦比的积极浪漫主义精神。它的灼人的诗句就像喧嚣着热浪一般,轰鸣着狂飙突进的五四时代的最强音。

(李复兴)

炉 中 煤 　　郭沫若
——眷念祖国的情绪

一

啊,我年青的女郎!
我不辜负你的殷勤,
你也不要辜负了我的思量。
我为我心爱的人儿
燃到了这般模样!

二

啊,我年青的女郎!
你该知道了我的前身?
你该不嫌我黑奴卤莽?
要我这黑奴底胸中,
才有火一样的心肠。

三

啊,我年青的女郎!
我想我的前身
原本是有用的栋梁,
我活埋在地底多年,
到今朝才得重见天光。

四

啊,我年青的女郎!
我自从重见天光,
我常常思念我的故乡,
我为我心爱的人儿

燃到了这般模样！

1920年1、2月间作

选自1920年2月3日《时事新报·学灯》

这首诗作于1920年1、2月之间,当时诗人虽远在日本,却时时刻刻关注着祖国发生的一切。汹涌澎湃的五四运动浪潮同样冲击着他。他后来说:"'五四'以后的中国,在我的心目中就和我的爱人一样。'"'眷恋祖国的情绪'的《炉中煤》便是我对予他的恋歌。"(《郭沫若文集》第七卷《创造十年》)这番话清楚地说明了郭沫若写这首诗的意图。

全诗是在一系列的比喻中寄托自己的深情和热望,一层深似一层地表现了爱国的衷肠。第一节,开头一句深情的呼唤:"啊,我年青的女郎!"喊出了蓄积已久的眷念祖国的热烈感情。接着写了祖国与"我"的关系。"我不辜负你的殷勤",祖国爱我、关照我,其情何深,其恩难忘! 这是诗人对祖国的根本态度。"你也不要辜负了我的思量。"游子思家国,更望家国也体会到他的爱,两者心心相印。为了表示对祖国的期望和热忱,诗人把自己的心比作通红的煤火。"我为我心爱的人儿/燃到了这般模样!"诗借助联想,从而调动读者的想象,使我们好像看到了诗人那颗爱国赤心,真像熊熊燃烧的炉火。只有感情到了沸点的人才会这样。第二节,从煤的外形与内心的比较,进一步诉说自己的衷情。"你该知道了我的前身",是说质地本来是好的,原来曾有郁郁葱葱的生命,这就进一步把自己和祖国紧密地联系在一起。我爱你,祖国;祖国,你也该知道我的一切,特别是那"火一样的心肠"。爱之深,爱之切,恨不能掏出心来,这就把感情进一步写足了。第三节,交代煤的来历出身。指出"原本是有用的栋梁","活埋在地底多年,/到今朝才得重见天光"。这的确是煤的形成的历史。这样写,把诗的借喻的喻体本身写得更有真实感。但它主要隐喻了自己长久积蓄心中的爱国之情、报国之志。第四节,进一步说出自己的心愿。"自从重见天光"之后,"我常常思念我的故乡"。这故乡,是晨光朗照的中国,是革命将起的中国,怎能不使诗人心向神往! 祖国啊,你寄寓了我多大的希望,对你深切的思念,也只有这燃得通红的炉火才能比喻。

这首诗风格豪放、明朗,音调和谐流畅。全诗每一节都是五句,开头一句成为每一节的领句,第一节最后两句与第四节最后两句有意重复,这就造成节奏鲜明、回环往复的诗美。形式是整齐的,通篇是押韵的。虽说郭沫若早期是主张诗体大解放的自由体诗人,但他也不排斥写格律体或半格律体的诗。他曾经说:

"诗歌还是应该让它和音乐结合起来;更加上'大众朗诵的限制',则诗歌应当是表现大众情绪的形象的结晶。要有韵才能诵。要简而短,才能接近大众。"(《关于诗的问题》)《炉中煤》体现了诗人的这一追求。 (方 铭)

地球,我的母亲! 郭沫若

地球,我的母亲!
天已黎明了,
你把你怀中的儿来摇醒,
我现在正在你背上匍行。

地球,我的母亲!
你背负着我在这乐园中逍遥。
你还在那海洋里面,
奏出些音乐来,安慰我的灵魂。

地球,我的母亲!
我过去,现在,未来,
食的是你,衣的是你,住的是你,
我要怎么样才能够报答你的深恩?

地球,我的母亲!
从今后我不愿常在家中居处,
我要常在这开旷的空气里面,
对于你,表示我的孝心。

地球,我的母亲!
我羡慕的是你的孝子,那田地里的农人,
他们是全人类的褓母,
你是时常地爱顾他们。

地球,我的母亲!
我羡慕的是你的宠子,那炭坑里的工人,
他们是全人类的 Prometheus[①],
你是时常地怀抱着他们。

地球,我的母亲!
我想除了农工而外,
一切的人都是不肖的儿孙,
我也是你不肖的子孙。

地球,我的母亲!
我羡慕那一切的草木,我的同胞,你的儿孙,
他们自由地,自主地,随分地,健康地,
享受着他们的赋生。

地球,我的母亲!
我羡慕那一切的动物,尤其是蚯蚓——
我只不羡慕那空中的飞鸟:
他们离了你要在空中飞行。

地球,我的母亲!
我不愿在空中飞行,
我也不愿坐车,乘马,著袜,穿鞋,
我只愿赤裸着我的双脚,永远和你相亲。

地球,我的母亲!
你是我实有性的证人,
我不相信你只是个梦幻泡影,
我不相信我只是个妄执无明。

地球,我的母亲!
我们都是空桑中生出的伊尹,
我不相信那缥缈的天上,
还有位什么父亲。

地球,我的母亲!
我想宇宙中的一切的现象,都是你的化身:
雷霆是你呼吸的声威,
雪雨是你血液的飞腾。

地球,我的母亲!
我想那缥缈的天球,只不过是你化妆的明镜,
那昼间的太阳,夜间的太阴,
只不过是那明镜中的你自己的虚影。

地球,我的母亲!
我想那天空中一切的星球,
只不过是我们生物的眼球的虚影;
我只相信你是实有性的证明。

地球,我的母亲!
已往的我,只是个知识未开的婴孩,
我只知道贪受着你的深恩,
我不知道你的深恩,不知道报答你的深恩。

地球,我的母亲!
从今后我知道你的深恩,
我饮一杯水,
我知道那是你的乳,我的生命羹。

地球，我的母亲！
我听着一切的声音言笑，
我知道那是你的歌，
特为安慰我的灵魂。

地球，我的母亲！
我眼前一切的浮游生动，
我知道那是你的舞，
特为安慰我的灵魂。

地球，我的母亲！
我感觉着一切的芬芳彩色，
我知道那是你给我的赠品，
特为安慰我的灵魂。

地球，我的母亲！
我的灵魂便是你的灵魂，
我要强健我的灵魂来，
报答你的深恩。

地球，我的母亲！
从今后我要报答你的深恩，
我知道你爱我你还要劳我，
我要学着你劳动，永久不停！

地球，我的母亲！
从今后我要报答你的深恩，
我要把自己的血液来
养我自己，养我兄弟姐妹们。

地球,我的母亲!
那天上的太阳——你镜中的影,
正在天空中大放光明,
从今后我也要把我内在的光明来照照四表纵横。

1919年12月末作

选自1920年1月6日《时事新报·学灯》

〔作者原注〕 ① Prometheus,即普罗美修士,希腊神话中半神半人之神。他曾把天上的火种偷给人间,因而触怒天帝,被缚在高加索司(Caucasus)山上,每天受着鹫鸟啄肉的苦刑。

郭沫若在这首诗中强调人是属于大自然的一部分,是大自然之子,除大自然之外,再没有一个创造了大自然的人格神(上帝),所以他在诗中写道:"地球,我的母亲!/我们都是空桑中生出的伊尹,/我不相信那缥缈的天上,/还有位什么父亲。"但郭沫若对这种自然观的兴趣,主要是他用以作为五四时期反对偶像崇拜的武器。后来他在《孤竹国君二子》中,又借伯夷之口,对偶像崇拜进行了猛烈的批判。他认为人形的上帝是私有制产生以后由"专擅的魔王"捏造出来的。正是这些专制魔王把自己神化,才"制造出许多礼教,许多条文",要求人民"柔顺""忠诚""尊崇名分"和"牺牲"。他认为这一切"虚伪的人皮",应该剥除个干干净净。如何才能彻底干净地剥除呢?诗人认为"只有回到自然中来",像原始人那样,作为大自然的一员(没有物我的区分,没有国族的界限),才能没有争夺,没有私欲,实现真正的心灵的解放,这就是《地球,我的母亲!》中所描绘的那种乐园,在那里,工人、农民、草木、蚯蚓都成为摆脱了暴力和私欲的平等的、自由的兄弟。

很显然,这已经不是自然观,而是社会理想了,在这首诗中表现出来的已经大大超过了泛神论的想象范畴,实际上已渗入了卢梭的天赋人权观念。卢梭认为,在文明社会以前,存在着一个没有政府、没有法律、没有权威的自然状态,生活在这种状态中的自然人,生而具有自由、平等和追求幸福的权利。私有制的产生是不平等的根源,科学艺术的发展则使道德败坏。卢梭认为只有返回到自然状态中去才是人性得到解放的途径。郭沫若在《地球,我的母亲!》中所歌唱的正是这种摆脱了封建权威、偶像和教条束缚的、"自由的、随分的、自主的、健康的"理想境界。这种境界,自然也不完全是卢梭天赋人权的境界,这里还有郭沫若自己的特色,那就是对个性解放的追求。泛神论在他的诗里是和泛个性论相通的。但是这种泛个性论又由于受到日本当时社会主义思潮的影响,特别强调工人、农民的伟大,因而他把工人比作"全人类的Prometheus",把农民比作"全人类的裸母"。在这首诗中,不止一次地流露出某种个性的自我批判色彩。"地球,我的母亲!/我想除了农工而外,/一切的人都是不肖的儿孙,/我也是你不肖的子孙。"这一节后来曾被删去。其实作为新民主主义时期个性解放的特征,这一节是很重要的,它表明,在新的历史时期,个性解放不像资产阶级上升时期那样狂热地自我扩张,它在自我发现、自我解放、自我崇拜的同时还有自我批判、自我抑制的成分。这可以说是当时社会主义思潮的一种折光。

这首诗经过了70年的历史考验,比之五四时期其他著名诗人的新诗,更显得具有艺术的生命,这是由于郭沫若,在抒发浪漫主义的激情的同时,为他的社会人生理想创造了一个前所未有的想象的艺术境界。正是郭沫若,不但把浪漫主义者的信条"一切的好诗都是强烈感情的自然流露"(华兹华斯),从日本的博多湾带到当时中国诗坛,而且把浪漫主义者在理论上十分强调的诗的想象在创作上付诸实践,从而为我国新诗艺术基础的奠定作出了不可磨灭的贡献。

"五四"前后,在新诗领域中发生的革命既不能简单地归结为一种诗行形式的革命,也不能表面地当成某种思想革命,诗作为一种想象的艺术,它更深刻的是一种想象的革命。

当年在胡适打破了脱离生活的旧的形式枷锁之后,新潮社和文学研究会的一批年青诗人又走向另外一个极端,他们抛弃一切传统诗艺的规范,以为只要把真实的生活,用自由的句法,分行排列起来就是诗了。但是活生生的生活罗列并没有产生活生生的艺术。这很快引起了新诗的反对者与怀疑者的不满,就是在新文学阵营当中也激起了反感。就连起先提倡"有什么话,说什么话,话怎么说,就怎么说"的胡适也不能不嘲笑那"棒子面一根一根往嘴里送"的新诗了。正在这个时候,郭沫若异军突起,不但为中国新诗带来了新的思想、新的激情,而且为中国新诗带来了新的想象。

在《地球,我的母亲!》中,主要表现为既不像新潮社和文学研究会青年诗人那样简单地被动地描摹现实生活,也不像胡适及所谓"小诗"的作者那样,把抒情艺术变成表现理性智慧的形式。在郭沫若笔下,自我与地球的关系,并不是现实的自然关系,相反的,郭沫若超越了这种关系,使之成为母亲与孩子的情感关系。这正是郭沫若艺术想象的起点。由此出发,郭沫若大胆地把地球人格化了,使自然现象的因果从属于人格化的表现,在想象中让纷纭的自然现象之间构成一个统一的有机的因果。太阳和太阴(月亮)成了地球母亲化妆的明镜,雷霆成了她呼吸的声威,雪雨成了她血液的飞腾,这一切不但使想象的色彩瑰丽,引起读者的惊异,而且使想象统一,避免芜杂。因而郭沫若的这首诗,虽然相当长,但总体形象却颇为单纯。

　　造成这种艺术上单纯的原因，还在于郭沫若把地球母亲与自我的关系也在想象中单纯化了，目的化了。地球母亲的一切都是为了自我享受自由的生命：天降甘霖，成为地球母亲育儿的乳汁，地球上的一切声音，都是母亲育儿的歌声，一切浮动的生物，都成为安慰孩子的舞蹈，而地球运动不息的灵魂同时也是诗人自我的灵魂。在五四时期，新诗处于草创阶段，几乎没有一个诗人能像郭沫若这样，用一个形象核心，在想象中来统领一切变体，用一种想象的情感因果统一现实的纷繁的因果，也没有一个诗人能像郭沫若这样把丰富的意象和情绪如此精致地组织在一个有机的层次井然的结构之中。这充分说明郭沫若不但有丰富的想象力，而且对于自己的想象有巨大的制衡的气魄。　　　　　　　　（孙绍振）

太 阳 礼 赞　　　　　　郭沫若

　　青沈沈的大海，波涛汹涌着，潮向东方。
　　光芒万丈地，将要出现了哟——新生的太阳！

　　天海中的云岛都已笑得来火一样地鲜明！
　　我恨不得，把我眼前的障碍一概划平！

　　出现了哟！出现了哟！耿晶晶地白灼的圆光！
　　从我两眸中有无限道的金丝向着太阳飞放。

　　太阳哟！我背立在大海边头紧觑着你。
　　太阳哟！你不把我照得个通明，我不回去！

　　太阳哟！你请永远照在我的面前，不使退转！
　　太阳哟！我眼光背开了你时，四面都是黑暗！

　　太阳哟！你请把我全部的生命照成道鲜红的血流！
　　太阳哟！你请把我全部的诗歌照成些金色的浮沤！

太阳哟！我心海中的云岛也已笑得来火一样地鲜明了！

太阳哟！你请永远倾听着，倾听着，我心海中的怒涛！

选自1921年2月1日《时事新报·学灯》

  太阳是驱除黑暗的光明使者，又是万物的生命创造者。古今中外的大诗人几乎都曾对太阳表示过热烈的赞颂，屈原有《九歌·东君》祭祀太阳神："暾将出兮东方，照吾槛兮扶桑。抚余马兮安驱，夜皎皎兮既明。"将日出的壮丽景色描绘得有声有色。马雅可夫斯基曾邀请太阳和他同坐饮茶，称之为"永远向光明的朋友"。在"五四"前后脱颖而出的诗人郭沫若，似乎对太阳更有感情，他先后写过《日出》《太阳礼赞》《新阳关三叠》《海舟中望日出》等诗篇，其中，《太阳礼赞》尤为人们喜爱。

  全诗共七节，每节两行。前三节写景，描绘日出前、日出时、日出后的不同景象。诗人如一位高明的画家，将日出前后的壮丽景象具体生动地表现在读者面前：辽阔的大海上，波涛汹涌澎湃，霞光万丈，一轮红日缓缓上升，将大海上的云彩染成一片火红。这画面不只是具有色彩美，还具有动态美，因而能给人以一种飞动的感觉。在这里，诗人使用了蒙太奇的表现手法，将太阳的光线由弱到强、色彩由淡到浓的过程清晰地表现出来，而选用一个"笑"字，更是渗透了诗人的欢快之情，使画面顿时活跃起来。

  诗人如此浓墨重彩地描绘这幅日出的胜景，并不单纯是为写景而写景，主要是为了抒怀。因此，从第四节开始，诗人便对太阳敞开胸怀，诉说自己的愿望，每一句都以"太阳哟"开头，诗人请求太阳永远照耀世界，将四面的黑暗驱除出去；诗人希望能从太阳吸取无穷无尽的光和热，使自己的心灵得到净化。诗人愿和太阳融为一体，表达了为光明而献身的理想以及同一切黑暗势力作搏斗的信念。第四至第七节，诗人的感情如火山喷发，像怒涛狂卷，充分表现了五四时期那种特有的狂飙精神。

  诗人对太阳充满了如此强烈的感情，充分表现了诗人对美的热烈追求。而这种美不但包括自然美，也包括理想美。因为在诗人的心目中，太阳是光明的象征，也是真理的象征，甚至是未来中国的象征。诗人后来说过"十月革命对我是有影响的——虽然没有见到太阳，但对太阳的热和火，已经感受到了"(《郭沫若同志答青年问》，载《文学知识》1959年第5期)。因此，诗人也渴望"美的中国"能够早日到来。于是，诗人就用笔将他所追求的社会理想通过《女神》，也通过这首《太阳礼赞》以及其他诗篇尽情地表达出来了。

五四时期是理想高扬、激情洋溢的时期,从某种意义上说,富于浪漫主义精神的诗篇比起那些如实地勾勒社会面貌的诗歌更能表达一代人的心声,《太阳礼赞》所以受到欢迎,一个重要的原因就在这里。

(吴开晋)

夜步十里松原　　　　　　　　郭沫若

海已安眠了。
远望去,只看见白茫茫一片幽光,
听不出丝毫的涛声波语。
哦,太空! 怎么那样地高超,自由,雄浑,清寥!
无数的明星正圆睁着他们的眼儿,
在眺望这美丽的夜景。
十里松原中无数的古松,
都高擎着他们的手儿沈默着在赞美天宇。
他们一枝枝的手儿在空中战栗,
我的一枝枝的神经纤维在身中战栗。

选自《女神》,泰东图书局1921年版

这是郭沫若《女神》诗集中的一首写景小诗。《女神》是五四时代新诗坛上,充分显示狂飙突进时代精神的最具代表性的作品。作为革命浪漫主义诗人的郭沫若,正担负起时代弄潮儿的角色。在《地球,我的母亲!》《天狗》《凤凰涅槃》《立在地球边上放号》等诗中,那种直抒胸臆,激情奔放,个性张扬,为时代前进呐喊,皆表现得十分成功,故而能催人激越,启人奋发,展示了大气磅礴的自我表现的诗风。而《夜步十里松原》则体现出诗人另一个方面的轻型题材和闲适抒情风味。

此诗写的是诗人住日本九州博多湾时的生活片断。在白天劳作之后,夜晚信步于千代松原,宁静悠闲中独自欣赏海滨美景。然而在艺术表现方法上,不用通常的写实白描和主观叙述,而是遵循诗人所主张的"艺术是从内部发生,它的受精是内部与外部的结合,是灵魂与自然的结合"。诗人眼前的海,非是纯自然的客体的海,而是被诗人感知了的海,与诗人融为一体的海,故能"安眠了",失掉了"涛声波语",海平面只剩"白茫茫一片幽光"。"太空",在诗人心灵的感觉中,则是"高超,自由,雄浑,清寥",即体现出一种人格和精神。而"明星"亦是拟人化地"圆睁着他们的眼儿",在赏景。"古松"呢? 正沉默着在赞美天宇。那高耸的枝桠,在诗人的感觉中,正在因激动、兴奋而忍耐不住发出"战栗"。全篇的最末一句,趁势画龙点睛地爆发出诗的主旨:原来诗人在这宁静和谐的大自然美妙景象中,依然按捺不住内心的躁动不安。"我的一枝枝的神经纤维在身中战栗",除了意味着诗人对大自然崇拜和陶醉之外,也暗示着他始终兴奋于时代变革的潮流。这首诗与其他一些小诗,如《新月与白云》《鹭鹚》《晚步》《晨兴》《晴朝》《日暮的婚筵》等一样,属于郭沫若早期的另类作品。以自然风光为题材,短小轻盈,借景抒情,融情入景,真正做到"灵魂与自然的结合"。它们显示郭沫若早期诗具备了不同的风格与技巧,不同的审美情趣,尤其对于那类慷慨激昂、大声疾呼、豪气干霄的作品,无疑是一种额外的补充,从而也使《女神》的诗体有所丰富。

  值得进入深层次分析的是,《夜步十里松原》里有郭沫若早期泛神论思想的反映。此诗早先被编入《女神》诗集中"泛神论者之什"栏目中去,同栏还有《雪朝》《登临》《光海》《梅花树下醉歌》等。泛神论认为神存在于自然界万物之中,没有什么超出自然的神之主宰,神即自然,自然即神。郭沫若既一度信奉泛神论,又在诗作中积极力挺其精神,在他的笔下,大自然富有生命意识,有灵动感,能发散出人格的魅力;而诗人自我,则能与大自然在意识上、精神上沟通,乃至于融为一体。这就使《夜步十里松原》不止于局部的白描写景,而能使人感触到十里松原是一处鲜活而富有生命力的整体。这里的天空、大海、星月、松林,正如诗人的胸中主观世界一样,是那么开阔,那么自由,那么雄浑,那么勇武有力。诗人似乎与其同呼吸,共命运,想象的翅膀随景物之舒展而自由翱翔,最终要借"古松"高擎着手儿,"他们一枝枝的手儿在空中战栗"的激励,从而迸发出心灵里的那一声冲动和奔放:"我的一枝枝的神经纤维在身中战栗"。这仍暗示着诗人对于"不断的毁坏,不断的创造,不断的努力"的精神力量的追求。足见这首写景小诗,实为一首自然生动、情景交融、境界优美,而又涵义深厚、富有哲理意味的好诗。朱自清在《中国新文学大系·诗集·导言》中说"看自然作神,作朋友,郭氏诗是第一回",这首小诗恰可为朱先生的话作一条注脚。

(何佩刚)

天上的市街   郭沫若

远远的街灯明了,
好像闪着无数的明星。
天上的明星现了,
好像点着无数的街灯。

我想那缥渺的空中，
定然有美丽的街市。
街市上陈列的一些物品，
定然是世上没有的珍奇。

你看，那浅浅的天河，
定然是不甚宽广。
我想那隔河的牛女，
定能够骑着牛儿来往。

我想他们此刻，
定然在天街闲游。
不信，请看那朵流星，
那怕是他们提着灯笼在走。

1921 年 10 月 24 日
选自《星空》，现代书局 1924 年版

"五四"高潮过后，在日本留学的郭沫若曾几度彷徨无定地在海边踱来踱去，独自仰望常动不息的星空，从那闪闪的幽光中寻觅、追蹑始终令他醉心的理想。《天上的市街》正是展示他心目中天国乐园的一幅蓝图。

湛蓝的夜空，街灯与明星交相辉映，说不清哪是街灯、哪是明星。诗的开头，巧妙地以街灯和明星互喻，随着迤逦远去的灯火和繁星，把读者引入"那缥渺的空中"，顿觉天上人间浑然一体。这样，第二节就自然而然联想到天上"定然有美丽的街市"。接着，进一步驰骋想象的翅膀，具体描绘天上街市的神奇景象，奇就奇在这里陈列的物品"定然是世上没有的珍奇"。然而究竟有哪些珍品和奇物呢？诗人没有一一细说，恰好留给读者去细细寻味。在一片繁华的"天街"上，诗人更关心的显然是此间人们的生活状况。因而诗的第三、第四节，便借传说中的牛郎织女提着灯笼在天街闲游，以印证他们生活的幸福自由。谁都知道，在原来的神话中，牛郎与织女扮演的是悲剧故事，他俩一在天河之东，一在天河之西，每年只有一次"鹊桥会"；而在本诗里，这一对情侣的面目已经焕然一新，他俩骑着牛儿过银河、游天街，无拘无束地共度自由幸福的生活。这一改动推陈出新，体

现了诗人大胆的想象和对幻美的追寻，反衬出他对丑恶现实的不满和蔑弃。发人深思的是，天上的市街本是神异的幻境，诗人却把自己的愿望当作活生生的实景来描绘，而且写得如此真切，容不得半点怀疑。诗中还反复运用肯定性词语"定然"，更表现了诗人对理想世界的执著追求。这一切，洋溢着浪漫主义精神，充分显示了郭沫若独特的艺术个性。

  在创作此诗前不久，郭沫若在给宗白华的一封信中，曾十分强调诗歌是诗人"心中的诗意诗境底纯真的表现"，按情感波澜的涨落，他把诗分为两类："大波大浪的洪涛便成为'雄浑'的诗"和"小波小浪的涟漪便成为'冲淡'的诗"。《天上的市街》不是洪涛起伏，而是涟漪细流，当然属于"冲淡"的一类，有它自然的周期和振幅，不容诗人有一毫的造作，亦不许诗人有一刹那的犹豫，情趣完全出自天成。全诗语言清新朴素，句式短，韵律齐，每节四句，每句顿数大体相等，甚至连标点符号都互相对应，读来朗朗上口，和谐优美。

（龚济民）

春 莺 曲　　　　　郭沫若

姑娘呀，啊，姑娘，
你真是慧心的姑娘！
你赠我这枝梅花
这样的晕红呀，清香！

这清香怕不是梅花所有？
这清香怕吐自你的心头？
这清香敌赛过百壶春酒。
这清香战颤了我的诗喉。

啊，姑娘呀，你便是这花中魁首，
这朵朵的花上我看出你的灵眸。
我深深地吮吸着你的芳心，
我想——呀，但又不敢动口。

啊，姑娘呀，我是死也甘休，

我假如是要死的时候,
啊,我假如是要死的时候,
我要把这枝花吞进心头!

在那时,啊,姑娘呀,
请把我运到你西湖边上,
或者是葬在灵峰,
或者是放鹤亭旁。

在那时梅花在我的尸中
会结成五个梅子,
梅子再迸成梅林,
啊,我真是永远不死!

在那时,啊,姑娘呀,
你请提着琴来,
我要应着你缭绕的琴音,
尽量地把梅花乱开!

在那时,有识趣的春风,
把梅花吹集成一座花冢,
你便和你的提琴
永远弹弄在我的花中。

在那时,遍宇都是幽香,
遍宇都是清响,
我们俩藏在暗中,
黄莺儿飞来欣赏。

黄莺儿唱着欢歌，
歌声是赞扬你我，
我便在花中暗笑，
你便在琴上相和。

（莺　之　歌）

前几年有位姑娘
兴来时到灵峰去过，
灵峰上开满了梅花，
她摘了花儿五朵。

她把花穿在针上，
寄给了一位诗人，
那诗人真是痴心，
吞了花便丢了性命。

自从那诗人死后，
经过了几度春秋，
他尸骸葬在灵峰，
又迸成一座梅薮。

那姑娘到了春来，
来到他墓前吊扫，
梅上已缀着花苞，
墓上还未生春草。

那姑娘站在墓前，
把提琴弹了几声，
刚好才弹了几声，
梅花儿都已破绽。

清香在树上飘扬,
琴弦在树下铿锵,
忽然间一阵狂风,
不见了弹琴的姑娘。

风过后一片残红,
把孤坟化为了花冢,
不见了弹琴的姑娘,
琴却在冢中弹弄。

（尾　　声）

啊,我真个有那样的时辰,
我此时便想死去,
你如能恕我的痴求,
你请快来收殓我的遗尸!

3日

选自《创造月刊》1926年第1卷第2期

《瓶》是郭沫若的第二部诗集,共42首。这些诗都是为纪念诗人在西湖边上与一位姑娘邂逅并发生了一场浪漫的爱情而作。《瓶》问世之时,郁达夫为它写了一篇"附记",说"把你真正的感情,无掩饰地吐露出来,把你的同火山似的热情喷发出来,使读你的诗的人,也一样的可以和你悲啼喜笑,才是诗人的天职"。当时,郭沫若本不愿发表,郁达夫却说:"我说沫若,你可以不必自羞你思想的矛盾,诗人本来是有两重人格的。况且这过去的恋情的痕迹,把它们再现出来,也未始不可做一个纪念。"

《春莺曲》是《瓶》的第16首,是组诗中篇幅最长、分量最重的一首。诗的中心意象是:"慧心的姑娘"赠给诗人一枝梅花,诗人便以为姑娘爱上了他。接着诗人通过奇特的想象营造了一个爱的境界,他要在为爱而死的时候把这枝花吞进心头,让梅花在尸中结成梅子,又长成一片梅林。以后姑娘到梅花冢前弹琴,突然狂风来临,不见了姑娘,而琴却在冢中弹弄。诗共三部分。诗的第一部分本来只是"假如",到了第二部分《莺之歌》却写得煞有其事,就像民间传说中的梁祝故事一样。诗人痴情而又天真地希望姑娘有着与他一样的生死以殉的深情,这当然是对于纯真爱情的渴求。"尾声"中透露诗人的心迹:"啊,我真个有那样的时辰,/我此时便想死去"!

　　这首诗以梅花起兴,以梅花所赋予的爱情内涵作为贯串线,以此展开一种纯情境界,火热的激情含蕴于雍容秀雅的诗句之中,空灵而飘逸,这里有纯粹的诗美追求,或许受了当时已传到中国的王尔德唯美主义作品的影响,也同时有我国古代民歌和民间传说的遗韵,这与《女神》中那些惠特曼式的、长河奔泻般的激情迥然异趣,这就是郁达夫所说"诗人两重人格"的表现吧。在《女神》中也有一首由爱而想到死的诗,那就是《Venus》(维纳斯),只有两节,第二节便是:"我把你这对乳头,/比成两座坟墓,/我们俩睡在房中,/血液儿化成甘露!"但没有如《春莺曲》那样展示一个美妙的童话般的境界,并且反复咏叹,读之令人心醉。而那由于爱恋就联想到死,并大力美化为爱而死后的情景,以至成为一种美好的向往,又是怎样一种心态呢?张光年说得对:这是诗人"曲折地,不自觉地反映了那个狂飙突进的时代精神的一个方面。诗人所宝爱的'那种火山爆发式的内发情感'在如醉如痴的恋情中再一次宣泄了出来"。与《Venus》相比,是一种情感两种不同的表现方式吧,郭沫若还是郭沫若!

　　《瓶》里的诗的形式,没有采用自由体,大多是采取四行一节的半格律体,《春莺曲》已近似闻一多《死水》式的现代格律诗,其中"莺之歌",更具音乐的美(各行音节的顿数一致)与建筑的美(节的匀称和句的均齐),颇有歌唱性。这样的形式安排,增强了诗的优美感。

(陈良运)

诗人小传

玄　庐

(1878—1929)　原名沈定一,号剑侯,浙江萧山人。1917年任浙江省参议会会长。曾在《民国日报》副刊《觉悟》上发表新诗。1920年在杭州发起组织共产主义小组。1927年去广州,与谭平山主编《劳动与妇女》。

十五娘　　　　玄　庐

一

菜子黄,
百花香,

软软的春风,吹得锄头技痒;
把隔年的稻根泥,一块块翻过来晒太阳,
不问晴和雨,
箬帽蓑衣大家有分忙,
偏是他,闲得两只手没处放!

二

"看了几分蚕,
赊了几担桑,
我只顾自己个人忙。
有的是田,地,和山,荡。
他都要忙也哪里许他忙?——
坐吃山空总是没个好下场。
昨天听人说'哪里的地方招垦荒。'"

三

"五十"高兴极了,
三脚两步,慌慌张张:
"喂,十五娘,
我们底人家做成了;
我要张罗着出门去,你替我相帮!"
就在这霎时间欢喜和悲伤在佢俩底心窝中横冲直撞。

四

一夜没睡
补缀了些破衣裳,
一针一欢喜,
一线一悲伤,
密密地从针里穿过线里引出,
默默地"祝他归时,不再穿这衣裳,
更不要丢掉这衣裳!"

五

此刻都不曾哭,

怎么佢俩底眼泡皮都像胡桃样?
一张破席卷了半床旧被胎,
跳上埠船,像煞没介事儿一样。
他抬起头来,伊便低下头去,
像是全世界底固结性形成佢俩底状况。
他恨不得说一声"不去",——
船儿已过村梢头,只听见船头水响。

六

一个邮夫东问西问"十五娘"。
伊接到信却一字不识,
仿佛蚂蚁爬在热锅上,
"测字先生,你替我详详?
这不是我家'五……'他来的信么?"
测字先生很郑重地说:
"你要给我铜板一双,他平安到了一个地方!"

七

"信该到了?
茧该摘了?
桑叶债该还了?
伊该不哭了?"
四周围异地风光,
包围着他一个人底凝想,——
就是要不想也只是想这个"不想"。

八

月光照着纺车响,
门前河水微风漾,
一缕情丝依着棉纱不断的纺。
邻家嫂嫂太多情,
说道"十五娘你也太辛苦了,

明朝再纺又何妨。"
伊便停住摇车,但是这从来不断过的情丝,一直牵伊到
　　枕上,梦中,还是乌乌,接着纺。
不过从接信后的十五娘,
只是勤奋,只是快慰,只是默默地想。

九

本来两想合一想,
料不到勇猛的"五十"一朝陷落在环境底铁蒺藜上。
工作乏了他也——不是,
瘟疫染了他也——不是,
掘地底机器,居然也妒嫉他来,
把勇猛的五十榨成了肉酱,
无意识的工作中正在凝想的人儿,这样收场。
但只是粉碎了他底身躯,倒完成了他和伊相合的一个
　　爱底想。

十

才了蚕桑,
卖掉茧来纺纱织布做衣裳。
一件又一件,单的夹的棉的,
堆满一床,压满一箱,
伊单估着堆头也觉得心花放。
"五十啊!
你再迟回来几年每天得试新衣裳,
为什么从那一回后再不听见邮差问'十五娘?'"

十一

明月照着冻河水,
尖风刺着小屋霜。
满抱着希望的独眠人睡在合欢床上,
有时笑醒,有时哭醒,有经验的梦也不问来的地方。

> 破瓦棱里透进一路月光,
>
> 照着伊那甜蜜的梦,同时也照着一片膏腴垦殖场。
>
> 选自1920年12月21日《民国日报·觉悟》

《十五娘》是中国现代新诗中第一首叙事诗。经孔子增删的《诗三百》开创了抒情诗的传统,以后我国诗歌一直沿着这个方向发展,除了在民歌中还能读到些叙事诗如《孔雀东南飞》外,千年诗国较少叙事诗,这不能不说是个缺陷。新诗的倡导为叙事长诗的产生和发展提供了可能。沈玄庐得风气之先,最早作了尝试,以诗的形式反映繁复的现实生活,使诗"小说化"。

这首诗娓娓叙述了农家青年夫妇的纯真爱情和所经历的生离死别。农家女十五娘兴致勃勃地赊桑养蚕,并鼓励丈夫五十出外揽活,挣钱养家。于是五十参加垦荒队,将出门远行,幸福和痛苦交织在他们的心底。十五娘整夜没睡,一针欢喜,一线悲哀地为五十补缀衣服,收拾行装。五十怀着忐忑不安的心情终于踏上了远去的白帆。鱼雁传书,十五娘收到了五十的信后,十分快乐,思念变成了行动,愈加勤劳。可是,掘地的机器好像也妒忌他们的恩爱,把勇猛的五十轧成了肉酱。十五娘再也收不到五十的信了,可她仍然痴心地等着,做了一件又一件的衣服,压满了一箱子。十五娘"有时笑醒,有时哭醒"。而明月"照着伊那甜蜜的梦,同时也照着一片膏腴垦殖场"。全诗写得哀而不伤,体现了我国传统的诗学观念。整首诗谋篇布局十分合理,除一两句稍嫌生硬稚拙外,全诗11节81行几乎一气呵成,行云流水,淋漓酣畅,在当时实为难能可贵。可以说,《十五娘》的独创性和突出的特点首先在于开了现代叙事诗的先河,对二三十年代叙事诗的繁荣,起了一定的推动作用。

《十五娘》艺术上的特点还在于兼有民歌和古典词曲的韵味,自然朴素,节奏鲜明。初期新诗在胡适的废韵废律的倡导下,作诗如作文,虽有相当意义,但发展至极端就破坏了诗质诗意。诗不仅应该是白话的或口语的,更应该是诗的、艺术的。沈玄庐融汇着古典词曲和民歌的长处,努力于新诗韵律的创制。《十五娘》主要采用了自然的音节和韵脚。全诗81行,ang韵一押到底,较为工整,音节自然构成,抑扬顿挫,显示了诗的音乐美。在诗句上,《十五娘》的词曲意味似更浓。能长即长,能短即短。最短的仅有3个字"菜子黄,/百花香",最长的倒有22个字"就在这霎时间欢喜和悲伤在佢俩底心窝中横冲直撞",竟也安排得当,避免了呆板。全诗长短相间,舒卷自如,显示了白话新诗的长处。《十五娘》确然实践了刘半农所提出的"增多诗体"的主张,弥补了初期新诗的某些不足,而朱自清在《中国新文学大系·诗集·导言》里委婉地批评沈玄庐诗的民歌词曲味,可能过于偏颇了些。

《十五娘》是首叙事诗,但是也极富抒情成份,能够做到叙事与抒情的结合,显得诗意盎然。沈玄庐承继了我国古典诗歌中比兴情景的美学传统,善于通过景物的描绘来表现人的心理,融景入情,融情入理。长诗从春写到冬,季节的变化也喻示了十五娘的感情经历。一开始,"菜子黄,/百花香,/软软的春风,吹得锄头技痒"。虽是对春日融融、百花飘香的春景描摹,但主要也是衬托着十五娘欢快喜悦的心情。接下来,"月光照着纺车响,/门前河水微风漾,/一缕情丝依着棉纱不断的纺",明月照人,秋思不绝,表现了十五娘思念丈夫,渴望团圆的缕缕情思又化在长长的棉纱上。最后,五十被压成肉泥,团圆已成泡影。"明月照着冻河水,/尖风刺着小屋霜",岂止是冬天已至,冻河水、尖风、屋霜的交相并用显然是揭示了十五娘的悲剧,更进一步象征了十五娘的忧愁、孤独的心境。情和景的交融入情合理,特别是季节景物的变化与展示的情感一致。看似雕琢,却是精工的自然,别有一种韵味,更显示出艺术上的完美。

(杜荣根)

【诗人小传】

刘大白

(1880—1932) 诗人。原姓金,名庆棪,字伯贞;后改姓刘,名靖斋,字清斋,别号大白,浙江绍兴人。清贡生,后留学日本,并加入同盟会。1919年在浙江省立第一师范执教时,参加五四新文化运动,并写作新诗。1921年任复旦大学教授。1927年以后,历任浙江大学秘书长、国民政府教育部代理部长等职。其诗作语言明白清晰,音节整齐,韵律和谐,但带有旧诗词的痕迹。

田 主 来

刘大白

一声田主来,
爸爸眉头皱不开。
一声田主到,
妈妈心头毕剥跳。
爸爸忙扫地,

妈妈忙上灶：
　　"米在桶，酒在坛，
　　鱼在盆，肉在篮；
　　照例要租鸡：
　　没有怎么办？——
　　本来预备两只鸡：
　　一只被贼偷，一只遭狗咬；
　　另买又没钱，真真不得了！——
　　阿二来！
　　和你商量好不好？
　　外婆给你那只老婆鸡，
　　养到三年也太老，
　　不如借给我，
　　明年还你一只雄鸡能报晓！"
妈妈泪一揩，
阿二唇一翘：
　　"譬如贼偷和狗咬，
　　凭他楦得大肚饱。
　　别说什么借和还，
　　雄鸡雌鸡都不要。
　　勤的饿，惰的饱，
　　世间哪里有公道！
　　辛苦种了一年田，
　　田主偏来当债讨。
　　大斗重秤十足一，
　　额外浮收还说少。
　　更添阿二一只鸡，
　　也不值得再计较！
　　贼是暗地偷，狗是背地咬，

>   都是乘人不见到。
>   怎像田主凶得很，
>   明吞面抢真强盗！"
>   妈妈手乱摇：
>   "阿二别懊恼！
>   小心田主听见了，
>   明年田脚都难保！"

1921年2月28日在杭州
选自《旧梦》，商务印书馆1924年版

　　刘大白是白话诗最早的提倡者之一，并且是较早运用歌谣体创作新诗的诗人之一。《田主来》就是一个典型的例子。

　　这是一首小叙事诗，有人物：爸爸、妈妈、阿二。有故事：田主来收租，佃户不但须备下米酒鱼肉好好招待，还须另送两只租鸡。偏偏这一家本来预备的两只鸡，一只被贼偷了，一只被狗咬了，妈妈急得没法，只得向阿二商借外婆送给他的一只老婆鸡去完租。全诗除了少许的行动描写，便是妈妈和阿二的两段对话。行动描写很简洁，首段前六句，在"一声田主来""一声田主到"的紧张气氛中，一家的愁与忙已呼之欲出，为"借鸡"的对话作了铺垫，而妈妈说的话，又是给阿二那番愤懑的揭露和控诉作铺垫，所以全诗的重点落在阿二的一段话上。

　　阿二回应妈妈借鸡，就"贼偷"和"狗咬"而发泄胸中愤激之情："勤的饿，惰的饱，/世间哪里有公道！/辛苦种了一年田，/田主偏来当债讨。/大斗重秤十足一，/额外浮收还说少。"对于田主剥削、敲榨勒索农民的实质，阿二的结论是：比贼更恶，比狗更凶，明吞面抢真强盗！诗人在"万家墨面没蒿莱"时代写下这一首诗，发一点这样尖锐的议论，在当时是需要点勇气的。

　　诗中的妈妈与阿二，是在对话中显示出有一定个性的农民的形象。妈妈是这家的女主人，贤慧、慈祥，为一家生计而小心谨慎，她向阿二借鸡的话，可以看出她勤劳忠厚的秉性。对于阿二的话，她内心是同意的，但惊恐得"手乱摇"，她怕田主听见，"明年田脚都难保"。阿二，从他的话中就可知道，是一个很有刚气的青年农民，不再是一个田主们所希望的顺民，麻木的愚氓，他对剥削阶级的本质有朴素的认识，敢怒敢言，是一个即将实行反抗行动的农民形象。

《田主来》有民歌体之风,承汉魏乐府诗(如《东门行》《妇病行》《孤儿行》)之骨,颇可视为现代之"乐府"(当然不是为配乐而作),它以反映民间疾苦为主旨,朴实无华,读来朗朗上口。此外,全诗所提到的鸡、狗、贼,不仅是实事,更是一种比喻。从这一角度才能深悟诗的艺术感染力。

(陈良运)

邮　吻

刘大白

我不是不能用指头儿撕,
我不是不能用剪刀儿剖,
只是缓缓地
　　轻轻地
很仔细地挑开了紫色的信唇;
我知道这信唇里面,
藏着她秘密的一吻。

从她底很郑重的折叠里,
我把那粉红色的信笺,
很郑重地展开了。
我把她很郑重地写的,
一字字一行行,
一行行一字字地
很郑重地读了。
我不是爱那一角模糊的邮印,
我不是爱那满幅精致的花纹,
只是缓缓地
　　轻轻地
很仔细地揭起那绿色的邮花;
我知道这邮花背后,
藏着她秘密的一吻。

一九二三,五,二,在绍兴
选自《邮吻》,开明书店 1926 年版情诗在五四时期的新诗中占有相当大的比重,这当然与新文化运动反礼教、反封建的大背景有密切的关系。由于受新思潮的影响,当时的情诗大多表现得直率、坦诚,较少含蓄。这一方面固然是为了冲破旧礼教的束缚,另一方面,在诗艺上也就带着初期新诗粗疏的缺陷。这首诗当然也不例外,正如刘大白自己说的那样,他的诗"用笔太重,爱说尽,少含蓄"。不过,含蓄也并不一定是诗的唯一尺度,直率有直率的美,尤其是在当时那个崇尚直率的时代。这首诗的优点就在细腻地表达诗人的心理活动,体现了一种无掩饰的直率之美。

信笺是作为传递信息的媒介和爱情的信物贯串于全诗的。这首诗并没有直接抒写那些甜蜜的窃窃私语,也没有描写见信而勾起相思的情丝,而是采用侧写的方法,隐去信的内容,将其留给读者去想象;诗人着力通过拆信、展信、读信的细节动作以展示诗人的情感世界。呈现诗人心态的是一连串的典型动作,而这一连串动作又是通过富有特征性的动词加以突出。例如,一个"撕",一个"剖",对这两个动作的否定,突出了诗人对信笺——爱情的象征——的珍惜与爱抚之情。与"撕"与"剖"对应的是一个"挑"的动作。这轻轻地一挑,加倍强化了这种珍惜的感情。展读信笺的动作,体现的是一种对爱情的郑重与虔诚;而"揭"邮花的动作,又烘托了探求爱的秘密的渴望。除此之外,诗人还利用章句安排和节奏处理,以配合情感的发展线索。例如"不是"句的重叠和第一、第三节的呼应,都旨在造成情绪的延长以达到强调的目的。又如"缓缓地""轻轻地"在音节上构成一种平缓和谐的听觉效果,同时又将其切成两句,在听觉与视觉上又强化与延长了平缓和谐的感觉效果,以渲染爱的执著与深沉;一连串重叠的"郑重地",和"一字字一行行"的反复,则又在表现一种爱的神圣感。另外,像"不是……只是""我知道……"句式的反复运用,对表现心理活动的委婉曲折也是很奏效的。

(张 新)

秋 晚 的 江 上   刘大白

归巢的鸟儿,
尽管是倦了,
还驮著斜阳回去。

双翅一翻,
把斜阳掉在江上;

头白的芦苇,

也妆成一瞬的红颜了。

一九二三,一〇,三〇,在绍兴。
选自《邮吻》,开明书店1926年版

  归鸟低飞,残阳斜照,浅滩芦苇,微风嬉水,一派秋晚江上的景色。这种景致在旧诗里算不得什么,但能用新诗的方法表现就不是容易的事。在新诗运动之初,写景诗虽然较发展,但当时不少诗人注重的是如何用白话,如何逼真地摹写自然,很少深究诗的表现方法,更不用说借鉴旧诗里的一些营养质素。例如像"红的花,白的花,多么好看啊"这类"诗",侧重的显然是白话而不是诗。刘大白是前清的贡生,旧文学根基颇深。他自称是一个"由旧入新的过渡时代的诗人"。不过刘大白不甘守旧,相反却大胆趋时,刻意求新。或许恰是这一特点,反使刘大白的写景诗能汲取旧诗的特长;至于有意识地对旧诗进行反思,那是好多年以后的事了。

  这首诗从整体框架上采用了当时流行的小诗体。小幅的描写,简洁的勾勒,散文的句式,即兴的抒发,都呈示出泰戈尔与日本俳句的风格。当然,从意境的创造和表现手法看,主要还是从宋词尤其是小令和元曲里化出。像冰心、宗白华的小诗,注重在意象的暗示性的哲理,而刘大白则注重于情与景在自然的描写过程中的契合。这便是旧诗里所谓的诗画结合、情景交融了。归鸟与斜阳在空间上相距遥远,诗人却将其融汇于鸟儿在通红的残阳里寻觅归巢的大平面中。当然,仅止于此而已,那至多算一幅精致的小景,然而作为诗,就要运用语言的力量强化景致的表现力并注入诗人情感的生命之泉。这里"倦""驮"是关键二字。归鸟何以倦了?这是诗人的想象,同时也是诗人情感的移入。鸟倦实在也是人倦。而驮字,一方面是景致的进一步的渲染和奇丽的想象,另一方面也是突出鸟倦的程度,因为驮是一种负荷,而驮的又正是太阳!这样我们看到的就不仅仅是一种景致,而包含诗人对生活的体验。第二段是第一段情景的继续与开展。不说落日沉入江底,而说落日被鸟翅翻掉在江里,这是极富表现力的。它是极其夸张而又符合逻辑的动态描写,与其说是鸟驮斜阳的自然延伸,毋宁看作是诗人想象力的深化,它使夕阳沉入江心,这一瞬间的景象更出神入化了。同时,鸟翻双翅,抖落斜阳,在情绪上也是一种发展,它表明鸟不堪沉重的负担,希冀于一种自由的生活。最末两句,通过"妆"和"红颜",把芦苇人格化了,给全诗平添了一些情趣与生气。

(张　新)

俞平伯

[诗人小传] （1900—1990） 原名铭衡，浙江德清人。1919年毕业于北京大学文科。曾先后在上海大学、燕京大学、清华大学、北京大学等校任教。新中国成立后任北京大学教授、中国社会科学院文学研究所研究员。早年积极参加新文学运动，是新潮社、文学研究会、语丝社成员。1922年与朱自清、刘延陵、叶圣陶一起创办五四以来最早的诗歌刊物《诗》月刊。早年写过新诗，后从事散文创作和古典文学研究。

孤山听雨

俞平伯

记八月一日之游

云依依的在我们头上，
小桦儿却早懒懒散散地傍着岸了。
小青哟，和靖哟，
且不要萦住游客们底凭吊；
上那放鹤亭边，
看葛岭底晨妆去罢。

苍苍可滴的姿容，
少一个初阳些微晕她。
让我们都去默着，
幽甜到不可说了呢。
晓色更沉沉了；
看云生远山，
听雨来远天，
飒飒的三两点雨，
先打上了荷叶，
一切都从静默中叫醒来。

皱面的湖纹,
半蹙着眉尖样的,
偶然间添了——
花喇喇银珠儿那番迸跳。
是繁弦？是急鼓？
比碎玉声多几分清悄？

凉随着雨生了,
闷因着雷破了,
翠叠的屏风烟雾似的朦胧了。
有湿风到我们底衣襟上,
点点滴滴的哨呀！

来时的桦子横在渡头。
好个风风雨雨。
清冷冷的湖面。
看他一领蓑衣,
把没篷子的打鱼船,
闲闲的划到藕花外去。

雷声殷殷的送着,
雨丝断了,近山绿了；
只留恋的莽苍云气,
正盘旋在西泠以外,
极目的几点螺黛里。

八,五,杭州。

选自《冬夜》,亚东图书馆 1922 年版

　　孤山在杭州西湖中。诗人游孤山正值清晨。这时已见"云依依的在我们头上",湖中游船靠在岸边。当年岸边有冯小青和林和靖的墓。葛岭上有一座初阳

台,因其地势高敞可以最先承受东方升起的朝阳,可是此刻苍翠可滴的葛岭没有初阳的晕染,欲雨未雨的西湖,有着"幽甜到不可说"的韵味。不知不觉中,雨渐渐下起来。于是诗人雅兴大发,沐雨而立,一面观赏雨景,一面听那如"繁弦"、如"急鼓","比碎玉声多几分清悄"的雨声。

诗人在雨中看西湖,当然是看随着雨的由小而大、由大而小所引起的西湖景色的种种变化:未雨前的西湖、葛岭,是"苍苍可滴的姿容";雨初来是"皱面的湖纹,/半蹙着眉尖样的,/偶然间添了——/花喇喇银珠儿那番迸跳"。雨渐渐大起来,"翠叠的屏风烟雾似的朦胧了",游船横在渡头,湖面清冷冷的,一个渔夫披一领蓑衣,"把没篷子的打鱼船,/闲闲的划到藕花外去"。雨渐渐停了,近山绿了,莽苍的云气,正盘旋在西湖之外的极目远望处,几点螺黛般的山峰之上。

古代诗人写西湖雨的诗不少,苏轼出守杭州时更留下写西湖雨景的名句,如"黑云翻墨未遮山,白雨跳珠乱入船。卷地风来忽吹散,望湖楼下水如天";"横风吹雨入楼斜,壮观应须好句夸。雨过潮平江海碧,电光时掣紫金蛇"。更为人熟知的是:"水光潋滟晴方好,山色空濛雨亦奇。欲把西湖比西子,淡妆浓抹总相宜。"这首《孤山听雨》在意境创造上显然有前人诗词的影响,但诗人大概觉察到前人名篇一般都只写视觉中的雨,所以特别在诗题中突出"听",由视而听,由听而观,西湖雨景便声色俱佳了。初来之雨声,是"飒飒的三两点雨",雨声自荷叶上传出,清晨西湖的一切"都从静默中叫醒来";渐密的雨声,"比碎玉声多几分清悄",令人感到凉气袭人;雨停了,则是"雷声殷殷的送着"。各种感觉交错,使诗人将一场并不罕见的西湖雨写得绘声绘色。诗人运用自由体,从晓色沉沉到"雨丝断了",一层层挥洒开去,变幻多姿,使读者有身临其境之感,并获得了一种美的享受。

这首诗的语言也相当凝炼,有些诗句颇有词曲语言的韵味,如"看云生远山,听雨来远天",两个短句使全诗境界顿开。有的诗句写得相当传神,如"皱面的湖纹,/半蹙着眉尖样的",将西湖拟人化了,似乎是西子不耐雨沐的情态。再如"凉随着雨生了,/闷因着雷破了",一个"生"字,一个"破"字,将两种感觉的变化以动态呈现出来。

(陈良运)

凄　然　　　　　　　　　　俞平伯

今年九月十四日我同长环到苏州,买舟去游寒山寺。虽时值秋半,而因江南阴雨兼旬,故秋意已颇深矣。且是日雨意未消,游者阒然;瞻眺之余,顿感寥廓!人在废殿颓垣间,得闻清钟,尤动凄怆怀恋之思,低回不能自已。夫寒山一荒寺耳,而摇荡性灵至于如此,岂非情缘境生,而境随情感耶? 此诗之成,殆吾之结习使然。

那里有寒山！
那里有拾得！
那里去追寻诗人们的魂魄！
只凭着七七八八，廓廓落落，
将倒未倒的破屋，
粘住失意的游踪，
三两番的低回踯躅。

明艳的凤仙花，
喜欢开到荒凉的野寺；
那带路的姑娘，
又想染红她的指甲，
向花丛去掐了一握。
他俩只随随便便的，
似乎就此可以过去了；
但这如何能，在不可聊赖的情怀？

有剥落披离的粉墙，
欹斜宛转的游廊，
蹭蹬的陂陀路，
有风尘色的游人一双。
萧萧条条的树梢头，
迎那西风碎响。
他们可也有悲摇落的心肠？

镗然起了，
嗡然远了，
渐殷然散了；

枫桥镇上的人，
寒山寺里的僧，
九月秋风下痴着的我们，
都跟了沉凝的声音依依荡颤。
是寒山寺的钟么？
是旧时寒山寺的钟声么？

九，三十，杭州
选自《冬夜》，亚东图书馆1922年版

  提到苏州寒山寺，便会使人想起使寒山寺得名的唐初诗僧寒山子与他的朋友拾得。据说这两位高僧被当时的人目为文殊和普贤两菩萨的再世，但他们都匿住寺中当烧火僧人，后有一位地方官闻讯去访问，他们"即走出寺归寒岩，寒山子入穴而去，其穴自合"。提到寒山寺，又会使人忆起唐朝诗人张继的诗篇："月落乌啼霜满天，江枫渔火对愁眠。姑苏城外寒山寺，夜半钟声到客船。"(《枫桥夜泊》)任何一个熟悉寒山寺这些历史掌故的人，都会有一种诗的情绪、诗的境界先入为主地藏在心中。诗人与他新婚不久的妻子同游寒山寺之时，正值"秋意颇深"，且又"雨意未消"之时，游人疏落，满目是废殿颓垣，但"得闻清钟"，于是"凄怆怀恋之思，低回不能自已"。

  全诗四节。第一节开始即发感叹："那里有寒山！/那里有拾得！"千载之后欲寻其人，自是发诗人之痴想。人去而千古名寺如此荒废，只有"七七八八，廊廓落落，/将倒未倒的破屋"，使今日之游客平添失落之感，只能在"低回踯躅"中想象那昔日寒山寺的景况，神游古人诗中的寒山寺！第二节调入亮色："明艳的凤仙花，/喜欢开到荒凉的野寺"，似乎给寒山寺添了一点景色。给诗人带路的姑娘充溢着青春的生气，但这也不能使怀古情深的诗人感到愉快，他"不可聊赖的情怀"不能自已。接着，诗人以一连串冷色调的景物来衬托、抒写自己的情怀：粉墙是"剥落披离的"，游廊是"欹斜宛转的"，陂陀路是"蹭蹬的"，游人一双(即诗人夫妇)是"有风尘色的"，树梢是"萧萧条条的"，而那西风也是"碎响的"，这些更加深了诗人凄然的心情。最后一节集中写了寒山寺响彻千古的钟声："镗然起了，/嗡然远了，/渐殷然散了"，这钟声使今天"枫桥镇上的人，/寒山寺里的僧，/九月秋风下痴着的我们"，都随着沉凝的钟声"依依荡颤"，只有这钟声，才使人有回到"旧时寒山寺"之感，这悠扬钟声，象征历史的久远，钟声里有古代诗人们的魂魄在，这钟声也荡颤着又一颗年轻的诗心！

诗人道"情缘境生,而境随情感"。其凄然之情全由寒山寺今日之荒凉破败而生,再加上又是秋风萧瑟之时,废殿颓垣更加深对逝去诗人的怀念,这眼前的境界一开始就摇荡诗人敏感的性灵。当他的感情一旦进入这境界,又不能"只随随便便的,/似乎就此可以过去了",反是"三两番的低回踯躅",对寒山寺破败景象感触愈深,心中之情也从"失意"而至"不可聊赖",再而生悲愁摇落之心肠;随着寺钟鸣起,那凄然之情似乎亦有历史的久远,笼罩、扩散于钟声所及之处。由一个寒山寺而发出如此荡颤的思古之幽情,也的确有点文人之"结习使然"。在《〈冬夜〉自序》中,诗人说自己做诗,"还不免沾染贵族的习气",但是,诗是诗人灵魂的自白,只要是真境界,真感情,便是好诗,所以闻一多说,这首诗有"神妙的'兴趣',是不可言诠的",不必因"文人结习"而病之。

20世纪20年代初,有的新诗只是白话而显得散漫,有的新诗,在音节方面有浓重的旧诗格调韵味。而《凄然》则不然。朱自清所说:"俞平伯氏能融旧诗的音节入白话。"闻一多在评论《冬夜》时,对其中不少短诗"太拘泥于词曲的音节",有的"几乎都是小令词",给予了严格的批评,但他特别标举《凄然》一首,为全集最佳的音节举隅,不滑不涩,恰到好处,兼有自然与艺术之美的音节,再没有能超过这一首的了"。《凄然》是自由体诗,运用了凝炼的口语入诗,诗句长短交错,用韵也比较自由,第一节换韵,第二节不用韵,第三节基本一韵贯通,第四节两次重复语尾词,似有韵又似无韵,全诗境界与情绪的变换,从韵律中也可感受出来。

(陈良运)

【诗人小传】

陆志韦

(1894—1970)　浙江吴兴(治今湖州)人。曾留学美国。历任南京高等师范学校、东南大学教授,燕京大学校长。新中国成立后任中国科学院语言研究所研究员、中国心理学会会长等职。一生从事心理学和汉语音韵、语法的研究。

小　船

陆志韦

我指点他看,
柳荫里有一条小小的船。

加我一些小小的风，
可以把感情葬在其中。
我见那样就写那样，
我也不必要山高水长。

　　小船呀，我们萍水相逢，
也做过一春的知己。
那时候有萍水相逢的女子，
也是柳荫里日色平西。
我们各自向书本里讨生活，
又各自思量恩爱的人。
虽不是太上忘情的岁月，
也博得一个无怨无恩。

　　小船呀，我又想到濮多马河上了。
并不是华盛顿的南边，
有什么惊心动魄的山光，
或是不近人情的爱恋。
只为那一天促膝对坐的
是一个邂逅相逢的女子。
我的心是偶然结构的戏台，
他呢，是走江湖的戏子。

　　小船的影儿在我心里
犹如流星在灿烂的星空。
不是故意的把身儿那一转，
就是很温柔的鞠一个躬。

十一月二十二日

选自《渡河》，亚东图书馆1923年版

陆志韦于1915年至1920年间曾留学美国。这期间,诗人常泛舟于华盛顿南边的濮多马河。春光明媚,柳枝婀娜,小船在柳荫中荡漾,诗人心中涌起阵阵愉悦之情。当日色平西的时候,诗人将小船泊在岸边柳荫下,无意中,他结识了一位年轻女子。这位邂逅相逢的女子,在诗人脑海中留下了很深的印象。这首诗就是诗人回国后怀念这位女子的作品。

　　诗的第一节,诗人想象自己站在濮多马河边,正和那年轻女子促膝对坐,指点给她看,柳荫里有一条小船。诗人想起小船在微风中荡漾时自己全身心沉浸在快乐中的情景。正因为小船曾经给他带来快乐,令他想起一段难忘的生活,所以他要以小船为吟咏对象,不去写自己没有感情体验的高山流水。

　　由小船,诗人想起了夕阳西下、暮色苍茫时在柳荫里萍水相逢的女子。那女子与自己一样,正在求学,"向书本里讨生活";也与自己一样,"各自思量恩爱的人"。诗人与那位女子之间,没有达到卿卿我我、柔情蜜意的地步,只有一般的交往。

　　小船又使诗人想到华盛顿南边的濮多马河。这并非因为濮多马河两岸有旖旎的风光,也不是由于诗人在那里留下了难忘的恋爱故事。他想起了与那女子促膝对坐的情景。虽然诗人对她并没有产生强烈的爱恋,但当与她对坐交谈时,却也神情专注。诗人将当时自己的心比作偶然结构的戏台,把那位女子比作走江湖的戏子,生动形象地反映了两位萍水相逢的男女青年促膝对坐时各自的心境。正因为萍水相逢,所以只有在对坐时才像演员演出时进入角色。

　　诗的末节照应开头,又回到写小船,着重写小船在自己脑海里留下的动态。诗人将小船在柳荫里穿梭前进,比作流星在灿烂的星空中流走。末二句用拟人手法,形象地写小船转弯和船身随浪晃动的情景。诗人和那位女子是因泛舟春游时相识的,所以写小船动态,一方面反映了诗人对泛舟春游的忆念,另一方面也抒写了他思念那位邂逅相逢的女子的心情。

　　诗题"小船",然而诗人感情的抒发并不胶粘在小船上。诗人能入于物,又能出于物,由物及人,咏物与怀人融于一体,使诗作情味隽永,引人遐思。在押韵方式上,全诗各节韵式不同。第一节两句连韵,用 aabbcc 韵式;第二节、第三节双句押韵,用 abcbdefe 韵式;第四节虽然也是双句押韵,不过由于只有四句,故其韵式为 abcb。全诗诗句大体整齐。这些艺术表现上的特点,反映了诗人为提高新诗的艺术性而作的努力。

(潘颂德)

小　溪

陆志韦

　　不是星光的晚上
你从石竹的根里呼啸而来。
　　黎明，
有零落的野蔷薇
旋转又旋转，一拥一泻而去。
　　每年寒食
回来招你的魂。
我的朋友呵，
落花再流过几回，
我的眼珠儿暗了。
　　还是要回来
听你亲切的声音
直到我聋聩无知之日，
石竹的呼啸，蔷薇的流泻，
又是我享用不尽的心像了。

一九二二年圣诞
选自《渡河》，亚东图书馆1923年版

　　这是一首咏物诗，描写了小溪活泼、顽强的姿态，抒发了诗人一往无前的胸臆和热爱大自然的情怀。

　　诗的开头五行对小溪作了简洁的描写。先写晚上，小溪"从石竹的根里呼啸而来"。"呼啸"一词写小溪冲破石竹根的阻挡，有声有色地展现了小溪越过障碍、勇往直前的声势。清人刘熙载在《艺概》中指出："昔人词咏古咏物，隐然只是咏怀，盖其中有我在也。"诗人通过描写小溪越过障碍，抒发了自己一往无前的情怀。再写黎明时光小溪簇拥着零落的野蔷薇在旋转中流泻而去，展现了小溪活泼的姿态。

　　正因为小溪身上寄托了诗人坚定顽强、一往无前的情怀，因而诗的后十句抒写了诗人怀念小溪的深情。寒食节相传为鬼节，所以诗人写道："每年寒食／回来招你的魂。"而且即使年老视力衰退了，甚至聋聩无知了，诗人也还是要回到小溪身边,听小溪亲切的声音。诗人之所以深情绵邈地怀念小溪,是因为他觉得小溪的呼啸、蔷薇的流泻是他享用不尽的心像。诗人如此执著地眷念小溪,反映了他热爱大自然的情怀,展示了他排除万难、一往无前的人格力量。

在艺术表现上,诗人采用拟人手法,将小溪当作人来描写,赋予它人的动作和思想感情,写它有魂灵,称它为朋友,说它有亲切的声音,这样既使小溪的形象具体、生动,又鲜明地抒写了诗人对小溪的深情。由于运用了拟人手法,因而尽管诗人吟咏的是无生命的小溪,读者从中却看到了人的情性、人的形象。诗中拟人手法用得贴切自然,既将小溪人格化,又不失小溪的特征。

朱自清曾说:"第一个有意实验种种体制,想创新格律的,是陆志韦氏。"(《中国新文学大系·诗集·导言》)陆志韦认为:"美的灵魂藏在美的躯壳里。"(《〈渡河〉自序:我底诗底躯壳》)因此这首诗虽然采用自由诗的形式,但每句大多为两字尺(两个字构成的音尺)。音尺,相当于英诗中的"音步",有的诗论家称为"音组""顿"),念起来朗朗上口。诗人也重视押韵,认为"押韵不是可怕的罪恶"。他曾经总结自己的押韵方式说:"(一)破四声、(二)无固定的地位、(三)押活韵,不押死韵。"(出处同上书)这首诗中"来""薇""回""魂""音""了"等字分别押韵,且无固定的地位,显得灵活自如。

(潘颂德)

诗人小传

徐玉诺

(1894—1958) 原名徐红蝶,又名徐言信,河南鲁山人。1920年毕业于河南开封第一师范学校,曾任鲁山中学校长。1921年参加文学研究会,1925年后在福州英华学院、烟台第八中学等校任教,并曾任厦门大学编辑部主任、厦门《思想日报》编辑等职。新中国成立后曾任河南省文联常委和省文史馆馆员。

跟 随 者

徐玉诺

烦恼是一条长蛇。
我走路时看见他的尾巴,
割草时看见了他红色黑斑的腰部,

当我睡觉时看见他的头了。

烦恼又是红线一般无数小蛇,
麻一般的普遍在田野庄村间。
开眼是他,
闭眼也是他了。
啊!他什么东西都不是!
他只是恩惠我的跟随者,
他很尽职,
一刻不离的跟着我。

选自《雪朝》,商务印书馆1922年版

徐玉诺是文学研究会的重要诗人之一。他的诗强烈地显示了"为人生"的创作意愿和"五四"时期那种孜孜求索而终陷苦闷境地的心态特征。他的诗喜用奇特的意象,常产生一种怪异的感觉,时人戏谑地称为"魔鬼派"。

"在黑暗而且寂寞的夜间,什么也不能看见。只听得……杀杀杀……时代吃着生命的声响。"诗人在一首诗中这样诅咒着那个昏暗的社会。像当时众多诗人一样,徐玉诺同样苦于没有一条明确的出路。于是,苦闷、烦恼便跟随而来。诗人首先奇特地替烦恼这一意念寻觅到一个对应物——蛇的形象。蛇的外表及其属性与烦恼之间并不具有某种共通的地方,但诗人却出人意料地将两者联系在一起,取得了奇异的艺术效果。

诗的第一节,诗人告诉我们他所见到的那条长蛇有着红色黑斑的令人可怖和讨嫌的颜色,从而使我们凭体验感受到诗人烦恼的程度。值得强调的是,诗人用作烦恼的符号是蛇,而不是通常的"乱麻"等等,所以令人感觉到诗人这种烦恼的奇特的复杂性。其次,从走路、割草、睡觉频频与蛇邂逅的遭际,进一步显示了烦恼出现的频率,强调诗人无时无刻不与烦恼相伴。如果说第一节在强调诗人烦恼的频率,即从时间上呈示诗人日夜被烦恼纠缠的痛苦,那么第二节就是在强调诗人烦恼的幅度,即从空间上呈示诗人的烦恼无处不有。试想,任凭你睁眼闭眼,总有无数红线一般、蠕动身躯的小蛇困扰着你,怎不令人有一种毛骨悚然和惊恐未定的感觉?由此可见诗人烦恼的程度之深!第三节,诗人在语义和情感上运用一个大回转,以一个突然的否定转折,进一步强化了烦恼的思想情绪。这里,从表面上看,象征烦恼的蛇转变为跟随者,但否定的仅仅是原先的象征符号,而其内涵反而加强了。"尽职"是传神之笔,在情感上起了深化"跟随"的意蕴的作用。而"恩惠",则在情绪上反映了诗人面对烦恼的无可奈何的心绪,进而突出了诗人不明方向、无所出路的孤苦无告的苦闷情态。　　　　　　　　（张　新）

故　乡

徐玉诺

淅淅漓漓的雨滴,
穿破呜咽的哀音,
滴滴滴到故乡的像片上;
思念的道路从此湿了,滑了,
并且那一片一片的遗像上
都发出一种凄楚的悲酸的味道来。
故乡也永远不可思念了。
我的,不可思念的故乡呵!

一

满眼是白马奔腾的大海,
一瞬千变的天云,
苍苍的折盖了故乡的图画;
截断了故乡的情丝。
太阳一抖一抖地落下去了!
异乡的孩子,性急而且无聊;
太阳坠着他的心了。

二

那里是鲁山的山谷?……
两匹母牛三头牛犊,依傍着,
沉静静的在一个小平原上吃草;
小犊也不叫,什么声音也没有;
我同小弟弟不言不语摆弄着小石……
呵,我们且摆弄摆弄小石!
——我,小孩子的乡土在,在那里了!

三

那里是鲁山的田园？……
被小河缠绕成一方一方的，
遍地是秘密深浓的高粱
父亲不歇的耘田，
我刚从山河中爬上来，
我正要割草了。

四

海风一阵阵的冲开了窗门，
异乡的小孩子失掉了一切；
故乡的影片一片一片地
都飞散在不可知的海上
渐渐地被海水湿了。

一九二二年，四，一五。

选自《徐玉诺诗选》，河南人民出版社 1983 年版

  徐玉诺出生在中原农村，一生行踪飘忽。这种不同于五四时期大多数诗人的经历，使他的诗具有一种独特的风味。茅盾认为徐玉诺的作品带点原始的粗犷的热情和 Diane（月亮女神）型的梦想者的个性。现实的苦闷，使诗人越发怀念那带点原始粗犷的质朴的故乡鲁山，故乡离他越来越遥远了，随着时间的流逝，它变成了苦涩的怀恋。

  第一节，诗人以极其夸张的笔墨渲染了诗人手捧像片思念故乡的氛围：雨点伴着哀鸣的海风飘洒在像片上，带着咸的苦涩，模糊了像片的画面。屋里充溢着凄楚的悲酸的味道。这里运用嗅觉、味觉（海风、雨滴）与视觉（模糊的像片）之间的感觉的交错（即通感）作用，把雨滴的味道和思念的凄楚的悲酸的"味道"沟通起来，从而达到自然景观、环境氛围、诗人情感三者的和谐统一。"湿""滑"用得十分奇巧：像片被雨滴弄湿，其中也弄湿了故乡的小道，由此，诗人联想到故乡的道路或许正同像片里一样，变得泥泞不堪，那怎么回故乡呢？诗人不由得更加惦念起故乡来了，进而诗人感到，不仅故乡回不去，而且连着思念之路也断了，因为像片本是思念的媒介，如今它却因雨滴的侵蚀而变得模糊了。"故乡也永远不可思念了"，诗人陷入了深深的痛苦之中。

第二节的情景是第一节的继续。用白马奔腾的大海形容满噙泪水,这种夸张的比喻在当时也很新鲜。因为满眼泪水,所以像片更加模糊,所以思念之路"湿"了"滑"了,终于被彻底截断了。这是景的放大,又是情的升华。情与景两条发展轨迹有时平行,有时交叉,相互衬托,相互铺垫。性急与无聊是故乡之不可思念的心态的两个侧面。诗人还极巧妙地用太阳一抖一抖快"坠"着他的心这样的意象来暗示性急火燎的焦灼感。

第三、第四节是重现诗人记忆中被理想化的故乡之美,恬静而自然化的质朴之美,以反衬现实的苦闷,并寄寓着诗人的某些希冀。短暂的快感稍纵即逝,无情的海风把像片完全地弄湿了。故乡随着模糊的像片一起消失了,消失在不可知的海——泪海,还是苦恼的深渊?

(张 新)

【诗人小传】

刘延陵

(1895—1988) 字苏观,江苏泰兴人。1916 年毕业于复旦大学。后在江苏南通师范学校、如皋师范学校任教。1921 年在上海中国公学中学部任国文教员,同年参加文学研究会。曾与朱自清等组织中国新诗社并创办《诗》月刊。后去杭州浙江第一师范学校任教。1923 年与朱自清、俞平伯等人组织OM社,曾编印《我们的七月》《我们的六月》两种不定期文学刊物。30 年代曾在暨南大学任教。后定居新加坡。诗作多表现对亲人的眷怀,风格别致,想象丰富,富有浪漫色彩。

水　手

刘延陵

(一)

月在天上,
船在海上,
他两只手捧住面孔,
躲在摆舵的黑暗地方。

(二)

他怕见月儿眨眼,
　海儿掀浪,

引他看水天接处的故乡。
　　但他却想到了
　　石榴花开得鲜明的井旁,
　　那人儿正架竹子,
　　晒她的青布衣裳。

选自《雪朝》,商务印书馆1922年版

　　这首诗写一位远离故乡的水手对他爱人的怀念。这类题材本来很寻常,然而诗人凭着他的至诚至情,刻画水手心灵深处的颤动,使人感到诚挚深笃。无怪乎梁宗岱在给徐志摩的一封信中对这首诗极力推崇,大加赞美,说"第二节竟写得那么单纯,那么鲜气扑人"(《诗与真》)。

　　水手终年辗转漂泊,备尝风浪。他们以海为家,整天与潮汐鸥鸟为伍,过的是异常单调、寂寞、孤独的生活。对他们来说,行船之中能遇到陆地,自是幸事,更不用说自己的故乡了。这位水手在月夜的海上陷入了沉思。"他怕见月儿眨眼,/海儿掀浪",倒不是担心风险,而是怕这一来会"引他看水天接处的故乡"。但他毕竟想着故乡的亲人,而且是那么深情,那么具体……

　　这首诗通过深情与常理之间的矛盾刻画人物的心情。水手怕见故乡而想着故乡,这是一种矛盾的心理状态。按理说,要是怕见故乡,完全可以不去想它;既想到故乡,更无须怕见到它。这样,怕见故乡的顾虑越重,怀想故乡的感情越强。整首诗从月夜行船的画面中,从水手的意识的交替变化中,透出人物复杂微妙的感情世界。可以想见,水手在遥远的海上惦念着心上人晾晒衣裳的情景,正说明只有爱得强烈而诚挚,才能引发如此柔情缱绻、爱意无限的遐想。即便心上人不在身边,远在天涯海角,诗人也能凭借过往的生活经验想象和幻化出心上人儿的倩影。作者曾经说过:"自然的景物与爱神的翱翔,谁能见之而不凝睇?"我们正可以从这首诗中悟出。该诗意境幽远而情怀热烈。作者创造了一幅剪影和一个场面,以"情"字巧妙地将两节连成一体,并且用轻笔淡墨勾勒、点染,看似漫不经心,信笔所致,其实,轻笔藏深意,淡墨含真情,颇具艺术匠心。特别是作者将往昔的美好生活与水手的目前境况两相对照,从而使水手蕴含于沉郁格调中的孤独凄凉的情调,表达得更淋漓尽致。

(林明华)

诗人小传

王统照

（1897—1957） 一名恂如，字剑三，山东诸城人。1918年就读于北京中国大学。曾担任《中国大学学报》《曙光》半月刊编辑。1921年初与沈雁冰等发起成立文学研究会，曾主编《文学旬刊》。1922年大学毕业后留校任教。1927年执教于青岛市立中学，不久去日本游学。1931年去吉林四平街东北第一交通中学任教。1934年赴英、法、德等国考察西方文学和古代艺术。次年回国，在上海主编《文学》月刊。1939年后历任暨南大学、山东大学教授。新中国成立后历任山东大学中文系主任、山东省文联主席、省文化局局长等职。写有《山雨》《春花》等多部小说。出版诗集《这时代》《夜行集》等。

长 城 之 巅

王统照

丛合回抱中辉凝，雾集，
绛褐色交织下群峰逶迤。
要掩却这古垒残圮倾谷底，
可掷不破混沌宇宙中的残粒。

是战士的血迹殷斑？是"英雄"的伟心陶铸？
天风猎猎，吹起了你的裳衣、我的裳衣。
倾一杯金色的酒汁向苍茫奠意，
看，阴云腾飞；听，壑中回响，——在空堡上独立。

哭声裂破了娇喉，砖石压折了铁臂；
露骨万千人，建石几千里，——山麓上的羊鸣三只两只。
这难破的"英雄"梦谜；这不尽的生力的触击；
这无从解答的天地伟奇。天风猎猎，吹醒了我们的怅思！

迷茫的浩荡的世界奇迹——飞影，幻画，在眼前呈露。
是谁说人生未有穷期？是我在墙阴下望飞云散聚。

天风猎猎,吹起了我的裳衣、你的裳衣。
天空中的羊鸣三只,两只,知欲归何处?

1925年3月

选自《王统照诗选》,人民文学出版社1958年版

王统照的许多诗作,宛如一颗橄榄,乍入口中,颇有苦涩之感,但仔细品评,一股醇厚的甘甜便接续而来,使你感到含蕴相当深邃,富有韵味。这首《长城之巅》便比较典型地体现了这种特点。

这首诗所抒写的是诗人在长城之巅的所见所感。开首从色彩和造型勾勒长城之巅的景观特点,给人以清晰可感的立体印象。接着由景生情、展开遐想:"是战士的血迹殷斑?/是'英雄'的伟心陶铸?"万里长城气势雄伟,是世界历史上的一个伟大工程,激起了诗人由衷的赞叹。但万里长城是用劳动人民的血汗和生命建造起来的。它给千万个参加修筑工程的劳动者及其亲属带来了极为深重的痛苦和灾难。而那些"英雄"——帝王正企望以此来施展自己的雄心伟志,使本家族的帝业永世长存。但从春秋战国起,两千年来许多帝王虽不惜花费巨大代价,何尝实现了他们长久统治中国的美梦?然而,历史上无数次遭受挫败的教训并没有破除这些"英雄"武夫的梦想,他们依然执著地进行着不懈的追求。回顾历史的往事,目睹长城的沧桑,诗人感慨万端,引起对人生问题的思索。

探索人生之谜,是王统照20世纪20年代创作的基本主题之一。他在这一探索的途程中不时经历着苦闷、彷徨和矛盾。这首诗便分明打上了此种烙印。长城今昔的巨大变化,"英雄"们虽雄心勃勃,顽强追求,但其美梦却每每无法实现。由此诗人无限感叹:"是谁说人生未有穷期?"王统照"五四"时期热烈地追求"爱"与"美",期望以艺术之力到达理想人生的彼岸。但黑暗丑恶的社会现实却时时、处处在摧残"爱"与"美",人间充满了种种的灾难和痛苦。光明之路在何处?"天空中的羊鸣三只,两只,知欲归何处?"一句正是诗人矛盾、迷惘心态的真实流露。

写实和象征相结合,在对客观事象的真实描绘中寄寓作者的理性意念,这就使《长城之巅》既具有清晰具体的现实性,又含有象外之意,从而为诗歌涂上了一层朦胧的色彩。诗中两处描写几只羊儿的鸣叫,这是写实,借此反衬出长城古战场的宁静和寂寞,这又是诗人情思的象征物。"知欲归何处?"这一诘问,抒发了诗人以及"梦醒了无路可走"的青年一代迷茫惆怅的情怀。

这首诗是由几种意象叠合组接而成的。其中有对长城之巅客观景象的勾

画,有对攀登者的行动及外在形象的描述,更有对"我"的想象和思索的抒写。这几个方面的内容交织融合,转换频繁急速,跳跃性大。这种艺术构思和表现技法的好处是有助于加大全诗的思想容量,其弱点是使读者一下子难于把握。

(冯光廉)

正是江南好风景　　　　　王统照

正是江南好风景:
几千里的绿芜铺成血茵,
流火飞弹消毁了柔梦般村镇,
耻恨印记烙在每个男女的面纹,
春风,吹散开多少流亡哀讯?

正是江南好风景:
桃花血湮没了儿女的碎身,
江流中,腐尸饱涨着怨愤,
火光,远方,近处高烧着红云,
春风,再不肯传送燕雏清音。

正是江南好风景:
到处都弥满搏战尘昏,
一线游丝粘不到游春人的足跟。
朋友,四月天长还觉春困?
你,卧在你的国土,
也有你的家乡,你的知亲?

正是江南好风景:
遍山野一片"秋烧"春痕,
谁的梦还牵含着水软山温?
祭钟从高空撞动,滴血红殷,
你,听清否?这钟声——

可还为旧江南的春日晨昏?

1938年春末
选自《王统照诗选》，人民文学出版社1958年版

  王统照抗战时期的大部分诗歌风格浓烈而又明快，凝炼而又生动。它们以热烈雄壮的爱国激情，启示、召唤着人民奋起抗战。我们从《正是江南好风景》里大体能窥见作者这类诗歌的特色。

  江南的春天应该是一片十分美好的景象：桃花盛开，绿草成茵……乍一看这首诗的标题，所唤起的想象也该是这种动人春色，人们所期望领受到的也应是这般盎然春意。然而，七七事变以后，美丽的江南却相继陷于日本侵略军的铁蹄之下。"生活于这样苦难的时代，也就是使每个人受到严重考验的时代里，无论在什么地方，所见、闻、思、感的是何等对象，谁能漠然无动于衷？"（王统照《江南曲·自序》）《正是江南好风景》正是扣住了1938年春季的时代特点来展开构思和描写的。

  全诗由四个诗节组成，每一节首句都用"正是江南好风景"领起，并在诗句末尾加点冒号，以总提下文。同样的句子反复吟唱，分明是一种突出和强调。说的是"江南好风景"，所写的却是一幅幅凄惨可怖的景象。上下联系起来看，"正是江南好风景"这句话实乃是一句悲愤已极的反语。没有疑问，反问手法的运用，能够格外唤起读者的注意和深思。

  诗的第一、第二节主要写日本军国主义侵华战争给江南村镇带来的种种灾难。诗人用简洁的笔法，勾勒出几幅令人痛心疾首的惨象，以此来控诉日本侵略者杀人放火的罪行，激发人民抗敌救国的斗志。诗的第三、第四节，意念向新的思路开拓，从描述痛苦和灾难，转向抒写民众的觉醒和抗争。"到处都弥满搏战尘昏"，硝烟弥漫，战尘滚滚，表现中国人民已经从血泊和耻恨中警醒起来，展开反侵略的斗争。"祭钟从高空撞动"，既写出了生者对死者的祭祀和悼念，也写出了生者誓为死者报仇雪恨的决心。这些描写紧扣一个思想基点，即激励和呼唤那些尚在沉睡仍未觉醒的人（"你"）振奋起来，投入保家卫国的斗争。四个诗节层层递进，渐次高扬，诗人不仅着重描绘一幕幕现实惨剧来唤起国人的抗敌救国的危机感和紧迫感，还多处采用诘问句式，让人们在亲切诚挚的反问中深思，从而觉醒、感奋，投入抗日斗争的洪流。这种反诘句式的运用，既增大了诗歌的启示、激励作用，也丰富了它的审美力度。因此，全诗基调是悲而不凄，哀而不伤，表现出诗人深挚的爱国意识和急切的内心期待。

（冯光廉）

铁 匠 铺 中

王统照

一个星,两个星,无数明丽的火星。
一锤影,两锤影,无数快重的锤影。
来呀,大家齐用力,
咱们要使这铁火碰动!

一只手,两只手,无数粗硬的黑手。
一阵风,两阵风,无数呼动的风阵。
来呀,大家齐用力,
咱们先要忍住这火热的苦闷。

一个星,一锤影;一只手,一阵风;
无数的星,无数的锤影;
无数的手,无数的风阵。
来呀,大家齐用力,
在这里是生活的紧奋!

1929.1

选自《王统照诗选》,人民文学出版社 1958 年版

在"五四"新文学大潮中,1921年1月在北京成立了中国现代第一个新文学团体文学研究会,倡导"为人生的文学",努力表现社会现实生活。其中有不少文学作品着力描写处于社会底层的劳动大众的苦难生活,表现他们的不幸遭遇和反帝反封建的斗争要求。刘大白、刘半农、叶圣陶、王统照等作家,就在他们的诗歌和小说中描绘了农民、手工业者、小学教师、城市贫民的悲哀与不幸,揭露了社会的黑暗,也表现了穷苦大众对美好未来的期望。

王统照(1896—1957),字剑三,山东诸城人,是文学研究会的发起人和著名作家。他的长篇小说《黄昏》《山雨》和诗集《童心》《这时代》中的许多作品,都以下层劳动群众的生活为题材,反映了他们的悲惨遭遇和反抗精神,体现了作家鲜明的平民意识。写于1929年1月的短诗《铁匠铺中》,就是这类作品中优秀的一首。

《铁匠铺中》一诗共3节13行,主要抒写了铁匠打铁时的劳动场景和情感。第一节,开头写打铁时飞溅的"火星"和闪动的"锤影",接着用"来呀,大家齐用力,/咱们要使这铁火碰动!"象征着劳动者蕴藏的伟大力量。第二节,诗人用同样排比的句式,集中凸显"无数粗硬的黑手"和"无数呼动的风阵"的集体,齐用力去创造新生活。最后一节明确点明主题:"一个星,一锤影;一只手,一阵风",汇聚在一起,去实现"生活的紧奋"!这里诗人通过丰富的想象,道出了劳苦大众紧密团结在一起,用奋斗来实现新生和光明的希望。

　　该诗作于1929年1月。当时正是大革命失败后不久,广大劳动人民处在水深火热之中,无数共产党人被屠杀。但革命人民并没有被吓倒,他们擦干身上的血迹,又奋然前行。1928年以上海为中心掀起革命文学运动,无疑使在青岛执教的王统照感到大为振奋,相继写作了《轿夫的话》《这时代》《铁匠铺中》《沙河子》等一批反映劳动大众苦难生活、表达社会变革愿望的诗作。诗人在诗集《这时代》的序言中写道:"我们这时代,风卷波翻;我们这人生,水深火热!"因此,他要用诗笔"呼诉出我们对于时代中的真感"。《铁匠铺中》就是诗人在当时呼诉出的时代真感,通过铁匠打铁声和火星闪耀的反复歌咏,象征性地表达了劳动者改变苦难生活境遇的强烈愿望,赞美了劳动大众蕴含的变革社会的巨大力量,透露出作者革命民主主义和人道主义思想。

　　《铁匠铺中》是一首自由体新诗,不重格律,但大体押韵,诗行整齐,通俗易懂。全诗大量运用重叠、排比的句式和象征手法,使全诗饱蕴内在的旋律,既有形象具体的描绘,也有主观情绪的抒发,富有乐观向上的时代精神。

(苏兴良)

【诗人小传】

应修人

(1900—1933)　原名应麟德,字修士,浙江慈溪人。1920年任中国棉业银行出纳股主任,并开始发表新诗和童话。1927年赴苏联入莫斯科孙中山大学学习。1930年回国,先后在上海中共中央军委临时中央组织部工作。1932年任江苏省委宣传部长,并参加中国左翼作家联盟。1932—1933年领导并参与沪东区英美烟厂工人的罢工斗争。在与国民党特务搏斗时牺牲。诗作充满对封建礼教的反叛精神,并吸收民歌和外国近代新诗的营养,具有清新、质朴的特色。

小小儿的请求　　　　　　　　应修人

不能求响雷和闪电底归去,
只愿雨儿不要来了;
不能求雨儿不来,
只愿风儿停停吧!
再不能停停风儿呢,
就请缓和地轻吹;
倘然要决意狂吹呢,
请不要吹到钱塘江以南。
钱塘江以南也不妨,
但不吹到我的家乡;
还不妨吹到我家,
千万请不要吹醒我底妈妈,
——我微笑地睡着的妈妈!
妈妈醒了,
伊底心就会飞到我底船上来,
风浪惊痛了伊底心,
怕一夜伊也不想再睡了。
缩之又缩的这个小小儿的请求,
总该许我了,
天呀?

————沪甬航道,船上,1920,9,24————
选自《湖畔》,湖畔诗社 1922 年版

　　应修人,是我国"湖畔"四诗人之一,他这首诗写得婉曲柔和,感情真挚细腻,是五四时期小诗的一首佳作。
　　看来诗中对祈求并不奢望,他的每一个小小的祈求,都是可以"商量"的,"不能求响雷和闪电底归去",那么"只愿雨儿不要来了",再不,就求"风儿停停",连风都不能停的话,就请吹得轻些,如果决意要狂吹,希望不要吹到钱塘江以南,最好"不吹到我的家乡",至少"不要吹醒我底妈妈"。这是一种稚童般的口吻,稚童般的遐想和思维方式;而唯独这样,才显出诗人的那颗真挚质朴的童心,这颗滚烫的心凝聚着对母亲的真诚的爱。

小诗成功的奥秘,就在诗人不仅善于抓住祈求时一种儿童般心态以表现扣人心弦的情感,还采用欲擒故纵的方法,在祈求的外层内容与情感内涵之间,故意形成一种反比例的关系,就像凸透镜的光域和光束密度的关系一样,光域缩得越小,光质的密度越大。小诗祈求的核心凝聚到一点,就是只要老天不惊醒睡梦中的母亲,任你狂风恶浪,雷雨交加,都能忍受,都不在乎。因此,随着祈求的递减,"缩之又缩",情感却在逐渐递增,扩之又扩,终于将游子对家母的挚爱深情,表现得淋漓尽致。小诗正是在弱化祈求的同时,达到了强化情感的目的。

这首诗还妙在诗外有画,画外有诗。诗人选择了遇上狂风恶浪的游子的心境这一角度,明写游子深恐"风浪惊痛了伊底心",暗写"儿行千里母担忧"的慈母情怀;正面表现游子对家母的挚爱,侧面表现慈母对游子的深情。通过游子的心情引导读者去体会母爱,使人特别感到温暖,真切和熨帖。这不仅给千古文坛取之不竭、颂之不尽的母爱主题提供了新的表现视角,同时也大大地提高了小诗的表现力和感染力。

这首诗的最大特色就在轻、妙二字,字里行间始终透着一个"小"字,然而全诗却是小处着笔,以小胜大,妙不可言。请求的根本动因,亦即小诗所要揭示的是"妈妈醒了,/伊底心就会飞到我底船上来",轻轻点题,不落俗套。

(殷　仪)

妹妹你是水　　　　　应修人

妹妹你是水——
你是清溪里的水。
无愁地镇日流,
率真地长是笑,
自然地引我忘了归路了。

妹妹你是水——
你是温泉里的水。
我底心儿他尽是爱游泳,

　　　　我想捞回来，
　　　　烫得我手心痛。

　　　妹妹你是水——
　　　　你是荷塘里的水。
　　　　借荷叶做船儿，
　　　　借荷梗做篙儿，
　　　　妹妹我要到荷花深处来！
　　　　　　　选自《春的歌集》，湖畔诗社 1923 年版

　　这首诗共三节，每一节表现手法相同，都运用暗喻，将自己深深恋爱着的青年姑娘比作水，层层深入地抒写自己对美好爱情的陶醉之情。

　　第一节将姑娘比作清溪里的水，象征了她的纯洁活泼、天真欢乐。诗人又将清溪拟人化，写她"率真地长是笑"，更突出了姑娘的无忧无虑、活泼乐观。最后写自己被姑娘吸引，忘了归路。不说自己爱上了姑娘，而说姑娘"自然地引我忘了归路了"，意思含蓄，耐人寻味。

　　第二节进了一层，将姑娘比作温泉里的水。温泉里的水，给人温暖的感觉。"我底心儿他尽是爱游泳"，是说自己爱上了姑娘。既然姑娘是温泉里的水，则将自己爱上了姑娘说成"我底心儿他尽是爱游泳"，贴切而又自然。"我想捞回来，／烫得我手心痛"，写自己的心态，强调自己对姑娘爱得深沉热烈。

　　第三节又进了一层，将姑娘比作荷塘里的水。提到荷塘，自然会想到荷花，再想到莲子，而"莲"与"恋"谐音，因而又自然会想到男女青年的恋情。北宋周敦颐在《爱莲说》中用象征手法赞扬荷花"亭亭净植""不蔓不枝"的高洁品性。诗人将姑娘比作荷塘里的水，读者自然容易由水而想到荷花，因此也含有赞美姑娘纯洁崇高的意思。诗人由爱慕姑娘而想亲近姑娘，而荷塘里的水被密密的荷叶、荷花遮住，象征着姑娘性格庄重，感情含而不露，因此诗人想"借荷叶做船儿"，"借荷梗做篙儿"，到荷花深处去接近水，也就是亲近热恋中的姑娘。

　　这首诗比喻贴切，诗人在三节诗中分别将姑娘比作清溪里、温泉里、荷塘里的水，既赞美了姑娘的天真纯洁、活泼欢乐，又创造了富于诗情的意境。语言自然朴素、清新淡雅，也是这首诗艺术上的特点。"忘了归路""烫得我手心痛""我要到荷花深处来"，这些口语化的诗句，传神地抒写了"我"对姑娘纯真、热烈的爱

情。初期白话新诗留有较多的旧诗词的痕迹,湖畔诗社的诗人,比较彻底地摆脱了旧诗词的影响。这首诗语言自然质朴、活泼流畅,呈现了白话新诗特有的艺术风采。

朱自清曾经指出:"中国缺少情诗,有的只是'忆内''寄内',或曲喻隐指之作;坦率的告白恋爱者绝少,为爱情而歌咏爱情的更是没有。……但真正专心致志做情诗的,是'湖畔'的四个年轻人。"(《中国新文学大系·诗集·导言》)湖畔诗人通过创作爱情诗,抒写对幸福、美满爱情生活的执著的追求和热烈的憧憬。比起汪静之、潘漠华来,应修人创作的爱情诗虽然不多,但这一首《妹妹你是水》有它自己的特色,是湖畔诗人爱情诗中的佳作。

(潘颂德)

负　　情　　　　　　　　应修人

淡月的小庭里,
　　教我隐了;
明澄的玻窗里,
　　陪伊坐了。
静静里流来,几朵娇笑几枝话;
闲闲地映出,少女俩细斟茶:
　　美景和美情,
　　融成了水样的画。

狡巧的小媒人!
你也是女儿身。
　　也不先问一问,
　　伊还是肯不肯。

要相爱,不在相见,
　　况是伊,没见我面。
这番美意儿只好赊,
　　千千谅谅吧;
　　引我生怜的最是你——

> 你织成这帧画,
>
> 你赠我这帧画。
>
> 选自《春的歌集》,湖畔诗社 1923 年末日出版

应修人这首《负情》收入湖畔诗社继《湖畔》之后第二本集体诗集《春的歌集》,是一首抒情内容非常独特的诗篇。

在漫长的封建社会里,男女青年没有交往的自由,终身大事全由父母之命、媒妁之言决定。这首诗抒写的是一位少女在"五四"新文化运动的影响下,冲破封建礼教的束缚,做"小媒人",替另一位少女介绍男友,还不知那男友肯不肯,被介绍男友的少女被"小媒人"的盛情深深感动了,觉得负了她的情。

诗的首节形象地抒写了一对少女月下庭院谈心的生动情景。淡月、小庭、玻窗等静态意象和娇笑、话语、斟茶等动态意象,融汇了诗人的美情,构成了一幅动静结合的"美景",从而"融成了水样的画"。

诗的第二节点明首节月下一对少女各自的身份和娇笑谈话的内容,原来一位少女尚未征询男青年的意愿,就做起"小媒人"来,要介绍"伊"做"我"的男友。简洁的诗句委婉地抒写了"我"既感激又嗔怪的心态与神情。

诗的第三节紧扣第二节,并进一步抒发"我"对"你"的爱情、感谢的深情,由衷地表示对她主动、热心地介绍男友"这番美意儿只好赊",因无法报答而请她原谅,感谢她真挚、热情地编织与赠予了这帧她俩月下促膝谈心的美丽图画,清新流畅的诗句流淌着诗人由衷感激知心女友的深情。

在诗体探索方面,应修人和潘漠华、汪静之、冯雪峰等其他几位湖畔诗社的诗人一样,起初创作的绝大部分是自由体诗,后来逐渐转向探索现代格律诗的写作。这首诗的一、二行分别与三、四行对称;第五行与第六行字数相同,两句前半分句句式相同。第二节四句每句字数相同,在排列上,三、四句比一、二句各低一格。第三节一、二句字数相同,最后两行是一组排比句,在排列上有意识地打破整齐的格局。总之,三节诗在形式上注意整饬美与参差美的统一。从这首诗可以看出,应修人是开创现代格律诗的探路人。

(潘颂德)

到 邮 局 去 应修人

> 异样闪眼的繁的灯。
>
> 异样醉心的轻的风。
>
> 我带着那封信,

那封紧紧地封了的信。

异样闪眼的繁的灯。
异样醉心的轻的风。
手指儿近了信箱时,
再仔细看看信面字。

选自《春的歌集》,湖畔诗社1923年版

朱自清说,"五四"以来在新诗作者中"真正专心致志做情诗的,是'湖畔'的四个年轻人"。这四个年轻人中主要的一位是汪静之,他的情诗一度还受到封建卫道士的攻击,而鲁迅等则著文对这种攻击予以批判。应修人的这首《到邮局去》,不但体现了"湖畔诗人"所写情诗的那种直率与大胆,而且写得相当生动、细腻。

《到邮局去》是应修人的代表作之一。它是写去邮局寄信的事儿,两节共八句,句式较整齐,是一首既好读又好记的爱情诗。一般人都是白天去邮局寄信,诗中人寄信有些蹊跷,他选择在华灯初上的晚间将信投进邮筒。"异样闪眼的繁的灯。/异样醉心的轻的风",这里的"灯"是暗指时间,这里的"风"是指环境。王国维说"一切景语皆情语也",这里的"灯"和"风"似乎有了生命似的,被拟人化了。"灯"繁得闪眼,"风"轻得醉心,映照出诗人寄信时激动、紧张并快乐着的心情。

诗人将着笔点放在信上。信封是被紧紧地封了的,这是一个细节,不难想象诗中人是怕信被私拆,怕信的内容被泄露。在将信投进邮筒的一刹那,诗中人"再仔细看看信面字",细心复查信面上有否写错或者写得欠妥的地方,这又是一个细节,不难想象诗中人是担心由于一己的疏忽而造成信无法投递,或者引起对方的误解。这两个细节都用得太好了,它们准确地、生动地表达了诗人在寄信的刹那间那种复杂而激动的心情。从这个意义上说,这两个具有特征的细节真顶得上千言万语。

有位作家说得好,写作人的使命不一定在于记述伟大的事件,而是使细小的事件变得引人入胜。应修人的这首《到邮局去》就是使细小的事件变得引人入胜,令读者击节赞赏,久久难以忘怀。

(葛乃福)

汪静之

（1902—1996） 安徽绩溪人。1919年就读于屯溪安徽第一茶务学校，并作新诗。1920年入浙江第一师范学校学习。1921年和潘漠华等组织晨光文学社，出版《晨光》周刊。1922年春与潘漠华组织湖畔诗社。1926年去芜湖任中学教员，不久任北伐军总政治部宣传科编纂。次年任《革命军日报》副刊及《劳工月刊》编辑。1928年至抗日战争爆发前夕，先后在上海、南京、安徽、山东等地任中学教员及建设大学、安徽大学、暨南大学教授。抗日战争爆发后任中央军校广州分校国文教员。1946年后任徐州江苏学院、复旦大学教授。1952年后在北京人民文学出版社工作，1955年去职，定居杭州。

伊 底 眼

汪静之

伊底眼是温暖的太阳；
不然，何以伊一望着我，
我受了冻的心就热了呢？

伊底眼是解结的剪刀；
不然，何以伊一瞧着我，
我被镣铐的灵魂就自由了呢？

伊底眼是快乐的钥匙；
不然，何以伊一瞅着我，
我就住在乐园里了呢？

伊底眼变成忧愁的引火线了；
不然，何以伊一盯着我，
我就沉溺在愁海里了呢？

1922年6月4日
选自《蕙的风》，亚东图书馆1922年版

爱情诗中写情人,可以有各种不同的角度。有人写秀美的外貌,有人写悦耳的声音。《伊底眼》则专写眼睛,不过诗人写眼睛不同一般,他一不写它闪动的睫毛,二不写它晶莹的目光。诗人运用四个生动别致的比喻,前三个比喻分别将情人的眼睛比作"温暖的太阳""解结的剪刀""快乐的钥匙",它不但温暖了"我"受冻的心,还使"我被镣铐的灵魂"得到自由,使"我"快乐得有如住进乐园。这三个比喻表现了爱情给热恋中的青年带来的欢乐。后一个比喻将情人的眼睛比作"忧愁的引火线",使"我"沉溺在愁海里,反映了失恋给"我"带来的忧愁,且与前面甜蜜的抒情形成反差,更见出这忧愁的痛苦。诗篇由这些比喻展现了热恋中的青年男女复杂的内心活动。

这首诗的语言富有生活气息,全诗四个比喻中作为喻体的太阳、剪刀、钥匙、引火线,都是日常生活中习见的事物,这就使语言清新自然,通俗易懂。此外,诗人讲究用词的准确和灵活变化。四节诗中,同是"看"的意思,诗人分别用了"望""瞧""瞅""盯"等动词,既准确地表达了情人眼睛的动作,又使语言显得活泼。在句式运用上,四节诗每节都运用了反诘句,细腻地抒写了爱情带来的欢乐和忧愁,收到了含蓄委婉的艺术效果。每节诗句式相同,不但强化了诗情的力度,而且形成了诗歌形式的整饬美、节奏美。《蕙的风》中的诗绝大部分是自由诗。汪静之在1957年新版《蕙的风》所写的《自序》里说:"《蕙的风》多数是自由体,押韵很随意……《寂寞的国》几乎全是格律体,都是有韵的。"诗人从自由体到格律体的转变,不是突然开始的。这首在《蕙的风》中写作时间稍后的诗篇,就显露了诗人对诗的格律化的追求。

(潘颂德)

无 题 曲   汪静之

悲哀是无边的天空,
　　快乐是满天的星星。
吾爱!我和你就是
　　那星林里的月明。

深深的根就是悲哀,
　　碧绿的叶是快乐。
吾爱!生在那上面的
　　花儿就是你和我。

海中的水是快乐，
　　　无涯的海是悲哀。
海里游泳的鱼儿就是
　　　你和我两人,吾爱!

悲哀是无数的蜂房,
　　　快乐是香甜的蜂蜜。
吾爱! 那忙着工作的
　　　蜂儿就是我和你。

一九二三年红叶的秋天,杭。
选自《寂寞的国》,上海美成印刷公司1927年版

　　这是一首歌唱爱情的诗篇。这类诗如果直抒胸臆,说爱情多么使人激动,有时反而难以产生感人的艺术力量。《无题曲》独辟蹊径,运用比喻手法,将真挚的爱情具象化。诗的第一节将悲哀比作无边的天空,快乐比作满天的星星,然后说"我"和"你"就是"那星林里的月明",这样,欢乐和痛苦兼而有之的爱情就成了视觉上可见的具体事物了。第二、第三节将具体的根、叶、水、海等事物分别比作悲哀、欢乐的感情,也起了同样的表达效果。诗人之所以在句式上喻体在前,喻本在后,目的在于追求艺术表现上的独创性、多样性,避免单调和呆滞。诗人将热恋中的情人比作绿叶陪衬下的花儿,海里游泳的鱼儿,这都形象地写出了爱情的生气勃勃的力量。第四节开头两句以具体的事物——蜂房、蜂蜜作喻体,比喻悲哀、快乐的感情。在这基础上,诗人又将一对情人比作忙着工作的蜂儿,隐喻爱情正酿造着悲哀和欢乐。

　　值得注意的是,恋爱意味着欢乐和幸福,为何此诗各节偏以悲哀起始(第三节稍有变化),给人一种"悲哀"压过"欢乐"的印象? 对此不能作机械和呆板的理解,青年人在恋爱期间,在感受欢乐和幸福的同时,也会因爱人偶尔的失约或误会而分外伤心,所以《无题曲》这般写来,既表现了恋爱在感情上的复杂性,也具有明显的年轻人"为赋新词强说愁"的特点,从总体上说,《无题曲》的基调是欢快的,愉悦的。

　　这首诗各节的开头两句句式相同,形成了句与句之间的对称;二、四两节格式大体相同,形成了节与节之间的对称。这种句与句、节与节的对称,形成了诗

的整饬美。而在整饬之中,全诗又有错综变化。一、四两节与二、三两节开头两句,本体、喻体位置的不同,反映了诗人对诗歌语言错综变化的审美追求。此外,诗的一、二、四节的第三句,都以急促的"吾爱"起头,而在第三节中,这一呼告语则置于第四句的结尾,也体现了这首诗语言的错综美。由于诗人自觉追求整饬美与错综美的统一,因而形成了诗的格律美。诗句短促轻快,成功地表现了爱情的欢乐。尤其是呼告语"吾爱"的反复运用,且单独作短句用,抒发了对情人亲切、真挚、热烈、深沉的感情。

(潘颂德)

【诗人小传】

潘漠华

(1902—1934) 原名潘训,又名潘恺尧,浙江宣平(治今武义)人。1920年参加文学团体晨光社。1922年春与应修人等创立湖畔诗社,合出白话诗集《湖畔》《春的歌集》。1924年入北京大学学习。1926年去武汉参加北伐革命军。1927年到杭州,在中共浙江省委从事秘密工作。后到厦门,执教于集美中学。1930—1933年执教于开封和北平等地。1933年任中共天津市委常委兼宣传部长。1934年被捕,同年为抗议迫害和虐待,绝食牺牲于天津狱中。

再　生

潘漠华

我想在我底心野,
再摘拢荒草与枯枝,
寥廓苍茫的天宇下,
重新烧起几堆野火。
我想在将天明的我的生命,
再吹起我嘹亮的画角,
重招拢满天的星,
重画出满天的云彩。
我想停唱我底挽歌,
想在我底挽歌内,
完全消失去我自己,

也完全再生我自己。

选自《春的歌集》，湖畔诗社 1923 年版

　　潘漠华是湖畔诗社成员，《湖畔》和《春的歌集》这两本诗集中均收有他的诗作。朱自清曾说："真正专心致志做情诗的，是'湖畔'的四个年轻人。"其实专心致志做情诗的主要是汪静之。因此后人笼统地讲"湖畔"诗人有非情诗不作之势，这是一种误解。潘漠华的这首《再生》就非情诗，而是一首言志的抒情诗。

　　关于"再生"的话题，在"五四"诗人的笔下并不鲜见，《女神》中就有一首《凤凰涅槃》，在该诗的小引中称："（凤凰）满五百岁后，集香木自焚，复从死灰中更生，鲜美异常，不再死。"这首《再生》也阐述了类似的意思：彻底去掉旧我，再生一个新我，以适应时代潮流的需要。潘漠华是进步青年，1925 年就入了党，他有这种再生的思想是再自然不过的了。

　　这首《再生》全诗共分三节，每节四句，均以"我想"开头。

　　第一节是写现实。当时的现实可以想象，寥廓苍茫，冰天雪地，民不聊生，思想压抑，诗人真想在他的心野添柴加草，重新燃起几堆野火，这里的"野火"象征着生存的希望和光明的前途。这是一个进步青年梦寐以求的事。

　　第二节是写理想。他的理想很宏大，要招拢满天的星，要画出满天的云彩。他要让他的理想通过"画角"传播四方。"星"和"云彩"是两个意象，在这里有着特定的内涵。"星"和"云彩"称得上寻常，但要"重招拢"和"重画出"就不寻常了。诗人清醒地认识到，这需要付出沉重的代价。所以他说，他要用他的生命再次吹起嘹亮的画角。古人说得好："诗改一字，界判人天。"这里的"重"字堪称诗眼，若改成别的字将大为逊色了。

　　第三节是写自我。要改变旧社会旧现实还得从自我做起。"挽歌"的意思就是告别旧我的意思。停唱挽歌之日，就是塑成新我之时。这里的"我"可理解为大我，即天宇下的中国。上下诗句中"完全"一词出现了两次，这是一种强调的用法。卒章显其志。结句中出现了"再生"一词，它是点题，与题目相呼应，从而更加深了读者对诗的印象。

　　除了内容和结构之外，这首诗的语言也值得称道。它明白晓畅，朗朗上口，并两处出现了对偶句，适合不同文化层次的群众阅读，并为他们所理解和接受。作为旗帜和号角的诗歌，它所起到的宣传作用和鼓动作用是显而易见的。

（葛乃福）

离　　家

　　　　　　　　　　　　　　　　　　　　潘漠华

　　我底衫袖破了，
我母亲坐着替我补缀。
伊针针引着纱线，
却将伊底悲苦也缝了进去。
　　我底头发太散乱了，
姊姊说这样出外去不大好看，
也要惹人家底讨厌；
伊拿了头梳来替我梳理，
后来却也将伊底悲苦梳了进去。
　　我们离家上了旅路，
走到夕阳傍山红的时候，
哥哥说我走得太迟迟了，
将要走不尽预定的行程；
他伸手牵着我走。
但他的悲苦，
又从他微微颤跳的手掌心传给我了。
　　现在，就是碧草红云的现在呵！
离家已有六百多里路。
母亲底悲苦，从衣缝里出来；
姊姊底悲苦，从头发里出来；
哥哥底悲苦，从手掌心里出来：
他们结成一个缜密的悲苦的网，
将我整个网着在那儿了！

杭州，1922，3，10
选自《湖畔》，湖畔诗社1922年版

　　离愁别绪是古今中外文人笔下常见的题材。这首诗写离家的悲苦，在自然朴实的语言中饱含了作者哀婉的幽思和深切的情意。

人的感情是难以捉摸的抽象物,但作者通过离家前后的几个动人事件(一是母亲穿针引线替我补缀衫袖;二是姊姊为我梳理头发;三是哥哥牵手引路),将本无内在联系的三件事用"悲苦"有序地贯串起来。经过情感的统摄、过滤,以形写神。犹如诗人用一条情绪的丝线把生活中的碎珠精心地连缀一起,让它们由散而聚,成为一个完整的艺术品,而且寓深情于细节描写之中,使诗里凝聚的情与爱具体可见。母亲将悲苦"缝"进"我"的衫袖,姊姊将悲苦"梳"进"我"的头发,哥哥将悲苦"传"给我的手掌:三个动词,更是将无形的悲苦化为有质感的具象,使悲苦清澈地流出了诗行。

作者以极为平凡的日常生活琐事的叙写表现母子、姊弟、兄弟之间的绵绵情意。潘漠华家境贫寒。据密友冯雪峰回忆,他幼年丧父,母亲孱弱,姊姊被夫家拒斥,备受歧视,哥哥只因和心爱的女人说了几句话,被恶徒们捆绑到戏台上示众,受尽凌辱。这首诗最后两句,诗人把被笼罩在悲苦之中的心境比喻为"网"。这张"缜密的悲苦的网"不仅是笼罩着这首诗的气氛,也成为他早期诗作的基调。一首诗,无论什么题材,只要是从实际生活中汲取来的自然会有真情实感。诗人既有生活的真情实感,又具有较好的艺术匠心,所以题材尽管如此细小平凡,同样能激动人心。事细而情笃,正是这首诗的一大特色。

(林明华)

月　　光　　　　　　潘漠华

月光撒满了山野,
我在树荫下的草地上,
踯躅,徘徊,延伫;
我数数往还于伊底来路,
想着飞蓬的发儿,
将要披在伊底额上看见了。

我心儿慌急,
夜风吹开我衣裳。
月儿光光了,
这使我失望了,
伊被荆棘挂住伊底衣了。

>我垂着头儿,
>噙着泪珠,
>双手褰着裳儿,
>踏过茂草,
>将月光也踏碎了。
>
>我跑到溪边,
>睁大我底眼眶,
>尽情落下我底眼泪,
>给伊们随水流去;
>明天流经伊底门前时,
>值伊在那儿浣衣,
>伊于是可以看见,
>我底泪可以滴上伊底心了。

选自《春的歌集》,湖畔诗社 1923 年版

　　熟悉新诗发展史的人,也许都知道像这样的情诗,在 20 世纪 20 年代初期是非常新鲜的。而写得这么深情,这么直率,这么真挚的情诗,就更新鲜了。潘漠华是湖畔四诗人之一。朱自清说他的情诗写得"最是凄苦,不胜掩抑之致"(《中国新文学大系·诗集·导言》)。在缺少情诗的中国,他的诗所引起的热烈反响是可以想见的了。

　　这首诗使人感受到的,是一颗热恋的心。诗人把心扉打开了。从焦急的等待,到慌乱失望,再到含泪而归,泪落溪流,诗人在时间的延伸中捕捉住心理的每一个细微的起伏、变化。情写得真,写得深,笔触也十分细腻。如写等待就有三个层次:先是在草地上徘徊、延伫;再是"数数往还于伊底来路";又想着伊人的发儿如何披在她的额上。写失望也是从慌急再到失望,再想到她一定受阻于"荆棘"了。这都是在心理的动态过程中刻画心理,因而比较深刻。诗人又善于用景物来渲染气氛、烘托情绪。诗从写景开始,用"月光撒满了山野"这幽静皎洁的景色构成一种特定的情景和氛围,然后用树荫、草地、路、夜风、茂草、溪流等融入诗的意境,所谓一切景语皆情语也。用"夜风吹开我衣裳"衬托心情的慌急,用"将月光也踏碎了",来暗喻主人公的心也碎了,都是妙笔。"夜风吹开我衣裳"的诗

句令人想起南朝《子夜四时歌》中"春风复多情,吹我罗裳开"的诗意。不过后者欢乐,前者哀愁,另有一种情思。诗的第三小节,句子拖沓了一些,但要让眼泪随溪流而去,想象它可以滴上"伊底心",不失为一种妙想,颇觉新鲜。

在20年代的中国,青年人的自由恋爱仍然受到封建礼教的束缚与摧残。《月光》用"伊被荆棘挂住伊底衣了"这一句诗来暗示这一点,既含蓄,又有深意。我们因此而能理解为什么全诗笼罩着悲凉的气氛,也能理解像这样的情诗,不但反映了当时的青年人的心理,也表现了他们的憧憬与反抗。

这首诗的语言的某些表述方式,如"将要披在伊底额上看见了",我们今天看来可能不习惯,但在20年代初新诗的草创时期,就并不希罕了。潘诗在总体上是优美的。诗人应修人说过:"花片纷飞时我想读漠华的诗了。"这大约也是赞潘诗的优美吧。

(徐缉熙)

【诗人小传】

冯雪峰

(1903—1976) 原名冯福春,浙江义乌人。早年先后就读于金华省立第七师范学校和杭州省立第一师范学校。1921年在杭州参加新文学团体晨光社,1922年和应修人等成立湖畔诗社,并合出白话诗集《湖畔》《春的歌集》。1925年到北京,在北京大学旁听。1930—1933年间负责上海左翼文化战线工作,任左联党团书记、中共中央上海局文化工作委员会书记。1933年底到中央苏区,任瑞金中央党校教务主任、副校长。1934年参加长征,途中任九军团地方工作组副组长、红军大学高级班政治教员。到达陕北后,在红军大学和中央党校工作。1936年春受党中央委托到上海工作,曾任中共上海办事处副主任。1941年被捕,囚于上饶集中营,在狱中作新诗数十首。1942年出狱。1943年到重庆,从事统战和文化工作。上海解放后,任上海市文联副主席、上海文艺工作者协会主席、鲁迅著作编刊社社长。1951年到北京,历任中国作协副主席、人民文学出版社社长兼总编辑、《文艺报》主编等职。除作诗外,写有杂文、论文、寓言等不少作品。

落　花　　　　冯雪峰

片片的落花,尽随着流水流去。

> 流水呀!
> 你好好地流罢。
> 你流到我家底门前时,
> 请给几片我底妈;——
> 戴在伊底头上,
> 于是伊底白头发可以遮了一些了。
> 请给几片我底姊;——
> 贴在伊底两耳旁,
> 也许伊照镜时可以开个青春的笑呵。
> 还请你给几片那人儿,——
> 那人儿你认识么?
> 伊底脸上是时常有泪的。
>
> 杭州,1922,3,10
选自《湖畔》,湖畔诗社 1922 年版

  湖畔诗社的四个青年诗人,都由衷地热爱大自然,尽情地抒写他们对大自然的爱。就连他们合出的诗集名字也叫《湖畔》或《春的歌集》,漾溢着一种自然的情趣。此诗题名为"落花",而落花本身也恰恰是一种自然景致。

  不过,此诗名为写落花,实际上是写人,是诗人托流水将落花献给自己所怀念的三位女性,并表示了对她们的美好祝愿。

  此诗作于 1922 年 3 月 10 日,那时作者离开自己的家乡义乌县不久,正在杭州第一师范学校读书,家乡亲友的面容还时时萦回脑际,在杭州一看到随水飘流的落花,马上联想到了家乡的亲人,这也是很自然的事。至于联想到的都是女性,那也很正常,因为落花的形状毕竟和女性形象的关系更大一些。

  据诗人的家属回忆,诗人出生在偏僻小山村的一个农民家庭,家境很穷,而父亲又常打骂母亲,所以,诗人自幼就非常热爱自己的母亲,在他早年含泪所写的《睡歌》一诗中,就曾尽情地表达了对母亲的热爱,对她遭遇的同情。因此,他将落花第一个献给自己的母亲,是完全可以理解的。而由母亲联想到自己的姐姐,那也是顺理成章的。至于自己心中热恋的女友,作者反把她放在最后,这并不是说她不重要,而是因为她的身份特殊一些,特别是从一首诗的角度来说,这样安排似乎更有余意。

然而，作者所怀念的虽然都是女性，但他还是抓住了她们各自不同的年龄、身份和特点，对她们祝愿的内容也各有不同。由于母亲含辛茹苦，白头发出现得比较早，所以他只希望能把落花戴在她的头上，使她的白头发能够遮挡一些；对于姐姐，他只希望能把落花戴在她耳朵两旁，让她照镜子时能够高兴一些；对于自己的心上人，他虽然没有明说，只说她的"脸上是经常有泪的"，但这样写似乎更好；仅此一句，便说明对方也苦苦地在思恋着他。这是一种虚写的手法，但这里的虚写实在要比实写好。

冯雪峰作此诗时只有19岁，青春年少，稚气未脱，他借助于落花将对三位女性的一片思念之情串连了起来，使得全诗天真委婉，曲折多姿，自有成年人所不可企及之处。

（孙琴安）

山里的小诗　　　冯雪峰

鸟儿出山去的时候，
我以一片花瓣放在它嘴里，
告诉那住在谷口的女郎，
说山里的花已开了。

选自《春的歌集》，湖畔诗社1923年版

这是湖畔诗集之二《春的歌集》中的一首。短短四句，像是用白话写的绝句，情深意长，韵味无穷。山里，这是空间；春天，这是时间，但实际上这首诗却是超越了时空。空间毕竟有限，时间亦是短暂的，而爱情却是无限的、永恒的。这首诗把时、空抽象了，正是为了表达一种无限的情思吧。妙的是写情而不着一个情字。只写了"我"请鸟儿传递一个信息。这信息也只一句话："山里的花已开了"，真正空灵已极。而这种空灵却包藏着无穷的意蕴，留下空白，让读者去想象，去填充。"我"和"少女"，一在山中，一在谷口，他们是否也是"相见时难别亦难"？山里的花开了意味着什么？也许女郎时时在念着山里的花，因为它联结着他们过去和现在的种种情意吧；也许每到花开的时候，他们就欢聚了吧；也许他们总是相约在花开时节……这无限的情思，尽在不言之中。我国古代诗论画论，讲究有无相生，虚实互用。所谓"不著一字，尽得风流"，所谓"妙在无处"，"无画处皆成妙境"，这首诗可谓深得其中奥妙。

鸿雁传书，青鸟传信，这是我国古代人民的美丽想象。这首诗也请鸟儿作使者，但这鸟儿不是专使，而只是顺便捎带；所带的不是情书，而只是一片花瓣。花瓣是春天的象征，也是爱情的象征。花瓣给人以一种温馨、芬芳的感觉，也使人联想到春天和爱情的温馨和芬芳。花瓣居然由"我"放到鸟儿嘴里,诗人的想象力已从现实世界升华到神话世界了,这首诗因此而带有一种浪漫主义的气息了,加上把时、空抽象化了这一特点,使人感到这种气息更加浓郁。

最后值得一提的是"小诗"这种形式。由于1921年周作人翻译、介绍了日本的短歌和俳句,后来泰戈尔的《飞鸟集》又由郑振铎翻译过来,流波所及,在新诗创作中出现了"小诗热",甚至被称之曰"小诗运动"。冰心的《繁星》《春水》和宗白华的《流云》就是在冯雪峰写《山里的小诗》这一年出版的。这种诗歌用短小的形式、极其凝练含蓄的语言,表现诗人对人生的"刹那感觉之心",或如冰心所说,用来"收集"自己的"零碎的思想",常包含丰富而深刻的哲理,极富于"韵外之致"和"味外之旨"。《山里的小诗》并非哲理诗,但可以让我们体会到小诗的一些特点。

(徐缉熙)

米 色 的 鹿　　　　冯雪峰

啊,米色的鹿!
黝绿的平野!我多么熟识!
仿佛一个单独的银色的波浪,跳跃在
　　沉郁的湖面,
仿佛一只白鸽翻飞在碧玉似的青天,
仿佛太阳光点点闪在森林的深处,
仿佛初下的雪飞舞在暗夜的大野的空间。……

啊,波涛起伏的丛山的海!
海似的暗黑的森林!我也多么熟识!
高峰和高峰竞走,相接而又相离,滚滚地
泻着奔飞的河;
　　而米色的鹿在那儿游戏。
森林的尽头,连接着陡削的悬岩,
下面是深不可测的沟壑;
　　而米色的鹿一跃就跃过!……

但是,看!这也是多么好的一种景色!

太阳已经上升,而大地冻着一片的雪,
可是,多么美丽的荒野的雪地!
多么年轻的仆倒着的尸体!
他僵硬了的两手,还做着快跑的姿势,
他露出的半边的脸,还浮着不能收住的
青春的微笑;
而冬日早晨的太阳正在照着,
而终夜被逐的米色的鹿,在颤抖着,
在不远的前面喘息着。……

选自《真实之歌》,重庆作家书屋1943年版

　　这首诗是诗人因于上饶集中营时的作品,是一颗被囚禁的灵魂仰望铁窗外的蓝天时所生发出的奇异的想象。

　　"米色的鹿",一个虚构的形象,就连色彩也是轻淡缥缈的。米色的鹿是一片想象的云,一阵渴望自由的风,载着诗人的灵魂飞向蓝天,飞向绿野,飞向高峰,飞向遥远的地方。全诗三节,前两节致力于描绘米色的鹿的风采。诗的一开始就如同电影的艺术手段一般叠印出一连串快速闪回的镜头:米色的鹿在那"黝绿的平野"上飞跃,这一奔驰的形象恍惚是"一个单独的银色的波浪,跳跃在/沉郁的湖面","一只白鸽翻飞在碧玉似的青天";又仿佛是"太阳光点点闪在森林的深处","初下的雪飞舞在暗夜的大野的空间"。这是绘画的效果,色彩的渲染和光的闪射使米色的鹿这一轻快、亮洁、闪烁的生命在那沉郁、广阔、深邃的背景上风姿绰约,情采飞扬。在诗的第二节,米色的鹿飞速地在背景上跨越着。从"波涛起伏的丛山的海",到"海似的暗黑的森林",以及"相接而又相离"的"竞走"的高峰,一直到"滚滚地泻着奔飞的河",米色的鹿就在这样一个广阔的背景上"游戏"。这里"游戏"的意义就是年轻而自由的生命勇敢地发挥着自我,在大自然中傲然地成为主人。第二节的最后几行,描绘了一个较为险恶的景致,森林尽头陡削的悬岩,"下面是深不可测的沟壑",但勇敢而自由的米色的鹿却以一种游戏者的姿态"一跃就跃过"。米色的鹿以它年轻的生命傲视着一切艰难困苦。米色的鹿是不知疲倦、蓬勃向上的。诗的第三节,诗人在前两节描绘了那样一幅美好而充满生气的景致之后,将笔锋转向了另一幅"也是多么好的一种景色"。冬天的雪野上,倒仆着年轻而美丽的尸体,"他僵硬了的两手,还做着快跑的姿势","他露出的半边的脸,还浮着不能收住的/青春的微笑",这样一种雕像式的庄严和美

丽,被冬日早晨的太阳光照射着,显得那样的肃穆而又迷人;而在不远处,终夜被逐的米色的鹿,在颤抖着,喘息着,一同在雪野上谱写着最后的歌。在这里,年轻的牺牲者与米色的鹿的形象叠印在一起,凝固了的快跑的姿势以及永恒的青春的微笑,又与那痛苦的颤抖与喘息融合在一起,灵魂的乐观与痛苦共同衬托出了牺牲者的崇高与美丽。我们在这里终于看清了作为纯粹的想象的产物的米色的鹿,是对年轻的牺牲者的灵魂与精神作绘画与舞蹈般的呈现与颂扬。

冯雪峰自述他这一段的诗歌创作是"在最灰暗日子中的破裂的心境之产物"(《真实之歌·序》)。从狭小的牢狱中日夜仰望铁窗外自由澄明的天空,在诗人的心目中超越于深重的苦痛之上的却仍然是"对于不屈的英烈的哀念和敬慕",这种充满着对自由的渴望的情感和内心积蓄着的蓬勃的生命力,一并以一种幻想的形式奔泻而出。《米色的鹿》就是这样的一首借助于想象颂扬"伟大的不屈者的美姿"的诗作。诗人的情感赋予了米色的鹿的形象以极大的暗示性,诗人对于年轻的革命者的勇敢与乐观的精神的歌诵完全融注在对米色的鹿的形象的描绘之中。诗人赋予牺牲的场面以一种神奇的美丽,也从中反射出诗人自己作为一个坚贞不渝的革命者的精神美。米色的鹿这一个富有动感和立体感的形象出现在冯雪峰的众多诗作之中,显得十分的突出和鲜明。

(黄心村)

【诗人小传】

冰　心

（1900—1999）　女,原名谢婉莹,福建长乐人。1918年进北京协和女子大学(后并入燕京大学)学医,后改学文学。1920年起发表短篇小说、小诗。1921年参加文学研究会。1923年赴美国卫斯理学院学习英国文学,同时写成《寄小读者》等散文。1926年回国后在燕京大学、清华大学女子文理学院任教。抗战胜利后,东渡日本。1951年秋回国。1960年后曾任中国作协书记处书记。早期诗歌多取材于童年生活,讴歌童心和母爱,文字清新,感情真挚,风格柔美而自然。

繁　星

冰　心

（一）

繁星闪烁着——

> 深蓝的太空,
> 何曾听得见他们对语?
> 　沉默中
> 　微光里
> 他们深深的互相颂赞了。
>
> 选自《繁星》,商务印书馆1923年版

　　夏天的夜晚,深蓝高远的太空,点点闪烁的繁星,令人产生无尽的遐想。诗人面对深邃的天空,展开了丰富的想象:那些闪烁着的繁星,一定在频频对语。然而,太空毕竟太高远了,即使是众多星星的对语,又何曾听得见? 接着,诗人笔锋一转,为读者展示了另一个想象的天地:听不见繁星的对语,并非意味着她们真正的沉默,更非意味着她们之间有什么隔膜。在表面的沉默之中,繁星在浩渺无边的微光笼罩下,在深深的互相颂赞了。

　　《繁星》共164首,曾连载于1922年1月1日至1月26日的北京《晨报副镌》的《新文艺》栏。冰心在创作《繁星》时,曾受到印度诗人泰戈尔《飞鸟集》的影响。冰心曾自述她创作《繁星》仿用《飞鸟集》的形式,通过这种类似"小杂感一类的东西",来收集自己"零碎的思想"。因而《繁星》反映了诗人对人生真谛的辛勤探索。

　　自1914年至1918年,冰心曾就读于教会学校北京贝满女子中学,她后来说:"因着基督教义的影响,潜隐的形成了我的'爱'的哲学。"这种"爱"的哲学反映了冰心对黑暗现实的无比憎恶和对理想社会的热烈追求。这首诗也形象地体现了冰心早年"爱"的哲学。在冰心的想象中,星星尚且相亲相爱、"互相颂赞",那么,人类更应当清除隔阂、互敬互爱了。这是不言而喻的。这就是这首诗蕴含的哲理。但是,在阶级压迫惨酷、阶级斗争激烈的旧社会,人与人之间要互敬互爱,不过是诗人美好的主观愿望,实际上是无法实现的。

　　在艺术表现上,这首诗抓住夏夜星空的特点,为读者描绘了一幅繁星闪烁、太空深邃、星星互相颂赞的生动而又优美的画面,为读者提供了艺术再创造的广大空间。诗人运用拟人化手法,融情入景,赋予星星以人的动作与情感,使诗篇收到情景交融、意境深邃、饱蕴哲理的艺术效果。

(潘颂德)

繁　星　　　　　　　　冰　心

(四八)

弱小的草呵!

> 骄傲些罢,
>
> 只有你普遍的装点了世界。
>
> 选自《繁星》,商务印书馆1923年版

按照日本著名美学家今道友信的理论,认为东西方美学发展过程存在一种"逆展开"现象:"西方古典艺术理论是模仿再现,近代发展为表现……而东方的古典艺术理论却是写意即表现,关于再现即写生的思想则产生于近代。"以反对旧传统、旧文学为标榜的新诗运动的兴起就证明了这个事实。但是正如周作人所说:"独有小诗仿佛是在例外,因为它的来源是在东方的;这里边又有两种潮流,便是印度与日本。"

据冰心自述,她的《繁星》,从思想内容到艺术形式,即是受了印度诗人泰戈尔《飞鸟集》的影响。这一首《繁星(四八)》尤其如此。先看泰戈尔《飞鸟集·六五》这首诗:"小草呀,你的足步虽小,但是你拥有你足下的土地。"诗人运用的是象征与暗示的方法。小草虽小仍然拥有足下的土地,小草体现的这种心理自足的信念基础主要不是建立在"五四"时期所崇尚的西方"天赋人权"思想派生的"个人主义的人间本位主义",这种心理上的充足的安全感来源于梵人合一思想,来源于对和谐的大千世界的坚定信念。

《繁星(四八)》与《飞鸟集·六五》不但诗情相似,而且创作的思维方式和表现方法也极其一致。非常明显,这两首诗之间,存在着学习、借鉴与创新的关系。《繁星(四八)》要在小诗"语体的简易"中表现"诗思的深广","全凭着暗示的力量"。(周作人《论小诗》)《繁星(四八)》首先沿用了《飞鸟集·六五》中的小草与大地(世界)这一组反差极大的意象关系,并且强化了小草的"弱"性。联系冰心所处的时代特征,这显然是在暗示作为社会"弱势群体"的中国女性深受封建专制主义压迫的生态环境。意象属性的层次越丰富,信息量就越大。《繁星(四八)》在小草与大地(世界)意象的强弱关系的基础上,又通过加入了"普遍"这个词,从而派生出小草作为庞大群体的数量关系。这样,《飞鸟集·六五》中原先作为个体的小草对应的是强调个体在和谐的大千世界中的自足感与应有的位置,现在作为群体的小草则具有了顽强的生命力与自信力:由无数棵小草集聚而成的浓浓绿色,漫山遍野,一望无际。没有这普遍的小草的"装饰",这个世界只是一片荒原!这是"野火烧不尽,春风吹又生"诗句的精神内涵与诗境的活用。而诗人发出的"骄傲"的呼唤,一方面既是一个深受新文化熏陶、有着强烈的女性解放思想的时代新女性的真实写照,另一方面,也是诗人对整体女性应该具备自

爱、自尊、自强的独立人格精神的一种深切期盼！

(张　新)

春　水　　　　　冰　心

(三三)

墙角的花！
　你孤芳自赏时，
　　天地便小了。

选自《春水》，新潮社1923年版

　　《春水》与《繁星》一样，抒写的大多是诗人"零碎的思想"。这首小诗也是这样。

　　生长在墙角的花，由于得不到阳光的照耀与雨露的滋润，因而缺乏生命的活力，花朵萎黄瘦小。然而，当她一旦孤芳自赏时，"小"的似乎不是自己，而是那原本十分广阔的天地。诗人吟咏的是花草，比喻的则是人事。诗篇通过对墙角小花孤芳自赏的委婉嘲讽，告诫人们应当谦虚，力戒骄傲。

　　诗的哲理应当依附于形象，与形象融合在一起。这首诗运用拟人化手法，赋予墙角小花以人的心理活动，创造了生动的形象。而在诗篇创造的这一形象中，又自然地蕴含了一定的哲理，从而实现了墙角小花这一感性形象的升华和深化。全篇虽只短短三句十五个字，却含蓄蕴藉，令人回味不已。

　　自古以来，中国的女诗人大都对于花草具有一种特殊的敏感，出现在她们笔下的芍药、牡丹、海棠、芭蕉，也显得色彩缤纷，尽态极妍。不过她们多半是借花草以自伤，李清照脍炙人口的"绿肥红瘦"的诗行就是如此。冰心作为受过"五四"思潮熏陶的女诗人，既显露了女性对花草特有的敏感，又能从中拓出新意，创作新篇，就不能不令人刮目相看了。

(潘颂德)

纸　船　　　　　冰　心

——寄母亲

我从不肯妄弃了一张纸，
　总是留着——留着，
　叠成一只一只很小的船儿，
　从舟上抛下在海里。

有的被天风吹卷到舟中的窗里,
　　有的被海浪打湿,沾在船头上。
我仍是不灰心的每天的叠着,
　　总希望有一只能流到我要他到的地方去。

母亲,倘若你梦中看见一只很小的白船儿,
　　不要惊讶他无端入梦。
这是你至爱的女儿含着泪叠的,
　　万水千山,求他载着她的爱和悲哀归去。

1923.8.27

选自《春水》,新潮社1923年版

　　1923年初夏,冰心毕业于燕京大学。同年8月17日,她由上海乘约克逊号邮船赴美国留学。8月19日抵日本神户,21日游览了横滨。从写作时间来看,这首诗是诗人于游览横滨之后的第6天,在继续向大洋彼岸进发的海轮上创作的。

　　粼粼的海波,澎湃的海潮,复苏了诗人爱海的童心;碧绿的海水,飞翔的海鸥,使诗人又与自然亲近。从吴淞口出发的10天左右的海上生活中,冰心早期人生观"爱"的哲学中的三根支柱——母爱、童心、自然,只有"童心""自然"在此时得以复活和重现,而"母爱"则因远离母亲而无法亲近。因而诗人格外怀念母亲,甚至因思念母亲而得病,又因在梦中得见母亲而病愈。这首诗就抒写了诗人思念母亲的深情。

　　诗的第一节从自己充满天真童心的行为——折纸做船写起,说自己在海船上不肯妄弃一张纸,留着它折叠成船,从船上抛到海里。看似平淡的四行诗,为感情的喷发作了铺垫。第二节写从船上抛出的纸船的去向,"有的被天风吹卷到舟中的窗里,/有的被海浪打湿,沾在船头上"。这种种去向,都不符合诗人诚挚的心愿。她"总希望有一只能流到我要他到的地方去"。为此,她"仍是不灰心的每天的叠着"。可见她这种愿望的强烈、诚挚。至于希望那纸船流到什么地方去,诗人在这一节中没有明白说出,从而造成悬念,耐人寻味。诗人自然明白纸船是不可能流到母亲身边的,于是诗的第三节翻出新意。诗人遥想母亲梦中看见一只很小的白船。如果说这一想象还属一般的话,"不要惊讶他无端入梦",就显示了诗人设想的奇特。那么,为什么要让母亲不要惊讶小船的入梦呢?诗人采用"卒章显其志"的方法,在诗的结尾点明想象中进入母亲梦中的纸船是她含着泪叠的,她祈求纸船载着她对母亲的爱和因远离母亲而产生的悲哀情怀流到母亲的身边。这一结尾,是全诗的高潮所在。

怀念母亲的感情,比较抽象,写作时易流于空洞浮泛。这首诗构思新颖,诗人采用托物寓情的方法,感情的抒发就显得既生动、具体,又含蓄、深沉。此外,这首诗的诗行较长,语调缓慢,正与对母亲的绵长思念相协调。　　　（潘颂德）

相　　思　　　　　　　冰　心

躲开相思
披上衣儿,
　走出灯明人静的屋子。

小径里明月相窥,
　枯枝——
在雪地上
　又纵横的写遍了相思。

1925.12.12
选自《冰心诗集》,开明书店 1947 年版

冰心写过大量赞美"母爱""童心"的小诗,专写爱情的很少,但她偶有所作,即能散发出含蓄蕴藉的艺术魅力,沁人心脾。

《相思》作于 1925 年,篇幅很短,颇有唐宋小令一类的神韵。诗中情因景生,景以情移,在明月、雪地的特殊氛围下曲折地表达了诗人内心感情变化的过程:夜深了,人们早已进入了梦乡,而诗人一灯烛对,难以入眠。为了排遣相思之苦(诗中把"相思"拟人化,说自己急于"躲开"它,仿佛不是自己在"相思",而是"相思"无时无刻不在吸引着自己,如此用笔,格外委婉),求得片刻的宁静,她披上衣服,移步室外。没有料到外面的景色也分外多情,那天上的一轮圆月正窥看着自己,仿佛想要了解诗人心头的秘密,而那落尽了叶子的树木又把枝干映在雪地上,纵横交错,层层叠叠,恰似那剪不断、隔不开的恋情……

读冰心的《相思》,很容易联想起宋代大文学家苏轼在《记承天寺夜游》中的描述:"解衣欲睡,月色入户,欣然起行。念无与为乐者,遂至承天寺,寻张怀民。怀民亦未寝,相与步于中庭。庭下如积水空明,水中藻荇交横,盖竹柏影也。"自

然,冰心写的是冬夜相思,苏轼写的是秋月友情,情况并不完全一致,但两者的意境同样空灵澄澈,而文字又都极其简洁洗炼,人们当不难由此悟出在审美情趣与驾驭文字方面,新诗和古代作品之间仍有一脉相通之处。

(孙光萱)

【诗人小传】

宗白华

(1897—1986) 原名宗之櫆,江苏常熟人。1918年毕业于上海同济德国语言学校,后主编《少年中国》月刊、《时事新报》副刊《学灯》。1920年赴德国留学,回国后历任东南大学、中央大学、南京大学、北京大学教授。20年代初出版过《流云小诗》,此后一直从事美学研究。

春 与 光

宗白华

你想要了解春么?
你的心情可有那蝴蝶翅的翩翩情致?
你的歌曲可有那黄莺儿的千啭不穷?
你的呼吸可有那玫瑰粉的一缕温馨?

你想要了解光么?
你可曾同那疏林透射的斜阳共舞?
你可曾同那黄昏初现的冷月齐颤?
你可曾同那蓝天闪闪的星光合奏?

选自《流云小诗》,亚东图书馆1923年版

《春与光》是一首富有感染力的诗。全诗都是问句,不同凡响。诗人以发问的形式点题,又以问句形式通过形象的语言写景抒情。用词妥切,构思新巧,寓意深远。诗人巧妙地运用了重复、排比与对仗的句式和词汇,以"举一反三"的结构同时兼顾词意的前后呼应与韵律平仄的手法,使人读起来很有节奏性、音乐感,而又错综复杂不觉单调。

全诗的8个问句分为结构相同、主题不同却又紧密关联的两个部分。

第一部以"你想要了解春么?"单刀直入地点题,由此引出下文。随后的三个

转折问句紧扣主题写"春",在句法结构上完全相同,都是"你的……可有那………的…………?"分别用"心情""歌曲""呼吸"和"蝴蝶翅""黄莺儿""玫瑰粉"以及"翩翩情致""千啭不穷""一缕温馨"三组词写出春天的情与景。相对应的各组互相排比、对仗;同一句用词前后呼应,"你的心情"与"蝴蝶翅的翩翩情致""你的歌曲"与"黄莺儿的千啭不穷""你的呼吸"与"玫瑰粉的一缕温馨"互相呼应,衬托得多么妥帖! 还有,值得注意的是:"蝴蝶翅的翩翩情致"引起的是视觉感受,"黄莺儿的千啭不穷"是听觉感受,"玫瑰粉的一缕温馨"是嗅觉感受,可是除了"感",还都含有丰富的"情"在内。景中有情,情景交融,让人在增进对"春"的感受体会的同时也更加了解"春"的内含情意。

诗的第二部分从"你想要了解光么?"点题,下面三句重复"你可曾同那××××的××××?"句法结构,分别用"疏林透射""黄昏初现""蓝天闪闪"和"斜阳""冷月""星光"以及"共舞""齐颤""合奏"三组词形象地写出不同的光与不同的景和情。相对应的各组也互相排比、对仗,特别是"共舞""齐颤"与"合奏"互相排对得再好不过。细想一下,要是能"疏林透射"的太阳,当然是"斜阳"。斜阳透射疏林,也即透过稀疏林木斜着照射的阳光投影像是在林间作舞;"黄昏初现"的月亮是淡淡的,诗人用"冷月"两字表现得惟妙惟肖。既是"冷",让人"颤",因此"同那黄昏初现的冷月齐颤";蓝天上的星星闪烁,像是在合奏乐曲……这些都是多么美妙的想象,形容比喻又多么恰如其分! 诗人写到同"斜阳"一起"舞",用"共舞";同"冷月"一起"颤",用"齐颤";同"星光"一起"奏",用合奏,真是再妥帖不过。若改用"共奏"或"合颤"就不合适,诗人用词准确可见一斑。

诗人用贴切的形象比喻、排比、对仗的词句,写的不是静的景,而是活灵活现的变化活动画面,让读者身临其境,置身于富有生命气息的春与持续变幻的光之中,激发读者的兴趣与共鸣。"你想要了解春么","你想要了解光么",你想要了解与认识事物,你就得怀有同样的情感去亲身经历与体会。这首诗很能表现诗人本身的哲学与美学的高深造诣与内涵修养。读这样的诗是一种美的享受。唯一的缺憾是玫瑰花在夏季盛开,而不是春季;玫瑰的芳香,来自花瓣,而不是花粉。当然,借助花瓣的关系,花粉还是可以染上"一缕温馨"。

(珊 珊)

夜　　　　　　　　　　宗白华

伟大的夜
我起来颂扬你:
你消灭了世间的一切界限,

你点灼了人间无数心灯。

选自《流云小诗》,亚东图书馆1923年版

宗白华是一个非常有哲学意识的诗人。这在他与郭沫若等讨论诗歌理论的《三叶集》里有着明显的反映,主张"诗应以哲理为骨子"。所以宗白华在他的小诗里有意识地渗入了哲理,这使得他的小诗因哲理而诗意深广隽永,形式精致简洁。

"夜",不仅"伟大",还要"颂扬",诗歌一开始就出现了一个违背现实与想象双重常理的语境。它立刻把我们引入到一个对"夜"的时空意义和社会政治的联想意义的多层次、多视野的本质思考和诗情想象。诗的第三句既是全诗的诗魂,又是拨开诗路逻辑迷雾的一束阳光。因为"夜"象征社会的黑暗,因此,从"夜"的时空意义的视觉效应上看,白天能看到太多的丑陋与不平等,黑夜里,一切"界限"都不复存在,因而漆黑的"夜"反而能遮蔽掉现实社会意义上的"世间的一切"黑暗,"消灭"掉人间的一切不平等,实现自由、平等与博爱的大同世界。这就是"夜"的神奇与伟大!

末句又是一个建立在"无理之理"的想象与逻辑奇妙统一基础上的佳句。照理,"夜"本身不是热能的源体,它的想象属性当然也不可能"点灼""心灯",但是,有了第三句"夜"的想象的真实,"夜"也就具备了巨大的能量。更何况,"夜"的象征性内涵其实已经代表着一种让人心里透亮的希望与愿景,因此"点灼了人间无数心灯"也就符合逻辑了。当然,整首诗的立意是建立在以"夜"来"消灭""界限"的视觉假象基础上的,因此,这只是诗人理想的另一种诗意的表达方式。

这首诗基本的创作手法是巧妙地利用了实在的夜与抽象的(象征社会的)夜的转换关系:通过不同具象之间的某些相似的属性进行大跨度的链接,使得诗歌形象的完成轨迹既出奇制胜,又合乎情理。后来顾城《一代人》中的黑夜与光明的转换关系也是运用这种手法。

(张　新)

【诗人小传】

蒋光慈

(1901—1931)　原名蒋侠僧,另一笔名蒋光赤,安徽六安人。五四时期曾赴苏联留学,回国后从事文学活动。曾任教于上海大学。1928年与阿英等组织太阳社,编辑《太阳月刊》《拓荒者》等杂志。除诗作外,还写有《少年飘泊者》《咆哮了的土地》等小说。

哀 中 国

蒋光慈

我的悲哀的中国,
我的悲哀的中国,
你怀拥着无限美丽的天然,
你的形象如何浩大而磅礴!
你身上排列着许多蜿蜒的江河,
你身上耸峙着许多郁秀的山岳。
但是现在啊,
江河只流着很呜咽的悲音,
山岳的颜色更惨淡而寥落!

满国中外邦的旗帜乱飞扬,
满国中外人的气焰好猖狂!
旅顺大连不是中国人的土地么?
可是久已做了外国人的军港;
法国花园不是中国人的土地么?
可是不准穿中服的人们游逛。
哎哟,中国人是奴隶啊!
为什么这般自甘屈服?
为什么这般萎靡颓唐?

满国中到处起烽烟,
满国中景象好凄惨!
恶魔的军阀只是互相攻打啊,
可怜的小百姓的身家性命不值钱!
卑贱的政客只是图谋私利啊,
哪管什么葬送了这锦绣的河山?
朋友们,提起来我的心头寒,——

我的悲哀的中国啊,
你几时才跳出这黑暗之深渊?

东望望罢,那里是被压迫的高丽;
南望望罢,那里是受欺凌的印度;
哎哟,亡国之惨不堪重述啊!
我忧中国将沦于万劫而不复。
我愿跑到那昆仑之高巅,
做唤醒同胞迷梦之号呼;
我愿倾泄那东海之洪波,
洗一洗中华民族的懒骨。
我啊!我羞长此沉默以终古!

易水萧萧啊,壮士吞仇敌;
燕山巍巍啊,吓退匈奴夷;
回思往古不少轰烈事,
中华民族原有反抗力。
却不料而今全国无声息,
大家熙熙然甘愿为奴隶!
哎哟!我是中国人,
我为中国命运放悲歌,
我为中华民族三叹息。

寒风凛冽啊,吹我衣;
黄花低头啊,暗无语;
我今枉为一诗人,
不能保国当愧死!
拜伦曾为希腊羞,
我今更为中国泣。

> 哎哟！我的悲哀的中国啊！
> 我不相信你永远沉沦于浩劫，
> 我不相信你永无重兴之一日。
>
> 一九二四年十一月二一
>
> 选自《哀中国》，《新青年》社1925年版

1924年夏,蒋光慈从莫斯科回国,无边的、浓重的黑暗使他原先在苏联留学时那种欢欣的、嘹亮的歌喉暗哑了。从此悲愤难抑,长歌当哭就成了他诗歌的主旋律。《哀中国》就是他这一时期的代表作。

《哀中国》闪烁着革命的思想、真诚的激情,义正辞严地控诉了帝国主义的侵略和封建军阀的暴行。诗人的思想,在那黑暗如磐的年代里犹如闪亮的火炬和战斗的鼙鼓,勇敢、坚定、振奋人心。同时,诗歌灵活自如地运用了大量的叠句、对句和排比句,加上每节句数相等的排列格式,一节一韵的声响,这就使得全诗格外具备了一种澎湃激荡的声势,较好地表现了诗人痛苦忧愤的情感。

全诗六节。第一节,诗人用对比转折的格式哀叹祖国:"蜿蜒"的江河发"悲音","郁秀"的山岳"寥落而惨淡"。哀叹建立在"俯瞰式"的扫描上。第二、第三节,哀叹深入一层,具体展开了祖国的苦难和黑暗:"外邦"步步进逼,"军阀""互相攻打","政客""图谋私利"。在这概括的描述中表达的理念却十分明白:帝国主义、封建军阀、官僚政客都是罪魁祸首。第四、第五节,思想更进一层,先从横的世界范围看中国的危急后果:像高丽、印度一样的"亡国之惨"迫在眉睫;后从纵的历史的岁月追索这种局面中民族性格的病态:"而今全国无声息","熙熙然甘愿为奴隶"。诗歌由上两节的现象描述转入到纵横结合的原因与结果的探索分析。最后一节,除了呼应第一节再次哀叹并自省外,预言了中国的未来:"不相信你永远沉沦","无重兴之一日"。诗歌思想从前几节的现实转向将来,又推进一步,表达了对革命胜利的坚定信念,完成了题旨。

与此同时,诗歌还有一条主体抒情的线索贯穿全诗各节。在诗的各节都有诗人站出来直接抒情的句子:第一节,诗人用了"我的悲哀……"这样的叠句直呼心中的哀叹。第二、第三节,诗人在两节的后三句抒发了他对中国人"颓唐"的不满和对现状的"心头寒"。第四节,在揭示亡国之忧后,表明自己要"唤醒同胞的迷梦",洗他们的"懒骨"的愿望。第五、第六节,诗人发出了"为中华民族三叹

息"。《哀中国》既有对"你"——祖国的描述,又有"我"——诗人的直接抒发,不足的是这两条线索尚未取得水乳交融般的效果。

《哀中国》作为一篇早期政治抒情诗,显示了蒋光慈——一个最早开拓者的成就与不足。没有疑问,放在诗歌发展的历史长河中去观察,这些成就与不足对于后来的政治抒情诗作者来说有一定的启发的作用。　　　　　(皇甫积庆)

【诗人小传】

成仿吾

(1897—1984)　原名成灏,湖南新化人。1910年赴日本,就读于冈山第六高等学堂、东京帝国大学造兵科。1921年回国。同年与郭沫若等组织创造社。1925年任广东大学教授和黄埔军校教官。大革命失败后回上海。1928年发表《从文学革命到革命文学》等文,宣传无产阶级革命文学。1931年进入苏区后,历任中共鄂豫皖省委宣传部长、中央党校高级班教务主任、陕北公学校长、华北联合大学校长。新中国成立后历任中国人民大学、山东大学校长等职。

序　诗　　　　　成仿吾

(一)

我生如一颗流星,
不知要流往何处;
我只不住地狂奔,
曳着一时显现的微明,
人纵不知我心中焦灼如许。

是何等辽阔的天空!
又是何等清爽!
我摇摇而奋奔,
我耀耀而遥征,
回顾长空而中心怅惘。

这是何等的运命——
这短短的一生，
　尽流浪而雕零，
　莫或与我相亲，
永远永远孤独而凄清！

　人纵在愁苦之中，
皆能强笑而为乐，
　欢情的火焰熊熊，
　悲哀的幕影犹可潜踪，
我连这种欢情也无从得着。

啊，这是何等的运命——
在这无涯的怅惘，
　曳着瞬刻的微明，
　抱着惨痛的凄清，
我还要不住地奋进而遥往。

　啊，我生如一颗流星，
不知要流往何处；
　我只不住地狂奔，
　曳着一时显现的微明，
人纵不知我心中焦灼如许。

一九二三

选自《流浪》，创造社 1927 年版

　　成仿吾，起步文坛时，发表过散文、小说，更多的是文艺论文，故人们一般称他为文艺理论家。可实际上在他的短篇小说集《流浪》中夹有不少新诗作品。

　　郭沫若曾在《创造十年》中评述成仿吾的散文和诗时说："他的散文是劲

峭,有时不免过于生硬。他的诗却是异常的幽婉,包含着一种不可捉摸的悲哀。"

然而,在成仿吾诗中的那种"不可捉摸的悲哀"、怅惘和孤独感,与其说是由于缺少知音,不如说是显示了他当年的那种带有时代风尚的心态。他从日本留学至投身国内大革命洪流之间的一段生活历程中,一方面是充满爱国的激情,另一方面则是盲目地奋进;一方面在到处碰壁中感到无限的压抑、苦闷,另一方面却又不甘沉沦、不甘寂寞而继续把个人的命运与祖国、民族的命运联在一起作新的抗争。这种矛盾复杂的心绪,反映在散文创作里,便往往适宜于表现狂飙突进的时代精神并从而体现出"劲峭"的文风;一旦融入诗中,则不免与个人的哀怨情绪糅合而形成"幽婉"的诗风并常常难以捉摸。

诗人在《序诗》中自比"流星",是其当年特有心态的生动写照。

"流星"之闪耀,固难以与日月之辉并提,但能在茫茫的夜空中显现微明而又如此引人注目,当引以为快事!故"我只不住地狂奔","我摇摇而奋奔,/我耀耀而遥征"。这是诗人的基本精神与时代的亢奋合拍时的具体表征。然而,"不知要流往何处"的茫然感,"一时显现"的短促感,以及未必为大众理解的"孤独而凄清"感,又不时强化长期郁积的"怅惘"情绪。这些意念的结合,使得本诗正曲折幽婉地体现了"难以捉摸的悲哀"的诗风。

成仿吾的《序诗》在他的新诗作品中有一定的代表性。无论从诗作的选材立意来看,还是从诗作的艺术构思和语言运用来看,比之同时代的一些诗人的现实主义诗作有较多的抒情意味。他曾在论文《诗之防御战》中竭力表示反对在诗中表现"过量的理智",而强调"感情在诗歌上的重要"。这点在他自己的诗作中是实践了的。然而,成仿吾的诗却缺乏郭沫若《女神》式的豪迈气魄。他写诗也不如郭诗那样以情感的自然流露为贵,而有明显的字句雕琢。在本诗中,"狂奔"写出流星之速度和力度;"曳着一时显现的微明"则写出了流星光亮的幅度,且写得具体而又形象;"摇摇而奋奔""耀耀而遥征"则又写出了"流星"似的"我"那种在努力奋进中时有"中心怅惘"感的复杂心态;同时采用首尾呼应、一咏而三叹的表现形式。这一些都可说明成仿吾不似郭沫若所主张的"写诗",而是传统型的"做诗"。在创造社中还出现过以王独清、穆木天、冯乃超为代表的象征诗风,而成仿吾不在其列,他具有独立不群的诗作和诗风,即以《序诗》为例,可见一斑。

(张炳隅)

【诗人小传】

瞿秋白

（1899—1935） 又名霜，江苏武进人。1917年在北京俄文专修馆学习。1920年以《晨报》记者身份访问苏联。1923年回国后，在上海中共中央机关负责《新青年》等刊物编辑工作。历任中共临时中央常委、中共驻共产国际代表团团长、中央政治局委员、中华苏维埃共和国中央政府委员、教育部部长。1935年2月在突围途中被国民党军队逮捕，6月18日就义。30年代曾同鲁迅一起领导左翼文化运动。一生写有大量报告文学、杂文、文学批评等。

赤 潮 曲

瞿秋白

赤潮澎湃，
晓霞飞动，
惊醒了
五千余年的沉梦。

远东古国
四万万同胞，
同声歌颂
神圣的劳动。

猛攻，猛攻，
捶碎这帝国主义万恶丛！
奋勇，奋勇，
解放我殖民世界之劳工，
何论黑，白，黄，无复奴隶种！

从今后，福音遍天下，
文明只待共产大同。
看！

光华万丈涌。

选自《新青年》1923年第1期

1923年1月中旬，瞿秋白从莫斯科回到北京。他是在两年前作为北京《晨报》和上海《时事新报》特派记者前往苏俄的。在苏俄的两年中，他亲身感受到无产阶级翻天覆地的伟力和蓬蓬勃勃的革命气象，并且认真研读了大量马列主义著作和俄共（布）的文献，归国的时候，他已经是一个满怀着无产阶级革命激情和崇高理想的共产主义者了。他在北京一个亲戚家里暂时安顿下来不久，就动手从俄文翻译《国际歌》，同时创作了这首《赤潮曲》。

《赤潮曲》首先出自瞿秋白切身的感受和所坚信的世界观，同时也直接受到了《国际歌》的启迪。且看瞿秋白翻译的《国际歌》中的一段："只有伟大的劳动军，/只有我世界的劳工，/有这权利享用大地，/那里容得寄生虫！/霹雳声巨雷忽震，/残暴贼灭迹销声。/看！光华万丈，/照耀我红日一轮。/这是我们的/最后决死争，/同英德纳雄纳尔，/人类方重兴！"这里的向旧世界宣战的气概，向人类理想世界进军的豪情，同样充溢在《赤潮曲》之中。那种磅礴的气势，高昂的音调，甚至一些词语，也相仿佛。不过，它们又有不同：《国际歌》来自欧洲，使人觉得主要是资本主义世界的工人阶级的战歌；而《赤潮曲》，则侧重于描绘东方半殖民地以至世界所有殖民地半殖民地劳苦群众的觉醒，表达他们的心声，它好像是《国际歌》在东方的回响。看来瞿秋白是有意识把《赤潮曲》当作《国际歌》的"姊妹篇"来写的。作为一个中国共产党人，这是自然会产生的创作动机。

这首诗在艺术表现上的一个显著特点是革命的哲理和诗人的激情的交融，或者说是哲理的诗化。无产阶级的世界观使作者以涵括宇宙的胸襟和高瞻远瞩的目光，概括了整个中国的过去、现在和未来，描绘出历史的走向，内容深刻而博大。这些都是作者切身感受到的、真诚信仰的东西，浸润着作者浓烈的感情，因此能震动读者的心弦。其次，这首诗的艺术力量，也借助于那哲理和诗情伴随着的形象，那就是"赤潮"。"赤潮"，指火焰般燃烧着的漫天朝霞和朝霞过后赤日光焰的愈益广远的照射。作者在其《赤都心史·晓霞》中也这样描写过："紫赤光焰，愈转愈明……神明的太阳，有赤色的晓霞为之心声，不久不久，光现宇宙，满于万瞽。"它们都是比喻无产阶级革命的勃兴和共产主义理想的升腾。这是一个瑰丽的形象，它带着那哲理和诗情，笼罩全篇，贯穿始终，使诗中所写的一切，仿佛都融在一片红光之中，显得雄浑伟美。

这首诗在《新青年》季刊创刊号上发表时，配有许地山作的曲。可见瞿秋白是把它作为歌词来创作的，具有节奏感强等歌词的特点。这大概也是因他正在翻译《国际歌》的缘故。不过它的语言和格调,还明显地带有旧体诗词的痕迹,不是纯净的白话诗歌,不很自然。这是新诗发轫期难以避免的现象,是不能离开历史加以苛求的。

(王铁仙)

【诗人小传】

闻一多

(1899—1946)　原名闻家骅、又名闻多、闻亦多,字友三,号友山,湖北浠水人。早年就读于北京清华学校。1922年赴美国留学,先后入芝加哥美术学院、科罗拉多大学美术系学习,这一时期创作了不少爱国思乡的诗歌。1925年回国,任北京艺术专科学校教务长。曾参与创办《大江》杂志,同时与徐志摩等主编北京《晨报》副刊《诗镌》。1927年去武汉国民革命军政治部工作,同年任南京国立第四中山大学外文系主任。1928年参加新月社,和徐志摩等创办《新月》杂志,后任武汉大学、青岛大学文学院院长,清华大学中文系教授。抗日战争时期任西南联合大学中文系教授。1946年7月15日遭国民党特务杀害。诗作风格沉郁凝重,语言绚丽精炼,对仗工整,为开创富有民族特色的新格律诗作出了有益的贡献。同时还提出"音乐美""绘画美"和"建筑美"的诗歌创作主张,曾产生一定的影响。

太 阳 吟

闻一多

太阳啊,刺得我心痛的太阳!
又逼走了游子底一出还乡梦,
又加他十二个时辰底九曲回肠!

太阳啊,火一样烧着的太阳!
烘干了小草尖头底露水,
可烘得干游子底冷泪盈眶?

太阳啊,六龙骖驾的太阳!
省得我受这一天天底缓刑,

就把五年当一天跑完那又何妨?

太阳啊——神速的金乌——太阳!
让我骑着你每日绕行地球一周,
也便能天天望见一次家乡!

太阳啊,楼角新升的太阳!
不是刚从我们东方来的吗?
我的家乡此刻可都依然无恙?

太阳啊,我家乡来的太阳!
北京城里底官柳裹上一身秋了罢?
唉! 我也憔悴的同深秋一样!

太阳啊,奔波不息的太阳!
你也好像无家可归似的呢。
啊! 你我的身世一样地不堪设想!

太阳啊,自强不息的太阳!
大宇宙许就是你的家乡罢。
可能指示我我底家乡底方向?

太阳啊,这不像我的山川,太阳!
这里的风云另带一般颜色,
这里鸟儿唱的调子格外凄凉。

太阳啊,生命之火底太阳!
但是谁不知你是球东半底情热,
同时又是球西半底智光?

> 太阳啊,也是我家乡底太阳!
> 此刻我回不了我往日的家乡,
> 便认你为家乡也还得失相偿。
>
> 太阳啊,慈光普照的太阳!
> 往后我看见你时,就当回家一次;
> 我的家乡不在地下乃在天上!
>
> 选自《红烛》,泰东书局1923年版

  《太阳吟》作于诗人1922年在美国留学期间,是诗集《红烛》中一首著名的爱国诗篇。诗人在同年给友人的信中说:"我想你读完这两首诗(按:指《太阳吟》《晴朝》),当不致误会我想的是狭义的'家'。不是!我所想的是中国的山川,中国的草木,中国的鸟兽,中国的屋宇——中国的人。"(《致吴景超》)

  诗人把"太阳"作为自己对话的伙伴和歌吟的对象,看来不是无因的。第一,诗人置身异域,备受民族歧视,环顾四周,能与自己平等以待、坦诚相对者能有多少?唯独太阳日复一日,"慈光普照"(顺便说一句,人们往往忽略了诗中出现的这四个字,以为不过是一般的形容而已,其实不然),不因肤色不同而有所偏废,这自然令诗人产生亲切之感。第二,古诗云:"悲歌可以当泣,远望可以当归。"(《悲歌》)登高望远,所见到的山川、田畴、炊烟之类,同属华夏景物,当然会激起家乡之思,田园之念,在精神上得到某种安慰。可是诗人这一次离家万里,远隔重洋,触目所见,正像诗人在诗中所写的:"这不像我的山川""这里的风云另带一般颜色"……究竟什么东西才能承担自己感情的重托、成为家乡祖国的象征呢?诗人不由得想起了太阳,是啊,中美两国分别处于地球东西两半球,而太阳给人的感觉不就是由东而西照射大地,换句话说,在美国所看到的太阳不就是刚从东方的祖国上空一路照射过来的吗?蓄之既久,其发必速,正是诗人胸中久久翻滚着爱国的波涛,一旦找到了喷射口("太阳"这个象征物),才立刻奔泻而出,转化成了这首激情澎湃、势不可遏的诗篇。

  找到"太阳"这个象征和寄托的物体只是第一步,重要的还在于善于寄托和象征,多方面地发掘和展现它的丰富内涵。诗人情之所钟,意之所托,使得太阳开始具有独立的个性和活泼的生命,而不是成为有些人笔下那种任意搓捏和驱遣的道具。在诗中,太阳时而再现了远古神话中的风采:驾上六龙,乘车西向,化为金乌,急速飞翔;时而具有游子般的身份和遭遇:奔波不息,无家可归;时而又成为"生命之火",象征着东半球的情热和西半球的智光……太阳原本只有一个,但在诗人激情的作用下,竟然具有如此缤纷的色彩和不断变换着的形象,真是令人叹为观止。从另一方面说,也只有如此多姿多彩的形象,才能淋漓尽致地抒发自己的家乡之思、邦国之念,从而激起广大读者的共鸣。人们论诗,爱说触景生情、情景交融,《太阳吟》自然也不例外,不过它所写的"景"并非简单的客观存在,而是更多地活跃在诗人的想象之中,潜藏于诗人平日对异国他乡的痛切感受、对神话传说的浸润研究和对东西文化的深沉思索之中,这样"交融"而成的诗篇,比起那些就实地所见的平平之景抒人之皆有的浅浅之情的作品来,当然要超出好多了。

把握和发掘了对象的丰富内涵,还要出之以相应的结构和安排,这也是诗歌创作中不能忽视的问题。如果说抒情诗的主要内容离不开感情,那么它在章法(布局谋篇)上要做的就是按照感情的变化和层次加以安排(即不是像叙事作品那样侧重于情节安排)。这对于《太阳吟》这样内涵丰富、感情激越、时间和空间的跨度较大的作品来说尤为重要。试想,如果平铺直叙,缺乏波澜起伏,怎能摇荡心灵、震慑魂魄?《太阳吟》对太阳一吟再吟,亦即意味着诗人对太阳的感情一变再变:始而是埋怨太阳(惊醒了游子的还乡梦);继而是请求太阳(免受缓刑、望见家乡);第五、第六节把太阳当成朋友,频频询问家乡情景;第七、第八节又转而把太阳当成患难与共的知己,同诉身世,共觅家乡;最后,诗人眼看还乡无望,归期难定,索性认太阳为家乡,诗人对太阳的感情真是富于变化,不可穷尽!还值得注意的是,诗人如此逐层变化而又逐层深入的感情,是通过相当整齐的形式表现出来的。《太阳吟》每节三行,一韵到底,各节第一行均以"太阳啊"呼语领起。诗人这样安排,既符合他建立格律诗的总的诗歌主张,也和《太阳吟》这首具体作品反复吟咏的特性相吻合,可说是文质俱佳,内容和形式相得益彰。

(孙光萱)

忆　菊

闻一多

(重阳前一日作)

插在长颈的虾青瓷的瓶里,
六方的水晶瓶里的菊花,
钻在紫藤仙姑篮里的菊花;
守着酒壶的菊花,
陪着螯盏的菊花;

忆 菊

未放,将放,半放,盛放的菊花。

镶着金边的绛色的鸡爪菊;
粉红色的碎瓣的绣球菊!
懒慵慵的江西腊哟;
倒挂着一饼蜂窠似的黄心,
仿佛是朵紫的向日葵呢。

长瓣抱心,密瓣平顶的菊花;
柔艳的尖瓣攒蕊的白菊,
如同美人底拳着的手爪,
拳心里攫着一撮儿金粟。

檐前,阶下,篱畔,圃心底菊花;
霭霭的淡烟笼着的菊花,
丝丝的疏雨洗着的菊花,——
金底黄,玉底白,春酿底绿,秋山底紫,……

剪秋箩似的小红菊花儿;
从鹅绒到古铜色的黄菊;
带紫茎的微绿色的"真菊"
是些小小的玉管儿缀成的,
为的是好让小花神儿
夜里偷去当了笙儿吹着。

大似牡丹的菊王到底奢豪些,
他的枣红色的瓣儿,铠甲似的,
张张都装上银白的里子了;
星星似的小菊花蕾儿

忆 菊

还拥着褐色的萼被睡着觉呢。

啊！自然美底总收成啊！
我们祖国之秋底杰作啊！
啊！东方底花，骚人逸士底花呀！
那东方底诗魂陶元亮
不是你的灵魂底化身罢？
那祖国底登高饮酒的重九
不又是你诞生底吉辰吗？

你不像这里的热欲的蔷薇，
那微贱的紫罗兰更比不上你。
你是有历史，有风俗的花。
啊！四千年的华胄底名花呀！
你有高超的历史，你有逸雅的风俗！

啊！诗人底花呀！我想起你，
我的心也开成顷刻之花，
灿烂的如同你的一样；
我想起你同我的家乡，
我们的庄严灿烂的祖国，
我的希望之花又开得同你一样。

习习的秋风啊！吹着，吹着！
我要赞美我祖国的花！
我要赞美我如花的祖国！
请将我的字吹成一簇鲜花，
金底黄，玉底白，春酿底绿，秋山底紫……
然后又统统吹散，吹得落英缤纷，

弥漫了高天，铺遍了大地！

秋风啊！习习的秋风啊！
我要赞美我祖国底花！
我要赞美我如花的祖国！

一九二二，十
选自《红烛》，泰东书局1923年版

《忆菊》一诗写于1922年10月，旧历重阳的前一天，时值佳节，倍加思亲。由祖国的亲人，联想到祖国的花和如花的祖国，充分表达了身在异邦的诗人的绵绵情思。中国传统诗歌中有一类咏物诗，移情于物，以物寓情，是这类诗的共同特点，咏物诗的关键是"物"，是诗人对意象的选择力。当意象一方面具有可歌咏的属性，另一方面与诗人的情感有某种内在的默契与共通性时，情感就有了依靠的载体。菊，就是这种载体。重阳节，是中华民族的传统节日，赏菊，又是中国人传统的习惯。因此，在重阳节回忆祖国菊花之美，是再恰当不过了。闻一多曾说过，意象的作用恰似谜语的谜面，谜面越繁复、奇丽，越能凸显出谜底的底蕴。因此，诗人为表达其思乡之情，欲擒故纵，尽力描绘出祖国各种菊花千姿万态之美。第一个画面，是插在各种器皿里的菊花，有的插在虾青瓷的瓶里，有的插在水晶瓶里，有的放在紫藤仙姑篮里（大概是送人的），有的守着酒壶，有的陪着杯盏。显然，写菊花又和诗人在国内经历的生活联系在一起，在节日里，人们不但拿菊花来装饰家庭，对之饮酒、品茶，还要馈赠酒友。人们喜欢它，正因为它开在萧瑟的秋风里，有点子骨气。第二幅画面又是写园中各种菊花的形态，带有某些拟人化的成份，使人读了，如同身临其境。从品种来看，有鸡爪菊、绣球菊、江西腊、密瓣菊、白菊，等等。诗人似是一位高明画家，不仅画出了各类菊花形状的不同，而且写出了菊花的律韵、性灵，如说柔艳的尖瓣攒蕊的白菊，则比拟成美人儿卷着的玉爪，拳心里攥着一把金色的谷粒。不仅仅如此，作者在菊花的背景上，又衬以霭霭的淡烟，丝丝的疏雨，简直是一卷菊花烟雨图。画到此处，意犹未尽，诗人又到菊园深处观赏，于是又看到了剪秋萝似的小红菊花，鹅绒色、古铜色、微绿色的各种菊花。而这微绿色的人称"真菊"，作者竟风趣地说，它是由小小的玉管儿缀成的，为的是让小花神儿，夜里偷去当玉笙吹。这就把菊花写活了。特别是大似牡丹的菊王，枣红色的瓣，像铠甲，又装上银白的里子，这样奢侈豪华，恰与那星星似的小菊花蕾形成鲜明对照，其意不外乎是体现菊花之繁富。如同欧美人喜爱玫瑰、蔷薇、紫罗兰一样，中国人喜爱菊，这种民族共通的心态，使物具有思想情感，于是，对"自然美的总收成"的赞颂和对"祖国之秋的杰作"的歌唱，便自然而然地同时也就是诗人的一曲"祖国颂"了。

接下来，诗人由直接对菊花之美的赞颂，进入对菊花文化这一层面的抒怀。古代的文人学士，骚人墨客，像陶渊明，他们赞美菊花之高洁，以菊花自况，正是东方文明的象征。诗人还运用艺术对比法，把充满热欲的蔷薇、低贱俗气的紫罗兰同贞洁、素雅的菊花作为东西文化的象征物加以对比，这种对比虽然不无偏颇，却能强烈地传达出诗人对祖国的切切之情。

最后，诗人以自己要赞美祖国的花、赞美如花的祖国作结，展示了其对祖国的眷念与渴慕之情，这恰是其爱国主义精神之升华。　　　　　　　　（吴开晋）

口　供　　　　　　　　闻一多

我不骗你，我不是什么诗人，
纵然我爱的是白石的坚贞，
青松和大海，鸦背驮着夕阳，
黄昏里织满了蝙蝠的翅膀。
你知道我爱英雄，还爱高山，
我爱一幅国旗在风中招展，
自从鹅黄到古铜色的菊花。
记着我的粮食是一壶苦茶！

可是还有一个我，你怕不怕？——
苍蝇似的思想，垃圾桶里爬。

选自《死水》，新月书店1928年版

《口供》是诗集《死水》中的第一首诗。《死水》初版本分四个部分；这首诗独立于四部分之外，显然，带有序诗的性质。

明明是一首诗，并且是具有序诗使命的一首诗，诗人在开篇却宣称"我不是什么诗人"！这并不是闻一多的过谦之辞。关于这一点，我们从诗人1943年写给臧克家的一封信中可以找到注释。他认为自己没有作诗的技巧，同时又指出："做诗的人老是这样窄狭，一口咬定世上除了诗什么也不存在。有什么比历史更伟大的诗篇吗？我不能想象一个人不能在历史（现代也在内，因为它是历史的延长)里看出诗来,而还能懂诗。"这种从思想和艺术上对自身的双重苛求使他从一开始就认定自己与诗人的桂冠无缘,尽管他以后多年一直为磨砺诗艺呕心沥血。闻一多毕竟是一位诗人,这是肯定的。

从第二句开始,诗人便以铺陈手法,推出一幅又一幅景象,以此展露诗集的主干意象;换言之,它是诗集《死水》的系列意象的一个缩影。

闻一多说过:"黄昏与秋是传统诗人的时间与季候"。这首诗同样显示出他的这一追求。"鸦背驮着夕阳,/黄昏里织满了蝙蝠的翅膀"——这是黄昏的写照;"鹅黄到古铜色的菊花"——这是秋的标志。诗人偏爱浓重的色彩,如"白石的坚贞""蝙蝠的翅膀""招展的国旗""古铜色的菊花",等等。众多的意象散发出文明古国的古色古香的气息,它们所织就的一幅幅画面是那样绚烂多采:白石,青松,大海,一簇簇菊花。不说乌鸦在夕阳里飞翔,而说"鸦背驮着夕阳",不说蝙蝠在黄昏里飞舞,而说"黄昏里织满了蝙蝠的翅膀"。一个"驮"字,一个"织"字,动词用得奇崛,却十分传神,使诗的画面极富动感。而"记着我的粮食是一壶苦茶"这一句,除了暗示诗的抒情主人公的身份是一个在书斋里的书生,并且是一个偏爱民族文化传统的诗人之外,还因为有了一个"苦"字,使得全诗平添了一番苦涩之感。诗中倾注了他对祖国、历史、文化和山川的热爱,质言之,突现了他的爱国主义理想(诗中"我爱一幅国旗在风中招展"即是明证),这种理想的炽热与现实的冷酷所形成的反差无疑使诗人的抒情含有些许苦涩。如同《口供》对浓重色彩的追求,对民族文化传统的偏爱,对爱国理想的向往,它们全都流泻于《死水》这部诗集的诗行内,可以说,它的苦涩也是《死水》这部诗集情感的底色。

诗人擅长运用突兀的手法。他在五彩斑斓的画面之后,又来了这么一笔:"可是还有一个我,你怕不怕?——/苍蝇似的思想,垃圾桶里爬。"

关于这两行诗,诗人作过一番夫子自道:"我并不是绅士派,也有顾不到体面的时候。"这是为了"表现怨毒,愤激时必需的字句"(《论〈悔与回〉》)。因此,诗人在这里使抽象的"思想"具象化,赋之以"苍蝇"这一形象,并且还在"垃圾桶里爬"。这是对自身的严酷反省(诗题为"口供",含义也就在此)。诗人对旧我的自渎式的否定,正是为了渴求灵魂来一次蜕变。否定之否定,这也正是诗集《死水》的思想价值之所在,是诗人进取精神的体现。 (戴 达)

也 许 闻一多
(葬 歌)

也许你真是哭得太累,

也许

也许,也许你要睡一睡,
那么叫夜鹰不要咳嗽,
蛙不要号,蝙蝠不要飞,

不许阳光拨你的眼帘,
不许清风刷上你的眉,
无论谁都不能惊醒你,
撑一伞松荫庇护你睡,

也许你听这蚯蚓翻泥,
听这小草的根须吸水,
也许你听这般的音乐
比那咒骂的人声更美;

那么你先把眼皮闭紧,
我就让你睡,我让你睡,
我把黄土轻轻盖着你,
我叫纸钱儿缓缓的飞。

选自《死水》,新月书店1928年版

1926年秋,闻一多只身离开家乡湖北浠水县,到上海吴淞国立政治大学任教。不久,其妻和女儿立瑛即患重病。闻一多得知后,又匆匆返回家乡。但已经晚了,立瑛因病情严重,无法挽救,不幸死亡。年轻的父亲心情异常悲痛,他安葬了爱女,就写下了这首诗。

爱女的早夭对诗人来说,无疑是一个沉重的打击。但是,诗人没有号啕恸哭,而是将深深的悲痛埋进诗里去了。小孩得病,昼啼夜哭,哭累了便昏然睡去,这是常有的现象。而这里的情况是,诗人明明知道爱女此次是永世长眠,却偏偏假想她是"哭得太累"的缘故,又要睡一睡了。由于找到了诗的构思的突破,后面的诗句全都由此引出,整首诗的框架也就建构在哭累要睡这一点上,以下的"叫夜鹰不要咳嗽"等句,均由此"睡"字而来。所以,这一"睡"字,可以说是全诗的血脉,自上而下,一贯到底,使全诗的题意显得十分清楚,这是诗人对爱女的安慰之词,同时也浸透着诗人的爱抚之情。

正因为这"睡"字中暗藏和饱含着诗人对死者的安慰和爱抚,诗人特意为女儿制造了一个非常安静的环境,在第一节中连用了三个"不要",第二节中连用了两个"不许",第三节中连用了两个"也许",第四节中连用了两个"让"字,这一切,都是为了使女儿能够安然长眠,也都与诗人的爱抚之情紧紧地联结在一起。

其实,安葬好爱女之后,诗人未必听到夜鹰咳嗽、青蛙号叫,这都是诗人的想象之词。但这一连串的想象却非常重要。因为该诗副题虽标为"葬歌",却没有直接写坟墓,而是通过小草、青松、阳光、清风等自然景物,以及夜鹰、青蛙、蝙蝠、蚯蚓等自然界小动物,从侧面写出了爱女的所葬之地,渲染和烘托出了墓地四周幽静的环境气氛。

这种环境气氛的渲染烘托还有一个很大的好处,就是反照和折射出了诗人当时的心情。因为那年头,正是军阀割据、内战频仍的时代,政治、社会极其昏暗腐败,诗人对此十分愤慨,感到女儿虽然去世太早,但既然离开这个浑浊的人世,日夜与夜鹰、蝙蝠等为伴倒也罢了,在松荫庇护下安睡,听"蚯蚓翻泥"、听小草的"根须吸水",也乐得清静,总比听那人世的咒骂声要美妙一些。这虽然只是诗人一时的自我宽慰,但也可以见出诗人对当时社会的厌恶,同时也反衬了爱女心灵的纯洁无瑕。

此诗反复吟唱,句子整齐中有错落,又不妨碍诗情的表达和语意的流畅,这是十分困难的,而诗人却处理得很好。其中除了第二节的语气显得比较坚决之外,其他三节几乎都用一种温柔的轻轻的语气写成的,就如平时催眠的儿歌一般,让爱女悄悄地睡去。

(孙琴安)

死　水　　　　闻一多

这是一沟绝望的死水,
清风吹不起半点漪沦。
不如多扔些破铜烂铁,
爽性泼你的剩菜残羹。

也许铜的要绿成翡翠,
铁罐上锈出几瓣桃花;
再让油腻织一层罗绮,

霉菌给他蒸出些云霞。

让死水酵成一沟绿酒,
漂满了珍珠似的白沫;
小珠笑一声变成大珠,
又被偷酒的花蚊咬破。

那么一沟绝望的死水,
也就夸得上几分鲜明。
如果青蛙耐不住寂寞,
又算死水叫出了歌声。

这是一沟绝望的死水,
这里断不是美的所在,
不如让给丑恶来开垦,
看他造出个什么世界。

选自《死水》,新月书店 1928 年版

《死水》是一首社会性很强的诗,再现了作者对那个社会实际情况所产生的真实的情感。然而,全诗只是一种隐喻。它以一沟死水比喻那个黏滞得流不动的、沤得发臭的、完全丧失了生命力的社会现实。

在诗中,那些"破铜烂铁",变成了翡翠和桃花;那些"剩菜残羹",却泛出了罗绮和云霞;这绝望的水,此刻却变成了一沟绿酒:绿酒在冒泡,那泡沫便是珍珠!诗人用很美丽的比喻来反衬这绝顶的肮脏,目的是造成让人恶心的反效果。这样,它便传达出我们所认为的诗人"尖锐的讽刺"的本意。

《死水》的笔墨寓辛辣于细腻之中,它讲究修辞,而且力求用词的丰富精美而不重复。例如以下短语所用的动词就绝不相同:"绿成翡翠","锈出几瓣桃花","织一层罗绮","蒸出些云霞","酵成一沟绿酒",等等。写完了这些,它总结说:这死水据此"也就夸得上几分鲜明"。但这里的"鲜明"还只是从色彩和光泽上加以点染。接着,他表现死水的"声音"。这声音也很别致,有"笑声"——"小珠笑一声变成大珠";还有"歌声"——"如果青蛙耐不住寂寞,/又算死水叫出了歌声"!这是多么可怕的死一般的沉寂。唯有那"耐不住"寂寞而叫喊出的几声蛙鸣,让人觉得这一沟死水居然还有声音!

在诗的末段,重现了它的"主旋律":"这是一沟绝望的死水"。这不仅是一种照应,而且是一种再强调。尽管在这之前,它极写这死水由翡翠、珍珠、桃花、云霞、罗绮所装扮的"美",但那只是美的骗局:"这里断不是美的所在"。这"绝望的死水"的"主旋律"的重现,表现了诗人对死水的判断和批判的肯定,应当说,这里所体现的《死水》作者的战斗精神是确定无疑的。

《死水》不仅成为新诗史上的杰作,而且成为格律体新诗的代表作。《死水》体式极严。从外形看,每句九字,每节四句,排列起来非常齐整。从内在的韵律看,每句内部均由四顿组成,由于内在节奏的高度和谐一致,再加上严格的双行押韵、每节一韵的音响效果,使全诗的节调十分动听,《死水》用字富于色彩感,尽管是写丑恶,却也艳丽鲜明,更反衬出诗中有意造出的病态美在否定现实中的力度和深度。关于《死水》的艺术追求及其成就,沈从文曾著文指出:它"在文字和组织上所达到的纯粹处,那摆脱《草莽集》(朱湘著)为词所支配的气息,而另外为中国建立一种新诗完整风格的成就处,实较之国内任何诗人皆多。"(《论闻一多的〈死水〉》,《新月》3卷2号)

论及《死水》的成就,也许它在艺术上的精心结构较之思想上的积极批判精神更为引人注目。诗人竭力不作外在的呼喊,而以严密的有节制的韵律,组织进他的缜密的思想之中。因而,他的《死水》的深沉的意念是通过精美的艺术得到表达的。全诗始于"这是一沟绝望的死水",也终于"这是一沟绝望的死水",回旋往复又曲折有致。短短20句中变化多端,有展开,有再现,有铺陈,有复沓。到"看他造出个什么世界"似结未结,余音袅袅,全部答案均留于读者自审,引而不发,陡然增加了引人思考的魅力。

(谢 冕)

心 跳[①] 闻一多

这灯光,这灯光漂白了的四壁;
这贤良的桌椅朋友似的亲密;
这古书的纸香一阵阵的袭来;
要好的茶杯贞女一般的洁白;
受哺的小儿接呷在母亲怀里,
鼾声报道我大儿康健的消息……

这神秘的静夜,这浑圆的和平,
我喉咙里颤动着感谢的歌声。
但是歌声马上又变成了诅咒,
静夜!我不能,不能受你的贿赂。
谁希罕你这墙内尺方的和平!
我的世界还有更辽阔的边境。
这四墙既隔不断战争的喧嚣,
你有什么方法禁止我的心跳?
最好是让这口里塞满了沙泥,
如其它只会唱着个人的休戚,
最好是让这头颅给田鼠掘洞,
让这一团血肉也去喂着尸虫,
如果只是为了一杯酒,一本诗,
静夜里钟摆摇来的一片闲适,
就听不见了你们四邻的呻吟,
看不见寡妇孤儿抖颤的身影,
战壕里的痉挛,疯人咬着病榻,
和各种惨剧在生活的磨子下。
幸福!我如今不能受你的私贿,
我的世界不在这尺方的墙内。
听!又是一阵炮声,死神在咆哮。
静夜!你如何能禁止我的心跳?

选自《死水》,新月书店1928年版

〔编者注〕 ① 此诗后改名为《静夜》。

  闻一多是在静静的黑夜里写下这首诗的。诗一开始是对所处环境的细腻描写,用词颇为新颖特别:灯光"漂白"了书房的四壁,"朋友似的亲密"的桌椅是"贤良"的,茶杯"贞女"一般洁白……多么宁静安谧的夜,多么舒心宽怀的夜!曾经在大洋彼岸华人洗衣铺前思念着"祖国之秋的杰作"菊花的诗,对文人墨客们倾慕的这种宁静温馨的生活会情不自禁地脱口吟出:"这神秘的静夜,这浑圆的和平,/我喉咙里颤动着感谢的歌声。"然而,诗人毕竟是怀有社会良心的知识精英。当他透视到社会的黑暗与龌龊的时候,这种对祖国的热爱之情便化为强烈的忧患意识。所以新月诗派"理性节制感情"的原则非但没有压抑住诗人内心的"一团火",相反,却使诗的感情更为凝重。于是,前八行诗不过是为下述诗情流泻的铺垫,更准确一点讲,是"反衬",目的是要突出诗人真正想要表达的诗思:"谁希罕你这境内尺方的和平!/我的世界还有更辽阔的边境。/这四墙既隔不断战争的喧嚣,/你有什么方法禁止我的心跳?"这才是诗人的真正的心境,它像暗夜里的心的火炬,使诗人在这静夜里看到的是不平静的夜,在这灯光漂白了的四壁内看到的是"四邻的呻吟",在这"受哺的小儿接呷在母亲怀里"的不远处,看到的是"寡妇孤儿抖颤的身影",在这"尺方的和平"之外看到的是"战壕里的痉挛"。个人的生活的安宁和环境的宁静并没有使诗人忘记国家的苦难和人民的痛苦,这是诗人后来成为民主战士的重要原因之一。"听! 又是一阵炮声,死神在咆哮。/静夜! 你如何能禁止我的心跳?"(末一句重复,意在强调"心跳")诗的结尾遒劲有力,仿佛可以摸到诗人激烈的心跳声。无怪乎此诗于1928年初版时题为"心跳",其实我们还可以说,他此时所写的所有爱国诗都是诗人怦然跳动的心声。

还须指出的是,这里的"反衬",不仅仅是铺垫,而且也在表达正意。因为只有写尽夜之美,才能体味到冲决夜之网的勇气;只有写尽夜之静,才能感受到心跳的烈! 只有写尽夜之氛围,才能理解诗人何以由感谢夜的和平转而拒绝墙内尺方和平的贿赂的动力。这首诗是诗人思想发展变化的一个显著标志。《红烛》时期的闻一多,也曾惊呼过:"上帝啊! 眼看着宇宙糟蹋到这样,/可也有些寒心吗?"(《初夏一夜底印象》)但这种感叹毕竟是孱弱的,"红烛"燃尽以后,时代使他望见了"死水"(诗人的第二部诗集名)。这首诗是明显地裸露诗人思想感情上的一次质的飞跃的"心电图"。透过沉郁的诗行,我们看到了一颗异常清醒的心。他在静夜里写道"最好是让这口里塞满了沙泥,/如其它只会唱着个人的休戚",这与其说是诗人对躲进象牙之塔的文人墨客的轻蔑和诅咒,毋宁说是作者对自身的批判反省和向世人宣告自我蜕变的真诚自白,带有犀利而深刻的自警意味。

诗人在斗室里吟诗,虽然他此时还囿于个人的小天地里,没有投身于暴风雨中,但是他的忧患意识正是这个时代的风暴在他心里的回音壁上激起的回声。诗人蘸着理性思维的火花,融进卓尔不群的高尚节操和品格,糅入炽热的爱憎分明的情愫,镕铸成这一首《心跳》,用诗的六弦琴拨响了一个应和时代风雨的强音。

(戴 达)

祈　祷

闻一多

请告诉我谁是中国人,
启示我,如何把记忆抱紧;
请告诉我这民族的伟大,
轻轻的告诉我,不要喧哗!

请告诉我谁是中国人,
谁的心里有尧舜的心,
谁的血是荆轲聂政的血,
谁是神农黄帝的遗孽。

告诉我那智慧来得离奇,
说是河马献来的馈礼,
还告诉我这歌声的节奏,
原是九苞凤凰的传授。

谁告诉我戈壁的沉默,
和五岳的庄严?又告诉我
泰山的石霤还滴着忍耐,
大江黄河又流着和谐?

再告诉我,那一滴清泪
是孔子吊唁死麟的伤悲?
那狂笑也得告诉我才好,——
庄周,淳于髡,东方朔的笑。

请告诉我谁是中国人,
启示我,如何把记忆抱紧;

> 请告诉我这民族的伟大,
> 轻轻的告诉我,不要喧哗!

选自《死水》,新月书店1928年版

诗人要祈祷什么:"请告诉我谁是中国人?"这似乎是"骑驴找驴",然而这实在是诗人留学归来后由兴奋而堕入困惑的心态呈示。他在国外,日夜想念祖国,对祖国寄予了无限的希望。可是回国一看,到处是不平和黑暗,引起了他内心的极大苦痛和震惊。闻一多对此深恶痛绝。当然,当时他的思想中也掺有国家主义的某些不良影响,以为中国古代的东西一切皆好,至高无上。但是,那种对祖国古老文化的深切怀念之情,对民族命运的忧虑之意,还是感人至深的。《祈祷》一诗就恰好地体现了他这种思想感情。

因此,诗人悲哀地祈求将来能解答他心中的疑惑;在孤苦无告之下,他只能从历史的记忆中去寻回真正中国人的形象、中国人的精神。正是基于这一点,他在诗中才引用了大量的历史人物掌故,从这些典故中可使人想到古老中华优秀的民族精神和文化传统。诗人从尧、舜、神农、黄帝看到了清政,从刺秦王的荆轲、刺侠累的聂政看到了侠勇,从著名学者庄周、淳于髡、东方朔看到了智慧和幽默,而从孔子闻麒麟死而悲恸的事迹中则看到了大呼"大道"将不兴的忧患与期待,从三山五岳长江黄河里看到了中华民族的庄严、忍耐的性格。当然,对历史人物的历史地位与作用的评价远非如此简单,何况今日社会的种种弊端事实上恰恰离不开历史文化的影响作用,诗人发思古之幽情,当然是为了今天。他期望中国人多一点"吊唁死麟"的忧患意识,多一点仗义的、高洁的狂放不羁、诙谐幽默的品格,期待社会的改革。如果说,第一节中出现的祈祷较多的是悲哀之言,那么,末了的祈祷则更有一层希冀了。

本诗在艺术上也是别具一格的。诗人多以反问的形式表达肯定的情感判断。如问谁心里有尧舜的心,谁的血是荆轲、聂政的血,谁是神农、黄帝的遗孽,正是以此鞭挞那些忘了自己是炎黄子孙的人。诗中还用委婉的口气指出,有人竟把那大禹治水的图和姜太公得到的治国的宝书,都附会成神话传说中的"河出图"和太公垂钓、鲤鱼肚内藏书之事,原不可信,中华民族的智慧并非天赐。诗中以反问的形式,把神话传说掺入诗句,增加了几分神秘、朦胧的色彩,引人进入诗境。在形式上,本篇运用的是四句一节的新格律体,并采用了随韵,即二句一韵的手法,在视觉上给人以整齐和谐之感,听觉上亦使人体味到那错落有致的音韵美。

(吴开晋)

洗 衣 歌

闻一多

洗衣是美国华侨最普遍的职业,因此留学生常常被人问道,"你爸爸是洗衣裳的吗?"许多人忍受不了这侮辱。然而洗衣的职业确乎含着一点神秘的意义。至少我曾经这样想过。作洗衣歌。

(一件,两件,三件,)
洗衣要洗干净!
(四件,五件,六件,)
熨衣要熨得平!

我洗得净悲哀的湿手帕,
我洗得白罪恶的黑汗衣,
贪心的油腻和欲火的灰……
你们家里一切的脏东西,
　交给我洗,交给我洗。

铜是那样臭,血是那样腥,
脏了的东西你不能不洗,
洗过了的东西还是得脏,
你忍耐的人们理它不理?
　替他们洗!替他们洗!

你说洗衣的买卖太下贱,
肯下贱的只有唐人不成?
你们的牧师他告诉我说:
耶稣的爸爸做木匠出身,
　你信不信,你信不信?

胰子白水耍不出花头来,
洗衣裳原比不上造兵舰。

我也说这有什么大出息——
流一身血汗洗别人的汗?
　　你们肯干,你们肯干?

年去年来一滴思乡的泪,
半夜三更一盏洗衣的灯……
下贱不下贱你们不要管,
看那里不干净那里不平,
　　问支那人,问支那人。

我洗得净悲哀的湿手帕,
我洗得白罪恶的黑汗衣,
贪心的油腻和欲火的灰,
你们家里一切的脏东西,
　　交给我——洗,交给我——洗。

(一件,二件,三件,)
洗衣要洗干净!
(四件,五件,六件,)
熨要熨得平!

选自《死水》,新月书店1928年版

　　诗人1922年赴美国留学,亲身体验到了在异邦所遭受到的种族歧视和民族压迫。他从美国写给家人的一封信中说:"一个有思想的中国青年留学美国之滋味,非笔墨所能形容。俟后年年底我归家度岁时当与家人围炉絮谈,痛哭流涕,以泄余之积愤。"(《家书——给父母亲》)诗人饱蘸对资本主义的憎恨和对骨肉同胞的挚爱之情,并糅入游子思乡之泪,在即将返回祖国的1925年春天,挥毫写下了这首诗。

　　当时在美国的华侨,很多人以洗衣为生,倍遭凌辱。诗作正是从这样一个角度,即通篇以一个华侨洗衣工人的口吻写来。诗的第一节,设置了一个华侨洗衣工人边洗衣服边自言自语(独白)的特定场景;第二、第三节刻画了衣服的主人的丑恶形象；第四、第五节以一连串的反诘进一步揭露了资产阶级的虚伪与罪恶，从道义上辨明了洗衣工人的地位；第六节以"年去年来一滴思乡的泪，/半夜三更一盏洗衣的灯……"这样对仗工稳的诗句，写尽了流落异邦的华侨工人形影相吊、寂寞悲苦的心情。"灯"以后的省略号蕴藏了洗衣工人的悲怆之情，紧接着诗人笔峰一转，"下贱不下贱你们不要管，/看那里不干净那里不平"：摒弃廉价的同情，骨子里是孤傲而倔强的性格；第七节对应第二节，第八节对应第一节，两两重复（唯一不同的是第七节末一行诗句加了两个破折号，强调了一个"洗"字），突出了民歌复沓的特色，增强了咏叹的情调。诗的末尾与诗的开头的重合，将诗的抒情主人公的抒情场景淡出淡入，互为呼应。

诗以白描作为基本手法，深入浅出却含蕴深沉。此外，诗作或是伴以强烈的对比：一边是"我洗得白罪恶的黑汗衣"的洗衣工人艰苦的劳动，一边是沾满"贪心的油腻和欲火的灰"，散发着"铜臭"和"血腥"的"湿手帕"和"黑汗衣"；或是携带犀利的讽刺：他们信奉的耶稣的爸爸也是"木匠出身"，"洗衣裳原比不上造兵舰。/我也说这有什么大出息"，更是正话反说。诗人给父母亲的一封家书中说："我乃有国之民，我有五千年历史与文化，我有何不若美人者？将谓吾人不能制杀人之枪炮遂不若彼之光明磊落乎？"（《家书——给父母亲》）此可为注释。在形式上，节与节换韵；首尾两节，每节四行，每行六字；其余各节，每节五行，各行字数为十、十、十、十、八。它体现了诗人的艺术追求："节的匀称""句的均齐"（《诗的格律》）。《洗衣歌》深受19世纪英国诗人托麦斯·胡德的《缝衣曲》的影响：内容上两首诗都描写洗衣或缝衣工人劳作的辛苦；形式上，《洗衣歌》中"交给我洗，交给我洗""替他们洗！替他们洗""你信不信？你信不信"等叠唱句式，是从《缝衣曲》中的"work—work—work！"（意即"缝啊，缝啊，缝啊！"）这一叠唱形式受到启发的，其目的也和《缝衣曲》一样，表现工作的辛苦和劳动的节奏。

这首诗先是寄给《大江季刊》创刊号（1925年7月出版），题为《洗衣曲》，前有小序曰："美国华侨十之八九以洗衣为生，外人至有疑支那乃举国洗衣匠者。国人旅外之受人轻视，言之心痛。爰假洗衣匠口吻作曲以鸣不平。"后又投寄给《现代评论》（1925年7月11日出版），诗人修改了五处。如原有这样的诗句"你说洗衣府买卖太下贱，/这样的买卖唐人抢不赢"，这一句改为："这样的买卖唯独有唐人。"收入1928年新月书店出版的诗集《死水》时，小序重写为："洗衣是美国华侨最普通的职业，因此留学生常常被人问道'你爸爸是洗衣裳的吗？'许多人忍受不了这侮辱。然而洗衣的职业确乎含着一点神秘的意义。至少我曾经这样的想过。作洗衣歌。"且有11行的诗作了修改。原第二节放在末尾一节之前重复一次。各段之间的次序也有调整。1943年,闻一多编《现代诗钞》,此诗入选前又作了修改,删去原来小序后面的42个字。从这多次的修改中可以看出诗人一丝不苟、精益求精的精神。

(戴 达)

【诗人小传】

梁宗岱

(1903—1983) 字菩根,广东新会人。在广州培正中学读书时即发表诗作。1921年参加文学研究会,1923年与刘思慕等组织广州分会。同年入岭南大学文科就读。后赴法国巴黎大学研究文学和哲学,再至德国、意大利进修。1931年回国,在北京大学任法文系主任兼教授,开始研究诗歌理论。1935年任南开大学英文系教授,并主编《大公报》文艺副刊。1938年后任复旦大学教授兼外文系主任。1945—1950年任广西西江学院教务长兼教授,中山大学、广州外语学院教授等职。其诗作大多抒发较为灰暗伤感的个人情感,意境朦胧惝恍,音调和谐自然。

散　后(选一首)　　　　梁宗岱

幽梦里,
我和伊并肩默默的伫立,
在月明如洗的园中。
听蔷薇滴着香露,
清月颤着银波。

一九二二年三月
选自《晚祷》,商务印书馆1924年版

这是一首优美的相思曲,没有用相思之类的字眼,却写尽了相思。诗人也没有回忆离前别后的生活情景(这是一般的相思曲所常见的),只是描绘了一幅梦境。这梦境似幻,似真,既幻又真。所谓日有所思,夜有所梦,梦中相会,而又相对无言,这正表明相思之深,相思之苦。这幽梦,这花园,这明月,这蔷薇,都洋溢着浓郁的诗意和诗情。这似乎是诗人偏爱的意境和形象。梁宗岱在他的另一首诗《晚祷》中,就有"牧羊儿正开始他野蔷薇底幽梦"这样的诗句,诗人追求美,追求一种幽梦般的朦胧的意境美,这种美,又常带有一点淡淡的哀愁,犹如湖面的轻纱和黄昏的雾霭。《散后》也是如此。

诗中写的梦境,既如月色般清幽,又带上蔷薇的芬芳,写"我"和"伊"在梦中相会,"并肩"显示他们的亲近,而"默默的伫立",既是梦境的特点,又有"此时无声胜有声"之妙用。蔷薇的香露,似乎是暗喻相思之泪;而清月颤着银波,也象征那颤动的心波吧。

这首诗不但追求一种意境美,也很讲究语言的美。诸如"清月""蔷薇""银波"等均给人以丰富的色彩感,其风格颇像唐代诗人李商隐。如用"诗中有画"来形容这首诗,也是合适的。

(徐缉熙)

晚　祷
——呈敏慧

梁宗岱

我独自地站在篱边。
主呵,在这暮霭底茫昧中。
温软的影儿恬静地来去,
牧羊儿正开始他野蔷薇底幽梦。
我独自地站在这里,
悔恨而沉思着我狂热的从前,
痴妄地采撷世界底花朵。
我只含泪地期待着——
祈望有幽微的片红
给春暮阑珊的东风
不轻意地吹到我底面前:
虔诚地,轻谧地,
在黄昏星忏悔底温光中
完成我感恩底晚祷。

一九二四年六月一日
选自《晚祷》,商务印书馆 1924 年版

这是组诗《晚祷》的第二首。

梁宗岱在广州培正中学读书时,曾热恋过一位少女。在她的影响下,加入了基督教。后来,由于父母的干涉,梁宗岱被迫结束了与这位姑娘的恋情。此诗即

以一种特殊的祈祷方式来表达诗人对那段美好经历的追怀。

梁宗岱是一位在理论上自成体系的象征主义诗人。他加入基督教的经验，从学于法国象征主义大师瓦雷里的经历，以及他对传统诗学和佛学的了解，使他对象征的理解更为深入与广泛。他结合了波德莱尔的"契合"诗，华严宗的"因缘和合"说，以及理学的"格物致知"和传统诗学的"兴"的观念，认为象征的最高境界是意象合一，物我同一。这首作于早期的诗作已体现了诗人这种观点的端倪。

这里的"篱"，是一种隔离的象征。虽然有篱的阻挡，诗人与她仍然在寻求心灵的呼应。在这种心凝形释的境界里，诗人与她猝然相遇；于是她"温软的影儿恬静地来去"。在基督教里，羊群指的是教徒，这里当然是指诗人自己。蔷薇是一种爱情之花。而"野"字，"幽"字，又暗示了这是一种自由式的恋爱。最后一个"梦"字，则意味着这段恋情终被无情的压迫所摧残。诗人用这一连串的意象群含蓄而简洁地表达了他们这段美好经历的遭际。接着，诗人用"痴妄地采撷世界底花朵"这一鲜明的、夸张的、极富暗示力的意象来表现当初诗人执著地追求她的那种痴妄心情与行为，想象奇丽而意蕴丰富。正因为他曾如此痴妄地爱着，所以才觉得深深地伤害了她。于是在他情丝难断地沉思着他从前狂热的恋情时，他不由地滋生出悔恨之意。悔恨不能弥补从前，不能抹掉她心灵的伤痕，于是只有含泪期待，向上苍祈祷。

诗人在表现自己忏悔的心情时，采用象征主义诗人那种独特的手法。梁宗岱的一段话很能为这种手法作一注解："当一件外物，譬如，一片自然风景映入我们眼帘的时候，我们猛然感到它和我们当时或喜，或忧，或哀伤，或恬适的心情相仿佛，相逼肖，相会合。我们不摹拟我们底心情而把那片自然风景作传达心情的符号，或者，较准确一点，把我们底心情印上那片风景去，这就是象征。瑞士底思想家亚美尔说：'一片自然风景是一个心灵底境界。'这话很可以概括这意思。"（《象征主义》）诗中，夕阳"幽微的片红"，春暮将残时和谐的东风，恰恰是传达诗人那种对逝去旧情的感伤和对心中的她的祝福的心境的一种逼肖的象征。而黄昏时的微红、朦胧的星星，似乎也代替了诗人跳动着的、虔诚的、温暖的心脏，坦白地悬挂在天空，让同在异地祈祷的她感受到诗人忏悔的心情。这不是简单的借景抒情，以景寓情；这是情与景的会合，交融，统一为一种诗的境界。

梁宗岱认为，象征不仅仅是一种表现方法，象征所达到的那种意象契合、物我两忘的境界也是一种哲学境界。这种境界与莱布尼兹阐述的"生存不过是一片大和谐"的境界是一致的。梁宗岱的大多数诗旨在歌咏爱情、大自然、造物主的美，体现这种共同的哲理。即使像这首含着深深的伤感情绪的诗也被这种"和谐"所融化。从这种观念出发,他认为从广义上说连声音也应当应用于作品的整体,成为整体境界的象征。看得出来,诗人力求将诗的韵律节奏处理得平和、凝重、谐和,以求得与整体意境的默契。另外,像属于视觉上的"星"与触觉上的"温"的转换,一方面既是一种象征诗人惯用的通感手法,另一方面这种通感同样在证明大自然的和谐的观念。

(张　新)

【诗人小传】

石评梅

(1902—1928)　女,原名石汝璧,山西平定人。1919年就读于北京女子高等师范学校体育科。1921年起发表诗歌、剧本。1923年任北京女子高等师范学校附中教员及女子部主任。后相继在春明女子学校、若瑟女子学校、女子师范大学等校任教。1924年转向散文创作。

雁儿呵,永不衔一片红叶再飞来！　　　石评梅

秋深了,
我倚着门儿盼望,
盼望天空,
有雁儿衔一片红叶飞来！

黄昏了,
我点起灯来等待,
等待檐前,
有雁儿衔一片红叶飞来！

夜静了,
我对着白菊默想,
默想月下,
有雁儿衔一片红叶飞来！

已经秋深，
盼黄昏又到夜静；
今年呵！
为什么雁影红叶都这般消沉！

今年雁儿未衔红叶来，
为了遍山红叶莫人采！
遍山红叶莫人采，
雁儿呵，永不衔一片红叶再飞来！

选自1925年10月20日《京报副刊·妇女周刊》

  这首诗所写的对于"一片红叶"的思念乃是女诗人亲身经历的一段往事。
  石评梅在"北京女高师"刚毕业的那年，在反军阀的学潮中结识一位青年叫高君宇。他是中国最早的一批共产党人之一，曾受孙中山派遣去苏联，也曾做过周恩来和邓颖超的热诚的"红娘"。石评梅对高的才志早有所闻，而高对石的才情也早有所知，两人初见即互有好感。一天夜晚，石评梅突然接到一封信，拆开时只见一张白纸，白纸中夹着一片红叶，红叶上写着两行字："满山秋色关不住，/一片红叶寄相思。"这是高君宇的求爱信物，她心情万分激动！可是，她却强行抑制激情，提笔蘸墨在红叶的反面偏偏写上了"枯萎的花篮不敢承受这鲜红的叶儿"一行文字，然后仍用原来的那张白纸包好，寄还给他。原来石评梅在读书期间曾受过W君的感情欺骗，少女的心已被碰碎，决心过着超然冷绝的生活，故这次才忍痛拒绝了高的求爱。可高君宇却一直爱着她。由于他为革命奔波，疲劳过度，爱情碰壁，痛苦万分，终于病倒了。石评梅闻讯赶来，尽管用心护理，亲口应允婚事，但已迟了，高逝于协和医院，年方二十九。此时，石评梅悔恨交加，悲痛欲绝，在替逝者整理箱内信件时，又忽然发现了那片红叶。"红叶去了又来了，但是他呢？是永远不能回来，只剩了这片遗恨千古的红叶了！但我将终生盼他回来！"她避开了许多求爱者的目光，独身守着她已逝的情人。——这就是本诗"雁儿呵，永不衔一片红叶再飞来"的内在意蕴和全部真情。诗中的红叶实际上已成了热烈的爱情的象征，已成了可望而不可及的永恒追求的化身，诗人在虚幻的期待中苦苦追求着与情人灵魂的结合，这是何等的凄楚！
  石评梅的这种镂骨铭心的哀情表现在诗中，既无痛心疾首的呼叫，也非凄风苦雨的倾诉，而是通过秋深倚门盼望、黄昏点灯等待、夜静对菊默想这三组生活画面的刻画来表现诗人深情的思念,形象具体而又含蓄深沉。诗中的"雁儿"是能给望眼欲穿的情人带信的,古代有"鸿雁传书"之说。可是没人采红叶了,鸿雁岂能替阴阳两界的情人传情?红叶是象征,白菊又何尝不是石评梅的心灵品格的化身?甚至时间(秋深、黄昏、夜静)、地点(门口、灯下、菊旁)及外形动作(倚门盼望、坐着等待)与内心活动(默想、猜疑)等描写,都带有着某种象征意味。全诗虽不着"愁苦"一字,然而通过具有象征意味的意境的描绘,可以说使读者领会到全诗字字含有怀念已逝情人的断肠之情。

诗人是用自己的血与泪写就此篇。她生前还写过不少这样的动人诗章,"直到滴不出血、流不出泪的时候",她才与高君宇相会于地下,并葬于一处,在北京陶然亭的青松红枫之中矗立起了两座白色的墓碑。

(宋恒亮)

【诗人小传】

李金髮

(1900—1976) 字遇安,又名淑良,广东梅县人。1919年赴法国学习雕塑艺术,并开始新诗创作。1925年回国,参加文学研究会,并创办《美育》杂志,任蔡元培秘书。后在上海美术专门学校、广州美术学校任教。1945年后被国民党政府派往驻伊朗、伊拉克使馆工作。曾长期周游各国,后定居美国纽约。早期诗作受法国象征主义影响,抒写直觉,重视艺术联想与艺术形式,诗意朦胧,语言晦涩,颇带感官刺激;后期诗歌趋于平实朴素。

弃　妇

李金髮

长发披遍我两眼之前,
遂隔断了一切羞恶之疾视,
与鲜血之急流,枯骨之沉睡。
黑夜与蚊虫联步徐来,
越此短墙之角,
狂呼在我清白之耳后,
如荒野狂风怒号:
战栗了无数游牧。

靠一根草儿,与上帝之灵往返在空谷里。
我的哀戚惟游蜂之脑能深印着;
或与山泉长泻在悬崖,
然后随红叶而俱去。

弃妇之隐忧堆积在动作上,
夕阳之火不能把时间之烦闷
化成灰烬,从烟突里飞去,
长染在游鸦之羽,
将同栖止于海啸之石上,
静听舟子之歌。

衰老的裙裾发出哀吟,
徜徉在丘墓之侧,
永无热泪,
点滴在草地
为世界之装饰。

选自《微雨》,北新书局1925年版

这是李金髪与中国读者见面的第一篇诗作,大约写于1922年。

李金髪在法国留学期间,专攻雕塑,却迷上了当时风靡一时的法国象征派诗人波德莱尔、魏尔伦与玛拉美。诗人心中沉睡的灵感被扣醒了。从20岁起模仿象征派写着他的诗作,一发而不可收,几年里连续写了《微雨》《食客与凶年》《为幸福而歌》三本诗集。《弃妇》就是《微雨》中的第一首诗。

李金髪特别注意诗歌意象的象征性,认为诗之需要象征"犹人身之需要血液"。他的这首《弃妇》,就是一篇典型的象征主义诗作。意象内涵的多义性和不确定性,表面讲一种意思,实际却隐藏更深层的含义,便是这首诗的重要特征。

从表层意义看,这首诗是写一被遗弃的妇女的悲哀。全诗分四节。前两节的主述者是弃妇自身,诗中的"我"就是弃妇本人。第一节诗写弃妇心境的痛苦:因为无心洗沐,长长的头发披散在眼前,这样也就隔断了周围人们投来的一切羞辱与厌恶的目光,同时也隔断了自己的欢乐与死的痛苦,"鲜血之急流,枯骨之沉睡"是由众人的疾视而转向内心的绝望。接下去夜色降临,成群的蚊虫也一起而来,越过倒塌的墙角,在自己"清白的耳后"嗡嗡狂叫着,如荒野上狂风怒吼一般,使无数的放牧者也为之战栗了。写的是自然景色,暗示的却是世俗议论给弃妇带来的压力与痛苦。"人言可畏"的概念在这里化成了象征性的形象。

诗的第二节是写弃妇不被理解的孤独感。大意是:"我"的痛苦是无人理解的。连怜悯人的上帝也无法了解"我"内心的痛苦:只能靠一根弱不禁风的小草儿,与上帝的神灵在空旷的山谷里往返"对话",实际说无法把痛苦向上帝诉说。"我"的悲哀只有小到可怜的"游蜂之脑"能留下印象,或者寂寞地与"山泉"一起"长泻在悬崖",随着凋零的红叶而被飘去了。

到了第三节转变了叙述的主体。弃妇的独白变成了诗人直接的叙述。这一抒情角度的转换有利于从外形来雕塑弃妇的外在形态与内心痛楚。诗人以造型的意象烘托弃妇的隐忧和烦闷。他告诉人们:弃妇的隐忧与烦闷是无法排遣的。由于这深隐的忧愁使得她的行动步履艰难而迟缓,无法驱遣的烦闷连时间的流逝也不能得到解除。"烦闷"讲的时间,指的是人情,人的"烦闷"即使夕阳之火也无法销熔,化成灰烬,"长染在游鸦之羽",与游鸦一起同栖于礁石上,"静听舟子之歌"。这是弃妇可怜的愿望,却是无法实现的愿望。诗的最后一节,写弃妇在极度的孤独与哀戚中,只身到墓地上徘徊,想向那永诀的人一诉自己痛苦的心境。悲苦是那么长久了,人苍老了,眼泪哭干了,诗的尾声是十分沉重而绝望的:"永无热泪,/点滴在草地/为世界之装饰。"短促的句式更强化了痛苦情感的表达。

从整首诗看来,诗人对弃妇内心的悲哀、孤独和绝望的痛苦,写得相当深刻入微,形象蕴藉,充满了流动性和雕塑感。诗人的同情与弃妇的命运融而为一,没有概念的铺叙或感情直白的弊病。

在李金髪的诗篇中,几乎没有以人道主义思想来抒写现实中劳动人民悲苦的诗篇。这首《弃妇》,同样包含着深层的象征意义。诗人是借"弃妇"这个总体意象隐喻着自身漂泊无定孤独寂寞的命运。这首诗也就成了李金髪自身命运感慨的象征。在中外传统诗歌中,用"弃妇"的形象来暗喻自身命运的不乏其例。李金髪不同之处在于,弃妇这一形象已经不是客观实体的描写,而是为了展示"心灵状态"选定的一种情感对应物。弃妇的形象在这首诗里已经成了一个情感的象征符号,它的背后有深幽的象征内涵。象征诗形象的朦胧性,内涵的多义性和不确定性,给诗的读者带来了理解的困难,也带来了更柔韧的审美的弹性。弃妇的总体形象和各节的意象展开,以陌生和新鲜启示着读者创造性的想象。李金髪的诗被周作人称赞为新诗的"别开生面之作",原因就在这些诗有一种"余香和回味"。

新颖繁复的意象之缺乏是新诗诞生之后最薄弱的环节。李金髪得益法国象征派的启示,非常重视诗歌意象的创造。这些意象有些来自西方文学的启迪,有一种陌生感,如"靠一根草儿,与上帝之灵往返在空谷里",有的就与传统的意象相联系,给读者亲切的联想,如长泻悬崖的"山泉",与水漂流的"红叶","游鸦之羽"上的夕阳之火……一连串动的与静的意象,在抒情链条中构成意象的组合,把诗人的情绪暗示渲染得非常充分。这首诗说明,李金髪以自己丰富想象创造的纷繁新颖的意象,丰富了 20 世纪 20 年代新诗的表现方法。李健吾先生说:李金髪对新诗最大的贡献是意象的创造,这个评价是恰如其分的。

读《弃妇》,有一种神秘的感伤氛围。神秘也是美的一种范畴。为了达到这种效果,李金髪特别注意意象与意象、词语与词语之间的跳跃性。一些意象或诗句表面看没有什么连贯性,甚至往往打破了语法逻辑的规范。"与鲜血之急流,枯骨之沉睡",字面意义与内涵有很大距离,让读者去猜想。"如荒野狂风怒号:/战栗了无数游牧",本是一个显喻,但后一句欧化的句式,增加了读者理解的障碍,这障碍本身就是一神秘,征服神秘本身也是一种审美的愉快。有些词语的搭配,按习惯看来很不合理,如隐忧"堆积在动作上",裙裾不仅"衰老",还能发出"哀吟",读者在这不合理的诗句中,如果进一步想象,就会更强烈地感到诗人表现的弃妇行动迟缓、精神恍惚、心境悲哀至极的状态。这些方法是怪异的,但在内在抒情上又是合理的,不相关的远取譬或通感的方法,起到了强化诗歌暗示功能的作用。

(孙玉石)

里 昂 车 中

李金髪

细弱的灯光凄清地照遍一切,
使其粉红的小臂,变成灰白。
软帽的影儿,遮住她们的脸孔,
如同月在云里消失!

朦胧的世界之影,
在不可勾留的片刻中,
远离了我们

毫不思索。

山谷的疲乏惟有月的余光,
和长条之摇曳,
使其深睡。
草地的浅绿,照耀在杜鹃的羽上;
车轮的闹声,撕碎一切沉寂;
远市的灯光闪耀在小窗之口,
惟无力显露倦睡人的小颊。
和深沉在心之底的烦闷。

呵,无情之夜气,
蜷伏了我的羽翼。
细浪之鸣声,
与行云之飘泊,
长使我的金发退色么?

在不认识的远处,
月儿似钩心斗角的遍照,
万人欢笑,
万人悲哭,
同躲在一具儿,——模糊的黑影
辨不出是鲜血,
是流萤!

选自《微雨》,北新书局1925年版

  李金发20世纪20年代初留学法国,曾受到法国象征派诗歌的很大影响。因此,他所作的诗歌也多运用象征性的形象和意境来表现自己复杂微妙的内心世界的感情,记录了对社会和自然现象敏锐的印象和感受。这首《里昂车中》在这方面表现得十分突出。

这首诗生动地记述了诗人坐在里昂火车中所看见的景象和产生的感想。在曲折的状写景物中，表达了对"万人欢笑，/万人悲哭"的社会现实微弱的不平和感慨。全诗共五节，写得集中凝炼，层次分明，表现出诗人捕捉生活形象的敏感和艺术概括的能力。第一节写诗人对车厢内的观察。微弱的灯光照在异国妇女身上、脸上，使其"粉红的小臂"也变成了"灰白"，白皙的脸庞被软帽遮住了，留下了一片阴影，"如同月在云里消失"一般。这些细腻的观察和新颖的比喻，给这首诗带来了一种艺术美。诗人用光的明暗变化，表现自己对生活瞬间的观察与感受，用粗略的描述和新奇的比喻，构成一幅诗意的画面，让你感到真切、新鲜。第二节、第三节写飞驰而过的窗外的景色，有飞过的朦胧黑影，山谷中疲乏的月光，杜鹃羽毛一样翠绿的草地，撕碎沉寂的车轮的鸣声，远方街市明灭闪烁的灯光，也有旅客脸上的倦意和心底的烦闷。这一切，都极精炼而鲜明地凝结在诗句中。第四节写自己伏窗而望时所产生的内心感慨，在夜气中只能停止了自己想象的羽翼，听着、看着鸣响的细流和飘泊的行云，自己也感到岁月从身边飞逝而过了。诗里写的是里昂车中的见闻，又何尝不是人生旅途的列车中的感受呢？列车飞驰而去，也可以说是人生时光飞驰而去的象征。诗人到此并未停笔。他又在象征的图画中添上发人深思的一笔：远处月亮勾心斗角地照着，那无法辨认的模糊的黑影，不知是鲜血还是流萤。这是瞬间的真实景象，又是诗人哲理思索的象征。它更进一步暗示了作者的感慨：在人生的旅途中和车中所望到的景象一样，是充满了你争我夺的搏斗的。

我们的这种理解，或许远远超出了诗人作品原有的含意，而不免有猜谜式的索解之嫌。但即使去掉这层含意，这首《里昂车中》仍不失为显示李金髪的创作才华和诗歌特征的佳作。他用描写光、声、色等语言手段概括自己对生活中普通事物一瞬间的观察和感受，造成一种既鲜明而又朦胧的抒情美的效果。

（孙玉石）

故　乡　　　　　　　李金髪

得家人影片，长林浅水，一如往昔。余生长其间随二十年，但"牛羊下来"之生涯，既非所好。

你淡白之面，
增长我青春之沉湎之梦。
我不再愿了，

为什么总伴着,
莓苔之绿色与落叶之声息来!

记取晨光未散时,
——日光含羞在山后,
我们拉手疾跳着,
践过浅草与溪流,
耳语我不可信之忠告。
和风的七月天
红叶含泪,
新秋徐步在浅渚之荇藻,
沿岸的矮林——蛮野之女客
长留我们之足音。

呵,漂泊之年岁,
带去我们之嬉笑,痛哭,
独余剩这伤痕。

1922

选自《微雨》,北新书局1925年版

  这首诗记叙诗人身居异国得到亲人寄来的照片所引起的一段情思。诗人为广东梅县人。在二十岁的时候,即1919年赴法国留学,故说"生长其间"二十年。"牛羊下来"是用《诗经》中《君子于役》中的典故:"君子于役,不知其期,曷至哉?鸡栖于埘,日之夕矣,羊牛下来,君子于役,如之何勿思。"这是写在家的妻子思念久役于外的丈夫。"牛羊下来"之生涯,即指忘记故乡,飘泊在外不归的生涯。诗人在这里是说,二十年家乡生活是漫长而难忘的,眼下这种远离故乡,只身飘泊的日子也不是自己心安理得的。诗人由一张"影片"勾起情思,写出了这首与晦涩的象征诗风格迥异的清新而亲切的思乡曲。

  诗人并没有泛泛的写故乡的景物,而是选择了一个新的角度切入主题:对两小无猜的童年女友的梦境和回忆。以人情写乡情,以往日的欢乐衬托现实的酸楚。

第一节写梦境。"你"自然是梦中的童年女友。在遥远的异国他乡,"你"那令"我"难忘的美丽"淡白"的面孔,常常走进"我"的"青春沉湎之梦",虽然"我"已不愿再咀嚼那早已逝去的时光了,可是情感这玩艺儿真是一个难捉摸的东西,"你"那纯洁美丽的"面孔",为什么总是伴随着故乡的"莓苔之绿色与落叶之声息"而进入"我"的梦中呢?一种不可排遣的深情,在一句"为什么总是"的问句中传达出来,给人一种欲舍难忘,萧瑟而缱绻的感觉。逝去的时光中,诗人有一种回味的甜蜜之感。"莓苔之绿色"与"落叶之声息",均为消逝、久远、冷落之意象,用在这里,同"淡白之面"组合在一起,诗人的"青春之梦"是带着怎样一种甜蜜的忧郁啊!

第二节诗从梦境拉到回忆。诗人的舒缓的调子写了两小无猜的少男少女在故乡山野中欢乐的情景。美丽的早晨,散余的霞光飞洒在淡蓝的天空,日光似也猜透我们的心思,"含羞"地躲在"山后",不愿过早地跑出来。我们手拉着手,跳过与漫步在溪流和浅草之上,"我"的耳边还留着"你"顽皮的悄悄话儿。和风吹拂着我们,几片含着露珠的红叶告诉我们,又一个美丽的岭南的秋天,已经踏着水边的荇藻轻轻走来了。我们是那样天真无邪地走着,忘记哪里才是道路,沿岸那些矮矮的灌木林像"蛮野的女客"一样纠缠着我们,并且使我们的足音永远留在那里了。

有了上面两节的如梦似真的欢乐铺垫之后,最后三行诗中诗人的感喟就显得真切,没有无病呻吟之感。漂泊异国他乡的岁月,永远带去了童年那种嬉笑、痛哭相伴的天真之情了,留给诗人的,只有深深刻在内心的"伤痕"。

诗人截取了童年或少年的生活中一个片段,以梦境和回忆织成的图画,唱出了自己心中甜蜜而又悲怆的歌。传统的移情于物、寓情于景、情景交融的方法,在诗人的笔下得到了新的处理:诗人以梦与回忆这个中介,拉近了时间与空间的距离,把远景推成近景,在景与人的动态中,把人的感情美推到了镜头的中心,而在这近景的人情美的背后,让一种思乡漂泊的痛苦之情得到充分的表现。

(孙玉石)

温　柔　　　　　　　　李金发

我以冒昧的指尖,
感到你肌肤的暖气,
小鹿在林里失路,
仅有死叶之声息。

温 柔

你低微的声息，
叫喊在我荒凉的心里，
我，一切之征服者，
折毁了盾与矛。

你"眼角留情"，
像屠夫的宰杀之预示；
唇儿么？何消说！
我宁相信你的臂儿。

我相信神话的荒谬，
不信妇女多情。
（我本不惯比较，）
但你确像小说里的牧人。

我奏尽音乐之声，
无以悦你耳；
染了一切颜色，
无以描你的美丽。

1922，柏林
选自《微雨》，北新书局1925年版

　　这首爱情诗并没有更深的象征意义。它的特色在于作者选取了男女青年亲切拥抱这一角度，来表现与歌颂爱情的力量和甜美。诗人用感觉世界与想象世界交织、真实的描述与新奇的比喻结合的抒情方法，使他营造的这一小小的艺术世界披上了一层亲切而又陌生的朦胧色彩。热烈与恬静两种感情色调糅和在诗中。诗里虽然打着象征派方法的某些烙印，却不时流溢出一种东方人的爱情的温柔的情调。

　　全诗共五节，每节四行，除个别诗行韵脚和谐外，多数不押韵，大体上取自由而又整饬的形式。

　　诗的前三节主要是在现实的感觉世界中进行的。诗中呈现着一对青年人热

恋的情景。含蓄中透露着大胆,温柔中隐含着热烈。诗题为"温柔",构成了这首诗的基本色调。诗人似乎不愿以任何感情色彩过分强烈的意象来打破这宁静的爱的气氛。他选择了一些带有温柔色彩的字眼,带着你一步步走进他甜美的感情领域。诗中呼吸都是轻微的。你想象的脚步也须放得极慢,极慢……

全诗采用第一人称的自述角度,诗人自己就是爱情的主述者。诗的一开头,就进入了爱的一种独特境界:"我以冒昧的指尖,/感到你肌肤的暖气,/小鹿在林里失路,/仅有死叶之声息。"你在这里找不到一点粗野猥琐感情的影子,感觉不到一点充满欲火的情感的痕迹。一种纯洁的心灵和肉体接触拥抱时的温柔宁静的气息溢满诗行之间。这爱的接触是那样单纯,那样宁静,真挚中略带一点羞怯之意,就像最可爱而胆怯的小鹿迷失了林中的道路,轻轻地踏在满地落叶上发出的声音一样。这声音是很轻很轻的,只有用心灵才可以听到。

接着,诗人写热恋的对象"低微的声息"带给自己的温暖与快乐。由于"我"轻轻的触摸,少女的心产生了热恋的回响。没有爱情的"荒凉的心",如透进阳光一样,得到了温暖与慰藉,也得到了无法抗拒的力量的冲击,以致使"我"完全被征服、被销溶了。一个"一切的征服者"被征服了。自身的一切武器——"矛与盾"一下子被"折毁"了。追求爱情者变成了爱的俘虏。诗人自己变成了"迷失的小鹿",在爱的世界中沉醉了。

诗人继续在感觉世界中徜徉。抒情的视线向纵深推移。"我"的关注由情人"低微的声息"转向深情的"眼波"。这段意思很明白:"你"的眼里流溢着对"我"爱的柔波,它含着热烈的渴求,含着熔化的光热,就像一个屠夫要宰杀对象时眼光中"预示"的信息。热恋的柔情进入炽热的高峰。爱的目光,在诗人的感觉中是一种销溶,一种吞没,一种"合二为一"的"预示"。这"预示"呼唤着更大的渴求。于是诗人说"唇儿(的吻)么",就不消说了,"我"渴望是"你"那美丽的"臂儿"热烈地拥抱。热烈的目光唤起更热烈的渴求。要不怎么说眼睛是爱情的窗口!到这里,温柔的爱情达到了高潮,诗也进入了抒情的转折点。

到了第四节,抒情的视角发生了转换。诗人结束感觉世界而进入想象世界。诗人坚信这爱的获得是真实而热烈的。这是自亚当夏娃以来的神话传说中的"大真实",诗人宁愿这爱是"神话的荒谬",也不愿相信是女子的故作"多情"。神话的"荒谬"包含了爱的自然、无私和纯洁,与世俗的情态是不能"比较"的。但诗人又相信,人的真诚而无私的爱是对神的爱的超越。它的真实而热烈、甜美与豪放,毕竟比神话更令人心醉。一种混合的烈酒的醇香沁入心中。我理解诗人说的"你确像小说里的牧人",就是这个意思。这里没有庸俗虚假的情态,有的是真诚与热烈的浪漫的情感。

第五节是诗的尾声,抽象的礼赞落入了恋爱诗的俗套,多少损害了这首诗的完整性。就感情说是顺理成章,就艺术讲是画蛇添足。删去末一节,这首诗会显得完整些,也更蕴蓄些。

象征诗"远取譬"的方法会造成陌生化的效果。此诗中也运用了这一手法。如"小鹿在林里失路,/仅有死叶之声息",可以看出与前面两行诗没有什么必然的联系,但仔细品味,又似乎可以找到很多联系:爱情气氛的宁静,自己的心在爱的沉醉中迷失,少女被爱抚时心灵的悸动……总之,这似无联系的譬喻,给读者想象留下了广阔的天地。有些譬喻以新奇、怪异而显示了象征诗的特征,如"我,一切之征服者,/折毁了盾与矛","你'眼角留情',/像屠夫的宰杀之预示",这里的"盾与矛""屠夫的宰杀"本身并无美感作用,但用它们来强化爱情的力量与恋人目光之热烈,起了重要的作用。感情传达的效果也就在这些新异的比喻中,给人以新颖的印象。诗美的韵味就在这新颖的探求中产生了。　　(孙玉石)

有　　感　　　　李金髪

　　如残叶溅
　　　血在我们
　　　　脚上,
　　生命便是
　　死神唇边
　　　的笑。

　　半死的月下,
　　　载饮载歌,
　　　　裂喉的音
　　随北风飘散。
　　　　吁!
　　抚慰你所爱的去。

　　开你户牖

有　感

　　李金髪

使其羞怯，
　　征尘蒙其
　　　可爱之眼了。
　　此是生命
　　之羞怯
　　　与愤怒么？

　　如残叶溅
　　　血在我们
　　　　脚上。
　　生命便是
　　死神唇边
　　　的笑。

　　　　　　选自《为幸福而歌》，商务印书馆1926年版

　　以颓废的观念审视人类的生命与死亡，是象征派诗歌一个重要的主题。法国象征派诗人为此唱了无数凄婉愤激的歌。于颓唐的气息背后透出一种对社会否定的冷漠情感，是这一类诗中常有的特色。歌咏死亡并非冷落人生。诗中自有一种愤世的热情在内。从这个意义上，我们来读《有感》一诗，就不难理解李金髪的心境了。

　　"有感"相当于传统的"无题"。李金髪"有感"的思想是一个古老而颓废的主题：人生短促，时光难再，只能在酒与爱的享乐里消除痛苦。就思想来说，此诗的确没有什么积极的意义；就艺术表现而言，这首诗则有其独创之处。

　　全诗注意追求用意象呈现或暗示情调，特别注意意象的色彩感与鲜明性。开头和结尾两节复沓出现，一开一阖，是主题的呈现部。意思很简单：人的生与死近在咫尺。可是作者不像古代诗人那样直接的抒唱："对酒当歌，人生几何？"诗人以一个新奇的富于色彩感的比喻暗示了这一思想情调："如残叶溅／血在我们／脚上，／生命便是／死神唇边／的笑。"秋天红叶如血，飘落地上。诗人想象它如生命的凋零，溅于脚上是殷红的鲜血，这个意象是明喻，映衬或强化后面一句。而后面一句直喻就鲜明地呈现了诗人对生命的思考，"生命便是／死神唇边／的笑"，生命与死神中间的距离是这么的近，生命是多么短暂

啊！这个比喻和前一个"残叶溅血"的意象，如电影的两个重叠性的镜头，推到人们眼前，诗人的情调就在这意象的叠加中呈现一种可触可视的强烈印象来。

中间两段，是诗人这种情调的展开部。心境凄凉，月色也为之变化。所以诗里用了"半死的月下"，这里已经渗入诗人强烈的感情色彩。既然生命如此短暂，怎么办呢？那就在酒与爱中尽情享乐吧：苍白的月下，一边饮酒，一边唱歌，破裂的声音，随着北风飘散了。下边写在爱中寻求慰藉："吁！／抚慰你所爱的去。"即投入爱的怀抱。打开窗户，让你的爱情的对象走进来，投入到你的怀抱中来。也许她是会为此而"羞怯"的，但奔波中的"征尘"已经蒙上"可爱"的眼睛了。

诗人以酒与爱来消磨人生时光，但他内心又充满了矛盾。不甘沉沦，也不甘自弃的心理，终于使他发出了这样痛苦的疑问："此是生命／之羞怯／与愤怒么？""羞怯"与"愤怒"，指爱情的沉醉与发泄之痛苦，诗人似乎在问自己，生命就应该在这种"羞怯"与"愤怒"中度过吗？

一个年轻人没有找到生命的意义，对生命的价值进行了充满矛盾与痛苦的思考。诗人没有为自己找到答案，也并未想找到答案，于是全诗结合又回到生命与死亡的主题上来：生命是死神唇边的笑。

这首诗表现了一个年轻的象征派诗人，注重用意象暗示情调的努力。人们读了之后，那种颓废的情感，也许很快会淡漠，而那"残叶溅血""死神唇边的笑""半死的月""征尘蒙其可爱之眼"这些意象，却仍然令我们感到新鲜，久久不忘，甚至你闭目凝思，诗人那痛苦愤激的形象，都会矗立在你的面前……诗人追求的艺术魅力不就是这种暗示的功能吗？

这首《有感》，采用近于"楼梯诗"的短句法，本身就与诗人愤怒痛苦的感情密不可分。有些短句又用新颖的断句法，如"溅血"是一词，故意割开排列，"血"字放在前边去了，"死神"也不接"便是"，而是另提一行，"唇边的笑"也硬加分开，把"的笑"另立一行，都是为了使那些另提一行的词，给读者一种强烈的印象，增强阅读者的接受效果。这样断句法是西方现代派诗常用的，在新诗中李金髮较早地进行尝试，也是对新诗传达情感手法的一种扩大。全诗首尾两节的重复，不仅加强了作品的音乐美，也使诗的主题得到更强的表现。

（孙玉石）

【诗人小传】

徐志摩

(1897—1931) 原名徐章垿,浙江海宁人。1915年毕业于杭州省立第一中学校,后学于沪江大学、北洋大学、北京大学。1918年赴美国,就读于克拉克大学社会学系,次年入哥伦比亚大学研究院学习政治。1920年入英国剑桥大学研究政治经济。旅英期间,开始写作新诗。1922年回国,任北京大学教授。1923年参加文学研究会,同时又与胡适等人成立新月社。1924年与胡适、陈源等创办《现代评论》周刊。1925年任北京《晨报副刊》主编。1926年与闻一多、朱湘等创办《晨报》副刊《诗镌》周刊。1927年在上海与胡适、邵洵美等人创办新月书店。1928年与胡适、梁实秋等人创办《新月》月刊。1929年任南京中央大学教授及中华书局编辑。1931年初,与陈梦家等人创办《诗刊》,任主编。同年11月19日,因飞机失事遇难。诗作章法整饬,讲究意境和形象,形式富有变化。除作诗外,还写有散文、小说。

雪花的快乐

徐志摩

假若我是一朵雪花,
翩翩的在半空里潇洒,
　我一定认清我的方向——
　　飞飏,飞飏,飞飏,——
这地面上有我的方向。

不去那冷寞的幽谷,
不去那凄清的山麓,
　也不上荒街去惆怅——
　　飞飏,飞飏,飞飏,——
你看,我有我的方向!

在半空里娟娟的飞舞,
认明了那清幽的住处,

　　　　等着她来花园里探望——
　　　　　飞飏，飞飏，飞飏，——
　　　　啊，她身上有朱砂梅的清香！

　　　　那时我凭藉我的身轻，
　　　　盈盈的，沾住了她的衣襟，
　　　　　贴近她柔波似的心胸——
　　　　　消溶，消溶，消溶——
　　　　溶入了她柔波似的心胸！

选自《志摩的诗》，新月书店1928年版

　　徐志摩如一阵轻风，一股轻烟。他的诗飘逸潇洒，轻灵是他的基本风格。这首憧憬爱情的抒情诗就是如此。

　　全诗的立足点是诗人以雪花自喻：以具体之物（雪花）去比喻抽象之物（诗人的爱情）。比喻是在不同事物间寻觅、表现相同点的修辞方式。相同点是局部的、少量的，不同点却总是全面的、大量的。因此可以说，比喻是错误构成的正确，或者说是精致新颖的"胡言"。这个"正确"，这个"精致新颖"，正是诗人对感情世界的新发现，对诗艺的新创造。以雪花自喻，表现了诗人之爱如雪花一般纯净和晶莹；以雪花自喻，又表现了诗人之爱如雪花一般飞旋、欢快、喜气洋洋。其实，也不妨把《雪花的快乐》当作政治抒情诗来读，它也是诗人当时的政治情绪的写照。徐志摩一共留下了四本诗集：《志摩的诗》《翡冷翠的一夜》《猛虎集》和身后由陈梦家编辑的《云游》。四本诗集是诗人复杂的感情记录：从"快乐""寻找"到"我不知道风／是在那一个方向吹"。《志摩的诗》的佳篇美制最多，总的情绪是向上的，《雪花的快乐》就是其中之一。"我有我的方向"，显出一股生气与自信。

　　徐志摩善采口语入诗，他的诗流畅铿锵，一气呵成。《雪花的快乐》不但富有这些风格特色，而且它的旋律给人强烈的美感。从全诗看：诗节与诗节十分均齐；从每个诗节看：都有五个诗行，排列方式也相同；从每个诗行看：基本都是三顿。在诗节、诗行的均齐排列中又有灵活的变化。每个诗节的三、四行都退后一格，从视觉上赋予诗节以错落有致的动感，再加上灵活自然的韵脚，从听觉上赋予诗篇以往复回环的美感。均齐中含变化，变化中含均齐，造成了同雪花飘飞回旋相和谐的旋律。是诗？是雪？谁也说不准，总之是纷纷扬扬，潇潇洒洒。

　　作为新月派主将，徐志摩十分看重形式技巧。他的诗情是在英国的剑桥萌动的,他的诗受到英国诗歌的影响,尤其受到19世纪英国浪漫派诗歌的影响。但是徐志摩并不拒绝借鉴民族诗歌的某些审美因素。在徐志摩之前,初期的中国新诗和自己民族的诗歌传统隔得很远,部分诗歌出现了"全盘欧化"的倾向,另一部分诗歌"作诗如作文",失去了诗美。闻一多、徐志摩的重建诗格才使新诗又恢复了活力。从形式的角度看,重建诗格就是要在新诗中重新复归民族诗歌的某些传统形式技巧,使新诗立足在中国的土地上去接受外国影响,去求异创新。《雪花的快乐》的形式要素就是如此。诗人提炼现代汉语口语为诗,讲求格律,讲求音韵,自然天成,读者易诵易记,不失为具有中国韵味的诗。 (吕 进)

沙 扬 娜 拉

徐志摩

——赠日本女郎

最是那一低头的温柔,
　　像一朵水莲花不胜凉风的娇羞,
道一声珍重,道一声珍重,
　　那一声珍重里有蜜甜的忧愁——
沙扬娜拉!

选自《志摩的诗》,新月书店1928年版

　　这是组诗《沙扬娜拉十八首》中的最后一首,写于1924年作者随印度诗人泰戈尔访日期间。这是一首赠别诗,也是徐志摩抒情诗中的"绝唱",向来为人们所传诵。诗人在短短的五行诗句中,表现了对日本女郎依依惜别的深情,并塑造了一位性情温柔、形象真切的日本女郎的艺术形象。

　　描写离情别绪的诗作古今中外不可计数。这首诗以其简练的笔法,给读者留下较大的想象空间。开头一句"最是那一低头的温柔",表现诗人对日本女郎柔情蜜意的由衷赞赏。这位日本女郎在与诗人分别之际,似有不少话想说而又羞于启齿,于是含情脉脉地低头鞠躬。那种欲言又止的举动、含羞带笑的情态,正表现了日本女性的贤淑、温存与庄重。这种形态既不同于"执手相看泪眼,竟无语凝噎"的情景,也不同于"挥手从兹去,更那堪凄然相向"的境况,它具有日本女郎的鲜明特点。同是写离别,此诗日本女郎与诗人告别,毕竟不同于中国女子与情人的告别,自是别有一番情趣。它对于表现日本女郎的情态美是恰到好处的。

　　接着,作者在第二句里用了一个比喻:"像一朵水莲花不胜凉风的娇羞。"以凉风吹拂下颤动的水莲花作比,显然为了突出其柔媚的风致,进而刻画女郎的娴静与纯美。但要看到,这句诗表面上写这位女郎的体态弱不禁风,其实是衬托女郎在离情别绪的笼罩下难以忍受的内心痛楚,气氛孤单凄凉。通过这一比喻,读者的想象力即可超出现实的空间,飞翔得更加高远了。

女郎处在将要分别、不忍分别、又只能分别的复杂情绪的交织之中。她又不能一味缄默。"道一声珍重,道一声珍重",女郎把万千情意化作一声声的"珍重"来表达自己对朋友的爱慕敬仰之意。这里语句重叠,看似平常而实际上包含许多内容,正如第四句所写的"那一声珍重里有蜜甜的忧愁"。可以想见,诗人和这位温柔多情的日本女郎在交往中已经结下了真挚的友情,可是,如今即将分别,何时才能重见呢?因此在分别之际顿生"忧愁"是可以理解的。诗人在品味这一声声"珍重"里所包含的"蜜甜的忧愁"后,以"沙扬娜拉"(日语,意谓再见)这一平常然而诚挚的告别词结束,不仅最后点题,而且通过这包含着复杂意念的语调,把女郎声声嘱咐,殷殷叮咛的眷念心情传达出来。这句"沙扬娜拉"是深情的呼唤,也是美好的祝愿。它集中道出了别时不易、见时亦难的苦衷,体现女郎渴望今后再能见面的真挚、深切的情怀。让我们领略到那极富人情意味的离情美。有人把"道一声珍重"视为被送者的祝愿,我以为这种理解也未尝不可。就离别而言,祝愿都是相互的。我之所以把"珍重"理解为是送别者女郎的祝愿,主要考虑到在"珍重"这一复句后面紧接着写道:"那一声珍重里有蜜甜的忧愁。"作者用"那"——表示远指之词,这里的"那"与第一句的"那"同属一个对象——女郎,是显而易见的。

这首诗十分微妙而逼真地勾勒出送别者女郎的形态和内心活动。短短五句,既有语言又有动作,更有缠绵的情意,真是声情并茂、形神兼备,充分显示了诗人绘态传神的艺术功力。

(林明华)

沪 杭 车 中　　　　徐志摩

匆匆匆!催催催!
一卷烟,一片山,几点云影,
一道水,一条桥,一支橹声,
一林松,一丛竹,红叶纷纷:

艳色的田野,艳色的秋景,

梦境似的分明,模糊,消隐,——
催催催!是车轮还是光阴?
催老了秋容,催老了人生!

选自《志摩的诗》,新月书店 1928 年版

徐志摩在他的最后一本诗集《猛虎集》里写道:"我的第一集诗——志摩的诗——是我十一年(1922 年)回国后两年内写的。"《沪杭车中》原名《沪杭道中》,就收在《志摩的诗》上,排在《月下雷峰》之前,写作日期,应是 1923 年秋。那时胡适正在杭州西湖烟霞洞疗养肺病,诗人偕其堂弟徐永和同去杭州探望了胡适,并一同畅游西湖。从诗人家乡硖石到杭州——在沪杭火车道上,诗成的经过就是这样。

沪杭铁路是浙江人商办的,诗人的父亲申如先生是当时集资建造者之一,因此徐家乘沪杭车很方便,诗人从 1910 年春入杭州府中学堂读书到 1915 年夏毕业离开杭州,五年间在火车上不知来往多少次,这一路风光,是他从小便熟悉与热爱的。从 1918 年出国到 1922 年回国,诗人前后过了五年海外生活,他是一位热爱祖国的人,回到久别的故乡,对这里的一草一木都怀有丰富亲切的感情。所以《沪杭车中》是一篇诗人家乡景物的恋歌。

诗的起句"匆匆匆!催催催!"犹如车轮转动声。结束了五年游子生涯,诗人又见到故乡的烟、山、云,见到水、桥、橹,见到松、竹、叶,虽然匆匆掠过,却是那般熟识。这寥寥几句,亲切之情油然而生,诗人的思绪被窗外的景物唤起了。往事如梦如幻,或隐或现。诗人有位最疼爱他的祖母,这位慈祥的老人曾陪同他去过杭州,游过西湖,却就在这年八月间去世了。所以在诗人的心灵深处,车轮变成了光阴,"催催催!……/催老了秋容,催老了人生!"时光的流逝,世事的变迁,引起了诗人无限感慨。

这首诗写得感情真挚,清灵婉约,想必读者在沪杭车上见到窗外的景物,也会情不自禁地低吟这些佳句吧。

(陈从周)

残　　诗　　　　　　　　　　　徐志摩

怨谁?怨谁?这不是青天里打雷?
关着;锁上;赶明儿瓷花砖上堆灰!
别瞧这白石台阶光滑,赶明儿,唉,
石缝里长草,石板上青青的全是莓!

那廊下的青玉缸里养着鱼真凤尾,
可还有谁给换水,谁给捞草,谁给喂!
要不了三五天准翻著白肚鼓著眼,
不浮著死,也就让冰分儿压一个扁!
顶可怜是那几个红嘴绿毛的鹦哥,
让娘娘教得顶乖,会跟著洞箫唱歌,
真娇养惯,喂食一迟,就叫人名儿骂,
现在,您叫去!就剩空院子给您答话!……

一九二五年一月作
选自《翡冷翠的一夜》,新月书店 1927 年版

辛亥革命以后,清废帝溥仪仍住在紫禁城内,到了 1924 年 11 月,冯玉祥发动北京政变,才把溥仪赶出宫去。社会上对此议论纷纷,有人拥护,有人反对,诗人有动于衷而形于言,这就是《残诗》。对这首诗的理解因人而异:一些人认为徐志摩是在为清室惋惜,有些人则以为不是怀恋,而是讥讽。从诗本身来看,后者似乎更有道理。

诗的起句连连发问,暗含着这样的意思:为什么清室被逐?皇帝的权威由来久矣,现在居然有人敢赶皇帝出宫,这难道不是"青天里打雷"?从另一方面说,民国成立已经快 13 年了,皇帝还在北京享有特权,人们对此不以为怪,现在冯玉祥驱逐清室,反倒有人叹惋,以为是"青天里打雷",足见中国社会封建势力之顽固。"怨谁?怨谁?"既写清室的惊愕,也含有诗人揶揄的口气,答案很清楚:咎由自取,怪不得别人。"关着;锁上"寥寥四字,把清室衰落不堪的情态写了出来,昔日威风凛凛的宫门现在只能关起来,再不能发号施令,颐指气使了。底下,诗人环顾宫内,尽情铺写,白石台阶,长遍青莓,金鱼翻起白肚,鹦哥那么乖,会跟着洞箫唱歌,娇美得喂迟一下就叫着人名儿骂,"现在,您叫去!就剩空院子给您答话!"这里明显表现出诗人的讥讽之意。"您"字貌似恭敬,实则奚落,读者不能不辨。

此诗据说没写完,故称《残诗》,但现在看来也还比较完整。从发问写起,集中笔墨描述清室被逐后宫殿的凄冷萧索的景象,并不去直接写清废帝出宫的仓皇之态。这样写,不也可以以少胜多,由此及彼,显得别具一格吗?

这首诗在艺术上的突出之处在于口语的成功运用。徐志摩有惊人的语言敏感,他从生活中汲取口语,加以纯净化,读起来富于节奏感,畅达透脱,珠圆玉润。

《残诗》写的是北京紫禁城里的事,用的是道地的京白,可谓互为表里,相得益彰。全诗像是一个人的独白。"怨谁!怨谁!这不是青天里打雷?/关着;锁上;赶明儿瓷花砖上堆灰!"干净利索,妙趣横生,而口语的运用像是说俏皮话,又加重了讥讽之意。卞之琳有一段话颇为精妙:"徐志摩的诗创作,一般说来,最大的艺术特色,是富有音乐性(节奏感以至旋律感),而又不同于音乐(歌)而基于活的语言,主要是口语(不一定靠土白)。它们既不是像旧诗一样为了唱的(那还需要经过音乐家谱曲处理),也不是像旧诗一样为了哼的(所谓'吟'的,那也不等于有音乐修养的'徒唱'),也不是为了像演戏一样在舞台上吼的,而是为了用自然的说话调子来念的(比日常说话稍突出节奏的鲜明性)。"(《徐志摩选集·序》)卞之琳的论述用来说明此诗,也是十分适合的。

(张同道)

变 与 不 变　　　徐志摩

树上的叶子说:"这来又变样儿了,
你看,有的是抽心烂,有的是卷边焦!"
"可不是,"答话的是我自己的心:
它也在冷酷的西风里褪色,凋零。

这时候连翩的明星爬上了树尖;
"看这儿,"它们仿佛说:"有没有改变?"
"看这儿,"无形中又发动了一个声音,
"还不是一样鲜明?"——插话的是我的魂灵!

作于一九二七年春前
选自《翡冷翠的一夜》,新月书店 1927 年版

　　这首诗,非常简明地运用了诗歌创作中惯用的两个艺术手法:一是触景生情;二是逆反对比。照理这也没有什么了不起的地方,但它能运用得如此精致、深挚,并由此而发掘到一种积极而高超的人生意态,却不能不让人赞叹。
　　这首诗的触景生情,摆脱了一般诗人先写客观景物再写主观感悟的习惯,而是直接让物象和心灵对话。对话的方式又是那样亲切,让情景交融达到了一种活泼怡然的境界。开头第一句便是树上的叶子说话,等叶子说完,诗人的心凑上一句赞语"可不是",立即把心和叶融成了一体;但树尖上的明星却有异议,它们委婉地提出了简短的反诘。对这个反诘,心灵竟然也有同感,再一次凑和上去。

于是,树上的叶子、树尖上的明星、诗人的心灵这三者,构成了一种气氛融洽的细语,全部诗意便在这种细语中流出。

在诗中,诗人的心灵充当了一个矛盾的角色。它既赞同树上的叶子,又赞同树尖的星星,但叶子和星星的感受恰好是对立的。树叶在凄伤地叹息着自身的变迁与凋零,诗人的心也立即感受到了自己在冷酷的西风摧残下的褪色与凋零——这是一种极常见的缘物伤情;连翩的星星骄傲地炫示着自己的永恒不变,诗人的灵魂又立即发现了自己永恒不变的亮点——这也是一种极常见的因景生情;诗人的高明处,在于把这两种极常见而又互相抵牾的东西捏在了一起,由两个平常构成了不平常。

是的,人的心灵不比万古星座,有极易凋零的一面。全部人生的恩怨、爱仇、得失、悲喜都产生于心灵的软弱性和易感性,没有这一面,人生的况味也就全然失去了。或者说,这是人之为人的本性。但是,人的心灵又毕竟不同于飘飘残叶,它执著,它寻求,它追索,它保藏着一份历劫不溃的珍宝。这份珍宝,还会超越具体生命而发射四际,甚至,当一个具体生命消逝之后,它还会在其他生命中产生一代又一代的承传。在这个意义上,它可以与天上的星星比肩。这又接通了人之为人的一种整体性本质。

徐志摩把人的心灵的这种两重性并列在一起,由矛盾而走向了深刻;他又把人的心灵不变的一面列于后面,作为重心,显示了他在变中追寻不变、在凋零中追寻永恒的积极意态。他给这首诗起了一个硬实得直诉哲理的标题《变与不变》,而又让婉叹与傲然互生互济,很好地用诗的方式完成了这个题目。

(余秋雨)

半夜深巷琵琶 徐志摩

又被它从睡梦中惊醒,深夜里的琵琶!
  是谁的悲思,
  是谁的手指,
像一阵凄风,像一阵惨雨,像一阵落花,
  在这夜深深时,
  在这睡昏昏时,
挑动着紧促的弦索,乱弹着宫商角徵,
  和着这深夜,荒街,

　　　　　　柳梢头有残月挂,
　　　　阿,半轮的残月,像是破碎的希望他,他
　　　　　　头戴一顶开花帽,
　　　　　　身上带着铁链条,
　　　　在光阴的道上疯了似的跳,疯了似的笑,
　　　　　　完了,他说,吹糊你的灯,
　　　　　　她在坟墓的那一边等,
　　　　等你去亲吻,等你去亲吻,等你去亲吻!

选自 1926 年 5 月 20 日《晨报诗镌》

　　这是一首美丽而又有点艰深的诗。这里有李贺和苏曼殊式的余韵,又有鲜明的现代风格。

　　诗的开头,十分警豁:一阵深夜的琵琶声把诗人从梦中惊醒。一首诗能这样起步是令人羡慕的,因为它不露痕迹地把一种"惊醒效应"传达给了读者,由此,全部诗句都与这琵琶声相混和,从而让人体味到一首玲珑哀怨的琵琶曲的韵律。既整齐回荡又错落有致,直到最后三遍重复"等你去亲吻",极有余味地了结全曲。论徐志摩诗作的音乐性,此诗可称佳例。

　　诗作在追摹琵琶声的同时,又在品味着琵琶声,并探寻着它的底蕴。诗的前半部分着重渲染了琵琶声在特殊时空中的特殊格调。在时间上,它响起于"夜深深""睡昏昏"的时分,而且开篇一个"又"字,道明了它曾一再在这种时候闯入;在空间上,它响起于"荒街""残月"之间,整个是死寂一般的氛围,才能使它把熟睡的人们惊醒。"像一阵凄风,像一阵惨雨,像一阵落花"。三度叠进式的比喻,与时空氛围相得益彰,不仅使琵琶声变得可以把握,而且把整个夜、整个天地,乃至诗人的整个心境都融成一体、染成一色。于是,"是谁的悲思,/是谁的手指"这样的疑问,也就从个体性的追询上升为整体性的感叹。

　　诗人在夜曲声中由"半轮的残月"想到了"他"。这个"他",是一个十分怪异的形象:"头戴一顶开花帽,/身上带着铁链条",很可让读者想象成正在为某种事业受苦受难的一位英雄,那么,弹奏者该是一位女郎,琵琶曲该是她对心上人思念的寄托。这个"他","在光阴的道上疯了似的跳,疯了似的笑",最后,"他"还郑重地说:"吹糊你的灯,/她在坟墓的那一边等。"可见,"他"并非是一个具体的个人,或者说,远不止是一个具体的个人。在这首诗中,"他"只是一种象征性意象,喻指着一种"破碎的希望",喻指着人生的企盼、期待、奋斗、追索。它是一种永恒的眷念,人生在世就凭着它而艰辛前行;但它又不断地被阻难、被打碎,因此常常变得衣衫褴褛、伤痕累累。既然"他"是一种悲苦而顽强的生命形象,那末,当"他"最终送别你之时,你才会得到真正的静谧,才会得到在人世间总被扭曲的爱,那就是"她"。在这里,诗人展示了一种深刻的两难选择:或者是"他",或者是"她",不能两全。只要在人生的光阴道上,你就得与"他"相伴随;要与"她"亲吻,只能在"坟墓的那一边"。这实际上已碰撞到了人生的悖论、生死的悖论。所以,诗作后半部分的哲理性是明显的。

然而,诗人一点也不想在诗句中卖弄哲理。他始终没有让琵琶声断绝,还故意设置"他"与"她"这一对造像来增添表层的怨诉思念色彩,但读者若要长时间地在表层中误解又不可能,因为这个表层是无法圆通的,这就留出了让读者深入的缝隙。这种层次感,又进一步交付给似梦非梦的境界,出色地保全了诗味,同时还增添了读者领悟的多义性。

(余秋雨)

再 别 康 桥　　　　徐志摩

轻轻的我走了,
　　正如我轻轻的来;
我轻轻的招手,
　　作别西天的云彩。

那河畔的金柳,
　　是夕阳中的新娘;
波光里的艳影,
　　在我的心头荡漾。

软泥上的青荇,
　　油油的在水底招摇;
在康河的柔波里,
　　我甘心做一条水草!

那榆荫下的一潭,

不是清泉，是天上虹
揉碎在浮藻间，
　　沉淀着彩虹似的梦。

寻梦？撑一支长篙，
　　向青草更青处漫溯，
满载一船星辉，
　　在星辉斑斓里放歌。

但我不能放歌，
　　悄悄是别离的笙箫；
夏虫也为我沉默，
　　沉默是今晚的康桥！

悄悄的我走了，
　　正如我悄悄的来；
我挥一挥衣袖，
　　不带走一片云彩。

选自《猛虎集》，新月书店 1931 年版

　　此诗作于徐志摩第三次欧游的归国途中。时间是 1928 年 11 月 6 日，地点是中国海。但他这次重游康桥的时间，却是在 7 月底的一个夏天。他是在英国哲学家伯特兰·罗素家里逗留了一夜之后，事先谁也没通知，就在一个晴朗的下午，一个人怀着怦怦直跳的激动心情，悄悄地到康桥来找他的英国朋友的。所谓"康桥"，现在通译"剑桥"，即著名的剑桥大学所在地，是一个风景秀丽的地方。因徐志摩年轻时曾在此读书、生活过，结识了许多英国朋友，故对此常怀有一股特殊的感情。遗憾的是，因他事先没有联系好，他所熟悉的英国朋友一个也不在，只有他所熟悉的康桥，在那里静静地等待着他。于是，他一个人就在他七八年前曾经生活过的每一块地方、每一个角落，静静地散起步来，那过去的一幕幕生活图景，又重新在他的眼前展现……由于他当时比较忙，又赶着到达廷顿庄去会见另一位英国朋友，故未把这次感情的活动记录下来。直到他乘船离开马赛

的归国途中,面对汹涌的大海和辽阔的天空,才展纸执笔,记下了这次重返康桥的切身感受。

弄清这首诗的写作背景,有助于我们对它的理解。第一节中所谓的轻轻的来和走,正说明了他只身悄悄来到和离开康桥时的情景。第二节实际上只是写岸边柳树倒映在剑河里的情景,但他却写得那样鲜明,那样甜蜜,那样美丽,而且浸透了诗人无限欢喜和眷恋的感情。第三节实际上只是写剑河里的水草,"招摇"二字,生动地写出了康桥对他的欢迎态度,而"甘心"二字,也正写出了他对康桥的永久的恋情。第三节中所谓的"榆荫下的一潭",即是指拜伦潭,那里榆荫蔽日,是一个非常清凉的地方,诗人过去读书时常在那里乘凉、遐想。那里明明是一潭清泉,但诗人偏说不是,而是天上被揉碎了的彩虹和漂浮在潭水上的水藻相杂在一起,沉淀在潭水的深处,就如同彩虹似的梦一般。因为第四节写到了梦,于是诗人在第五节中很自然地转到了寻梦。

这首诗笼罩着一种寂静的氛围。绘幽静之景色,状宁谧之心境。在诗的末尾,诗人想象自己撑一支长篙,向远方草色深处漫游,迎着和风,沐着星辉,真是连缺乏音乐灵感的人也会禁不住放声歌唱,可是诗中的思路随即逆转:"但我不能放歌",诗境依旧复归和沉浸于寂然。而"悄悄是别离的笙箫;/夏虫也为我沉默",更是特意将"笙箫"和"悄悄"、"夏虫"和"沉默"这无法调和的事物连接起来,意在表明诗人离情的不可遏制,而"沉默是今晚的康桥"一句,则将诗人静思默想的心境推向了极致。

此诗四行一节,每一节诗行的排列两两错落有致,每句的字数基本为六七字(间夹八字句),于参差变化中见整齐;每节押韵,逐节换韵,追求音节的波动和旋律感。此外,音节上也轻盈柔美,"轻轻""悄悄"等叠字的反复运用,不仅增强了诗歌轻盈的节奏,而且故意将那股热烈的情绪压在诗的内层,让自己去领会。首节和尾节句式相似,遥相呼应,给人一种梦幻般的感觉。　　　　(孙琴安　戴　达)

我不知道风—— 　　　　　　　徐志摩

我不知道风
是在那一个方向吹——
我是在梦中,
在梦的轻波里依洄。

我不知道风
是在那一个方向吹——
我是在梦中,
她的温存,我的迷醉。

我不知道风
是在那一个方向吹——
我是在梦中,
甜美是梦里的光辉。

我不知道风
是在那一个方向吹——
我是在梦中,
她的负心,我的伤悲。

我不知道风
是在那一个方向吹——
我是在梦中,
在梦的悲哀里心碎!

我不知道风
是在那一个方向吹——
我是在梦中,
黯淡是梦里的光辉。

选自《猛虎集》,新月书店1931年版

此诗作于1927年前后,这是一首流传久远但也是众说纷纭的诗。茅盾曾在肯定它的形式美的同时批评了它的内容的单薄:"我们能够指出这首诗形式上的美丽:章法很整饬,音调是铿锵的。但是这位诗人告诉了我们什么呢?这就只有很少很少一点儿。"(《徐志摩论》)如果单从直白地"告诉"了读者什么这个角度来考察,它的内容确乎是很少的,不过若从表现诗人隐秘的内心世界的角度来探究的话,应该说它是蕴藏和暗示得很多的。

这首诗包含着很大的感情容量。徐志摩是个偏于理想型的诗人,他20世纪20年代初带着满脑袋的平等博爱观念从英美留学归来,希望在中国实现西方资产阶级的民主自由制度。然而半封建半殖民地的中国现实同他的思想发生了越来越尖锐的矛盾,他的追求在现实社会生活中只能是处处碰壁。主观和客观的不可解决的矛盾,使他的热情日益冷却而走向感伤和消沉。这首隐藏在爱情幌子下的诗,就典型地概括了诗人的心灵历程,倾吐了他那理想破灭的悲哀和彷徨无主的情绪。

这首诗着意于抒写感情的波澜。诗人这种受影响于19世纪英国浪漫派诗歌的主情艺术,可能更迫近诗歌的本质,标志着中国新诗的某种进展。值得注意,诗人在这首诗里没有径情直露地抒发感情,而是将感情精心加以提炼,采用了富于诗意的委婉曲折的表达方式。它以"我是在梦中"作为中心意象,用这种非现实的意象来暗示自己同现实的游离,因此不论是前三节迷醉于甜美的梦境,还是后三节沉溺于黯淡的梦境,都同样回旋着"我不知道风/是在那一个方向吹"的主旋律。这种艺术方式,有利于诗人感情迷惘的深层表现。为了把自己的感情表现得强烈、深沉且富于美感,这首诗注意追求一种纯净而有变化的音乐效果。诗的章法很严谨,前三节和后三节在感情色调上构成强烈的反差而又彼此呼应。诗的旋律也是回荡起伏的,全诗六节,每节四行,各节前二行字句完全相同,后二行的第一句相同,第二句略有变化,这样全诗在反复回旋中又逐层深化,音律的齐整和谐也增强了此诗的乐感。全诗单行为五字句,双行为八字句,音节是单行三顿,双行四顿,韵式为双行押韵,一韵到底,但各节第二句以单音词收尾,第四句则以双音词收尾。这些统一而又多样的艺术因子的错综组合,使诗篇获得迷人的音乐效果。徐志摩曾说:"从一点意思的晃动到一篇诗的完成,这中间几乎没有一次不经过唐僧取经似的苦难。"(《猛虎集·序文》)仔细寻味这首诗的艺术构成,自可体会诗人创作的甘苦。

(吴欢章)

偶　　然　　　　　　　　徐志摩

我是天空里的一片云,
偶尔投影在你的波心——
你不必讶异,
更无须欢喜——

在转瞬间消灭了踪影。

你我相逢在黑夜的海上，
你有你的，我有我的，方向；
你记得也好，
最好你忘掉
在这交会时互放的光亮！

选自《晨报副刊·诗镌》1926年5月27日第9期

　　在诗歌史上经常会有这样的现象：那些鸿篇巨制常常被人们所遗忘，而那些小巧精致、剔透玲珑的小诗却能长久回荡在人们的心田。因此，许多看起来篇幅短小的诗歌实际上更富有生命力，同时也更能体现诗人独具匠心的艺术创造。从这种意义上说，徐志摩的《偶然》堪称代表。

　　徐志摩这首两段十行的玲珑小诗，是他和陆小曼合写剧本《卞昆冈》第五幕里老瞎子的唱词。关于这首诗的主旨，大多数人都认为是一首单纯的情诗，这当然没有什么错。不过需要注意的是，当年朱自清在谈到徐志摩诗的时候，认为徐志摩的诗大都包裹了爱情的外衣，其实质是传达诗人的人生信仰和政治理想。朱自清的这种观点提醒我们，在对待徐志摩所谓爱情诗的时候应该具有某种超越意识，不能仅仅从狭义爱情的角度来理解，那样的话未免太局限甚至太坐实了，而这恰是欣赏诗歌的大敌。徐志摩作为一个多情善感的诗人，对许许多多外在的事物包括女性都具有一种非凡的兴趣，这种爱多半带有泛爱色彩。就《偶然》而言，按照单纯的爱情诗来解读比较简单，它可以是诗人一次难以忘怀的邂逅，也可以是诗人一次刻心铭骨的爱情经历。这种爱情是那样的不期而遇，带有飘逸、浪漫的成分，惟其如此，它才具有撼人心魄的效果；但是它又是那样的短暂、不可捉摸，刚刚在诗人的心中激起爱的涟漪，转瞬间便消失得无影无踪。这种痛苦的心理只有深陷爱情之中的恋人才能体会。诗人形象地把这种情感比喻为"云"，让人既想到云的自由、洒脱，又感到它的飘忽不定，难以把握，更预示着其短暂的生命。"我是天空里的一片云，／偶尔投影在你的波心——／你不必讶异，／也无须欢喜——／在转瞬间消灭了踪影。"诗歌第一节很有层次地写出了诗人从惊喜到失望的微妙心理变化。读完后，人们不禁猜测：这是诗人的哪一次感情经历呢，难道是写当年诗人和才女林徽因在英国剑桥的美丽邂逅吗？在诗歌的第二节，诗人继续写出了自己在痛苦中寻求解脱的旷达，同时又带着淡淡的哀伤。但是,《偶然》除了表示的这一层含义外,它可能更多地是诗人人生信仰破灭的真实写照。大家都知道,作为一个信奉资产阶级民主政治理想的诗人,徐志摩渴望着在中国实现爱、美与自由的理想,为此诗人曾经在早年欢快地唱出过:"顺着我的指头看,/那天边一小星的蓝——/那是一座岛,岛上有青草,/鲜花,美丽的走兽与飞鸟;/快上这轻快的小艇,去到那理想的天庭——/恋爱、欢欣、自由——辞别了人间,永远!"(《这是一个怯懦的世界》)然而没过多久,诗人就陷入深深的失望,"转瞬间消失了踪影"何尝不是指这种失望的人生信仰呢。更进一步思考,小到爱情、友情,大到宇宙世界,这种生与死、苦与乐、永恒与瞬间的关系不都是如此吗?许多看起来光鲜照人、煊赫于一时的东西在宇宙的长河中又算得了什么呢?徐志摩就是这样一步步逼近、揭示了人类生存的困境。

就艺术的特色来看,《偶然》同样比较好地实现了"三美"(诗歌的音乐美、绘画美、建筑美)的主张,韵律和谐、意境优美,在典雅的诗行中把飘逸的情思表达得淋漓尽致。

(文学武)

【诗人小传】

王独清

(1898—1940) 原名王诚,字笃卿,陕西长安(今西安市长安区)人。早年曾赴日本,编辑《救国日报》。不久去法国勤工俭学,开始新诗创作。回国后参加创造社。曾任广东中山大学文科学长、上海艺术大学教务长。

我从 CAFÉ① 中出来……

王独清

我从 Café 中出来,
身上添了
中酒的
疲乏,
我不知道
向那一处走去,才是我底
暂时的住家……
啊,冷静的街衢,

我从 CAFÉ 中出来……　　　　　王独清

黄昏,细雨!

我从 Café 中出来,
在带着醉
无言地
独走,
我底心内
感着一种,要失了故国的
浪人底哀愁……
啊,冷静的街衢,
黄昏,细雨!

选自《圣母像前》,光华书局 1926 年版

〔编者注〕　① Café,法语:咖啡馆。

  这是一首形式主义的诗。为了表达海外游子的惆怅之情,诗人不但选择了冷静的街衢、黄昏的细雨以及咖啡馆里走出的醉客作为他所歌吟的对象,而且在字数的排列上,将长句拆成一组长短不齐的韵脚,如用每一行的字数来表示,每节的排列就是 7、4、3、2、4、10、5、6、4。以不齐的韵脚来表现诗人醉后在细雨中歪歪斜斜彳亍的神态,诗的每一行都很短促,其中 10 字句、6 字句的中间都有标点断开,使整个诗读起来时断时续,以表现诗人歌吟时的形态。全诗共分两节,除了首句和末二句两节完全相同外,其余每行的字数两节也完全一致,这样加强了全诗的旋律感,而且两节都是第二行与第五行押韵,第三行与第六行押韵,第四行与第七行押韵,使人读时会感觉有许多小的旋律贯通全诗。应该说,这是一首音乐性很强、适合于吟唱的作品,它不是追求字数的外在齐整,却综合地调动起字数、韵脚以及内在旋律上的特点,构成诗的形式。

  同时,这也是一首富有画面感的作品,它并不是在追求字面的艳丽,而是力求表现人的心境:醉酒人从咖啡馆里出来,映入眼帘的是三个被标点隔开的意象:清冷的街道、黄昏和细雨,它们反衬出刚失去的咖啡馆里的温热、刺激以及失去时间的迷醉,由此滋生出某种失落感。环境是静的:冷静的街衢、无言的人,然而画面是动的:人在走着、雨在下着,黄昏在一点一点地将天色变得黯淡,

它们触动了诗人的愁绪,于是吐露出一连串起伏不定,似断似续的字眼、诗和歌。这是作者刻意追求的所谓"纯形式",就思想性而言,它并不表达什么具体内容,只是抓住了一丝情绪、一缕感觉,用文字当作音符,表现出某种抽象的意蕴。因此,他说乡愁,只是哀哀地用"失了故国的浪人"来比拟;他望前途,是诉说一个醉酒人无家可归的心绪,处处用的是暗示,反映出留欧学生中一部分颓丧者的生存方式。在诗情的表达上,虽然两节中的词语出现重复,但内蕴却有分别,前一节写酒精中毒后的迷茫;后一节是醉意未消的独步,生理反应不同,情绪也不同,前者是朦胧状,后者是深思状,同一场景下的寥寥数句,相当有层次地勾勒出人的情绪变化以及悲哀的发生。

"五四"初期,新诗为反对旧体诗的格律束缚,故意夸大"明白如话""直抒胸臆"的审美功能,结果是走向反形式主义的极端,造成白话诗语言的粗制滥造和形式上的虚无主义。20世纪20年代中有一批诗人意识到这个问题的严重性,他们从各自的立场出发,有的提倡现代格律诗,有的强调诗的形式美,企图用以救正白话诗的病根。王独清从法国象征主义诗歌中汲取了音乐性和色彩感等创作特点,以求在新诗形式上的创新,这首诗正反映了诗人的这一努力和实践。

(陈思和)

但丁墓旁

王独清

现在我要走了(因为我是一个飘泊的人)!
唉,你收下罢,收下我留给你的这个真心!
我把我底心留给你底头发,
你底头发是我灵魂的住家;
我把我底心留给你底眼睛,
你底眼睛是我灵魂的坟茔……
我,我愿作此地底乞丐,忘去所有的忧愁,
在这出名的但丁墓旁,用一生和你相守!
可是现在除了请你把我底心收下,
便只剩得我向你要说的告别的话!
Addio, mia bella!①

现在我要走了(因为我是一个飘泊的人)!

唉，你记下罢，记下我和你所经过的光阴！
　　那光阴是一朵迷人的香花，
　　被我用来献给了你这美颊；
　　那光阴是一杯醉人的甘醇，
　　被我用来供给了你这爱唇……
我真愿作此地底乞丐，弃去一切的忧愁，
在我倾慕的但丁墓旁，到死都和你相守！
可是现在我惟望你把那光阴记下，
此外应该说的只是平常告别的话！
　　　　Addio, mia Cara!②

选自《圣母像前》，光华书局1926年版

〔注〕　①② 意大利语，意思是：再见，我的亲爱的。

　　王独清虽然写过一些自称是"象征主义"的诗，但从骨子里说，他依然是个浪漫派，弥散在他的诗作里的，不外是崇古、伤感、夸张，以及流浪文人的自我恋癖。

　　《但丁墓旁》或许是诗人在游历中所遇到的一支浪漫插曲，或许是自恋造成的艺术迷幻。总之，它只是一首纯情的恋曲，而且置于古代最伟大的精神恋爱诗人的墓前演出，增添了诗的浪漫情趣和真纯所带来的魅力。

　　诗是用散文式与纯诗式相结合来写的，依诗人自己解释：散文式无韵、不分行；纯诗式有韵、分行，但又分限制字数和不限制字数两种。这首诗共有两节，每节的字数都有所限制，两节的句式和字数大致相等，保留了旋律统一的特征。诗的每一节都分散文式与纯诗式两个部分，散文式用在开首两行句子和尾部五行句子，诗人用一种独白式的语体向女郎诉说衷情；纯诗式用在每节的中间四行，以严整的排列和韵脚构成诗体，而且每四句中，一、二行押韵，三、四行押韵；第一节的一、二行，三、四行与第二节的一、二行，三、四行分别押韵，第一节的五行与第二节的五行的"睛""醇"韵脚通用，使两节诗体部分在内容上、韵脚上都出现重叠的关系，加强了诗的抒情效果。

　　它几乎可以成为一首流行歌手吟唱的歌。独白的第一句是"现在我要走了"，定下了全诗的伤感情调，主题在于分离。包含了与以前无穷无尽的山盟海誓，情意绵绵的浪漫生活的告别。"因为我是一个飘泊的人"，这似乎是自我辩解，也似乎是浪漫诗人的宿命，现实总是严酷地把梦境打碎，在古典艺术的光荣国度里处处被笼罩在梦的氛围中,然而诗人醒了,他意识到自己作为一个"飘泊者"的身份与使命,告别这一切既是无可奈何的命运所决定,也是理智的一种告诫,因而诗人在独白中是清醒着的,他真诚地愿意留在此地与心上人生死相守,甚至不惜作一乞丐,但理智却只允许他留下自己的心和回忆。

纯诗体的四句插入独白之中,可以看作是离别之情的高潮点,也是两情依依相拥,最后一次达到的狂迷深醉境界。长句中的用字不断描写对象的身体部分:头发、眼睛、美额、爱唇……这种富有暗示性的语言背后存在着另外一种浑然归一的情感的存在方式,它包含着回忆,也暗示着现实。诗人利用整齐的长句来重复句式,不断加强了旋律的顿扬,也加大了整篇作品的情绪的力度。

诗人认为,"散文式有散文式能表的思想事物,纯诗式有纯诗式能表的思想事物;如一篇长诗,一种形式要是不足用时就可以两种并用"(《再谈诗》)。这首诗不是长诗,但形式上却取了两种形式之结合,并在内在统一上产生出富有表现力的效果,诗所要表现的情绪、意蕴甚至形式美也为之变得复杂和微妙。

(陈思和)

玫 瑰 花 王独清

在这水绿色的灯下,我痴看着她,
　我痴看着她淡黄的头发,
　　她深蓝的眼睛,她苍白的面颊,
　　　啊,这迷人的水绿色的灯下!

她两手掬了些谢了的玫瑰花瓣,
　俯下头儿去深深地亲了几遍,
　　随后又捧着送到我底面前,
　　　并且教我,也像她一样的捧着来放在口边……

啊,玫瑰花!我暗暗地表示谢忱:
　你把她底粉泽送近了我底颤唇,
　　你使我们俩底呼吸合葬在你芳魂之中,
　　　你使我们俩在你底香骸内接吻!

哦,玫瑰花! 我愿握着你底香骸永远不放,
好使我底呼吸永远和她底呼吸合葬,
——我愿永远傍着这水绿色的明灯,
我愿永远这样坐在她底身旁!

选自《创造月刊》1926 年第 1 卷第 4 期

  1920 年至 1925 年,王独清曾在法国留学。他曾自述:在巴黎留学时,"法国底诗歌最先便成了我接触的对象。用一种饕餮的形势我去消化着拉马丁、谬塞、包特莱尔、魏尔冷底艺术"。(《我曾经怎样创作诗歌》,《如此》,1936 年 4 月新钟书局初版)由此形成了象征主义诗学观念。

  在象征主义诗学影响下,王独清追求诗歌"色"与"音"感觉的交错。他认为拉马丁所表现的是"情",魏尔伦所表现的是"音",兰波所表现的是"色",拉法格所表现的是"力"。基于这样的认识,他认为最完美的诗可以用下列公式列出:

$$(情+力)+(音+色)=诗。$$

  这个公式中的"情",是指诗歌抒发的感情,"力"是指诗歌抒情的力度,"音"是指诗歌的音乐性,"色"是指诗歌词句的色彩。为了增强诗歌的力度,王独清主张在诗中通过运用叠字叠句、长短断续的写法,将感情抒发得强烈有力。为了增强诗歌的音乐性与色彩感,王独清主张押韵和运用代表各种不同色彩的词句。

  这首《玫瑰花》实践了他的象征主义诗学主张。

  全诗四节,每一节抒情有所侧重。第一节色彩感非常鲜明,"水绿色"的灯光,"她""淡黄的"头发、"深蓝"的眼睛、"苍白"的面颊,多种色彩的交错,形成了立体的色彩感,既渲染了环境,又勾画了人物头部、脸部的色彩和神态。第二节着重抒写人物的动作,"掏""俯""亲""捧""教"等动词准确、生动地表现了人物的动作和神情。在第三节中,诗人采用拟人、呼告修辞手法,从"我"对玫瑰花所表示的谢忱之中,表现了"我"对"她"的真挚、深沉的爱情。末节在第三节基础上,继续运用拟人、呼告修辞手法,并在四句诗中连用四个"永远",将"我"对"她"坚贞、执著的爱情抒写得淋漓尽致。

  这首诗每节都押韵,第一节"她""发""颊""下"押韵,句句押韵,第二节"遍""前""边"押韵,第三节"唇""吻"押韵,第四节"放""葬""旁"押韵。此外,第一节"水绿色的灯下"、第二节中"捧着"等反复出现,第三节中"你使我们俩……"与第四节中"我愿永远……"等排比句的运用,使全诗读来朗朗上口,

增强了诗的音乐性与节奏感。总之,这是一首富有抒情力度、具有色彩美感和音乐美感的爱情诗。

(潘颂德)

【诗人小传】

穆木天

(1900—1971) 原名穆敬熙,吉林伊通人。1918年赴日本东京第一高等学校预科学习。1920年开始诗歌创作。1921年加入创造社。1923年入东京帝国大学学习。1926年返国,先后在广州中山大学、孔德学校、中国学院、吉林大学任教。1931年抵上海,加入中国左翼作家联盟。同年9月与蒲风、杨骚、任钧等组织中国诗歌会。抗战爆发后去武汉主编诗刊《时调》和《五月》。1939年在中山大学、桂林师范学院执教。1952年后在北京师范大学任教。

落　花

穆木天

我愿透着寂静的朦胧　薄淡的轻纱
细听着淅淅的细雨寂寂在檐上激打
遥对着远远吹来的空虚中的嘘叹的声音
意识着一片一片的坠下的轻轻的白色的落花

落花掩住了藓苔　幽径　石块　沉沙
落花吹送来白色的幽梦到寂静的人家
落花倚着细雨的纤纤的柔腕虚虚的落下
落花印在我们唇上接吻的余香　啊　不要惊醒了她
啊　不要惊醒了她　不要惊醒了落花
任她孤独的飘荡　飘荡　飘荡　飘荡在
我们的心头　眼里　歌唱着　到处是人生的故家
啊　到底哪里是人生的故家　啊　寂寂的听着落花

妹妹　你愿意罢　我们永久的透着朦胧的浮纱

> 细细的深尝着白色的落花深深的坠下
> 你弱弱的倾依着我的胳膊 细细的听歌唱着她
> "不要忘了山巅 水涯 到处是你们的故乡 到处你
> 　们是落花"
>
> 　　　　　　　　　　　　二五,六,九
> 　　　　　　　　　选自《旅心》,创造社出版部1927年版

　　穆木天在日本留学期间受到法国象征派诗歌的影响,初期的诗作中追求一种朦胧的情调和语言的音乐美。诗人25岁时写的这首《落花》就是这种诗风的一个代表。

　　这首诗不同于一般的浪漫主义抒情之作,具有象征派诗幽远朦胧的特征。诗人找到了落花这一情感的象征物,把两种感情的溪流巧妙地交汇在一起,使得落花的吟咏成为一个短小的复调主题的二重奏。诗的第一主题是爱情甜蜜的追求,诗的第二主题是人生漂泊的感叹。诗人把这两个主题、两种情调交错地深寓在富于飘零与甜美色彩的"落花"这个意象之中。

　　《落花》是初恋时诗人心态的素描。与恋人刚刚欢聚离开,心被一种甜美和宁静笼罩着。这时,诗人是多么深情地在回味着自己爱情的甜蜜和纯洁啊!"落花"进入诗人的意识而成为这一情思的象征物,是非常自然的选择。诗思就从这里开始了。

　　诗人倾听的心是那样细腻:他愿透过"寂静的朦胧"与"薄淡的轻纱",即在黄昏与薄雾中"细听"檐雨的淅沥和由远方飘来的一声"嘘叹",意识到那是一片片坠下的"轻轻的白色的落花"。这是落花的"嘘叹",也是一种美的飘落的声音。在这轻轻的白色落花的"嘘叹"声中,诗人在朦胧的境界中品味着恋人情感的"细语"与纯洁的深情。"细雨""落花"都被赋予了象征意义而具有某种感情。

　　诗的第二节说,这落花如两人的情感无处不在一样,洒满了整个世界,也把"白色的幽梦"吹到自己的心头。这落花是那样柔婉多情,又是那么令人浮想联翩,令人陶醉。诗人用细腻的笔调,由远到近地展开了这第一主题的抒写。朦胧的色调中表达了似爱非爱、似花非花的境界。

　　落花已经成了两人爱情联结的象征。她在两个人的感情上都唤起了一种美的联想、飘零的联想。转入第三节后,诗由一个人的独咏,变为一对恋人同声的倾诉。"落花"的意象也逐渐被赋予另一番孤独漂泊的感情色彩,于是乐曲的第二主题由隐而显地呈现出来。落花的孤独漂泊、无家可归的感情,同时也是诗人

和恋人共同情感的一种外化,是处在异国他乡一个青年学子心态的象征。诗人内心激荡着漂泊的痛苦,这痛苦也浸染了爱的灵魂,由此才对着落花发出了"啊 到底哪里是人生的故家"这样的呼声。

在这无可依存的漂泊的心灵中,只有爱才能使人得到慰藉、忘记痛苦。于是在"寂寂的听着落花"中,两颗爱的心灵又融而为一了。他们唱出了共同的心声,在永远的相爱中才有甜蜜的幸福与生命的归宿。在朦胧的薄雾和坠下的落花中,她依偎在"我"的臂中,倾听着"我"发自心灵的歌。人生的漂泊感在甜美的爱情中得到了解脱,或者说得到了暂时的安慰。全诗到此结束,双主题的奏鸣曲又升华为一个旋律。落花的意象给人一种多层情感。全诗也由此而流露一种透明的朦胧与健康的感伤相融合的神秘气息,使读者的感觉也笼罩一层"薄淡的轻纱"。

穆木天受法国象征派诗歌的理论影响,提倡创造"纯粹的诗歌"。而其中最重要的是强调音乐美与绘画美的统一,主张把"音"和"色"放到诗的文字中来。在音乐美方面追求一种诗的语言律动与被传运情感律动的完全和谐一致,如写风声、雨声的感觉必须使用与之相应感觉的语言来传运。在绘画美方面,追求诗歌语言的色彩感。《落花》一诗自觉地实践着这些美学追求。诗中服从爱情的主题,始终贯穿一种白的色调、轻的声息。如薄淡的轻纱般的白雾,寂静的朦胧的黄昏,淅淅沥沥的细雨寂寂从檐上滴落,轻轻的白色的落花,以至连"幽梦"也是"白色"的了。这一色调与整个诗的情感保持了和谐一致。全诗注意音乐美感的效果。首先,注意每节的押韵都与"落花"相协调,听起来有一种和谐的美感。其次,注意双声和叠韵字的运用,如"寂静""淅淅的细雨""轻轻的白色的落花""纤纤的柔腕""深深的坠下"等,有的是复词的形容词,有的是双声词,有的是叠韵词,穿插在诗中,增强了诗歌的音乐感,而这些词又尽量与自然景物中的落花、檐雨的律动相一致,造成了自然中的声音与诗中情感律动的声音一致的境界:缠绵、感伤而柔美。复次,有些诗句的重复出现也加强了听觉上美的效果。穆木天的爱情诗"托情于幽微远渺之中,音节也颇求整齐"(朱自清语),在"五四"后期的爱情诗中,确是别具一格的。

(孙玉石)

流亡者的悲哀   穆木天

在海的那边,山的那边,
母亲在望儿子,弟弟在望哥哥;
可是,没有人晓得,在这个大都市中,

我一个人在拖着我的流亡者的悲哀。

"可怜的落侣雁"般地悲凄,
故园的烽火,更显得我的空虚,
看见青年朋友,感到自己老了,
遇到跃动的生命,觉得自己是刑余。

在阴凄的巷中,度着虚伪的生活,
人生的途径,在心中被虐杀着;
憎恨,如烈火潜在黑煤块里,
流亡者的悲哀,也只有流亡者拖起。

到海的那边,到山的那边,
流亡者的悲哀和憧憬交集着;
我也不想母亲,我也记不起弟弟,
故园的屠杀和烽火,在心中交映着。

一九三六年七月二十一日晚

选自《流亡者之歌》,上海乐华图书公司1937年版

"九一八"之后,许多东北三省的同胞流落关内,一大批爱国青年如诗人一样成为民族苦难群中的流亡者。诗人1929年夏回吉林故乡任教,1931年1月漂流到上海,加入"左联",以后又参加中国诗歌会的工作,写了许多斗志昂奋的诗篇。但诗人的心灵又多一层敏感。他虽一面在战斗,一面又深感到流亡者的悲哀。一种内心的焦灼与痛苦迫使诗人唱出了这首真实之歌。

诗的第一、第二节,写自己作为一个流亡者的悲哀与孤独。在山的那边、海的那边,敌人铁蹄下的母亲在望着远方的儿子,弟弟在望着千里之外的哥哥。但是谁又能理解"我"这个人内心的痛苦呢? 在这个大都会中,只有我自己深知,我怎样沉重地"拖着我的流亡者的悲哀"。像一只失群的孤雁,望着故园的烽火,"悲凄"的心中又增加了一种"空虚"感。"看见青年朋友,感到自己老了,/遇到跃动的生命,觉得自己是刑余。"消沉的声音中,透出一个敏感的灵魂自责的痛苦。诗人这种自责,正是心灵警醒和不断反思的可贵的精神表现。

第三节诗进一步展示内心悲哀的激烈性。自己不安于"虚伪的生活",痛苦于战斗的"人生的途径"之被"虐杀"。由此,心灵的痛苦引向对民族敌人的"憎恨"。诗人自觉地意识到,无论如何的境遇,必须肩起民族受难的十字架。"流亡者的悲哀,也只有流亡者拖起。"

最后一节,一种胜利的憧憬和献身的精气,征服了悲哀的心流。心中唱的已是"到海的那边,到山的那边"的奋起催征之歌了。心中升起了希望的光亮。"悲哀"与"憧憬"织成了心中复仇的亮色。

此诗保留了挖掘内心情感矛盾的特色,但这感情世界却与民族苦难与故园的烽火连在一起,为这首爱国诗篇带来了个性的色彩与抒情的深度。那种"纯诗"的音乐美的影子不见了。呈现于诗中的是一颗为民族苦难燃烧着的心。诗人写了这心灵战胜自我"悲哀"的历程,比起那些呼喊的口号诗来,就显示了不同的艺术光彩。朱自清先生说:"抗战以来的诗,似乎侧重'群众的心'而忽略了'个人的心'。"(《诗的趋势》)《流亡者的悲哀》,则在民众的心声中跃动着一个爱国青年的"个人的心",这声音越是属于"个人"的,也就越能贴近和打动千万流亡者的"群众的心"。诗中的"悲哀"也就具有更加广袤的内涵了。

写实的抒情代替了"落花"式朦胧的象征。诗人的审美情趣已经发生了有利于贴近现实和人民的转变。思想增强与艺术美失落的不平衡现象也在这首诗中有所表现。比起诗人同期其他作品来,《流亡者的悲哀》尚留有自身艺术发展的承袭性。有些有利于更深层地表现内心世界的手法,诗中仍有所见。"流亡者的悲哀"用"我一个人拖着"来搭配,说"流亡者的悲哀,也只有流亡者拖起",这"拖着""拖起"悲哀,就不是一般的写实的手法的表述,诗人使用之后,加重了情感表达的分量。整首诗没有更多的明喻,即使一些较为明白的情境,也用了稍微模糊化了的写法,如诗的开头与结尾都用了"海的那边,山的那边",只是一处用"在"字,一处用"到"字,没说自己怎样投身赴敌的决心,心灵的变化历程却得到了暗示。诗人在坚持为现实服务的原则前提下仍关注传达美的"诗心"。　　(孙玉石)

苍白的钟声

穆木天

　　苍白的　钟声　衰腐的　朦胧
　　疏散　玲珑　荒凉的　濛濛的　谷中
　　——衰草　千重　万重——
　　听　永远的　荒唐的　古钟

苍白的钟声　　　　　　　　　　　　　　　　　　　　穆木天

听　千声　万声

古钟　飘散　在水波之皎皎
古钟　飘散　在灰绿的　白杨之梢
古钟　飘散　在风声之萧萧
——月影　逍遥　逍遥——
古钟　飘散　在白云之飘飘

一缕一缕　的　腥香
水滨　枯草　荒径的　近旁
——先年的悲哀　永久的　憧憬　新殇——
听　一声　一声的　荒凉
从古钟　飘荡　飘荡　不知哪里　朦胧之乡
古钟　消散　入　丝动的　游烟

古钟　寂蛰　入　睡水的　微波　潺潺
古钟　寂蛰　入　淡淡的　远远的　云山
古钟　飘流　入　茫茫　四海　之间
——暝暝的　先年　永远的欢乐　辛酸

软软的　古钟　飞荡随　月光之波
软软的　古钟　绪绪的　入　带带之银河
——呀　远远的　古钟　反响　古乡之歌——
渺渺的　古钟　反映出　故乡之歌
远远的　古钟　入　苍茫之乡　无何

听　残朽的　古钟　在　灰黄的　谷中
入　无限之　茫茫　散淡　玲珑
枯叶　衰草　随　呆呆之　北风

听　千声　万声——朦胧　朦胧——
荒唐　茫茫　败废的　永远的　故乡　之　钟声
听　黄昏之深谷中

一九二六，一，二，东海道上。
选自《中国新文学大系 1917—1927·诗集》，
上海良友图书印刷公司 1935 年版

　　穆木天留学日本期间（1920—1926）主要从事象征主义诗歌的创作；《苍白的钟声》从思想和艺术两方面来看，都是这一时期的代表作。

　　《苍白的钟声》的造型是别出心裁的：词语间隔排列，词与词之间留出空白——这种独特的诗行排列和听觉上的钟声取得了相通之处：二者都给人一种断断续续的感觉。事实上诗人正是利用人的通感心理沟通了视觉和听觉，让人一看到诗的外形，耳旁就好像响起了钟声。诗的外部造型自然而巧妙地提示出诗的描写对象，形式因素与内容因素和谐地融为一体。

　　诗的第一节描述钟声从远方长满衰草的山谷中升起。值得注意的是诗的韵脚："胧""中""重""钟"，这四个字共同的韵母"ong"。一方面直接摹拟钟声加强了听觉效果，另一方面，它还间接传达出诗的视觉形象：因为"后元音（o 和 u）和笨重的、缓慢的、模糊的以及阴暗的物体间的基本联系确能够被音响科学的实验所能证实"（韦勒克、沃伦《文学理论》），"ong"正是由后元音"o"和同样模糊的后鼻音"ng"组成——诗人再次利用通感从听觉上加强了视觉形象：迟缓的钟声、阴暗的山谷。这样，让人捉摸不定的声响和视觉形象合二为一，我们不难从这"客观对应物"中体会诗人悒郁的心情了。诗的声音层面和意义层面紧密地结合起来，声音暗示出意义，这正是象征派诗人追求诗歌音乐性的原因所在。因此，押韵等手段完成的诗的音乐品质也不再是诗中可有可无的局部修饰，它们已经成为诗歌本体的重要组成部分。可以说，在《苍白的钟声》中，"ong"韵一开始便确定了诗的基调；而"o"和"ng"作为诗中两个运用得最为频繁的音素，直接渲染了诗的总体气氛。

　　在诗的第二节中音乐性表现得更为充分，诗人出色地把法国诗人拉福格擅长的"叠字叠句"运用在自己的诗中：四个排比句即叠句一层一层地推进，显示出钟声从水波到树梢到风中到云间越飘越高；而叠音词即叠字"皎皎""萧萧""飘飘"也强化了这种效果。韵脚"ao"属遥条韵，响亮的元音"a"处于主导地位，整个音节给人一种轻快向上的感觉，诗的内在情绪也从第一节的"抑"发展到第二

节的"扬"。

第三节诗承上启下。前五行承上：飘荡的钟声正如浪迹的诗人，虽然逍遥自在但是漫无目的，最终只会使人感到疲惫和不知何去何从的悲哀。诗中的情绪重新变得压抑，暗示着钟声也将沉落。最后一行"古钟　消散　入　丝动的游烟"启下，引出诗的第四节；三个排比句用连贯的语气描绘了钟声一点点地消散、沉寂。

诗的前四节描写了诗人看见——而不是听见——苍白的钟声升起、飘荡又沉寂的过程，诗人运用音乐手段强化了视觉形象进而暗示出诗人情绪由抑到扬再到抑的过程。但诗的第五节却又异峰突起："软软的　古钟　飞荡随　月光之波/软软的　古钟　绪绪的　入　带带之银河"——这正写出了钟声的连绵不断此伏彼起。写这两句诗也是为了引出后三句诗，使第五节诗成为前四节诗的自然总结和升华："古钟　反映出　故乡之歌"，又只能"入　苍茫之乡　无何"，这钟声正是一个游子茫然无措、孤苦无依的心境的象征。

除了这个我们基于自身经验易于领悟的游子主题之外，诗的更深一层主题在最后一节诗中得以展现。这节诗在用韵和意境上与第一节诗并无二致，当为抱绕法之变形。正是在这首尾的重复抱绕之中暗含深意，而"永远"和"荒唐"两个多次重复的词成为我们深入理解这一主题的契机。诗人为什么会觉得"永远的"钟声"荒唐"呢？古钟无止无休劳而无功地敲着，不可理喻，而人不正像这钟声一样不知何去何从吗？人生尽管也"充满喧哗和骚动"，但只会"荒唐"得"找不到一点意义"(《麦克白》五幕五场)。所以，"苍白的钟声"在此又成为人的荒诞存在的象征。这种消极虚无的人生观正是穆木天当时喜好的"Decadent（颓废的）的情调"(《谭诗》)，诗人受象征派诗人波德莱尔等人的影响之深由此可见一斑。

总之，《苍白的钟声》在艺术上体现了诗人对诗的造型美与音乐美的追求，在思想上流露出颓废情调，确为穆木天象征主义诗歌创作中的代表作。

（钱　江）

月 夜 渡 湘 江　　　　　穆木天

今夜我渡过了这琥珀色的湘江，
远望去是一片苍茫，
在雾影里飘动着往来的小舟，
在空气中浮荡着朦胧的月光。
月光照耀在水面上，

月光也照耀远近的田野和山岗；
它照耀着无数的农村和都市，
它也照耀着辽远的我的故乡。

在故乡是血和肉的搏斗呀，
多少地方都变成了修罗场，
正如同这湘江岸上的古旧的城池，
变成了血肉交织的瓦砾场一样。

在瓦砾中江水流转着，
好像是一滴血一滴泪在动荡，
祖国的过去和未来，
也一滴血一滴泪流动在我的心上。

在我的心里是充满着各种的回忆呀，
如同古老的传说充满着这古老的湘江。
湘江的水今天是阴郁而美丽的，
月色朦胧中使我感到无限的兴奋和惆怅。

随着江水我的心奔驰着，
我看见无数的苦难的田野和村庄，
从长白山一直到大庾岭上，
我好像听见血腥的风在飘扬。

随着江水我的心在驰想着，
这湘江上曾经作过多少次革命战场！
可是这个负载着民族光荣和耻辱的土地呀！
今日在苦难中又发出新时代的火光。

民族革命战争的火焰燃烧着,
从鸭绿江一直到澜沧江上;
从帕米尔高原到东海滨,
多少人为祖国的自由解放在武装。

湘江,在他古老的姿态中,
也给我们呈露出他的英勇的形象,
今天他是忧郁而美丽的,
月色朦胧中,他好像是松花江一样。

如同在松花江上一样,
我看见多少的火把在高张。
在废墟中是蕴藏着多少复仇的种子,
湘江今天在他的战斗中生长!

今天我渡过了这琥珀色的湘江,
湘江原野上是一片苍茫,
(多少苦难的回忆在我的心上萦回着,)
我战栗地憧憬着他的未来的荣光。

一九四〇年十一月十四日,夜,坪石
选自《新的旅途》,重庆文座出版社 1942 年版

诗人 1939 年于云南澄江任中山大学教授。夏秋之间随学校迁往广东,年底只身渡湘江,到坪石。这首《月夜渡湘江》,就写在这个时候。

和诗人其他一些写抗战的诗作相比,这首《月夜渡湘江》的不同之处,首先是诗人那种对美的景色的敏锐捕捉与对现实和历史的广阔联想。

诗人心中涌动着的民族抗战的愤火,和湘江的美丽夜色构成了强烈的对照。他凝视这美丽的湘江月色:琥珀色的江水在流淌,远处是一片苍茫的夜色,雾影中飘动着点点渔舟,空气中浮动着朦胧月光。这是多么宁静安详的湘江月色图景啊。美的月光照着周围的一切,给大地披上了朦胧的轻纱。月光引起了他辽远的遐想。故乡的苦难与搏斗的情景呈现在自己的眼前。

那远景和近景的"血肉交织的瓦砾场",如同古罗马的满是血肉与废墟的搏斗场一样。

湘江,在中国现代革命史上写过悲壮的一页。诗人的想象向历史的纵深突进。瓦砾中江水的流转,如一滴血一滴泪在水波中起伏动荡。祖国的过去和未来,也如这一滴血一滴泪流动在自己的心上。他为今天的苦难而愤怒,也为历史的创痛而思索,更为现实中民族的觉醒而兴奋。他热情地赞颂着:"这个负载着民族光荣和耻辱的土地呀!/今日在苦难中又发出新时代的火光。"这是比湘江夜色的美更为壮美的历史篇章,也是这首诗的核心主题。下面的一些诗行的歌唱,都是对这一主题的展示。诗人从历史和现实的沉思中展示了一个民族不可征服的真理:"在废墟中是蕴藏着多少复仇的种子。"因此,诗人坚信,苦难的回忆能够萦绕心头,也将必定能够成为过去。琥珀色的湘江的忧郁和美丽已经使诗人产生了伟大的期待:"我战栗地憧憬着他的未来的荣光。"

《月夜渡湘江》,是在现实生活与诗人内心统一的层面上,力求达到音乐美与绘画美统一的一首抒情诗。读这首诗,我们感到朗朗上口,可吟可诵,具有一种江水奔流一般的音乐美。同时,那琥珀色的江水,那苍茫的长空,那雾影里飘动的小舟,那月光下的田野与山冈,都市与村庄,以及那月光中夜渡沉思的诗人,构成了一幅十分美的山水画。忧郁而美丽的湘江因为诗人的渲染显得妩媚动人,也引人浮想联翩。画的特点给这首很现实的诗篇铸成了引人深思、意蕴甚重的意境。诗人的情绪、思想,由于这意境的创造而具有更耐寻思和嚼味的品格。

(孙玉石)

蹇先艾

【诗人小传】

(1906—1994) 字萧然,贵州遵义人。1921年就读于北京师范大学附中。1923年与李健吾等人组织曦社,出版不定期文学刊物《爝火》。1926年就读于北京大学法学院经济系,同年参加文学研究会。1931年任北京松坡图书馆编纂主任,同时在弘达学院执教。1937年任遵义师范学校校长。次年到贵阳,与谢六逸、李青崖等组织每周文艺社,并主编《贵州日报》副刊《新垒》。1942—1949年,先后任贵州大学国文系教授和贵阳师范学院中文系主任。新中国成立后历任贵州省文联主席、中国作协贵州分会主席等职。

春　　晓

蹇先艾

这窗纱低荡着初晓的温柔,
霞光仿佛金波掀动,风动歌喉,
林鸟也惊醒了伊们的清宵梦,
歌音袅袅啭落槐花深院之中。

半圯的墙垣拥抱晕黄的光波,
花架翩飞几片紫蝶似的藤萝,
西天边已淡溶了月舟的帆影,
听呀!小巷头飘起一片叫卖声。

1926.5.20.改稿
选自《晨报诗镌》1926年第9期

这是作者青年时代所写的一首抒情短诗。

当时,作者在新文化运动感召和徐志摩、闻一多、朱自清等新诗人的影响下,曾与朱大枏、李健吾发起组织新文学社——"曦社",1923年至1928年间,作者先后发表了50多首新诗。《春晓》就是其中之一。这首写景抒情之作,短小精炼,意象生动,诗中的水光山色都富于生命的活力;并且,由近而远,层次分明,"初晓的温柔",金波般掀动的霞光,任"伊们的清宵梦"做得多么甜美,也不得不在林鸟的袅袅歌音中惊醒,尤其是那清脆的"一片叫卖声",叫破"拥抱晕黄的光波"的半圯墙垣而来,叫破西天淡溶了的月舟的帆影而来,一前一后,一呼一应,传神写照,理趣横生,活画出一幅深院小巷春晓图。

语言运用上,《春晓》写春而不见一个"春"字,然而又无处不闻春意闹,无句不着初晓的景色,是颇具匠心的。另如"啭落"之运用于袅袅歌音,"晕黄"之运用于半圯墙垣拥抱的光波,"几片紫蝶似的藤萝"之活现于花架等,不仅意象鲜明,有力地加强了诗的韵味,更见诗人观察事物、体验生活之精微。

此诗收入朱自清编的《中国新文学大系·诗集》时,作者还对首句作了修改,将原来的"这窗纱低荡着初晓的温柔",改为"这纱窗外低荡着初晓的温柔",其用意似在使全诗的句式更加自然而协调一些。

(罗绍书)

诗人小传

滕 固

（1901—1941） 字若渠，上海宝山人。上海美术专门学校毕业后留学日本，进东京帝国大学学习美术考古。回国后参加文学研究会，并与沈雁冰等组织民众戏剧社，编辑《戏剧》月刊；同时还参加创造社的活动，发表短篇小说和评论，表现出唯美主义倾向。1926年与邵洵美等组织狮吼社，出版《狮吼》《金屋》杂志。不久，参加国民革命军北伐。第一次国内革命战争失败后，曾任湖南艺术专科学校校长。1930年赴德国柏林大学学习。回国后历任南京金陵大学、广州中山大学教授，昆明国立艺术学院院长等职。

我记起你的一双眼

滕 固

我记起你的一双眼，
　　像两颗明星；
当你宁静地注视我，
　　辉在天空，是威灵的神明。

我记起你的一双眼，
　　像两颗明珠；
当你活泼地斜视我，
　　滚在盘中，指尖儿捉摸不住。

我记起你的一双眼，
　　像双生的叶子；
当你欢笑的时候，
　　迎着风儿，翻覆飞舞不住。

我记起你的一双眼，
　　像双生的花朵；
当你哭泣的时候，

掉在银河里,呜咽地苦诉。

选自《屠苏》,狮吼社1926年版

  滕固以小说创作著称,其早期创作多描写阴森景物和病态心理,具有明显的唯美主义倾向。这首难得的诗作却似乎是一个例外,显得真挚而深沉。这是一首情诗,描绘的是少男心目中的恋人形象,但诗人在整首诗中用浓墨重彩加以层层渲染的只是恋人的一双多姿多态的眼睛,这一点颇为新奇。眼睛是心灵的窗户,也许诗人正是想通过对恋人双眸的描绘来展现她圣洁的美,并借此袒露少男的一片真情。

  从描写的情景来看,第一节仿佛写的是一对恋人的相识阶段,主要描写少女特有的庄重矜持的眼神。在诗人的笔下,少女庄重矜持的眼神中有着一种威慑的光芒,这种光芒正如诗人所咏叹的,"辉在天空,是威灵的神明",绝不容许有半点的轻薄和亵渎,展现的是少女的一种神圣的美。然而,仅仅这样一幅画面,还只能说是静态描写,虽则神圣,但缺少活力,也缺乏人情味。因此,诗人接下去即着重展现少女的嫣然微笑的动态。

  第二节以珠滚玉盘来形容少女一双活泼圆转的妙眼,比喻很有新意。唐代白居易名篇《琵琶行》中曾以"嘈嘈切切错杂弹,大珠小珠落玉盘"的诗句来形容琵琶女琴声的美妙,滕固似从这里获得一丝灵感,写出了"我记起你的一双眼,/像两颗明珠;/当你活泼地斜视我,/滚在盘中,指尖儿捉摸不住"这样的佳句。白诗所咏为琴声,滕诗所赞则是少女的双眸,两诗所写不同,但都是采用了视觉形象和听觉形象交融的手法来描写被喻之物,给人以丰富的联想。诗中"斜视"一语,非常传神地写出了少女的娇嗔形象,少女矜持的心灵门户分明已向恋人渐渐开启,点出了恋爱进程的展开。第三节更进一步敲开了少女的心扉,"迎着风儿,翻覆飞舞不住"的双眼,具有强烈的动感,以流动的眼神来衬出心灵的欢悦,写出了少女欢乐的神态。

  这首诗的前三节,调子轻快,最后一节则笔锋一转,调子转为低沉,"哭泣""呜咽"和"苦诉"等字眼使诗篇笼罩上了一层沉郁的气氛,诗人似有无穷忧思,但却无从哭诉。

  试观全诗,从宁静的相处到妩媚的斜视,再从活泼的欢笑到呜咽的哭泣,这其中的相恋进程,恐非诗人偶然的排列组合,大概和其亲身的一段经历不无关系。这首诗大约作于1924年,其时诗人正和一位女医生相恋,但最终却被世俗的势力拆散。诗人在诗篇中融汇自己的切身感受是不难理解的。(张 伟)

诗人小传

冯至

（1905—1993）原名冯承植，河北涿县（今涿州市）人。1923年参加浅草社。1925年参与组织沉钟社。1927年毕业于北京大学德文系，后在哈尔滨第一中学、北京孔德学校任教。1930年去德国攻读文学和哲学。后归国任教于上海同济大学附设高中。1939年去昆明任西南联大外文系教授。抗日战争胜利后任北京大学西方语言文学系教授。1951年起任该系主任。1964年任中国科学院外国文学研究所（今属中国社会科学院）所长、中国作协副主席。早年出版的作品有诗集《昨日之歌》和《北游及其他》，语言自然，感情细腻，注意遣词用韵，旋律舒缓柔和。抗日战争后曾出版散文和小说集。

我是一条小河

冯 至

我是一条小河，
我无心由你的身边绕过——
你无心把你彩霞般的影儿
投入了我软软的柔波。

我流过一座森林，
柔波便荡荡地
把那些碧翠的叶影儿
裁剪成你的裙裳。

我流过一座花丛，
柔波便粼粼地
把那些凄艳的花影儿
编织成你的花冠。

无奈呀，我终于流入了，
流入那无情的大海——

海上的风又厉,浪又狂,
吹折了花冠,击碎了裙裳!

我也随了海潮漂漾,
漂漾到无边的地方——
你那彩霞般的影儿
也和幻散了的彩霞一样!

一九二五
选自《昨日之歌》,北新书局1927年版

这是一首色彩明艳而情调又显得凄美的爱情诗。诗的感情的推进取迂曲之势,形成三个层面:首节为第一个层面,以后每两节为一个层面。在首节中诗人慧心一转,将多情的男子比作柔波微漾的"小河",它偶遇彩霞般明艳的姑娘,于是情意突萌,拥着这迷人的"影儿"缓缓前流。小河和岸上人原本并不相干,但诗人抓住人有倒影、水能映照的特点,把两者紧紧地胶合起来,用以表达青年男女从无心邂逅到萌生情意的微妙过程。

在第二个层面中,诗人用两节对称的诗正面写出"我"的柔情:不管是流过森林还是花丛,总忘不掉那个倩影,随时捡拾途中的奇珍异宝来献给这私心钟爱的姑娘。这两节诗以小明大,以动作表深情,表达了怀爱者"我"心中甜蜜的情意以及对姑娘的奉献之心,从而把前面悄悄萌发的爱情推进到一个"寤寐求之"的更深层次上去。

诗的第三个层面情态顿变,诗意起了一个突转:海上的厉风"吹折了花冠",狂浪"击碎了裙裳","我"自身也被无情的海潮卷向天边,原先甜蜜的梦被生活击碎,无以为继。这种由乐境入哀的情状,是对生活中的自由爱情受到的折磨的艺术概括,曲折地表达出对扼杀爱情的封建礼教及守旧势力的鞭挞,富于时代色彩。值得注意的是,虽然诗中"我"的追求受到阻遏,使诗作蒙上了一层"好景不长"的无可奈何的怅惘,但"我"心中那"彩霞般的影儿"却一样明艳如初,令人怀想。这就委婉地表达出主人公对恋人一往情深的忆念和不可改易的情意,于哀愁中见执著。

诗作就是这样采用以人拟物的手法,借着"小河"与"影儿"之间的自然联系,写出青年男女间两心的相印与相随。这首诗还十分注重情调的创造,注意运用语言的感情色彩来烘托一种特定的、浓郁的氛围。诗的首节,"我"是"无心"绕过这儿,姑娘也是"无心"投影于"我"的柔波。这两个"无心",隐然传达出一种娴

静、恬美的意境，描摹出"我"与姑娘间感情交流的自然、真挚、和谐，令人想见愈是"无心"愈是有情。底下柔波那"荡荡地""粼粼地"的姿态，在水波微兴中摇曳着深情，把"我"一腔柔情化作一片清澈、明净的艺术境界，把原来的情意向着纵深方向推进了一步。同时，它又和下面遇到的摧折一切的厉风狂浪形成鲜明对照，以大海的"无情"反衬出人物的多情，以象征社会力量的自然的冥顽观照出主人公爱情遭到摧折的深深不幸，为全诗创造了一个欢快而又带有悲剧意味的情调。此外，还多用叠字（如"软软""荡荡""粼粼"等）和重复（如第一节的两个"无心"，第五节的两个"彩霞"等）以酿就一种缱绻的情味。

在诗的形式上，它自由而又有所敛束。整个看来，它间用对偶与复沓，格式较为规整，但表达自然、优雅，调子舒缓柔曼而又热烈明丽，音律极活泼，因而显得舒卷自如，别具一种浓烈的韵味。

（金钦俊）

蛇　　　　　冯　至

我的寂寞是一条长蛇，
冰冷地没有言语——
姑娘，你万一梦到它时，
千万啊，莫要悚惧！

它是我忠诚的侣伴，
心里害着热烈的乡思：
它在想着那茂密的草原，——
你头上的，浓郁的乌丝。

它月光一般轻轻地，
从你那儿潜潜走过；
为我把你的梦境衔了来，
像一只绯红的花朵。

选自《昨日之歌》，北新书局 1927 年版

冯至的诗到 1925 年趋于成熟，1926 年写的这首《蛇》，便是诗人收获季节里的一颗硕果。

这是一首爱情诗,新颖别致之至。一般人对蛇总是怀着厌恶、惧怕的心理,然而冯至笔下这"蛇"的形象,却使人感到亲切可爱。抒情主人公在当他心爱的姑娘不在身边的时候,感到无比的寂寞;他将这寂寞比作一条长蛇,借蛇的游走、乡思、归来,抒发了"我"对姑娘的深沉的爱恋。这比喻,给人以奇美之感。第一节取蛇的修长和无言,形容寂寞,说它"冰冷地没有言语"。读者也仿佛有触到蛇身似的感觉。嘱咐姑娘如梦到它时,不要害怕,这一方面显现了"我"对姑娘的细心关怀,另一方面,也委婉地希望姑娘在梦中能与"我"的心接近。第二节取蛇的栖息草丛的生活习惯,用它暗示"我的寂寞"——忠诚的爱的化身产生的原因。从姑娘头上的浓郁的乌丝,想到"茂密的草原",这联想简直使人叫绝。第三节取蛇行走和它只能用口衔物的特点,表达了"我"的愿望,探悉姑娘的内心世界。至于"像一只绯红的花朵",既可以理解为姑娘的梦境,也可以理解为使"我"高兴的消息,或者正是"我"的美丽的希望。这些想象,真是天马行空,引人遐想。诗中所用的一系列比喻,喻体与被喻的事物,相近相似,却又不过实过死。寂寞与长蛇,草原与乌丝,梦境与花朵,都是如此。在诗中,比喻欠真,就失去比喻的作用;比喻过实,又显得呆滞。齐白石谈及绘画时说"妙在似与不似之间",诗亦如此。有了这个"之间",才便于读者在欣赏过程中驰骋想象。

《蛇》的感情表达方式,是曲折的或者说是间接的,不是直接的宣泄式的。全诗没有一个爱字,主要是写"我"的寂寞——长蛇的活动,较为明显的地方,也只是说,它想着草原——姑娘的乌丝,但"我"对姑娘的深深思恋之情,可以说,已表达得恰到好处。诗人仿佛是一个导游,他将旅游者引到可以隐约窥见胜地之处,即让旅客自己去欣赏,去发现,去神会。

《蛇》有点近似海涅早期作品和后来苏联伊萨柯夫斯基的诗,有情节线索贯串全诗,每一节诗,都有一个情节。第一节告诉她,如果梦见这"蛇",不要害怕;第二节写"蛇"的乡思,说它想念的草原,就是她的乌丝;第三节写"蛇"悄悄地把她的梦境衔来。其中有小小的情节波澜,这小小的情节波澜,隐藏着浓郁的诗趣。

《蛇》在艺术上兼具中外诗歌之长,它有中国古代诗歌的那种优美意境,而在表现方法上又创造性地融化了象征派诗的某些东西,例如重暗示,采用蛇、梦境、花朵这些近似象征性的形象等。由于这种择取是融化在作品之中,而不是模仿和生搬硬套,因而很难说某一部分是从那里受到启迪和熏陶。

(陆耀东)

南方的夜   冯 至

我们静静地坐在湖滨,

听燕子给我们讲南方的静夜。
南方的静夜已经被它们带来,
夜的芦苇蒸发着浓郁的情热。——
　　我已经感到了南方的夜间的陶醉,
　　请你也嗅一嗅吧这芦苇中的浓味。

你说大熊星总像是寒带的白熊,
望去使你的全身都感到凄冷。
这时的燕子轻轻地掠过水面,
零乱了满湖的星影。——
　　请你看一看吧这湖中的星象,
　　南方的星夜便是这样的景象。

你说,你疑心那边的白果松,
总仿佛树上的积雪还没有消融。
这时燕子飞上了一棵棕榈,
唱出来一种热烈的歌声。——
　　请你听一听吧燕子的歌唱,
　　南方的林中便是这样的景象。

总觉得我们不像是热带的人,
我们的胸中总是秋冬般的平寂。
燕子说,南方有一种珍奇的花朵,
经过二十年的寂寞才开一次。——
　　这时我胸中觉得有一朵花儿隐藏,
　　它要在这静夜里火一样地开放!

——1929

选自《北游及其它》,沉钟社 1929 年版

　　湖滨。静静的春夜。芦苇蒸发着浓郁的情热。——这就是诗人在诗的开篇

为我们画出的南方的夜景图。当时冯至在北京大学任助教,心中蕴积着些许"狭窄的情感、个人的哀愁"(《冯至诗选·序》),它们流进了《南方的夜》里,流进了这一片静夜的湖水之中,拍击着读者的心的堤岸。对于冯至来说,这忧郁不仅仅来自他对社会现实的不满,而且有着独特的生理和心理上的根源。诗人出身清寒,父亲经常失业的忧愁,家庭经济拮据,特别是幼年失母的痛苦,在他心灵上留下了浓重的阴影,仁慈的继母过早地离世,又给他带来新的忧伤。诗人的心理结构与诗的情绪意象的结构呈双向同构,诗中设置的"我"和"你",都是诗人忧郁心灵的客观对应物。诗人倾注了更多的忧郁在"你"身上:"你说大熊星总像是寒带的白熊,/望去使你的全身都感到凄冷","你说,你疑心那边的白果松,/总仿佛树上的积雪还没有消融"。而对于"我"的刻画,诗一开始是让"我"和"你"形成一种对比,在"你"忧伤的视野里,"我"为"你"指点了异样的风光:"我已经感到了南方的夜间的陶醉,/请你也嗅一嗅吧这芦苇中的浓味","请你看一看吧这湖中的星象,/南方的星夜便是这样的景象","请你听一听吧燕子的歌唱,/南方的林中便是这样的景象";但这种"我"和"你"的情绪的反差只是为了增添抒情的色调的丰富而已,诗临近结束的时候终于表明,这两个静静地坐在湖畔的抒情主人公,在这和煦的春夜里,他们感受其实是一致的:"总觉得我们不像是热带的人,/我们的胸中总是秋冬般的平寂。"很清楚,"我"是作为"你"的映衬而存在的,或者可以说,两者是一种偏正关系。"我"感受到了春夜的温暖,但这温暖终于还是没有融化心头的积雪,它不是反而更凸显了积雪的寒冷吗?机智的诗人向我们表明,这"我"和"你"其实就是双重的"自我",它们都以诗人忧郁的灵魂为中介,互为沟通,最终融为一体。

这首诗既不是描摹式的再现,也不是直抒式的表现,诗人内心的情感是通过可感的画面中的景象展示出来的。诗人并不是沉溺于忧郁之中而不能自拔,诗中出现的"燕子"这一意象透露了诗人内心的另一侧面:对美好希望的追求。它为诗的抒情画面上的黯淡底色涂上了一抹嫩绿。此时此刻,燕子报春的鸣叫声声,溅落南方的夜的湖里,也溅落诗人的心湖:"这时我胸中觉得有一朵花儿隐藏,/它要在这静夜里火一样地开放!"

(戴 达)

十四行集   冯 至

什么能从我们身上脱落

什么能从我们身上脱落,
我们都让它化作尘埃:

我们安排我们在这时代
像秋日的树木,一棵棵

把树叶和些过迟的花朵
都交给秋风,好舒开树身
伸入严冬;我们安排我们
在自然里,像蜕化的蝉蛾

把残壳都丢在泥里土里;
我们把我们安排给那个
未来的死亡,像一段歌曲,

歌声从音乐的身上脱落,
归终剩下了音乐的身躯
化作一脉的青山默默。

选自《十四行集》,桂林明日社 1942 年版

冯至的《十四行集》收有十四行诗二十七首,1941—1942 年间作于昆明。这里选的是其中的第二首。

"十四行"是一种具有严密格律的抒情诗体,最早出现于意大利,16 世纪传入英、法等国,产生了几种变体。欧洲不少著名诗人都留有十四行诗的名篇。这种诗体意大利文为 Sonetto,英文、法文为 Sonnet,20 世纪 20 年代初传入我国时有人译为"商籁",故又名"商籁体"。一些新诗人曾先后作过尝试和探索,一般认为冯至的《十四行集》最为成功,李广田称之为"沉思的诗",朱自清认为它"建立了中国十四行的基础,使得向来怀疑这诗体的人也相信它可以在中国诗里活下去"(《新诗杂话》)。

这时的冯至,早年的苦闷和忧伤虽不曾被光阴完全剥蚀,但似乎流入了记忆的深处。诗人近不惑之年,感情变得深沉了。他的精神触角伸入天地间遨游,领悟宇宙万物的本质和变化,探求人生奥秘的哲理性,把思考的结晶融入十四行体诗内,诗风完成了从早期的抒情哲理化到这一时期的哲理抒情化的转化。

这首诗涉及生死和时间观念。曾经深刻影响过冯至的里尔克说过:"不能计

算时间,年月都无效,就是十年有时也等于虚无。艺术家是:不算,不数;像树木似地成熟,不勉强挤它的汁液,勇敢地立在春日的暴风雨中,也不怕后边没有夏天来到。"(《给青年诗人的十封信》)此诗简直就是里尔克的这一生命体验的延续和深入,甚至于象征人生的"树木",也被冯至作为主干意象之一,移栽进了诗行:"我们安排我们在这时代/像秋日的树木,一棵棵。"冯至的创造在于,他隐去了人生的春和夏的出场(反以"树叶"和"过迟的花朵"稍稍透露了这一信息),诗一开始就从秋入手,一直写到冬。冯至将生命的奉献和抗争作为诗的背景材料,他着意刻画的是人生的秋天和冬天,是对这一段生命历程的深刻体验。诗人从宽厚的肩上抖落收获季节,让它沉入大地,去滋补新的生命。他严峻地面对着秋之后的冬,面对着和严冬一起到来的死亡:"我们把我们安排给那个/未来的死亡。"心底涌起的是极度的平静,是平流归海的从容。这种人生境界的表现,诗人全然凭借具象化的描写,纵然有强烈的主观色彩涂抹诗行,但却无生硬的主观情绪和知性的直接显露。他让树木的树叶和花朵交给秋风,他遣蜕化的蝉蛾把残壳丢在泥里土里,他使歌声从音乐的身上脱落,诗人勾勒出自然万物生死转化的轨迹,暗含和对应着人的整体生命从生到死,从死到生的进程。这种生命的历程和物种的传递通过诗的起承转合得到了进一步的体现——诗的每一节的结句都是和下一节的首行手足并连,仿佛在进行一场生命进化的接力赛:一棵棵(第一节)——(树木的)树叶和花朵(第二节);蝉蛾(第二节)——(蝉蛾的)残壳(第三节);歌曲(第三节)——歌声(第四节)。诗人的哲理思索是动态的,意象清晰而具有透明感,诗人的生命意识贯穿始终,结尾更是如冰山浮出大海:"歌声从音乐的身上脱落,/归终剩下了音乐的身躯/化作一脉的青山默默。"——生命在时空交汇里与万物俱在,生生不息,在刹那间凝为"青山默默"般的永恒。　(戴　达)

十四行集　　　　　　　　冯　至

从一片泛滥无形的水里

从一片泛滥无形的水里,
取水人取来椭圆的一瓶,
这点水就得到一个定形;
看,在秋风里飘扬的风旗,

它把住些把不住的事体,

> 让远方的光、远方的黑夜
> 和些远方的草木的荣谢,
> 还有个奔向远方的心意,
>
> 都保留一些在这面旗上。
> 我们空空听过一夜风声,
> 空看了一天的草黄叶红,
>
> 向何处安排我们的思、想?
> 但愿这些诗像一面风旗
> 把住一些把不住的事体。

选自《十四行集》,桂林明日社 1942 年版

这是一首充满哲理的诗。冯至在诗中通过"瓶把住水""风旗把住风",以及"诗把住自己的'思、想'"这样一系列从具象到抽象、从经验到思辨的递进式"把住"关系的演绎与呈示,从哲学的层次展示大千世界中存在的一种相互关系和"把握世界的方式"。诗人首先从自己熟识的经验中提炼并内聚于一组组对应的范畴关系:瓶与水,风与旗,最后落实在诗与思想的范畴关系,让我们随着他的目光与思绪由具体感性的事物而渐次进入知性的领域。

作为一首哲理诗,诗人很好地把握住了内在的思与外显的情与形的关系。冯至的诗歌特别在意思、情、形三者关系的处理。这使得这首诗避免纯粹哲学化、思辨式的演绎方式,避免了说明的诗、概念的诗的可能。作为这样一种风格的诗,当然要有"思的逻辑"。但是,他的诗的结构的整体落点无论是在情上还是思上,推动诗歌发展的力点始终不失情的波澜与意象的营造。例如第一节中水瓶的有形与泛滥无形的水的"定形"关系是整首诗歌的逻辑推演的关节点。从水瓶过渡到第二节的风旗,内在关系的耦合力是风旗属性中的逻辑思维部分,是它的知性成分。并且,这种知性成分恰恰是即将展开的内容的关键推力,即风对旗的"定形"关系的认知是基于经验,并且通过意象来呈现的。

第二节不仅仅是第一节关系的重复,它通过对"形"的主体的悄悄地置换,将一个概念在逻辑关系上演绎成另一个概念。这样,新概念里的新内容、新属性就是一种新发现的知识,认识随即发展、深化。风旗比水瓶丰富的东西是对"定形"概念认识的深化。水的"定形"的多样化取决于瓶的形状的多样化,并且"泛滥无

形"的水能够被瓶"定形"。而风旗虽然不能套用对水的瓶那种"定形"方式,但是"风乍起,吹皱一池春水",通过风旗变化不定的形状却可以知道风的力量与方向。从这个意义上说,风旗是不是也可以把住"把不住的"风呢?道理深入浅出,思绪丝丝入扣,形象细致入微。由这两个"把住"关系的铺垫,最后由风推演出更加复杂"无形"的诗与思想的"把住"关系:"但愿这些诗像一面风旗/把住一些把不住的事体。"从而诗人不动声色地用一种相当感性的方式表达了诗歌中复杂与微妙的重要观念。

  整首诗虽然有着概念的逻辑推演,但同时并存着以诗歌意象作为基本元素和以想象为支撑的形象思维方式。意象亲和,逻辑清晰,既体现出诗人丰富的人生经验和生活智慧,又具有较强的艺术表现力。值得一提的是,这首诗从思想到形式都受里尔克《杜伊诺哀歌(之九)》的启发,录一段以备参照:"纯粹是无法说出的事情……/漫游人从山坡上带回山谷的/不是一把无法说出的土,而是/抓到了一个词,纯净的词,那黄蓝色的龙胆花……"冯诗采用引进的"四、四、三、三"结构的十四行体,冯至赞同李广田的说法:"它的层层上升而又下降,渐渐集中而又解开,以及它的错综而又整齐"的结构模式,特别适合表现这种既有情的波澜起伏,又有思的逻辑的层层推演的哲理诗。

(张　新)

给一个战士　　　　冯　至

你长年在生死的边缘生长,
一旦你回到这堕落的城市,
听着这市上的愚蠢的歌唱,
你会像是一个古代的英雄

在千百年后他忽然回来,
从些变质的堕落的子孙
寻不出一些盛年的姿态,
他会出乎意料,感到眩昏。

你在战场上,像不朽的英雄
在另一个世界永向苍穹,
归终成为一只断线的纸鸢:

但是这个命运你不要抱怨，
你超越了他们，他们已不能
维系住你的向上，你的旷远。

选自《十四行集》，桂林明日社 1942 年版

  这首诗名义上是写战士的诗，但是我们会惊讶地发现，在抗战这样一个大环境里，它与一般表现战争与士兵题材的诗有多么大的不同！即便是抗战那样的大背景，也不能改变诗人对世界独特的知性化的"把握世界的方式"，不能改变他善于把现实素材与日常经验上升到哲学层面叙事的个性化的创作特质。

  在和《给一个战士》同一时期的战争题材作品中，有些直面当下正在进行抗战的大背景和正在浴血奋战的英勇战士，有些则是反映"前方吃紧，后方紧吃"的腐败情景。这首作品在其感性与经验层次，我们能够强烈地感受到诗人对战士的高度颂扬与对现实腐败堕落的强烈愤慨之情，但是在更深的哲学层次，诗人是要在诗里面构筑起两个超越一般经验层次的世界：一个是英雄的、忘我的和自我牺牲的世界；另一个是卑下的、堕落的和自私的世界。而后一个世界在一个现代主义诗人的观念和创作命题里，就是都市，作为异化了的现代文明的缩影。就这样一个创作空间，冯至曾经还为我们贡献了一部以大都市哈尔滨为观照对象的《北游》。

  第一节，诗人非常简洁地构筑了一个反差极大的情景：一边是"长年在生死的边缘生长"的战士，一边是"堕落的城市"里充斥着"愚蠢的歌唱"。然而，"前方"与"后方"这两个时空在被隔绝状态下似乎都在按照各自的逻辑存在着。偏偏，一个战士带着战场的硝烟与血迹，"回到"了城市，把一个腥风血雨的时空硬挤入到另一个歌舞升平的时空。可以想象，那是一个多么荒诞的情景！在这样一种场合，任何一个从前线回来的战士理所当然都是英雄。而诗人之所以在英雄前冠以"古代的"限定词，更是对貌似"现代文明"城市的极大讽刺！

  第二节，两个横向世界的对比被置换为古代世界和现代世界的纵向对比。那么，"这一个"战士就仿佛一个古代的英雄穿越了"时间隧道"错掉进了现代都市里，与自己"变质的堕落的子孙"痛苦而尴尬地会面。战士在战场上可以"不朽"，不朽意味着时间意义上的永恒。但是在城市，他只是一个徒有"变质的堕落的子孙"的"断线的纸鸢"，一个超越了他"子孙"的伟大却孤独的英雄。

  处处让你感觉到诗的现实批判力量，又处处不露痕迹；诗意的哲理无处不

在,它却"犹抱琵琶半遮面",跃然于前的是鲜活的形象。这是诗人在《给一个战士》中呈示的非常鲜明的思维方式和表现方法。

(张　新)

【诗人小传】

朱　湘

(1904—1933)　字子沅,安徽太湖人。1917年入南京工业学校学习。两年后转入清华大学,并参加清华文学社,同时在《小说月报》发表诗作。1923年加入文学研究会。1924年后曾在北京适存中学任教,又与徐志摩等人创办《晨报》副刊《诗镌》,提倡格律新诗。1927年赴美国,在罗伦斯大学、芝加哥大学学习。1929年回国,任安徽大学外文系主任兼教授。1932年离职赴沪,1933年投江自杀。早期诗作多以欢快笔调描摹自然风光,格调清新幽婉。1925年以后,多为愤世嫉俗之作,充满感伤沉郁之情。诗歌形式完美,章法整齐,韵调和谐,在新诗格律方面作了有益的探讨。

答　梦

朱　湘

我为什么还不能放下?
因为我现在漂流海中,
你的情好像一粒明星
垂顾我于澄静的天空,
　　吸起我下沉的失望,
　　令我能勇敢的前向。

我为什么还不能放下?
是你自家留下了爱情,
他趁我不自知的梦里
顽童一样搬演起戏文——
　　我真愿长久在梦中,
　　好同你长久的相逢!

我为什么还不能放下?
我们没有撒手的辰光:
好像波圈越摇曳越大,
虽然堤岸能加以阻防,
　湖边柳仍然起微颤,
　并且拂柔条吻水面。

情随着时光增加热度,
正如山的美随远增加;
棕榈的绿荫更为可爱,
当流浪人度过了黄沙:
　爱情呀,你替我回话,
　我怎么能把她放下?

十四,五,十九
选自《草莽集》,开明书店1927年版

这是一首抒情诗,写抒情主人公对逝情的追念、感怀与赞颂。与其他诗人所写的缅怀逝情的诗相比,这首诗中所写的逝情极少感伤、哀怨的成分,而具有一种明朗、温柔的色调。

我们知道,新月诗派主张诗是抒情的艺术,不过他们不赞成感情的直接倾泻,而要求激情经过艺术想象的处理,幻化为具体可感但又能以其丰富的内涵触发读者的想象的客观形象。与理性节制感情的美学倾向相联系的,则是新诗的格律化原则。《答梦》这首诗应该说是生动地贯彻了新月诗派的美学原则和格律化原则。

沈从文曾说朱湘诗的"全部调子建立于平静上面"(《论朱湘的诗》),这个特点连他的情诗也不例外。《答梦》一诗大概只有"我为什么还不能放下"这一复沓的诗行才包含了明显的感情色彩,而更多的是用比拟的手法,以代替感情的直接倾泻。第一节把抒情主人公"我"现在的处境比为"漂流海中",而"我"的感情诉诸的对象"你"的情,则"好像一粒明星/垂顾我于澄静的天空";第二节写"你"留下的爱情,溜入"我"的梦里,像"顽童一样搬演起戏文";第三节写"我"与"你"的"没有撒手的辰光"的回忆的图景,"好像波圈越摇曳越大",虽然堤岸能阻止波

圈的扩散,那情的波纹,却仍能使湖边的杨柳微颤,并且将它的柔条亲吻水面;第四节用"山的美随远增加"来比拟"情随着时光增加热度",还用流浪人度过黄沙之后对棕榈的绿荫的喜爱来比拟"我"对于爱情的执著与不可放弃。诗人为了更委婉、更巧妙地传达感情,不惜在各种各样的比拟上下了很大的功夫,那些比拟中所蕴涵的情感也的确纤巧、逼真、耐人寻味,尤其是那个波圈的比拟,以一种十分微妙的方式写出了情的执著、柔美与缠绵。这种使主观感情客观化,并且具有鲜明的形象性的努力,使诗歌的情感表现得更为含蓄,也更为美丽。

朱湘是很善于写诗行整齐划一,章节大致对称的格律诗的,《答梦》亦以格式工饬见长。然而这样的格律诗还是有较大的局限性的。首先,音律就有些牵强,例如"令我能勇敢的前向"一句为了押尾韵,多少给人以拗口的感觉。其次,规整的格式,多少影响了诗人更好地传达感情,使诗显得有些单薄苍白。这恐怕是整个流派的通病了。

(黄心村)

采 莲 曲　　　　　朱 湘

小船呀轻飘,
杨柳呀风里颠摇;
荷叶呀翠盖,
荷花呀人样娇娆。
日落,
微波,
金丝闪动过小河。
左行,
右撑,
莲舟上扬起歌声。

菡萏呀半开,
蜂蝶呀不许轻来,
绿水呀相伴,
清净呀不染尘埃。
溪间

　　　　采莲，
　　水珠滑走过荷钱。
　　　　拍紧，
　　　　拍轻，
　　桨声应答着歌声。

　　　藕心呀丝长，
　　羞涩呀水底深藏：
　　　不见呀蚕茧
　　丝多呀蛹裹中央？
　　　　溪头
　　　　采藕，
　　女郎要采又夷犹。
　　　　波沉，
　　　　波升，
　　波上抑扬着歌声。

　　　莲蓬呀子多：
　　两岸呀榴树婆娑，
　　　喜鹊呀喧噪，
　　榴花呀落上新罗。
　　　　溪中
　　　　采蓬，
　　耳鬓边晕着微红。
　　　　风定，
　　　　风生，
　　风飔荡漾着歌声。

　　　升了呀月钩，

明了呀织女牵牛；

薄雾呀拂水，

凉风呀飘去莲舟。

花芳

衣香

消溶入一片苍茫；

时静，

时闻，

虚空里袅着歌音。

十四,十,二四

选自《草莽集》,开明书店 1927 年版

《采莲曲》是朱湘的得意之作,这首诗无论在形象、风格、形式、技巧上,都可以作为朱湘诗歌的代表作。

把新月派"理性节制感情"的美学原则加以认真贯彻的朱湘,在他的大多数诗篇中着意表现一种宁静的风格。那种"东方的静的美丽"差不多成了朱湘所崇拜的至上的诗境；在这种超越了时空的美学风格的制约下,诗中的形象也成了富有古典意味的形象,美得出奇,也静得出奇。《采莲曲》是采莲少女们唱的歌调,宛如古曲"采莲南塘秋,莲花过人头"的风致,采莲少女也与世事变迁绝无干系,荡漾着典雅的古风。在诗中,娇娆的人与人样娇娆的荷花交相辉映,桨声与歌声互相应答,花芳与衣香在风中交融,采莲女的娇羞又与天上人间的欢乐美景叠印在了一起,好一幅和平宁静安详的景象。诗写得十分细腻,典型的东方少女,近乎富丽的古典意味的色彩,又与那恍如全诗中荡漾着的悠远雅致的乐声歌声交融在同一番意境中,闪发着奇彩。

朱湘对中国古典诗词传统的大胆汲取以及与之在精神气质上达到的共鸣,可以说是影响他诗的风格的一个重要因素。《采莲曲》的章节、字句、音节、节奏如此的谐美和宛转,如此的精致和考究,难怪有人说这首诗的格律是"词曲式的格律"。内容上缺乏时代气息,这是朱湘大多数诗作的共同特点,也是一种通病。但形式上的刻意经营以及所达到的不一般的效果,却是朱湘的心血所在,与我们前面提到的东方气息紧紧相连。《采莲曲》在形式上又有许多独到之处。朱湘的大多数诗作各诗行整齐划一,章节与章节之间保持对称的形式。在《采莲曲》中却有些不同,章节与章节之间固然保持了十分严格的对称,各诗行却不是那么整

齐划一;相反,诗人是通过那种参差不齐,错落有致的诗行,传达出了一种难得的节奏感。在这首诗中,音韵是活动的,流畅的,是随着诗歌情绪摇曳变幻的。像"藕心呀丝长,/羞涩呀水底深藏"这样的音韵搭配,无疑是富于生气的,并没有在朱湘的一部分诗作中的那种生硬的搬凑。另外,像"左行,/右撑","拍紧,/拍轻","波沉,/波升"这样的短语,更是朱湘的得意的创造,他自己说这是"以先重后轻的韵表现出采莲舟过路时随波上下的一种感觉"。朱湘在诗歌艺术形式尤其是格律上的这种探索,对后来者是很有启发的。

(黄心村)

葬 我

朱 湘

葬我在荷花池内,
耳边有水蚓拖声,
在绿荷叶的澄上
萤火虫时暗时明——

葬我在马樱花下,
永作着芬芳的梦——
葬我在泰山之巅,
风声呜咽过孤松——

不然,就烧我成灰,
投入泛滥的春江,
与落花一同漂去
无人知道的地方。

选自《中国新文学大系 1917—1927·诗集》,
上海良友图书印刷公司 1935 年版

朱湘一生的遭遇很令人惋惜而哀叹。他的性格落落寡合,沉醉于诗歌而愤世嫉俗。这使他不为当时社会所容而到处碰壁,生活潦倒。最后,无法随俗而又走投无路,投身于滚滚长江,了结此生,只有 29 岁。

对于一位有才华的诗人,社会实应更宽大些,但是,洁白如一朵白莲花的朱湘,在污浊的社会里,却无容身之地。这如何能不叫人为他的不幸遭遇而感到不平?有人说,世上是先有伯乐才有千里马的。没有伯乐就没有人知道何者是千里马。朱湘无疑是一匹千里马,可憾的是,他始终没遇上伯乐。但是,遭遇如朱湘的人又岂止他一个?

朱湘的一生是短暂的,内心是忧郁的。他的诗于恬淡雅致之中略带凄清幽怨。这是命运在他的诗中所留下的痕迹。《葬我》这首诗最能够表现出他的风格和性格。诗中所写的是诗人设想的情景,设想着将自己埋葬在一些清幽而离开尘世的地方。

"葬我在荷花池内,/耳边有水蚓拖声,/在绿荷叶的澄上/萤火虫时暗时明——"诗人设想在自己死后,将自己埋葬在荷花池里,耳边可以听蚯蚓翻泥的声音。这声音当然比尘世的嘈杂声好听得多。又可以看到荷叶上一闪一闪的萤火虫。这是一个何等幽静的世界!宁与蚯蚓和萤火虫为伍而不愿与俗人同群,这正是朱湘的性格。

"葬我在马樱花下,/永作着芬芳的梦——/葬我在泰山之巅,/风声呜咽过孤松——"如果不能葬在荷花池内,那么,就葬在马樱花下吧,永远做着如花一样芳香的梦,而不再做尘世的噩梦。或者,就葬在泰山的顶巅,可以听见山顶的松树在风中的呜咽声。这呜咽的声音当然也比人声更悦耳,像马樱花一样清高,像松树一样孤傲,这正是朱湘的性格。

"不然,就烧我成灰,/投入泛滥的春江,/与落花一同漂去/无人知道的地方。"再不然,就把"我"烧成灰烬,投到春江中去,跟水面落花一同漂到无人知道的地方去吧。这不禁使人想起唐诗中"桃花流水窅然去,别有天地非人间"的诗句来。然而这几行诗竟如谶语,诗人最后正是投身到滔滔的江水中,与落花一同漂得无影无踪了。

(云惟利)

雨　景　　　　　　朱　湘

我心爱的雨景也多着呀:
春夜梦回时窗前的淅沥;
急雨点打上蕉叶的声音;
雾一般拂着人脸的雨丝;
从电光中泼下来的雷雨——
但将雨时的天我最爱了。
它虽然是灰色的却透明,

> 它蕴着一种无声的期待。
> 并且从云气中,不知哪里,
> 飘来了一声清脆的鸟啼。

选自《草莽集》,开明书店 1927 年版

  陈梦家在《新月诗选》序中说,"朱湘诗,也是经过刻苦磨炼的","《雨景》一首在阴晦中启示着他的意义"。《雨景》不仅入选,且得到称赞,可见这首短诗在诗人陈梦家眼中的价值了。

  陈梦家的一句赞语实在朦胧,令人难解。可是它的好处也在这里。朦胧的赞语正好与朱湘《雨景》的朦胧情调相和谐。《雨景》是情与景高度融合的一首美丽的诗篇,它在短短的篇幅中启示着深隽的意味。

  全诗共十行,总体上都是以一种快乐的调子写"心爱的雨景"的种种情态。从第二行至第五行的四行诗,每一句都描绘了一种美的"雨景",诗人把四种雨景写得都与作者感情紧密联系起来,使你读时感到,句句写雨景,又句句写人情;春夜梦醒时听见窗前细雨的淅沥,使人温暖,也引人遐思;夏天急骤的雨点打在芭蕉叶上的声音,给人快慰,也催人奋起;那拂人脸庞的雾一样的雨丝有温柔而缠绵的情意,而电光中泼下来的雷雨就叫人震悚,也激发人们产生一种心理的快感。诗人懂得移情于景、情景交融的美学情趣。他以这种情趣捕捉了这种种雨景,实际上也在这雨景中暗示了种种人生的经验,种种内心的情态。爱这雨景者才真正是生活的理解者与品尝者。太单调了,人生又有什么丰富的快乐可言呢?

  然而,这四种雨景描写还是这首小诗的铺垫。诗人对生活美和自然美有广泛的兴味和追求。他写了现实生活中已经呈现的美,这千姿百态的自然美也象征了丰富多彩的生活美;同时,诗人更喜欢那期待中美好的一切。他将笔调一转,便引赞美的歌喉到了另一番境界:他"最爱"的还是那将雨未雨的"天",因为那里虽然是灰色的却又是那样给自己一种"透明"的感觉,而且在这灰色而透明的氛围中,还"蕴着一种无声的期待",寂静的云气中又会飘来一声"清脆的鸟啼"。这情景是多么令人神往而深思!自然美和人情美在作者的笔下融成了一片诗情美。

  诗人也是懂得人们审美心理的。对于现实生活中习以为常的"雨景"所象征的美好的一切,人们固然充满了欣喜和热爱,更重要的,一种普遍存在的趋新心理,又使人们不满足于已实现的一切,而在未知的期待中获得更大的美的享受与满足。那一种"无声的期待"中给人们多少辽远遐想的时间和空间!诗人在清贫中生活,他对生活美和感情美的期待感十分强烈。这里听到诗人追求人生无限

的愿望,对于一切美的追求者,确实在阴晦中"启示"着无限的人生意义。为了这期待美的实现,每个人都有毕生求索的必要。

这首诗在朱湘诗中是挺拔独秀的。他没有如惯常地注意韵脚的整齐,而是采用无韵的自由体式,字数大体整齐而不押韵,更显得声随情转,潇洒自如。诗中注意了意境的创造,四种雨景似四幅印象派的小品,又在其中注入了中国传统诗歌的意境,"春夜梦回时窗前的淅沥;/急雨点打上蕉叶的声音",都勾起人们深潜于心中的对古代诗词中意境的联想和呼唤。而全诗最后两行,更得之于"鸟鸣山更幽"的启示,在最宁静的氛围中写出了最清脆的声音,这声音,使人得到了一种生气,一种美感,一种在期待中出乎意料地获得的满足。色调的搭配,动静的协调,都表现了诗人艺术锤炼的匠心,而这匠心又不露一丝斧凿的痕迹。末尾的两行神来之笔,似信手拈来,却蕴藏着多少诗人艺术创造的苦心。 (孙玉石)

【诗人小传】

朱大枬

(1907—1930) 四川巴县(今重庆市巴南区)人。1921年就读于北京师范大学附中,曾与蹇先艾、李健吾组织曦社,出版不定期刊《爝火》。1924年入北方交通大学学习,同时在《现代评论》上发表诗作。1926年4月与徐志摩等共同创办《诗镌》。1927年参与创办《荒岛》半月刊,后又参与组织徒然社。1930年大学毕业不久病逝。诗作文字古奥,讲究格律,常含哲理,曲折而又隐晦地揭露黑暗现实。

加　煤

朱大枬

在倾壶狂饮的时候,
像车头里加进黑煤,
叫停滞的变为活跃,
叫感情掣思想狂飞。

我替你穷人们思量:
你骨头能称出几两?
就抖空钱袋买一醉,

分量再轻点也不妨。

趁空袋里没有臭钱,
意念里也没有顾惜,
恰像那轻便的火车,
好开足万匹的马力!

莫停在回忆的坟地,
去凭吊毁蚀的积尸;
不要进希望的空洞,
去梦想本来的充实。

驾驶到幻想的国度,
出现实苦恼的世界。
凭你全意志的主宰,
造一座象牙的楼台。

一霎眼,蛛网变流苏,
悬结满煌煌的金屋。
碧琅玕装上破窗槛,
潮湿墙幻作黄金柱。

绿泥杯看做翡翠镶,
黄豆焰闪放明珠光。
看影摇仙女的舞蹈,
听蟋蟀奏仙乐嘹亮。

叫繁华来掩灭荒凉,
叫欢愉来消融忧伤,

全任你恣情地骄傲，
享乐在幻想的天堂。

还不怕强暴的夺取，
也没有弱者的妒嫉：
尽耽乐幻想的仙乡，
用不着半点的猜疑。

偷巧同命运的宠儿，
没一点出汗的苦恼，
由你判自己的命运，
坐享这无尽的逍遥。

不动手就起座宫殿，
不动脚就爬上帝座：
只存在幻想的园里，
这不偿代价的极乐。

笑炼石补天的女神，
比填海的精卫更蠢：
看我们只灌进冷酒，
也填平不平的命运！

叫停滞的变为活跃，
叫情感掣思想狂飞，
在倾壶狂饮的时候，
像车头里加进黑煤。

一二，一〇，改稿

选自《灾梨集》，北平文化学社1928年版中国古代有不少文人学士如陶渊明、刘伶、李白等写了不少饮酒诗。因此本诗就题材而论并无独特之处，但诗人既没有借酒表现知识分子忧国忧民、怀才不遇，也没有借酒吐露年轻人情场失意。而本诗所要表现的主旨却是：穷人为什么愿意"抖空钱袋买一醉"。

诗的一、二、三节用火车加煤这个具有象征意义的形象来比喻穷人从饮酒中得到的魔力。接着一个大层次刻画了穷人借酒得到的满足。饮酒可以引领穷人走出"现实苦恼的世界"，驶进"幻想的国度"，这里穷困凄凉的现状将幻化成金碧辉煌的世界。诗中确切地用"坟地"来形容"回忆"，用"空洞"来描述"希望"，从而以一幅幅坟地积尸和山中空洞的可怕景象，劝诫穷人莫要沉湎于回忆和希望。因为对穷人来说，回忆既无用，希望之后便是失望。诗人认为倒不如耽于酒醉后的幻想世界，有时可以使人感到充实，用自己的意志来砌造象牙的楼台。对穷人来说，饮酒将使他们忘却人间的不平，在幻想的国度里受到尊重。这里用了两句并列的排句："不动手就起座宫殿"，"不动脚就爬上帝座"，渲染了这种幻想的偷巧，可以使穷人"没一点出汗的苦恼"，便"坐享这无尽的逍遥"。最后一小节又把第一节作了变奏处理：将原来的一、二与三、四诗句的位置颠倒，再一次强调和总结：狂饮之所以犹如加煤，就是因为能"叫停滞的变为活跃，/叫情感掣思想狂飞"。作为一个人，本来就应该好好生活，应该得到别人的尊重，可是穷人却只有在酒醉后幻想的国度里才能得到一时的满足。因此此诗不过是表面上的劝穷人狂饮、尽情享受，其意是在暴露了社会的卑污不平。所以，我们不能说此诗是反映了诗人精神的空虚和对纵欲的追求，而是曲折地揭示了那个时代穷困潦倒的知识分子和广大贫苦百姓相通的愁苦、愤懑的内心世界。

诗中成功地运用了反衬的手法。在第六、第七节中，"蛛网"与"流苏"，"碧琅玕"与"破窗槛"，"潮湿墙"与"黄金柱"，"绿泥杯"与"翡翠镶"，"黄豆焰"与"明珠光"，其间的反差非常强烈，诗人却偏将它们联结在一起，这是类似闻一多《死水》中那种化腐朽为神奇的手笔。第八节"叫繁华来掩灭荒凉，/叫欢愉来消融忧伤"，则运用了反讽的笔法。诗中越是将酒后出现的幻想世界描绘得如同仙乡一般，就越映衬出现实的阴暗与残酷。

（方仁念）

【诗人小传】

冯乃超

(1901—1983) 广东南海人,生于日本横滨。1923年毕业于日本第八高等学校理科,后入京都帝国大学学习。1926年起在《创造月刊》发表诗歌。1927年回国,成为创造社后期主要成员。1929年与郑伯奇等组织艺术剧社。1930年参加中国左翼作家联盟的筹建工作,后任第一任党团书记。1931年任中国左翼文化总同盟党团书记,党刊《红旗报》编辑。抗日战争爆发后,任国民政府军事委员会政治部第三厅内的中共特支书记,并参加《抗战文艺》编辑工作。1938年倡导诗歌朗诵运动。抗日战争胜利后曾任国共谈判中共代表团顾问。1946年到香港,从事文艺界统一战线的领导工作。新中国成立后历任人事部副部长、中山大学副校长、北京图书馆顾问等职。

残　烛

冯乃超

追求柔魅的死底陶醉
飞蛾扑向残烛的焰心
我看着奄奄垂灭的烛火
追寻过去的褪色欢欣

焰光的背后有朦胧的情爱
焰光的核心有青色的悲哀
我愿效灯蛾的无智
委身作情热火化的尘埃

烛心情热尽管燃
丝丝的泪绳任它缠
当我的身心疲瘁后
空台残柱缭绕着迷离的梦烟

我看着奄奄垂灭的烛火

>梦幻的圆晕罩着金光的疲怠
>焰光的背后有朦胧的情爱
>焰光的核心有青色的悲哀
>
>选自《红纱灯》,创造社出版部1928年版

冯乃超的文艺生活是非常短促的;然而,他却为中国初期象征派诗歌点亮了一盏耀着朦胧感伤的"红纱灯",《残烛》就是这盏"红纱灯"明灭闪烁的一炷烛火。

《残烛》是首抒情诗。它以凄婉感伤的调子唱着诗人的心曲:爱情的痛楚与人生的哀愁。全诗四节可分为两个层次。第一层(第一节)可看作引诗,借灯蛾扑火之景生情。第二层(第二、第三、第四节)反复咏唱、抒情,表达了诗人宁为玉碎、不为瓦全的意愿:愿效灯蛾,化作尘埃。这里,诗人表现的并非真实的爱情,而是一部分知识青年寻求理想的内心悲苦和对美好与幸福目标的执著追求。与狭窄的抒情内容相比,《残烛》的真正魅力在于淡淡的哀愁上面浮动着的语言音节的美。诚如朱自清所说:"冯乃超氏利用铿锵的音节,得到催眠一般的力量,歌咏的是颓废,阴影,梦幻,仙乡。"(《中国新文学大系·诗集·导言》)的确,诗人注意给自己的情调找到一种富于音乐美的外形,十分讲究抒情格调的动听。

这首诗四节,十六句,不仅诗行整齐,而且注意押韵,遣词造句也追求和谐悦耳,努力在整齐的形式美中实现音乐美,使感伤的情调在动听的形式中传达出来。这是冯乃超突破李金髪象征诗过分自由散漫的局限,而对新诗艺术美的建设所作的有益的探求。从这首节奏和韵脚都很整齐协调的诗作中,我们可以看出诗人在学习象征派诗歌表现方法的同时,也有意吸取中国传统的民族诗歌对仗、炼字和注重声韵优美的特点。此诗体现了诗人在艺术表现上由摆脱旧体诗词的束缚而走向吸取旧体诗词的养分这一变化的倾向和痕迹。所有这一切,使得此诗没有其他象征诗作那样的晦涩和朦胧,而更多一些抒情意象的明朗和清丽。如诗的第二节:"焰光的背后有朦胧的情爱/焰光的核心有青色的悲哀/我愿效灯蛾的无智/委身作情热火化的尘埃。"朦胧的情调,象征的意象,还有"青色的悲哀"这样通感的语言观念搭配,都属于象征诗的特点,而灯蛾扑火这一核心意象和整首诗的抒情意境,又都有民族的艺术情趣和色彩。这种诗风特征与冯乃超身居扶桑,却自幼接近古典文学,读了大量中国古代文学书籍,深受中国古代诗歌的熏陶密不可分。

音色的美与民族的风韵正是冯乃超注入象征诗中的艺术养分。 (崔明芬)

苍黄的古月

冯乃超

苍黄的古月地平线上泣
氤氲的夜色浥露湿
漫着野边有暮烟
掩我心头有忧郁

矗立的杉林默无言
睡眠的白草梦痕湿
惆怅的黄昏色渐密
　　沉重的野烟
　　沉重的忧郁

　　日暮的我心
　　浓冬将至的我心
　　夕阳疲惫的青光幽寂
　　给我黑色的安息

　　黑色的安息
　　黑色的安息
　　疲惫的心头压逼

苍黄的古月地平线上泣
氤氲的夜色浥露湿
夕阳的面色苍白了
　　沉重的野烟
　　沉重的忧郁

选自《红纱灯》,创造社出版部1928年版

20世纪20年代中期,由浪漫主义走向象征主义创作道路的冯乃超,努力追

求法国象征派诗人所提倡的音与色结合的"纯粹的诗"。他的诗作不仅讲究语言音节的美感,而且注重色彩的象征与丰富。《苍黄的古月》便是一幅色彩美的画卷。

这首诗用沉重的笔调抒写了古月的苍黄,"我"心头沉重的忧郁,表达了诗人对社会没落、文化衰微的哀伤。诗人忧伤的心境是通过富于色彩感的语言和意象显露的。他吟唱"苍黄的古月在地平线上泣/氤氲的夜色浥露湿",他歌咏"睡眠的白草梦痕湿/惆怅的黄昏色渐密",他哀唱"夕阳的面色苍白了"。这些富于色彩感的诗句加强了诗人抒情形象的鲜明性和感情色彩的浓重性。而这些色彩,又与初期白话诗不同,它没有郭沫若诗中那种强烈的光和热。诗人运用的是象征派诗歌观能交错搭配的方法,使视觉的色彩感与听觉的音感和嗅觉的味感交叉连接构成形象,如"夕阳疲惫的青光幽寂/给我黑色的安息",这样,就达到了以浓重色彩来加强形象新奇的艺术效果。无怪朱自清说冯乃超"诗中的色彩感是丰富的"(《中国新文学大系·诗集·导言》)。

在丰富的色彩变化中,全诗还有比较一致的色彩趋向——"苍黄""苍白""青光""黑色",这种深暗的色调是这首诗,甚至是冯乃超所有象征诗的主调。这一色彩追求,不仅折射了象征派诗人的美学崇尚,还反映了诗人虽然对黑暗的社会现实充满厌恶和敌意,但又总是在一个相对狭小、相对封闭的艺术空间里进行咏唱,显得虚弱、颓丧和无能为力。虽然这种色调有时作为一种"底色",或许能把其他色彩反衬得更加艳丽、鲜亮;然而,在整体的诗歌绘画中,难免留下一些"病态美"的暗影。当然,话说回来,冯乃超诗作中那丰富的色彩感,仍然为中国诗歌"诗中有画"这一艺术传统的发展提供了弥足珍贵的经验。

(崔明芬)

戴望舒

【诗人小传】

(1905—1950) 原名戴梦鸥,浙江杭县(治今杭州)人。早年就读于上海震旦大学。1922年开始诗歌创作。1926—1927年,和戴克崇(苏汶)编辑《璎珞》旬刊和《无轨列车》月刊。抗日战争爆发后南下香港,任《星岛日报》《珠江日报》《大众日报》副刊主编。日军占领香港后被捕入狱。1949年3月到北平,任华北大学第三院研究室研究员。是30年代"现代派"的代表诗人之一,诗作注重意境的创造和语言的锤炼,讲究节奏和音乐性,追求一种朦胧的意象,有较强的艺术感染力。

雨　巷

戴望舒

撑着油纸伞，独自
彷徨在悠长，悠长
又寂寥的雨巷，
我希望逢着
一个丁香一样地
结着愁怨的姑娘。

她是有
丁香一样的颜色，
丁香一样的芬芳，
丁香一样的忧愁，
在雨中哀怨，
哀怨又彷徨；

她彷徨在这寂寥的雨巷
撑着油纸伞
像我一样，
像我一样地
默默彳亍着
冷漠，凄清，又惆怅。

她静默地走近
走近，又投出
太息一般的眼光，
她飘过
像梦一般地，
像梦一般地凄婉迷茫。

像梦中飘过
一枝丁香地,
我身旁飘过这女郎;
她静默地远了,远了,
到了颓圮的篱墙,
走尽这雨巷。

在雨的哀曲里,
消了她的颜色,
散了她的芬芳,
消散了,甚至她的
太息般的眼光,
丁香般的惆怅。

撑着油纸伞,独自
彷徨在悠长,悠长
又寂寥的雨巷,
我希望飘过
一个丁香一样地
结着愁怨的姑娘。

选自《小说月报》1928年8月号

《雨巷》是戴望舒的成名之作。当时代理《小说月报》编辑的叶圣陶收到这首诗以后说这首诗替新诗的音节开了一个新的纪元,而戴望舒也因此得到了"雨巷诗人"的称号。这首诗中的"我",是一位沉醉于感情追求的青年,他常常孤身一人,彷徨在江南的悠长的雨巷,等待着一位姣好的姑娘,也许是这位姑娘的家就在雨巷的尽头,也许是她回家时必然要穿过这条小巷,冬去春来,日复一日,"我"又穿行在小巷之中了,除了春雨打在油纸伞上的声音之外,雨巷是显得那样的寂寥、凄清,更触人愁思的是"我"希望逢着的这位姑娘又偏偏结着愁怨,她家的篱墙颓圮了,莫非她也受到了命运的打击?惆怅、凄清、太息、迷茫,不过她没有颓唐,没有乞求,她仍然是那么妩媚动人,显得高洁而孤傲,诗人在这里坚持了对于人的尊严和生命力的追求。诗人拿丁香来比喻姑娘显然寓有深意。我国古诗里有好些吟咏丁香的名句:"丁香空结雨中愁","丁香体柔弱,乱结枝犹坠","芭蕉不展丁香结,同向春风各自愁",等等。丁香开花在仲春时节,诗人们对着丁香往往伤春,说丁香是愁品。丁香花白色或紫色,颜色都不轻佻,常常赢得洁身自好的诗人的青睐。总之,丁香是美丽、高洁、愁怨三位一体的象征,不过丁香姣好,却又容易凋谢。丁香一样的姑娘,即做着脆弱的梦的姑娘,她的愁怨恐怕也少不了吧?在"我"的长久的期待中,姑娘终于来了:"她静默地走近","像我一样"——看来两颗心灵已经接近于互相理解了,然而又终于从身边飘然而过,令"我"失望,"又投出/太息一般的眼光",两人的距离又重新拉开。这两位彷徨者都得了同一种抑郁病,因而同病相怜;然而又正因为病症相同,不可能互相拯救,只得分手。他们就是这样既彷徨,又在彷徨中追求着,追求着……

  从诗的更深的象征性意蕴看,这首诗中的姑娘形象其实就是诗人的理想。他的彷徨求索,就是为了寻找姑娘——理想。姑娘出现了,但是她的步履,她的颜色,连同她的太息与惆怅,莫不带有可望而不可即——执著追求但又无法把握的象征意味。诗人就这样表达了他追求美好理想的信念是徒劳的那种孤苦心情。在《雨巷》里,姑娘的形象带有悲剧色彩;抒情主人公——游子的形象(孤独的游子形象贯穿在戴望舒的全部作品中)也带有悲剧色彩。他的追求是那样高洁,带着理想化的色彩,他所期待的姑娘,心灵是美丽的,外表是妩媚的。不过,这样的姑娘实在太难找到。因此,在理想主义的期望面前,他总是困惑的,怀有一种气质性的悲剧感。

  戴望舒熟读法国诗人魏尔伦的作品,就多愁善感的气质说,他也接近魏尔伦。魏尔伦《无言的歌集》表达了巴黎公社失败后不知所措的知识分子苦闷沮丧的情绪和精神状态,其基调是对于诗人的理想和他周围的肮脏生活相脱节的悲剧感。戴望舒这首诗表现了从五四运动中激昂地飞腾起来的理想,同淹没于血泊之中的1925—1927年大革命现实相脱节的悲剧感。他的诗虽然不是反抗和战斗的诗,但也不是屈辱和忍受的诗。人和理想,惶惶不安的人和无法实现的理想这个悲剧主题蕴涵有时代的特征。

  《雨巷》是一篇重象征重暗示的抒情诗。戴望舒把感情放在第一位,然而他使用暗示的方法,尽可能使这种感情隐蔽一些,朦胧一些,设法将真事隐去。《雨巷》虽也有象征派的感觉的不可捉摸,内心状态的飘忽不定,形象的模糊朦胧等特点,但它不带有某些象征派的神秘意味,它叫人看得懂,有真挚的感情做骨子,有古典派的内容,很少架空的感情,铺张而不虚伪,华美而有法度。我们推测,《雨巷》这首诗,它的被隐蔽在"想象"里面的"真实",可能是诗人的一段感情际遇,在这段生活中的感情体验成了诗的骨子。诗里大概多少还保留了一些真事的影子和细节,但时间、地点和情况也许都面目全非了。《雨巷》的悲剧感和孤独感,是通过悠长寂寥的雨巷,颓圮的篱墙,冷冷的哀怨的蒙蒙细雨等环境渲染和游子对丁香一样的姑娘的期待的描绘来暗示的。一切都没有说穿,没有点透,然而我们懂了,感觉到了。正因为诗人没有把诗的意义限定在一个层面上,我们从诗领会的东西才更多了。

诚如叶圣陶所说,《雨巷》在音乐性方面也具有突出的成就。全诗共七节,每节六行,每行长短不等,押韵的位置错综变化,常用首语重叠,加上奇特的字句组合,似断实连的分节跨行,使得全诗回荡着一种深沉的优美的旋律,细腻而传神地暗示了诗人低回而迷茫的心境。

(蓝棣之)

断　　指　　　　　戴望舒

在一口老旧的、满积着灰尘的书橱中,
我保存着一个浸在酒精瓶中的断指;
每当无聊地去翻寻古籍的时候,
它就含愁地勾起一个使我悲哀的记忆。

这是我一个已牺牲了的朋友底断指,
它是惨白的,枯瘦的,和我的友人一样;
时常萦系着我的,而且是很分明的,
是他将这断指交给我的时候的情景:

"替我保存这可笑可怜的恋爱的纪念吧,
在零落的生涯中,它是只能增加我的不幸。"
他的话是舒缓的,沉着的,像一个叹息,
而他的眼中似乎含着泪水,虽然微笑在脸上。

关于他"可笑可怜的恋爱"我可不知道,

我知道的只是他在一个工人家里被捕去；
随后是酷刑吧，随后是惨苦的牢狱吧，
随后是死刑吧，那等待着我们大家的死刑吧。

关于他"可笑可怜的恋爱"我可不知道，
他从未对我谈起过，即使在喝醉酒时。
但我猜想这一定是一段悲哀的事，他隐藏着，
他想使它随着截断的手指一同被遗忘了。

这断指上还染着油墨底痕迹，
是赤色的，是可爱的光辉的赤色的，
它很灿烂地在这截断的手指上，
正如他责备别人懦怯的目光在我心头一样。

这断指常带了轻微又粘着的悲哀给我，
但是这在我又是一件很有用的珍品，
每当为了一件琐事而颓丧的时候，
我会说："好，让我拿出那个玻璃瓶来吧。"

选自《无轨列车》1928年第7期

戴望舒1923年进上海大学学习时接触了不少革命志士，在大革命时期加入共产主义青年团，1927年2月遭拘捕，经保释后又遭通缉，遂先后避居杭州与松江。"断指"的主人，可能是在这大拘捕中惨遭杀害的；而这断指，竟成了他的唯一"遗物"，由诗人极其怜惜地保存在书橱中。

经历了大革命后的动荡，诗人与当时许多进步青年一样，陷入了深深的苦闷之中。和《断指》差不多同时完成的《雨巷》，就传达出诗人此时苦于人生之途坎坷的心境。所以这首诗就不能不溢露出忧郁感伤的情绪，尤其是面对这惨不忍睹的断指的时候。然而，或许是太伤感与忧郁反而有辱于友人的光彩，或许是他心里此刻还散溢着投入大革命洪流的余热，因而这首诗的整个情感基调是悲壮而非悲哀的，是动情而非抑郁的。可以说，这首诗不仅在戴望舒的同期作品乃至全部作品中，而且也在当时那个特定的时代氛围里诞生的作品中，具有难能可贵

的精神质素和风格。对于这首诗的题材,本来是完全可以处理成如传统诗歌里那种一唱三叹的格调的,尤其是诗人此时正处在未脱传统影响的"雨巷"时期;然而诗人并未如此做,诸如,"关于他……""我猜想……""随后是……"等句式,舒缓、平稳,甚至有点冷静,似乎有意地要冲淡些伤感而增添些深沉与庄重;至于断指上染着的赤色的墨迹的细节描绘,当诗人为琐事颓丧时用这种珍品以自勉的坦诚的表白等等,更将诗的境界推到新的高度。

  这首诗以友人的断指作为抒情对象和贯串线索。断指,作为诗人在情感上极其珍重的纪念物,和作为诗的主要情感载体,两者之间显得十分的不协调;因为,以"丑陋"的断指(至少其具象是不美的)作为抒发友人圣洁的情操的客观对应物,似乎缺乏一种共通的媒介。不过,现代派诗处理这类棘手的题材有其特殊的手段。从波德莱尔的《恶之花》开始,象征派诗人似乎擅长在别人以为美的地方见到丑,而在别人以为丑的地方见到美。闻一多的《死水》是突出的一例。当然,闻一多是反其意而用之,并非真的赞美一潭死水。如果说,《死水》的手法恰到好处地讽刺了腐败的社会,是因为"死水"与腐朽的社会之间有共同的实质,那么,断指所对应的却不是诗人所要鞭笞的,而是要颂扬的,这就为这首诗的成功设置了障碍。倘若断指描绘处理得过火,难免引发心理上的不舒服;过浅,无疑便失去了意境开掘的主要客观依据。当然,一旦冲破这道障碍,它的成功也就具有创造性的收获。诗人巧妙地作如下结构的精心安排:在开头,不得不对断指加以介绍的时候,仅用"惨白的,枯瘦的"一笔掠过。诗人唯恐这般描写也会引起一连串的血淋淋的场景的联想,马上笔锋一转,将情感流向导入"是他将这断指交给我的时候的情景"之中,通过场景转换而带动了情绪的转换。于是,我们面对的就不是一具血尸,而是一尊"复活"的、活生生的英雄铜像;接下来,诗人不停地在对友人的生前事迹的记忆与诀别时那一幕之间穿插跳跃,似乎断指犹存,友人长在,断指不再是血肉之躯的一部分,而是友人的整体、化身,是他精神风貌的象征。于是,从断指上看到的就不仅仅是血,更有友人的活生生的存在。尤其是当友人说"替我保存这可笑可怜的恋爱的纪念"的时候,诗人将断指与友人这一深深地藏在心底的崇高的心愿托付于诗人的情景交织融汇在一起的时候,友人的心境立刻被推到了一个圣洁的境界,感人肺腑,催人泪下!

  此诗开始走出讲究韵律的《雨巷》型格局而接近于口语化的《我的记忆》的方向,这种接近于口语化的节奏与诗的特定的人物语言环境与情景也是吻合的。

(张 新)

古 神 祠 前　　　　　　　　戴望舒

古神祠前逝去的
暗暗的水上，
印着我多少的
思量底轻轻的脚迹，
比长脚的水蜘蛛，
更轻更快的脚迹。

从苍翠的槐树叶上，
它轻轻地跃到
饱和了古愁的钟声的水上，
它掠过涟漪，踏过荇藻，
跨着小小的，小小的
轻快的步子走。
然后，踌躇着，
生出了翼翅……

它飞上去了，
这小小的蜉蝣，
不，是蝴蝶，它翩翩飞舞，
在芦苇间，在红蓼花上；
它高升上去了，
化作一只云雀，
把清音撒到地上……
现在它是鹏鸟了。
在浮动的白云间，
在苍茫的青天上，
它展开翼翅慢慢地，

作九万里的翱翔,
前生和来世的逍遥游。

它盘旋着,孤独地,
在迢遥的云山上,
在人间世的边际,
长久地,固执到可怜。

终于,绝望地
它疾飞回到我心头
在那儿忧愁地蛰伏。

选自《望舒诗稿》,上海杂志公司1937年版

《古神祠前》作为一首象征诗,其主旨通常是隐藏在象征型结构中的,即诗一开头那句"古神祠前逝去的……我多少的思量"中未明言的"思量"。而"思量"即主体情感便隐藏在由水蜘蛛(蜉蝣)、蝴蝶、云雀、鹏鸟这样一些主体情感的"客观对应物"串连起的叙事,以及所有这些物象的特定时空背景"古神祠前"之中。当然,仅仅这些还不够,因为正如朱自清所形容的那样,这些象征的"客观对应物"即意象,就像是一颗颗珍珠,"读者需要自己把珠子串起来"才能解读其真义。

为了便于对接下来的"思量"发展轨迹的理解,我们有必要先假设性地解读"古神祠"的象征含义。它可能是象征一种信仰、理想和希望;也可能是象征一种思想、社会因素等等的戒律;或者是象征人生的命运。当然更可能是多种因素的不同程度的合力。

第一节,"思量"是应该作理想与希望来解读的。它被悄悄地置换为印在"暗暗的水上"的"轻轻的脚迹",这是一个非常符合规定场境的优美、贴切的比喻,更重要的是,通过这种置换,"思量"的轨迹才真正而自然地潜入到第一个意象——"水蜘蛛"的"脚迹"上。第二节,由"水蜘蛛"一系列诸如"跃到""掠过""跨着""踌躇着"等等带动感的行为属性,非常细腻而感性地寓意了"思量"初生时激起的小小波澜。

接下来,水蜘蛛依次在蝴蝶、云雀、鹏鸟这一递进式蜕变链上发展,我们看到,这些意象属性是由弱而强、由地入天,对应的是"思量"向度的逐渐深广与高远。同样,通过这些意象具体的、色彩斑斓的行为属性,进一步展示了象征主体

"思量"的丰富内涵。其中由蝴蝶与鹏鸟引发的,取自庄子的"庄周梦蝶"和"大鹏"典故的联想,强化表达了诗人追求自由幸福理想的志向。

但是,高处不胜寒。在"人间世的边际""作九万里的翱翔"的鹏鸟却深感孤独与可怜。终于,绝望地"回到我心头""忧愁地蛰伏"。"思量"又回到了原点。值得注意的是,诗人这里悄悄地嵌入了一个《枕中记》的典故。诗人自嘲自己像《枕中记》里的卢生,难逃"黄粱美梦"的命运。

联系"古神祠"的背景暗示,"前生和来世的逍遥游"的情景,诗歌还透露了一个容易被忽略的信息,即佛教的六道轮回思想。这六道对应的诗歌意象的轨迹是:我(思量)→水蜘蛛(蜉蝣)→蝴蝶→云雀→鹏鸟→我(心头)。这六道的轨迹清楚表明了诗人的绝望情绪:人生命运是早就命定的,人生始终处在一种希望之火由生而灭的轮回的绝望之中,只能在神秘力量(即"古神祠")的支配下,做"前生和来世的逍遥游"的游戏而已。这首诗把"珍珠串连"的象征架构方法与潜在的六道轮回思想的轨迹巧妙地结合起来,诗绪波涛起伏,意象纵横捭阖,形象丰富,意境深远。

(张　新)

我 的 记 忆　　　　戴望舒

我的记忆是忠实于我的,
忠实甚于我最好的友人。

它生存在燃着的烟卷上,
它生存在绘着百合花的笔杆上,
它生存在破旧的粉盒上,
它生存在颓垣的木莓上,
它生存在喝了一半的酒瓶上,
在撕碎的往日的诗稿上,在压干的花片上,
在凄暗的灯上,在平静的水上,
在一切有灵魂没有灵魂的东西上,
它在到处生存着,像我在这世界一样。

它是胆小的,它怕着人们的喧嚣,
但在寂寥时,它便对我来作密切的拜访。

它的声音是低微的,
但它的话却很长,很长,
很长,很琐碎,而且永远不肯休:
它的话是古旧的,老讲着同样的故事,
它的音调是和谐的,老唱着同样的曲子,
有时它还模仿着爱娇的少女的声音,
它的声音是没有气力的,
而且还挟着眼泪,夹着太息。

它的拜访是没有一定的,
在任何时间,在任何地点,
时常当我已上床,朦胧地想睡了;
或是选一个大清早,
人们会说它没有礼貌,
但是我们是老朋友。

它是琐琐地永远不肯休止的,
除非我凄凄地哭了,
或者沉沉地睡了,
但是我永远不讨厌它,
因为它是忠实于我的。

选自《我的记忆》,水沫书店1929年出版

这首写于1927年大革命失败后的诗作,显示了那时代相当一批敏感和诚实的青年诗人的一种心态,现实的黑暗一度使他们感到不满,然而又无力去抗争,终于陷入苦闷之中,渐渐对现实采取回避的态度。

当诗人在现实世界感到苦闷与寂寞的时候,自我的"记忆"世界自然便成了唯一可以自由主宰的领地,得以从中寻找精神慰藉的避风港和忠实于诗人的"最好的友人",如果我们将诗人记忆的碎片重新爬梳组合,那么就会看到这样一个世界:在宁静的书斋里,书桌上放着"喝了一半的酒瓶",烟缸上搁着"燃着的烟卷",纸篓里扔进了刚"撕碎的往日的诗稿",诗人捏一支"绘着百合花的笔杆",凝

思的目光投射在还散发出余香的"压干的花片"下的稿笺上……这个世界或许正是诗人正在生活着的现实世界,"像我在这世界一样";或许是诗人所希冀的一种梦境,一种幻觉。然而,现实世界也罢,梦幻世界也罢,总之是企望回避现实而在诗艺中寻找出路的一路人的理想世界。戴望舒以自己手造的墙、编织的网将自己与外部世界隔绝开来,以求得心境的清净。

不过,记忆世界毕竟还是诗人昨日的现实世界;因此诗人事实上不能根本摆脱现实世界的困惑。尽管诗人力图用记忆的筛子精选他喜爱的事实,沉湎于"古旧的""同样的故事"与"和谐的""同样的曲子"之中,不让苦闷与寂寞的记忆有时间的空隙乘虚而入。但是,诗人毕竟意识到这是不可能的。这种令人片刻愉悦的记忆太脆弱了,特别在面对狰狞的现实的时候:它"胆小"、怕"喧嚣",它的声音是"低微的""没有气力的",甚至还"挟着眼泪,夹着太息"。诗人从现实世界退居到记忆世界,终于发现记忆世界同样充满着冲突与不安宁;在那里,真善美同样如"爱娇的少女"在面对狰狞的魔鬼的时候无力抗争,仅有叹息。诗人的忧郁、感伤的情绪在层层渲染与铺垫之中得到了宣泄。

这首诗承接了在《雨巷》里就已露端倪的通过意象、情绪和节奏的自然流动以暗示个人哀愁的艺术手段,并扬弃了《雨巷》那种传统的一唱三叹的程式,用接近于口语的流畅节奏,在日常语言中提炼出适应于表达细微复杂情绪的意象语汇和现代感的意象营造手法,精确地传达出在《雨巷》里通常需借助于旧诗式的旋律来表现的那种委婉、清丽、玄幽的情绪基调。因此,这首诗通常被认为是戴望舒诗的现代派风味的起点。当然,这种现代派诗风不仅仅体现在诗人不再斤斤于凑韵脚而采用自由的句式,更体现在他所说的"诗是由真实经过想象而出来的,不单是真实,亦不单是想象"的创作态度。一般来说,象征诗都有朦胧性,这是因为象征是一种"隐"。也就是说诗人的意念是隐蔽在意象之中。"隐"这种消极的防御特点对既要宣泄又无力抗争现实的诗人尤具吸引力。李金髪写"梦",戴望舒写"记忆",都是力求对现实保持一种"距离"。是一种"taboo(沓布)效应"(意为对宗教、习俗、政治势力的戒律的应变能力)。

同时,"记忆"与现实的"间接性"也正好符合诗人这样一种创作意趣:"在诗作里泄漏隐秘的灵魂,然而也只是像梦一般地朦胧的。从这种情境,我们体味到诗是一种吞吞吐吐的东西,术语地来说,它底动机是在于表现自己与隐藏自己之间。"(杜衡《〈望舒草〉序》)不过,戴望舒并不满象征诗的神秘性,他认为诗必须以真实的情感做骨子,因此,这首诗表现情感的方式尽管十分奇特甚至朦胧,然而真挚的情绪脉络流向仍然是不模糊的。这样,由"记忆"带动的意象组合具有某种"间接性";这种间接性避免了情感的直露,它使情感经历起伏反复而获得更为强烈的程度。

(张　新)

深闭的园子　　戴望舒

五月的园子
已花繁叶满了,
浓荫里却静无鸟喧。
小径已铺满苔藓
而篱门的锁也锈了——
主人却在迢遥的太阳下。
在迢遥的太阳下
也有璀灿的园林吗?
陌生人在篱边探首
空想着天外的主人。

选自《现代》1932年11月第2卷第1期

作为中国深受西方现代艺术思潮影响的诗人,戴望舒的诗作被公认为代表了20世纪30年代象征主义的最高成就。象征主义诗歌不满现实主义、浪漫主义诗作等对外在世界的模仿,转而追求内心所谓的真实,其诗学原则和传统诗学有明显的断裂。它要求的是一种整体性的象征,强调通过隐喻、暗示等手段赋予艺术本体多重的意义。因此,在解读类似戴望舒这种象征主义诗作的时候,切忌机械式的理解。

这首诗和戴望舒早期的一些诗作不同的是,这首诗的象征主义气息和特色都更加明显,在一个侧面写出了现代人深深的疲惫和寂寞的心理,表露的是现代人的现代情绪。众所周知,现代主义诗人T.S.艾略特的《荒原》曾经给世界文坛带来一股强烈的荒原意识,对中国的一些诗人也产生了明显的影响,戴望舒的这首《深闭的园子》一定意义上也可以看作这种荒原意识的表现。诗作的开头用了十分简洁的诗句为人们营造出一种寂静的艺术世界:在初夏的五月,一处废弃的园子里却花繁叶茂、浓荫遮蔽,安静充满了诗意。大自然流露的是一番盎然的勃勃生机。然而与这种大自然的旺盛形成对照的是,这里的园子却许久没有人住,因而也就失去了真正的生命。我们看到了另一番荒凉而冷清的场景:"小径已铺满苔藓/而篱门的锁也锈了——/主人却在迢遥的太阳下。"这里的描写是具象化的,作者用了"苔藓""篱门""锁也锈了"等词句烘托出的是一个荒芜的世界,这里的主人已经离开了很久很久。这种荒原意象的出现显然带有强烈的暗示和象征色彩,表达的正是现代人面对日益紧张的社会和现实所表现出的茫然不知所措的心境。

诗歌最后两节的意义令人费解,人们历来众说纷纭。其实,对于象征主义诗歌的艺术原则来说,它的出现本身就是对现实主义、浪漫主义等传统文学观念进行反驳和颠覆,因此我们完全没有必要非要搞清楚每一句甚至每一个词的含义。梁宗岱曾说:"当一件外物,譬如,一片自然风景映进我们眼帘的时候,我们猛然感到它和我们当时或喜,或忧,或哀伤,或恬适的心情相仿佛,相逼肖,相会合。我们不摹拟我们底心情而把那片自然风景传达心情的符号,或者,较准确一点,把我们底心情印上那片风景去,这就是象征。"(《诗与真·象征主义》)假如用这种观点来理解和对照,一些人把"迢遥的太阳"寓意为作者向往光明就很有点先入为主了,未免夸大了作者的先知先觉。也许,把"迢遥的太阳"想象为一种异质的文化也许更恰当些。因为从诗作的前两节来看,它所出现的"浓荫""小径""篱门"等都是中国传统文化的象征,而这些传统文化在近代西方文化的冲击下出现了衰败的情形,这在 20 世纪 30 年代戴望舒、路易士、刘呐鸥、穆时英等人的身上是很突出的。从更深的意义来讲,此诗可以看作诗人当时追求西方现代文化的心迹。

(文学武)

我用残损的手掌　　　　　　戴望舒

我用残损的手掌
摸索这广大的土地:
这一角已变成灰烬,
那一角只是血和泥;
这一片湖该是我的家乡,
(春天,堤上繁花如锦障,
嫩柳枝折断有奇异的芬芳)
我触到荇藻和水的微凉;
这长白山的雪峰冷到彻骨,
这黄河的水夹泥沙在指间滑出;

江南的水田,你当年新生的禾草
是那么细,那么软……现在只有蓬蒿;
岭南的荔枝花寂寞地憔悴,
尽那边,我蘸着南海没有渔船的苦水……
无形的手掌掠过无限的江山,
手指沾了血和灰,手掌粘了阴暗,
只有那辽远的一角依然完整,
温暖,明朗,坚固而蓬勃生春。
在那上面,我用残损的手掌轻抚,
像恋人的柔发,婴孩手中乳。
我把全部的力量运在手掌
贴在上面,寄与爱和一切希望,
因为只有那里是太阳,是春,
将驱逐阴暗,带来苏生,
因为只有那里我们不像牲口一样活,
蝼蚁一样死……那里,永恒的中国!

1942年7月3日
选自《灾难的岁月》,星群出版社1948年版

1941年12月15日,香港英国当局向日本侵略军投降。日军占领香港后,大肆搜捕抗日分子。1942年春,戴望舒也被日本宪兵逮捕入狱。在狱中,他受尽酷刑的折磨,但他并没有屈服。在牢狱里他写了几首诗,《我用残损的手掌》就是其中的一首。

据冯亦代回忆:"我昔日和他在薄扶林道散步时,他几次谈到中国的疆土,犹如一张树叶,可惜缺了一块,希望有一天能看到一张完整的树叶。如今他以《残损的手掌》为题,显然以这手掌比喻他对祖国的思念,也直指他死里逃生的心声。"(《香港文学》1985年2月号)

这首诗,可分为两个部分。第一部分表现对祖国命运的深切关注:虽然自己的手掌已经"残损",却仍然要摸索祖国"广大的土地",触到的只是"血和灰",从而感觉到祖国笼罩在苦难深重的"阴暗"之中。第二部分写诗人的手终于摸到了"那辽远的一角",即"依然完整",没有为侵略者所蹂躏的解放区,诗人对这块

象征着"永恒的中国"的土地,发出了深情赞美。描写沦陷区阴暗,从实处着笔,用一幅幅富有特征的小画面缀连。抒写解放区的光昌明丽,侧重于写意,用挚爱和柔情抚摩,加之一连串亲切温馨气息的比喻,使诗章透现出和煦明媚的色彩。可以说这首诗既是诗人长期孕育的情感的结晶,也是他在困苦抑郁中依旧保持着的爱国精神的升华。

在艺术手法上,这首诗并不回避直接抒发和对事物进行直接评价的陈述方法,但思想情感的表达,主要还是通过形象的构成来实现。运用幻觉这种虚拟手法是创作这首诗的主要手法。诗人在狱中,想象祖国广阔土地好像就在眼前,不仅可以真切地看到它的形状、颜色,而且可以感触到它的冷暖,嗅到它的芬芳,这种幻觉的虚拟,强烈地表现了诗人对祖国的深挚的情感。诗人在虚拟性的总体形象之中,又对现实事物作了直观式的细节描绘:堤上的繁花如锦障,嫩柳枝折断发出的芬芳,以及长白山的雪峰,夹着泥沙的黄河,岭南的荔枝花等。这一些细节描绘正透露了诗人对祖国的眷恋、热爱之情,以及对祖国所遭受的沉重灾难所产生的哀痛。值得注意的是,在直观式的细节描绘之中,诗人还运用"虚拟性想象"的手法:触到水的"微凉",感受到长白山的"冷到彻骨",黄河水"夹泥沙在指间滑出",都是直观式描绘中存在的想象与虚拟,是诗的开头"我用残损的手掌摸索"这一幻觉的具体化。至于写到蘸着"没有渔船的苦水","手指沾了血和灰,手掌粘了阴暗",以及在写到对解放区的热爱时,说手掌轻抚"像恋人的柔发,婴孩手中乳",则是在想象性的虚拟中,结合着隐喻和明喻。尤其是"像恋人的柔发,婴孩手中乳"这一比喻的恰切,包含的感情的丰富性,一再受到人们的称赞。

(洪子诚)

过 旧 居　　　　戴望舒

这样迟迟的日影,
这样温暖的寂静,
这片午饮的香味,
对我是多么熟稔。

这带露台,这扇窗,
后面有幸福在窥望,
还有几架书,两张床,

一瓶花……这已是天堂。

我没有忘记：这是家，
妻如玉，女儿如花，
清晨的呼唤和灯下的闲话，
想一想，会叫人发傻；

单听他们亲昵地叫，
就够人整天地骄傲，
出门时挺起胸，伸直腰，
工作时也抬头微笑。

现在……可不是我回家的午餐？……
桌上一定摆上了盘和碗，
亲手调的羹，亲手煮的饭，
想起了就会嘴馋。

这条路我曾经走了多少回！
多少回？……过去都压缩成一堆，
叫人不能分辨，日子是那么相类，
同样幸福的日子，这些孪生姊妹！

我可糊涂啦，是不是今天
出门时我忘记说"再见"？
还是这事情发生在许多年前，
其中间隔着许多变迁？

可是这带露台，这扇窗，
那里却这样静，没有声响，

没有可爱的影子,娇小的叫嚷,
只是寂寞,寂寞,伴着阳光。

而我的脚步为什么又这样累?
是否我肩上压着苦难的岁月,
压着沉哀,透渗到骨髓,
使我眼睛朦胧,心头消失了光辉?

为什么辛酸的感觉这样新鲜?
好像伤没有收口,苦味在舌间。
是一个归途的设想把我欺骗,
还是灾难的岁月真横亘其间?

我不明白,是否一切都没改动,
却是我自己做了白日梦,
而一切都在那里,原封不动:
欢笑没有冰凝,幸福没有尘封?

或是那些真实的岁月,年代,
走得太快一点,赶上了现在,
回过头来瞧瞧,匆忙又退回来,
再陪我走几步,给我瞬间的欢快?
　　　　……………………
有人开了窗,
有人开了门,
走到露台上——
　　一个陌生人。

生活,生活,漫漫无尽的苦路!

咽泪吞声,听自己疲倦的脚步:
遮断了魂梦的不仅是海和天,云和树,
无名的过客在往昔作了瞬间的踌躇。

一九四四年三月十日
选自《灾难的岁月》,星群出版社 1948 年版

  电影艺术家爱森斯坦在阐述电影"蒙太奇"手法时曾说过,两个孤立的镜头剪辑在一起将产生两个镜头孤立时所不曾有的新含义。这句话的意思同样适合于诗歌。戴望舒的《过旧居》艺术上最大的特点就是巧妙地将战前和战乱中"旧居"的不同镜头剪辑在一起,于平淡的描述中透露出深沉的感情力量。
  第一个镜头是一幅温暖的天伦同乐图,诗人不惜笔力,用了整整五节来渲染那种温馨和幸福,"妻如玉,女儿如花",诗人在工作之后回来,迎接他的"有幸福在窥望"的家:虽然仅是一瓶花、两张床、几架书,但是,那灯下的情话,孩子的娇憨和亲昵,冒着诱人香气的茶水,那亲手调的羹,做的茶,不也就构成了人间最足以安慰的幸福和温亲?诗人用一种回忆,用一种设问、惊奇的语气向我们描述着这一切,于是,在貌似平常的语句中带上了脉脉的深情,散发出浓郁的诗味。
  第二个镜头展现给我们的就完全不同了。1939 年诗人的妻子自港返沪,从此一去不回,诗人赶到上海,渴望重圆,没有成功;返回香港后又遭日寇逮捕,受尽折磨。几年之后,诗人写了此诗,在他的笔下,再也"没有可爱的影子,娇小的叫嚷",露台依旧,门窗依旧,人却变了。他想象自己走上阳台,孤零零地站在那里,感觉仿佛是一个陌生人。诗中用的仍然是设问的语气,只是加了惊诧和怀疑在其中,显得沉痛、感伤。
  这首诗,前半章尽情渲染,后半章却像是戏剧中的幕后帮腔。一喜一悲,一闹一静,对比尤其鲜明。在诗歌韵律的安排上,前半章用的是缓慢平稳的格调,后半章却短小急促,显出了情绪、氛围的变化,这种随情绪的律动来安排诗行的手法,显示出作者的匠心。两个镜头接在一起,却并不是紧连着的,中间横亘着的是"灾难的岁月",以及随"灾难的岁月"而来的妻子的离异,这就使得诗末的感叹变得更为沉重和动人。
  抗日战争爆发以后,由于民族的忧患与个人的遭际,使戴望舒不能再心安理得地沉湎于"小我"的伤感,他的视野拓展了。即便还是感慨个人身世的题材,情感也较过去而深沉、凝重,现实性更强了。由时代和命运陶冶的诗人的现实态度也在一定程度上改变了他的一贯诗风。那种因奇丽的意象生成的朦胧、空灵的

气氛冲淡了,诗人更多地运用写生的方法来呈现其真实的情绪。例如写诗人与妻女在灯下闲话时,竟然痴痴地"发傻";写诗人听到妻女"亲昵地叫","出门时挺起胸,伸直腰",充满着骄傲;工作时也会情不自禁地发出由衷的甜笑。这种细腻的笔触,真是把一个充分享受到天伦之乐的温馨的家庭给写活了。这种真切的情感,细腻的刻绘的手法是诗人过去作品中所罕见的。

(屈小燕)

萧红墓畔口占　　戴望舒

走六小时寂寞的长途,
到你头边放一束红山茶,
我等待着,长夜漫漫,
你却卧听着海涛闲话。

选自《灾难的岁月》,星群出版社1948年版

此诗题作"口占",似乎是诗人在墓地即目所见,出口成章,没有经过长期的思索和酝酿。看过诗题,再看诗篇本身,短短四行,既无沉痛的语言,也不见泪水的痕迹,给人的印象并不强烈。倘若知道了诗人和被凭吊者萧红特殊而不幸的遭遇,那么就会另眼相看了。

萧红是我国著名的女作家,老家在黑龙江省呼兰县(今哈尔滨市呼兰区),她很早就从东北逃亡进关,辗转呼号,用自己的笔投入了抗日的洪流。令人无限惋惜的是,就在太平洋战争爆发之际,她因病而得不到正常的治疗,死在极度混乱中的香港。这位才华横溢的女作家壮志未酬,英年早逝,对于当时同样在香港坚持抗日的友人戴望舒来说,自然是一个极大的刺激,可是当时要埋葬萧红谈何容易,戴望舒"他们多方设法,托日本《朝日新闻》的一位记者,弄到一张证明,几个朋友,搞到一辆板车,自己拉着,走了六、七个小时,将萧红的遗体拉到了浅水湾埋葬"(杜宣《忆望舒》,《文学报》1983年8月18日)。浅水湾一带原来山明水秀,筑有不少别墅,萧红临死前曾在拍纸簿上向身旁友人写过这样的话:"我将与蓝天碧水永处,留得那半部《红楼》给别人写了。"(骆宾基《萧红小传》)可是到后来浅水湾的沙滩上只插了一块写有"萧红之墓"的木签。一抔黄土,四个大字,萧红生前是那样坎坷不幸,而身后又偏偏是那样寂寞、凄楚!

死者是如此,活者也是如此。戴望舒曾因宣传抗日而被日本宪兵投入监狱,受尽了折磨。出狱以后,原先在香港宣传抗日的大批作家和文化人经过党组织的帮助,早已纷纷离港潜返内地,戴望舒孤身一人,只好苦苦地、寂寞地等待、等

待……几年以后,到了1944年11月,诗人前来凭吊萧红墓。"走六小时寂寞的长途",诗篇缓缓而起,没有过头的形容和修饰,显得极其平实、自然,"六小时"说明时间之长,"长途"说明距离之远,"寂寞"既是诗人其时其地的实际感受,又是诗人长期以来心境的真实写照,推而广之,它又何尝不是萧红不幸的原因所在!第二行"到你头边放一束红山茶",为诗篇带来了一线亮色,萧红爱花,也常在作品中写到各式花卉,如今送上一束鲜艳的山茶花,不就是对死者最大的告慰?不就是萧红生前气质和风采的生动再现?再说,君子生前之交淡如水,死后得一束鲜花足矣,又何必他求?这才是真正的诗人的祭礼!

　　前人作绝句,很讲究第三行所起的转折作用,元人杨载说过一番精辟的话:"大抵起承二句固难,然不过平直叙起为佳,从容承之为是。至如宛转变化,工夫全在第三句,若于此转变得好,则第四句如顺流之舟矣。"(《诗法家数》)《萧红墓畔口占》在篇幅和结构方面同绝句很相近,它的第三句与"平直叙起"的第一、第二句不同,用了两个四言短句,在形式上起到了明显的顿挫作用,而从内容上看,和第四句合起来,更是具有多层转折的含义:"我"原是为凭吊而来的,为送花而来的,为此不避路途之遥,不惮时间之长,想不到一旦到了墓地却反过来情不自禁地想起了处于"等待"中的自己,这是第一层;"我"向往光明,等待胜利,可是四周却是"长夜漫漫"——形势仍然严峻,前途未容乐观,这是第二层;此时此地,"我"多么希望有人和自己谈心、对话啊,"你"原先不也是惯于向"长夜"抗争,在黑暗中苦苦"等待"着黎明吗?倘若"你"地下有知,想来当会和"我"有同感吧?这是第三层;可是"你"为什么"卧听着海涛闲话"?是在庆幸自己摆脱了黑暗的纠缠,走完了人生的旅途?还是在汹涌的海涛中终于听到了胜利的消息,安然地达观地"等待"着即将到来的一切?这是第四层。此外,读者也许还可以领悟到更多的意蕴。

　　总之,这不是一首普通的伤逝之作,它包含着真挚的怀念,深沉的感慨,对自己和友人的生命之旅的追索和反思。

(孙光萱)

【诗人小传】

胡也频

(1903—1931)　福建福州人。少年时代曾当过学徒、海军学校学生,后困居北京。1924年开始文学创作。1928年于上海从事编辑和出版工作。1930年在济南省立高中教书。同年回上海,参加中国左翼作家联盟,曾任执行委员等职务。1931年2月7日被国民党反动派杀害于上海龙华。

旷　　野

胡也频

我寻找未僵硬之尸骸迷了归路，
踯躅于黑夜荒漠之旷野。
凛凛的阴风飕动这大原的沉寂，
有如全宇宙在战栗、叹息。

飘荡的黯惨之磷光，
徘徊于墟墓边旁，
隐现出衣冠悖时之老鬼，
推开墓门，露出土色脸颊且作微笑。

我疾步向前，却误撞了枯树，
跌倒于沙砾作底之坑谷；
抚摸我身周围，
触着了冰冷的死人之胸脯。

为躲避这骷髅，我匍匐而进，
黑暗张大了嘴唇，吞噬我的清明：
呵，盼微明星光引我前行，
乃代以林间风声的嘲弄！

1926年夏
选自《胡也频诗稿》，四川人民出版社1981年版

　　胡也频早年对西方象征主义艺术有着强烈的兴趣，曾写下了不少有现代主义气息的诗作。无论在其作品的主题还是艺术形式上，《旷野》都堪称这方面的典范，把一个都市青年的彷徨、苦闷的世纪末情绪呈现在读者面前。
　　在19世纪后期的欧洲，由于人们普遍对现实世界深深不满却又找不到理想的出路，因而在知识界弥漫着浓厚的世纪末情绪，人们精神世界的颓废、消沉、迷茫的病态现象在很大程度上折射了现实的黑暗和压抑。一些敏感的艺术家更以惊世骇俗的反叛精神走向了象征主义，尤其是波德莱尔的《恶之花》

更开创了艺术的先河,他把"丑"与"恶"升华为艺术的"美",从而为现代社会中的人们宣泄不满情绪和病态心理开辟了道路,对世界文学也产生了巨大影响。20世纪20年代,中国社会也充溢着某种世纪末的病态情绪,特别在知识界更加明显,主要是部分青年在"五四"退潮后出现的迷茫和消沉,庐隐的《海滨故人》、丁玲的《莎菲女士的日记》等作品中都有表现。诗人李金髪、胡也频、冯乃超在作品中也纷纷模仿波德莱尔的诗风。诗作的开头诗人写出了一番恐怖、静寂而肃杀的场面:"我寻找未僵硬之尸骸迷了归路,/踯躅于荒原之旷野。/凛凛的阴风飚动这大原的沉寂,/有如全宇宙在战栗、叹息。""我",作为一个知识青年面对无边无际的黑暗感到极度的痛苦和恐惧,因为眼中看见的世界没有光明和鲜花,而是死一般的沉寂和黑暗。这荒漠的旷野,无疑是当时中国社会现实的象征。后面的诗句写自己在寻找光明的途中遇见了废墟坟墓中的"老鬼",撞见了"枯树"、跌倒在"坑谷"等等,当然都是带有强烈暗示意义的象征,可以理解为作者在寻觅人生未来途中遇见的种种坎坷、艰辛。然而即使处在这样的境遇中,作为一个热血青年,胡也频也没有妥协和屈服,决心继续走下去,那诗句中出现的"盼微明星光引我前行"就是作者热切的期盼,一个光明的世界就要出现。事实上,胡也频在自己的人生道路中经过痛苦的摸索最终找到了自己信仰的理想,并为之献出了宝贵的生命,履行了自己在这里发出的诺言。

这首诗最突出的地方还是它艺术形式上的象征主义。波德莱尔在《恶之花》的诗集中把"丑""恶"作为"美"的形式而加以运用。他曾说:"丑恶经过艺术的表现化而为美,带有韵律和节奏的痛苦使精神充满了一种平静的快乐,这是艺术的奇妙的特权之一。"他的诗句中往往出现"骷髅""坟墓""丑妇""腐尸"等意象。而胡也频的这首诗中屡屡出现的"荒原""旷野""废墟""坟墓""枯枝""僵尸""老鬼"等意象,几乎是对波德莱尔《恶之花》的模仿,它们出现在诗作中使诗歌在整体上具有象征主义所追求的朦胧美以及神秘色彩。当然,应该指出的是,这是胡也频早期创作阶段的作品,他和李金髪等人一样带有明显的照搬西方象征主义的痕迹,句式欧化的色彩较浓,当时的诗人还没有找到中西诗歌艺术融合的交汇点。

(文学武)

因我心未死

胡也频

因我心未死,
　复梦见这世纪的内幕:

技巧是无上的光荣,
恋爱须受金钱的抚摩。

衣冠楚楚之人儿,
全整容向权利作揖,
且不消一瞬的犹豫,
即能鄙视那万种贫困。

友谊等于死狗,
遗弃于荒邱之深壑;
惟有巧言与诌笑,
方是这人间之宝藏。

饱醉于物质之上,
吁,谁哀遍野死尸,遍地难民?
哭声与笑声混合,
我毒恶如是造成之人类。

选自《也频诗选》,红黑出版处 1929 年版

  这首诗写于 1929 年的革命低潮中。当时,中国上空堆满了乌云。同舟共济的战友,有的被杀,有的背叛,有的颓唐,有的隐逸,但更多的是从这血的教训中清醒过来。胡也频当是其中的一个。他的这首诗,可以说"并非由于革命的高扬,而是因为革命的挫折"(鲁迅语),蘸着血与泪凝就的沉思写成的,因而充满了冷峻、犀利的哲语,战斗无畏的光芒。

  《因我心未死》,此诗题便透出悲壮苍凉之感。敌人的屠刀虽然已使战友倒下,但无产者并未因此而泯灭斗争的热情。寒潮能使大地封冻,地下的岩浆仍在奔突,雪里的麦芽仍孕育着生机。革命者的信仰、理想、追求是敌人的恐吓与屠戮所不能摧毁的,反而在逆境中更加勃发和宏扬。雄心既在,希望既在,所以对"哭声与笑声混合"的世界的一切弊端才更看得真切,剖析得剔透。全诗对当时社会的黑暗、腐败进行了揭露与抨击。在这个社会里,没有真正的爱情,恋爱须受金钱的抚摩;没有友谊,友谊不过是遗弃于荒丘深壑的死狗。有的只是投机取

巧、谎言谄媚,权利下的奴颜婢膝,酒宴上的纸醉金迷。因此,诗人才在诗的结尾,愤怒地发出了"我毒恶如是造成之人类"的吼声。在民不聊生的当时,诗人说出了人民想说而未说出的话,喊出了久积于人民心底的声音,因此,诗中的"我",就不仅是诗人自己,而是代表了人民群众觉醒者的群体。这首诗,也成了无产阶级埋葬旧世界的檄文。

(颜廷奎)

秋　色　　　　　　胡也频

悲哀的颜色,
笼罩着瘦削的树枝,
如既往的失意之梦影,
流荡在我心头,隐隐约约。

低低叹息在生之疲乏中,
我凝睇于无数芦苇之颠沛,
呵,回忆旧情,
我的眼泪,如残叶上之坠露。

凄凉的寂寞的秋风,
恍惚地浮漾着我的青春之美;
这回忆之迷茫的力,
毁灭了我所有之微笑。

我的悲哀,如江边的乌云,
随旋风卷入淡漠之斜晖,
染上脱叶的树枝,
现出黯淡的秋之颜色。

选自《晨报副镌》1927年5月合订本第68期

在大多数人的印象中,胡也频是中国左翼文学的代表作家之一,作品充满了光明和激情,他本人也以自己的青春和生命实践了对革命的理想。但实际上早年的胡也频受象征主义诗人李金髪的影响很大,他早期写的不少诗作都有浓重的象征主义的影子,调子哀伤、朦胧,这首《秋色》就是这方面的典型。

  在20世纪20年代初期,也就是在大革命爆发之前的一段时间,不少青年都在寻求自身的理想,很多人都在现实的世界中屡屡受挫、碰壁,情绪难免低沉。早年的胡也频带有较强的唯美主义艺术气质,当时的他在北京、上海等地四处转折、漂泊,生活非常艰辛。当然,这种物质生活的困难还是容易克服的,更困扰诗人的是他看不到出路的迷茫和绝望的心境。《秋色》一诗不是革命烈士的豪情壮语,而是一个青年面对未来无法把握的低沉和迷茫,反映了作者在革命前夜激烈的内心挣扎和斗争。用"秋"入诗是中国文学的一个传统,它很自然地让人想起了屈原的"帝子降兮北渚,/目眇眇兮愁予。/袅袅兮秋风,/洞庭波兮木叶下"的诗句,也想起了宋玉的"悲哉!秋之为气也"的诗句。在千百年时间的流淌中,"秋"和"愁"就这样难分难舍地连在了一起。胡也频的《秋色》也不例外,它的主题无疑是一个"愁"字。但这种愁,不是那种为赋新词强说愁,而是人生心境的真实写照,是发自内心的真情流露。为了烘托出秋天肃杀的情景,诗人用了很多的句子来描绘:"瘦削的树枝""残叶上之坠露""寂寞的秋风""淡寞之斜晖""黯淡的秋之颜色",等等,从整体上为人们营造出一种深秋寂寞、荒凉的氛围,这实际上是一种整体的象征主义手法。因为象征主义是侧重于作品的整体效果,不仅要做到情景交融,更要向人们暗示意义和兴味的丰富隽永,绝不等同于一般的所谓象征、比拟等修辞手段,它必须赋予读者完整的审美世界和想象空间,收到言有尽而意无穷的艺术效果。诗作的第一段呈现出的是一幅情景相融的场景:"悲哀的颜色,/笼罩着瘦削的树枝,/如既往的失意之梦影,/流荡在我心头,隐隐约约。"在肃杀的秋风中,万物凋零,枝繁叶茂的情景也早已消失,呈现在人们视野中的是一棵瘦削的树干。面对此景,人们不禁把它此刻突兀的身影和当初它诗意盎然的青春进行比较,一种悲凉自然萦绕于怀。然而这支瘦削的树枝也可能另含有一层深意,如同鲁迅笔下光秃的枣树形象,虽然剥尽了枝叶,但依然透露着顽强的抗争,处在不同的心境自有自己不同的理解,这都是很自然的。

  但是从诗作后面几节的描写看,它的主题还是极力渲染一种悲凉、凄冷的世界,作者从颠沛的芦苇中联想到自己不幸、艰难的人生,"低低叹息在生之疲乏中,/我凝睇于无数芦苇之颠沛"。"颠沛"这个词再形象不过地写出了作者的处境:像无数青年人一样感受不到人情的温暖,在世界上颠沛流离,不知道爱情在哪里,也不知道前途在哪里。回想起自己走过的人生,不禁感慨万千,悲伤不已:"呵,回忆旧情,/我的眼泪,如残叶上叶之坠露。"作者不是没有奋斗过、追求过,但都没有成功。无情的现实把诗人曾有过的美好记忆撕得粉碎。在诗歌的最后一节,作者的描写重点再次转向了自然之景,"黯淡""乌云""斜晖""枯枝"等意象把作者灰暗、失望的心理烘托出来,而那个时代小资产阶级知识分子彷徨无助的形象也在这样的背景中得到了凸显。

(文学武)

【诗人小传】

石民

生卒年不详。湖南邵阳人。曾就读于北京大学,当过《北新》半月刊的编辑。1925年开始创作诗歌。

黄　昏

石　民

正是紧敛的严冬
窒塞了万籁的声息,
黄昏挟阴霾以俱来
迷胡着茫茫的大地。

在这可怕的昏暗里
沉锢着多少愁苦,
凉风从枯树上飞过
呜呜地为谁诉语?

嘶嘎的几声悲啼
是漂泊无归的寒鸦,
惊起了蛰伏的灵魂
凄凄的无言……泪下!

选自《良夜与恶梦》,北新书局1929年版

石民"偏嗜"波德莱尔,他的诗受到法国象征派的影响。
《黄昏》描写冬日黄昏的景象,表现黑暗年代知识青年普遍感受的悒郁心情。

全诗分三节。第一节渲染冬日黄昏的寂寥、阴暗。诗笔是很讲层次的：先写严冬——这严冬正从四面八方"紧敛"而来，不仅寒冷，而且叫人透不过气来。它"窒塞"了各种声息，万籁俱寂。再写黄昏——本来是寒冷寂寥的冬日，又到了黄昏时分，自然是苍茫的。由于"挟阴霾以俱来"，所以它变得更加阴沉昏暗。就是这样一个冬日的黄昏，"迷胡"了整个茫茫大地。这里，诗人着意表现冬日黄昏的寂寥和阴暗，目的是为后面描写"声动"和抒情制造合适的氛围。

第二节即景抒情，表达诗人对黑暗现实的愤懑。正是在这种"可怕的昏暗"的"紧敛"之下，诗人不禁慨叹道：这里该"沉锢着多少愁苦"啊！不然，那从枯树上飞过的凉风，何以竟"鸣鸣地为谁诉语"？由于上节诗把冬日黄昏的气氛渲染得相当充分，这里的抒情便显得十分自然合理；由于上节诗十分强调黄昏的寂寥，这里突然写出凉风在枯树上的响动，以静衬动，给人造成了更强烈的印象。结句设问不答，笔法相当巧妙：一个问号就像一把钥匙，打开了读者再造想象的心扉，使人不能不联想到现实的苦难、人间的不平、弱者的不幸，等等。这种写法让我们感受到了以少胜多、以问胜答的艺术辩证法的魅力。

第三节进一步渲染冬日黄昏的悲凉，描写诗人灵魂的痛苦。就在这样寒冷、阴暗、愁苦的冬日，就在这样"可怕的昏暗里"，又响起了几声寒鸦的呻唤。这一声声"漂泊无归"的"悲啼"，怎能不扯动诗人自己那觅而无得的内心的痛楚？诗人痛苦已久的灵魂本来是"蛰伏的"，现在被寒鸦的啼叫"惊起了"——虽然他"凄凄的无言"，但从那灵魂的窗口泄出的泪珠却向我们透露了诗人内心的痛苦达到了怎样的深度。

这首诗先写黄昏的冷寂、阴暗，后写凉风、枯树、寒鸦等景物在诗人心中引起的感应，从而把黄昏的气氛渲染得十分阴郁愁苦。在这里，诗歌通过视觉意象和听觉意象的营造，兼以浪漫的抒情，获取了全诗总体的象征效果：透过诗中那个"迷胡着茫茫的大地"的黄昏，读者不是分明可见诗人"闷塞的胸臆"间那种"可怕的昏暗"吗？大自然的黄昏和诗人内心的黄昏感应契合，我们已经无法将二者剔分了。

沈从文正确地指出：在"比拟想象上"，石民和李金髪的诗"有相近处"(《我们怎样去读新诗》)。但石民比李金髪更讲求结构艺术，这首《黄昏》便是一个例证。

（王太顺）

【诗人小传】

殷　夫

（1909—1931）　原名徐柏庭、徐祖华、徐文雄，浙江象山人。1926 年到上海，先后在民立中学、浦东中学、同济大学预科德文补习班学习，1928 年参加太阳社。1929 年离校，专做共青团工作，曾编辑《列宁青年》。1930 年春参加中国左翼作家联盟。1931 年 1 月 17 日遭国民党政府逮捕，2 月 7 日在上海龙华就义。其早期诗歌多为对爱情和故乡的歌唱；参加革命后，创作了许多政治鼓动诗，节奏明快，笔力雄伟，刚健清新。

别了，哥哥

殷　夫

（算作是向一个 Class① 的告别词吧！）

别了，我最亲爱的哥哥，
你的来函促成了我的决心，
恨的是不能握一握最后的手，
再独立地向前途踏进。

二十年来手足的爱和怜，
二十年来的保护和抚养，
请在这最后的一滴泪水里，
收回吧，作为恶梦一场。

你诚意的教导使我感激，
你牺牲的培植使我钦佩，
但这不能留住我不向你告别，
我不能不向别方转变。

在你的一方，哟，哥哥，
有的是，安逸，功业和名号，
是治者们荣赏的爵禄，

或是薄纸糊成的高帽。

只要我,答应一声说,
"我进去听指示的圈套"
我很容易能够获得一切,
从名号直至纸帽。

但你的弟弟现在饥渴,
饥渴着的是永久的真理,
不要荣誉,不要功建,
只望向真理的王国进礼。

因此机械的悲鸣扰了他的美梦,
因此劳苦群众的呼号震动心灵,
因此他尽日尽夜地忧愁,
想做个 Prothemua② 偷给人间以光明。

真理和愤怒使他强硬,
他再不怕天帝的咆哮,
他要牺牲去他的生命,
更不要那纸糊的高帽。

这,就是你弟弟的前途,
这前途满站着危崖荆棘,
又有的是黑的死,和白的骨,
又有的是砭人肌筋的冰雹风雪。

但他决心要踏上前去,
真理的伟光在地平线下闪照,

死的恐怖都辟易远退,
热的心火会把冰雪溶消。

别了,哥哥,别了,
此后各走前途,
再见的机会是在,
当我们和你隶属着的阶级交了战火。

1929,4,12。

选自《拓荒者》,1930年第4、5期合刊

〔编者注〕 ① 英语,即"阶级"。 ② 普罗米修斯,希腊神话中造福人类的神。

《别了,哥哥》写于1929年四一二事变两周年。那时,19岁的诗人已经历了1927年"四一二"和1928年夏的两次被捕。第二次出狱以后,殷夫离开了同济大学,专门从事共青团和青年工人运动的工作,过着职业革命家的极端穷困生活,并断绝了与家庭(主要是大哥)的联系。

《别了,哥哥》和这一时期所写的《血字》《意识的旋律》《上海礼赞》等7首诗,由"左联"常委钱杏邨(阿英)加了《血字》的总题,编入1930年5月出版的"左联"刊物《拓荒者》第1卷第4、5期合刊。刊物发行后,被国民党当局查禁,另改名《海燕》出版。同期刊物上还刊出了殷夫关于三八国际妇女节的速写《"March 8"s》和另一署名Ivan的《写给一个哥哥的回信》(1930年3月11日作)。《别了,哥哥》和《写给一个哥哥的回信》主题相同,而分别以诗和散文的形式写出。尽管写作时间相隔近年,但主旨如一,相互参阅,可以加深理解殷夫坚定的革命立场,以及诗人为何要把"苦苦地束缚于旧世界的一条带儿"割裂,与代表敌对阶级力量的兄长决裂的深刻内涵。

殷夫有三个哥哥、两个姐姐。大哥徐培根比殷夫大15岁。大哥早年就读于杭州陆军小学堂,参加过辛亥革命的"学生队",以后又入保定军校和北京陆军大学,父亲逝世后,大哥任杭州的浙军中校参谋,负起兄长的责任,对幼弟备加照顾,将弟弟送到上海读中学。所以殷夫在诗中开头就称:"别了,我最亲爱的哥哥","二十年来手足的爱和怜,/二十年来的保护和抚养",对哥哥过去诚意的教导表示感激。1927年四一二事变前夕,大哥已是显赫一时的蒋介石北伐军总司令部的参谋处处长,使殷夫能从他那里探听到事变即将发生之消息,但当殷夫接受上级领导的任务,再去司令部找他时,司令部已离开上海。第二天,就发生了

四一二事变,殷夫在浦东中学,被一位国民党党员告密,逮捕入狱三月,几乎被枪决,后经大哥保释出狱。1928年,大哥去德国留学之前,资助倔强的弟弟进上海同济大学德文补习科。哥哥想按照自己的愿望改变弟弟的理想,走与自己同一的道路——这就是殷夫诗中所揭出的"在你的一方,哟,哥哥,/有的是,安逸,功业和名号,/是治者们荣赏的爵禄,/或是薄纸糊成的高帽。"随着1927年四一二事变的发生和中国革命的深入,昔日统一战线中的同盟者变成篡夺革命成果的敌对力量,戴着纸糊高帽的统治者成了屠杀人民的元凶。统治阶级刮起的血雨腥风以及政治目标的完全不同,导致了连接着兄弟情谊的纽带的断裂。殷夫在1928年第二次被捕出狱后几个月接到大哥从德国转来的信,——"你的来函促成了我的决心"。年轻的诗人在深情地回顾"二十年来手足的爱和怜",既写了有浓厚手足之情的大哥对他的爱抚与培植,更抒发了面临严酷现实的感慨:"机械的悲鸣扰了他的美梦""劳苦群众的呼号震动心灵",对哥哥的来信"相劝",作了断然的回答,他不能听从哥哥"指示的圈套",尽管那很容易获得一切的赐予——"从名号直至纸帽"。

《别了,哥哥》是一首一个阶级向另一个阶级诀别的宣言。他用铿锵的声音断然回答:决不要那"纸糊的高帽"和"荣誉"的"名号",宣告与旧世界的彻底决裂;他要做普罗米修斯,"不怕天帝的咆哮",不怕"黑的死,和白的骨",只望为劳苦群众的解放——"向真理的王国进礼"!

两年以后,1931年2月7日,年轻的诗人以生命和鲜血履行了在19岁时写下的战斗誓言。

(丁景唐)

血　字

殷　夫

血液写成的大字,
斜斜地躺在南京路,
这个难忘的日子——
润饰着一年一度……

血液写成的大字,
刻划着千万声的高呼,
这个难忘的日子——
几万个心灵暴怒……

血液写成的大字,
记录着冲突的经过,
这个难忘的日子——
狞笑着几多叛徒……

五卅哟!
立起来,在南京路走!
把你血的光芒射到天的尽头,
把你刚强的姿态投映到黄浦江口,
把你洪钟般的预言震动宇宙!

今日他们的天堂,
他日他们的地狱,
今日我们的血液写成字,
异日他们的泪水可入浴。

我是一个叛乱的开始,
我也是历史的长子,
我是海燕,
我是时代的尖刺。

"五"要成为报复的枷子,
"卅"要成为囚禁仇敌的铁栅,
"五"要分成镰刀和铁锤,
"卅"要成为断铐和炮弹!……

四年的血液润饰够了,
两个血字不该再放光辉,
千万的心音够坚决了,

这个日子应该即刻消毁!

选自《拓荒者》1930年第4、5期合刊

  这首诗写于1929年五卅运动四周年前夕。全诗以饱满的政治激情歌颂了"五卅"这一中国革命史上反帝斗争的光辉的一页。

  在这首诗里,诗人以无产阶级的名义回顾了五卅运动以来的战斗历程,反复警策人们要记住"五卅"这个难忘的日子,记住敌人残暴的罪行,记住无产阶级在与帝国主义战斗中所付出的血的代价,并提醒人们不要让它只成为"润饰着一年一度"的点缀,而要让这个日子成为鼓动人们进行切实斗争的号角。面对着帝国主义仍在中国横行的严峻现实,诗人愤激地呼唤"五卅"这个血染的日子"站立起来":"把你血的光芒射到天的尽头,/把你刚强的姿态投映到黄浦江口,/把你的洪钟般的预言震动宇宙!"预言了人民必胜、反动派必败的真理。诗的最后几节强调指出无产阶级是旧世界的叛逆者,是新世界的开创者,是敢于搏击风云的"海燕",是战斗在时代前列的尖兵。要继承和发扬"五卅"的战斗传统,对敌人要坚持"以眼还眼,以牙还牙",以革命的武装去打败反革命的武装,向敌人讨还血债。

  《血字》选择这么一个有重大意义的题材来歌唱,显示了诗人高度的政治责任感和履行了一个革命诗人神圣的社会职责。从诗情的进展来看,这首诗从开始时的舒缓、平静逐渐发展到雄浑、激越,把人们的感情步步引向高潮,造成一种强烈撼动人心的旋律,引导人们去思索民族和阶级的命运。为了更生动、形象地表现内容,诗人还用了反复歌咏和强烈对比、拟人化的艺术手法,如前面三节诗,就让"血液写成的大字"重复了三次,以突出深刻的印象。中间数节,诗人竟呼唤"五卅"立起来,并赋予它以"血的光芒""刚强的姿态",叫它发出"洪钟般的预言",这是拟人。而后,又通过事物之间的"今日"与"他日","天堂"与"地狱","血液"与"泪水"的强烈对比,深刻地揭示了历史规律。全诗虽以无产阶级的名义来慷慨抒怀,但又具有诗人强烈的个性和感情色彩。《血字》不愧为早期无产阶级诗歌的一篇典范之作。

(凡 尼)

议 决

殷 夫

在幽暗的油灯光中,
 我们是无穷的多——合着影。
  我们共同地呼吸着臭气,

我们共同地享有一颗大的心。

决议后，我们都笑了，
像这许多疲怠的马，
虽然，又静默了，
会议继续到半夜……

明日呢，这是另一日了，
我们将要叫了！
我们将要跳了！
但今晚睡得早些也很重要。

1929，11。

选自《殷夫选集》，开明书店1951年版

《议决》一诗是殷夫组诗《我们的诗》六首里的一首，写于1929年11月。内容颇严肃，但文字活泼、轻松，甚至有些诙谐，充满了激情。这首诗每节四行，共三节，是一首短小、整饬而富于张力的诗。

诗的第一节描述了开会的地点、内容和氛围。四行诗中用"我们"开头的有三句，看似形式上的排句，实有着深刻的内容，即与会者的团结一致、休戚与共和心心相印，是一个坚强的集体，因为他们"共同地享有一颗大的心"。这大的"心"，可以理解为共同的信仰、坚定的信念，而"享"字更有一种自豪感和亲和力，在这样的集体里要做出"议决"往往是容易通过而不会有什么周折的。

诗的第二节是上述时间和内容的顺延。"我们都笑了"，一下子使会议的严肃气氛得到了消解，也暗示"议决"已获一致通过。接下来笔调一转写"静默"，这与前面的"笑"形成一动一静的对比，更说明会议内容之多。"会议继续到半夜"，与会者都有些疲怠了。令读者生疑的是，诗人为何在这里出现"马"字、以马喻人呢？读了第三节，我们就会释然，原来这是埋下了一个伏笔。

诗的第三节，诗人想象明日与会者回到各自单位会为贯彻"议决"而忙碌。这些昨天疲怠的马会一个个精神抖擞。"将要叫了""将要跳了"，借物喻人，实写人叫人跳，恰到好处地表现了与会者贯彻决议决心之大、行动之雷厉风行、心情之欢欣。正是因为要求贯彻决议刻不容缓，所以诗人进而提醒自己，同时也是提醒大家:"今晚睡得早些也很重要。"

　　这首诗采用了避实就虚的写法,对会议主旨"议决"内容只字不提,让读者依据会议的严肃气氛和与会者的认真而兴奋的态度去想象,而对这以外的内容则渲染得颇多,这实际上是一种侧面描写的表现方法。侧面描写又称反面敷粉,即从侧面或反面,或从周围环境的反射与反光中去描写人物或事物的一种表现手法,它同样可以使诗作流光溢彩。我们赞赏这首诗,与它成功运用侧面描写的表现手法不无关系。另外,这首诗运用口语也很成功。诗中共有五句用"了"字作为句尾,给读者留下的印象也很深。毛主席曾说过要向人民群众学习语言。学习并运用群众口语是让诗走进群众心里的诀窍之一。

（葛乃福）

【诗人小传】

孙大雨

(1905—1997)　原名孙铭传,字守拙,号子潜,浙江诸暨人。1922年就读于清华学校。1925年后入美国达德茅斯学院、耶鲁大学研究院学习。1929年回国,历任武汉大学、北京师范大学、北平大学女子文理学院、北京大学、浙江大学、暨南大学、南京中央政治学校等校教授。1946—1958年任复旦大学教授。1981年起任华东师范大学教授。五四时期开始写作新诗。擅长写作商籁体诗,注重格律的谨严,词藻的华丽,想象的优美,借暗示表现情调。

诀　　绝

孙大雨

天地竟然老朽得这么不堪!
　我怕世界就要吐出他最后
　一口气息。无怪老天要破旧,
唉,白云收尽了向来的灿烂,
太阳暗得像死尸的白眼一般,
　肥圆的山岭变幻得像一列焦瘤,
　没有了林木和林中啼绿的猿猴,
　也不再有山泉对着好鸟清谈。
大风抱着几根石骨在摩娑,

　　　　海潮披散了满头满背的白发，
　　悄悄退到沙滩下独自叹息
　　　　去了；就此结束了她千古的喧哗，
　　　　　就此也开始天地和万有的永劫。
　　　　为的都是她向我道了一声诀绝！

选自《新月诗选》，新月书店 1931 年版

　　从现在查到的历史资料看，孙大雨是我国最初尝试写作十四行诗的诗人，所作《爱》（载 1926 年 4 月 10 日《晨报副镌》），是中国最早的一首格律严谨的十四行体诗。

　　《诀绝》也是一首广泛传诵的十四行诗，严格按照英体十四行的格律构制。每行五个音组，从而形成鲜明的节奏。前八行分为两节，每节第一、第四行与第二、第三行押韵；后六行转韵，并以弱声字押脚韵作结束。这样的建行、音组和押韵，为新诗格律，也为新诗克服无结构的散乱无章的自由状态作出了积极的探索。

　　孙大雨对十四行体的结构，有很深的理解。《诀绝》在最后两行处，突然转折，同时又在急转处作结，这样，"道了一声诀绝"所造成的震撼，就被渲染了出来。而在此之前的十二行诗，都在为这最后两行作铺垫，作一种情感上的"蓄势"。铺垫得如此充分，作结也就很有力度。而这首诗起句的突兀峥嵘，也深得十四行体的精髓。这样，《诀绝》就非常成功地展示了起承转合的结构。这就是孙大雨所要倡导的诗的结构，这样的结构有助于克服感情在诗中的泛滥，使得诗人的情感在一定的艺术规范中找到了形式。十四行的起承转合，在某种意义上说，与中国近体律诗的起承转合相类似，因此，《诀绝》在某种意义上说也是对中国律诗的很好的继承与张扬。

　　孙大雨的诗以有力的气势和恢宏的境界著称。《诀绝》中的意象，大抵是天地、世界、白云、太阳、山岭、树林、大风、海潮，而"千古的喧哗""天地和万有的永劫"也点染了诗的气势。今天的读者也许会问，一位气度恢宏的诗人，怎么会因为"她"道了一声"诀绝"就如此颓丧？怎么会如此沉溺于"儿女情事"？我认为，不能简单地说这首诗是"情诗"，这里的"她"，也可理解为伟大、崇高、理想等人类亘古的追求。一旦失去了这样的追求，岂不是要觉得天地黯然失色了吗？这样来理解这首诗，也许就深刻一些了。但是，如果一定要理解为"情诗"，也不妨可以说，这首抒情诗颇有嘲讽的调子。因此，《诀绝》是否也可以这样来理解：诗人

正是想嘲讽那些沉溺于爱情悲剧而不能自拔的青年:何必如此呢?一次感情危机何至于万劫不复呢?须知不论你感情危机如何,天地照样年轻,太阳依旧灿烂,感情的危机总是会过去的!

(蓝棣之)

纽 约 城

孙大雨

纽约城纽约城纽约城
白天在阳光里叠一层又叠一层
入夜来点得千千万万盏灯
无数的车轮无数的车轮
卷过石青的大道早一阵晚一阵
那地道里那高架上的不是潮声
打雷却没有这般律吕这般匀整
不论晴天雨天清早黄昏
永远是无休无止的进行
有千斤的大铁锥令出如神
有锁天的巨练有银铛的铁棍
辘轳盘着辘轳摩达赶着引擎
电火在铜器上没命的飞——飞——飞奔
有时候魔鬼要卖弄他险恶的灵魂
在那塔尖上挂起青青的烟雾一层

选自《朝报副刊·辰星》1928 年第 3 期

在中国现代文学史上,著名诗人孙大雨被普遍认为是新月派的同仁和重要人物,这是因为他曾对新格律诗的创作进行了探索,并做出了贡献。但细细地品读他的诗,尤其像《纽约城》一类的诗,我们又会感到其风格有别于"新月"那种清丽、委婉之风,他的诗以气势的磅礴、境界的恢宏而独树一帜。

《纽约城》写于 20 世纪 20 年代,描绘的是 20 年代诗人眼里的美国纽约城。20 世纪 20 年代的美国,正是工业大革命蓬勃发展,现代化已初具规模的时期,与世界各国相比,那时的美国无疑已是经济发达的强国,然而置身其中,作者透过纽约城繁华的外表,已看到了这座城市精神文明极度落后的病症,因此,作者在描绘这样一个拥有堂皇的物质文明基础的纽约城时,表现出一种极度的不安和反感,一种沉重感、压抑感。

一开始作者是这样描绘的:"白天在阳光里叠一层又叠一层/入夜来点得千千万万盏灯",可见这座城市的天虽有阳光普照,但却层层重叠,显得遮遮挡挡,压抑不堪。夜里虽有万家灯火,但毕竟笼罩在黑暗之中,这种具有反差性的描绘,表现了一种遗憾和叹息。接着,诗句描绘了畸形的大工业生产带来的杂乱无章、鬼哭狼嚎般的声音,这声音由车轮声,地道里、高架上的机器轰鸣声,铁锥、大练声,铁棍的银铛声,轳驴、摩达声等噪音组成,它令人心惊、使人窒息。诗的结尾又写到"有时候魔鬼要卖弄他险恶的灵魂/在那塔尖上挂起青青的烟雾一层",在作者眼里,这简直是座鬼城,不仅地面有魔鬼,而且这魔鬼险恶的灵魂还化为青色的烟雾缭绕在上空。由此我们感到,纽约城是一座围城,一座精神文明与物质文明发展极不平衡的围城,这里缺乏温善,没有真诚,而被永无休止的噪音,狰狞恐怖的魔鬼所包围,这是一座死城。

这首诗读来很有厚度、魄力和气势。第一句就是同词反复,连叹三个"纽约城",就像甩出的三个沉重的叹息,以后又出现了"叠一层又叠一层"、"无数的车轮","早一阵晚一阵","飞——飞——飞奔"等,这些同词反复大有哀叹、诅咒不止的意味,加上作者很注意押韵,以"en""eng"为韵母的韵脚跟得很紧,从而使一种沉重感、压抑感弥漫全诗,贯穿始终。同时诗中出现的"锁天的巨练""银铛的铁棍"等描绘,象征和暗示了野蛮,而"魔鬼""险恶的灵魂"等可憎的字词,使人感到这座城市的可悲可怕,唤起读者一种厌恶和恐怖感,表现了作者沉重的哀叹,深深的诅咒。

从整体上看,这首诗从白天到黑夜,从地上到空中,从声音到色调对纽约城进行了全方位的宏观勾画,颇有恢宏的气势和沉厚的力度,字里行间油然而升起厌恶和诅咒的情绪,由此可见作者那独具匠心的艺术手法是多么恰到好处地表达了他那分明的爱憎之情。

(吴立昌　金洁)

【诗人小传】

方玮德

(1908—1935)　安徽桐城人。1928年就读于南京中央大学外国文学系,并开始创作新诗。1931年与徐志摩、陈梦家创办《诗刊》,同时在《新月》《文艺》等刊物发表诗作。1933年任教于厦门集美学校。作品多为爱情诗,形式整饬,文字灵巧,哀怨而温柔,耐人寻味。

海上的声音　　　　　　　　　方玮德

那天我和她走海上过，
她给我一贯钥匙一把锁，
她说：开你心上的门，
让我放进去一颗心，
　"请你收存，
　　　请你收存。"

今天她叫我再开那扇门，
我的钥匙早丢掉在海滨。
成天我在海上找寻，
我听到云里的声音：
　"要我的心，
　　　要我的心。"

选自《玮德诗文集》，上海时代图书公司1936年版

　　写爱的思念和悔约的痛苦，也许是常写常新的题目之一。方玮德的《海上的声音》在古今诗人留下的众多佳作中仍然具有自己的特点：其一是对民间常用比喻的独到处理；其二是能于诗中见出男女主人公的性格特征。

　　俗话常说"一把钥匙开一把锁"，"心灵的门窗"……"钥匙""锁""门窗"本是民间用来比喻心灵相通或隔膜的词汇。这类比喻格式，按习见的用法，"门""锁"应该是属于"我"的，"钥匙"才是对方的；如果情感相通，对方的钥匙才能打开"我"的锁，走进"我"心灵的大门。但在这首诗里，这种比喻格式却发生了偏离，"主权"集中于对方即女主人公身上："钥匙"是"她"给的，"锁"也是"她"给的，"门"是"她"叫开的，又是"她"嘱咐锁上"收存"的。而"我"却什么也没有，只是顺从地做着这一切。常见比喻格式的这一偏离，成功地表现了男女主人公的性格特征。从他们的言行中可以看出：女主人公的性格像一阵风，热情、活泼、爽快、大方，自觉不自觉地富有挑逗性；而男主人公却像一潭水，"风起水上涣"，无风波不兴，他始终处于被动地位，却显得憨厚、忠诚、执著、痴情，甚至有点木然。

　　这个常用比喻的另一变异便是"丢钥匙"之说。门虽开了，需要"收存"的"一

颗心"也被"放进去"了,但"钥匙"丢了。这自然是件非同小可的事,因为没有钥匙,"那扇门"便不能开启。"我"把"她"送给自己的爱情信物——钥匙"早"就"丢掉",表明"我"已决意永远珍藏"她"的心,而与"她"永以为好,白头不相离,万没料到"她"竟变心。两情相投忽然变为一厢情愿。"我"由于"收存"着"她"的心,再到海滨寻找钥匙,自然难免产生幻觉,仿佛"她"在追索交给"我"的那颗心。而"我"又不愿背弃爱的誓言,耳中"要我的心"的幻觉便摆也摆不脱,忘又忘不掉,"成天"折磨自己。"钥匙"的意象已经超越了比喻,变成一种象征。作品表面写的是找寻钥匙,而实际表达的则是鸳梦重温,以求旧情再续。然而,好梦难成,爱情已绝,唯有惆怅而已。比喻的这一变异,把女主人公的性格特点以及男主人公的痴情和痛苦表现得更加鲜明与深沉。

这首诗虽然不以意境取胜,而以巧思见长,但诗的标题,诗中所写的"海""海滨""云里的声音"这些形象也使诗的情感获得了一定程度的虚化,避免了过于直白和质实。

(谭德晶)

于赓虞

【诗人小传】
(1902—1963)　河南西平人。早年就学于天津汇文中学,后入燕京大学学习。1927年留学英国伦敦大学。回国后在北平等地中学任教。抗日战争期间历任西北大学、兰州大学等校教授,河南省印书馆总编辑。新中国成立后任河南师范学院教授。20年代初开始创作新诗,有些诗作采用现代派手法,具有进步思想;另一些诗作则表现对生命的厌倦,情调忧郁。

影

于赓虞

看,那秋叶在明媚的星月下正飘零,
与你邂逅相逢于此残秋荒岸之夜中,
星月分外明,忽聚忽散的云影百媚生。

看,那秋叶在明媚的星月下正飘零,
我沦落海底之苦心在此寂寂的夜茔,

将随你久别的微笑从此欢快而光明。

苍空孤雁的生命深葬于孤泣之荒冢,
美丽的蔷薇开而后谢,残凋而复生,
告诉我,好人,什么才像是人的生命?

这依恋的故地将从荒冬回复青春,
海水与云影自原始以来即依依伴从,
告诉我,好人,什么才像是人的生命?

夜已深,霜雾透湿了我的外衣,你的青裙,
紧紧的相依,紧紧的相握,沉默,宁静,
仰首看孤月寂明,低头看苍波互拥。

夜已深,霜雾透湿了我的外衣,你的青裙,
寂迷中古寺的晚钟惊醒了不灭的爱情,
山海寂寂,你的影,我的影模糊不分明……

选自《晨曦之前》,北新书局1926年版

于赓虞写诗主要在20世纪20年代,属于新月派成员。但是,他的作品的形式与情调,都颇具独特性。他基于"自己受了社会惨酷的迫害,生活极度不安",而表现出的忧郁、悲哀,甚至颓废的情调,更接近象征派的风格。在诗的语言表达上,既运用散文式多定语修饰的长句,又注重音韵的美感。他自主地抱定"始终认诗是一种艺术,所以,在写诗时,不与流行的写法相同"。他在《骷髅上的蔷薇》《魔鬼的舞蹈》等多个诗集里,大都是"孤独!在孤独里生活,在孤独里思索,抚摸着从社会碰来的满头血水,写着自己的诗"。他又接受了新月派对于诗美的理念,信奉"诗乃生之律动与形式之美的总合",从而"我每次修改诗的时候,竭力使其字与字,句与句,节与节成一整体的和谐"。这种对诗的追求,使我们在不太习惯的阅读中,可以领略其诗风。

于赓虞的诗作中,有不少题材是对现实社会黑暗和灾难的揭露与诅咒,或对悲苦命运的哀怜和愤懑。这首《影》应算是一篇爱情诗,但并不同于一般人只表现爱情的柔情蜜意或热烈奔放,而是以诗人自己梦幻似的方式、深沉的思索、专注的体验,来展示出诗意和境界。并且抒发出独特、复杂而不容质疑的爱情观念。全诗分为六节,三行为一节,虽句式较长而仍能整齐划一,流畅自如,较容易为读者接受。此诗构思内涵可细分为三个层次,第一、第二节抒写出在什么样的环境氛围下,获得与所爱之人邂逅相遇,给诗人自己带来莫大的慰藉。第三、第四节写出诗人对人生哲理的思考和感悟,并祈求爱人一起来回答。第五、第六节写的是与爱人在宁静、沉默中相依相拥,陶醉于情爱的甜蜜境界。全篇在艺术表现和抒发情思上,我们能明显地感觉出四种特点,分述如下:

首先,诗人长于意象描写。几乎每句的构思,皆从意象落笔,再加上多层次的形容,构成意象的叠加,让读者产生充分的联想和想象,因而也容易铸成诗的境界。诗人与爱人相逢的场景,是在"残秋荒岸之夜",只见"秋叶"在"明媚的星月下""飘零";一对深恋的情人,相拥在深夜,那"霜雾"透湿了"我的外衣","你的青裙",相伴是"孤月""沧波",惊人甜蜜之梦的则有那古寺悠扬的晚钟声。这都是在用意象说话,无疑使读者身临其境,领受着深度的感染和诱惑。

第二,在情爱的缠绵中,回旋着忧郁、伤感的情调。透过诗人细致的笔触,委婉的思绪,诸多的联想和比喻,依然让人感受到作者在其他诗篇中所惯有的忧愁和抑郁的成分,以及象征主义的情绪暗示。诗人是凭着"沦落海底之苦心",来接受对方的爱情,在相依相拥的快乐时刻,仍摆脱不了"孤雁的生命深葬于孤泣之荒冢"的瞑想。"忽聚忽散的云影","仰首看孤月寂明","美丽的蔷薇开而后谢,残凋而复生","海水与云影自原始以来即依依伴从",这些诗句暗含着诗人内心的某些象征意味。看来在他的爱情诗中,亦活动着"悲哀诗人"的影子。

第三,诗中展示了诗人对爱情的观念和态度。他的爱情是在荒凉冷落的处境中得来,而又足以给他"从此欢快而光明";能在"明月""沧波"之前,"紧紧的相依,紧紧的相握",以至于陷入迷蒙,要由古寺的晚钟来"惊醒了不灭的爱情"。显然诗人在追求一种纯情的爱,一种永恒不灭的爱,希求两颗心交会,融合,和谐。"你的影,我的影模糊不分明",正是他们两情相悦的最高境界。与此同时,诗人也在对爱情和人生不停息地思考,力求弄明白,人应该怎么活,怎么样才是有价值的人生。

第四,注重营造诗的音韵效果和格调的优美感。这首诗可以说是长句体,故初读给人以自由体的感觉。但整首诗皆押韵,可称作新月诗派的新格律体。因押韵,构成一种音乐性的规范,读来抑扬顿挫,收放自如。因句子长而又注意每句中平声仄声兼而有之,故读来具有婉转回旋的优美感。第一、第二节,首句相重复,第五、第六节,首句相重复,更加强了回环复沓的效果。总的看来,在新体诗中重视音乐性,而且能够产生出魅力,应该是此诗的一种成功。

于赓虞是一位很执著的诗人。对于他的悲哀与伤感,他在《世纪的脸·序语》中说过一段话:"还有那些讥笑我过于感伤,没有健康情调的人,也就无异于说我抹了诗神一鼻子灰,这,也用得着忏悔吗?平凡的人只有一个不聪明的孤独。"关于艺术表现上的认真把持,他也说过:"因为尊重情思,所以写时任它自由的流动;因为尊重艺术,所以修改时费尽了苦心。使用诗的这些形式,最大的危险是容易失去自然之美,而自然正是诗的美点之一。"

(何佩刚)

【诗人小传】

刘梦苇

(1900—1926) 原名刘国钧,湖南安乡人。1920年进湖南长沙第一师范学校学习,其间开始新诗创作。1924年参与组织飞鸟社,同年去北京求学。1926年参与创办《晨报》副刊《诗刊》。致力于新诗形式和格律的探索。

铁 路 行

刘梦苇

我们是铁路上面的行人,
爱情正如两条铁轨平行。
许多的枕木将它们牵连,
却又好像在将它们离间。

我们的前方像很有希望,
平行的爱轨可继续添长;
远远看见前面已经交抱,
我们便努力向那儿奔跑。

我们奔跑到交抱的地方,
那铁轨还不是同前一样?

> 遥望前面又是相合未分，
> 便又勇猛的向那儿前进。
>
> 爱人只要前面还有希望，
> 只要爱情和希望样延长；
> 誓与你永远的向前驰驱，
> 直达这平行的爱轨尽处。

选自《新月诗选》，新月书店1931年版

《铁路行》首节两句便点明了这首诗的立意和比喻关系：诗人以两条平行的铁轨及其运行轨迹作为"我们"——"铁路上面的行人"的喻体，以铁轨与枕木的属性及其关系为想象元素表现"我们"对爱情的执著追求与希望。

整首诗分为四节，通过"我们"的视点，每一节分别取铁轨前行变化中的一个元素，呈现爱情内涵的一个侧面。第一节，用拟人化手法，把枕木的作用幽默地形容为福祸相依的"牵连"与"离间"的关系，耐人寻味。第三、第四节，用前进中的每一个瞬间静止状态所产生的焦点即"交抱"现象的反复出现，进一步表现"我们"对爱情的执著追求。末节，表达了"我们""只要前面还有希望"，决不放弃"直达这平行的爱轨尽处"的坚定决心。

在早期白话诗的行列中，《铁路行》虽然也堪称上乘之作，但是这首诗的主要意义却在于它其实是20世纪20年代中期新格律运动勃兴之前真正意义上的滥觞之作。当时，诗界已经意识到白话诗在音节方面的某些缺陷，而在一部分诗人注意从传统长短句汲取营养的时候，刘梦苇却从西洋格律诗的"音顿"理论中寻求启发。因为现代诗歌词汇已经向多音节词方向发展（例如科学、计算机、社会主义），它与以单音节词为基础的旧诗韵律规则发生音与义不协调的冲突。因此，借用"音顿"元素与现代诗歌语言相结合，一定程度上就避免了这种矛盾。例如"直达这平行的爱轨尽处"一句，分别有"直达""这平行的""爱轨尽处"三个完整的意义与音节单位，每个音节单位都是以现代语言的完整意义单位为基础，并且句法也是现代语言的句法。因此整首诗并不因为形式的匀齐而丧失掉语气的自然。《铁路行》里面显示的一些特征，后来就被闻一多从理论上发展和概括为"音尺"这一核心概念，设计出诸如"二字尺""三字尺"等字数不等的字尺数，通过声音的长短呈现出诗歌的节奏，从而引领一个尝试新诗形式格律的潮流。

（张　新）

饶孟侃

(1902—1967) 曾用名饶子离,江西南昌人。1916年入清华学校学习,毕业后赴美国芝加哥大学留学。1927年后历任复旦大学、暨南大学、安徽大学、浙江大学、西北联合大学和四川大学等校教授。曾与闻一多、徐志摩等探讨新诗格律等问题,主张诗要同韵,讲平仄,并曾参加编辑《新月》杂志。新中国成立后任四川大学、中国人民大学外文系、北京外交学院英语教授。

招 魂
——吊亡友杨子惠

饶孟侃

来,你不要迟疑,
趁此刻鸡还没有啼;
你瞧远远一点灯光,
渔火似的一暗一亮——
那灯下是我在等你。
来,你不要迟疑!

来,为什么徘徊?
我泡一壶茶等你来。
你看这一只白鹤
一只只在壶上飞着,
像不像往日的安排?
来,为什么徘徊?

来,用不着犹夷;
趁我在发楞,没想起,
你只管轻轻飘进来,
像落叶飘下了庭阶,

> 冷不防给我个惊喜。
> 来,用不着犹夷!

选自《闻一多全集·现代诗钞》,开明书店1948年版

20世纪20年代中期的北京文坛,流传着关于"清华四子"的佳话。所谓"清华四子",指子沅(朱湘)、子潜(孙大雨)、子离(饶孟侃)、子惠(杨世恩),当时他们"同住在西单梯子胡同的两间屋子里,每天作诗,写文章"(罗念生《朱湘选集·序》),和闻一多等人切磋诗艺,在新月诗派的主要阵地《晨报诗镌》上发表诗稿,因此又被人称为"新月四子"。"四子"中杨世恩英年早逝,饶孟侃的《招魂》就是为悼念杨世恩所作的一首短诗。

按理说,饶孟侃和杨世恩同窗而兼诗友,一旦永诀,其悲痛自可想见,可是《招魂》却把满腔悲痛和满腹思念紧紧包裹在整饬的诗行里面,写得从容不迫,舒展自如,独具一番出奇脱俗的艺术效果。

诗共三节,每节都用"来"这个呼唤语领起底下的诗行,干净利落,不枝不蔓,切合"招魂"这个诗题的含义。诗不单纯写"我"的等待,而是既写"我"的伴着灯光、守着茶水的举止,又写"你"的欲来未来、欲下未下的徘徊犹豫之状,两者互为条件,互相映衬,出色地渲染了那种万籁俱寂、一灯独对的静谧而神秘的气氛,并于这种气氛中透露出一股真挚、暖人的情怀,显得格外蕴藉动人。

先看第一节。诗人在灯下已经守候很久了,眼看东方即将破晓,时不我待,如何是好?看来只有再一次发出劝慰和呼唤:"不要迟疑",接着又添上"趁此刻"三字,时间之紧迫,期待之急切,于此表现无遗。第三行忽然推开一步,改从对方写来。友人长逝,云水苍茫,这次归来将要度过多少关山河川?"远远"一词就是由此而发的,"一暗一亮"写灯火闪烁之状,同时也象征了主人内心起伏不平的感情,寓情于景,浑然一体,不由得第三者(读者)也随之进入这个特定的场景和氛围。第二节开始,"徘徊"与前面的"迟疑"意义相近而又有不同,"迟疑"纯属感情活动,"徘徊"则有彳亍不前的具体的形体动作,用在这里可以看作是亡友已经魂返故土,但尚未进入屋内。诗人用什么来招待徘徊于门外的友人?他特意端出了一壶茶,这茶水散发着芳香,浸透着友谊,定会引起对以往灯下品茶吟诗的绵绵不尽的回忆,更何况壶上白鹤展翅,引人遐想。"晴空一鹤排云上,便引诗情到碧霄"(刘禹锡《秋词》),自古以来,白鹤就与诗歌结下了不解之缘,它既是诗人的吟咏对象,又是诗人爱好自由飞翔的性格的生动象征,到此,诗人不由得吟出:"像不像往日的安排?"其语气之委婉体贴,感情之热烈执著,可以说尽在不言

中了。

第三节，亡友魂未至而诗人神已驰，早已"发楞"——沉浸在往昔聚首的情景里了，底下"没想起"三字用得极妙，诗人亮着灯，端着茶，不就是为了苦苦地等候和想念？为何现在偏这样说？原来，就像苏轼悼念亡妻时所写的"不思量，自难忘"（《江城子》）一样，"没想起"正是想得自然，想得出神，想得不分彼此、不分今昔的生动表现，它比从正面写"想"更深一层，也更为动人。接着，诗人用一个"落叶飘下了庭阶"的比喻，不露痕迹地点明了作者所在的环境和所处的时令，秋风萧瑟，落叶满阶，正是诗人备感凄清的季节，可是亡友却像往常那样，喜欢在诗人"冷不防"中溜进屋内，让诗人分外"惊喜"。死者已矣，可是友谊永存，音容宛在，诗人这番描述，在某种意义上可说是"起死回生"，把亡友的举止风貌写活了，从而得以长久地浮动在读者面前。

（孙光萱）

【诗人小传】

方令孺

(1897—1976) 女，安徽桐城人。新月派后期诗人。1923年留学美国，在华盛顿州立大学和威斯康辛大学读书。1929年回国后，任青岛大学讲师，期间创作的诗歌大多发表于《新月》。之后任重庆国立剧专教授、重庆北碚国立编译馆编审。1943年后在上海复旦大学中文系任教授。新中国成立后曾任上海市妇联副主席。1958年起转任浙江省文联主席。作品除了诗歌外，还有散文集《信》及译著等。

灵　奇

方令孺

有一晚我乘着微茫的星光，
我一个人走上了惯熟的山道，
泉水依然细细的在石上交抱，
白露沾透了我的草履轻裳。

一炷磷火照亮纵横的榛棘，
一双朱冠的小蟒同前宛引领，
导我攀登一千层皑白的石磴，

> 为要寻找那镌着碑文的石壁。
>
> 你,镌在石上的字忽地化成
> 伶俐的白鸽,轻轻飞落又腾上——
> 小小的翅膀上系着我的希望,
> 信心的坚实和生命的永恒。
>
> 可是这灵奇的迹,灵奇的光,
> 在我的惊喜中我正想抱紧你,
> 我摸索到这黑夜,这黑夜的静,
> 神怪的寒风冷透我的胸膛。
>
> 选自《新月诗选》,新月书店1931年版

方令孺是现代文学史上不太为人们所熟知的一位女作家,这位女性1896年出生在安徽桐城,后来赴美国学习,回国后先后在青岛大学、复旦大学等校任教。一生的经历比较平淡。方令孺创作的数量虽然较少,但她不多的散文和诗歌依然流露出不俗的才情,文风的清新、感情的细腻都让人赞叹。

20世纪30年代,方令孺曾经在青岛大学教书。课余时间,她经常到大自然中去,那无边蔚蓝的碧海、蓝天、悠悠飘过的白云都给她以心灵的震撼,也刺激了她创作的灵感。《灵奇》这首诗写的是自己外出巡游时的情形,诗人在寻觅自然的过程中也在寻找自己的信念和人生追求,这首诗流露的崎岖、迷茫到最后的坚定都是作者内心世界的真实写照。诗的第一节写自己出游,这是一次看似寻常而又不寻常的出游:"有一晚我乘着微茫的星光,/我一个人走上了惯熟的山道,/泉水依然细细的在石上交抱,/白露沾透了我的草履衣裳。"从诗中出现的"惯熟""依然"等词句可以想见,这个地方是作者经常要来的地方,每一处景物她都非常熟悉。但这一次却又有着独特的地方,为什么呢?因为作者选择的是一个深深的夜晚,天空一片漆黑,只有一丝微弱的星光。作者避开了喧闹的人群,也许可以静静一人独自欣赏山巅的风景,更重要的是在这无尽的黑夜,她也开始思索人生的去向。人生的路到底在哪里?对于经历了爱情、婚姻极大不幸、对于目睹了现实种种黑暗的女诗人来讲,这恐怕是需要急切回答的问题。理想虽然就在前方,但是找到它并非易事,需要克服内心的怯懦,需要付出"攀登一千层皑白的石蹬"的艰辛。但诗人在巨大的挑战面前没有气馁,因为她坚信目标就在前

方。那镌着碑文的石壁很容易被理解为作者追求的人生目标。正是在这种信仰的激励下,诗人一次次从巨大的人生苦难中挣脱出来,始终没有失去理想的光辉。于是诗人的眼里那腾飞的白鸽就激起了作者丰富的想象。白鸽,既是一种理想的圣洁,又是搏击风云勇敢天使的象征,它的出现给了作者巨大的安慰和鼓励。最终作者寻觅到了那"灵奇的光",与无边无际的黑夜形成的极强的反差,表达出作者乐观、明朗的情绪。

对于普通读者来说,这首诗并没有太难理解的地方。在艺术上,方令孺的这首诗也比较好地体现了新月诗人的追求,它诗行整齐、韵律和谐,和徐志摩、闻一多、陈梦家等新月诗人的诗作是一脉相承的。

(文学武)

【诗人小传】

林徽因

(1903—1955) 女,又名林徽音,福建闽侯人。1923年赴美国入宾夕法尼亚大学学习建筑,后入耶鲁大学戏剧学院学习舞台美术。1928年回国。参与创办文艺刊物《绿》。1930年后在东北大学、燕京大学任教。新中国成立后任清华大学建筑系教授。30年代曾从事新诗、小说创作。诗作风格委婉细致,讲究韵律,富有音乐性。

笑

林徽因

笑的是她的眼睛,口唇,
和唇边浑圆的漩涡。
艳丽如同露珠,
朵朵的笑向
贝齿的闪光里躲。
那是笑——神的笑,美的笑:
水的映影,风的轻歌。

笑的是她惺忪的鬈发,
散乱的挨着她耳朵。
轻软如同花影,

> 痒痒的甜蜜
> 涌进了你的心窝。
> 那是笑——诗的笑，画的笑：
> 云的留痕，浪的柔波。

选自《诗刊》1931年第3期

这是林徽因早期诗歌中最能体现新月诗派风格的一首。

这首诗写了一个美貌女子的摄人的倩笑。诗人捕捉的是一个瞬间，在这一个瞬间里呈现出了一种理想化的极致的美。

她的眼睛，口唇和唇边浑圆的漩涡的笑，有露珠般的艳丽，贝齿的闪光里躲着那花一般的朵朵的笑，如同"水的映影，风的轻歌"。而她那惺忪的鬓发的笑，则有花影般的轻软，给人的感觉是痒痒的，甜蜜的，并涌进人的心窝，又如同"云的留痕，浪的柔波"。

这样的描绘当然深得浪漫派的神韵。那些夸张而幻想的譬喻，那种起伏的流动感（笑的空气的颤动），那种明朗鲜丽的色块组合，无疑是理想主义的产物。女诗人是擅长于以层层叠叠的描绘衬托出一个密集而神幻的世界的。

这样的描绘更是唯美主义的。在诗人的心目中，她对一个女子的美的夹带着想象的审美把握，与她对理想化了的人生的浪漫离奇的感悟，以及对纯粹的艺术境界的全身心膜拜一样，都足以构成她笔下的充满唯美精神的诗境。这是一种超功利、超世俗的唯美精神，描写的是一个女子，却又绝少人间烟火气。着意描写的笑作为一种状态，仿佛被孤立为一件艺术品。诗人以不无雕琢的字句描绘了笑的波浪般起伏，笑的鲜艳迷人，笑的柔美，笑的神韵，笑的如诗如画。

作为一个新月派诗人，林徽因的早期诗作大都有一定的格律形式可循，但都写得有流动感，决不生涩。《笑》的格式工整是很明显的。两个诗节的字句之间大致对应，也有一定的尾韵可寻，形成了一种轻松自如的节奏感。《笑》之所以被人们推崇的原因之一大概正在于它的格律美。在这首诗中，形式和内容一样，是唯美的。

这是一首美的诗，但也许并不是林徽因最好的诗。这种由诗的内容决定的容量上的窄小与情绪上的虚幻，作为一种局限性，随着女诗人个人生活中那种如花似梦的青春岁月的流逝而逐渐得到克服。时代所赠予诗人的，大多是苦痛的历程，而不是什么笑声灿烂的日子。她的诗中也就多了几分灰暗和沉凝，少了一些明朗与艳丽，唯美精神与浪漫情调也被一种忧郁的气质所逐渐代替。在诗人的艺术自觉精神的反省以及同时代其他诗歌流派的影响下,林徽因后来的诗作就比较少有《笑》这样的对表面形式的追求了。

(黄心村)

别　丢　掉

林徽因

别丢掉
这一把过往的热情,
现在流水似的,
轻轻
在幽冷的山泉底,
在黑夜,在松林,
叹息似的渺茫,
你仍要保存着那真!
一样是月明,
一样是隔山灯火,
满天的星,
只使人不见,
梦似的挂起,
你问黑夜要回
那一句话——你仍得相信
山谷中留着
有那回音!

二十一年夏

选自 1936 年 3 月 15 日《大公报·文艺》

《别丢掉》这首诗堪称林徽因所有诗作中最著名的一首。即使在同时代的诗作中,《别丢掉》也以它表达感情的独特而美丽的方式显得别有一番韵味。

这首诗无疑是写了一段隐幽而寂寞的情感。在林徽因的大部分抒情作品中,对逝情的缅怀与追忆,无可奈何花落去的惆怅,淡淡的伤感与愁绪,占据了诗的情感天地,使我们感受着一种轻纱似的情绪。《别丢掉》所试图传达的,正是逝情的渺茫与零落,一种情绪的氛围:那一些往日的热情仿佛已逝去,但它依稀还像流水似的,在山泉底,在黑夜,在松林,轻轻地淌着。"我"(也就是抒情主体)的心中还眷恋着那一番逝情,"你"(情感诉诸的对象)也"仍要保存着那真"!今夜的天,与往日"一样是月明,/一样是隔山灯火",一样有"满天的星"如"梦似的挂起"。唯一不同的是没有了人。"你"若还希望兑现那一份情感,你就"仍得相信/山谷中留着/有那回音"!

作为一个新月派诗人,林徽因的诗作必然更多地带有浪漫主义的气质。但,一种颇具现代主义风格的诗歌格局也出现在她的笔下。比如表述上的有意变格、改路和错向,隐蔽了联想的桥梁,加上诗思的间杂离落,造成了一种特殊的抒情氛围。在《别丢掉》这首诗中,错杂的诗句,添重了逝情的渺茫与零落,别有一番情致。诗的前八句,朱自清先生是这样分析的:"第一、二行和第八行本来是一句话的两种说法,只因'流水'那个长比喻,又带着转个弯儿,便容易把读者绕住了。"(《新诗杂话·解诗》)这种隐曲的表达感情的方式必然具有另一种美学意义。

林徽因当然不是一个很纯粹的现代派诗人。一个很明显的例证是,在她的许多诗里,我们均可以发现传统的古典主义与浪漫主义的托物言情的手法与现代主义的意象联络的手法是交织在一起的。时而是主人公在直抒情热或托物言情,时而是意象本身成为多情的倾诉者。《别丢掉》这首诗的主干意绪兴许只有这么三句:"别丢掉/这一把过往的热情,/……你仍要保持着那真!"这是缠绵而又执著的爱情的呼唤。而在那些离离落落散布的意象中,我们同样可以体味到这种情感的深层流动,仿佛每一个景致都有千愁万绪:流水,山泉,黑夜,松林,明月,隔山灯火,满天星斗,山谷中的回音……举个例子——"这一把过往的热情"和"隔山灯火",前者是情,后者是景,一虚一实,仿佛有着本质的区别。但我们又可以感受到,"隔山灯火"这个意象本身具有感性美和理性美的双重魅力,它的境界已扩伸入抒情主人公的灵魂深处;它既是"这一把过往的热情"的具象化、知觉化,又是一个独立的意象,情意浓重,自具风采。

《别丢掉》中也有用得很巧妙、很隐蓄的比喻,虽然是托物言情,又颇有些意象的深意,喻体本身又往往兼具情感和理性的双重风貌。例如,诗中将"这一把过往的热情"描绘成"……流水似的,/轻轻/在幽冷的山泉底,/在黑夜,在松林,/叹息似的渺茫",这是兼有意象联络的托物言情,喻体的含意已经经过立体化处理,不再给人以单一的表层化的启示。另外,朱自清在《新诗杂话·解诗》一文中还指出,"你问黑夜要回/那一句话"中的"黑夜"是一个隐喻。可以听话的"黑夜"显然带着主体的色彩,隐喻着抒情主人公的内心世界。这一种手法在当时的诗歌中还实为少见,它比上文所述的"流水"的明喻更具有一种含蓄的深蕴。我们所说的这首诗由于表达感情的新颖独特而具有深深的韵味,当可以从这里品出。

(黄心村)

静　院　　　　　　林徽因

你说这院子深深的——
美从不是现成的。
这一掬静,
到了夜,你算,
就需要多少铺张?
月圆了残,叫卖声远了,
隔过老杨柳,一道墙,又转,
初一? 凑巧谁又在烧香,……
离离落落的满院子,
不定是神仙走过,
仅是迷惘,像梦,……
窗槛外或者是暗的,
或透那么一点灯火。

这掬静,院子深深的
——有人也叫它做情绪——
情绪,好,你指点看
有不有轻风,轻得那样
没有声响,吹着凉?
黑的屋脊,自己的,人家的,
兽似的背耸着,又像
寂寞在嘶声的喊!
石阶,尽管沉默,你数,
多少层下去,下去,
是不是还得栏杆,斜斜的
双树的影去支撑?

对了，角落里边
还得有人低着头脸。
会忘掉又会记起，——会想，
——那不论——或者是
船去了，一片水，或是
小曲子唱得嘹亮，
或是枝头粉黄一朵，
记不得谁了，又向谁认错！
又是多少年前，——夏夜。
有人说：
"今夜，天，……"（也许是秋夜）
又穿过藤萝，
指着一边，小声的，"你看，
星子真多！"
草上人描着影子；
那样点头，走，
又有人笑，……

静，真的，你可相信
这平铺的一片——
不单是月光，星河，
雪和萤虫也远——
夜，情绪，进展的音乐，
如果慢弹的手指
能轻似蝉翼，
你拆开来看，纷纭，
那玄微的细网
怎样深沉的拢住天地，
又怎样交织成

这细致飘渺的彷徨!

选自1936年4月12日《大公报·文艺》

《静院》以一种铺叙式的语调絮絮地描绘这夜的静院里的每一番景致,以及这每一番景致中所蕴涵的情感因素。第一节是说这深深的院子的静的美,恰是由一群声息铺张而成的。圆了又残的月,远了的叫卖声,离离落落满院子的香,透那么一点灯火的窗槛外的世界。对于满院子的香,还有一个幻象式的比喻:"不定是神仙走过,/仅是迷惘,像梦,……"全诗的基调马上被一种幽暗中的美与神秘所笼罩。

第二节引出了那个可以"指点",可以感知的"情绪"。正是由于"情绪"的介入,那一群声息中的每一番景致,都被灌注了生命,赋予了个性色彩,因而也都成了抒情主人公情感世界的一部分。那"黑的屋脊"如同野兽的脊背耸立在那里——这就赋予了物体以动物的生命状态;又像"寂寞在嘶声的喊"——"寂寞"和"黑的屋脊"又共同被赋予了一种充满了人性的"嘶声的喊",而这两个意象,一个是抽象的感情状态,另一个则是实有的但无生命的物体。我们在这儿很可以感到几种不同的存在状态的叠印所产生的一种深层的效果,这也就是意象中所蕴涵的情感的吸摄力。另外还有"沉默"的石阶,"支撑"斜斜的栏杆的"双树的影",这些景物都以一种拟人化的状态存在,抒情主人公为人们提供的自我与外界的情感共鸣是深广的。这一节或许是全诗最为精彩的部分了,每一番景致中所蕴涵的情感因素都为诗带来了打动人心的色彩。

第三节颇有一番戏剧性风味。假如说前两个诗节的抒情主人公尚是以一种隐含的间接的状态存在,那么在这一节中,抒情主人公的形象却清晰地出现了。那个角落里边低着头脸的人的出现,使全诗笔调一转,以一种断断续续的絮语般的句子,描绘了记忆中闪现出来的过去一段时光中的景致,更显出记忆的缥缈,过去了的时光的倏忽与永不再来,"记不得谁了,又向谁认错!"又接着描绘一个夏夜(或许是秋夜,记不清了),有人在那里隐约地谈论今夜的天,小声地说"星子真多",只见"草上人描着影子",点头,笑,穿过藤萝,走。这里对过去情景的回忆的闪现,飘逸,朦胧,显出了全诗的情感重心所在。正是由于这多少年前的一个夏夜的叠影,当夜的静院才如此深邃和扑朔迷离。

最后一个诗节是第一、第二诗节的延续。抒情主体仿佛已重新隐去了,但我们仍然可以时刻感受到有一个灵魂正与万籁俱寂的夜的氛围契合,一个自我与世界的本质打成一片,还有神明在倾听并深味着静谧中的一切声响与萌动。这夜,这静院,是"进展的音乐",是流动着的生命;它深深的美,是由那"纷纭"而"玄微的细网"构成,有多少的景致,多少的声息,多少的情绪,多少交错的记忆所铺张而成的这一片氛围,"怎样深沉的拢住天地,/又怎样交织成/这细致飘渺的徬徨!"

在这首诗中,"情绪"是一个或虚或实的意象。尽管它的内涵显得十分的高邈,毕竟还是可感的——"你指点看,/有不有轻风,轻得那样/没有声响,吹着凉?"而诗中所描述的每一番景致,又总仿佛是"情绪"的一员:离离落落满院子的香,像是"寂寞在嘶声的喊"的黑的屋脊,角落里低着头脸的人……"情绪"这个本属抽象化的东西已被知觉化了,让人感到灵魂也会抽芽开花。这里的情绪仿佛启迪了万物,让已经逝去的,正在进行的,尚未到来的一切都一并活动起来——那多少年前的一个夏夜也回过头来组成了这一晚的情绪,于是有一种浓重的怀旧情绪在这蠕动的夜色里盘桓。全诗的内在结构实际上是由两条情绪线构成的。一条是抒情主人公的直觉:此时此地深夜的静院,一个纷纷纭纭但又细小如微的大千世界。深院,残月,叫卖声,香火,灯火,轻风,黑屋脊,石阶,栏杆,树影……这夜色中的万籁组成了一种幽冷的人生境界,其中的意味渺不可测,但似乎都是为了一个共同的题旨。这个题旨在另一条情绪线的揭示中得以明确——在时空错杂中引出了多少年前的那一个星夜,以及隐约忆起的那一个星夜里的断断续续的人语。这个多少有点戏剧化的呈现,让我们领悟到,静院中的一切景致和由此带来的情绪氛围实际上都是围绕着那一点记忆的残骸。于是,两条情绪线交织在同一片静谧和深邃之中,更添一番离乱的愁绪,一种时过境迁的人生慨叹。这种诗意的立体化效果,无论在时间上或空间上,都大大地延伸并拓展了诗境。

(黄心村)

陈梦家

【诗人小传】

(1911—1966) 浙江上虞人。1931年毕业于南京中央大学法律系。新月派后期代表诗人之一。1931年编《新月诗选》,并作长序。1932年在上海参加抗日救亡工作。后到燕京大学宗教学院学习,毕业后留校任教,自此开始古文字学、古代神话等的研究。曾任西南联大、美国芝加哥大学、清华大学教授。1952年任中国科学院考古研究所研究员、《考古学报》编委。主要作品有《梦家诗集》《梦家存诗》等诗集及古史论著多种。

一 朵 野 花

陈梦家

一朵野花在荒原里开了又落了,
不想到这小生命,向着太阳发笑,
上帝给他的聪明他自己知道,
他的欢喜,他的诗,在风前轻摇。

一朵野花在荒原里开了又落了,
他看见青天,看不见自己的渺小,
听惯风的温柔,听惯风的怒号,
就连他自己的梦也容易忘掉。

一九二九年一月

选自《梦家诗集》,新月书店1931年版

一片风景便是一种心境。大自然中,鲜花遍地,可以说是司空见惯的,不足为奇,人们根据自己的独特观察和感受,可以有很多别致的咏唱,陈梦家这首诗,通过对一朵野花的孤独而短暂的生命的观察,领悟到一种充满诗意的人生真谛。

诗一开始,便是感叹这朵野花在荒原上孤独地开,孤独地落,其生命不为人知的境遇。它与诗的第二节的第一句形成诗的复沓,成为两节诗咏唱的基础。

第一节,写了在时间的年轮里,野花的生命是短暂的,虽然她也曾美丽芬芳,然而自然规律不可避免,一刹那的盛开,随着的便是枯萎,这便是她的注定的命运。在时间的长河里,她是不幸的。然而野花仍然要盛开,她不悲戚,有生命便要毫无保留地绽开,在短暂的生命里,她要享受自然的上帝所给她的恩宠,她要向那永恒的太阳发笑,借着那醉人的春风,向太阳炫耀她的短促的生命的美。

第二节,诗人写在辽阔的荒野,野花点点滴滴,太不起眼了。然而野花并不意识到自己的这种渺小。温柔的风拥抱过她,粗野的风抽打过她,在生存的搏斗中,她没有梦,没有幻想,她要把住现在,证实自己的生存。她吐露芬芳,让风,把她带向遥远。

野花的生存态度是诗人礼赞的生存态度。照诗人看来,被束缚在时间和空间范畴中的人类,无疑是同野花一样的短暂与渺小,但,人类应该像那朵野花,不悲观,不自叹,珍惜生命的价值,在生命的充分实现中,在人生的生存搏斗中获得自我的超越。

这首诗虽然仅仅写了荒原上的一朵盛开的野花,但蕴含于诗中的却是一种向上的生命力。

(鲍昌宝)

雁　子

陈梦家

我爱秋天的雁子
　　终夜不知疲倦:
(像是嘱咐,像是答应,)
一边叫,一边飞远。

从来不问他的歌
　　留在那片云上?
只管唱过,只管飞扬,
黑的天,轻的翅膀。

我情愿是只雁子,
　　一切都使忘记——
当我提起,当我想到:
不是恨,不是欢喜。

选自《梦家诗集》,新月书店1931年版

以"雁子"作题材,在古诗中是常见的,但它大多是游子思归的象征,被笼上一层浓郁的乡愁离恨。而在现代诗人眼里,它却代表了诗人心中的一种理想的人生境界。

这是一个秋天的夜晚,在烦嚣喧闹的白昼之后,诗人信步走到屋后的一片花园里,夜色给大地罩上一层轻轻的黑色面纱,清凉的秋风沁人心脾,诗人感到一种诗意的欢畅。也许他本来就有些疲倦,在无休止的生活追求与拼搏中,身体上、心理上都充满着倦怠。这时,南飞的大雁突然引颈长鸣,在这静谧的夜色中,诗人情不自禁,为这自由翱翔的大雁所感动,它的叫声是它的歌,高兴唱便唱,高兴缄默便缄默。诗人因此也悟到了自己应该有的人生,于是他轻轻地吟道:"我爱秋天的雁子……"他想,这雁子,那样整天整夜地不停地飞着,从不感到疲倦。因为它"从来不问他的歌/留在那片云上?/只管唱过,只管飞扬"。生命本身便是一首歌,雁子它从来不去追求生命之外的其他东西,它要求的只是自我生命的实现。感悟到这一点,诗人便对着那茫茫青天感叹道:"我情愿是只雁子",忘记尘世生活的一切,把所谓的"恨"和"欢喜"抛在脑后,超越它们,还原为一个无拘无束的真我,不再有身心的疲倦,在生命的"无为"中去实现"有为"。

新月派诗人对艺术所抱定的宗旨是"为艺术而艺术",在他们心目中,艺术便是一个自足的生命实体,它没有其他的社会功利目的,为"功利"的艺术是一种堕落,"艺术"的生活才是值得追求的生活。正如陈梦家所说:"我们写诗,只为我们喜爱写。好比是一只雁子在黑夜的天空里飞,她飞,低低的唱,曾不记得白云上留下什么记号?只是那些歌,是她自己喜爱的!她的生命,她的欢喜!"(《新月诗选·序言》)我们不妨把这句话看作是这首诗的一个注释。

诗人以凝练的语言,短促的语调,似断似续的意象,创造了一个如烟如梦的诗境,淡淡的情绪如缥缈的轻纱笼着一颗诗心,使人仿佛触摸到了那夜的温柔和诗人心灵的淡泊寡欲。

(鲍昌宝)

鸡鸣寺的野路　　　　陈梦家

这是一座往天上的路,
夹着两行撑天的古树;
　烟样的乌鸦在高天飞,
　钟声幽幽向着北风追;
我要去,到那白云层里,
那儿是苍空,不是平地。

大海,我望见你的边岸,
山,我登在你峰头呼喊……
　劫风吹没千载的城廓,
　何处再有凤毛与麟角?
我要去,到那白云层里,
那儿是苍空,不是平地。

廿一年一月

选自《闻一多全集·现代诗钞》,开明书店1948年版诗题"鸡鸣寺的野路"中的"鸡鸣寺",坐落在南京市解放门内的鸡笼山上,本系梁朝同泰寺故址,明朝洪武二十年(1387年)重建。在这首诗里,诗人并不是像一般纪游体诗那样重点写游览的名胜古迹,而是写去鸡鸣寺途中的感受,抒发心中久久蕴积的一个意念——脱离尘世的烦恼,寻找一个清静无为的桃源。

第一节,诗人抓住在"鸡鸣寺的野路"上见到的实景进行描述。鸡鸣寺坐落在鸡笼山上,所以这条"野路"是由低往高,诗人由此感到这是通往天上的路。鸡鸣寺是佛家弟子修身养性之地,寺院里的僧侣们渡过了人生的苦海,与世无争,清心寡欲。诗人自然而然把这条路看成是通往天国的路。这样,他就将自己的主观情绪渗透进了这条野路,古树是"参天的",乌鸦在"高天飞",钟声向着"北风追",这一切都使人们把视力投向高天,希望走在这条路上的人们也能脱离平地,走到白云里去……

第二节是虚写。起句"大海,我望见你的边岸",显然是诗人的想象。大海是望不到边岸的,山,是永远也登不完的,因此,大海,山,便成了人世间的万事万物的代称。诗人自以为自己历经人间坎坷,目睹人类文明的象征——千年的古城随着时间的风风雨雨而颓败。现实与历史都令诗人失望,只有那佛家的一片静地还犹如天国一样是人们的归宿。在这首诗里,诗人流露出一定的失望与虚无观念。

这首诗结构精巧。诗中主要表现的情绪就是:"我要去,到那白云层里,/那儿是苍空,不是平地。"诗人利用"苍空"和"平地"这两个天然的对照,第一节写"苍空",第二节写"平地",两节融合,构成一个完整的统一体。

(鲍昌宝)

臧克家

【诗人小传】

(1905—2004) 又名臧瑗望,山东诸城人。1930年入山东大学中文系,在诗人闻一多指导下写作新诗。抗日战争爆发后,在前线从事抗日宣传工作。1942年到重庆,参加中华全国文艺界抗敌协会的活动。1946年到上海,先后编辑《侨声报》副刊和《文讯》月刊。1948年年底去香港,1949年3月到达北平。新中国成立后任华北大学三部研究员、人民出版社编审、中国作协书记处书记、《诗刊》主编等职。其诗作多以富有社会意义的生活片断构思诗的意境,吸取中国古典诗歌和民歌的特点,注重炼字炼意,不注重整齐的诗行和严格的用韵,而追求音调上的自然和谐,形成一种诗句朴素凝练而诗体自由的特色。

难 民

臧克家

日头堕到鸟巢里,
黄昏还没溶尽归鸦的翅膀,
陌生的道路,无归宿的薄暮,
把这群人度到这座古镇上。
沉重的影子,扎根在大街两旁,
一簇一簇,像秋郊的禾堆一样,
静静的,孤寂的,支撑着一个大的凄凉。
满染征尘的古怪的服装,
告诉了他们的来历,
一张一张兜着阴影的脸皮,
说尽了他们的情况。
螺丝的炊烟牵动着一串亲热的眼光,
在这群人心上抽出了一个不忍的想象:
"这时,黄昏正徘徊在古树梢头,
从无烟火的屋顶慢慢的涨大到无边,
接着,阴森的凄凉吞了可怜的故乡。"
铁力的疲倦,使人和想象一齐推入了朦胧,
但是,更猛烈的饥饿立刻又把他们牵回了异乡。
像一个天神从梦里落到这群人身旁,
一条灰色的影子,手里亮出一支长枪,
一个小声,在他们耳中开出天大的响:
"年头不对,不敢留生人在镇上。"
"唉!人到那里灾荒到那里!"
一阵叹息,黄昏更加了苍茫。
一步一步,这群人走下了大街,
走开了这异乡,
小孩子的哭声乱了大人的心肠,

> 铁门的响声截断了最后一人的脚步,
> 这时,黑夜爬过了古镇的围墙。
>
> 二,一九三二,古琅玡
选自《烙印》,开明书店 1934 年版

　　《难民》是臧克家第一本诗集《烙印》的第一首诗。闻一多认为《难民》是《烙印》中"最有意义的诗"之一(《烙印·序》)。《难民》的意义在于它真实、形象地反映了 20 世纪 30 年代初期北方农民的苦难生活,从而揭露了旧中国的黑暗现实。

　　这首诗分为两部分。诗的前十八行为第一部分,描写一群难民薄暮时光逃难到一座古镇上。这部分又可分为三个层次。开头四句为第一层次,点明难民流落到古镇的时间。第五至第十一行为第二层次,勾勒难民的外貌特征,描写难民在古镇的凄凉情景。第十二行至第十八行为第三层次,描写难民的心理活动。难民们由薄暮笼罩的古镇上螺丝般的缕缕炊烟,不由得想象故乡屋顶上没有炊烟,凄凉吞没了故乡。接着,诗人又写难民极度的疲倦使他们进入了梦乡,而饥饿又惊醒他们,从梦中回到异乡,更感苦不堪言。诗人通过刻画难民的心态和动态,深刻而又具象地展现了旧中国农村的凄凉情景。诗的后十一行为第二部分,写难民被迫离开古镇颠沛流离。古镇上人所说的"年头不对,不敢留生人在镇上"的话,从侧面反映了 30 年代初北方农村破产所造成的动乱恐怖景象。

　　诗人善于捕捉生活中的形象,把感情的流向隐蔽在诗的形象里。诗中黄昏景色的渲染,难民满染征尘的古怪的服装、兜着阴影的脸皮的描写,古镇上驱赶难民者的动作、语言的刻画,展现了难民的凄凉、苦难的境况和 30 年代破产了的北方农村的恐怖景象。

　　这首诗在艺术表现手法上采用白描手法,真实简练地描写了一群难民在薄暮时光流落古镇到黑夜离开的过程,并不作主观的说明、抽象的议论,也没有架空的抒情,在读者面前具体地展现了一幅流动的农民悲惨生活的形象图画。

　　臧克家曾回忆说:这首诗的第二句开始写作"黄昏里煽动着归鸦的翅膀",后来又改成"黄昏里还辨得出归鸦的翅膀",最后定稿时才改为"黄昏还没溶尽归鸦的翅膀"。关于这个"溶"字的好处,他说:"请闭上眼睛想一想这样一个景象:黄昏朦胧,归鸦满天。黄昏的颜色一霎一霎的浓,乌鸦的翅膀一霎一霎的淡,最后两者渐不可分,好似乌鸦的黑色被黄昏溶化了。"(《学诗断想》)这个"溶"字传神地写出了黄昏颜色渐浓、溶化万物的情景。此外,这首诗中其他动词,如"扎根""支撑""兜""牵""抽""徘徊""吞""推""爬"等都用得传神。

(潘颂德)

老　马

臧克家

总得叫大车装个够,
它横竖不说一句话,
背上的压力往肉里扣,
它把头沉重地垂下!

这刻不知道下刻的命,
它有泪只往心里咽,
眼里飘来一道鞭影,
它抬起头望望前面。

1932 年 4 月
选自《烙印》,开明书店 1934 年版

　　这八行短诗,从表面上看,写的是一匹负重受压、苦痛无比、在鞭子的抽打之下,不得不向前挣扎的老马。但几乎所有的读者和选本的注释家,都说我写的是受苦受难的旧社会的农民。其实我写这首诗,并没有存心用它去象征农民的命运。我亲眼看到了这样一匹命运悲惨令我深抱同情的老马,不写出来,心里有一种压力。1927 年大革命失败后,我对蒋介石政权,全盘否定,而对于革命的前途,觉得十分渺茫。生活是苦痛的,心情是沉郁而悲愤的。这时的思想、情感与受压迫、受痛苦的农民有一脉相通之处,对于"背上的压力往肉里扣"的老马亦然。因此,我写了老马,另外也写了许多受压迫的农民形象,实际上也就是写了我自己。借咏物抒情的古诗,多如恒河之沙,有的明明是写物,最后点出主意,是写人,如白居易的《凌霄花》诗。有的从外表看是咏物的,其实也是借咏物发挥诗人的感慨,像杜甫的《瘦马行》和《病马》。萧涤非在注释杜诗第一首时说:"是一篇写实而并抒情的作品,一则杜甫极爱马,二则这匹被遗弃的官马和他这时处境有着共同之点,故借马以寄托自己的身世之感。"关于第二篇《病马》,注曰:"这也是一篇有寄托的咏物诗,其中有着作者自身的影子。"另外宋代李纲有一首名作《病牛》,也是借一条耕田受压的病牛,来表现自己抗金壮志不得伸,反被流放的沉痛之感。

　　我觉得,可以用杜甫的《病马》《瘦马行》和李纲的《病牛》写作情况与寄托,来理解我的《老马》,时代各异,而感寓正同。写的既然是病马、病牛、老马,首先要经过对它们的仔细观察,寻出特征,为它们的形象所打动,赋予真实诚挚的热情。作者先为所写的对象所感动,然后写出来的诗才能动人。如果仅仅拿它们作为象征性的图解,先有主题,然后拿它们来作标本,是决然写不好,也不会为人所喜爱的。写老马就是写老马本身,读者如何理解,那是读者的事,见仁见智,也不全相同。你说《老马》写的是农民,他说《老马》有作者自己的影子,第三者说,写的就是一匹可怜的老马,我觉得都可以。诗贵含蓄,其中味听凭读者去品评。

(臧克家)

壮 士 心

臧克家

江庵的夜和着青灯残了,
壮士的梦正灿烂地开花,
枕着一卷兵书,一支剑,
灯光开出了一头白发。

突然睁大了眼睛,战鼓在催他,
(深夜里木鱼一声又一声)
跨出门来,星斗恰似当年,
铁衣上响着塞北的朔风。

前面分明是万马奔腾,
他举起剑来嘶喊了一声,
从此不见壮士归来,
门前的江潮夜夜澎湃。

1934年1月11日于青岛
选自《水星》1934年第1卷第1期

在旧中国的寺庙庵观中,固然不乏游人如织、香火极盛的处所,但也有不少受到风雨的侵蚀和人们的冷遇,呈现出一派颓败之相和萧瑟之气。臧克家"听了一个传说的故事写成"(《甘苦寸心知》)的《壮士心》,就弥漫着这样一种浓重的色调和凄凉的氛围,并在这种色调、氛围之中突出了一个悲壮热烈的故事,收到了相反相成的特殊的艺术效果。

"故事"发生在什么年代,已经无从查考,也不必查考。"壮士"姓甚名谁,从何而来,已经无从知晓,也不必知晓。正如英国诗人雪莱所说:"故事(按:此处指叙事作品)是局部的,仅能适用于一定的时期和某些永不能重现的际遇;诗则是包罗万象的,诗对于举凡人性各项可能有的动机和行为都有关系"(《西方美学家论美和美感》)。臧克家创作《壮士心》,所赋予自己的也不是去表现某个"永不能重现的际遇",反映某个特定的时期,而是为了"包罗"即概括我国由来已久的爱国主义传统,发掘和再现我国人民最美好的"人性"——惊风雨泣鬼神的爱国主义精神,说到底,诗中那个举剑夜奔的壮士不就是古往今来无数爱国志士的缩影吗?

诗的开头就出语不凡,不说"江庵中点着一盏青灯"——那样只能突出"青灯",视野显得不够宽广;也不说"青灯照不亮江庵的夜"——那样虽然突出了"江庵",却又怠慢了"青灯",不能提示读者注意在"青灯"下睡着的壮士;而说"江庵的夜和着青灯残了",这样才能使景观由大到小,气氛由淡而浓,格外具有一番神秘的意味,其中一个"和"字作动词解,巧妙地沟通了"江庵"和"青灯",一个"残"字,承担了双重的使命,既形容灯光将灭,也说明夜色已深,诗人锤炼词句之苦心,于此可见一斑。第二行"壮士的梦正灿烂地开花",包含着两个对比,一个是热烈的梦境和凄凉的江庵的对比,一个是壮士叱咤风云的当年和孤身独栖的现实的对比,这两个对比用笔不多而绘影绘色,颇见功力,其中"梦正……开花"倘放在他处,也许会显得突兀,而此处承接"灯花"而来,可谓恰到好处。诗人写了以上这两行,让读者对人物所处的环境、时间有了一个总体的清晰印象以后,立即推出了一幅近景:一卷兵书、一支剑、一头白发。用不着更多的描写和形容,有了这三个"一",壮士有勇(剑)有谋(兵书)的胆略武艺以及久经征战、历经坎坷的生平(白发)已经尽在不言中了。

前人常以"枕戈待旦"形容人物的常备不懈,此诗中"壮士"的行动却又别具一番神采,他错把深殿木鱼声当作催人的战鼓,等不到天明即已一跃而起,真是日思梦想,杀敌心切! 随后,"跨出门来,星斗恰似当年,/铁衣上响着塞北的朔风",环境殊异,"星斗"依然,戎衣未脱,朔风劲吹,诗人巧妙地用这些沟通了时间(今和昔)和地域(南和北),突出了"壮士"的高大形象。

最悲壮的还是诗的最后一节。诗人自述他创作《壮士心》等诗篇时"运用古典诗歌的表现手法特别明显"(《甘苦寸心知》),我们也不妨参照一些古典诗词作个比较。前人写"剑"的诗作不少,李白的"拔剑四顾心茫然"(《行路难》),抒发的是怀才不遇;辛弃疾的"把吴钩看了,栏干拍遍,无人会,登临意"(《水龙吟》),慨叹的是报国无门,都和此诗中"壮士"举剑的涵义不同,庶几近之的是刘长卿的"独立三边静,轻生一剑知"(《送李中丞归汉阳别业》),慷慨悲壮,犹见老将军的当年风貌,遗憾的它是写"归去",而不是写"夜奔"。前人写奋勇杀敌的梦境的诗作亦复不少,如陆游一人就写过《夜游宫》《诉衷情》《十一月四日风雨大作》等许多"记梦"之作,可是它们都是用热烈的梦境衬托醒后的凄凉,和《壮士心》的主旨有所不同。是啊,唐宋而后,岁月已经流逝了千百余年,中国人民早就应该像这位举剑夜奔的壮士,齐心协力、义无反顾地冲向前方了。

壮哉,壮士之心!壮哉,写《壮士心》的诗人之心!

(孙光萱)

兵车向前方开　　　　　　　　　臧克家

耕破黑夜,
又驰去白日,
赴敌千里外,
挟一天风沙,
兵车向前方开。

兵车向前方开。
炮口在笑,
壮士在高歌,
风萧萧,
鬃影在风里飘。

1938年4月23日赴汉口车中
选自《甘苦寸心知》,四川人民出版社1982年版

"五四"以来的老一辈的诗人,大都对古典诗歌有着湛深的修养,像郭沫若、闻一多、朱自清、冰心、冯至……都是。写好诗,首先要有深厚的生活底子,这不须多说,但艺术表现能力的高低,也有着决定性的意义,这二者不但密切关联,而且是辩证的统一。现在有不少诗人,特别是年纪轻些的,对中国几千年的诗歌宝库,不但未入室,而且没摸到门,这对创作来说,是一个很大的缺陷。表现方法的平凡,想象力的低弱,炼字造句的粗疏,都多少与缺乏对古典诗歌的阅读与欣赏有关。新诗与古典诗歌,在表现手段——语言方面是不同的,新诗用的是现代口语,古典诗词大抵是文言,但诗之所以为诗的基本条件和要求并无二致。

大家知道，我写新诗，受到古典诗歌很大的影响。当然，也受到闻一多先生《死水》的影响。而闻先生诗作中继承古典诗歌优良传统的成分是很重的。造句，下字，词眼，从《红烛》到《死水》，斑斑可见。

在我大量的诗创作中，有三首（编者按：另两首是《壮士心》《七首颂》），运用古典诗歌的表现手法特别明显，单从外表上看，也有点形似，如《兵车向前方开》。

这首小诗，是我从台儿庄抗战前线因事去武汉，在火车上即兴而成的。抗战初期，全国团结，一片朝气。我亲眼看到诗中所表现的情况，心中充满了乐观主义精神，我把雄心壮怀，必胜信念，借着一刹那瞥见的这动人情景表达了出来。虽然没有一个字说出我们一定能把这场民族战争打赢，对战士的英勇，也没作正面歌颂，只捉住了眼前景，抒了心中情。但读者可以从每一句子，从每一个字中去体味出没有明说的那些东西来。

这种手法，是学习古典诗歌的。这首小诗，单从形式上看，不也像一首生动的"小令"吗？特别是后一节。

（臧克家）

三　代　　　　　　　　臧克家

孩子
在土里洗澡；
爸爸
在土里流汗；
爷爷
在土里葬埋。

1942年
选自《泥土的歌》，今日文艺社1943年版

臧克家的抒情短诗向来具有质朴、简洁、冷峻、深刻的艺术特色，这首作于抗战期间的《三代》就是一个显著的例子。

这首诗由三个排比句组成，没有任何的修饰和形容，总共才二十一个字，可说是质朴、简洁到了极点。不过质朴、简洁之中却有两点值得注意：一、"孩子""爸爸""爷爷"这三个主语独立成行，把原本三行的排比句分拆成了六行；二、"在土里"这个词组，诗中连续出现三次，不避重复之嫌。看来诗人这样安排是经过精心考虑的，包含着他的一番苦心。

诗人对旧社会的农民怀着深厚的同情，但他在写诗时却力求把自己的感情

隐藏在所描绘的对象后面，不作直接的裸露和宣泄。《三代》把"孩子""爸爸""爷爷"独立出来，其主语的性质不变，在句中的作用不变，但它们给予读者的印象却大大强化了，诗人不增添一字，不作正面道破，读者却能由此领会到这正是诗人所要强调的祖孙"三代"！旧社会的农民牢牢维系在那巴掌大的土地上，尽管日月穿梭，四季更替，他们对土地的执著追求始终不变。诗人正是深切了解旧社会农民的遭遇和心态，才扣住农民和泥土的关系这个独特的角度，作为自己构思的核心。

三个排比句好像电影中的一组蒙太奇镜头，它们之间的关系可以理解为空间的并列，也可以理解为时间的承续。倘是前者，我们可以这样设想：爸爸作为家中的强劳力，正在地里拼命劳动，养家糊口，所以他就不能照顾在泥里滚爬的孩子，更无暇顾及葬在土里的父亲！倘是后者，这一组镜头所揭示的无情事实是：今天"在土里洗澡"的"孩子"，到了明天，就该"在土里流汗"了，而那时，"爸爸"也早已年老力衰，榨尽了身上的血汗，又将"在土里葬埋"了。真是年复一年，代复一代，岁月不居，境况不变！

诗人感慨无限而又深藏不露，下笔简洁质朴而又内涵深厚，使得《三代》成为他反映农民生活的一首杰作。

（孙光萱）

春　鸟

臧克家

当我带着梦里的心跳，
睁大发狂的眼睛，
把黎明叫到了我的窗纸上——
你真理一样的歌声。

我吐一口长气，
拊一下心胸，
从床上的恶梦
走进了地上的恶梦。

歌声，
像煞黑天上的星星，
越听越灿烂，
像若干只女神的手
一齐按着生命的键。

美妙的音流，
从绿树的云间，
从蓝天的海上，
汇成了活泼自由的一潭。
是应该放开嗓子
歌唱自己的季节，
歌声的警钟，
把宇宙
从冬眠的床上叫醒，
寒冷被踏死了，
到处是东风的脚踪。
你的口
歌向青山，
青山添了媚眼；
你的口
歌向流水，
流水野孩子一般；
你的口
歌向草木，
草木开出了青春的花朵；
你的口
歌向大地，
大地的身子应声酥软；
蛰虫听到你的歌声，
揭开土被
到太阳底下去爬行；
人类听到你的歌声
活力冲涌得仿佛新生；
而我，有着同样早醒的一颗诗心，

> 也是同样的不惯寒冷,
> 我也有一串生命的歌,
> 我想唱,像你一样,
> 但是,我的喉头上锁着链子,
> 我的嗓子在痛苦地发痒。
>
> 1942年5月22日晨,万鸟声中写于河南叶县寺庄
> 选自《十年诗选》,现代出版社1948年版

臧克家是位现实主义诗人,他的《春鸟》也是有感于形势的险恶而发,带有鲜明的时代印记。但这首诗又有浓厚的浪漫主义气息。开首八行,诗人抒写自己在黑暗的现实环境下,听到了春鸟"真理一样的歌声"。春鸟的鸣叫,谁都知道是悦耳动听的,如今在"床上的恶梦""地上的恶梦"交相袭来的情况下,听到这象征"真理"的歌声,更使诗人心驰神往,增长了摆脱"恶梦"袭击的勇气。

诗篇的主体部分,绘声绘色地描写了春鸟的歌声。诗人一连用了三个比喻:把歌声比做"煞黑天上的星星""按着生命的键""活泼自由的一潭"。中间一个比喻,喻体与本体都诉之于人们的听觉,读者可以由此及彼地联想,不会产生障碍;一、三两个比喻,喻体与本体距离较远,歌声诉诸人的听觉,星星和水潭诉诸人的视觉,两者似乎互不相关。但细加品味,主体和喻体又有巧妙的相似之处。万鸟鸣叫,声浪越来越高,它与煞黑天上的星星越来越明亮,在事物发展趋势上都有一个由小到大、由弱到强的过程。正是这个相似之点,沟通了不同感官的隔阂,收到了良好的"通感"的效果。歌声与"活泼自由的一潭",本体与喻体也有相同之点:两者都有"音流",众多春鸟的歌声在"绿树的云间""蓝天的海上"汇成了悦耳的大合唱,恰似无数叮咚的溪泉"汇成了活泼自由的一潭"。诗人巧取两个事物具有"音流"的共同点,把人们某个感官上的感觉转移到另一感官上,再次发挥了"通感"的实效。

接着,诗人又进一步把春鸟的歌声与春天的自然景色相联系,以舒缓自如的排比句式,有力地赞颂了春鸟歌声对自然界所产生的起死回生的作用,在读者面前呈现出一派春意盎然的画面,诗人把客观自然景物的变化与"真理一样的歌声"挂起钩来,从而使无情之物变为有情之物,既突出了自然景色变化的社会意义,也表现了诗人对真理的渴望和追求。

诗作的最后六行,是诗篇的主旨所在。春鸟的歌声不仅把宇宙"从冬眠的床上叫醒",也使人类的"活力冲涌得仿佛新生"。诗人视春鸟为知己:都有一颗早

醒的诗心,都有一串生命的歌。但诗人反不如春鸟自由——春鸟能够自由地歌唱;作者的"喉头上锁着链子",只能让嗓子"痛苦地发痒"。作者通过诗人与春鸟的反差比较,把反动派钳制言论自由的罪恶行径,委婉曲折地暴露出来;而诗人向往自由、渴求真理的心情,也蕴藉在诗句的字里行间。诗篇的结尾与开首遥相呼应,题近旨远,令人深思。

《春鸟》创作的成功给我们以启示:现实主义创作方法之树是常青的,它如果能吸取浪漫主义、象征主义等创作方法的某些长处,将会更加树大根深、枝繁叶茂。

(蔡清富)

生命的零度　　　　臧克家

前日一天风雪,
——昨夜八百童尸。

八百多个活生生的生命,
在报纸的"本市新闻"上
占了小小的一角篇幅。
没有姓名,
没有年龄,
没有籍贯,
连冻死的样子和地点
也没有一句描写和说明。
这样的社会新闻,
在人的眼睛下一滑
就过去了,
顶多赚得几声叹息;
人们喜欢鉴赏的是:
少女被强奸、人头蜘蛛、双头怪婴、
强盗杀人或被杀的消息。

你们的死
和你们的生一样是无声无臭的。

你们这些"人"的嫩芽,
等不到春天,
饥饿和寒冷
便把生机一下子杀死。

你们是从那里来的?
是从那响着内战炮火的战场上?
是从那不生产的乡村的土地里?
你们是随着父母一道来的吗?
抱着死里求生的一个希望,
投进了这个"东亚第一大都市"。

你们迷失在洋楼的迷魂阵里,
你们在珍馐的香气里流着口水,
嘈杂的音响淹没了你们的哀号,
这里的良心都是生锈了的。

你们的脏样子,
叫大人贵妇们望见就躲开,
你们抖颤的身子和声音
讨来的白眼和叱骂比悯怜更多;
大上海是广大的,
   温暖的,
   明亮的,
   富有的,
而你们呢,
却被饥饿和寒冷袭击着,
败退到黑暗的角落里,
空着肚皮,响着牙齿……

一夜西北风
扬起大雪,
你们的身子
像一支一支的温度表,
一点一点地下降,
终于降到了生命的零度!

你们死了,
八百多个人像约好了的一样,
抱着同样的绝望,
一齐死在一个夜里!
我知道,你们是不愿意死的,
你们也尝试着抵抗,
但从一片苍白的想象里
抓不到一个希望
做武器,
一条条赤裸裸的身子,
一颗颗赤裸裸的心,
很快地便被人间的寒冷
击倒了。

在这吃人的社会里,
你们原是
活一时算一时的,
你们死在那里
就算那里;
我恨那些"慈善家",
在死后,到处检收你们的尸体。
让你们的身子

在那三尺土地上
永远地停留着吧!
叫那发明暖气的科学家们
走过的时候
看一下;
拦住大亨们的小包车,
让他们吐两口唾沫;
让摩登小姐们踏上去
大叫一声,
让这些尸首流血,溃烂,
把臭气掺和到
大上海的呼吸里去。

1947年2月6日于沪
选自《生命的零度》,新群出版社1947年版

  不知道读者有没有这种感受:读完这首诗,就不禁会想起杜甫、白居易的一些反映劳动人民疾苦的名篇来!臧克家自第一本诗集《烙印》起,不少诗都承继优秀的现实主义传统并将其发扬光大,抒写对劳苦大众的同情以及对旧世界强烈的愤懑。这首诗是他的代表作之一。

  关于这首诗的创作经过,臧克家曾有过自述。抗日战争胜利之后的第二年夏天,他经一位友人帮助,进入上海一家报社,主编一个副刊,以微薄的月薪养活四口之家,贫困之中还要咬紧牙关和病魔作战。大上海是富人的天堂,是穷人的地狱。1947年隆冬的一个早晨,他在报纸的"本市新闻"上,看到了一则报道:"经过一整天的大风雪,昨夜慈善机构在各处检收了八百具童尸。"诗人目睹这几行字,"周身的血液好似黄浦江的怒潮",于是愤然提笔写下了这首诗(参见《甘苦寸心知·关于〈生命的零度〉》)。

  这首诗先以朴素的笔墨,画出了那八百多个活生生的生命,这看似朴素的叙说,内里却包含了多少感慨和不平。再由叙说而生发开去,是一幅幅贫与富、可怜与可憎的对比鲜明的图景,于鲜明的对比中融解着诗人的呼喊和诅咒。感情到了沸点之时,诗人面对八百名死去的儿童,以一个别开生面的比喻,升华出了那催人泪下又撩人抗争的几句:"一夜西北风/扬起大雪,/你们的身子/像一支一

支的温度表,/一点一点地下降,/终于降到了生命的零度!"这是全篇的警句,既富哲理又有力度。篇末一大段,诗人更是呼出振聋发聩的喊声:"我"想"你们是不愿意死的","我恨那些'慈善家'","我"大声呼喊:"让这些尸首流血,溃烂,/把臭气掺和到/大上海的呼吸里去。"这些诗行,写出的不仅仅是对死者的同情,而更是对生者的鼓动和召唤,鼓动和召唤人们去抨击、去摧毁那个腐烂的世界。

在表现艺术上,臧克家的诗作,常常交替使用两种写法:或委婉含蕴,或振笔直陈。这一首显然是属于后者。其所以如此,是因为义愤在胸,骨鲠在喉,八百名童尸的惨状由不得诗人作含蓄与否的推敲,激愤驱使他非如此宣泄不可。不过,他固有的含蓄使得他在意象的镕铸时,注意到诗味的隽永。"你们死了,/八百多个人像约好了的一样,/抱着同样的绝望,/一齐死在一个夜里!"这样的意象,内里就蕴含了许多象外之言,弦外之音。

(尹在勤)

有 的 人
——纪念鲁迅有感

臧克家

有的人活着
他已经死了;
有的人死了
他还活着。

有的人
骑在人民头上:"呵,我多伟大!"
有的人
俯下身子给人民当牛马。

有的人
把名字刻入石头想"不朽";
有的人
情愿作野草,等着地下的火烧。

有的人

他活着别人就不能活;
有的人
他活着为了多数人更好地活。

骑在人民头上的,
人民把他摔垮;
给人民作牛马的,
人民永远记住他!

把名字刻入石头的,
名字比尸首烂得更早;
只要春风吹到的地方,
到处是青青的野草。

他活着别人就不能活的人,
他的下场可以看到;
他活着为了多数人更好地活着的人,
群众把他抬举得很高,很高。

1949年11月1日于北京
选自《臧克家诗选》,作家出版社1954年版

  人们一般不喜欢以议论为内容的诗。诗以吟咏性情为主,议论非其所长。然而,在心为志,发言为诗。伴随着人们的感情波动,一些感应于内、议论于外的诗,融情入理,颇具意味,同样赢得读者喜爱。如这首诗便是。
  《有的人》是为纪念鲁迅逝世十三周年而作。这首诗不单纯写对鲁迅的怀念,而是在通过与鲁迅截然相反的"有的人"的对比中,阐扬了某种人生哲理。
  "有的人活着/他已经死了;/有的人死了/他还活着。"诗一开头便警句迭出,立刻把读者的心抓住:何以有人活着是死了,有人死了却活着。本来,死生乃自然规律,不可逾越,也无法逃避。古往今来,多少哲人和诗人对此惆怅过,悲叹过,思考过,议论过。"人生自古谁无死,留取丹心照汗青"是一种生死观,"生死由命,富贵在天"也是一种生死观,"好死不如赖活"又是一种生死观。

《有的人》的作者则彻底抛开生死的自然形态,把它幻化为意识形态。生死的自然界限变作了道德的、审美的判断。于是,有的人生即死,有的人死犹生。这在科学上是不可思议的,在艺术中却是真实可信的;这里,情感的因素起着决定的作用。

至于孰为生孰为死,诗中没有作正面回答,但通过对两种人的形象描述,读者自能得出结论。人生的价值和意义全然取决于对人民的态度,造福人民者永生,压迫人民者速朽。这种人生观念在诗人心底是深刻的,早在1936年鲁迅逝世时,他就写过这样的诗句:"死的是肉体/你的精神已向大众心底去投生!"(《喇叭的喉咙——吊鲁迅先生》)。由于发自真心,有实在的生活感受,并非从理念出发作诗的演绎,所以诗中情和理紧密结合反而增强了诗的感染力量。

从结构上说,把造成诗意高潮的最精彩的诗句置于前面,对作者来说是危险的,因为要在后面相对平缓的低潮中不减弱诗对读者的吸引力,具有很大的难度。诗人凭借自己的文字功夫和表现技巧,作了一次这样的冒险,基本上得到了成功。他大胆借鉴古诗用典的手法,在诗中用了一连串能引发读者联想的典型细节和比喻。如"有的人/俯下身子给人民当牛马",使读者联想起鲁迅"俯首甘为孺子牛"的名句,想起他"我好像一只牛,吃的是草,挤出的是牛奶和血"的话,感受到鲁迅对人民的爱的执著。"有的人/情愿作野草,等着地下的火烧",能唤起我们读鲁迅《野草·题辞》时的激动。"只要春风吹到的地方,/到处是青青的野草",会使我们联想起白居易"野火烧不尽,春风吹又生"诗的意境。善用比喻,能以少总多,使读者不产生疲劳;巧用典故,造成古今事象的叠加,扩大意象的内涵,易于调动读者对诗境的主动介入,保持阅读的兴奋状态。

朱自清对臧克家有过这样的评价:"他知道节省文字,运用比喻,以暗示代替说明。"在《有的人》中这一特色有相当的显示。

(吴 嘉)

【诗人小传】

林 庚

(1910—2006) 福建福州人。1928年入清华大学学习,曾创办《文学月刊》。1933年毕业后留校任助教,同时任《文学季刊》编辑。1934年在北京民国学院、北平大学女子文理学院、北京师大任讲师。1937年后任厦门大学、燕京大学、北京大学教授。

风雨之夕

林　庚

濛濛的路灯下
看见雨丝的线条
今夜的海岸边
一只无名的小船漂去了

高楼的窗子里有人拿起帽子
独自
轻轻的脚步
纸伞上的声音……
雾中的水珠被风打散
拂上清寒的马鬃
今夜的海岸边
一只无名的小船漂去了。

选自《夜》，开明书店1933年9月初版

　　林庚1928年考入清华大学物理系，但执著于新诗创作，两年后转入中文系。九一八事变后，在积极投入请愿、要求国民政府抗日的爱国活动的同时，不断创作和发表新诗。1933年毕业时，就出版了第一本自由体新诗集《夜》。

　　诗人在清华大学中文系毕业后留系任教，并先后在北平民国学院、北平大学女子文理学院兼课，直到七七事变前后，一直生活在北平，对20世纪30年代古都北平的苍凉、寂寞有着具体、深刻的感受。这首《风雨之夕》和诗人第一本诗集《夜》中的许多诗作一样，抒写了他30年代前期生活在北平所感受到的凄迷的心绪、寂寞的心境，艺术地表现了苍凉时代的诗境。

　　这首诗分为两节。首节四行，紧扣诗题，抒写了风雨之夕诗人眼前所见的迷濛的实景和想象中的海边景象。风雨之夕，路灯濛濛，像线条一般的雨丝挡住了行人的视线，给行人寂寞、凄凉的感觉。诗人由风雨自然地联想起往常风平浪静的海岸边停泊着的无名小船，现在一经风雨的吹打，漂向远方。短短四行，由实景到虚景，表现了寂寞的自然环境，折射出诗人凄迷的心境。

　　诗的第二节由自然环境转向写人的行动。与首节所展示的寂寞的自然环境相协调,第二节所展示的是:孤独的人,轻轻的脚步,纸伞上的雨声,被风打散的雾中水珠,拂上清寒的马鬃。人物的行动和自然景物的变动,构成了一幅清寒的古都风雨图。这一节结尾,诗人采用复沓手法,重复"今夜的海岸边,/一只无名的小船漂去了"的诗句,强化了苍凉的古都给诗人心灵带来的失落感、凄迷的心绪和伤感的心境。

这首诗创造了"濛濛的路灯""雨丝的线条""高楼的窗子""轻轻的脚步""雾中的水珠""清寒的马鬃""无名的小船"等传达空濛、孤独、清寒、漂泊等情绪的意象,抒写了生活在30年代前期旧中国古都的孤寂心绪,从而生动形象地表现了当时古都人们的心境,让读者从诗人创造的凄清、寂寞的诗境中感受旧中国古都的时代氛围。

新诗坛前辈诗人俞平伯1933年6月1日为林庚第一本诗集《夜》写了篇400多字的短序,其中说:"他(指林庚——引者)不赞成词曲谣歌的老调,他不赞成削足适履去学西洋诗,于是他在诗的意境上、音律上,有过种种的尝试,成就一种清新的风裁。"30年代前期,林庚创作自由体新诗,但不主张语言上"自由"创造无度的"信口腔"。这首诗无疑是自由体新诗,但语言有一定的节奏,首节双句押韵,首节与第二节复沓手法的运用,增强了诗的韵律感和节奏感。从20世纪30年代中期起,诗人终其一生,对新诗形式,从实践到理论,做了艰辛的探索,留下了宝贵的艺术精品和诗学遗产。

(潘颂德)

春 天 的 心   林 庚

春天的心如草的荒芜
随便的踏出门去
美丽的东西随处可以拣起来
少女的心情是不能说的
天上的雨点常是落下
而且不定落在谁的身上
路上的行人都打着雨伞
车上的邂逅多是不相识的
含情的眼睛未必为着谁
潮湿的桃花乃有胭脂的颜色
水珠斜落在玻璃车窗上

江南的雨天是爱人的

选自《春野与窗》，文学评论社版（原书无出版年月，据1934年10月所写之跋，可知出版于1934年后）

  这首只有12行的短诗，读后给人的感觉是朦胧的，它似乎只是在体验和描述一种无名的情绪，一种状态和氛围，而并非企图传达给我们一种什么意念。

  诗的开头是明喻，告诉人们春天的心犹如在冬眠的草一般荒芜、寂寥。这是诗人初春的一种慵倦、疲惫或百无聊赖的情绪意态，一开始就传达出莫可名状的感受。接着诗人写自己随便踏出门去，这种无所事事的随意性正是此种心境的一种反映、折射。正是由于心的荒芜、寂寥，才更容易为那些美丽的东西所吸引、感动，所以"美丽的东西随处可以拣起来"。开头三句是诗人自我心境和行为的描写和陈述；底下，自然而然地过渡到出门所见的场景。少女是美丽的，其心情更是缠绵而朦胧，很难用语言来表达，诗人在此敏锐地捕捉到了少女这一诗的永恒美的主题，这无疑探触到了美的世界的极致。可贵的是，诗人对此并没有大肆铺张描绘，而是一笔带过，一切尽在不言中。

  既然"少女的心情是不能说的"，那就只好把笔触转移到客观的景物上面，这时天上不时地下着小雨，细雨绵绵，犹如那少女的情丝，不绝如缕，雨滴说不准落在谁的身上，街上的行人纷纷打起了雨伞，细雨敲打着，发出音乐般的节奏和旋律，久久地荡漾在诗人的心头，这难道不又是一幅美的极致吗？诗人把视线转移到流动的车厢内，车上的邂逅虽大都是不相识的，但却有许多含情脉脉的眼睛，无论它是为哪一桩事由或哪一个人，它都能给人以美的情致的体验与感受。

  接下来诗人宕开一笔，转而写潮湿的桃花，姹紫嫣红，乃如胭脂。这就不禁使我们展开想象的翅膀，或许诗人一霎间瞥见了车窗外那朵潮湿的桃花，或许诗人眼见含情脉脉的动人的面容，不禁联想到桃花，我们觉得这无论是写实，还是象征，都使诗显得摇曳多姿，优美生动，产生了强烈的艺术感染力，正是这种写法的不确定性，使诗产生了朦胧的美感效果。最后，写雨珠斜落在玻璃车窗上，我们试想，若顺着窗子远望，万物相融在一起，一片朦胧，那是少女的情丝呢，还是细雨的缠绵？诗人一定是说不清楚的，他只会感到一阵温暖的蜜意洋溢在心头，先前那心的荒芜和寂寥也被这片美的世界释解了。这是江南的雨天，是充满着爱人的情感的雨天。

  这首诗的语言平易如话，不尚修饰，初读似觉诗句之间有些跳跃性，不易把捉，但细读起来，却觉有清晰的情节性；只是在情节的延展中插进些许微妙的联想。这样,既制造一种朦胧的效果,给人广阔的想象空间,又使诗的节奏和情绪流丽宛转,充满变化。

(孙基林)

【诗人小传】

汪铭竹

(1905—1989) 江苏南京人。毕业于中央大学哲学系,先后在多所中学任教。30年代曾参与组织"土星笔会",创办定期刊物《诗帆》等。1948年后移居台湾。出版诗集《自画像》《纪德与蝶》。

法兰西与红睡衣　　　　汪铭竹

巴黎,世界的花床,
剩下一堆灰烬,没一星火。

千夫所指,十目所视,
红睡衣是压着法兰西的魇魔。

黑蜘蛛拼命放出死前回光,
又纺织了一面毒网。

自柏林铁甲车纷至沓来,
饱吞下法兰西煤炭。

播音员不断喊着待访的男和女;
夜沙龙中,竖琴小鼓失了声。

一扇扇铁栏门,风瘫
在地上,碎玻璃,五彩缤纷。

> 千千万万的人,哑了,
> 喉头里则异样的怪痒。
>
> 集中营拥挤着人众,
> 人众日夜作圣女贞德之幻想。

选自《纪德与蝶》,昆明诗文学社 1944 年版

在诸多象征派诗人的视域里,巴黎是丑陋的、昏醉的、颓败的,犹如一个外表艳媚内里衰朽的贵妇踯躅在混乱的世纪末路上。从法国的波德莱尔、魏尔伦到中国的李金髪、王独清,几乎都有类似的形象指涉和诗歌倾向,他们视巴黎为现代文明畸形的象征,着意于发掘"恶中之美"和繁华富足背后的病态和罪恶,对都市的喧嚣、尘世的肮脏投以极大的憎恶,以此来倾泄诗人无奈而痛苦的主体情绪。诗人汪铭竹在艺术上也深受象征派诗风的熏染,但他笔下的巴黎既不与前人重复,也不与旁人雷同,自有另一种苍凉的历史况味和形象风貌。二次大战把巴黎卷入了可怕的绝望旋涡,血腥的杀戮、疯狂的掠夺,深深地刺痛了诗人的心,他敏锐地抓住了这一悲惨的历史定格,加以重新确认,重新绘写,真切地展示了巴黎的现实劫难,揭露了法西斯战争的罪恶。从而赋予巴黎以新的美学性质和历史内涵,使之更具社会容量和时代色彩。

诗中,诗人充分调动象征艺术的暗示力量,将冷峻的社会主题隐注进具体可感的形象之中,使诗人的主观意念和复杂情感找到一种可视有形的对应媒介,让读者运用自己的想象力去穿透诗歌隐秘,并从中获得理性的快感和愉悦。巴黎、花床、红睡衣、黑蜘蛛,在诗人的意识与潜意识交互下,凝化为一连串奇特而真切的意象。巴黎上空恐怖的纳粹旗影就如同红睡衣压上了花床,构成了法兰西可怕的梦魇。昔日的豪富华丽消失了。"夜沙龙中,竖琴小鼓失了声",都市的铁栏门"风瘫/在地上",在那"没一星火"的灰烬和废墟上,幽灵般的"黑蜘蛛"仍在"放出死前回光",拼命地吸吮着法兰西的生命热力。民族命运的咽喉被扼住了,正义的声音喑哑了。人们只能在地狱般的集中营里苦苦企盼着圣女贞德的出现。这里,诗人把并不相关的形象,突兀地排列在一起,不仅造成了新奇的主观印象,而且加深了诗歌的理性深度。虽然其中某些文字略显朦胧神秘,但其传达的诗歌情调却是真切的,它们所营造的意象世界是清晰的、具体的,几与真实历史无二。据法国历史学家亨利·米歇尔后来的统计,二次大战中法国的许多城镇只剩下瓦砾一堆,毁坏的房屋达一百多万幢;铁路运输几近瘫痪;煤的储存量实际

降到了零……这诗与史的高度契合和惊人相似,不仅显示了诗人深邃的历史参悟力和精约的艺术熔铸力,同时也提升了诗歌的形式意义和精神品位。

诗歌场景逼真,层次丰富,视域开阔。战争、废墟、集中营……这一连串并列意象的不断涌出,反映了诗人叙事方式的自由。诗人像一个全知的历史观察者浮游在半空中,俯瞰着巴黎淌血的伤口,谛听着塞纳河的悲戚呜咽,细察着城市破碎的痛苦,体验着人们无言的愤怒。诗人在视听感觉的通贯组合中,打破了时空的制约,成功地推进了一个个色彩阴森、静寂无声、气氛凄凉的悲惨画面。这样,诗人借助于隐蔽的、无处不在的叙事人,弥合了场景与意象转换过程上的阅读障碍,创造了一个旨趣统一的意象世界。诗歌语言精约平实,句式齐整匀称,节律流畅,意蕴深致,艺术感染力强。

历史的梦魇驱散了,但人们仍能依凭诗歌与法兰西直接对话,感受巴黎的悲哀,也许,这就是《法兰西与红睡衣》的最大成功。

(金定海)

大战行进中一插曲　　　　汪铭竹

据中央社专电转发"纽约州布罗克林城讯,此间中国洗衣店主人李某,顷在门前张贴歇业广告一则,文白:'顾客钧鉴,……现大战方酣,余已欣然投效美国陆军,别矣诸君。'李复另贴广告一则,请顾客向另一洗衣店领取衣服云云"。

一杯水,怎么扑灭一座火烧的森林;
则一所洗衣店,怎么使成千成万人的
衣着洁白,当法西斯匪徒罪恶的
烟囱,昼和夜,喷出一柱柱漆黑污烟。

你是一切有血气的人之拔萃,
祖国五年烽火炼就你成块
精钢。世界的大洗濯店开幕了
你投下你所有的资本。

飞行的正义书卷,在高空航行;
这是众秕糠从米粒中簸去的日子。
你响应这号角之呐喊,去仇人血海中,

为万民洗下万代衣着,洁白如羊毛。

我们心上不复有折叠的忧郁,
因为已为你之热情所烫平;
你更为我们擦去一切的眼泪,
使眼明亮如水晶,看野蛮时代过去了。

选自《纪德与蝶》,昆明诗文学社 1944 年版

  1929 年至 1933 年的世界经济危机,激发了德、意、日国内外的矛盾,它们先后在世界各地发动一系列侵略战争,企图以此摆脱危机。1937 年日本发动全面侵华战争;德国在吞并奥地利和捷克斯洛伐克的同时(1938 年至 1939 年),伙同意大利武装干涉西班牙内战(1936 年至 1939 年),意大利则吞并埃塞俄比亚(1936 年)和阿尔巴尼亚(1939 年)。1939 年 9 月 1 日,德军向波兰发动进攻。9 月 3 日,英法对德宣战,第二次世界大战全面爆发。

  第二次世界大战爆发后的头两年时间里,美国采取中立政策。1941 年 6 月,美英同苏联结成反法西斯同盟。

  这首诗就是诗人在美英与苏联结成反法西斯同盟后,从当时国民政府中央社专电转发的美国纽约州一则电讯中获悉,在纽约州的中国洗衣店主人李某为保卫世界和平贡献一份力量,关闭了自己开在纽约州的洗衣店,"欣然投效美国陆军",有感而发创作的。

  汪铭竹 20 世纪三四十年代曾活跃于诗坛,1934 年秋,他曾与滕刚、程千帆等人在南京创建土星笔会,出版同人刊物《诗帆》半月刊。《诗帆》除发表诗作外,也刊发过少量译诗。到 1937 年 5 月,出版 17 期后停止。在土星笔会同人的影响下,汪铭竹形成了比较显著的现代派诗风。

  诗人在生活中有了强烈的感受,需要抒发时,首先要考虑采用什么艺术手段,即怎样表现个人的感受。这是诗歌构思所要解决的问题。就这首诗来说,诗人紧扣抒情对象的特定身份——洗衣店主人来展开。诗人首先由日常生活中杯水难以扑灭森林大火的现象展开类比想象,并采用对比和形象描绘的手法,揭示法西斯匪徒疯狂发动侵略战争给全人类带来的灾难和罪恶,突显洗衣店对法西斯罪恶的无能为力。

  诗的第二节运用呼告手法,直接讴歌这位中国洗衣店主人,"你是一切有血气的人之拔萃",并形象地赞美他是"祖国五年烽火炼就你成块/精钢",同时也从

侧面礼赞抗战爆发后五年来亿万中国人民英勇抗日的伟大爱国主义精神。接着,诗人将全世界人民英勇的反法西斯斗争喻为"世界的大洗濯店开幕了",中国洗衣店主李某歇业从军是:"你投下你所有的资本。"这一诗思既形象生动、内涵深刻,又紧密照应开头,比喻新颖别致,结构缜针密线。

  诗的构思贵在既围绕主旨,又不断拓展,深化内涵。"飞行的正义书卷,在高空航行",这一富有独创性的诗句,形象地表现了世界人民反法西斯战争的正义性,德、意、日法西斯分子——人类的糟粕("众秕糠")被世界人民唾弃("从米粒中簸去")而彻底灭亡。这些诗句拓展了诗思,深化了诗篇的内涵。诗人放得开,又收得拢,接着又一次紧扣李某身份与开头照应,讴歌李某歇业从军,"你响应这号角之呐喊","为万民洗下万代衣着",无论是诗思,还是诗旨,都由此进一步得以拓展和深化。

  诗的结尾,从抒情主体心境的角度表现客体"你"歇业从军的英雄行为的意义与作用,不但"烫平""我们心上""折叠的忧郁","你更为我们擦去一切的眼泪,/使眼明亮如水晶,看野蛮时代过去了"。

  这首诗构思精巧,意象独创,结构严谨,内涵深广。诗人从独特的角度切入,从而表现了反法西斯这一宏大的时代主题。

(潘颂德)

【诗人小传】

玲　君

(1915—1987)　原名白汝瑗,天津人。曾就读于西南联合大学。1938年到延安。新中国成立后曾在黑龙江大学工作。早年曾在《新诗》《现代》杂志发表诗作。

公园里的一张椅　　　　　玲　君

公园里某角落的一个椅,
昏晦的路灯,
凄然的照他这久
不动,孤伫的。

褪了色泽的椅背痉挛着,

冻得振齿的抖；
枯枝积霜压下来的重寒
也在讪笑着世态的炎凉吗？

清冷洒上了这一条路，也没有
一丝动静，夜是深得使人颤栗了，
他还在等待着什么呢，这样羞涩
却始终默着，像忘掉了啜泣的身世似的。

忆想着过去夏季的繁荣吗，
幽会如秋日的黄叶落下去被践踏了。
新嫁娘所矜夸的蜜月呢的萧索地
也生长成深古铜锈的涂污。

寂寞的公园，寂寞的椅，
却这样缺少寂寞的人的来访啊！
路灯的昏晦的眼睛，衰颓
照着椅，是空了位的椅呢。

无语，孤独地，椅子竟忘记了瞌睡
斜在地上的影子望着天，描画着阴霾的天
啊，清寒的冬月的周围，
已雾烟的蒙上了一层晕了。

选自《现代》1934年第5卷第1期

很有意思，在空空荡荡的公园里，在"某角落的一个椅"的边上，明明有着诗人的身影在。诗人是在以自己的心境观照椅子，在这种"移情作用"下，在心凝神释、物我两忘的境界中，诗人与椅子融为了一体。椅子的状态深深触动了诗人，而诗人的心象图景也装饰了椅子，最后，呈现在诗里的椅子的形象也就是诗人自己的镜像。当然，扩大开来讲，诗人是用公园里的一张椅的状态来隐喻自己（包括都市人）寂寞的生存状态。

诗人首先营造了一个寂寞的椅子的寂寞环境。这是某公园里一个初冬的晚上,"清寒的冬月的周围,/已雾烟的蒙上了一层晕了","清冷洒上了"椅子跟前的"这一条路",椅子四周的枯枝驮着积霜,透着重重的寒意,边上的一盏"昏晦的路灯",凄然地照着"空了位的椅","斜在地上的影子望着天,描画着阴霾的天"。公园是都市的缩影,它形象而深刻地揭示了现代都市表面繁华背后的空虚、寂寥的精神状态。

椅子既然是诗人和都市人的象征,它自然就具有诗人和都市人的一些基本的精神特质。异化了的现代都市文明难以遮蔽人与人关系的隔膜所造成的人的孤独感。诗人透过椅子的形态特征所具有的暗示性,用拟人的方法附加了都市人所具有的一些基本的精神特性。例如,在"枯枝积霜压下来的重寒/也在讪笑着世态的炎凉吗?"这样的句子中,诗人巧妙地用自然环境的重寒置换现实环境的世态炎凉。诗人深刻理解寂寞情绪虽然多以"静"的情态为表现形式,但是它仍然是一种强烈的情感。因此在艺术处理上,诗人除了表现椅子的"不动,孤伫"的形态特征之外,还通过化静为动的方法,进一步在"关系"中,在动态的情景中烘托、渲染椅子的寂寞。例如,诗人在第四节设计了一个对比强烈的戏剧化情景:在"过去夏季的繁荣"时节,在万紫千红之中,一对对恋人在这张椅子上"幽会",也有可能椅子把某个坐客想象成了与自己幽会的恋人(倘若是后者,那该多有趣)。如今,"幽会如秋日的黄叶落下去被践踏了",独留下椅子孑然孤身。而在"路灯的昏晦的眼睛,衰颓/照着椅,是空了位的椅呢"这个句子中,用路灯的眼睛来观照椅子的孤独。在"寂寞的公园,寂寞的椅,/却这样缺少寂寞的人的来访啊!"这个句子中,诗人又想象一个缺少寂寞的人来访的戏剧化情景,连寂寞的人都不来造访的椅子,该是怎样一种寂寞的境况啊!

20世纪30年代是中国城市化高速发展的一个时期。都市文明的发展也伴随着人与人、人与社会关系的扭曲。这首诗把这种现象浓缩在"公园里的一张椅"这样一个特殊环境与关系中,立意深远,意象独特,艺术概括力极强。

(张 新)

喷 水 池　　　　　　　玲 君

面向着你,散开
白银缎的裙裾的女神啊,
人说你吮吸大地母亲的乳汁而生长,
你却隐晦地遮蔽你的身世。

你象征一株树,伫立
在蒸腾的人间,你喷射
晶洁清冽的花蕊——
你的颜色,你的语言。

你不曾看到风,雨,云,雪的奔驰,
这些冲出栅栏的诡异骄傲的走兽?
你不要模仿他们的表情与衣饰,
从掩映着你的四季的屏风后?

但你从未显示过
"我应当属于动物的纲目,
我本不是陆地上的产物,"
的言语。 你沉默。

你只是不住地忧郁地旋舞,
若吐出对于河海的恋思;
虽然你韵律地扬起水沫的拍节,
对于你移植的地域,你沉默。

整个梗干应当是花蕊的喷射——
增强她的言语,她的颜色;
整个植物应当是叶丛的堕落,
把这个大城市的边际完全埋没。

选自《新诗》1937年第5期

　　喷水池,作为现代建筑的一种装饰,在街心公园,在大厦门前,在石山之旁,人们司空见惯。可是,并不是人人都有诗的感觉。玲君的这首诗,以奇特的想象和独有的细腻感受,来呈现作为艺术形象的喷水池,读后难以忘怀。
　　年轻的诗人想必经常在幽静的喷水池畔流连忘返,踱步沉思。诗人对喷水池不仅有了好感,而且有了"移情";不知不觉之间,对喷水池的艺术表现,已经变成了诗人情怀的抒写了。

诗人面对喷水池,将它想象为身着白裙的女神。在这个暗喻里,喷水池雪一般的色彩很耀眼,尤其是喷水池有了生命,宛然亭亭玉立。"人说你吮吸大地母亲的乳汁而生长,/你却隐晦地遮蔽你的身世",这两行诗既叙述了喷水池的源头,又暗含着描写:乳白色的水柱,轻纱般烟笼雾罩的喷水。总之,诗人用亲切的说话的口吻陈述事物,却暗含着意象的呈现,并使两者很自然地吻合在一起。

诗人先把喷水池比成女神,后又说它是一株树的象征。在这里,诗人说喷水池所喷射的是花蕊,这个花蕊亦即它的语言。可是,喷水池只是静静地喷射,它是没有语言的。因此,诗里的"言语"这个词,在上下文沟通的功能上,表现为诗的"肌理":喷水池不要像风云那样奔驰诡异,它是安静的、沉默的、稳定的;它不住地旋舞,是因为它的忧郁无以发散,是因为它对于河海的思恋太深太深。在这首诗中,诗人沉默安静的姿态,忧郁洁白的情怀,游子对故乡的思恋和此时的孤独感,都得以含蓄地抒发。从一个层面上看,这首诗是客观的咏物诗;而从更深一层看,是主观抒情诗。寓主观抒情于客观咏物之中,使这首诗有了鲜明的主体性和浓郁的感情氛围,因而有较大的艺术魅力。

(蓝棣之)

诗人小传

陈江帆

生平不详。20世纪30年代在《小雅》《现代》《新诗》上发表诗作。蓝棣之编选的《现代派诗选》中收录他的诗作15首,认为其"从写古老的意象和情绪转向现代派,这样的转换路子在那个时期有些普遍性"。

麦　酒

陈江帆

因为怕成为历史上的,
你的心是一只浮空体了,
它生长在香粉和时装的氛围中,
做着灰鸽般的流浪呀。

将没有颓败之感吧,

如灰鸽没有颓败之感,
温度被人工调养着,
十二月的园里也见了朱砂菊。

感官的香味跟感受者一同消长的,
倘你一日有衰弱症的嫌厌呢!
让窗子将田舍的风景放进来,
你不将想起已成为历史上的麦酒吗?

选自《现代》1934年第6卷第1期

这首诗写于1934年的上海,所表现的是一个现代人在种种时尚面前的困惑心态,以及在传统与时尚之间所作的沉思。

当时,在中西文化与生活方式激烈碰撞的上海,青年知识分子一时颇感困惑,以致失去心态平衡。在眼花缭乱的十里洋场,人们因为害怕"过时"而变得没有了主心骨;"浮空体"是没有足够的重量可以把自己稳定在一个地方,从而确定自己的时空坐标的漂浮物。这个意象暗示出六神无主、没有归宿的茫然感与失落感。"香粉"和"时装"是时尚的象征,"灰鸽"是浮浪青年的象征。试想,在香味怪异的脂粉、用现代色彩与线条织成的时装,与流浪的灰鸽之间,有着多么鲜明的对照和反差!按诗的深层含义说,这里多少有些调侃,调侃那些追赶时髦而又无法赶上的人。

在这种追逐时尚的氛围中,诗人看来是一度发生了颓败之感,因为他幽默地说只有灰鸽没有颓败之感。诗人认为"香粉和时装的氛围"是"人工调养"的,尤如冬日园里培养的朱砂菊,只能是大自然的一种变态而已。

诗人试图找到一种方式来抵制流行色和时髦病,他争辩说感官对香味的感觉是由主体的状况决定的,一个现代文明的衰弱症患者,他在那些过于强烈的刺激下难免会疲惫不堪,这时候就会渴望"田舍的风景"——大自然,与"人工培养"的朱砂菊正相对立的大自然;而"麦酒"正好是从"香粉"和"时装"的回归。可是,"麦酒"不正是"传统"的吗?在这里,麦酒是大自然的象征,又是淳朴传统的象征,是传统中符合大自然规律的健康的东西的象征。《麦酒》一诗的题旨,看来是说如果回到大自然与恢复淳朴的传统,人们所患的现代文明衰弱症就能得到治疗。

这首诗不像格律诗那样以语言的抑扬顿挫来形成节奏,而是靠情绪的抑扬顿挫。比如第一行诗以"的"字煞尾，是降调的，而最后一行以反诘问号煞尾，是升调的，第四行调侃中有一点感叹，节奏悠扬，而第十行是警世的，很有力度。这样，全诗虽然都不押韵，诗行也不整齐，但读者仍然能够鲜明地感觉到诗的优美节奏，这就是现代派诗人所追求的情绪的节奏，生命的内在节奏。

（蓝棣之）

鼠　嫁　女　　　　陈江帆

无灯的院落，
山妻为我诉说鼠嫁女
是千百年的习俗，
今夜莫惊扰它的婚仪。

檐阶许有鼠的行列，
山妻的语声细细，
我张开私窥的眼睛，
晕月如猫爬过墙来。

选自蓝棣之《现代派诗选》（修订版），人民文学出版社 2009 年版

此诗写了一个有趣的民间传说。

旧时江浙一带传说，农历正月十四日的半夜是老鼠结婚的时候。

大家知道正月十五日是元宵节，人们为什么要把前面一天规定为老鼠结婚的日子？莫非是为了维持节日的欢庆气氛，特地向老鼠网开一面，使之参加"普天同庆"的行列？这是民俗学研究的课题，此处不拟探讨，只想强调的是这个传说对于孩子的吸引力很大，鲁迅在《朝花夕拾》中回忆自己的童年生活时写道："我的床前就帖着两张花纸，一是'八戒招赘'，满纸长嘴大耳，我以为不甚雅观；别的一张'老鼠成亲'却可爱，自新郎、新妇以至傧相、宾客、执事，没有一个不是尖腮细腿，像煞读书人的，但穿的都是红衫绿裤……正月十四的夜，是我不肯轻易便睡，等候它们的仪仗从床下出来的夜。"（《狗·猫·鼠》）真是描绘得生动极了。

陈江帆的《鼠嫁女》无异于为鲁迅上述这番话作了一个"诗化"的注解，所不同的是鲁迅当时是孩子，《鼠嫁女》的作者是有妻子的成年人，但他们热衷于这个民间传统却并无二致。"无灯的院落"，其僻静可知，"我"被妻子的话说动了，一

直不睡觉,心想屋檐下、台阶上也许果真会有老鼠成亲的仪仗队经过……

鲁迅说他后来"熬不住了,怏怏睡去,一睁眼却已经天明,到了灯节(即元宵灯节——引者)了。"《鼠嫁女》的结果怎样呢?正当"我"凝神窥看之际,没有料到这时月光恰像猫一样爬过墙来——莫非老鼠发现它们的天敌在身边,临时取消了婚仪?这结果自然更扫兴了,但也正因为作者惟妙惟肖地记下了这"扫兴"的结果,使得这固有的民间传说更增添了一份戏剧性。

类似的材料不足以写成一篇小说,一篇容量较大的散文,但用来入诗,却可以成为一件精致的艺术品。诗歌的局限性在这里,其长处也恰恰在这里,这是《鼠嫁女》给我们的又一点启发。

(孙光萱)

诗人小传

沈紫曼(1909—1977) 女,即沈祖棻,浙江海盐人,生于苏州。1930年考入中央大学上海商学院,因性情不近,一年之后,便转入南京中大本部文学院中国文学系,1934年考入金陵大学国学研究班。曾任教于多所大学中文系。发表作品包括小说、散文、旧诗词、新诗多种,出版有新诗集《微波辞》、词集《涉江词》、历史小说《马嵬驿》等。

水 的 怀 念

沈紫曼

在没有月光的午夜想起你,
因之我有了对于水的怀念;
你的梦应当是一只小船,
扯满了风帆驶入我的梦里。

让浅紫的夜色掩上桅杆,
你在温柔的河流中放棹吧;
或者停泊在无风的小港,
静静地做一次平安的晚祷。

选自《中国现代爱情诗选》,长江文艺出版社1981年版古代诗人为了曲折传情，常从对方写起，不说"己之思人"，而说"己思人之思己"，这方面的例子很多，著名的如杜甫陷在安禄山叛军控制下的长安，惦记滞留于鄜州的妻子，写下了五律《月夜》，前两联是："今夜鄜州月，闺中只独看。遥怜小儿女，未解忆长安。"想象妻子在今夜月下怀念自己，虽有儿女在妻子身旁，但他们还小，无法真正理解母亲的心情。又如柳永在外飘泊，一天傍晚登楼远眺，秋雨潇潇，江天茫茫，想起故园佳人，备觉相思之苦，他在《八声甘州》中设想远方佳人盼望自己归去的神态："想佳人妆楼凝望，误几回、天际识归舟。"情深意切，韵味悠长。诗人沈紫曼的《水的怀念》一诗，可说是继承和借鉴了古典诗词的表现手法，同时又有自己的创造。

　　太阳下山了，月亮升起了，人们在一天忙碌之后，得以暂时安顿下来，此时此刻，最容易激发人们的思念和遐想。女诗人想必是度过了无数次这样的月夜，可惜今晚没有月光，但这又如何能中断诗人的怀念呢？此诗第二行写道："因之我有了对于水的怀念"，人们常说"月色如水"，"怀念""水"也就是"怀念""月光"，也就是珍惜自己在无数次月夜向着远方的情人所作的祝福和祈祷。只有从这个意义上去理解，才能读懂"因之"这两个字所表达的因果关系。

　　有了"水"就好办了，"水"是流动的，有了"水"就可以行船，可以传情。诗人当然知道远方情人无法赶来相会，但她多么希望他也能像自己一样经常在白天想念对方，在晚上梦见对方。正是这种从对方想起写起的心态和表现手法，化成了柔情脉脉的两行诗："你的梦应当是一只小船，/扯满了风帆驶入我的梦里。""你的梦"和"我的梦"相连接、相重叠，何等扣人心弦，梦境本来是朦胧难辨的，诗人却让它化作"一只小船"，而且"扯满了风帆"，如此虚虚实实，真是妙不可言，和柳永词中具体描写佳人"误几回、天际识归舟"的神态相比较，可说是别有一番滋味在心头。

　　第二节的感情略有收敛，同时也更显委婉。诗人把这四行诗完全留给了对方，刻意勾勒了对方停泊小船的一些特写镜头。既然路途很远，在梦中来一次又很不容易，那就得慢慢地放下船桨，静静地做一次晚祷，度过这"温柔"的美好夜晚。请看，诗人为对方考虑得多么周到。当然说到底，诗人写对方实则写自己，希望对方"平安"实即希望自己未来幸福。至于"晚祷"，我们在这里大可不必看作是一种宗教仪式，它不过是表现了诗人内心的深切企盼和良好祝愿。还有，"夜色"应当是黑的，为何诗人用"浅紫"来形容？这也是为了渲染全诗委婉真挚的情调，我们不必过分拘泥，据现代色彩学和心理学分析，黑色容易产生庄重、严肃感，"浅紫色"则容易诱发人们美好的情思。

（孙光萱）

吕亮耕

诗人小传

吕亮耕（1914—1974）　祖籍湖北嘉鱼，生于湖南益阳，别号恢盦。1934年秋到上海，一面读书，一面写作。1937年，在南京《华报》副刊《文艺专页》和《文丛》《新诗》等刊物上发表散文、诗歌。1937年"八·一三"上海沦陷后回到湖南。1938年夏，与孙望接替力扬、常任侠合编《抗战日报》副刊《诗歌战线》，并发起组织"中国诗艺社"，出版《中国诗艺》月刊，提出诗歌"要面对现实及内容与艺术并重"的主张。同年出版诗集《女神集》。1942年以后，先后担任耒阳《国民日报》、衡阳《大刚报》、沅陵《国民日报》、辰溪《中华时报》等报的副刊编辑，以及《中华时报》、汉口《大华晚报》的总编辑。新中国成立后一直在湖南从事教育工作。有诗集《吕亮耕诗选》。

影　答　形

吕亮耕

时间有尽，我们的情谊无尽。
我追逐你，更逾于爱者的痴心。
任何心爱物都不似你我的逼近——
如鱼即水如水即乳的交融，
华灯作证，日月星辰作证：
我紧随你，时刻也不曾分离——
你的情怀冷暖，我知道最亲切，
我分担过你的悲哀同欢悦：
曾伴你独自走向无人的旷野，
且颤心地窃听过你的啜泣，
我零乱的影子像打散的珠串；
今夜，青春稚子，当你的诗笔在——
羊脂烛上生花，
我又偷窥了你新的秘密。

七月，满月夜，耒阳。

选自《吕亮耕诗选》，湖南文艺出版社1989年2月我国有"顾影自怜""形影不离""形影相吊"等成语，可见人们到了寂寞难耐的时候，常常钟情于影子，企盼从影子中找到哪怕是一丝半点的安慰。此诗构思的源头也同样离不开人们这种普遍的心态，不过它又有自己不同一般的创造，显得隽永蕴藉，耐人寻味。

首先，在常人心目中，"形"即"我"是主，"影"是"宾"。此诗却巧妙地易宾为主，而把"形"放在"听者"的位置上，从而极大地吸引人们注意。其次，题作《影答形》，自然是"形"问话在前，"影"答话在后，可是此诗却把"形"的问话全部推到了幕后，让读者自己去想象。诗人是在抗战中期的一个月夜写作这首诗的，当时国难当头，强敌入侵，诗人远离家乡，流浪到湖南耒阳这个偏僻的小城里编辑报纸副刊，其生活之清苦、心情之孤寂可想而知，而这一切也正是国统区不少流浪民众所能体会的。大概有鉴于此，诗人把"形"即"我"的倾诉、独白一概略去不写，而着意从对方写来，即化作"影"的一番富有诗意的娓娓诉说，从而删节了冗繁的交代，扩充了想象的空间。

"影"对"形"的关心体贴，可以说已经到了无微不至的地步，诗作用了各种手法表现这一点，有时是生动的比喻：如鱼得水、水乳交融；有时是巧妙的"旁证"：华灯和日月星辰（"影"因光芒而存在、而凸显）；有时是细节的捕捉："影"是"形"的唯一知情者，曾窃听过后者在旷野的啜泣，"影"又是"形"最初的读者，窥见过后者在烛光下写下的诗篇（诗行中的"生花"，既指"烛花"，又暗示"妙笔生花"，作者作了重叠的艺术处理）。经过如此淋漓尽致的表现，"影"就具有独立的品格和活泼的个性，不得再以"形"的派生物和附属物视之了。

李白曾作《月下独酌》，开头是："花间一壶酒，独酌无相亲。举杯邀明月，对影成三人"。论胸怀的旷达和诗情的豪放，《影答形》远不能望其项背，但李白接下来写道："月既不解饮，影徒随我身。"可见古代诗人心目中"影"与"形"之关系，又未必及得上现代诗人心目中那样活泼多姿，这是我们阅读时不能轻易放过的。

（孙光萱）

【诗人小传】

罗大冈

（1909—1998）　原名罗大刚，浙江绍兴人。早年就读于北平中法大学。1933年赴法国留学。1942—1946年旅居瑞士。1947年回国，先后任南开大学、清华大学、北京大学教授，中国科学院外国文学研究所（今属中国社会科学院）研究员。

无法投递

罗大冈

无法投递
退回原处

没有名号的街道
唉　正小病初愈

墙是独白
窗是对语

下雨的晴天的漫游
破皮鞋补了又补

一到夜深如海
细数邻人的脚步

无法投递
退回原处

选自《闻一多全集·现代诗抄》，开明书店1948年版

诗人罗大冈（原作署名罗莫辰）采用都市生活的一个极小且平常的细节，投寄信件——企盼回音——信件退回这一系列过程中的情绪变化，例如躺于病榻空对墙与窗时的寂寞与烦躁；硬撑病躯，"踏破铁鞋无觅处"的沮丧与无助；枕头上"细数邻人的脚步"时的惊喜与落空，一切都刻画得那么真切、细腻与鲜活。当然，这首诗重要的是它的隐喻：表达都市人在繁华喧闹下的独苦无告、无所适从的都市"边缘人"的生活与情绪。这样一种从整体都市人而不是像左翼诗人那样从特定阶级族群的视域关注都市人的生存状态和他们的情绪体验和集体的文化心态，以及将触须探入到都市文明在发展过程中所产生的异化现象加以剖析，这样一种新的表现领域，与新诗的现代派所做出的努力是分不开的。而《无法投递》应该说是其中比较有代表性和成功的一首作品。

诗人后来还创作了一首主题类似的同名诗歌《无法投递（四行诗六首）》，可以帮助读者进一步理解所选诗歌的深刻内涵。诗中第一节写道："觉得自己心里有话要说，/熬了通宵，写了一封恳切的信。/信要寄发，但不知道收信人的姓名。/结果信退回来了。自己才是真正的收信人。"第二节接着写道："'无法投递，退回原处。'/这是一条没有名字的小胡同，/我喜欢在这里度过我的一生，/准备永远不接到别人给我来信。"这是一种由寂寞、无奈转化为宁静、淡定的情绪与心境，一种融化、磨合了对生存环境的被动接受与主动适应的处世哲学和人生态度；这一方面固然是诗人自我的人格历练，另一方面何尝不是对现代文明与现代都市生活样态的冷峻对视。

诗歌从象征派诗发展到现代派诗，虽仍然强调诗歌的隐喻作用，但有时主体情绪不再主要通过所谓的"客观对应物"来呈现，而是通过情景本身的寓意，以及它的衍生性的联想意义来呈现。因此，从表象上看，它给人一种写实派诗的模糊假象。确实，在这首诗中，每一个物象、场景都是真实的，每一种细腻情绪也是非常感性的。像"墙是独白/窗是对语"这种"此时无声胜有声"的场景描写，像"细数邻人的脚步"这种微妙的情绪化心理的逼真刻画，可以说是惟妙惟肖、入木三分，即使是与优秀的写实派作品相比也难分伯仲。但是，它毕竟是一首现代派作品。首先，"无法投递"虽然是日常生活中不少见的真实事件，但是在"无法投递"所传递的郁闷、无奈、焦虑等现实生活中的常态化情绪之外，对于现代派诗人而言，他们要赋予其更深刻的隐喻。这里，它内含着丧失人生目标与方向、漂泊无定、没有归宿感和安全感的城市边缘人和陌路人的涵义。

诗歌采用很有特点的两行大体对称一组的形式，诗形大体匀齐、押韵，首尾呼应，每一组相对独立的情景又构成一个富有戏剧性的整体情景，具有现代派那种如下之琳所说的"戏拟化"、如袁可嘉所说的"戏剧化"的特征。诗歌形象鲜明、简洁，语言活泼、精炼，在现代派诗歌类型中别具一格。

（张　新）

珠　有　泪　　　　　　　　　　　　罗大冈

沧海月明珠有泪
　　　　——李商隐

悄悄掉泪的
是夜间的星星。

世上最珍贵的明珠是泪珠,
天上最珍贵的泪珠是星星。

人间的明珠飞上了天,
变成繁星布满太空。

眨着发亮的大眼睛,
为什么星星都那么晶莹?

大眼睛一闪一闪,
噙着泪花更加动人。

空间哪有边缘?
时间哪有尽头?

无边的寂寞,
淡淡的哀愁。

不觉掉下一滴热泪,
"念天地之悠悠!"

漫漫长宵,星星的泪珠,
一滴一滴滴向人间……

不为寂寞,不为凄清,
此情此意,一言难尽。

悄悄掉泪的
是夜间的星星。

草木上小小的泪珠,
为人间点缀美丽的清晨。

你不信,说那是露水,
露水还不就是泪珠?

只有星星的泪珠
才能够这样清澈明净。

劝你多饮几滴朝露,先生,
让你的心灵像星星般高洁多情。

悄悄掉泪的,
是夜间的星星。

选自《诗书画》1985年第6期

民间传说:珠生于蚌,蚌长于海,每当月明宵静,蚌乃向月张开,以养其珠,珠得月华,始极光莹……唐代诗人李商隐曾以民间传说写下"沧海月明珠有泪"的名句,以珠喻泪,脍炙人口。罗大冈的这首诗匠心独运,以星换月:"悄悄掉泪的/是夜间的星星。"于是,在我们眼前展现的是这样一幅奇丽的人间美景:繁星落于沧海之间,明珠浴于泪波之界,星也、珠也、泪也,三花一枝,灿然而不可分辨!诗人在渲染这种浑然一体的妙境时,循环往复,层层迭进,一笔一笔点化出诗的境界:人间的明珠是泪珠,天上的泪珠是星星;"人间的明珠飞上了天,/变成繁星布满太空";星星的泪珠,滴向人间……诗人尽情地让星、珠、泪滚动在他心灵的荧光屏上,展现了一片高旷皓净的天地。意境虽单纯(不是单调)明朗,诗人的心绪却是复杂的,换言之,诗人的情感色彩是有层次的。面对繁星在天,诗人由星而念及珠而念及泪,但他的思绪并未就此打住。他在茫茫无涯的时空的这一交叉点上,不由得生发了"无边的寂寞,/淡淡的哀愁",一种深刻的孤独感从饱经沧桑的身躯向体外弥漫开去,诗人掉落星星般的热泪,脱口吟出唐代诗人陈子昂的苍劲诗句:"念天地之悠悠!"诗人虽有复杂难言的惆怅之怀,但他并不让情感的野马就此驻留,拉回缰绳,他又驰骋在这一片高旷皓净的天地里了。所不同的是，他在这片天地里栽入了一个新的形象：露珠——"草木上小小的泪珠，/为人间点缀美丽的清晨"。露珠和星星、明珠、泪珠在形体上相似，它加入诗人心灵的变奏曲并不显得突兀。露珠的呈现点明了诗的时序的变化：从黑夜到清晨。而人间的"清晨"无疑是诗人心向往之的境界，它的"美丽"能不令读者怦然心动？但露珠的引入，它的效用并不限于此，诗人巧设第二人称，亲切地将一缕春风送至读者的耳际："劝你多饮几滴朝露，先生，/让你的心灵像星星般高洁多情。"这也是诗人的追求。

整首诗写星星、写明珠、写泪珠、写露珠，意在写人，画出人灵魂的窗户——眼睛。因此，在诗的画面上，占据中心位置的是人。愿人的眼睛像明珠那样珍贵，像星星那样清澈明净，像露珠那样点缀人间美丽的清晨，这正是诗人善良的心愿。诗首、诗中、诗尾嵌以"悄悄掉泪的，/是夜间的星星"，穿针引线地将诗人酣畅的情感密密缝成一片了，一唱三叹，余音袅袅。　　　　　　　（戴　达）

【诗人小传】

严　辰

（1914—2003）　江苏武进人。1927年就学于苏州中学附属吴江乡村师范。1933年入上海私立正风文学院学习古典文学。1934年起发表诗歌、散文和小说。1941年赴延安，在文艺界抗敌协会工作，后任中央党校第四部文化教员。1945年起在华北联合大学文艺学院文学系任教。新中国成立后历任《人民文学》编辑部主任、人民文学出版社现代文学部主任、《新观察》主编、黑龙江省文联副主席、中国作协黑龙江分会副主席、《北方文学》主编。1978年后任《诗刊》主编。作品格调朴实清新、章法严整缜密、语言简炼流畅。

侧关尼　　　　严　辰

无边的寂寞，是你的家，
蜘蛛的长丝，做你的袈裟，
在这冷酷的洞窟里——
青春的花，无声地萎谢。

十二个香洞，注定了你的命运；
念珠的循环中，滑过
沉长的，沉长的时辰；
求菩萨，保佑你长生。

华严经，是你不移的宪法；
破木鱼，是你生命的慰藉；
蚤子成群地在身上打滚，
是你的慈悲，小小的生命。

你的脸，是一潭静止的死水，
永远地，泛不起微笑的涟漪；
或许你有小窗般大的希望，
可也寂寞地死了，在寂寞的洞窟里。

选自《现代》1934年第5卷第2期

  这是一首写闭关静修的尼姑的诗。"侧关"是诗人家乡一带的土话，一般称闭关。诗中的这一个尼姑，无名无姓，仅仅从诗题中知道她在庵中削发为尼，"青春的花，无声地萎谢"暗示了她是一个妙龄的少女。诗人以极冷的色调，描绘了她的阴冷和绝望的尼姑生活。诗紧扣尼姑彼时彼地所处的环境，展开有限的铺陈，让她的悱恻凄婉、孤寂苦闷的幽咽声，毫无节制地流泻在诗的时空里。在诗人的笔下，她所居住的庵堂，是一座"洞窟"，"冷酷"，又"寂寞"，她诵读的《华严经》，是阴森的"宪法"，她手中伴随黑色的时辰敲击着的"木鱼"，是她唯一的"生命的慰藉"，而这"木鱼"，竟是"破"的！诗人以简洁的笔墨，制造了一种凄清黯淡的氛围，引领读者去窥测这位尼姑愁苦的心境。在这座毫无生机的庵堂——洞窟里，除了尼姑，有生命的只是"蜘蛛"和"蚤子"，与她互为对照，由此反衬了她的孤立无援。尼姑身陷洞窟，诗人却偏要让她"求菩萨"保佑长生，但菩萨只能哺育尼姑无边的痛苦。尼姑在"念珠的循环中，滑过/沉长的，沉长的时辰"，诗人在此精心选择了动词"滑"，含义深刻，它传神地形容了"沉长的时辰"流逝的速度之快。明明是度日如年，尼姑虔诚于拜佛念经，体验到的竟是度年如日！她也许能感受庵堂以外的世界的丑恶，也许就是为了挣脱人世的苦难而出家修行，但她并不能体味到此刻她所置身的洞窟的黑暗。她咬破了一张网,却又钻进了另一张网。

　　诗人以第二人称写来,通篇都是未出场的诗人和"你"——尼姑的单向道白,在看似冷静客观的描摹里,注入了诗人巨大的同情和爱怜。在诗的最后一节,诗人难以抑制内心情感的波涛,我们仿佛看到运载希望的风帆欲从诗人的殷殷祈愿里航向尼姑孤寂的眼帘,但诗人失望地看到,尼姑的脸,"是一潭静止的死水,/永远地,泛不起微笑的涟漪"。这样,诗人的这一希望,如同尼姑曾有过的"小窗般大的希望",最终还是"寂寞地死了,在寂寞的洞窟里"。悲凉之雾遍及全诗。

　　马克思在《黑格尔法哲学批判·导言》中说:"宗教里的苦难既是现实的苦难的表现,又是对这种现实的苦难的抗议。宗教是被压迫生灵的叹息,是无情世界的感情。"《侧关尼》中的尼姑的痛苦呻吟,使我们窥见了20世纪30年代的中国社会的浓重黑暗。诗中的"蚤子成群地在(尼姑)身上打滚",与其说是写尼姑慈悲为本的菩萨心肠,毋宁说裸露了尼姑灵魂的麻木,更不如说是照见了吮吸尼姑的精神的血液的那些大大小小"蚤子"们的狰狞面目。诗的深刻意义即在于此。

(戴　达)

雪落满了你黑色的大氅　　　　严　辰
——普希金纪念像前

　　雪落满了你黑色的大氅,
　　雪落满了你鬈曲的两鬓;
　　低着头你沉思什么?
　　竟忘记了冬夜彻骨的寒冷!

　　在回忆高加索的流浪生活?
　　或者怀念乡间别墅秋天的黄昏?
　　一个新的火花在眼前闪耀,
　　一个新的思潮在胸中沸腾。

　　谁在你脚边呈献一束鲜花?
　　带着悠远的芳香无限的尊敬;

是温柔的泰姬雅娜?
是有了自己祖国的茨冈人?

你的预言早已实现,
全俄罗斯响遍了你的七弦琴;
它超越了时间和空间,
飞过一个国境又一个国境。

你将不会感到寂寞,
到处有你的读者,你的知音;
陪伴你踱尽这寒夜的,
还有远方来的异国的诗人!

1956年11月18日

选自《诗刊》1957年第3期

1837年,俄罗斯诗坛巨星——普希金饮恨陨落。一个多世纪以来,人们总是忘不了他,怀念他、歌唱他的歌声此起彼伏。严辰的《雪落满了你黑色的大氅》就是其中很有特色的一首。

这首诗由两部分组成。第一、第二节为第一部分。第一节以简练的笔法勾勒出普希金肖像;第二节回顾了普希金革命和战斗的一生,讴歌了他的进取精神和闪光思想。第三、第四、第五节为第二部分,充满激情地叙述了普希金的文学成就,兴奋地告诉诗人:"你将不会感到寂寞,/到处有你的读者,你的知音。"并以俄罗斯大地响遍"七弦琴"的现实,告慰诗人的在天之灵。

《雪落满了你黑色的大氅》在艺术上的成功最主要在于运用传神之笔,塑造了普希金这一典型形象。塑造人物形象,并非诗歌之特长,但诗人运用白描勾勒、典型事件、创造性想象,把普希金写得栩栩如生。诗一开章,一个排比句"雪落满了你黑色的大氅,/雪落满了你鬈曲的两鬓",淡淡两笔,传神地勾勒出傲然挺立的普希金肖像。接着,诗笔转入特写,抓住普希金的沉思神态着力渲染、刻画。普希金伫立沉思,忘记了茫茫大雪,忘记了雪落满了全身,忘记了"冬夜彻骨的寒冷"。铺天盖地的"雪",衬托着普希金的高洁,也写出了他的顽强。茫茫雪海,与"黑色的大氅""鬈曲的两鬓",黑白分明,给人的心灵一种强烈的冲击和震动。诗的第二节精选了普希金生活中最具代表性的事件,从更深的层次上复活了普希金。普希金出身于一个古老的贵族家庭,可他却接近十二月党人,有着资产阶级启蒙思想。1820年,他因写政治诗被流放,后来又被遣回故地米海洛夫斯克村,受当地长官的监督。严辰选取这具有典型意义的事例,成功地写出了普希金辉煌的一生,使这个艺术形象更加有血有肉,跃然纸上。

人物的情感塑造,是诗作的又一特色:正如华兹华斯所说的,"所有的好诗,都是从强烈的感情中自然而然地溢出的"。《雪落满了你黑色的大氅》有着夺人的魅力,正因为它蕴含了诗人深挚的情感;普希金的形象之所以感人,与它包含的情感力量也密不可分。诗中,严辰站在普希金纪念像前,缅怀普希金壮丽的一生,联想到他的不朽作品,心中有着无限崇敬和一片深情。他不像有些诗人,一泻无余地抒写自己的情感,而是把情感深深地融入人物的刻画、事迹的描写和人们的赞誉中。比如,在第三节中,诗人这样写道:"谁在你脚边呈献一束鲜花?/带着悠远的芳香无限的尊敬;/是温柔的泰姬雅娜?/是有了自己祖国的茨冈人?"这里,诗作巧设一个悬念:是谁在普希金纪念像前献上一束鲜花?编织成一个情感氛围,使读者对普希金的敬意油然而生。接着,两个设问句,为普希金献花的是泰姬雅娜?是茨冈人?还是……诗作没有回答,只留下无尽的想象空间,一任读者去遐想。泰姬雅娜,是普希金诗体小说《叶甫盖尼·奥涅金》中的女主人公,她热爱自然,喜爱卢梭和理查逊的作品,是一位生活在俄国民间传说和童话世界中的理想的女性形象。茨冈人(即吉卜赛人)是普希金长诗《茨冈》中有着理想的道德观念、浪漫情调的流浪者。诗作用创造性想象,让普希金诗作中的人物从诗中走出,为他们的创造者献花,别致动人,绝妙地讴歌了普希金的诗歌成就,并借茨冈人和泰姬雅娜献花,自然而然地表达自己这位"远方来的异国的诗人"对普希金的敬意,情真意切,动人心脾。

另外,诗作的语言质朴、自然,饱含激情,富有较强的表现力,也不失为《雪落满了你黑色的大氅》的显著特色。

(黄子建)

星的歌·晨星　　　　　　　　　　严　辰

星群随着黑夜凋谢,
晨星却在黎明之前爬上东方。

它披着灰白的衣衫，
睁开虔诚的眼迎接黎明。

它听到树林里第一声鸟叫，
看见草上第一颗露珠滚落。

它照着牛犊去河边饮水，
指引着胡须上挂霜的旅人赶路。

为等待鲜红的朝阳来临，
它浑身激动得不住地发抖。

太阳拨开暗云升起，
它却甘愿在光明的刹那间殉身。

1942年1月，延安
选自《晨星集》，作家出版社1957年版

  这首《晨星》是诗人严辰组诗《星的歌》中的一首，1942年1月创作于革命圣地延安，它以清新的诗句、简洁的诗节、鲜明的意象，运用象征手法，深情礼赞了革命者追求光明的精神风貌和无私奉献的价值观念。

  这首诗以时间先后为序，抒写了从"星群随着黑夜凋谢"到"太阳拨开暗云升起"的这一时间里，晨星的种种不同动作与心态。第一节运用对比手法，将"星群"与"晨星"对照着抒写，前者"随着黑夜凋谢"，后者"却在黎明之前爬上东方"。表面看来，诗人是在写自然景物，但读者自然会想到两者的象征意义。第二节用"披""睁开""迎接"等三个动词，形象地抒写晨星的服饰、动作，展示晨星迎接黎明的虔诚态度。第三节以"第一声""第一颗"表现晨星听到鸟叫与看到露珠滚落之早，突出晨星迎接黎明的殷切。第四节抒写晨星关爱生命和助人为乐的品德。第五节抒写晨星等待黎明的急切、激动的心理状态。最后一节抒写晨星在太阳升起后甘愿消失的无私奉献精神。

  这首诗意象鲜明，全诗围绕核心意象"晨星"展开，创造了"星群""黑夜""黎明""露珠""霜""朝阳""太阳""暗云""光明"等辅助意象，不但营造了深邃的意象,而且成功地赞美了晨星追求光明的精神风貌,由此象征和讴歌了革命者追求光明、无私奉献的崇高品质。

这首诗语言清新自然,明白晓畅。诗中动词运用非常准确,"披""睁""听""看见""照""指引""等待""发抖""殉身"等动词,既准确地再现了晨星的动作,表现了它的心态,又使这些表达人类动作的动词,具备了象征作用。诗中的晨星象征向往黎明、追求光明、乐于助人、无私奉献的革命者。

(潘颂德)

【诗人小传】

马子华

(1912—1996) 原名钟汉,云南洱源人。1924年就学于云南省立第一中学,开始文学创作。1927年后就学于东陆大学、光华大学,参加中国左翼作家联盟。主编过《四骑士》《碧绿酒》等刊物。新中国成立后曾在西南军政委员会、国务院机关管理局任秘书,后执教于北京政法学院、云南大学。

台 城 上

马子华

多少悲愤去对谁诉,
深味了这天涯沦落的困苦。
不断的一缕情丝,
渺茫的千里归路。

转瞬的一瞥之间,
这江南风紧,台城的草枯。
寺上的一声声晚钟,
敲进了我心扉的深处。

一片冷落的玄武湖,
也消失了夕阳最后的步武。
阵阵风吹寒我的心,

啊!"不如归去,不如归去。"

选自《坍塌的古城》,新光书局1934年版

　　台城故址在南京鸡鸣寺附近,是吸引游客的名胜古迹之一。稍有历史常识的人登临此处,都会想起南朝侯景的叛乱和篡权所造成的历史灾难。可是本篇对这些不着一字,写的是作者游览台城的情景,所抒发的似乎纯然是诗人"天涯沦落"的思乡之情。

　　第一节用平直的写法点出了"天涯沦落的困苦",并且说明这困苦不仅在于生计之艰,更在于找不到可与诉说"悲愤"的知音。可见抒情主人公不但是一个生活上飘泊不定的游子,而且是一个精神上与世俗不合的孤独者。下文并没有具体地描述沦落之苦和孤独之悲,而是把这种情怀渗透到台城风物中去了。情景合一:这正是"诗情"较"常情"更加感人的所在。

　　第二、第三节的景物描写,字句是显豁平实的,既不朦胧晦涩,也不新奇瑰丽,但言外之旨很耐揣摩。以"风紧""草枯"写深秋景象实属平常,但加上"一瞥之间"就把作者对于时光易逝、岁月蹉跎的感喟暗示出来了。"寺上的一声声晚钟,/敲进了我心扉的深处。"把情调写得够清楚了;可是对"晚钟"不作任何形容,是"宁静"?是"悠远"?是"深沉"?是"钝重"?也不说心扉深处究竟泛起了怎样的波澜,是为今晚的归宿发愁,还是为一天的虚度叹惋?是联想到国人的浑沌,还是联想到传统的沉重?给读者留下了审美再创造的广阔空间。说的是"一片冷落的玄武湖",当然作者和读者想到的不会仅是玄武湖,还有整个南京以及广大国土的萧条凋敝景象。秋风传来杜鹃的啼声"不如归去,不如归去",这意象本来是常见的,但和"这一个"抒情主人公的处境、心境联系起来,其内涵就不同寻常了。

　　此诗运用了许多古典诗词中常见的词语和意象,如"天涯沦落""千里归路"、寺上晚钟、杜鹃悲啼,等等,加上作者所写的一切都以古迹台城为立脚点,因此,诗中虽然只字未提与台城有关的历史故事,却能自然地勾起读者思古之幽情。这样,历史上侯景之乱所造成的祸害与眼前现实的黑暗就形成了叠加、映衬的关系,增强了审美效应。

　　这首诗写于20世纪30年代初期,那正是中国社会在内忧外患交迫下民不聊生的时候,也是中国革命处于低潮的时候。在知识分子中,生活上"天涯沦落"的流浪者,精神上惶惶不安的寻求者,比比皆是。本篇为这些知识分子的生态和心态作了一幅生动的写照,容易拨动人们的心弦。

(吕家乡)

诗人小传

田 汉

（1898—1968） 字寿昌，湖南长沙人。早年留学日本，1921年回国，与郭沫若等组织创造社。后创办南国艺术学院、南国社，主编《南国月刊》，从事话剧创作与演出的实践。1930年后参加中国左翼作家联盟、中国左翼戏剧家联盟，抗日战争时期，参加郭沫若主持的军委政治部第三厅。新中国成立后曾任全国文联副主席、中国剧协主席、文化部艺术事业管理局局长。除诗作外，写有大量的话剧、戏曲剧本。

义勇军进行曲

田 汉

起来！不愿做奴隶的人们！
把我们的血肉，
筑成我们新的长城！
中华民族到了最危险的时候，
每个人被迫着发出最后的吼声。
起来！起来！起来！
我们万众一心，
冒着敌人的炮火前进！
冒着敌人的炮火前进！
前进！前进！进！

1935年

选自《田汉诗选》，人民文学出版社1982年版

《义勇军进行曲》作于1935年。这是一个特别险恶和危急的年头：由于日本帝国主义的入侵，东北全境沦陷，长城沿线驻军在古北口、喜峰口等地自发抵抗日本侵略军的战斗也已失败，国内掀起了抗日救亡的热潮，而政府当局却仍在犹豫观望，妥协退让。《义勇军进行曲》之所以能在这个时候得到广泛传唱，正是因为它的词和曲都富于动力，象征了中华民族不屈不挠的战斗精神，能够激励和鼓舞中国人民争取自由解放的斗志和信心。

《义勇军进行曲》奏出了中华民族的心声。试想，在或是起来抗争，或是俯首就戮，舍此并无第三条道路可走的关键时刻，还有比"起来"的一声呼唤，比"不愿做奴隶的人们"的响亮号召更能激动人心的吗？在万里长城遭到日本帝国主义

宰割和占领的危急关头,还有比"把我们的血肉,/筑成我们新的长城"的提法更为悲壮、更能振聋发聩的吗?历史悠久的中华民族抵抗过无数次的外来侵略,而这次所面对的是空前野蛮和贪婪的日本帝国主义者,《义勇军进行曲》从宏观的历史的考察出发,提出"最危险的时候",显然包含着巨大的历史容量,对于具有悠久的反侵略传统的中国人民来说,它也是一次最有力的动员。"每个人被迫着发出最后的吼声",简练而有力地揭示了我国人民进行抗战的正义性和严峻性。是的,"哀兵必胜",正义之师必胜,历史已经证明,中国人民"冒着敌人的炮火前进",终于赢得了抗日战争的伟大胜利!

《义勇军进行曲》由田汉作词,聂耳作曲,它原是影片《风云儿女》的主题歌。在影片中,它是作为主人公——诗人辛白华的长诗《万里长城》的最后一节,在影片开头和结束时歌唱的。这首歌曲一经出现,立刻激起了强烈的反响,并很快离开影片而成为独立的艺术精品。在这中间,聂耳付出了巨大的劳动,是聂耳的音乐才能为歌词添上了翅膀,而田汉的歌词又使音乐获得了血肉,《义勇军进行曲》不愧是诗人和音乐家携手合作的艺术结晶。

《义勇军进行曲》在国际上也广为传唱,在埃及金字塔下,陶行知听到过这支歌;走在美国大街上,梁思成听到过美国孩子唱着这支歌;在莫斯科纪念普希金诞辰一百五十周年的大会上,萧三亲聆美国黑人歌唱家罗伯逊用汉语演唱这支歌……可以说,这支歌已经成了中华民族精神的生动体现,在世界上也有着巨大的影响。正因为这样,1949年9月27日,中国人民政治协商会议第一届全体会议决议:在《中华人民共和国国歌》未正式制定前,以《义勇军进行曲》代国歌;1982年12月4日第五届全国人民代表大会第五次会议决议,以《义勇军进行曲》为《中华人民共和国国歌》。雄壮有力的《义勇军进行曲》永远激励着中华民族奋勇前进。　　　(于成鲲)

光未然

【诗人小传】

(1913—2002)　原名张光年,湖北光化(今老河口市)人。30年代初在武汉任中学教师,同时从事进步文艺活动。1939年率领抗敌演剧队第三队赴延安。同年创作组诗《黄河大合唱》。1940年在重庆创作长篇叙事诗《屈原》。1942年在云南大学附属中学任教,同时加工整理少数民族民间叙事诗《阿细的先基》。1946年进入华北解放区,先后在北方大学艺术学院和华北大学文艺学院任教。新中国成立后任《剧本》《文艺报》主编,中国作协书记处书记、党组书记等职。

五月的鲜花

光未然

五月的鲜花开遍了原野,
鲜花掩盖着志士的鲜血。
为了挽救这垂危的民族,
他们曾顽强地抗战不歇。

如今的东北已沦亡了四年,
我们天天在痛苦中熬煎!
失掉自由也失掉了饭碗,
屈辱地忍受那无情的皮鞭!

敌人的铁蹄越过了长城,
中原大地依然歌舞升平;
"亲善"!"睦邻"!啊!卑污的投降!
忘掉了国家更忘掉了我们!

再也忍不住满腔的愤怒,
我们期待着这一声怒吼;
吼声惊起这不幸的一群,
被压迫者一齐挥动拳头!

(副　　歌)

震天的吼声惊起这不幸的一群,
被压迫者一齐挥动拳头!

1935 年 8 月写于汉口
选自《五月花》,作家出版社 1960 年版

　　《五月的鲜花》是光未然为独幕剧《阿银姑娘》所作的序曲。《阿银姑娘》反映了东北人民反抗日本帝国主义的英勇斗争,谴责了反动派投降卖国的卑劣行径。这是一首歌词,根据这首歌词谱写的歌曲在抗战期间曾经广为传唱。它如军号和战鼓一般唤起民众,投入反抗日本侵略者的伟大斗争。

这首诗具有强烈的鼓动性和战斗性。在第一节中,诗人以崇敬的心情歌颂为挽救垂危的民族而抗战不歇的志士。志士的鲜血灌溉着鲜花,使鲜花开得特别茂盛,五月的鲜花掩盖着志士,格外耀人眼目,逝者已矣,但鲜花生生不息的生命力终究是无法扼杀的。两者互相辉映,给人以强烈的悲壮美的感染。第二小节,从"他们"(烈士)转到"我们",从激情的赞颂转为冷峻的描述,告诉人们切莫忘记国破家亡的痛苦,"知耻而后勇",只有记住国耻,记住仇恨,才会有奋起和反抗,踏着烈士的血迹前进,诗句的感召力也就在这里。第三节中又转换了角度,诗人以愤怒的心情揭露了投降主义者的卑污,将"敌人的铁蹄越过了长城",与"中原大地依然歌舞升平"两种情景相对照,令人感慨不已。至此,诗人再也按捺不住愤怒的感情,他在第四节中直接发出了唤起被压迫者的吼声,副歌重复一遍,突出了亿万人民挥动铁拳投入战斗这样一个令人难忘的特写镜头。

作为歌词,这首诗的语言流畅,音节也很和谐,十分适于咏唱。这首诗除副歌外,每节四行,节奏也大体均齐,用韵既严密又灵活,完全以情感的表现为前提,这种韵律的安排,突出了诗句的吟唱性。

(耿建华)

诗人小传

王亚平

(1905—1983) 原名王福全,号减之,河北威县人。曾就学于邢台河北省立第四师范学校。1932年参加中国诗歌会。1934年到青岛筹编《诗歌新辑》《现代诗歌》。1935年创办《诗歌季刊》。1936年到日本留学,1937年回国后,创办《高射炮》。新中国成立后曾任中共北京市委宣传部文化处处长、北京市文联秘书长。

灯塔守者

王亚平

白鸥在夜幕里睡熟了,
太平洋上没有一丝帆影。

乌云夺去了星月的光辉,
天空矗立着孤独的灯塔。

> 远处送来惊人的风啸，
> 四围喧腾着愤怒的涛声。
>
> 在这曙色欲来的前夜，
> 我把生命献给了光明。
>
> 一九三五，一，五，栈桥
> 选自《都市的冬》，国际书店1935年版

诗的题目叫做《灯塔守者》，诗人却并未正面去描写灯塔守者工作的寂寞和艰辛，而把重点放在环境氛围的刻画上，前三节可以说都在写大海之夜。不过，诗人又不直接去写茫茫黑夜，他只通过海洋之夜的几个富于特征的细节来表现。白鸥睡熟了，这是富于特征的意象，因为白昼的洋面上，少不了群飞的海鸥。白鸥"睡熟了"，又暗示着有人在醒着，这就是"灯塔守者"。"太平洋上没有一丝帆影"，这也是富于特征的。没有帆影不等于没有夜航的船，"灯塔守者"是丝毫不能懈怠的，虽然他经常看到的是没有帆影，却必须为可能出现的船只时刻戒备着。"乌云夺去了星月的光辉"，表明是一个漆黑的夜，或许将有风暴来临，"灯塔守者"必须倍加警觉。远处的风啸，四围愤怒的涛声，又是一个富于特征的氛围描写，风啸涛语，似乎正在告诉着什么消息。在这所有氛围的描写中，诗人突出了"天空中矗立着孤独的灯塔"这一主体形象。它是灯塔，又是"灯塔守者"形象的外化。诗中那孤独高耸的建筑，已成了一个伟大的人格的化身。"在这曙色欲来的前夜，/我把生命献给了光明"，淡淡地流露出觉悟与自豪，从而显示出一种迥异于前人的时代精神。

诗到最后一节用了"我"这个字眼，使全诗确立了第一人称的抒情角度，自然显得格外意味真醇。当然，读者决不至于误会诗人就是灯塔守者，然而他因触物起情，在写诗中融入个人的生活体验与信念则是完全可能的。因而诗句本身又启发读者超越本文，进入它的深层结构，作进一步的欣赏。

"作诗必此诗，定知非诗人。"（苏轼）诗歌形象的一个重要特点，就在于它常有引类譬喻的性质。如这首诗在表象上虽然只是一个"灯塔守者"，其意蕴却是归结到"在这曙色欲来的前夜，/我把生命献给光明"的理念上的。这就不难引发读者浮想联翩，联系到与之同构的另一些人事。尤其不应忽略的是诗的写作年代：1935年，这正是中国黑暗与光明交战的年代，诗人当时在青岛教书，对祖国的危难感受很深，他如此深情地讴歌为光明捐躯的"灯塔守者"，难道是偶然的吗？

（周啸天）

向　日　葵

　　　　　　　　　　　　　　　　　　　　王亚平

金黄的、庄严的向日葵，
把花朵朝着太阳开放。

太阳把多光的羽箭，投射到
她明静而柔美的花冠。

她有战士的崇高品德，
她嘲笑睡倒在黑暗中的小草。

夜里，风雨打落她的花瓣，
早晨，她依然朝着太阳。

1943 年 4 月改抄
选自《王亚平诗选》，作家出版社 1954 年版

　　借物抒情，托物言志，通过歌唱具体事物的特性来抒发诗人自己与之相应的情感，这是中国古代诗歌的一大特色。王亚平的《向日葵》便很好地继承了中国诗歌的这一优良传统。

　　诗的第一、第二节描写向日葵的特点，她颜色金黄，神态庄严，每天都追随着太阳；太阳也给她以厚爱，把光线"投射到她明静而柔美的花冠"，给她以生命之源泉，给她以温暖的爱抚。这里暗示了一个道理：只有向往光明，才是生命的坦途。第三节是全诗的旨意所在，诗人把向日葵与战士相比，由此引出战士的性格，寄托自己的情怀。在这里，诗中的"太阳"已完全变成了光明的化身，变成了人心所向的事物的代名词。"她嘲笑睡倒在黑暗中的小草"一行具有弹性，蕴含"双层意"：一方面，它是向日葵的个性的流露；另一方面，它又表现了战士的坚强个性。这首诗写于 1943 年前后，当时正是抗日战争最艰苦、最激烈的时候，有些人精神崩溃了，消沉下去，以至被黑暗所吞噬；然而，真正的战士却敢于冲破黑暗的牢笼，向往光明的新中国，为中华民族的自由解放抛洒热血。诗人所歌唱的就是这种与向日葵有相似特点的民族保卫者、光明追求者。第四节仍然是表现向日葵的性格，同时暗含战士们与之相似的个性。不少抗日战士，曾在黑暗中遭受曲折与苦难，但是，他们的追求一如既往，毫无畏惧，黎明到来之际，"依然朝着太阳"。

诗人用向日葵来暗示战士的性格,以情动人,含蓄深刻。他不单纯地把诗作为宣传的工具,而是用诗的方式歌唱生活,为光荣的中华儿女树碑立传。诗人遵循了诗歌艺术所特有的规律,具有较高的诗的自觉性。

(蒋登科)

【诗人小传】

常任侠

(1904—1996) 安徽颍上人。1922年入南京美术专科学校学习,开始发表诗文。1928年入中央大学学习。1931年参与组织土星笔会。1935年入日本东京帝国大学研究。次年回国参与组织中国舞台协会。抗日战争期间,参加编辑《抗战日报》。1942年任国立艺术专科学校教授。1945年到印度,任泰戈尔大学教授。1949年回国,任中央美术学院教授。

吴　淞

常任侠

这泱泱的大海,
这苍苍的云树,
这一排残坏的巨炮,
正像那些负伤的巨蟒,
僵的直的岑寂的横卧着,
向着遥遥的天宇,
张开它残缺的大口。
虽然吼声已经停止了,
喘息已经断绝了,
尚仿佛怀着郁勃的愤怒。

我徘徊于此残墟废堡之间,
海风吹起我的衣襟,
我拥抱这些大炮,
摇撼而且亲吻,
而且嘘唏泣下。

一具钢铁的巨大的战骨,
已经没有丝毫的微温。
我尽力的摇撼与热烈的亲吻,
而且嘘唏泣下,
海风吹起我的衣襟。

我回头看大海:
海涛喷着白沫向天卷,
茫茫的无尽的挟着怒吼的声音。
我向天末遥望,
天的尽头仍是一排一排的,
争着向前进的巨浪,
像拼命的狂奔。
我为这些海波所吞噬,
所振撼,所兴奋;
海风吹起我的衣襟。

我抱起一颗沉重的残余的炮弹,
用力的向着天高举,
向着海水掷,
许多惊异的眸子向着我望,
我只回答一些寂寞与抑郁的叹息。
这些炮弹不再发出巨大的声响,
只沉卧于乱石与泥沙之下,
我寂寞而叹息而下泪,
望着都市的烟,村落与田野,海与云,
海风哟,海风吹起我的衣襟。

一九三二年七月十一日
选自《毋忘草》,土星笔会 1935 年版

吴　淞

《吴淞》不是纪游诗,不是咏古诗,而是一首感时之作。它写于淞沪血战结束不久,曾经游学扶桑的常任侠,同全国人民一样怀着愤怒和悲伤,面对着吴淞战场"残坏的巨炮",诗人不由得抒发了忧国忧民的情思。

全诗分四节,由近及远,弥漫着一种怆然的悲剧氛围。第一节写吴淞口炮台的景象,大炮"横卧着","张开它残缺的大口……喘息已经断绝了",是眼前的实写,也是北国的缩影,引起人们对长城残破、海防洞开的衰危局势的忧虑,末了一行"郁勃的愤怒",由抑转扬,静中寓动,为底下诗行的展开作了铺垫。第二节写抒情主人公在"残墟废堡之间",久久"徘徊","摇撼"并且"亲吻大炮","嘘唏泣下"。诗人感时伤事的情思,通过这些不寻常的动作得到了突出的展现。第三节顺势展开,把意境拓得既深且远,如"海涛",是写实也是比喻,当年全国人民的爱国激情不正如"茫茫的无尽的挟着怒吼的声音"吗？这节写得有些虚幻空灵,因此也更有气势,更富于情绪感染力。第四节写"我"高擎"炮弹",掷向大海,显得突兀而悲壮。不过读者对这些诗行不能看得太实,扣得太死,它们多半存在于诗人的想象之中,实际情况则是这些炮弹"沉卧于乱石与泥沙之下"。全国人民报国无路,抗日有罪,连炮弹也失去了巨响,此情此景,怎能不使"我寂寞而叹息而下泪"！

这首诗在传达忧患的情思时善于铸冶意境,景语和情语交错展开,又相互渗透,重叠的语句、语调构成了诗歌的韵味,增强了抒情的气势。有些青年读者尽管不详细了解"一·二八"战事,但只要认真读上几遍,是不难体会诗作所包含的深沉的感慨的。

（章亚昕）

【诗人小传】

贾　芝

（1913—2016）　山西汾城（今襄汾）人。1938年于西北临时大学法商学院经济系毕业,同年到延安入抗日军政大学,后转入鲁迅艺术学院文学系。1940年任鲁艺文工团理论组组员,后调鲁艺编译处做翻译工作。1943年后在延安大学任教。1949年到北京,在文化部工作。1950年后历任北京大学文学研究所民间文学组组长,人民文学出版社古典、民间文学编辑部副主任,中国民间文学研究会副主席,中国社会科学院少数民族文学研究所所长等职。

北海白塔

贾 芝

呵,你孤高的灵魂,
竖立在美丽的地方,亲白云。

每天都有新的陌生的人,
在你的脚下走过,
你不曾与他们相亲。

四边的水上,
激打出桨的声音,
花朵儿在荷叶上睡了又醒来,
这一切不都是你耳边熟悉的,
在每个时辰?

走过的白云,
都喜欢受你顶礼的亲吻,
呵,孤高的灵魂,
你碧水的眸子,
将永远望着陌生的人?

7月10日黄昏
选自《水磨集》,泉社1935年版

北京北海是游客神往的游览胜地。游北京必游北海,游北海必游白塔,白塔是北海的标志和象征。

然而,诗对白塔几乎没有描绘,而不过是借白塔这一意象表达诗人自己的一种感受、一种心情、一种略带哀愁的思绪、一种智者的失落感和孤独感。而这种感受是通过艺术形象概括出深厚的生活内容,从中呈现出来的。诗人似乎从白塔这一意象上感受到了当时社会环境的沉闷窒息、人际关系的冷淡隔膜,以及蕴藏在人们(包括诗人)心中一种急于冲破孤独网络的焦灼的愿望。

该诗通篇拟人,显得生动活泼,亲切自然。诗人赋予白塔以思想、以感情、以性灵、以品格,使它展现人的声情笑貌,把本属无生命的人文景观简直写活了,寥寥几笔,勾勒出一个纯真、高洁、孤傲的孤独者形象。以人来比拟白塔,以白塔来象征孤独者,可说恰到好处。诗人用词准确熨帖,以"竖立"来衬托白塔之巍峨高耸之貌,以"亲白云"来暗示白塔之"孤高",不曾与人相亲。第二人称对话式的手法,使得抒情气氛表现得更为集中强烈。诗人警策之言随着对话的深入,不露痕迹地抒说,给人启迪,令人思索。因而也让这首诗在拟人化的诗意中闪烁着哲理的光泽。

这首诗的另一个特点是:反诘句式的反复运用,推动诗的情致向高潮发展。反诘句的设置,是以疑问形式表示确定的意思。诗人的思想是明确的,他是无疑而问,并不要求回答,也无须回答。这种句式比直陈方式多了一个层次,不仅语言起伏变化较大,而且留有余地,让读者自己去咀嚼去回味。第一个反诘句,诗人是想说明:即使在一群群陌生人中,也不乏"你耳边熟悉的""一切",在这世俗社会里毕竟还有真善美存在,还有熟悉的事物存在,还有知己存在。有了第一个反诘句作为铺垫,第二个反诘句"呵,孤高的灵魂,/你碧水的眸子,/将永远望着陌生的人"就显得更富有说服力。

(林唯民)

诗人小传

邵洵美

(1906—1968) 原名云龙,浙江余姚人。1924年上海南洋中学毕业后赴英国剑桥大学学习文学,次年转入法国画院学习绘画。1926年回国,在上海写诗和从事文化工作。1928年开办金屋书店,出版《金屋》月刊,创办时代图书杂志公司,出版《时代画报》《时代漫画》《时代文学》和《论语》等刊物。抗战胜利后,在上海重建时代印刷厂和时代书局,并复刊《论语》半月刊。新中国成立后居家从事外国诗歌翻译。

季 候

邵洵美

初见你时你给我你的心,
里面是一个春天的早晨。

再见你时你给我你的话,

说不出的是炽烈的火夏。

三次见你你给我你的手，
里面藏着个叶落的深秋。

最后见你是我做的短梦，
梦里有你还有一群冬风。

选自《诗二十五首》，上海时代图书公司1936年版

  这是一首含蓄的抒情短诗，诗人用人们熟知的春夏秋冬四季的冷暖嬗递来隐喻恋人对"我"的情感变化，以及"我"在心理上的不同感受，诗名题作《季候》，其涵义即在此。

  从春夏到秋冬，这漫长的四季是"我"和"你"这对恋人从相识到相恋，又相互生出隔阂的感情历程，自然界从煦春到寒冬的自然进程却正好象征了这对恋人走过的道路。与其说这是一种偶然的巧合，毋宁说这是诗人刻意营造的一种象征，象征着对美包括爱情的追求的一种惆然若失的心绪。从春到冬，漫漫长途，其间自然有着丰富的经历，诗人以巧妙的手法，有意淡化了这中间的复杂内涵，只用短短的八行诗概括两人走过的历程，十分含蓄，耐人品味。

  这首诗形式上是两行体，每行字数完全相等，显得非常严谨，这与全诗表现的惆怅心绪是吻合的。但这种惆怅的心绪并非是沉滞凝固的，而是飘逸的，逐渐显现的，诗人以意象的隐喻和韵律的变化来体现这一点。诗的意象很有特色，全诗以春夏秋冬的温差来隐喻恋人之间感情起落变化，幅度相当大，但诗人写来却很有层次，从朦胧到炽热，到惆怅，最后是失望，非常含蓄而又准确地描绘出恋人之间感情波动的发展轨迹。诗在韵律安排上也颇具匠心，诗的韵脚两行一换，这多变的节奏正暗示了感情的波动；诗中从初见、再见到三见、最后一见，层层推进的时序与"我"从热到冷的心理感受正好是一个鲜明的对比，形成了感情上的涟漪，层层荡漾开去，蕴藉着丰富的诗意。

  邵洵美早期十分崇拜萨福、斯温伯恩和魏尔兰等诗人，他们那浓艳、袒露和雕琢的诗风对其早期创作有较大影响。大约从1931年开始，诗人逐渐摒弃了唯美主义的追求，开始在诗的意象内涵上刻苦经营。《季候》一诗发表于1931年4月，正是他转变诗风以后最初的尝试之一。这首诗音韵和谐，构思精巧，内涵隽永而又写得玲珑剔透，显示了较高的艺术技巧。

（张　伟）

何其芳

【诗人小传】

(1912—1977)　四川万县(今重庆市万州区)人。1929年后在上海中国公学、北京清华大学外文系,北京大学哲学系学习。1935年毕业后在天津、山东、四川等地从事教育工作。1938年去延安,在鲁迅艺术学院任教,曾任文学系主任。一度随贺龙部队去晋西北和冀中革命根据地工作。1944—1947年任中共四川省委宣传部副部长,《新华日报》副社长等职。新中国成立后历任中国作家协会书记处书记、中国科学院哲学社会科学部委员、中国社会科学院文学研究所所长以及《文学研究》和《文学评论》主编等。早在学生时代即从事诗歌创作,有诗集《预言》《夜歌和白天的歌》等。在散文创作和文学研究方面也有不少成就。

预　言

何其芳

这一个心跳的日子终于来临。
你夜的叹息似的渐近的足音
我听得清不是林叶和夜风私语,
麋鹿驰过苔径的细碎的蹄声。
告诉我,用你银铃的歌声告诉我
你是不是预言中的年青的神?

你一定来自温郁的南方,
告诉我那儿的月色,那儿的日光!
告诉我春风是怎样吹开百花,
燕子是怎样痴恋着绿杨,
我将合眼睡在你如梦的歌声里,
那温馨我似乎记得,又似乎遗忘。

请停下,你疲劳的奔波,
进来,这里有虎皮的褥你坐!
让我烧起每一个秋天拾来的落叶,

听我低低地唱起我自己的歌，
那歌声将火光一样沉郁又高扬，
火光一样将我的一生诉说。

不要前行，前面是无边的森林，
古老的树现着野兽身上的斑纹，
半生半死的藤蟒一样交缠着，
密叶里漏不下一颗星，
你将怯怯地不敢放下第二步，
当你听见了第一步空寥的回声。

一定要走吗，请等我和你同行，
我的足知道每条平安的路径，
我将不停地唱着忘倦的歌，
再给你，再给你手的温存，
当夜的浓黑遮断了我们，
你可以不转眼地望着我的眼睛。

我激动的歌声你竟不听，
你的足竟不为我的颤抖暂停！
像静穆的微风飘过这黄昏里，
消失了，消失了你骄傲的足音……
呵，你终于如预言中所说的无语而来
无语而去了吗，年青的神？

一九三一年秋天
选自《汉园集》，商务印书馆1936年版

每个诗人对已经产生的作品都有自己的偏爱。何其芳谈到他最初一些作品时说："这一段短促的日子我颇珍惜，因为我做了许多好梦。"《预言》就是这梦中升起的一朵美丽的小花。

诗的开头，我们就被诗人引进了一种梦幻般寂静而美好的境界。诗人以一段小夜曲似的满带柔情的旋律，倾诉了自己期待已久的时候到来时的心境。预言中女神终于来了。她的脚步的声音是那样的轻，她有银铃的歌声。幻想世界中年轻的神和现实世界中年轻的人接近了。诗人急切的期待和欢悦的心境，也得到了最充分的表现。

紧接着这段序曲，是幻写这位年轻的女神生活的地方是怎样美丽和温暖。诗人似乎在梦中多次造访过，如今留下的只是一片恍惚的记忆和眷恋。没写女神的美丽、快乐、幸福，却用她生活的地方的描写，把这一切衬托出来了。

神的人化和人的神化在想象世界中融合为一种情绪：对美丽、温暖、光明的梦境般世界的渴望与赞美。由此，诗人接着对女神倾诉着自己的情感和祈愿，并劝女神不要冒险前行。而女神则一定要辞别前行，诗人愿意结伴同行，用"忘倦的歌""温存"的手和浓黑中的"眼睛"来给她以温暖与光亮。但是，诗人"激动的歌声"并没有牵动女神的心。女神的匆匆来去，给诗人带来了短暂的欢乐，也带来了无限的怅惘。在诗的最末一节里，诗人用一种"如歌的行板"的曲调，委婉地吐露了自己如怨如诉的心声。

《预言》可以说是诗人对已经过往的爱情的眷念与回想，那悄然而来又悄然而去的神，是爱神的象征，是诗人由渴望到怅惘的爱情的一段心灵历程的象征。诗人曾说过，在刚上大学之初"遇上了我后来歌唱的'不幸的爱情'"。(《刻意集·序》)但是，这段梦中年轻女神的来而复去，又是诗人内心对美好理想追求的热切与失去的惆怅。年轻的女神就是一种美好理想的象征了。

《预言》从"年轻的神"降临的脚步声引起自己欣喜的"心跳"，到静穆的黄昏里消失了远去的"足音"，诗人有一个非常完整的艺术构思。一个序曲，一个尾声，加上中间的四个乐章，形成了一部优美的梦幻交响曲。而中间的四个乐章，每一段有对"年轻的神"的倾诉的相对独立的内容，各段之间又连环一样紧密相关。是抒情诗，又有情节的发展；是写"神"的行踪，又贯穿人的独白，开头的突然与惊喜和结尾的惆怅与余韵，呼应得十分和谐巧妙。作者曾倾心阅读过济慈与雪莱的抒情诗。在以神话人物为抒情题材和注重抒情诗的戏剧情节性方面，《预言》的构思显然是有所借鉴的。但就这首诗的形象的象征性来看，又更接近法国象征派诗人的作品的特征。和戴望舒的《雨巷》比较起来，这位"年轻的神"的悄然的来去，和那位"丁香一样的姑娘"的出现与消失，有类似构思的影子。不同的是，何其芳的这位"年轻的神"带有更多欢乐的色彩，而没有《雨巷》中那么浓重的惆怅与颓唐。《预言》全诗由形象的选择、构思，到抒情的基调，在怅惘中给人以舒缓、宁静、透明的感觉。

《预言》用和谐和富于音乐性的语言抒情,使这首诗具有鲜明的音乐美感的特质。全诗每节均为六行,大体一、二、四、六行押韵,各节的脚韵又不完全相同,随着抒情的需要换韵。有时四、六行韵脚相同,与一、二行相异,富于变化性。为了增强音乐的美感,也为了加重抒情的色彩,诗人还自然而巧妙地运用诗句语言的复沓。复沓的方式又各有所异,不尽雷同。同样的语句反复,表达的感情色彩又各有差异。《预言》以诗人的整体创造,给人以广阔想象的天地和朦胧的美的境界。

(孙玉石)

脚 步

何其芳

你的脚步常低响在我的记忆中,
在我深思的心上踏起甜蜜的凄动,
有如虚阁悬琴,久失去了亲切的玉指,
黄昏风过,弦弦犹颤着昔日的声息,
又如白杨的落叶,飘在无言的荒郊,
片片互递的叹息犹似树上的萧萧。
呵,那是江南的秋夜!
　　　　　深秋正梦得酣熟,
而又清彻,脆薄,如不胜你低抑之脚步!
你是怎样偷偷的扶上曲折的阑干,
怎样轻捷的跑来,楼上一灯守着夜寒,
怎样带着幼稚的欢欣给我一张素纸,
喊看你的新词,
　　　　　那第一夜你知道我写诗。

一九三二年五月一日
选自《刻意集》,文化生活出版社 1938 年版

何其芳似乎对"脚步"有着偏爱:"今晨你们从我的门外走过,你们的脚步我听得很明显/……你们的脚步渐远,渐远"(《昨夜》);"金色的足印洒在地上,/生性的爱情来访又去了"(《梦后》);《预言》更是用"脚步"贯穿全篇。这首诗则索性以"脚步"为题。它写于诗人 20 岁那年,那是诗人一生中写诗最冲动的时刻,当

时诗人在北京清华园和燕园求学。

《脚步》的情绪流中,涌动着浓重的寂寞。这寂寞,最初流自他人生之旅的第一驿站——一个压抑着他的童年的冷酷的封建家庭,他称之为"沙漠地方"。稍大,他去县城读中学,看到的是"照样的阴暗、湫隘、荒凉",他"感到的仍是寂寞",并且,"越是感到人的不可亲近"了(《街》)。现代心理学的研究表明,人的身上隐藏着许多在日常生活中积累起来的心理能量,而这些心理能量具有一种外射的倾向,人通过它达到情绪的宣泄,使心理得以平衡。何其芳在《解释自己》一诗中追忆了他18岁时排遣寂寞的独特方式:独自跑到黑暗的平地上去坐着,"让那黑暗、那寒冷/来压抑那不可抵抗的寂寞的感觉",甚至"俯身到石头上"去冰自己的头额! 仅仅过了两年,何其芳疏导情绪的心理图式变得复杂多了。在《脚步》这首诗里,青年何其芳满溢内心的寂寞是借助"脚步"这一形象外射的。寂寞的心灵需要温暖的手指的抚慰,现实中不能得到的,在诗中通过创造得到它,所以才有了"你的脚步常低响在我的记忆中",它也许在现实中并不曾有过,但它必定是诗人的精神经历。何其芳的身世和气质决定了当时的他只能是躲在自己的内心里咀嚼个人的寂寞,"不管外面的呼唤像草一样青青蔓延/手指一样敲到我紧闭的门前"(《慨叹》)。这一次,"你的脚步"看似是诗人呼唤而来,到头来还只是为了示现他的寂寞的心;"脚步"造访的情景与诗人彼时彼地的心境同构对应。当"脚步"悄然而来时,诗人"深思的心上"升起的是一片江南深秋的夜空,这是一个多么惹人愁思的夜晚呵! 那落叶,那无言的荒郊,无不暗示出孤独和寂寞。"你的脚步"是"低响"在"我的记忆中","踏"在"我深思的心上",诗人在精雕细镂"脚步"这一情绪的对应物时,"低响"和"踏"就成了他进一步深化的对象,在这万籁俱寂的秋夜,诗人捕捉了掠过心灵的些微声响:黄昏风过如虚阁悬琴,弦弦颤动;白杨落叶飘零,互递叹息,似树上的萧萧。它们含而不露而又蕴藉深远,传递了脚步在诗人的心上踏起的"甜蜜的凄动"。这"甜蜜的凄动"弥漫于诗的后半部分,调子变得明快起来,但潺潺流出的依然是诗人深深的寂寞。

"然而我那时由于孤独,只听见自己的青春的呼声,不曾震惊于辗转饥寒死亡之中的无边呻吟。"(《刻意集·序》)何其芳对自己早期作品的反省之严格可见一斑。确切点说,青年何其芳是固守"在昨天和明天之间我总是徘徊"的角度去写诗的(《街》)。如对寂寞,一方面,他觉得"寂寞得与死接近";一方面,他又感到"露珠一样的新鲜和欢欣"(《刻意集·序》)。《脚步》也正是这种矛盾心境的表露:当"你的脚步"沾满"幼稚的欢欣"闯入诗人的心扉,引起的是诗人"甜蜜"的颤动,但这种情绪的终结却是"凄动"!——那个时代的众多有追求、有理想而又不断被现实的烦忧所困扰的青年的矛盾心态,被何其芳精美细微地写进这首诗里了。

(戴 达)

欢　　乐　　　　　　　　何其芳

告诉我,欢乐是什么颜色?
像白鸽的羽翅?燕子的红嘴?
欢乐是什么声音?像一声芦笛,
还是从簌簌的松声到潺潺的流水?
是不是可握住的,如温情的手?
可看见的,如亮着爱怜的眼光?
会不会使心灵微微的颤抖,
或者静静地流泪,如同悲伤?

欢乐是怎样来的,从什么地方?
萤火虫一样飞在朦胧的树荫?
香气一样散自蔷薇的花瓣上?
它来时,脚上响不响着铃声?

对于欢乐,我的心是盲人的目,
但它是不是可爱的,如我的忧郁?

六月二十七日
选自《刻意集》,文化生活出版社 1938 年版

　　何其芳在 20 世纪 30 年代初步入诗坛,正当新月派后期及现代派兴盛之时,他的创作明显受到了这两个诗派的影响。从格律的追求来说,显然靠近新月派;从意象的摄取来说,又显然靠近现代派。这一首《欢乐》,就是并受两者影响的又自有何其芳个性的艺术宁馨儿。
　　诗题名为《欢乐》,实则是写忧郁苦闷。诗人当时处在黑暗时代,他时时苦闷着,哀怨着。他所接触的西方世纪末文学的神秘主义,也给他烙下了悲观、怀疑的印记。这一首《欢乐》,便是他当时思想和情绪的写照。
　　诗中反复咏叹"欢乐是什么颜色","欢乐是什么声音","欢乐是怎样来的",并

以通感的手法，捕捉来白鸽的羽翅、燕子的红嘴以及芦笛、流水、温情的手、爱怜的眼光等可视、可听或可感的形象，织成一幅幅绚丽的意象，竭力烘托欢乐的情状。可它们都不是以肯定的句式出之，而是涌出了一连串的问号，其艺术效应是把这许多欢乐勾勒得可望而不可即，其深意可破译为：欢乐也许是这一切，可它实在并不是这一切，欢乐是在虚无缥缈间。正是基于这一点，诗人在前三节的尽情铺陈之后，最后如此直抒："对于欢乐，我的心是盲人的目，/但它是不是可爱的，如我的忧郁？"这最后一节显然在情绪上是一种逆转，细心的读者可以看出，这逆转的情绪才是诗人所要真正抒发的，但在艺术表现上，诗人却对这理应着重抒发的情绪点到为止，从而留下了开阔的艺术空间，让读者自己去填补，这是在艺术构架上的匠心所在。

这首诗在艺术上的又一特色，是十分注重色彩的配合，正如诗人的自白："我不是从一个概念的闪动去寻找它的形体，浮现在我心灵里的原来就是一些颜色，一些图案。"（《梦中的道路》）"白鸽的羽翅"配之以"燕子的红嘴"，这一"白"一"红"，对比分明而又相映成趣；"簌簌的松声"与"潺潺的流水"，又是一种由听觉引起的心灵色彩的配合；还有由"温情的手"与"爱怜的眼光"所抚慰而引发的"微微的颤抖"与"静静的流泪"，也是由触觉与视觉所引起的感觉图案。诗人通过这些色彩和图案的组合，把难以捉摸的微妙情绪抒写得绚丽多姿，神秘诱人。

在朦胧的树荫中如萤火虫飞来的欢乐，散自蔷薇花瓣上如香气袭人的欢乐，来时脚上也许响着铃声的欢乐，它们来了，却不是属于诗人的，属于诗人的只有忧郁。这是已经逝去的那个时代浮现在诗人心灵上的一抹色彩。　　　　（尹在勤）

花　　环

何其芳

<small>放在一个小坟上</small>

开落在幽谷里的花最香，
无人记忆的朝露最有光，
我说你是幸福的，小玲玲，
没有照过影子的小溪最清亮。

你梦过绿藤缘进你窗里，
金色的小花坠落到你发上。
你为檐雨说出的故事感动，
你爱寂寞，寂寞的星光。

> 你有珍珠似的少女的泪,
> 常流着没有名字的悲伤。
> 你有美丽得使你忧愁的日子,
> 你有更美丽的夭亡。

九月十九日夜

选自《汉园集》,商务印书馆1936年版

  这首诗是为悼念一个叫"小玲玲"的少女的夭亡而写的。在何其芳的早期诗作中是相当动人的一首。按我们的审美习惯推想,这类诗所贯穿的情绪总是对死者的惋惜与悲叹,但《花环》一反常情,竟说这个少女的夭亡是"更美丽的"。这是什么缘故呢?这需要从诗人赋予她什么样的"美丽"入手来作分析,才能找到答案。在这首诗里,小玲玲的美丽有着三个层次:首先是她很纯洁。这从第一节的三个意象中可以让我们感受到:幽谷花开而孤芳自赏,朝露有光而无人顾念,山溪自清而尘影不染,可见这个女孩从来是生活在与世隔绝的环境之中,自然纯洁得白璧无瑕了。其次是她很爱幻想。这从第二节的四个意象中可以看出:梦着绿藤悬窗,花坠发上,感到檐雨絮语,星光寂寥。这种奇思遐想真惹人爱怜。再次,是她有一颗善感的心。第三节前三行对此作了表露:无虑的岁月引来几许哀愁;莫名的悲伤逗出无端的珠泪,活现着她青春期微妙的心态。由这样三个层次迭现少女的性格,的确迷人,美丽。而诗人也就根据这样的性格逻辑不动声色地在我们读者心中完成了这般推论:要使这样一个少女长存下去,现实中是不可能的,因为人总不能长存在真空中,这一来,纯洁不可能了,梦幻该结束了,莫名的哀愁呢?也会被生活的严酷内容所替代了。假如一定要永葆小玲玲的美丽,只有一条路:夭亡。这就是为何在诗中写出"夭亡"是"更美丽的"了。诗人写这首诗时还在北京大学读书。作为一个脱离现实斗争、对生活又异常敏感的青年学生,何其芳强烈地感受到人世污浊不清,社会动荡不宁,因此一种想超脱现实世界到艺术的幻想天地里去寻找"美"的心情,促成他写下了《燕泥集》中的诗和《画梦录》里的散文。而《花环》也就是这样写成的。

  《花环》的艺术性很高。首先使我们感到的是:诗人努力采用意象抒情。全诗用了八个意象绘出少女三个层次的性格美,而不作任何说明性或直抒性的传达。这一方面是他借鉴了西方象征派、意象派的艺术展现方法,另一方面也受了晚唐诗风的影响。他诗中的意象大多是美丽而精致的,像"没有照过影子的小溪最清亮",这个意象就十分美丽,极具弹性,可说是他审美创造的一次佳妙发现。

其次是在抒情思路的组织方面颇具特色。他在表现和揭示"你是美丽的"这个题旨时,摆脱了传统抒情思路的组织习惯,不去强化如何如何的"美丽",而是以纯洁、爱幻想、善感这三个性格特性和夭亡这个命运特征去丰富"你"的内涵,从而把"你"判断为"美丽的",这就给人很深的印象。

再次,这首诗在形式上以节为单位,致力于诗节中句与句之间顿(音尺,或音组)的均齐如第一节四行,前两行各三顿,后两行各四顿,两两相对。全诗每个诗行不超过四顿,每个顿所含字数并不一致,因此视觉上可能感到参差不齐,但读来和谐动听,显示了规律中见自由、自由中显规律的艺术辩证法。　　(骆寒超)

夏　夜　　　　　　　　　　何其芳

在六月槐花的微风里新沐过了,
你的鬓发流滴着凉滑的幽芬。
圆圆的绿荫作我们的天空,
你美目里有明星的微笑。

藕花悄睡在翠叶的梦间,
它淡香的呼吸如流萤的金翅
飞在湖畔,飞在迷离的草际,
扑到你裙衣轻覆着的膝头。

你柔柔的手臂如繁实的葡萄藤
围上我的颈,和着红熟的甜的私语,
你说你听见了我胸间的颤跳
如树根在热的夏夜里震动泥土?

是的,一株新的奇树生长在我心里了,
且快在我的唇上开出红色的花。

十一月十一日
选自《预言》,文化生活出版社 1945 年版

这是一首用十四行诗形式写成的爱情诗,由三节四行诗和两行对句组成。

前三节是诗的主干,一般用于抒写情感或感受,两行对句则为归结,起着画龙点睛、收拢全诗的作用。

诗一开始便向人们展示一个静谧优雅的处所：是六月之夜,微风拂去了白日的暑气,四处漾着槐花的清香,姑娘的发际沾满了花的幽芬。在"幽芬"之前,作者使用了"流滴"这样一个动词,只能闻得到的花香好像变成了见得着碰得到的水滴一般,具备了凝重的质感,此刻正从姑娘鬓发间慢慢地滴下来。在这想象之上,诗作接着又使用了"凉滑的"这样一个定语,使这"幽芬"获得了令人惬意的触觉,加重了它刚刚获得的质感。这种通感的运用,正是力图用印象转移("幽芬"——到"凉滑"——再到"流滴")组成意象的动态变化,赋予这一片幽芬以一种活动的美的姿态。第三、第四行诗设想"圆圆的绿荫"是两人头顶上的一片宁静、和平的"天空",把人罩进了幸福里,并与下面"明星的微笑"相配。"微笑"已形容了"美目"的灵活多情,冠以"明星"一词,便更令人想见这笑容的灿烂了。

第二节诗以细密的笔意绘出了一个藕花飘香的怡人世界。不说藕花开在翠叶间,而说它"悄睡在翠叶的梦间"。对于空气中飘散的藕花香味,诗人同样把它动态化了:那是阵阵"淡香的呼吸",它扇动如暗夜中"流萤的金翅";它不但"飞",而且解人意似地"扑到"姑娘膝头。这两节诗创造了一种弥漫着爱的幽芬又有点扑朔迷离的氛围。

第三节诗正面抒写了热烈的恋情。"私语"作为一种微弱的声音而具有"红熟"的颜色和"甜"的味道,这与其说是一种浪漫的异想,毋宁说是一个恰当比喻的合理赓续,即从上句手臂如"繁实的葡萄藤"一句而来,设想听着恋人的情语就如嚼着熟透、浓甜的葡萄一般。底下心跳如树根震动泥土句,"震动"一词相当夸张,大概诗人觉得非如此不足以形容抒情主人公的极度欢乐。"在热的夏夜里"主人公内心感情的热度及这种感情的增长、膨胀,为"震动"之状提供了条件和依据。

最后两行对句情绪热烈亢奋。如果说整首诗是一首轻丽柔和的小夜曲,那么它便是这首小夜曲的高音区,使全曲在昂奋中作结。"新的奇树"倏然长出,表示两心结下的爱情已经成长,这种感情是过去从未体验过的。"唇上开出红色的花",隐喻青春的生命已然成熟,一如夏日盛放的红花。这是恋情成功后的激动的、华丽的歌声。

《夏夜》是何其芳幻想期的诗作。此时年轻的诗人常有对于人生的动情沉思,对于爱情的迷濛怀想,而且一往情深,缠绵婉致。其为诗注目的是光色、凹凸,追求的是深致、隽美,一切都以奇异的情调出现。本诗便具有这方面的特点。

它款款写来,曲曲传出,调子甜热而又柔和,虽也有妩媚的情致和瑰丽的辞藻,但整个来说是淡雅、清妙、近于透明的。

(金钦俊)

我为少男少女们歌唱

何其芳

我为少男少女们歌唱。
我歌唱早晨,
我歌唱希望,
我歌唱那些属于未来的事物,
我歌唱正在生长的力量。

我的歌呵,
你飞吧,
飞到年轻人的心中
去找你停留的地方。

所有使我像草一样颤抖过的
快乐或者好的思想,
都变成声音飞到四方八面去吧,
不管它像一阵微风
或者一片阳光。

轻轻地从我琴弦上
失掉了成年的忧伤,
我重新变得年轻了,
我的血流得很快,
对于生活我又充满了梦想,充满了渴望。

选自1941年12月8日《解放日报》

《我为少男少女们歌唱》是一首广为流传的抒情诗,至今还给人很大的美感。这首诗以明快的思想鼓舞人,以炽烈的感情感动人,以优美的语言吸引人。这首诗保持了诗人前期诗作中的丰富想象和生动描写的特色,同时又有新的创造和发展。

全诗四节,结构严谨。第一节写了歌唱的是什么。不难看出,"早晨""希望",等等,并非具体的形象,而是观念性的名词。这开始一节就给作者自己设置了一个不小的障碍,出了一个难题,因为直白的手法较难获得艺术感染力。这个平淡的开篇预示着在第二节必须有妙笔加以转换。果然,在第二节中,出现了"飞到年轻人的心中/去找你停留的地方"这样的佳句。这就使第一节中的所有观念,似乎都获得了形体,诗的意境也由此逐渐形成。第三节着眼于"飞",使第二节更具有实感,诗人写出两个漂亮的意象:"不管它像一阵微风/或者一片阳光。"何其芳是运用意象的能手,他在第三节这样写,就使得第一、第二两节诗腾空而起,化为微风,化为阳光,显得活泼而空灵。最后一节情绪一转,诗人又用了一个绝妙的意象"轻轻地从我琴弦上/失掉了成年的忧伤",使之与全诗起句的"歌唱"相呼应,并紧接着出现最后三行,构成了浑然一体的意境。

诗是写给少男少女的,但真正的主体是"我"。通过全诗,读者看到了诗人鲜明的形象,听到了他深情的歌喉,他是如此真诚,又是如此激动地在歌唱。诗人把他的一片赤忱之心捧给了我们。

何其芳早在20世纪30年代初,就以绮丽、精致又略带感伤的诗风闻名于世,在诗艺上造诣很深。1938年他从四川去延安。这首诗写于1941年,那正是旧中国艰难的年代,但在延安,诗人生活在另一个新天地之中,他情不自禁地要歌唱,要为少男少女们祝福,了解这首诗的背景,有利于我们理解诗人和他的这一首诗。

(沙 鸥)

成都,让我把你摇醒   何其芳

> 的确有一个大而热闹的北京,
> 然而我的北京又小又幽静的。
>
> ——爱罗先珂

一

成都又荒凉又小,
又像度过了无数荒唐的夜的人
在睡着觉,

虽然也曾有过游行的火炬的燃烧,

虽然也曾有过凄厉的警报,

虽然一船一船的孩子
从各个战区运到后方,
只剩下国家是他们的父母,
虽然敌人无昼无夜地轰炸着
广州,我们仅存的海上的门户,
虽然连绵万里的新的长城
是前线兵士的血肉。
我不能不像爱罗先珂一样
悲凉地叹息了:
成都虽然睡着,
却并非使人能睡的地方。

而且这并非使人能睡的时代。
这时代使我想大声地笑,
又大声地叫喊,
而成都却使我寂寞,
使我寂寞地想着马雅可夫斯基
对叶赛宁的自杀的非难:
"死是容易的,
活着却更难。"

二

从前在北方我这样歌唱:

"北方,在你僵硬的原野上,
快乐是这样少
而冬天却这样长。

"而且你难道真成了风瘫的手膀,
当强盗的刀子指着你,
你也不能举起手来,
重重地打他几耳光?"

于是芦沟桥边的炮声响了,
风瘫了多年的手膀
也高高地举起战旗反抗,
于是敌人抢去了我们的北平、上海、南京,
无数的城市在他的蹂躏之下呻吟,
于是谁都忘记了个人的哀乐,
全国的人民连接成一条钢的链索。

在长长的钢的链索间
我是极其渺小的一环,
然而我像最强顽的那样强顽。

像盲人的眼睛终于睁开,
从黑暗的深处我看见光明,
那巨大的光明呵,
向我走来,
向我的国家走来……

三

然而我在成都,
这儿有着享乐、懒惰的风气,
和罗马衰亡时代一样讲究着美食,
而且因为污秽、陈腐、罪恶
把它无所不包的肚子装饱,
它在阳光灿烂的早晨还睡着觉,

虽然也曾有过游行的火炬的燃烧，
虽然也曾有过凄厉的警报。

让我打开你的窗子，你的门，
成都，让我把你摇醒，
在这阳光灿烂的早晨！

选自《何其芳文集》，人民文学出版社1982年版

  1936年诗人何其芳从北方回到了自己的家乡——四川，积极投入了抗日救亡的宣传工作，而环境的沉闷使他感到窒息，终于写成了《成都，让我把你摇醒》。
  全诗分三个部分，第一部分写成都不仅荒凉而且在沉睡；第二部分热情歌颂了北方广大群众奋起抗日的壮举；第三部分写要把成都摇醒。第二部分和第一部分形成了鲜明对比，第三部分和第一部分遥相呼应。这三个部分各有侧重，宏观与微观结合，相当集中地表达了主题：一定要把成都摇醒。
  诗人在第一部分先是概括地描述了他对这座后方大城市的初步印象"成都又荒凉又小，/又像度过了无数荒唐的夜的人/在睡着觉"，表现了强烈的忧患感。接着写了这个城市在国破家亡的年代也曾有过"游行的火炬"和"凄厉的警报"，这里清醒的斗争精神和腐朽的世风构成了有层次的对比和照应。"虽然一船一船的孩子/从各个战区运到后方，/只剩下国家是他们的父母……"是诗人自述见闻。这分外真切的令人痛心的事实和成都的酣睡也形成对比。诗人把客观事实与主观感情融为一体，以朴素的语言告诫人们：成都"却并非使人能睡的地方"。诗人何其芳赞赏马雅可夫斯基"对叶赛宁的自杀的非难"，不仅增加了诗歌内蕴的深度，也表明他有为民族解放斗争到底的决心。到这时，诗人已经摒弃了昔日伤感、脆弱、空想的情感，在中华民族求生存争自由的斗争中觉醒起来，为民族解放和人民革命而"大声地叫喊"。
  第二部分，诗人先是引用自己从前在北方时的歌吟，表达了激愤的情感，"当强盗的刀子指着你，/你也不能举起手来，/重重地打他几耳光？"接着三个"于是"的句子，第一个是说芦沟桥的炮声震动了我们民族的心，使之有了清醒的奋起意识，因而"也高高地举起战旗反抗"。后两个是对上述意象的补充和强调。侵略者的"蹂躏"，加深了中华民族的危机感，在血与火的战斗中我们看清了前途和希望，在斗争中"全国的人民连接成一条钢的链索"。诗人以此构成三个紧相贯串、互为因果的意象。

1936年以后,诗人进一步接触了冷酷黑暗的社会现实,产生了强烈的反抗思想。1937年抗战开始后,他积极参加了救亡工作成为"长长的钢的链索间"的"极其渺小的一环",在与民众的紧密结合中他感到:"像盲人的眼睛终于睁开,／从黑暗的深处我看见光明,／那巨大的光明呵,／向我走来,／向我的国家走来……"这是诗人何其芳对新的生活、新的时代的热情洋溢的呼唤。这里他直抒胸臆,把拟人与比喻手法结合运用,表现了宏大的气魄。

　　第三部分,进一步具体描写成都的"沉睡",与第一部分形成呼应。这里的官僚政客等寄生阶级每天仍然追求"享乐",讲究着"美食",其中有些人甚至毫无廉耻地卖国求荣,大发国难财,因而这抗战的大后方充满了"污秽、陈腐、罪恶"。"它在阳光灿烂的早晨还睡着觉"和"风瘫了多年的手膀／也高高地举起战旗反抗"的战斗生活形成了强烈对比。诗人重复了第一部分出现过的两句诗"虽然也曾有过游行的火炬的燃烧,虽然也曾有过凄厉的警报",意在强调一切不愿做奴隶的人们必须起来斗争,同时也是表示对沉睡的人们的不满。这种反叛愤激的情绪是与30年代的历史主潮合拍的。结尾的三行诗是点题,表达了一定要把成都摇醒的信心和勇气。

　　总之,《成都,让我把你摇醒》一诗,蕴含着丰富的历史性、悲剧性内容。它不仅是何其芳的重要作品,而且也是抗战时期一首有代表性的爱国诗篇。由于诗歌内容的变化,诗歌的形式也发生了一次深刻的变革。诗人彻底抛开了外在的韵脚,而把诗的韵味深寄于诗意内在的律动,在情绪的起伏变化中来创造音律的抑扬顿挫和节拍的轻重缓急。

(祝一寰)

诗人小传

李广田

(1906—1968)　原名王锡爵,号洗岑,山东邹平人。1930年入北京大学外语系学习,同时开始文学创作。1935年去济南任教。1941年去昆明西南联大任教。抗战胜利后任南开大学、清华大学教授。新中国成立后任清华大学中文系主任、副教务长。1952年后任云南大学校长、党组书记等职。写有诗歌、小说、散文等,并从事文学理论研究。

第一站　　　　　　李广田

　　沿着铁轨向前走,

尽走,尽走,
究竟要走向哪儿去?

我可是一辆负重的车,
满装了梦想而前进?

没有人知道这梦的货色,
除非是
头上的青天和湖里的水。

我知道,铁轨的尽处是大海,
海的尽处又怎样呢?

沿着铁轨向前走,
尽走,尽走,
究竟要走向哪儿去?

海是一切川流的家,
且作这货车的第一站吧。

选自《汉园集》,商务印书馆 1936 年版

  《第一站》是李广田在北京大学读书时的作品,它反映了一位青年诗人向着社会眺望时的心情。诗人们喜欢讴歌那奔驰的列车,作为时代的象征,力的象征,奋进的象征……但列车却使诗人李广田获得另一种意象:"尽走,尽走,/究竟要走向哪儿去?"这"尽走,尽走",很妙,既象声,又绘形。"究竟要走向哪儿去?"这一妙问,更激起人们的遐想,给人以丰富的意味,诗人在问谁? 问火车,还是问自己? 也许两者兼而有之。因为诗人与火车似乎已一而二,二而一了。他觉得自己就是"一辆负重的车",不过装载的不是货物,而是"梦想"。一列装满梦想的货车,在不断延伸的铁轨上"尽走尽走",这也许就是诗人、乃至更多人的人生? 人生的真谛也许就是怀着梦想"向前走"? 梦想是什么? 据说只有青天和湖水才知道。头顶的青天,是因为什么都瞒不了他;清澈的湖水,大约是谁也不愿瞒她。

也许,诗人自己也不清楚梦想什么? 它是朦胧的,不过,有一点却又是清楚的,那就是"铁轨的尽处是大海"。

这样,诗人从一个意象(火车)跳向另一个意象——大海,这两个意象连结人生和理想,启迪读者的思考和激发读者的想象,也构成了李广田的这首诗。用大海象征理想,是因为它是那样的壮阔,那样的深邃,那样的丰富、那样地激动人心! 可诗人的想象竟然没有停止于大海,而是飞翔得更远。"海的尽处又怎样呢?"诗人没有回答,让读者自己去展开想象的翅膀吧。这朦胧的梦想,超越了眼前的时空,进入了无限;而无限是无法描绘的。所以诗人在提出这一问题以后,又让第一诗节再次出现,恰似乐曲中的主旋律反复出现一样,把读者的思绪又拉回到这眼前的实在——这尽走尽走的货车,以及它的尽处大海,我们读到诗的最后一行,才悟出这首诗为什么题为"第一站"。原来大海还只是这货车的"第一站"。这是十分巧妙的构思。读者至此,都会禁不住掩卷深思:第一站就已如此壮观,那第二站、第三站……自然比大海更遥远,也比大海更美,更激动人心。这就达到了"含不尽之意在于言外"的艺术效果。正是为了加强这种效果,所以诗人不但让主旋律重复出现,而且六节诗中的四节,都是设问句,引导读者去思索,去探求,使得这首诗的意蕴更加丰富。

(徐缉熙)

地 之 子　　　　李广田

我是生自土中,
来自田间的,
这大地,我的母亲,
我对她有着作为人子的深情。
我爱着这地面上的沙壤,湿软软的,
我的襁褓;
更爱着绿绒绒的田禾,野草,
保姆的怀抱。
我愿安息在这土地上,
在这人类的田野里生长,
生长又死亡。

我在地上,

昂了首，望着天上。
望着白的云，
彩色的虹，
也望着碧蓝的晴空。
但我的脚却永踏着土地，
我永嗅着人间的土的气息。
我无心于住在天国里，
因为住在天国时
便失掉了天国，
且失掉了我的母亲，这土地。

一九三三年春
选自《汉园集》，商务印书馆1936年版

对养育自己的土地的眷恋，是人类极其美好的情感，在太平洋彼岸，19世纪的美国诗人惠特曼曾经热烈颂扬"松树和橡树的土地"，"柠檬与无花果的土地"，"喷着清凉气息的妖娆的大地"，"闪着各种光彩的河川的大地"。在太平洋此岸，在20世纪的中国新诗坛上，郭沫若频频地呼唤着"地球，我的母亲"，显示着他的热烈；艾青反复地吟唱着"大堰河，我的保姆"，显示着他的深沉；而李广田，把自己称做"地之子"，则显示着他的质朴。虽然这几位诗人的性格各异，诗作的风格不同，可对于用乳汁喂养过他们的人民，用温馨抚爱过他们的土地，都有着同样诚挚的"作为人子的深情"。

且让我们来读一读李广田的这首《地之子》吧。

"我是生自土中，/来自田间的"。这个在山东境内黄河与大清河之间那块平原上成长起来的普通农家的儿子，亲切而骄矜地，满怀稚子之心地，"我爱着这地面上的沙壤，湿软软的，/我的襁褓；/更爱着绿绒绒的田禾，野草，/保姆的怀抱"。诗人出自胸臆的抒情，就如同大地一样的平直，一样的质实，一样的本色。毋须矫情，毋须作态，更毋须凌空高蹈，"我愿安息在这土地上，/在这人类的田野里生长，/生长又死亡"。非常执著地证实着抒情主人公和大地有着同样的血脉，同样的品格，同样的情性。

这是一首自由诗。全诗分两节。第一节直接倾吐诗人对于土地的深情。第二节由"地"而转向"天"。《地之子》的作者正是从"大地"与"天国"的这种比照中，进一步升华了对大地母亲的爱恋之情，增强了诗作的哲理性与感染力。这一节的前半部分歌唱美丽的"晴空"与第一节内容相对应,将读者的思绪从地下引到蓝天白云,却不料诗人笔锋一转,又回到地上。这一突然的跌宕,是为了引出后面的结语"因为住在天国时/便失掉了天国,/且失掉了我的母亲,这土地",进一步肯定诗人作为"地之子"对大地的热爱,将感情推到极点,这种反衬的跌宕艺术手法,能加强读者感受,深化诗作的内涵。

(邓牛顿)

窗　　　　　　李广田

偶尔投在我的窗前的
是九年前的你的面影吗?
我的绿纱窗是褪成了苍白的,
九年前的却还是九年前。

随微飔和落叶的窸窣而来的
还是九年前的你那秋天的哀怨吗?
这埋在土里的旧哀怨
种下了今日的烦忧草,青青的。

你是正在旅行中的一只候鸟,
偶尔的,过访了我这座秋的园林,
(如今,我成了一座秋的园林)
毫无顾惜地,你又自遥远了。

遥远了,远到不可知的天边,
你去寻,寻另一座春的园林吗?
我则独对了苍白的窗纱,而沉默,
怅望向窗外:一点白云和一片青天。

选自《文学季刊》1934年第1卷第1期

在爱情来临的时候,青年男女往往沉醉在无比的幸福与欢快之中,有谁能去想象、体察那失恋者的痛苦呢?然而现实是残酷的,很多爱情并非有完美的结局,那种劳燕分飞、曲终人散的情景给爱情涂抹上了一层悲壮、一丝凄清,让人扼腕叹息。李广田的爱情诗《窗》就细微地写出了失恋者的痴情和哀伤，读来有一种秋风吹拂的丝丝寒意。

诗人在诗作的开头简洁地为人们勾勒出一幅寂寞、凄凉的场景：窗外的世界，萧瑟的秋风无情地吹打着落叶，而诗人则坐在窗前，一个偶尔晃动的身影引起了他内心无比的激动，诗人屏息静听，那脚步声越来越近，这难道是他痴痴等待的恋人吗？诗人在这焦急的等待中脑海中迅速浮现起九年前的那段难忘的往事。"偶尔投在我的窗前的／是九年前的你的面影吗？／我的绿窗纱是褪成了苍白的，／九年前的却还是九年前。"这里有两处极为强烈的对比，一个是"你""我"两个主体之间的，"我"对爱情忠贞不二，苦苦等了九年，每时每刻都在盼望着两人的重逢，这种感情是异常强烈的；而对方"偶尔"投过的身影则让人们想到女主人公已经淡忘了这段感情。另一处是景物的对比，"绿窗纱"褪成了"苍白"，暗示着时间的流逝，更是一种心境的写照：诗人已经由生气勃勃的青年心境进入到人生的疲惫、苍老的心境。在摇曳、晃动的秋天的落叶中，诗人的思绪飞向了九年前的往事。虽然诗人在诗中没有更多地着墨，我们一定能想象到，她是一个青春的、充溢着活力的年轻少女，一个偶然的机会，她路过了诗人所在的园林，两人产生了一段恋情，但更多地可能是诗人的单恋。因为从诗中所用的词语"偶尔""毫无顾惜"等可以推测，这个女孩也许对诗人萌发的爱情根本就毫无知觉。当然，也可能由于身份、地位等原因的影响，女孩在和诗人短暂交往后又放弃了这种感情，她去寻"另一座春的园林"。这注定是一场没有结果的爱情，因而整个诗中飘荡的是一种浓浓的感伤。枯黄的树叶、凋零的秋天都让人浸染在这样的氛围之中，然而这种朦胧的爱情在诗歌中是最美的，她永远飘荡着无尽的思念和纯真。诗人在最后坚定地表达了这种执著，不管恋人走向何方，"我"依然痴情于窗外的白云和青天。于是就出现了诗中开头的一幕：诗人已经为之等待了漫长的九年，得到的依然是无尽的惆怅。人们读完此诗，不禁想起了李商隐曾经吟唱的"刘郎已恨蓬山远，更隔蓬山一万重"的诗句，更在内心急切地呼唤：少女，你究竟远在何方？

如果仅仅从形而下的层面来理解，这首诗无疑是一首经典的情诗。但从形而上的角度来思考，也许人们可以得到更深的启示。这种无尽的思念可以是一个情人，但也可以是一种心境、一种对青春的悼亡。历史的沧桑、大自然的年轮，甚至那一叶、一草、一朵飘动的白云都能给我们无名的激动，让我们从中体验出一种丰富而伟大的情感。

（文学武）

秋 的 味

李广田

谁曾嗅到了秋的味,
坐在破幔子的窗下,
从远方的池沼里,
水滨腐了的落叶的——
从深深的森林里,
枯枝上熟的木莓的——
被凉风送来了
秋的气息?
这气息
把我的旧梦醺醒了,
梦是这样的迷离的,
像此刻的秋云似——
从窗上望出,
被西风吹来,
又被风吹去。

选自《汉园集》,上海商务印书馆 1936 年版

《秋的味》是李广田诗歌创作最旺盛时期的作品,它体现了诗人早期诗作的思想情调和艺术风格。

《秋的味》写于 1931 年 9 月,是诗人面对秋景瞬间意绪的诗化表现。全诗共 15 句,前 8 句可以自成一节,是诗人关于秋味感觉具象化:"破幔子的窗下",一个"破"字道出了无限凄凉;"水滨腐了的落叶"和"枯枝上熟的木莓",成熟凋落的秋景伤心惨目。正是那腐叶和熟莓的气息勾起了诗人的秋思,于是他转而抒写自我的内心世界,一个"迷离"的"旧梦"。诗人用飘浮无际的"秋云"来譬喻"旧梦",从而把朦胧的梦境形象化了。梦来得快,去得也快,"被西风吹来,/又被风吹去"。虽然梦的具体内蕴诗人始终没有道及,但从"腐了的落叶"和"熟的木莓"的气息到飘忽的"秋云"不难体验到诗人愁闷寂寞的情怀,领会到他剪不断、理还乱的瞬间思绪。

李广田是一位对秋具有特殊敏感的诗人。他早期的诗作有许多写到秋天,

如《秋》《秋的歌者》《秋灯》等,但诗人笔下的秋与金黄色的收获是无缘的,相反,却是他抒发内心忧郁情绪的渊薮。显然,这与诗人对自己的生命价值不得实现的哀愁心境有关,与1927年大革命失败后一片昏乱黑暗的现实有关,许多人看不清前途而苦闷彷徨。李广田也无法逃避这一时代的抑郁症,因此这时期的诗作出现了消沉、伤感的色调。从《秋的味》等诗中都可以看出当时作者处在游离、彷徨状态的思绪。但是诗人并没有沉溺于中,那迷离的梦,不是如秋云般终被吹走了么?

在艺术上,李广田特别注意语言的"洁净"和"丰实"。所谓"洁净"就是不芜杂、不枝蔓,简洁精炼,所谓"丰实"便是指诗歌应有丰富坚实的内容。《秋的味》的创作就体现了诗人这一艺术主张。诗中的每个字、每个词、每个意象,都极为恰当地刻画了诗人的思绪。尤其是结尾,作者采用简洁凝练的语言,把梦的具体内涵作虚化、朦胧化处理,从而给读者留下了较大的想象空间,使整首诗在表达意蕴上显示了多义性和多层次性。读者可以根据自身的阅历和修养作合理性的补充。这无疑增强了诗的思想容量。有人说李广田早期诗作相对于后期诗作技巧更圆熟,韵味更足,这是很有道理的。

(马兆兴)

【诗人小传】

卞之琳

(1910—2000) 江苏海门人。1929年入北京大学英文系学习,并从事诗歌创作。1933年后在保定、济南等地中学任教。抗日战争爆发后在成都四川大学外文系任教,其间曾赴延安,在鲁迅艺术学院临时任教。1940年后任西南联合大学、南开大学教授。1947年赴英国专事创作。1949年回国,任北京大学教授。新中国成立后任中国科学院外国文学研究所研究员。早期诗作被选入《新月诗选》,语言晦涩,情绪忧伤,表现了对艺术的形式美的执著追求,但也流露出对现实的不满与失望。延安归来后,诗风有所转变。《慰劳信集》歌颂了八路军的英勇抗战,诗句接近口语,情绪健康明朗。

古 镇 的 梦

卞之琳

古镇上有两种声音
　一样的寂寥:

古镇的梦

白天是算命锣,
夜里是梆子。

敲不破别人的梦,
做着梦似的
瞎子在街上走,
一步又一步。
他知道哪一块石头低,
哪一块石头高,
哪一家姑娘有多大年纪。

敲沉了别人的梦,
做着梦似的
更夫在街上走,
一步又一步。
他知道哪一块石头低,
哪一块石头高,
哪一家门户关得最严密。

"三更了,你听哪,
毛儿的爸爸,
这小子吵得人睡不成觉,
老在梦里哭,
明天替他算算命吧?"

是深夜,
又是清冷的下午:
敲梆的过桥,
敲锣的又过桥,

不断的是桥下流水的声音。

选自《汉园集》，商务印书馆1936年版

《古镇的梦》是诗人的一首"回忆江南僻地典型小镇的想象之作"(《雕虫纪历·自序》)，它既生动地再现了诗人当年在上海浦东中学读书时的所见所感，织进了诗人回忆的断片，同时又经过了诗人巧妙的想象，体现了诗人冷静、隽永的艺术风格。

这首诗艺术上有两个特点：一是意象的撷取；二是氛围的创造。

如果说，中国诗坛上的现代派强调以意象来表达情感，那么这就是一首相当有代表性的"意象抒情诗"。意象乃是意与象的紧密结合而隐意于象，象以寄意。《古镇的梦》有别于西方意象繁复的诗作，而着意承继中国古典诗歌意象运用的优秀传统，象的择选服从意的表达。象少而精，意深而远。诗人从古镇的众生相中捕捉到了瞎子与更夫这两种类型，借以概括阴惨的社会环境与苦难的人生命运，借以抒发作者的极其痛楚的悲剧情感。应该说，诗人择取了那个特殊环境里的特殊人物来作为抒情寄意的依托，让读者从客观化了的情境中来领悟旧中国土地上普遍存在着的悲剧情状，显示了诗人技艺的高超：在他们身上，凝结着世世代代中国下层劳动者的痛苦与悲哀，寄托着一个古老民族的生民要改变自己悲剧命运的冀望与向往。

既然意象抒情诗是通过意象来完成抒情使命，那就必然有别于诗人情感的直抒与对现实的浅直的描画，而执意于意象空间的创造。这意象形成的空间，即我们经常运用的传统的审美观念——意境。所谓意境，实乃意象构成之境。卞之琳曾说他喜欢表现"意境"，这《古镇的梦》，可以说是从实践上很好地印证了他的美学追求。诗人巧妙地利用了瞎子的算命锣与更夫的梆子这两种声音的传导，来创造悲剧艺术的氛围：古镇上，无论是白天，还是夜里，都一样的寂寥，一样的清冷，一样的凄凉。听着这悲凉的声音，一种空灵寂寞之感会在人们心头上油然而生：在这可怜的生存空间里，中国平民百姓的生活方式是多么的贫瘠、封闭、空虚、愚昧。诗的第四节，还刻意地添入一个病儿母亲的话："三更了，你听哪，/毛儿的爸爸，/这小子吵得人睡不成觉，/老在梦里哭，/明天替他算算命吧？"更加重了古镇的悲剧气氛：无论是白天，还是夜晚，人们都不得不听从凄苦命运的拨弄。人们虽说确确实实生活在现实之中，但却始终摆脱不了如在凄迷的梦寐里面浮沉的感觉。结尾一句"不断的是桥下流水的声音"，用活泼动听的流水声来反衬人生的沉滞孤寂，更令人感慨无穷。

（邓牛顿）

距离的组织

卞之琳

想独上高楼读一遍"罗马衰亡史",
忽有罗马灭亡星出现在报上。
报纸落。地图开,因想起远人的嘱咐。
寄来的风景也暮色苍茫了。
(醒来天欲暮,无聊,一访友人吧。)
灰色的天。灰色的海。灰色的路。
哪儿了?我又不会向灯下验一把土
忽听得一千重门外有自己的名字。
好累呵!我的盆舟没有人戏弄吗?
友人带来了雪意和五点钟。

一月九日

选自《鱼目集》,文化生活出版社 1935 年版

  这首诗写于七七事变前两年,一种民族危亡感正在社会上弥漫着。诗中的抒情主人公"我"以及"友人",都处在这种精神状态中。全诗也因而充满了一种沉郁压抑的感觉。

  此诗向来被看成是诗人的一首深奥难懂之作,原因是此诗在章法结构的安排、时空关系的转换、感觉意象的连接等方面作了不同寻常的处理。全诗可以分解成三个单元。第一单元(第一、第二行)写"我"在冬日的一个下午"独上高楼"。登高意味着望远,在古典诗词中不乏登楼远眺、忧国伤时之作,如"花近高楼伤客心,万方多难此登临"(杜甫),"何处望神州?满眼风光北固楼"(辛弃疾)等即为人们所传诵。诗人此次缘何登楼?看来也是知识分子的使命感和责任感使然,不过他的登楼不是望远,而是读史,不是在辽阔的空间中纵目远眺,而是在时间的长河中追溯往古,从这里就可以看出诗人是怎样善于借助"登楼"所历来具有的意蕴来衬托自己深沉的思绪和苍茫的情怀了。更令人感慨的是正当诗人想把当年罗马帝国衰亡时的境况和中国眼前的现实相比较相对照时,忽然看到报纸上的一则报道,说是最近发现的一颗新星,其光线传至地球足足经过了 1 500 年,恰好是罗马帝国倾覆之时。星光犹存,帝国荡然,抚今思昔,能不令人唏嘘长叹?

  和浪漫主义诗歌不同,诗人所遵循的诗学观和创作方法不允许他径情直遂

地流露自己的感情，而是"倾向于克制"(《雕虫纪历·自序》)，于是诗作转入了第二单元。"报纸落"——诗人感叹之余，渐渐入睡，连报纸掉在地上也不知道；"地图开"——在梦境中看到了远游的友人和他沿途的足迹，进而又想起了他寄来的印有风景的明信片也是弥漫着苍茫的暮色，看来友人的心情也并不佳，境况也并不妙吧？但不管怎样，总比独坐高楼要好一些，姑且跟着他去远游一番如何？于是自己也不知不觉地向前走去，见到了"灰色的天。灰色的海。灰色的路"。路途漫漫，前景茫茫，长此下去，如何是好？记得报纸上又有一则报道，说有一个人只要抓起身边一把土往灯下一瞧就明白到了哪儿，可惜自己没有掌握这种"验土"的本领，这真是进退失据，投托无门，只剩得满怀的惆怅和彷徨了。

　　人们常说"酒后吐真言，梦中露真情"，不过这种真情常常是以变幻莫测的形式出现的，诗人把梦境写得如此扑朔迷离，闪烁不定，读者自然不必对此作绝对的狭隘的理解，也尽可以不同意上述的分析，重要的是把握诗人情绪的色调和流向，理解诗人梦中的潜意识是如何曲折隐晦地反映了诗人梦前的所见所思。诗作的第三单元即最后三行写梦醒以后，"忽听得一千重门外有自己的名字"，原来是另一个友人来找我了，这个友人对于梦中的"我"来说，虽然来得突然，以至于梦中的"我"听他的喊声就像来自"一千重门"以外，但其实诗中是作了交代的，这就是括号中那一行字："醒来天欲暮，无聊，一访友人吧。"这是那位友人的内心独白，他所要访问的"友人"就是"我"。从如此曲折悠远的梦中醒来自然"累"得很，而且不光是"累"，在将醒未醒之际，"我"还有些担心：这不会是有人捣乱，造成了一场类似"盆舟"的事故吧？据《聊斋志异》中的《白莲教》所记，白莲教某者"将他往，堂上置一盆，又一盆覆之，嘱门人坐守，戒勿启视。去后，门人启之。视盆贮清水，水上编草为舟，帆樯具焉。异而拨以指，随手倾侧，急扶如故，仍覆之。俄而师来，怒责：'何违我命！'门人立白其无。师曰：'适海中舟覆，何得欺我！'"对于诗中的"我"来说，是载？是覆？是福？是祸？又有谁在"欺我"？说不准，也不必硬说，反正"我"隐隐约约觉得不那么能够掌握自己的命运就是了。

　　诗的结尾明白如话："友人带来了雪意和五点钟。"原来一觉醒来，不仅天色将暮，而且快要下雪了。前人有词句云："守着窗儿，独自怎生得黑？"(李清照《声声慢》)"我"这次有人前来登楼作伴，自然要好多了，不过面对的是苍茫的暮色和深感"无聊"的友人，会不会又因此而增添一分新的愁思呢？

　　这首诗，梦境与实情相交融，友人和自己相对应，起于读史，终于会客，贯串全篇的是一派灰蒙蒙的景色和一腔抑郁而深沉的情怀。不足之处是用典太多，稍觉生涩。

(孙光萱　骆寒超)

圆 宝 盒

卞之琳

我幻想在哪儿(天河里?)
捞到了一只圆宝盒,
装的是几颗珍珠:
一颗晶莹的水银
掩有全世界的色相,
一颗金黄的灯火
笼罩有一场华宴,
一颗新鲜的雨点
含有你昨夜的叹气⋯
别上什么钟表店
听你的青春被蚕食,
别上什么骨董铺
买你家祖父的旧摆设。
你看我的圆宝盒
跟了我的船顺流
而行了,虽然舱里人
永远在蓝天的怀里①,
虽然你们的握手
是桥——是桥!可是桥
也搭在我的圆宝盒里;
而我的圆宝盒在你们
或他们也许也就是
好挂在耳边的一颗
珍珠——宝石?——星?

七月八日

选自《鱼目集》,文化生活出版社 1935 年版

〔作者原注〕 ① 一九三四年春天我曾写过一首诗,早作废,从未发表,结尾三行,可供参考:"让时间作水吧,睡榻作舟,/仰卧舱中随白云变幻,/不知两岸桃花已远。"

《圆宝盒》写于1935年。这年卞之琳很写了一些被人认为是"难懂"的诗,如《距离的组织》等,而《圆宝盒》是这类诗中有代表性的一首。诗成后刘西渭(李健吾)和作者还曾往复讨论多次,也可见它确乎"难懂"了。

该诗题名《圆宝盒》,首先需要弄懂"圆宝盒"的含义究竟是什么。李健吾认为"圆宝盒象征现实",结果被作者在《关于〈鱼目集〉》一文中指明"显然是'全错'"。作者认为更妥当的解释应指作者的"心得","道","知","悟",或者是他杜撰的一个名目,叫做"理智之美"(beauty of intelligence)。简而言之,我们可以理解为是作者多年所悟的一种"心得",而借着"圆宝盒"这个虚有之物表现出来。

该诗计有24行,不分节。但从内容上看,我们大致可以将它分为三节。从"我幻想在哪儿(天河里?)"到"含有你昨夜的叹气…"是第一节,从"别上什么钟表店"到"买你家祖父的旧摆设"是第二节,从"你看我的圆宝盒"到最后是第三节。三节之中,第一、第三节是写"圆宝盒"的,但角度却不同。第一节从静处写,小小的圆宝盒却正如无限的宇宙。为了避免读者的误会,该诗首句特别说明是"幻想",而不要当真以为是作者在哪一条河流上"捞到了一只圆宝盒"的。作者不过是直觉地展示出具体而流动的美感,而并非写实。"晶莹的水银","金黄的灯火","新鲜的雨点"这三组意象都是小中有大,有限之中含有无限的。这正切合了布莱克所说的"一砂一世界"的意思。故而小小的水银里竟"掩有全世界的色相",从远处看去的"一颗金黄的灯火",拉近一点看,或许竟是"一场华宴","昨夜的叹气"显然是把人生哀愁这一感情具体化了,叹气蒸凝而为雨点的确也顺乎科学的道理。如此看来,事物之间正是常常具有这种相对相应,"生生之谓易"的关系。而这正是作者多年悟出的一种"心得"。第三节从动处写,时间如流水,我们岂不都是时间流逝的长河里的"舱里人"。我们仰卧舱中随头上白云变幻,不知不觉时间已经逝去。这里就很有些"逝者如斯夫,不舍昼夜"的咏叹。但一切都是相对的,一刹那未尝不是千古。故而"你们的握手/是桥",泛指两个人的感情的结合虽是有限的,"可是桥/也搭在我的圆宝盒里",这有限亦可包含在无限之中。动中有静,暂中有久,诗中的"圆宝盒"也是可大可小的。在人家看来也许小得像一颗珍珠,一颗星,但既然一粒沙中可以见到整个世界,天上一颗小小的星,说不定要比地球大好几倍呢。所以才有最后一语:"而我的圆宝盒在你们/或他们也许也就是/好挂在耳边的一颗/珍珠——宝石?——星?"意思也完全是在"相对"上。更因为该诗第一句提到"天河",所以最后有意地转到"星"上。至于第二节,用"钟表""骨董"这些暂时性的、残缺的事物反衬那永恒的、完全的事物,说明不必过分执著和介意于无用的事物。

这首诗内蕴极深。读者需反复玩味吟咏,方能探奥知幽。它蕴含着诗人哲理性的思考。相对论、四度空间、新的时空观念与诗人蕴蓄既久的"心得"一拍即合,加深了诗中的知性,同时也提高了诗的艺术。该诗表达的是一种相对、平衡的观念,但我们不应将它解释得太死。诗人在《关于〈鱼目集〉》中说:"我以为纯粹的诗只许'意会',可以'言传'则近于散文了。"而《圆宝盒》正是这样的"纯粹的诗",由此我们可以窥见20世纪30年代我国现代派诗风之一斑。 (李复兴)

断　章　　　卞之琳

你站在桥上看风景,
看风景人在楼上看你。

明月装饰了你的窗子,
你装饰了别人的梦。

十月三日

选自《鱼目集》,文化生活出版社1935年版

《断章》写于1935年10月。据作者自云,这四行诗原在一首长诗中,但全诗仅有这四行使他满意,于是就抽出来独立成章,标题即由此而来。全诗没有一个生僻的字眼,也没有一句复杂的句式,写得明白如话。字面上是不难懂的。但细细品味,又好像不能全懂,越想越觉得它的含义很多。李健吾认为它是在"装饰"二字上做诗,暗示人生不过是互相装饰,其中蕴含着无可奈何的悲哀情怀。诗人本人不同意这种评解,明确地表白:"我的意思也是着重在'相对'上。"后李健吾则又说这两种解释,"与其看做冲突,不如说做有相成之美"(《答〈鱼目集〉作者》)。

《断章》写了两组意象。一组是:当你站在桥上把周围一切活动当成风景来看的时候,楼上的人又把你当作风景的一部分来观赏;又一组是:明月的银光装饰了你的窗户,而你整个儿的形象或许又进入他人的梦中装饰了他人的梦。通过这两组相关联的意象,诗人表达了一种相对、平衡的观念:人可以看风景,也可能成为风景之一部分而被别人观赏,这是相对;明月可以装饰你的窗子,而这一切又可能成为他人梦境的装饰,这也是相对。由是抒发了诗人的一种哲理性的思考:宇宙万物息息相关,互为依存。明白了事物间普遍存在的相对、平衡的关系,人就不应该再有怨尤。这里我们可以猜测,诗人早年很可能是通过艾略特

受到了新黑格尔主义哲学家布拉德雷的影响,按照布拉德雷的观点,"绝对"是在无数的"相对"中呈现的。这一点又只能是在现象的陈列中直接悟到,也许《断章》正好形象地反映了这一观点。

当然此诗表现的本是抽象的观念,但它不是直接陈述和抒情,而是通过客观形象和意象的呈现,间接地将诗意加以表现。它运用了类似修辞上的"顶针"手法,将前一句的结尾作为后一句的开头,使诗行间的逻辑关系十分明确,并把两组意象融为一幅和谐完整的画面,使诗意深奥而并不晦涩。加之主要词语("你""看""风景""装饰"等)的复现,更造成一种回环往复的情调。它不使人动情,却令人深思。如诗人自云的"冷淡盖深挚"。诗人把自己的感情客观化为一种色彩、音响、图形,以客观象征主观,使之达到加深而又内敛的效果,正如他在《雕虫纪历·自序》中说的:"我写诗……却总倾向于克制,仿佛故意要做'冷血动物'。"诗人还采用了西方诗歌常用的抱韵(abba),在诗艺上不但继承了中国诗歌注重意境的传统,又呈现出西方一路诗的着重暗示性,使诗作含蓄深沉。

(李复兴)

第 一 盏 灯

卞之琳

鸟吞小石子可以磨食品。
兽畏火。人养火乃有文明。
与太阳同起同睡的有福了,
可是我赞美人间第一盏灯。

选自《十年诗草》,明日社 1942 年版

《第一盏灯》写于 1937 年。诗仅四行,内蕴却极深厚,表现的是对人类一切发现、发明和创造的赞美。第一句是一个比喻,所喻者为第二句的说明,意思是:正如鸟类用小石子在嗉囊中磨碎食品,而得到消化、增加营养一样,人类也经历了不少困难,才学会使用火,文明才得以产生;而兽类却永远害怕火,所以便永远只能是兽类。第三句是一种抑制的写法,说明后人都得益于"火"的使用和文明的产生,摆脱了兽类的不安定的生活,能够"与太阳同起同睡",享受幸福了。第四句诗意扣到本题上:"可是我赞美人间第一盏灯。"从表面上看,"人间第一盏灯"象征着人类对火的使用的开始,但这是一个充满诗意的象征,所以又不止于表面上的意义,包括人类一切的发现、发明与创造,都推动了人类的进化,都是光辉的,值得赞美的,因而"第一盏灯"又是人类文明的象征。

这首诗表现的是作者多年所悟的一种"心得",也可以说是"智慧的结晶"。表现方法上是含蓄细致的,意境又相当开阔辽远。这首诗在形式上也继承和借鉴了我国旧体诗的传统,而又进行了创新。它颇类似旧时近体诗中的七绝(当然也像波斯的"鲁拜"),这是指押韵的方法和行数而言。诗共四行,第一、第二、第四行押韵。但从语言结构上看,第二行内却包含了两个句子,这种行中断句的形式,在旧诗中却是没有的。所以它是化古而非泥古,能够给人以崭新的感觉。同时,这首诗在押韵的方法上也很讲究。三个韵脚"品""明""灯",声调逐步升高,从听觉效果上配合了诗中表现人类从蒙昧到文明,一步步上升的境界。

(李复兴)

雨　同　我

卞之琳

天天下雨,自从你走了。
自从你来了,天天下雨:
两地友人雨我乐意负责。
第三处没消息寄一把伞去?

我的忧愁随草绿天涯:
鸟安于巢吗?人安于客枕?
想在天井里盛一只玻璃杯,
明朝看天下雨今夜落几寸。

五月

选自《十年诗草》,明日社1942年版

《雨同我》一诗写于1937年。诗共两节,每节四行,细腻地表现了作者一种耐人寻味的情思。该诗第一节先由两地的友人来信中分别对"雨"的埋怨写起,第三句归到自己的态度是"两地友人雨我乐意负责",却显得突兀费解了。可以理解为这是作者的一种心情的表现:乐意为朋友分忧。所以接下来作者还要为第三处的友人着想:"第三处没消息寄一把伞去?""一生二,二生三,三生万物。"作者牵念的又岂止这三处友人呢!所以第二节一开始就喟然长叹:"我的忧愁随草绿天涯。"作者念及的更为广阔辽远。不仅关心自己的友人,而且关心似不相干的他人,乃至于一草一木,鸟兽虫鱼,他(它)们在"雨"中的情景究竟如何呢?"鸟安于巢吗?人安于客枕?"诗中所说的"雨"固然就是雨,但未尝不可作"风雨"——不尽的磨难与困顿解。作者所念及的不止是人,还及于一切有生之物,都分得"我"的忧愁,于是乎作者忽发奇想:"我"且把一只玻璃杯放在天井里,明朝好知道普天下的雨落了几寸。一叶落而知天下秋。从"我"的这只玻璃杯里的雨水,可以想到普天下的情景吧。该诗题名《雨同我》,表现了作者对世人以及万物的关心,作者的情怀是感人的。

这首诗在艺术上使用了推衍的方法。它先由某一点说起(比如从两地友人对"雨"的埋怨说起),然后逐渐扩展,推及他人,推及万物,进一步由有限推进到无限,使得要表达的意思不断推进以至完成。作者早年翻译尼可孙的论文《魏尔仑与象征主义》曾有一段话:"没有一幅画真能够发生效力的,要是不向无穷张一张眼,不向无限开些窗子。"这首《雨同我》就努力于"向无穷张一张眼","向无限开些窗子",诗的境界仿佛是无尽的,读来颇耐人寻味。　　　　　　(李复兴)

无　题　　　　卞之琳

(四)

隔江泥衔到你梁上,
隔院泉挑到你杯里,
海外的奢侈品舶来你胸前:
我想要研究交通史。

昨夜付一片轻喟,
今朝收两朵微笑,
付一枝镜花,收一轮水月⋯
我为你记下流水账。

　　　　　　　　　　　　　四月
　　　　选自《十年诗草》,明日社1942年版

《无题》写于1937年。这年春天,诗人的生活中发生了一件隐秘的事情:诗人重逢了一个三年前相识的女友,隐秘的感情像种子一样突然萌发,甚至含苞了。但诗人在希望之中预感到无望,于是袭用我国旧体诗往往以"无题"来称谓爱情诗篇的传统习惯,对于这次没有开花结果的爱情,仿佛作为雪泥鸿爪,留个纪念,就写了五首《无题》,这是其中的第四首。

这首诗共两节,每节四行。写的是对异性的爱的试探,相当别致有趣。有些拘谨,有些学究气,又不免一派天真,全诗充满一种期待和喜悦的情趣。第一节是男方的感慨:我怎样才能亲近你呢?诗人用的却是几个繁复的意象:隔江的泥土可以来到你的屋梁上,隔院的泉水可以来到你的杯里,连远在海外的奢侈品(诸如项链之类的装饰品等)都可以佩戴到你的胸前,它们都可以亲近你,那么我通过什么方法才能接近你呢?我要好好地研究研究了。第二节承接上文,表现爱的试探过程。昨夜我的感触叹息,今朝总算得到了报答:你回我以可爱的微笑,如同两朵鲜花一样美丽。爱的试探似有进展,又毫无把握。不免便自嘲道:"付一枝镜花,收一轮水月……""镜花水月"本泛指一切虚幻的景象。"我"的殷勤和"你"的回报或许也终成虚无,总之这样的爱情到底是难以把握的了。但无论如何,终是深印在"我"的心里了。这两节诗的最后都各用了一个很是别致的句子作结:"我想要研究交通史","我为你记下流水账","交通史""流水账"竟能入诗,更是以俗为雅,妙趣横生,增强了全诗调侃的语气。

这首诗的两节,在形式上大致整齐、对称,每一节中的各句均呈递进形式,最后以相近的语句作结,因而层次井然,整饬之中又有变化,显得极有天然的韵律。诗中使用的诸种意象,如隔江泥、隔院泉、海外舶来品、镜花水月、流水账之类,竟全部与水有关,更造成了诗意的和谐统一,读来新鲜有趣。

(李复兴)

尺 八

卞之琳

象候鸟衔来了异方的种子,
三桅船载来了一枝尺八,
从夕阳里,从海西头。
长安丸载来的海西客
夜半听楼下醉汉的尺八,
想一个孤馆寄居的番客
听了雁声,动了乡愁,
得了慰藉于邻家的尺八,
次朝在长安市的繁华里
独访取一枝凄凉的竹管……
(为什么霓虹灯的万花间,
还飘着一缕凄凉的古香?)

> 归去也,归去也,归去也——
> 象候鸟衔来了异方的种子,
> 三桅船载来了一枝尺八,
> 尺八乃成了三岛的花草。
> (为什么霓虹灯的万花间
> 还飘着一缕凄凉的古香?)
> 归去也,归去也,归去也——
> 海西人想带回失去的悲哀吗?
>
> 六月十九日
>
> 选自《雕虫纪历》,人民文学出版社1984年第2版

这首写于1934年的《尺八》,是诗人在日本京都一座孤馆里做"寄居的番客"时,听了"楼下醉汉"一首似"雁声"般的尺八曲而引发的以乡愁为引子的感怀之作。诗人在他一篇同题材的散文写道,尺八虽来源于中国唐宋的笛(今指箫),但还是保留了笛的高亢,而尺八在中国逐渐淡出大众视野,比较少见了。由此,我们就会理解这首诗不仅仅是一首表现乡愁的诗,而是以尺八为题材,借古喻今、满怀忧患意识的状物诗。

尺八原本是来自大唐的"异方的种子",但是斗转星移,如今"尺八乃成了三岛的花草"。此景此情,在诗人眼前仿佛顿然浮现出一片幻境:自己似乎正置身"在长安市的繁华里/独访取一枝凄凉的竹管"!诗人感慨地发问:"海西人想带回失去的悲哀吗?"其实,诗人在这里是在告诉我们:有着悠久历史文化传统的中国失去的已经不仅仅是在本土早已失传的尺八之声,而是汉唐雄风。因此诗人要在这首诗里"写出了《尺八》这样明白对祖国式微的哀愁"(卞之琳《雕虫纪历·自序》)。而一声声"归去也,归去也,归去也"的呼唤,则是诗人企盼国人能幡然觉悟,奋发图强,振兴中华的肺腑之声!

诗人非常善于驾驭这类以小见大、以微见著、融历史文化的感悟与现实的忧患意识于一体的题材。这不仅体现在对"尺八"内涵的深掘,还不动声色地呈示在"候鸟""雁声"这些意象的张力上。"候鸟"暗示去而复返的意思,对应着企盼发高亢之音的尺八回归故里的情思,而"雁"作为传统文化原型则历来隐喻离群索居的孤独情绪,对应着诗人的乡愁。这首诗还实践了诗人"戏拟化"的创作方法,不长的诗句里,有着"戏剧化"的情景,富有极强的空间感。 (张　新)

废　名

(1901—1967) 原名冯文炳，字蕴仲，湖北黄梅人。1922年就读于北京大学预科，后转入本科英国文学系，并参加语丝社。1929年大学毕业后任北京大学中国文学系讲师。抗日战争爆发后在故乡任小学教师。1946年返回北京大学任副教授、教授。1952年后任东北人民大学中文系教授、系主任。1963年起任吉林省文联副主席。作有多部小说。

街　头

废　名

行到街头乃有汽车驰过，
乃有邮筒寂寞。
邮筒PO
乃记不起汽车的号码X，
乃有阿拉伯数字寂寞，
汽车寂寞，
大街寂寞，
人类寂寞。

选自《水边》，新民印书馆1944年版

废名（冯文炳）虽是一个具有禅味的诗人，不过对法国象征主义诗人波德莱尔也很喜欢，他的诗作同时具备象征派诗的某种气韵。事实上，佛、道与象征主义若从比较文化的视角看，本来就存在某种共同之处；两者的结合，使得冯文炳的诗呈现出一种独特的风格。这首诗便是一个突出的例子。

这首诗写的是诗人一次街行的偶感。诗人行至街头，一辆汽车从面前一掠而过。马达声渐渐远去，一阵喧嚣后的街头变得更加寂静冷清。他突然看见对面人行道上孤单单地矗立着一只邮筒，邮筒上两个英文字母PO（PO是Post Office的缩写，意即邮政局）好似一双圆滚滚的大眼睛冷漠地瞧着他，瞧着寂静街头的一切。诗人油然而生一种惆怅和寂寞感。这是诗人情绪线索的第一阶段，从心理学上说，这也就是人们常常提到的"内模仿作用"，即以物理移人情，由孤单的邮筒而感染了诗人的寂寞情绪。

接下去，诗人遂以寂寞的心理观照街头的一切：他想起刚才驶过的那辆汽车,它来去匆匆,竟连它的车牌号码也没有留意一下,它将永远是一个未知数 X;或许这一生中再也见不到这辆汽车了,若见了,恐怕也不能认得了。它竟如此地不被人注意,在人们的头脑中留不住一丁点印痕,这实在也太悲哀了。于是诗人替这个号码的阿拉伯数字难过,觉得它太寂寞了,它白白地在街头驰了一趟,白白地与诗人邂逅了一遭。进而,诗人觉得车过街空,冷清的街头不也同样十分寂寞吗?还有这周围的一切,甚至整个人类也同这里一样是寂寞的。到这里,完成了诗人心理发展的第二阶段,即所谓"移情作用",也即是以人情衡物理;把诗人自己的寂寞感"投射"到外界的事物身上,使外界事物拟人化,并具备与诗人同样的情感。这也就是象征主义的情与景、意与象的契合说。同样,这种物我同一也有释和道的某种影子。

总之,这首诗的意境既有传统诗例如陶潜、王维的恬淡、隐逸的内涵,又有现代主义一派的感伤、幽玄的质素,体现了冯文炳诗风中释道与现代主义的两重气质。另外,这首诗的另一特色是用极俗的文字表现一种极玄深的情绪,由浅入深,由淡而浓,体现了诗人的艺术风格。

(张 新)

星　　　　　　　　废名

满天的星,
颗颗说是永远的春花。
东墙上海棠花影,
簇簇说是永远的秋月。
清晨醒来是冬夜梦中的事了。
昨夜夜半的星,
清洁真如明丽的网,
疏而不失,
春花秋月也都是的,
子非鱼安知鱼?

选自《冯文炳选集》,人民文学出版社 1985 年版

诗歌分两个看似对立的情景:第一个情景,头四句,诗人以"颗颗说是——""簇簇说是——"的肯定句式,分别呈现了繁星似春花,花影如秋月的美丽夜景。但是第五句一个"清晨醒来",顿时把一个活生生的美景化作一个"冬夜梦中的事"儿了。第二个情景,诗人突然又"推翻"了原先的描述,把"冬夜梦中的事"还

原为一幅现实的图景：昨夜夜半的星是确实存在着的，而且"清洁真如明丽的网，/疏而不失"；那"春花秋月"也都是有的，决非打妄语。

当我们还沉浸在两个情景孰是孰非的思绪中的时候，诗人冷不丁冒出一句《庄子·秋水》里惠子对庄子的那个著名的诘问"子非鱼安知鱼之乐"便戛然而止。都说废名的诗既有西方现代派诗的晦涩而又充满佛、道的玄机，由此而可证明这话并不算过分。对"子非鱼安知鱼之乐"命题的解释历来众说纷纭，甚至常有龃龉。看来，诗人是明白形象比思想丰富的道理，他是想用两个矛盾的情景模拟惠子与庄子的对话，自己却不露声色地站在一旁，不过分地进入角色，让大家从诗歌情景中去感觉、体悟。

再回到开头的"颗颗说是——""簇簇说是——"的句式，读完全诗后再细细品来，忽然觉得诗人其实说得没有那么肯定。繁星似春花，花影如秋月，这不是一般的比喻。比喻是为了让喻体更彰显主体。但是这两句的说话主体不是诗人，而是星星和海棠花影。这就很有趣：这种比喻是星星和海棠花影的自说自话。比喻从来只是"第三者"的文学游戏，还没有过自说自话的比喻，何况星星和海棠花影还是没有思维能力的自然体。这种"自说自话"，就两个情景而言，立刻有了生命活力。而这种看似荒诞的语境，恰恰又契合了紧跟着出现的"冬夜梦中的事"的情境。值得提醒的是，这里，到底仅仅是星星和海棠花影的"自说自话"是梦境，还是星星和海棠花影也是梦境，诗人没有明说。这就为"子非鱼安知鱼"埋下伏笔。接下来，诗中出现了"也都是的"这种表达方式，非常肯定地囊括了以上情景的真实存在。这样问题就来了，到底哪个情景是真实的呢？于是，一种模仿惠子的口吻说："子非鱼安知鱼？"换句话说，你不是星星和海棠花影，你如何晓得它们的"自说自话"？

诗到此，我们似乎明白了一些诗人的用意：诗歌模拟着《庄子·秋水》里"庄子与惠子游于濠梁之上"的情景。诗里前后两个情景（其实是一个情景的两种解读）类似于"濠梁之上"；而对情景作出前后不同解读的主体则类似于庄子和惠子。当然，与其说诗人是在用诗的特殊情景演绎发生在"濠梁之上"的那场睿智的雄辩，倒不如说更多的是将萦绕在"濠梁之上"的奥妙禅机融入一个平常的星夜故事之中，让这个故事呈现出像星夜那样的深邃与幽远，令人神往；让故事里的主体星星、海棠花影以及诗人"冬夜梦中的事"和历史人物故事交织在一起，使诗歌呈现扑朔迷离的神秘色彩。

（张　新）

十二月十九夜　　　　　　　　废　名

深夜一枝灯，

> 若高山流水,
> 有身外之海。
> 星之室是鸟林,
> 是花,是鱼,
> 是天上的梦,
> 海是夜的镜子。
> 思想是一个美人,
> 是家,
> 是日,
> 是月,
> 是灯,
> 是炉火,
> 炉火是墙上的树影,
> 是冬夜的声音。

1936

选自《水边》,新民印书馆1944年版

冬天的深夜,诗人默坐在书房中,他面对室中的一盏灯,眼前仿佛出现了耸立的高山、潺潺的流水,而寂静的四野又宛如大海一样包围着他。他想象夜空闪烁的颗颗明星,仿佛是座座鸟林,又仿佛是温馨的花,是游弋的鱼。变幻不定的星室给他梦幻般的感觉,仿佛蓝天的梦魇。而满天的星斗,倒映在海上,海仿佛是夜的镜子。诗人浮想联翩,又从夜景回到自身,觉得自己美好的思想仿佛是一个美人,是家,是日,是月,是灯,是炉火。跃动的炉火在墙上留下影子,仿佛树影一般。在诗人的感觉中,这活动的树一般的影子,仿佛是冬夜的声音。这就是这首诗在读者面前呈现的一连串的意象和诗人抒写的对冬夜的感受。

废名(冯文炳)这首诗的艺术表现颇有特点:一是它不作架空抒情,而致力于意象的呈现,运用暗示和隐喻展现诗人的心境。它的篇幅短小,然而意象繁复。诗人通过一连串跳动着的意象来表现自己飘忽不定的思绪。诗人不说自己的思想如何美好,而是通过隐喻,将自己的思想比作美人、日、月、灯、炉火。美人、日月、炉火等都是美好的事物,它们都有助于将情绪客观化,从而使诗篇生动形象,增加感人的艺术魅力。二是观念联络的奇特。星与鸟林、花、鱼、梦,思想与美人、家、日、月、灯、炉火,这些不同的事物之间似乎没有共同点,然而诗人却通过想象,发现了它们之间的共同点,在艺术表现时又省掉了联络的字句,从而反映诗人思路的飘忽与意识的流动。三是运用通感手法。这首诗的末两句"炉火是墙上的树影,/是冬夜的声音"。诗人以听觉来写视觉,突出了诗人冬夜的强烈感受,抒写了诗人冲破冬夜的寂寞的主观愿望;在艺术上,这一通感手法的运用,使诗的语言富于弹性与新鲜感。

(潘颂德)

诗人小传

蒲 风

(1911—1942) 原名黄日华,又名黄飘霞,广东梅县人。早年就学于梅县荣兰中学。后去印度尼西亚,曾与友人合作编辑不定期刊物《狂风》。1930年到上海,在中国公学学习,并参加左翼文艺运动。1932年与杨骚、穆木天、任钧等发起组织中国诗歌会,创办《新诗歌》,提倡大众诗歌运动。1934年发表诗作《茫茫夜》。后一度赴日本,曾与雷石榆、林林等创办《诗歌生活》。1936年回国,在青岛、福州等地任教。1937年赴厦门组织诗歌会,并与童晴岚合编《厦门诗歌》。抗日战争爆发后去广州主编《中国诗歌》。1940年抵皖南新四军军部从事宣传工作。其诗作多反映旧农村的苦难及其变化,反映了工农大众的生活和尖锐的民族矛盾,表现了人民的英勇抗争,洋溢着革命乐观主义精神。

荔枝湾上卖唱的姑娘　　　　蒲　风

一个面对着小洋琴,冷清清的秋夜,
颤栗的竹片上传出颤栗的声音;
更有一个在胡弦上播送出生命的叹息,
相和着:呜呜咽咽,叮叮咛咛!
希望正似阴沉的天空,
不露一点星光,月被遮住脸孔。
游艇被弃在暗黑的角落,
好像无数的黑棺在铺排着,

不点灯,蓄下暗暗的一片朦胧。
人们也许记起往日的繁荣:
百十游艇在穿梭,
水面轻巡着凉爽的风,
游艇里飘出粉香,送出乐音,
也夹杂着情人们的细语哝哝。
可是,如今的荔枝湾已入了暮年,
正像天空重叠了万千云堆,
荔枝湾,水也添上无数暗黑的皱澜。
阴影里不再显出摇曳的倒映,
深沟却更是恶臭的渊源。
唉!冷的荔枝湾谁来游玩?
臭的荔枝湾谁来买唱?
哦哦!你两个卖唱的姑娘,
戴上你阴沉的脸孔,
忍耐着冷风的刺伤,
眼睁睁地望着,
望着远远的不景气的市场;
呜呜咽咽,叮叮咛咛——
你们可准备寂寞地弹唱到天亮?

一九三四年十月廿四日,于广州。

选自《生活》,诗人俱乐部1936年版

1934年暑假以后,蒲风回到他的故乡广东梅县,并曾在广州住过一段时间。在这次回乡的几个月间,蒲风目睹乡村凋敝、民不聊生,不禁悲愤交加,写下一些诗篇,表现家乡人民生活的艰难困苦,抨击社会现实的黑暗。《荔枝湾上卖唱的姑娘》则是其中的一首。

诗中通过两个在广州荔枝湾上卖唱的姑娘为了糊口而徒劳挣扎的悲惨情景,对国民党统治下的社会黑暗进行了控诉。时间已是深秋,荔枝湾已不见往日(夏日)的繁荣,显得格外地凄凉和冷清。是夜晚,却难见灯光,触目的是草木凋零,深沟里泛着恶臭。诗人叹道:"唉!冷的荔枝湾谁来游玩?/臭的荔枝湾上谁来买唱?"但是两个卖唱的姑娘却为生活所迫,依然在那里"呜呜咽咽,叮叮咛咛",发出寂寞的歌声。

　　这首诗情调意怨缠绵,诗句大多较长,最长的一行16个字,造成一种如泣如诉、悒郁婉转的气氛。荔枝湾上凄凉冷清的景象的渲染,是对人物身世不幸的有力烘托,而前后重复出现的卖唱姑娘的歌声"呜呜咽咽,叮叮咛咛",更鲜明地表现她们生活的艰辛,加深了人们的印象。该诗非常强烈地突出了一点:两个卖唱姑娘为了糊口虽然已作艰辛的挣扎,但结果是徒劳的,无望的:"希望正似阴沉的天空,/不露一点星光,月被遮住脸孔。""你们可准备寂寞地弹唱到天亮?"由是更加强了荔枝湾上卖唱姑娘艰辛挣扎的悲剧意味,更使人体会到当时社会的黑暗。

(李复兴)

【诗人小传】

温　流

（1912—1937）　籍贯不详。20世纪30年代曾为中国诗歌会广州分会的主要负责人。主编过《诗歌》和《诗歌生活》,对推动华南的诗歌运动起了较大作用。其诗多反映城乡劳动人民的生活,风格素朴流畅。

唱　　　　　　　　温　流

曾经飞到流着火的田野里,
曾经飞到没有笑声的村子里,
也问过刚由海那边飞来的雁子;
那儿会有叫野草开花的春天呢?

叫渴的土地开杜鹃花吗?
人走了,甘薯田会长叶子吗?
在冰和雪封着的宫里,
百灵会唱欢迎阳光的曲吗?

晓得翅膀不是钢柱子,

晓得歌喉不是银笛子；
但寒冷切得断一串串的歌吗？

一滴血就是排天桥的一只喜鹊；
一串歌跟着一滴血，
春天就在天桥那边哩。

1935.4.15.

选自《我们的堡》，青岛诗歌出版社 1936 年版

在国难当头，民众奋起的年代，左翼诗坛以震撼人心的直抒胸臆的呐喊，使那些无病呻吟玩弄技巧的靡靡之音黯然失色。温流的大部分作品，属于激情奔放的长歌，如《田地，咱们守护你》《开路》等，但《唱》却一改常态，用通体的象征表现对革命之光的热烈期待和矢志不渝的信念，虽然没有石破天惊的长啸，却包含着一股一触即发的滚滚岩流，其内在的感染力于清婉的叙写中汩汩喷涌，时时加大着递增着，如同一部乐曲，由轻渐重、由缓渐急，终于轰响成震心动魄的悲壮来。

诗人以《唱》名题，写歌声的翱翔回旋。这歌，飞到流着火的田野，飞到没有笑声的村庄，甚至飞到冰封雪锁的深宫大宅，寻找春天，寻找绿色，寻找太阳，寻找一个新的世界。这歌，一个音符是一只喜鹊，一串音符就连成了通向春天的桥梁。诗艺妙处，即在于对歌声的具象描绘中，通晓明畅地赋予它革命者奋进跋涉、艰苦求索的内涵，革命者的足音是歌的音符，革命者的鲜血是歌的色彩，寒冷切不断，冰雪难封掩。诗人将希望寄予这歌声的绵绵不绝，是革命必胜的信念的流露，也是对黑暗势力必将灭亡的预言。诗的结尾既别致新颖且蕴藉丰富，将血滴比作喜鹊，将歌声与血滴融合，唱出"春天就在天桥那边哩"，显示出诗人才思的敏捷、艺术功力的厚实和政治目光的深邃。倘若我们将歌与血理解成政治的武装斗争与文艺的关系，那么，这首诗便是温流关于诗的战斗宣言。

《唱》这首诗，唱出了人民群众在水深火热中的希望和用鲜血缔造春天的情愫。因此，它也是一曲希望之歌、战斗之歌。诗人如果不是由于鱼骨刺喉而遭庸医误诊早逝的话，他还会唱出更动听更蕴藉更富战斗气息的歌的。

(颜廷奎)

【诗人小传】

罗念生
（1904—1990） 原名罗懋德,四川威远人。1922年入北京清华学校学习,1929年去美国,先后就读于俄亥俄大学、哥伦比亚大学、康奈尔大学研究院。1934年回国,参加文物发掘工作。后任四川大学、武汉大学、清华大学等校教授,中国科学院文学研究所(今属中国社会科学院)研究员。主要从事古希腊文学的翻译工作。

眼

罗念生

假如我化作一只水鸥,
去到她的眼波里浮游;
白沙堤插着两行细柳,
黄铜的明镜在湖面漂浮。

我远望见那五岳的高峰,
嵩山上吹来一股熏风,
歌声与花香满湖飘送,
波光里荡漾着几道长虹。

早晚湖边有潮汐涨歇,
晶莹的水珠往山边泻,
天上挂着黯淡的眉月,
绯红的世界褪了颜色。

有一天湖水骤然枯涸,
盖上一层濛濛的白雾,
两岸的垂柳倒成一路,
镜儿埋在乌泥深处。

选自《龙涎》,上海时代图书公司1936年版这首诗作于1928年前后。当时诗人罗念生还在北京清华学校读书，爱神把一位大眼睛的四川姑娘送到他的身旁，这首诗就是为她而作的。作者是20世纪二三十年代的诗人和散文家。朱湘曾称赞他的诗文有"奇气"。即使在他的情诗中，我们也可以体味到一种奇异的气息，那构思的出人意料，读来也实在令人叫绝。

首先让你不能不叫绝的是它的开头："假如我化作一只水鸥，/去到她的眼波里浮游"；——尽管我国的诗人，在想象中，早已把女人的眼和江河湖海联系到了一起，甚至创造出了"眼波""秋波"一类词语，把这种想象联系输入到了人们的潜意识中，但是有哪位诗人想象过要化作一只水鸥，到自己所爱的女郎眼波里去浮游？现在，诗人把固有的想象稍一延伸，就创造出了前所未有的诗句，让你读着感到既新鲜又自然，而且还让你生动地感受到了诗人是何等喜爱女郎的那双大眼睛的情感。你说绝不绝？

应当说，一个诗人能在一二行诗中，把本民族文化积淀中的固有想象加以延伸，就是一种不易的创造。但更不容易的，是将这种新的想象自然而然地拓展开去，化作全诗的整体构思。这首诗另一让人叫绝处，也就在于，它是那样轻松而自然地完成了这一更不容易的创造。湖岸的细柳、远望中的高峰、嵩山上吹来的熏风，风中飘送的歌声与花香，以及湖边的潮汐晶莹的水珠、天上的眉月，等等，都是由第一、第二诗行中的"新的想象"拓展出的形象，这些形象构成了一个美的境界。在这一美的境界中，我们处处都可以感受到女郎的美妙，尤其是她的那双大眼的美妙。似乎每一笔写的是湖，实际上每一笔都在画美人的眼睛，这一切如此难得，却又十分自然。

应当说，到了诗的第三节，一个美妙的女郎的形象已经被诗人创造出来了。诗人对女郎的赞美之情也已得到了充分的表现。在一般情况下，诗似乎也就可以结束了。但是诗人没有就此打住，还写了最后一节来展示了湖水枯涸的情景，展示了美的毁灭，爱的终结，这就使全诗出现了一个大的跌宕，蒙上了一层浓厚的悲剧色彩。——作为情诗，这样的处理，也实在太绝了。——这大概是由于诗人深受古希腊悲剧的影响所致吧。

诗人在当时是清华文学社的成员，这个文学社的成员，大多是"新诗形式运动"的参加者，注重新体格律诗的创造。这首诗，每节四行，每行四顿（或四四音组），每节换韵，格律严饬，属新体格律诗范畴。

（钱光培）

时　　间

罗念生

有人说时间在光影里，但黑暗也不间的

推移；有人说它随着动力转变，
但静止也像在运行；有人说时间
原住在声音里，但沉默也像在拖延。
我忽然望见了时间，那不是一条线，
也不是一道圈；那是一个浑圆的

整体，密密的充塞着天宇，这一点
是太初也是末日，更无从分辨
过去，现在与未来，我们别怨
生命的短促，这短促是永恒的一片。

选自《龙涎》，上海时代图书公司1936年版

  这首诗写于1928年前后。当时的诗人还很年轻，正醉心于古希腊哲学。古希腊的人生观和宇宙观（包括时空观），都曾经引起诗人浓厚的兴趣。《时间》一诗，也就是诗人在读哲学时产生的一丝灵感。

  诗的前四行，否定了几种时间学说；后六行阐述了自己的时间观念，并由此生发出一种豁达的人生观来："我们别怨/生命的短促，这短促是永恒的一片。"

  诗不能成为哲学的教科书，但诗国并不排斥哲理。哲理入诗，只要做到寓理于情，或融情入理，使哲理和诗情浑然一体，照旧可以成为好诗。这首诗通篇都在讲哲理、讲宇宙观、讲人生观，但读来并不让人觉得枯燥，除了诗的语言与技巧外，我以为，其奥秘就在于它最终落实到了一个富于诗意的生命的主题。这一主题的出现，就使它脱离了一般哲理的高谈阔论，而进入了普通人的情感区域，拨动了人们情感的琴弦，从而也就使全诗（包括其中的宇宙观的论辩）都化作了一种富有诗意的人生慨叹，犹如曹操的"对酒当歌，人生几何"一样，哲理被诗化了。

  这是一首五音组（或曰五顿）的有韵诗。每行由五个音组构成，行尾用韵。诗行与诗句不同号，有的诗句含在行中，有的诗句跨越两行。显然是接受了西方诗体的影响。但读来并不给人生硬的感觉，表现了诗人驾驭语言的功力。——借用西方诗体的经验来对新诗的诗行做这样的处理，是"新诗形式运动"者们的一种尝试。罗念生等人的成功，为这种诗行处理方式的推行奠定了很好的基础。

（钱光培）

诗人小传

金克木

(1912—2000) 安徽寿县人。1935年在北平大学图书馆任职员。1938年后历任香港《立报》国际新闻编辑,湖南省立桃源女子中学、湖南大学教师。1941年到印度加尔各答,任《印度日报》(中文)编辑。1946年回国,历任武汉大学哲学系教授、北京大学东方语文系教授。30年代开始发表诗作,后致力于梵文文学作品的翻译和研究。

雨 雪

金克木

我喜欢下雨下雪,
因为雨雪是你的名字。

我喜欢雨和雨中的小花伞,
我们可以把脸在伞下藏着;
我可以仔细比比雨丝和你的头发,
还可以大胆一点偷看你的眼睛。

我喜欢有一阵微风迎面吹来,
于是你笑了笑把伞转向前面;
我喜欢假装数伞上的花纹,
却偷眼看伞的红光映上你的脸;
于是我们把脚步放得更慢,更慢,
慢慢听迎面来的细语的雨点。

我喜欢春天的江南,江南的春天;
我喜欢微雨的黄昏,黄昏的微雨;
我喜欢微雨中小小的红花纸伞;
我喜欢下雨,因为我喜欢你。

> 但我更喜欢晶莹的白雪,
> 愿意作雪下的柔软的泥。

选自《新诗》1936年第1期

金克木是戴望舒当年的诗友,他的这首《雨雪》也让人想起戴望舒传诵一时的名诗《雨巷》。《雨巷》写春雨,写雨中的油纸伞,写在雨巷的徘徊,写雨中的期待、惆怅和愁怨,风格抑郁低沉;金克木的《雨雪》也写春雨,也写油纸伞,然而明丽清新,欢快活泼,稚气可掬,在这里没有一丝愁绪,心无纤尘,玲珑剔透。这在20世纪30年代象征主义诗风兴起的潮流中,是很少有的。假如你读过一些魏尔伦或者波德莱尔的诗,那你也许会染上一些魏尔伦的忧郁或波德莱尔的病态敏感,你的诗不自觉地会浸染一层淡淡的拂不去的忧伤;假如你读过一些叔本华或者柏格森的论著,那你也许会染上对人生悲观的看法或者对生之茫然的感喟,你的诗不自觉地就会有一种复杂的深度,然而恰是那复杂的深度使你永远也无法再回到少年时代天真无邪的喜悦与追求之中。而现在我们看到金克木的这首诗,仿佛与象征主义的忧郁毫无关涉,仿佛作为学问家的诗人一点也没有玄想过人生的复杂含义。《雨雪》这诗明丽得如同"五四"时期汪静之或湖畔诗人那样的情诗,读这首诗使人唤起了少年时代对人生的天真美好的记忆,这也许是诗人已经从忧郁里走出来了,也许是诗人读透了叔本华与柏格森,因此能够洒脱地回到少年时代的自我。总之,这诗一点也没有被中外古老以至近代的传统所影响,诗里也没有丝毫把做诗当成做学问的痕迹。因此这诗在当时的诗坛上,是属于别一种境界,别有一番情趣的。

你看,生活,爱情,多么有情趣,在春天,在怡人的春雨里,在一把花纸伞下,这就是青年男女的世界,一个丰富的迷人的世界。青少年时代,情窦未开,正好是临近初恋而又情意朦胧的时节,在伞的遮盖下,看你的秀发,看你纯净的眼神,看你的微笑,看你脸上青春的红晕,看你摆弄小花伞,放慢脚步谛听雨打纸伞的轻快絮语。诗人通过这一系列的动作与细节,惟妙惟肖地写尽了青少年纯洁无瑕的心态与真纯的情感。这是一首写情而不涉及"性"的抒情诗,在这里,抒情主人公还未受到弗洛伊德学说的暗示。读这首诗,我们佩服诗人追忆少年时代纯真的生活情趣及其情感氛围的才情。

诗的构思精巧而又自然。诗从喜欢下雨下雪破题,因为雨雪是你的名字,诗也就很自然地进入了"情境"。接下来,以小花伞作为中心意象,以两节文字作为铺垫,充分地抒写伞下的情趣,纯真的情缓缓地渗透。第四节来个挽结,并把诗境开扩了一些,把镜头拉开了一些,仿佛要作结尾的样子。及到读了最后一节,我们才记起诗题里那个"雪"字,于是,一个突兀的转折,诗意深化了:雨是"我"所喜欢的,因为在雨中"我"喜欢上了"你",但"我"更喜欢雪,喜欢"你"向"我"作更深入的感情渗透,——这时,"我"渴望是雪下的泥,把"你"的晶莹一点一滴地全部渗透进"我"的温柔里。看起来,诗的最初构思带一点游戏性,因为"你"的名字与雨雪二字巧合,所以"我"拿雨雪为题写诗了。难得的是诗人从雨雪的区分,写出了两层意思,两个感情层次,详写浅层的感情交流,略写深层的感情愿望,诗在此作结,言有尽而意无穷,把深层的感情渴望留给对方,也留给读者去回味。

(蓝棣之)

邻　　女　　　　　　　金克木

愿我永做你的邻人。
啊,祝福我们中间的这垛墙。

愿意每天听着你的格格的笑声。
愿意每天数着你的轻快的脚步。
愿意每天得你代我念一章书。
这垛墙遮住了我的痛苦和你的幸福。

你换上一件绯红的春装,
你的窗上便映出一片霞光。
你再换上一件深黑的素服,
我的窗上又有了迷蒙的烟雨。
你的四季在身上变幻,
我的四季却藏在心里。

你的眼睛是我的镜子,
我的眼泪却掩不住你的羞涩。
最好我忘了自己而你忘了我,
最好我们中间有高墙一垛。

愿我永在墙这边望着你，
啊，愿我永做你的邻人。

选自《挂剑空垒》，生活·读书·新知三联书店1999年版

在很多读者的印象中，金克木的诗与废名一样向来以晦涩、难懂著称，这大概和金克木多年从事的哲学、宗教研究有关。实际上这是一个很大的误读，虽然金克木学识渊博，但他的诗并不卖弄学识；虽然他对西方的现代诗情有独钟，却依然在中国的文化语境中把东方民族的审美心理熔铸其中，收到中西交融的艺术效果。读金克木的《邻女》，好像唤醒了我们沉睡多年的青春记忆，在烟雨朦胧中回想起《诗经》的梦境、唐诗宋词的迷离。

人世间有一种情感让人生死不离，永远不会老去；人世间有一种情感，温润、熨帖，让人心潮起伏、激动不已。更有一种情感，痛苦而又哀伤，如漫天纷飞的樱花雨，这种情感就是男女间炽热而缠绵的爱情。"问世间情为何物，直教人生死相许！"一千多年前诗人元好问的这句诗曾经在多少人的心中激荡起涟漪。有的爱，热烈而欢快；有的爱，坚贞而执著，所谓"春蚕到死丝方尽，蜡炬成灰泪始干"；有的爱，哀怨而缠绵，"凄凉别后两应同，最是不胜清怨月明中"；但最让人惆怅痛苦的莫过于苦苦寻觅而又不得的单相思的爱。《诗经》中曾有面对"在水一方"的"伊人"而发出的"溯游从之，道阻且长"的怅惘，也有李商隐面对无望爱情唱出的"春心莫共花争发，一寸相思一寸灰"的叹息。现代诗人戴望舒的《雨巷》也写尽了失恋的彷徨、迷茫。金克木的《邻女》和戴望舒的《雨巷》可谓有异曲同工之妙。全诗是以第一人称的叙述方式来抒发情感，给人以强烈的真实，也许它真的来源于诗人青春时代一段难忘的感情历程，读来有一种说不出的伤感。在诗歌的第一节，主人公好像一个刚刚踏入青春期的少年，被压抑许久的情感终于萌动，他对邻居家的女孩产生了暗恋的心理。诗人用了对比手法写出了少女的欢快和暗恋青年的痛苦："愿意每天听着你的格格的笑声。/愿意每天数着你的轻快的脚步。/愿意每天得你代我念一章书。"从这里的描写我们很容易想象出，这是情窦初开的少男、少女之间微妙的感情，飘忽、青涩而又害羞。"格格""轻快"等都透露出少女的天真、欢快，这是即将告别青春、踏入成熟期的最后一段，也是最美丽的时光。正因为如此，这种年龄萌生的情感才可能如水晶一样透明、澄澈，没有沾染任何世俗的污染。当诗人发现了这个纯真的邻家少女后，很自然地生出强烈的爱恋之情，但是这种感情又不敢公开表白，只得把它深深埋在心里，所以才会出现隔着一堵墙去听对方的笑声、脚步声的举动。但是值得注意的是，"这堵墙"的出现是一

个暗示,一个象征,它昭示我们,这堵墙既是有形的,但更是无形的,在很多时候可能是难以跨越的世俗之物,如金钱、地位、名誉等,这堵墙为初恋埋下了悲剧的伏笔。

第二节可以说是最具有现代主义气息的诗句,诗人大量运用了富有形象然而又给人无限想象空间和暗示、象征的成分。"你换上一件绯红的春装,/你的窗上便映出一片霞光。/你再换上一件深黑的素服,/我的窗上又有了迷蒙的烟雨。"男少年沉浸在初恋(准确说是单恋)的情网之中,在他的眼中,少女一会儿如一朵云霞,鲜艳照人,有时又如迷蒙的烟雨,让人无从捉摸,他于是在感情的波涛中沉醉、挣扎。这些都是初恋细微的感情变化,诗人写得很真切。"你的四季在身上变幻,/我的四季却藏在心里。"少女哪里知道,自己类似穿衣这样无意的举动竟然让单恋的少年甘心饱受情感的折磨呢。在诗歌的第三节,让人最不愿意看见的事情发生了:这种单恋终究无法抵御现实世界的残酷,诗人执著的爱情最终无疾而终,如云烟般飘散。"你的眼睛是我的镜子,/我的眼泪却掩不住你的羞涩。"猝不及防的结果让诗人难以自拔,"眼泪",此时无声却胜有声,一切的言语都能从中找到答案。然而诗人在诗歌的最后却宁愿自己咀嚼这份刻心铭骨的痛苦,依然对恋人表现出无尽的思念之情。

在汗牛充栋的爱情诗里,想要写出一番新意对诗人来说是一次巨大的挑战。然而金克木的《邻女》运用象征主义的方法烘托出少男少女之间一个真实而又含蓄的感情空间,一片永远葱绿的世界。这种艺术的功力恐怕非一日之功所能达到。

(文学武)

【诗人小传】

侯汝华

生平不详。20世纪30年代发表诗作。蓝棣之编选的《现代派诗选》中收录他的诗作9首,认为其"从写古老的意象和情绪转向现代派,这样的转换路子在那个时期有些普遍性"。

水　手

侯汝华

桅支上旋转着

水 手

　　七色的明耀，
　　青青的海面
　　白色的帆远了，
　　许多人的梦
　　迷失于汪洋的波涛中，
　　但没有一个人
　　知道你心中的海。

　　地中海畔的去年的葡萄藤
　　挨过了严厉的秋天，
　　可还是一样的凝绿？
　　而你的眼睛却永远凋谢了。
　　当薄暮的黄光
　　被天外的风吹动时，
　　你可曾感到那一年
　　在南中国嗅过的橙花香？

　　待到夜色垂落了，
　　星子跟灯塔的秋波
　　参杂着一个肺病女
　　歌在城头的古调，
　　而你的多年的劫运
　　又浮上黑影在记忆里，
　　为的是海已幽黯，
　　你却离家乡的果树园更远了。

　　　　　　——一九三五，四，十八，于广东潮州
　　　　　　选自《海上谣》，上海时代图书公司1936年版

这首诗描写了旧中国水手的漂泊生活和内心浓重的忧愁。
诗歌把水手放在航船上去描写，在航船行驶的动态中去展现水手的内心世界。

在蔚蓝色的海面上,一只"桅支上旋转着/七色的明耀"的白色帆船,渐渐远去了……诗一开始,就给人造成一种航船远逝的惆怅感,这为全诗涂上了一层忧郁的底色。接着,诗笔由航船转向船上的人——水手:这船上有许多水手,他们都有美丽的梦,但他们的美梦都"迷失于汪洋的波涛中"了。这,又给原来忧郁的底色蒙上了一层幻灭、失落的愁绪。接着,诗笔又从一般——许多水手转入对个别——"你"的描写:"但没有一个人/知道你心中的海。"用"大海"来形容人的心事,不仅说明它的涵蕴无限宽茫,而且说明它经常波潮奔涌,极不宁静,和水手的具体处境十分协调。

这第一节诗,初步展露了水手内心的失落感和不宁静。

在第二节诗里,诗人在水手("你")"心中的海"上为我们铺设了一条可以探得海底秘密的通道:"地中海畔的去年的葡萄藤/挨过了严厉的秋天,/可还是一样的凝绿?/而你的眼睛却永远凋谢了。"这里,诗歌采用对比手法给人造成鲜明强烈的印象:大自然的秋天虽然严厉,但是无法改变地中海畔的葡萄藤在今春"凝绿"复萌,而人生的秋天却把水手的眼睛给弄得过早地"凋谢了"。从眼睛的变化,可以看出这位水手心灵的负载该是多么沉重。接着,诗人问道:"当薄暮的黄光/被天外的风吹动时,/你可曾感到那一年/在南中国嗅过的橙花香?"这里,诗歌运用设问句式把答案留给读者,让读者发挥自由而大胆的想象:也许,这位水手在"薄暮的黄光"中曾经陶醉于"人约黄昏后"的喜悦;也许,在南中国的"橙花香"里他曾享受过天伦之乐;也许有人从岸上向他挥舞过红纱巾……总之,家乡薄暮中的橙花下,肯定遗落着他当年珍重的感情的花束。诗人在这里并不直白地告诉读者那一年在南中国究竟发生过什么事情,而是让人在想象中领略诗歌的含蓄美。在诗里,一个小小的问号背后往往包含着大幅度的空白,笔墨的吝啬常常是真正的丰富。那一年在南中国嗅过的橙花香,如今已经成为压在水手心头的悲哀的忆恋了;思想感情的萧瑟的秋天,怎能不使他的眼睛过早地"凋谢"!

这第二节诗,比较含蓄地写出了水手内心负载的具体内容。

第三节诗,描写夜幕垂落后,水手内心涌起更浓重的忧愁。

航船继续前行,"薄暮的黄光"渐渐消逝了,夜幕慢慢垂落下来,在繁星跟灯塔的闪烁的秋波中,船靠了码头;这时一个肺病女正在"歌在城头的古调"……如此情景,勾起了水手对往事的回忆:"多年的劫运",使他"又浮上黑影在记忆里",心中涌起了更浓重的忧愁。生活经验告诉我们:越是不幸,越是黑暗,越是遥远,人们越是更强烈地思念家乡和亲人。这位水手深深感到:这时"海已幽黯",他"却离家乡的果树园更远了"……结尾是韵味深长的,不仅照应了中间("橙花香"),还呼应了开头("白色的帆远了")。

(王太顺)

诗人小传

张寒晖

(1902—1946) 原名张兰璞,河北定县(今定州)人。早年曾在北平、西安等地从事中学教育、戏剧演出及报刊编辑等工作。1941年赴延安,历任陕甘宁边区文化协会秘书长、戏剧委员会委员。作有歌曲及秧歌剧多种,在群众中流传较广。

松花江上

张寒晖

我的家在东北松花江上,
那里有森林煤矿,
还有那满山遍野的大豆高粱。
我的家在东北松花江上,
那里有我的同胞
还有那衰老的爹娘。
"九一八","九一八",
从那个悲惨的时候,
脱离了我的家乡,
抛弃那无尽的宝藏,
流浪!流浪!
整日价在关内,流浪!
哪年,哪月,
才能够回到我那可爱的故乡?
哪年,哪月,
才能收回我那无尽的宝藏。
爹娘啊,爹娘啊,
什么时候,
才能欢聚在一堂?!

作于1936年
选自《张寒晖歌曲选》,人民音乐出版社1981年版

1931年九一八事变发生后,在蒋介石"绝对不抵抗"命令下,不到三个月的时间,日本侵略军就占领了我国东北全境。无数骨肉同胞被杀害,无数家庭被拆散。这首歌词就是以此为题材而写的。作者为之谱曲后,到处传唱,对唤醒全国同胞的抗日意识起了很大的作用。

根据词的内容和感情脉络,大致可以把词分为怀故、漂流、呼唤三个基本层次。词的开头部分,从自然资源的森林煤矿到田野出产的大豆高粱;从美好的松花江山水到衰老痛苦的爹娘、同胞,深沉而舒缓地诉说了家乡的美丽富饶,激起人们对祖国、对民族无限的热爱之情。然而,好景不长,九一八事变突起,日本侵略者占领了美丽而富饶的东北,东北的同胞只得背井离乡,抛弃无尽的宝藏,只身在关内流浪。词的第二层次在前面尽情铺垫的基础上,带着对故土的眷眷情思,概括地叙述了失落故土的悲惨遭遇。那丧家的哀痛,那逃亡的凄惶,正好与前面所描写的安宁而和平的生活形成了鲜明的对照,从而深切控诉了日本侵略者给中国人民带来的深重灾难。面对如此强烈的生活反差,词的第三层次用饱含无限感慨的发问,向故乡、向亲人发出声声深情的呼唤,寄寓了对早日收复失地的强烈期待,把感情推向了最高潮。

这首词是一首满怀离乡之思、国难之痛的悲歌,歌词中的"我"的遭遇实际上就是全体东北人民的遭遇,"我"的心声实际上就是全国人民的心声,因而具有高度的概括力量,足以使每个中国人为之动容。歌词把国难家仇紧紧联系在一起,用带有强烈抒情色彩的倾诉方式,用排比的叙述、发问和感叹,反复渲染,增强气势,在怀故中写离恨,在离恨中写期待,把故土之恋、沦丧之痛完整而有层次地抒写出来,读来既苍凉沉郁,又慷慨激昂,深沉而又曲折地表现了中华民族顽强刚毅的抗争意识。

(徐生林)

【诗人小传】

方　敬

(1914—1996)　四川万县(今重庆市万州区)人。1933年就学于北京大学外语系。毕业后曾在四川罗江国立第六中学、贵州大学、重庆国立女子师范学院、相辉学院执教,后在重庆、桂林从事抗战文艺活动。曾参与编辑《工作》半月刊、《时代周报》,主编《大刚报》文艺副刊《阵地》。新中国成立后历任西南师范学院副院长、中国作协四川分会副主席等职。

雨　景　　　　　　　　　方　敬

薄暮的雨声在檐前，
在倚门人的心上。
他是怅惘了，
像送走一个远游客，
又像在等候着谁。
聪明的流浪子，
该停下了，
撑开旧时的油纸伞，
仿佛归了家，
一件风尘的薄衫，
沾染几处的雨点。
他早听熟了异乡的雨声，
倚门人却看厌了，
西天的晚云。

选自《文季月刊》1936年第1卷第3期

　　全诗四句话，分成四个层次。

　　第一层，写"雨声"和它对人的心境的影响。薄暮降临，正应该是"人归家、鸟入林"的时分，偏偏这时又下起了雨，淅淅沥沥，这怎能不更牵动"流浪子"的情怀？所以诗人写道：这"雨声"不仅响在"檐前"，而且响在"倚门人的心上"。这"倚门人"便是一个远离家乡的"流浪子"。因为外面下雨，他现在只好躲在客居的屋内，但又倚在门上——大约是观望天色，盼天晴再上路吧。

　　第二层，进一步写"倚门人"的心境："他是怅惘了，/像送走一个远游客，/又像在等候着谁。"送走远游客，留下的自然是离愁；等候着的人却久久不至，令人心焦失望。诗人在这里使用两个比喻，生动地表现了"流浪子"怅然若失的心情。是啊，漂泊得太久了，谁能不思念家乡，思念家乡的温暖，思念天伦之乐？

　　第三层，诗人以劝慰的口吻和"流浪子"对话，劝他停止流浪，并在设想中为他绘出一幅"仿佛归了家"的"雨景"："撑开旧时的油纸伞/……一件风尘的薄衫,/沾染几处的雨点。"油纸伞是"旧时"的,却能"撑开"许多亲切的回忆;落满风尘的衣衫是"薄"的,又"沾染几处的雨点",却渗透着故土的温热。这些,都是一个漂泊在外的"流浪子"所盼望而又无法得到的。但诗人在这里并没有直接去表现"流浪子"的内心所想,而是从一个局外人的角度为他绘制一幅设想的图画,这就更加耐人寻味。它的妙处在于:诗人给予读者的是"未定点",但读者又能在分析判断中把握诗的意蕴,感到像在咀嚼橄榄……

第四层,照应开头,收束全诗。"他"的确漂泊得太久了:"早听熟了异乡的雨声";"他"在下雨时又有"倚门"看天的习惯;也早"看厌了/西天的晚云"。也就是说,"他"早就厌倦了流浪生活,想回家了。当然,这里的三行诗似乎更应作如下理解,即:把"他"和"倚门人"看作两个人——当"他"在异乡"倚门"观天听雨的时候,另有一个"倚门人"在遥远的故乡也在观看"西天的晚云",当然,她不是为了出发,而是在盼归人……

《雨景》写得情景交融,颇有韵味。读完全诗,我们不知"他"从哪里来,但却可以猜想出"他"为什么流浪:在黑暗年代的旧中国,有多少人为生活所迫而背井离乡?

(王太顺)

背　夫　　　　　　方　敬

不毛的羊肠小道上,
寸寸的步履,寸寸的艰辛,
走着你终年走着的背篓苦力,
从这座山到那座山,
坚毅而沉默有如屹立的岩石,
负载着石块的重压,
让壮丽的建筑纪念你,
负载着煤炭的重压,
让熊熊的炉火感激你,
负载着军械的重压
让辽远的战争解放你,
你山国诚实的供献者,
你的劳力,永不会凋谢,
你手里一步一移的木杖,

是拄到明日的世界的。

1942,11,23

选自《行吟的歌》，上海文化生活出版社1949年版

《背夫》是一首"背篼苦力"的赞歌。

首先，展现在读者眼前的是一幅形象的画面：在我国西南"不毛的羊肠小道上"，走着一个"背篼苦力"；由于山路崎崛狭窄和负载的重压，他"寸寸艰辛"地移动着步履……诗人赞美道："从这座山到那座山，/坚毅而沉默有如屹立的岩石。"把"背夫"比作"屹立的岩石"，不仅写出了他雄伟挺拔的身姿，更写出了他在沉重的劳动中显示的坚毅顽强的精神。

接着，诗人满怀激情地赞美了"背夫"的劳动贡献。"背夫"终年劳动不止：他背"石块"，背"煤炭"，背"军械"，背的都是当时建设和战争急需的物资。这说明："背夫"的劳动绝非无足轻重，而是具有重要的意义和价值——它和祖国、民族的命运紧紧联系在一起。诗人热情地唱道："让壮丽的建筑纪念你"，"让熊熊的炉火感激你"，"让辽远的战争解放你"。在这里，诗人把"石块"和"壮丽的建筑"联系起来，把"煤炭"和"熊熊的炉火"联系起来，把"军械"和"辽远的战争"联系起来，这种具有较大跳跃性的意象转换，不仅增强了诗歌艺术的感染力，而且进一步突出了"背夫"劳动的重要意义。其中，"让辽远的战争解放你"一句尤为意味深长：当时祖国人民正在进行艰苦的民族解放战争，我们只有打赢这场战争，才有可能建立新中国，才有可能将公路或铁路引向深山，才有可能用汽车或火车代替"背篼"，才有可能使"背夫"这样的劳动者真正获得彻底解放，当家做主人……

最后，诗人用两句话照应前面的描写，高度评赞"背夫"的劳动。诗人说："你的劳力，永不会凋谢。"这种视劳动果实为鲜花并预言它"永不凋谢"的比喻，是对"背夫"的劳动贡献所作的极富感情色彩又闪射着理性火花的评价。诗人还说："你手里一步一移的木杖，/是拄到明日的世界的。"这含蓄而又明确的诗句，不仅又一次点明了"背夫"的劳动与"明日的世界"即新中国的关系，更为全诗作了有力的收束。

此诗写得玲珑剔透，有形象的画面，有热烈的抒情，也有理性的光彩。

（王太顺）

徐 迟

（1914—1996） 浙江吴兴（治今湖州）人。1934年肄业于东吴大学。1936年同戴望舒、路易士创办《新诗》月刊。1943年任重庆《中原》杂志编辑。抗战胜利后回故乡，在中学任教。1949年任英文版《人民中国》编辑。1957年后历任《诗刊》副主编、中国作协武汉分会副主席、主席，湖北省文联副主席等职。早年诗作受现代主义影响，情调哀伤。60年代后致力于报告文学创作，颇有成绩。

苕霅的溪水上

徐 迟

苕霅的溪水上，
荻芦的塘岸，
故乡的竹篱，
短墙上繁茂着牵牛花——
圣杯与承露的瓶啊。

江南的帆樯
航行着的运河线上，
虽然是暗黑，空虚的大，
然而可爱的是
从祖父传下来的屋宇。

七十二峰的太湖的风，
风吹着，
水田，桑林，祠庙与屋宇，
在故乡的住处，
感情与诗奇怪地融合了。

东栅，吊桥湾，洗粉兜，

有那样映丽的名字的地方,
水车与芙蓉鸟唱着俚俗的歌谣呢。
兴啊福啊的小桥与小巷,
平和的象征,静穆的长廊,
我的恋的指南针是向着这里的。

小姐们衣着辑里村的盛誉的丝,
幸福的地图上,恋的生地与归宿,
何况是晴和的春秋佳日?

我骄傲苕霅的溪水上的故乡,
这是我的生地,我的慈母的生地,
而且现在又是,在那肥腴的土地上,
栽下着我的恋了。

选自《二十岁人》,上海时代图书公司1936年版

  这首诗的感人之处,首先在于诗人善于捕捉富有特征的画面,并且巧妙地在画面中注入自己浓厚的乡情与独特的感受,构成了一种移情入景、情景交融的意境。诗中有生着芦荻的塘岸,有爬满牵牛花的短墙,有唱着俚俗歌谣的水车与芙蓉鸟,有连名字也被赋予吉祥之意的小桥与小巷……诗人将这一切都写得有声有色,洋溢着浓郁的水乡气息,如同向我们展示了一幅幅描绘江南水乡的淡墨画。
  不仅如此,诗人在向我们描绘这些图画的同时,还情不自禁地向我们进行一些抒情性的指点:"在故乡的住处,/感情与诗奇怪地融合了","我的恋的指南针是向着这里的",这些微妙的感受,生动的诗句,无不启示人们:故乡极易唤起人们美好的情绪与诗的灵感;故乡对每一个漂泊的灵魂,都具有永恒而又强大的吸引力。到诗的最后一节,诗人写到在故乡这块"肥腴的土地上""栽下着我的恋了"。这个结句生动形象,耐人咀嚼与回味,是全诗最富有光彩的"诗眼"。从诗歌的选词炼句角度看,这句诗也是颇值得玩味的。诗人在"我的恋"之前加上"栽下"二字,就非常巧妙地化虚为实,变无形为有形,将一种抽象的情感活动转化为可视可感的动作与行为,诗人对故乡的恋情,仿佛像一棵刚刚栽下的常青树,将会随着岁月的增长,长得更加枝繁叶茂,郁郁葱葱,这就传神地暗示出了乡恋的永恒性。

这首诗的感人之处,还在于它所抒发的感情,表现了人类眷恋故乡这样一种普遍的情感,容易引起读者的共鸣。中国诗人常常是把故乡当作一方没有污染的安宁的"乐土",当作流浪的灵魂所渴望归依的避难所。哪怕故乡实际上远非那么美好,那么如意,诗人在描写它时也要给故乡的一切都染上一层迷人的色彩。从这一点来考察,中国诗人对故乡的热情讴歌,常常也寄寓着人们对理想家园的美丽憧憬,徐迟的这首诗也不例外。

(姚国建)

江　南

徐　迟

（一）

火车在雨下飞奔,
车窗上都是水珠,
模糊了窗外景色。

火车车窗是最好的画框,
如果里面是春雨江南,
那就是世界上最好的画。

清明之后,谷雨之前,
江南田野上的油菜花,
一直伸展到天边。

只有小桥、河流切断它,
只有麦田和紫云英变换它,
油菜花伸展到下一站,下一站。

透过最好的画框,
江南旋转着身子
让我们从后影看到前身。

1949年
选自《战争、和平、进步》,作家出版社1956年版这首诗写诗人在雨中乘坐火车时,透过雨水迷濛的车窗,遐想春雨江南时节田野上如画的美景,抒发了诗人对江南原野特有的审美感受以及温馨的眷恋之情。

在艺术上有两个鲜明的特点:第一个特点是善于选取较小的角度去表现广阔的生活画面。江南特有的风土、景观、民俗、人情都是一片迷人的大海,诗人要想在一首短小的诗歌里去表现江南,就不能不十分讲究艺术角度的选取。这首诗放弃了对江南的整体把握与正面描写,而是选取了诗人乘坐的火车车窗这样一个较小的角度。诗人从这个角度去感受江南,觉得火车车窗是"最好的画框",画框里面呈现的春雨江南将是"世界上最好的画"。这不仅使此诗取得了容万里之势于尺幅之内的艺术效果,也为读者提供了驰骋想象的引触点。第二是这首诗采用了虚实结合的艺术手法。诗的第一节,写雨中飞奔的火车,车窗上凝结的水珠以及被雨水模糊了的窗外景色,都是写实景,是诗人当时乘坐火车时实有的情境。到第二节,诗人用"如果"一转,冲破了实境的包围,在迷濛的雨景中,展开了对春雨江南的一片遐想。在诗人遐想的境界中,诗人又突出地选择了江南最有特色的季节"清明之后,谷雨之前"。第三节侧重写江南田野的辽阔与美丽,把读者带进那无边无际的油菜花海中,让你尽情饱览江南三月特有的风光。第四节侧重写江南田野特有的格局及变化美。在江南原野上,不只是一望无际的油菜花,还有一座座小桥,一道道河流不停地"切断"这些画面,不断地点缀着江南特有的景致;还有葱绿的麦垄与色彩斑斓的紫云英轮番变换着装扮江南的原野,使江南原野显得美丽而不单调。诗的最后一节,由前面写想象中的虚境又回归到写眼前的实境,表现了诗人乘坐火车时,透过窗口,对急速"旋转"着的江南特有的感觉。诗人就这样将实写与虚写有机地结合起来,构成了虚实相生的艺术境界,比较含蓄地表现了诗人对江南特有的情思。

(姚国建)

恋的透明体　　　　徐迟

贮着葡萄的碟子,
贮着水晶的葡萄,
一颗,一颗地。
这一颗是我了解你,
这一颗是你了解我。

放在桌上,快乐着,

消灭着,复增加着,
这些恋的透明体。
这两颗是我了解你,
这两颗是你了解我。
眼:恋的透明体。

选自《徐迟文集》(一),长江文艺出版社1993年版

  这是一首简洁、明快的爱情诗。对于一个现代派诗人而言,这首诗的风格确实别具一格。

  通常说,眼睛是心灵的窗户。这首诗的落脚点也在这个比较浅显甚至俗套的比喻关系。但是这首诗的新奇之处却是,这个比喻关系不是"叙事"的起点,而是结果。换句话说,比喻一般是对"叙事本体"的展开与装饰,以便艺术地呈现"叙事本体"的内质。而在这首诗中,"眼:恋的透明体"这一比喻关系本身是一连串递进式比喻关系的自然结果。

  诗歌是一对恋人对面前一盘葡萄这一现实场景而生的联想。盘中盛满晶莹剔透如水晶般的葡萄。由水晶的属性,而联想到恋人透彻、明亮的心灵和需要水晶般透明的了解。这里用"贮"而不用"盛",后者只是对碟子中放着葡萄状态的描述,而"贮"的储存本义的联想含义具有对美好心灵倍加珍惜与呵护的主观性元素。这是第一节潜在的一种比喻关系。葡萄"放在桌上,快乐着",这当然不仅仅是享受美食的快乐,而是恋人获得相互了解后的快乐。正因为每一颗葡萄代表着双方对对方的了解,是自己的心意,所以才能"消灭着,复增加着",消灭的是葡萄,吃下去的是一种信任,是对对方的接受,因此增加着的是感情的积累。每一颗代表了各自的心意,而两颗在一起,活似一双能洞察心灵的眼睛。于是,"眼:心灵的窗户"的比喻就水到渠成了。

  当然,这首诗虽然比较简洁、明快,但是仍然具有现代派那种大跨度"远取譬"的某些质素。拿"眼:恋的透明体"与"眼睛是心灵的窗户"作比较,"窗户"的属性客观、具体,含义清楚,所以它的想象性的扩张含义自然就明确而形象;而"恋的透明体"的界质比较朦胧,本身需要解读,而它的内涵其实就是本首诗需要逐渐解读的结果。

  这首诗一共两小节,每节是一层比喻关系。句式上,两节的内容是递进关系,而文字有重复式的呼应,呼应的焦点汇聚在最后一句,从而完成了从水晶般的葡萄向"眼:恋的透明体"的置换。

(张　新)

诗人小传

李白凤

(1914—1978) 原名李象贤,又名李逢,北京人。早年曾就读于北京民国学院。做过教员、职员。新中国成立后先后任教于哈尔滨工业大学、山西大学、开封师范学院。除创作诗歌外,又从事古文字学、金石学的研究,并擅长篆刻、治印及书法。

小　楼

李白凤

山寺的长檐有好的磬声
江南的小楼多是临水的
水面的浮萍被晚风拂去
蓝天从水底跃出
小笛如一阵轻风
家家临水的楼窗开了
妻在点染着晚妆
眉间尽是春色

选自《新诗》1936年第3期

　　这首诗是20世纪30年代现代派所提倡的"纯诗"的一个典型例子。从表面看,当时社会矛盾和民族矛盾日益尖锐的现实在诗中没有留下点滴的影子,诗人似乎是从一种纯粹审美的角度,不带任何功利观地抒写江南水乡的风情,洋溢着一种温馨的田园牧歌情调,读来就像一首绝句或小令。但是如果把它放在时代的背景上,放在整个现代派创作的系统里去审视的话,从这种田园的恬淡风味里仍可以找到现实的苦涩。就当时这一群青年知识者来说,他们所感到的苦恼之一,是与环境的分裂,都市总是以敌对、异己的面貌出现,它是道德和经济罪恶的渊薮。这花花世界是格格难入的,所以他们自然而然地把深情的目光投向乡野。从大革命以后到30年代,这种多少有点隐逸味的田园诗大量出现(写得最多的是现代派诗人),在这种对山水自然的热爱中,深深地隐藏着对都市污浊环境和人事的憎厌。

　　但是单读这首诗是难以看出这种思想倾向的,恬静的描绘,亲切的抒情把它深深地遮掩住了。诗中的意象几乎都是中国古典诗词中习见的:山寺的长檐、磬声、江南临水的小楼、轻风似的笛声……这种传统意象由于经常在旧诗中使用,在读者经验中植根很深,运用得好会使人产生丰富的联想关系,还能引发诗行之外各种有关的情境和意趣。就本诗而言,至少这些意象从诗的结构的各个位置上,互相联络牵引,形成一个浓重的古风似的氛围,把读者的经验领向中国古代山水田园诗常有的那种无怨无怒,超脱了人世喧嚣的纯粹审美境界。

本诗前半部分显得动静相映,声色俱现,在层层设景——从远处的山寺到临水的小楼再到"楼窗"——的基础上,诗人推出了正在点染晚妆的妻子,她的"眉间尽是春色"。蔼然清绝的景与悠闲自在的人融为一体,柔润怡人的田园风光与其乐也融融的家庭气氛互相映衬,端的是一幅写意的江南水乡风景人情水墨画。

为了与诗中所表现的淳厚自然的风情相适应,诗人用的是白描的手法,语言也极其朴素,这与当时现代派诗人所普遍追求的诸如朦胧的美、繁复的意象、奇特的联络等表现手法,是大异其趣的。

(柳　扬)

【诗人小传】

吴秋山

(1907—1984)　原名吴晋澜,福建诏安人。曾任福建省教育厅国文专科视导员、福建音乐专科学校讲师。著有《秋山草》《枫叶集》《游击者之夜歌》《茶墅小品》《白云轩诗词集》等。

雪　夜

吴秋山

孤馆的灯是青的,
窗外,垂下雪的珠帘。

炉火伸出了蛇舌,
舐着室中的冷味。

又是残夜梦回,
枕畔的书瘦损了。

> 远处掷来一片狗吠,
> 击破沉寂的夜网。

选自《中国新文学大系·诗歌卷(1927—1937)》,
上海文艺出版社 1985 年版

这是一首写旅人投宿的诗,孤寂凄惨,寒意逼人。

诗的篇幅不长,但字斟句酌,颇耐寻味,不妨逐节阐发一下。也许是电力不足,更可能是天寒地冻,旅客心情欠佳,旅馆中那盏泛着青色冷光的灯在他看来格外刺眼。进得室内,稍作安顿,窗外又飘起了雪花,夹着散粒,愈下愈密。"玉阶""珠帘"之类常见于古典诗词,原是深闺大户的象征,含有富丽而玲珑的美感,可惜此时是"雪的珠帘"——一经作者"移花接木",便徒然具有美艳的外衣,内中包含的却是无限的惆怅。

所幸室内生着火炉,还可以烤火。人们因火焰跳动不已,或长或短,用"舌"喻"火",称为"火舌"。旅人也许心情过于寂寞,不由得从"火舌"的现成比喻想到"蛇"这种冷血动物,于是"炉火"一变而伸出了"蛇舌"。"蛇"的觅食本领极高,可是此时"蛇"在空空洞洞的房子里,除了反复单调的"舐着冷味"之外,一无所获,哦,可怜的"蛇",可怜的旅人!

长夜难捱,还是早点躺下吧,可是怎么能安然入睡。一路上跋涉而来,夜夜做梦,这次果然又是"残夜梦回"。不说"梦醒""梦破"而说"梦回",大概是旅人梦中跑得很远,回到了温暖的家……从似醒未醒到醒后追思,已经有好一阵了,旅人竭力把梦境撇开,环视一下四周,蓦然见到"枕畔"的几本旧书仿佛也变得同它们的主人一样"瘦损"——又单薄又憔悴了。

《雪夜》描绘冷寂的夜晚而又偏爱选用动词如"垂下""伸出""舐着""击破"等,连一片狗吠也是冠之以"掷来"这个非常强烈的动作。这样以动写静,益显其静,以物衬人,更见其人。

(孙光萱)

辛 笛

【诗人小传】(1912—2004) 原名王馨迪,江苏淮安人。在南开中学读书时期开始发表诗歌和译作。后入清华大学外文系学习,同时编辑《清华周刊》文艺专栏。1936年留学英国,入爱丁堡大学研究语言文学。回国后任上海光华大学、暨南大学教授。曾任上海作家协会副主席等职。诗作熔铸古典诗歌和外国现代派诗风于一炉,表现手法多样。

航

辛笛

帆起了
帆向落日的去处
明净与古老
风帆吻着暗色的水
有如黑蝶与白蝶

明月照在当头
青色的蛇
弄着银色的明珠
桅上的人语
风吹过来
水手问起雨和星辰

从日到夜
从夜到日
我们航不出这圆圈
后一个圆
前一个圆
一个永恒
而无涯涘的圆圈

将生命的茫茫
脱卸与茫茫的烟水

一九三四年八月海上
选自《珠贝集》，1936年自印

这首诗写的是海上即景，但不是单纯地绘景状物，而是捕捉了海上航行所得的瞬间印象，内中含有联想和感叹。

诗人运用光线的明暗、色彩的点染，模糊又清晰地勾勒出暮天大海的寥廓和苍茫。半明半暗的光线使丰富而鲜明的色彩已无法辨认，唯有白帆在逐渐变暗的海面上漂移，构成醒目的颜色对比，"风帆吻着暗色的水／有如黑蝶与白蝶"。诗的画面也就出现了异乎寻常的新鲜动感。

黄昏终于让位给黑夜。明月映照在海上，波光粼粼。纯洁柔和的月光在起伏的浪尖上跳跃，奇谲变幻为青色和银色。这里更多地带有诗人的主体印象，在细处写实上似乎无法推敲，而在整体感觉上却有惊人的准确。正如鉴赏印象派画时必须退后几步，甚至眯缝起眼睛来看，才能感受到令人赞叹的艺术逼真。而诗中黑、白、青、银等色彩词汇的选用，将总体画面点染成冷色调，在博大流动的和谐静谧之中隐匿着忧郁、寂寞和不安。诗人进而将视觉印象、"人语"的听觉印象、"风吹过来"的触觉印象综合在一起，由此触发、产生种种联想。大海周而复始的运动，人在海上日复一日的生活，恰似一个永恒的无休止的圆圈，象征着人的生命也就在跟踪圆圈中耗尽，"将生命的茫茫／脱卸与茫茫的烟水"，咏叹不尽的惆怅之感充溢于这寥廓的海天之间。

诗人写这首诗时是大学三年级学生。他在暑假中，坐船去探望中学时代的好友。这位好友学习勤奋，但因家境贫寒，高中毕业后只得不顾病体而去谋生，挑起了赡养父母弟妹的生活重担。诗人希望此行能给好友些许安慰。正是带着这样压抑的情怀，他踏上了首次航海的旅途，面对大海的苍茫暮色写下了他的喟叹和印象。

（王圣思）

山中所见——一棵树　　　辛　笛

你锥形的影子遮满了圆圆的井口
你独立，承受各方的风向
你在宇宙的安置中生长
因了月光的点染，你最美也不孤单

风霜锻炼你，雨露润泽你，
季节交替着，你一年就那么添了一轮
不管有意无情，你默默无言
听夏蝉噪，秋虫鸣

一九四八年夏

选自《辛笛诗稿》，人民文学出版社1983年版一个普普通通人人常见的自然景物，在富于创造性诗人的灵感里，可以升华出一个美丽的世界。当时已有10多年的艺术追求和创作实践的辛笛，他那成熟的才华使他写于20世纪40年代末的《山中所见———一棵树》这首八行的小诗，具有永久性的艺术魅力。

诗人以最敏锐的眼光，在人们不尽注意的事物中发掘了诗的精魂。但不倾诉，不玄想，而是用线条和色彩给你一个图景和氛围，一幅美丽的画。这就是八行小诗的总体特征。

前四行诗写树的独立品格。这是借用语言构成的一幅印象派画的境界。画色的基调是飘洒的月光。画的中心图景是山中一棵独立生长的树。或许是偶然的相遇，触景生情，或许是记忆中的情思，化为物象。自然景物已非原来的意义。作者的情感也在象征的物象后面隐藏起来了。当然，倘若我们沿着作者凝固下来的意象，寻踪追溯，仍然不难进入这首诗小小艺术世界的通幽曲径。我们看到：这是一棵蓊郁的树。它庞大浓密的树顶，在月光下留下一片锥形的影子。这又是一棵站在一个井口周围的大树。它有水的滋润，作为生命之绿的源泉。它又以自己巨大的清荫，庇护着人们生命的根。这棵树是与大地母亲血脉相连的。这棵树本身也就是山之子，是大地及其精神的象征。

在充满暗示能量的第一行诗文之后，作者进入对树的品格、形体、姿态、感觉的描写。这树是独立不倚的。它站在空旷的山中，承受着八面来风，它是那么宁静，在广大的宇宙中生长。由于月光的点染，那朴素的精魂更增添了几分美丽。因为立足于大地、因为生命的充实，孤独感是与它无缘的。它的生命紧连着广大世界。

到这里为止，四行诗还在现实描写与感觉层面进行，我们对现实中的树的品格与特征已经十分清晰。进入第二节的四行诗，诗人的思维进展就不同了，由现实的描述进入想象的推衍。诗人更注意挖掘树的坚强的个性。任你风霜磨炼，任你雨露滋润，一切的苦与乐，磨难与抚慰，均化入那坚实的生命之中，"一年就那么添了一轮"。生活带来的是荣辱毁誉。是风霜雨露，是逆流顺境，一切都置之度外，默默无言地承受。"夏蝉噪，秋虫鸣"，都任它在耳边鼓噪。树仍在坚忍宁静中生长。

树的独立，树的美丽，树的坚忍，在作者的笔下，用一连串的客观意象和主观推衍描绘呈现出来。读到这里人们不禁会发问：这幅美丽的印象派画式的小诗，启示于人们的究竟是什么呢？诗人没有告诉我们。这是美的创造者的权利。这也是一首美的诗的生命。诗写于1948年夏天。就时代讲，这是一个郁闷黑暗的季节,是一个考验人的精神品格的季节。就艺术讲"中国新诗"派诗人的现代主义探索受到了来自狭窄理论的重压。作者是象征坚忍而独立的不可征服的民族精神?是暗示人们应该迎接种种考验完成坚贞不移的高尚品格?还是传达一种不顾纷扰而沿着自身品格坚忍生长的艺术自信的观念?实在难以说清,也不必说清。

我们在这首小诗里,得到了美,也得到了悠然遐思去再造美的权利,得到了对于超群拔俗坚忍生长的生命的认同与赞赏的艺术思考,更主要的,我们得到了一个启示:"默默无言"中的美,是更富于深层蕴味的美。

多年后重读这首八行小诗,领略那里面蕴含的思考人生的哲理意趣,面对各种风霜,各种鸣噪,我们的生命仍然可以在美中得到强大的永久的力的启示。

(孙玉石)

风　　景　　　　辛　笛

列车轧在中国的肋骨上
一节接着一节社会问题
比邻而居的是茅屋和田野间的坟
生活距离终点这样近
夏天的土地绿得丰饶自然
兵士的新装黄得旧褪凄惨
惯爱想一路来行过的地方
说不出生疏却是一般的黯淡
瘦的耕牛和更瘦的人
都是病,不是风景!

一九四八年夏
在沪杭道上

选自《辛笛诗稿》,人民文学出版社1983年版

诗人怀着对故土的刻骨思念,从海外回到扬子江畔,他却愤然发现眼前的农村是如此一番风景!英国诗人奥登和叶芝的一些抒写现实的诗作曾给了他很大的影响。《风景》就是这样一类题材的诗。

这首短诗运用暗讽和重点对比的手法,写得婉约而含意深刻。诗的第一句就以它黯淡的象征性赋予醒目的视觉形象。把铁轨比喻为中国的肋骨,形容得

何其瘦骨嶙峋,简直令人感到心痛。而社会问题像一节节的列车,又何其多也,压得人喘不过气来。接着诗人的目光由俯视而转成从内向外侧视,看到"比邻而居的茅屋和田野间的坟"。这一景象是十分写实的,在20世纪40年代的农村随处可见,但此处突出地将茅屋和坟这两个意象同时组合在一个画面中,并用连词"和"来连接,诗的蕴意也就从写实上升为哲理的思考:生与死的距离近得出奇,中国人竟是如此浑浑噩噩地了结一生。"夏天的土地绿得丰饶自然/兵士的新装黄得旧褪凄惨",在对称的两句中运用色彩的不同,表现出自然与人的对比,而后一句的"新"与"旧"则显露出同一对象本身的反差,恰当地形容了被迫当壮丁的士兵命运何其可悲。"瘦的耕牛和更瘦的人","瘦"字的重复使用,着重比较出瘦的程度,与首句的"肋骨"遥相呼应,由此顺理成章地得出结论:"都是病,不是风景!"

全诗在末句才使用标点逗号和惊叹号,这不仅明确点出本诗的主旨,而且直指题目,原来全篇做的是反题文章。"风景"这个诗题也就具有暗讽的意味。作者在时间空间的调度转化,议论和形象的交错重叠中完成了现实批判情绪的传达,构成一道民生凋敝的独特的"风景"。

(王圣思)

蝴蝶、蜜蜂和常青树　　　　辛　笛
——海外诗简之六

开始相爱的时候不知有多年轻,
你是一只花间的蝴蝶,
翩翩飞舞来临。
为了心和心永远贴近,
我常想该有多好:
要能用胸针
在衣襟上轻轻固定。
祝愿从此长相守呵,
但又不敢往深处追寻,
生怕你一旦失去回翔的生命。

生活在一起了,
知己而体己,

心心念念于共同事业的一往情深。
　　你不止是一枝带露的鲜花,
　　而且是只蜜蜂栖止在颊鬓。
　　年华如逝水,
　　但总是润泽芳馨。
　　家已经成为蜂巢,
　　酿出甜甜的蜜,
　　往往更为理想而忘却温存。

　　峥嵘的岁月战斗方新,
　　送走了多少个期待的早晨,
　　度过了多少个焦灼的黄昏。
　　两只小船相依为命,
　　有时月朗天清,有时也风雨纷纷。
　　熟悉而服帖,
　　彼此心上的皱纹早经一一熨平。
　　常青树深深合抱生根,
　　更给我们以清凉的覆荫,
　　遮雨遮阳,就像一把伞那样殷切可亲。

一九八一年五月在加拿大
选自《辛笛诗稿》,人民文学出版社 1983 年版

　　这首诗可以说是咏叹恋爱、成家、立业的人生三部曲。
　　这首诗是我应邀去加拿大多伦多市出席第六届国际诗歌节期间写成的。记得诗歌节后复受到加拿大诗盟主席亨利·拜塞尔夫妇在他们农庄上的热情款待和当地华侨人士的邀请,于是我不得不将多伦多的旅行延长了几天。其间有一对华侨中年夫妇坚挽我到家中作客。由于他们热情的接待,我居然得到了小休。他们伉俪之情久而弥笃,而我本已浓重的乡思则更深。
　　首先动笔写下的是这首诗的第二、第三节。我和老伴的共同生活已接近半个世纪了,那种朝夕与共、患难相依的——情景总是从心上拂拭不去的。尽管十年动乱的遭遇已如过眼云烟,化成过去的一场噩梦,但在狂热和迷乱之

余,每一念及,坦直说来,总有一种切肤之痛。1968年冬天,我曾为先去五七干校的老伴送去度冬寒衣,归来写了七绝两首,题为《鸳思》:"更与何人问暖凉,秋深废井对幽篁,簪花屡卜归期误,未待归来已断肠。""篱边传语感凄惶,相见何曾话短长,珍重寒衣聊送暖,卅年鸳思两茫茫。"1975年又写过两首七绝,题为《赠内》:"怜卿怜我不为贫,且学行僧脚暂伸,一自连朝风雨骤,三分春瘦七分人。""梁孟相庄卅七年,平时心意藕丝牵,出门叮嘱家常语,话到唇边已惘然。"在那个时期我只有通过古典诗歌的含蓄蕴藉才能抒发哀乐中年屡遭挫折的心态!第三节头五行就是吟味那般情景,上述绝句可以算作注脚——所谓寄沉痛于幽闲者是也。

只写了第二、第三节,过了一天,我总觉得欠缺点什么,未能成篇。终于在有意无意之间,从华侨女主人一举手一投足的回翔的步履当中,我顿然想起了恍若隔世在初恋中老伴年轻时的飘忽多姿的身影,于是一笔写下了第一节。在主人为我开夜车去蒙特利尔访问的公路上,我把全诗背诵给女主人听时,借着车外迅速后退的路灯,我竟看到晶莹的泪光闪烁在她双颊间。后来她告诉我,是这第一节的十行感动了她,并勾起了不少往事的回忆;而殊不知她的落泪也深深地感动了我。这种相互感应也许就是"接受美学"的根据吧。就是这样,青春季鱼水相爱的柔情再次回到我和老伴的身边,使我越发深信诗行只有诉诸真情实感才能动人。

(辛 笛)

纪 弦

【诗人小传】

(1913—2013) 原名路逾,另一笔名路易士,祖籍陕西,生于河北清苑。1929年开始写诗。1933年毕业于苏州美术专科学校。1934年在上海创办《火山》诗刊。后与杜衡合作出版《今代》文艺,组织"新火文艺社"。1936年与徐迟、戴望舒合作创办《新诗》月刊。1938年到香港,曾编辑《国民日报》副刊《新垒》,后进国际通讯社任日文翻译。1948年参与组织"异端社",出版《异端》诗刊。同年到台湾,任《平言日报》主笔兼副刊《热风》编辑、成功中学国文教师。1951年主编《自立晚报》新诗周刊,创办《诗志》(1953年改为《现代诗》季刊)。1956年发起成立"现代派"诗社。1976年旅居美国。所作诗歌有些内容空虚,也有些描写理想在现实中的破灭,表达了对社会的不满情绪,语言诙谐,手法独特。

火灾的城

纪弦

从你的灵魂的窗子望进去,
在那最深邃最黑暗的地方,
我看见了无消防队员的火灾的城
和赤裸着的疯人们的潮。

我听见了从那无限的澎湃里
响彻着的我的名字,
爱者的名字,仇敌们的名字,
和无数生者与死者的名字。

而当我轻轻地应答着
说"唉,我在此"时,
我也成了一个
可怕地火灾的城了。

选自纪弦《三十前集》,上海诗领土社 1945 年 4 月初版

  对于习惯于欣赏传统文学作品的读者来讲,去阅读一部现代主义气息浓厚的作品对自己的阅读惯性是一次很大的挑战,当我们进入到纪弦的《火灾的城》(以笔名"路易士"发表)中的世界时,不禁深深感叹于文学迷宫的复杂和幽深。人们常常会说"一千个读者就有一千个哈姆雷特",我想这句话同样可以用在纪弦的这首诗上,不同年龄、不同阅历的人读来有不同的感受是非常正常的。

  纪弦曾在 20 世纪 50 年代的台湾因为倡导现代主义运动而引发了一场大争论,其实纪弦在 20 世纪 30 年代就是现代派的极力倡导者和实践者,和戴望舒、徐迟、施蛰存等一起成为当时的现代派成员,只不过当时他的创作还没有引起人们广泛的关注。与戴望舒、施蛰存等人比较起来,纪弦在向西方文化的靠拢中走得更远,几乎是彻底地移植西方现代主义,完全没有中国传统文化的影子,因而其作品也就更加晦涩难懂。这首诗《火灾的城》在题目上应该是大有深意的,是一种整体性的象征,是作者自身命运,还是一种人类生存的困境?抑或是爱情?

可能都有一定的道理。在诗歌的第一节,理解起来就异常困难:"从你的灵魂的窗子望进去,/在那最深邃最黑暗的地方,/我看见了无消防队员的火灾的城/和赤裸着的疯人们的潮。"纪弦写这首诗的时候还很年轻,因此把这首诗理解为热恋中的情诗或许并非痴人说梦。人们可以想象,一对处在热恋中的青年男女彼此静静地坐在一起,互相对视,仿佛只能听见对方的心跳。完全忘记了周围的世界,沉浸在幸福和喜悦之中。"从你灵魂的窗子望进去",这指的应该是对方一双清泉般的眼睛,也就是心灵的窗户,唯有经过它可以窥探、破解人们灵魂的秘密。诗人看到了什么?"无消防队员的火灾的城""赤裸着疯人们的潮"。这太出乎人们的意料,也太可怕。其实,我想这是作者从恋人的眼中感受到了爱情的炽热、迷狂,在她的诱惑下,所有的理智都不存在了。爱情不就是这样的让人如痴如醉吗?那种"问世间情为何物,直教人生死相许"的诗句不就写出了这种迷狂的爱情心理吗?爱情既是甜蜜的,可是它也蕴含着疯狂,熟读《雷雨》的读者从女主人公繁漪的身上就能清楚地看出这种疯狂的爱情也可以转瞬间化为仇恨,甚至会毁灭一切。诗作的第二节从视觉转为听觉的描写:"我听见了那无限的澎湃里/响彻着的我的名字,/爱者的名字,仇敌们的名字,/和无数生者与死者的名字。"纪弦曾经在多年后写过一首著名的情诗《你的名字》,只有深深地挚爱着对方,才会无时无刻地念着恋人的名字,这种爱情的悲喜剧曾经在历史的隧道中反复上演。虽然诗人明明知道这种炽热的爱有可能给人一种彻彻底底的痛,但面对着爱情,他和无数少男少女一样义无反顾地投入其中,"我也成了一个/可怕地火灾的城了"。反观整首诗,通过一种知性的语言和模糊的意象来暗示爱情,而这正是纪弦所刻意追求的。

(文学武)

二 月 之 窗　　　　　纪　弦

二月来了,
我抚摩无烟的烟斗,
而且有所沉思。
我沉思于我之裸着的
淡蓝的下午的窗——
彼之透明的构图使我兴忧。
西去的迟迟的云是忧人的,
载着悲切而悠长的鹰呼,

欸软地,如青青海上的帆。
而每一个窈窕多姿的日子,
伤情地,航过我的二月窗。

选自《中国新诗赏析》,台湾长安出版社 1981 年版

  这是一首动人的乡愁诗。二月来了,春天来了,草木葱茏,大雁北去,一切都该显得生机勃勃,但是远在异乡的诗人,却被窗外朝着家乡方向流动的风景,牵动浓烈的乡愁。"西去的迟迟的云是忧人的",这是由台湾飞向大陆方向的云,而诗人思乡之心如火似风,所以那云即使飞行得很快,诗人也嫌它太慢了。云之慢衬托出诗人情之切。接着下一句"载着悲切而悠长的鹰呼"一语双关:表面上是描写慢悠悠的云层上载着悲切而悠长的鹰的飞行声,实际上这是一种象征,以悲切而悠长的鹰呼象征诗人思乡之心境。这一句诗传神万分,尤其是"鹰呼"二字,一下子把静景变成动景;把静态性的意象变成了动态性的意象,像一望无际平静的草原上突然有一架飞机由低空飞过,留下一条长长的白带,使原来的视觉意象加入了听觉意象,造成静中有动,动中有静,动静结合,给人无限遐想的美丽画面。读者可以想见诗人那悲切的乡愁,是那样深沉而悠长。

  这首诗的题目是"二月之窗",因而全诗紧扣着诗题展开。诗的第一句"我抚摩无烟的烟斗",是诗人的自画像。嘴里叼着一支大烟斗,手里拄着一根拐棍,鼻梁上架着一幅深度的眼镜,这是纪弦最具特征性的形象。值得注意的是和吟诗时烟斗冒着浓烟相反,此时的烟斗是无烟的。这是为了衬托诗人心情悲凄,冷寂与忧伤。诗人把从窗口看到的空中景象比作蓝色的大海,把天空飘飞的云层比作船帆。这个比喻,又使整首诗的意境由静态变成了动态,这个比喻为诗人铺展和抒发无限的乡愁创造了广阔的空间。诗的最后两句"而每一个窈窕多姿的日子/,伤情地,航过我二月的窗"把单数变成了复数,大大地加重了乡愁的浓度,伸延了乡愁的长度。"每一个"在这里起着无尽的伸延与扩大的效应。"窈窕多姿的日子",本来是非常美丽动人的,但是,由于乡愁之故,它们只有伤情地"航过我二月的窗",这里诗人把客观外在的美与主观内在的悲,又作了恰切的反衬。"航过"二字又与全诗的构思回复呼应。诗虽短,通过巧妙构思,内涵却十分丰富。

(古继堂)

你的名字   纪 弦

用了世界上最轻最轻的声音,

你的名字

轻轻地唤你的名字每夜每夜。

写你的名字。
画你的名字。
而梦见的是你发光的名字。

如日,如星,你的名字。
如灯,如钻石,你的名字。
如缤纷的火花,如闪电,你的名字。
如原始森林的燃烧,你的名字。

刻你的名字!
刻你的名字在树上。
刻你的名字在不凋的生命树上。
当这植物长成了参天古木时,
呵呵,多好,多好,
你的名字也大起来。

大起来了,你的名字。
亮起来了,你的名字。
于是,轻轻轻轻轻轻地唤你的名字。

选自《中国新诗赏析》,台湾长安出版社1981年版

这一首诗可以使我们领略意象与旋律之美。

纪弦创造性地以恋人的"名字"作为全诗的构思中心和中心意象,并以色彩缤纷令人目不暇接的比喻,围绕中心完成全诗的意象结构,像一个优秀的建筑师完成一幅得意的蓝图。《你的名字》一开始,就出现了诗的抒情主人公的形象,他用第一人称的呼告语呼唤恋人的名字。如果诗人把"你的名字"具体化,全诗就会因那种特定的限指性而减色,抽象的"你的名字"的泛指性,能将个人的感情经验提升到普遍性的层次,引起读者对不同名字的美的联想,从而共同参与审美创造。在第一、第二两节中,"呼""唤"有声,是听觉意象,"写"

"画"有形,是视觉意象。日有所思,夜有所梦,"梦见"则应该是如真如幻的意觉意象了。在第三节中,诗人以一系列比喻来比拟恋人"发光"的名字,而诗人的才华也于此"发光"。这一节连用七喻,虽然都用"如"字构成明喻,但却无单调之感,这主要是因为:其一,运用了"博喻"这一艺术手段。人常说"好有一比",纪弦却连用七比,有强烈的印象趣味,不让苏东坡《百步洪》中的连珠妙喻专美于前。其二,在意象的强度和语式的幅度上多加变化。"日""星""灯""钻石""缤纷的火花""闪电"以及"原始森林的燃烧"等,同为"发光"则一,但光亮的程度各异,它们并置在一起,可以看到不同的变化,也可见诗人求异性思维在这里作扇形展开。第四节也颇为精彩:"刻你的名字!/刻你的名字在树上。/刻你的名字在不凋的生命树上。"海枯石烂的恋情,在这里得到了一种特殊的美学方式的表现。总之,第三节写"发光"之"亮",第四节写"长成"之"大",角度虽各有不同,但像四面八方的箭矢都奔向一个红心,诗人花样翻新的赞美辞都是奉献给一个芳菲的名字。

　《你的名字》虽然不讲究韵脚,但它却追求圆顺而流畅、优美而动听的旋律,宛如一阕悦耳清心的轻音乐。它的旋律美的形成,一是由于"复沓"。第一节的"最轻最轻"和"轻轻地"乃至"每夜每夜",是紧相承接的反之复之的语词复沓;第二、第三两节中连用七次于每句结尾的"名字"和"你的名字",是同一句型的接连复沓;第四节前三行"刻你的名字"以及二、三两行的"在树上"与"在不凋的生命树上",是句首与句尾的短语复沓;结尾一节六个"轻"字的连用,是同一词语在句中的复沓,而这一节每一行结尾的"你的名字",则又是句尾位置上的复唱了。试想,如果取消了复沓,这首诗怎么还会有这种动人的风情?构成旋律美另一个重要因素就是"回环"。例如开篇一节和全诗最后一句的"于是,轻轻轻轻轻轻地唤你的名字",构成了首尾的重复与呼应,即整篇美学结构的大回环;诗的第三节的四行,承接第二段末句"而梦见的是你发光的名字",构成近距离节与节的回环;第四节的六行,是对第二段前二行"写你的名字"与"画你的名字"的承接,这是远距离的节与节的回环。值得注意的是,最后一节首句"大起来了,你的名字",与前一节末句"你的名字也大起来",构成连锁式回环;第二行"亮起来了,你的名字",则与第三节构成遥应式回环,而"亮起来了"又和第二节末句"发光的名字"互相照明,像夜晚的原野上两盏互相呼唤的灯光。总之,有了多变化而求统一的复沓与回环,我们读这首诗"每夜每夜",就犹如聆听一首深情曼妙的谣曲了。

(李元洛)

番草

【诗人小传】

番草(1915—2012) 原名钟鼎文,安徽舒城人。毕业于上海中国公学大学部,后赴日本京都帝国大学学习。毕业后回国,曾在国民党军队中任职。1948年到台湾后,先后任《联合报》主笔、《自立晚报》总主笔。曾参与发起成立蓝星诗社。

桥

番草

灰白色的宽阔的天后宫桥下,
灰黑色的沉默的苏州河在流着:
我们这悠久的生命下,
疲倦了的时间在流着……

日子是水一般地流去,流去,
问不了那些是欢乐;那些是苦恼,
剩下来的,是这坚固的肉体,
立在时间的上面,如像是桥。

如像桥,在水面上浮着的映影,
我们的生命也有脆弱的灵魂;
这生命底影响,浮在时间的浊流上,
随浊流的动荡不住地变形。

让时间带去了往日的恋吧,
让时间带去了欢乐与苦恼吧……
在时间的上面,是这坚固的肉体
立着,而又叹息着,如像是桥。

选自《新诗》1937年第6期

番草即是后来闻名于台湾文坛的钟鼎文。他20世纪30年代的诗创作接近当时以戴望舒为首的所谓现代派，大多抒发一种忧郁和感伤的情绪。这首诗总的基调也不外乎此，诗人缘情写景，情景相生，感慨自己灰暗的生活，既有悔艾，又流露出一种无可奈何的深沉喟叹。

　　诗题为《桥》，这桥即指上海的河南北路桥，桥的北堍原有天后宫（后因改建中学，其中大殿被拆迁至松江方塔公园），故俗称"天后宫桥"。诗的开端描绘了河南北路"桥"和苏州河"流水"的意象，但诗人却非实写"桥"和"流水"，而是以此作喻，一喻"我们这悠久的生命"，一喻"疲倦了的时间"。

　　"灰白色的"桥与"灰黑色的沉默的"河，正是象征着矛盾重重、缺乏光彩的生命，与充满悔艾的似水流年。当诗人说自己"脆弱的灵魂""浮在时间的浊流上，/随浊流的动荡不住地变形"，谁还分得清哪是桥，哪是生命，哪是河，哪是岁月呢？看得出，这种表现手法有象征主义诗歌的影响，但是严格地说来，把象征体与象征义并列出来的写法又非纯粹的象征主义式的象征，因为这派异域诗人是很强调以迷离惝恍的意象让读者自己去悟出象征意义的。显然诗人是以中国古典诗歌的艺术经验作内应来学习西方诗歌的，所以这首诗中的象征看起来更像古诗中起兴的手法，所谓"兴中有比"是也，它是中西艺术经验融合的产物。

　　同时，从另一个角度看，这首诗又并不过于隐藏自我和客观化，像某些象征主义诗人提倡的那样。虽然总体上是象征，但有时诗人又忍不住站出来直歌："让时间带去了往日的恋吧，/让时间带去了欢乐与苦恼吧……"从这里我们又看到了新诗初期风行一时的浪漫主义诗风的影子。诗人自己曾经撰文说，如果没有浪漫主义的情愫，便缺乏性灵；如果没有象征主义的渲染，便缺乏形象。也许可以说，这首诗正是他自己这种诗学主张的实践，它的诗质是介于浪漫主义和象征主义之间的。尽管这首诗写得婉曲，却并不晦涩，诗人只是在表现自己与隐藏自己之间着力，它的境界像诗人的大多数诗作一样，是半透明的。

　　这首诗还有一个引人注意的方面，即诗人用来形容心灵以及它的"客观对应物"所用的词语都很黯淡、低沉："灰白色的""灰黑色的""疲倦了的""脆弱的""浊"……这些词语强烈地衬映出情感的状态，显然，抒情主人公对自己过往的生活，对似水流年是不满的，因为他曾经迷惘于污秽的环境，曾经"随浊流的动荡不住地变形"，他感到自己的灵魂是"脆弱的"，他意识到自身的矛盾，而且更使他苦闷的是他还知道自己无法逃避人性异化的社会给他灵魂带来的裂痕。所以，尽管我们听到诗人在强自宽慰，但还是体味到了他的自责，他对自己的深深忧虑和对时间的一种畏惧，这种畏惧不是因为青春易逝的压迫，而是指向人的存在，与他的生命价值相关。从诗人的内心矛盾中，我们看到了社会的黑暗，这不是由诗人直接控诉出来,而是通过外界在他心里引起的苦闷而曲折地反映出来。

(柳 扬)

【诗人小传】
苏金伞
(1906—1997) 原名苏鹤田,河南睢县人。30年代在中学执教,同时创作诗歌。抗日战争期间及战后任教于河南大学,并主办文艺刊物《春潮》《沙漠文艺》等。1948年到华北大学学习、工作。新中国成立后任河南省文联副主任、《奔流》主编。

夜　巷

苏金伞

小巷的记忆力最坏,
虽有纸糊灯刚走过,
马上又糊涂得如拢了藕的塘泥;
一只壁油灯,
抛下的黑影比光还多,

而且还有着消化不良症:
一辆豪华的马车驶入,
像细蛇吞下一头青蛙,
在肚里翻不过身来。
至于失眠倒是不会的。

也有足以炫耀的地方:星子多,
因为大街上的,
都被明灯赶到这里了;
就像:鱼被渔火赶入河湾。

选自1937年3月19日《大公报》

诗人笔下的20世纪30年代中国都市的"夜巷",是拟人化了的:"小巷的记忆力最坏",小巷"有着消化不良症"。诗人对小巷的感受给人一种新鲜感。全诗三节,第一节和第二节紧紧扣住"夜巷"的"夜"字展开描述,如写走过小巷的"纸糊灯",写挂在小巷的"壁油灯",写小巷上空的"星子"等,它们显现了黑夜里的小巷的特征。第三节似有点与小巷之"夜"脱节,去写驶入小巷的"一辆豪华的马车",这也可能发生在白天,并不仅仅是属于"夜"的"专利",诗人似乎意识到这一点,最后一句来了个煞尾,回复到"夜""至于失眠倒是不会的"——多少弥补了游移了诗题的缺陷。

　　一条都市的夜巷,诗人对它的感受全然用形象的语言道出,一个形象是一幅画面。这画面,除写小巷的一只壁油灯"抛下的黑影比光还多"是用白描以外,其余几幅则都以比喻出之,如写刚走过纸糊灯的小巷,"马上又糊涂得如拢了藕的塘泥",写马车驶入小巷,"像细蛇吞下一头青蛙,/在肚里翻不过身来":它们似乎与夜巷的实景风马牛不相及,但却是以形写神,读来使人过目难忘。尤其是诗的最后一节,闪烁在小巷狭长的夜空的繁星,诗人假想是被大街上的明灯赶到这里了(这假想的基础是:暗处最能看清明处——所以星子们在明灯闪耀的大街的上空并不显其亮,而在黑灯暗火的深巷却倍放光明),于是,有了这样的借喻(鱼代星子,渔火代明灯,河湾代夜巷),产生了这样美妙的画面:"鱼被渔火赶入河湾"这个全诗的结尾为在"夜巷"里的浓重的黯淡抹上了一层亮色。

　　这首诗虽写都市的一条"夜巷",用的意象却大多沾满乡村气息,或者可以说是诗人直接从乡村采撷来的,如"拢了藕的塘泥""细蛇""青蛙""鱼""渔火""河湾"等。看来是童年的农村生活经历给诗人的诗创作注入了源头活水。

(戴　达)

埋葬了的爱情　　　　　　　　苏金伞

　　那时我们爱得正苦
　　常常一同到城外沙丘中漫步
　　她用手拢起了一个小小坟茔
　　插上几根枯草,说:
　　这里埋葬了我们的爱情

　　第二天我独自来到这里
　　想把那座小沙堆移回家中

但什么也没有了
　　秋风在夜间已把它削平

　　第二年我又去凭吊
　　沙坡上雨水纵横,像她的泪痕
　　而沙地里已钻出几粒草芽
　　远远望去微微泛青
　　这不是枯草又发了芽
　　这是我们埋在地下的爱情
　　　生了根

作者注:几十年前的秋天,姑娘约我到一个小县城的郊外。秋风阵阵。因为当时我出于羞怯没有亲她,一直遗恨至今!只能在暮年的黄昏默默回想多年以前的爱情。

86岁作于1992年5月27日
选自《诗刊》1993年第1期

　　古今第一等文字是无遮拦、不作假、率性而为、发自真心。这里当然也有技巧,无技巧便不是文学,但这样的诗文往往超凡脱俗,不用形容。技巧到了纯熟之处,全把那一切机关隐到背后去了。大凡年轻气盛,往往藏不住自己的才华机智;及至年事渐长,参透人生枝枝节节,托出的却是那份澄澈空明,这时,技巧于它便成了多余。读那些文坛大师老年作品或与他们交谈,都有一种凝丰富于平淡,寓深刻于自然的魅力,他们无需炫耀,也不用夸饰,却端的是炉火纯青的境界。

　　苏金伞这首《埋葬了的爱情》,是在暮年回忆青春期的爱情往事,袒露、真挚、朴素而全无斧凿痕迹。全诗三段,首段写二人郊外约会,她手拢沙堆作了一个爱的墓茔;第二段写次日他一人独往,风吹平了沙堆;第三段写次年又是一人独往凭吊遗踪,枯草发芽,埋葬的爱情已在地下生根。以平淡写刻骨铭心,愈是不用形容,便愈见深郁强烈。世间无数花前月下、男欢女爱,却不如这平常说来的震撼人心。

　　诗后作者附注更是一段不可忽视的奇文字,我以为其意义甚至胜过诗的正文。"因为当时我出于羞怯没有亲她,一直遗恨至今!只能在暮年的黄昏默默回想多年以前的爱情。"这是一种童稚般的纯真!最动情处,便是最坦率处。因为当年的羞涩而铸成了终身的遗憾。这种失之交臂,却是无可补偿的天老地荒的哀痛!

人生无常,沧海桑田,诗人钟情一生的女子也许已不在人世,即使健在,也许竟已忘却。但当一切都不在的时候,唯有那一缕亘古不绝的情思,却缠绕着、牵萦着那未曾老去的诗心。对于不能如愿的爱情的思念,伴随着那最后一会未能抱吻的遗憾,经数十年风雨以至于今。

诗人写此诗时已 86 岁高龄。这样的年龄,往往是无牵无挂、不忧不喜,但诗人却为青春年代的一段情、一个吻而在人生的黄昏时分独自默默地痛苦着。这样的文字诗史上有,但也不多,也许可以比拟的是陆游的《沈园》二章——

城上斜阳画角哀,沈园非复旧池台;
伤心桥下春波绿,曾是惊鸿照影来。

梦断香销四十年,沈园柳老不吹绵。
此身行作稽山土,犹吊遗踪一泫然!

写这首诗的陆游也是人到晚年,沈园伤心处,唐琬已不在,存在的却是荒园斜阳里的永远的遗憾和思念!

人的一生可以写很多诗,但这样的诗却不能多写。说得极端些,人一生写很多诗而未必留传,而这样的诗只要一首便能留传,因为它把一生的哀痛浓缩在短短的诗章之中了。像苏金伞《埋葬了的爱情》这样的诗,看似平淡无技巧,一般人却写不成,因为它们的浑朴天成之中凝聚了诗人毕生的艺术经验。

苏先生从生命为之悸动不宁的极处直接切入,不曲折、不迂回,甚至也无需含蓄或婉转,活脱脱地托出那颗真心来。眼下流行的那类爱情诗,轻轻浅浅,缠缠绵绵,娇态百种,悲情万状,与苏先生这首诗相形之下,孰高孰低,读者定有明察。

(谢冕)

【诗人小传】

南 星

(1910—1996) 原名杜南星,河北怀柔人(今属北京市)。毕业于北京大学,后任教于孔德学校、国际关系学院。早年曾在《新诗》《诗领土》发表诗作。

静　息

南　星

如一个稳重的中年妇人，
梨树负着将熟的果实。
马缨花像是画在墙上的，
虽然它正在光荣的季节里。
幼年的白杨是欲睡的孩子
携带着活泼入梦。

在这样晴朗的天日下
它们有秋之预感么，
或因严肃的主人而静息？
我深怨这庭院的沉寂之形容，
但这主人只能在窗前
守望着它们，默默地。

那一双手何能再来呢，
它们会让梨树投下它的果实，
让马缨花飘散在窗格上和屋顶上，
让幼年的白杨摇摆而歌，
然后这儿有了清锐的笑声，
墙外的行人也会愕然止步。

选自《石像辞》，上海新诗社 1937 年版

南星是 20 世纪 30 年代"现代"诗人群中比较活跃的一位，作品数量不多，但艺术上自成一格。他的诗，多发自书斋、书卷的抒情，意象典雅丰富，音响靡曼柔弱，格调感伤低徊。《静息》即是有代表性的一首。

全诗共三节。第一节，诗人苦心经营了三个描述性意象：坠满果实的梨树，欣欣向荣的马缨花，幼小的白杨。这三个意象都呈静态，其外观造型一安详庄重，一凝滞如画，一睡眼朦胧。诗人意欲突出的是，三个意象共有的潜在内涵意绪，即"静息"。它们叠合串联，组构了一幅色彩清淡、意境幽寂的"庭院之秋"图。

从中透出的是深深的寂寞感、孤独感。第二节,诗人将自我的一颗索寞之心示现于缪斯的空间,这是缘景象描述起兴而转入即景抒情么?非也!诗中的"主人"或"我",可以理解为诗人自我,但决非通常意义上的"抒情主人公"。这里,诗人跟自我保持了一定的审美距离,把自我当作审美客体、对象来透视,从客观的视角去玩味自我,描述自我,使自我成为景中之景、画中之物。这是一首意象诗,诗人的感觉传达靠意象实现,情绪抒发靠意象进行,"主人"或"我"正是某种感觉的综合物,某种情绪的承载体,是体式特殊的意象,"自我"意象。在"庭院之秋"图中,"自我"意象体貌"严肃""默默",与"沉寂""静息"的景物意象并置复合,互为因果,大大强化了寂寞、孤独的思绪。第三节,"自我"意象隐去,"梨树""马缨花""白杨"意象复出,但不是对第一节三个意象的简单重复,准确地说它们已变作:投下果实的梨树,四处飘散的马缨花,摇摆而歌的白杨。这三个意象已呈动态,一"投"一"飘"一"摇摆",组构了另一幅充满骚动因而也充满生机的秋之图。跟第一节相比,这三个意象显然是"象"同而"意"异了。两组"象"同而"意"异的意象的移位,两幅气韵相左的画面的转换,都缘于"那一双手"(即秋风)的作用,暗示了诗人摆脱孤独、走出寂寞的急切愿望。诗的主体情绪即寂寞感、孤独感,就在两幅画面的比照中达到高潮。南星的诗,多以抒写内心的孤独、烦闷、空漠为母题,感觉细腻,琐碎又黯淡,大抵称得上是"浊出的哀音"。但正如南星自己所说,这是那个特定的时代、社会原因使然(《石像辞·后记》)。从这个意义上说,诗的灰郁情绪也就超越了诗人个体的内心世界,获得了某种普遍性与社会性。

  意象的精心雕镂,是南星惯有的抒情方式。他摒弃说明、评论,谢绝直接给读者以冲撞力,他的感觉、情绪、意念都包孕在形形色色的意象里。所以读解南星的诗,意象是关键所在。他的意象又多是描述性的,感性特征较为明显,而且不作任意变形;由意象组合形成的意境,也具体、实在,生动可感,本质上区别于象征派的虚幻、怪诞,而显出古诗、国画境界之绮丽、空灵的神韵。《静息》所创设的情感氛围,几与"庭院深深深几许"的古典诗境可以乱真。

(饶 嵎)

寄　远

南　星

记得你的故居么,
让我们同声说胡同的名字。
告诉你昨夜我有梦了,
梦见那窗前山桃花满枝,

梦见我敲那阴湿的屋门
让你接这没有伞的泥水中的来客。
哦,你应当感觉到这是冬天了,
我常常对自己讲说风霜雪,
爱丁堡的寒意使你多思么,
想到我时请你想到炉火吧,
来不来一起看红色的焰苗?

知道么,我访问过你离开的大城,
而且我的车在"甘雨"停了两次,
开门人是一个生疏的孩子,
他不领我去看西北的小庭院,
其中是寂寂的无一住客了,
你能告诉我窗纸的颜色么?
我空找了好久我们的旧相识,
因为他走了,他也是年青的,
在他的家乡邻居有一个女儿。

但我的家乡在千里外了。
"你是不会与大城为别的,
你是不会让幸福悄悄走过去的。"
我听见你的声音沈重而又柔和,
让我羞于报告自己的故事。
且记着年月有力的转移吧,
繁荣有时,零落也有时。
累累的果实已经收获尽了,
请莫问夏天响尾蛇的消息。

不相信我到乡野来了么,

给你几条负着车辙的崎岖路,
远方有时时变更颜色的群山,
人语中是充满异地声调的,
我把碎裂的怀想散播在田原上,
做了一个永远居无定所的人,
每天出去看冰冻的池塘水,
到冬天的末尾我将投向何地呢?
愿意我做你故居的寄寓者么,
你就快回来敲"我的"屋门吧,
听两个风尘中的主客之相语。

选自《石像辞》,上海新诗社1937年版

时空可以造成朋友的距离,却不能成为心与心相隔的理由,即使路途千里万里遥远,真正的友情仍然会有深切的关怀,"记得你的故居么,/让我们同声说胡同的名字",仅仅是一个地名,就足以唤起诗人对遥远朋友的思念。事实上,当南星写下《寄远》的那一刻,挚友辛笛正在英伦领受现代主义大师艾略特的熏陶呢。

梦不过是一种情绪的起点。但梦里清晰的鲜灵的意象却已经浓缩了往昔的回忆。"梦见那窗前山桃花满枝,/梦见我敲那阴湿的屋门/让你接这没有伞的泥水中的来客。"美好的时光伴随春天的花朵与阴雨,悄悄逝去,永恒的忆念却从此不再模糊,友人故居对于没有伞的来客,该就是最好的蔽所,而友人却已在视觉以外的万里了,只剩下独白与倾诉时时留给自己。春日已逝,冬季严酷的风霜雨雪也让诗人的思念伸向远方:"爱丁堡的寒意使你多思么,/想到我时请你想到炉火吧,/来不来一起看红色的焰苗?"自然的严寒在拘囚人的形体之余,却复活了情感与思想,而即使屋外冰天雪地,历久弥醇的情谊总是那一炉温暖的红焰,可以慰藉孤独与感伤。

"知道么,我访问过你离开的大城,/而且我的车在'甘雨'停了两次",人去楼空,但友情轨迹依然要停车在"甘雨胡同六号",以勾取那一丝令人回味的旧痕,只是,这样的拜访有着更多的遗憾与寂寞。主人远走,开门揖客的是陌生童子,寂寥的庭院里新糊的窗纸也消褪了鲜色,一切都在蜕变。"你能告诉我窗纸的颜色么?"昨日不再的感伤又一次涌泛在诗人的心间,而让人更伤感的是曾经相识的邻人也已只因年轻与爱情而离去,便从此不再有熟悉的容颜与话语,可以驱解心上无聊落寞。

有些人能忘记自己属于的一切，有些人则连故园也难以割舍，南星便是后一种人。虽然家乡没有久恋的情人，虽然家乡远隔千里，但止不住渴望生活的诗人将漂泊负上肩头，不停步地寻找新鲜的生活，"我听见你的声音沈重而又柔和，/让我羞于报告自己的故事"，友人的劝语其实一直萦绕诗人心头，只是生活和友人的希望毕竟隔了许多，甚至让人难以启齿。四季轮转，春花秋实，时光改变着过去的容颜，当收获尽了的季节重临，对繁荣的向往已是一份幻灭。生活是如此艰辛，所以，诗人请求朋友"莫问夏天响尾蛇的消息"。的确，怀抱了过于美好的祝愿去垂询生活艰辛的实在，所得的消息虽于寂静中有些声响，却仍是一条毒蛇，足以击倒先前一切的精神支柱。

生活的艰难本不是人特意选择，也就无所谓羞惭，飘泊的行旅倒寄含着诗人几分真心。信抑或不信都是次要的，对于朋友的万里问候，最紧要莫过于寄上现境的描述："给你几条负着车辙的崎岖路，/远方有时时变更颜色的群山，/人语中是充满异地声调的"，仅仅是荒野，或许诗人不定会有孤寂之感，但倘若没有熟悉的语音，没有朋友的身影，生活就会异常乏味了。当诗人"把碎裂的怀想散播在田原上"，做"一个永远居无定所的人"，我们不难理解，诗人的漂泊隐含着难以言说的痛苦，而这种痛苦又难道仅仅是为了一个遮风避雨的蜗居吗？

"每天出去看冰冻的池塘水，/到冬天的末尾我将投向何地呢？/愿意我做你故居的寄寓者么，/你就快回来敲'我的'屋门吧，/听两个风尘中的主客之相语。"岁月的严寒把诗人推向了温暖的炉火，也许只有这样笃实的深交，才能忘却严寒。而诗人的垂询更测重于"主客之相语"，更倾心于老友重逢、千杯不醉的彻夜长谈。虽然这一切还很遥远，诗人却已依稀辨识一切将至的情景，这样超然的幻觉，其中正流动着至死不渝的友情。

《寄远》是南星诗赠辛笛所作，虽然，他们两人相继寄寓的"甘雨胡同"已旧貌换新颜了，陌生却只是新人的面孔，熟悉的仍是不变的情感。

（杨益萍　阿　刚）

【诗人小传】

王一心

生平不详。20世纪30年代曾出版《一心诗集》。

车　水　　　　　　　　王一心

　　一脚脚踏着车水轮,
　　　生活跟着车轮打滚;
　　把希望藏在脚底下,
　　　用脚劲和太阳拼一拼!

　　一步步踏下全是空,
　　　心境跟大地一样成旱;
　　黑色的背上刷过枯的风,
　　　踏一步吐一个感叹!

　　把双眼望望青天,
　　　老天摆着残酷的笑;
　　把双眼望望稻田,
　　　禾稻如同心境:焦焦焦!

选自《一心诗集》,北新书局1937年版

　　《车水》里有情有景,情景映染;有虚有实,虚实相生;诗歌把人物的外在表现同内心世界结合起来描写,营造出灵肉一致的境界。

　　首节把车水者的劳动同内心希望交织在一起。

　　起笔是实写:"一脚脚踏着车水轮",描绘出车水者在"车水轮"上劳作的生动画面。紧接着一笔虚写"生活跟着车轮打滚",把说理形象化了。不仅写出了生活的艰难,像"一脚脚"地车水;也写出了生活的无望,如"车轮打滚",循环往复。诗人告诉我们:尽管如此,车水者并没有放弃希望,而是"把希望藏在脚底下",决心"用脚劲和太阳拼一拼"。这里,诗人不说车水者怀着丰收的希望"用脚劲"车水——这样太散文化了,而说"把希望藏在脚底下"——这才是诗的语言。它不仅更简练,而且把我们日常"熟悉的事物变成仿佛不熟悉的"(雪莱语),产生了陌生化效果,使人既有深刻印象,又觉得诗味浓醇。

　　次节把车水者的劳动同内心焦灼结合了起来。

起句和首节首句相照应："一步步踏下全是空。"此句一语双关：既是实写，又是暗示。实写指的是车水者在离开地面的空间——"车水轮"上劳作，所以"一步步踏下全是空"；暗示指的是农民即使"拼"出个好收成，也难以逃脱"谷贱伤农"的打击，到头来还是一场"空"。在旧中国，农民没有第二条出路，他们的心境怎能不"跟大地一样成旱"？请看："黑色的背上刷过枯的风，/踏一步吐一个感叹！"光裸的脊背早已被太阳烤成"黑色"了，干枯的风又从上面"刷过"，痛苦的情状可想而知。他的一步"一个感叹"既是辛劳难耐的长叹，又是生活无望的哀叹。诗歌把车水者的内心世界和外在表现写得水乳交融，具有很强的艺术感染力。

末节照应前两节，进一步表现车水者内心的希望和焦灼。

眼睛是心灵的窗户，即使最隐秘的思想，有时也会由眼睛暴露出来；因此，诗人在写了车水者的"脚""背"和"感叹"之后，便把笔墨集中到他的"双眼"上：通过他眼睛的观望，揭示其内心的思想感情。

前两句照应首节，从一个新的角度（比较切近的角度）表现车水者内心的希望。"把双眼望望青天"，车水者多么渴望青天里能飞来一片潮湿的云朵，洒下一滴活命的雨水呵。然而老天是无情的，面对人类的"感叹"和企盼，他"摆着残酷的笑"。这里，拟人化手法把老天的自我得意之状和对人类命运的敌视态度写得鲜活可见。当然，这里也可以引伸出这样的意思：在和自然的斗争中，指望老天恩赐的思想是没有任何意义的。

后两句照应次节，把禾稻同人的心境联系起来作比较描写。"把双眼望望稻田"的细节，恰如一个特写镜头，含有十分丰富的内蕴：有对禾苗现状的关注；有对劳动（车水）效果的检验；有对禾稻和自己未来命运的担忧……然而一切都是令人失望的："禾稻如同心境：焦焦焦！"这里的比喻用得十分巧妙：既说明人的心境像禾稻一样，早被炎阳烤焦了；也说明禾稻像人的心境一样，正在焦灼地盼着下雨……天旱是"焦"，忧虑也是"焦"，诗人在这里把"外焦"和"内焦"结合得天衣无缝，真是好极了。而结尾又用一个"焦"字作叠音处理，既是语气的加重，又是意蕴的强调，也是恰到好处。

（王太顺）

胡 风

[诗人小传] （1902—1985） 原名张光人，湖北蕲春人。1923年入清华大学学习。1929年留学日本，就读于庆应大学英文科。1933年回国，在上海参加中国左翼作家联盟，并先后任左联宣传部长、行政书记。1934年底开始职业作家的生涯，曾任中华全国文艺界抗敌协会常委、研究股主任、复旦大学兼任教授、政治部文化工作委员会专任委员等。创办并主编过《七月》杂志，后又编辑出版《七月诗丛》《七月文丛》《七月新丛》。新中国成立后曾任全国文联委员、中国作协常委、《人民文学》编委等。1954年受到错误的处理。1980年平反后任中国作协、中国艺术研究院顾问。除作诗外，主要从事文学理论研究。

为祖国而歌

胡 风

在黑暗里　在重压下　在侮辱中
苦痛着　呻吟着　挣扎着
是我底祖国
是我底受难的祖国！

在祖国
忍受着面色的痉挛
和呼吸底喘促
以及茫茫的亚细亚的黑夜，
如暴雨下的树群
我们成长了

为了明天
为了抖去苦痛和侮辱底重载
　　朝阳似地
　　绿草似地
　　生活含笑，

祖国呵
你底儿女们
　　歌唱在你底大地上面
　　战斗在你底大地上面
　　喋血在你底大地上面

在芦沟桥
在南口
在黄浦江上
在敌人底铁蹄所到的一切地方，
迎着枪声　炮声　炸弹声底呼啸——
祖国呵
为了你
为了你底勇敢的儿女们
为了明天
我要尽情地歌唱：
用我底感激
　　我底悲愤
　　我底热泪
　　我底也许迸溅在你底土壤上的活血！
人说：无用的笔呵
　　把它扔掉好啦。

然而，祖国呵
就是当我拿着一把刀
　　或者一支枪
在丛山茂林中出没的时候罢
依然要尽情地歌唱——
迎着铁底风暴

　　　　火底风暴
　　　　血底风暴
　　歌唱出郁积在心头上的仇火
　　歌唱出郁积在心头上的真爱
　　也歌唱掉盘结在你古老的灵魂里的一切死渣和污秽
　　为了抖掉苦痛和侮辱底重载
　　为了胜利
　　为了自由而幸福的明天
　　为了你呵，生我的　养我的　教给我什么是爱
　　　什么是恨的　使我在爱里恨里苦痛的
　　辗转于苦痛但依然能够给我希望给我力量的
　　我底受难的祖国！
　　　　一九三七年八月二十四日，望见敌机在南京市轰炸的时候。
　　　　　　　　　　选自《为祖国而歌》，七月诗社1947年版

　　七七芦沟桥事变刚刚发生一个多月，全民抗战正在中国大地上兴起，诗人怀着深切的爱国之情，写下这慷慨悲怆的诗章，体现了爱国知识分子的赤诚和为民族解放而殊死战斗的决心。他自己在《为祖国而歌·题记》中曾说："战争一爆发，我就被卷进了一种非常激动的情绪里。在血火的大潮中间，祖国儿女们底悲壮行为，使我流感激的泪水，但祖国儿女们底卑污的行为，也使我流悲愤的泪水。于是，喑哑了多年的咽喉突然地叫了出来。"从这里可以看到他当年写诗的真实动因：不是为作诗而作诗，乃是由于心情激动，不吐不快。

　　早在一九三一年九一八事变时，日本军国主义就开始了对我国的武装侵略。七七事变后，更是对我国进行了全面的侵略，中华民族面临生死存亡的严重关头。诗人满怀对祖国民族的深沉忧患，迸着血泪唱出心中的悲歌：
　　　　在黑暗里　在重压下　在侮辱中
　　　　苦痛着　呻吟着　挣扎着
　　　　是我底祖国
　　　　是我底受难的祖国！
　　为了祖国，为了明天和胜利，无数的儿女在战斗，在歌唱，在流血牺牲。中国人民正奋起御侮，保卫祖国。为此，诗人用感激、悲愤、热泪和鲜血发出嘹亮的歌

唱;既要用刀和枪去杀伤敌人,消灭敌人,也要用笔去揭露敌人,打击敌人。这是祖国交给每一个儿女的使命。

热情,真诚,激昂,悲壮是这首诗的基本情调和风格。诗里凝结着对祖国无限真挚的热爱,从而激发起一股豪情,一种无畏的献身精神。祖国正在受难,华夏大地到处都在流血,祖国的儿女岂能平静!但是在灾难面前,人们却有两种不同的态度:一种是拿起武器奋勇战斗,坚信人民的力量一定能打败侵略者,夺取最后胜利,迎来民族的解放;另一种是悲观失望,丧失信心乃至妥协投降。诗人显然属于前一类战斗者,决心奋起为保卫祖国而战,而歌,不惜牺牲个人的一切。因此,他的感情是深沉而激昂的,悲壮而沉痛的。这种情绪一贯到底,使全诗一气呵成,很有气势。

唐代司空图《二十四诗品》中论"悲慨"云:"大风卷水,林木为摧。适苦若死,招憩不来。……壮士拂剑,浩然弥哀。萧萧落叶,漏雨苍苔。"用此以观胡风的《为祖国而歌》,正相吻合。全诗直抒胸臆,明白如话。其气势,真有如狂风卷巨浪,林木为之折毁。痛苦到了极点,丝毫也平静不下来。像壮士拔剑,仰天长叹,心中的悲愤如秋风凋落叶,漏雨滴苍苔,悲慨交集,没有已时,颇有"风萧萧兮易水寒,壮士一去兮不复还"之慨。这是国难当头的悲歌,又是奋起卫国的战歌。为了受难的祖国,一切有血性的中国人莫不闻鸡起舞,枕戈待旦,要从这悲惨的土地上杀出一条生存的血路。这就是本诗所发出的震撼人心的力量。

(刘扬烈)

睡了的村庄这样说　　　　胡　风

　　同志
　　我睡了
　　我睡得安静
　　　也睡得深沉
　　同志
　　听一听我的呼吸吧
　　　它没有了怨气
　　　它没有了苦味
　　它告诉你
　　　我恢复了健康

我尝到了喜悦
夜
慈爱的夜呵
她为我带来了休息
我的肌肉在新陈代谢
我的疲劳在一点一点退去
同志
多少年了多少年了
我的皮肤在严寒和酷热里面烂过肿过
我的眼睛在羞耻和屈辱里面烧过痛过
我的胃囊在饥饿里面打过抖
我的心房在仇恨里面滴过血
多少年了多少年了
我度过了不眠的夜
我度过了切齿捶胸的夜
我也度过了枪响火烧的夜
同志
痛苦的夜过去了
流血的夜过去了
夜呵
她成了我的慈母
让我安静地躺在她的怀里
让我睡去
让我休息
让我新陈代谢
让我长出更新鲜的力气
同志
我送走了幸福的一天
我的肌肉吸进了一天的阳光

我的肺叶吸进了一天的大气
我的耳膜响过了一天的鸟语和风声
我的眼睛映过了一天的青空和绿叶
我又送走了一天
我的皮肤又冒出过一天的汗水
我的双脚又亲吻过一天的土地
我得到了又一天和平的劳动
就舒适地躺在了温暖的夜的怀里
我睡了
我睡得好
我睡得安静
也睡得深沉
同志
我睡得安静
也睡得深沉
我的倒塌的土墙都砌好了
我的破漏的屋顶都补牢了
我的窗子都糊上了新纸
露水飘不进去……

1951 年

选自《胡风诗全编》，浙江文艺出版社 1992 年版

这首诗是胡风在建国初期的 1951 年所写的，作者在诗后注明："1951 年 4 月 21 夜，京沪车过山东平原时，成。4 月 24 日夜改。"行车旅途中车窗外闪过一个个村庄，在夜幕笼罩下散发出宁静祥和的气息，触动了诗人敏感的神经，诗情自然而然地流淌出来。本诗最大的特点是使用了拟人的修辞手法，显得非常亲切、灵动，好似是村庄在与读者交流，实际上是作者在抒发自己的感悟。诗人满怀着喜悦的心情，歌颂了新中国成立后村庄的新面貌。并且采用了对比手法及排比句式，显得既气势宏大又舒卷自如，让村庄将自身在新旧社会两种完全不同的境遇和心绪娓娓道来。

我们可以从字面联想到，山东是抗战时期游击队颇为活跃的地方，并且在

战争中饱受摧残,将这里的村庄在新旧两种时代的命运做一对比,也就显得格外有意义。"村庄"首先回顾了自己苦难的过去,所用字眼是沉重而灼人的:"我的皮肤在严寒和酷热里面烂过肿过/我的眼睛在羞涩和屈辱里面烧过痛过/我的胃囊在饥饿里面打过抖/我的心房在仇恨里面滴过血",这样一连四个排比句,将旧中国农村贫瘠落后和备受欺侮的命运展现无遗。排比的使用让节奏加快,营造了沉重激愤的氛围,使诗的内容与形式巧妙结合。紧接着,村庄又热切地讲述着自己如今焕然一新的形象:"我的倒塌的土墙都砌好了/我的破漏的屋顶都补牢了/我的窗子都糊上了新纸",由此凸显了村庄旧貌换新颜的"动态"变化。

而正是由于这样的巨变,村庄得以带着"清洁""喜悦"安然入梦,并且憧憬着美好的未来,字里行间热情洋溢:"星星的明亮的眼睛/守卫着我/天空的温柔的手臂/环绕着我/土地的纯洁的胸膛/拥抱着我/祖国守卫着我。"此时我即"村庄",村庄即"我",物我已合二为一,彼此感受交融相通。全诗在广阔的空间里抒发了诗人真切的人生感受,又具有深邃的历史感。

这首诗集中反映的是一种积极向上的欢快情绪,折射了"新中国人的骄傲与幸福"。胡风的政治抒情诗以激情喷发和磅礴气势取胜,体现了社会美学与艺术美学的统一,是爱国主义热情与直抒胸臆的艺术方式的结合。他艺术性地展现出那段无限欢乐的共和国的童年历史,抒写了一曲曲充满感激和幸福的赞歌,感情的灼热,几乎达到可以燃烧的程度。其诗并没有过多的修饰,也不需要字斟句酌的技巧,却自然地呈现出了一种韵律美。

(孟晖)

聂绀弩

【诗人小传】

(1903—1986) 湖北京山人。1922年在福建泉州任国民党"东路讨贼军"前敌指挥部秘书处文书,同年到马来西亚吉隆坡运怀义学执教。1923年去缅甸仰光任《觉民日报》《缅甸晨报》编辑。1924年入黄埔军校,为第二期学员。后入莫斯科中山大学学习。1927年回国,任中央通讯社副主任。1931年参加中国左翼作家联盟。1938年在新四军军部编辑《抗敌》杂志。1939—1946年先后任中共浙江省委刊物《文化战士》主编,桂林《力报》副刊编辑,重庆《商务日报》和《新民报》副刊编辑,西南学院教授。新中国成立后历任中国作协古典文学研究部副部长,香港《文汇报》总主笔,人民文学出版社副总编辑、顾问等职。

一个高大的背影倒了 聂绀弩

> 走近十月的河边他停息了!
> ——田 间

一个高大的背影倒了,
在无花的蔷薇的路上——
那走在前头的,
那高擎着倔强的火把的,
那用最响亮的声音唱着歌的!
那比一切人都高大的背影倒了,
在暗夜,在风雨连天的暗夜!

在暗夜,
风吼着;
拔倒参天的古木,
卷起破碎的屋瓦,
卷起一切可以卷起的东西,
打向我们底行列——
这悠长的行列,
这肃穆的行列,
这愤怒的行列!
那引头的背影倒了!

在暗夜,
雨淋着,
在我们底头上,
在我们底身上,
在我们底心上!
泥水拖住我们底腿,

无花的蔷薇刺进我们底脚心，
一切肮脏的东西溅在我们底身上！
我们是一条悠长的行列——
饥饿的行列，
褴褛的行列，
奴隶的行列！
那走在一切人前头的背影倒了！

我们是强健的，
然而受伤了；
我们是勇敢的，
然而受伤了！
在无花的蔷薇的路上，
在风雨连天的暗夜，
没有一点伤痕的，
不在我们底行列里。
那伤得最厉害的人倒了！
他是我们中间的第一个——
第一个争自由的波浪，
第一个有自己底思想的人民，
第一个冒着风吹雨打和暗夜底一切，
在无花的蔷薇的路上，
高唱着自己底歌的人民。
这第一个人民倒了！

惊天动地的响声，
晴天霹雳般的响声，
我们中间的第一个倒了！
那高大的背影没有了，

那倔强的火把没有了!
那响亮的歌声没有了!

千万人底号哭,
千万人底喊叫,
千万人底悲痛,
赎不回这无比的损失!
高大的引路人,
你知道么,
谁在哀悼着你!

前面是平坦的路底边沿,
白天底边沿,
晴明底边沿,
能够忘记么,
你第一个向它走去的人!

安息吧,亲爱的朋友!
永别了,人民底同志!
我们要从你底尸身上走过,
踏着你底肉和骨和血,
踏着你指引过的路,
用我们底眼泪,
用我们底歌,
用我们底脚印,
造成你底坟墓!
愿你底英灵永远和我们同在!

你的周月祭
选自《热风》1937年1月创刊号

鲁迅的逝世,犹如一颗巨星的陨落,震动了神州大地。作为鲁迅的学生和密友,作者在鲁迅的周月祭奋笔疾书,写下了这首感人至深的诗篇,既表达了对鲁迅的敬佩和崇仰之情,也表达了继承鲁迅的遗志继续前进的决心。

作者擅长杂文,并不常作新诗,但这首诗却写得相当精湛,这不但是由于诗作者对鲁迅有一种异乎常人的深挚感情,而且在于诗作者在艺术表现上的苦心孤诣,精益求精。全诗的焦点聚集在"高大的背影"上,并以此生发铺张开去。诗以"一个高大的背影倒了"发端,在总共9节的诗中有6节反复回荡着这样沉痛而深情的慨叹,那比一切都高大的、那引头的、那走在一切人前头的、那伤得最厉害的、那高唱着自己底歌的、那我们中间的第一个,其意象逐层深入,突出、强调和深化了鲁迅的带头作用、先锋作用、模范作用和作为人民中的一员并走在人民前头的作用。鲁迅的逝世无疑是一个不可估量的损失,是一个用"千万人底号哭,/千万人底喊叫,/千万人底悲痛"都"赎不回这无比的损失"!正因为如此,人民才会"用我们底眼泪,/用我们底歌,/用我们底脚印"去悼念鲁迅。一个高大的背影虽然倒了,但是一个高大的精神却永存,它将永远鼓舞和激励着人民在"无花的蔷薇的路"上前进。至此,我们完全可以洞窥诗人以"高大的背影"作为全诗意象焦点的良苦用心。

诗的风格凝重而沉缓。整首诗在"一个高大的背影倒了"的一唱三叹中,大量地运用了瞬间停顿、排比和反复等修辞方法,从而构成了一种凝重的特色。此诗善用短行,不仅短行的比例远多于长行,而且即便在一些较长的诗行,甚至短行里,诗人也着意利用句式上的特点以造成短暂间歇。例如,"我们是强健的,/然而受伤了;/我们是勇敢的,/然而受伤了!/……那伤得最厉害的人倒了",短暂的间歇显示了诗人的悲愤感情和诗的沉重氛围。诗中用得更多的是排比和反复的表现手法。全诗9节,几乎节节都有一些排比句或排比段。排比的使用似乎特别有助于本诗的沉缓风格的构筑和增强。至于反复,"一个高大的背影倒了"的诗句,以及引自鲁迅著名杂文篇名的"无花的蔷薇"的反复出现,也大大地加强了诗的凝重感,使人悲愤,更促人感奋,从而毅然向前。

(杜荣根)

田 间

诗人小传

（1916—1985）　原名童天鉴，安徽无为人。中学时代开始诗歌创作。1933年就读于上海光华大学。1934年参加中国左翼作家联盟，后参与编辑《文学丛报》和《新诗歌》。抗日战争爆发后在上海、武汉等地参加抗日救亡活动。1938年在八路军西北战地服务团任战地记者，同年到延安，历任边区文协副主任、中共盂平县委宣传部部长、冀晋区《新群众》杂志社社长、雁北地委秘书长、张家口市委宣传部部长等职。曾和邵子南等发起街头诗运动。新中国成立后历任中国作协创作部副部长、河北省文联主席等职。在抗战期间的一些诗作采用"鼓点式"的节奏，以短促有力的诗句表现战斗的激情，具有强烈的鼓动性，被称为"擂鼓诗人"。

假使我们不去打仗　　　田 间

假使我们不去打仗，
敌人用刺刀
杀死了我们，
还要用手指着我们骨头说：
　"看，
　这是奴隶！"

一九三八年作
选自《抗战诗抄》，新华书店1950年版

1938年春，田间随西北战地服务团到达延安。为适应现实斗争的需要，他与几个同志一起发起了街头诗运动。他们把揭露日本侵略罪行、鼓舞人民斗志的诗篇，写在墙壁、岩石和大树上，这首诗便是其中著名的一首。

向群众说明为什么要抗日，这是一篇大文章，需要政论家去完成。田间的《假使我们不去打仗》，好像一篇抗战的动员令。但诗人没有长篇大论地讲述抗战的大道理，而是采取寓正于反的艺术手法，急骤地推出了一个假定的镜头，集中揭示了假若不去打仗的危害性，从而激发军民同仇敌忾地去与敌人血战到底。如果不去跟敌人打仗，将会怎么样？诗人指出了两种严重后果：一是"敌人用刺刀／杀死了我们"，这是关系到每个人的生命安危与国家民族生死存亡的重大问

题；二是更进一层，敌人不仅要消灭我们的生命，而且还要从精神上侮辱我们："用手指着我们骨头说：/'看，/这是奴隶！'"头一种后果大家容易看到，如果诗篇到此为止，就会一般化。第二种后果是诗人开掘出的深层思想，它更触动人的灵魂。如果国家沦为日本侵略者的殖民地，中国人民就成了奴隶，那还有什么自由可言？据田间自己讲，抗日战争年代，在隆隆的炮声中，他经常默诵着裴多菲的诗句"生命诚宝贵，/爱情价更高，/若为自由故，/二者皆可抛"，这首诗的创作，也许受到裴多菲诗作的启示吧。这首诗表达出了时代的典型情绪，因而能点燃广大读者的心头之火。

闻一多指出：田间的诗"没有'弦外之音'，没有'绕梁三日'的余韵，没有半音，没有玩任何'花头'，只是一句句朴质，干脆，真诚的话，（多么有斤两的话！）简短而坚实的句子，就是一声声的'鼓点'，单调，但是响亮而沉重，打入你耳中，打在你心上"。

这首诗在句法上看似平淡无奇，不押韵，不整齐，完全散文化。但恰恰这样，既表现出街头诗的明白晓畅的大众化特点，也体现了田间诗的个人风格。

（蔡清富）

坚　壁　　　　　　　　　　田　间

狗强盗，
你要问我么：
"枪，弹药，
埋在哪儿？"

来，我告诉你：
"枪，弹药，
统埋在我的心里！"

1943年6月作
选自《抗战诗抄》，新华书店1950年版

抗日战争时期，抗日军民曾运用多种斗争方式对付日本侵略军的三光政策。"坚壁清野"即是其中的一种。"坚壁清野"就是把粮食、枪弹等各种物品埋藏起来，不让敌人得到，这是抗日战争期间，我抗日军民对付日本侵略军的"扫荡"而采用的一种方法。这首极简短街头诗就是写"坚壁清野"的。好的街头诗既有明

确的宣传目的,又有艺术性。这首《坚壁》正是宣传品与诗的统一体。基于生活体验,诗人采取虚拟手法,借一种假定的情境,塑造了"我"的高大形象。开头直呼敌人为"狗强盗",三个字把烈火般的愤怒和仇恨倾泄无遗。"你要问我么:/'枪,弹药,/埋在哪儿?'"这个设问表示"我"已把敌人看透了,寥寥几行,"我"的从容自信,敌人的气急败坏,均已跃然纸上。

"我"针对敌人的心理,欲擒故纵,故意说"来,我告诉你",以此嘲弄敌人。有了这番嘲弄,被侵略的弱者就转化成为精神上的强者,这是全民抗战的真实写照,也是现实主义诗歌艺术的成功表现!

这首诗只写了"我"面对敌人搜查时的几句嘲弄斥责之词,而对遍身武装的敌人却有意冷落,不费笔墨,作者以精当的剪裁,给读者留下了想象的广阔天地,同时也强化了诗作的表现力。

(吕家乡)

自由,向我们来了　　　　田 间

悲哀的
种族,
我们必须战争呵!

九月的窗外,
亚细亚的
田野上,
自由呵……
从血的那边
从兄弟尸骸的那边,
向我们来了,

像暴风雨,
像海燕。

选自《给战斗者》,希望社 1943 年版

抗日战争初期,日本侵略者气势汹汹,我国国土接连沦陷。有的人别有用心地对战争前途散布悲观论调。这首短诗在这种背景下发表,具有强烈的现实意义。

开头不称呼"同胞们",而称呼"悲哀的种族",这在当时有特殊的感召力,能一下子使读者想到中华民族遭受侵略、失去自由、独立的危险处境,激起对侵略者的仇恨和杀敌救亡的热情。在这样的心理基础上,"我们必须战争呵"的呼唤当然就更加深入人心了。接着诗人向"悲哀的种族"的同胞们报告了一个消息:自由向我们来了。这是个好消息,但作者并不急于一下子说出,而是先向人们展示了一个广阔的时间和空间:"九月的窗外,/亚细亚的/田野上。"等到读者的视野被拓宽,急于看到什么的时候,作者这才重重点出:"自由呵……/从血的那边/从兄弟尸骸的那边,/向我们来了。"有的诗人喜欢依照外国神话把"自由"描绘成女神形象;田间则不然,在他的心目中,"自由"是和残酷的战斗一起走来的,换言之,民族自由和民族解放战争已经是两位一体,不能分割了。

写到这里,诗人意犹未尽,于是在稍作停顿之后,又作了这样的补述:"像暴风雨,/像海燕。"前者状其迅猛雄伟,不可阻挡,有刷洗山河之功;后者状其矫健顽强,不屈不挠,有穿云破雾之力。只要把自由和战争看作两位一体,这两个比喻是容易领会的。

本篇的分节分行别具一格。如果按一般的分节标准,似应把前三行作为一节,以下作为另一节。田间的分节不是以"意思"为准,而是以内心感受为准。在他的感受中,战争和自由是两位一体的,所以把"必须战争"的呼唤和"自由走来"的传告连为一节,如果分开就把诗的一体性割裂了。当作者心中浮现出"像暴风雨,/像海燕"的情景时,他的情绪进入了新的境界,因此,他把这两行单独作为一节。本篇的诗行短促有力,确如闻一多所说,是"一声声的鼓点","不只鼓的声律,还有鼓的情绪"。

(吕家乡)

【诗人小传】

鲁 藜

(1914—1999) 原名鲁徒弟,福建同安人。少年时代在越南度过。1932年回国,曾在集美乡村师范实验学校学习。1934年春赴上海,任上海工学团辅导员。1937年任安徽省蚌埠第三省立民众教育馆指导员。后到安庆第一民众教育馆从事文艺工作。1938年入延安抗日军政大学学习。1939年到陕甘宁边区文化协会工作。1942年起在鲁迅艺术学院任教。抗战胜利后在晋冀鲁豫文联和北方大学文学系工作。1949年任天津文学工作者协会主席。1955年受"胡风反革命集团"案株连后,到农村劳动。1979年平反后,任天津市文联副主席。

延河散歌

鲁藜

山

在夜里
山花开了,灿烂地

如果不是山底颜色比较浓
我们不会相信那是窑洞的灯火
却以为是天上的星星
如果不是那
大理石般的延河一条线
我们会觉得是刚刚航海归来
看到海岸,夜的城镇底光芒

我是一个从人生的黑海里来的
来到这里,看见了灯塔

选自《白色花》,人民文学出版社 1981 年版

  诗人 1938 年从南方来到延安,入抗日军政大学学习。在延安时他写下了组诗《延河散歌》。《山》是其中的一首。
  这首诗题为《山》,但诗人的用意并不是写山,而仅仅是把山作为映衬。延安的山屹立在那一片黄土地上,是一种存在的实体,所以,诗人的抒情就不是空无依傍的了。当他把山作为一种背景时,这无疑增强了诗的情感的浓度。诗人就像怀揣照相机对准山摄影,用的是远距离镜头,在黑夜里的山的"颜色""比较浓",而正是这浓黑,才使诗人更清晰地望见了"窑洞的灯火",而它才是诗人心向往之的抒情客体,是全诗的中心形象。诗人抒情视角的"焦距"都凝聚于此。诗的第二和第三节中两个假设句式"如果……"的运用,是对"窑洞的灯火"的一种强调,诗人将它与"天上的星星",与海岸边"夜的城镇底光芒"相提并论;如果再回到诗的开头——"在夜里/山花开了,灿烂地"——我们分明感到了那一朵朵怒放的烂漫山花,不正是延河水畔、宝塔山下的点燃黑暗的那一盏盏"窑洞的灯火"吗!诗人之所以对"窑洞的灯火"如此厚爱,是因为他把它看作是革命圣地的一

种象征。在诗的结尾,他再也按捺不住内心的激情,直截了当地将延安喻为"灯塔"(从"灯火"到"灯塔"是一脉相承的):"我是一个从人生的黑海里来的/来到这里,看见了灯塔"。诗人在童年时代随家人从福建出国去越南,深受殖民地的苦难,他称人生是"黑海"。看得出来,他是将自己的经历铸进了诗内,使抒情变得更加厚实。

《山》的美学风格是单纯与丰富的统一。诗人由夜的山而拈出山的浓浓的颜色,进而又拈出那闪烁在黑色里的窑洞灯火,并且将灯火与星星联系在一起;诗人瞬间的感受清晰简洁,但却潜藏着深邃的内蕴。整首诗通过《山》歌颂延安,不是采取实写的方法,而是运用简笔的联想、明白的暗示和简单的象征等,表现了诗人浓郁的感情。

鲁藜是七月诗派成员。他曾经活跃在20世纪40年代的中国诗坛,以如同潇洒的木刻画条纹的笔触展现了抗日的时代风景线。他在七月派的严峻、突兀的诗风以外,开辟了清新明快的别一风格。他说他是在农民耕作的旷野上获得了"活的诗歌"(《旷野的给予》)。《山》正是这"活的诗歌"中的一个饱满音符。

(戴 达)

泥　　土　　　　　　　　　鲁　藜

老是把自己当作珍珠
就时时怕被埋没的痛苦

把自己当作泥土吧
让众人把你踩成一条道路

选自《白色花》,人民文学出版社1981年版

这首诗写于抗日战争后期。

20世纪50年代随着诗人遭到不公正的待遇,这首短诗也因而遭难,被扣上了宣扬"卑微主义"的帽子,横加指责。即使如此,许多人仍然把它作为自己的座右铭。这首格言式的抒情短诗既是诗人的自勉,也是诗人对他人的善意告诫:我们永远要谦虚谨慎,戒骄戒躁,投身于人民大众的神圣事业中。

全诗虽仅四句,却分为两节,前后两节在意思上还有一个小的转折。前者着重在告诫,告诫人们(包括诗人自己)不要孤芳自赏,自视特殊,争名夺利,陷于个人利益的泥坑中不能自拔,以致给自己带来没完没了的痛苦。后者着重在劝勉,

勉励人们要甘于平凡,不要考虑索取,而要多些给予,甘做为人民大众的神圣事业铺路的泥土。

这首格言式的抒情短诗表白了诗人公而忘私的正确的人生观。它所阐发的是一种勇于牺牲个人利益的集体主义精神,鼓吹的是一种富于社会责任感的人生态度,因此,强加于它头上的"卑微主义"的帽子是十分荒唐的。

在艺术上,这首小诗写得朴素而清丽,给人带来哲理性的沉思。诗人运用了妥贴恰切的比喻,使人们在"珍珠"与"泥土"的对比之中获得良好的教益,因此既避免了枯燥的说教,又摒弃了华丽的装饰,从而取得了诗的艺术生命。

(李复兴)

贝　壳　　　鲁藜

请你留下这一枚贝壳
是我拣拾自人生的海洋
这里有层层浪潮滚饰的花边
这里有大时代的狂风暴雨锻铸的刚毅的棱角
这里有血痕也有泪痕
那泪珠所凝结的珍珠已沉落海底
现在留在贝壳里的
是一颗热烈而痛苦之心的模型

请你留下这一枚贝壳
把它放在你的窗前
这里有如同象牙雕刻的小小天宇
乳白色的晨光正在扫荡着残夜
这里有一丝红斑像晴空一道彩虹
将会让你极目而充满希望
这里有一滴血渍像一片火烧云
将会点燃你那灵魂的火焰,理想的火花

请你留下这一枚贝壳

把它放在你的身旁
你就会听到大海的奔腾呼号
好像一万支金色铜号在吹奏
你就会看见东方最壮丽的日出
好像一万株玫瑰在开放
你就会再度感到人生至高无上的欢乐
当你与艰险的恶浪搏斗的时刻

请你留下这一枚贝壳
是我拣拾自人生的海洋
不要因为它不是珍珠就嫌弃它
不要因为它来自沙砾就摈弃它
正因为它是生长在沙砾与苦水了
它才孕育了纯洁的明珠
正因为它是来自黑暗的深渊
它才那么爱抚着光明

1980年5月25日于小海地
选自《鲁藜诗选》,花城出版社2001年版

  鲁藜与其他一批在"文革"后复出的诗人,最感性、直接和强烈的体验就是个体生命与创作生命的被消蚀。所以,这种集体"情结"也就以不同的方式,伴随着不同诗人熟悉的意象形态出现在他们的作品之中,例如艾青的"鱼化石",艾青与蔡其矫的"常林钻石"以及鲁藜的"贝壳",等等。

  鲁藜之所以选择"贝壳"这一核心意象,其实与他写于抗战后期的那首著名的《泥土》有着内在的关联。"老是把自己当作珍珠/就时时怕被埋没的痛苦/把自己当作泥土吧/让众人把你踩成一条道路"。这首短诗蕴含了"珍珠"与"泥土"这两个含有政治隐喻的意象。长期生活在延安的环境里,这个七月诗派诗人的诗学观念也早已经历了政治思想斗争的洗礼与自我改造的刻苦过程,完成了从一个怀有启蒙意识的知识分子向接受工农兵再教育的文艺战士的政治立场和思想情感的转变,即诗歌里所形容的从"珍珠"向"泥土"的转变。

  但是这样的自觉转变也没有能帮助他逃脱20世纪50年代的那场政治灾

难。于是就有了诗人在《贝壳》里另一种对珍珠命运的解读。前五句讲述了珍珠的经历与遭受到的种种磨难。这颗珍珠的性格已经不再像《泥土》中的珍珠那样只有虔诚与谦卑,它不再克制地压抑着对自己拥有"浪潮滚饰的花边"的美丽的自然流露,它的性格中也显露出更多的独立意志和个性精神。后三句的情感与意象配合得非常默契,蕴含有更深刻的内容,感人至深。诗人在"泪珠所凝结的珍珠已沉落海底"这一句里不动声色、不露痕迹地活用了"鲛人泣珠"的典故,把珍珠置于一个让人浮想联翩的历史与现实交会的广袤空间。更加巧妙的是,诗人进一步创造了"珍珠已去,空留模型"的意境,与第一句"请你留下这一枚贝壳"的情绪相呼应,让人唏嘘不已。这颗珍珠经历了两次不同的磨难,不知诗人是更怀念化作尘土的珍珠还是沉落海底的珍珠? 同样是"伤痕文学"类型的情感描述,由于诗人拥有丰富的苦恼经历与人生经验的财富作为底蕴,他赋予"伤痕文学"的积淀就显得更深厚一些,情感也更深沉而不仅仅流于表面的激烈,耐人寻味,经受得起咀嚼。

(张　新)

【诗人小传】

邹荻帆

(1917—1995)　湖北天门人。早年就读于湖北省立师范学校。1936年发表长篇叙事诗《做棺材的人》和《没有翅膀的人们》。1938年后在武汉、桂林、香港从事抗日救亡活动,曾与冯乃超、穆木天等创办《时调》诗刊。所作长篇叙事诗《木厂》,通过三个木工在旧中国的不幸遭遇,表现了广大劳动人民的痛苦以及他们要求反抗的心声。1940年入重庆复旦大学学习,以后做过中学教师、报刊编辑。新中国成立后历任对外文化联络局办公室主任、《文艺报》编辑部主任、《诗刊》编委等职。除作诗外,还写有长篇小说《大风歌》等。

走 向 北 方

邹荻帆

穿过了滴绿的树林
与淡墨水的远山,
赭石色的大路上,
我们以沉重的脚步

走向北方。

北方是广阔的,
那些线条模糊的地
我们走近了,
更想望着
那更远的
萦在白云下
爬上青苔的古城,
以及插上瓦松的黑色的屋脊。……

每天,
我们跋涉在
灼热与尘封的大路上。
沙子与汗水填在耳根,
贴在背上的
是湿答答的汗衣,
沙子钻破了草履呵,
一天天
我们底脚掌磨得更粗粝了,
我们将以粗粝的脚趾
快乐而自由地行走在中国底每一条路上,
吻合着祖先们底足迹。

晚间,
我们投落在
墙壁霉湿的屋子里,
围着跳跃的烛光,
用生水吞着那走了味的麦饼,

草席上我们脱下沾着泥土的鞋，
"记忆"数着大路上的脚印：
哦,那停住了呼吸的农场上底风车，
那悬在木门上的锈绿的铜锁，
它们底主人走了，
只留着黄犬叫着寂寞。……

烛火跳跃着，
灼热的心也随着烛光跳跃着呀！
祖国呵，
我们为着争求您底自由与光明，
灼热的心无时不是在追逐着遥远的风沙，
而不辞万里的行程啦。

烛火以微弱的光
剪破了黑暗，
我们微弱的力量
将也能如一星燎原的火
而递燃着四万万五千万支灯芯焰吗？
烛火跳跃着，
我们以红色的笔
勾写着明天的计划与行程，
在明天啊，
我们更将坚决勇敢地走向北方的北方。

1938年7月

选自《尘土集》,文化生活出版社1940年版

《走向北方》是诗人早期作品。作为一首抒情诗,这篇作品有着较多的叙事因素。开篇是行军状况的描写,在诗人的笔下,北方的大地美丽如画,富有层次感。但是人们无心赏景,他们迈着沉重的脚步踏上漫漫行军的征途。白天要忍

受炙热的天气和被尘土封锁的道路,整天汗流浃背,脚掌也被沙子磨得更加粗粝。夜晚他们只能投宿在荒凉的村庄,暴虐的敌人已经逼得乡亲们四处逃散。他们只得睡在霉湿的屋子里,就着生水吃起那走了味的麦饼。他们为什么要远离家乡走向北方呢?因为他们心中有个更大的家——国家,他们心中有着许许多多国人居住的家园——萦在白云下的、爬着青苔的古城和那些插上瓦松的黑色的屋脊。为了这些,他们甘愿受苦,每天都在跋涉,忍受旅途的各种艰辛和暂时停留中的各样苦难。但他们也是那样地乐此不疲,还因为他们心中有自由与光明的新中国的理想,所以他们会更加坚决勇敢地走向北方,走向抗战的最前线。

如果说,抗战的年代需要抗战的诗歌,那是一点也不过分的。然而,抗战的诗歌没有必要时时都要写着"抗战"的字眼,侧面的描写也未尝不是一种宣传和鼓动。《走向北方》就是一首以描述为主而总体上却是抒情的抗战诗歌。诗人所描述的并非战斗的英勇或胜利的喜悦,而是"黄犬叫着寂寞"的农村凋敝凄惨的景象,再加上风沙遮日的万里行程,基本上呈现出深沉而阴冷的氛围,恰恰蕴含了作者深厚的爱国忧民之心。这不禁使人们想起诗人艾青的名句:"为什么我的眼里常含泪水/因为我对这土地爱得深沉。"低沉未必不显示力量,高昂也未必就能打动人心。

这首诗在艺术上显示出了一个 21 岁的青年诗人朴素的诗歌手法。开头是白描式地写景,作者强调了色彩感:近处是印入眼帘的滴绿的树林,远处是淡墨色的山,脚下是赭石色的大路。中间概括地叙述行军的旅程,白天是侧重细节,夜晚则侧重村庄的景象。村庄的凄凉已经不能涵盖在这首诗的里面了,因此作者用了省略号,这样一来也能引发读者的想象。最后的抒情较多运用了比喻的手法,烛火比喻跳跃的心,烛光代表自由和光明。黑暗是象征沦陷,星火燎原则代表中华民族的全民抗战。整首诗歌的格调是先抑后扬,上半段是冷色调,下半段转向了暖色调,正暗合了抗战必胜的光明前景。这首诗歌大概是在行军途中构思的吧,诗人还来不及更多地考虑音节的安排,句子是参差的,段落也并非整齐,呈现出自由体新诗的格式。

(任丽青)

在天池的下面　　　　　　　邹荻帆

在天池的下面,
瀑布碰击岩石
粉身碎骨

化成亿万块碎玻璃
狂奔又呼号。
重压在山岩的地下泉
听到了
出迎了
含着热泪而纷纷拥抱,
那就是温泉!
在乱石的千百条石涧间
争先夺道。
啊
那是绝唱:
山谷的键盘
带着生命的不同的脉温
交响着歌潮……

选自《邹荻帆抒情诗》,长江文艺出版社 1983 年版

  1981 年 8 月,我到长白山林区访问。在访问途中,我不断听到当年东北抗日联军艰苦斗争的故事,其中,杨靖宇将军的事迹给我的印象尤深。据说,当他因弹尽粮绝被俘而惨遭杀害时,敌人曾剖开他的肠胃,发现里面竟是野草和棉絮。后来到天池自然保护区参观,我在一株已死的巨松躯干上看到一行字:"抗联从此过,子孙不断头!"那是烈士浴血奋战后留下的遗言,触目惊心,读此令人心潮难平。随后,我登上了山顶的天池,望着渺渺碧波,顿时觉得长白山如同高高举起的、盛满琼浆玉液的酒杯,仿佛在为古往今来的英雄祝福。山下云海滚滚,绿涛起伏,我想到这里曾是抗联英雄战斗过的土地,于是,不禁萌发了强烈的创作冲动。

  从天池下来,绕过苔原区,看到了天池下的瀑布。飞流直下三千尺,阳光射在水帘上,映出一圈圈彩色光环,引得高山云燕飞鸣唧唧。瀑布溅落在山石上,四处迸散,成为亿万块玻璃碎屑。瀑布奔流而下,与从地底下涌出的温泉互相汇合在一起,煞是壮观。这个美丽的情景正与我诗中所要歌颂的抗联英雄唤起千百万人民共同战斗的主旨相吻合。于是,我就有了这一首诗。

  当然,这是一首山水诗。因此,它不可能直接歌颂抗联英雄的革命精神,也

不可能具体反映当年处于侵略者压迫下的东北人民对抗联的支持。我只能通过赞美瀑布和温泉来赞美抗联英雄和东北人民,赞美一切为真理而斗争的战士,赞美所有的反对侵略、争取解放的人民。

我国古代有不少诗人都曾经借山水诗以抒怀亮志,如柳宗元的《江雪》即是。我写这首诗,也受到了古典山水诗的启发。

(邹荻帆)

乌 篷 船
邹荻帆

那乌篷船咿呀有声,
那乌篷船在小河上缓缓移行。
我知道祥林嫂曾被捆绑上船,
摇走了爱情和青春。
战争的灾难年月
映着灯光、垂头哭泣的
有我们逃难的白发的母亲。

如今我看见乌篷船上贴着"囍"字,
桃红柳绿的少女迎接爱情。
我看见母亲拭着感情的泪水
探亲归来,抚摸着儿女的礼品。
我欣赏"欸乃一声山水绿"①,
我更愿乌篷船装上加速的引擎。

选自《邹荻帆抒情诗》,长江文艺出版社1983年版

〔注〕 ①:唐柳宗元诗句。

乌篷船是江南水乡绍兴特有的一种水上交通工具。鲁迅和周作人都在作品中描绘过它。乌篷船那"欸乃"之声,曾屡屡唤起他们思乡之情和创作灵感。周作人就有一篇题名为《乌篷船》的散文,一向为人们所称道。乌篷船已成为水乡的象征物,让人感受到水气弥漫的绍兴特有的耐人寻味的情趣。在鲁迅的小说中人们却看到水乡残酷的另一面。诗人睹物生情,不觉想到鲁迅笔下那位命运多舛的妇女。他写道:"我知道祥林嫂曾被捆绑上船,/摇走了爱情和青春。"在诗人想象的光圈中,祥林嫂悲惨遭遇,正是旧社会千百万被压迫农村妇女的共同命

运的代表。船"在小河上缓缓移行","缓缓"正象征着传统封建陋习的强大历史惰性,它曾无情地"摇走了"许许多多人的"爱情和青春"。此外,还有无情的"战争的灾难岁月",使"白发的母亲"在灯下"垂头哭泣"。重重的灾难给人民带来了数不尽的痛苦与悲伤。

在诗里,诗人主要用今昔对比的手法以抒发自己的感兴。上节的景象是旧社会劳动人民悲惨生活的缩影,紧接着诗人拉开了现实的图景,如今看到的是"贴着'囍'字"的"乌篷船","桃红柳绿的少女迎接爱情","母亲拭着感情的泪水"。这位少女不再是当年的祥林嫂,她的"爱情和青春"已经不是被"摇走",而是被"迎"来。母亲"感情的泪水"中不再蕴含着苦涩,而是洋溢着女儿幸福婚姻的甜馨。正是此情此景感动了诗人,令他追怀往昔、展望未来。诗的最后,"我欣赏'欸乃一声山水绿'",这是他对当前美景的赞美;"我更愿乌篷船装上加速的引擎",是进一步对未来的祈望。诗人在时代的感召下,愿"缓缓"的乌篷船能行驶得更快一些。乌篷船的含义更其深远,诗的意蕴也更其深刻了。

这首诗写得质朴、真切,明朗显豁,在平实的笔触间透出诗人的拳拳之心。在短短两小节十几行诗句中,把过去、现在,未来用乌篷船这一核心意象衔接起来,使这首小诗不仅严密紧凑,而且有一定历史纵深感。诗篇巧妙地借助鲁迅笔下典型形象来抒发感情,也是十分高明的。诗人说:"我总是想到诗作者对社会的责任。"这也是他诗歌的一个显著特征。他的诗都是有所为而发,从不作无病的呻吟。为民族的解放和振兴而歌唱,是贯穿诗人创作的一条主线,诗人说:"我认为诗跟其他文学的区别基本在于抒情,抒情总是要跟时代结合在一起,看不到时代的轨迹,就不可能是很好的诗。"《乌篷船》是一个杰出的例证。　　(咸　钧)

【诗人小传】

任钧

(1909—2003)　原名卢嘉文,曾名卢奇新,广东梅县人。1928年入上海复旦大学学习,同时参加太阳社。1932年毕业于日本早稻田大学文科,同年回国后,参加中国左翼作家联盟。后与蒲风等发起成立中国诗歌会。1935年后在上海大夏大学、四川省立戏剧音乐实验学校、上海戏剧专科学校任教。新中国成立后先后任上海音乐学院、上海师范学院教授。

警　　报　　　　　　任　钧

　　一声尖锐而悠长的汽笛
　　　在天空放射出来
　　　　仿佛闻得到血腥的信号
　　　——空袭警报又发出来了

　　警报——
　　诚然带来了恐怖和震惊，
　　但同时也好像在敌我中间
　　　划下了一条红线，
　　使得双方的界限更加分明！
　　可不是吗？
　　在那惊心动魄的长啸声中：
　　　用同样的动作，
　　　　同样的心情，
　　千万人都同时站拢在一边，
　　同时感到共通的运命！
　　　　　　选自《抗战诗选》，战时文化出版社 1938 年版

　　在抗日战争期间，以空袭警报为诗作题材是极其平常的；但任钧这首《警报》诗，却能在选材立意上加深开掘，颇有新颖独到之处。

　　诗作仅分两个层次，在第一层中只是写"警报"的发出。"尖锐而悠长的汽笛"是敌人即将前来空袭的信号。这信号可以使一般读者从中得到许多联想。也许已想象出敌机机群正在天空中列队呼啸而来，而地面上则到处是慌乱的人群；也许"血腥的信号"已化成一幅幅悲惨的图景……而诗人的着眼点，却是"警报"的背后所隐藏着的一种顽强的全民抗战精神。所以"空袭警报又发出来了"的一个"又"字不仅仅在于表现敌人的猖狂，也确切地反映出我抗日军民高度警惕、密切注意敌人动向，团结战斗的决心和力量！

　　诗人正是顺着这一条思绪进入第二层的诗意表达。"警报——/诚然带来了恐怖和震惊"，其中"诚然"两字承认战争是残酷的，接着又把人们的"恐怖和震

惊"暂时搁置一边。因为此时此刻诗人要强调的是一种全民抗战的同仇敌忾之心！我们可以想象得出：在警报声中有些人紧握着对空射击的枪炮，有些人做好了应急救护的准备，有些人甘冒牺牲的危险而坚守重要的岗位，有些人则扶老携幼钻入防空洞中……这时，读者就会自然而然地强烈地感受到敌我之间的分明"界限"，强烈地感受到非常时期中千百万中国人民的"共通的运命"。正因为有这样分明的"界限"和"共通的运命"，才使人们对本民族的神圣的抗战事业产生出无限的信心和力量！

任钧，作为抗战前夕"国防诗歌"的倡导者，写了不少以抗战为题材的优秀诗作。他不仅深受国内诸如刘大白、刘半农、朱自清、郭沫若、蒋光慈、殷夫等诗人的影响，也深受一些苏联早期革命诗人的影响。他强调新诗要有现实感、时代感，既能激励反帝、反封建的斗争热情，又具明快、豪放、有力的诗风，并倡导诗的朗诵。这首《警报》基本上实践了他的一贯主张。

（张炳隅）

鲁迅逝世两周年祭　　　　　任　钧

  用全面抗战的炮火
    代替追思的音乐吧
  在这种音乐的演奏里
    伟大的死者
  将感到最大的兴奋
  也将感到最大的欢喜

  用全国青年的赤心
    结成无数的花环吧
  在这些花环的围绕里
    伟大的死者
  将有着最大的满足
  也将有着最大的安慰

1938年10月11日，于成都
选自《诗笔丹心》，文汇出版社2006年版

著名诗人任钧1909年出生于印尼，因童年丧母被祖母带回家乡广东梅县。

大革命时期参加进步学生运动,1928年赴上海就读于复旦大学,同时参加创造社。不久赴日本留学,参加那里的普罗文学活动。1932年回国,投入左翼文化运动,在"左联"创作委员会工作,并于下半年参与发起组织进步诗歌团体中国诗歌会,从事大众化诗歌创作,出版有诗集《冷热集》《战歌》,对左翼文艺运动作出重要贡献。这期间,他还写信给鲁迅,并登门拜访求教,得到鲁迅的指教和物质帮助(捐款给《新诗歌》),从而将鲁迅视为精神导师,对其怀着无限崇敬。

1936年10月19日鲁迅在上海逝世。任钧立刻写了《挽歌——为哀悼鲁迅先生作》一诗,表示对一代文豪逝世的无比哀痛。此诗由冼星海谱曲,在鲁迅送葬的队伍中高唱:"伟大的死者哟,/你的名字已经变成后来者的路标!"两年后,任钧又写了《鲁迅逝世两周年祭》一诗,用来追思鲁迅;1946年10月,任钧再次作悼诗《继续呐喊,决不彷徨——纪念鲁迅逝世十周年》,结合抗战胜利后蒋介石要挑起内战的严峻形势,表达了学习鲁迅战斗精神,不向反动派屈服,勇敢战斗的誓言。此后,任钧也多次撰文,回忆鲁迅,宣传鲁迅的伟大精神。

《鲁迅逝世两周年祭》,正如诗题所示,是写于鲁迅逝世两周年的1938年10月。当时中国的全面抗战已经爆发,中国沿海大城市和武汉已经沦入敌手。在抗日烽火燃遍大江南北的情势下,诗人借祭悼鲁迅而发出抗战的呐喊,用坚决抗战的决心和行动来悼念鲁迅。

全诗共两节十二行。首节一开头就点名主题:"用全面抗战的炮火,/代替追思的音乐吧。"鲁迅一生同黑暗势力作斗争,是伟大的爱国主义者,因此听到祖国"抗战的炮火",他在地下有知,一定会感到"最大的兴奋"和"最大的欢喜"。鲁迅倘若活着,也会决然投入抗战洪流,与侵略者战斗。这节诗既生动表现了作者对鲁迅的追思,也号召人们发扬鲁迅的战斗精神传统,起来反抗日本侵略者。

作为革命诗人的任钧,在诗的第二节进一步呼唤"用全国青年的赤心/结成无数的花环吧",让"伟大的死者",有着"最大的满足""最大的安慰"。诗人采用反复迭唱的手法,明畅的节奏,号召青年一代以爱国的"赤心"、实际的行动,奔赴抗战前线,这就是对鲁迅最好的纪念,是对鲁迅战斗传统的真正继承。

整首诗的诗行长短不一,但排列整饬,体现了诗歌形式建筑美。语言也很通俗流畅,淳朴形象,虽不押韵,但节奏感强,便于朗诵。用"音乐的演奏""花环的围绕"等贴切、形象的语汇,来渲染悼念的场景和追思的氛围,富有感染力和象征意义。虽然这是一首悼诗,但作者紧扣现实,为全民抗战服务,吹响抗战的号角,擂动前进的战鼓,鼓舞民众像鲁迅先生那样去冲锋陷阵,具有深刻的现实意义,表现了一名文化战士的战斗风貌。

(苏兴良)

柯仲平

【诗人小传】（1902—1964） 原名柯维翰，云南广南人。肄业于北京政法大学法律系。早年曾在创造社和狂飙出版部工作。1924年开始诗歌创作。1937年去延安，曾任陕甘宁边区文协主任，其间参与发起街头诗、朗诵诗运动，成立"战歌社"，任社长。新中国成立后历任全国文联副主席、西北文联主席、中国作协副主席等职。

延安与中国青年

柯仲平

一 问延安

青年！中国青年！
延安吃的小米饭，
延安穿的麻草鞋，
为什么你爱延安？

二 青年答

我们不怕走烂脚底板，
也不怕路遇"九妖十八怪"，
只怕吃不上延安的小米，
不能到前方抗战，
只怕取不上延安的经典，
不能变成最革命的青年。

哪怕我们的课堂在露天，
我们的凳子——一块砖，
我们的桌子——两腿上面搭着一块小木板；
我们学的多么乐，多么欢：
我们的教员是英雄，
曾毕业在草地雪山。

我们也学种菜,学背柴,
还到乡村里宣传:
多流一滴汗,
多学得一点马列,
多到群众里工作,
多学得一些群众观点。
深更半夜,工作归来,
头顶明月,脚踩沙滩,
哼着歌子,绕过延水边——
呵!唱不尽的是革命,
看不厌的是明月,
我们年青人的热情,
好比流不尽的水,
留连,留连,
夜深了,还在延水边留连。
忽见中央机关那一面,
还有星星大的灯光三五点,
那分明是老干部还在窑洞里埋头苦干,
又才警觉到战斗的明天。
明天,明天同样是战斗的学习,战斗的工作,
战斗的生产;
战斗的青年,
要带着毛主席给的战斗法宝,
到前线,
到广大的民间。

三 延安做总结

啊!青年!青年!
勇敢的中国青年!
多情的中国青年!

你穿破了延安的草鞋,

你取得了一些活生生的革命经典,

你吃饱了延安的小米饭,

你有了一个能思想的脑袋。

你呀你,你前进!

你将开花在华北华南,

结实在鸭绿江边,

青年! 你可爱的中国青年!

1939年秋在延安

选自《从延安到北京》,人民文学出版社1950年版

读这首诗,一股清新的泥土气息扑面而来。它不像是诗人"做"出来的,而是从延安的战斗生活中"流"出来的。它用的是民歌体,语言也全是生动活泼的群众语言,犹如一股欢腾的活水流向你的心田。诗的结构也新颖别致:一问一答,再加"总结"。这样的结构本身就让人感到一股浓郁的生活气息。

第一节,"问延安"问得妙,问得深情。恐怕不仅是当时的延安,当时的中国,而且是当时的世界都在提这一个问题:延安这么穷,生活这么艰苦,为什么人们都涌向延安? 而这一问,也就引出下面的回答,诗也因此而展开了。

第二节,"青年答"也答得妙,答得深情。"我们不怕走烂脚底板,/也不怕路遇'九妖十八怪'",活脱是青年的口吻,青年的心胸,青年的朝气和青年的豪情。随着诗的展开,我们看到的不是抽象的道理,而是一幅令人神往的延安生活的生动图景:露天的课堂,乡村宣传;还有青年们头顶明月,脚踩沙滩,唱着歌,绕过延水边;还有那窑洞里的不灭的灯火……这一切构成了多美的诗的意境! 这种美,这种意境,在当时的中国,只有延安才能找到。它比之于山光水色,良辰美景更动人心魄,诗人从看似平凡的生活中发现了这种美,写出了这种美,或者说是诗人通过青年歌唱了这种美。这里的一字字,一行行,都渗透着青年(当然也是诗人)对延安的爱。可以说,诗人是用由这种爱所构成的经纬线来编织延安生活的图景的。

诗的最后部分由延安做"总结",把"总结"放在抒情诗中,大概绝无仅有吧,可正是这巧妙的"总结",把前面表达的青年的革命豪情深化了,也升华了。

如果说"青年答"是由青年颂延安的话,那么,"总结"则是延安颂青年了,所

以这首诗,既是延安颂,又是青年颂,或者说是赞颂延安与青年之不可分吧。

(徐缉熙)

【诗人小传】

公　木

(1910—1998)　原名张松如,河北束鹿(今辛集)人。1928年入北平大学第一师范学院学习。1930年起从事文学活动。1938年到延安抗日军政大学工作。1940年参与发起并主持延安诗社,编印《诗刊》《部队文艺》。1945年后历任东北大学教育长、鞍钢教育处处长、中国作协文学讲习所所长、吉林大学副校长、吉林省社会科学院副院长、中国作协吉林省分会主席。在作诗的同时,也从事古典文学研究。

八路军进行曲

公　木

向前向前向前!
我们的队伍向太阳,
脚踏着祖国的大地,
背负着民族的希望,
我们是一支不可战胜的力量。
我们是善战的健儿,
我们是人民的武装,
从无畏惧,绝不屈服,
坚决抵抗,直到把日寇逐出国境,
自由的旗帜高高飘扬。
听!风在呼啸军号响;
听!抗战歌声多嘹亮。
同志们整齐步伐奔赴解放的疆场,
同志们整齐步伐奔赴敌人的后方,
向前向前我们的队伍向太阳,
向华北的原野,

向塞外的山岗。

选自《中国歌词选》，湖南人民出版社1983年版

这是一首歌词，曾由郑律成谱曲，后个别词句做了改动，并改名为《人民解放军进行曲》，1988年八一建军节前夕，中共中央军委发布命令，将其定为《中国人民解放军军歌》。

这首歌，作于1939年秋。当时抗战犹处于敌强我弱的形势，八路军的力量并不强大。在当时的条件下，还只能是："游击战，敌后方。/铲除伪政权，/坚持反扫荡，/钢刀插在敌胸膛！"（《八路军军歌》）也就是说，只能以游击战为主，集小胜为大胜，逐步扩大抗日武装和建设抗日根据地，还不可能进行大兵团作战，大规模地去歼灭敌人。但这首歌所塑造的却不是游击小部队的形象，而是大兵团的形象，有着无坚不摧、排山倒海的气势。尽管当时抗战处于艰难困苦之中，胜利的曙光还未升起，我和郑律成对抗战前途却有着必胜的坚强信念，因为毛泽东同志在《论持久战》所阐发的思想已深深印入我们的脑际。在我们的心目中，八路军不只是将会成为抵抗日本法西斯侵略者的主力，它更肩负着推动世界历史前进的重任："争民族独立，/求人类解放，/这神圣的重大责任，/都落在我们双肩。"（《八路军军歌》）一点没有夸饰，决不是故作豪言壮语，我们认为这是自然的和必然的，理所当然的。这些便是写作这首歌的背景和心情。

大约正因为歌曲是在这种背景和心情下创作出来的，所以才不只为当时的抗战军民所传唱，而且到了对日本侵略者展开大反攻的时候，它更发挥了战斗的威力，广大军民高歌猛进："向华北的原野，/向塞外的山岗。"到了抗日战争转变为人民解放战争的时日，我又把歌词中的个别词句作了必要的调整，便继续为更广大的解放军战士所接受，"向全国的胜利，/向人民的解放"，紧随着进军的步伐，配合着胜利的节拍，凯歌齐奏震荡祖国的高空大地。直到今天，有着现代化装备、穿着新式军服、佩带闪亮军徽的人民解放军，唱起这首歌来，听觉形象和视觉形象也还是和谐统一的。正因为如此，它才可以久唱不衰。

所谓歌词，我一向是把它视为歌诗的。正如刘勰所谓："诗为乐心，声为乐体。乐体在声，瞽师务调其器；乐心在诗，君子宜正其文。"（《文心雕龙·乐府》）《八路军进行曲》既然是一首歌曲，理应归属于音乐范畴；不过，作为"乐心"的歌词，自可单独当诗来读，它同一般诗不同的地方，就是要配合音乐，成为"乐心"。如果把它称作歌诗，则与之相对称的一般诗便是诵诗。在与郑律成合作的时日，我曾写过一篇《新歌诗试论》，从中国诗歌发展史上论证：古代，诗即是歌，歌即是诗；后世，歌还是诗，诗不必是歌；从而诗便分为歌诗与诵诗两大类型。不过，

传统歌诗,如宋词、元曲等,到文人手里,多是"按谱填词";"五四"以来的新歌诗,虽亦不少依照民歌小调填写,但更多的则是"词然后谱",即先写出歌词来再给安上音乐的翅膀,它往往由诗人与音乐家合作而成。这样在歌诗的开写之初,便必须考虑到制谱的需要。这首《八路军进行曲》便属于这一类。可是我并不会唱歌,几乎是音盲。郑律成认为我写的诗容易作谱,只由于我受传统歌词与民歌的影响,因而比较注意节奏、韵律罢了。这首《八路军进行曲》,是一首具有顽强生命力的歌曲,人们乐于传唱它,主要源于"乐体在声";当然作为"乐心"的歌词,也起了一定的配合作用,只是单独当作一首歌诗来读,便比较平常,没有什么可以论说之处。

(公 木)

登雨花台有感　　　　　　　　　　　公　木

在这里我们的祖先曾经梦见天雨花,
五色缤纷飘荡荡就好像彩虹与飞霞。
这虽然只不过是幻想出来显圣的佛法,
它却预示着真理的灵光终将普照天下。

而当祖国陷在子夜一般浓黑的时代,
统治者是一小撮叛徒、特务、流氓、洋崽——
妄想以碉堡封锁历史,以监牢窒息未来,
屠刀光闪闪,雨花台变成了血花台。

我们有十万同志在这里献出了生命,
面对敌人的枪口,他们昂着头仰望长空,
那视线高高超过蓝底白字的衙门,
他们最后的呼声震得青天铮铮应鸣。

他们倒下去,大地颤抖着闷声叹息,
天上的群星脸色煞白,涕泣零如雨。
时间痉挛一下,又江水般滚滚流去,
黑夜沉沉,尸身上只有冷霜枯叶来覆蔽。

登雨花台有感

三十年啊！以头颅播种，以鲜血灌溉，
每一粒石子都被染上耀眼的光彩。
红花瑰丽绚烂如同朝阳跃出东海，
终于在六万万人民的心里盎然盛开。

刽子手将永远被仇恨淹没，被诅咒掩埋，
屠刀早已生锈，碉堡和监牢早已化青苔。
雨花台竖起了毛泽东亲题的纪念碑，
当空悬一朵红云，四周是常青的松柏。

谁说这五彩花不是飞来自天上？
它们分明在闪耀着烈士赤血的光芒。
莫道佛法无边，天原不老，地也难荒，
把天堂引渡到人间，全靠我们领航！

1956年9月13日南京

〔附记〕雨花台在南京中华门外二里，山上多彩石。相传梁朝时代，有个和尚叫云光法师，在此山巅讲经，天上落花如雨，因以得名。1927年蒋介石背叛革命后，盘踞南京，把雨花台作为刑场，有十万多共产党人和爱国志士先后在此被害。解放以后，人民政府接受广大群众的建议，在此建立了人民革命烈士墓，墓前高树丰碑，正面大书："死难烈士万岁！"系毛泽东同志亲笔。

1956年9月23日记于杭州
选自《公木诗选》，吉林人民出版社1981年版

  雨花台，是富有诗意的名字；雨花台，也是使人热血沸腾的名字。它是美与丑的对立，善与恶的显现，也是历史的见证，供后来者瞻仰的丰碑。诗人于1956年秋游雨花台后，写成了这首感人肺腑的诗篇。

  写烈士牺牲的诗篇历来不少，但像这首诗写得这样悲壮而美丽，却并不多。关键在于诗人找到了对描写对象的独特感受角度，将诗思巧妙地集中在"雨花"——"血花"这一对意象的联想上，于是把沉重而残酷的现实与空灵而缥缈的神话境界自然而然地融为一体，在美与丑的争斗中唱出了一首为自由与解放而

献身的革命志士的赞歌。开篇,不光由雨花台想到美丽的传说——"祖先曾经梦见天雨花",更点出那神话境界的寓意——"预示着真理的灵光终将普照天下"。接着,诗人的想象铺展开去,写反动派对革命的残酷镇压,革命志士的英勇献身;但刽子手终于被历史扫除,"被诅咒掩埋",烈士们却"以头颅播种,以鲜血灌溉",血花染红雨花台的每一粒石子,进而在人民心中盛开出瑰丽的红花。诗人那支饱蘸激情的笔,既缅怀了先烈光照日月的业绩,又抒写了历史的辩证法:光明必将战胜黑暗,美定然战败丑。至此,在诗人的想象中,历史与现实,现实与神话已合为一体:"谁说这五彩花不是飞来自天上?/它们分明在闪耀着烈士赤血的光芒。"——是雨花变成了血花,还是血花化作了雨花?两者早已互相渗透、难解难分!由于先烈们"把天堂引渡到人间",落花如雨的梦境终于成为现实,而先烈流血的悲壮场景也就在诗中得到了升华,变得像传说一样美好了。这一切与开篇点出的雨花寓意"真理的灵光终将普照天下"相呼应,构成了完整的意境。

全诗在强烈的悲壮美感中蕴含着深沉的哲理。为此,诗作一方面在韵律上作了较为自由的处理,一节一换韵,以适应感情的起伏跌宕。另一方面,为了使语音准确地捕捉住情感,诗人用韵很精细:在描绘志士牺牲、天地变色时,用了"yi"字韵——息、雨、去、蔽,念起来是"闭口呼",微妙地传达出诗人此刻痛切得张不开口说不出话的情感;而在首节及末三节则用"开口呼"韵——"a""ai""ang",读来响亮、宏阔,正切合了诗人昂奋、壮丽的感受。

(张德厚)

我 爱 公 木

雷闪,
不能把光芒和声响,
永留在天空。

颤抖的星,
水样的月光,
甚至灼炼的太阳——
能够照穿乌黑的夜,
直到把黑夜消灭。

然而它们却照不亮

人底心,这大海洋:
万年的波涛汹涌,
勇敢的海燕飞翔。
它吞没整个阴暗的古昔,
而驶向无限未来的远航。

什么
生命力最久常?
什么
光照得最深最强?

是你啊
我心爱的诗。

你耸然起立——
从侮辱,
从剥削,
从反抗,
从斗争,
从人类历史的奔流里,
从自然宇宙的造化里……

你把一代的精神,
赋以活的呼吸,
吹向来世。

你拂去蒙蔽正义的尘土,
你使罪恶低头而战栗。

你比空气更轻灵,
你是前进的急先锋。
对每个新辟的领域,
你总是做向导。
你的伴随,
是创造的意志,
是真理的美。

假如有一天
你把光耀隐逝,
一切过去将只剩一片空白,
而根本也就不会再有未来。
我把自己
投进你的光圈里,
我看见每个人头上
都照着同样的光圈。

只有那依靠上帝和血统骑人颈上的人,
只有那借助手枪和说谎骗取荣利的人,
只有那仰仗主子威风专以鸣鞭为快的人,
只有那生就一副膝盖用来发抖或下跪的人,
只有他们,那些多余的人,
留在这荣耀而辉煌的光圈之外。

啊,你是什么,
我心爱的诗?

你是
神圣对邪恶战争的阵线;

我 爱

你是
结合赤红的心与心的纽带，

我放开喉咙
为你歌唱光荣之歌。

我以感激的手，
带着胜利的确信，
抚摩你的周身。
我轻轻地低语，
用我的唇，
贴近你的耳根。

我有时也激动地狂吼，
暴跳着向着你，
像向着一位老朋友。
我向你哭，
向你笑，
向你吵嚷，
向你议论。

我爱过许多男人和女人，
我却没有
像爱你这般深。

1941年9月3日

选自《公木诗选》，吉林人民出版社1981年版

《我爱》抒发了作者对诗歌艺术深沉的爱，是一首别具一格的诗。
情、理、象三者的有机结合是本诗的特点。首先，诗人为了表达对优秀诗歌的热爱之情，他特意为我们展示了一幅幅壮阔迷人的大自然景观：雷鸣电闪，震

撼天宇,那隆隆的巨响,耀目的蓝光,显示着大自然的威严;可是,当雷鸣、电闪过后,天空仍是一片宁静,它们的响声和光亮并不能永存;那闪烁的星斗,皎洁的月亮,甚至光芒夺目的太阳,可以照穿黑夜,驱散黑暗,却照穿不了人们心灵的大海洋。诗人认为,这一切都比不上他心爱的诗。这种"透过一层"的正面对比的写作方法,容易突现描写对象的特性。自然景观是美妙、动人、光彩夺目的;然而,与诗相比,便显得黯然无色。这就写出了诗的巨大魅力与作用,化无形为有形,变抽象为具象,使读者易于感知,并从感情上加以接受。其次,作者还把"诗"人格化,有时是正义之剑,去斩除邪恶;有时是情人,诗人可贴近她的耳根窃窃私语;有时又像是一位可以交心的老朋友,向他挥拳狂吼也不会着恼。古人有不少用诗写成的诗论,但都着重在说理,像这样通过形象,以真挚的情怀去表现它的诗却不多。

《我爱》就是这样,通过一系列形象,展示了诗这种艺术的独特魅力——生命力最久,光耀最强,它"从人类历史的奔流里""从自然宇宙的造化里"耸立而起,永远伴随"创造的意志,/真理的美",从而照亮人心底的海洋,带人向无限的未来远航;谁正直、善良,谁就能投入它的光圈,并像它一样圣洁、辉煌!这,正是作者对诗的理性认识,也正是基于这种认识,他才全身心讴歌诗歌艺术。从这一角度看,这首诗更深层的意义不在于是一篇"诗论",而在于"诗"在作者心目中是一种象征——象征着正直、善良、真理、光明、美和崇高,是作者情不可遏地呼出"我爱"时心意的憧憬与向往。

由此可见,写诗不是不可以有清醒的理性,只要如这首诗那样,把理性恰当地融于饱含情感的形象,同样可以是感人的好诗。　　　　　　　(吴开晋)

棘 之 歌　　　　　　公 木

那时,"四人帮"的概念虽不明晰,
"帮天下"的大气压却使人震息。
眼前竟走着狐鼠蛇狼,
心头丛生出榛莽荆棘。

——1978年8月追记

陡峭的山崖、倾斜的土岗,
是我的族类聚居的地方。
与荒芜结伴,与偏僻为邻,
蜂蝶和莺燕从不来访问。

春天公平地分给我一身绿衣，
百花园里可没有我的位置。
我不开放灿烂的花朵，
却要孕育丰富的果实。

我浑身披着骄阳的烈焰，
不怕炎热和焦渴的磨炼。
有时又娱乐在暴风雨里，
伴奏的——雷霆，伴舞的——闪电。

西风裸露了我褐色的躯体，
而夺不走我累累的果实。
这日月与风雷结晶的珍珠啊，
像一簇簇火星儿点燃在天宇。

我守卫在西红柿白菜萝卜的边疆，
呵叱那失礼的鸡鸭贪馋的猪羊：
"止步！喂，止步！"挥舞着武装的手臂，
使冒犯者垂涎三尺后而转向。……

冰冻的季节铁叉子送我进灶膛，
哈哈哈！我哗笑，我欢唱。
贡献了全部的生命，
爆发出炽热的火光。

1973年长春

选自《公木诗选》，吉林人民出版社1981年版

如诗题所示，这是一首关于荆棘的颂歌。

为什么要写这样一种"百花园里没有位置"的植物呢？诗人后来追记道："那时，'四人帮'的概念虽不明晰，/'帮天下'的大气压却使人震息。/眼前竟走着狐

鼠蛇狼,/心头丛生出榛莽荆棘。"原来,荆棘在那妖氛四布的年月丛生于诗人心头,是刺向"狐鼠蛇狼"的尖刺,是诗人自己傲骨的写照。

诗以明快的比喻手法写成。通篇以棘的自白形式写出。棘之资质实喻"我"之德性,我即是棘,棘即是我,使诗人在当时不能不吐而又难以告人的情愫跃然纸上。

"我"生存的环境险恶、荒僻,从无蜂蝶莺燕来访,这就是"是我的族类聚居的地方"。在"文化大革命"中几乎全部文化人,都被人为地割断了与"蜂蝶莺燕"的联系,成了所谓的"牛鬼蛇神",人人避之唯恐不及。那是怎样的悲哀呵!然而诗人和许多正直的文化人并不就此自甘沉沦,虽然"不开放灿烂的花朵,/却要孕育丰富的果实"。泪水融进血液,悲哀化作激愤,压抑变成暗暗的抗争,荒芜要孕育更成熟的生命。他们默默地写诗,照样做学问,照样在暗夜摸索前行,虽然暂时尚难公诸于世。那是愤怒的果实,追求的果实,真理的果实,是他们饱含着血泪的生命果实。他们自信,虽然今天被遗忘在角落,但终有一天会得见天日。

正因为如此,"我"——我们这些荆棘,在自身危难的当口,却依然想到更多弱小的无辜,以自己棘刺之身护卫"西红柿白菜萝卜"们,力所能及地刺向那些欲行不义的猪羊,全然忘却自身随时有被刀劈斧砍的危险。

诗人也想到了最坏的命运:"冰冻的季节铁叉子送我进灶膛。"那又何妨!他反而哗笑欢唱,为了"贡献了全部的生命,/爆发出炽热的火光"!这是凛然的笑,坦诚的笑,悲壮的笑,胜利者的笑。只有平生磊落光明的人,才会发出如此的笑声。

(张德厚)

【诗人小传】

孙毓棠

(1910—1987) 江苏无锡人。早年就读于南开大学、清华大学历史系。后入东京帝国大学历史学部。归国后历任云南大学、西南联合大学、清华大学教授,中国科学院历史研究所研究员。

宝　马(原诗略)　　　　孙毓棠

《宝马》(文化生活出版社 1939 年版)是一首历史题材的长篇叙事诗。全诗分成 16 节,共 763 行。长诗的情节是围绕着宝马展开的。宝马红鬃黑鬣,八尺腰身,雄姿昂首,能奔驰千里。它是西域的特产,也是大宛王毋寡最宠爱的宝物。消息传入长安,汉武帝派使者索取,遭到拒绝,便派兵征伐。第一次出兵,在沿途遭到抵抗和饥寒交迫情况下,李广利率领的六千铁骑和几万壮士只剩几千人败退玉门关。第二次出兵虽然夺来宝马,但十几万士兵却因此战死疆场。长诗通过汉武帝与大宛王之间的宝马之争,揭示了历史上这场战争的非正义性,以及战争给人民带来的深重苦难。作品结尾处,诗人颇有深意地描写了作为战争间接后果的两个神话传说。一是传遍了羌胡和天山南北的关于汉武帝的神话,说他是上帝的儿子,有三头六臂,会呼风唤雨,遣神兵天降;二是大江南北和关东老百姓中流传的关于宝马的神话,说宝马是天马,会使年景风调雨顺,让老百姓过上太平好日子。这两个神话含蓄地表现了封建统治者和人民之间的对立:这场战争是遵循汉武帝的个人意愿发动的,并给他带来了巨大的利益和荣耀;相反,老百姓却在战争中失去了亲人,遭受着磨难,他们祈祷和平和安居乐业的生活。在历史的真实再现和深刻反思中,诗人对汉武帝的好大喜功、穷兵黩武投予鲜明的批判意识,并对人民的不幸和愿望表示出强烈的同情。作品的主题,是具有人民性和积极意义的。

  作为史诗,《宝马》最大的特点表现为学术性与艺术性的内在统一。史诗是介于历史与诗歌之间并兼有两者特点的边缘性样式,是历史真实与艺术真实的结晶。因此,忠于史料和再现历史原貌就成为史诗创作的基础。诗人在创作中将自己对两汉史的学术研究成果熔铸进作品。这不仅体现在整体故事情节框架与史实基本重合,而且在细节方面也力求真实地复原历史。其一,诗人大量地挪用古词,尤其是古名词,以刻画历史的原物、原貌和原有的氛围。如写大宛王毋寡的爱物时,就罗列了一长串古代西域诸国的特产:条支的眩眼戏,身毒的大珍珠,大秦安息的美人和孔雀,于阗紫玉,乌孙雕弓,女人的沙縠与冰纨,唤作騏驥駃騠騄駬的宝马。又如写汉武帝升殿仪式,"满朝集会起玄冠,彩绶,黼黻,玉珪,貂蝉和银珰"。这些古代国名和物名,对于现代普通读者来说是过于专业化了,然而却传递出真实的历史信息。其二,诗人在叙事时喜好数量词的运用,追求历史细节的精确和真实。如大宛国是"七十几座城池,户口三十万";汉武帝第一次西伐大宛,"虎符班发了六千铁骑,步戎编制起几万壮士";第二次远征军"一共是十六万八千四百多壮士,五十几个校尉,六百多个军侯,……将军幕府里设了八十几个官员,……牛马十三万匹"。这无疑是以历史考证为依据的,从而奠定了史诗的真实性和可信性的基础。

  如果说历史真实决定着作品的认识价值,那么艺术性则赋予作品以审美的生命。在史与诗之间,史诗更倾向于后者。在艺术表现上,《宝马》同样有着鲜明的品格和特征。首先,作品具有与史诗相称的磅礴阔大的气势。全诗七百余行,一气呵成。几十行一个诗节以及长句式的运用,建构起巨大的容量和叙事规模。两国交兵的战争场面,十几万大军与沙漠风暴搏斗的情景,长安城和汉宫殿的繁华富丽,作品都作了充分的展示和铺陈,给人以全景式或综览式的壮观之感。尤其是排比句的运用,更渲染出恢宏的气势。如写大宛王毋寡之爱,诗人连用六个"他爱"的排比句式,以刻画他的穷奢极欲;表现汉武帝的天子威严,作品又集束地出现了第一座神冠、第一处富丽堂皇的国度、第一座城池、人间第一等的光荣等词。所有这些,不仅体现出历史的真实,而且强化了作品的叙事规模和艺术力量,并使作品渗透着壮美这一特定的审美品格。

其次,讲究炼词造句,追求语言句式的奇异化。中国古典诗词历来有推敲、锤炼语言的传统,所谓"语不惊人死不休"。惊人,就是诗歌语言在读者中唤起的惊奇、惊讶、惊叹的审美效应,它的前提是语言的奇异。因为过于通俗和熟悉的语言、意象、比喻、句式往往会使读者的感觉疲软和迟钝,而语言的奇异化则会激起新鲜感和反复玩味。诗中,"向四周邻国笑着火红的傲岸的笑",分别作动词和名词的两个笑联结在一起就很陌生,再用火红形容笑也属奇异的搭配,然而却贴切地表现出笑者的红光满面和笑的热烈程度。又如"玉门在浩淼的平沙上耸立着雄伟",而不说"雄伟地耸立着"这通常句式,也是为了达到语出惊人的效果。

再次,抛词法的运用。所谓"抛词法",就是将上一诗行末尾的语词抛入下一诗行的句首,将诗中重要的词的价值显现出来,并造成连续性的节奏和内涵的多义。如"在世界的屋脊上耸立着葱岭的/千峦万峰。峰顶冠着太古积留的/白雪,泻成了涩河,滚滚的浊涛"。千峦万峰和白雪既是上句的宾语,又是本句的主语,在诗中占据着句首的突出地位,同时读起来给人环环相扣、无间隙停顿的旋律感。这种手法被本诗大量运用。诗人不追求押韵的和谐,并力图打破行与行之间意蕴的分割,其目的正是为了达成连贯和一气呵成的叙述效果,使《宝马》在诗体形式和内容上都犹如一条壮阔的长河,奔腾向前,一泻千里。

(方克强)

渔　夫

清早上我收拾钓竿,
想钓一筐绿海的银链。
钓不起,再撒开麻网,
但网不住鲜红的夕阳。

载渔叉我划进黑夜,
要叉捞水中的明月,
和月边千万点蓝星——
恨东天怎又吐了黎明!

连日月带星辰带海,
吃吃地齐笑我痴呆,
我不听!我不信!直到
海上卷起了风暴。

海上卷起了风暴,
我的船在昏黑里飘摇。
抖起网,"你别笑我,风!"
我淌着泪要网尽雨声!

选自《现代诗歌名篇选读》,作家出版社 1986 年版

  孙毓棠是新月派诗人之一,在中国新诗史上以叙事诗《宝马》著称,这里选了他的一首短诗。诗人以"渔夫"富有海上生活气息的自述,不着一个"鱼"字,尽用生动的比喻和象征性的语言,通过时空错综、情景交融的手法,把"渔夫"海上捕鱼写得有情有感,栩栩如生。

  诗中时间线索串连延伸十分自然,与渔夫的所作所为、心理表现以及周围事物融汇一体并且互相陪衬。细算起来,全诗只有第一段开头的"清早上"是直接的时间状语。诗人用渔夫整理钓竿,"想钓一筐绿海的银链"便把读者带到清早时分的海上。"银"是清早天边泛出鱼肚白的颜色,"链"则是海水柔和平静的波动形状。微波荡漾的海水中映出的天色,正像是一串串渔夫"想钓一筐"的银鱼。"钓不起,再撒开麻网"的"再"字从侧面强调了渔夫垂钓的努力。时间随着渔夫钓了又钓"钓不起"而延伸发展,到了"夕阳""鲜红"的黄昏时分。"但网不住鲜红的夕阳"的"但"字把渔夫网了又网,努力再三还是网不住的心情烘托了出来。第二段写渔夫用船载着渔叉"划进黑夜",可见时间延伸发展到了夜晚。渔夫要叉捞"水中的明月""和月边千万点蓝星"。时间在渔夫不断叉捞之际延伸发展,天渐渐地亮了,因此渔夫"恨东天怎又吐了黎明!"形容黎

明是被东天一部分一部分地"吐"了出来,多么形象,多么恰如其分!那"恨"与"怎又"用得十分传神,把渔夫专注努力叉捞与怨恨时间过得太快的心情表现得淋漓尽致。句尾的感叹号更是强调了怨恨的心情,加深了程度。第三段写日月星辰与海都嘲笑渔夫,可是渔夫不听、不信,"直到/海上卷起了风暴"。这"直到"也强调了时间的延伸发展,强调了渔夫的努力程度与持久。至于那"我不听!我不信!"的排比句式与重复使用感叹号也都在效果上更加强调了渔夫态度的坚决。第四段写海上的风暴使渔夫的船"在昏黑里飘摇",渔夫面对强大的挑战,不是无可奈何地随波逐流,而是"抖起网","'你别笑我,风'"!用直接对话的形式与句尾的感叹号活龙活现地刻划出渔夫厉声喝止风的神态。最末"要网尽雨声"是誓言,其中"尽"字更表现了渔夫态度的认真与决心的坚决彻底。

　　此外,诗人用词确切精炼,环环相扣,层层铺垫,前后呼应,互相烘托。除了前面已提到的之外,又如:"想钓一筐绿海的银链",银链是用"钓竿"来"钓",用"筐"来装的;黄昏时分的太阳用"夕阳",夕阳是用"麻网"来"网";"水中的明月,/和月边千万点蓝星"则用"鱼叉"来"叉捞",这些词富有海上的生活气息,用得多么确切,表现得多么具体啊!还有,诗的前面二段——写了为要钓绿海的银链,要网住鲜红的夕阳,要叉捞明月和蓝星所作的种种努力,后面再提时就概括说"连日月带星辰带海,/吃吃地齐笑我痴呆"。这也说明了昼夜更替,时间延伸发展,周围环境轮换变化,渔夫努力不懈。日、月、星辰和海都见证了渔夫的那些"痴呆"的努力。可是,"直到/海上卷起了风暴"的时候"日月带星辰带海"都从意境中消失了,渔夫面对的是风暴和随风暴而来的暴雨,因此叫风不要笑,"淌着泪要网尽雨声"!这最后一行正好有力地落到点子上而结束。

　　至此,读者的情感思绪完全被激起。诗读完了,耳边还回响着渔夫的誓言与决心,脑中泛起种种联想。

(珊　珊)

【诗人小传】

俞铭传

　　生平不详。20世纪30年代和40年代发表诗作。闻一多《现代诗钞》辑有其诗7首。司马长风《中国新文学史》认为其诗"富于幻觉,有涩味,有几分近似卞之琳;惟诗中爱掺杂英文字,甚刺眼,这情形在战时战后时期,颇为少见"。

隐 居 者

俞铭传

隐居者、常绿树
用荫影抚摸羊肠小径。
竹林里的弦丝居然断了
因为我曾经听到你的低语。

不禁想起你在青苔上
踏着雀跃的脚步,
我把身子变成一个圆规
吻着轻快的音符。

1939年

选自《闻一多全集·现代诗钞》,开明书店1948年版

　　这首诗以明丽妍媸的诗句,通过隐居者与常绿树的互比,表达了一种飘忽迷离的意境,从中渗透出一种孤独清高的意识。

　　全诗共二节八句,可分为四个意义段。第一、第二句诗人将隐居者暗喻为常绿树,描绘了它在自然光折射下不断变动着身影,第三、第四句是反常语序,以"听到"一词又返回到隐居者,"低语"和"荫影"、竹林弦丝和"羊肠小径"联在一起,整节表现了一种悠远静谧的境界。第五、第六句照应了第一、第二句,续写常绿树跳跃变动,突出了清冷的氛围,末二句是种幻觉,稍稍呼应了第三、第四句,在轻快中隐含了深深的孤独。

　　这首诗在艺术上的一个显著特征就是非常注重语言的感受性和体验性。假如说古典诗歌或浪漫诗歌主要是倚赖抽象的语言以阐明哲理或直抒胸臆,而具体可感的意象仅仅是被用来当作抒发感情的背景或解释道理的比喻,那么现代诗歌就尽可能地采纳具体可感的形象化的语言,甚至整节整首诗都在具象语言中展开,相当注重语言的暗示性和隐含性。这首诗就没有使用号码式抽象的语言,而是大量使用生动具体的语言,增加其可感性。诗中常绿树、弦丝,雀跃的脚步、圆规等意象的渐次递进,就使人们看到一种有形的东西在具体过程中运动,从而在形相和意象中流露和表现一切。同时,为了进一步加强诗歌语言的官感性,诗人还相当注重自然界中光、色、音的意义作用。常绿、荫影、低语以至青苔等光、色、音的语词的综合运用确实造成了刹那间的感觉印象,而这显然又增添

了其诗语言的官感性。官感语言是具体的,更是暗示的,它往往造成诗歌本文的巨大空白,给读者留下更大的想象空间,当然它的暗示性或隐喻性也往往使诗难懂费解。即如本诗,其语言并非晦涩,但似乎很难把握其意义,需多读几遍,反复咀嚼,才能领会其暗示性。

这首诗还竭力追求一种"纯诗"的境界,着意显出意象的幻觉与音律的完美的有机结合,体现了诗即音乐的象征主义诗歌的创作原则。诗先从"用荫影抚摸羊肠小径"的"常绿树",变幻到"竹林里的弦丝",尔后再进到"雀跃的脚步",而"我把身子变成一个圆规",则已经近似于法国象征主义诗人兰波式的幻觉了,意象迷离,显示出一种神秘的感觉冲动。同时,诗人还十分注重诗的形式上的整饬,追求音律上的完美。诗行大致整齐,语言富有律动,u 韵贯遍全诗。但是构成脚韵的方式却是变化着的。上节主要是来自西方的 AXYA 首尾行韵式。下节则是传统的 XAYA 逢双韵式,韵脚错落有致,也造成了诗的抑扬起伏,达到了余音袅袅的效果。这又恰和意象的幻觉十分契合,造成了某种飘忽的、不确定的和朦胧的印象。然而,诗的音乐美和幻觉美的本身也可能伤害或妨碍着其意义的展示,这或许是《隐居者》的一个缺陷吧。

(杜荣根)

艾青

【诗人小传】

(1910—1996) 原名蒋海澄,浙江金华人。早年学于金华省立第七中学、杭州国立西湖艺术院绘画系。1929年赴法国勤工俭学,专修绘画,并开始诗歌创作。1932年回国,在上海参加中国左翼美术家联盟,不久被捕入狱,在狱中写成诗作《大堰河——我的保姆》。抗日战争爆发后曾在山西民族革命大学任教,后任《广西日报》文艺版编辑、重庆育才学校文学系主任。1941年去延安,曾在鲁迅艺术学院文学系任教。抗战胜利后历任华北文艺工作团团长、华北联合大学文艺学院副院长、华北大学第三部副主任。新中国成立后历任《人民文学》副主编、中国作协副主席。1958年后,在黑龙江、新疆农场劳动。1978年重返诗坛。早期诗作多诅咒黑暗,风格浑厚质朴,调子沉重忧郁,但对生活充满希望与憧憬。抗战时期的诗作,为觉醒了的民族而歌唱,格调昂扬。在革命根据地写的诗作,歌唱革命和解放区的生活,歌颂新人新事,也表达了对人民群众以及革命领袖人物的真挚感情。新中国成立后的诗作,继续讴歌光明,感情炽烈。1978年后的作品思想更趋成熟,感情深沉,富于哲理。

透 明 的 夜

　　　　　　一

透明的夜。

……阔笑从田堤上煽起……
一群酒徒,望
沉睡的村,哗然地走去……
村,
狗的吠声,叫颤了
满天的疏星。

村,
沉睡的街
沉睡的广场,冲进了
醒的酒坊。

酒,灯光,醉了的脸
放荡的笑在一团……
"走
　到牛杀场,去
喝牛肉汤……"

　　　　　　二

酒徒们,走向村边
进入了一道灯光躺开的门,
血的气息,肉的堆,牛皮的
热的腥酸……
人的嚣喧,人的嚣喧。

油灯像野火一样,映出
十几个生活在草原上的
泥色的脸。

这里是我们的娱乐场,
那些是多谙熟的面相,
我们拿起
热气蒸腾的牛骨
大开着嘴,咬着,咬着……

"酒,酒,酒
　我们要喝。"

油灯像野火一样,映出
牛的血,血染的屠夫的手臂,
溅有血点的
屠夫的头额。

油灯像野火一样,映出
我们火一般的肌肉,以及
——那里面的——
痛苦,愤怒和仇恨的力。

油灯像野火一样,映出
——从各个角落来的——
夜的醒者
醉汉
浪客
过路的盗

偷牛的贼……

"酒,酒,酒
　我们要喝。"

三

…………

"趁着星光,发抖
　我们走……"

阔笑在田堤上煽起……
一群酒徒,离了
沉睡的村,向
沉睡的原野
　哗然地走去……

夜,透明的
夜!

一九三二年,九,十
选自《大堰河》,文化生活出版社1939年版

　　这首诗充满着一种触目惊心的力度。五四以来,中国新诗中呼唤变革、礼赞光明、刻画现实、歌颂挚爱的力作也出过不少,但像《透明的夜》这样贴伏于苦难的大地来呼唤和礼赞原始生命力的作品,却还十分罕见。

　　可以看出,《透明的夜》呈现了年轻诗人粗犷的、带有明显叛逆色彩的精神强度。没有这种精神强度,一切反映现实的吟唱只能是浅表的、萎弱的。因此,在《透明的夜》中,我们能够找到那份被大堰河养育、而又为大堰河们呼喊的生命力度。

　　《透明的夜》一扫诗坛上媚秀整饬的韵致,用一排排错落而钝拙的句式,营造了一个狞厉而火烫的夜境,勾勒出了一组粗俗而又炽热的生命形象。深夜,狗吠,酒徒;牛杀场,火一般的肌肉,过路的强盗;热气,酒气,血腥气;杂沓的步履,灯光下的喧嚣,醉中的阔笑……这一切,很容易使脆弱的眼睛看了不适,但也正

是这一切,组合成了对黑夜的抗议性的骚动。

　　从表面上看,这首诗并不是在述说着什么道理,也没有抒发哪一种具体的情感。它只是写了一个群体在黑夜的行动。这个行动实际上也很简单,不知从哪里走出来的一群酒徒,在沉睡的村庄间又笑又喊,哗然走着。他们走进酒坊,豪饮一过,又向杀牛场奔去,在弥漫的血腥气中割肉喝酒,喧喧闹闹,闹过一阵,又大大咧咧地走向沉睡的村庄和原野。诗人对这个行动的描写没有设置明确的理念走向,只是稍稍暗示,这是一群饱含痛苦、愤怒和仇恨的人,一群被斯文社会所不齿的人,一群肌肉强健、心理野火的人,他们在寻找着自己的娱乐场。

　　不能简单地理解成诗人在反映着旧时代的山野村夫的夜间生活。这最多只是由头,而一旦进入诗作,这一切都具备了一定的抽象性和象征性:由一群村夫的夜饮行为象征着一个苦难人种的生命行动。他们备尝艰辛,但他们的筋骨在,血气在,要在黑夜里争得一份自由。他们粗野不羁、放浪形骸,但如果不是这样他们早已灭绝。是比他们更要粗野的世界造就了他们的粗野,使他们足以与这个世界抗争,于是,再浓重的黑暗也变得不宁静了,再麻木的沉睡也受到了他们的骚扰。夜,因他们的声响而产生了热气,因他们生命之火的烛照而变得透明。

　　诗人选取了单纯而强烈的意象组合,在气氛的层层顺向叠加中渲染出热闹的生机。他故意躲避开任何一点典雅的余痕,用粗糙的笔触堆垒起一种发自生命底蕴的反叛情绪,让它恣肆流淌。他没有写下半句带有宣言色彩的词句,却让人火烫地感受到生命底蕴和反叛情绪之间的天然关系。每一个读到这首诗的读者,都能直感到这是一个会出事的地方,这是一个会出事的群体。

　　不妨说,诗人也把自己归入这群酒徒之列。他随着他们逛荡,随着他们豪饮,随着他们大笑,在对他们的刻画中,笔底流泻出自身的生命汁液。因此,我们也能从他们了无归宿、醉步踉跄的形貌中,看到诗人当年的迷惘、郁愤和内心的骚动。

(余秋雨)

　　　大堰河——我的保姆　　　　　　　　艾　青

　　大堰河,是我的保姆。
　　她的名字就是生她的村庄的名字,
　　她是童养媳,
　　大堰河,是我的保姆。

我是地主的儿子，
也是吃了大堰河的奶而长大了的
大堰河的儿子。
大堰河以养育我而养育她的家，
而我，是吃了你的奶而被养育了的，
大堰河啊，我的保姆。

大堰河，今天我看到雪使我想起了你：
你的被雪压着的草盖的坟墓，
你的关闭了的故居檐头的枯死的瓦菲，
你的被典押了的一丈平方的园地，
你的门前的长了青苔的石椅，
大堰河，今天我看到雪使我想起了你。
你用你厚大的手掌把我抱在怀里，抚摸我，
在你搭好了灶火之后，
在你拍去了围裙上的炭灰之后，
在你尝到饭已煮熟了之后，
在你把乌黑的酱碗放到乌黑的桌子上之后，
在你补好了儿子们的，为山腰的荆棘扯破的衣服之后，
在你把小儿被柴刀砍伤了的手包好之后，
在你把夫儿们的衬衣上的虱子一颗颗的掐死之后，
在你拿起了今天的第一颗鸡蛋之后，
你用你厚大的手掌把我抱在怀里，抚摸我。
我是地主的儿子，
在我吃光了你大堰河的奶之后，
我被生我的父母领回到自己的家里。
啊，大堰河，你为什么要哭？

我做了生我的父母家里的新客了！

我摸着红漆雕花的家具，
我摸着父母的睡床上金色的花纹，
我呆呆的看檐头的写着我不认得的"天伦叙乐"的匾，
我摸着新换上的衣服的丝的和贝壳的钮扣，
我看着母亲怀里的不熟识的妹妹，
我坐着油漆过的安了火钵的炕凳，
我吃着研了三番的白米的饭，
但，我是这般忸怩不安！因为我
我做了生我的父母家里的新客了。

大堰河，为了生活，
在她流尽了她的乳液之后，
她就开始用抱过我的两臂劳动了；
她含着笑，洗着我们的衣服，
她含着笑，提着菜篮到村边的结冰的池塘去，
她含着笑，切着冰屑悉索的萝卜，
她含着笑，用手掏着猪吃的麦糟，
她含着笑，扇着炖肉的炉子的火，
她含着笑，背了团箕到广场上去晒好那些大豆和小麦，
大堰河，为了生活，
在她流尽了她的乳液之后，
她就用抱过我的两臂，劳动了。

大堰河，深爱着她的乳儿，
在年节里，为了他，忙着切那冬米的糖。
为了他，常悄悄的走到村边的她的家里去，
为了他，走到她的身边叫一声"妈"，
大堰河，把他画的大红大绿的关云长贴在灶边的墙上，
大堰河，会对她的邻居夸口赞美她的乳儿；

大堰河曾做了一个不能对人说的梦：
在梦里,她吃着她的乳儿的婚酒,
坐在辉煌的结彩的堂上,
而她的娇美的媳妇亲切的叫她"婆婆"
……………………
大堰河,深爱她的乳儿!

大堰河,在她的梦没有做醒的时候已死了。
她死时,乳儿不在她的旁侧,
她死时,平时打骂她的丈夫也为她流泪,
五个儿子,个个哭得很悲,
她死时,轻轻的呼着她的乳儿的名字,
大堰河,已死了,
她死时,乳儿不在她的旁侧。

大堰河,含泪的去了!
同着四十几年的人世生活的凌侮,
同着数不尽的奴隶的凄苦,
同着四块钱的棺材和几束稻草,
同着几尺长方的埋棺材的土地,
同着一手把的纸钱的灰,
大堰河,她含泪的去了。

这是大堰河所不知道的：
她的醉酒的丈夫已死去,
大儿做了土匪,
第二个死在炮火的烟里,
第三,第四,第五
在师傅和地主的叱骂声里过着日子。

而我,我是在写着给予这不公道的世界的咒语。
当我经了长长的飘泊回到故土时,
在山腰里,田野上,
兄弟们碰见时,是比六七年前更要亲密!
这,这是为你,静静的睡着的大堰河
所不知道的啊!

大堰河,今天,你的乳儿是在狱里,
写着一首呈给你的赞美诗,
呈给你黄土下紫色的灵魂,
呈给你拥抱过我的直伸着的手,
呈给你吻过我的唇,
呈给你泥黑的温柔的脸颜,
呈给你养育了我的乳房,
呈给你的儿子们,我的兄弟们,
呈给大地上一切的,
我的大堰河般的保姆和她们的儿子,
呈给爱我如爱她自己的儿子般的大堰河。

大堰河,
我是吃了你的奶而长大了的
你的儿子,
我敬你
爱你!

雪朝,十四,一,一九三三。
选自《春光》1934年第1卷第3期

《大堰河——我的保姆》是我1933年1月写于狱中的一首抒情诗。

我在1932年4、5月间从法国回到上海。不久,我参加了"左翼美术家联盟",与江丰、力扬等一些美术青年,组织了"春地美术研究所"(即春地画会)。

1932年7月12日,我们十二人就被国民党当局逮捕,押在第二特区法院看守所。后来,江苏省高等法院第三分院以"宣传与三民主义不相容主义""危害民国紧急治罪法第六条、第十条,刑法第九条、第四十二条"为罪名,判处我有期徒刑六年。一天早晨,我从看守所的窗口看到外面下雪,想起了我的保姆,一口气写下了这首诗。我完全是按照事实写的,写的全是自己的真实情感,写完之后也没有什么改动。因为看守所的生活也不允许我反复修改。

我出生在浙江省金华县畈田蒋村一个姓蒋的地主家庭。我是这个家庭生下的第一个儿子,按理说这是要喜庆的。但因为母亲难产,算命先生说我会"克死"爹娘。父母迷信,因此不喜欢我,一生下来就遭到家庭的歧视。很快,就被送到本村一位贫苦的农妇家里抚养。这位妇女很小的时候从一个叫"大叶荷"的邻村卖到我们村,这个村离我们村大概五华里。"大堰河"这名字,小时候只是听口音的,1973年我回家乡,乡亲们谈起这首诗时告诉我,"大堰河"其实是"大叶荷"的误写,我们家乡的土音"大叶荷"和"大堰河"完全一样。所以,我在诗里写到:"大堰河,是我的保姆。/她的名字就是生她的村庄的名字,/她是童养媳。"她卑微到连自己的名字也没有,从哪里来就叫哪里的名。我在"大堰河"家一直住了五年。诗里写了:"我是地主的儿子,/在我吃光了你大堰河的奶之后,/我被生我的父母领回到自己的家里。"五岁那年,因为我要去念书了,被父母带回去了。在"大堰河"家里的五年,使我感染了农民的那种忧郁和伤感,使我对中国农民有了一种朦胧的初步印象。回到父母家里,我是在一种被冷漠、被歧视的空气中长大的。所以,我长大一点后,总想早点离开家庭。

"大堰河"一共生了五个儿子。跟她的前夫生了三个,前夫死后,从邻村上姜村招赘,又生了两个。1953年和1973年我两次回家乡,都去看了他们。《大堰河》这首诗,是出于一种感激的心情写的。我觉得只有在"大堰河"家里,我才感到温暖,得到宠爱。"大堰河"很爱我,我也爱她。1953年和1973年,我都到她墓上去了。

这首诗写好后,我就放在身边。后来要解到苏州去了,就把这首诗以及其他一束诗稿交给狱中的难友,托他出狱后带给我的朋友李又然。李把这些诗送到了《春光》杂志,发表于1934年该刊第1卷第3期,为了避过敌人的注意,我就根据本名蒋海澄的谐音第一次用了"艾青"这个笔名,以后我的第一本诗集即取名《大堰河》(上海群众杂志公司1936年出版)。

(艾 青)

春

艾 青

春天了

春

龙华的桃花开了
在那些夜间开了
在那些血斑点点的夜间
那些夜是没有星光的
那些夜是刮着风的
那些夜听着寡妇的咽泣
而这古老的土地呀
随时都像一只饥渴的野兽
舐吮着年轻人的血液
顽强的人之子的血液
于是经过了悠长的冬日
经过了冰雪的季节
经过了无限困乏的期待
这些血迹,斑斑的血迹
在神话般的夜里
在东方的深黑的夜里
爆开了无数的蓓蕾
点缀得江南处处是春了

人问:春从何处来?
我说:来自郊外的墓窟。

一九三七年四月。
选自《旷野》,重庆生活书店1942年版

  1937年4月,诗人在上海迎来了又一个春天。"春天了/龙华的桃花开了"。上海看桃花的名所龙华在当时又是一个著名的屠场,许多年轻的斗士在那里牺牲,诗人便自然地把这两者联系在一起,构成全诗的基本脉络。

  恰好在一年之前,1936年4月15日,鲁迅也曾因春天的来临引起过类似的联想。他在那天夜晚写给颜黎民的信中说:"至于看桃花的名所,是龙华,也是屠场,我有好几个青年朋友就死在那里面,所以我是不去的。"鲁迅这番话,可以帮助我们读懂艾青的这首诗。

诗人一想到龙华桃花,情感的激流立即奔腾起来,他连个标点符号也不给,一口气把桃花的深沉背景大大渲染了一番。这些似断非断、似噎又连的诗句,读着会让人喘不过气来。在这里,诗句的形式节奏成了诗人内心节奏的最好体现,我们仿佛看到他强忍着悲痛,故作沉着地报告了一个春讯,然后稍一顿挫,便从反面拉开了郁愤的闸门,任什么也绾束不住了。只见诗句争前恐后地涌来,即便给人留下急不择言的印象也在所不惜。他只想裹卷你,吞没你,让你不能不为之动容。

但是,诗人的郁愤并不是简陋地裸露在外的,他仍然紧紧地把握住诗的途径,围绕着桃花开放的时间、地点、氛围来布局谋篇。

在时间上,他抓住一个"夜"字,认定桃花必定是在夜间开放的。而这样的夜又是如此凄厉:"在那些血斑点点的夜间/那些夜是没有星光的/那些夜是刮着风的/那些夜听着寡妇的咽泣。"全是感性意象,聚集在一起,便构成了岁月的象征,让读者从感官上惊栗于刺骨的寒气。

在地点上,诗人又认定桃花开放在一片吮血的土地上。他确证,正是这些血迹的累积爆出了桃花的蓓蕾:"而这古老的土地呀/随时都像一只饥渴的野兽/舐吮着年轻人的血液/顽强的人之子的血液/于是经过了悠长的冬日/经过了冰雪的季节/经过了无限困乏的期待/这些血迹,斑斑的血迹/在神话般的夜里/在东方深黑的夜里/爆开了无数蓓蕾/点缀得江南处处是春了。"在这一组诗句里,开始出现超越感性的归纳和比喻,终于完成了诗人心中的因果关系的证明。这是一种诗化证明,但诗人以匆迫的节奏造成了一种无可置疑的雄辩感,使这种证明变得钢浇铁铸,不可动摇。

这首诗的一个极重要的审美特点,就在于这种以滚滚滔滔的词语流和情感流冲激成一种诗化的因果链,最终推出了一个有关桃花由来的结论。

完成了这一切,诗人似乎松了一口气。诗可以完了,但诗人似乎意犹未尽。于是,他重又提笔,平平静静地而又寓意深长地追加两句:"人问:春从何处来?/我说:来自郊外的墓窟。"

这两句,由桃花伸发到了整个春天,从龙华一地伸发到了各处墓窟,使诗作更明显地拓宽了铺盖面,极大地加重了全诗的重量。这两句,已升华到格言的高度,但由于它们是前面全部诗句的自然结晶,又与首句遥相呼应,因此毫无支离痕迹,纳入了全诗的有机结构。

至此,全诗的节奏就出现了一种有趣的开合状态:平稳起步,平稳了结,框范住了中间的浪涌水溅。起步处的平稳具有牵引力,牵引出了全诗;了结处的平稳也具有牵引力,以一种貌似怪诞的问答牵引出读者更深广的思索。这种结体方式,使这首在内容上具有明显时间性的作品具备了跨越时间的艺术魅力。

(余秋雨)

雪落在中国的土地上　　　　　　艾　青

雪落在中国的土地上,
寒冷在封锁着中国呀……

风,
像一个太悲哀了的老妇,
紧紧地跟随着
伸出寒冷的指爪
拉扯着行人的衣襟,
用着像土地一样古老的话
一刻也不停地絮聒着……

那从林间出现的,
赶着马车的
你中国的农夫
戴着皮帽
冒着大雪
你要到哪儿去呢?

告诉你
我也是农人的后裔——
由于你们的
刻满了痛苦的皱纹的脸
我能如此深深地
知道了
生活在草原上的人们的

岁月的艰辛。

而我
也并不比你们快乐啊
——躺在时间的河流上
苦难的浪涛
曾经几次把我吞没而又卷起——
流浪与禁监
已失去了我的青春的
最可贵的日子,
我的生命
也像你们的生命
一样的憔悴呀

雪落在中国的土地上,
寒冷在封锁着中国呀……

沿着雪夜的河流,
一盏小油灯在徐缓地移行,
那破烂的乌篷船里
映着灯光,垂着头
坐着的是谁呀?

——啊,你
蓬发垢面的少妇,
是不是
你的家
——那幸福与温暖的巢穴——
已被暴戾的敌人

烧毁了么?
是不是
也像这样的夜间,
失去了男人的保护,
在死亡的恐怖里
你已经受尽敌人刺刀的戏弄?

咳,就在如此寒冷的今夜,
无数的
我们的年老的母亲,
都蜷伏在不是自己的家里,
就像异邦人
不知明天的车轮
要滚上怎样的路程……
——而且
中国的路
是如此的崎岖
是如此的泥泞呀。

雪落在中国的土地上,
寒冷在封锁着中国呀……

透过雪夜的草原
那些被烽火所啮啃着的地域,
无数的土地的垦植者
失去了他们所饲养的家畜
失去了他们肥沃的田地
拥挤在
生活的绝望的污巷里:

饥馑的大地
朝向阴暗的天
伸出乞援的
颤抖着的两臂。

中国的苦痛与灾难
像这雪夜一样广阔而又漫长呀！

雪落在中国的土地上，
寒冷在封锁着中国呀……

中国，
我的在没有灯光的晚上
所写的无力的诗句
能给你些许的温暖么？

1937年12月28日夜间。
选自《北方》，文化生活出版社1942年版

1937年抗日战争全面爆发后不久，艾青离开他在杭州任教的中学，怀着投身于伟大民族战争的愿望来到当时抗战的首都武汉。在实际生活中，他看到抗战的黑暗现象，看到人民贫困的苦难，认识到通往胜利的路的艰辛。一种悲苦、忧郁的情绪笼罩在他的心头。年底的一个晚上，天色晦暗，像是要下雪的样子：一股深沉的感情潮水般袭上诗人心头。他披衣伏案，在阴湿的房间里写下这一著名的诗篇。

艾青的诗有着执著的现实意识和包括从现代诗派借鉴来的表现力。因而他的诗一方面具有活生生的现实画面与生活形象，另一方面，诗的形象又具有极宽泛的概括层面和深邃的暗示性。诗的开头两句："雪落在中国的土地上，/寒冷在封锁着中国呀……"以舒缓沉郁的叙述性语调所表现的沉重，忧郁的感情，构成了贯串全诗的基本情绪和反复出现的"主题"。这里，整组画面既是北方寒夜的生活写照，同时也是诗人对时势的一种高度概括。采用"寒冷""封锁"这样极富弹力与表现力的语言，就更加充实了诗歌形象的容量。几个有着绘画造型特征

的、掺和着诗人情感的构图,组成一幅幅向四面延伸、扩展的画面,使诗人所表达的基本情绪得到具有生活实感的证实,赋予这一情绪以厚实的生活根基;同时,随着诗人心理的推移而推移的事象、画面,也带有扩展意义的象征意味。无论是赶着马车的农夫,坐在船头的少妇,还是离家的年老母亲——这些在寒冷的夜晚出现在林间、河上、旷野的夜行者,既是为自己生活而搏斗、为命运所驱赶的劳动者,同时,也是在生存线上挣扎、苦斗、寻找着道路的中国民众的形象。在寒夜中离家的年老母亲和失去土地、家畜的劳动者的困境的描述之后,"中国的路"是"如此的崎岖""饥馑的大地""伸出乞援的颤抖着的两臂"的句子,都已包含着抽象性的概括。崎岖的路与伸出双臂等状态,都扩展为对中国人民生活和斗争的情景的暗示,扩展为对一种普遍性的激愤情绪的概括。

当然,一首诗所具有的对生活的概括力与暗示性并不仅仅意味着是思想上的成功,同时也是美学上的成功。因为对生活的透视力应当同时是对生活的质的认识和对这种认识的诗的表现与呈示。例如把寒风呈现为一个用指爪拉扯行人衣襟的形象,就具有一种震颤人心的思想和艺术的力量!此外,这种思想与美学的力量也集中在诗中所透露出来的一种深沉的情感方面,这是艾青所特有的动人的忧郁,在他 20 世纪 30 年代的其他作品中也存在着。这种悲哀来自农人失去了"所饲养的家畜"和"肥沃的田地"的绝望,来自"暴戾的敌人"强加给人民的"死亡的恐怖",来自"像这雪夜一样广阔而又漫长"的"中国的苦痛与灾难"。它超越了个人遭遇的范围,而具有深广的历史内涵;它不只是无力的哀吟和对抗争的回避,而是一种力:"把弥漫在广大的土地上的渴望、不平、愤懑……集合拢来,浓密如乌云,沉重地移行在地面上"(艾青《诗论》)。忧郁由于苦难而产生;对苦难的忧郁之所以具有审美价值,就在于人类、中国人民为摆脱苦难所进行的斗争,将永远伴随着苦难。因而,在这种浓重的忧郁情绪中,能体会到对力的呼唤,对暴风雨扫荡这古老的世界的执著的期望。而这首诗,也从一个具体的实例,提示了艾青诗歌创作上以"自我"感受与个性概括民族、时代悲欢的美学特征。

(洪子诚)

我爱这土地   艾 青

假如我是一只鸟,
我也应该用嘶哑的喉咙歌唱:
这被暴风雨所打击着的土地,
这永远汹涌着我们的悲愤的河流,

> 这无止息地吹刮着的激怒的风,
> 和那来自林间的无比温柔的黎明……
> ——然后我死了,
> 连羽毛也腐烂在土地里面。
>
> 为什么我的眼里常含泪水?
> 因为我对这土地爱得深沉……
>
> 1938,11月17日。
> 选自《北方》,文化生活出版社1979年版

《我爱这土地》作于抗战初期。诗以"假如"开头,这个头开得突兀、新奇,不禁令人驻足观望,凝神沉思。诗中的"鸟"是泛指,是共名,它不像历代诗人所反复咏唱的杜鹃、鹧鸪那样,稍一点染,即刻具有一种天然的特殊的情味和意蕴,而是全靠诗人在无所依傍的情况下作出新的艺术追求。再则,诗中特地亮出"嘶哑的喉咙",也和古典诗词中栖枝的黄莺、啼血的杜鹃、冲天的白鹭等大异其趣,它纯粹是抗战初期悲壮的时代氛围对于诗人的影响所致,同时也是这位"悲哀的诗人"(诗人自称)所具有的特殊气质和个性的深情流露。

作为抒情的艺术,诗歌作品需要不断地强化自己的感情,以便久久地拨响读者的心弦。人非鸟兽,不言自明,此诗偏以"假如"开头,这是第一层强化。谁不知道鸟声优美清脆,此诗偏以"嘶哑"相形容,这是第二层强化。光有这两层强化还不够,于是诗中接连出现了所歌唱的对象:土地、河流、风、黎明。特别值得注意的是,诗人在描写这些对象时达到了穷形极相、淋漓酣畅的地步,充分体现了这位自由体诗人的艺术特色。我们知道,写诗多半是忌用或少用"的"字的,那些民歌体作品不必谈了,就是自由诗创作,也有不少人害怕"的"字一多,拖泥带水,冲淡了诗味。艾青则不然,他敢于用由一系列"的"字组成的长句来抒发缠绵而深沉的感情,喜欢在所描写的对象前面加上大量的形容词和修饰语,以展现对象的神采风貌,形成一种特殊的立体感和雕塑感,这是艾青的自由诗创作不同于其他自由诗作者(如田间)的一个重要特色。《我爱这土地》自然也不例外,试看诗人在"土地""河流""风""黎明"这样的中心词语前面特意加上的"悲愤的""激烈的""温柔的"等许多修饰语,就不难窥见其中的奥秘了。

以上所说的这些描摹土地、河流等景观的长句,可说是第三层强化。正当读者为诗人不断的歌唱——顽强的生命力所折服所吸引时,没料到诗篇陡然来了

一个大的转折,一个破折号之后突出"我死了",让身躯肥沃土地,于是,生前和死后,形成了强烈的对比,而在这强烈的对比和反差中一以贯之的乃是"鸟"对土地的执著的爱,这真是生于斯、歌于斯、葬于斯,念兹在兹,至死不渝!

没有疑问,最强的风到后来也会变弱,最硬的箭到头来也会落下。诗人们写诗,可说是一边在强化自己的感情,一边也在为自己设置难题:这样写下去能否后来居上,余味不尽,还是变得难以为继,语完意尽?《我爱这土地》好在没有沿着原先的路子走下去,它在隔开一行,作了必要的间歇和停顿之后,开始转换角度,由比而赋,由穷形极相的描绘转变为质朴遒劲的直抒,就像一个高明的歌唱家,充分理解乐谱最后一个休止符的意义,他吸够了气,蓄足了势,终于唱出了最高的一个音符。

不用说,在国难当头、山河沦亡的年代,诗人歌唱"土地"具有格外动人的力量,而诗人那种不断转折和强化的抒情方式,当然也是和充满险阻坎坷的时代相吻合的。

(孙光萱)

手 推 车 艾 青

在黄河流过的地域
在无数的枯干了的河底
手推车
以唯一的轮子
发出使阴暗的天穹痉挛的尖音
穿过寒冷与静寂
从这一个山脚
到那一个山脚
彻响着
北国人民的悲哀

在冰雪凝冻的日子
在贫穷的小村与小村之间
手推车
以单独的轮子

刻画在灰黄土层上的深深的辙迹
穿过广阔与荒漠
从这一条路
到那一条路
交织着
北国人民的悲哀

1938年初

选自《北方》,文化生活出版社1942年版

  这首诗写于1938年初。当时,中国士兵在津浦北线、在残壁废垒间浴血抗战,艾青为民族解放战争所振奋,从南方来到北方。在北方,他看到了抗战的持久与艰巨,也目睹了黄河流域民生之多难。在这里,有的人照旧穷奢淫佚,寻欢作乐,而人民——诗人的父老兄弟,则在生死线上挣扎;黄土地——民族与人民的母亲,为悲哀的风卷去了春天的绿色和秋阳的光辉,冻结在寒冷与静寂里。

  艾青在谈到《手推车》时曾对笔者说:"这首诗是关于北方农村的写景。我用它来表现北方农民在战争年代的艰苦。凡尔哈仑写农村的破落与城市的触角,启发了我写中国黄河流域日益增长的苦难。"这首诗以"手推车"的抒情形象,凝炼而深沉地吟唱了黄河流域农民无法平复的悲哀,表达了诗人的忧患意识。

  当我们在细细品味这首《手推车》时,可以发现诗人借助的艺术手段是象征。所谓象征,就是在事象的外形与蕴含的观念之间,或直接或间接地寻求某种联系,成为从此一世界达至彼一天地的桥梁。在这首诗里,"手推车"是作为挣扎在水深火热之中的广大北国人民的象征性外形符号出现的。它具有三种特色:其一,"手推车"的外形本身已包容某种意味,说明着贫穷、落后、艰难;其二,在"手推车"的背后及其深处,提示着北国农民经历过漫长的不安与悲苦的人生道路,载负过荒凉土地多少沉痛与寂寞的生命重压;其三,"手推车"孤独的外形与痉挛的尖音含有刺激性,诗人敏锐地捕捉刹那的一瞥与瞬间的情思,造成一种气氛和情调,以此探掘那种潜藏在心灵深处的感悟,唤起读者的共鸣。

  应当说,这种象征技法使《手推车》更富有寓意与启示的艺术效果。可以设想一下,如果以"北方农民的苦难与悲哀"为题材,写实型诗歌可能非常具体地描写农民种种遭际的凄惨、命运的坎坷等外部客观现象,让你目不忍睹并引起神经的震颤,但也容易铺陈,流于巨细不遗的描绘;浪漫型诗歌往往侧重于哀痛与悲愤的激情之抒发,乃至热衷于感情幻想而忘却理智与静观,凭借丰盛的想象力从

不可见、不可思议的事物中获取奇峭的诗美;而《手推车》属象征型表达,它取浓缩的手段,把"手推车"这一表面上与"苦难与悲哀"并无直接关联的事象,置于特定的时空——冰雪凝冻的日子里、灰黄广阔的荒漠上吱哑独行的情状,在"瞬间"把握与表现出来。至于诗的意义,有待读者去解释和充实。也就是说,"手推车"作为客观事象,只是诗人传达悲哀思绪的媒介,诗所寄寓的深广的忧愤,要远远超出手推车的事象本身。

这首《手推车》将"外形"与"内容"相融和,还表现出象征诗共通的对于音乐性的追求。音乐是以节奏与旋律作用于人们神经,在抑扬顿挫、轻重高低中表现情感的力量。《手推车》之体现律动,可从下列方面去鉴赏:格律比较齐整,形式上讲究对称,即空间的对称和对位,表现在进行的规范和行文的严谨(但不失流畅),从而提供了诗歌稳定的音乐性的外部形式;两大段诗中,多见语句的叠用,这对于吟咏来说,容易取得复沓、回环的音乐效果;再从诗的内在节奏去看,"发出使阴暗的天穹痉挛的尖音"和"刻画在灰黄土层上的深深的辙迹"相呼应,始终随着"手推车"的运行,传送既不合理却又十分和谐的生活的颤声,低缓郁结,曲终而余韵不绝,使全诗贯串了隐隐哀波的流动。

(杨匡汉)

鱼 化 石   艾 青

动作多么活泼,
精力多么旺盛,
在浪花里跳跃,
在大海里浮沉;

不幸遇到火山爆发,
也可能是地震,
你失去了自由,
被埋进了灰尘;

过了多少亿年,
地质勘探队员
在岩层里发现你,
依然栩栩如生。

但你是沉默的，
连叹息也没有，
鳞和鳍都完整，
却不能动弹；

你绝对的静止，
对外界毫无反应，
看不见天和水，
听不见浪花的声音。

凝视着一片化石，
傻瓜也得到教训：
离开了运动，
就没有生命。

活着就要斗争，
在斗争中前进，
即使死亡，
能量也要发挥干净。

选自 1978 年 8 月 27 日《文汇报》

  艾青的诗淳朴、流畅、浩荡，读起来朗朗上口，如行云流水，聚散无常，是诗，又是散文，他早期的诗作《大堰河——我的保姆》《雪落在中国的土地上》《北方》《手推车》等曾经强烈地打动过我。我也很喜欢艾青重新执笔后写的这首《鱼化石》。我以为这是他近年来少有的佳作之一。可惜戴望舒没有写过同一命题的诗篇，可以供我们并举朗诵。但卞之琳是写了的。他的《鱼化石》有个加括号的副题：一条鱼或一个女子说，还有一篇《鱼化石后记》补收在增订本《雕虫纪历》的时候，又将《后记》分成几条注释，可借此揣摩诗人的真意。
  艾青的这首《鱼化石》没有注释，一读便懂，收入《归来的歌》含意就更明白（后来的诗句作了一些修改），我非常佩服诗人们对鱼化石的敏感，这实在是个好题目，但他们表现的艺术悟性是不同的。卞之琳写的是哲理诗，"你我都远了乃有了鱼化石"。既无可奈何,又喜生生不息。艾青则从生活里捡到自己的感情,更多一层现实意义,且看:"动作多么活泼,/精力多么旺盛,/在浪花里跳跃,/在大海里浮沉。"想当初鱼儿在大海里浮沉,跳跃,可是,不幸的事件发生了,旺盛的精力和活泼的动作,都在一瞬间凝固住了,成为永恒的化石。哦,一声霹雳就没头没脑地盖住了。这是地震!这是火山爆发!这个突然的变化使一切都失去了自由,自然世界的和人类社会的一下子都凝固住了。诗人接着形象地揭示了鱼化石的特征:尽管鳞和鳍都完整,埋在岩石里面的鱼却无法动弹,连一丝叹息也没有,它有的只是沉默,沉默,无休止的沉默。鱼离不开水,人离不开和水相接的天。自由在天边召唤,诗人渴望听见自由的声音,好比鱼渴望听见浪花的声音。然而听不见。于是读者也不得不沉默了。幸而艾青是乐观的,就像卞之琳领悟"生生之不易"一样,艾青也终于觉得:离开了运动,就没有生命。而且"活着就要斗争,/在斗争中前进,/即使死亡,/能量也要发挥干净"。

有人说,读艾青的诗总不免使人有忧郁的感觉;也有人说,忧郁对于艾青是气质性的。对此我还要补充一点:忧郁对于艾青既是气质性的,因此也必然有民族的和时代的因素在里面。鲁迅也是忧郁的,有时甚至有寂寞和孤独之感。艾青的忧郁是可以理解的,我个人认为,一个诗人,一个伟大的作家,生在中国这样的社会而没有忧郁或者寂寞之感,那倒真是难以理解的了。艾青的确是忧郁的,那是属于个人气质的带有时代性和民族性的忧郁——一种崇高的忧郁!

我年轻时喜欢徐志摩,中年以后醉心于臧克家,还有戴望舒和卞之琳,如今齿发脱落,垂垂老矣,而我却更爱好艾青。这并不是说艾青的诗是写给老年人读的,不,完全不是。归真返璞,我爱好他的朴素、平实,爱读他那用平凡的语言,自由的格式,不事雕琢地写出的激动人心的诗篇。　　　　　　　　　　(唐 弢)

盼　　望　　　　　艾　青

一个海员说,
　他最喜欢的是起锚所激起的那
一片洁白的浪花……
一个海员说,
　最使他高兴的是抛锚所发出的

那一阵铁链的喧哗……

一个盼望出发
一个盼望到达

1979年3月上海
选自1979年3月30日《解放日报》

  1979年春暖花开季节，以艾青为团长的诗歌访问团到祖国东南沿海港口城市进行参观访问，从海南岛的三亚、海口经过广州到达上海。诗人们访问了码头、海轮，与海港工人、远洋船员进行了座谈、采访，熟悉了海洋上的生活，结交了不少朋友。当诗歌访问团来到上海，上海《解放日报》曾以整版的篇幅发表了诗人们的作品，其中艾青的《盼望》即是其中之一。

  《盼望》是一首精致凝炼的抒情短诗。首先在诗的构思上，新颖奇特，与一般歌唱海员的诗不同，诗作略去了人们常见熟知的海轮鸣笛升旗，螺旋桨搅动海水，船首犁开浪花航行的种种场景，而仅仅选择了海轮起锚准备启航、返航时准备抛锚的两个瞬间，表达了船员的心情和愿望——"出发"和"到达"。"到达"和"出发"这两个意思截然相反的概念在海员的心目中是相同的。出发的目的是驶向另一个港口，到达目的地后，卸货装货，目的也是驶向另一个港口。诗人选取了两位海员看来是相反的愿望，却表达了同一种心情，即对航海事业的无限热爱之情。

  其次，在诗的艺术结构上，诗人作了精心剪裁和巧妙布局。第一个海员对起锚是"喜欢"，第二个海员对抛锚是"高兴"，他们所关注的焦点都是船上的铁锚。但第一个是视觉形象，是"起锚所激起的那／一片洁白的浪花……"；第二个是听觉形象，"抛锚所发出的／那一阵铁链的喧哗……"。因为轮船起锚出航时，前甲板的水手要观察铁锚出水的情况，并用水龙头冲洗锚链上的泥沙；而抛锚时，水手只要松动起锚机绞盘，锚链发出磕碰船舷锚洞的响声，让铁锚落水沉底即可。从这里可以看出，诗人观察生活之细微，剪裁布局之精心。两组意象并列，语言组合长短对等，音律节奏相同，只不过在动词和形容词上有所不同，既有浪花的色彩，又有锚链的声音，生动鲜活，给读者以视觉和听觉的感受，完成了诗人刻意追求的艺术感染力和审美作用。

  当然《盼望》这首诗也可以看作是一首意蕴深刻的富有哲理的象征诗。一首好诗的多义性，就在于言此物而又非此物，在"象征的森林"（法国象征派诗人波德莱尔语)里由读者用本身的人生体验去理解、感受,转换成与自己感受相吻合的人生经验。每个人,都可能有自己的人生航程,一个目标达到了,又要去追求另一个目标。从这个意义上说,《盼望》不就是人生不懈追求的艺术写照吗?每一个人都是海员,每一个人都希望"出发"和"到达"。因此,《盼望》这首诗给读者的启迪是丰富多义的,艺术审美效果是高尚强烈的。

(宁　宇)

【诗人小传】

韩北屏

(1914—1970)　原名韩立,江苏江都人。30年代初开始文学创作。1934—1937年在上海任《菜花》及《诗志》月刊主编。抗日战争爆发后在扬州任《抗战日报》《抗战周刊》主编、昆明《扫荡报》编辑部主任等职。抗战胜利后赴广州,与周钢鸣合编《国民周刊》。1946年后任香港《新生日报》编辑主任,建华、永华、南国等电影公司编导委员,新闻学院教授等职。新中国成立后历任华南文学艺术学院教授、中国作协广州分会副主席兼秘书长、亚非作家会议中国联络委员会副秘书长等职。早期诗作细腻抒情,诗风清新,后期作品感情奔放、笔触强劲。

牧

——写给舞鹰

韩北屏

我与你像游牧时代的人们一样,
一心选择那多草
多阳光的平地,
我们也是为了放牧而来的,
不过被牧的不是牛羊,
而是我们爱自由爱阔大的心与眼。

在那平地上,
你底胸贴着地,
你底赤裸的双足敲击着地,
你底两手戏弄着毫无礼貌的小草,

而你底眼睛，
智慧的眼睛啊，
凝视着那些为蚯蚓所织的
泥土的花朵。

我挽着你底手，
让你初初踏着泥土的双足，
踏过起伏的丘陵，
我们踏在隆起的小丘上，
好像踏在巨人的手臂上，
深深地感到生命的甜美，
与天地无限的空旷宁静。

一只矫捷的苍鹰底影子
掠过你眼前的草上，
你扬起分披栗色柔发的头，
注意着自由翱翔的巨禽，
在蓝色的溶液中飞舞。

你扶着我底膝盖站了起来，
伸出了你底小手，
对着飞舞的苍鹰在招摇。
你天真而骄傲地
发出了真纯的感情的对呼，
你神往于鹰的飞舞，
而我陶醉在你庄严的表情之中。

选自《闻一多全集·现代诗钞》，开明书店1948年版

　　大自然对于诗人们来说向来具有一种特殊的亲和力，从五四时期的郭沫若、冰心到后来的徐志摩、朱湘等诗人，都写过不少赞美大自然的诗篇，现在人们感

兴趣的是：作为一个受过现代派诗风影响的《牧》的作者，他将怎样不同寻常地处理自己的题材，抒发自己真挚的情愫？

人类早期经历过一个游牧时代，此诗一开始就写到"像游牧时代的人们一样"，令人不禁摆脱喧嚣的尘世，想起邈远莫测的古代，诗作也因此增添了一份奇妙的独特的氛围。不过游牧时代的人们放牧的对象是牛羊，放牧的目的是为了求得生存的物质资料，而"我与你"并无放牧的实际对象，纯粹是为了求得身心的解脱和自由，这就显出古与今、诗人和牧人们之间的巨大差异。诗人所以不直写"爱自然""到大自然中去"之类，而要以放牧为比喻，引牧人为知己，显然是为了和直陈其事的现实主义诗歌、直抒其情的浪漫主义诗歌相区别，借助于独特新颖的比喻委婉曲折地抒发自己的心意。

此诗有一个副标题：写给舞鹰。舞鹰是作者的孩子。《牧》不仅借早先的牧民暗示自己向往自然的情思，还着意通过孩子的眼睛来窥探和领略大自然的美丽和可爱，这就使得诗篇更曲折，也更富于人情味。出现在第二节中的孩子，自由自在，无忧无虑地开始了和大自然的接触与交往："胸贴着地"——弄脏了衣服又有什么要紧！赤脚敲着大地——大地喜欢这一直率的举动，决不会责怪孩子，不是在大地上生长的小草也同样显得"毫无礼貌"吗？还有，蚯蚓织成的"泥土的花朵"自然当得起孩子用"智慧的眼睛"去窥视——只有忙于在尘海中跋涉的成年人才不会理会自然界所包蕴的美丽和神奇！

诗的最后两节出色地描绘了一组连续的动态的画面：苍鹰掠过草地，高高地飞翔在天空；孩子伸出小手，庄严地发出了欢呼。人与自然得到了沟通，取得了共同点，进而构成了一种浑然一体、互相交融的境界，这是多么值得赞美啊，无怪乎"我"对着"神往"的"你"要久久地"陶醉"了。实际情况很可能是"我"——"你"——"苍鹰"，即年长的"我"领着幼稚的孩子去观看苍鹰，但在诗中却被处理成为"苍鹰"——"你"——"我"，即后者不断地从前者得到启发，这显然是寓有深意的，作者的潜台词是：向大自然回归，向全身心倾注于大自然的孩子学习。

《牧》共五节，节无定行，行无定字，各节均不押韵，一切以感情的自由抒发和表达为依归，这是符合现代派的诗学观的。另外，诗中以"泥土的花朵"形容蚯蚓的"劳动"，以"蓝色的溶液"比喻澄碧的天空，也都可以看出现代派诗风的影响，但它不像某些现代派诗篇那样刻意求奇、晦涩难解，大体上保持了一种通达顺畅的艺术风格。

（孙光萱）

非 洲 三 题

韩北屏

夜 鼓

几内亚北部的康康,是非洲腹地,我在此夜闻鼓声,不禁神往。

夜的脚步踏上非洲腹地,
花红变紫,叶绿转浓,
人影儿在明镜中消失,
黑色变成了统治的君主。

夜的脚步踏上非洲腹地,
各种音响如海潮退去,
听不见雷鸣般的喧闹,
最后只剩下沙沙细语。

夜的脚步踏上非洲腹地,
我在旷地中悄悄漫步,
天空中有繁星闪烁,
地面上有流萤相扑。

突然,传来阵阵鼓声,
鼓声起自树林的深处;
最初的几击,像独白,
像一个人悲怆的哭诉。

接着是连续的敲打,
那声音像人们举臂高呼,
那声音像万箭齐发,
那声音像急速转动的机杼;

那声音像暴风骤雨，
那声音像山洪奔腾而至，
那声音像虎在跃狮在舞，
那声音驱黑暗、天欲曙。

鼓声催动落叶离枝，
篝火绽开红莲千万簇；
沉睡的树林苏醒了，
大地颤栗、呼吸急促。

非洲之鼓啊非洲之鼓，
人类最天才的创造；
鼓点能说出抒情的妙语，
鼓点能表达民族的欢笑；

鼓点能向宾客致词，
奉上欢笑的曲调；
鼓点能在大庭广众之间，
赞美一个妇人的娇娆。

非洲之鼓啊非洲之鼓，
猎人的眼睛，飞传的公告；
侵略者像野兽一样袭来，
鼓声立刻发出警号。

鼓声穿过莽莽的原始森林，
鼓声越过寸步难行的池沼，
鼓声沿着奴隶的道路急驰，
鼓声使弓上弦、刀出鞘。

夜更深了，夜更深了，
下弦月升上木棉树梢，
非洲的鼓声越敲越急，
声声撩动我激荡的思潮。

我脚下是非洲古战场，
黄沙里埋着断矢和钝刀；
老杜尔率领善战的儿郎，
当年杀得侵略者鬼哭神号。

我不必为往事伤感，
黑非洲已经破晓；
米罗河畔草色青青，
芭蕉绿、芒果香、鱼儿活跃。

非洲之鼓啊非洲之鼓，
曾经为祖先的光荣而敲，
曾经为反抗奴役而敲，
曾经为屈辱的生活而敲；

现在为自由独立而敲。
敲吧，非洲之鼓！
悲愤的声音极度深沉，
欢乐的声音响遏云霄。

1963 年

选自《诗选》(1949—1979)，人民文学出版社 1980 年版

这是一首描述在非洲腹地的旅途见闻的政治抒情诗。

游非洲，见闻很多，可诗人在这里只写了鼓声。鼓乃非洲的寻常之物，是黑人用以表情达意的工具。作品中的鼓，既是写实，又是象征，具有独特的表现力。诗

中写"我"在笼罩着夜色的"旷地"漫步,"突然""阵阵鼓声"打破了夜的沉寂。这不是普通乐队的演奏声,这是非洲人民觉醒的吼声,这是他们期待黎明、追求解放、召唤战斗的鼓声。诗人就是以自己对鼓声的细微感受开拓了一个广阔的思想境界,并使豪迈诗情的抒发与具体形象的描绘紧紧结合在一起,显得自然浑厚,真实感人。

夜鼓的声响是整篇思想的象征体,也是全诗情感的附着物,对于鼓声的描写是否成功就成了全诗抒情成败的关键。为此,诗人以浓笔重彩用多种方法描绘鼓声。

第一以"夜"铺垫,突出鼓声:诗中首先写黑夜来临时的颜色、声音、天地的变化。这是写"夜鼓"的"夜",为鼓声的出现作铺垫,为"驱黑暗、天欲曙","黑非洲已经破晓"的鼓声的象征喻意作了伏笔。

第二是多方设喻,描绘鼓声:诗中写鼓声像"独白""哭诉"、像"举臂高呼""暴风骤雨"……连用了十多个比喻,从声响、动作、情感、色彩等多方面去描绘鼓声,其中还结合着运用拟人的手法。

第三是渲染气氛,烘托鼓声。诗作不仅开头以"沙沙细语"的深夜气氛托出鼓声,而且篇中还以"落叶离枝""树林苏醒""大地颤栗""月上树梢"等来烘托鼓声的时轻时响、时缓时急,衬托出鼓声的威力与作用。

第四是以情绘声,情声交融:"侵略者像野兽一样袭来","鼓声立刻发出警号",鼓声还会"哭诉""欢笑"……这是以情绘声,以声传情。鼓声不仅传达了非洲人民的感情,而且还"撩动我激荡的思潮"。最后四节诗就是写诗人随着鼓声"越敲越急"、心潮逐浪高的真情实感。这是写诗情,也是写鼓声,情与声构成同一个描写对象的两个方面。如果说以上是正面写鼓声,把感情蕴含其中,那么以下四节则是正面写感情,由"情"驾驭鼓声的变化,全诗以情绘声,以声传情,情声交融,融为一体。

(宋恒亮)

【诗人小传】

曾　卓

(1922—2002)　原名曾庆冠,湖北黄陂(今属武汉)人。抗日战争期间在重庆开始诗歌创作。1941年与诗友组成诗垦地社,参与编辑出版《诗垦地丛刊》。1943年就读于重庆中央大学历史系,并编辑《诗文学》杂志和《诗文学丛刊》。1947年大学毕业后,曾任中学教员,后主编汉口《大刚报》副刊《大江》。武汉解放后任《大刚报》副总编辑、《长江日报》副社长、武汉市文联副主席。1955年受"胡风反革命集团"案株连。1961—1979年任武汉话剧院编剧。1979年平反,复任武汉市文联副主席。诗风沉郁,语言精炼。作品还有剧本、散文等。

门

曾 卓

莫正视一眼,
对那向我们哭泣而来的女郎。

曾经用美丽的谎言来哄骗我们的
　　　　　　　　　　　　是她;
曾经用前进的姿态来吸引我们的
　　　　　　　　　　　　是她。

而她
在并不汹涌的波涛中,
就投进了
残害我们的兄弟的人的怀抱。

今天,她又要走进
我们友谊的圈子。
她说,她现在才知道
只有我们
才是善良的灵魂。

让她在门外哭泣,
我们的门
不为叛逆者开!

1939年,重庆
选自《悬崖边的树》,四川人民出版社1981年版

《门》写于1939年,是曾卓早年在重庆求学流亡时期的诗作。诗人亲身经历了民族灾难期艰辛的岁月,阅尽了众生世相,创作渐趋成熟。由于气质和年龄的决定,他的诗透露着饱满的青春气息,纯真而热烈,富有激情。

《门》写一位女郎"在并不汹涌的波涛中,/就投进了/残害我们的兄弟的人的

怀抱"。当她幡然醒悟到原来的"友谊的圈子"里的人们"才是善良的灵魂",此时原来的"圈子"却拒绝再为她把"门"打开了,并且断然表示:"让她在门外哭泣,/我们的门/不为叛逆者开!"因为"曾经用美丽的谎言来哄骗我们的/是她;/曾经用前进的姿态来吸引我们的/是她"。这首诗,语言口语化,内涵也很显豁,但它的时代色彩很浓,短短的篇幅中蕴藏着难以抑制的激愤和正义感,给读者的心灵以强烈的震撼。不足20行的诗,真实地记录下了在抗日战争时代的烈火中,青年人在生活和精神上所承受的苦痛和艰难的选择,正是这种时代感和真实性赋予诗篇以一种力度。透过诗人义愤的眼睛,我们可以看到他拳拳的赤子之心,和誓不与敌人同流合污的英勇气概。

诗中的"女郎"是针对诗人早年在武汉时期读书会的一个女朋友的,她当时嫁了一个曾迫害过诗人同伴们的国民党党棍,却又渴望他们的友谊。在诗中这是一个动摇者的形象,她致命的弱点是意志脆弱,信心不坚,经受不住风浪的考验。投机取巧的个人主义私欲,使她像墙头草随风摇摆,结果成了可耻的叛逆者。对这种人诗人深为厌恶:"莫正视一眼,/对那向我们哭泣而来的女郎。"之所以不要被她的哭泣迷惑,因为这也许正是一个迷人的"谎言","我们的门/不为叛逆者开"。诗的最后点明主旨,启发人们要树立坚定的革命信念,莫作投机分子。

全诗自然地分为五小节。围绕"女郎"这个形象,营造了一组意象,其核心是"女郎"要跨进的这个"门"。"门"的寓意明显,它是一个是与非,爱与憎的分水岭,是人生选择关口的象征。门里与门外,跨进和跨出,决非等闲之事。这就十分形象化地表达了一个深邃的人生哲理,富于启示性。

诗篇结构凝炼,内涵真实,是非、爱憎分明,尽管不乏稚气,却饱含着青春不容掺假的纯净的激情和正义感。从形式上看,全诗没有特意地铺排,比较单纯,但并不肤浅,它以纯朴的语言,表现了诗人对生活的深刻感受,具有震慑人心的力量。

(戚 钧)

铁 栏 与 火　　　　曾 卓

虎在笼中旋转。

虎在狭的笼中
沉默地
　　旋转,

低声地
　　　咆哮，
不理睬笼外的
嘲弄和施舍。

它累了，俯卧着。
铁栏内，
一团灿烂的斑纹
一团火！

站起来，
两眼炯炯地闪光，
锋锐的长牙露出，
扑出去的姿势
使笼外发出一片惊呼。
它深深呼吸着
栏外流来的
草野的气息
俯嗅着
自己身上残留的
草野的气息。

它怀念：
大山、草莽、丛林，
峭壁、悬岩、深谷……
无羁的岁月，
庄严的生活。

深夜，

它扑站在栏前。
它的凝注着悲愤的长啸
震撼着黑夜
在暗空中
流过,
像光芒
流过!

铁栏锁着
火!

1946年

选自《曾卓抒情诗选》,中国文联出版公司1988年版

《铁栏与火》是一首佳作,作于1946年。它显示了诗人青春的激情,明朗的诗风。在意象营造上体现了诗人直觉洞察事物的悟性和诗艺的成熟。

这首诗在意象的营造上很容易使人联想起德国后期象征主义诗人里尔克的诗篇《豹》。这两首诗都共同采用了笼中猛兽的意象。但它们在主题提炼和诗形上却很不相同。"虎"和"豹"皆可看作是受困的"伟大的意志"(《豹》)。里尔克的"豹"显得十分"疲倦","只有时眼帘无声的撩起",随后,"浸入"眼中的"图像",在一片"静寂"中"化为乌有"。它在囚困中变得绝望而无奈,它的"强韧"的生命力似乎正在渐渐磨尽。你可以把这看作人在摆脱不掉的命定中的精神状态。注定要被囚于这"狭的笼"中,无法反抗,于是什么也不愿想,也不再期待甚至没有回忆。曾卓的"虎"却相反。诗人曾说,这首诗是为一个囚禁于狱中的友人而作。所以,它是有写作的契机和直接原型的。虎在囚禁中"旋转"得十分焦躁,它"咆哮","两眼炯炯地闪光","锋锐的长牙露出"向前"扑出去",不失威风。"它深深呼吸着/栏外流来的/草野的气息","它怀念:/大山、草莽、丛林,/峭壁、悬岩、深谷……/无羁的风月,/庄严的生活"。它在回忆。它在笼中像一团"火"。火是生命力的象征,是不屈精神的象征。结尾点出全诗的题旨:"铁栏锁着/火!"可以想象火是锁不住的,火在铁栏中燃烧,它将冲出栏外,将铁栏烧熔。这团在笼中没有停止燃烧的火,是一个反抗者的形象。由此不难看到这两篇诗歌的主题差异。《豹》富于哲理沉思精神,它的画面凝重。从诗形看,也是整饬的。《铁栏与火》则富于动感,像一曲律动跳跃的乐章。每节行数字数相差很大,完全随着情绪起伏

而跃动,像跳荡的音符。动感的诗行,有很强的表现力,把笼中虎那种狂躁不屈的生命力传达了出来。节与节之间的跳跃性,使诗篇显得灵活而精炼,阅读的想象空间很宽。全诗体现了现代自由诗的创造活力。

这两首诗都带明显的主观性,都是诗人主体情绪的外化表现,但两个主体所面对的思索空间却不相同。《豹》的宇宙富于玄想,它的"铁栏"是一种无形力量,置身其中更难挣脱。《铁栏与火》的空间更有实感,"铁栏"也更加物化。你甚至可以听见"虎"撼动金属的声响。它们都展示了人的困境。相比较,《铁栏与火》更具个性色彩,《豹》则更具有普遍意味。两者的诗学空间及态度并不相同。"虎"执拗地向往符合自己个性的生活方式,拒绝"嘲弄和施舍",追求自我理想世界的"庄严"独立性。也许可以这样概括,"豹"面对的是冥冥之中无法抗拒的渊薮,也是它自身,而"虎"面对的是世俗的力量,是敌人。通过这种对比,对这首诗也许会有一个比较准确细微的理解。

(戚　钧)

有　赠

曾　卓

我是从感情的沙漠上来的旅客,
我饥渴,劳累,困顿。
我远远地就看到你窗前的光亮,
它在招引我——我的生命的灯。

我轻轻地叩门,如同心跳。
你为我开门。
你默默地凝望着我
(那闪耀着的是泪光么?)

你为我引路,掌着灯。
我怀着不安的心情走进你洁净的小屋,
我赤着脚走得很慢,很轻,
但每一步还是留下了灰土和血印。

你让我在舒适的靠椅上坐下。

有赠

你微现慌张地为我倒茶,送水。
我眯着眼,因为不能习惯光亮,
也不能习惯你母亲般温存的眼睛。

我的行囊很小,
但我背负的东西却很重,很重,
你看我的头发斑白了,我的背脊佝偻了,
虽然我还年轻。

一捧水就可以解救我的口渴,
一口酒就使我醉了,
一点温暖就使我全身灼热,
那么,我能有力量承担你如此的好意和温情么?

我全身颤栗,当你的手轻轻地握着我的,
我忍不住啜泣,当你的眼泪滴在我的手背。
你愿这样握着我的手走向人生的长途么?
你敢这样握着我的手穿过蔑视的人群么?

在一瞬间闪过了我的一生,
这神圣的时刻是结束也是开始,
一切过去的已经过去,终于过去了,
你给了我力量、勇气和信心。

你的含泪微笑着的眼睛是一座炼狱。
你的晶莹的泪光焚冶着我的灵魂,
我将在彩云般的烈焰中飞腾,
口中喷出痛苦而又欢乐的歌声……

1961年11月

选自《白色花》,人民文学出版社 1981 年版如同小说中的第一人称并不等于作者自己,抒情诗中的"我"也不能和作者画等号。但鉴于曾卓受过狂风暴雨的鞭打,曾一度被囚禁在"厄尔巴岛"上,因而把这首诗写的"从感情的沙漠上来的旅客"看作是作者的自况,把诗中写到的既是结束也是开始的"神圣的时刻"看作是作者曾有过的感情经历,想来也是完全可以的。

此诗题为《有赠》,所赠者是一位女性。这位女性的形象,具有典型意义。人们不会忘记:在"左"倾思潮统治的年代,当亲人被钉上十字架,受尽众人的嘲笑和凌辱的时候,是那些圣洁、崇高的女性,为亲人分担着寒潮、风暴和雷鸣,和亲人心连着心走上人生的长途,穿过蔑视的人群。这种以沫相濡、携手并肩、忠贞不渝的爱情,对坎坷路上的跋涉者、荆棘丛中的摸索者,显得尤其宝贵。特别是在蔑视爱、否定爱的年月,把人与人之间的相慰相勉看作资产阶级人道主义的年代,曾卓敢于颂扬男女之间存在着的亲切而温馨的爱,这对医治由于推行"斗争哲学"而造成的人们的心灵创伤,无疑大有裨益。

这首诗的篇幅虽然不长,但它所表现的感情却是丰富又复杂的,其中既有渴望自由的痛苦,也有重见阳光的喜悦;既有深深的叹息,也有崇高的誓言。不管是哪种情感,诗人均用优美的文笔把劳累困顿后受到"如此的好意和温情"的感情表现得细腻委婉,使人窥见那即使头发斑白、背脊佝偻,但青春的歌声仍在胸中轰鸣的年轻心灵。在20世纪60年代,很少有人能像曾卓这样无拘无束地袒露自己的感情世界,向读者奉献出自己带创伤的心;在许多诗人追求一种单纯、明朗、和谐的诗歌美学风格的时候,更鲜见有人像曾卓这样在欢乐曲中渗入一些苦涩的胆汁。

诗人的可贵之处,还在于表现自己的情感世界的时候,不追求表面的热烈,而用平淡的口气表达浓烈的情思。比如,分明是由黑暗中来到光明的世界,可诗人不疾走,不狂奔,而是将脚步放得又慢又轻,从这尽量克制的感情中,我们仍不难窥见诗人因重获自由而产生的喜悦心情。这种"扫除腻粉呈风骨,褪却红衣学淡妆"(鲁迅《莲蓬人》)的写法,正是诗人经过炼狱的磨难之后,对人生对艺术的理解趋向深沉的成熟的表现。平淡中寓浓烈,忧伤中含欢乐,凄苦中带甜蜜,这不仅深得艺术辩证法之精髓,而且还造成了一种复合美感,使读者味之不厌。

曾卓这首诗,由于内容上有哀愁的倾诉和感情的潜流,所以情调显得温和、节奏显得缓慢。这种情调和节奏,相当确切地、浓缩地表现了他经受时代的磨难和考验的特殊的心境。他这种自然亲切的写法和毫无矫揉造作的感情,难怪使有的读者联想到黄新波的某些线条柔和而明快的版画,联想到珂勒惠支的许多

表现母子题材的铜版画。 (古远清)

悬崖边的树

曾 卓

不知道是什么奇异的风
将一棵树吹到了那边——
平原的尽头
临近深谷的悬崖上

它倾听远处森林的喧哗
和深谷中小溪的歌唱
它孤独地站在那里
显得寂寞而又倔强

它的弯曲的身体
留下了风的形状
它似乎即将倾跌进深谷里
却又像是要展翅飞翔……

1970年

选自《悬崖边的树》，四川人民出版社1981年版

这是树的形象，也是人的形象——眷恋着乡土、经历着苦难而又怀着坚定信念的中国知识分子的形象。

诗一开始就使人触目惊心：一股奇异的风将一棵树吹到了临近深谷的悬崖上。从20世纪50年代后期开始，这种"奇异的风"将多少人吹离了正常的生活轨道，吹到了人生的边缘。生或者死——这个折磨过哈姆莱特的老问题，又重新被提到许多人面前，谁不知道在悬崖边，生与死只不过是一步之差！

风是奇异的，诗人说"不知道是什么奇异的风"，但想必读者也能意会的。树也是奇异的，因为树是植根在大地上的，除非连根拔起，否则是不会被风吹动的。然而树居然被风吹动了，又居然还能站立在悬崖边上，风只不过吹弯了它的身体，并不能使它脱离大地。这在生活中是悖于常理的。诗人使用了这种明显是错位的写法，因为在当时，生活中悖于常理的事已司空见惯，不足为奇了。

倔强的树站在悬崖边上,孤独而又寂寞——在那正常的人与人的交往常被视为非法的不正常的年代,有谁不曾感到孤独和寂寞呢。然而,它依然保持着对生活的热爱,它在倾诉:远处森林在喧哗,谷中小溪在歌唱。这是生命之歌,是天籁,也是人籁,是任何"奇异的风"遏制不了的。生活有自己的旋律,历史有自己的法则,世界有自己的声音,而悬崖上的树正在倾听着这一切。

对于一棵树或是一个人来说,完全有可能被"奇异的风"吞没或毁灭,然而信念和理想却是不可夺去的,对真理的追求也是无法遏止的。诗的结尾两句同样是令人惊心动魄的:"它似乎即将倾跌进深谷里/却又像是要展翅飞翔……"

曾卓的诗,一向以思想敏锐、文笔潇洒、形象鲜明见称。这首诗保持了这些特色,还增添了那个特定的时代所给予人也给予诗的沉重又沉痛之感。虽然那一页已成为过去,但诗人所塑造的悬崖边的树的形象,却是令人难忘的。

(罗 洛)

我 遥 望

曾 卓

当我年轻的时候
在生活的海洋中,偶尔抬头
遥望六十岁,像遥望
一个远在异国的港口

经历了狂风暴雨,惊涛骇浪
而今我到达了,有时回头
遥望我年轻的时候,像遥望
迷失在烟雾中的故乡

选自《悬崖边的树》,四川人民出版社 1981 年版

《我遥望》短短八行,看似平淡之至,其实蕴含深厚,值得细细咀嚼和回味。新诗中反映童趣、母爱的作品不少,描写老年的境遇和心态的作品也时有所见,但像此诗将年轻时期和老年时期分置人生之旅的两端,然后加以审视和回顾的写法却前所未有,真可谓别有一番滋味在心头了。

立意好,表现更佳,请看诗中前后两个比喻,多么丝丝入扣。第一节,先点明"生活的海洋",接着用了"异国的港口"作喻,取得了不同一般的表现效果:第一,有"海洋"就有航行,有航行,就会到"港",这是顺理成章的事,读者读来有思

想准备,不会产生隔阂。第二,"港口"是人群熙来攘往、货物聚而复散之处,它那种热闹的气氛、多彩的场景和年轻人色彩斑斓的理想正相吻合。第三,在"港口"之前冠以定语"异国的",这就凭空增添了几分神秘的色彩,年轻人的理想可望而不可即,可以预料却又难以把握,用"异国的港口"作喻,可谓恰当之至。第四,对于年轻人来说,尽管六十岁是极其遥远的未来,但并不意味着生活的终结,"港口"恰恰既是旅行的目的地,又是一个新的起点,和那种死气沉沉的"归宿地"无干,这又正好体现出年轻人的远大抱负。

  诗的第二节以"狂风暴雨,惊涛骇浪"开头,这是为了呼应"生活的海洋",把前后两节构成一个艺术的整体。这一节结尾处的"烟雾中的故乡"和"异国的港口"之喻同样出色。杜甫《小寒食舟中作》诗云:"春水船如天上坐,老年花似雾中看。"老眼昏花,触目所及,全像罩在一层薄雾中似的,此中甘苦远非年轻人所能体会,曾卓作此诗也许从老杜诗中受过启发。当然,此处提出"烟雾中的故乡"这一比喻,不仅着眼于老年人的生理特征,更主要还是基于老年人的心理状态。人到老年,差不多都会萌发一种愿望:人生要是重返童年时期,那该有多好啊!而"故乡"不是别的,正是自己的诞生地,是童年时沐浴父母慈爱之光的栖息所,故乡的山山水水多么令人神往,当年的亲情友谊多么令人怀念,还有故乡那特殊的风俗习惯,童年住惯了的房屋场院……这一切无不散发着温馨的气息,无不滋润着渴望"归根"的老年人枯寂的心灵。可见诗人此处不写别的,独独拈出"故乡",真是妙不可言,遗憾的是经过几十年风雨的侵袭和剥蚀,记忆的"底版"上难免褪色,于是诗人巧妙地化漫长的"时间"为辽阔的"空间",把记忆中的"童年"和"故乡"一下子推向"烟雾"深处,变得又清晰又朦胧,永远不可企及了。

  两个比喻,两番心态。"港口"与"故乡"并不稀罕,可说尽人皆知,但这并没有取消它们作为"喻体"的资格,重要的是看它们用在什么地方,有没有展示事物的精髓。刘勰《文心雕龙》云:"比类虽繁,以切至为贵。"《我遥望》正是一首用喻"切至"的好诗。

(孙光萱)

【诗人小传】

曹葆华

(1906—1978)　四川乐山人。1931年毕业于清华大学西洋文学系,后在清华大学研究院学习。1939年去延安,在鲁迅艺术学院文学系任教。1944年起在中共中央宣传部从事马列主义经典著作的翻译。1962年任中国科学院外国文学研究所研究员。

西 北 哨 兵

曹葆华

背着半边蓝天,
顶着一轮红日,
站在黝黄山坡上,
——脚下倒着黑黑影子。
你以三尺白钢刀,
作民族的守望哨。

不怕塞上尘沙,
不怕岭外风暴,
睁着一双火红眼睛,
——眼皮从不爬上疲劳。
控制着群山万壑,
天下第一险道……

选自《中国文化》1940年第1卷第2期

  诗人写于抗日战争最艰苦时期的《西北哨兵》,是一首对抗日战争的中坚力量——中国共产党和八路军以及人民大众的颂歌,寄寓了诗人无限深厚的感情。当时诗人在延安,处在抗战前沿,目睹并亲身参加了艰苦卓绝的对敌斗争,因而对共产党在抗日战争中的地位和作用有着深切的体会,对战争的场面和英勇事迹也了解颇多。这也许是这首诗形成的主要依据和感情基础。

  颂诗,常易流于直露,这是不善于思索者的通病。诗人选取西北哨兵这一形象,以简练、干净的笔触勾勒哨兵"站在黝黄山坡上"的雄姿,勇斗风暴尘沙的身影,画出因为愤怒烧红的永不疲倦的眼睛,以"民族的守望哨"暗示出"他"不是一个人,而是英雄的群体形象,从而使党的形象具体化,给人以生动、明确的印象。这种象征,读来似乎"得来全不费工夫",实际上诗人是经过反复筛选、比较才实现的。

  这首诗的另一个可贵之处,就是简洁凝练。它没有罗列一大堆事实,没有节外生枝,而只是紧紧抓住"哨兵"与"党"这两个事物的特征和它们的内在联系,用点睛之笔,写出形象的精神,将丰富的感情浓缩成诗行,取得了以小喻大、以少胜

多的艺术效果。 (颜廷奎)

杜 谷

（1920— ） 原名刘锡荣，后名刘令蒙。江苏南京人。1938年起开始发表诗文，与人创办《华西文艺》月刊。1940年到重庆在文化工作委员会文艺组工作，同时在《抗战文艺》《七月》等刊物发表诗作。1943年加入中华全国文艺界抗敌协会四川分会，并在四川大学文学院组织平原诗社。1949年加入中国共产党。1950年后任《西南青年》主编、中国青年出版社编辑。1961年调西安等地中学任教。1980年任四川人民出版社副总编辑。主要作品有诗集《泥土的梦》等。

泥土的梦

杜 谷

泥土的梦是黑腻的

当春天悄悄来到北温带的日子
泥土有最美丽的梦

泥土有绿郁的梦
灌木林的梦
繁花的梦
发散着果实的酒香的梦
金色的谷粒的梦
它在梦中听见了
孩子们的刈草镰
和风车水磨转动的声音

它在梦中听见了
潺潺的流水

和牝牛低沉的鸣叫
和布谷鸟催耕的歌
和在温暖的池沼
划着橘色的桨的白鹅的恋曲

我们从南方回来的漂亮的旅客
太阳，正用它金色的修长的睫毛
搔痒着它
春风又吹着它隆起的乳房
它美丽的长发
它红润的裸足
吹卷着
它的宽大的印花布衫的衣角

一天夜里
旷野降下了滂沱的大雨
雨以它密密的柔和的小蹄
不停地吻着泥土
激动地摇拍着泥土
热情地抚摸着泥土

泥土从深远的梦里醒来
慢慢睁开晶莹黑亮的大眼
它眼里充满了喜悦的泪水
看，我们的泥土是怀孕了

选自《白色花》，人民文学出版社 1981 年版

《泥土的梦》一诗于 1941 年在胡风主编的《七月》杂志第 1 期刊出后，同年《希望》杂志第二期便作了如下的评骘："深深的没入了地母的呼吸，气息，希望，欢喜，以及忧伤与痛苦，诗人才能够唱出了这样深沉的大地的歌。这样的歌，只

有深爱祖国的诗人,善良到像土地一样善良的诗人,坦白到像土地一样坦白的诗人,才能够唱出的。"这首杜谷的代表作,充满泥土的气息,又具更浓的抒情色彩,他对于他所描写的泥土、春天、太阳都那样一往情深,他对泥土的礼赞,犹如一首绕梁不绝的回旋曲,清丽婉转,舒展自如。

诗人通过对"泥土的梦"的描述,深切地抒发了他对祖国和大自然的热爱。泥土的梦,无论是"黑腻的",还是"绿郁的",都不是着意于空泛的、虚无缥缈的幻想,而是与现实紧密相联,融为一体,诗人含蓄而委婉地抒写了天地交感的始末。与其说是"梦"的遐思,不如说是现实的希冀。泥土为何"眼里充满了喜悦的泪水"? 是因为它受到了阳光的沐浴,春风的轻拂、春雨的滋润;是因为"我们的泥土是怀孕了"——尽管战火纷飞,但是,广袤的土地上种子还是萌芽、结果,万物还是繁衍、生长。这首诗既充满着诗人对春天的期待和热盼,也蕴含着富有生命力和创造力的炎黄子孙对美好生活的迫切愿望和热烈向往。它像一团火,燃起人们的热情;它像一杯浓酒,使人热血沸腾,勇敢地去为新生活献身。

诗歌大多有意象,但像《泥土的梦》中一系列清新动人的意象叠现,实属罕见,足见诗人独出心裁。刈草镰的沙沙声、风车水磨的转动声、潺潺流水声、牝牛低沉的鸣叫声、布谷鸟催耕的啼唤声,"和在温暖的池沼/划着橘色的桨的白鹅的恋曲",每个意象都不乏浓烈的春天气息;这些意象的组合又构成了一阕悠扬动听的"春之恋"田园交响曲。

泥土在诗人的笔下完全拟人化了,它仿佛成了一个亭亭玉立、楚楚动人的少女,"美丽的长发""红润的裸足""晶莹黑亮的大眼""隆起的乳房",身着"宽大的印花布衫",如此丰富、美妙的想象力,正是寄托着诗人对丰腴富饶的国土的殷殷之情。诗中的比喻也是不同凡响,如,密密的春雨被喻为"柔和的小蹄","不停地吻着泥土";至于春雨"激动地摇拍着泥土/热情地抚摸着泥土"则是合理有节的夸张;一连串的"泥土""在梦中听见了",通感的修辞手法调动了读者的感官功能,使难以描绘的"泥土的梦",化为可闻其声、可品其味、可视其景的具体物象。这首构思精巧、意境明丽的诗曾受到闻一多的赏识,被编入他的《现代诗钞》。

(沈 栖)

魏 巍

(1920—2008) 原名魏鸿杰，笔名红杨树，河南郑州人。1937年参加八路军，1938年在延安抗日军政大学学习。毕业后赴晋察冀边区和华北战场，先后任营教育干事、宣传干事、科长、团政委等职。新中国成立后历任《解放军文艺》副主编，解放军总政治部创作室副主任和文艺处副处长，北京军区宣传部副部长和文化部长。1939年开始写诗和通讯，曾与田间等人倡导街头诗运动。1950年赴朝鲜前线采访，写了《谁是最可爱的人》《年轻人，让你的青春更美丽吧！》等报告文学作品。另有长篇小说《东方》。

午 夜 图

魏 巍

午夜里，
在敌人多路扑来的山村，
电话铃急急地响着。

听，听不见枪声，
树叶在簌簌地飘落……

呵，这时，
葫芦架那边，
一堆红艳艳的灶火，
照花了我。

哦哦，红火边坐着一个巨人，
像风里的树影跳跃在大地，
那跳跃的红色的火光，
飞满了他一身。

他那滚过大雷雨的胸膛，

总是这样半坦露着。
你看他,
一块,一块,
把劈柴投向灶火,
谁能从这个战士的灵魂,
看出我们被重兵围困?

午夜里,
红艳艳的灶火,
照花了我。
看哪,葫芦架那边,
山草呼啸中,
坐着的是我们的民族……

1941年9月19日易县徐家反"扫荡"中
选自《黎明风景》,人民文学出版社1955年版

《午夜图》是诗人1941年反映八路军抗击日本侵略军"扫荡"的早期诗作。

顾名思义,这是一幅午夜所见的图景。诗人似乎更喜欢从侧面表现八路军战士,他没有写战士在残酷激烈的战斗中所表现出来的英勇壮举,而是选择了战斗来临前的关键一刻,通过一个坐在灶火边的战士镇定自若的举止神态的诗意描绘,讴歌了八路军战士的大智大勇及其在抗敌斗争中的砥柱作用,揭示了人民必胜的光辉前景。也许,这幅图景很常见,也很平凡,但由于诗人把它置于特定的场景气氛中,并运用了多种艺术手段,因而能化平凡为非凡,增强了它的艺术感染力。

诗作一开始就以富于悬念的急促之笔,揭开沉沉夜色中被敌包围的小山村惊心动魄的一幕:电话铃急促地响起,小山村静得出奇,连树叶飘落的声音都能听见。可以想见,在这暴风雨前的短暂宁静下,潜伏着一声巨雷,令人紧张不安,预示着一场残酷的战斗就要爆发,非有强健的神经和顽强的意志不能忍受,这就为图景塑造了紧张神秘的心理氛围,并为后面出现的人物形象作了铺垫和烘托。

从第三节开始,诗作饱蘸对八路军战士的热爱和崇敬,缓缓推出了战士伟岸高大的剪影:他静静地坐在灶火边,红色的火光飞满他一身,使他显得鲜明生动、光彩照人;他镇定自若地半坦着胸膛,一块一块把劈柴投向灶火的动作,更突出了他的沉着镇静,给人以强烈的信赖感和安全感。就在这由晦暗到明亮,由紧张到舒缓的鲜明的艺术对比中,诗歌以个别反映一般,形象地展现了八路军坚不可摧的力量和勇敢无畏的精神。

诗歌没有停止在对图景的具体的形态描绘上,在诗的最后一段,诗人展开丰富的艺术想象,通过那双"照花了"的眼睛,引导读者从战士身上,看到我们民族的身影、民族的希望,化实为虚,开拓了诗的境界,引人思索,从而深刻揭示了八路军力量源泉之所在,把对战士的歌颂上升为对民族伟力的歌颂,把一幅具体的午夜图变为一幅象征民族希望、象征胜利前景的光明图!

(徐生林)

蝈蝈,你喊起他们吧　　　　魏　巍

战斗了一夜一早晨,战士呵,
用满挂露水的刺刀,
割一枝红酸枣吃下你便睡了!

睡得这样甜呵,
树影在你的军大衣上绣起了花朵,
大红枣跳到子弹带上你也不知道。

螳螂,你这勇敢美丽的昆虫,
你站在战士的脚上,触须轻轻舞动。
你可是在偷看他们的梦?

你可曾看见,在他们的梦里:
手榴弹开花是多么美丽,
战马奔回失去的故乡时怎样欢腾,
烧焦的土地上有多少蝴蝶又飞上花丛!

呵！蝈蝈，你喊起他们吧！
在升起笔直的青烟那边，
早饭已经熟了。

1941年9月24日易县铁管沟门反"扫荡"中

选自《黎明风景》，人民文学出版社1955年版

如果说，诗人的《午夜图》是一幅充满紧张神秘气氛的午夜备战图，那么，这首诗恰好是一幅恬静安谧的战士晨睡图。诗中没有出现呼啸的枪林弹雨，也没有奋勇拼杀的战斗呐喊，战争的激烈残酷已被淡化成背景，留下的只是一场暴风雨过后的令人惬意的宁静。然而，气氛越是宁静，就越能衬托战斗的激烈，战士睡得越香越沉，就越能透露他们在激战中付出的勇敢和辛劳。诗人截取这一具有特殊暗示意义的生活画面，通过对战士深浓睡意和奇幻梦境的生动描绘来表现八路军战士，无疑比正面描述更巧妙，也更能引人联想。

物我结合的重叠抒情，是诗歌的表现特色。诗人几乎是用晨露润物般轻柔的笔触，撷取战场生活的典型细节，创造了一个极明净、极优美的意境，几乎每一行每一句都饱蘸着对战士的无比热爱和崇敬，极少单纯的描写和陈述。诗中存在着一个由人到物，物我结合的潜转过程：开始两节抓住割一枝红酸枣吃下倒头便睡，大红枣跳上子弹带也不知道等细节，直接抒写了经过一场恶战的战士的困乏。从第三节起，笔锋暗暗一转，把抒写的对象转向那只歇在战士脚上的螳螂，由它去窥探战士的梦幻。这样极自然地爱屋及乌，通过对螳螂的拟人化描写，并以它为抒情的中介，新奇而自然、曲折而委婉地揭示了战士的美丽宽广的胸怀，透露出他们健康乐观的革命精神状态。

挖掘事物的美进而作出富于诗意的描绘，是诗歌的美学追求。诗人仿佛有一支彩笔，不少事物一经他点染，便具有了艺术美感。请看，树影落在军大衣上"绣起了花朵"，这是斑斓之美；站在战士脚上的螳螂轻轻舞动触须，这是轻柔之美。更令人赞叹的是，诗人不仅能发现美，而且还能把不美的事物写得很美。在诗人笔下，手榴弹开花是美丽的；烧焦的土地也是美丽的……严酷的战争在诗人的笔下竟然如此富有诗意，绝不是因为诗人特别嗜好战争，而是他对中国人民所进行的一场正义战争有着深刻理解，目的是为了歌颂八路军战士为保卫祖国江山而战的崇高的精神境界。

(徐生林)

彭燕郊

彭燕郊（1920—2008） 原名陈德矩，福建莆田人。1938年开始在新四军军报《抗敌报》及军刊《抗敌》，胡风主编的《七月》杂志发表诗作。1940年主编诗刊《半月新诗》，1943年主编《诗》杂志，1949年主编《光明日报》的"文学"周刊。出版诗集《春天——大地的诱惑》《战斗的江南季节》等，散文集《浪子》《高原行脚》，评论集《文艺学习手记》《和亮亮谈诗》。

殡 仪

彭燕郊

在冬天的郊外我遇到一队出殡的行列
凄凉地，悲哀地向着空漠的荒野移行

四个土夫抬着一部单薄的棺材
麻木地，冷淡地吆喝无感触的吆喝
好像抬的不是一个刚才消没的生命
而是一块石头，或是一段木料

跟随在那后面，一个女人絮絮地啼泣着
独自哭诉死者的苦难的生前和身后的萧条
一个披麻戴孝的孩子，恐怖地，慌乱地
用干黄的小手牵住了母亲的衣角

在那里等待死者的是冰冷的墓穴
在那里他将无主意地任别人摆布
那些土夫将在他的棺材下垫四块砖头
让他的脸朝向生前的住宅
而他的亲人——像两只悲哀的毛虫
匍匐着，那女人嘶哑的喉咙已顾不上号哭
将要忙乱地教教孩子跟着她一起

殡 仪

撒一把沙土在那黑色的永恒的床上

他将成为此地的生客,人世的过来人
残忍地撇下孱弱的母子俩
私自休息去了,
到不可知的土地上流浪
他已完成了一场噩梦
和一场无结果的挣扎……

今天晚上,他将化为一阵阴风
回到乍别了熟识的故居
像往日从田野里耕罢归来一样
他将用他那紫色的手
抚摸那还没有编好的篱笆
他将用那鱼肚白的眼珠审视
那菜畦里的菜是不是被夜霜打了蔫了菜心
他将用那寂灭了的耳朵谛听
畜棚里那条病了的老牛是否睡得安稳
那些老鼠是不是又在搜索瓮底的余粮
他将用他那比雨滴还要冰冷的嘴唇
去亲吻那蒙着被睡觉的孤儿
和在梦里呼唤他的小名的
那脸上被悲哀添刻了皱纹的妻子

他将向写着自己的名字的灵牌打恭
他将向灵堂上素白的莲花灯礼拜
他将感谢那对纸扎得很好看的金童玉女
——代替我,你们来热闹我的贫寒的家了

草叶之下的地阴里,我可爱的妻子和孩子呵
什么事都不像你们此刻安排的这样如意呢
但是,因为我是死了
我已经知道了许多你们无法知道的事情……
他将托梦给他的无法维生的家属
用神秘的、黑色的、哑哑声音说话:
那边,在屋后的山坡上
古松树下,几十年前,曾经有一处行商
埋了一瓮银子在那里……

你们必须按照我的嘱咐行事
不要有半点迟疑:
八月十五夜,子时
当月亮稍偏向西的时候
你从倒地的树影的梢头,挖下三尺深
你就可以得到那一瓮银子
此后的生活
就不用愁了……

选自《彭燕郊诗选》,湖南人民出版社 1984 年版

彭燕郊是著名的"七月派"诗人,十几岁就开始创作新诗。1939 年起在《七月》《抗敌》《现代文艺》等刊物上发表作品。他前期的诗歌作品带有讴歌抗战、反对独裁等鲜明的时代色彩,具有独特的艺术风格。《小牛犊》《殡仪》《村庄被朔风虐待着》等诗,成为新诗中反映中国农村和农民生存状态的经典之作。新中国成立后因"胡风案"受到牵连,彭燕郊被迫沉默了 20 年,但他始终没有放弃写作,他这一时期的作品成为中国当代文学"潜在写作"的重要文本,受到文学史研究者的高度重视。

《殡仪》是彭燕郊早期所写的一首奇特的诗,前半部分描写的是一个农民死后,亲人雇人将之埋葬的场景。作者采用一系列灰暗阴沉的意象,如"冬天的郊外""单薄的棺材""无感情的吆喝""冰冷的墓穴""两只悲哀的毛虫"等,极力渲染埋葬死者时阴森凄凉的氛围。尽管让人感觉很不舒服,但这种殡仪在

旧中国凋败的农村中确实是常见的,并不算出奇。出人意料的是诗的后半部分,这个已经被埋葬在黄土中的农民在当晚"将化为一阵阴风/回到乍别了熟识的故居",像往常一样看顾妻子和孩子,照料家务,并托梦给家属,告诉他们在屋后的山坡上埋了一瓮银子,这就平添了几分魔幻的色彩,可谓具有"先锋性"和独创性。

这位劳苦一生的农民死了,但沉重的家庭负担却使其不能获得真正的安息,其阴灵还念念不忘家中未了的事务,这更体现出了广大农民悲惨的命运。老农的狡黠与愚昧、伟大与渺小在此浑为一体,唤起读者无尽的感喟和深深的同情。彭燕郊的诗既歌颂人民天然的纯朴向上的品质,也自觉揭示底层人民精神上的麻木、消沉状态,充分诠释了从鲁迅的改造"国民性"到胡风的"精神奴役的创伤"的理念。聂绀弩在读了这首诗后,不无激动地写道:"这'自私'的农民!谁会这样剔出过农民的精魂?谁又曾看见农民的连死了也不能完了的悲凉!"

我们从彭燕郊早期的诗作中可以看出他对南方农村的熟悉和挚爱,诗中描写的农家生活的种种细节,都是很有质感的,否则他的诗就不会这样真切感人。可见《殡仪》是诗人从现实生活中直接捕获的,种种奇幻的想象也是以现实为基础的。七月派的流派特征在彭燕郊的诗中表现得比较明显,即写作家熟悉的经验、自由地抒发性情。不过作者也明显受到了西方现代诗歌的影响。那种死后回来的新奇写法,被一些评论家称做"鬼话",这样的手法在中国古典文学中是不多见的。我国古代诗歌传统、艾青等新诗人及波德莱尔等西方诗人的影响,在彭燕郊的诗歌中都隐约可辨。

本诗原载《现代文艺》1941年第3卷,收入《彭燕郊诗选》时作者作了部分改动。

(孟 晖)

许幸之

【诗人小传】

(1904—1991) 原名许达,江苏扬州人。1925年赴日本东京美术学校学习。1927年回国后,在中华艺术大学、天一和电通影片公司、上海剧艺社、鲁迅艺术学院华中分院从事教育和艺术工作。抗日战争胜利后历任苏州社会教育学院、上海市立实验戏剧学校、中央美术学院教授,中央电影制片厂编导等职。

铁蹄下的歌女

——献给聂耳

许幸之

我们到处卖唱,
我们到处献舞。
谁不知道国家将亡,
为什么被人当作商女?

为了饥寒交迫,
我们到处哀歌,
尝尽了人生的滋味,
舞女是永远地飘流。

谁甘心做人的奴隶?
谁愿意让领土沦丧?
可怜是铁蹄下的歌女,
被鞭挞得遍体鳞伤。

选自《诗歌时代》,海石书店1941年版

歌女,是处在社会最底层的被侮辱、被损害的女性。九一八事变后,当灾难深重的中国人民在受到阶级压迫的同时又受到外敌欺凌时,她们便成为阶级苦难和民族耻辱的最集中的承受者。虽然,她们强颜欢笑,饱受蹂躏,但最令她们痛苦和不平的却是社会对她们的歧视。这首歌词正反映了在日本侵略者铁蹄下的中国歌女的悲惨境遇和不平心声。

全诗用歌女自诉自叹的口吻写出。诗的第一节以哀怨的语气,吐出了郁结在歌女心中的最大的委屈:她们到处卖唱,到处献舞,被人当作商女。商女,本是古代以歌唱为生的乐妓,历来被认为是灵魂麻木,不知家难国仇的卖笑女郎,唐代诗人杜牧就有这样的诗句:"商女不知亡国恨,隔江犹唱后庭花。"(《泊秦淮》)其实,悲惨善良的歌女也有自己的祖国,也有一腔爱国热情,"谁不知道国家将亡,/为什么被人当作商女",她们在诘问中,既对社会的传统偏见提出抗议,又向人们呼唤真诚的理解。诗的第二节则转而表现她们的悲惨生活,简明扼要地勾勒了她们为饥寒所迫,不得不到处哀歌,四处漂流的艰难困境,期望社会能理解她们歌声中的血泪和悲愤。诗的最后一节再次由低婉转入激切,在"谁甘心做人的奴隶?/谁愿意让领土沦丧?"的反问中,又一次强化和宣泄了心中的愤懑和不平,维护了歌女人格的尊严。她们虽然身份低贱,被侵略者和传统偏见鞭挞得遍体伤痕,但她们并没有屈服,一旦时机成熟,同样会毅然投入抗日救国的战斗行列。

由于作者选择了歌女这个社会最弱者的特殊角度,通过对这群痛苦善良的灵魂的真实写照,以小见大,以弱衬强,以善显恶,因而能够集中而深刻地反映整个民族遭受外敌凌辱的深哀剧痛,反映中国人民不甘当亡国奴的抗争意识。这首诗的感情深沉强烈,起伏有致;语言凝练流畅,通俗易懂。特别是运用了不答自明,语气强烈的反问句式,使歌女的爱国情感和抗争意识得到了淋漓的抒发。

(徐生林)

【诗人小传】

穆 旦

(1918—1977) 原名查良铮,浙江海宁人。1940年毕业于昆明西南联大外文系,后留校执教。1948年赴美国留学,入芝加哥大学英国文学系学习。1953年回国,任南开大学外文系副教授。40年代初开始诗歌创作。诗作具有深厚凝重的特点。在外国诗歌翻译方面也有较大成绩。

诗 八 首

穆 旦

一

你底眼睛看见这一场火灾,
你看不见我,虽然我为你点燃,
唉,那烧着的不过是成熟的年代,
你底,我底。我们相隔如重山!

从这自然底蜕变程序里,
我却爱了一个暂时的你。
即使我哭泣,变灰,变灰又新生,

姑娘,那只是上帝玩弄他自己。

二

水流山石间沉淀下你我,
而我们成长,在死底子宫里。
在无数的可能里一个变形的生命
永远不能完成他自己。

我和你谈话,相信你,爱你,
这时候就听见我底主暗笑,
不断地他添来另外的你我
使我们丰富而且危险。

三

你底年龄里的小小野兽,
它和青草一样地呼吸,
它带来你底颜色,芳香丰满,
它要你疯狂在温暖的黑暗里。

我越过你大理石的理智底殿堂,
而为它埋藏的生命珍惜;
你我底手底接触是一片草场。
那里有它底固执,我底惊喜。

四

静静地,我们拥抱在
用言语所能照明的世界里,
而那未形成的黑暗是可怕的,
那可能的和不可能的使我们沉迷。

那窒息着我们的
是甜蜜的未生即死的言语,

它底幽灵笼罩,使我们游离,
游进混乱的爱底自由和美丽。

五

夕阳西下,一阵微风吹拂着田野,
是多么久的原因在这里积累。
那移动了景物的移动我底心,
从最古老的开端流向你,安睡。

那形成了树木和屹立的岩石的,
将使我此时的渴望永存,
一切在它底过程中流露的美,
教我爱你的方法,教我变更。

六

相同和相同溶为怠倦,
在差别间又凝固着陌生;
是一条多么危险的窄路里,
我驱使自己在那上面旅行。

他存在,听我底指使,
他保护,而把我留在孤独里,
他底痛苦是不断的寻求
你底秩序,求得了又必须背离。

七

风暴,远路,寂寞的夜晚,
丢失,记忆,永续的时间,
所有科学不能祛除的恐惧
让我在你底怀里得到安憩——

呵,在你底不能自主的心上,

你底随有随无的美丽形象,
那里,我看见你孤独的爱情
笔立着,和我底平行着生长!

八

再没有更近的接近,
所有的偶然在我们间定型;
只有阳光透过缤纷的枝叶
分在两片情愿的心上,相同。

等季候一到就要各自飘落,
而赐生我们的巨树永青,
它对我们不仁的嘲弄
(和哭泣)在合一的老根里化为平静。

一九四二年二月
选自《旗》,文化生活出版社 1948 年版

  这是一组有着精巧的内在结构,而又感情强烈的情诗。全组诗贯穿着三股力量的矛盾斗争。这三股力量是"你""我"和代表命运和客观世界的"上帝"。在"你"和"我"这对情人之间既有着不可逾越的距离,又有着强烈的吸引力,而上帝在这里是冷酷无情的,他作弄着这一对情人。下面就分析这些力在八首诗中的运动。

  第一首。"你"的代表是"眼睛","我"的代表是"哭泣"。两人之间的距离表现在"我们相隔如重山",而这隔离了情人们心灵的"重山"即是上帝的代表。火灾不过是两个人"成熟的年代的燃烧",不是心灵的相合,因此,"我"只能爱一个"暂时的你",就是说这不是有持久不变的力量的爱。上帝玩弄着情人,让"我"多次生死,但"那只是上帝玩弄他自己"。这里是一个惊人的转折,"我"又变成"上帝"自己,好像亚当是上帝所造,耶稣是上帝的儿子,上帝让"我"痛苦也就是玩弄他自己,这样上帝和"我"都跌入同一的痛苦的关系网中,事情变得十分复杂了。

  第二首。第一节头两行是写创造"你""我"而又不允许他们成活的暴行,自然这是"上帝"的暴行。在第一节中,"生"与"死"并存,"希望"和"绝望"并存;两股相斗争的力量,却被上帝同时运用着,这样就使情人受着不能忍受的刑罚。

"水流"是活力,但成胎后却被监禁在"死底子宫里",因此,"永远不能完成他自己",这是上帝对自己的造物的惩罚。第二节写上帝在暗笑情人的真挚情感,使他们不断地变化,在变化中因为有新的发展而丰富起来,但也同时面临失去爱情的危险,这里又是矛盾的力的结合和相克。上帝,"你","我",在不可控制中相冲撞。

第三首。这一首充满了爱情的感性形象。矛盾暂时平息,或潜伏起来,好像交响乐的第二章,以抒情为主,有着甜蜜的旋律和火样的热情。

第四首。沉醉在暂时的幸福里,距离暂时消失,隐隐地意识到黑暗在未来等待着。甜蜜的语言没有说出就已经死去,表达了类似战争前夜的宁静,死亡前的幸福。沉醉停在表层,恐惧隐在底层;表现出来的是假象,隐藏的却是真实的。爱情受到威胁,危险就在角落里等待。一种不祥之感使读者产生了悬念。

第五首。这首像一场"我"的独舞和独白"上帝"和"你"都暂时隐退。舞台上只有"我"独自面对着他的"自我"。"上帝"的肉身(自然)暂时变得慈祥起来,它让微风吹拂着田野,使疲于斗争和痛苦的"我"暂时得到喘息,享受着难得的宁静;而且"自然"在给这受伤的心灵以鼓励和慰藉。因此,"我"感受到那神秘的力量的爱抚:"那移动了景物的移动我底心,/从最古老的开端流向你,安睡。"神圣的"自然"中的爱的力量充满了一切过程:"一切在它底过程中流露的美,/教我爱你的方法,教我变更。"

但这首诗仍然是这场悲剧中一个暂时的充满柔情的过渡。危险并没有消失,这样就引来下一首的激昂的痛苦的呼声。

第六首。在无穷地变化和运转中,滞留就意味着丧失生命的媚力。然而追随着大千世界的运转,不断从差异到差异又使一个凡人的心灵感到难以招架。所以在疲惫和陌生的轮流交替之下,情人在一条危险的窄路上旅行。于是"我"忽然分裂成两个人格,于是我们第一次遇到一个"他":这个"他"是外在的"我",而"我"是将自己封锁在寂寞孤独里的那个人格。"他"不断地追寻"你"的规律,但"求得了又必须背离"。这就是外在的"我"的痛苦,在这首诗中变化无常的爱的规律被诗人将它和宇宙的不停运转串联起来,因而获得无限的深度。

第七首。在这首诗中情调又转向低沉。"我"的旅行是孤独、寂寞和恐惧的,只能祈求在"你"的怀里得到平息。"你"这里具有圣母般神圣而平静的形象,并含蕴着活着的爱的光影,这爱和"我"的爱平行生长,不过"我"的显然不能很容易达到目的。第七首以不肯定结尾。

第八首。由于"所有的偶然在我们间定型","我"和"你"所能共享的命运只像透过枝叶落在两片叶子上的阳光那样短暂,更多的接近已经无望了。上帝的暴力统治是强大不可动摇的,这里赐给情人生命的"永青巨树"——上帝的符号——接受情人们最后一次诅咒,诅咒他对情人们的"不仁的嘲弄",但等冬季来临时造物将他对情人们的嘲弄和爱人们的尸体(落叶)一起埋葬在它的根部。恨、诅咒、爱在合葬中化为平静。这种宗教式的结尾留下一种庄严肃穆的冷寂凄凉情调,有安魂曲式的美。

这八首诗有着紧密的内在联系,首与首间相呼应,始终贯穿在八首诗中的主题是既相矛盾又并存的生和死的力,幸福的允诺和接踵而至的幻灭的力。这是潜藏的一层结构,在表面的另一层的力的结构则是"我""你"和"上帝"(或自然、造物主)三种力量的矛盾与亲和,这三种力量出现在诗里经常有他们的化身来代表。以下略举他们的几种化身。

"上帝":"火灾"、"重山"、"自然底蜕变程序"(1)、"水流"、"死底子宫"、"我底主"(2)、"黑暗"(4)、"那移动了景物的"、"那形成了树木和屹立的岩石的"、"一切……流露的美(5)、"恐惧"(7)、"阳光"、"巨树"、"老根"(8);

"我":"哭泣"、"变灰"(1)、"变形的生命"(2)、"他"(6);

"你":"眼睛"(1),变形的生命"(2)、"小野兽"、"青草"、"草场"、"殿堂"(3)、"美丽形象"(7)、"树叶"(8)。

《诗八首》中爱情的多变、复杂、纠缠,完全是通过它的双层,三条力的结构表达出来的,一首诗的结构正像一株大树的树干和枝条,那些悬在枝条上的累累果实常常是"意象",《诗八首》的丰产的果实给它增添不少浓郁的果香,但这还只是它的有形结构,这些力的枝条的分布是精美的,但若要寻找诗的真正生命泉源,我们还得了解在那树干里和每条长枝里流着的树液,它们形成看不见的能量的网,使得这诗永远有生命力。有形的结构,和为这结构增加感性媚力的有着繁殖功能的意象都需要这不可见的生命液的营养。如果以中国通俗的"形""神"来论,一切有形的结构是诗的形体,而那使得有形的结构,包括它的意象、暗喻、换喻、活起来的都是那无形而存在的"神"。在分析《诗八首》时必须从它的力来入手,找出力的方向,与它们之间的结构关系,以及它们的化身(意象、暗喻、换喻),但最后我感觉到贯穿在整个结构中,使一切永远是活的,运动着的,还是诗人付给这组诗的无形的"神"。这组诗留给我们的影响不再是那枝节的精美,而是它的哲学高度,个人爱情经历与宇宙运转的联系,这个层次是不能单纯从对有形结构的分析中得到的,只有重新回到"神"的高度时才能进入这一层的欣赏和理解,这是一层本质而无形的最高结构。

(郑 敏)

赞　美

　　　　　　　　　　　　　　　　　　　　穆　旦

走不尽的山峦的起伏,河流和草原,
数不尽的密密的村庄,鸡鸣和狗吠,
接连在原是荒凉的亚洲的土地上,
在野草的茫茫中呼啸着干燥的风,
在低压的暗云下唱着单调的东流的水,
在忧郁的森林里有无数埋藏的年代。
它们静静地和我拥抱,
说不尽的故事是说不尽的灾难,沉默的
是爱情,是在天空飞翔的鹰群,
是干枯的眼睛期待着泉涌的热泪,
当不移的灰色的行列在遥远的天际爬行;
我有太多的话语,太悠久的感情,
我要以荒凉的沙漠,坎坷的小路,骡子车,
我要以槽子船,漫山的野花,阴雨的天气,
我要以一切拥抱你,你,
我到处看见的人民呵,
在耻辱里生活的人民,佝偻的人民,
我要以带血的手和你们一一拥抱。
因为一个民族已经起来。

一个农夫,他粗糙的身躯移动在田野中,
他是一个女人的孩子,许多孩子的父亲,
多少朝代在他的身边升起又降落了
而把希望和失望压在他身上,
而他永远无言地跟在犁后旋转,
翻起同样的泥土溶解过他祖先的,
是同样的受难的形象凝固在路旁。

在大路上多少次愉快的歌声流过去了，
多少次跟来的是临到他的忧患；
在大路上人们演说，叫嚣，欢快，
然而他没有，他只放下了古代的锄头，
再一次相信名词，溶进了大众的爱，
坚定地，他看着自己溶进死亡里，
而这样的路是无限的悠长的，
而他是不能够流泪的，他没有流泪，
因为一个民族已经起来。

在群山的包围里，在蔚蓝的天空下，
在春天和秋天经过他家园的时候，
在幽深的谷里隐着最含蓄的悲哀：
一个老妇期待着孩子，许多孩子期待着
饥饿，而又在饥饿里忍耐，
在路旁仍是那聚集着黑暗的茅屋，
一样的是不可知的恐惧，一样的是
大自然中那侵蚀着生活的泥土，
而他走去了从不回头诅咒。
为了他我要拥抱每一个人，
为了他我失去了拥抱的安慰，
因为他，我们是不能给以幸福的，
痛哭吧，让我们在他的身上痛哭吧，
因为一个民族已经起来。

一样的是这悠久的年代的风，
一样的是从这倾圮的屋檐下散开的
无尽的呻吟和寒冷，
它歌唱在一片枯槁的树顶上，

它吹过了荒芜的沼泽,芦苇和虫鸣,
　　一样的是这飞过的乌鸦的声音。
　　当我走过,站在路上踟蹰,
　　我踟蹰着为了多年耻辱的历史
　　仍在这广大的山河中等待,
　　等待着,我们无言的痛苦是太多了,
　　然而一个民族已经起来,
　　然而一个民族已经起来。

选自《旗》,文化生活出版社 1948 年版

此诗写于抗日战争初期,1941 年的昆明,是颂扬中华民族特别是农民的。

抗日战争不同于别的战争,是在像穆旦这样的青年知识分子热切的盼望中来到的。来到之后,他感到兴奋,但又沉思。他看得比一般人深,知道中国有过去无数年代的灾难,今后战争的重担也主要由农民来负担,因此他赞美他们。

诗以写中国的广阔土地和悠长历史开始,概括很大,然而写得形象,点睛之笔是"说不尽的故事是说不尽的灾难"。这不是标语口号诗,而是既兴奋又忧郁的个人抒怀,因此写得亲切,"我有太多的话语,太悠久的感情",要带着祖国的一切——真实的一切,因此包括了"荒凉的沙漠,坎坷的小路,骡子车",等等——来拥抱人民,尽管是"在耻辱里生活的人民,佝偻的人民",但是今天不同了,"因为一个民族已经起来"。

第二节突出地描写了一个农民,写他"永远无言地跟在犁后旋转",承受着多少世代的苦难,每一次"大路上人们演说,叫嚣,欢快"过后,给他的还是"忧患",今后的苦难的路也将是"无限的悠长的",然而他无怨言,"他没有流泪,/因为一个民族已经起来"。

第三节引申到其他不幸的人们,农民的母亲"在饥饿里忍耐",面对着"不可知的恐惧",而"他(指农民)走去了(指当兵打仗)从不回头诅咒","因为一个民族已经起来"。

最后一节是诗人自己的感受。在这样的人民面前,他抚今追昔,"站在路上踟蹰",虽然仍感"我们无言的痛苦是太多了","然而一个民族已经起来,/然而一个民族已经起来"。

此诗形式也有特点,用的是自由诗体,每行都很长,奔腾涌流,然而调子略现忧郁,反而更有深度。诗的进程不是一往直前,而是途中总有耻辱和苦难令诗人

停顿,沉吟,但每次都强有力地转为"一个民族已经起来"。每节都以这个复句作结,末节还重复一次,给了全诗以一种秩序,也突出了诗的中心意义。

(王佐良)

裂　纹　　　　　　　穆　旦

一

每一清早这安静的市街,
不知道痛苦它就要来临,
每个孩子的啼哭,每个苦力
他的无可辩护的沉默的脚步,
和那投下阴影的高耸的楼基,
同向最初的阳光里混入脏污。

那比劳作高贵的女人的裙角,
还静静地拥有昨夜的世界,
从中心压下挤在边沿的人们
已准确地踏进八小时的房屋,
这些我都看见了是一个阴谋,
随着每日的阳光使我们成熟。

二

扭转又扭转,这一颗烙印
终于带着伤打上他全身,
有翅膀的飞翔,有阳光的
滋长,他追求而跌进黑暗,
四壁是传统,是有力的
白天,扶持一切它胜利的习惯。

新生的希望被压制,被扭转,
等粉碎了他才能安全;
年青的学得聪明,年老的

因此也继续他们的愚蠢,
谁顾惜未来? 没有人心痛:
那改变明天的已为今天所改变。

选自《九叶集》,江苏人民出版社 1981 年版

　　这是穆旦写城市生活的诗,写于 1944 年的昆明,表达了一个敏感青年在现代城市里的复杂感情。

　　诗的形式整齐,一共二节,每节二段,每段六行,但无脚韵。

　　第一节是叙述,从清晨说起,谈人们怎样开始劳作或者办公,随叙随评,形象的使用中显示现代主义手法,如"那比劳作高贵的女人的裙角,/还静静地拥有昨夜的世界",而另一方面,作为对照,"从中心压下挤在边沿的"小市民和公务员们,则"已准确地踏进八小时的房屋"。"八小时的房屋"中有现代诗人爱用的压缩手法,既具体又不费词。

　　到本节之末,诗人自己出面,把这一切称为"一个阴谋",是为了"使我们成熟",这类用词也体现现代主义特色。

　　第二节的"他"实际上仍是"我",而"我"是一个敏感的知识分子。他觉得刻板的城市生活造成了人性的"扭转",使他的成长受到了阻扼,"他追求而跌进黑暗";他想突破传统,而传统如四壁那样压住了他。新生无望,要等到他被"粉碎"了方能得到安全。于是有的人就学乖了,"年青的学得聪明,年老的/因此也继续他们的愚蠢"。最后二行是结语:"谁顾惜未来? 没有人心痛:/那改变明天的已为今天所改变。"写法简洁,也有现代派的警策,但心情是沉痛的。

　　诗题"裂纹"是指城市生活构成人的灵魂上的破损,原因就在于人被"扭转又扭转"了。

(王佐良)

发　现　　　　穆　旦

在你走过和我们相爱以前,
我不过是水,和水一样无形的沙粒,
你拥抱我才突然凝结成为肉体;
流着春天的浆液或擦过冬天的冰霜,
这新奇而紧密的时间和空间;

在你的肌肉和荒年歌唱我以前,

我不过是没有翅膀的喑哑的字句,
从没有张开它腋下的狂风,
当你以全身的笑声摇醒我的睡眠,
使我奇异的充满又迅速关闭;

你把我轻轻打开,一如春天
一瓣又一瓣的打开花朵,
你把我打开像幽暗的甬道
直达死的面前:在虚伪的日子下面
解开那被一切纠缠着的生命的根;

你向我走进,从你的太阳的升起
翻过天空直到我日落的波涛,
你走进而燃起一座灿烂的王宫:
由于你的大胆,就是你最遥远的边界:
我的皮肤也献出了心跳的虔诚。

1947 年 10 月
选自《穆旦诗全集》,中国文学出版社 1996 年版

  爱情,这个让无数人梦绕魂牵的话题曾经催生了文学史上多少佳作!它们有的缠绵悱恻,宛如木棉花的璀璨柔婉,那种"月上柳梢头,人约黄昏后"的境界勾起过多少人的联想;有的热情奔放,宛如电石火花,"上邪!我欲与君相知,长命无绝衰"的表白曾经让多少人为之动容。的确,这是一个适合文人驰骋放歌的领域,同样,它的难度也是可想而知的,要想在爱情题材上取得突破实在太难了。

  然而穆旦的《发现》却别有一番新意。相比较文学史上多如牛毛的同类作品,穆旦把对爱情的吟唱推向一个全新的境地。新在什么地方?就是这首诗以罕见的大胆、率真写出了爱的激情、肉体的欢娱,它毫不掩饰肉欲在爱情中的重要位置,把肉体的美和灵魂的美恰当地融为一体,从而表达出一种健康的爱情观。这首诗的开头明白地向人们宣布这是一首纯粹的爱情诗,不用像对待李商隐无题诗那样做种种无谓的猜测。爱情,这种人类最美好的感情有什么值得回避和遮掩的呢?在穆旦看来,爱情和肉欲从来都应该是不可分离的。那种所谓

的精神恋爱终究是一种乌托邦的幻想罢了。离开了肉体，爱情在现实生活中实质上也很难维系。诗人认为，在没有得到包含肉欲之爱的爱情之前，生命是萎缩的，也是不完整的："在你走过和我们相爱以前，／我不过是水，和水一样无形的沙粒。"中国传统的爱情心理大都讲究含蓄、委婉，但在很多方面却忽略了爱情的实质，人们在生活中也大都掩饰这一点。穆旦在诗中却否定了这一切，因此他用"水""沙"等无生命的东西来比喻爱情来临之前生命的萎顿。在这一点上穆旦表达的爱情和新时期女诗人舒婷在《神女峰》一诗很相似，舒婷曾对那种压抑女性爱情的贞操观进行了大胆的质疑，发出了"与其在悬崖上展览千年，／不如在爱人的肩头痛哭一晚"的呼喊，这正是对几千年传统道德的挑战。然而当久久期盼的肉体之爱来临的时候，一切都发生了奇妙的变化，爱情之火的燃烧让人迷狂、陶醉、年轻："你拥抱我才突然凝结成为肉体；／流着春天的浆液或擦过冬天的冰霜。"这种炽热之爱点燃了生命，融化了冰雪。诗歌的第二节表达了含义和第一节相仿，通过对比手法写出了肉体之爱的美好。如果说诗歌的第一、第二节人们尚可接受的话，那么第三节却常常引起争议，因为在最没有想象力的人看来，这都是直接地描写"性"的诗句。"你把我轻轻打开，一如春天／一瓣又一瓣的打开花朵，／你把我打开像幽暗的甬道／直达死的面前：在虚伪的日子下面／解开那被一切纠缠着的生命的根"。从这里的诗句看，诗歌的主体是一位女性，正因为如此，在现实生活中所受的传统道德的压抑越大，以致以一种虚伪的人格活在现实之中，这不正是对健康人性的扭曲吗？然而在诗人笔下，我们看到，"性"是人不可剥夺的本能，也是健康而美好的。为了避免陷入低俗的情色描写，诗人巧妙运用了暗喻等手法进行了适当的限制，也把对"性"的描写升华了。

与穆旦早期不少充满晦涩的诗歌比较起来，《发现》这首诗还是相当好读的。诗人开始逐渐摆脱了对奥登等人的直接模仿，在诗歌艺术探索之路上找到了最适合表达自己的方式，这也意味着诗人真正成熟起来。

(文学武)

旗　　　　　　　　　　　穆　旦

我们都在下面，你在高空飘扬，
风是你的身体，你和太阳同行，
常想飞出物外，却为地面拉紧。

是写在天上的话，大家都认识，

又简单明确,又博大无形,
是英雄们的魂魄活在今日。

你渺小的身体是战争的动力,
战争过后,而你是唯一的完整,
我们化成灰,光荣由你留存。

是大家的心,可是比大家聪明,
带着清晨来;随黑夜而受苦,
你最会说出自由的欢欣。

四方的风暴,由你最先感受,
是大家的方向,因你而胜利固定,
我们爱慕你,如今属于人民。

一九四五年五月
选自《旗》,文化生活出版社 1948 年版

"旗"是人们制造的,但它多半不属于某个个体,而往往是群体的标志、民族的象征。在大千世界中,再也没有什么比"旗"更富于象征的意蕴和深沉的情感了,穆旦作为一个具有现代派诗风的诗人,对"旗"如此情有独钟是不难理解的。

此诗句式整齐,格调典雅,和"旗"本身庄重的性质正相吻合。从具体表现来看,诗人并未流于简单化、概念化的演绎,他运用多种角度,从不同的侧面展示了"旗"的风采。首先,他善于从"旗"的外形和本质的矛盾中进行开掘,提炼出冷静而深邃(用"九叶派"诗人常用的话来说,就是具有"知性")的诗行:"旗"在飘动时"常想飞出物外,却为地面拉紧"。写在"旗"上面的话"又简单明确,又博大无形",在战争风暴中,"你渺小的身体是战争的动力,/战争过后,而你是唯一的完整"。须知"旗"的生命力正在于这些矛盾之中,如果"旗"完全伏在地上,那只能是人倒旗偃的溃败景象;如果"旗"完全失却了和地面的联系,又会如断线风筝,丧失存在的价值。如果"旗"包含的话语不"简单明确",人们就会因不懂而离开;如果"旗"的语言不"博大"庄严,又不可能持久地召唤群众去战胜重重困难。所谓"战争过后,而你是唯一的完整",则是以极其冷峻的语调

暗示人民大众在抗日战争中承担了最大的牺牲,到最后才高高扬起胜利的"旗",保持了民族的尊严和"完整"。穆旦作此诗是在1945年5月,抗战胜利的前景已经变得十分明朗了。

诗人又把"旗"放在人民大众中间,作为人民大众的一员进行比较和赞颂:"是大家的心,可是比大家聪明","是大家的方向,因你而胜利固定"。虽说运用了"拟人化"手法,但由于仍然扣住了"旗"的特性(譬如说在对日本帝国主义的战斗中,我们的"旗"插在哪里,"胜利"就"固定"在哪里)来表现,因此读来只觉得一种会心的愉快,而无生硬做作的弊病。

总之,《旗》是一首化抽象为具体、变热烈为深沉、聚多端于一身的诗,一首不同寻常的咏物诗。

(孙光萱)

演　　出　　　　　　　穆　旦

慷慨陈词,愤怒,赞美和欢笑
是暗处的眼睛早期待的表演,
只看按照这出戏的人物表,
演员如何配制精彩的情感。

终至台上下已习惯这种伪装,
而对天真和赤裸反倒奇怪:
怎么会有了不和谐的音响?
快把它削平,掩饰,造作,修改。

为反常的效果而费尽心机,
每一个形式都要求光洁,完美;
"这就是生活",但违背自然的规律,
尽管演员已狡狯得毫不狡狯。

却不知背弃了多少黄金的心
而到处只看见赝币在流通,
它买到的不是珍贵的共鸣

　　　　　　　而是热烈鼓舞下的无动于衷。

　　　　　　　　　　　　　　　　　1976年4月
　　　　　　　　选自《穆旦诗全集》，中国文学出版社1996年版

　　《演出》当然是写演戏，写演员在台上的种种表演。全诗共4段：第一段写演员在台上的情感表现，而这种情感是按照戏中人物的表演所需要而"配制"的，是导演（暗处的眼睛）"早期待"的，它与生活中真实的人的情感并不是一回事。第二段写这种表演是以反常为正常，因此演员和观众自然都是习惯了的，如果谁不按这种剧情设计演出，而天真赤裸地表达生活中自我真实的感情，那就会让人感到奇怪，成为不和谐，那么就要"削平，掩饰，造作，修改"。戏本来就是以假为真，以真为真就不是戏了。第三段作者写自己的认识：戏原来就是为追求"反常的效果而费尽心机"的，但这种形式越完美，距真实的生活却越远，因为它"违背自然的规律"。第四段写戏剧这种以假作真的"演出"，结果是背弃人心，使虚假得以嚣张，被人们看穿之后是不可能得到共鸣的，人们对其冷漠就是自然的结局了。

　　这首诗表面是写戏剧的"演出"，实际上是写社会人生的大舞台，是作者借题发挥，对社会人生的一种反常现象的针砭，对社会人生中一些虚假现象表示的愤慨。它所呼唤的是真实的生活，希望能剥去生活中的那种伪装，使人们回到真实自然的和谐生活环境。

　　《演出》这首诗写于1976年4月，那时正是十年动乱、"四人帮"肆虐的最后时期。诗人看到了太多的社会与人际关系的反常，真情遭到压抑，使诗人感到不满和激愤。他曾说，"没有一种求真之心"，一个人就不会去写诗。他从"演出"得到灵感，终于把自己这种"求真之心"表达出来了。这首诗包含了社会人生的极大容量，但却在短短的十几行诗中很平静而清晰地表现出来。这是一种深厚而老辣的艺术功力所达到的境界：看似平常最奇崛！这在诗艺的追求与探索中，是很值得我们回味和思索的。

　　　　　　　　　　　　　　　　　　　　　（朱先树）

冬（之一）　　　　　　　　　　　　　　　穆　旦

　　　　我爱在淡淡的太阳短命的日子，
　　　　临窗把喜爱的工作静静做完；
　　　　才到下午四点，便又冷又昏黄，
　　　　我将用一杯酒灌溉我的心田。

多么快,人生已到严酷的冬天。

我爱在枯草的山坡,死寂的原野,
独自凭吊已埋葬的火热一年,
看着冰冻的小河还在冰下面流,
不知低语着什么,只是听不见。
呵,生命也跳动在严酷的冬天。

我爱在冬晚围着温暖的炉火,
和两三昔日的好友会心闲谈,
听着北风吹得门窗沙沙地响,
而我们回忆着快乐无忧的往年。
人生的乐趣也在严酷的冬天。

我爱在雪花飘飞的不眠之夜,
把已死去或尚存的亲人珍念,
当茫茫白雪铺下遗忘的世界,
我愿意感情的热流溢于心间,
来温暖人生的这严酷的冬天。

选自《穆旦诗选》,人民文学出版社1986年版

  穆旦20世纪40年代初开始诗歌创作,后因在1958年的政治运动中受到不公正待遇,被迫中止诗歌创作近20年,改用原名查良铮翻译了不少外国诗歌名著。组诗《冬》共四首,这里选的是第一首,带有"总领"的性质,作于1976年12月,其时"四人帮"刚刚被粉碎,最坏的时期已经过去,但诗人的冤假错案尚未平反。这首作于特定时期,抒发诗人特定的复杂情思的诗篇,后发表于《诗刊》1980年2月号。收入《穆旦诗选》(人民文学出版社1986年版)后,作者对《冬》的第一首作了部分修改。

  作为"九叶派"的著名诗人,穆旦和直抒胸臆的浪漫主义不同,也和专注于现实写真的手法有别,他把冷静深邃的知性和富于象征意味的画面结合起来,并出之以整饬回环的形式,取得了耐人咀嚼的效果。《冬(之一)》共四节,有如下几个

明显的艺术特点：一、各节均为五行，前四行具体展开，第五行以感叹作结，突出"冬天"的主题；二、各行字数相同，多数是12个字，少数为13个字，这样既不太长（长了难免拗口），也不太短（短了难免急促），有助于造成一种娓娓倾诉的气氛；三、各节第二、第四、第五行押脚韵，第一、第三行不押韵，显得错落有致，回环有序。

《冬（之一）》按照从下午到深夜的次序展开。第一节先写下午办公，"淡淡""静静"等用语平常而内蕴沉郁，"又冷又黄"四字，色彩开始加浓，接着诗人推出一个"喝酒"的特写镜头（注意诗行中的一个"将"字，诗人是真的喝了酒，还是想喝而未喝成，读者对此大可不必拘泥、死扣），正当读者被这个特写镜头所吸引时，诗人不急不慢地涌出了一声深长的感叹："多么快，人生已到严酷的冬天。"

需要强调的是：《冬（之一）》并不是一首单色调的诗，和"严酷的冬天"并存的是"人生的暖流"，两者相反相成，交叉渗透，体现了现实生活和作者感情世界的复杂性，于是我们在接下来的诗行中看到了在"死寂的原野"上，小河仍在冰下"低语"；在北风劲吹的夜晚，好朋友仍陪伴着他回忆"快乐的往年"；在雪花飘飞的深夜，"感情的暖流"随着亲人的面庞充溢在他心头……读毕这首诗，我们可以看到诗人憔悴的身影和深沉的内心，他历经坎坷而不悲观，备尝艰辛而格外珍视亲情和友情，而这，也正是此诗的感人之处。

诗人从1976年初又独个儿开始写诗，在他晚年写下的诗篇中，《冬》被人们称为他的压卷之作。遗憾的是，1977年即诗人作此诗的第二年，就因病辞别了人世，时年59岁，还来不及看到自己政治上被平反，诗歌创作上受到正确的评价和肯定。

（孙光萱）

智 慧 之 歌　　　　　　穆　旦

我已走到了幻想底尽头，
这是一片落叶飘零的树林，
每一片叶子标记着一种欢喜，
现在都枯黄地堆积在内心。

有一种欢喜是青春的爱情，
那是遥远天边的灿烂的流星，
有的不知去向，永远消逝了，

有的落在脚前,冰冷而僵硬。

另一种欢喜是喧腾的友谊,
茂盛的花不知道还有秋季,
社会的格局代替了血的沸腾,
生活的冷风把热情铸为实际。

另一种欢喜是迷人的理想,
他使我在荆棘之途走得够远,
为理想而痛苦并不可怕,
可怕的是看它终于成笑谈。

只有痛苦还在,它是日常生活
每天在惩罚自己过去的傲慢,
那绚烂的天空都受到谴责,
还有什么彩色留在这片荒原?

但唯有一棵智慧之树不凋,
我知道它以我的苦汁为营养,
它的碧绿是对我无情的嘲弄,
我咒诅它每一片叶的滋长。

1976年3月

选自《穆旦诗全集》,中国文学出版社 1996 年版

  人生仿佛一艘航行的帆船,有时要经历波涛汹涌的巨浪,然而最终都会静静地栖息在孤独的港湾。不同年龄的人对生命的感受也是不一样的。"少年听雨歌楼上,/红烛昏罗帐。/壮年听雨客舟中,/江阔云低断雁叫西风。/而今听雨僧庐下,/鬓已星星也。"南宋词人蒋捷在他的《虞美人·听雨》中形象地概括了从少到老在身体、环境、心情等方面的变化。这是只有饱经人生沧桑才能吟出的诗句。无独有偶,现代诗人穆旦在经历了新中国成立后种种重大的事件和个人命运急剧变化后,在晚年也发出了和蒋捷类似的叹息。

穆旦的这首《智慧之歌》写于自己生命即将结束的前夜,是典型的暮年之作。他在诗中洞穿了人世种种的虚伪,也依然在人生逆境中不失对信仰的执著和坚守,唱出了一曲包含哲理的智慧之歌。在诗中,穆旦用了一系列意象来暗示自己的生命已到暮年,"我已走到了幻想底尽头,/这是一片落叶飘零的树林,/每一片叶子标记着一种欢喜,/现在都枯黄地堆积在内心"。熟知穆旦经历的人都知道,作为20世纪40年代涌现的著名诗人,穆旦在共和国成立后却遭受了种种磨难,1957年更是被打成"右派",成为被改造和专政的对象,内心的痛苦可想而知。因此他反复慨叹自己已是垂垂暮年,而青春、爱情、友谊、激情、理想等让无数年轻人为之激动的主题在诗人的心中已经逐渐褪色,他以一颗平静的心来回顾和剖析自己的一生。他首先是剖析爱情,这男女间最美好、最真挚的感情在穆旦看来也失去了光泽,显露出她的冷酷无情的一面:"有一种欢喜是青春的爱情,/那是遥远天边的灿烂的流星。""灿烂"无疑是描写爱情的璀璨和斑斓,正因为其美好,才会成为无数人追逐、歌颂的主题。但诗人同时用了"流星"来形容,这就预示着爱情的短暂和夭折,这实质上是带有反讽的色彩,在一个高喊阶级、政治的社会中,甚至连爱情都变得功利和实际了,人们不是经常看到那种"夫妻本是同林鸟,大难来时各自飞"的情景吗?戳穿这种美丽的外衣固然残酷,但是它毕竟是人性中最真实的一面,这种爱情最终成为枯黄的落叶,失去了应有的光艳。在诗人看来,不独爱情如此,连友情、青春、理想也莫不如此,我们看到在诗人笔下它们都憔悴不堪。"友谊"被实际的人际关系所取代,在那个非正常的年代,甚至有人指鹿为马,出卖朋友,这些情景都大大超出了诗人年轻时代的预料:"社会的格局代替了血的沸腾,/生活的冷风把热情铸为实际。""冷风"形象地描写了当时社会生活中不正常的现象,诗人对此的体会是一般人所无法感受的。"爱情"如此,"友谊"如此,甚至连自己多年为之奋斗、支撑自己跨越一座座人生险峰和一条条湍流的理想在一个功利的社会也遭到别人的误解和唾弃。穆旦的这种理想犹如塞万提斯笔下的堂吉诃德一样,充满了悲剧和荒诞色彩,对照自己晚年的处境,不正如此吗?如果把穆旦年轻时代的理想和晚年现实的处境加以对比,这种苦涩就更加明显,可以说他已经在现实的悬崖上碰得头破血流。然而让人感觉悲壮并为之动容的是,诗人对这样的处境并没有妥协,他在诗歌的最后两节通过自己坎坷的经历依然表达出信念的光辉。"但唯有一颗智慧之树不凋"。这种智慧之树给诗人带来了一丝的安慰,但诗人马上就意识到,它的生长凝结着苦难和屈辱,因此情绪转而化为激愤:"我知道它以我的苦汁为营养,/它的碧绿是对我无情的嘲弄,/我咒诅它每一片叶的滋长。"人生往往充满了悖论,有时崇高和荒诞、痛苦和欢乐、瞬间和永恒就不可分离地纠结在一起。穆旦写出了人生的苦难,但可贵的是,他没有仅仅停留在哀怨和叹息,这首诗读后仍然给人一种力量的震撼,诗人高贵的气质在天地间回荡。

(文学武)

【诗人小传】

程光锐

(1918—2013)　江苏睢宁人。1937年毕业于安徽蚌埠乡村师范学校,并开始发表诗作。40年代曾在重庆、上海和华北解放区从事新闻工作。新中国成立后曾任《人民日报》编辑、记者。

黎　明　鸟

程光锐

夜是辽阔的,
夜辽阔得像海洋一样。
你困惑于夜的遥远的航程,
在这被长久的黑暗封锁的林子里,
很久很久,你没有唱出歌声了。

夜里,一切对你都太适宜,
夜里,一切对你都是讽刺。
夜的寒流包围着林子,
你蜷曲于白杨和槐树的枝桠上,
忧郁地期待着谛听黑夜崩溃的声音。

有时月光像雪花一样凝结在树丛里,
凝结在树丛以外的土地上,
于是,你为这雪亮的月光所诱惑,
突然从梦中醒来,惶惑而又急速,
你就殷勤地开始歌唱了。

夜,始终走着溃灭的路,
夜,终要被你的歌声放逐。
每当黎明到来的时候,
你被黎明的光亮惊醒,
甚至还未擦亮朦胧的眼睛,
还未抖一下被沉重的忧郁压抑的羽毛,
你又激动地唱起了黎明的歌。

你愉快地歌唱着,歌唱着,
一直到最后一颗星星从天边逝去。
当黑暗的闸门打开的时候,
看那从远方奔泻而来的
使你久久等待的眩目的金色阳光啊!
看那劳动的人们在最初的阳光下
又开始忙碌于苦难的土地了。
你心中众多的忧郁的云被阳光逐走,
你殷勤的歌声赞颂着永恒的太阳。
当我第一次看到黎明
我就爱上了你的歌声,
当我第一次在黎明里听到你的歌声
我就更爱太阳。
我说,太阳对于一切生物就是生命,
对于黑夜里的受难者就是一支美丽的歌。
对吗?我的黎明鸟,
——我的天才的伴侣!

选自 1942 年 6 月 13 日河南《华中日报》

黎明鸟是中原一带的一种小鸟,在黎明的时候叫得最欢。据诗人自己说,他当时在河南的一家报社做编辑工作,报社设在一个村子里,他每天下夜班时天已黎明,在回宿舍的路上,要经过一片树林,这时正是黎明鸟喳喳鸣叫得最起劲的时刻。黎明鸟的欢唱唤起了诗人的激情,于是,拿起了停了好久的笔,写下了这首诗。

诗的第一节是写夜的广阔,是说大半个中国还处在黑暗之中。诗的开头是"夜是辽阔的",紧接着又写了一句"夜辽阔得像海洋一样",看起来有些重复,其实是为了使辽阔的夜更加形象化,以加深读者对夜的观感,接下去是说明诗人所以一段时期没有"歌唱",是"困惑于夜的遥远的航程",说明在这个辽阔的夜的背景下,诗人感到困惑,连歌声也停止了。诗人在这里对以后的重新"歌唱"埋下了一个伏笔。

诗人困惑了,但有没有消沉呢? 诗的第二节回答了这个问题。诗人看不惯也不能适应这样的黑暗,黑夜对于一个光明的追求者是一种莫大的讽刺,他在黑暗中一直在"忧郁地期待着谛听黑夜崩溃的声音"。诗人并不是一个意志消沉者,而是一个真正的光明追求者。诗人在这一节里作了如此的补充,是为了加重读者对上一节的认识。作为向第四节黎明到来的过渡,诗人插入了第三节,叙述了黎明鸟有时错把雪花一样的月光当作了黎明之光,就歌唱起来了。这就自然地反映出诗人对光明的期望与追求的迫切心情,也增添了诗的情趣。

写黎明真正到来的是第四节。这一节的前两句,以十分肯定的语气写道:"夜,始终走着溃灭的路,/夜,终要被你的歌声放逐。"这里表明了诗人对黎明终究会到来的信心,有这两句也增添了诗的力量。在下面几句中,诗人对黎明的到来而使黎明鸟异常激动地歌唱的情景写得真切生动,使读者仿佛看到了那些天真活泼的小鸟们睡眼朦胧歌唱的可爱的形象,仿佛听到了黎明鸟激动地赞颂光明的歌声。

黎明叫醒了黎明鸟;黎明鸟又叫醒了太阳,叫醒了土地的劳动者黎明即起,去耕耘苦难的土地。第五节接着上一节把诗的激情推向了一个高潮。黎明鸟对"永恒的太阳"的赞颂,对"眩目的金色阳光"的描绘,一种蓬勃升腾的气象一扫诗的开头所写的忧郁之情,给读者带来了光明和希望。

前五节以黎明鸟的口唱出的歌声到此结束了。最后一节是诗人以自己的名义唱出的对黎明和黎明鸟唱出的赞歌,对太阳的赞歌,对生命的赞歌,对土地劳动者的赞歌,对"黑夜里的受难者"的同情。最后两句采取同黎明鸟对话的形式提问:"对吗? 我的黎明鸟,/——我的天才的伴侣!"这种结尾亲切而别致,也反映了诗人的愉快的心情。

(李 雪)

丹辉

【诗人小传】

丹辉

（1919—2007） 江苏金坛人。1938年在延安抗日军政大学学习，后到晋察冀边区组织"铁流社"，编辑出版《诗战线》月刊，进行诗歌创作，开展街头诗活动。新中国成立后亦有诗作发表。

五月之夜呵

丹 辉

五月之夜呵，
晋察冀的山村并不寂寞，
劳动的音乐到处不停。

井边的辘轳在轻快地转动，
催着流水奔跑，
发出欢乐的笑声。

小屋里纺车嗡嗡地响着，
像一群群蜜蜂，
绕着盛开的鲜花飞鸣。

织布机响起快速的节拍，
那清脆的穿梭的声音，
好似阵阵急雨洒落满村。

当我从寂静的平原走进山区，
听见这熟悉的旋律，
仿佛温柔的手抚摸我的心魂。

我放开胸怀自由呼吸，
用故乡的语言轻轻呼喊：

呵,我又到家了,我的亲人!

1942年5月草于河北易县岭东村

选自《晋察冀诗抄》,中国青年出版社1984年版

  这首诗是写抗日战争时期晋察冀边区的开展大生产运动,表现了抗日军民的必胜的信念和欢快情绪。

  本诗在结构上似可分为两个层次,但在情绪上却是一气呵成的,这显然得力于我国古典诗赋优良传统的影响。诗以晋察冀山村中"劳动的音乐到处不停"发端,紧接其下的三节,诗人尽情地敷陈铺叙了三个互为联系的劳动场景:井边轻快转动的辘轳,屋里嗡嗡作响的纺车,穿梭来往的织布机,它们并列而逐层递进,真切地展示了晋察冀边区人民热烈而欢快、紧张而有秩序的劳动生活。这一切"当我从寂静的平原走进山区",从出击敌后到胜利回返边区,对于与枯寂沉闷的沦陷区平原生活所构成的鲜明的对照,有了更为深切的体会与感受。诗篇写到这里,诗人的激情已经呼之欲出,果然他水到渠成地发出了"我又到家了,我的亲人"的深情呼唤。诗篇就这样在热火朝天的场景铺叙中渗透了诗人的情感——一切景语皆情语,而情感的抒发又涵盖了生气勃勃的场景,一切情语又化作了景语。诗人融情入景,化景为情,情景的有机融和使全诗上下连贯,一气呵成。

  本诗富于音乐感,诗人汲取并熔炼了古典词曲和民歌的长处,努力于诗的音乐性构筑,追求诗的视听效果。全诗六节,每节三行共十八行。每行虽长短不一,却舒卷自如,而一韵到底的韵式又加强了整首诗内在的气势。当然,韵律仅仅是诗的外在的音乐性标志。诗更应有内在的节奏感,为此本诗安排了"转动""响着""穿梭"等具有活性的词语,使得整首诗抑扬顿挫,节奏鲜明而淋漓酣畅,具有悦耳赏心的音乐美。

(杜荣根)

【诗人小传】

陈 辉

(1920—1944)　原名吴盛辉,湖南常德人。1938年到延安参加革命工作。同时开始新诗创作。1939年去晋察冀边区的通讯社工作两年。1941年后下乡做群众工作。先后任地区青救会主任、区委书记、武工队政委等。1944年春在游击战斗中被敌人包围,突围时不幸牺牲。生平作诗80余首,多是革命斗争生活的忠实记录,流露出对祖国和人民的深挚的爱。形式自由、语言活泼,富有泥土气息。

妈妈和孩子

陈 辉

夜啊已经很深，
小房子里，
还没有熄灯。

孩子解着袄，
妈妈啊，
在给爸爸写信。

孩子颠着小脑瓜，
轻轻地摇着妈妈：
——告诉爸爸啊，
多杀几个敌人吧！

灯熄了，
妈妈和孩子，
都有了梦啦；
梦里，
爸爸扛着一挺歪把子，
爬在一株松树下……

选自《十月的歌》，作家出版社1958年版

这首诗给人最深刻的印象是单纯。它可以看作是一首小叙事诗，但故事发生在何时何地，人物姓甚名谁，一概语焉不详，即以出现在诗中的妈妈和孩子来说，他们的音容笑貌、衣着服饰，也一概略去不提。再从诗行的长短和词语的选用来看，全诗多短句，最长的仅九言，三言和四言的不少。诗中除了"轻轻地"这个修饰语以外，再也找不出其他的形容和修饰了。总之，这首诗没有任何冗墨赘语分散你的注意力，也没有任何繁枝碎叶阻挡你的视线，其中的一切都显得那样单纯：两个人物——妈妈和孩子（第三个人物"爸爸"只在结尾处虚写了一笔）；两番场景——写信和做梦。

但是,单纯并不等于简单、单薄,恰恰相反,《妈妈和孩子》是一首场景简洁而意蕴深广的诗篇,是语言简炼而情思优美的诗篇,它的艺术魅力正在于此。

在过去,中国农民向来是热土难离、亲人难弃的,只是在抗日战争洪流的推动下,由于中国共产党的指引,他们的精神境界才发生了巨大的变化和飞跃。丈夫在外英勇杀敌,妻子留在后方挑起生产和家务的全部重担,这是何等崇高的觉悟和宽广的胸怀!陈辉的《妈妈和孩子》所面对的正是这样动人的现实生活,所致力表现的正是广大农村妇女的心灵美,它从一个侧面道出了战争的威力在于人民这个真谛,此诗所包含的深广的意蕴,也应该从这个方面去理解、去把握。

战争无疑是残酷的,诗人战斗在敌人频频发起扫荡的晋察冀边区,当然也深切理解战争的全部复杂性和残酷性,但他在创作《妈妈和孩子》时,却奏出了一支恬静而优美的乐曲,这就使得此诗在当时为数众多的激越悲壮的抗战诗篇中闪放出异彩。夜深人静,灯火闪烁,附近没有枪声、犬吠,有的只是相依为命的母子两人,而其时的孩子虽已"解着袄",却赖着不肯上床,仍是一股劲地"颠着小脑瓜",摇着妈妈的臂膀……此情此景,多么温暖,多么富于人情味!更感人的是妈妈把繁重的家务告一段落之后,正在全神贯注地写信勉励丈夫奋勇杀敌,也许她不久前才学会识字、写信,也许她写的信不会太长,内容不会太多……但这又有什么要紧呢?孩子的请求已经概括了信件的内容,道出了广大群众的愿望,胜过千言万语了。

此诗结尾虽只寥寥三行,但它沟通了梦境和现实,连接着前线和后方,凝聚着妈妈和孩子的其实也是全国人民的热烈期待,是格外动人的一笔。爸爸爬在树下,手不离枪,目不转睛,犹如一尊静态的雕塑。这样写,看似不及子弹出膛、炮火纷飞的动态描述来得壮观,其实不然,它既突出了人物高度警惕的精神状态,也和全篇所渲染的宁静的气氛相合拍,是更能启人遐想的。

为什么诗人在严酷的战争年代,能够如此从容不迫地挖掘人物的心灵美;为什么有些诗作重视了叙事就忽略了抒情,而此诗在看似单纯叙事的笔墨中能够渗透如此优美真挚的情思?答案只能从诗人身上去寻找。对此,诗人生前的战友、另一位诗人魏巍已经作了回答:"陈辉……是一个浑身渗透着忠诚、热情的年轻战士,他的诗流露着一片孩子式的纯真。"(《晋察冀诗抄·序》) (孙光萱)

姑 娘 陈 辉

三月的风

吹着杏花

杏花
一瓣瓣地
一瓣瓣地
在飘
在飘啊

姑娘
坐在井边
转动了辘轳
用眼睛
向哥哥说话……

——哥哥
那儿去呀？
哥哥
笑了一笑
背着土枪
跑向响炮的地方去了

杏花
飘在姑娘的脸上
姑娘
鼓着小嘴巴
在想
这一声
该是哥哥放的吧

选自《诗垦地社丛刊》第 3 辑《春的跃动》，1942 年版

《姑娘》是一首简洁明快的诗。第一段是写景，春天的景致非常鲜明，春风吹动杏花，飘飘落地。这样美好的画面该配上舒缓的节奏，因此诗人把"杏花"放在

上一行的末尾和下一行的开头,形成"顶针"的用法。紧接着是短语的重复,再接下来是复沓。最后一行比上一行多了一个抒情的语气词"啊",构成有别于"重复"的"复沓"。在短短的几行诗里,诗人巧妙地连用了"顶针""重复"和"复沓"三个修辞格,创造出自然贴切、一唱三叹的音节效果。

第二段是白描,姑娘虽然没有说话,但她灵动的神态胜似言语。那位哥哥大概不是一般的哥哥,他的身上有着姑娘无限的牵挂。哥哥也没有说话,只是一连串的神态和动作。哥哥的笑应该是对姑娘的回应,而最好的回应却是奔赴战场的行动。战争年代的浪漫和温情往往采用这种朴素又含蓄的方式。

第三段是用神态的描写衬托心理的活动,姑娘努力从纷乱的枪声中辨别哥哥的那一声枪响。因为她相信,她的哥哥是好样的战士,一定不会辜负自己的期望。

诗人陈辉出生于1920年,18岁来到延安,在参加革命的同时也开始了诗歌创作,成为晋察冀抗日根据地一位才华横溢的青年诗人。陈辉的诗歌以描写战斗生活为主,他的诗闪耀着理想主义的光辉,又散发着自然清新的芬芳。1941年开始,陈辉来到农村从事基层群众工作,带领武工队打击侵略者。1944年在河北涿县韩村的一次反扫荡战斗中英勇牺牲,年仅24岁。《姑娘》中的那位哥哥或许就是诗人的化身吧,他是柔情的哥哥,又是英勇的战士。为了民族的解放,哥哥暂时离开了姑娘。作为诗人,陈辉也堪称优秀。在诗中,他用的只是最朴实的口语、最传统的白描手法,然而构思却是那么的奇特,反映生活的角度是那么的新颖。诗歌的前两段在诗行的排列上借鉴了外国诗高低行的形式,呈现出参差的"建筑美",在语言上是完全的自由诗,在体式上是小诗,读来朗朗上口,而又意境悠远。

(任丽青)

【诗人小传】

柳倩
(1911—2004) 原名刘智明,四川资中人。1927年入成都大学预科学习。1931年到上海,从事文学创作。1932年加入中国诗歌会,旋又加入中国左翼作家联盟。1940年去重庆,在郭沫若领导的文委会工作。其间,曾与王亚平、屈楚等创办春草社。1949年初去浙东四明山区参加中国人民解放军。新中国成立后在上海市军管会文艺处、华东文化部艺术处任秘书主任等职。1953年后任北京市戏曲编导委员会副主任。

假如我战死了

柳倩

假如我战死了请把我埋在那险峻的高山，
山下蜿蜒着宽敞的道路，
白云悠闲地绕过那座严关。
让我听江风呼啸，挟着民族的怒吼，
让战友们唱着凯歌回来，践踏过我的白骨。
我像高山，像高山一样庄严、雄浑。
我像大星瞪着国土，再不许敌寇侵入。
让我这无名者永远是一个哨兵，民族的歌人，
整日在山岗上望，
看着我们年轻的后代
在欢笑中过活，在自由中生长，
脸上销尽了从前千百代的耻辱。

让日子消泯了仇恨，我依然偃息在那座高山，
山上山下开辟的是自己的土地，
集体的耕作、疏浚，安居在自己底农庄。
让我听农场上的欢歌赞扬着人类的进步，
他们瞅着埋葬我的这座高山有千年的怀古。
我像江潮，像江潮应和着他们的歌声，
我像太阳般欢笑，怡然地将他们爱抚。
让我这无名者永远是一个斗士，历史的证人；
长久在山岗上望：
俯视着我们年轻的子孙，
管理自己的国家，建立新的社会，
脸上燃烧着是我们这一代从未有的幸福。

1940年5月6日在广西武鸣旧思恩府

选自《春草集》，文林出版社1942年版

假如我战死了　　　　　　　　　　　　　　柳倩

《假如我战死了》作为一首写于战争年代的诗歌,表现了一种特有的风格:不假雕琢、直抒胸臆,体现了雄浑粗犷之美。

诗人开篇便假设"我战死了"——带有鲜明的战争年代的气氛。诗人说,即使我战死了,也要像高山一般庄严、雄浑,以身躯筑起保卫祖国和民族的山梁,站在高处"像大星瞪着国土,再不许敌寇侵入"。战场上冲锋陷阵的勇士,就是战死了,他的锐气,他的英魂,也决不会消逝,而将永远注视着我们的民族,这是此诗给予读者的强烈感受。作为一名生活在战火之中的歌手与战士,其情感豪放而坚忍,充满理想主义的乐观精神。他并不是简单地讴歌战争,而是在讴歌正义、公道与自由进步的未来社会。在诗的结尾段,诗人进一步抒发了对于理想、对于未来社会的憧憬之情:作为一名当年的战士、历史的证人,诗人将在山岗上长久地瞭望,看子孙后代,自己建设国家、管理国家,他们的脸上将闪烁着"我们这一代从未有的幸福"。

诗作写于 1940 年,当时正是抗日战争的相持阶段,中华大地到处燃烧着战火,成千上万的人民和战士每天都在流血,爱国的热情与青春的诗情融为一体,表现一种视死如归的悲壮情怀,构成了当时诗歌创作的主旋律。《假如我战死了》就突出表现出了这一点。在诗中,我们看不到"五四"前后诗人们奇妙璀丽的诗境与幻想,也听不到诸多诗人在 20 世纪二三十年代里的那种淡淡的忧愁与感伤。我们感觉到的是:雪洗国耻、振兴民族的强烈时代精神,使个人的喜怒哀怨不能不与之契合一致,在这种特定的时代精神影响下,诗歌不能不更多地具有社会功利意义。这时的诗歌一般都写得激昂、雄壮。因为他要鼓舞着战士们奔赴战场杀敌,柳倩的这首诗亦是如此。从诗的象征性构思,从诗的诸多形象、比喻等,我们都可以发现诗人在创作时是很注意艺术性的,但作为一首写于战争岁月之中的抒情作品,一首充满英雄主义与献身精神的作品,诗人不可能过多地在诗的美学价值上做过多的思索与流连,或者毋宁说,这种英雄主义本身就构成了当时至高无上的美,而其他所谓更纯粹的美,均与这种战场上的壮美情趣不相协调。这似乎是一种必然。从这一意义上来读《假如我战死了》,也许我们的目光会真正切入那个烽火连天的时代,不但能理解本诗,而且可以窥见那个时代特定的审美追求。

(李　黎)

诗人小传

商展思

（1919— ） 原名曾令铎，曾用名商峰，河南固始人。曾就读于省立洛阳师范学校。1938年参加八路军，后相继到延安陕北公学、晋察冀华北联合大学学习。著有《商展思抗战诗选》等。

卷毛芦花马

商展思

饲养班住过我的家：
我送粪常借用
团政委骑坐的
那一匹
卷毛芦花马。

大队人马过我家：
绿茵茵的杨柳下，
走着那匹卷毛芦花马；
我——
一手拿鸡蛋，
一手端热茶，
兴冲冲走近了那匹马。
马呵——确是那匹马！
马上却驮的是
行军摔瘸了腿的
宣传队的红脸娃。

部队二次过我家，
我正收庄稼；
见到那匹卷毛芦花马，
忙捧了新刨的落花生，
迎面拦住了那匹马。

马呵,确是那匹马!
马上却坐的是
警卫连的机枪手,
他正发疟子,
上牙磕打着下牙。

部队三次过我家,
风雪正吹刮!
我提着一壶热烧酒,
快步赶上了那匹马;
仍然是那匹卷毛芦花马,
仍然是那个褪色的破马褡;
马上的胡子脸也那么熟,
哦——
原来是饲养班长!
他也参加了战斗,
腿上挂了花。……

1942年冬于冀中军区政治部。

选自《晋察冀诗抄》,中国青年出版社1984年版

诗人身处血与火的前线,战争的残酷,使他备感革命友情的温馨。在这首诗里,他为卷毛芦花马的主人歌唱,赞美他爱护战士,一再让出坐骑的高尚行为;赞美革命队伍中,指挥员关怀战士,官兵团结互爱的新型关系。

面对一个简单素朴的题材,诗人成功地运用了反复而有变化的叙事结构。在场面上,虽然三节都是"遇马",但发生在一年中变换更替的几个季节中:第一次,"杨柳""绿茵茵",可见是春天;第二次,"收庄稼",当是夏秋之际;第三次,"风雪正在刮",当然是冬天了;这种过于"凑巧"的时空安排,正是变换的需要。同时,随着季节不同,"我"慰劳战士的赠物也有变化:"鸡蛋""热茶"——"落花生"——"热烧酒"。自然环境和生活物事的变化,使重复的场面有了缤纷的色彩和不同的氛围。在叙述方式上,三节"遇马"都用了先叙"物是"(看到确是芦花马),后写"人非"(发现马上的人却变了)的"突转——发现"的格式。这种带有

"惊诧"和悬念的格式使每节本来简单的叙事有了小小的跌宕和情趣。

全诗的叙述始终浸透"我"的情感,折射着"我"的心理,表现着"我"的言行,因此,"我"在叙事的同时也表现了自己。这样,"第一人称内视角"的叙述角度使此诗为我们塑造了两个人物,不仅赞颂了爱兵的指挥员,而且在"无形"中刻画了拥军的农民;同时反映了同样高尚的两种革命友情:官与兵的同志爱和军与民的鱼水情。

(皇甫积庆)

【诗人小传】

蔡其矫
(1918—2007) 福建晋江人。少年时代曾在印度尼西亚生活。1935年在上海暨南大学附中读书时,开始创作诗歌。1938年入延安鲁迅艺术学院学习。1939年去晋察冀边区,在华北联合大学文艺学院文学系任教。1945年任随军记者,1948年后从事政治研究工作。1953年到北京中央文学讲习所任教。后为福建省文联专业作家。其诗作汲取了中外诗歌的各种表现手法,形式多样,感情饱满。

肉 搏

蔡其矫

白色的阳光照在高高的山上,
在那里,剧烈的战斗正在进行。

近旁,那青铜的军号悲壮地响起,
冲锋的军号,以庄严的声音,鼓舞我们的士兵。

一个青年,我们团里的一个新兵,
飞似地前进,子弹在脚下扬起缕缕烟尘。
而在山岩后,一个日本军曹迎上来。

于是开始了惊心动魄的肉搏战!
军号还在吹,山谷震响着喊杀声……

交锋几个回合,那青年猛力刺了一刀,
敌人来不及回避,也把刺刀迎面刺来,
两把刺刀同时刺入两人的胸膛,
两个人全静止般地对峙着,呵!决死的斗争!

只因为勇士的刺刀比日本人的刺刀短几分,
才没有叫颤栗的敌人倒下来,
我们的勇士没有时间思索,有的是决心,
他猛力把胸膛往前一挺,让敌人的刺刀穿过了背梁,
勇士的刺刀同时深深地刺入敌人的胸膛,
敌人倒下,勇士站立着。山谷顿时寂静!

第二年,在那流血的地方来了一只山鹰,
它瞅望着,盘旋着,要栖息在英雄的坟墓上;
它仿佛是英雄的化身,不忍离开故乡的山谷。
过路的士兵呀!请举起你们的手向他致敬。

1942年,晋察冀

选自《回声集》,作家出版社1956年版

1942年,抗日战争转入相持阶段。这是一个艰苦的、血与火的岁月,也是一个满怀胜利希望的英雄的岁月。蔡其矫于1938年进入延安,第二年来到晋察冀根据地。他目睹了这场严酷的战争,也目睹了英雄的诞生,以激情的笔写下这首英雄主义的颂歌。

抗日民族战争的风起云涌,使当时投入根据地的作家、诗人的思想感情发生了很大变化。他们普遍回避个人的自我抒情,从人民战争中汲取题材、形象和感情。诗歌创作出现叙事化的倾向;即使是短小的抒情诗,也往往是在叙事的基础上抒情。《肉搏》可以看作是一首小叙事诗,也可以看作是在叙事基础上的一首抒情诗。全诗的核心是讲述一次战斗,一个新兵在和日本军曹的肉搏中,由于他的刺刀比日本军曹的刺刀短了几分,而未能立即把敌人刺倒。而敌人却把刺刀迎面刺来,于是出现这样壮烈的场面:"两把刺刀同时刺入两人的胸膛,/两人全静止般地对峙着,呵!决死的斗争!"在这严峻的关头,"有的是决心"的抗日战士

"胸膛往前一挺",把刺刀深深刺入敌人的胸膛,自己也"让敌人的刺刀穿过了背梁"。战争较量的不仅是武器,同时还是意志和勇气,是支持这种意志和勇气的正义战争的性质和一个民族的精神。敌人倒下了,勇士却站立着。英雄和英雄主义就从这里诞生。

在这里,叙事是这首诗的核心,也是全诗抒情的基础。一场战斗,可以铺写的场面很多。诗人以最简洁的笔触写了这样一个场面:两把刺刀同时刺入两人胸膛的对峙,以及战士最后英勇的一挺。勇士以他无畏牺牲的行为,完成了自己最后的英雄形象。战斗在这里达到高潮,事件也在这里充分显示出意义。与诗人其他专事抒情的作品不同,在这首诗里,事是情的基础,情是事的升华。诗人是在事件的叙述中,升华自己的感情,使之产生巨大的震撼力量。

作为一首描写具体战斗的诗篇,诗人很懂得把握住动与静的辩证关系。一方面,战斗是喧腾的:白色的阳光照在高高的山上,青铜的军号声悲壮地升起,子弹在脚下扬起缕缕烟尘,山谷震响着喊杀声……诗人选择这样的细节来烘托战斗的剧烈、残酷、严峻。另一方面,在战斗进入白热化的阶段,诗人又渲染那种令人窒息的瞬息间凝止的静寂:当刺刀同时刺入两人的胸膛,喊杀声消失了,"两人全静止般地对峙着",当敌人倒下、勇士站立时,"山谷顿时寂静",在动中反衬的瞬间静寂,洗印出的是战士心灵的闪光、英雄精神的风采。

蔡其矫的诗歌创作,从青年时期开始就受到美国诗人惠特曼的影响。当他把这种影响带入到根据地这种叙事诗的创作中,仍然表现出强烈的浪漫主义精神。诗的最后一节,那只盘旋在英雄坟墓上的鹰,不仅是英雄的化身,而且是诗人的理想和爱,是以一种浪漫的手法来倾诉诗人对于英雄和对于产生英雄的这块祖国热土的深挚感情。

(刘登翰)

雾 中 汉 水　　　　蔡其矫

两岸的丛林成空中的草地;
堤上的牛车在天半运行;
向上游去的货船
只从浓雾中传来沉重的橹声,
看得见的
是千年来征服汉江的纤夫
赤裸着双腿倾身向前

> 在冬天的寒水冷滩喘息……
> 艰难上升的早晨的红日,
> 不忍心看这痛苦的跋涉,
> 用雾中遮住颜脸,
> 向江上洒下斑斑红泪。

1957年

选自《生活的歌》,人民文学出版社1982年版

  1957年岁末,诗人离开北京他所任教的中央文学讲习所,下放到管九个省水利建设的长江流域规划办公室"挂职"生活。这时中国刚刚经历过一场浩大的政治运动,又面临着另一场将带来巨大灾难的经济运动(后来历史这样证明了)。《雾中汉水》是作者赴职途中于"中国唯一的一条从北向南的大江汉水"的小火轮上写的。"小火轮逆水而上,每一个小码头都有客货上下,蜗牛般爬行,使我有机会观察体验。"《生活的歌·自序》诗中记载的只是他途中所见、所感的真实情状。却未曾料到,这首短诗——连同他途中创作的另一些作品如《川江号子》等,在当时一片矫情虚饰的诗风中,以其严峻的真实成为一个沉重年代的情态和呼声的概括(20多年后,当美籍华人作家聂华苓和她丈夫——美国诗人安格尔,把这些作品译成英文时,就这样认为的);也未曾料到,由于这些作品,诗人挨了整,最终被赶出北京,回到故乡福建。

  蔡其矫曾被视作一个"山水诗人"。对大自然的倾心和对旅行的偏爱,使他对于自然美的观察和表现,常有自己独特的角度和发现。《雾中汉水》也有这个特点。"两岸的丛林成空中的草地;/堤上的牛车在天半运行",开头两句写的是作者在船中所见。枯水季节水浅岸高的特殊条件和雾中的环境,使本来应当在视平线下的"两岸丛林"和"堤上牛车",化为"空中的草地"和升在"天半运行"。视角的变异使熟悉的景物产生一种陌生效应,便构成了这两句诗的一种全新的审美境界和情致。这种审美境界和情致,不是诗人主观创造的,靠的也不是语言的技巧,而是诗人在生活中的独到观察和提炼。诗的第二部分(第3行至第8行),写的虽然也是作者的船上所见:于茫茫雾中只能听到上行货船的沉重橹声,看到倾身向前的纤夫赤裸的双脚。但作者选择这样的细节,并赋予形象这样的沉重感,显然倾注着诗人强烈的主观情绪。眼前景物的沉重形态,和当时作者对现实的沉重感受,二者叠合在一起,意与象交融,使这个形象超越了事象本身的描绘,包容着更广阔的历史内涵和社会内涵,具有一定

的暗示性和象征意味。接下去的四行，是对上述描绘的进一步抒发。虽然未曾离开全诗一致的景物描绘，但由于诗人主观情绪的进一步介入，而使景物呈现出独特的意象。以"艰难上升"来修饰雾中的日出，不仅准确，而且深刻，又并未脱离事物自身的特点；当纷射在雾中的阳光，被描写为红日"不忍心看这痛苦的跋涉"，而向江上洒下的斑斑红泪，意象的奇特产生了强烈的震撼效果。其实"不忍心"的不是红日，而是诗人。主体向客体移入，并完全替代了客体，使这首诗从冷静的客观描绘、主观情绪的渗透，而到主体的全部移入，从而达到了情绪的高潮。

在这里可以看到，蔡其矫以自然景物为表层意象的作品，常常具有两个视角，一是自然的视角，准确地、独到地把握事象的客观形态；一是社会的视角，在客观事象的表层中，富于穿透力地蕴喻着历史的、现实的情致。二者交错、相融、叠合、互为隐喻，从而构成一种特殊的审美和认知的境界。　　　　（刘登翰）

双　虹　　　　蔡其矫

这样的景色真是罕见，
两支七彩的巨柱并立水上；
背后尚有昏黄的阵雨，
前面正当夕阳含山。
于是，绛色的榕树闪照在暗绿的高岸，
绛色的渡船起落在晶亮的波间，
绛色的水草摇动晚潮，
绛色的鹭鸶横飞暮天……
直到远山化作朦胧的蓝烟，
直到夜的帘幕垂落江面。

1961年
选自《双虹》，上海文艺出版社1981年版

1961年夏天，我到福建龙海县角美镇，去看老战友。有一天，我从角美步行要渡九龙江去石码镇。当时阵雨刚过，江上出现两支同样是半节的彩虹，平行而隔着相当距离，印象很深刻。回福州之后，正值省委宣传部召开文艺座谈会，重提"双百方针"。群情欢欣，编辑就向我约稿。我当下就写了三首给他，其中一首即《双虹》。他也明白我是暗寓"双百"，为形势所需，很快刊登。

我写这首诗是受大量写风景诗的苏联诗人普罗珂菲耶夫的《晚霞》的影响，特别是在结构上分前后两阕，甚至前阕的起首和后阕的排比句法，也近似模仿。不过普罗珂菲耶夫用的是俄罗斯的叙述与描绘典型事物的明写方法，我却用中国古典诗歌中的意象和含蓄的暗示手法。昏黄阵雨，夕阳含山，摇动晚潮，横飞暮天，蓝烟，帘幕等等，是旧诗习见的词汇，带有象征性。我曾在20世纪50年代开始研读唐诗宋词，并把最喜欢的诗译成现代口语。这首诗，就是有意运用古典传统手法，以写景来反照现实。风景诗的画面，要有立体感。夕阳和阵雨是一前一后，高岸和波间是一高一低，暮天和晚潮是一上一下，远山和江面是一远一近。蘅塘退士评注的《唐诗三百首》，就有这种手法的指明和评述。风景诗中，色彩很重要，因为感觉以视觉最占先，而色彩要有对比，昏黄，夕阳，绛色，暗绿，晶亮，蓝烟，夜的帘幕，有七个层次。旧诗中又十分强调以动反衬静，并立，含山，闪照，起落，摇动，横飞，化作朦胧，垂落等等的运用，就是为了这个目的。　　（蔡其矫）

祈　　求

蔡其矫

我祈求炎夏有风，冬日少雨；
我祈求花开有红有紫；
我祈求爱情不受讥笑，
跌倒有人扶持；
我祈求同情心——
当人悲伤
至少给予安慰
而不是冷眼竖眉；
我祈求知识有如泉源，
每一天都涌流不息，
而不是这也禁止，那也禁止；
我祈求歌声发自各人胸中
没有谁要制造模式
为所有的音调规定高低；
我祈求
总有一天，再没有人

像我作这样的祈求！

1975年

选自《生活的歌》，人民文学出版社1982年版

　　《祈求》虽写于"文革"后期，却充分体现出蔡其矫诗歌创作的思想感情基点。这首诗，有着强烈的政治意识和社会感，其出发点，则是一种渴望人的心灵自由、个性得到解放、发展的人道主义。他曾经说过："作家为什么要写东西？说到底，他无非希望人生活得更好一些，希望这些人的灵魂更好一些，新的性格更早出现。"他对世界、对人类光明的前景的希望是执著的。在他看来，诗人是经过斗争、将欢乐带到世上的人。这并非诗人有什么超凡的伟力，而是指他们能创造一个心灵上自由、快乐的诗的世界，达到"诗化生活"的目的。诗和诗人就是一种桥梁，连接着现实与梦想之间的交集着悲欢的桥梁。这是一种浪漫主义的理解。正是从这一点出发，从对人的尊严的肯定、对同情心的呼唤、对心灵自由的渴求出发，他对一切压抑人性、残害生命的强权表现了决绝的抗争精神。所有这一切，是理解《祈求》这首诗的思想背景。

　　在这首诗里，诗人用了"我祈求"作为开头的七组句子，来表现他的追求和愿望。这是在特定的社会情势下发自心灵的直接呼唤。这些明白的陈述，包含着不难觉察的矛盾内容，而构成了诗内在思想情感上的"反讽"意味。"祈求"，意味着有所奢望，企盼也许不易实现的愿望。然而，诗中的"我"所祈求的一切，却似乎都是些属于正常的自然和生活现象。"炎夏有风，冬日少雨"，"花开有红有紫"，都属自然界呈现的常规；"爱情不受讥笑"，"跌倒有人扶持"，"歌声发自各人胸中"，"知识有如泉源"，"涌流不息"，也都是一个正常的社会的普遍现象，或者说是并非高不可攀的期待。这都不过是人的基本生存权利，正常的生活内容。但是，诗人写这首诗时的现实状况却是，"祈求"本来不必、也不应祈求的东西，竟成了人们渴望、抗争的全部目的。因而，诗中的祈求越是诚挚，越是强烈，便越是衬托出社会环境的反常和荒谬。因此，诗的最后的"我祈求／总有一天，再没有人／像我作这样的祈求"，正是对于前面一连串祈求的否定。这首诗在表现诗人的人道主义精神和对荒谬社会力量的抗争意志上，它的深度和强度，正蕴藏在思想情绪的内在矛盾之中。

（洪子诚）

波　浪

蔡其矫

永无止息地运动，

波浪

应是大自然有形的呼吸,
一切都因你而生动,
波浪啊!

没有你,天空和大海多么单调,
没有你,海上的道路就可怕地寂寞;
你是航海者最亲密的伙伴,
波浪啊!

你抚爱船只,照耀白帆,
飞溅的水花是你露出雪白的牙齿
微笑着,伴随船上的水手
走遍天涯海角。

今天,我以欢乐的心回忆
当你镜子般发着柔光,
让天空的彩霞舞衣飘动,
那时你的呼吸比玫瑰还要温柔迷人。

可是,为什么,当风暴来到,
你的心是多么不平静,
你掀起严峻的山峰
却比暴风还要凶猛?

是因为你厌恶灾难吗?
是因为你憎恨强权吗?
我英勇的、自由的心啊
谁敢在你上面建立他的统治?

我也不能忍受强暴的呼喝,
更不能服从邪道的压制;
我多么羡慕你的性子
波浪啊!

对水藻是细语,
对巨风是抗争,
生活正应像你这样爱憎分明
波——浪——啊!

选自《祈求》,江苏人民出版社 1980 年版

  海洋的丰富多彩和万千变化最能构成对人类生活的暗示。海洋文学,无论是小说还是诗歌,欧洲人都拥有堪称世界级名著的作品。中国人却只能汗颜以对,这一方面是由于中国的农耕经济占主导地位,海洋经济颇不发达;另一方面也因为中国人思想观念上的保守和短视。中国当代文学较长时期的"一体化"氛围与海洋文学也必然形成紧张的关系,制约了中国海洋文学的成长。也正因为如此,当我们读到如艾青《鱼化石》、蔡其矫《波浪》等少数海洋题材的诗歌时,我们就会不由得产生难能可贵的感觉。

  在这首抒情诗里,大海显然被赋予了人类社会的象征,波浪则被赋予了人的情感。波浪的柔光和爱抚、照耀和飞溅都是大自然不可缺少的呼吸,它抚爱船只,照耀白帆,用飞溅的水花微笑着伴随船上的水手,走遍天涯海角。它镜子般发着柔光,让天空的彩霞舞衣飘动,那时它的呼吸比玫瑰还要温柔迷人。它们因为那种自由的变幻而显得异常迷人,"波浪啊!没有你,天空和大海多么单调"。然而,面对象征强权的风暴,波浪毫不屈服,它以山峰似的海浪予以反击,比风暴还要凶猛。这是一种象征。人们喜爱百花齐放的文化生活,也容忍种种细腻各异的情感表现,反感那种大一统的拘束的局面。人类社会的丰富多彩跟海洋活动的变化多端都有同样的道理,海洋处于永不止息的运动之中,如果它只剩了一副面孔,它就会干涸、死亡。社会生活的发展也不可能一帆风顺,尽管人们都追求那种既百家争鸣又平和有序的境界,但是总也免不了是非颠倒、暗流涌动的时候。诗人对波浪采用的是对比的写法,在诗人的笔下,波浪爱憎分明、个性十足。而诗人也毫不掩饰自己对波浪的喜爱,这样的描写正体现了诗人自己鲜明的性格和酷爱自由民主、反对专制强权的精神。这首诗歌一点也不含蓄,完全是战士

的风格,令人肃然起敬。这样的爱憎分明不也正是所有正直的人们所应该秉持的情感和生活态度吗?《波浪》创作于1962年,或许由于诗歌体现出来的这种社会政治意识与当时的文学规范格格不入,直到1979年才得以发表。事实上,蔡其矫因为创作思想的"偏离"受到批评,就从北京回到了家乡福建,此后创作的许多诗歌都迟至80年代才发表。

从艺术上看,《波浪》采用的是从直观到联想的跳跃的构思方式,对海浪的描写是直观和较为细腻的,然后借助"可是"这个转折关联词跳跃到联想,使人联想到现实生活。本诗在语言上相当自由,在用词和音节上也都没有什么雕琢,属于较为通俗的一类。

(任丽青)

【诗人小传】

高 兰
(1909—1987) 原名郭德浩,黑龙江爱辉(今属黑河)人。1928年入燕京大学国文系学习。抗日战争爆发后与光未然、冯乃超等发起朗诵诗运动。1947年任沈阳《东北民报》文艺周刊编辑,次年去长春大学中文系任教。新中国成立后先后在山东师范学院、济南华东大学、山东大学任教授。

哭亡女苏菲　　　　　　高　兰

你哪里去了呢?我的苏菲!
去年今日
你还在台上唱"打走日本出口气"!
今年今日啊!
你的坟头已是绿草萋迷!

孩子啊!你使我在贫穷的日子里,
快乐了七年,我感谢你。
但你给我的悲痛
是绵绵无绝期呀,
我又该向你说什么呢?

一年了！
春草黄了秋风起，
雪花落了燕子又飞去；
我却没有勇气
走向你的墓地！
我怕你听见我悲哀的哭声，
使你的小灵魂得不到安息！

一年了！
任黎明与白昼悄然消逝，
任黄昏去后又来到夜里；
但我竟提不起我的笔，
为你，写下我忧伤的情绪，
那撕裂人心的哀痛啊！
一想到你，
泪，湿透了我的纸！
泪，湿透了我的笔！
泪，湿透了我的记忆！
泪，湿透了我凄苦的日子！

孩子啊！
我曾一度翻看箱箧，
你的遗物还都好好的放起；
蓝色的书包，
深红的裙子
一叠香烟里的画片，还有……
孩子！你所珍藏的一块小绿玻璃！
我低唤着苏菲！苏菲！
我就伏在箱子上放声大哭了！

醒来夜已三更，月在天西，
寒风里阵阵传来
孤苦的老更人遥远的叹息！

我误了你呀！孩子！
你不过是患的疟疾，
空被医生挖去我最后的一文钱币。
我是个无用的人啊！
当卖了我最值钱的衣物，
不过是为你买一口白色的棺木，
把你深深地埋葬在黄土里！

可诅咒的信仰啊！
使我不曾为你烧化纸钱设过祭，
唉！你七年的人间岁月
一直是穷苦与褴褛
死后你还是两手空空的。

告诉我！孩子！
在那个世界里，
你是否还是把手指头放在口里，
呆望着别人的孩子吃着花生米？
望着别人的花衣服
你忧郁的低下头去？

我知道你的灵魂漂泊无依，
漫漫的长夜呀！你都在哪里？
回来吧！苏菲！我的孩子！
我每夜都在梦中等你。

唉！纵山路崎岖你不堪跋涉，
但我的胸怀终会温暖
你那冰冷的小身躯！

当深山的野鸟一声哀啼，
惊醒了我悲哀的记忆，
夜来的风雨正洒洒凄凄！
我悄然的披衣而起，
提起那惨绿的灯笼，走向风雨，
向暗夜，
向山峰，
向那墨黑的层云下，
呼唤着你的乳名，小鱼！小鱼！
来呀！孩子！这里是你的家呀！
你向这绿色的灯光走吧！
不要怕！
你的亲人正守候在风雨里！

但蜡泪成灰，灯儿灭了！
我的喉咙也再发不出声息。
我听见，寒霜落地，
我听见，蚯蚓翻地，
孩子！你却没有回答哟！
唉！飘飘的天风吹过了山峦，
歌乐山巅一颗星儿闪闪，
孩子！那是不是你悲哀的泪眼？
唉！歌乐山的青峰高入云际！
歌乐山的幽谷埋葬着我的亡女！

孩子啊!
你随着我七载流离,
你随着我跨越了千山万水,
我却不曾有一日饱食暖衣!
记得那古城之冬吧!
寒冷的风雪交加之夜,
一床薄被,我们三口之家,
吃完了白薯我们抱头痛哭的事吧!

但贫穷我们不怕,
因为你的美丽像一朵花
点缀着我们苦难的家。
可是,如今叶落花飞
我还有什么呀!

因为你爱写也爱画,
在盛殓你的时候,
你痴心的妈妈呀!
在你右手放了一支铅笔,
在你左手放下一卷白纸。
一年了啊!
我没接到你一封信来自天涯,
我没看见你有一个字写给妈妈!

我写给你什么呢?
唉! 一年来,我像过了十载,
写作的生活呀!
使我快要成为一个乞丐!
我的脊背有些伛偻了,

我的头发已经有几茎斑白,
这个世界里,依旧是
富贵的更为富贵,
贫穷的更为贫穷;
我最后的一点青春与温情,
又为你带进了黄土堆中!

我写给你什么呢?
我一字一流泪!
一句一呜咽!
放下了笔,哭啊!
哭够了!再拿起笔来。

姗姗而来的是别人的春天,
鸟啼花发是别人的今年!
对东风我洒尽了哭女的泪,
向着云天,
我烧化了哭你的诗篇!

小鱼!我的孩子,
你静静地安息吧!
夜更深,
露更寒,
旷野将卷起狂飙!
雷雨闪电将摇撼着千万重山!
我要走向风暴,
我已无所系恋
孩子!
假如你听见有声音叩着你的墓穴!

> 那就是我最后的泪滴入了黄泉!
>
> 一九四二 三月的山中
>
> 选自《高兰朗诵诗》,建中出版社1949年版

至亲骨肉,相依为命,一朝逝去,痛何如哉!时间的流水抹不平诗人哀伤的心潮,在七岁的爱女苏菲病逝一年后,诗人痛定思痛,挥泪写下了这首诗。

绵绵无绝期的悲痛,化为心底的感情潜流,一旦涌向笔端,落在白纸上的竟是这么一句:"你哪里去了呢?我的苏菲!"看上去这似乎是诗人的明知故问,其实是因为爱女心切,诗人不忍心也不相信女儿真的会逝去。诗人以此番设问为诗的开头,随即闸门大开,哀思如潮,奔腾澎湃而不可遏止!

诗人对女儿苏菲的悼念形成的感情波涛,又分成无数道细流,一齐流向埋葬女儿的那一座绿草萋迷的坟头。一道细流是一面镜子,照见了诗人哭亡女的身影:或睹遗物而伤神,或恨自身而忏悔,或忆往事而凄怆,或思亡女而行动——正是这些多角度多侧面的描写,使读者看到诗人对亡女刻骨铭心的怀念,同情之心油然而生。

怀念过深,必生幻觉,诗人几乎不必有意去捕捉这种感觉,他是把它看作真实来描写的,这是诗人的心理现实。在女儿抵达的"那个世界里",他看到她把手指头放在口里,望着别人的孩子吃着花生米,看到她望着别人的花衣服,忧郁地低下头去;歌乐山巅一颗星儿闪烁,他看出那是女儿悲哀的泪眼。对上述幻觉描写,诗人虽然用的是反问句式,他却宁信其真而不疑其假。在有些地方,诗人明知是假却又当真,并以此为基础直抒胸臆,如在写给女儿盛殓时,诗人运用了一个细节描写,即因女儿爱写爱画,她妈妈在女儿遗体的右手放了一支铅笔,左手放了一卷白纸,这实在是悲伤过度的活着的人的聊以自慰,诗人却以此为真实,于是,奇句出现了:"一年了啊!/我没有接到你一封信来自天涯,/我没有看见你有一个字写给妈妈!"这种"反常合道"的抒情把诗人的极度思念深深铭勒在诗行里了。

父女之爱是人类的一种普遍感情,因此极易引起人的共鸣。诗人舐犊之情尤深,但此刻女儿已埋入黄泉,欲见不能,于是高兰在诗尾悲天怆地地呼喊着"孩子! /假如你听见有声音叩着你的墓穴! /那就是我最后的泪滴入了黄泉!"——悲剧本来就比喜剧要感动人,更何况诗人度日如年而累积的悲伤充溢全诗,并在结尾掀起了伤逝的泪涛,那么,这种至亲至爱的父女之情就更感动人了。诗中透露出的世道艰难和世态炎凉使本来就很阴冷的色调,更是蒙上了一层灰暗的底

色,但却使诗人抒发的父爱和诗中凸现的父女之爱、母女之情,洋溢着悲凉的温暖,如雪地上的一堆篝火,亮在茫茫的夜里。

因这诗的深沉真挚的感情,因这诗的语言的朴素明朗、音节的顿挫,因这诗的押韵的注重、朗朗上口,《哭亡女苏菲》作为20世纪40年代的一首朗诵诗的佳作,将长久为人们所珍爱。

(戴 达)

【诗人小传】

井岩盾

(1920—1964) 山东东平人。抗日战争爆发时肄业于简易乡村师范,即随校流亡到湖北参加抗日救亡运动。1940年到延安,入鲁迅艺术学院文学系学习。后在部队和地方参加工作,并写有反映延安革命生活的诗作。1945年到东北。新中国成立后在东北作家协会从事专业创作。1952年起在中国作家协会研究室工作。1959—1964年在中国科学院文学研究所任当代文学研究组副研究员。

磷　火

井岩盾

"那边在山脚下的黑暗里,
是谁打着小蓝灯笼在游戏?
他玩耍得多么快乐,
他的灯笼多么美丽!"

"你说得好,孩子,
它是一切中最美丽的。
比田野里的花朵还美丽,
比秋天的果实还美丽。

"明天,我领你出去,
穿过没有人迹的森林和野草深深的土地,
你将发现半山上有许多破烂的窑洞,

那就是有人在这山峡里住过的证据。

"他们曾和我们一样,
在夜晚烧起野火;
他们曾和我们一样流着汗,
将这块土地开辟。

"他们死了,没有墓碑,
没有任何纪念的标志,
可是,那生命的火焰啊,
并没有从他们劳作过的土地上消逝……"

一九四二年春天于延安
选自一九四三年五月二十九日重庆《新华日报》

井岩盾是在延安成长起来的诗人。他写过不少歌颂延安劳动生活的诗篇,《磷火》便是其中的一首。

磷火俗称鬼火,也叫鬼灯。旧时视为不祥之物。以往诗歌写磷火,充满了恐怖凄惨的气氛,如唐代诗人杜甫在《玉华宫》中就有"阴房鬼火青,坏道哀湍泻"的诗句。然而井岩盾却一反旧的传统,把磷火写得如此美丽可爱,将它描绘成一幅燃烧不息的生命之火的壮美画图。

本诗首先通过孩子的眼睛给夜景抹上了一层天真烂漫、自由活泼的色彩,将磷火闪烁的情景幻化为一幅"打着小蓝灯笼在游戏"的夜游图。"蓝灯笼"自由自在地游荡在"山脚下","多么快乐",再加上"黑暗"的底色一反衬,显得格外美丽!小孩涉世未深,以他自由纯真的天性去理解世界,赞词也就只停留在"玩耍""游戏"及外形色彩上。而"我"的赞颂虽然也是美好的,但因为有了丰富的社会体验与深刻的人生感受,所以赞词重在美的内在本质上,描绘了"他们"生前烧"野火",开荒种地与死后生命之火仍不离开土地的精神美,赞美了前人披荆斩棘顽强劳动的精神。同是这夜景,在"我"的眼中也就增添了丰富的社会性与深厚的历史感。不是吗?当时开展大生产运动,开荒种地,自己动手,丰衣足食,正是争取革命胜利的重要一环。这里充分体现了劳动的价值,也体现了对劳动价值认识的历史过程。劳动创造了人类的文明进步,劳动"是一切中最美丽的"。只有解放区才能有这样的体现,也只有新诗人才能获得这样的认识。

正是基于这样的认识,诗人写磷火之美并没有简单地停留在外形色彩的描绘上,而是将笔触伸向了"明天"与昨天,挖掘了美的内在含义。诗人通过想象在读者眼前展示了这种美的形象:"他们"在人迹罕至的"山峡里"开荒种地、打窑居住,"他们"刀耕火种,以汗水浇灌着土地。"他们"被埋没了,"半山上"只留下"许多破烂的窑洞",但他们虽死犹生。"那生命的火焰啊,/并没有从他们劳动过的土地上消逝……"将黑暗里山脚下的磷火闪烁描绘得何等悲壮!这简直是一幅在黑暗的社会里流汗流血劳动挣扎的社会画,也是一幅披荆斩棘、开辟道路、顽强奋斗的人生图。他们热爱土地,热爱劳动,追求自由,追求幸福。诗人以最美的诗句歌颂了劳动者在创造性的劳动实践中执著追求自由的美的本质。这种本质精神,从某种角度来说,在解放区已得到了继承与发扬。诗人正是从这一角度歌颂了延安大生产运动。

诗人以丰富的想象,架起了沟通"明天"与"昨天"、"这边"与"那边"、今人与亡灵的桥梁,以虚实相生的象征的写法扩展诗歌的容量,开阔诗歌的意境,同时还留下许多空白让读者去想象。全诗运用对话形式,生动活泼。"我"向孩子口述的一个个画面浸透了主观色彩,有着很强的艺术感染力。

(宋恒亮)

诗人小传

黎·穆特里夫

(1922—1945)　维吾尔族,新疆尼勒克县人。曾就读于迪化省立师范学校,1937年开始文学创作。先后在《新疆日报》社、《阿克苏报》社任编辑。1945年因参加革命组织"星火同盟"被捕牺牲。

给岁月的答复

黎·穆特里夫

时间太匆忙,一点也不肯停留,
岁月便是时间的最快脚步。
畅流的水,破晓的黎明依然清晰,
疾驰的岁月却是窃取寿命的小偷:
窃取后,头也不回地,
一个追着一个,匆忙逃走。

在青春的花园里听不到黄莺拍翅，
树叶枯萎凋零，树枝变成秃头。
青春是人们最美妙的季节，
然而它又是何等短暂。
当你撕去日历上的一页
便会预感到青春的花朵凋落了一瓣。
岁月之风在飘舞，落叶掩盖了大地，
落了叶的树显得格外可怜……格外悲凄。
岁月那么慷慨地给姑娘们带来了皱纹，
给男子们带来了满面的胡须。
但是，不能咒骂岁月，
让它流过去吧，这是它必然的规律……
人们不会放松时间，
把戈壁变为绿洲的还是人们的双手。
岁月的胸襟辽阔、机会无穷，
山一般重大的事还是在岁月里耸立。
你瞧，昨夜还那么幼小的婴儿，
啊，今天他就会站起来走路了！
战斗的人们追随着战斗的岁月，
一定会留下他战斗的子孙；
昨晚为幸福而牺牲的烈士的墓上，
明天一定会布满悼念他的花丛。
尽管岁月给我带来了胡须，
但我会在岁月的怀抱里锻炼自己。
在我面前败走的每个岁月里，
早已铭刻了我的创作——不朽的诗篇。
在斗争最激烈的时候我不会衰老，
我的诗、像天空的繁星在我面前闪耀。
我时时不能忘记，坚忍——果敢就是胜利，

在斗争重重的陡坡上,死亡对我是何等渺小。
我要跟射手们牵起手来,
在前进的道路上紧紧地跟随旗手。
在战斗的疆场上始终不显出疲倦,
我要走遍一切走向胜利的道路。
岁月,你别得意地擂胸狂笑,
在你面前我宁肯断头,绝不受你凌辱。
你别为了催我衰老而过分地枉费心机,
我会把我的儿子许给最后的决斗。
岁月之海,尽管你的浪涛那样汹涌起伏,
我们的舰队一定会突破你的浪头。
尽管你以飞快的速度想恫吓我们,
但是创造必定会使你衰老——
这就是我们对你的答复!

1943年,乌鲁木齐

选自《黎·穆特里夫诗选》,克里木·赫捷耶夫译,作家出版社1957年版

1943年,诗人在乌鲁木齐《新疆日报》社从事革命活动,反动当局遂将他调往阿克苏城,企图在那里对诗人进行迫害。这首诗就是诗人去阿克苏前夕写的。

岁月,在诗中是一个象征时间的不确定意象。对于人的生命来说,它是一个"窃取寿命的小偷";对于革命者来说,岁月却有着另一种战斗的意义,将为革命者延续生命,因为"战斗的人们追随着战斗的岁月,/一定会留下他战斗的子孙";它使"为幸福而牺牲的烈士"永垂不朽。尽管"窃取寿命"的岁月也会给革命者带来了胡须,但革命者正是在战斗的"岁月的怀抱里锻炼自己"。碌碌无为的人生岁月被战斗的岁月挫败了,诗人却在逝去的岁月中留下了不朽的诗篇。

"岁月"的两种意象在诗中交错着,一为实写,一为虚写。诗人所要着力表现的是以革命的、战斗的"岁月"驾驭着一般人生意义的自然岁月,显示了一位革命者独特的人生观与时空观。在写实方面,诗人选择了读者最易感知的形象,如:"听不到黄莺拍翅,/树叶枯萎凋零,树枝变成秃头","落叶掩盖了大地,/落了叶的树显得格外可怜……"鲜明生动地展示在眼前。但这些又与"青春的花园""岁月之风"等抽象的语言交织,使读者跳出具象升华到另外一种意象,而不空泛说

理,让人得到一种审美的感受。到全诗结尾处,"岁月"又有对当时的黑暗势力影射、象征的含义:"岁月,你别得意地擂胸狂笑,/在你面前我宁肯断头,绝不受你凌辱。/你别为了催我衰老而过分地枉费心机,/我会把我的儿子许给最后的决斗。"最后又说:"岁月之海,尽管你的浪涛那样汹涌起伏,/我们的舰队一定会突破你的浪头。"一位革命者,一位诗人,他要创造一个光辉灿烂的人生,创造诗,创造美;使他在不断流逝的岁月中,永不消逝,永不衰老,这就是诗人给岁月的"答复"。

1945年,诗人成为在阿克苏地区一革命组织的领导者之一。这时他又创作了《幻想的追求》一诗,再次宣告自己所追求、所向往的远大目标:"我既然是情海最深处的波浪,/那渺小的池沼怎能制止我的渴望?"正当这一组织准备武装起义的前夕,诗人被叛徒出卖,敌人将他逮捕杀害。诗人以二十三岁的短暂的人生岁月,在新疆各族人民的心中,同时也在诗中,享有着悠久岁月的光荣。

(陈良运)

【诗人小传】

力 扬

(1908—1964) 原名季信,字汉卿,浙江青田人。1929年入国立西湖艺术学院学习。后在重庆育才中学、香港中业学院执教。新中国成立后在中国科学院文学研究所任秘书主任、研究员。20年代开始创作新诗,诗作语言朴实清新,多反映知识分子对革命的追求。出版有诗集《枷锁与自由》《我底竖琴》等。

雾季诗抄　　　　　力 扬

我们为什么不歌唱

当黑夜将要退却,
而黎明已在遥远的天边
唱起红色的凯歌
——我们为什么不歌唱!

当严冬将要完尽,

而人类的想望的春天
被封锁在冰霜的下面
——我们为什么不歌唱！

当链镣还锁住
我们的手足，鲜血在淋流；
而自由已在窗外向我们招手
——我们为什么不歌唱！

当悲哀的昨日将要死去，
欢笑的明天已向我们走来，
而人们说："你们只应该哭泣！"
——我们为什么不歌唱！

选自《我的竖琴》，诗文学社1944年版

这首诗写于1941年，曾经在国民党统治区和敌后解放区广泛流传；由于它被作曲家洛辛谱写成充满激情、信心而又略带忧伤的歌曲，从而为它插上了翅膀，成千上万的知识分子都非常喜爱它。的确，它抒发了热爱自由、向往光明的全体爱国者的心声。

1958年作家出版社印行的力扬诗集《给诗人》中，有一条重要的注释："1941年，作于重庆天官府7号文化工作委员会。这时正当蒋介石集团举行第二次反共高潮，发动皖南事变后不久，反共逆流泛滥于整个国民党统治区。"这个特定的时间，加上这个特定的地点，给我们提供了一把理解此诗的钥匙。

敏感是古今中外所有优秀诗人的基本素质之一。他们的敏感，往往走在事变的前面，表现为所谓的超前度。你看，当"千古奇冤，江南一叶"正以磐石般的沉重压迫着渴望民族解放的中国社会的主体——工人、农民、小资产阶级的时刻，少数人不免因窒息而感到困乏、昏迷和绝望。诗人力扬却以他独具的慧眼，觉察到了东方彤云背后欲晓的熹微！因此，诗人把握住夜色将尽、黑暗最浓的契机，沥血一啼，声震八荒："我们为什么不歌唱！"这是乐观的号召，这是胜利的预言。

全诗共分四小节。每一小节的落脚点，都是同样的一句："我们为什么不歌唱！"（请注意，这里没有用疑问号，而是用的感叹号。）这种反复咏唱、层层进逼的手法，当然不仅是出于艺术本身的考虑，而且是出于革命斗争的需要。正是在这一点上，我们看到了这首小诗从内容到形式，从思想到技巧的相当高度的和谐完整。

我们还应该仔细加以体察的是，由第一小节的"黑夜"和"黎明"，变换成第二小节的"严冬"和"春天"，再演化为第三小节的"锁链"和"自由"与第四小节的"悲哀"和"欢笑"，对立而又统一，量变中渐见质变。诗人对意象的构架，氛围的衬托，是颇费苦心的。这些字眼的选择，绝非信手拈来。

尤其是当着收束全诗之际，忽然蹦出一个比较散文化的句子："而人们说：'你们只应该哭泣！'"显然寄托了作者的深刻意图：这个散文化的句子本身带来的突兀、粗暴和不协调，正是象征着某些趾高气扬的反动派的愚蠢和狂妄，他们不知自己死之将至。诗人大气磅礴地予以驳斥："我们为什么不歌唱！"细心的读者定会受到鼓舞；对于敌人的欺骗与恫吓，革命者有权不屑答理！这里用得上一句民谚：无论狗儿们怎样狂吠，骆驼队照样前进！

全诗不曾押韵，却自有神韵，这也是一个不可忽略的特点。　　　　（公　刘）

射虎者及其家族(原诗略)　　　　力　扬

《射虎者及其家族》于1942年在《文艺阵地》7卷1期上发表后，就立刻轰动了山城重庆和整个的"大后方"。

这首长诗共计8章，多达429行，分段却无定法，最短的只有2行、3行，最多的15行、16行不等，仿佛这里有很大的随意性。其实，仔细研究一下，就不难发觉诗人的苦心——希望读者得到质朴、自然而舒畅的总体印象，得到雄健与温婉、呼啸与叹息、阳刚与阴柔和谐统一的美感。

它不削足适履地搞"一东二冬"，而是行云流水一般，将气韵深深地隐藏于诗的律动之中，使人获得一种音乐性的愉悦与满足：时而凝聚，时而消散，时而潺湲，时而澎湃。这的确是相当巧妙的主意，缺乏功力者当难以企及。其次，在结构布局方面，诗人基本上是沿用我国民族民间传统"讲故事"的"有头有尾"的叙述方式，逐步铺展情节、介绍人物的。不过，作者也并不曾完全忽略吸收西方文学的插叙、倒叙、跳跃等手法，因而做到了既适应大多数群众的欣赏习惯，又进行了某些必要的初步改造(如《长毛乱》一章中几条线索并列交织的运用)。

尤其重要的是，这首诗毫不回避中国人民主要是中国农民的文化劣势和心理劣势——反抗暴政，反抗命运，却缺乏合乎科学的思维与信念，不满于而又不得不屈从于那似乎是上天安排的一切；善良到了怯懦的地步，无知到了愚昧的地步，而且心安理得地把封建地主阶级的包括"三纲五常"在内的一切陈腐、反动的观念，"全盘""拿来"，连狡诈和贪婪都向他们"学习"，从而不仅在肉体而且在灵魂的意义上，都出卖了自己而终不自觉。

这首诗，写的是一个人间的复仇故事———一个占中国人口绝大多数的阶级，报复另一个人数少得多，然而占有衙门、军队、警察、法庭、土地、资本、粮食、教育机构、舆论工具和劳动力市场乃至奴隶们的人身的嗜血的阶级，报复那剥削之仇、压迫之仇、欺骗与侮辱之仇。

值得品味的是，故事的发端却是老虎。也许它与作者的家史巧合。无奈射虎者不幸在"犹能弯弓的年岁/被他底仇敌所搏噬"。根据全诗多次显豁表达的，这位射虎者似乎并非葬身虎口，而是无力战胜"苛政猛于虎"之虎。从此，"他的遗嘱是一张巨大的弓/挂在被炊烟熏黑的屋梁上/他的遗嘱是一个永久的仇恨/挂在我们的心上"。出现了全诗的第一个象征。

请注意接下来的歌唱，在叙述到他的三位祖辈（大伯祖父、二伯祖父、亲祖父）的职业选择时，有一个字眼非同寻常，即"杀父的仇恨"这一句子中间的"杀"字。

射虎者的儿子们全数沦为赤贫。两个成了作田佬（镰刀与锄头不过是稍加变换的说法），剩下最小的为了谋求新的活计，干了一阵木匠，发现并无转机，又回到人人都走的老路上来；他和哥哥们的区别在于：不当长工，而宁愿承受辟草莱、开生荒的辛苦，终于成为可以打一石谷的稻田的主人，同时还找到了一个"看来像自己女儿的妻子"———就是作者的祖母。知足常乐的中国人会欣慰地评论：这就算菩萨保佑了。

第三章《母麂与鱼》，忽然闪耀出田园牧歌式的灵光，调子轻松而欢愉。一头逃避猎犬追逐的母麂，竟然钻进正在劳动的祖母的围裙里，畜牲也信任她的善良；而被"山水"砸死的"银色的鱼"，祖父居然能从"石磴的缝隙"中轻易找到，又是何等的神奇！这些富有传奇色彩的往事，撩拨着年幼天真的诗人：为什么我就碰不上母麂，拾不着鱼？然而，就在这一派童趣中，力扬轻舒手腕，又点出那庄严的主题来："难道'自然'母亲/现在已变成不孕的老妇/老不见她解开丰满的乳房/再哺育我们这些儿女？"接着，作者又自问自答："不是不肯哺育我们/而是被别人把她的乳汁挤干。"从而埋伏下一个疑问："别人"是谁？

仿佛诗人猜到了读者的内心活动，在沉重有力地也是意在言外地描绘了人民的性格与力量———山毛榉一样的"忍耐"与"坚贞"之后，立即着手牵着戴"玳瑁眼镜"的"恩赐贡生"上场；他,正是那个榨尽一方"自然"母亲乳汁的"别人"。

一场围绕着山洪卷来的"白银"梦,很快就破灭了。破灭得很惨；不但那些没命打捞上岸的杉木必须如数"送上",还赔净了仅有的二十七块银元——那是祖母"用每个鸡蛋换成三个康熙大钱",尔后再用"七百文康熙大钱换成一块银元"啊,全完了,这个可怜的老妇,这老实巴交的一家,一切的希望全完了。

"黑暗！没有尽头的黑暗！难道真的永不天亮吗？"这时,闪现了一道看似曙光的幻影——太平天国的败兵,潮水似地涌向乡野；太平军,曾经是多少受苦百姓焚香祈求的对象(尽管"均贫富"实质上是一个虚妄的不切实际的口号),如今,却全然失掉了理想、纪律与锐气。他们抢劫,焚烧、奸淫、杀戮；那原来是为了表示对民族投降主义的愤慨而解开的长辫,此刻纷披于肩头,反而增添了几分野蛮的匪气。他们的所作所为,使亲者痛、仇者快,大大地帮了爱新觉罗王朝和曾侍郎(国藩)的忙,连自家阶级弟兄也称之为"长毛乱"了。

这一章,体现了力扬的严格的历史唯物主义精神；这在当时已经露头的"美化"农民革命、"拔高"暴动领袖的不正常风气之中,应该说是颇有胆识的。

"长毛乱"留下的"痕迹"有二：一是留守家园的大伯祖父抛尸三十里外的田埂之上,也许是抗拒乱兵的裹挟,死得很凄凉,"倒下在那并非属于他自己的土地上/却又用最后的血温暖着泥土/用最大的气力通过抽搐的手指/紧紧地揪着一生梦想着的泥块……"另一是"恩赐贡生"的长工以近乎本能的方式,掘开主人的窖藏,穿上主人的皮袄,"加入那向着茫茫道路奔去的队伍"走了——这是所有流氓无产者的唯一出路。

画面继而转换为别一种灾难：缺医少药的中国农村,面对虎烈拉(霍乱)吞食血肉之躯时的惊怖与哀恸。不过,可怕的场景不应该造成阅读时粗心大意的遗漏。落魄的远行者敲门投宿,富有同情心的主人好客收容,以至付出了二伯祖父一条性命作代价。作品通过这一细节,讴歌了中国农民平和、宽厚、乐于助人的美好人性。

之后,才开始写到"我"。父亲像个影子,一闪而过。父亲是读书人,他软弱,他有幻想——学而优则仕,是农民们改换门庭的普遍奢望——"我"却和父亲不一样,虽则也识文断字,偏念念不忘"复仇",一如接受了祖父的隔代遗传。射虎者的第四代能与其先人有了这等巨大的歧异,那关键不言自明,他找到了这块受尽苦难的土地上破天荒的革命组织——中国共产党。

血债要用血来还。由于这一意念的燃烧,诗人写下了最后一节："我是射虎者的子孙/我是木匠的子孙/我是靠着镰刀和锄头/而生活着的农民的子孙/我纵然不能继承/他们那强大的膂力/但有什么理由阻止着我/去继承他们唯一的遗产/——那永远的仇恨?/二十年来,我像抓着/决斗助手底臂膊似地/抓着我底笔……/可是,当我写完这悲歌的时候/我却又在问着我自己:/"除了这,是不是/还有更好的复仇的武器?"这个结尾遒劲、悲壮,它真实地表述了诗人那种渴望用枪而不只是用笔的强烈愿望,令读者过目难忘。

(公 刘)

萧 三

【诗人小传】

(1896—1983) 原名萧子璋,又名埃弥·萧,湖南湘乡人。早年就读于长沙湖南第一师范学校。1918年和毛泽东、蔡和森共同创建新民学会。1920年赴法国勤工俭学。1923年去莫斯科东方劳动者共产主义大学学习。1924年回国。曾任共青团中央代理书记等职。1928年赴莫斯科东方大学任教,同时开始文学活动。1930年作为中国左翼作家联盟常驻代表,出席在苏联哈尔科夫举行的国际革命作家会议。1939年春回延安,先后任鲁迅艺术学院编辑部主任、延安文协常委,并主编《大众文艺》《中国导报》和《新诗歌》等杂志。1946年任华北文协主任。新中国成立后历任中国作协书记处书记、顾问等职。

敌后催眠曲

萧 三

静些,静些,老大娘!
不要咳嗽,不要响。
老大爷! 不要抽烟,
火星敌人能看见。

安静些,我的小宝贝!
夜是这样深,这样黑。
安静些,我的小宝宝!
我给你紧紧地包扎好。

我把你抱在我怀里,

你就再不会受冻了。
我紧紧地包好了你,
你就不会哭出声来了。

我的小宝宝,你不要怕——
你有你妈妈和你爸爸。
敌人一走,爸爸就能回来。
我们在这山洞里再待一待。

你听,枪声响的远了。
你爸爸快能回转了。
小宝宝,你不要嚷,
一忽儿就会大天亮。

你听! 有了脚步的声音
走的近了,更近了,更近……
"到底回来了,孩子他爸!
呐,抱一抱你心爱的娃。

"抱一抱你的儿子,孩子他爸。
这一夜真不易熬过,真可怕。
我们的小宝宝,他是小英雄!
他没哭,没叫鬼子发现我们。"

父亲接过了包包,揭开了包包:
在包包里躺着闷死了的小宝宝……
壮士的热泪大颗地滚下来。
壮士的眼睛困难地抬起来。

> "孩子他妈,你不要伤心。
> 我们的宝宝没有白牺牲。
> 他救了我们多少人的性命,
> 我知道,我们该恨的是什么人!"

1944年

选自《萧三诗选》,人民文学出版社1985年版

这首诗选择了抗战时期一位母亲在躲避日寇"扫荡"的夜晚痛失亲子的典型事件,以母亲的心理活动为叙述主体,简明而深刻地诉说了一幕撼人心魄的悲剧。

诗歌的思想内涵是深刻而丰富的。一方面,诗歌以尚在襁褓中的小生命的夭折,沉痛控诉了日本帝国主义者残酷迫害中国人民的罪行。诗中尽管没有正面出现敌人的残酷嘴脸,但通过对人们紧张已极的心理活动的刻画,让读者清楚地意识到咫尺之外的敌人正在怎样行动。另一方面,诗歌艺术地把一个普通劳动妇女置于群体利益和个体利益的十字路口。很显然,放任孩子哭闹,必然会引起敌人注意,从而给老乡们这个群体的生存带来危险;而强行抑制孩子的哭声,又有可能使孩子窒息而死,这对于一个母亲来说,在感情上是万万难以接受的。诗中的母亲深明大义,以痛失亲子的代价,换取了群体的生存。写到这里,母亲的形象已经获得了升华,成为坚强不屈的中华民族的象征。

在结构上,此诗具有单纯集中、明晰完整的特点,故事以孩子的存亡为中心,从敌人逼近、扎紧孩子不让哭闹开始,到爸爸回来,松开了已经窒息而死的孩子为止,单纯然而又十分完整地叙述了一幕悲剧。这种叙事结构,尽管简短明快,但同样有悬念、有起伏、有高潮,具有较强的吸引力。

在艺术表现上,此诗通过细腻而含蓄的心理刻画,塑造人物形象,并推动情节发展。如果说,那位母亲叫老大爷不要抽烟,叫老大娘不要咳嗽,是意在提醒别人,突出当时严峻的形势,那么,在以后的一系列类似自白的心理描写中,则塑造了一个平凡而又动人的母亲形象。在那亲切而又万般怜爱的喃喃自语中,在那不忍心出口而又不得不出口的哄孩子的声调里,人们仿佛触摸了一颗丰富复杂而又痛苦矛盾的母爱之心,令人感动,也促人奋起。

诗作的语言质朴而又鲜明。通篇以心理独白式的自言自语为主,再穿插少量的外在叙事成份,这对于塑造人物形象、推动情节发展,起了良好的作用。

(徐生林)

阿垅

[诗人小传]

阿 垅（1907—1967） 原名陈守梅,又名陈亦门,浙江杭州人。早年就读于上海工业专科大学,后入中央军校。1939年到延安,入抗日军政大学学习。在重庆国民党陆军大学学习。毕业后留校任战术教官。1946年在成都负责编辑文艺刊物《呼吸》。1947年因遭国民党当局通缉,蛰居杭州。新中国成立后任天津市作协编辑部主任。1955年受"胡风反革命集团"案株连,1980年平反。从30年代初开始文学活动,除作诗外,主要从事文艺理论研究。

无 题

阿 垅

不要踏着露水——
因为有过人夜哭。……

哦,我底人啊,我记得极清楚,
在白鱼烛光里为你读过《雅歌》。

但是不要这样为我祷告,不要!
我无罪,我会赤裸着你这身体去见上帝。……

但是不要计算星和星间的空间吧
不要用光年;用万有引力,用照相的光。

要开作一枝白色花——
因为我要这样宣告,我们无罪,然后
　我们凋谢。

一九四四年九月九日　蜗居。

选自《白色花》,人民文学出版社1981年版

阿垅的抒情诗,写得真挚、深沉,他从不停留在事物的表面现象上低吟,而是深入其中,突入其内,诗人的感情随着口语化了的诗句舒卷跌宕,倾泻奔进。胡

风曾经赞誉阿垅的诗作"不仅有美学的光彩,而且有力学的凸出"。这并非溢美之辞。

倘若我们将阿垅的一生看作是诗歌受难者的一生,是真善美之殉道者的一生,那么,这首《无题》诗便是他人生中的一页。短短的十行诗句,凝结着阿垅一生中曾遭受过的无数险恶、苦难和不幸。诗人没有平铺直叙地详写他的厄运,而是"以虚写实",仅仅用"有过人夜哭"五个伴泪带血的字便力透纸背地写出了诗人的深蒙其难后的一种悲怆的心情。阿垅的诗风是严肃的,有时甚至是严峻的,他仿佛总是在探索着,追求着,在探索和追求中痛苦着——在那个时代每个"上下求索"真理的人都感受到的那种痛苦。而读者又从他的充满激愤的诗句中感受到那个时代的波流激荡。

在风雨如磐的年代,诗人始终以一种坦然不屈、视死如归的气度直面惨淡的人生。"我会赤裸着你这身体去见上帝",并希望"我底人"不要"为我祷告"。一经投身革命,便将个人生死置之度外。然而,令人扼腕的是,像阿垅这样的热血青年是身负"无罪之罪"而像一枝"白色花"似的"凋谢"了——"要开作一枝白色花——/因为我要这样宣告,我们无罪,然后/我们凋谢"。这般誓言如金石掷地有声。这首诗充盈着对真理、对爱、对人的尊严的执著的追求,与他的另一首诗《去国》一样,《无题》也强烈地突出了"我无罪"的题旨。追求真理有罪么?追求爱有罪么?追求人的尊严有罪么?但是,"无罪"者却被扣上莫须有之罪名,或身陷囹圄,或流放异乡,或株连眷属,或惨遭杀害。这种黑白混淆、人妖颠倒的世道哪一点值得留恋?于是乎,诗人在《无题》宣告:无罪而"凋谢",在所不惜!

值得一提的是,星移斗换,岁月荏苒。20世纪80年代初,绿原、牛汉在编选"七月诗人"诗集时,又想到了这首诗,以《白色花》为题名。绿原在序言中说:"从科学的意义上说,白色正是把照在自己身上的阳光全部反射出来的一种颜色,作者们愿意借用这个素净的名称,来纪念过去的一段遭遇:'我们曾经为诗而受难,然而我们无罪!'"

体现同一题旨的诗,如果说《去国》是采用通篇铺排的艺术方式,那么《无题》则是显得凝炼而蕴藉。诗人用迸射着炽烈的情感火花的简练诗行,急促跳荡的旋律,同样传达了一种雄深粗犷、朴质遒劲的诗风。

(沈 栖)

孤 岛　　　　　　　　阿 垅

在掀腾的海波之中,我是小小的孤岛,如同其
　他的孤岛

孤岛

阿垅

在晴丽的天气,我能够清楚地望见大陆边岸
　　底远景
似乎隐隐约约传来了人声,虽然远,但是传
　　来了,人声传来
有的时候,也有一叶小舟渡海而来,在我底岸
　　边小泊
而在雾和冬的季节,在深夜无星之时,我
不能看到你了,我只在我底恋慕和向往的心
　　情中看见你为我留下的影子

我,是小小的孤岛,然而和大陆一样
我有乔木和灌木,你底乔木和灌木
我有小小的麦田和疏疏的村落,你底麦田和
　　村落
我有飞来的候鸟和鸣鸟,从你那儿带着消息
　　飞来
我有如珠的繁星的夜,和你共同在里面睡眠
　　的繁星的夜
我有如桥的七色的虹霓,横跨你我之间的虹
　　霓
我,似乎是一个弃儿然而不是
似乎是一个浪子然而不是
海面的波涛嚣然地隔断了我们,为了隔断我
　　们
迷惘的海雾黯澹地隔断了我们,想使你以为
　　丧失了我而我以为丧失了你
然而在海流最深之处,我和你永远联结而属
　　一体,连断层地震也无力使你我分离
如同其他的孤岛。我是小小的孤岛,你底儿

子,你底兄弟

选自《白色花》,人民文学出版社1981年版

由于对黑暗现实认识的日益深入,七月诗派的总体艺术基调由高昂亢奋趋向严峻、深沉,与之相适应的,在抒情方式上,则由直抒胸臆向意象抒情过渡。阿垅的《孤岛》一诗便是这种过渡的产物。

《孤岛》采取拟喻性的意象抒情。这类意象是把抽象的情意虚拟为人或物等具体的物象,使之具有更深的精神寄托,更高超的艺术处理,意象抒情的方式与七月诗人强调表现"主观战斗精神"和"主观拥抱客观"的美学追求是一致的。诗人阿垅当时置身于国统区文化斗争的中心成都,那种由战争年月单独从事地下斗争,在困厄颠沛的处境中所产生的情意,于《孤岛》一诗中被虚拟为"在掀腾的海波之中"的"小小的孤岛"这一具体的物象,而诗中的"大陆"则象征着广大的敌后阵地。"孤岛"这一意象的构成十分贴切,感情密度大。诗人痛心于"在雾和冬的季节,在深夜无星之时,我/不能看到你了,我只在我底恋慕和向往的心/情中看见你为我留下的影子"。这些不无几分忧郁的诗句,隐约地反映出那个时代坚韧地跋涉于历史的险道上的知识分子痛苦而崇高的精神风貌。

阿垅曾把这种忧郁称之为"一种压抑的力流,一种更蕴蓄的战斗"(《箭头所向》)。不是吗?在淡淡的忧悒之后,诗人紧接着以浓浓的笔墨来抒发"孤岛"和"大陆"的血肉之情。"乔木""麦田""候鸟"……这一组受诗人思辨左右着的大幅度跳跃的意象,给人以定向暗示:"我"不是"弃儿",也不是"浪子",而是"大陆"的"儿子"!起句的反复,层层展示出诗人内心的一种深沉的充满张力的乐观主义情感。复沓的运用,起到了一唱三叹的艺术效果,而且在句式上,于参差中又显示出整齐之美。

每个诗人都在他的作品中溶解、升华他的生活,他对生活的诠释和感性体验,诗是鸣响于他内心世界的歌。《孤岛》正是这样的一首在生活的铁砧上迸射着冷艳、炫目的光彩的歌。"孤岛"和"大陆"时而被"海面的波涛嚣然地隔断了",时而被"迷惘的海雾黯澹地隔断了",然而,在诗尾却跃动着这么一个意念——"在海流最深之处,我和你永远联结而属/一体,连断层地震也无力使你我分离"。从艺术上讲,这一深切的向往是诗意的结晶和升华,但它又是全诗酝酿成的一个形象化的思想。诗意中孕育着意象,意象中深化着诗意。"孤岛"这一意象,集滞重、深厚、悲慨、雄健于一体,它息息关联着诗人的峥嵘岁月,呈示着这位从民族解放战争转向人民解放战争的时代革命知识分子的心灵轨迹。(沈 栖)

方 冰

(1914—1997) 原名张世方,安徽凤台人。抗日战争爆发后,在陕北公学学习,后在晋察冀边区工作,曾与田间开展街头诗运动,并创作诗歌。历任旅大市文教局长、文化局长兼文联主席,中国作协沈阳分会副主席等职。

歌 声

方 冰

是哪里来的歌声呵?
这么动人的歌声!
在大沙河的上空飘荡着,
在这黄昏的天幕下。

敌人刚才退走,
林子里一片瓦砾,
天空不见飞鸟,
路上没有行人。

在那高高的山上,
走下一片雪白的羊群,
长鞭子在空中响着,
唱歌的是那牧羊人。

在这黄昏的天幕下,
在这劫后的山村里,
我突然感到
晋察冀的精神!

1944年9月27日平西
1956年整理时修改

选自《战斗的乡村》,作家出版社1957年版这首诗从动人的歌声写起,引出劫后的山村荒凉的静态画面,并以之与高山上牧羊人挥鞭高唱的动态画面形成鲜明的对照,从而歌颂了晋察冀边区人民的革命乐观主义精神。

　　诗以设问起句,突出歌声的动人。歌声看不见,摸不着,诗人不用"嘹亮""悦耳"等抽象的字眼描写它,而是着意从时间、空间角度描写它。"在大沙河的上空飘荡着","在这黄昏的天幕下",分别从空间、时间角度描写歌声,突出了歌声的嘹亮,给人以具体的感受。

　　写了歌声之后,并不马上写唱歌的人,而是宕开一笔,先写近景,描绘一幅遭日寇抢掠后的山村荒凉的静态画。诗人没有从正面去描写日寇烧杀抢掠的种种暴行,但是"村子里一片瓦砾,/天空不见飞鸟,/路上没有行人"这些诗句,具体描写了敌人洗劫一空后的山村的荒凉景象,从侧面反映了敌人的凶残行径。

　　近景之外,再写远景,勾勒一幅山村牧羊人晚归时挥鞭放歌的动态画。高山耸立,羊群雪白,长鞭挥舞,歌声嘹亮,这一幅有声有色的牧人晚归图,与第二节荒凉、空寂的山村静态画,形成了鲜明的对照。诗人写牧羊人,既不写他的外貌,也不写他的语言,单写他的动作:"长鞭子在空中响着。"山村人民的乐观、顽强的精神面貌,从这样传神的描写中得到了体现。

　　诗的结尾,在又一次点出时间、地点后,诗人直抒胸臆:"我突然感到/晋察冀的精神!"什么是晋察冀的精神,诗人没有直接点出。但是,由于诗人在前面具体地描写了远近、动静两幅绝然不同的画面,因而读者也与诗人一样,已从两幅对照鲜明的画面中,领悟到了什么是晋察冀精神,因而既不显得空洞,又不显得突然,而是水到渠成。

　　魏巍说:"方冰的诗,感情丰富,色彩鲜明,在诗歌艺术上,他是一个线条明朗,色彩引人的画家。"(《〈晋察冀诗抄〉序》)《歌声》也体现了这样的艺术特点。

(潘颂德)

【诗人小传】

沙　鸥

（1922—1994）　原名王世达,四川重庆(今重庆市)人。1940年开始发表文学作品。1942年就学于中华大学化学系。1946年到上海与李凌等编《新诗歌》。1948年到解放区,在中共中央统战部工作。新中国成立后在北京《新民报》、中央文学讲习所、《诗刊》工作。1962年后在黑龙江省文联专事创作,1979年任《北方文学》编辑。诗作构思精巧,语言质朴,形式活泼。

新 月　　　　　　　　　　沙 鸥

新月弯弯,
像一条小船。

我乘船归去,
越过万水千山。

花香。夜暖。
故乡正是春天。

你睡着了么?
我在你梦中靠岸。

选自《梅》,黑龙江人民出版社1981年版

　　春夜。深蓝的天空镶嵌着银钩似的一弯新月,勾起沙鸥浓郁的情愫。举头望明月,低头思故乡。诗人将柔婉的轻吟糅入皎洁的月光,织就了这一阕思乡奏鸣曲。

　　沙鸥仿佛是唐代诗人张若虚的《春江花月夜》中所描述的那个连做梦也不忘归家的"扁舟子"。他入手擒题,诗一开始就让那"新月"变成了"一条小船",自己也就成了春江花月夜下的"扁舟子"了! 新月和小船,一在天,一入水,一个是永远也摸不到的别一星球,一个是举步就可以亲临其境的实体。诗人从异中见同,找出它们外型上是"弯弯"的这一共同特征,将两个距离遥远的物体结合在一起,取得了出其不意而又令人信服的艺术效果。这一个美妙的比喻成了诗人情感的闸门。"不知乘月几人归",沙鸥却是幸福的,他终于有可能凭借想象踏上返回故乡的路了。

　　"新月弯弯,/像一条小船",它是虚拟的意象,既然可使读者接受,诗人便索性当真,以虚当实,"乘船"越过万水千山。那载舟的江水,该不是诗人心湖涌出的湿漉漉的乡恋吧! 在一片空濛的月色里,空气中吹来阵阵花的幽香,春夜的温暖舔着人的肌肤,弯弯小船终于行完了它的归程,故乡到了! 诗人从心底里呼唤着:故乡,故乡,"你睡着了么? /我在你梦中靠岸"。故乡在梦中,船在故乡的梦中靠岸,诗的结句情深意美,把读者带进了一片恍惚迷离而又令人心醉的天地之

中……诗人借这月光、这新月折叠的小船,将绵绵不尽的游子之情,洒落在故乡的土地上,洒落在故乡的梦里了。

(戴 达)

诗人小传

鲁 煤

(1923—2014) 原名王夫如,河北望都人。曾就读于重庆国立艺术专科学校、华北联合大学。后在华北大学、中央戏剧学院、文化部、中国剧协工作。主要从事戏剧创作和评论。

牢 狱 篇 　　鲁 煤

一 火的想望

昨夜,
听伐木的声音
响在山上,
欣喜
山下
将有火;

今天,
扒着窗口
去迎接——
呵,是
一道
又一道
白楂儿栅栏,
并且落了锁!

二 大 地

金黄,

从菜花开出来——
美丽,
生在田园;

子弹,
从枪膛跳出来——
声音,
飞向山外;

春天,
来在大地;
大地,
有着战争!……

三　我愿越过墙去

我愿越过墙去,
看遍地的油菜开花;
我愿越过墙去,
听小鸟说些什么话;
我愿越过墙去,
把那争执的孩儿劝解;
我愿越过墙去,
向着春天出发!

1945年初,重庆,磐溪
选自《白色花》,人民文学出版社1981年版

打了将近八年的抗日战争尚未结束,沦陷区的父老兄妹仍在日本侵略者的铁蹄下煎熬。以重庆为陪都的国民党统治者,消极抗日,积极反共。觉醒了的知识青年,为祖国独立、民族自由和人民的民主权利,奔走呼号,挺身在斗争前列。然而,他们中的一些人被抓进集中营,惨遭杀害;而更多人则在令人窒息的白色恐怖之下,坚持着舍生忘死的战斗。实际上,整个国民党统治区,已成为镇压、迫害民主斗士的大监狱。作者当时作为万千民主青年中的一员,在上述的时代、社

会环境中孕育、写作了这篇组诗。

一

地处亚热带的重庆城,其冬季气温并不是酷寒难熬的。但是对于缺乏起码御寒衣物的、贫穷的流亡革命青年——作者来说,却像在冰天雪地的北方过冬一样痛苦难挨。因此,他渴望火,渴求火的温热。深夜,在阴森的牢房里瑟缩枯坐,忽听后山上响起伐木之声,不禁精神为之一振:呵,可能山下将有火了!莫不是统治者忽发恻隐,要给牢房送来取暖的柴薪?或者竟是旷野里穷苦的哥儿们正聚敛火种,要来把这座坟墓似的监狱烧毁?……但是,当早晨一睁开眼就跷脚扒窗去迎接时,却发现新添了一道道牢门,来加固这吃人的牢狱。原来,他们把昨夜伐来的木料连夜加工成栅栏,并匆忙安装好了。

燃烧的渴望,化为冰冷的失望!

二

广阔的丘陵地带,覆盖上一片片高高低低的金色花毯,托出一派南国春景。从铁栏里偶尔远眺这田园风光,也会因其美丽与宁静而心醉神迷。但是,忽闻报载:"国军"某部渡河北上,向解放区某地发起进攻……顿时,作者仿佛听见了那隐隐枪响,向北方飞驰着、呼啸着,射向遥远的天际。战争又破坏了和平。但这不是枪口对外的抗日战争,而是枪口对内的内战枪声……

又一次渴望化为失望,从渴望的高峰跌入失望的深谷。当年,在反动的书刊审查制度下,作者不能直言"国军"进攻解放区(其后果,至少是这篇诗不得发表),只能隐约其词,适度透露。这是向伟大的鲁迅学习来的:以"奴隶"的语言,进行韧性战斗。

三

一再的失望,激起更高的渴望。作者走投无路,焦灼不安,于是内心发出最强烈的呼声:"我愿越过墙去!"要冲破这罪恶的禁锢。这呼声,唯其迫切难耐,唯其横遭阻拦,所以就自然地采取排句形式,接连重复多次,步步加强。当时,作为战斗者的作者还很年轻(22岁),尚未脱尽天真未凿的童稚情趣,所以在他要投奔的春天世界里,那些絮语的小鸟,那些在嬉戏中争辩的儿童,就很容易引起他的兴趣与关注。实际上,他要投奔的正是远方那人民当家做主的新天地——解放区,但在当时也只能用"奴隶"的语言,是不可能明说的。

四

这篇组诗的前两首,抒发身不由己、无可奈何的悲愤、忧伤情绪,是心事深沉的默默低吟,表现形式自由,句式长短不拘,而且不追求使用脚韵。

后一首,表现急不可耐、步步进逼的情绪,连用四组排句,每一组又都以"我愿越过墙去"诗句打头,节奏紧促跳荡,一气呵成。诗句字数较整齐,又押了大体相同的脚韵,体现着呐喊的语调。

全诗的思想感情内容来自作者在斗争实践中的体验,构成本诗写实的品格。同时,"大监狱"的感受又是想象的飞升,是思维的概括,构成象征的品格。因为以实感为基础,所以这概括与象征都具有真实性;同时,因为有概括与象征,这实感才具有了哲理性。这里是二者的统一与结合。

(鲁煤)

诗人小传

袁水拍

(1916—1982) 原名袁光楣,江苏吴县(今苏州)人。上海沪江大学肄业,后在银行任职。抗日战争时期曾在重庆、香港等地从事文化工作。抗日战争胜利后在上海《新民报》《大公报》任编辑。新中国成立后在《人民日报》文艺部工作。"文化大革命"后在中国艺术研究院从事研究工作。1944—1948年在上海期间,曾用马凡陀的笔名发表尖锐泼辣、幽默机智的政治讽刺诗,有较大的影响。

钉　子

袁水拍

无所不在的眼睛呵,
在地窖里,
在屋顶上,
在墙壁后面,前面,中间,
在抽屉里,
像枪口那样瞪着人。

你并没有敲门,
我也没有来开,
你已经坐在我对面。
你看我剪指甲,

像富于鉴赏力的美容技师。
你看我打哈欠,
像牙医一样审视我每一颗牙齿。

我和朋友谈话,
你别转头来就听。
我和自己谈心,
你埋怨我们的声音太轻。
我给女人写信,
你跑在我们中间作证。

我疲倦了,
我替你感到了疲倦,羞辱。
我伏在桌子上休息,
你的头从桌子底下伸进来,
两只眼睛,两点黑色,
像两只钉子。

1945 年 6 月
选自《冬天,冬天》,生活书店 1946 年版

　　《钉子》是一首政治讽刺诗。诗人通过对钉子般眼睛的详尽而细致的刻画,尖锐地嘲讽与抨击了独裁统治的孳生物——特务政治,含蓄地表现了对自由和民主权利的渴望与呼唤。

　　就艺术表现而言,《钉子》首先是个隐喻。抗战期间,特务活动非常猖獗。但诗人没有像茅盾的小说《腐蚀》那样直接揭露特务的罪行,而是通过隐喻表示出对特务的蔑视和愤恨。诗人抓住特务与钉子都有相似的无孔不入的特征,惟妙惟肖地描述了那双无所不在、无所不见的眼睛。讽刺的一个特点就是在事实的基础上,夸大事物的某个特征,显示其荒谬性。诗人对钉子似的眼睛进行了既新颖大胆又合情合理的夸张,指出它无所不在,在地窖,在屋顶,在墙壁,在抽屉;它走进别人的家里,闯进别人的私生活;它从不感到羞辱,从不感到疲倦。这样,诗人就嘲弄了特务的无赖和无耻的行径。

为了加强讽刺的力量,诗人还采用了反讽法。所谓反讽即是指艺术家故意将荒谬的东西以正面形式写出,艺术家愈显得煞有其事,事物就愈显得荒谬。本诗中,当诗人将所谓美或科学的名称例如"富有鉴赏力的美容师""牙医"等比诸眼睛时,读者所得到的印象正好相反。不妨试想,如果一个人连别人的指甲或哈欠都不放过的话,那么他还有什么不可以窥视的呢?显然,这样的讽刺是深刻的,强烈的。

诗人早期擅写抒情诗。而当他由抒情诗转入讽刺诗的创作时,依然带有一定的抒情意味,这一点在《钉子》一诗中可以看出。如开头"无所不在的眼睛呵",中间"我替你感到了疲倦,羞辱",就是一种诗人感情的流露。还有是它的自由体式。能长即长,能短就短,长短相间,收缩灵活,而且几乎不押韵,别有一番韵味。当然,他某些近乎口语化的诗句也预示着他向"山歌"的发展,预示着日后《马凡陀山歌》的诞生。

(杜荣根)

理 发 匠

袁水拍

理发匠熟悉地运用着他的剪子,
把剪子嚓嚓嚓地在空中敲响。
夹着梳子的手搬弄你的头,
像整理一块荒芜已久的草场,
他整理着你这乡下来的人。

洗掉你鬓发里的稻草屑,
塞没你皮肤上的毛孔,不能呼吸,
剃掉你脸颊上的太阳光,
用膏,用油,再用粉,涂着,抹着,
他整理着你这乡下来的人。

选自《闻一多全集·现代诗钞》,开明书店1948年版

一个乡下人带着农村的气息,初次踏进城市的理发店。不一会儿工夫,农村的特征已经被高明的理发匠"整理"得一干二净了。诗人把理发店放大为城市的代表,理发行为就变成包含观念、文化、生活方式到性格气质等方面的城市与农村的冲突。诗人是站在农村的角度和"乡下人"的立场,在喜剧性的表象下,表达了诗人对当时特定情境下城市销蚀农村现象的担忧。

我们以《马凡陀山歌》得以熟悉诗人袁水拍善于写讽刺社会黑暗与时政弊端诗歌的创作特征。这首《理发匠》在保持了诗人基本创作风格的基础上，又彰显着它自身的特质。

短短两节诗就设置了一个非常收敛而具有概括力的戏剧性场景和人物冲突的平台。因而整首诗非常具有空间感和情景感。有了这样一种前提，《马凡陀山歌》里那种通常由诗人主体语言表达的议论与直白式的讽刺性元素就转换为诗歌语境中由规定场景中符合角色身份与性格的戏剧化方式的自然表现。这样，随着"理发匠"那种颐指气使般夸张而又符合规定情景的动作的延续，以及被当作木偶人一样摆弄的"乡下人"的惊奇与木讷，让我们在忍俊不禁之中感受到一丝无奈与伤感。

作为讽刺诗，《马凡陀山歌》那种整体的半格律体的回旋式韵律、说唱性语境和夸张性意象对于讽刺与幽默型内容具有特别的长处，缺陷是分寸把握不当会流于滑稽与轻浮。《理发匠》很好地把握住这个要紧的尺度。首先，整首诗没有采用诗人驾轻就熟的半格律体式，正如前所述，这样就避免了半格律体与夸张性元素的合力可能造成滑稽有余严肃不足的不必要的放大效应，降格为"打油诗"一路的结果。但是每节的最后一句又采用这类讽刺诗常规的重复配置方式，这一方面是营造类似于脚韵那种强调与呼应的效应，而更重要的是，这末句恰恰也是全诗唯一揭示理发者身份是"这乡下来的人""谜底"的"诗眼"。

这首诗的语言也很有特色。例如"剪子嚓嚓嚓地在空中敲响"，"搬弄你的头"，把一个隐喻"城市"强势的景象生动地展现在面前；又如，把"乡下人"的头发比喻为"一块荒芜已久的草场"，非常符合"乡下人"生存环境的规定情景；而"剃掉你脸颊上的太阳光"更是出神入化之笔：把作为太阳日晒受体的脸颊转换为源体的"太阳光"，这是诗人的"移情"，将"乡下人"内在的生命活力活脱脱地呈现在他的脸颊上，而"太阳光"被"剃掉"，"乡下人"最原生态的质素也就荡然无存了。

（张　新）

诗人小传

李 季

（1922—1980） 原名李振鹏，河南唐河人。1938年入延安抗日军政大学学习。后在八路军部队任连指导员。1942—1947年在陕北三边当过小学教员，县政府秘书和地方报纸编辑等，并开始创作小说、诗歌。1945年在《解放日报》上发表长篇叙事诗《王贵与李香香》。1948年任延安《群众日报》副刊编辑。1949年在武汉任中南文联编辑出版部长，主编《长江文艺》。1952年到玉门油矿深入生活，担任矿党委宣传部长。1955年任中国作协创作委员会副主任，1958年后任中国作协兰州分会主席。1962年起任《人民文学》副主编。"文革"后曾任《诗刊》和《人民文学》主编。作品多以长篇叙事诗形式反映我国各个革命历史时期的现实生活，在艺术上善于把民歌和古典诗歌的形式融为一体。

王贵与李香香(原诗略)　　　　李　季

《王贵与李香香》(载1946年9月22日至24日延安《解放日报》)以陕甘宁边区土地革命时期的农民斗争为背景，描写了一对青年男女悲欢离合的爱情故事。主人公王贵与李香香的遭遇和爱情，都同反帝反封建的革命斗争的曲折变化紧密联系着，"不是闹革命穷人翻不了身，/不是闹革命咱俩也结不了婚。""革命救了你和我，/革命救了咱庄户人。"作品真切地反映了革命与人民的血肉关系，形象地表达了广大农民只有走革命的道路才能避免悲剧命运，才能获得自由与幸福的深刻主题。同时，长诗也热情地赞颂了王贵与李香香忠于革命、忠于爱情的淳朴而崇高的思想品格。

全诗分三部，共十三章。作为一首优秀的长篇叙事诗，它突出地体现出叙事诗具有完整的故事情节和人物形象的特征。长诗的第一部分，首先在读者面前展现出旧中国广大农村的一个缩影——死羊湾的悲惨情景："一眼望不尽的老黄沙，/哪块地不属财主家？"穷人是"坟堆里挖骨磨面面"，可地主崔二爷家却是"窑里粮食霉个遍"。崔二爷非但见死不救，反而在荒年逼租打死王贵的父亲，并且掳走王贵作羊工。作品显示出封建地主和农民之间不可调和的尖锐矛盾。这种矛盾甚至直接影响到贫苦农民的爱情生活。长诗便以此作为一条主要线索来表现这种矛盾的尖锐性。于苦难中长大成人的王贵和香香，在相互同情与关怀中，自然地产生了爱情。但是，在暗无天日的社会里，他们的幸福并不容易得到。崔二爷心生邪念，并百般地阻挠和破坏王贵与李香香的结合。在这一冲突中，作品写出了几个主要人物之间的关系和他们的身份、经历、思想状态，埋下了故事的发展线索，描画出深广的历史背景，使之成为一个引人入胜的开端。

故事很快进入了高潮。"羊群走路靠头羊，陕北起了共产党"。这种形势使正反两方面人物间的冲突更为加剧。第二部分真实地表现了土地革命的烈火在三边地区熊熊燃起的情景，集中描绘了王贵、香香对革命、爱情的向往、追求与崔二爷的阻挠反扑。在这一冲突中王贵的形象得到了集中的刻画。王贵参加了赤卫军，"白天到滩里去放羊，/黑夜里开会闹革命"。当崔二爷发现王贵参加革命，因而残酷地拷打他时，王贵痛斥崔二爷的威逼利诱："老狗你不要耍威风，/大风要吹灭你这盏破油灯！""我一个死了不要紧，/千万个穷汉后面跟！"这些坚定豪迈的语言表现了王贵对革命的认识与忠诚，也表现了他为革命奋斗不怕牺牲的决心，这是王贵成为一个自觉的革命战士的标志，作品的这部分在重点刻画王贵的同时，也初步展示了李香香的形象。当王贵遭拷打时，香香为抢救亲人，冒着生命危险去给游击队报信。她认识到游击队是自己的大救星。果真，"红旗插到了死羊湾"，王贵得救了，并和香香幸福地结合。作品在塑造人物形象的同时，又将故事推进一层，并形象地体现了革命与人民之间的血肉关系，初步点明了主题。

正当"太阳出来满天红，/革命带来了好光景"，农民分得田地，王贵、香香获得幸福时，白军又打回了死羊湾。崔二爷疯狂地反攻倒算，还要把香香弄到手才心甘。作品艺术地描绘了革命出现反复、并在曲折中发展前进的过程。崔二爷软禁了香香，"硬的吓来软的劝，/香香至死心不变"，她当众怒斥崔二爷："有朝一日遂了我心愿，/小刀子扎你没深浅！"要把"狗腿子白军一扫光"，"公仇私仇一起报"。这些愤怒的反抗，显示了李香香的觉醒与成长，也表现了她对爱情的坚贞，对革命的忠诚。一个逼嫁，一个反抗，矛盾冲突再次进入高潮，同时也完成了对李香香这个人的刻画。当崔二爷大摆宴席，准备强迫香香成婚之际，原先奉命转移的游击队，突然打回了死羊湾，革命在死羊湾取得了最后的胜利。于是，诗人以王贵、李香香的大团圆作为尾声结束了长诗，由此进一步强调并深化了主题。

这首诗情节曲折生动，高潮迭起，同时在一个个高潮之间，又穿插了一些抒情性的场面，如王贵与李香香的恋爱、自由结婚等，形成了一种紧张与舒缓互相交织的叙事结构。长诗在革命与恋爱两条线索中，通过恋爱婚姻事件来表现阶级间的对立与压迫，同时又以革命作为解决这种矛盾冲突的根本途径与力量。这两条线索水乳交融般地结合在一起，凝成了一个整体，显示出作者卓越的叙事才能。

整个作品近八百行,全部采用陕北民歌"信天游"的形式写成。"信天游"本为两句一首,每一首表达一个独立的意思。歌者在叙事或抒情时,往往联唱,一首接着一首。所以说"信天游,不断头"。李季采用了"信天游"的联唱形式,同时又有所创新。他不是用两句表达一个独立的意思,而是两句为一节,几节表达一个意思、一幅情景。这种形式与当地人民的思想气质、感情方式以及心理特征十分协调合拍,并且也很适合表现《王贵与李香香》的曲折情节和丰富的思想感情。长诗在韵律和节奏方面也自有特点。既押韵又不很严格,每一节可以换一个韵。诗句基本按照七言诗的节拍,但又没有七字一句的呆板限制,形式上相当灵活自由。

长诗的另一个突出成就是采用了群众喜闻乐见的比兴手法,开拓了一种新的美学境界。诗中许多"艺术细节不是取之于新诗现成的形象仓库,而是从产生这种感情的环境中去提炼的"(孙绍振《李季的艺术道路》,《文学评论》1982年第3期),如写李香香对王贵爱情的热烈和专注:"烟锅锅点灯半炕炕明,/酒盅盅量米不嫌哥哥穷。"不是像前人那样用珠光宝气去比喻爱情生活,而是大胆地以贫乏物质生活反衬爱情的热度,给人以耳目一新之感。又如写李香香的姣好和美貌:"山丹丹开花红姣姣,/香香人材长得好。"诚如有人所说:"这里的花,不是新诗从外国诗中借来的玫瑰,也不是古典诗歌中常见的桃李或牡丹,却是陕北群众的常见的山丹丹。对于陕北的农民和战士来说,生活中屡见不鲜的事物进入了艺术领域,自然在欣赏时会产生一种快慰的惊异,其程度当然要大大超过玫瑰或牡丹。"(引文出处同前)不用说,这是诗人深入生活,认真体验农民群众思想感情的结果。

(漆瑗)

【诗人小传】

唐祈

(1920—1990) 原名克蕃,曾用名唐那、唐吉诃,江苏苏州人。1942年毕业于西北联大文学院历史学系,后在兰州工业专科学校执教。1945年在成都、重庆曾任中学教员。1947年到上海,参与创办《中国新诗》。新中国成立后历任《人民文学》《诗刊》编辑,江西赣南文联副主席,甘肃师范大学教授。

游 牧 人　　　　唐祈

看啊,古代蒲昌海边的

羌女①，你从草原的哪个方向来？
山坡上，你像一只纯白的羊呀，
你像一朵顶清净的云彩。

游牧人爱草原，爱阳光，爱水，
帐幕里你有先知一样遨游的智慧，
美妙的笛孔里热情是流不尽的乳汁，
月光下你比牝羊更爱温柔地睡。

牧歌里你唱：青春的头发上
很快会盖满了秋霜，
不欢乐的生活啊，人很早会夭亡
哪儿是游牧人安身的地方？

美丽的羌女唱得忧愁；
官府的命令留下羊，驱逐人走。

选自《文艺复兴》1946年第2期

〔作者原注〕① 羌女，即羌族少女。

新诗中也有一些边塞诗人，唐祈就是其中最早的一个开创者。他早期的一些诗作，如《蒙海》《回教徒》《穆罕默德》《故事》《游牧人》，尤其是他笔下的一位达赖——仓央嘉措的情歌，就有着《圣经》上《雅歌》的天真，1946年在《文艺复兴》等刊物上出现时，就像给当时的诗坛吹来一阵清风；至少，我是十分惊异的，惊异于他那种风格的清俊飘逸，明丽新鲜。他的《诗第一册》出版后，我的长篇评论《严肃的星辰们》首先就评论了他这本包括了一些边塞诗作的精品选集，认为"一语天然万古新"。

在20世纪40年代初，唐祈在西北联大读书与工作期间，曾多次去甘肃、青海一带游牧地区旅行，接触不少少数民族，这些新边塞诗有些就作于那时，有些是不久后追忆写出的。当时他爱用十四行的样式来写诗，由于中西文字不同，他认为要建立中国式的十四行诗，不能照搬西方的音顿与格律，但又要汲取精练的形式，因而叶韵、音顿组织比较自由，但节奏与最后两行的结语仍近于莎士比亚式的十四行。《游牧人》就是个例子。这首诗分四个诗节,前三个诗节是四行一节,第二、第四两行押韵,最后一节是一韵的两行;可第一、第三两行,只有第三诗节叶韵;而且,每行的音顿有三个、四个、五个、六个的,不是统一的五个或四个,比较自由、灵活,有一种《雅歌》般的真挚、明朗。诗第一行中的古代蒲昌海,即今新疆东部的罗布泊,古代是羌人聚居过的水草丰美的绿洲地带,河西走廊与青海一带的羌人、藏人常在那儿往来游牧,豢养牛羊,诗一开头,就以"古代蒲昌海边的/羌女",引起了我们的历史联想,又以一问"你从草原的哪个方向来?"加上"你像一只纯白的羊呀,/你像一朵顶清净的云彩"两个明喻暗示了她是一个牧羊的少女,那么纯洁又天真。下面的第二诗节是全诗中最有光彩的诗,一开始就抒说"游牧人爱草原,爱阳光,爱水",直接点出了游牧人逐水草而居的开朗性格,接着又抒说"帐幕里你有先知一样遨游的智慧"。先知是古代的哲人、预言家,也往往是诗人,古希伯来的歌人们写的牧歌是"歌中之歌",可也往往蕴含有单纯的哲理与预言家的睿智。诗人唐祈说我们的游牧人也有这样的遨游者的睿智,她美丽的笛孔里有流不尽的乳汁一样的热情,说她比牝羊更爱在月光下温柔地睡。第三个诗节抒写她在牧歌里唱出她的心底的忧郁。当时青海、河西、宁夏一带是豪门马家的天下。自清末马福祥投靠左宗棠屠杀自己的同胞,马家的骑兵一直横行到40年代末,马鸿逵、马步青、马步芳这三马就是当时凶恶的霸王,他们的榨取是封建性的赤裸裸的野蛮掠夺,因而在他们统治下的牧人们,生活是悲惨的,少女们的青青头发很快会变白,盖满秋霞,"哪儿是游牧人安身的地方?"这忧愁的郁郁之感是天真地,也是深沉地抒写出来的,单纯而又隽永,耐人寻味,有一种原始牧歌的情调。最后这两行写得较为匆促,有些草草收束的意味,说美丽的羌女唱得那么忧愁,她担忧的事果然来了,马家的官府命令留下羊,把牧人赶走!这应该说是莎士比亚式十四行诗的一个缺陷,要在短短两行内作出结束,无法从容作最后的抒唱。

唐祈的这首诗应该说是40年代最美的抒情诗之一,当时评论家刘西渭(李健吾)是《文艺复兴》的主编,发表了这一组诗作后,就对诗人说:"你是最早直接接触少数民族的诗人,才能写出这样最抒情优美的诗来!"的确,他这首诗是浪漫蒂克的感情与现实主义的精神结合得很好的作品,就边塞诗来说,到目前为止能超过它的还是不多。

(唐湜)

老妓女   唐祈

夜,在阴险地笑,

老妓女

有比白昼更惨白的
都市浮肿的跳跃，叫嚣……

夜使你盲目，太多欢乐的窗
和屋，你走入闹市中央，
走进更大的孤独。

听，淫欲喧哗地从身上
践踏：你——肉体的挥霍者啊，罪恶的
黑夜，你笑得像一朵罂粟花。

无端的笑，无端的痛哭，
生命在生活前匍伏，残酷的
买卖，竟分成两种饥渴的世界。

最后，抛你在市场以外，唉，那个
衰斜的塔顶，一个老女人的象征
深凹的窗：你绝望了的眼睛。

你塌陷的鼻孔腐烂成一个洞，
却暴露了更多别人荒淫的语言，
不幸的名字啊，你比他们庄严。

一九四五年写于重庆
选自《诗创造》1947年第7期

诗人写此诗时，抗战已近尾声，重庆在一片虚假而混乱的繁荣中。诗人很可能想到罗丹的同名雕塑：《老妓女》。但诗与雕塑各有自己的功能。假如雕塑以它的"静"的躯壳含蕴着生活的"动"的话，这里唐祈却是用诗行的近乎神经质的跳动来反衬那最终沉淀在老妓女身上的沉重的"静"。在这首诗里动和静是两个相矛盾冲突的力。生活，在老妓女的世界里，只能是摧残她的人的尊严的破坏力，但这个"动"，虽然在现实中迫使"生命在生活前匍伏"，但它终于被老妓女的沉重而庄严的"静"所克服,所以全诗留给读者的最后印象是一尊在痛苦中保持了自己的尊严的老妓女的雕像。诗的结尾是全诗之冠,诗人说:"不幸的名字啊,你比他们庄严。"这种意境使得全诗获得一种光辉,摆脱了单纯描述。

回过头来,仔细剖析诗中各段,我们就发现在这首诗中"动"和"静"进行了一场搏斗,"动"是那生活中对老妓女进行迫害的一种力量,而"静"是老妓女用来保护自己的心灵的一种力量。在第一节中关键的一行是:"都市浮肿的跳跃,叫嚣……"它集中了所有的疯狂的毁坏力,冲击着本来是宁静的夜,在破坏了夜的本质的自然状态后,改变了夜的性质,使它发出"阴险的笑"。第二节中"欢乐"和"孤独"是对比着的矛盾力量。它们的较量使得人们感到茫然和"盲目"。第三节中恶魔似的动力是"淫欲喧哗地从身上/践踏",充分说明代表恶的"动"的凶恶,刻画了这股力量的形象和声音及来势的凶猛。而夜则从阴险的笑转变为更具欺骗性的"罂粟花"的笑。罂粟花在这里是一个内涵十分丰富的意象,它显示了肉欲的麻醉的魅力与毒素的结合。第三节、第四节逐渐过渡到诗的顶峰,老女人的符号是那衰斜的塔和深凹的窗。在道出那句最有分量的话"你比他们庄严"之前,诗人又刻画了老妓女的一个具体的形体的象征:"你塌陷的鼻孔腐烂成一个洞。"这是"庄严"和纯洁的精神高潮到来之前的一个反作用,丑的顶峰,但这丑又是被污辱与被损害者身上的一个最大的创伤,它是一只洞,一只大张着口的黑洞,将一切经过它身边的敌人的动力吸引入它的巨大的、无底的、沉默的、否定的黑洞中,它的否定的无声吞蚀了那喧哗的一切:欲望的骚动和噪音。

最后在这可怕的沉寂之后,代表灵魂的力量的老妓女的庄严,留下了她的如罗丹的雕刻一样的形象,那是含蕴在否定和沉默中的力量。

(郑 敏)

女 犯 监 狱　　　　唐　祈

我关心那座灰色的监狱,
死亡,鼓着盆大的腹,
在暗屋里孕育。

进来,一个女犯牵着自己的
小孩:走过黑暗的甬道里跌入
铁的栏栅,许多乌合前来的
女犯们,突出阴暗的眼球,

向你漠然险恶地注看——
她们的脸,是怎样饥饿、狂暴,
对着亡人突然嚎哭过,
　　而现在连寂寞都没有。

墙角里你听见撕裂的呼喊:
黑暗监狱的看守人也不能
用鞭打制止的;可怜的女犯在流产,
血泊中,世界是一个乞丐
向你伸手,
　　婴胎三个黑夜没有下来。

啊!让罪恶像子宫一样
割裂吧:为了我们哭泣着的
这个世界!

阴暗监狱的女犯们,
没有一点别的声响,
铁窗漏下几缕冰凉的月光,
她们都在长久地注视
死亡——
还有比它更恐怖的地方。

一九四六年于重庆
选自《中国新诗》1948 年第 3 期

如果说《老妓女》的强烈效果寓于声音和运动之中,那么,《女犯监狱》中最强烈的表现手法则是将光及声音联系在一起。监狱的灰暗得到了充分的反映,在第一节里就提到"灰色"的监狱和"死亡"的候产室。由一间暗屋,我们的想象的眼睛便立即看到模糊的光线中"死亡,鼓着盆大的腹"蹲在墙角候产。门开了,昏暗中"进来,一个女犯牵着自己的/小孩",他们立刻被一群女犯围上,在昏暗中他们突出的眼球发出漠然而险恶的光。在第四节里诗人又点出几缕冰凉的月光,从铁窗漏下。这恰似一幅出色的版画,给人的印象十分强烈。

声音和光线在这诗里相互配合。因为监狱内昏暗,听觉变得格外警惕,人们是通过声音才意识到流产的女犯的存在。诗人说"墙角里你听见撕裂的呼喊",可见狭小的牢房黑暗得几乎无法辨认犯人的存在,但那痛苦的叫喊声却刺穿了所有人的耳膜,痛苦的声音是这样令人难以忍受,但"黑暗监狱的看守人也不能/用鞭打制止的"。流产的痛苦比受鞭打更甚,在双重的蹂躏下,女犯监狱比地狱还要残酷。但是死亡终于使一切安静了:"阴暗监狱的女们,/没有一点别的声响……她们都在长久地注视/死亡——/还有比它更恐怖的地方。"

在诗内意象间相互呼应,死亡和孕妇全有"盆大的腹",但性质却是绝对相反的,最后"死亡"生下了它的婴儿,取得胜利,而人的婴儿被监狱吞食了。诗中各节相互呼应,首尾相接,是一片恐怖的沉寂,中间是令人毛发悚然的"撕裂的喊叫"。通过光的明暗和声音的嘶喊与沉默完成了这首诗的结构,尽管这种艺术结构未必是诗人有意识的设计,但当生活经过艺术的转换时,它就带来自己的完整的形式。

(郑　敏)

【诗人小传】

杜运燮

(1918—2002)　福建古田人,生于马来西亚。1934年回福州,在高中就读。1939年入西南联大外文系学习。参与创办冬青文艺社,并开始在香港《大公报》副刊和昆明《文聚》杂志发表新诗。1945年大学毕业后,任重庆《大公报》、香港《大公报》和《新晚报》编辑,到新加坡南洋女子中学和华侨中学任教员。1951年到北京新华通讯社任职。1974年去山西师范学院外语系任教。1979年回北京,任《环球》杂志主编。其诗作较注意借鉴现代欧美诗歌的艺术手法。

追物价的人

杜运燮

物价已是抗战的红人。
从前同我一样,用腿走,
现在不但有汽车,坐飞机,
还结识了不少要人,阔人,

他们都捧他,搂他,提拔他,
他的身体便如烟一般轻,
飞。但我得赶上他,不能落伍。
抗战是伟大的时代,不能落伍。
虽然我已经把温暖的家丢掉,
把好衣服厚衣服,把心爱的书丢掉,
还把妻子儿女的嫩肉丢掉,
而我还是太重,太重,走不动,
让物价在报纸上,陈列窗里,
统计家的笔下,随便嘲笑我。
啊,是我不行,我还存有太多的肉,
还有菜色的妻子儿女,她们也有肉,
还有重重补丁的破衣,它们也太重,
这些都应该丢掉。为了抗战,
为了抗战,我们都应该不落伍。
看看人家物价在飞,赶快迎头赶上,
即使是轻如鸿毛的死,
也不要计较,就是不要落伍。

1945年于昆明
选自《诗四十首》,文化生活出版社1946年版

旧中国社会的对比太强烈了:一边是真诚的奉献,一边是卑鄙的掠夺;一边是唯恐为民族存亡的神圣战争做得不够而自责,一边是以堂皇的口号和虚伪宣传去欺骗人民,大发"国难财"。

诗中"追物价的人",当然是当时广大的黎民百姓,不过我写时想到更多的,是我母校西南联合大学的许多老师,一批从北平迁来的爱国知识分子。他们真诚自觉地投入全民族为争取抗战最后胜利的艰苦斗争。他们有过舒适温暖的家,有过好衣服厚衣服,有过多年苦心收集的心爱的书,但为了抗战,都抛弃了,在昆明过着十分清苦的生活。到了抗战后期,由于家庭负担重,物价飞涨给他们带来更大的困难。他们有菜色的妻子儿女等也就不奇怪了。闻一多先生为了养活一家六口人,不得不挤出时间挂牌为人刻图章,就是个突出的例子。当然,由

于同样原因,社会上还有无数比他们更穷困的人。这就是写此诗的时代背景。

诗含蓄,讽刺诗尤是如此。含蓄,也包括用荒诞的形式表现严肃的内容,用喜剧轻松的语言表现深恶痛绝的感情。

反面文章正面做。一本正经说反话。这常是因为不能畅所欲言,不能指名痛骂而被迫采取的做法。用最朴实、最诚恳的语言说出的反话,有时可能反而能够更深刻地道出某种荒唐现象的实质,能够比正面怒斥更能表达满腔义愤。写此诗,在考虑采取何种表现手段时,也有过这样的想法。 （杜运燮）

井

杜运燮

我是静默,几片草叶,
小小的天空飘几朵浮云,
便是我完整和谐的世界。

是你们在饥渴的时候,
离开了温暖,前来淘汲,
才瞥见你们满面的烦忧。

但我只好被摒弃于温暖
之外,满足于荒凉的寂寞:有孤独
才能保持永远澄澈的丰满。

你们只汲取我的表面,
剩下冷寂的心灵深处
让四方飘落的花叶腐烂。

你们也只能扰乱我的表面,
我的生命来自黑暗的地层,
那里我才与无边的宇宙相联。

你们可用垃圾来使我被遗弃,

但我将默默地承受一切，洗涤
它们，我将永远是我自己：

静默，清澈，简单而虔诚，
绝不逃避，也不兴奋，
微雨来的时候，也苦笑几声。

一九四四年
选自《诗四十首》，文化生活出版社1946年版

  《井》是富于哲理性的象征诗篇。有人说文学作品都是作家的自叙传，这种说法是否完全正确，尚可研究；但对抒情诗说来，恐怕是如此，因为诗中抒发的都是诗人自己的情思，诗人自己的幻想。这一首写的是井，是井的自白，可这井是诗人自己心灵的象征，诗人对井的抒写既切合于"井"的特性，更切合于他自己的灵魂，是他灵魂的自白。

  开头，人格化的井说自己是静默的，没有水浪的汹涌，几片草叶，小小的天空飘几朵浮云，就是井里反映的一个完整和谐的世界，这就是说，诗人的灵魂是安静的，没有什么大的激动，他完整和谐的世界，只是一个小小的空间里偶尔飘过的一些云彩、几片草叶，也可以说是一些爱的幻想、友情的安慰吧！

  接着诗人又以井的口吻说：在你们人类因为饥渴前来汲水时，我才见到人们"满面的烦忧"，而"我只好被摒弃于温暖/之外"，满足于自己的荒凉中的寂寞，因为只有孤独才能保持"永远澄澈的丰满"。这是说：人们在失去温暖，遭到苦难，来寻找诗人要啜吸灵思时，我才理解人类的苦难与忧思。诗人的心灵如果不惯于孤寂，就不能保持自己的澄沏情思中的那种诗的丰满。可人们能汲取的也就只是表层的水，我们冷寂的心灵深处，只能叫四方飘荡的花叶腐烂，这也许是指有四方寄来的诗篇在他的心灵深处沉淀。是的，诗人的灵魂深处是无人理解的。人们只能扰乱井的表层，可井的生命来自黑暗的地层，井就在深处才跟无边的宇宙相联系，而诗人的真淳的诗也来自心灵深处的黑沉沉的无意识或集体无意识，与表面的热闹无关，诗的生命就在那儿与整个宇宙相联结。人们也许会用垃圾去塞满井口，或者说，以一切污秽的语言来侮蔑诗人的心灵，心灵里高洁的诗；可他会默默忍受一切，洗涤一切污秽，他永远会是他自己，决不会屈服，决不会改变自己；井也就是诗人说他的心灵是"静默，清澈，简单而虔诚"，决不会逃避污秽、丑恶的现实，也不为一时的喜悦而兴奋。

象征的诗是可以作多层次多方面的诠解的,这儿只是多作了一层解说;可能是诗人在抗战时现代诗风未能为人们普遍接受,而陷于孤寂时的心灵独白。诗写得凝练而深沉,没有雕琢的浮词,每个诗节三行中第一、第三两行叶韵,可音顿并不齐一,有三顿一行的,也有四顿、五顿一行的。　　　　　　　　（唐　湜）

滇 缅 公 路　　　　　　　　杜运燮

不要说这只是简单的普通现实,
试想没有血脉的躯体,没有油管的
机器。这是不平凡的路,更不平凡的人:
就是他们,冒着饥寒与疟蚊的袭击,
(营养不足,半裸体,挣扎在死亡的边沿)
每天不让太阳占先,从匆促搭盖的
土穴草窠里出来,挥动起原始的
锹镐,不惜仅有的血汗,一厘一分地
为民族争取平坦,争取自由的呼吸。

放声歌唱吧,接近胜利的人民,
新的路给我们新的希望。而就是他们,
(还带着沉重的枷锁而任人播弄)
给我们明朗的信念,光明闪烁在眼前。
我们都记得无知而勇敢的牺牲,
永在阴谋剥削而支持享受的一群,
与一种新声音在响,一个新世界在到来,
一个浪头,一个轮齿都是清楚的教训。

看,那就是,那就是他们不朽的化身:
穿过高寿的森林,经过万千年风霜
与期待的山岭,蛮横如野兽的激流,
以及神秘如地狱的疟蚊大本营……
就用勇敢而善良的血汗与忍耐

踩过一切阻碍,走出来,走出来,
给战斗疲倦的中国送鲜美的海风,
送热烈的鼓励,送血,送一切,于是
这坚韧的民族更英勇,开始拍手:
"我起来了,我起来了,我就要自由!"
路永远使我们兴奋,想纵情歌唱。
这是重要的时刻,胜利就在前方。
看它,风一样有力,航过绿色的原野,
蛇一样轻灵,从茂密的草木间
盘上高山的背脊,飘行在云流中,
俨然在飞机座舱里,发现新的世界,
而又鹰一般敏捷,画几个优美的圆弧,
降落到箕形的溪谷,倾听村落里
安息前欢愉的匆促,轻烟的朦胧中
洋溢着亲密的呼唤,家庭的温暖,
然后懒散地,沿着水流缓缓走向城市。

就在粗糙的寒夜里,荒冷
而空洞,也一样负着全民族的
食粮:载重卡车的亮眼满山搜索,
搜索着跑向人民的渴望;
沉重的胶皮轮不绝滚动着
人民兴奋的脉搏,每一块石子
一样觉得为胜利尽忠而骄傲:
微笑了,在满意地默默注视的星月下面,
微笑了,在热闹的凯旋日子的好梦里。

征服了黑暗就是光明,它晓得:
大家都看见,黎明的红色消息已写在

每一片云彩上,攒涌着多少兴奋的面庞
七色的光在忙碌调整布景的效果,
星子在奔走,鸟儿在转身睁眼,
远处沿着山顶闪着新弹的棉花,
滇缅公路得到万物朝气的鼓励,
狂欢地运载着远方来的物资,
上峰顶着雾,看山坡上的日出,
修路工人在草露上打欠伸:"好早啊!"

早啊!好早啊!路上的尘土还没有
大群地起来追逐,辛勤的农民
因为太疲倦,肌肉还需要松弛,
牧羊的小孩正在纯洁的忘却中,
城里人还在重复他们枯燥的旧梦,
而它,就引着成群各种形状的影子,
在荒废多年的森林草丛间飞奔:
一切在飞奔,不准许任何人停留,
远方的星球被转下地平线,
拥挤着房屋的城市已到面前,
可是它,不许停,这是光荣的时代,
整个民族在等待,需要它的负载。

选自《九叶派诗选》,北京人民文学出版社 1992 年版

  《滇缅公路》这首诗写于 1942 年 1 月。当时,诗人还在昆明的西南联大外语系读书。西南联大的老师闻一多、朱自清都很称赞杜运燮的诗,闻一多把包括这首诗在内的几首杜诗选入了他编选的"五四"以来新诗荟萃的《现代诗钞》,朱自清还专门撰文作评。

  这首诗长期被忽视的原因,是因为据说它仿佛是在称颂国民党军队的抗战劳绩,却显然不是在歌颂共产党领导的革命根据地。现在,国民党军队在抗日战争中也起过重要作用已渐成共识,类似的故事已经搬上银幕,《滇缅公路》这样的诗,也就可以得到公正评价了。

这首诗的题旨并非存心称颂国民党或国民党军队的抗战劳绩。诗的目标是从这条公路写我们民族的坚韧和希望,对于自由的渴望。流淌在字里行间的是民族的精神,而非一党一派的政治。

这首诗的艺术风格浑厚莽苍,犹如它所抒写的对象一样,有很难穷尽的内涵。

读这首诗,你一定已经觉得它每一行都是那样有分量,沉甸甸的,结实的,每一行诗都得来不容易,是反复沉吟和推敲的结果。读了第一行,不能推测第二行,读了头无法预知尾,就是说,诗行之间的连结每一步都不同寻常,往往带来惊讶。诗人在这里每走一步,都在创造,都在寻找,都在发掘。这也有些像筑路工人之于筑路,假如某一步懈怠了,承受不住,那整条路也就埋藏危险,会出现断裂。

在写法上,这首诗并不要写滇缅公路的修筑情况,也不是一首纪游诗,诗人也未见得如李白《蜀道难》那样来构思自己的诗。然而,《蜀道难》是一位伟大诗人笔下的伟大作品,它的精神难免不流动在后代诗人的血脉里。《蜀道难》的艺术刻画背后的精神和政治含义,我们都可以从《滇缅公路》找到。只不过,《蜀道难》全凭想象(尽管李白据说出生于四川江油青莲乡),而《滇缅公路》却都曾实地观察与感受。《蜀道难》的感情是奔放的,豪迈的,而《滇缅公路》的感情是内敛的,克制的。总之,我们不能肯定李作"蜀道"和杜作"滇路"之间有着意识到的关联或影响,然而,多少作些比较,有利于我们鉴赏诗歌作品的特色与风格。

《滇缅公路》与任何别的诗作品一样,都是感抒性的,然而已经不再是浪漫主义的浪掷感情。尽管诗人写下了诸如"放声歌唱吧""想纵情歌唱"等词句,这首诗主要的艺术手法是刻画、描写,以及与此难舍难分的、插入其间的议论。

《蜀道难》的隐喻意义完全在文本的底层,从文字上找不出来,只能从整个文本去感觉。《滇缅公路》则在艺术刻画的当中带了出来。比如,无知而勇敢的牺牲,阴谋剥削而支持享受的一群,明朗的信念,时代的无情,对于新世界的憧憬,等等。现代诗里的知性表现取了这样的方式,这样的由诗人加以点明的方式,是因为这样的议论、思考、知性,等等,已经成了现代人性灵的一部分,成了诗人风格特征的标志。然而,如果处理得不好,仍会产生游离、概念化、说教等负效果。诗人杜运燮在这里的思考性议论,其特点在于与形象的描绘互为表里,尤其因为诗的总构思就在于要表现时代的心态和现代人的思考。反过来说,如果没有这些知性内容,则有传统山水诗的嫌疑了。

请不要误会了,不要以为好像《滇缅公路》这诗是刻画加议论而构成的。实际上,这首诗是很空灵、流动和朦胧的,为读者提供了开阔的想象空间和再创造的余地。比如第三节写作为筑路工人"化身"的公路,猜想起来诗人要具体描绘公路的崇高和险峻了,其实没有,诗人在这里落笔是流动的,动态的和精神的,然而又似乎具体可以感触。在这些地方,可以强烈感到诗的艺术魅力。

  诗的艺术是语言的艺术,而具体的语言又往往与理性、逻辑、概念等形影相随。诗人如果要试图表现自己的新鲜感受,而不陷入交际交流语言的陷阱,他得要建立新的语言规范。以第四节来看,诗人的意图是从审美的层面写公路带来的兴奋,因而落笔于各个角度所看到的公路。然而,诗人没有用"远近高低各不同"的传统语言,他使用了新的技巧,新的语汇。"风一样有力,航过绿色的原野",这是写乘车经过;"蛇一样轻灵,从茂密的草木间/盘上高山的背脊,飘行在云流中",这是从高处看,远看;"鹰一般敏捷,画几个优美的圆弧",这是写盘旋而上的峻峭美;"懒散地,沿着水流缓缓走向城市",这是说路势平坦了。在这里,刻画的技巧和方法,都是新的,因而造成了新的语言风格。

  当然,这首诗的价值并不止于审美。它是对于民族战争取得最后胜利的欢呼,是对于我们站起来,作为自由的民族站起来的渴望的凝结。因此,它不仅是美的,而且是重要的。

(蓝棣之)

秋   杜运燮

连鸽哨也发出成熟的音调,
过去了,那阵雨喧闹的夏季。
不再想那严峻的闷热的考验,
危险游泳中的细节回忆。

经历过春天萌芽的破土,
幼叶成长中的扭曲和受伤,
这些枝条在烈日下也狂热过,
差点在雨夜中迷失方向。

现在,平易的天空没有浮云,
山川明净,视野格外宽远;
智慧、感情都成熟的季节啊,

河水也像是来自更深处的源泉。

紊乱的气流经过发酵,
在山谷里酿成透明的好酒;
吹来的是第几阵秋意?醉人的香味
已把秋花秋叶深深染透。

街树也用红颜色暗示点什么,
自行车的车轮闪射着朝气;
塔吊的长臂在高空指向远方,
秋阳在上面扫描丰收的信息。

1979年秋
选自《诗刊》1980年第1期

  1979年的北京秋天,我觉得无论从哪个角度看,都特别可爱。
  我在山西先是在干校劳动,后来到农村当农民,再后来又调到一个大学教书,一共待了九年,直到1979年初落实政策才回北京原单位。那个秋天,就是十一届三中全会后,也是我回京后的第一个秋天,整个国家,我自己和朋友们的处境,的确都有了很大的可喜变化。我的心情舒畅兴奋,充满了对前景的美好期望,不愿再想那十年在"大风大浪中游泳"的种种回忆。
  秋天是庄稼果实成熟的季节。我们的民族经过一场大灾难,痛定思痛,也开始变得成熟了。我从秋的成熟,也看到民族的成熟,似乎到处都有我所希望的新信息。眼睛看到的,上下四方;耳朵听到的,近处远处;还有鼻子闻到的,生活中接触到的,种种感觉印象都使我同"成熟"二字联系起来。
  湛蓝晴空中的鸽哨声,听来浑厚深沉,也会令人想起成熟的歌唱家的歌喉;秋花秋叶和街树都染上了成熟的红色;秋阳在塔吊长臂上闪烁着,像是在荧光屏上扫描丰收的景象;显得更清澈的河水,也像是来自更深处的源泉;还能闻到像是好酒的醉人香味;身上感觉到秋风吹来说不清是"第几阵秋意"。甚至连天空也显得平易可亲(心里还留有那"史无前例"年代"黑云压城"的记忆),眺望山川,可以看得更广更远,我觉得这也是成熟的标志,无论是漫步在天安门广场上,还是骑车在长安街上,或是伫立在建设工地旁边,眼前呈现一个主调的景象太多了,于是,我就采取"散点透视"的手法,如实地写出来;于是,我就有了一个总印象:"智慧、感情都成熟的季节啊!"

这首诗发表后,曾引起争议,有人甚至怀疑"作者本来就没有想得清楚"。其实我倒是想得很清楚的。我认真地想把这首诗写得精练些,口语化些,有节调,每行有同样的"顿数",押大致相近的韵,而且浓缩些,含蓄些,深刻些。其后有不少诗歌界内外的人发表文章,指出此诗并不朦胧。而后来则有更多的人主张允许探索"朦胧诗"。诗坛的这种发展,也正符合我在1979年秋天对成熟季节到来的一种期望。

(杜运燮)

【诗人小传】

青 勃

(1921—1991) 原名赵青勃,河北隆尧人。曾在洛阳、西安从事报纸编辑工作,担任过郑州《春秋时报》副总编辑。新中国成立后从事专业创作,曾任《河南文艺》编辑部主任、民间文学研究会河南分会副主席。

苦难的中国有明天   青 勃

冻结的日子
有火

月黑夜
有灯

沙原上
有骆驼

土地下面
有种子

堤岸里头
有激流

鞭子底下
　有咆哮

被污辱的
　有仇恨

穷苦的人
　有骨头

哭泣的天空
　有响雷

打抖的冬天
　有春梦

血汗灌溉的地方
　有不凋的花

苦难的中国
　有明天

1946年冬
选自《号角在哭泣》，星群出版公司1947年版

拂晓前的暗夜最黑，解放前的祖国灾难深重。诗人在解放战争时期，生活在白色恐怖之下，在地狱的荆丛血泊中跋涉着，饱经风霜，写出了这首诗。臧克家在《号角在哭泣·序》中说，青勃的诗"对于陈旧的，腐黑的，不合理的存在，他干干脆脆给它们一个有力的否定。他召唤新生的，将至而未来的，召唤得那么热切和感动！他的每一行诗就是一股冲击力，他永不回头的勇敢的向前冲着……他把真正的诚挚与爱情灌注到诗里去……他坚信：'苦难的中国有明天。'"

开门见山，诗展现在你眼前的是，一个个细节，一组组白描和象征构成的意

象,最后水到渠成,凝结成有力的一击:苦难的中国有明天。诗的语言简单明了,直截了当,像"火"、像"灯"、像"骆驼"、像"种子"、像"骨头"、像"仇恨"……单纯的语言,表现了复杂的内涵,很有力度。诗人打开了十一扇窗口,十一扇窗口有十一个景观,关于自然斗争和社会斗争,都以矛盾、对立和抗争组成一个画面,歌唱了弱小的然而是强大的,被污辱的然而是倔强的,被黑暗蹂躏的然而是火炬终究要成为黎明的曙光的,最后升华为"苦难的中国/有明天",这已不是窗口的景观了,不是一个花朵,而是一个硕果,不是一粒珍珠,而是辉煌的真理的宫殿了。

它抒发的是诗人的真情实感,是一代人的心声。在诗艺上,全篇是简短而又坚实的句子,是咚咚的鼓声,是铿锵的鼓舞人民前进的诗韵。　　　　　(琴　尼)

【诗人小传】

林　林

(1910—2011)　原名林仰山,福建诏安人。1929年就学于北平中国大学政治经济专修科。1933年留学日本早稻田大学。1934年参加中国左翼作家联盟东京分盟。1936年回上海,任《救亡日报》战地记者,后曾赴菲律宾活动。1946年在香港达德学院和南方学院任教。1949年后在中共华南分局宣传部文艺处、广东省文化局工作。1955年任驻印度使馆文化参赞。1959年起在对外文化联络委员会和中国人民对外文化协会工作,曾任中国人民对外友好协会副会长。

我得掌握我自己①　　　　　林　林

哦,要做鸟,就做鹰罢,高飞的鹰,
哦,要做兽,就做狮子罢,勇壮的狮子,
哦,要做人,就作个不平凡的英雄,
但是矛盾啊,我厌憎平凡,我又爱慕平凡,
那么,以鹰作平凡的鸟罢!
　　以狮子作平凡的兽罢!
　　以英雄作平凡的人罢!

我爱飞折羽翼的鹰,
我爱垂死而被辱的狮子,
我也爱那红照西天的夕阳,
　　美丽的死去还是美丽的啊,
　　可敬的死去还是可敬的啊!
我祈求着啊:
给我高飞的羽翼,
给我壮大的气魄与力,
给我英雄的平凡,对待平凡的庸众罢!
逝去吧,不安的梦幻!
逝去吧,心造的爱恋!
逝去吧,使我苦恼的友情!
变换吧,死水般的周遭!
枯萎吧,迷惑人的希望的花朵!
人间既然有了我,就应有我的业绩,
我得喝现实的乳液,流劳动人民的汗啊!
我冀望生活的大海啊,
　　那怕是狂风暴雨
　　　或是惊涛骇浪!
宁可在酣战里显出我自己的胆怯,
　　宁可在伟大中暴露我自己的渺小!

让我醉于诗,醉于工作,醉于战斗……
让我欢乐,悲愁,让我嘲笑和激怒罢!
我既骑在马上,就得揽辔扬鞭,驰骋奔腾,
我得掌握我自己啊!
　　　　　　选自《同志,攻进城来了》,香港文艺生活出版社 1947 年版

〔编者注〕　① 本书重新刊登这首诗时,作者对个别字句做了改动。

　　这首诗写于菲律宾首都马尼拉,时值 1945 年抗日战争结束。了解一下当时

的社会现实和我的心理感受,或许能有助于读者对诗的理解。

在海外艰难险恶的环境中,华人与当地人民并肩进行了三年多反抗日本侵略者的战斗。经历了血与火的严峻考验,我从内心深处呼唤着英雄气概。英雄崇拜的意愿也在这首诗中有所显露;这就是渴望着"生活在、劳动在名誉、光荣、英雄主义的伟绩中"(高尔基语)。但同时,客观地审视自己,我又发现自己身上还存在着渺小与懦怯的一面。希腊哲语告诫人们:"认识你自己!"虽然要真正认识我自己并不容易,但我必须这样去做,必须自强不息,努力寻求伟大与渺小、勇敢与懦怯、不平凡与平凡等诸多矛盾的统一。所以这首诗也可以说是"认识自己"的艺术结晶。

这首诗就是努力扣住英雄与群众、伟大与平凡的关系,层层深入地抒发和剖析了我和战友们的内心世界。开头用了三个假设性的长句,直接表达了我的主观的愿望和意向,看来还是具有一定的气势的。"但是"之后,我陡然来了一个转折,较鲜明地揭示了矛盾。但究竟该如何解决苦恼着自己的这个矛盾呢?我思索了一番,终于认识到"鹰""狮子"同样也是平凡的"鸟兽"——伟大与平凡原本是不能截然分开的!

此后的第三节宕开一步,接连用三个"逝去吧"表现我的呼唤,这是为了更进一步地勉励自己:要做一个平凡的英雄,就得告别"不安的梦幻"之类,脚踏实地,"喝现实的乳液"、"流劳动人民的汗",排除一切干扰,坚韧地向前走去!

如果说这首诗的开头较能抓住读者的心,那么结尾则显得余情余韵不足。看来,一首诗要做到整体完美,实非易事。

(林 林)

玉 杲

【诗人小传】(1919—1992) 原名余念,四川芦山人。1938年到延安,在抗日军政大学学习。1942年进璧山社会学院学习。1946年又到延安,执教于米脂中学、延安大学。新中国成立后历任西北人民革命大学教研室主任、《延河》编辑部副主编。

大渡河支流(原诗略)　　　　玉 杲

诗人是川西芦山人,芦山靠着青衣江,青衣江是大渡河的支流。诗以《大渡河支流》(上海建文书店 1947 年版)为名,说明着诗中故事发生的地点。

诗写于 1944 年,共分 8 章、44 节。从深秋壮丁们集合出发,写到第二年夏当地举行一年一度的烟会,前后大约十来个月。这正是诗中女主人公琼枝从怀胎到分娩的一段时间,也是一幕悲剧从孕育到爆发的全过程。琼枝是地主山耳的幺女儿。山耳为了缓和与乡长胡玉廷的矛盾,硬将女儿许给胡的疯儿子胡老幺。而琼枝却早已与贫苦农民的儿子然福有了爱情。在然福去当壮丁出发前夕,两人偷着约会,依依惜别。五个月后的正月十五,琼枝被迫嫁到了胡家,从此伤心和忧虑再也没有离开过她。在结婚不到五个月,正是夏天举行烟会的时候,然福和她生的孩子出世了。琼枝把房门紧闭,自己用口咬断脐带。孩子的哭声引来了婆婆苏妲己,她捶着板壁,大骂琼枝是娼妇。门打开后,她竟狠心地从琼枝手里一把夺过孩子,活活地把孩子摔死。琼枝怀着失子之痛被撵回娘家,又遭父亲山耳的毒打。琼枝想死,又幻想然福来救她。正当她深夜在菜园里胡思乱想的时候,被一个淫荡的笑声所惊动,循着这笑声,她发现了父亲的乱伦行径,她疯了,冲出门外,在田野上飞跑,一声声哭喊着:"孩子,妈跟你死……"人们从梦中醒来,都跟在她后面狂奔、狂喊。女儿被人们捆住送回后,山耳深恐家丑外扬,竟丧心病狂地趁女儿昏睡之际,将她活活勒死。一个年轻活泼的生命就这样悲惨地结束了。

除了琼枝,诗中还写了另外两个妇女的悲惨命运。一是琼枝的二嫂,山耳次子李光宗的妻子。她长得漂亮,性格温和柔顺,但结婚后,并没有享受到爱情的幸福,丈夫外出读书,一去不回,留下她苦守空房,并遭到公公的奸污。另一个是山耳家的女佣张嫂,也有着类似的不幸遭遇。

这三个女子,身份性格各不相同,但对人性的追求却是一致的,且都那么强烈。诗人并没有回避去写她们的性压抑与性苦闷;而是通过这些正当的人性要求受到摧残、扼杀甚至残杀,控诉了不合理的婚姻制度、陈腐的封建观念和伪善的家长式统治。诗也没有正面去写山耳如何压迫剥削农民,而是把地主宅园内部的人性与非人性的斗争突出来了,从山耳对亲生女儿及年轻媳妇的凶狠毒辣无耻的行为刻画上,完成了对其惨无人道的阶级本性的揭露。这在描写地主阶级罪恶的许多同类作品中是有其独特价值的。

诗以琼枝的悲剧为叙事主线,结构全篇;情绪结构也与之相对应,发展过程大致相同。如第一章写琼枝与然福临别约会,留下了祸根,这是故事开头,情绪是舒缓的,故而插进去然福的回忆、山耳全家的介绍、然福母亲的苦难与她的憧憬等稍离主线发展的情节。一直到第四章才又接着主线写琼枝嫁到胡家后,肚子一天比一天大,灾祸一天比一天临近,故事进一步发展,情节也渐趋紧张。因此,到第五章东窗事发,只隔了一章,用于与主线情节无关的富有川西风土人情特色的烟会的描绘,此外再没加什么情节。第六、第七两章是情节发展的高潮,婴儿被摔死、母亲被害死等一系列揪人心肺的事情接踵发生,令人惊恐得喘不过气,情绪也达到了抑制不住的总爆发。诗人不惜重笔涂抹,推波助澜,加以渲染,使那疯子的狂呼、众人的狂奔,在读者掩卷后仍久久地萦绕于耳、惊怵于目。第八章是结尾,用众人的议论、光宗的来信说明山耳众叛亲离、孤家寡人的可悲下场,情绪也随之松弛了下来。情节的张弛缓急与情绪的起伏跌宕相应相契,达到总体叙事诗化的效果。

在叙事角度上,诗人也采取了灵活多样的方式,使之便于写景抒情。一、客观视角。大多用于社会背景、风土人情的描绘,以创造出诗的意境。如第三章第一节对川西农村苦难冬天的描写,"冬天,湄河哑了/一支古旧、苦涩的歌/唱得更低、更低——";第五章对当地烟会与江湖迎宾会的细致描写,那赌博、抽大烟、举行江湖仪式等场面,一个个形象逼真传神、气氛浓郁生动,使人有亲临其境之感。二、主观视角。① 人物视角。这是诗中用得最多的一种视角。如第四章"新妇怨"、第七章"她疯了吗?"就是从琼枝的角度写她的伤心、她的忧虑、她的幻想、她的绝望的。当她无意中探听到父亲的无耻行径时,她的愤怒与痛苦达到了精神难以支撑的顶点,我们也受到强烈的震撼。② 群众视角。如第六章"街口有两个人在说话",共六节,全是群众对话实录。通过众人的闲言碎语简约交待了琼枝被婆家撵回家的事情经过,既避免了直接叙事的啰唆麻烦,又表现了舆论的反响、群众的心态,开阔了诗中的生活面。③ 作者视角。即诗人面对读者直接抒情,往往发生于情节、情绪的高潮,诗人之情抑制不住,夺胸而出。如当琼枝痛不欲生,立于水井前痛哭时,诗中写:"哭吧!/把所有耻辱的眼泪/都哭出来吧!/把千年万年的悲哀/都哭出来吧!/哭吧,哭吧,哭吧!"在山耳把亲生女儿杀死时,诗人也忍不住出来呼喊:"鸡叫了,你叫晨的鸡呵!/你把这消息,带给太阳吧/带给一切有良心的人吧/——在天快亮的时候/有人杀害了/自己的女儿,更杀害了/一位年青的/慈善的母亲……"以上视角在诗中互相穿插结合,像多声部的合唱或轮流更迭的咏叹调,在浓郁的写景抒情氛围中共同完成叙事诗化的目的,并在总体上给人以多面多棱、绚丽夺目的立体感。

(袁忠岳)

【诗人小传】

朱 丹
(1916—1988) 原名朱家瑜,江苏徐州人。1935年考入南开大学,组织铁流文艺社,参加救亡运动,被学校开除后转入中央大学艺术系就读。抗战后赴山西参加八路军,后在延安任中央党校教员。新中国成立后任人民美术出版社总编辑等职。出版有诗集《诅咒之歌》《朱丹诗文选》以及画集等。

天 与 海

朱 丹

天和海本来就没什么界限,
走到海的尽头也就到了天边。
海上船帆飞上天去化为朵朵白云,
天上的星星落在海里又变成岸边的渔火点点。

选自《朱丹诗文选》,作家出版社1990年版

朱丹既是画家,又是诗人,他的《天和海》不是别的,正是一首充满"诗情画意"的佳作。

长期以来,人们把"诗"与"画"看成是姐妹艺术,常常相提并论,我国宋代的郭熙在一本总结绘画创作的《林泉高致》中说:"诗是无形画,画是有形诗。"言简意赅,令人心服。你看《天和海》短短四行,写得多美啊,它一边把你的视线引向远处,一边又启发你的想象,从中托出了一个帆影和云彩浑然一体、繁星和灯火交相辉映的艺术境界,令人心旷神怡。谁能否认这是一幅绝好的画面呢?不过细心的读者稍作思考以后,又不难分辨出此诗和绘画间各种看似细微、实则重要的差异:一、诗人在第一行特地用了"本来"二字,强化了语气,突出了诗人的喜悦之情——仿佛眼前水天相连的壮观景色是诗人的独特发现。绘画艺术固然可以淋漓尽致地表现水天一色的境界,但未必能传达出"本来"二字所蕴含的感情色彩。二、诗的第二句是关键的一句,诗人着意刻画自己边向前走去边欣赏海景的兴奋愉悦之情,而正是"走到海的尽头也就到了天边"这样的描写,很难在画中予以表现。18世纪德国美学家莱辛在《拉奥孔》中多方面阐述了诗歌和绘画的区别,其中一个重要区别就是:绘画擅长于描绘在空间中并列的物体,诗歌则可以刻画在时间上先后承续的动作,《天和海》正好提供了一个有力的证明。

三、此诗的第三、第四行用了巧妙的比喻。"而比喻正是文学语言的根本"(钱钟书语)。"化为""变成"用在这里多么自然贴切,但在绘画中却成了无法跨越的障碍。试想,画家能不能干脆把"白云"画成"船帆"的模样?不能。能不能画出"繁星"和"渔火"二者的转变?也不能。倘要真是那样做的话,一首优美的"诗"就会变成一幅拙劣的"画"了。四、作为语言的艺术,诗歌又有特定的音乐性,《天和海》的第一、第二、第四行押韵,具有一种回环往复的音乐美,和诗人回环宛转的美好情思恰好互为表里。绘画艺术当然也讲究布局的疏与密、光线的明与暗等,从某种意义上说,也不妨把这些看成绘画的"节奏感",但这毕竟可看而不可闻,和诗歌朗朗上口的音乐感是两码事。仅此四端,也就可以看出诗和画的区别在哪里了。

(孙光萱)

【诗人小传】

陈敬容

(1917—1989) 女,四川乐山人。1935—1936年曾在清华大学、北京大学旁听,并开始文学创作。做过小学教师、合作社职员。1947年在重庆任《文史》杂志和文通书局编辑,1948年在上海任《中国新诗》及《森林诗丛》编委。新中国成立后曾在最高人民法院检察署、《世界文学》编辑部工作。40年代写过一些诗文,新中国成立后主要从事翻译工作。

雨　　后　　　　　　陈敬容

雨后的黄昏的天空,
静穆如祈祷女肩上的披巾;
树叶的碧意是一个流动的海,
烦热的躯体在那儿沐浴。

我们避雨到槐树底下,
坐着看雨后的云霞,
看黄昏退落,看黑夜行进,
看林梢闪出第一颗星星。

雨后

有什么在时间里沉睡,
带着假想的悲哀?
从岁月里常常有什么飞去,
又有什么悄悄地飞来?

我们手握着手、心靠着心,
溪水默默地向我们倾听;
当一只青蛙在草丛间跳跃,
我仿佛看见大地在眨着眼睛。

1946

选自《交响集》,上海星群出版社1948年版

作为20世纪40年代中国诗坛的后起之秀,陈敬容的出现仿佛为中国诗坛吹拂了一阵清新的微风,她的诗既有火一样的热情又有水一般的柔情,思与诗在这个女性诗人笔下完美地融合在一起。而其名作《雨后》就体现了这样的特点,堪称诗歌史上的一首不可多得的佳作。

现代的人们苦于生活的压力,经常在尘世的世俗生活中忙忙碌碌,对外在世界许多美好的景象有时竟然完全失去了感觉和欣赏的能力,这是多么的不幸和悲哀!而在陈敬容的诗歌中,诗人让我们找到了一种久违的感觉:这里的世界充溢着静穆和严肃,"雨后黄昏的天空,/静穆如祈祷女肩上的披巾"。祈祷女肩上的披巾,这样的比喻无形中带有一种宗教般的庄严、神圣,也注定了它和一切世俗的世界格格不入,需要用心去静静谛听和感受。正是在这种圣洁、美丽的世界中,诗人受到了感染,用孩子般的天真无邪全身心投入到大自然的怀抱,敏感地去观察自然世界的千变万化:"看黄昏退落,/看黑夜行进,/看林梢闪出第一颗星星。"表面看起来这些都是日常生活中常见的情景,然而诗人写得却很有层次感,在自然景象的变化中衬托出自己的专注、忘我,这其实就是诗人皈依自然后闪现的童心和精神世界。诗人沉浸在这样的境界中很自然地并引发出对宇宙、生命、青春等一系列问题深邃的思考和追问:"有什么在时间里沉睡,/带着假想的悲哀?/从岁月里常常有什么飞去,/又有什么悄悄地飞来?"可以设想,假如诗人仅仅停留在写景状物的层次,这首诗就会陷入寻常的套路,还很难谈得上多大的创造性。而它最成功的地方就是赋予了诗歌深沉、博大的宇宙意识,从而把自然和宇宙、生命有机联系在一起。从这些带有玄想、哲理的语言中人们很容易想

起唐代诗人王若虚在《春江花月夜》中发出的"江畔何人初见月,江月何年初照人"的感叹,也会联想到宋代词人张孝祥面对无垠宇宙抒发的"尽吸西江,细斟北斗,万象为宾客。扣舷独啸,不知今夕何夕"的千古绝唱。中国现代美学家朱光潜、诗人梁宗岱等都曾谈及:中国人由于过分注重现实生活而忽略了对宇宙意义的思考,因而中国诗歌普遍地缺少宇宙意识。但陈敬容的这首诗恰恰弥补了这一缺憾,她所使用的玄想、知性的写作方式是对中国现代诗歌宝库的丰富和发展。

诗歌的最后一段呈现的是由物我两忘到物我合一的境界。在大自然的孕育中,诗人的心灵无比的纯净,她的生命在这一霎那竟然和自然是那样的亲密无间,难以分离。"我"的生命感染了自然,而自然的生命也让"我"动容,于是在诗人的眼中就出现了"我们手握着手、心靠着心,/溪水默默地向我们倾听"的诗句。也正是在这样的审美经验中,"我"的眼中一切无生命的物体都幻化成了生命的载体,"当一只青蛙在草丛间跳跃,/我仿佛看见大地在眨着眼睛"。这是多么新奇、大胆的想象,诗人正是在这样的想象中把人们引入到一片自由翱翔的天地。

(文学武)

力的前奏　　　　陈敬容

歌者蓄满了声音
在一瞬的震颤中凝神

舞者为一个姿势
拼聚了一生的呼吸

天空的云、地上的海洋
在大风暴来到之前
有着可怕的寂静

全人类的热情汇合交融
在痛苦的挣扎里守候
一个共同的黎明

一九四七年四月于上海

选自《交响集》,森林出版社1947年版

1947年，中国最大的都市上海好像处于暴风雨前夜死一样的静寂中，既使人处处感到生命的窒息，又让人时时感到黎明的曙光已然在望。就在这光明与黑暗搏斗的际会中，诗人向人们预报着"山雨欲来风满楼"的形势，召唤人们以坚定的信念守候着即将降临祖国大地的黎明。

这首诗用了三组不同的意象，最后将全诗推向一个顶点。第一节选择了歌者的形象，当他的洪亮的歌声发出之前，总是蓄满了声音，聚积了全身的力，这种力的本身融汇了歌者全部的理智、情感，甚至整个生命，他在痛苦中守候，为的是在一瞬间向全世界唱出自己生命之歌。诗人敏锐地抓住"在一瞬的震颤中凝神"的形态，难道不正是表现广大人民盼望黎明即将来临前的坚定而又紧迫的心态么？凡是在那个年代生活过的人们，都会感觉到这种象征的寓意比起任何写照都更为真实。这种象征性也贯串在第二组舞蹈者不同的意象中。舞蹈者为向世界呈献一个最完美的"姿势"，几乎"拼聚了一生的呼吸"，这里面包含着多少艰难的探索和追求，多少痛苦的磨炼和经历，最后为了这个"姿势"（理想的象征）而去拼搏，他该凝聚多么强大的生命力！这种近于哲理思考的形象，暗示出理想时刻到来之前，人的精神力正在觉醒。如果说，第一、第二两组内涵丰富的意象，还不足以表明诗人意之所指，而撷取的仅是近于哲理的生命体验和生活经验；那么在第三节中，诗人则以丰满的感受性伸向大自然，展开了青春的想象，在大风暴来临之前，她谛听到天上的云彩和地上大海的寂静，正是这个"可怕的寂静"后面，将会给处在黑夜和寒冷的世界中的人们，带来多少希望、温暖和安慰，给予生存在迷茫中的人们提供一个激动人心的和平安宁的心境。诗人就是如此巧妙地把三组富于象征意味的意象熔铸在一起，将全诗引向第四节的顶点，那就是：当全人类的热情汇合交融，在痛苦的挣扎里守候的"一个共同的黎明"！在这里，诗人的视野扩大了，中国人民的解放，正是全人类四分之一的人民的解放，诗人不仅揭示出人性与世界关系的真实价值，而且把它提高到了历史的高度。为此，诗人不只是对她同时代的人投射一道历史学家那样为革命而激动的目光，并且在此时此地把全人类解放的"共同的黎明"放在将来的背景上，发出了洪亮的赞美的歌声。

因此，这首诗既有丰富的象征性的意象，同时又包含着时代的内容，既善于从哲理中引出深沉的思考，又长于把它转化为可感的形象，感情色彩既温柔而又刚毅，在语言节奏上既跳跃而又凝重，把想象的青春性和理智的成熟性结合在一起，使这首诗能历经时间的考验而得以流传至今。

（唐　祈）

珠和觅珠人

陈敬容

珠在蚌里,它有一个等待
它知道最高的幸福是
给予,不是苦苦的沉埋
许多天的阳光,许多夜的月光
还有不时的风雨掀起白浪
这一切它早已收受
在它的成长中,变做了它的
所有。在密合的蚌壳里
它倾听四方的脚步
有的急促,有的踌躇
纷纷杳杳的那些脚步
走过了,它紧敛住自己的
光,不在不适当的时候闪露
然而它有一个等待
它知道觅珠人正从哪一方向
带着怎样的真挚和热望
向它走来;那时它便要揭起
隐蔽的纱网,庄严地向生命
展开,投进一个全新的世界。

一九四八年春作于上海
选自《中国新诗》1948 年第 3 期

蚌和珍珠,古往今来,有多少诗人吟咏歌唱。而陈敬容没有走别人习惯的思维之路。她选择了一个新的角度,第一次在蚌的珠和觅珠人这两个意象的关联中开掘了深刻的人生与哲理的意蕴。有人说,这首诗是写少女在期待理想的爱情时机的到来并奉献自己纯真的感情。这样的理解似乎太简单了。其实,这首诗暗示了一种更深的哲理:理解是沟通人与人美好感情的桥梁。被理解是一种最高的幸福。在诗人的价值观里,这"最高的幸福是给予,不是苦苦的沉埋"。

诗的开头三行,写"珠"的等待。这等待包含着一种献身的意愿,一种将自己的美好生命和青春"给予"别人的信念。从第四行开始,写珠在自己的"成长"中,接受了阳光与月光的照耀,也经受了多少"风雨掀起白浪"的淘洗和冲击,这些光照与冲刷,是人生中必然承受的。把它化为自己"所有"的财富,自己也就逐渐成熟起来了。

  诗的第八行开始,写成熟了的美丽的珍珠怎样"在密合的蚌壳里""倾听四方的脚步",纷纷沓沓的脚步从自己面前"走过了",珠并没有为之心动,"它紧敛住自己的/光,不在不适当的时候闪露"。这是长成后的珍珠在密合的蚌壳里期待的心境,也吐露了诗人对理想、事业奉献之前严肃思考的心声。"紧敛住自己的光"并不是对世界的封闭。这是一种伟大的等待,一种神圣的抉择。当真正的理解者怀着"真挚和热望"向它"走来时",珠便毫不犹豫地要揭起"隐蔽的纱网",向渴求者的"生命"庄严地展开自己,投入到一个"全新的世界"怀抱之中。珠找到了真正懂得价值的"觅珠人",自身的生命价值也才找到了甘愿投入的"全新的世界"。

  这首诗写在1948年春天,诗人身处黎明前夕的上海,它象征了诗人很深,也很美的心境。诗人经过艺术的升华,把这心境升腾到一种哲理的高度。珠和觅珠人已经成为蕴涵很深的象征意象。诗人在两个意象的关联中暗示了一种个人与时代、个人和伟大事业的关系。她宁愿"给予"而决不"苦苦的沉埋"。她懂得这"给予"不是轻易的抉择,而是要认清真正的价值。也许一个人最美好的价值就在这毅然抉择之后的"投进"中得到了实现吧!

  "沧海月明珠有泪,蓝田日暖玉生烟",李商隐这句诗已成为千百年来人们为之倾心的"绝唱"。沧海明珠的意象在中国人民的民族审美心理中已经成为美好情感的积淀。陈敬容以现代人的复杂意识,通过珠与觅珠人的关联,为她的诗的世界构筑了一个复杂多元的整体。她改变了传统以情感为主干的咏珠的平面构思,而组建了现代以哲理为主干的写珠的心理流程的立体的抒情方式。抒情诗带上了情节展开的特色。诗人的深刻哲理思考就在这情节展开中得到实现。珠和觅珠人的关系是确定的,而这两者的意象内涵又是不确定的,可以写爱情,可以写人生,也可以写时代与人的哲理思考……总之,这是象征诗、现代诗朦胧美"给予"诗人的权利。也许这正是《珠和觅珠人》的艺术魅力之所在。 (孙玉石)

山　和　海　　　　　陈敬容

> 相看两不厌,惟有敬亭山。
>
> ——李白

高飞

没有翅膀
远航
没有帆

小院外
一棵古槐
做了日夕相对的
"敬亭山"

但却有海水
日日夜夜
在心头翻起
汹涌的波澜

无形的海呵
它没有边岸
无论清晨或黄昏
一样的深,一样的蓝

一样的海呵
一样的山
你有你的孤傲
我有我的深蓝

1979.4.病中

选自《1979—1980 诗选》(诗刊社编),四川人民出版社 1982 年版

诗人抒发感情切忌直白浅露,必须将感情化为意象,才能产生动人的艺术魅力。女诗人陈敬容深得诗歌创作三昧,展开想象,创造山、海意象,从而抒发了执著追求理想的情怀。

诗人创作这首诗的时候,已是晚年,又在病中,但她实现自我价值的愿望丝

毫没有改变,理想仍然像明灯一样烛照着她的心灵,指引着她的人生旅程。诗篇开头"高飞/没有翅膀/远航/没有帆",形象地展示了抒情主体向往"高飞""远航"的主观愿望与客观条件"没有翅膀""没有帆"之间的矛盾,与后面四节诗抒写执著追求理想形成了强烈的对比,更突出了抒情主人公追求理想的执著与坚定。

病中生活寂寞而又枯燥,难以接触山、海等大自然景物,诗人想起了李白"相看两不厌,惟有敬亭山"的名句,想象小院外那一棵日夕相对的古槐就是需要高飞超越的敬亭山。

如果说第二节中所抒写的"敬亭山"是诗人眼前所见的实有的一棵古槐,那么,第三节所抒写的那"日日夜夜/在心头翻起/汹涌的波澜"的无形的海水,则纯粹是心中所想的产物。"山""海"同为象征性意象,两者虽都统摄全诗,但是"海"的意象在诗中更鲜明突出,是主意象,而"山"是副意象。诗人写"海水",一是时间持久,它"日日夜夜/在心头翻起";二是程度强烈,它翻起"汹涌的波澜";三是疆域广大,"无形的海呵/它没有边岸";四是颜色专一,"无论清晨或黄昏/一样的深,一样的蓝"。诗中的海,是诗人心中的海,象征着诗人执著追求的理想与人生价值。诗人多角度地抒写海水,从而展示了持久、强烈、全方位、执著专一地追求人生理想、实现自我人生价值的心灵世界。

在运用象征手法,充分展示执著追求理想、实现自我价值的心灵世界之后,诗的末节,从"山""海"的"孤傲"与"我"的"深蓝"对比咏唱中,更深化了追求理想、实现自我人生价值的坚定信念。

(潘颂德)

【诗人小传】

袁可嘉

(1921—2008) 浙江慈溪人。1946年毕业于西南联大外文系,后在北京大学西语系任教。40年代发表新诗及诗歌理论文章。新中国成立后历任中共中央宣传部《毛泽东选集》英译室翻译、外文出版社英文部翻译、外国文学研究所研究员、中国社会科学院研究生院教授。

冬　夜

袁可嘉

冬夜的城市空虚得失去重心,
街道伸展如爪牙勉力捺定城门,

为远距离打标点,炮声砰砰,
急剧跳动如犯罪的良心;

谣言从四面八方赶来,
像乡下大姑娘进城赶庙会,
大红大绿披一身色彩,
招招摇摇也不问你爱不爱;

说忧伤也真忧伤,
狗多恶梦,人多沮丧,
想多了,人就若痴若呆地张望,
活像开在三层楼上的玻璃窗;
身边天边确都无以安慰,
这阵子人见面都叹见鬼;
阿狗阿毛都像临危者抓空气,
东一把,西一把,却越抓越稀。

这儿争时间无异争空间,
聪明人却都不爱走直线;
东西两座圆城门伏地如括弧,
括尽无耻,荒唐与欺骗;

起初觉得来往的行人个个不同,
像每一户人家墙上的时辰钟;
猛然发现他们竟一如时钟的类似,
上紧发条就滴滴答答过日子;

测字摊要为我定终身,
十字架决定于方向夹时辰;

老先生,我真感动于你的天真,
测人者怎不曾测准自己的命运?

商店伙计的手势拥一海距离,
"我只是看看",读书人沉得住气;
十分自谦里倒也真觉希奇,
走过半条街,这几文钱简直用不出去;

哭笑不得想学无线电撒谎,
但撒谎者有撒谎者的哀伤;
夜深心沉,也就不想再说什么,
恍惚听见隔池的青蛙叫得真寂寞。

1947年
选自《文学杂志》1947年第2卷第3期

1947年冬天,北平的局势日趋紧张,市民们人心惶惶,好像古城要倒塌一般。诗篇从各个视角来描绘这种情绪,贯串其中的是忧伤不安,手足无措的心情。这时期各种政治谣言特多,它们向人们袭来,不管你爱听与否,诗里用了一个比譬,说它们像披红戴绿、进城赶庙会的村姑招摇过市。

这首诗在运用比喻上讲究大跨度,新奇中力求妥帖,例如揭示旧城市中的腐败情景时说,"东西两座圆城门伏地如括弧,/括尽无耻,荒唐与欺骗";形容在紧张局势中混日子的一般市民的麻木状态,是"上紧发条就滴滴答答过日子"。

讽刺和机智是这首诗的艺术特征,把圆城门比作"括弧",这是机智的话,"括尽无耻,荒唐与欺骗"自然是讽刺的笔法了。接下去对测字老人和商店伙计的描绘则同时具有这两种艺术特征。当年商品价格昂贵,读书人的几文钱之所以用不掉,是因为少得不足以购买任何东西,因此他既自谦,又自嘲。最后一节诗颇重要,因为它总结了这样发展下来的诗的感情:哭笑不得想学无线电撒谎,但撒谎者也有自己的哀伤,夜深心沉,仿佛听见青蛙叫,使人觉得分外寂寞。结句将诗的情调带回到前面反复描述过的"哀伤"和孤寂上,把全诗统一起来。

这首诗可以说明我受西方现代派诗的影响有这样几点:一、多处运用大跨度的比喻;二、突出机智和讽刺的笔法;三、运用强烈的对照,有时用正相反的词语来渲染气氛,如第六节,先说行人个个不同,像每一户人家墙上的时辰钟(是指走得快慢不同),紧接着却说他们又类似时钟,上紧发条就滴滴答答过日子。"不同"和"类似"都以时钟为喻体(以行人为喻本),但指的却是两种截然不同的事情,这就能发生强烈的对照效应,使诗的情绪集中起来,诗的结构也严密起来。这是英国玄学派诗人创造的手法,后来为现代派诗人所承袭和发展。我在20世纪40年代的作品里有意识地做过类似的试验,成败则要请读者来判断了。

(袁可嘉)

出　航

袁可嘉

航行者离开陆地而怀念陆地,
送行的视线如纤线在后追踪,
人们恐怕从来都不曾想起,
一个多奇妙的时刻:分散又集中。

年青的闭上眼描摹远方的面孔,
远行的开始担心身边的积蓄;
老年人不安地看看钟,听听风,
普遍泛滥的是绿得像海的忧郁;

只有小孩们了解大海的欢跃,
破坏以驯顺对抗风浪的嘱咐,
船像摇篮,喜悦得令人惶惑;

大海迎接人们以不安的国度:
像被移植空中的断枝残叶,
航行者夜夜梦着绿色的泥土。

一九四八年
选自《文学杂志》1948年第3卷第2期

　　1946—1948年间,我常有机会搭乘海轮来回于上海与天津之间,本诗的素材就取自这类航行的经验。

当时国内局势动荡,战乱频繁,一般出航者都不免忧郁不安。本诗着力描绘这种情态。首先是通过对三种情况不同的旅客的描绘点出这个主题:年轻人关心的是远方的情人,出远门者担心身边带的旅费不够,老年人富有航海经验,不断地"看看钟,听听风",默察行程是否安全,他们的心头都笼罩着一片"绿得像海的忧郁"。接着,诗里引进船上孩子们在风浪中的欢跃,作为一种对照,以反衬其他人的不安和惶惑,使诗篇不至显得沉闷单调。

因为有风浪,大海本身就是个动荡不宁的世界,在海船上过夜的旅客更是惴惴不安,内心的不安和海上的不安就连成一片,感觉自己像被移植空中的断枝残叶,无依无靠,一夜接一夜地梦着大海尽头的绿色的泥土。

本诗艺术上有一个特点:抓住了具有普遍性的几种人的典型心理状态来刻画共同的不安之感,使"不安"有了实际的内容,然后把人们的忧郁感推及大海本身,加强了它的深度、广度,仿佛船里船外,白天黑夜,处处都是一片"绿色的忧郁"了。

(袁可嘉)

上　　海

袁可嘉

不问多少人预言它的陆沉,
说它每年都要下陷几寸,
新的建筑仍如魔掌般上伸,
攫取属于地面的阳光、水分,

而撒落魔影。贪婪在高空进行;
一场绝望的战争,扯响了电话铃,
陈列窗的数字如一串错乱的神经,
散布地面的是饥馑群真空的眼睛。

到处是不平。日子可过得轻盈,
从办公房到酒吧间铺一条单轨线,
人们花十小时赚钱,花十小时荒淫。

绅士们捧着大肚子走进写字间,

迎面是打字小姐红色的呵欠，
拿张报，遮住脸：等待南京的谣言。

一九四八年

选自《中国新诗》1948年第2期

　　解放前夕，国民党统治区通货膨胀，物价飞涨，许多豪富大发国难财。虽然当年上海有下沉的传闻，但这些富商的大楼仍然像魔掌一样伸向天空，使地面陷于一片阴影笼罩之中。无情的商业竞争往往是通过电话进行的，仿佛是在一场空战。陈列窗中物品的标价像错乱了的神经一样。这样的社会里到处充满着不平。广大劳动群众被饥饿威胁着，而豪绅们却过着穷奢极欲的生活。他们从写字间出来径直走进酒吧间狂唱滥饮，挥金如土。每天所做的唯一事情就是等待南京传来的政治谣言，因为只要谣言一起，他们又可以兴风作浪，大发国难财了。这首诗就是讽刺这些富商的，文笔稍显机智幽默，别有一番情趣。

　　诗是根据实际观察到的生活现象来写的，但突出了现象后面的本质意义。例如把豪富者的建筑比作夺走了平民阳光和水分的魔掌，就形象地点明了掠夺的性质；又如把天文数字（物品标价）比作错乱的神经，是现代派的大跨度取比，把天文数字引起的心理恐慌表现了出来；又如最后一节写绅士们"捧着大肚子"，打字小姐因口涂唇膏，故而是发出"红色的呵欠"，抓住了人物的典型姿态，讽刺效果就显得非常强烈；至于"等待南京的谣言"，更在含蓄的措辞中点明了事情的要害。

　　本诗还广泛地运用了现代诗中的对照手法，如第一节中"下陷"与"上伸"，第二节中"高空"和"地面"，"错乱的神经"和"真空的眼睛"，第三节中"十小时赚钱"和"十小时荒淫"，第四节中绅士的"大肚子"和打字小姐"红色的呵欠"，它们都产生一种互相映衬，互相强化的艺术效果。

　　本诗是十四行体，每行五个顿，韵脚为ABBA、CDDC、EFE、FGE（有变通）。

（袁可嘉）

母　　亲　　　　　　　　　　　袁可嘉

迎上门来堆一脸感激，
仿佛我的到来是太多的赐予；
探问旅途如顽童探问奇迹，
一双老花眼总充满疑惧；

从不提自己,五十年谦虚,
超越恩怨,你建立绝对的良心;
多少次我担心你在这人世寂寞,
紧握你的却是全人类的母亲。

面对你我觉得下坠的空虚,
像狂士在佛像前失去自信;
书名人名如残叶掠空而去,
见了你才恍然于根本的根本。

一九四八年

选自《文学杂志》1948年第3卷第2期

  这诗作于1948年,实际上写的却是1946年的事。那年我从昆明西南联大毕业,回到了阔别八年的故乡,见到了日夜思念中的母亲。母亲已是五十多岁的老人,她关切地问及我八年在外的生活,特别是旅途上的种种艰险,就像顽童探问奇迹一样,老花眼里充满疑惧之色。我在诗里把老母比作顽童,似乎有点出格,其实不过是为了突出她那种万分关切、急于知道一切的心态。至于说她"感激"我的到来,则是用侧面手法表现中国农村妇女的谦虚诚恳,在不识字的母亲眼里,儿子大学毕业回来探亲,倒反是一种"恩宠"了。

  接着我写了母亲奉献自己,超越了世俗恩怨的标准,而这种伟大的母爱原是全人类母亲所共有的,因此她在我离乡背井的八年中,也不会感到寂寞,因为在她的身后,有世界上千千万万的母亲在支持着她哩!

  认识到母爱的伟大,我自己就觉得渺小了,空虚了,就像一个狂狷不羁的人在圣洁的佛像前一下子失掉了自信力。一个大学毕业生,自然是有那么一点书本知识了,但在母爱面前,我却痛感到知识并非做人的根本,而不过是残枝碎叶,风一起就会吹掉的,只有母爱——那无私的奉献——才是"根本的根本"。

  我这时期写的诗,知性的成分比较重,但我努力通过生动新颖的形象比喻来表达思想和感情,通过"客观对应物"来表达主观的感情,这样就可以避免生硬地说教的毛病。在运用比喻上,又力求创新,不落俗套。

  本诗在形式上相当整齐,是所谓四行体,一般每行为四个顿,有相对固定的韵脚,但决不勉强去凑韵脚。

(袁可嘉)

唐湜

(1920—2005) 原名唐扬和，字迪文，浙江温州人。1948年毕业于浙江大学。在校期间曾参加《诗创造》的编辑工作，后又参加《中国新诗》编辑工作。新中国成立后从事翻译工作。1954年到北京任《戏剧报》编辑。1951年后在永嘉昆剧团工作。1978年在温州师范专科学校执教，后任温州地区文艺创作室创作员。

我的欢乐
——《交错》之十二

唐湜

我不迷茫于早晨的风
    风色的清新
我的欢乐是一片深渊
    一片光景
芦笛吹不出它的声音
春天开不出它的颜色
它来自一个柔曼的少女的心
更大的闪烁，更多的含凝

它是一个五彩的贝壳
海滩上有它生命的修炼
日月的呼唤，水纹的轻柔
于是珍珠耀出夺目的光华
静寂里有常新的声音
袅袅地上升，像远山的风烟
将大千的永寂化作万树的摇红
群山在顶礼，千峰在跃动
深谷中丁丁的声音忽然停止
伐木人悄悄归去

时间的拘束
　　在一闪的光焰里消失

选自《九叶集》，江苏人民出版社1981年版

　　这首诗是我20世纪40年代的组诗《交错集》的第12篇，可以说是整篇用象征来抒说的"创作论"。在《交错集》的后记中我说过："1948年6月，在西湖边的学校里，我曾把自己关在一个诗的象牙塔里，偶而，一种柏拉图式的纯洁感情给了我一次诗意的洗礼，一种完全没有想到的新鲜感受叫我有了种猝然的惊喜。于是，仿佛有诗神在我的梦床前奏起了金色的竖琴，在短短的一周里，众多动人的意象纷纷向我飘来。……"这就写出了《交错集》里40多篇习作。

　　这首诗的第一节的开头两行是说自己写诗不是为了迎合什么，也不是"随风而动"的，下面就抒说创作的欢乐是一片深沉的"光景"，来自纯洁的爱，有着闪烁的光芒，含凝着浓郁的纯洁感情。第二节更展开了我对诗美一种欢乐的心灵音乐的抒说。我把它比作一个五彩的贝壳，来自生活的海洋，在海滩上经历过风风雨雨，在时间的呼唤和"水纹"的轻柔抚爱下，才出现了光耀的珍珠，也就是诗的常新的音乐，会在升腾中把大千世界的"永寂"化作"万树的摇红"。这里我用了一个典故：希腊神话中最早的诗人奥尔菲斯的竖琴能叫峰峦摇动、禽兽奔来，借此以说明好的诗篇能叫群山顶礼，千峰跃动；并进一步抒说时间这个伐木人会停止砍伐——对生命与诗的砍伐，美的诗章是万古常青的，不受时间的限制。

　　象征的诗是意象丰盈又很难解说的，就是自己的作品也一样难以明确解释。的确，我写下这首诗时就不大明确它们的含义。当然也可以说其中根本就没有什么含义。只是为了能叫读者有一个初步的理解，我权作这样的说明，并希望读者的想象不因此而受到限制。因为象征是"玲珑剔透"的，每个人都可以有自己的理解与感受，甚至有作者自己没有体会到的感受；有些不朽的名作常常是一时代有一时代的解释，也许这才是诗的生命的"常新"或"常青"。 （唐湜）

北　戴　河

唐湜

一

　　北戴河，面对一片青苍的海，
　　北戴河，面对一片萦思的海；

　　黎明，一片灿然的阳光下，

多少人赤着足在沙上拾贝!

涉过浅水,沙峡,去小沙洲,
去寻觅一潮一汐的匆匆行迹;

去拾取那些光洁的诗思之贝,
去拾取那些晶莹的思想之贝!
我在长长的防波堤上伫立着,
遥望着那窅远的海天一线:

呵,有几只海船悄悄下了帆,
浮雕样凝定于一片玫瑰色的霞彩!

二

黄昏,我在海堤上散步,
咆哮的海向我飞喷着白沫;

海,像一大群白卷毛的奔马,
扬着飞舞的长鬃忽儿向我扑来!

海,像一大片震撼着的峦谷,
摇晃着,起伏着,向我扑过来!

可我,躲开飞卷的浪涛,
仍然向前,静静地向前行进,

我要寻找海中竦峙的碣石,
叫曹瞒翩翩挥鞭的澹澹的水波,

我攀上了一群水中的猛虎,

在狞猛的昂然虎头上望着海,①
　　望着朦胧中飞扬跋扈的海,
　　想象着载舟之水会如何覆舟!

一九八一年十月
选自《九叶集》,香港三联书店 1984 年版

〔作者原注〕　① 北戴河海滨有一些似在水中咆哮的老虎石。

　　1981年夏,我在北京参加了中国剧协组织的北戴河旅游,在那里待了半个月。这首诗就是写于那段时间。

　　诗的第一章写北戴河黎明时大海的景色。一开头我说北戴河面对着一片"青苍的海",一片"紫思的海",这就充分把大海主体化了。"青苍"是深沉的色彩,交织着一片历史的、新时代的紫思。下面拾贝的抒说里则意味着在现时"灿然的阳光"下也可以去寻觅过去"一潮一汐的行迹";在历史的光照下去拾取光洁的"诗思之贝"、晶莹的"思想之贝",那就是去拾取光洁的诗的灵感,抒写新的晶莹的思想。我说在防波堤上遥望"杳远的海天一线",见到几只海船悄悄下了帆,成了霞彩上的浮塑,这又是什么意思呢? 现在我自己也说不清楚,也许是指一些伟大人物逝去了,但会永存于未来的光辉里;当然,也可以意味着:伟大的诗人死去,可不朽的诗篇会永存。这里,不必作机械的解释,能体会到那么一点儿意味就够了。第二章是写北戴河黄昏时大海的景色。接连几个黄昏我都在海堤上散步,遇上涨潮,就会见到海的咆哮,可不管奔马似的海浪的飞扑如何令人胆颤心惊,我仍然静静地向前行进,这是用象征手法抒写自己过去二十年在艰险的境遇中对未来的自信、对信念的坚持,对诗与美的追求。海中耸峙的碣石与翩翩挥鞭、慷慨悲歌的曹瞒(曹操)是两个古典意象,可以引起历史的联想。我在大海面前求索、追寻的正是传统风格的高昂的诗风。当攀上水中的老虎石,在狞猛的虎头上望着朦胧中"飞扬跋扈的海",我不禁想起了有政治远见的魏徵说的话:载舟之水亦能覆舟!这是对现实的一点清醒认识,从而给诗点出了主题:人呵,要警惕!　　（唐　湜）

【诗人小传】

郑　敏

(1920—　) 女,福建闽侯人。1942 年开始创作。1943 年毕业于西南联合大学,赴美国布朗大学留学。1950 年转入伊利诺伊州立大学研究院。1956 年回国,在中国科学院文学研究所工作。1960 年后任北京师范大学教授。

雷诺阿的《少女画像》   郑　敏

追寻你的人，都从那半垂的眼睛走入你的深处，
它们虽然睁开，却没有把光投射给外面世界，
而像是灵魂的海洋的入口，从那里你的一切
思维又流返冷静的形体，像被地心吸回的海潮。

现在我看见你的嘴唇，这样冷酷地紧闭，
使我想起岩岸封锁了一个深沉的自己。
虽然丰稔的青春已经从你发光的长发泛出，
但是你这样苍白，仍像一个暗澹的早春。

呵，你不是吐出光芒的星辰，也不是
散着芬芳的玫瑰，或是泛溢着成熟的果实，
却是吐放前的紧闭，成熟前的苦涩。

瞧，一个灵魂先怎样紧紧地把自己闭锁，
而后才向世界展开。她苦苦地默思和聚炼自己，
为了就将向一片充满了取予的爱的天地走去。

选自《中国新诗》1948年第1期

"题画诗"并不易写，如果题的是一幅名画，更是如此。法国艺术大师雷诺阿在印象派中以画女像著称。他的少女画像，色彩明亮欢快，形体丰腴活泼。郑敏所题写的这一幅却似乎有所不同，它是收敛的、闭锁的、冷静的，与我们通常从雷诺阿作品中得到的印象不太相符。其实这是无关紧要的。诗以画为题，不过是"借题发挥"罢了。画是触发诗的灵感的一个契机，诗成之后，便独立于画之外而自足地存在了，它拥有的是自身的艺术生命。如果斤斤计较于诗与所题之画的异同，其实是既不了解诗，也不了解画。

　　当然，诗想要跟画在艺术上一较短长，便必须发挥自己的优势，不在"形体"的摹写上用力，而是一入手就写"灵魂"。这首十四行诗中写及少女形貌的只有寥寥几笔："半垂的眼睛"、"冷酷地紧闭"的"嘴唇"、"发光的长发"，以及"你这样

苍白"。单靠这几笔相当抽象且缺乏色彩感的描写，我们想重现少女的视觉形象是极困难的。诗人的用力处本不在此，她写这少女的灵魂，着力的是一个关键词——"紧闭"。

"紧闭"在全诗中出现了两次，如果把"紧紧地把自己闭锁"也算上，则出现了三次。此外，与之性质相近的词还有："流返""吸回""封锁""冷酷""暗澹""聚炼"，等等。由画像写灵魂，眼睛和嘴唇这些"灵魂的窗口"本是一个"入口"，诗却从其"半垂"和"紧闭"勾勒了一个深沉、羞涩、内向的灵魂。诗反复用"海潮回流地心""玫瑰紧闭花苞"等喻象来状写这一尚未成熟的、苦涩的少女之魂。

但是，这"紧闭"不是衰老僵化的自我封闭，而是所谓"含苞欲放"式的少女的自我控制，如一句中国古话所说的"引而不发，跃如也"，是一种充满生机的深沉的力的表现。在这幅貌似静态的画面中，处处充满并不平静的张力。半垂—睁开，入海口—流返，发光—暗澹，闭锁—展开，聚炼—走向爱的天地……这些"对子"显示了诗的辩证思维，显示了诗人这位当年西南联大的哲学系学生所受到的哲学熏陶。没有凝聚力的开放只是一种流失，未经苦思的倾诉只是一种宣泄，收敛在内的光芒才是灼热的光芒。但是，这凝聚、苦思和收敛，又都是为了开放自己，向着那片未知的爱的天地开放。现代诗歌使"思想知觉化"的写法使这首诗曲折回环、从容不迫，缜密而不艰涩，读来韵味无穷。

（黄子平）

心象组诗 郑 敏

"门"

这扇门不存在于人世
只存在于有些人的命运中
那要走进来的
　　被那要走出去的
挡住了
十年可以留不下一丝痕迹
一眼却可能意味着永恒
没有一声"对不起"
　　说得比这更为惆怅

那扇门仍在那儿

> 但它不再存在
> 只有当人们
> 扭过头来回顾
> 才能看明白
> 那是一扇
> 通向神曲的门
>
> 它存在于虚无中
> 那可能是任何一个地方

选自《诗刊》1986年第10期

  这是《心象组诗》之二。"门"是一个内涵丰富的意象,它本身就充满了张力。它既是通道(如"入门书""找门路",等等),又是障碍(如"门外汉""闭门羹"之类)。可开可关,可进可出,一门而分内外,开闭即见亲疏,隔而不隔,通而难通,它具有暧昧含蓄、模棱两可的性质。这意味着选择,意味着机遇,意味冲决("破门而入"或"夺门而出"),也意味着权力("看门人""走后门")。它既是个拒绝,同时又是个诱惑……"门"本身所蕴含的戏剧性,使它成为古往今来许多诗歌、戏剧、小说中最为意味深长的意象。"鸟宿池边树,僧敲月下门",这是诗。戏曲中每每有"三叩门"一类的情节。小说中,"有人敲门"总是一个强有力的悬念。"芝麻,开门!"则是著名的古老神话了……

  但是这首诗中的"门"却不是任何一道实体的门。诗人反复申说,说它既存在又不存在,说它已不复存在却又在人们回顾时看见,说它存在于虚无之中也就可能随处皆在。归根结蒂,它只是诗人的一个"心象"。然而"心象"并非无中生有之物。当人们作"静夜思"时,或许会想起生命中的某个瞬间,某个猝然相遇的片刻,某一道若隐若现,若有若无的"门";在那里,"那要走进来的/被那要走出去的/挡住了。"这"要走进来的"和"要走出去的"到底是什么,诗中并未具体言明,正是诗人有意含混之处。解释完全可以因人而异。"门"既是必经之道,又总是过于狭窄,进出之间难免迎面相向,礼貌地说一声"对不起",然后闪身相让而过。这本是日常多见的场景。诗人把它抽象化,撇去那一进一出的具体内容,却把它置于一个非同小可的瞬间——一个在人们的命运中带有关键性的时刻。这么挡了一下,可能就有什么消失了,有什么凭空诞生了,有什么改变了,有什么无可挽回地毁灭了……这就是个人命运中时间的不平衡性,并非每一个瞬间都对个体生命存在同等重要。如果这时候的"一眼可能意味着永恒",那么这一声"对不起",真可以说是千古难以消弭的惆怅了。

某种机遇稍纵即逝。那到底是一道什么样的"门"呢？诗中用了一个典故,说,"那是一扇/通向神曲的门"。《神曲》是文艺复兴时期意大利诗人但丁的长篇诗作。典故常常增加诗歌的文化意蕴和思想密度,但是,即使我们并未读过这部名著,对但丁一无所知,也不妨碍我们理解这扇并不存在的门的重要性,体会某种通向灵性、通向灵魂的升华,通向永恒的爱的可能性。这种可能性或许不复出现,或许不曾存在,但也许仍然无所不在！

（黄子平）

心象组诗　　　　郑　敏

无声的话

无声的话,不是话
　只是震波
聋了的耳朵
　能听见它

一个天南
一个海北
背靠着背
目光瞧向
　相反的方向

突然,那听不见的竖琴
琴弦颤动
所有的树叶都颤抖了

他们转过身来
听着树叶的信息
感谢自己是聋子

选自《诗刊》1986年第10期

这是《心象组诗》之十二。我们久已被声音所包围。大声疾呼、谆谆教诲、耳提面命、花言巧语、连续报导、小道消息、街谈巷议、正式通知、庄严宣布。我们真的听到了些什么吗？反正声音已经成为日常生活的一个有机部分，你能否忍受一个无声的世界吗？

看惯了有声电影和电视的现代人，不妨体会一下观看"默片"（无声电影）时的人们的感受。你只需把正在收看的电视机的音量控制钮，拨到零刻度就行。你看到人们的嘴唇在嗡动，手势激烈，表情生动，眼神峻切，但你不知道他们说了些什么，他们的话语，成了"无声的话"，这实验有点儿滑稽。倘若你的滑稽态度渐渐消失，渐渐产生出一种严肃的心情注视这种不出声的对话时，这画面便呈现出一些令人感动的意味。

我们有时会做一些无声的梦，万籁寂然中影像一一掠过。有时，一些"心象"悄然涌现，静静地凝视我们或被我们所凝视。这首诗就像一段极短极短的"默片"，只有影像，没有音响，用有声的语言写出一个无声的世界。无声的世界一如透明的世界是一种抽象，任何抽象都可能导向某些"形而上"的思考。在只有震波没有音响的画面中，颤动和眼神不再具有现实性，却具有某种"超现实性"。这种"无声的话"到底有什么非同寻常之处？

诗的第二节写了人际之间的距离、隔膜和歧异。天南海北、背对着背，相距如此遥远、视线又如此相悖，沟通似乎是永无可能了。甚至在摩肩接踵的拥挤之中或在面面相觑无言以对的时刻，人们也未必能够沟通哩！但是，诗人笔锋一转，一架隐在的竖琴无声地颤动了，信息得到传达，无声的话语使人们回眸相向，灵犀相通。——为什么诗中说他们"感谢自己是聋子"呢？听力健全的人不会去注意那种细微的震颤。在喧哗与嘈杂之中，在激烈言辞或信口雌黄中，在老生常谈或惊人之论中，在诺诺连声或反唇相讥中，在甜言蜜语或恶语诟骂中，人们真的听到了些什么吗？人们说得太多也"听"到了太多。那有声的话语既揭示了什么又遮掩了什么，既表达了什么又混淆了什么。在说出一种意思时已污染了那意思，在确定一种意念时就禁锢了那意念。也许，应当把外在的"音量控制钮"拨到零刻度，用心来倾听那"无声的话"吧！幸亏我们是聋子，才如此敏感地感到了那微弱而珍贵的震波！

古人说"大音希声"，又说"无听之以耳而听之以心，无听之以心而听之以气"。用现代诗的形式抒写出一种与古老的哲理暗合的"心象"，我们便从一个全新的角度重新体验了超越时空限制的、那种永恒的智慧。

（黄子平）

金黄的稻束　　　　　郑　敏

金黄的稻束站在
割过的秋天的田里,
我想起无数个疲倦的母亲,
黄昏路上我看见那皱了的美丽的脸,
收获日的满月在
高耸的树巅上,
暮色里,远山
围着我们的心边,
没有一个雕像能比这更静默。
肩荷着那伟大的疲倦,你们
在这伸向远远的一片
秋天的田里低首沉思,
静默。静默。历史也不过是
脚下一条流去的小河,
而你们,站在那儿,
将成为人类的一个思想。

选自《诗集1942—1947》,上海文化生活出版社1949年版

　　拂去历史的尘埃,在20世纪80年代,曾经一度在诗歌的星空中熠熠生辉的诗歌流派——九叶诗派重新出现在人们的眼前,他们那一首首凝聚着智慧和深情的诗作引起人们极大的关注。在这些诗作中,女诗人郑敏的《金黄的稻束》无疑是其中的佼佼者,它在时间缓慢流逝的节拍中不仅没有褪色反而愈加年轻而富有生机。

　　郑敏是一个敏感而富于沉思的诗人,她在青年时代追随里尔克的诗风,并且深受西方音乐、绘画的影响。她善于捕捉新颖独特的意象,通过这一系列的意象把对客观事物的描摹引入到哲思的境界,因此读她的诗作不能仅仅满足于字句表层的意义,还必须挖掘出其深沉的象征、隐喻意义。《金黄的稻束》在一开头写出的是农村常见的情景:"金黄的稻束站在／割过的秋天的田里。""金黄的稻束"在这里就被作者赋予了多重的寓意,既可理解为自然意义的稻

束,但更多的是指向象征的含义,是诗人的心灵和自然契合后的所产生的玄想。郑敏在晚年的回忆文章中就曾明确地指出过这一点。她说:"一个昆明常有的金色的黄昏,我从郊外往小西门里小街旁的女生宿舍走去,在沿着一条流水和树丛走着时,忽然右手闪进我的视野是一片开阔的稻田,一束束收割后的稻束,散开,站立在收割后的稻田里,在夕阳中如同镀金似的金黄,但它们都微垂着稻穗,显得有些儿疲倦,有些儿宁静,又有些儿寂寞,让我想起安于奉献的疲倦的母亲们。"(郑敏《〈金黄的稻束〉和它的诞生》,《名作欣赏》2004年第4期。)诗人把"金黄的稻束"和"母亲"这两个跨度很大的意象巧妙联系在了一起:"我想起无数个疲倦的母亲,/黄昏路上我看见那皱了的美丽的脸。"在这里,"金黄"寓意着丰收的情景,但诗人在这一瞬间竟然在眼前幻化出"母亲"这个崇高的形象。为什么会如此呢?这是因为两者之间有着内在的关联。只有在付出了辛勤的劳动之后才能获得成熟的果实,而母亲也是在默默奉献了自己最宝贵的青春,直到美丽的容颜一点点褪去甚至走向衰老、疲惫的时候才能孕育、抚养出伟大的生命。在一个个幼小生命逐渐走向成熟的时候,母亲的付出又有多少!这里既是对大自然的赞颂,但更是对母亲自我牺牲精神的赞颂。接着诗人通过自然景物的衬托为我们勾勒出一幅伟大而庄严的雕像:"收获日的满月在/高耸的树巅上,/暮色里,远山/围着我们的心边,/没有一个雕像能比这更静默。"雕像,是静默的,有形的,它承载着无数人的光荣和梦想。同样,母亲的肉体虽会衰老,而母亲自我牺牲的伟大精神是无形的,她的生命如同这永恒的雕像,在历史的时空中构筑成亮丽的彩虹。值得注意的是,诗人笔下的"母亲"不能仅仅理解为一个农妇,它在更广泛、更深层次的意义上泛指一切自我牺牲的精神。面对这种庄严和崇高,诗人心潮起伏,油然而生敬意:"肩荷着那伟大的疲倦,你们/在这伸向远远的一片/秋天的田里低首沉思,/静默。静默。历史也不过是/脚下一条流去的小河,/而你们,站在那儿,/将成为人类的一个思想。"难能可贵的是,在这首诗的结尾,诗人并没有空泛地发表议论,仍然冷静地把意象和玄思较好地结合起来,给读者一种很大的想象空间,让他们去思考人类伟大而神圣的情感。

对于习惯于欣赏中国传统诗歌的读者来说,阅读这篇充满现代主义诗作气息的诗作恐怕会遇到很大的障碍,这既可以看做对人们阅读习惯的挑战,更能激发出读者的阅读潜能,从而把审美的触角伸向更远的时空。　　　　　(文学武)

诗人小传

杭约赫
（1917—1995） 原名曹辛之，江苏宜兴人。抗日战争爆发后，在延安陕北公学和鲁迅艺术学院学习。1940年后在上海参与创办《诗创造》《中国新诗》月刊，其间开始新诗创作。长期从事书籍装帧设计。后在人民美术出版社工作。

题 照 相 册

杭约赫

我们从平静的小河里，
从反光的玻璃上，看到
多少熟悉得陌生的脸，
那是你的、我的，有时像

他的。匆忙的闪过，闪过
这短促的一生：忧患和
安乐的交替，风雨袭来——
婴孩大了，年轻的老了……

记忆给我们带来慰藉，
把捉一线光，一团朦胧，
让它在这纸片上凝固。

凝固了你的笑，你的青
春。生命的步履从这里
再现，领你来会见自己。

一九四九年初
选自《九叶集》，江苏人民出版社1981年版

杭约赫擅长写气势宏大的长诗，但他的短诗也写得清新隽永，《题照相册》就是一例。

这首诗除了在题目中点出咏物的对象是照相册以外,诗里不再直接明说,但全诗都是围绕着诗题展开的,显得不即不离,不板不滞。

　　第一节一上来就宕开去写,把两个并列的意象叠加在一起:"平静的小河"和"反光的玻璃"。单看这两个意象很难联想到是在隐喻照相册,它们与镜子倒有更多的关联,平静的小河可以倒映景物,反光的玻璃也能照出人脸,相似的基础在于映照作用。不过他们又不如镜子,达不到镜子映照的那般清晰的程度,在它们的平面上反照出的人和景往往显得模糊而变形。出人意料的是诗人正是抓取这一特点,把它们与照相册联结起来。照片是一个人过去的记载,翻看照相册的人总是立足于现时,用现时可见的容貌神态去品评过去拍下的照片,这样,照片中人尽管是过去的如实再现,但在已变化了的今日来看,自然感到那是"熟悉得陌生的脸"了,仿佛从小河和玻璃的平面上看到变形的映像。这两个意象与年代已久的照片之间有着如此相似的内在联系,不能不让人感到这两个意象的捕捉绝妙而新颖。指点一张张相片,认出一张张脸,"那是你的、我的,有时像／他的"。这是翻看影集的乐趣之一。作者故意在"有时像"这里跨行,甚至跨段,造成大停顿,平添不少情趣。这种辨认、猜测、疑惑的心理是看照片,尤其看早年照片时常有的情况,那似曾相识的脸像谁? 诗思的停顿既暗示时间流逝所造成的陌生,又为表达重新认出故人的欣喜作了铺垫。

　　如果说第一节以静观实物为主,那么第二节则虚写动态,仍然基于翻看照相册的感觉。小河尽管平静,也在悄悄流淌,影集里照片一张挨一张,一页页翻着从昔而今的照片,恰如"匆忙的闪过,闪过／这短促的一生"。此处动词"闪过"重复了一次,后接的宾语又跨行,意在强调不是闪过一人一时一景,而是闪过整整一生,跨行的宾语"一生"则成为第二、第三、第四行的中心词,对它的解释使情感空间的容量得以增加。人生苦短,短至一本相册就可以囊括一生;人生不易,忧乐同在,风雨相加,乃至"婴孩大了、年轻的老了……",无限的感慨隐含在照片与照片间的空白岁月里、照片与现时的截然对照中。

　　第三、第四节抒写照片带给人温馨的回忆。人们拍照,往往摄取最美好的时刻,最值得纪念的瞬间,"让它在这纸片上凝固"。在第三节的末尾和第四节的开头,作者着重重复"凝固"二字,一语道破照片把闪过的美好一瞬凝固起来的主要功能。尤其对照片主人来说,经历了忧患、安乐和风雨之后,曾经有过的那种纯真的笑容,活泼的青春就显得更为珍贵。因而"生命的步履从这里／再现,领你来会见自己"。贴在照相册里的照片是时间的物化,具有动态的发展,与照片主人自我的生命紧紧相连,成为他观照自身、发现自身的客观对象,从而达到他作为主体审度人生、自省生命的感悟。全诗有机地融为一体,普通常见的事物经诗人之笔变得传神传情,回味无穷的诗思留在读者的心上。　　　　　　　（王圣思）

启　示　　　　　杭约赫

我们常常迷失在自己的小世界里,
拾到一枚贝壳,捉到一个青虫,
都会引来一阵欣喜。好像
这世界已经属于自己,而自己却
被一团朦胧困守住,
翻过来、跳过去,在一只手掌心里。

有一天忽然醒来,
烧焦了自己的须发,
从水里的游鱼、天空的飞鸟
得到了启示。于是
涉过水、爬过山,
抛弃了心爱的镜子,
开始向自己的世界外去找寻世界。

路旁石缝里的一株小草,
悬崖下的一泓泉水,
还有那些蹦蹦跳跳的小动物,
都在告诉我们一段经历,
教我们怎样去磨练自己,
从这个起点到另一个起点。

今天,我们不会再轻易去叹息——
一朵花的凋谢,月亮的残缺;
一粒星的陨落,一只蛋壳的破裂,
都给我们预示了将要来到的

一些忧患,都给我们指点了
面前的路。
因它们生命的变幻
填平了多少崎岖和坎坷,
领我们到一个新的世界
——自己的世界外的世界。

1947年于上海

选自《火烧的城》,上海星群出版社1948年版

  杭约赫就是著名的美术家、装帧家曹辛之先生,也是九叶诗人之一。但与穆旦、陈敬容、郑敏、杜运燮等不同的是,他比较早地就从书斋中走出,投身革命,并于1938年到了延安,在陕北公学和鲁迅艺术学院学习。这种沸腾、火热的现实生活深深感染了诗人,他在诗中热情地赞颂革命、表达知识分子向往光明的心声,因而具有深刻的时代烙印。

  中国现代知识分子的道路选择问题是20世纪中国社会的重要社会现象。由于知识分子天生的敏感和精英意识,不少知识分子曾经长期陶醉在孤芳自赏的狭窄天地之中,这在很大程度上束缚了他们的视野。曹辛之在诗中第一节描写的情形实际上在很多知识分子身上都曾经存在:"我们常常迷失在自己的小世界里,/拾到一枚贝壳,捉到一个青虫,/都会引来一阵欣喜。好像/这世界已经属于自己,而自己却/被一团朦胧困守住,/翻过来、跳过去,在一只手掌心里。"诗人描写的这种知识分子往往只关注自我价值,他们缺乏改变现实生活的能力,只好躲在书斋之中,寻求灵魂的寄托和安慰。"拾到一枚贝壳,捉到一个青虫"形象地写出了知识分子脱离实际的精神追求。当然这种生活方式在一个祥和、宁静的社会中无可厚非,但曹辛之描写的是一个风云际会、天崩地裂的大变动时代,这种的生活就未免太超脱、太虚幻了,与时代的潮流产生了很大的距离。显然,诗人对于知识分子的这种生存状态是不满意的。无独有偶,五四时代的女作家冰心也曾经写过主题类似的诗:"墙角的花!/你孤芳自赏时,/天地便小了。"(《春水(三三)》)如果总是沉迷在自己的天地之中,就会被时代所抛弃。因而知识分子必须寻求更宽广的世界,投身于时代的洪流之中。诗人细腻地写出了知识分子的情感变化:"有一天忽然醒来,/烧焦了自己的须发,/从水里的游鱼、天空的飞鸟/得到了启示。""水里的游鱼""天空的飞鸟"之所以给人以启示,就是因为它们都冲破了束缚的牢笼,从而在蓝天和水里自由翱翔和游动,获得了

最为重要的自由。但对于长期习惯于安闲、舒适生活的知识分子来讲,这样的觉醒和转变并非一朝一夕就能完成,必须"在清水里泡三次,在血水里浴三次,在碱水里煮三次"才能获得重生。诗人反复告诫知识分子要反复地磨练自己,"路旁石缝里的一株小草""悬崖下的一泓泉水""蹦蹦跳跳的小动物"都在告诉我们:只有历经磨练、历经坎坷才能实现精神的蜕变和自我超越。实际上,当年投奔革命的不少知识分子如何其芳、周立波、丁玲等都经历了这样的历程。当他们踏入实际生活中蓦然回首往事,更会体察到以往人生的苍白、渺小,"一朵花的凋谢,月亮的残缺／一粒星的陨落,一只蛋壳的破裂"这些看似诗意的东西往往能让多愁善感的文人大发感慨,实际上这种所谓的美是残缺的,并不健康,因此对于已经完成自我改造的知识分子而言,它们已经失去了留恋的意义。只有踏上革命的征程,才能在无垠的宇宙中找到自己真正的价值。

这首诗虽然是一首哲理诗,但通读全诗,一种清新而朴素的情绪扑面而来。诗人并不追求晦涩、难懂的诗风,而是通过一些鲜明的意象表达其内在的哲理,使人们在不知不觉间领略人生的真谛。

(文学武)

诗人小传

徐訏

(1908—1980) 字伯訏,浙江慈溪人。1931 年毕业于北京大学哲学系,后留校任助教,并开始文学创作。1934 年任《人间世》半月刊编辑,1936 年参与创办《天地人》半月刊。同年赴法国巴黎大学留学。抗日战争爆发后回国。曾办《读物》月刊,《夜窗书屋》等。1939 年与人合办《人世间》半月刊。1942 年主编《作风》杂志,后任教于国立中央大学师范学院国文系。1944 年任《扫荡报》驻美国特派员。1946 年回上海从事创作活动。新中国成立后赴香港,历任新加坡南洋大学、香港中文大学教授。除作诗外,还写有《风萧萧》等小说、评论。

画　像

徐　訏

我悟到禁果在你面颊上,
陪衬你正直的鼻梁,
使我回忆遥远的过去,

有许多无为的惆怅。

在繁星的秋夜,
谁代替了虚伪的月光,
是你无邪的眼光,
充满了人生的想象。

从此我讨厌人说,
你心底蕴藏着新蜜旧酿,
因为在你沉默的唇中,
我了解有冷艳的花香。

谁说是眉心的骄矜,
把你点化成超脱的神像,
把柔发编成的小辫,
还象征你烦恼的花样。

一九四二,九,三〇　重庆
选自《四十诗综》,怀正出版社 1948 版

　　徐訏自称是"诗痴""诗颠"。他创作了上千首诗,而绝大部分又是情诗恋歌。在他的诗中,女性形象是尽善尽美、具有想象中圣女般的纯情之美。诗人还曾潜心于哲学与心理学,这不能不给他的诗增添了一些超现实的空灵。

　　一个"悟"字,一个"禁果",便构筑了一种飘忽的"雨意风情"的幻境。亚当与夏娃偷吃"知善恶树"上摇下来的禁果,被上帝逐出了伊甸园,并派天使把门,永不许他们再返回。这是一个动人的、有人情味的,或者说,在诗人看来就是人世间悲剧的一种投影的一个宗教故事。他突然悟到,眼前画像中的女子就是偷吃爱情禁果的夏娃。于是,诗中并行和交融着两个世界:一个是亚当与夏娃的世界;另一个是诗人与他的恋人的世界。这两个世界相辅相成,互为联想的媒介。因此,当诗人"回忆遥远的过去"时候,从《圣经·创世纪》里的这个悲剧故事的暗示里,我们感受到诗人那种无可奈何的惆怅!

　　在经过足够的渲染与铺垫之后,诗人把我们引入他那个"遥远的过去"的两

人世界:他们曾在某个繁星的秋夜里约会。秋月是最高洁妩媚、赏心悦目的,但比之于她"无邪的眼光"却显得"虚伪";秋月被人类赋予人生意蕴的富于想象力的神话故事,但没有她眼睛里凝聚的"人生的想象"更具魅力。不说嘴唇留着脂香,而说散溢着"冷艳的花香",这是奇巧的比喻:这一方面令人联想到蜂采蜜、蝶扑花的景观,并由此隐喻那种情爱冲动;另一方面,与偷吃禁果相呼应,这禁果虽带给她痛苦的遭际,但在她心底发酵成爱情的"新蜜旧酿";然而这毕竟是苦涩的,由此诗人"讨厌人说"。"眉心的骄矜"虽能掩盖被压抑的情感,造成一种超脱的表象,而那小辫,仿佛不是由柔发编成,却是头脑里"剪不断,理还乱"的烦恼所长成的了。

徐訏活跃在诗坛的时候,格律诗派的潮头虽已经过去,但他的诗仍有这一派诗的影响。从内容上说,他的情诗有徐志摩诗的某些特征;不过,徐志摩对爱情的歌咏直率热烈,飘逸洒脱。而徐訏常常含而不露,飘忽空灵。从某种角度看,前者是参与与投入;而后者更像一位哲人与心理学家在用理性的目光审视歌咏对象和用仪器记录情绪的曲线,因而有一种若即若离的感觉,如《画像》那样,奇丽的想象似乎要胜过情感的真实的流露。如果说志摩的诗与徐訏的诗都有某种"艳情"的流露,那么,《沙扬娜拉》是一种"热艳",而《画像》则是一种"冷艳",就像偷吃禁果的"沉默的唇"。形式上,《画像》虽然追求整齐匀称的格式与韵律,但却是自然而不刻板的,且语言也没有雕琢粉饰气。这是三四十年代诗坛回归诗的"散文美"风尚的一种体现。

(张 新)

【诗人小传】

何达

(1915—1994) 原名何孝达,福建闽侯人。1930年开始创作新诗。1942年入西南联大学习。1946年转入清华大学学习,1948年毕业。1949年定居香港,后也曾发表电影评论。

我 们 开 会　　　　　　　　何 达

我们开会
我们的眼睛
像车辐

集中在一个轴心

我们开会
把我们的背
都向外
　砌成一座堡垒

我们开会
我们的灵魂
紧紧地
　拧成一根巨绳

面对着
共同的命运
我们开着会
　就变成一个巨人

选自《我们开会》，上海中兴出版社 1949 年版

　　提起何达这个名字，就使人想起那条犍牛似的汉子，和他所写的健壮的诗，以及那个并不健壮而且充满灾难的年代。在那样的年代却写出这样的诗，实属难能可贵。这首《我们开会》就是较有代表性的一首。

　　乍一看，这标题不像诗的标题，像"我们开会"的句子也没有诗味，但当你读到每一节的末句，你就会感受到诗意、形象的骤然突现，却又不能不佩服其运思的独特和精辟。把视线这无形的东西想象成有形，而且把它组接成一个辐条集中的轴心，从而构成一个完整的车轮的形象，这是一种美，它使你想起前进的威势和所向披靡的气概。其次，把开会时面向里背朝外的形状喻为一座"堡垒"，也十分贴切、生动，由于它包容顽强、坚固的内涵，因而这也是一种美。唯第三节的形象，把灵魂"拧成一根巨绳"，略觉空泛牵强了些，但仍然能为读者所理解，灵魂虽说是子虚乌有，但却是为人们所接受了的，再者灵魂既为幻象，则说它成何形体也就可以成立。就塑造形象的程序来说，由外在而内在，由身体而灵魂，最后完成"巨人"的造像，也是合理的。把视线变成车轮，把背组成堡垒，把灵魂拧成

巨绳,这可以说是把人的意志、理想物化;而最后则把物化了的意志又幻化成人,这个"人"已不是实有、自然形态的人,而是力量和意志的集中体现,是一个高大、刚强、永恒的理想化了的"人",它就是我们国家民族的大"我"。有没有这个大我,大我的强弱,是我们的国家民族能否战胜敌人、自立于世界国家民族之林的关键,也是我们的人民争富强、图发展的依据。这正是本诗主题之所在。

时代感之强烈是本诗最显要的特色,从诗行的气韵中,我们不难感受到那个外侮紧逼、灾难频仍、水深火热的年月。现实是严酷的,而诗歌却不仅没有随这凋敝而凋敝,反而从这衰微中奋起,以它特有的气魄和力量,担负起它时代号角的重担。这首《我们开会》,就是那个时代所诞生的成千上万首唤醒民众、鼓舞抗战的诗歌之一。那是一个战斗的时代,这首诗的时代性就体现在战斗性上,它有着战斗的意蕴、战斗的形象、战斗的音节,而且充满了坚强的意志和必胜的信心。其次,诗的抒情主人公不是个人,而是集体的形象,这也是诗的一个特色。歌颂集体与赞美战斗同是当时抗战(或称革命)诗歌的主要特征,是作为彻底批判象牙塔式个人抒情的胜绩而出现的诗歌。再次,诗作具有旺盛的激情,这一特色也十分鲜明,但这激情不是直抒的,而是通过诗的构思和形象表现出来的,读者是通过形象的欣赏来感受其激情的,应该说这是激情的深层表现。最后,诗作就其内容及形象来说都明显存在"教"的痕迹,它以人们通俗而易于理解的比喻,教育人们认识自己(集体)的力量,也就是国家的力量,民族的力量。但这"教"也不是直接的说教,而是采取"寓教于乐"的形式,让人们在不知不觉中领受到"教"的真谛。

(莫文征)

【诗人小传】

张志民

(1926—1998) 河北宛平(今北京丰台区)人。1940年参加八路军。抗战后期开始写散文和诗歌。1947年发表长篇叙事诗《五九诉苦》和《死不着》等。后为《诗刊》主编。其诗注意向民歌和古典诗词学习,赋有民歌韵味和民族化特点,节奏自由明快,语言活泼生动,朴实自然。除作诗外,还写过小说。

梦 的 自 白(原诗略)　　张志民

顾名思义,《梦的自白》(载《诗刊》1986年第9期)便是向他人公开自己的梦。

梦是个人的潜意识活动,不论社会发展到什么阶段,大约总属于"私有财产"。如果主人不公开它,他人便无从知晓,古往今来,不知有多少人的梦,被带进了"坟墓",而我这个"幸运儿",偏偏赶上了一个讲"透明度"的年代。时间让出一道夹缝,允许我挤进一个镜头,作一次个人内心世界的曝光。

我并不想把那些可怕的梦境留在人间。然而,它又确是一部使后人不能不正视,不能不承认,不能不接受的历史遗产,像西安的兵马俑一样,像北京的紫禁城一样,不管你把它们称作"名胜"还是叫作"罪孽"。总之是历史的写真,它们告诉人们,那么浩大的工程,只靠皇帝孤家寡人是建造不起来的,跪倒在地上的众生们,恰恰就是建造它们的奴隶。20世纪60年代,发生在世界东方的造神运动,并不是一本《历史的审判》就可以宣告"剧终"的。正是出于这些想法,我写了这首诗,写了这出"戏",写了产生这出戏的历史条件。我没有把自己当作"剧作家",而是作为剧中人出现在这座舞台上,如果问我的意愿,无非是本诗的题句:"为着子孙的安宁,不能不记下这段荒唐的历史。"

梦,这个字,这种手法,在文学作品中,本来是常用的,古人用之,今人用之,可以以梦喻美,也可以以梦喻恶。在历代作品中,有些因不敢直刺现实,便不得不以梦代之,而《梦的自白》这首诗却不是这样。应该说,它是梦,是真正的梦,又是真正的现实,倘若把那令人颤栗的曝光放入显影剂中,你会惊讶地发现,凝成那些诗行的,原来并不是墨水,而是血滴!

1968年的5月,我作为"政治犯"被戴上手铐投进监狱,关入单人牢房,在那口"水泥棺材"里过了四年的非人生活。四年,不是一个很短的时光,即便是进高等学府,念完大学的全部课程,也不过是四年时间。当然这四年不是在那里读书,而是在那里受刑。在那间闻不到半点人味的牢房里,严冬我把一张张手纸塞进囚衣御寒,酷暑我爬在铁门的缝隙间,呼吸一点新鲜的空气,以此支撑那个多病的身体,可怜的生命,我为自己顽强的生命力而感到惊讶,多难的祖先,偏是为他们的儿孙造就了一身会受罪的骨肉,我没有被整死,不仅未被整死,而且一切如故,正如我在《自赏诗·遥寄妻儿》中所写:"本性难移人依旧,千日斋饭未成佛。"

是靠了什么活下来的呢?在这里,我不能不感谢梦。

梦,是谁人都做过的,只是所梦各有不同,弗洛伊德先生为梦还写过一部大书,叫作《梦的解析》。现在,他如还活着,也无法解析我做的这种梦。我做的是一种噩梦。常做噩梦,对常人来说,是病态的表现,而我却不把它看作是病态,恰是我的正常生活,试想:上帝如果不造梦,我们该怎么活?如果不是那许多梦,我满腹的疑团该向哪里去发问?我在梦中去寻求自我安慰、自我解脱、自我发泄,就叫它作"阿Q精神"也罢,在那种人的尊严被彻底摧毁的荒唐时代,也只能用这种方式去寻找一点精神的平衡。

就这样,我做了那些梦;就这样,我写了《梦的自白》,人们常常说:十年浩劫是"一场噩梦"。可见,那些梦也并非为我自己所独有,"文革"已过去一些年代了,人们渐渐从那场梦中醒来,但并非所有的人都醒来了,就连我自己,一位写《梦的自白》的诗人,也从不敢说到底清醒到了什么程度,而梦中的许多提问,仍在等待历史的回答。

至于这首诗的艺术结构、语言、风格,我想还是请读者朋友自己去体会吧,文无定法,诗也没有法定的格局,而且依我写诗的习惯,也不大在技巧上去作过多的推敲,比较着眼的是自然、朴实、真诚,像密友之间的倾谈一样,去掉那些应酬式的寒暄、礼节性的客套,开门见山,只讲实实在在的心里话。忌匠气、求质朴,讲实感,抒真情,在万紫千红的诗坛中,这也权且充作一种诗风吧。　　　(张志民)

推菜车的人　　　　张志民

汗珠儿点点,
露珠儿串串。

喊声儿脆,
胡同儿弯。

朝阳染得菜椒儿嫩,
晨风吹摆小葱儿鲜。

送上门,
推进院。

作千家常客,
结万户朋缘。

推菜车的人

张志民

> 车声儿吱吱去,
>
> 小曲儿声声远……
>
> 载一片江南,
>
> 推一车春天……

选自《死不着》,人民文学出版社1983年版

在新诗创作中有一种诗体相当流行,这就是两行一节、节数不等、通篇押韵(也有少数不押韵)的体式(以下简称两行体新诗)。深入探讨这种诗体的创作经验和艺术特色,进一步推动诗歌创作的繁荣,无疑是诗人和诗评家的共同使命。

两行体诗具有两个显著特点:一、就每节而言,单纯明快,错综活泼;二、就全诗而言,断而相续,不断转换,富于跳跃性,有的还能取得电影"蒙太奇"般的效果。

先谈第一个特点。和我国古典诗歌不同,新诗最初作用于读者视觉印象的特征就是分节分行,现在这种诗歌的每一节少到只有两行,自然不允许拖泥带水,冗长累赘,换句话说,只有力争单纯明快,才能符合这种诗体的内在要求,优美的两行体诗都是如此,请看张志民的《推菜车的人》。

北京多胡同小巷,在兴建大型"超市"以前,菜场工作人员有推车上门服务的习惯,此诗所勾勒的就是这样一幅充满朝气的生活小品。诗作全部用了偶句,两两相对,显得十分整齐,但相邻的两节字数并不相同,排列在一起,又极富错综变化之美。正像电影艺术的"蒙太奇"手法那样,此诗在我们面前迅速地展现了一连串富于动作和情味的镜头,一开始不写别的,而是巧妙地把"汗珠儿"和"露珠儿"并提,这就以小见大,用侧衬正,单纯而又深刻地揭示了推菜车人的职业特点:勤劳早起,挥汗推车,新鲜的蔬菜沾满了露珠……接着是一个兼具声色之美的镜头:喊声或高或低,在你耳边萦绕;胡同或隐或露,在你眼前展现,这是何等令人愉悦和高兴啊!第三节犹如一个特写镜头,或如一幅出色的静物画,菜椒儿和小葱儿如此鲜嫩,其他也就可想而知了。不难看出,这首诗的节与节之间,或者干脆说镜头与镜头之间(结尾一节是虚写,略有不同),存在着一种断而相续——不断停顿、间歇又不断跳跃、进展的关系,和那种四行一节的半格律体相比较,它的进展无疑要快一些,跳跃性也显得更强一些。这就是我们要谈的这种诗体的第二个特点。

人们经常说内容决定形式,这当然是一个正确的命题,但我们也不能忽略形

式对于内容的反作用。谁都知道,方块汉字天然就具有追求整齐的倾向,诗中广泛运用对偶句就是最好的证明。拿运用这种诗体进行创作的同志来说,事先了解和体会一下这种体式的特点,会不会有好处呢?我想,答案将是肯定的。

(孙光萱)

【诗人小传】

阮章竞

(1914—2000) 广东中山人。1935年参加上海救亡音乐活动。抗日战争开始后,曾在江南农村做宣传工作。1937年冬到太行山革命根据地,曾任抗日游击队指导员。1938年起任八路军太行山剧团艺术指导员、政治指导员、团长。1947年任太行文联戏剧部长,写有歌剧《赤叶河》等剧本。1949年写成长篇叙事诗《漳河水》。新中国成立后任中共中央华北局文艺处处长,1960年任《诗刊》第一副主编。1962—1968年任中共中央华北局宣传部副秘书长,后任《诗刊》编委。其诗作想象丰富,语言明快,善于吸收民歌和古典诗歌的传统手法,在民族形式的运用方面具有一定的创造性。

漳 河 水(原诗略) 阮章竞

《漳河水》(新华书店1950年版)是一首民歌体长篇叙事诗,当年与李季的《王贵与李香香》齐名。它们共同标志着20世纪40年代后半期解放区叙事诗创作的繁荣和成就,并体现着彼时彼地新诗风格的特点。

《漳河水》是在毛泽东《在延安文艺座谈会上的讲话》影响下产生的。具体到新诗创作而言,《讲话》的影响表现在两个方面。其一,深入工农兵、表现工农兵生活和斗争的号召,使诗人们重视叙事诗甚于抒情诗。因为,塑造人物、展开情节的叙事诗无疑比以个体情感为特征的抒情诗更有利于反映客观的社会生活和工农兵的劳动与斗争。其二,提倡为工农兵所喜闻乐见的艺术形式,必然会使文艺工作者走上"民间文学化"的道路,学习民歌、挪用民歌体一时成为时尚的诗风。阮章竞在这首诗《小序》里曾说:"自听了歌声(笔者注,即诗人回太行山区听妇女生产互助组唱的歌)以后,萦绕脑中。找人口述,录下些片断的歌儿,自己又摹仿着编了些,组织成现在的样子。"他的实录加摹仿的创作过程,以及作品民歌叙事体的特点,正是《讲话》对这首诗的产生所发生的影响。对此,我们在赏析这首诗时应当首先予以注意。

　　这首诗表现了解放区农村青年妇女的命运和心态。作品塑造了三个个性鲜明的妇女形象：荷荷聪明开朗、大胆泼辣、勇于斗争；苓苓质朴、憨厚、热情；紫金英善良、软弱、忧郁。她们都有过嫁个"如意郎"的美好愿望，但在封建包办婚姻下，"断线的风筝女儿命，/事事都由爹娘定"。荷荷配了个封建富农，受尽婆婆、小姑和丈夫的欺压；苓苓许给了粗暴蛮横的"狠心郎"，挨打受骂成了家常便饭；紫金英则嫁与"痨病汉"，过门半年便当了寡妇。漳河地区的解放给她们带来了新生。荷荷离婚后按新的道德标准找到了心爱的对象，并成了妇女解放的带头人；苓苓制服了丈夫的"大男子主义"，取得了平等的家庭地位；紫金英摆脱了不正经男人的纠缠，踏上了自食其力的崭新生活道路。通过她们命运的前后对比和转折，作品批判了旧社会和封建意识，歌颂了新社会和新风尚。妇女解放是整个社会解放程度的标志，而妇女解放又必须凭藉自身思想上的觉醒、经济上的独立和政治上的斗争才能得以实现，这亦是作品所表现的一个重要题旨。

　　为了表现上述叙事主题，诗人调动了各种艺术手段，使作品具有鲜明的风格和特征。首先，作品结构上严谨新颖。全诗分三部，每一部都以谣曲开头，如漳河小曲、自由歌、漳水谣，然后转入叙事；而且每部皆以"漳河水，九十九道湾"起首。这种对应性加强了长诗内在的和谐和统一，并在整体上给人整齐和匀称感。内容上，第一部《往日》与第二部《解放》恰成显著对照，从而有力地显示新旧社会两重天的主题；第三部《长青树》则通过封建意识浓厚的张老嫂低头哑口和"二老怪"的思想转变，进一步深化了妇女冲破牢笼、自由解放的主题。三部曲之间层层推进，紧密联系。结构的新颖还表现在描绘三个妇女过去的不幸遭遇上，诗人没有分别交代，而是让她们回娘家时聚在一起，各自吐露悲苦和心声，这样不仅避免了结构上的分散，而且还自然地形成对照。其次，将写景、抒情和叙事诸种手法熔为一炉，体现了叙事诗的特点和长处。每部开首的谣曲都写得情景交融，既描写出漳河地区的景物特征，又灌注着统领这一部分的情感基调，有的还抒写出当时的时代背景和重大事件。谣曲之后，诗人又转入叙事，叙事部分同样将情、景、事紧密结合。如苓苓、荷荷、紫金英诉说自己的不幸时，诗人都综合运用写景、抒情和叙事的艺术手法。"桃花坞，杨柳树，/北岸石坞夜半哭！河底不平掀起浪，/苓苓揭开冤家账。"这里，寓情感于景物，以景物烘托事件，而事件又渗透着情感，三者水乳交融，契合为一体。当然，全诗贯穿的谣曲与叙事部分的结合，更从整体结构上体现了这一特点。再次，注重于通过人物鲜活的语言，塑造栩栩如生的人物性格，刻画精细入微的人物心理。如荷荷说："马骡锅，骆驼背，/

塌鼻子吊个没牙嘴！/……'老婆是墙上一层泥，/你要死了我再娶！'/放你娘狗屁！"大胆泼辣、富于斗争精神的个性跃然纸上。紫金英说："看尽花开看花落，/熬月到五更炕头坐，/风寒棉被薄！/灰溜溜的心儿没处搁，/水裙懒去绣花朵，/无心描眉额！"孤寂辛酸、悲苦无望的寡妇心态得到了淋漓尽致的展现。人物语言既要符合身份又要具有诗味和诗句的形式，既要体现交代、推进情节的叙事性又要有利于作为诗歌特征的抒情性；既要简炼地投射出性格又要细腻地传递出心理活动；这一身数任正是叙事诗写好人物语言之难处，然而也正是《漳河水》的成功之处。

再从民歌体的角度看。民歌是诗歌发展最早的源头。自从人类社会出现了脑力劳动与体力劳动的分工之后，才出现了专门的诗人，才有了民间创作的诗歌与文人创作的诗歌的区别。然而，中国古代的许多大诗人，如杜甫、白居易，都曾自觉地从民歌中吸取艺术营养。民歌一般都具有语言质朴自然、宜于歌唱的特点。在采风、实录和模仿民歌基础上创作的《漳河水》，这方面的特色表现得十分显著。作品的语言句式大多来自民间口语，如"抓心丹""如意郎""好到头"，都是漳河地区的土语，是对理想爱人的昵称。"漳河水，水流长，/漳河边上有三个姑娘：/一个荷荷一个苓苓，/一个名叫紫金英。"故事开头就是这样朴实无华、如同口出的叙述语言，毫无雕琢和修饰，却有一股民歌清新的风味。虽然不免粗糙和大白话，然而却又透出一种来自生活的原生美。美是多种多样的：有精致的美，也有粗糙的美；有文雅的美，也有质朴的美；有高于生活的美，也有生活原生态的美。民歌的美主要就在于后者。同时，《漳河水》注重押韵，声调铿锵，不仅琅琅上口，而且便于歌唱。歌唱是民歌主要的传播方式，只有小曲好唱，才会口口相传。据诗人自述："这篇东西，是由当地许多民间歌谣凑成的。"他追求的不是说，不是念，而是唱；不是在文人和艺术圈子里流行，而是在民间和大众中受到欢迎和喜爱。即使在不识字的人中，也能理解和传唱开来。

民歌最常用的艺术手法是比兴。《漳河水》大量地运用民歌惯用的比兴手法，加强了作品的艺术形象性和民歌风味。如"断线风筝女儿命，/事事都由爹娘定"，"水流赶圪没根梢，/带犊孩儿是路边草"，都是比兴的运用。以断线风筝比喻女儿命，以水流赶圪比喻没爹的孩子，而且都是先说具体的形象事物，然后再引发人生的感叹。

本诗的另一艺术特点是将民歌风味与古典诗词韵味相结合，使作品既通俗流畅，又富于意境；既质朴自然，又精炼含蓄。诗人一方面致力于借鉴太行山区民歌，另一方面又努力从古典诗歌中吸取养料。长诗的开头："漳河水，九十九道湾,/层层树,重重山,/层层绿树重重雾,/重重高山云断路。"犹如一幅清丽的水墨画。语言纯朴,句式平直,体现了民歌的特征;然而婉转缠绵,诗情画意,又颇具古诗风味。这种民歌加古典诗词的艺术方法,曾经被认为是新诗发展的方向。在今天看来,自然不免失之于简单和狭隘。但作为新诗创作多元化倾向的一种,还是有它存在的理由和价值的。

(方克强)

风　　沙　　　　　阮章竞

天,一片昏昏黄黄,
风,像黄河的浊浪。
刚才还是万里无云,
转眼变成天地无光。

两三步之外,
看不见人影。
沙子钻进牙床,
尘土迷住眼睛。

卡车拼命地响着喇叭,
在黄风阵里寻找方向;
失掉光亮的两只大灯,
像泡在浓茶里的蛋黄。

这风沙称王称霸的世界,
就是我们黄金不换的地方。
我们要像抖净床单一样,
把这整天风沙倒进海洋!

天地,分不出来,
颜色,分不出来,
只有从人的眼睛和牙齿

才能看见白色的光彩。

饭堂像盖在黄河水底,
火炉不发热,空气全是泥。
白米饭蒙着层黄粉,
不是肉末而是沙子。

不要怨天怨地皱眉头,
拿出今天人的本事:
把万古荒凉和风沙,
嚼烂在我们的嘴里!

明天吐还它一个泥团,
捏出一个叫人眼红的,
洁白干净没有风沙的,
万紫千红的钢铁城市。

一九五七年一月三十日

选自《阮章竞诗选》,人民文学出版社 1985 年版

阮章竞以豪放的诗风,苍莽雄浑的笔调,在我国第一个五年计划建设期间,写下《新塞外行》和《乌兰察布》等组诗,反映了塞外的风光和建设成就,赞颂了 20 世纪 50 年代新中国的创业者们的英雄气概和崇高品格。作者着意取法"古风",在诗歌形象上大量运用盛唐边塞诗对塞外荒凉广漠的描写,来为今日的变化作对比和衬托。《风沙》便是其中较有影响的一首。

诗的开始,作者抓住塞外"风沙"形象,运用写实手法,重墨浓涂,极力渲染,生动、真实地描写出塞外荒凉广漠的恶劣环境。诗用"天,一片昏昏黄黄""天地,分不出来""颜色,分不出来"描绘出一个风势巨大,黄沙飞扬的"称王称霸的"风沙世界,从而反衬出塞外工人创业的艰辛——"沙子钻进牙床,/尘土迷住眼睛","白米饭蒙着层黄粉,/不是肉末而是沙子",并为展现创业者的精神风貌作了铺垫。

从外观环境大处着手,进而转换到创业者具体细节描写,表现出大自然环境

与人的矛盾冲突,由物及人,进一步烘托出"我们"的豪情壮志,具有一种雄浑粗犷的艺术美。

　　精彩的比喻,奇特的想象,使诗歌洋溢着浓烈的抒情气氛,进一步加深读者的印象。诗中用"黄河的浊浪"比喻风沙巨大;用"泡在浓茶里的蛋黄"比喻因风沙而失掉光亮的卡车大灯;用"我们要像抖净床单一样,/把这整天风沙倒进海洋"的驰骋想象,表现创业者们气吞山河的英雄气概;用"把万古荒凉和风沙,/嚼烂在我们的嘴里!//明天吐还它一个泥团",捏出一个"洁白干净没有风沙的,/万紫千红的钢铁城市"的奇特想象,以及诙谐风趣的语言,歌颂创业者们战天斗地的大无畏精神。

　　诗歌运用现实主义和浪漫主义相结合的创作方法,把对现实的真实描写同革命理想的抒发融汇凝聚在诗中,具体的写实与浪漫的夸张相交织,使诗具有深邃感人的艺术力量。同时,诗人注意到向古典诗词的意象学习,脱胎而成新的意象。如"明天吐还它一个泥团,/捏出一个叫人眼红的"钢铁城市,就是从明代民歌的《汴省时曲·锁南枝》中"和块黄泥儿捏咱两个。捏一个儿你,捏一个儿我……将泥人儿摔破,着水儿重和过,再捏一个你,再捏一个我"演化而来,并赋予新意,具有强烈的时代气息。因此,可以说《风沙》是中国人民艰苦创业伟大精神的形象化的诗篇。

(冉启兰)

覃子豪

[诗人小传]

（1912—1963）　原名谭基,四川广汉人。1932年毕业于成都成城中学,后入北平中法大学孔德学院,受到法国象征派诗歌的影响,开始诗歌创作,1935年入日本中央大学法科。1936年与贾植芳等在东京组织文海社。抗日战争爆发前夕回到上海。1938年任《扫荡简报》编辑,并创办《东方周报》。1945年在厦门创办《太平洋日报》。1947年去台湾,在物价调节委员会和省粮食局任职。1951年主编《新诗周刊》。1954年创立蓝星诗社。早期诗作较有激情,后期作品格调低沉,对人生陷于迷惑和虚空,由积极浪漫主义走向象征主义以至神秘主义。

追　求　　　　　　　　　　　　　　　覃子豪

大海中的落日

悲壮得像英雄的感叹
一颗星追过去
向遥远的天边

黑夜的海风
刮起了黄沙
在苍茫的夜里
一个健伟的灵魂
跨上了时间的快马

一九五〇年八月花莲港

选自《覃子豪诗选》，香港文艺风出版社1987年版

《追求》写的是海洋，是千百年来中外诗人抒写过千百次的题材。如果没有新的、富于个性体验的审美发现，没有新的、富于独创性的艺术表现，诗人就不可能完成意境的创造。覃子豪的这一作品，充分表现了诗人强烈的艺术个体意识，他为读者创造了使人身历其境的实境和使人想象活跃的虚境。

"大海中的落日／悲壮得像英雄的感叹"，起句颖异不凡。诗人写落日多矣，覃子豪的落日近似于杜甫的"落日心犹壮，秋风病欲苏"的落日；近似于李商隐的"夕阳无限好，只是近黄昏"的落日，但它却仍是覃子豪唯一性的审美创造。诗的第一句实写，第二句虚写，时空阔大，意象壮美，写现实境界而又超越了现实境界，激发读者高层次地对人生境界和人生价值的审美领悟。日落之后是黄昏，"一颗星追过去／向遥远的天边"，星斗临空，诗人作了传神的动态演示而不是呆板的静态描摹。黄昏之后是黑夜，"黑夜的海风／刮起了黄沙"，四周墨黑，海风呼啸，黄沙飞扬，这是一幅诉之观赏的图画，也是一阕诉之听觉的音乐，它们声色并茂，令人如见如闻，象征性的原型意象，留下了供人联想的广阔天地。然后，诗人的审美主体意识再度高扬："在苍茫的夜里／一个健伟的灵魂／跨上了时间的快马。"全诗以虚写结束，快马之暗写"追"与"一颗星追过去"之明写"追"，从隐与显两方面明明暗暗地扣紧题旨，构成了朦胧而可供求索的艺术天地，其积极深沉的内蕴，远非诗人自己写于20世纪30年代初的"像紧赶行程的旅客，太息夜色的苍茫"(《像》)可比，它表现了诗人审美的独创性，也表现了具有普遍价值的人生命题：真正的人生，不是应该有高远的追求吗？

（李元洛）

距 离

覃子豪

即使地球和月亮
有一个不可衡量的距离
而地球能够亲睹月亮的光辉
他们有无数定期的约会

两岸的山峰,终日凝望
他们虽曾面对着长河叹息
而有时也在空间露出会心的微笑
他们似满足于永恒的遥遥相对

我底梦想最绮丽
而我底现实最寂寞
是你,把它划开一个距离
失却了永恒的联系

假如,我有五千魔指
我将把世界缩成一个地球仪
我寻你,如寻伦敦和巴黎
在一回转动中,就能寻着你

选自《覃子豪诗选》,香港文艺风出版社 1987 年版

《距离》,是一首具有意境之美的佳作。

意境,是中国美学理论中独有的审美范畴。意境就其内涵而言,是主体的审美感情意志和对象化的超越现实境界的审美境界,在独创的意象整体中的水乳交融,是情理形神的统一,是诗的内蕴与艺术表现完美结合后所呈现的可以刺激读者再创造的美的状态;而就其外延而言,它却是读者的审美联想与想象的结果,是欣赏者参与美感经验之后所转化生成的艺术世界。因此,诗的意境就具有综合美的特征:既有情理交融的审美思想感情的内在之美,又有形神虚实结合的艺术传达之美;既有作者主观审美的原创性的表现之美,又有欣赏者主观再审

美的继发性的创造之美。可以说，意境就是多种诗美综合而成的一种化境，是作者与读者共同创造的结晶。覃子豪《距离》一诗的意境之美，也是如此。

《距离》前两段分别写两种"距离"，即地球与月亮的不可衡量的距离，以及两岸山峰永远终日凝望的距离，它们都属于自然界，虽然遥遥相对，但是它们或者"有无数定期的约会"，或者"有时也在空间露出会心的微笑"。这两节诗虽具象征的意味，但仍可以说是象征性的实写，具体呈现的是实境。后面两节诗人由实入虚，第三节诗人写自己所经受的人间的距离，那就是因恋人远走或因理想未能实现，绮丽的梦境与寂寞的现实之间造成难以弥补的距离。最妙的是诗的结尾：诗人想象他如有"五千魔指"，则可以缩地有方地把世界缩成一个地球仪，迢遥的空间无限地压缩了，这样在每一轮回转中都可以找到心上人。这，可以说是诗人通过新奇的想象所创造的虚境，它吸引欣赏者去探索全诗的深层结构，去寻味并丰富诗的并不一定就是指向爱情的人生哲理意蕴。

不论是爱情的期待或者企望的实现，都是人生一种带普遍性的体验，可以激发读者广泛的共鸣，而诗所艺术地表现的"距离"以及缩短乃至消泯这一距离的努力，也都能激发不同读者的心灵的不同感应。因此，诗人所创造的意境，最终就是在不同读者欣赏与接受的审美活动中，得到不同的而又色彩纷呈的转化与完成。

（李元洛）

【诗人小传】

未　央

（1930—　）原名章开明，湖南临澧人。曾在师范学校读书。1949年参加中国人民解放军。1950年随中国人民志愿军到朝鲜，从事文艺工作。1957年后在中国作协武汉分会从事专业创作。1960年转至中国作协湖南分会，曾任主席。

祖国，我回来了

未　央

车过鸭绿江，
好像飞一样。
祖国，我回来了，
祖国，我的亲娘！

我看见你正在
向你远离膝下的儿子招手。

车过鸭绿江,
好像飞一样;
但还是不够快呀!
我的车呀!
你为什么这么慢?
一点也不懂得
儿女的心肠!

车过鸭绿江,
江东江西不一样,
不是两岸的
　土地不一样肥沃秀丽,
不是两岸的
　人民不一样勤劳善良。
我是说:
江东岸——
鲜血浴着弹片;
江西岸——
密密层层秫秸堆,
家家户户谷满仓。

我是说:
江东岸的人民
白天住着黑夜一样的地下室;
江西岸的市街,
夜晚像白天一样亮堂!

祖国呀，
一提起江东岸，
我的心又回到了朝鲜前方。

车过鸭绿江，
同车的人对我讲：
"好好儿看看祖国吧，同志！
看一看这些新修的工厂。"

一九五三年
是我们五年计划的头一个春天——
春天是竹笋拔尖的季节，
我们工厂的烟囱
要像春天的竹笋一样！

老人们都说：
孩儿不离娘，
祖国呀，
在前线
我真想念你！
但我记住一支苏维埃的歌：
"假如母亲问我去哪里，
去做什么事情，
我说，我要为祖国而战斗，
保卫你呀，亲爱的母亲！……"
在坑道里，
我哼着它，
就像回到了你的身旁，
在作战中，

我哼着它，
就勇敢无双！

车过鸭绿江，
好像飞一样。
祖国，我回来了，
祖国，我的亲娘！
但当我的欢喜的眼泪
滴在你怀里的时候，
我的心儿
却又飞到了朝鲜前方！

1953年2月

选自《祖国，我回来了》，长江文艺出版社1953年版

《祖国，我回来了》是诗人未央早期的代表作。

对典型的时代情绪作出独具个性的诗意的概括，这是《祖国，我回来了》成功的重要原因。诗，是以情动人的，抒情诗尤其如此。诗中之情，一方面应该是个性化的感情，应该具有抒情者的情感的真挚性与独特性，而不是千部一腔，千喙一辞；另一方面，个人的抒情必须和人民、社会与时代相通，应该具有共性与普遍性，是时代的某种典型情绪的典型概括。未央的《祖国，我回来了》写于抗美援朝时期，其时新中国如日之方升，而美国发动的侵朝战争严重地威胁着新中国的安全，同仇敌忾，保家卫国，就成了那一特定的历史时期的典型情绪，具有深刻的人民的与民族的内涵。未央作为年轻的志愿军战士，他敏锐地感应并把握了这一时代精神与时代情绪，通过自己独特的艺术感受，作出了诗意的成功的表现。

这首诗不仅以诗的方式表现了典型的时代情感，而且动人地创造了诗的抒情主人公——"最可爱的人"的形象。"祖国，我回来了，/祖国，我的亲娘！"言之不足，故咏歌之。诗中以第一人称出现的"我"，是全诗的抒情主人公，他视祖国如同"亲娘"，他对江东岸的朝鲜人民深怀国际主义的感情，亲如手足，这一爱国主义者与国际主义者的形象，既是诗人的自我写照，更是千千万万志愿军战士的情怀与形象的高度概括。

《祖国，我回来了》之所以传唱至今，除了上述成功之处以外，同时还由于这一作品捕捉与镕铸的"典型瞬间"十分出色。抒情诗要从不全中求全，从有限中

见无限,在简约的篇幅中包含丰富的引人联想的生活与思想感情的内涵,就要善于把握善于提炼"典型瞬间"。这首诗选取的空间是鸭绿江桥,时间则是"我回来了"的顷刻,回来之前与回来之后的过程全部都压缩了,但却引起读者对"我"的过去的追溯和对"我"的未来的想象。未央就是以这典型的空间和时间为中心,以"江西岸"与"江东岸"作反复的鲜明对比,以直抒胸臆与反复咏唱为基本的抒情手段,完成了他这一阕时代的乐章。

(李元洛)

【诗人小传】

杨 唤

(1930—1954) 辽宁兴城人。1947年起在青岛《青报》社当校对,后任编辑。1949年赴台湾。1950年开始写儿童诗,成为台湾现代儿童诗的先驱。1954年死于车祸。出版有诗集《风景》《杨唤诗集》等。

二十四岁

杨 唤

白色小马般的年龄。
绿发的树般的年龄。
微笑的果实般的年龄。
海燕般的翅膀般的年龄。

可是呵,
小马被饲以有毒的荆棘,
树被施以无情的斧斤,
果实被害于昆虫的口器,
海燕被射落在泥沼里。

Y·H! 你在哪里?
Y·H! 你在哪里?

选自《风景》,台湾现代诗社1954年版

杨唤本名杨森,1930年生于辽宁兴城。1954年3月不幸因车祸去世,年仅

24岁。这首诗就是他逝世前的作品,可谓一诗成谶。

杨唤的诗,直接继承了大陆20世纪30年代的诗歌传统,强调面向时代与人生,同时又着重诗人的艺术个性,注意诗艺的追求,没有受到50年代初期台湾诗坛那种空洞的政治诗以及初现端倪的晦涩虚无诗风的影响。《二十四岁》表现了他纯真的诗情和积极向上的情绪,也表现了他诗作的独特风格与奇美想象。怎样来描绘一生中的黄金年华呢?杨唤出之以清新的比喻和优美的想象。英国文学批评家瑞恰兹把比喻分为"喻旨"与"喻依"两部分,前者是作家要表现的事物或旨意,后者则是赖以表现它们的工具与凭藉。《二十四岁》第一节的四个比喻,喻旨是"二十四岁的年龄",喻依则分别取自动物和植物,又分别为动态与静态。"白色的马"表健壮无前,"绿色的树"状生机旺盛,"微笑的果实"比日趋成熟,"海燕的翅膀"况奋飞雄心。这些比喻均可谓富于创造性而显示了诗人活跃的想象,如同台湾学者李元贞在《杨唤和他的诗》一文所说:"在简明中含有七彩繁富的感觉;明白如话,而'话'里的韵味和意义却深永,主要乃在于他想象力的丰富动人,情感的真挚坦率。"

《二十四岁》第一节的四句一气而下,有如一条活泼的歌唱的山泉,但是,第二节开始表现事态转折的"可是呵"一句,却有如一道悬崖绝壁,山泉只能跌下悬崖而碎成珠玉了。"可是呵"之后的四行,分别以"小马""树""果实""海燕"领起而分写它们的遭遇,承接第一节各行而构成强烈的对比与反讽,显示了诗人对于己身不幸的预感,和他对于现实社会的理性的诗的批判。杨唤曾说:"忧郁和寂寞,从童年纠缠我直到现在,是以我的日子里,很少有绚丽璀灿的颜色,不是深灰就是苍白。我要的是蔷薇和玫瑰,但毒刺的荆棘又偏偏向我投掷过来。"(《杨唤遗简》)这首诗的最后是反复的呼唤,其中的"Y·H"是杨唤姓名的英文缩写,如果说杨唤是一支早夭的短笛,那么,《二十四岁》的余音却久久地回荡在读者的耳边。

(李元洛)

【诗人小传】

张永枚

(1932—) 四川万县(今重庆市万州区)人。1949年肄业于万县师范学校。同年参加中国人民解放军。1950年任中国人民解放军第四十二军文工团团员,开始从事文艺创作。1956年后任广州军区战士歌舞团创作员、政治部创作组创作员。

骑马挂枪走天下

张永枚

骑马挂枪走天下，
祖国到处都是家。

我曾在大巴山上种庄稼，
我曾风雨推船下三峡。
蜀山蜀水把我养大，
蜀山蜀水是我的家。

为求解放把仗打，
毛主席引我们到长白山下，
地冻三尺不愁冷，
北方的妈妈送我棉衣和靰鞡。

百里行军不愁吃，
大嫂为我煮饭又烧茶；
生了病，挂了花，
北方的兄弟为我抬担架。

骑马挂枪走天下，
走到北方啊，
北方就是我的家。

我们到珠江边上把营扎，
推船的大哥为我饮战马，
小姑娘为我采荔枝，
阿嫂沏出茉莉茶，
东村西村留我住，

天天道不完知心话。

骑马挂枪走天下，
走到南方啊，
南方就是我的家。

祖国到处有妈妈的爱，
到处有家乡的山水家乡的花，
东西南北千万里，
五湖四海是一家。
我为祖国走天下，
祖国到处都是我的家。

1954年，东莞
选自1954年《中国青年报》

正如希腊神话中的无敌英雄安泰离不开大地母亲的怀抱一样，人民军队从她诞生的那天起，就在广大人民的热情支持和拥护下不断成长壮大。1954年，诗人随军驻扎广东东莞，一个可爱的小姑娘以其纯真的迎送举止，表达了她对解放军的爱戴之情，由此触发了诗人的创作灵感，使诗人写下了这首诗。

很明显，诗歌叙述主体的"我"，既是一个具体生动的战士典型，又是解放军千百个战士的艺术缩影。因此，"我"的种种经历和感受，实际上也就概括了全体人民战士的经历和感受。诗歌以"我""骑马挂枪走天下"为经线，在尽情抒发对人民的感激热爱的同时，纵横交错地连接起"我"在四川、东北、广东受到人民热切关怀的种种动人情景，由个别到一般、具体到抽象，自然而然地归纳出"祖国到处都是家"这个结论，从而情理交融地抒写了军民之间牢不可破的战斗情谊，揭示了军民之间相依相存的鱼水关系。

从结构上看，这首诗具有跨度齐整的向心型同构框架。与归纳式的内在逻辑论证过程相适应，以"骑马挂枪走天下"起首的抒情性穿插为基本的分合手段，建立起由合到分，再由分到合的结构形态，在分别叙述了"我"在北方和南方的难忘经历后，等距离地辐辏到"祖国到处有妈妈的爱"这个圆心上，有力地论证和烘托了军民鱼水情深、人民是我军生根开花的土壤这一主题，给人以严谨、完整、自然、统一的美感。

　　从表达上看，诗人似乎并不注重人物举止的精心刻画和主观情感的直接流露，而是选取了大量具体生动的细节组成叙述群落，作为传情达意的基本材料。像"北方的妈妈送我棉衣和靰鞡"、南方的"阿嫂沏出茉莉茶"这些具有鲜明异地风俗和物候特征的细节比比皆是，就像中国传统绘画中的散点透视技法，把不同时空的人物事件组织到同一幅画卷之中，通过简洁的客观描述，使人在纷繁的现象中自己得出一个整体印象，从而令人信服地表现了诗歌的基本思想。

　　诗歌的语言风格是十分鲜明的。那浸润感情的咏唱特色、那优美自然的民歌韵味，体现了诗人"谱曲能唱、离曲可读"的大众化审美追求。诗人尽量把浓郁的情感和深刻的体验溶解到明白如话的语言及和谐自然的音韵中，在诗歌的能唱性、可读性上取得了可喜的成功，因而在当时能获得较为广泛的流传。

（徐生林）

诗人小传

傅　仇

（1928—1986）　原名傅永康，四川荣县人。少时做过糖果店和餐馆学徒。曾任小学和中学教师。1950年参军，任川东军区文工团宣传员。1952年转业到四川省文联工作，曾任《星星》诗刊执行编辑。主要作品有诗集《森林之歌》《雪山谣》《竹号》以及长诗《珠玛》等。

夜　景

傅　仇

　　森林抱住一个月亮，
　　针叶撒出万缕青光；
　　一串串明明朗朗的珠宝，
　　一串串星星，挂在树枝上。

　　好一个醉人的童话般的夜景，
　　好一个迷人的安静的海洋。

　　我听见树木在轻轻呼吸，

嫩草在发芽,幼苗在生长;
一根新针叶悄悄生出来,
刺着飞鼠,在梦中抖抖翅膀。

好一个醉人的童话般的夜景,
好一个迷人的安静的海洋。

我听见森林的心脏在跳跃,
树根底下泉水咚咚响;
一颗颗露珠像失眠的野鸽,
闪着绿的眼睛白的光。

好一个醉人的童话般的夜景,
好一个迷人的安静的海洋。

我听见森林伸展手臂的声音,
树枝摇摇,好像在收聚星光;
送给未来的晴朗的早晨,
送给光华灿烂的旭阳。

好一个醉人的童话般的夜景,
好一个迷人的安静的海洋。

我听见的这一切,是生命的音响,
这里面也含有我的呼吸,我的声音;
这一切,都是属于我的祖国,
为了明天,这一切都在快快地成长。

好一个醉人的童话般的夜景,

好一个迷人的安静的海洋。

一九五六年九月二十八日于成都
选自《伐木声声》，作家出版社1964年版

　　森林是美的，森林的夜景更美；现实生活中的森林夜景是美的，艺术作品中的森林夜景更美。这首诗便是一个很好的例子。

　　最好是月明之夜，这才有光线，有明暗，才能收掩映多姿之妙。《夜景》一开头就写月亮，可说写对了。看似平淡，不过其中一个"抱"字，化静为动，变无情为有情，增添了不少韵味。"针叶撒出万缕青光"一句，从形式上说和上句字数相等，句式相同，显得十分和谐，从内容上看则有所发展："抱住"是收，"撒出"是放；"一个"说明少，"万缕"状其多，诗人独具的慧眼，就在这收放之间，多少之中。这样写还不够，于是诗人接着有"珠宝"之喻。第四行"一串串星星，挂在树枝上"，既可以理解为实写"星星"，也可以看作是月光照着树梢，使"珠宝"呈现出闪烁不定之状。《夜景》第一节用简洁的笔墨画出了明月和星辰交相辉映、天上和地面浑然一体的美妙境界，为全诗奠定了愉悦明快的基调。

　　最好既写视觉，又写听觉，这才能收声色兼备之效，不至于把诗歌艺术完全混同于绘画艺术。诗人曾在《森林教我幻想与歌唱》中谈过自己的创作体会："我只不过是想用诗的语言画出一幅森林之夜的景色。我试图用音乐的声音来写出这迷人的童话般奇幻的夜色。"这说明诗人有着鲜明的艺术追求。《夜景》往往先写听觉，次写视觉，从视听的自由转换中给人以深刻的印象，如第三节先写："我听见树木在轻轻呼吸"，"呼吸"意味着生物的活动和成长，于是自然而然地有了"嫩草在发芽，幼苗在生长"一句，这样写还嫌有些空泛，于是再加上"新针""刺着飞鼠"这样一个特写镜头，新奇之至，也巧妙之至。第七节先写"我听见森林伸展手臂的声音"，次写"树枝摇摇，好像在收聚星光"，同样是听觉向视觉的转化，不过这是活跃在诗人想象中的视觉形象，比起一般的实在的视觉形象来要空灵一些，活泼一些，可见同是写视觉、听觉，也应该力求丰富多彩。

　　为了增强抒情意味，《夜景》用了两行复唱"好一个醉人的童话般的夜景，／好一个迷人的安静的海洋"，统摄和贯串全诗。视听描写是"实"，贵在细致逼真，贵在入乎其内，复唱是"虚"，重在总体把握，重在尽情抒发，两者交替出现，就意味着虚实结合，内外结合，使得诗篇既开阔又细腻，有活泼流转之效而无囿于一处一物之弊。

　　"收聚星光"为了什么？诗人说是为了"送给未来的晴朗的早晨"，这就不仅是听觉和视觉的转换，而是夜晚向白天的转换了，这样写，目的在于替结尾处"一

切都在快快地成长"作铺垫。在20世纪50年代,篇末点题——从现实场景的描写到篇末思想感情的升华——成为诗歌创作的普遍风尚和习惯手法,这首诗也未能例外,不过此诗由小见大,由此及彼,其间的过渡尚属自然得体,没有勉强凑合和拔高的感觉。

(孙光萱)

【诗人小传】

郑愁予

(1933—) 原名郑文韬,河南人。1949年去台湾。1955年服役。1956年参与创立现代派诗社。1958年毕业于台湾中兴大学,在基隆港务局任职。1968年赴美国,曾任衣阿华大学讲师、耶鲁大学教授。

错　　误
郑愁予

　　我打江南走过
　　那留在季节里的容颜如莲花的开落

　　东风不来,三月的柳絮不飞
　　你的心如小小的寂寞的城
　　恰若青石的街道向晚
　　跫音不响,三月的春帷不揭
　　你的心是小小的窗扉紧掩

　　我达达的马蹄是美丽的错误
　　我不是归人,是个过客……

一九五四年
选自《郑愁予诗选》,中国友谊出版公司1984年版

郑愁予的诗素以婉约见长,他的爱情诗更可以说清新婉约,绮思无穷,如这一首诗便是这样。此诗以江南的小城为中心意象,写思妇盼望归人的执著的爱情,意境优美而深婉,显示的正是婉约之美的美学特色。

诗的头两行,首句6个字,次句15个字,是短句与长句的交错,短句暗示过

客之匆匆,长句暗示思妇等待之悠悠,而"开落的莲花"倒装为"莲花的开落",更觉音韵谐美。同时,这两句诗在全体的分段中又低两格排列,具有"诗序"的作用,在意旨和情调上统摄全诗。第二段第一行的"东风不来,三月的柳絮不飞"与第四行"跫音不响,三月的春帷不揭",中间隔了两行,与传统诗歌中隔句对的句法暗合。此外,"不来""不飞""不响""不揭"这些否定句式,又在彼此相对的位置上呼应重复,既加强了抒情的深婉性,又有助于音调的和谐。在这一节诗中,有两个比喻写思妇的心:"你的心如小小的寂寞的城/恰若青石的街道向晚。""你的心是小小的窗扉紧掩。"比喻的新颖巧妙自不待言,"小小的"两次叠词重复也轻倩柔美,原句本来应该是"你的心恰若向晚的青石街道","你的心是小小的紧掩的窗扉",如今把"向晚"与"紧掩"这动态的词语倒装在后,不仅化板为活,去俗生新,加强了语言的变化,而且也更婉曲地表现了思妇的怀人心理。最后一节"我达达的马蹄是美丽的错误/我不是归人,是个过客",点明了诗题和全诗的抒情视角,同时也显示了郑愁予的诗歌与20世纪二三十年代新诗的渊源。何其芳作于30年代的《花环》一诗,末句是"你有更美丽的夭亡",郑愁予的名句"我达达的马蹄是美丽的错误"这一矛盾诗语,想必是从何其芳的诗脱胎而来。　　(李元洛)

赋　　别

郑愁予

这次我离开你是风,是雨,是夜晚
你笑了笑,我摆一摆手
一条寂寞的路便展向两头了
念此际你已回到滨河的家居
想你在梳理长发或是整理湿了的外衣
而我风雨的归程还正长
山退得很远,平芜拓得更大
哎,这世界怕黑暗已真的成形了……

你说,你真傻多像那放风筝的孩子
本不该缚它又放它
风筝去了,留一线断了的错误
书太厚了,本不该掀开扉页的
沙滩太长,本不开该走出足印的

云出自山谷,泉水滴自石隙
一切都开始了,而海洋在何处
"独木桥"的初遇已成往事了
如今又已是广阔的草原了
我已失去扶持你专宠的权利
红与白揉蓝与晚天,错得多美丽,
而我不错入金果的园林,
却恶入维特的墓地……

这次我离开你,便不再想见你了
念此际你已静静入睡。
留我们未完的一切,留给这世界
这世界,我仍体切的踏着,
而已是你底梦境了……

选自《郑愁予诗的自选Ⅰ》,生活·读书·新知三联书店2000年版

"黯然销魂者,唯别而已矣!"离别的愁苦已经被人们以各种各样的方式传唱了几千年,藉此产生了不少脍炙人口的文学作品。郑愁予的《赋别》同样是一首写离别的诗,诗中的抒情主人公在与心爱的人相知相恋后,终于无奈地分手了,伴随他的将是绵绵的相思与无尽的寂寞。这首诗的题目很别致,与江淹的《别赋》恰成倒置,却多了几分现代意味。在现代的诗歌中,郑愁予的诗歌特别能让人真切地体验到古典意趣,并巧妙地融合了现代人心无所依的虚无感和失落感。

这首《赋别》形式上看是现代诗,却明显继承了古典诗词的优秀传统。此诗的语言比较平实,属于自由体新诗,并不拘泥于外在的韵律和音节,诗体的束缚较少;遣词造句接近口语,甚至有几分散文化,如行云流水般娓娓道来。风格清新雅致,深婉曲折,让人回味无穷。诗人经常喜欢使用的倒装句式,以及其诗作《如雾起时》中那类一串串华美比喻,在这首诗中都少有使用。本诗与《错误》中"你底心如小小寂寞的城/恰若青石的街道向晚"这样的字句相比,似乎少了些古雅,但细品来却同样有着中国古典诗词的意境。诗人与深爱的女子分手后,想到"念此际你已回到滨河的家居,想你在梳理长发或是整理湿了的外衣",这里大概是化用了苏轼《江城子·十年生死两茫茫》中"小轩窗、正梳妆"的意境和艺术手法,都是从男主人

公的角度想象两人分别后,恋人那种柔美而温馨的举止,反衬出眼前的孤寂悲凉,由此深沉的相思之情溢于言表。而"云出自山谷,泉水滴自石隙"则有着陶渊明的《归去来辞》中的"云无心而出岫"的意味,讲求的是那种蕴藉而天然之趣。

不过最打动人的还是诗人单纯而真挚的情感。在诗篇中主人公故作豁达状,声称"这次我离开你,便不再想见你了"。但那爱的深沉和离别的苦痛是无法掩饰的,他不断地想象着两人分手后对方的动作,也让人备感心酸。这首诗虽然不像《错误》那样富有盛名,却也有不少精警之句,如"你笑了笑,我摆一摆手/一条寂寞的路便展向两头了",正如王国维所说"以我观物,一切皆着我色彩",饱含着离愁别绪的诗人,让本没有生命的"路"也沾染上了"寂寞"的色彩,这也是典型的"有我之境"。寂寞是没有脚的,它不会向相反的路上伸展,但是,分手而失恋的人却会向两个不同的方向无限延伸,永无交集……而"风筝去了,留一线断了的错误""沙滩太长,本不该走出足印的"这样的句子折射出的则是现代理趣。糅和古典意境和现代艺术手法,这也正是郑愁予新诗作品的艺术魅力所在。

(孟 晖)

【诗人小传】

胡 昭

(1933—2004) 满族,吉林舒兰人。曾在吉北联合中学就读。1947年参加中国人民解放军。1948年调任中共榆树县委宣传部干事。1949年任《吉林日报》编辑。1953年后,曾任《长春》副主编。1958年后下放劳动。1961年到吉林省文联民间文艺研究会工作。1966年调通化地区工作。1979年到中国作协吉林分会从事专业创作。

军帽底下的眼睛 胡 昭

透过炮火,透过烟雾,
那军帽底下
闪动着一对眼睛,
它们在四下搜寻。

从一个伤员爬向一个伤员,

她望着同志们坚毅的眼睛,
轻声地说:"不要紧……"
每个指尖都充满疼爱,
她包扎得又快又轻。

我想起妹妹的眼睛
那么天真而明净,
我想起妈妈的眼睛
那么温暖那么深……
深深地望了她一眼
我回身又扑向敌人。

无论黑夜或白天
不管我守卫,我冲锋……
我眼前常闪动起那对眼睛,
这时,我就把枪握得更紧,
我就更准地射击敌人。

我要保卫那对眼睛——
妹妹的眼睛,妈妈的眼睛,
我亲爱的祖国的眼睛!

1952.12
选自《光荣的星云》,作家出版社1955年版

  这首诗作于朝鲜战地。诗中没有着意渲染硝烟弥漫、炮火纷飞的场面,也没有从正面歌颂英勇杀敌、视死如归的志愿军战士形象,而是以战斗生活为背景,着重展示了另一个世界——战士们丰富的内心世界。在结构上这首诗的特点是:叙事在前,是基础;抒情在后,是在叙事基础上的发展和升华。
  诗作一开头突出"一对眼睛",勾勒了一个"四下搜寻"的身影,不拖泥带水,旁逸斜出,一下子抓住了读者的注意力。这个"四下搜寻"的人是谁?为何要这样做?第一节并不急于和盘托出,因此自然地制造了一个小小的悬念。只是到

了第二节,诗人才通过轻声轻气的口吻和"又快又轻"的包扎动作,揭示了人物的身份,表现了人物崇高的使命感,给读者以较为完整和清晰的印象。

诗篇并未到此为止,从第三节开始诗人展开了他的想象的羽翼,使诗篇上升到一个崭新的境界。从救护人员的眼睛到妈妈、妹妹们的眼睛,显然已经从前线扩展到后方,从朝鲜战地扩展到整个祖国,其为"眼睛"则一,而包涵的思想意蕴则异——已经发生了变化,从发扬救死扶伤的革命人道主义转变为全国人民对志愿军战士的深切期待了。这还不算,诗人又从"我"这方面着眼,反过来抒发了"我"要保卫她们的"眼睛"的坚强信念,结尾处升华到"我亲爱的祖国的眼睛",既是由"眼睛"而来的自然延伸,也是归结和收束全篇的神来之笔,寓激情于生动鲜明的形象之中,显得格外感人。

诗人幼年丧父,家乡解放后不久又失去了母亲,成了孤儿。从这首诗中,我们可以看出,诗人对于他从未得到过的手足之情和过早失去的母爱,是十分渴望的,这也许就是诗人为什么会不由地写到妈妈和妹妹们眼睛的一个内在的原因。自然,诗人有权利向往那些从未得到过的和过早失去的一切,更有权利捍卫全国人民已经得到了的和正在得到的一切!

(孙光萱)

【诗人小传】

雁 翼

(1927—2009) 原名颜洪林、颜鸿林,河北馆陶人。1942年参加八路军。1953年转业至铁道部西南工程局政治部任文工团团长。1957年至中国作协重庆分会从事专业创作。历任《奔腾》月刊副主编、《四川文艺》负责人。1976年后在峨眉电影制片厂从事专业创作。

在云彩上面

雁 翼

我们的工地,在云彩中间,
我们的帐篷,就搭在云彩上面,
上工的时候,我们腾云而下,
下工的时候,我们驾云上天。

白天,我们和云雀一起歌唱,

画眉鸟也从云下飞上山巅,
夜里,我们和星斗一起谈笑,
逗引得月亮也投来笑颜。

当我们过节的时候,
在云上演剧、跳舞,
当我们开庆祝会的时候,
摘下朵朵云霞,挂在英雄胸前。

当我们饿了的时候,
砍下云上的柏枝烧饭,
当我们口渴的时候,
就痛饮云上的清泉。

当炎热的季节到来,
云上的松树给我们撑伞,
当寒冷的冬季来临,
我们砍下云上的松枝,把篝火点燃。

篝火的青烟升入高空,
带着我们的欢笑飞过群山,
它告诉远近的人民,
云彩上面有了人烟。

它告诉我们亲爱的领袖,
我们正按照你的意志改变荒山,
它告诉我们亲爱的祖国,
你的女儿战斗在云彩上面。

1955年11月29日于雨嚎山下。

选自《白杨林风情》,人民文学出版社1981年版

20世纪50年代中期,雁翼由部队转业到铁路系统工作。在与解放军工程兵战士的共同战斗中,诗人深为他们的忘我劳动精神所感动。在大巴山隧道工地,诗人看到工程兵住在陡峭的山顶,"出工收工猴一样攀绳梯而上下",于是便充满激情地创作了这首诗。

诗歌的格调健康高昂,富于革命浪漫主义激情。作为诗歌抒情主体的"我们",虽然过去曾经为人民的解放事业冲锋陷阵,立下过不朽的功勋,但在胜利后,他们并没有留恋舒适的城市生活,而是开赴深山老林,为祖国的建设事业开山架桥修路。这种自觉的革命情操和忘我的思想境界给艰苦的建设生活抹上了一层明亮的乐观色彩,折射出当时蓬勃向上的时代风貌。

诗歌的构思是灵活洒脱的。诗人几乎打散了时间和空间秩序,依据情感脉络和联想的自由伸展,运用跳脱自如的艺术概括,多层次、多方位地抒写了工程兵战士的豪情壮志。诗歌有时从日夜冬夏的时间角度设置叙述层次;有时以上下左右的空间位置为叙述方位;有时从演剧开会的集体活动的基点抒发情怀;有时又以寒热饥渴的个人感受为抒情支点,情之所至,诗之所至,点点片片,随处生辉,给人以自然统一、明快轻捷的艺术感染。

在表现手法上,诗歌能够紧紧抓住山顶施工的特点,抓住云彩在脚下缭绕这一最富艺术联想的奇情异景,融描写、比喻、拟人、夸张等各种手法于一炉,进行形象化的组合和抒写。如上工时腾云而下,下工时驾云而上,白天与云雀一起歌唱等情景,一经诗人的提炼概括和艺术组合,便放射出诗意的光辉。又如,夜晚同星星笑谈,青烟升起向远近人们说话,完全是丰富联想中的拟人化描写,它使抒情主体的形象更加壮伟、更加生动。而"摘下朵朵云霞,挂在英雄胸前",则是大胆的艺术夸张,充满了革命浪漫主义气息。

诚然,任何个人都不可能超越时代,诗歌也同样带有时代的烙印。诗中某些豪言壮语从今天来看,未免有些浮浅,不够深沉。特别是诗歌结尾的"按照"领袖的"意志""改变荒山",正是一种朴素阶级感情还未上升到理性高度的自然流露。但无论如何,诗歌反映了当时人们建设社会主义的精神风貌,歌颂了为祖国继续奋斗、艰苦创业的工程兵战士,这仍然是值得肯定的。

(徐生林)

诗人小传

贺敬之

(1924—) 山东峄县(今枣庄)人。1937年就读于山东省立第四乡村师范。抗日战争爆发后去湖北,就读于国立湖北中学。1939年随校赴四川,开始诗歌和散文创作。1940年到延安鲁迅艺术学院文学系学习。1945年和丁毅联合执笔写成《白毛女》。1949年起在中央戏剧学院创作室工作,曾当选为中国剧协书记处书记。"文革"后历任中共中央宣传部副部长、文化部代部长、中国作协副主席等职。早期诗作多以反映故乡农民的斗争生活为主。新中国成立后所作政治抒情诗热情奔放,气势雄壮,善于以高昂的旋律、宏伟的意境来直接抒发对祖国、对人民、对党的热爱,表现手法上熔古典诗词、自由体新诗和民间诗歌于一炉。

回 延 安

贺敬之

一

心口呀莫要这么厉害地跳,
灰尘呀莫把我眼睛挡住了……

手抓黄土我不放,
紧紧儿贴在心窝上。

……几回回梦里回延安,
双手搂定宝塔山。

千声万声呼唤你,
——母亲延安就在这里!

杜甫川唱来柳林铺笑,
红旗飘飘把手招。

白羊肚手巾红腰带,
亲人们迎过延河来。

满心话登时说不出来,
一头扑在亲人怀……

二

……二十里铺送过柳林铺迎,
分别十年又回家中。

树梢树枝树根根,
亲山亲水有亲人。

羊羔羔吃奶眼望着妈,
小米饭养活我长大。

东山的糜子西山的谷,
肩膀上的红旗手中的书。

手把手儿教会了我,
母亲打发我们过黄河。

革命的道路千万里,
天南海北想着你……

三

米酒油馍木炭火,
团团围定炕上坐。

满窑里围得不透风,
脑畔上还响着脚步声。

老爷爷进门气喘得紧:
"我梦见鸡毛信来——可真见亲人……"

亲人见了亲人面,

欢喜的眼泪眼眶里转。

保卫延安你们费了心，
白头发添了几根根。

团支书又领进社主任，
当年的放羊娃如今长成人。

白生生的窗纸红窗花，
娃娃们争抢来把手拉。

一口口的米酒千万句话，
长江大河起浪花。

十年来革命大发展，
说不尽这三千六百天……

四

千万条腿来千万只眼，
也不够我走来也不够我看！

头顶着蓝天大明镜，
延安城照在我心中：

一条条街道宽又平，
一座座楼房披彩虹；

一盏盏电灯亮又明，
一排排绿树迎春风……

对照过去我认不出了你,
母亲延安换新衣。

五

杨家岭的红旗呵高高的飘,
革命万里起高潮!

宝塔山下留脚印,
毛主席登上了天安门!

枣园的灯光照人心,
延河滚滚喊"前进"!

赤卫军……青年团……红领巾,
走着咱英雄几辈辈人……

社会主义路上大踏步走,
光荣的延河还要在前头!

身长翅膀吧脚生云,
再回延安看母亲!

1956年3月9日,延安
选自《延河》1956年第6期

这首诗表现了诗人思念"母亲"——延安的一片赤子之心。

全诗共分五个部分。前三个部分最为精彩。第一部分写诗人阔别延安十年,一旦重新投入母亲怀抱时的兴奋和喜悦之情,诗人一上来就直抒胸臆:"心口呀莫要这么厉害地跳,/灰尘呀莫把我眼睛挡住了……"用上两个"呀"字,声调稍作停顿,语气开始转换——由一般的叙述语气转变为感叹语气,加上两个"莫"字,感情更见委婉,诗人那种既迫不及待又小心翼翼的内心活动由此表现无遗。如果说这第一节所写的尚属拭目远望时的所思所想,那么第二节所表现的就是诗人抵达延安时的所作所为:"手抓黄土我不放,/紧紧儿贴在心窝

上。"前人在形容感情的逐渐强化时爱说:"言之不足,故嗟叹之,嗟叹之不足,故永歌之,永歌之不足,不知手之舞之、足之蹈之也。"(《毛诗序》)诗人此刻"手抓黄土"的急骤的形体动作,恐怕比嗟叹永歌、手舞足蹈更为强烈,确是远方归来的人一旦重新踏上故土以后才会有的特定表现,能够迅速地引导读者进入诗人所描述的情景之中。不过,当读者刚闻到诗中散发出来的延安"黄土"的气息,诗人却欲纵故收,偏偏抽出笔来作了一番回溯和补叙:"……几回回梦里回延安,/双手搂定宝塔山。""宝塔山"是延安的象征,梦中搂定"宝塔山",是唯恐它跑了,飞了,这既是梦境的真实写照,也是孩子对母亲的真情表现。底下呢?梦境未断,夙愿已偿,诗人又即刻刹住,将读者的视线迅速拉回到现实:"千声万声呼唤你,/——母亲延安就在这里!"诗作开头这四节,内心活动和形体动作先后出现,往昔的梦境和当前的现实急剧转换,显得摇曳多姿,形神俱备。

  从第二部分开始,感情的潮水渐趋平稳,开始向各个方位延伸。诗人十六岁那年冲破封锁线到达延安,在那里入了党,进了"鲁艺",写过诗,编过歌剧《白毛女》……倘要一一道出,实在太费笔墨,诗人没有这样做,他采用赋比兼用的手法,选取了当年若干典型的生活情景,如"东山的糜子西山的谷,/肩膀上的红旗手中的书",——这是赋的写法。由东而西的地域一旦点明,诗人和战友们在延安各地参加大生产的热烈场面立刻如在眼前;肩上、手中一旦展现,诗人和战友们既有政治理想又重业务学习的风貌立刻跃然纸上。"树梢树枝树根根,/亲山亲水有亲人。"——这是比的运用。前句叠用"树"字,后句叠用"亲"字,既是整齐的对仗,又是巧妙的比喻,用来作喻的纯粹是眼前景,仿佛极其普通,而所抒发的却是极其宝贵和难得的亲人情谊。再如"手把手儿教会了我,/母亲打发我们过黄河",把党对革命战士的长期培养和亲自派遣(抗战胜利以后,贺敬之作为华北文艺工作团成员越过黄河,到达张家口)这种原本极其丰富复杂因而也很难表现的事件刻画得如此鲜明单纯,亲切感人,确实体现了诗人高超的艺术功力。

  如果说第二部分是对以往各种场景的"面"的铺叙,那么,第三部分就是对老少三辈团聚的"点"的刻画。这里有气喘吁吁地跑进门来的老爷爷,有从当年的放羊娃成长起来的"社主任",有毫不羞涩、争着把手拉的娃娃们,诗人在分别描写他们的面容身影的同时,又有总的概括的形容:"亲人见了亲人面,/欢喜的眼泪眼眶里转。""一口口的米酒千万句话,/长江大河起浪花。"这样有分有合,既有人物描写,又有气氛渲染,就把一场老少三辈的团聚写得绘声绘色,活灵活现,透露出令人心醉的情谊和温暖。第四部分描写延安新貌,第五部分展望美好明天,这两部分也有一些佳句令人过目难忘。

总起来说,流淌于全诗的"赤子"之情,分布于各节的有血有肉的切身感受,对劳动人民喜闻乐见的比兴手法的创造性运用,加上诗人特意择取的陕北"信天游"的艺术形式,所有这一切的有机结合,使得《回延安》既单纯又丰满,既通俗易懂又耐人咀嚼,进而闪发出耀眼的色泽和光彩。

(孙光萱)

桂林山水歌　　　　贺敬之

云中的神呵,雾中的仙,
神姿仙态桂林的山!

情一样深呵,梦一样美,
如情似梦漓江的水!

水几重呵,山几重?
水绕山环桂林城……

是山城呵,是水城?
都在青山绿水中……

呵!此山此水入胸怀,
此时此身何处来?

……黄河的浪涛塞外的风,
此来关山千万重。

马鞍上梦见沙盘上画:
"桂林山水甲天下"……

呵!是梦境呵,是仙境?

此时身在独秀峰①!

心是醉呵,还是醒?
水迎山接入画屏!

画中画——漓江照我身千影,
歌中歌——山山应我响回声……

招手相问老人山②,
云罩江山几万年?

——伏波山下还珠洞③,
室珠久等叩门声……

鸡笼山④一唱屏风⑤开,
绿水白帆红旗来!

大地的愁容春雨洗,
请看穿山⑥明镜里——

呵!桂林的山来漓江的水——
祖国的笑容这样美!

桂林山水入胸襟,
此景此情战士的心——

是诗情呵,是爱情,
都在漓江春水中!

三花酒⑦挽一分漓江水,
祖国呵,对你的爱情百年醉……

江山多娇人多情,
使我白发永不生!

对此江山人自豪,
使我青春永不老!

七星岩⑧去赴神仙会,
招呼刘三姐呵打从天上回……

人间天上大路开,
要唱新歌随我来!

三姐的山歌十万八千箩,
战士呵,指点江山唱祖国……

红旗万梭织锦绣,
海北天南一望收!

塞外的风砂呵黄河的浪,
春光万里到故乡。

红旗下:少年英雄遍地生——
望不尽:千姿百态"独秀峰"!

——意满怀呵,才满胸,
恰似漓江春水浓!

呵！汗雨挥洒彩笔画——
　　桂林山水——满天下！……

1959年7月旧稿

1961年8月整理于北戴河

选自《人民文学》1961年第10期

〔作者原注〕①独秀峰，在桂林市中心，孤峰一柱，拔地而起。②④⑤老人山、鸡笼山、屏风山，均在桂林市区，因状得名。③伏波山，汉"伏波将军"马援遗迹。山下还珠洞，有老龙谢情还珠神话，本诗转意借用。⑥穿山，在桂林市南郊。峰顶有巨大圆形洞口。洞穿露天，状似明镜高悬，相传为马援一箭射穿。⑦三花酒，桂林名酒。⑧七星岩，桂林最著名岩洞之一。传说歌仙刘三姐在此洞中赛歌，后化石成仙。

　　在写桂林山水的诗篇中，最为人称诵的是唐代韩愈《送桂州严大夫》中的名句："江作青罗带，山如碧玉簪。"韩愈用青罗带来形容漓江的水，用碧玉簪来形容桂林的山，两件妇女的饰物，写尽了桂林山水柔美的风情。那么，在这样的诗句面前，对于桂林山水的描写，是否到了极限了？有哪一位诗人能够超越它？的确，历史上有的名篇后人可能是无法超越的。但文学对于客观事物的描绘却不会有限。有才能的诗人、文学家，总是在前人没有涉及的领域发掘出新的美。贺敬之的《桂林山水歌》不拘泥于以实比实，而是以虚喻实。桂林的山，不再是妇女发间俏丽的碧玉簪，而变成了云中的神、雾中的仙；漓江的水，不再是妇女腰间柔软飘拂的青罗裙，而变成了深的情、美的梦。神仙是谁都没有见过的。但是云雾之中影影绰绰出现的仙女的形象，能够唤起人们捉摸不定的那种美感是什么样，梦又是什么样，它也是不确定的。悠悠流过的绿透绿透的漓江水，留给人们的印象是难以具体描述的。青罗带也只能传达出它的美感的一部分。任何的比喻在客观事物丰富的美面前，都会失去魅力，何况神奇而迷人的漓江水？贺敬之抛弃了习见的方式，他让我们看到的不是漓江水的具体的样子，而是让我们去想象那最深沉的情爱和最美丽的梦境，神仙有多么优美的姿态，桂林的山就有多么优美的姿态；情爱和梦境有多么深沉多么美好，漓江的水就有多么深沉多么美好。构成诗歌形象的主要方法是想象，想象的方式是诗歌对事物的再创造的方式。在一定的时候，诉诸想象比如实描绘更易于奏效。

　　神姿仙态，如情似梦，桂林的山和水是这般美妙，但是桂林所拥有的，却不是一座山，一湾水，而是重重山，重重水。"水几重呵，山几重？/水绕山环桂林城……//是山城呵，是水城？/都在青山绿水中……"前两句写秀丽的山水拱卫着桂林城，后两句又写桂林城错落地散置于青山绿水之中。要是说，开头那四句诗是抓住了桂林山水的个性的话,则现在这四句诗是抓住了桂林这座城市的个性。它只用四句诗,便把桂林的特点加以突出,使之区别于其他风景秀丽的城市。桂林的美是不可替代、也不可混淆的。

前面提及的八行诗过去,贺敬之接着唱道:"此山此水入胸怀,/此时此身何处来?"诗人身处这样惊人的美景之中,反而怀疑自己是到了仙境或是梦境。这是一首诗的转折之处。从这里开始,《桂林山水歌》在对客观景物作了概括的描绘之后,转向了对主观心境的抒发。这种抒发不是孤立进行的,它的特点是没有游离开桂林的具体景物去作抽象的抒情,而紧紧抓住桂林风景的特点以抒写诗人独有的感触和情怀。首先,他借老人山的形象发出对于悠长的历史的慨叹。伏波山下的还珠洞,有老龙谢情还珠的神话,"宝珠久等叩门声",借一个传说以抒写对于光明和解放的憧憬。"鸡笼山一唱屏风开",雄鸡唱晓,一唱而社会主义生活场景的屏风如画展开。他用这个联想以象征如花岁月的涌现。绿水、白帆、红旗,这当然是美好时代的写照。在桂林市区,穿山的形状如一面明镜,诗人借此以抒发大地洗尽愁容面对明镜的喜悦。这里的八个句子,既是对于桂林自然景色的描绘,又是服务于作品主题的进展着的情节的抒唱。句句都写客观的景,句句都表主观的情。这种主观抒情和客观景象的完全的契合,使抒情诗清新自然而不觉沉闷:景色是新鲜的,即景兴叹又是贴切的。凭借了诗人的一片巧心,桂林绚烂的景色给主观情致的抒唱提供了条件。

《桂林山水歌》是一首歌唱祖国壮丽河山的诗篇。它不仅传达出了山水特有的美,而且让人从中鲜明地感受到蓬勃的时代气息。也许自古到今,桂林的山、漓江的水并不会有太大的变化,依稀总是旧日模样。但从诗人充满热情与朝气的歌唱中,感到了山河的新气象。"江山多娇人多情,/使我白发永不生!//对此江山人自豪,/使我青春永不老!"把对祖国的爱融入了对于山水的讴歌之中:大地景象之所以如此美丽,不仅在于桂林的山神姿仙态,漓江的水如情似梦,而且在于大地经春雨的洗涤而一扫愁容。祖国的笑容正是桂林山水在诗人心中的投影。

《桂林山水歌》由描绘桂林山水的情状入手,开篇便不寻常。它传神而又含蓄地道出了桂林山水诱人的美,它的好处是,在无法说清的情况下,把桂林山水的好处说清了。从全诗的结构看,除了开篇的不同凡响,诗中情感的富于起伏变化及转折的自然合理,也是一大长处。开头的四节八行,是对桂林山水和城市的特点的概括。诗行是简短的,而含意是深邃的。从"此山此水入胸怀,/此时此身何处来"开始,转为联系个人感受以抒发对山水的挚情,这就开始了有个人特点的抒写山水之美的文字,这段文字共六节。"招手相问老人山"以后八行,通过对老人山、还珠洞、鸡笼山、屏风山、穿山等自然景色的描绘,含蓄地概括了桂林从历史到现实的巨大变化。从"桂林的山来漓江的水,/祖国的笑容这样美"开始,到诗的结束,是主题的升华,由具体的桂林山水而扩展到对祖国美好河山的歌颂。

《桂林山水歌》在声韵节律方面的努力也起了重大作用。它采用两行一节,每节押一个韵的句式。因为每行都有韵,而换韵又很频繁,形成了全诗跌宕跳动的感情变化和节奏轻松、活泼自如的韵调。在词组、句、节等方面的对仗的广泛应用,形成了全诗节奏匀称而音调铿锵的音乐美。仍以开头四句诗为例:"云中的神"和"雾中的仙"相对,"神姿仙态"是一个巧妙的复沓;"情一样深"和"梦一样美"相对,"如情似梦"又是一个巧妙的复沓。这两节诗合在一起,又是一个完整的对偶的诗节。这就造成了全诗回环往复、余音萦绕的音乐效果。　　　(谢　冕)

西去列车的窗口(原诗略)　　　贺敬之

1963年春夏间,新疆生产建设兵团吸收了一大批上海青年入伍,我的《西去列车的窗口》(载1964年1月22日《人民日报》)。就是以此为题材写成的一首抒情诗。

新疆生产建设兵团是由1949年解放新疆的中国人民解放军一支部队组建起来的。这支部队从南泥湾时期起,就一直同我的思想和创作经历发生了密切的关系。1942年延安整风和大生产运动期间,我曾随鲁艺秧歌队到南泥湾三五九旅驻地和垦区作慰劳演出,并激动地写下了《南泥湾》的歌词(由马可谱曲)。全国解放后我和三五九旅的一些老同志有了更多的接触和联系,尤其是延安时期曾任三五九旅旅部秘书的郭小川同志和我关系最为密切。我们经常在一起回忆和谈论三五九旅以及我们所熟悉的其他部队。

我认为诗贵抒情,而所抒之情不是平白无故地产生的,它总是联系着诗人以往最难忘最动人的经历,对此不必讳言,也毋需讳言。正因为如此,全国解放后我写的大部分作品中,在歌唱党和祖国这个总主题下,总是离不开歌唱军队。而不管是写到红军,八路军或解放军,也不管是写到指挥员或战士,都直接间接地有三五九旅的影子在我心头出现。可以说,它是我创作灵感的一个重要源泉,是使我不能不为之动情的一个经常在我诗中出现的抒情形象。

动笔写这首诗的时候,我在构思方面花了些功夫。怎样才能较好地表现老一代对青年的期望和青年一代屯垦戍边的决心呢?可以写他们出发以前告别亲友的场面,也可以写他们到达新疆垦区以后的实际表现,不过我觉得这些都比不上写"西去列车"为好。汽笛长鸣,车轮滚滚,这本身就含有青年一代跟着时代列车前进的象征意味,列车的"窗口"虽小,但从"窗口"放眼远望,却可以看得很多,想得很多。就这样,我选择了"西去列车的窗口",诚如有些评论家所说:此诗"选择列车的'窗口'作为构思的核心,把广阔的背景和地域,两代人的历史和现实,热烈送别的昨天和急切期待的明天统统糅在一起,汇入'窗口',使它们在其中展开、深化和飞腾,从而保证了诗作的紧凑和集中"(尹在勤、孙光萱《论贺敬之的诗歌创作》)。

作为一首有人物有一定叙事成分的长篇抒情诗,要想始终充满浓郁的感情,必须掌握感情起伏变化的脉络,当缓则缓,当急则急,不能一根弦绷到底,另外,还得调动各种艺术手法,对或急或缓、或高或低的感情旋律作出生动细致的表现。为此,我作了这样一些尝试:一是通过景物描写烘托人物的感情,如开首三节:"在九曲黄河的上游,/在西去列车的窗口……//是大西北一个平静的夏夜,是高原上月在中天的时候。//一站站灯火扑来,像流萤飞去。/一重重山岭闪过,似浪涛奔流……"第一节点明地域,第二节点明时间,第三节则从列车旅客的视角出发描写了富于动态的感受和印象。有了这三节,就为底下人物的活动交代了背景,渲染了气氛。二是选择人物具有典型意义的表情动作来表现他们内在的感情波澜,我让"那些年轻人闪亮的眼睛","遥望六盘山高耸的峰头",让"头一阵大漠的风尘",翻卷起年轻人"新装的衣袖",我还写到了带队的老战士把年轻人的铺位安排好以后,"悄悄打开针线包","给新兵们缝缀衣扣",以此来表现老战士对青年的一片深情。三是在必要的时候,"我"也站出来直抒胸臆,以便把诗作的感情推向高潮,这就是诗篇最后几节的内容。

我喜欢民歌,也爱读我国古典诗词,在诗歌创作中很想汲取这二者之长,用以表现新的时代,新的生活。《西去列车的窗口》采用了两行一节的民歌体,但在遣词造句时并不限于民歌一端,而是既学习古典诗词的凝炼美,又重视群众口语中那种淋漓酣畅的美,前者如写车厢之夜:"窗帘拉紧。灯光减弱。人声顿收……"写车厢外的景色:"满天的云月星斗";后者如写老战士的表情动作:"呵,老战士轻轻地走过每个铺位,/到头又回转身来,静静地站立在门后。"写"我"的内心活动:"西去列车这几个不能成眠的夜晚呵,/我已经听了很久,看了很久,想了很久……"就是属于我的初步尝试。

我写诗向来不快,《西去列车的窗口》的写成也是如此。

1963年3月底,我跟随当时任农垦部部长的王震同志到上海,到6、7月间,我和兵团派来上海的同志一起,参加了和青年们的座谈以及家访等活动。不久便登上了从上海奔赴新疆的火车。直到同年12月,在阿克苏新疆生产建设兵团农一师驻地,我才写成了《西去列车的窗口》这首诗。

(贺敬之)

【诗人小传】

戈壁舟

(1916—1985) 原名廖耐雄,四川成都人。1939年到中共安吴堡青年训练班、延安泽东干部学校学习,次年入鲁迅艺术学院文学系。1946年后任延安陕甘宁边区文协创作组组长、新华社前线分社随军记者。新中国成立后历任西北文联创作室主任、《延河》月刊主编、四川省文联秘书长、省博物馆顾问。

故 乡

戈壁舟

故乡是美丽的,
从前我是那样厌恶你,
你像一颗明珠,
深深埋在污泥里。
我在你的怀里生长,
没有丝毫自由呼吸。

我毅然地离开你,
去迎接狂风暴雨,
在多少次生死关头,
也决不回头迟疑。
现在你像一朵鲜花,
在朝霞中那样美丽,
现在我回来了,
我回来了,
展开披满阳光的羽翼。

山是那样青,
水是那样绿,
城市是那样灿烂,
陌路人都成兄弟。
我像一个初恋者,
沉醉地投入你的怀里。

现在我才明白,
我从来没有离开过你;
过去的厌恶,
正是太过于爱你……

1956年7月20日赴北京途中
选自《我迎着阳光》,人民文学出版社1959年版

诗人的故乡是四川成都。成都地方古称华阳国,后世称为益州,称为蜀郡。其地有岷峨山水、锦官故城,物阜人丰,遐迩闻名。所谓"扬一益二",所谓"天府之国",都是指它的山川美好、物产丰富而言。有这样一个故乡,似乎值得夸耀。但是,天府之国的四川,在黑暗的年代,却只是地主和军阀的天堂,对穷人老百姓来说,只是一座牢狱。诗人于抗日战争爆发前夕,怀着对家乡的爱,对现实的恨,决然地离开故乡出走,去参加革命。本诗一开始就脱口而出:"故乡是美丽的,/从前我是那样厌恶你。"说的就是当年他离家出走时的那种爱恨交织的感情。这首诗是1956年,诗人在宝成路工地深入生活,经成都赴北京途中所作。诗作所抒写的,当然是对家乡的热爱,对家乡的新生的庆幸,"厌恶"云云,"污泥"云云,都不过是表现方法上的一种垫衬而已。诗的结尾又写道:"过去的厌恶,/正是太过于爱你……"可见作者采用这种首尾照应的垫衬手法的艺术匠心。

诗人在赞颂家乡时,使用了贴切的比喻。第一节"你像一颗明珠",第二节"你像一朵鲜花","明珠""鲜花"都被时间环境所限定:明珠沉埋于污泥,鲜花擢秀于朝霞,不可移易;如果翻转过来,不仅不成义理,而且也无法修辞了。

诗人在抒发乡恋之情时,并没有局限于一己的眷恋之情,而是推己以及人。第三节"山是那样青,/水是那样绿,/城市是那样灿烂,/陌路人都成兄弟",陌路兄弟是个点眼句子,形成了很高的境界。不然,山自青,水自绿,你自初恋,你自沉醉,与我外乡人何干?

本诗在章法组织上还有一个特点,就是押韵匀整,音调谐美。本诗各节,两句一押,用韵匀整而绵密,吟诵起来,抑扬缠绵,低回多情。

家乡念,故园情,这题材不知被古今中外的作家、诗人写过了多少遍!父母之旧邦,桑梓之所在,水土之所长养,风俗之所熏陶,其所系念于人情者,必至深至切。因而,热爱故园,眷恋乡土,也就成为人类共同的至善至美的感情。这种至善至美的感情,一旦形之于作家、诗人的笔下,无不真性流露,感情激越,很少有枯槁贫瘠之作。然而,当着人们的乡恋之情是与一种动荡和变故相关联,是以一种不得已的忧时伤乱、去国怀乡的情况为背景时,乡情就会有一种特殊的含意,热爱家乡、眷恋乡土的纯真之情就会升华为炽热的爱国、爱人民的高尚思想。谁不热爱家乡,谁就不会爱祖国。我们读这首《故乡》,难道不是就有这样亲切的感受吗?

(韩小默)

【诗人小传】

吕 剑

(1919—2015) 原名王骋之,曾用名原白、一剑,山东莱芜人。抗战爆发后在南方做过小学教师、编辑。后去昆明,任《扫荡报》副刊主编、《观察报》新闻编辑等职。抗战胜利后去香港,先后任《华商报》副刊主编、广州《中国诗坛》编委。1948年进入华北解放区,在北方大学艺术学院和华北大学第三部文艺研究室工作。新中国成立后历任《人民文学》编辑部主任、《诗刊》编委、《中国文学》(英文版)编辑。

我常常注视着

吕 剑

我常常地常常地注视着,
从无限广阔的地平线上,
突然出现的建筑的群体。
注视着那些宏伟的楼房,
带着玫瑰与绿玉的色彩,
带着纷繁的悦耳的音乐,
一天一天地在上升上升,
在那片湛蓝的天幕上,

现出鲜明多姿的轮廓。

我常常地注视着它们,
一天一天地上升上升。
它们植根于地层的深处,
带着一种新奇的冲击力,
不可遏止地飞速地生长。
它们巨大的形体有如城堡,
又像崔巍的峰峦一般坚强。
不,它们从外到内的丰采,
简直难于一下子加以辨识。

我常常地常常地注视着它们,
注视着它们幻境一般的变化。……
但我看到的仿佛又并不是建筑,
是一种新的精神在成长在高扬。
我常常地注视着它们,
于是不禁默默地默默地
成为它们的强固的血肉。……

1956年6月26日
选自《吕剑诗集》,人民文学出版社1982年版

"我常常注视着"什么?——"突然出现的建筑的群体。"不管它们是办公楼、宾馆,还是居民住宅,它们都是祖国走向繁荣富强的标志之一。难怪诗人要"常常注视着",难怪诗人要满怀激情地歌唱。

诗避开了平板的描叙,生动的想象与联想使诗思飞腾。说楼房"带着玫瑰与绿玉的色彩"上升,表现了它们的美与可贵;将建筑工地发出的种种噪音想象为"纷繁的悦耳的音乐",饱含着诗人的欣喜之情。这些都是诗人的独特感受。然而这些独特的感受又并非是诗人仅有的,它们都带有"共性"——"安得广厦千万间",谁都盼望更多的楼群在地平线上上升。

接着,诗人继续通过拟喻性的想象,来歌唱楼群的上升。它们为什么能够这

样?因为"它们植根于地层的深处"。这里的"地层"既是实指,也是虚指——指人民群众的心坎。是人民群众的强烈愿望和他们的智慧汗水,才使高楼"带着一种新奇的冲击力,/不可遏止地飞速地生长"。诗通过形象化的手段来表现楼群迅速上升的态势,给人很深的印象,诗人做到了用诗的语言写诗。

最后一节仍然是"注视",但写得更为空灵:"我看到的仿佛又并不是建筑,/是一种新的精神在成长在高扬。"这是对艰苦奋斗、奋发图强精神的礼赞。诗的结尾很有深度:诗人"于是不禁默默地默默地/成为它们的强固的血肉。……"这一出人意料之外的想象把诗的境界拓深了,这不但表达了诗人对建筑群体的爱,还抒写了诗人对"新的精神"的景仰。

诗写于20世纪50年代。那时的中国诗坛,流行着一股"描绘"之风。诗人们常常是把生活的表象"摄"进诗行,然后加上一些激昂的、歌颂式的言辞,合而成章。这首诗却不是这样。诗人在抒情客体中贯注着诗人的自我意识,并通过大胆的想象和联想传达出来。由于这样,这首诗到今天还具有较强的吸引力。

(杨光治)

诗人小传

乔 林

(?—1954) 籍贯不详。1948年曾在大别山地区参加游击战争。后在中国人民解放军部队中从事文化工作。1954年死于车祸。

白 兰 花(原诗略) 乔 林

乔林的《白兰花》(作家出版社1956年版)以大别山革命根据地为背景,塑造了一个在严峻的斗争中成长起来的革命妇女白兰花的英雄形象,并且高度概括地反映了第二次国内革命战争、抗日战争和解放战争这三个时期人民群众的斗争生活。

全诗除"引子"外,共分6部31节。诗人叙述了一个扣人心弦的故事:在大别山区的白家洼,农村姑娘白兰花和放牛娃朱大海真心相爱,可是恶霸史家霸为霸占兰花,把大海关进监狱。正当兰花一家害怕史家霸来抢亲之际,游击队长周彪带领红军打进村,史家霸仓皇出逃。随着苏维埃运动的展开,白家洼的农民翻身解放了,兰花积极地投入这一运动。国民党军队向大别山根据地发起了"围剿",红军主力转移。史家霸回乡,杀害了白老汉并准备设计抢劫兰花成亲,兰花母女闻讯被迫逃到县城,栖身城隍庙;后来,兰花母女听说红军回来了,又重返白家洼。兰花积极投身于抗日工作,并且同被新四军从牢中救出、已经参加了民兵大队的大海结了婚。一次,兰花因将新四军伤员转移进山而遭到日本侵略军的严刑拷打,母亲则被敌人打死。抗日战争胜利后,国民党却又发动内战,主力部队转移了,兰花留在游击队里并光荣地加入了共产党。人民解放军发动大反攻后,兰花在欢迎南下大军时见到了已经当上了解放军连长的大海。

此诗在艺术上的主要特点是善于通过尖锐的矛盾冲突塑造人物形象。诗人在刻画白兰花这个人物形象时,始终把她置于矛盾冲突的漩涡中,通过一系列的斗争生活,展现她的成长历程,表现她丰富的内心世界,刻画出她鲜明的性格特征。白兰花上山砍柴得向史家霸交包山钱,逼得兰花只好偷偷上山拾松果。这种尖锐的阶级对立,使纯朴善良的兰花喊出了不平的心声:"山上的树呵这么高,/树上的枝呵这么多,/我盯着老天问一句:/为什么不许我砍柴火?"通过这些诗句,诗人初步揭示了兰花与恶霸地主之间不可调和的阶级矛盾。后来,在史家霸的操纵下,一连串的灾难和不幸落到兰花头上:恋人被陷害,父亲被暗杀,母女被迫流离失所,这一切无不使兰花与史家霸之间的冲突更加激化。诗人就是在这种激烈的矛盾冲突中刻画出兰花嫉恶如仇、爱憎分明的个性,为她后来成为一个革命的女英雄作了有力的铺垫。

《白兰花》做到了抒情与叙事的有机结合,这是这部作品成功的最主要的原因。

首先,这首诗始终是以饱含深情的笔触向读者叙述故事,诗人既不是放弃抒情而冷静地叙事,也不是脱离叙事而空泛地抒情,而是在叙事过程中巧妙地将两者熔为一炉,做到了寄情于事,借事抒情。在这方面,诗人笔下所流露的情感基调,与诗中所叙述的跌宕起伏的情节,是完全一致的。

其次,这首诗在刻画人物心理方面,还采用了直接抒情的方式。例如作品写兰花对大海的爱恋时,有一节诗非常生动地揭示了兰花的心理活动:"大海哥,/我愿变作放牛鞭,/让你天天拿手间;/我愿变作山下泉,/让你喝了满口甜;/我愿变作青草地,/你累了躺在我怀里;/我愿变作你身上衣,/风里雨里跟着你……"这饱含深情的诗句,生动地刻画出兰花纯洁美好的内心世界,抒发了她和大海心心相印、生死不渝的爱情,有着较强的艺术感染力。

再次,这首诗在叙事的同时,还特意安排一些抒情性的场面,诗人通过移情于景,借景抒情,渲染浓郁的抒情氛围。例如,作品写到兰花为了救护伤员突围,不得不舍弃自己刚生的婴儿时,诗人安置了敌军在松树林里听见孩子哭声后,立即赶来摔死孩子再戳上一刀的惨绝人寰的场面。诗人在叙述这悲惨的一幕时，还特意调转笔锋，借景抒情："带血的松树你记清：/你身边死了一个小生命。/他头上的胎毛还没干,/还没睁过小眼睛！""含血的土地你记清：/你怀里死了一个小性命。/他还没尝过妈妈的奶,/小嘴巴也没被妈妈亲！""天上的太阳你记清：/蒋军摔死一个小性命。/将来审判会上审凶手,/你在空中来作证！"这样的诗句分明是诗人内心燃烧的怒火,我们从中可以感到诗人急剧跳动的心,它强烈地控诉了蒋军所犯下的罪行,也间接地反映了兰花为了革命事业勇于牺牲个人一切的博大胸怀和崇高精神,具有震撼人心的艺术力量。

这首诗在诗的形式和诗的语言运用上,都汲取了民歌的艺术养料,并且能灵活地化用,将民歌和新诗融为一体,使作品具有鲜明的民族风格。例如作品写兰花探问大海心迹一节,就直接采用了民间男女对山歌的艺术形式："池里荷花为什么并蒂开？/杨柳生枝为什么枝连枝？/蝴蝶飞来为什么翅挨翅？""荷花并蒂为结伴,/枝连枝呀为同根,/翅挨翅呀为同心！"诗人从民歌中巧妙地化用了这种男女一问一答的形式,以质朴而又生动的语言,含蓄地刻画出二人独特而微妙的心理。不仅如此,这首诗还大量采用了民歌中惯用的比兴手法。"拨开乌云看星星,/今朝我要把你问；车干了河水看河底,/今朝我要试试你的心。"一、三两句是起兴,但兴中也有比的成分,语言活泼生动,十分有效地表明了兰花要打破沉默,探明大海心意的决心。"人人都说星星亮,/星星没有你眼睛亮。/人人都说海棠红,/海棠没有你嘴唇红。/人人都说彩霞美,/彩霞没有你笑脸美。/人人都说百灵鸟灵,/百灵鸟没有你心眼灵。"这是大海回答兰花的一段对歌,诗人采用了连比的艺术手法,从不同的角度刻画出兰花美丽的形象,也表现了大海对兰花铭心刻骨的相爱之情。此外,这首诗句式长短不一,活泼明快,富于变化,能将民歌风味与新诗格调糅为一体,以便形成不同的节奏和旋律,更好地表现出诗歌内在情感的复杂性。全诗的语言也比较淳朴,生动,自然,冼炼,就像盛开在大别山上的映山红一样,散发着乡土的气息与生活的芬芳,给全诗带来了一种质朴的美,自然的美。

（姚国建）

【诗人小传】

梁上泉

（1931— ）四川达县（今达州）人。1950年参加中国人民解放军。1957年转业到重庆市歌舞团从事创作。其诗或取材于老革命根据地的斗争生活,或反映公路建设,或描绘西双版纳地方风光和巴山蜀水的胜景。

吻

梁上泉

阿妈哟阿妈,
你为什么不说话?
眼望着新修的医院,
为什么噙着泪花?

问你你不回答,
吻着怀里的娃娃,
向医院步步走近,
你到底在想什么?

莫非想起以往的儿女,
没有一个长大?
莫非想起旧日的病痛,
找不着一个"门巴"?

阿妈,你擦干了眼泪,
是不是要说说心里话?
笑脸却亲贴着明净的门窗,
像吻着白胖胖的面颊。

啊!你吻吧!吻吧!
你以吻孩子的母爱,
在吻着自己的医院,
在吻着自己的祖国呀!……

1955 年 2 月 19 日,扎木。

选自《喧腾的高原》,中国青年出版社 1956 年版

此诗后来编入诗选《山泉集》时改为《阿妈的吻》这个题名。

阿妈是以她的吻说话的;阿妈是以她的泪说话的。她的一个亲吻,她的一朵泪花,至今还烫着我的心。

1954年底,当康(川)藏公路全线通车之时,我正随西南军区慰问团在昌都慰问筑路部队。有一天黄昏,我从新修的昌都人民医院门前经过,看见一位藏族阿妈,一会儿脸庞亲贴着玻璃窗,一会儿又亲吻着怀里的孩子,眼含泪花,久久不愿离开。她这个不被人们注意的行为,却深深地触动了我,使我想起了一年前,我在雪山草地的阿坝做民族工作时所遇上的另一相近的情景。那是在一座专为寺院服劳役的"塔洼"里,有位老阿妈告诉我,她曾生养过9个儿女,由于缺医少药,都一个个夭折了,没有一个长大成人。当地习俗认为,妇女生产是脏污的事情,只能在牲口圈里进行;有什么病痛,也只能念经求神。这自然会造成种种悲惨的结局。那可怜的老阿妈,一直独自一人住在一顶又黑又小的牛毛帐篷里,度着孤苦无依的残年。有回她病了,我和卫生员一起送药上门,并亲自给她喂服,她感动得直摸我们军帽上的"八一"星徽和那红十字药包,什么话也说不出来……眼下,我在远隔千里的昌都,似乎见到的又是那位阿坝的老阿妈!于是,我就随声轻吟出"阿妈哟阿妈,你为什么不说话?……"我在黄昏的雪光中走着吟着,吟着走着,两眼潮润,不知所归。但这首诗的诗眼,直到一两个月后到扎木医院采访时才找到,完成了它的最后一节。

最末二句,我想到:阿妈吻自己的医院,就是吻着自己的祖国。祖国是医院的扩大,医院是祖国的缩影。对这位饱经风霜的阿妈来说,"自己的医院""自己的祖国"包含着何等深沉的意义!过去,病了求神佛保佑,最终只有孤独是自己的,只有苦难是自己的!而今公路像一条金色飘带连接了北京和拉萨。西藏成了祖国牢不可分的一部分,这医院也才是自己的,祖国也才是自己的!因此,她的吻,是雪原之火;她的泪,是赤诚之光。

(梁上泉)

月亮里的声音 梁上泉
——给月琴手沙玛乌兹

你的胸怀竟如此宽广,
抱住了一个圆圆的月亮;
你的长裙拖着红霞,
从凉山飞到北京的舞台上。

听着月亮里的声音,

月亮里的声音

几疑是天上的嫦娥下降;
你用琴弦跟听众谈心,
又分明是个彝族姑娘。

月亮里只有个广寒宫,
月琴里却有你整个家乡;
通过你会说话的手指,
把我引到你放羊的远方。

一曲倾诉着奴隶的苦难,
像山顶郁结着不化的银霜,
森严的寨堡里有娃子在呼号,
一滴热泪燃起一星火光。

一曲庆贺奴隶的解放,
两弦间就是一条欢腾的金沙江,
雪白的荞子花开在两岸,
牧人的舞影跃入水中央。

最后一曲献给山区的未来,
弹得星星落在孩子的书桌上,
惊喜地望着那美丽的现实,
一半像神话,一半像幻想……

掌声的急雨把我催回剧场,
幕布的黑云把你深深掩藏;
归来的路上琴音还很明朗,
正像这深夜里满街的月光。

1957年3月17日—6月1日,北京—重庆
选自《诗刊》1957年第7期

月亮里的声音

1957年的一个春夜,我去北京天桥剧场,观赏参加全国业余文艺会演的四川代表团的演出。久居首都,自然想见到天府亲人,听到巴蜀乡音。

节目一个个演过去,不及一半,一位名叫沙玛乌兹的彝族姑娘落落大方地出现在舞台上。她高挑的身材,穿着五色长裙,像拖着五彩云霞,从遥远的大凉山飞降到千多位观众面前。她抱着那张圆如满月的月琴,是那么自如,那么自信,才从容地弹响第一个音符,就把整个场子镇住了,也把我这个常在少数民族地区生活工作的年轻军人征服了。

通过她那件有两根弦的弹拨乐器,向我诉说着奴隶社会的悲惨景况:娃子们脚踏郁结的寒霜,头顶漫卷的风雪,牛马般地劳动着;奴隶们溜出寨堡,躲过监视,向外地逃亡。当金沙江两岸获得真正的解放时,欢腾的浪花在琴弦上飞溅,荞子花又和牧人同舞同乐。面对现实,想望未来,满怀着奇丽的憧憬。激越跳动的旋律又把我挂在眼帘的苦泪一下抹尽擦干了。当丝绒大幕把她掩隐之后,我再没心思观赏后面的那些歌舞,耳边总萦绕着那月亮里的声音。一直到场终人散,我才发现自己还独留场内未走。

我走出剧场,已无车可乘了,只得踏着满街的月光,徒步吟咏,从城南走回到城北的军营。在这十里左右的途程中,这首诗的腹稿也初步完成了。

事后,我带着草稿回到四川,走访城乡的同时,也对它进行了两个多月的"冷处理",作了一些润色加工,就在当年的《诗刊》第7期上发表出来。收入我的诗选《山泉集》时,又把"幕布的黑云"改成了"幕布的紫云"。以后许多诗选本都把它当作我的代表作选入了,并有不少评论。如严辰写道:"《月亮里的声音》着墨不多,委婉动人,写弹月琴的姑娘,'你的胸怀竟如此宽广,/抱住了一个圆圆的月亮',比喻既现成又新颖。轻轻一转,概括了彝族人民曾经走过和将要走的道路。彝族姑娘把深情化为倾诉的乐曲,青年诗人把深情凝成鲜明的形象。"

这首诗流传虽然较广,但我1973年夏到凉山州文工团亲访这位月琴手时,她却不知道我写给她的这首诗。大凉山毕竟太遥远了,这使我感到她真的住在广寒宫里,信息难通呵!

(梁上泉)

闻 捷

【诗人小传】

(1923—1971) 原名赵文节,曾用名巫之禄,江苏丹徒(今属镇江)人。抗日战争爆发后,在武汉参加抗日救亡宣传工作。1940年去延安陕北公学学习,后参加部队文工团。1943年开始创作。1945年任《群众日报》编辑和记者组组长。1949年随军到新疆。1950年后任新华社西北总社采访主任、新疆分社社长。1956年任《文艺报》记者、《人民日报》特约记者。1958年任中国作协兰州分会副主席。1961年任中国作协上海分会专业作家。诗作感情真挚,构思精巧,语言流畅,节奏明快,风格清新,具有民歌风味。

苹果树下

闻 捷

苹果树下那个小伙子,
你不要、不要再唱歌;
姑娘沿着水渠走来了,
年轻的心在胸中跳着。
她的心为什么跳呵?
为什么跳得失去节拍?……

春天,姑娘在果园劳作,
歌声轻轻从她耳边飘过,
枝头的花苞还没有开放,
小伙子就盼望它早结果。
奇怪的念头姑娘不懂得,
她说:别用歌声打扰我。

小伙子夏天在果园度过,
一边劳动一边把姑娘盯着,
果子才结得葡萄那么大,
小伙子就唱着赶快去采摘。

苹果树下

满腔的心思姑娘猜不着,
她说:别像影子一样缠着我。

淡红的果子压弯绿枝,
秋天是一个成熟季节,
姑娘整夜整夜地睡不着,
是不是挂念那树好苹果?
这些事小伙子应该明白,
她说:有句话你怎么不说?

……苹果树下那个小伙子,
你不要、不要再唱歌;
姑娘踏着草坪过来了,
她的笑容里藏着什么?……
说出那句真心的话吧!
种下的爱情已该收获。

选自《天山牧歌》,作家出版社1956年版

吐鲁番盆地出产的瓜果是香甜的,边疆的风光是迷人的,从那里传出的情歌自然也就格外甜美动听。这首诗所以令人过目难忘,正在于它让我们领略了边疆少数民族男女青年在那样一个美好的地方所采撷的美好的爱情之果。

诗作题为"苹果树下",但并非是咏物写景之作。第一,它没有将目光专注于苹果,写苹果是为了写人;第二,它也没有实写苹果园——姑娘和小伙子的劳动场所。在这首诗中,苹果是一个象征体,诗人是借苹果的生长暗喻爱情的成熟,而这一点正反映了诗人的构思之新,手法之巧。

诗篇一开头出现了"苹果树下那个小伙子",有背景,有人物,焦点集中,干净明快。第二行从作用于读者的视觉一转而为作用于读者的听觉:"你不要、不要再唱歌",这一行写得极妙,一个"你"字,多情的"我"——抒情诗主人公立刻呼之欲出,这首第三人称的诗篇也因此而平添了几分抒情意味。两个"不要",下笔轻盈,感情委婉,叮咛的口吻由此可见。更使人难解难忘的是,在苹果园里边劳动边唱歌,不正可以表现劳动人民翻身的喜悦和劳动的干劲?何以要提出与此相

反的嘱咐和请求？这，无疑是一个有趣而吸引人的悬念。

诗人没有忙于把悬念一下子解开。底下，姑娘出场了，我们看到了她沿着水渠走来的身影，听到了她心脏跳动的声音，但她对歌声的反响如何，诗人没有明确回答，而是连用了两个问号，曲折地表现了姑娘的感情活动，显得含而不露，恰到好处。这，与其说是解开了悬念，毋宁说是加深了悬念，加深了对读者的吸引力。

在诗中，小伙子频频唱出了求爱的歌声，表现得大胆而热烈，其中要数采摘"葡萄那么大"的苹果最为风趣，令人忍俊不禁。可是姑娘始而说"别用歌声打扰我"，继而说"别像影子一样缠着我"。这一切构成了鲜明的对比，诗篇也因此而笼罩上一层轻松活泼的喜剧性氛围。当然，精诚所至，金石为开，小伙子的求爱终于得到了报偿，姑娘开始"整夜整夜地睡不着"，急切地期待着小伙子前来正式求爱。有趣的是，这次是小伙子落后了，他大概有些愣头愣脑，不善于观察姑娘微妙的感情变化吧？诗人这样处理，既切合姑娘和小伙子的身份、性格，也是服从于诗篇构思的需要，使得诗的喜剧性氛围更浓，因此也更加生动，更加吸引人。

此诗的结尾和开头句式相近，韵脚相同，构成一种首尾回环、复沓的音乐感，不过形式的整齐和匀称并没有遮掩住人物感情的发展和变化，即便是在开头和结尾中两次出现的诗行"你不要、不要再唱歌"，其内涵也有着明显的差异。没有疑问，这种同中见异、形同实异的手法较之于完全的等同，是别具一番韵味的。

有些老诗人说创作一首具有一定水平的诗篇并不难，但要超出一定水平之上，就得花费多得多的心思和脑汁。20世纪50年代的爱情诗，常常把"爱情"和"劳动"合二为一地加以表现，这固然是时代使然，劳动人民翻身以后的风气使然，体现了人民群众新颖的爱情观，但也说明有些诗人已经自觉不自觉落入了某种固定的模式和窠臼。《苹果树下》从根本上来说，它所表现的也没有离开爱情和劳动，但它一不写劳动时所流的汗水，二不写劳动后所得的奖状，三不让爱情简单地和劳动同步进行、发展，而是在优美的旋律和浓郁的抒情氛围里演出了一则生动有趣的爱情故事，这就让人看出它高出一般爱情诗的地方来了。

(孙光萱)

葡萄成熟了　　　　　　　　　　闻　捷

马奶子葡萄成熟了，
坠在碧绿的枝叶间，
小伙子们从田里回来了，

姑娘们还劳作在葡萄园。

小伙子们并排站在路边，
三弦琴挑逗姑娘心弦，
嘴唇都唱得发干了，
连颗葡萄子也没尝到。

小伙子们伤心又生气，
扭转身又舍不得离去；
"悭吝的姑娘啊！
你们的葡萄准是酸的。"

姑娘们会心地笑了，
摘下几串没有熟的葡萄，
放在那排伸长的手掌里，
看看小伙子们怎么挑剔……

小伙子们咬着酸葡萄，
心眼里头笑迷迷：
"多情的葡萄！
她比什么糖果都甜蜜。"

选自《天山牧歌》，作家出版社 1956 年版

　　这首诗为我们打开了一扇生动地了解哈萨克族生活风情的窗口：葡萄成熟的欢乐季节，葡萄园里姑娘们忙碌的身影，路边飘来的小伙子们用三弦琴伴奏的歌声，小伙子们善意的挑逗和诙谐的揶揄，姑娘们会心的微笑和机智的戏谑……这劳动与爱情交相辉映的习俗，这青年男女传递爱情信息的方式，这开朗幽默的性格和明净美丽的心灵，都以边疆兄弟民族地区特有的风采，为读者建构起一个又有新奇感又有魅力的美的境界。

　　诗人所描绘的生活场景，不但具备新鲜感，而且带有喜剧性。这种喜剧性是由两个富有生活情趣的矛盾所构成的：当小伙子们唱得口干舌燥也没能尝到姑

娘的葡萄时,他们竟以不屑的口吻望着熟透了的马奶子葡萄说:"你们的葡萄准是酸的。"而当姑娘们故意摘下几串没有熟的葡萄给他们品尝时,小伙子们咬着酸葡萄,反倒说"比什么糖果都甜蜜"!这看似荒唐的语言,其实是以幽默的方式透露出小伙子们真实的感情。葡萄的"错位"乃是心灵"错位"的表现。小伙子们的内心秘密是:没有爱情,甜的东西也会变成酸的;有了爱情,酸的东西也会变成甜的。诗人巧妙地抓住这种喜剧性的矛盾,新颖别致地歌赞了哈萨克族青年对爱情的渴望和对幸福的追求。这首短诗具有一定的叙事性,由于诗人从生活中截取的这个片段,浓缩着生活的美,显露着哈萨克青年男女热爱生活的心底波澜,所以通篇都笼罩着诗意的氛围,字里行间流荡着抒情的气息。

美在生活中是到处存在的,重要的是能够发现。《葡萄成熟了》就显示出诗人闻捷敏锐的艺术洞察力:他善于从平凡生活中发掘出诗意的内涵,善于透过人们的日常言行捕捉心灵美的闪光,并善于把美的发现巧妙地转化为富有诗情的歌唱,这对我们有相当大的启发!

(吴欢章)

【诗人小传】

白　桦

(1930—　)　原名陈佑华,河南信阳人。早年学于汉川中学,后入信阳师范学校艺术科习画,同时开始文学创作,1947年参加中国人民解放军。1952年任中国人民解放军昆明军区创作组组长。1955年调中国人民解放军总政治部,任创作室创作员。1958年在上海八一电影机械厂当钳工。1961年起在上海海燕电影制片厂任编剧。1964年调中国人民解放军武汉军区话剧团任编剧。1985年起在作协上海分会专事创作。诗作《春潮在望》获1979—1980年全国中青年诗人新诗奖。

轻!重!

白　桦

隐入绿色的边境森林,
谁能比边防军士兵更轻?
萤火虫飞过去也要闪亮一星星火光,
蝴蝶翩翩起舞也要扬起霏细的花粉;
我们活跃在深深的林海里,

就像是一群无声又无息的黑影。

迎着黑色的骤雨狂风,
谁能比边防军士兵更重?
千年不化的冰川也会在雷电中崩裂,
万年凝固的雪山也会在暴风里震动;
我们站立在神圣的国境线上,
每一个哨岗都是一座不移的山峰!

1956年8月

选自1956年8月1日《北京日报》

这是一首反映20世纪50年代驻守祖国南疆的战士生活的抒情诗。

希腊哲学家亚里士多德在《修辞学》中说:"相对观念之意义,易为人觉察;其于并列排出时,尤为明显。"《轻!重!》就是有意识地把"轻"和"重"这两个"相对观念""并列排出",而取得了特殊表现效果的一首诗。

当然,"轻"和"重"的"相对观念"并非凭空而来,此诗也并非诗人的观念演绎所致。究其实,这是作为军人一员的诗人熟稔生活的结果,也是他按照诗歌艺术的规律不板不滞地表现生活的结果。不少人都认为,解放军战士的行动总是如风,如电,迅不可挡;他们的意志总是如钢,如铁,坚不可摧,诗人却独具慧眼地发现了他们也有轻而又轻的一面,而且这轻而又轻的一面并非不足道,不值得写,它也同样显示了战士的气质和特点,此诗用"轻"来衬托"重",突出战士肩负的重担,这就比一味以"重"写"重"好得多了。

诗共两节,前节写"轻",后节写"重",句式相仿而色调互异。就语言形式而言,诗人竭力把前后两节靠拢,就感情色调而言,诗人则竭力把前后两节拉开,这一靠一拉,诗作就具有一种特殊的张力,格外耐人咀嚼。第一节为了写"轻",诗人特意请来了"萤火虫"和"蝴蝶",这既是对战士巡逻边境的实写,具有浓厚的生活气息,又是由物及人,言在此而意在彼,用萤火虫、蝴蝶轻盈的姿态有力地衬托出边防战士更为轻盈也更为机警的身影。第二节写"重",调子骤然升高,色调急速转化,诗人致力于从物体大小、色调明暗、动作强弱等各方面和前者构成一种正反对比、阔狭顿异的艺术境界。且不说其他,单以色调的涂抹而言,前一节写绿色的森林,星星点点的萤光,可谓明媚艳丽,赏心悦目,后一节却是"黑色的骤雨狂风",迅速换成了暗色,转移了读者的视线。这里还要注意的是,"骤雨狂风"

原是实写,但一旦加上"黑色的"这个定语,立刻由实变虚,成为形容敌军入侵的比喻了。其他如庞大的雪山、冰川之于渺小的昆虫,冰川"崩裂"、雪山"震动"之于翩翩飞舞的蝴蝶,也莫不是在对比上下功夫,从反差中求得感情的强化。总之,这首诗确实是一首立意清晰、线索单纯而又角度多变、对比分明的好诗。

(孙光萱)

情　思

白　桦

历史上有多少哲人都是为爱而生,
为爱而一世凄凉……
他们本来就不是为了得到爱,
爱,就够了,就如愿以偿。

屈原和汨罗江水的拥抱,
在故国的江河里溅起两千多年欢乐的波浪;
两千多年鼓乐齐鸣的龙舟竞渡,
两千多年中华民族的沉思默想。

李白扔掉了官锦袍和唐明皇,
纵饮在酒旗儿飘荡的路上;
他把爱沉浸在酒泉和泪泉之中,
生命的最后瞬间是在水里捕捉月光……

贫困潦倒的杜子美,
却在破碎的国土上终生栽种着希望;
在颠沛流离的人群中的叹息和歌吟,
成为传诵千古的绝唱。

辛弃疾拍遍栏杆无人领会他的衷情,
满腹韬略的将军不能血染沙场;
头枕宝剑在春江花月夜里做厮杀的梦,

至死都听见幻觉中的铁矛金戈铮铮响。

壮怀激烈的岳武穆,
正气浩然的文天祥;
并不因为国破而有丝毫的退缩,
他们的爱正如他们的死一般坚强。

正因为中国在受辱、受难,
方志敏才自动地投入情网;
他深情地喊着"可爱的中国",
走上阵地——法庭——刑场。

我还能举出一长串光辉的名字,
我还能把无数爱的故事写成诗来歌唱;
但是,我能像他们那样勇敢地爱吗?
把生命当做保卫爱的权利的投枪?

我要回答,这就回答,
在回答之前允许我回忆一下以往:
一个在人前说话还会脸红的少年,
眼神里充满了美好的幻想。

截断自己身后的一切退路,
走上血与火的战场;
由于战友们的英勇我才能幸存,
三十多年以后我还能沐浴着阳光。

在弹雨中冲锋会流血,
在阳光下前进也可能有伤亡;

生命的价值是爱的深与浅，
绝不是时间的短和长。

有些人为了一分钟的苟延残喘，
恨不能一把火把世界烧光；
让中国的未来和他们同归于尽，
就像拉着美丽的少女为死人去殉葬。

我们只不过请他们睁一睁眼睛，
看一看今天中国和世界的现状；
我们只不过请他们挪动一下地位，
别躺在我们前进的路上。

我们只不过请他们松一松手，
别死死地抓住历史的车轮不放；
我们能容忍他们这些恶劣的嗜好吗？
牺牲中国的未来去怜悯他们垂死的渴望？！

为了适应黑暗，蒙上八亿人民的眼睛？！
为了迁就落后，剪掉伟大中国的翅膀？！
不！我们迫切需要的是一条宽阔的跑道，
伟大的中华民族要展翅飞翔！

我坚决站在捍卫未来的行列里，
用我的脊骨去加固通往未来的桥梁；
只要我的生命之火不熄，
我就要去点燃千万次失望中的希望。

爱恋着的人总是那样如醉如痴，

爱恋着的心总是那么单纯善良；
我们非常容易被欺骗，
又不善于防备暗箭冷枪。

我伸开双臂去拥抱我的祖国和人民，
多么好的靶子呀！为爱而敞开的胸膛！
我只不过是个正在爱着的普通的中国人，
而且已经爱了很久、很久，两鬓如霜。

有人会说：你太悲观了！
不！悲观和我从来不交往；
我天天收获着前人连同生命一起播种的爱，
难道不该歌唱着丢一颗种子在亲爱的故土上？

历史上有多少哲人都是为爱而生，
为爱而一世凄凉……
他们本来就不是为了得到爱，
爱，就够了，就如愿以偿。

1979.5.12　北京
选自《情思》，江苏人民出版社1980年版

　　这首诗是诗人对灾难性历史的独特反思。第一节四句，每一句都落实到"爱"，使"爱"成为一个绵长不绝的主题，统摄了全诗发展的基本格局，一、二句写"爱"的结果，"为爱而生"，"一世凄凉"；三、四句写"爱"的目的在于"爱"的过程自身："爱，就够了。"第一小节给人一种误解：这是一首泛爱主义诗歌。但是，正是这个误解和二、三句之间的省略号，使读者的心理期待和下面将产生的阅读现实发生抵牾和矛盾。

　　第二至第七节以屈原、李白、杜甫、辛弃疾、岳飞、文天祥、方志敏等一系列历史人物整齐而连贯地表现着一个意念：爱。这是"爱"的历史按照时间的纵深铺展。这里，原先宽泛朦胧的"爱"被意象的光辉所烛照，变得明晰清新起来。诗人讴歌的不是一己之私爱，而是一种博大的对于苦难中的民族和祖国的爱。这里

六小节近乎排比的诗行,读来感情充沛,丝毫不使人有厌倦感,关键在于意象自身的表现力是各具情韵的,屈原和汨罗江拥抱,李白在生命最后瞬间纵饮,杜甫在颠沛流离中栽种希望,辛弃疾只能"头枕宝剑在春江花月夜里做厮杀的梦……"由于意象表现侧面的不断转换,使六节排比由诗的论辩变成了诗的戏剧,一幕幕迅速转换而让你领略到内在的戏剧性。

这时在宏阔的历史背景下,作为抒情主体的诗人出现了:"我能像他们那样勇敢地爱吗?/把生命当做保卫爱的权利的投枪?"这里的问号从形式上说是疑问,但其功能是肯定,是唤起下文。"生命的价值是爱的深与浅,/绝不是时间的短和长。"这是诗人从"自我"中升华出的警句,或者说是"自我"的哲理化提升。这个富于青春活力、饱满而单纯的抒情主体,既有追思、感伤,也有自省、自豪。它来自诗人的人生和生命体验——从向往自由的学子到为自由而战斗的战士的体验。随着诗人情绪的渐渐推进,诗中出现了"爱"的对立面——作为"恨"的象征的"非我",一群历史的侏儒。但诗人不是客观地罗列他们的秽行,他不断将主观情绪投射进去,责问、抨击、愤怒、呼号:"我们只不过请他们睁一睁眼","我们只不过请他们挪动一下地位"。显然,这里的"请"具有"反讽"的功能,能够强烈地引起读者的注意。

经过这样一个曲折,诗人"自我"的主题再度出现,这是一个历经沧桑但仍不失赤子之心的抒情形象。他懂得人生的艰辛和爱的不易,他提醒爱恋着的人:"我们非常容易被欺骗,/又不善于防备暗箭冷枪。"并且以抒情的笔调勾画了自己的肖像:一个正在爱着,爱了很久,两鬓如霜的"普通的中国人"。这个肖像使人想到开始的诗句:"为爱而一世凄凉……"这是诗人的欲扬先抑之笔。全诗感情的高潮终于在这里掀起:"我天天收获着前人连同生命一起播种的爱,/难道不该歌唱着丢一颗种子在亲爱的故土上?"

在"非我"与"自我"以及爱与恨的不断变换中,历史与现实,诗中的全部意象终于在这里汇集,凝聚成一颗献给祖国的爱的种子。此时,诗情再度平伏,投射到那个宏阔的爱的哲学背景上,与第一节遥相呼应,但我们的感受和灵魂却在经历了这番爱与恨的洗礼后升华了。

(毛时安)

雪

白 桦

在颠簸的梦中醒来,
大地如玉砌般洁白;
完美得让你窒息,

纯净得让你发呆。

唯恐惊了雪花的辛勤,
只能用低语流露惊骇:
永远保留这圣洁吧,
把人间的丑恶覆盖!

可我们又渴望着,
远去的雁群归来;
喑哑的泉水歌唱,
荒芜的大地鲜花盛开。

难道这是天命么?
善恶、美丑同在。
雪姑娘的一番苦心,
换来的依然是悲哀。

一片冰心化作泪水,
泪水化作怒涛投奔大海;
难道必须同归于尽吗?
这个不可思议的世界!

2011年1月20日上海大雪
选自2011年2月28日《文汇报·笔会》

  刘勰《文心雕龙》中"登山则情满于山,观海则意溢于海"的名句,道出了作家、诗人敏于感受的特点。白桦人生经历丰富,见到上海大雪,更是感兴淋漓,创作了这首充满热情、饱蕴理想,而又满怀忧患意识、风格冷峻的《雪》。

  洁白的雪是美好事物的象征。这首诗的第一节就满腔热情地讴歌了雪的洁白、完美、纯净。开头两句,将"颠簸的梦"与洁白的大地对照起来咏唱,已经表现了诗人见到雪的喜悦心情。三、四两句运用夸张、排比手法,强烈地抒发了诗人见到洁白雪花的惊喜心情。"完美"竟然使人"窒息","纯净"竟然使人"发呆",词语的反常搭配,表现了白雪给抒情主体带来的狂喜。第二人称的运用,起到了沟通抒情主体和阅读客体的作用,增强了情感抒发的冲击力度。

　　在满腔热情地抒写了白雪给抒情主体带来的狂喜心情之后,诗人进而表现诗人的理想:永远保留圣洁,覆盖人间丑恶。诗人曾经和亿万人民一样,在旧中国中外反动派黑暗统治下,目睹了太多的丑恶,遭遇了深重的苦难。1949年新中国成立后,诗人一度因"左"的路线而受到不公正对待,因而这种热切期盼永远保留圣洁、覆盖人间丑恶的理想,既是诗人"小我"的心声,又代表了广大人民"大我"的心声。"唯恐""低语""惊骇",既表现了自然景物、物候的威力与神奇,又表现了追求理想的强烈愿望。

　　与一般的咏雪诗不同,诗人并不停留在歌咏雪的洁白,而是由此抒发对理想的追求。雪是洁白、美好的,但雪花飞舞的寒冬又使大雁南飞,泉水结冰,大地荒芜。诗人盼望白雪铺满大地,覆盖人间的丑恶,又渴望雁群北归,泉水解冻,冰雪融化,鲜花盛开。诗的第三节就抒唱了诗人渴望美好事物长在的愿望。

　　诗人的思索、抒唱并不到此为止。诗人既希望白雪覆盖人间丑恶,又希望冰消雪化,自然陷入两难境地。于是,诗人在第四节中发出了"难道这是天命么?/善恶、美丑同在"的天问,表现了诗人深沉的忧患意识。

　　诗的末节顺第四节而来,既然人间必然是"善恶、美丑同在",自己悲哀的感情就必然"一片冰心化作泪水,/泪水化作怒涛投奔大海",所以诗人发出了"难道必须同归于尽吗?/这个不可思议的世界"的深长感喟。诗人的忧患意识引人深思。这正是诗人思想的深刻所在。它启示我们为善战胜恶,美战胜恶,改造世界,为创造理想社会而努力奋斗。

　　这首诗全诗五节,诗句大体整齐,富于形式美。除首节一、二、四句押韵外,其余各节双句押韵,音韵铿锵,韵律优美,富于音韵美。

(潘颂德)

【诗人小传】

张　长

(1938—　)　白族,云南云龙人。1957年开始写诗。出版诗集《澜沧江之歌》《凤尾竹的梦》《边寨的爱》和长诗集《勐巴纳西》。其诗歌是西双版纳迷人而多彩的风俗画,表达了对傣族、白族、哈尼族人民创造美好生活的热情赞美。

失落的笑声

张　长

春天,白云把水田拭得像一面面明镜,
播种的社员赤着脚踏过了雨后的田埂,
和着种子,什么地方撒出了一把笑,
落下来了,就再也看不见踪影。

七月的黄昏,八月的早晨,
耘锄儿捣着大地,一问再问,
禾苗只摇头,默默不语,
露珠在闪烁,像诡谲的眼睛。

九月的田野刮起一阵秋风,
金色的谷穗前仰后合,笑个不停。
哦!准是那春天的种子窃取了社员的笑,
今天,却以千万倍的代价偿还它的主人。

选自《诗刊》1962年5月号

　　抒情诗不能如散文那样直说,不能直接地去表现客观对象的方方面面,怎么办?一条重要的创作经验是:"缩虚入实,即小见大。"(钱锺书《谈艺录》)

　　白族诗人张长的这首抒情诗就主题来说,歌颂劳动,歌颂丰收,不能说不"大",但从选择和表现的角度来说,只从"笑声"落笔,又不能说不"小"。更令人赞赏的是诗中对"笑声"的描写堪称匠心独具,第一行突出了"春天"和"白云",不说人们把水田搞得平整光滑,偏说"白云"在"拭"水田,真可谓"春天"有意,"白云"多情,用笔的轻盈为以后"笑声"的出现作了极好的铺垫。第二行是实写,又是"雨后",又是"赤脚",读者不难由此想见其时泥土的清新气息和农民的欢快心情。第三行不说"边笑边播种",偏说"撒出了一把笑",此句一出,"笑"和"种子"立刻二位一体,深深印进了读者的心田,这同样是不可多得的佳句。

　　写到这里,我们要提醒读者注意:如果诗人写"笑声"到此为止,或者以后几节仍按照人们习见的路子去写,那固然也可以说是"即小见大",但这种构思方式还是为人们所熟悉,充其量不过是歌颂了农民的劳动热情而已。看来,要想使诗作别开生面,还得把"即小见大"和"缩虚入实"结合起来,进而臻于完美的境界。

何谓"缩虚入实"?这得从诗的抒情说起。抒情是诗的本性,但直通通的抒情,如说"我幸福啊!""劳动开心啊!"恰恰又是最抽象不过的。感情需要依托,需要形之于目可见耳可闻的事物和场景,换言之,只有经过"缩虚入实"这一步,才能打动读者。《失落的笑声》的题旨既然是歌颂劳动的愉快和丰收的幸福,关键就在于如何把这个"虚"的题旨"缩"到一点,落到实处。令人高兴的是,作者不是一般化地写农民边劳动边欢笑,而是通过美丽的联想,步步为营,层层推进,第一步是故设疑局:先写"笑声"消失(第一节第四行"不见踪影");第二步再加以强化:诗的第二节写"禾苗默默不语"——似乎和"笑声"越来越远;第三步陡然一转,在最后用巧妙的比喻,写"谷穗前仰后合",用"笑声"报答辛勤的劳动农民。读到这里,人们才恍然大悟:"笑声"就是这样沟通了播种和收获,成了全诗的灵魂和核心!

"笑声"是"小"的,但又是"大"的;是"实"的,但又是"虚"的。如此"即小见大""缩虚入实",谁还能说此诗的构思和联想不独特不巧妙!

此诗亦有两个小疵:第三节第一行的"刮起"一词,不如改作"吹起""荡起"为好;同节第三行的"窃取",用词亦嫌稍重,不如改为"偷走"。在古今汉语中,"窃"和"偷"的含义有发展有变化,在古汉语中,"偷"的分量较重而"窃"的分量较轻,今天刚好相反,而且在特定的语言环境中,"偷走"有时带有那么一点幽默感俏皮感,不一定都含贬义。以上两点虽属白璧微瑕,但对于注意炼字炼句的诗歌艺术来说,仍有改进的必要。顺便在此一提,不知作者本人和广大读者以为如何?

(孙光萱)

诗人小传

饶阶巴桑

(1935—) 藏族,云南德钦人。曾就学于丽江师范学校。1951年参加中国人民解放军,曾任昆明军区政治部文化部创作员。

母 亲

饶阶巴桑

我吸吮着母亲的奶头,

还不曾想过捏泥娃娃和捉迷藏，
还不曾想过天空和陆地，
可是心里却有一个模糊的印象：
"世间再也没有什么
比母亲的胸脯还宽广！"

我从遥远遥远的边疆，
渡过了长江和黄河，
虽然我还没有走到长白山，
但是我在心底轻声地说：
"世间再也没有什么
比祖国的胸脯更宽广！"

1956年4月

选自《草原集》，人民文学出版社1960年版

一个人皆熟悉的提法：母亲——祖国，一个平淡无奇的比喻：祖国——母亲，诗人却借此感人至深地表达了他对祖国的一片赤诚之情。

诗分两节。第一节写母爱之情。人生是一条长河，母亲的身影永远伴随岁月的流水，从有涯走向无涯。诗人撷取的是自己处在母亲襁褓中嗷嗷待哺这样一个生活横断面："我吸吮着母亲的奶头。"这里，没有形容，没有夸张，仅仅是几句白描，就传达了人类一种普遍的感情，极易引起共鸣。母亲的乳汁给初生的婴儿注入了生命的活力，母亲的手掌为稚嫩的心灵撑起了一片绿荫，记忆中的这一幅母亲哺乳图也许因为当时并没有在诗人的脑海中镌刻下痕迹，最多只是在心里"有一个模糊的印象"，但这并不妨碍长大成人的饶阶巴桑如此亲切而又逼真地把它勾勒出来，因为它是人生的一种普遍但却是深刻的体验。读到这里，谁都会产生由衷的感动，和诗人一起脱口而出："世间再也没有什么，/比母亲的胸脯还宽广！"

如果说诗的第一节是铺垫，是比喻的喻本，那么和前者在形式上对称的诗的第二节，则是诗人感情的自然延伸，是比喻的喻体。诗人生于西藏，1952年参加中国人民解放军，他从边疆"渡过了长江和黄河"，来到长春，亲身感受了祖国的幅员辽阔，不禁从"母亲的胸脯"的"宽广"联想到"祖国的胸脯"的"宽广"，于是，

祖国——母亲,母亲——祖国这两个形象在他的心底叠印在一起。至此,喻本和喻体相映生辉,进而水乳交融,朴素而又生动地烘托了诗人的一片爱国主义情思。对母亲的爱在孩提时还只是"模糊"的,对祖国的爱则是自觉的经过深思之后的行动——"我在心底轻声地说",饶阶巴桑强调的正是后者,即诗人从内心深处呼喊出的带着激情和热血的声音:"世间再没有什么/比祖国的胸脯更宽广!"

(戴 达)

纳·赛音朝克图

【诗人小传】
(1914—1973) 原名赛春嘎,蒙古族,内蒙古察哈尔盟(今锡林郭勒盟)正蓝旗人。1937年入日本东京东洋大学师范系学习。1942年回国后任小学教师。1945年内蒙古解放后任察哈尔盟副盟长。1947年在内蒙古日报社工作。新中国成立后在内蒙古日报社、内蒙古人民出版社、内蒙古自治区党委宣传部、内蒙古文联等单位工作,先后任内蒙古自治区文联副主席、中国作协内蒙古分会主席等职。诗作反映内蒙古地区的现实生活,热情洋溢,语言朴素,风格清新,较多地运用比喻和富有哲理性的警句,具有浓郁的民族气息。

窗　口

纳·赛音朝克图

啊!窗口,给我流送进来——
　那驱散心中烦闷的黎明的光辉,
　点燃伟大理想的灿烂的阳光,
　和唤醒清新知觉的爽朗的空气,
　　啊,窗口,让它们流到我的房间里来!

啊!窗口,给我飘送进来——
　在温和的日光下生长的青草的气味,
　在幽静的月光下盛开的花朵的清香,
　和那清凉的露水洗拭过的清晨里流动的空气,
　　啊,窗口,让它们通畅到我的房间里来!

啊！窗口,你给我阻挡住——
　　　　令人颤栗的黑夜的刺骨严寒,
　　　　使人眩晕的灰尘弥漫的狂啸的暴风,
　　　　叫人心绪凝固的夜晚的黑暗,
　　　　　啊,窗口,把它阻挡在我的窗外!

　　　啊,窗口,你给我传送进来——
　　　　快乐的小鸟啼叫的悦耳声音,
　　　　可爱的昆虫合奏的唧唧小曲,
　　　　和那笑容满面的美丽的少女们的动人歌声,
　　　　　啊,窗口,让它们传到我的房间里来!
　　　　　　　　　选自《幸福和友谊》,作家出版社1956年版

　　《窗口》是纳·赛音朝克图早年抒情诗之代表作。诗通过"窗口"这样一个主体意象,向生活中美好的事物发出深情的召唤,表现出对光明、自由的热烈追求和对黑暗现实的憎厌与不满。

　　诗中抒写了对一系列很有代表性的美好事物的渴求,本来容易流于空泛,但诗人却能避免这一点,与他巧妙地构思了"窗口"这一集中概括而又意味深长的诗歌意象分不开。这个意象首先预设了一个情境,就是我们的抒情主人公是生活在一个房间里——在生活中,它可能是囚室、医院,还可能是规矩森严的家庭……久违了大自然和人类社会中许许多多美好的、不可缺少的东西:灿烂的阳光、新鲜的空气、花草的清香、鸟虫的啼鸣和少女的歌声……而不断受到黑暗与寒风的冷漠和侵扰。这样一种特定环境下"心中烦闷"的人,对于那些美好的事物,才是最为渴望、最为敏感的。情境的预设,对于强化诗中的抒情,有着十分微妙而又显著的作用。同时,通过"窗口"这个集中的形象,把诗中形形色色的意象都统驭起来,形成一个有机的整体,使读者感到诗中形象纷繁而不散乱,情感奔放而又凝练。

　　上述情境和意象,还构成了一种象征,耐人咏味。那黑暗的屋子,是对诗人当年所处社会环境的形象的概括;从而"窗口"就构成了面向未来和理想、面向新生活的一个象征。这使全诗显得格外地意味深长。

　　诗在形式上采用了四章叠咏体。叠咏体是比较适宜歌唱的,特别具有唱叹之音的一种体裁,故多见于古今歌词。而《窗口》一诗在章的叠咏上还套有句的

叠咏,即每章首尾的复叠,因而在音韵上特具回环往复之致。诗中叠咏,注意到在反复中求变化,就章而言,诗中各章主要是向美好事物发出召唤,而第三章插入变奏——要求"窗口"阻挡住邪恶事物的困扰,这就从反面补笔,加强了对主题——渴望新生活的烘托,又使诗歌行文上跌宕生姿。就句而言,每章首尾叠唱的两个祈使句,后者在前者的基础上增加"让它们"三字,就不但重复了首句,而且囊括了中间的三句所写的事物。它不但起到合唱的效果,而且具有挽结的妙用。

(周啸天)

【诗人小传】

铁依甫江

(1930—1989) 维吾尔族,新疆霍城人。1945年就读于宗教学校,1948年任伊犁《前进日报》编辑。新中国成立后历任新疆文化局文艺部主任、《新疆文艺》副总编辑、中国作协新疆分会副秘书长、中国作协副主席等。1946年开始发表诗作,后又从事维吾尔族文学研究。

唱不完的歌

铁依甫江

每个夜晚,我都徘徊于这条小巷,
唱着同一支歌,在这儿踯躅倘佯。
我朝着一座山峰不断地跋涉攀登,
但至今依旧盘旋在崎岖的山径上。

今晚我又用这支歌,
去轻轻叩击那扇窗棂。
不知哪儿"吱呀"一声门响,
传出一个老头儿呵斥的声音:
"你天天如此,嚷得人不得安宁,
莫不是得了治不好的神经病。
你自己不睡,也不让别人休息,
什么唱不完的歌?老是唱个不停!"

>"别见怪呵,老大爷,想想往日的情景,
>您不也曾经是个难以入眠的年轻人,
>这就是那支您当年也唱不完的歌呵,
>如今,您怎么就不理解这种心情?!"

一九五六年八月

选自《铁依甫江诗选》,人民文学出版社1982年版

全诗围绕着唱歌来写。"我"唱的是一首什么样的歌?诗中始终没有点明,但谁都可以猜得着,这是一首情歌。

诗篇采取了叙述的形式,不过叙述的顺序和情节的安排,完全是为着抒情的需要,所以当叙述告一段落,诗篇的抒情气息也就进入了高潮。

"每个夜晚,我都徘徊于这条小巷,/唱着同一支歌"——可以肯定,"我"的心上人就住在这条小巷中,而"我"至今还未得到她的爱情,所以"我"每天晚上都要到她的窗下唱歌,以打动姑娘的心。这表现了"我"对爱情的执著与专一。

这本来是一个普通的爱情"故事",由于老大爷的插入,平添了几分情趣。从老大爷骂"我"是"治不好的神经病",可以见出"我"对爱情的诚挚。更妙的是"我"对老大爷的回答,没有采用通常的抱歉或辩解的口气,而是意味深长地作了两代人的回顾:"我"唱的"就是那支您当年也唱不完的歌呵",是的,真正的爱情是代代相传、历久弥新的,所以情歌已经唱了千百年,是谁也唱不完的。这样的回答,突出了诚挚爱情的永恒,也显示了爱情的崇高价值。

诗中的另一个主角——"我"的心上人始终没有直接出现,诗人甚至没有间接描写她一笔,但从"我"的热切的追求中可以体会到,她是个美丽的、值得追求的姑娘。她的形象,引发读者的遐想。

这首歌抒写了美丽的爱情,展示了美好的人性。它写于20世纪60年代,当时爱情是写作的禁区,但诗人却敢于直接以"我"抒情,而且没有给爱情涂上劳动、战斗之类的保护色,这在当时的环境说来,是难能可贵的。诗自然地叙写了"我"的热烈和老大爷的"恼怒",使诗行漾起了波澜,增添了情趣的美。格调明朗健康,至今仍洋溢着新鲜感。

(杨光治)

诗人小传

郭小川

（1919—1976）　原名郭恩大，河北丰宁人。1934年就读于北平东北中山中学，1936年在北平东北大学工学院补习班学习。1937年参加八路军，曾任一二〇师三五九旅司令部机要秘书，丰宁县县长，中共中央中南局宣传部宣传处长兼文艺处长。曾与陈笑雨、张铁夫合作，用"马铁丁"笔名发表大量思想杂谈。1953年后在中宣部任理论宣传处副处长、文艺处副处长。1955年任中国作协党组副书记、书记处书记兼秘书长和《诗刊》编委。1962年后任《人民日报》特约记者。其诗作在体式上曾作多种尝试，最终创造了一种基本整齐而又富于变化的长短句式；语言质朴新鲜，情词壮丽，具有昂扬的战斗精神。

望　星　空（原诗略）　　　　郭小川

　　《望星空》（载《人民文学》1959年第11期）是郭小川抒情诗篇中最富有艺术个性的力作之一，是诗人运用艺术上的抑与扬、虚与实的辩证关系，有意造成诗情的波峰浪谷，以取得出人意料、别开生面的抒情效果的一个成功的尝试。这是该诗在艺术构思上的一个重要特点，也是正确把握这首诗思想内涵的关键所在。

　　全诗以"望"为核心，以星空和天安门广场为壮阔的背景，展开神奇的想象，从不同的视角去对比天上人间，去透视宇宙与人生，构成了一个属于诗的复合空间，从而有效地抒写出诗人多方位多层次的情思。诗分四章。前两章，设想一个"我"站在北京街头，向星空瞭望，既把星空写得异样的安详，又把星空写得无比的壮丽。诗人想象着那星空里竖立着层层神秘的殿堂，大气中流荡着奇妙的酒浆；想象着星星是万古不灭的灯光，银河是没有尽头的桥梁，并极力赞美星空："啊，星空，/只有你，/称得起万寿无疆。"诗中的"我"，甚至面对壮阔的星空"不免感到惆怅"，唱出了深沉的歌声："我爱人间，/我在人间生长。/但比起你来，/人间还远不辉煌。"诗人怀着一腔真诚，抒写了自己对浩瀚宇宙的独特感受，也毫不回避地流露了一些低沉的"惆怅"。这种"惆怅"，可以看作是1959年那个特殊年代特殊情境在诗人心灵上的曲折投影，或多或少地泄露了诗人对当时共和国土地上出现的种种异常现象的忧虑和不安。当然，从诗的整体构思来看，诗人这样写的目的是为了先向读者推出一个急待反驳和说服的对象，使你误以为诗人是在赞美星空，怀疑人间不如天上，而他的真正意图还留在后面。一进入三、四章，诗人掉转笔锋,把我们的视线引入"北京的心脏"——天安门广场,让壮丽辉煌的星空一下子变成了天安门广场的陪衬。诗人以满腔的热情,生花的妙笔,描绘灯火辉煌的天安门广场,描绘雄伟壮丽的人民大会堂,使得星空在它们的映衬下一下子变得"暗淡无光"。诗人处处照应前面对星空的描写,告诉读者,在人民大会堂宴会厅的杯盏中,正斟满了芬芳的友谊的酒浆;在长安街上,正挂出了长串的星光;在北京的中心,正架起了一座银河般的桥梁。诗人用美好的现实,一一否定先前的"惆怅",并且理直气壮地回答:这才是"人间天上""大地上的天堂",这才是"真实的世界""一点也不虚妄"。由此诗人还转入严肃的自我解剖,不仅驳斥了先前的"忧伤",而且怀着满腔豪情唱出了雄壮的歌声:"星空哟,/面对你,/我有资格挺起胸膛。"不仅如此,诗人还极其真诚地告诫自己和战友:"可是呵,/我和我的同志一样,/决不会在红灯绿酒之前,/神魂飘荡。"接着,诗人立足现实,展开想象的翅膀,向我们描绘了一幅瑰丽的理想蓝图:"我们要把长安街上的灯火,/延伸到远方;/让万里无云的夜空,/出现千千万万个太阳。我们要把广漠的穹窿,/变成繁华的天安门广场;/让满天的星斗,/全成为人类的家乡。"最后诗人更是满怀信心地宣告:"人生虽是短暂的,/但只有人类的双手,/能够为宇宙穿上盛装;/世界呀,/由于人的生存,/而有了无穷的希望。"从而强有力地抒发了人类改造世界、征服宇宙的壮志豪情和远大理想。

　　诗人的用意并不是要赞美星空,否定人间,而是为了使诗取得"意外"和"突然"的抒情效果,特意根据感情发展变化的不同阶段,采取了欲扬先抑(对天安门广场来说)和以虚衬实(以对星空的虚写来反衬天安门广场的实写)的艺术手法,使诗情显得波澜起伏,并以汹涌激荡的高潮作结,从而更艺术地用诗来批驳虚无主义的观点,说服人们不要因为暂时的挫折而"惆怅"和"忧伤",鼓舞人们树立远大的理想,珍惜短暂的人生,努力开创美好的未来。整首诗洋溢着诗人对人生的热爱,也渗透着浓厚的宇宙意识和人类庄严的使命感,其主旋律是对人生的礼赞,对人的本质力量的讴歌。诗中那种令人荡气回肠、不绝如缕的情调,常常使我们味之不尽,吟咏再三;诗中那种启人畅想天外、神思渺渺的哲理,常常使我们如入新境,豁然洞开。

(姚国建)

甘蔗林——青纱帐　　　　郭小川

　　南方的甘蔗林哪,南方的甘蔗林!
　　你为什么这样香甜,又为什么那样严峻?
　　北方的青纱帐啊,北方的青纱帐!

你为什么那样遥远,又为什么这样亲近?

我们的青纱帐哟,跟甘蔗林一样地布满浓荫,
那随风摆动的长叶啊,也一样地鸣奏嘹亮的琴音;
我们的青纱帐哟,跟甘蔗林一样地脉脉情深,
那载着阳光的露珠啊,也一样地照亮大地的清晨。

肃杀的秋天毕竟过去了,繁华的夏日已经来临,
这香甜的甘蔗林哟,哪还有青纱帐里的艰辛!
时光像泉水一般涌啊,生活像海浪一般推进,
那遥远的青纱帐哟,哪曾有甘蔗林里的芳芬!

我年青时代的战友啊,青纱帐里的亲人!
让我们到甘蔗林集合吧,重新会会昔日的风云;
我战争中的伙伴啊,一起在北方长大的弟兄们!
让我们到青纱帐去吧,喝令时间退回我们的青春。

可记得? 我们曾经有过一个伟大的发现:
住在青纱帐里,高粱秸比甘蔗还要香甜;
可记得? 我们曾经有过一个大胆的判断:
无论上海或北京,都不如这高粱地更叫人留恋。

可记得? 我们曾经有过一种有趣的梦幻:
革命胜利以后,我们一道捋着白须、游遍江南;
可记得? 我们曾经有过一点渺小的心愿:
到了社会主义时代,狠狠心每天抽它三支香烟。

可记得? 我们曾经有过一个坚定的信念:
即使死了化为粪土,也能叫高粱长得秆粗粒圆;

可记得？我们曾经有过一次细致的计算：
只要青纱帐不倒，共产主义肯定要在下一代实现。

可记得？在分别时，我们定过这样的方案：
将来，哪里有严重的困难，我们就在哪里见面；
可记得？在胜利时，我们发过这样的誓言：
往后，生活不管甜苦，永远也不忘记昨天和明天。

我年青时代的战友啊，青纱帐里的亲人！
你们有的当了厂长、学者，有的作了编辑、将军，
能来甘蔗林里聚会吗？——不能又有什么要紧！
我知道，你们有能力驾驭任何险恶的风云。

我战争中的伙伴啊，一起在北方长大的弟兄们！
你们有的当了工人、教授，有的作了书记、农民，
能再回到青纱帐去吗？——生活已经全新，
我知道，你们有勇气唤回自己的战斗的青春。

南方的甘蔗林哪，南方的甘蔗林！
你为什么这样香甜，又为什么那样严峻？
北方的青纱帐啊，北方的青纱帐！
你为什么那样遥远，又为什么这样亲近？

1962年3月—6月，厦门—北京。
选自《郭小川诗选》，人民文学出版社1977年版

　　如果说诗贵抒情，那么，《甘蔗林——青纱帐》不愧是一首感情浓烈而真挚的诗篇；如果说诗重想象，那么，《甘蔗林——青纱帐》不愧是一首让想象的羽翼尽情翱翔的诗篇；如果说，诗人对于形式美应该具有特殊的敏感，那么，《甘蔗林——青纱帐》无疑是一首在诗的形式美方面富有独创性的诗篇。

　　问题的关键在于：这一切是如何互相作用，而又有机地统一在一起的？我们知道，感情的直泻容易失之于空泛，而把感情的激流纳入整齐的诗的河床，往

往又容易束缚和影响感情的表达,对于这个苦恼过不少诗人的难题,《甘蔗林——青纱帐》是如何解决的?再拿想象来说,心理学家常把想象区分为接近联想、类似联想、对比联想,《甘蔗林——青纱帐》似乎又非一般的联想所能及,南方的"甘蔗林"和北方的"青纱帐"相隔不止千里,有何"接近"可言?倘要说到它们的"类似"和差异,自古以来好像也从未见有诗人提到和写过,郭小川何以能够慧眼独具、匠心独运地加以表现?

看来,这和郭小川具有战士的特殊经历有关,和他具有诗人的特殊气质(保持着饱满的诗情,时刻在寻找托物言志的对象)有关,也和他喜欢不断地在形式上进行追求和创新有关。

郭小川是河北丰宁人,青年时期参加八路军,曾在"青纱帐"里打过游击,对"青纱帐"怀有特殊的感情。尤为可贵的是,他善于用诗人的眼光观察生活,凡是足迹之所至、目光之所及,总要从中发掘出一丝半缕诗意,于是,他大胆地让"甘蔗林"和"青纱帐"携起手来,共同挺立于祖国的大地之上,奏出了这首既出人意料又感人至深的乐曲。

诗的第一节以设问开头,突出了主体,制造了悬念,其中的"南方""北方",显示了空间的寥阔,"这样""那样",沟通了今昔的联系,一上来就具有浓郁的抒情意味。底下,诗人就放开笔墨,用回环往复——由此及彼、亦此亦彼的艺术手法,对青纱帐和甘蔗林的多方面的联系作出了淋漓尽致的表现,诗篇先在第二节用四个"一样"写两者的相似:无论是"青纱帐"那"随风摆动的长叶",还是长叶上"载着阳光的露珠",都很像"甘蔗林"。正当读者欣然同意点头,为这番"形似"的描写所吸引时,第三节偏又宕开一笔,特意点出两者的不同:"繁华的夏日"不同于"肃杀的秋天","香甜的甘蔗林"不同于"艰辛的青纱帐"。写过这一番相似相异之后,诗人特意存而不答,置而不论,笔墨一转,开阖自如地连用八个"可记得",重现了"昔日的风云"和战友们的豪情,其中"捋着白须、游遍江南"等诗句,体现了诗人热情风趣的个性,使读者感到可敬亦复可亲。第九、第十两节又拉回到现实,含蓄而深情地点明了诗作的主题:今天的生活虽已全新,但仍需要保持当年那种坚定的信念和充沛的干劲,这正是甘蔗林和青纱帐的"神似"之处。全诗就是这样一波三折地描写了甘蔗林和青纱帐的形似——不同——神似,给了读者深刻的感染和启发。

内容上的"一波三折"导致了诗歌形式上的"一唱三叹"。诗人运用了一种新的诗体,以后人们称之为"新赋体"。《甘蔗林——青纱帐》注意借鉴古典诗词中对偶的艺术技巧,诗的第一、第三行和第二、第四行大体对称(即所谓"隔句对"),

这样的诗行由于中间隔了一句,读起来显得亦俪亦散,兼具回环往复和参差错综之美。《甘蔗林——青纱帐》还综合运用了陈述句、疑问句、祈使句、感叹句等句式和"啊""哪""哟"等语气词,使得诗篇脉络贯通而又顿挫分明,活泼流转而又开阔有序,极大地增强了诗作的音乐性。

归结起来,此诗给我们的启示是:生活积累是产生感情的土壤,丰富的感情是驱使想象的翅膀腾空而起的动力,而诗人刻意经营的诗的形式又给予这一切以能动的反作用,为感情和想象的活动提供了足够的空间和清晰的航线,最终成为一个表里一致、内容和形式相得益彰的艺术珍品。

(孙光萱)

秋　　歌　　　　　郭小川

秋天来了,大雁叫了;
晴空里的太阳更红、更娇了!

谷穗熟了,蝉声消了;
大地上的生活更甜、更好了!

海岸的青松啊,风卷波涛;
江南的桂花呀,香满大道。

草原的骏马啊,长了肥膘;
东北的青山呀,戴了雪帽。

呵,秋云、秋水、秋天的明月,
哪一样不曾印上我们的心血!

呵,秋花、秋实、秋天的红叶,
哪一样不曾浸透我们的汗液!

历史的高山呵,层层叠叠!
我们又爬上十丈高坡百级阶。

战斗的途程呵,绵延不绝!
我们又踏破千顷荒沙万里雪。

回身看:垒固、沟深、西风烈,
请问:谁敢迈步从头越?

回头望:山高、水急、冰川裂,
请问:谁不以手抚膺长咨嗟?

风中的野火呵,长明不灭!
有多险的关隘,就有多勇的行列。

浪里的渔舟呵,身轻如蝶!
有多大的艰难,就有多壮的胆略。

我曾随着大队杀过茫茫夜,
此刻又唱"雄关漫道真如铁"。

我曾随着战友访问黄洋界,
当年的白军不知何处死荒野!

只有江河的流水长滔滔,
只见战斗的红旗永不倒!

只有勇士的豪情日日高,
只见收获的季节年年到。

哦,秋天来了,大雁叫了;
晴空里的太阳更红、更娇了!……

>哦,谷穗熟了,蝉声消了,
>
>大地上的生活更甜、更好了!……
>
>1962年9月29日,北京。
>
>选自《郭小川诗选》,人民文学出版社1977年版

  创作政治抒情诗容易流于空泛和一般化,但《秋歌》却表现出了自己充分的艺术个性。其一,阶级之情与个人之情融为一体。诗人抒发的情思有两个层次。一是"我们",如"我们的心血"、"我们的汗液"、"我们又爬上"、"我们又踏破"。这里表现的是阶级的整体意识,阶级的情感,具体地说,是我们党和所有的革命者过去的历程、现实的奋斗和对未来的信念。它在诗中占据基本的和主导的地位。二是"我",如"我曾随着大队杀过茫茫夜","我曾随着战友访问黄洋界",写的是诗人个人的经历,抒发的是作为阶级之一员的个体情感。它在诗句和情感的比例中虽然较为次要,但却有力地将抽象的、整体的阶级情感及经历具体化和个性化了;同时又通过两个"随着"的归属意识,表明阶级与个人之间情感一致和命运相关。这种双重复合的抒情方式,比起单一性的"我们"或"我"来说,无疑具有更丰富的内涵和更感人的力量。其二,诗人善于捕捉并突现秋之特征、秋之形象,借景抒情,寓意于物,从而达成"秋"与"歌"的有机契合,在秋景中投射着主观的感受、想象和情思。诗人先充分展示了秋天的征兆,如大雁叫了、谷穗熟了、蝉声消了、风卷松涛、桂花溢香、马长肥膘、山戴雪帽,然后才在秋天的环境和氛围中让情思奔腾流泻。政治抒情诗较易于犯政治味足而形象苍白干瘪的毛病;相对而言,郭小川是较为重视艺术的自身规律和特征的。

  磅礴的气势和激越的情感是这首诗的另一个艺术特色。诗人以秋为题,展开了祖国大地上广阔的秋景。从海岸的青松到江南的桂花,从草原的骏马到东北的青山,诗人以全景式的综览,描绘出一幅恢宏的画卷。与空间的拓展相应的是时间的绵延,也就是说,诗人从现实返顾历史,以诗的形象化语言概括出革命者几十年的战斗途程,使人体会到其中深沉的历史感。这样巨大的时空背景,无疑具有磅礴的气势,并为激越的感情提供驰骋的天地。作品中,诗人用排比、反复的修辞方法,抒写出情感的浓烈;调动感叹句和疑问句的力量,推出一个又一个情感的高潮。无论从形象方面还是从情感方面来说,《秋歌》都称得上是一首富有力度之作。

  在形式上,这首诗结构整齐,音韵和谐。全诗可分为三个部分,首两节与末

两节为第一、第三部分,它们的区别仅仅是后者多了两个感叹词"哦"和两个省略号,首尾的呼应和重复突出了诗的主题和抒情基调,并在结构上给人以匀称感。中间为第二部分,两个诗行为一诗节,两个诗节又为一个诗组。它们之间的关系有的体现为诗行与诗行的对称,有的则体现为诗节与诗节的对称。首尾两部分是诗组与诗组的对称关系。因此,整首诗大、中、小三种对称方式交替并用,结构工整而严密,显示出作者的苦心经营和独特追求。与结构整齐相联系的是音韵的和谐。全诗用了两个韵,按"十三辙"的分法是"遥条韵"与"衣七韵"。前八行与后八行押遥条韵,中间押衣七韵。句句押韵强化了本诗的音乐性因素,韵脚的转换也暗示了情感的起伏与回归。

(方克强)

团泊洼的秋天 　　　　郭小川

秋风像一把柔韧的梳子,梳理着静静的团泊洼;
秋光如同发亮的汗珠,飘飘扬扬地在平滩上挥洒。

高粱好似一队队的"红领巾",悄悄地把周围的道路观察;
向日葵摇头微笑着,望不尽太阳起处的红色天涯。

矮小而年高的垂柳,用苍绿的叶子抚摸着快熟的庄稼;
密集的芦苇,细心地护卫着脚下偷偷开放的野花。

蝉声消退了,多嘴的麻雀已不在房顶上吱喳;
蛙声停息了,野性的独流减河也不再喧哗。

大雁即将南去,水上默默浮动着白净的野鸭;
秋凉在这里刚刚落脚,暑热还藏在好客的人家。

秋天的团泊洼啊,好像在香甜的梦中睡傻;
团泊洼的秋天啊,犹如少女一样羞羞答答。

团泊洼,团泊洼,你真是这样静静的吗?

团泊洼的秋天

郭小川

全世界都在喧腾,哪里没有雷霆怒吼,风云变化!

是的,团泊洼的呼喊之声,也和别处一样洪大;
听听人们的胸口吧,其中也和闹市一样嘈杂。

这里没有第三次世界大战,但人人都在枪炮齐发;
谁的心灵深处——没有奔腾咆哮的千军万马!

这里没有刀光剑影的火阵,但日夜都在攻打厮杀;
谁的大小动脉里,——没有炽热的鲜血流淌哗哗!

这里的《共产党宣言》,并没有掩盖在尘埃之下;
毛主席的伟大号召,在这里照样有最真挚的回答。

无产阶级专政的理论,在战士的心头放射光华;
反对修正主义的浪潮,正惊退了贼头贼脑的鱼虾。

解放军兵营门口的跑道上,随时都有马蹄踏踏;
五·七干校的校舍里,荧光屏上不时出现《创业》和《海霞》。

在明朗的阳光下,随时都有对修正主义的口诛笔伐;
在一排排红房之间,常常听见同志式温存的夜话。

……至于战士的深情,你小小的团泊洼怎能包容得下!
不能用声音,只能用没有声音的"声音"加以表达:

战士自有战士的性格:不怕污蔑,不怕恫吓;
一切无情的打击,只会使人腰杆挺直,青春焕发。

战士自有战士的抱负:永远改造,从零出发;
一切可耻的衰退,只能使人视若仇敌,踏成泥沙。

战士自有战士的胆识:不信流言,不受欺诈;
一切无稽的罪名,只会使人神志清醒,大脑发达。

战士自有战士的爱情:忠贞不渝,纯美如画;
一切额外的贪欲,只能使人感到厌烦,感到肉麻。

战士的歌声,可以休止一时,却永远不会沙哑;
战士的明眼,可以关闭一时,却永远不会昏瞎。

请听听吧,这就是战士一句句从心中掏出的话。
团泊洼,团泊洼,你真是那样静静的吗?

是的,团泊洼是静静的,但那里时刻都会轰轰爆炸!
不,团泊洼是喧腾的,这首诗篇里就充满嘈杂。

不管怎样,且把这矛盾重重的诗篇埋在坝下,
它也许不合你秋天的季节,但到明春准会生根发芽。……

1975 年 9 月于团泊洼干校

初稿的初稿,还需要做多次的修改,属于《参考消息》一类,万勿外传。

选自《郭小川诗选》,人民文学出版社 1977 年版

这首诗是诗人受江青反革命集团迫害,在团泊洼五七干校被隔离审查期间,听到毛泽东同志关于电影《创业》的批示后写出来的。

郭小川是诗人,又是战士。《团泊洼的秋天》就是他以诗人真挚炽热的革命激情表现出战士不屈不挠的斗争精神。他在受迫害、被审查的境遇中,曾说过"我是个战士,不能没有自己的声音"。这首诗即表达了他"自己的声音"。这声音是声讨江青反革命集团的愤怒的声音;是抒发战士情怀的激越的声音,是预见

胜利的欣喜的声音。这首壮美的诗歌,这种高昂的声音,正如冯牧所说:"这是诗人的歌中之歌——它们形成了诗人全部诗歌当中的最强音。"(《郭小川诗选·代序》)

这首诗在写法上的特点是静动对比,先写静后写动,先借景抒情后直抒胸臆。诗的开头用一大段描写"静静的团泊洼"。这里说它"静",是指自然秋色很和谐、美好,表面上看不出斗争、纷乱。为此,诗人用了许多巧妙的比喻和比拟,如"秋风像一把柔韧的梳子","秋光如同发亮的汗珠","高粱好似一队队的'红领巾'","向日葵摇头微笑着","矮小而年高的垂柳",密集而细心的芦苇,团泊洼"好像在香甜的梦中睡傻",团泊洼"犹如少女一般羞羞答答"。借这些动人的秋色,抒发出热爱生活的感情。接着诗人自问又自答道:"团泊洼,团泊洼,你真是这样静静的吗?/全世界都在喧腾,哪里没有雷霆怒吼,风云变化!"于是急转直下,进入了对"动"——斗争的描写。这里人们的胸口"和闹市一样嘈杂",有军民对敌人的高度警惕,进而诗人直接站出来进行"自白"和抗争了。这以后的章节唯有运用直抒胸臆,才能表现出"战士"的不屈不挠的斗争精神,才能把壮阔的胸怀抒得如此淋漓尽致,才能留下世代相传的人生格言,才能把由静到动的笔势推向激愤的高潮。这样先静后动,以静显动,表面是静,暗里是动,恰当地反映了当时斗争的态势,获得了"于无声处听惊雷"的强烈艺术效果。

这诗运用的是"那些明朗的、富丽的、有表现力的、为群众所喜闻乐见的语言,使人感到非常新鲜、朴素而又华丽"(郭小川《谈诗》)。开头一段写得多么朴素,把团泊洼的秋色真实地展现在读者面前;可又多么华丽,把分散的自然美集中成为生机勃勃、色彩鲜艳的艺术美。后面的一段从"战士自有战士的性格"直到"战士的明眼"抒情是质朴而壮阔,这里有群众的口语,有古代语言,但经过诗人的提炼运用,都变得非常新鲜,非常形象,非常有力。全诗语汇的丰富,词采的精美,描写景物的生动,抒发情感的酣畅,真是使人叹为观止!

这首诗闪耀着郭小川生命的熊熊火焰,迸发着郭小川诗笔的熠熠光辉,可以说明他那雄放绮丽的艺术风格已经老成。

当然,这首诗的个别提法不尽妥当,带有明显的局限性,但这是时代使然,恐怕不能苛求于诗人。

(任 愫)

绿 原

【诗人小传】

（1922—2009）　原名刘仁甫，曾用名周树藩，湖北黄陂（今属武汉）人。1938年起在恩施一所中学就读。1940年在中国兴业公司钢铁部当练习生，并开始诗歌创作。1941年入重庆复旦大学外文系学习。1944年后相继在岳池、重庆等地中学任英语教员。1947年在武汉美商德士古石油公司任职。1949年任《长江日报》文艺组副组长，1953年任中共中央宣传部国际宣传处组长。1955年受"胡风反革命集团"案株连。1962年恢复工作，在人民文学出版社编译所任职。1974年到国家出版局版本图书馆工作。"文革"后恢复名誉，任人民文学出版社副总编辑。

又一名哥伦布

绿　原

Le silence éternel de ces espaces infinis m'effraie.
　　　　　　Pascal

　　昨天，十五世纪
　　一名哥伦布
　　告别了亲人
　　告别了人民，甚至
　　告别了人类
　　驾驶着他的"圣玛丽娅"
　　航行在空间的海洋上
　　四周一望无涯
　　没有陆地，没有岛屿
　　没有房屋，没有船只
　　没有走兽，没有飞鸟
　　只有海
　　只有海的波涛
　　只有海的波涛的炮弹
　　在追赶，在拍击，在围剿

他的孤独的"圣玛丽娅"
哥伦布衣衫褴褛
然而精神抖擞
他站在船头
坚信前面就是印度
不顾一天天少下去的淡水
继续向前漂流、漂流
漂流在空间的海洋上
他终于没有到达印度
却发现了一个新大陆

今天,二十世纪
又一名哥伦布
也告别了亲人
告别了人民,甚至
告别了人类
驾驶着他的"圣玛丽娅"
航行在时间的海洋上
前后一望无涯
没有分秒,没有昼夜
没有星期,没有年月
只有海——时间的海
只有海的波涛——时间的海的波涛
只有海的波涛的炮弹——
时间的海的波涛的炮弹
在追赶,在拍击,在围剿
他的孤独的"圣玛丽娅"
他的"圣玛丽娅"不是一只船

而是四堵苍黄的粉墙
加上一抹夕阳和半轮灯光
一株马樱花悄然探窗
一块没有指针的夜明表咔咔作响
再没有声音,再没有颜色
再没有变化,再没有运动
一切都很遥远,一切都很朦胧
就像月亮,天安门,石碑胡同……
这个哥伦布形销骨立
手捧一部"雅歌中的雅歌"
凝视着千变万化的天花板
漂流在时间的海洋上
他凭着爱因斯坦的常识
坚信前面就是"印度"——
即使终于到达不了印度
他也一定会发现一个新大陆

(1959)

选自《人之诗》,人民文学出版社1983年版

　　绿原是"七月派"的重要作家,20世纪40年代就发表了不少优秀的诗作,建国初期因受"胡风反革命集团"冤案牵连,而被关押达7年之久,他在失去自由的状态下写出了这首《又一名哥伦布》。此诗的主要特点是采取了对照的手法,诗人将自己比作发现美洲的哥伦布,他的思维穿越了时空,将五百年前哥伦布发现"新大陆"与自己在监禁之中上下求索并置、比照,两者共性即不畏艰险、锲而不舍地追求理想和真理。细究诗中两个"新大陆"的意象,可以看出哥伦布发现的"新大陆"是地理意义上的,是具体的;而诗人所追寻的"新大陆"是精神层面上的,是抽象的,象征着对真理的孜孜以求,以及时间和历史必将披沙沥金的信念。

　　诗的前后两部分不少句式是相似的,正如五百年前的哥伦布,诗人绿原也"告别了亲人/告别了人民,甚至/告别了人类"。所不同的是,哥伦布是满怀信心和希望、积极主动地去探索和征服未知的自然领域;而诗人则是被迫在囹圄

之中苦苦探求社会历史及人生的真谛。哥伦布的"圣玛丽娅"号航行在空间的海上,尽管四顾茫然、颇感寂寞,但这种空间的苍茫毕竟是有界限的。我们可以看到诗中的哥伦布"衣衫褴褛/然而精神抖擞",对未来充满了希冀。而诗人是航行在"时间的海上","前后一望无涯/没有分秒,没有昼夜/没有星期,没有年月/只有海——时间的海",无限的时间之海中没有任何参照物,其孤寂、虚无的状态更甚于哥伦布,精神上的巨大痛苦可想而知。这正如本诗题记引用的帕斯卡的话,"无限空间之永恒沉默使我颤栗"。诗尽管写得含蓄蕴藉,但联想到作者当时的处境,那对人的自由与尊严的肆意践踏仍令我们沉重不已。

  这首诗的风格与绿原新中国成立初期所写的那些情感激昂、而内容略显空泛的政治抒情诗颇为不同,其理性思辨色彩非常鲜明。1955年至1962年长达7年的监禁生涯,并没有使绿原意志消沉,从而屈服于命运的不公。虽然精神上备受煎熬,他仍在狱中学习德语和阅读经典著作,努力思考和进行自我救赎。绿原说过"人必须用诗寻找理性的光",可贵的是诗中的理性思索不是生硬的,而是和鲜明的形象、真切的情感结合在一起,使得情感的抒发显得内敛,形象的表达也比较深沉。"再没有声音,再没有颜色,再没有运动",诗人只能凭借想象力来穿透时空,以信念来抵御孤独和绝望,这就使得本诗增添了几分悲壮的色彩。诗人凭着"爱因斯坦的常识",坚信前面就是"印度",或者是新大陆,尽管其中的苦涩和无奈隐约可现,但也凸显了"人"的不屈不挠的精神,以及作为独立个体的骄傲与尊严。

(孟　晖)

重读《圣经》　　　　　　　　　　　　　绿　原
——"牛棚"诗抄第n篇

儿时我认识一位基督徒,
他送给我一本小小的"福音",
劝我用刚认识的生字读它:
读着读着,可以望见天堂的门。

青年时期又认识一位诗人,
他案头摆着一部厚厚的《圣经》,
说是里面没有一点科学道理,

但确不乏文学艺术最好的味精。

我一生不相信任何宗教,
也不擅长有滋味的诗文。
惭愧从没认真读过一遍,
尽管赶时髦,手头也有它一本。

不幸"贯索犯文昌":又一次沉沦,
沉沦,沉沦到了人生的底层。
所有书稿一古脑儿被查抄,
单漏下那本异端的《圣经》。

常常是夜深人静,倍感凄清,
辗转反侧,好梦难成,
于是披衣下床,摊开禁书,
点起了公元初年的一盏油灯。

不是对譬喻和词藻有所偏好,
也不是要把命运的奥秘探寻,
纯粹是为了排遣愁绪:一下子
忘乎所以,仿佛变成了但丁。

里面见不到什么灵光和奇迹,
只见蠕动着一个个的活人。
论世道,和我们的今天几乎相仿,
论人品(唉!)未必不及今天的我们。

我敬重为人民立法的摩西,
我更钦佩推倒神殿的沙逊:

一个引领受难的同胞出了埃及，
一个赤手空拳，与敌人同归于尽。

但不懂为什么丹尼尔竟能
单凭信仰在狮穴中走出走进；
还有那彩衣斑斓的约瑟夫
被兄弟出卖后又交上了好运。

大卫血战到底，仍然充满人性：
《诗篇》的作者不愧是人中之鹰；
所罗门毕竟比常人聪明，
可惜到头来难免老年痴呆症。

但我更爱赤脚的拿撒勒人：
他忧郁，他悲伤，他有颗赤子之心：
他抚慰、他援助一切流泪者，
他宽恕、他拯救一切痛苦的灵魂。

他明明是个可爱的傻角，
幻想移民天国，好让人人平等。
他却从来只以"人之子"自居，
是后人把他捧上了半天云。

可谁记得那个千古的哑谜，
他临刑前一句低沉的呻吟：
"我的主啊，你为什么抛弃了我？
为什么对我的祈祷充耳不闻？"

我还向马丽娅·马格达莲致敬：

她误落风尘,心比钻石更坚贞,
她用眼泪为耶稣洗过脚,
她恨不能代替恩人去受刑。

我当然佩服罗马总督彼拉多:
尽管他嘲笑"真理几文钱一斤?"
尽管他不得已才处决了耶稣,
他却敢于宣布"他是无罪的人!"

我甚至同情那倒霉的犹大:
须知他向长老退还了三十两血银,
最后还勇于悄悄自缢以谢天下,
只因他愧对十字架的巨大阴影……

读着读着,我再也读不下去,
再读便会进一步堕入迷津……
且看淡月疏星,且听鸡鸣荒村,
我不禁浮想联翩,惘然期待着黎明……

今天,耶稣不止钉一回十字架,
今天,彼拉多决不会为耶稣讲情,
今天,马丽娅·马格达莲注定永远蒙羞,
今天,犹大决不会想到自尽。

这时"牛棚"万籁俱寂,
四周起伏着难友们的鼾声。
桌上是写不完的检查和交代,
明天是搞不完的批判和斗争……

"到了这里一切希望都要放弃。"
无论如何,人贵有一点精神。
我始终信奉无神论:
对我开恩的上帝——只能是人民。

1970年

选自《人之诗》,人民文学出版社1983年版

　　本诗写于1970年,副标题"'牛棚'诗抄第n篇"点明写作的时间背景,是在"文革"诗人受隔离审查期间。当时,诗人已被剥夺了写作和讲话的权利,因此才有必要去重读《圣经》,点起公元初年的一盏油灯,来映照那些是非颠倒、黑白混淆的畸形年代。

　　本诗共20节,可分作三大段。1—6节为第一段,说明并不信仰宗教的诗人,在沉沦到人生的底层之后,只有一本《圣经》借以"排遣愁绪"。7—17节为第二段,借《圣经》中的一系列人物来对照,隐喻十年动乱中的世道和人品。最后三节是第三段,用明确的语言来谴责诗人在其中受难的那个黑暗年代,表明自己真实的信仰。全诗文笔遒劲酣畅,是对"文革"的彻底否定和有力批判。

　　《圣经》被信教者视为福音,认为可以由此望见天堂之门,对于不相信任何宗教的诗人来说,这当然是毫无意义的。《圣经》对西方文化产生过巨大的影响,许多文艺作品从它取材,它的许多篇章也可当作文学作品阅读。诗人并不否认这一点,但是他从一开始创作便始终植根于中国现实生活的土壤上,因而对于《圣经》这样的"有滋味的诗文"以前也并不曾认真地阅读过。

　　1—3节的大意如上,这三节是一种铺垫,一种烘托,下面才转入正文:4—6节使读者深刻体会到诗人写作此诗时的处境和心情。身处逆境,书稿全被查抄,现实的一切使人辗转反侧,倍感凄清,像但丁步入人生之中途迷失在昏暗的森林中一样,诗人也正当人生之中途却一次又一次沉沦到人生的底层,只能借《圣经》来抒发难以排遣的愤激之情。

　　第二段是本诗的主体,内容较为丰富,各节的写法也不尽相同。第7节是提纲式的概括:从《圣经》中,诗人看到的不是灵光和奇迹,而是一个个活人:"论世道,和我们的今天几乎相仿,/论人品(唉!)未必不及今天的我们。"这是多么沉痛的慨叹,过了十九又半个多世纪,时间却仿佛回到了公元初年!

　　8—17节历数《圣经》中的一些人物,在抒情中夹叙夹议,不时蕴含着深长的寓意。向犹太民族传授上帝律法的摩西受到诗人敬重,他传授的"十诫"中就有

不可制造和敬拜偶像、不可作假见证陷害人，等等，这在无法无天的十年动乱中不是可敬重的么。沙逊（参孙）复仇的故事见《旧约·士师记》。他被人陷害剜去双目投入狱中，最后伺机推倒神殿，和戏侮他的三千敌人同归于尽，这种"予及汝偕亡"的抗争精神，当然也是令人钦佩的。

丹尼尔（但以理）的故事见《旧约·但以理书》，他是古代传说中的先知，受人陷害被投入狮穴，由于上帝的神力而安然无恙。诗人不相信上帝，因而说"不懂为什么"能够如此。约瑟夫（约瑟）是雅各的小儿子，雅各最爱他，给他做了一件彩衣，哥哥们嫉恨他，把他卖给阿拉伯人。他在埃及受主人之妻的诬陷入狱，后来又受到法老的信任成为宰相。诗人对所谓的"好运"也是不相信的。但蒙冤者必将得到昭雪这个意思，诗人虽未明说而读者却不难意会。

大卫和所罗门的故事见《旧约·列王纪》，前者以勇猛著称，南征北讨，建立了希伯来统一王国。后者以智慧著称，在大卫死后继承王位，断案解疑，英明睿智，但晚年沉湎女色，广纳妃嫔，横征暴敛，穷奢极侈，种下国家分裂的祸根，故难免诗人有"老年痴呆"之讥。

诗人用了三节诗来写拿撒勒人耶稣，他本是"人之子"，却被人们神化了。他给人以抚慰和宽恕；幻想移民天国，虽然是傻想，却也是可爱的。尽管他无限忠于上帝，当他被钉上十字架的时候，上帝却遗弃了他，对他的祈祷充耳不闻。倒是那个风尘女子马丽娅·马格达莲（抹大拉的马利亚）在他受刑时守在十字架旁，并怀着感恩之情站在他的坟墓外面哭泣。

彼拉多贵为总督，他相信耶稣无罪，但当犹太人威胁他如果释放耶稣就是背叛了恺撒时，他只好将耶稣处决了。他虽然对真理无知，但并没有给耶稣强加上莫须有的罪名，诗人对此也是"佩服"的。不仅如此，诗人对叛徒犹大也表示了"同情"，尽管他为三十两银子出卖了耶稣，但作为耶稣的门徒，在十字架的阴影下，他的良心还未丧尽，终于承认他卖了无辜之人的血，是有罪的。

诗人把上述人物一一向读者介绍后，又回到夜色尚浓的现实。第18节的四行诗，写的是现实，也是历史，每一个字仿佛都重如磐石："今天，耶稣不止钉一回十字架，/……/今天，犹大决不会想到自尽。"诗人是在万籁俱寂的"牛棚"中写下这些令人心酸也令人心悸的诗句的。没完没了的检查、交代、批斗……诗人的心灵就是这样一次又一次地被钉上了"十字架"。

我们和诗人一起重读了《圣经》，诗人的结论应该也是和诗人一起受过难的读者的结论："我始终信奉无神论：/对我开恩的上帝——只能是人民。"

《重读〈圣经〉》是在那特定的历史年代产生的一首激越的悲歌，也是一首悲壮的信念之歌。个人的身世之感和对人生、对时代的深沉思索糅合在一起,强烈的激情和冷峻的笔触交织在一起,檄文式的陈词和带哲理味的谐谑融汇在一起,从而产生出使人震撼的艺术力量。

(罗 洛)

【诗人小传】

公 刘

(1924—2003) 原名刘仁勇,又名刘耿直,江西南昌人。1948年参加革命工作,曾任地下全国学联机关刊物《中国学生》编辑。1949年参加中国人民解放军,历任二野四兵团新华社四分社编辑,云南军区《国防战士报》编辑,昆明部队政治部文化部文艺助理员,中央军委总政治部文化部创作室创作员。曾参加搜集整理撒尼民歌《阿诗玛》,后调山西《火花》月刊任编辑。1978年后在《安徽文艺》编辑部工作。创作以诗为主,也写短篇小说、电影剧本及杂文等。诗作思想敏锐,感情深沉,有独特的风格。

西盟的早晨

公 刘

我推开窗子,
一朵云飞进来——
带着深谷底层的寒气,
带着难以捉摸的旭日的光彩。

在哨兵的枪刺上
凝结着昨夜的白霜,
军号以激昂的高音,
指挥着群山每天最初的合唱……

早安,边疆!
早安,西盟!
带枪的人都站立在岗位上

迎接美好生活中的又一个早晨……

1954年

选自《在北方》，作家出版社1957年版

"我推开窗子，/一朵云飞进来——"当这朵云在20世纪50年代出现的时候，人们为它难以捉摸的光彩所惊愕，后来，便自然地用它来取譬年轻诗人公刘的出现。不断地在战斗生活中行进的诗人，也不断地在诗的土地上收获。当我们远望西南边疆那一角彩云飞扬的土地，在千姿百态的云南云中，发现了升起西盟的这朵奇异的云。

在这里，诗人把平凡的边防战士的生活，写得迷幻而绮丽，寓豪放超迈的情致于新鲜柔美之中。诗人已经不满足于他过去《边地短歌》那种如实地描状对象的诗的格局了。他已有富裕的能力使平凡焕发异彩，从平淡中显出神奇。整个西盟山上的特殊风光，他只用飞进窗子的云、只用它的寒气未消而又通体披着梦幻的光，来为西盟的早晨造型。诗人的彩笔，把梦幻似的云朵变成了浮雕，永留于我们的脑际。

这一朵升于深谷、带着寒气又在氤氲的雾霭之中闪耀着初日的光彩的云，确是一朵奇妙的云。但若仅有这云而没有衬以哨兵枪刺上的白霜（这是色泽）以及那掠过枪刺与群山之巅的军号的高音（这是音响），则只是一种有特色的写景。现在揉之以边哨生活特有的情趣，这就使柔婉与刚健、静谧与喧腾、边地风景与士兵生活这些对立的因素大胆组合而为一座足以展示时代风情的诗的雕塑——不再以抒写主观情感为满足，也不再以描绘客观景物为满足，这在共和国诗歌的初始阶段，是引人注目的。

尤其值得注意的是，这首《西盟的早晨》体现出来的那种飘逸和洒脱，那种植根于现实生活而又超凡脱俗的气韵。这在当日热衷于摹拟现实的艺术风气中，无异于是一个无言的冲击。正如诗人自己所承认的，当年人们之所以喜欢这类作品，仅仅是因为"那一层生活的彩釉和泥土的本色"（《在学习写诗的道路上》）。有泥土的本色，又有生活的彩釉，于是，这来自大地的土坯便发出了神奇的光彩。

(谢　冕)

上　海　夜　歌　　　　　　　公　刘

(一)

上海关。钟楼。时针和分针

像一把巨剪,
一圈,又一圈,
铰碎了白天。

夜色从二十四层高楼上挂下来,
如同一幅垂帘;
上海立刻打开她的百宝箱,
到处珠光闪闪。

灯的峡谷,灯的河流,灯的山,
六百万人民写下了壮丽的诗篇:
纵横的街道是诗行,
灯是标点。

1956.9.28 上海
选自《在北方》,作家出版社1957年版

  诗人公刘在南疆用叶笛吹奏着边地晨曲,当他一踏入上海这座工业城市,内心里就呼喊着:"轮船,火车,工厂,全都在对我叫喊:抛开你的牧歌吧,诗人!"(《上海夜歌·(二)》)于是他借汽笛唱出了雄浑的《上海夜歌》。这里选介的是其中的第一首。
  诗作一开始采用蒙太奇技巧,接连摇出上海关和钟楼两个镜头,其间运用两个句号,迫使读者在阅读过程中在此稍作停顿,细细观赏和品味这两座代表上海风貌的宏伟建筑。紧接着推出的一个镜头:钟楼上的时针和分针。整个画面由远而近,从全景到中景再到一个特写镜头,并且予以定格。诗人所以要突出钟,因为它代表着时间、岁月和历史,寓意深邃,启人遐想。三个镜头因推移的短促而有着剧烈的跳动感,象征着上海这座大工业城市的生活和生产节奏的快速度。而"像一把巨剪"这个比喻,则是一个远取譬,它拉大了喻本(时针和分针)和喻体(巨剪)之间的距离,给读者的审美感官以强烈的刺激,当然,从另一方面而言,时针和分针所形成的多个角度确实形似剪刀,只不过前人未曾这样比喻罢了,可以说"巨剪"这一比喻是使全诗生动活泼的一个关键之所在。这一节诗中的"铰碎"两个字,也很传神,它是诗人的创作思维的自然延伸。白天由此意味着结束,于是夜晚来临,诗人正式唱起了"夜歌"。

在第二节诗中,诗人转向对夜色的描绘。"夜色"是一种较抽象的景象,它朦胧可见但却不能具体触摸。诗人巧用动词,挪用一个"挂"字,并将夜色喻为"一幅垂帘",使夜色富有质感。夜色又不是空无依傍,诗人让"夜色从二十四层高楼上挂下来"(这是20世纪50年代上海最高的建筑),引领读者从高处向下俯瞰,于是见到的是灯的山谷、河流和山。诗由此自然进入第三节,放手实写上海夜景。

全诗三节,每节四行。十二行诗以远近、高低、动静的自然搭配,写尽了灯火通明的夜上海的雄奇壮阔。此诗借都市的一幅夜景,展现了年轻的新中国在50年代抖擞青春的时代风貌。

(戴 达)

寄 冥　　　　　　　　公 刘

这首诗,是写给元好问的。元好问,金代大诗人,著有《遗山集》,编有《中州集》;1190年生于太原秀容(山西忻县),1257年卒。读书山下的元家山村,至今尚有其后裔。韩岩村曾有坟墓及纪念性建筑物——野史亭,但均毁于"文化大革命"。县城北街有他的家庙,解放后改建为文化馆。

"十年浩劫"期间,我受到第二次"惩罚",去忻县种地三年。1973年夏调文化馆打杂,直到1978年离开;也可以说,我在元好问的家庙当了五年斋公。这诗中所记的种种,当然不过是忆旧而已。

一

一场紫色的斑疹伤寒,
新中国诗人夭亡过半;
假如您能多活七百岁,
我们就肯定死在同年。

从那时起我就冤魂不散,
长飘零于河汾之间;
您经过社会主义改造的家庙,
我竟厮守过一千八百余天!

据说大厅本是正殿,

为住人将碑廊横加隔扇；
整石料当然叫大办水利用了，
剩半截正好铺个棋盘。

庙门换作了玻璃橱窗，
石磴抹成了洋灰斜面；
由元而明，由明而清，
于今人民共和，谁说世道没变？！

尤其是这儿还住着"变"的证见，
我本人就从战士变为囚犯；
现在虽奉命来文化馆看门，
眼瞅着清闲又变为忧烦……

一想起昔日藏书千卷，
《中州集》便劫灰欲燃——
怎能忘当年忻州屠城，
蒙古兵曾杀人十万！

有一个念头更叫人浑身打颤，
我唯恐遇见成吉思汗，
如果成吉思汗抢走了我看的电话，
全世界怕只好灭绝炊烟！

这时间我总要急步走下阶沿，
我门外那扪虱老汉将心事排遣；
为什么他自称是您的后代？
半信又半疑啊，可恼复可怜！

果真他和您老有着血缘?
可为何求一醉竟坐街讨钱?
诗人的素质固然难得继承,
权贵的爵禄怎么就该遗传?!

二

这家庙规模虽属一般,
到周末空荡荡倒也森然,
同志们纷纷骑车回家去了,
三两个好心的将我规谏:

莫等到天黑路断,
你早点把大门关严,
早点睡,早点入梦,
有动静可千万别管。

于是我想起了市井流言,
都说这院子不大平安,
每当更深夜静露湿栏杆,
都会有无形的双手挨门检点。

难道命运是我的后娘?
为什么我到处都遇凶险?
无神论者!可害怕鬼吹灯?
如今请面对超自然的考验!

我岂敢自夸如何如何勇敢,
说实话,有时也真忐忑不安;
当上房响起了苍老的咳嗽之声,
下房里又仿佛有女眷洗笔磨砚……

一霎时电灯通明，银光耀眼，
电灯下有谁们嘤嘤啜泣喁喁相劝？
我急忙披衣起床趿鞋出巡，
顺手还抄起一张握惯的铣。

待我蹑手蹑脚近前观看，
什么也没有！空留满腹疑团！
难道说这里有新的聊斋故事？
蒲松龄毕其生也不曾写完？

直等到太阳再一次镀亮金檐，
我也再一次到处仔细查勘，
既未有长而尖指甲的掐痕，
又不剩红而艳胭脂的泪斑。

如此的异象几次三番重演，
渐渐地我也就感到厌倦；
人世间的惊骇痛苦已经够我受了，
何必再过问那九泉下的辛酸！

三

不过，且慢，忽一日得了机缘，
我来在了您长眠的韩岩；
去看看百世犹存的野亭孤坟吧，
有牧童笑道：跟我走，你寻不见。

难道这竟是有名的五花坟？
衰草荒丘！断碑残片！
碗大的牛蹄印贮满脏水，
一颗颗羊粪蛋挤进眼帘。

藏书楼早已无影无踪,
都怨那几根梁柱惹人眼馋;
趁着"文化大革命"焚书坑儒,
正需要带头勇士破除封建!

元好问他到底算什么分子?
就凭这名字也该查查档案!
多少事包了饺子不得露馅,
难道"党和国家的机密"他也想管?!

您当然知道那时谁掌大权,
论文物早已经宣布了保护重点:
江青的草帽,林彪的扁担,
但都是接班人的玉玺宝券!

从此我倒禁不住昼思夜盼,
幻想能一睹您的真颜,
枣木杖敲遍这满地方砖,
颤巍巍一身皂袍青衫……

呵,先生,您可愿和我交谈?
如果灵犀相通,何须客套寒暄;
要不要听我背诵您的名篇?
哀生民于鞭扑,恨网罗之高悬!

为什么活着的要被活活整死?
为什么死去的也被死死株连?
您见过女真奴隶主,蒙古天可汗,
那时候访鬼是否更比访友安全?!

其实，我何必向您倾诉艰难，
您的诗早已是我的肝胆；
这些话我猜想您当一笑置之，
正因为我们的祖先正是屈原！

1979.12.23.合肥

选自《仙人掌》，四川人民出版社1980年版

此诗是诗人对金代诗人元好问的独白。诗分三部分，每一部分都由九节组成，在形式上相当工整。第一部分主要叙述元好问故居的变迁和抒情主人公"我"的厄运；第二部分记载"我"在元好问的故居——现在的忻县文化馆打杂时夜宿期间的恐怖情景；第三部分转至对元好问的孤墓所在地的变迁的叙述以及诗人的议论。

诗人强调写诗要"追求新鲜感"。"光有独立思考还不够，还得加上一条：丰富自己的体验，激发自己的灵感，跋涉自己的道路。"（《说说我自己》）《寄冥》体现了公刘的这一追求。这首诗的抒情角度是独特的。它选择了一个当代诗人向700多年前已入冥府的古代诗人频频倾诉这样一种特殊的抒情方式，而这感情又是如此浓烈，以致不少读者读后都会使心灵受到剧烈的震撼。公刘在元好问的故居落户五年。由于两位诗人各自的遭遇和他们所处的时代都有惊人的相似之处，这就令公刘对元好问的寄语"天然地"消除了本来是不可逾越的时空障碍，而使他们的心灵的碰撞成为可能，这碰撞的火花一旦溅落于读者心坎，读者被感动就是十分自然的事了。

公刘在和元好问进行感情沟通的单向流程中，采用了对比的手法。一般的对比常常是拉大两者之间的距离，从同中见异。此诗不然，它的对比是处处落实在异中见同。如诗一开始就鞭笞那场使公刘遭受厄运的政治运动，将其称之为是"一场紫色的斑疹伤寒"，接着就请出元好问，断言卒于1257年的元好问，"假如您能多活七百岁，我们就肯定死在同年"。——这是人与人的对比。元好问生活在金元交替之际，目击时艰，他沉痛悲歌："高原水出山河改，战地风来草木腥。"（《壬辰十二月车驾东狩后即事》）公刘则沉痛地应和道："如果成吉思汗抢走了我看的电话，/全世界怕只好灭绝炊烟！"公刘经历了"文化大革命"，亲眼看到元好问的遗迹所遭受的破坏，他不无悲愤地感叹：元好问的墓地上，"碗大的牛蹄印贮满脏水，/一颗颗羊粪蛋挤进眼帘"，而"藏书楼早已无影无踪"，——这是时代与时代的对比。历史何其相似乃尔！时代，同是忧患的时代，人，同是忧国

忧民的屈原的后代(诗最后，诗人情不自禁地喊道："正因为我们的祖先正是屈原！")，所以"灵犀相通"，虽在不同的时代，遭受的厄运却是一样的。

此诗以赋为主，敷陈其事，但不都是直言之，而往往伴之以含泪的幽默和犀利的讽刺。当写到元好问故居的整块石料被大办水利用了，诗人即出一妙语："剩半截正好铺个棋盘。"这里已含有较强的幽默感。紧接着诗人便投以如匕首一般的讽刺："由元而明，由明而清，/于今人民共和，谁说世道没变?!"是的，变是变了，但这是恶性的循环。当写到元好问的藏书楼被"十年浩劫"之火烧毁时，诗人说道："都怨那几根梁柱惹人眼馋；/趁着'文化大革命'焚书坑儒，/正需要带头勇士破除封建！"反话正说，尤其是一个"怨"字，正是对"文化大革命"的辛辣而沉重的鞭挞！诗人似乎并不满足于此，紧接着又拉出了元好问："元好问他到底算什么分子？/就凭这名字也该查查档案！……难道'党和国家的机密'他也要管?!"这又是含有反讽意味的诘问，令人叹为观止。元好问的古迹，遭到破坏，是因为文物早已宣布另有保护重点："江青的草帽，林彪的扁担，/但都是接班人的玉玺宝券！"于此诗人讽刺和批判的真正对象就十分清楚了。

最精彩的是诗的第二部分，诗人写尽了独身一人夜居元好问故居时的种种幻觉。作为一个无神论者的诗人，他不是把这一切当作梦境而是当作真实来写的，如这样的诗行："当上房响起了苍老的咳嗽之声，/下屋里又仿佛有女眷洗笔磨砚……"但这一切又查无实据，当屋里一霎时电灯通明，电灯下有人"嘤嘤啜泣喁喁相劝"，诗人披衣起床趿鞋逡巡，竟"什么也没有"！虚虚实实，似真非真，扑朔迷离，令人长叹。它是诗人的心理现实，是诗人白日噩梦在黑夜的重演。诗人笔力所到之处，充满了诱人的神秘美。经历了"人世间的痛苦"的当今诗人和捱着"九泉下的辛酸"的古代诗人，在这一夜隔着彼此看不见的一道夜幕，进行了全诗唯一的一次感情的双向交流。在阴森、恐怖的氛围中，全诗裸现了古代诗人的悲切的心理轨迹和诗人公刘的心灵所受到的极大震撼。

（戴　达）

严　阵

【诗人小传】

(1930—　)　原名阎桂清、阎晓光，山东莱阳人。1946年参加革命，曾在胶东书店和胶东日报社印刷厂工作。1950年入华东革命大学学习，后在中共安徽省委宣传部工作。1953年任《安徽文艺》编辑、省文联文学组副组长。1957年起专事创作。后任安徽省文艺创作研究室副主任。

月下的练江

严 阵

月下的练江,一条金链,
白雾里飞出了一队小船,
它像一群低飞的水鸟,
静静地穿过了重叠的茶山。

船夫们用竹篙抵着沙滩,
船篷里的火光一闪一闪,
船夫呵,天色已经这么晚,
为什么还不泊下你的船?

船夫捧起江水洗了洗脸,
抬手指着隐约的远山:
歌声和新茶早把山谷填满,
这么好的月光,我怎肯停船?

船的咿呀声由近而远,
江水静了,船影渐渐不见,
只有那股茶香久久地留在江上,
月下的练江,一条金链。

选自《江南曲》,上海文艺出版社1961年版

  一看到《月下的练江》这个诗题,就会自然而然地想起南北朝时期著名山水诗人谢朓(字玄晖)的名句"余霞散成绮,澄江静如练"和唐代大诗人李白由谢朓这一名句引发的感慨"解道澄江静如练,令人常忆谢玄晖",就会由这个诗题产生月下练江像柔软洁白的丝帛一样的美感。诗人融情入景,以景显情,由此营造了情景交融、含蕴深厚的意境,给读者提供了展开想象与再创造的审美空间。

  诗歌的抒情方式,大体上有直抒胸臆与以景(物)传情两种类型。这首诗的抒情方式,显然属于后一种,偏重于再现客观景物。诗的首节展开了月下练江的风景画,月色朦胧,练江如练,小船如飞,穿越茶山,短短四句充满了诗情画意。

二、三两节则采用抒情主体与船夫一问一答的形式,描绘了一幅船夫劳动、茶农丰收的风情画。诗篇由远而近,给读者以画面的纵深感,既抒写了船夫的动作,又抒写了他们的话语,展示了船夫的劳动场景,劳动干劲。诗人运用通感手法,以视觉("填满")写听觉("歌声"),不但使无形的歌声给人以有形的感觉,更从侧面点明了茶叶的丰收,礼赞了茶农辛勤劳动的品德和乐观的情怀。短短两节诗,立体地全方位地展示了练江风情。诗的末节由近而远,由动而静,由声音而味道,以"茶香"照应第一节的"茶山",第三节的"新茶"。诗的末句运用复沓手法,照应首句,缜针密线,环环相扣,加强了抒情的力度。

这首诗的语言自然明净,风格清新明丽;艺术表现以景显情,以情驭景,景中含情,情景交融,形成了优美深邃、含蕴深厚的意境,成为抒情佳作。 (潘颂德)

【诗人小传】

田 地

(1927—) 原名吴南熏,浙江奉化人。当过小学教师,参加过《诗创造》的编辑工作。1944年开始文学创作。新中国成立后曾任《人民诗歌》编辑、《儿童时代》社代社长、青海贵南中学教师。

纸 船

田 地

我用半张报纸,
给孩子折了只无篷的露水船;
孩子又用一根纱线,
把露水船系在窗台上面。

孩子上床时对我说,
要去接外婆到我们家来玩;
他出生以来还没见过外婆,
却把外婆深深悬念。

夜里的风把露水船带走了。

> 我怕孩子找不到船会泪流满脸，
> 他却说："昨夜外婆已经来过，
> 天亮她又趁船回到了乡间……"

选自《诗刊》1957年第6期

田地写过不少儿童诗，《纸船》就是深受儿童喜爱的一首。

儿童诗看似大白话，篇幅又不长，其实并不好写。儿童好奇、好幻想，他们心中自有一个想象广阔而丰富的世界，这就要求诗人了解和熟悉儿童的要求和心理，用儿童的眼光去观察和反映生活。《纸船》所以受到儿童乃至成人的喜爱，正是因为它所反映的生活内容、所蕴含的感情色彩、所运用的文学语言具有儿童特有的情趣，易于为儿童所接受，同时，它也可以给成人以一定的启迪，让他们随着诗人的动人描画进入特殊的儿童天地。

儿童的思想感情和成人不同，往往带有幻想和浪漫主义色彩。如果说《纸船》的第一节写的是成人和孩子共同创作的话，那么第二节起，诗人的着眼点就落到了成人和孩子的思想感情的差异上。我"折"纸船不过想让孩子玩玩而已，而孩子却想到了另一世界，"要去接外婆到我们家来玩"。由于两人对生活的观察感受不同，想法也就有了差异。接着情况发生了变化，"夜里的风把露水船带走了"，"我"算是很体贴孩子的了，一般人也许会掉头不顾，忙于去干大人要干的事，"我"则不然，心中老是担心孩子找不到船会不会泪流满脸，看来，"我"算得上是体贴孩子的了，然而，出乎"我"的意料，孩子非但没哭，反而高兴地说"昨夜外婆已经来过，/天亮她又趁船回到了乡间"，这是一个多么有趣的转折，多么富有浪漫色彩的插曲，它进一步揭示了"我"和孩子在情感上存在着差距。这情感差距的描写是符合人物的年龄、性格和心理的，它突出了天真活泼的儿童情趣，也构成了诗歌喜剧性的情节，具有较强的吸引力。

《纸船》充分揭示了儿童心灵的美和想象、幻想的美，人长大了不可能再回到童年时代，但儿时纯真、美好的感情却深深地留在诗人的记忆之中。一只纸船，普普通通，在孩子的心目中却有着神奇的作用。不是有"摇啊摇，摇到外婆桥"的儿歌吗？孩子由船想到外婆，自然熨帖，合乎情理。没见过外婆却把外婆深深想念，更是强化了孩子纯洁、美好的心灵。孩子说的第二句话是出人意外的，但当我们将这句充满美好想象的话与第一句话联系起来思考时，就又感到在人意中了，因为孩子的第一句话为第二句话作了铺垫。这两句动听而又感人的话语体现了一种淳朴的美、纯洁的美，体现了一种正确的人际关系的美。　　（陆惠芳）

痖弦

（1932— ）原名王庆麟，河南南阳人。早年在南阳私立南都中学、豫衡联合中学就读。1949年去台湾。50年代初开始在《现代诗》上发表作品。1953年入台湾政工干校受训。1954年后在海军陆战队服役。1961年回政工干校影剧系任教。1966年赴美国衣阿华大学作家工作室进修，后移居华盛顿，继而入威斯康辛大学学习。1969年任台湾青年写作协会总干事和《幼狮文艺》主编。1970年任晨钟出版社编辑顾问。1971年《创世纪》诗刊复刊后任社长。1974年后先后任台湾《联合报》副总编辑兼副刊组主任，《联合文学》杂志社长兼总编辑。

土地祠

痖弦

远远的
荒凉的小水湄
北斗星伸着杓子汲水

献给夜
酿造黑葡萄酒

夜
托蝙蝠的翅
驮赠给土地公公

在小小的香炉碗里
低低的陶瓷瓶里
酒们哗噪着
待人来饮

而土蜂群只幽怨着
（他们的家太窄了）

在土地公的耳朵里

小松鼠也只爱偷吃
一些陈年的残烛

酒葫芦在草丛里吟哦
他是诗人
但不嗜酒
酒们哗噪着

土地公默然苦笑
（他这样已经苦笑了几百年了）
自从那些日子
他的胡髭从未沾过酒

自从土地婆婆
死于风
死于雨
死于刈草童顽皮的镰刀

选自《痖弦诗集》，台湾洪范书店1981年版

  《土地祠》一诗写于1957年。这首诗写的是普普通通的荒凉的土地祠，但写得诗意葱茏，富于想象之美的魅力。
  诗人首先以"夜"作土地祠的背景，以"小水湄"作土地祠的环境，一开篇，想象即如朝露般的清新："远远的/荒凉的小水湄/北斗星伸着杓子汲水//献给夜/酿造黑葡萄酒。"——这是体现痖弦风格的一再为论者所引用的名句。第三节开始的"夜"，紧承第二节的"献给夜"。蝙蝠白天蛰伏，黄昏即翻飞于土地祠内外，本来是平常习见的景物，一经诗人的想象，就变成了"夜/托蝙蝠的翅/驮赠给土地公"，诗意顿然如同涌泉。诗的第四、第五、第六节分别描绘土地祠内的景象，着重写了"酒""土蜂群"和"小松鼠"三种事物，笔墨绝不平板呆滞，表现了极为灵动的想象。"酒们哗噪着"，酒的"哗噪"正反衬土地祠的空寂荒凉。土蜂群

也被拟人化了,它们"幽怨"的是"家太窄了",原来它们的家是"在土地公的耳朵里",这是诗人的幽默,也是对有神论的一种反讽。而"只爱偷吃"四字,就传神地表现了小松鼠的可爱的情态。第七节宕开一笔,写土地祠外的景象,酒葫芦被想象为吟哦的诗人,这本来已是诗意盎然了,但葫芦既名为"酒葫芦"却又"不嗜酒",这又是矛盾语的妙用。诗的最后两节同样表现了诗人的奇思妙想,土地公不是泥塑即为木雕,本来是无知无觉的,但诗人写来却活灵活现,而且富于人情味:他默然苦笑了几百年,并且"自从那些日子"以后,"他的胡髭从未沾过酒"。何以故?原来是"自从土地婆婆/死于风/死于雨/死于刈草童顽皮的镰刀"。全诗就是这样谐趣横生地收束,也为荒凉凄清的土地祠再补足一笔,悠然不尽,强烈地刺激读者的联想和想象。

(李元洛)

秋　歌
——给暖暖

痖　弦

落叶完成了最后的颤抖
荻花在湖沼的蓝睛里消失
七月的砧声远了
暖暖

雁子们也不在辽夐的秋空
写它们美丽的十四行诗了
暖暖

马蹄留下踏残的落花
在南国小小的山径
歌人留下破碎的琴韵
在北方幽幽的寺院

秋天,秋天什么也没留下
只留下一个暖暖
只留下一个暖暖

一切便都留下了

1957年1月9日

选自《痖弦诗集》，台湾洪范书店1981年版

　　《秋歌》是诗人痖弦早期的"正式写起诗来"后的作品，写于1957年初。诗人喜欢说："一日诗人，一世诗人。"有了他早期的实践，就有了他以后一天写五六首诗的纪录，就有了他以后的辉煌（他的诗集曾入选《台湾十大诗人选集》）。

　　痖弦曾说："我早期的诗可以说是民谣风格的现代变奏，且有超现实主义的色彩，在题材上我爱表现小人物的悲苦，和自我的嘲弄，以及使用一些戏剧的观点和短篇小说的技巧。"（《有这么一个人》）这是我们理解痖弦早期诗作的一把钥匙。

　　《秋歌》有个副标题"给暖暖"。暖暖何许人也？在全诗五节中，除第三节外，每节都出现"暖暖"的名字，因此，"暖暖"是诗人既熟悉而又亲近的人，我们不妨如是观之。

　　《秋歌》头两节从落叶着地、荻花消失、砧声渐远、大雁南归入笔，均点明季节，这种写法将秋天具象化了，给人以清晰的印象。

　　大雁飞行时往往排列成"人"字形或"一"字形，而诗中调侃地写道："雁子们也不在辽复的秋空/写它们美丽的十四行诗了。"（有时诗人在诗中喜欢用这样的句式，如"红叶也大得可以写满一首四行诗了"《山神》）这或许是因为我国自古以来就有在秋天"登高赋诗"的传统吧。

　　诗的第三节是个对仗工整的对偶句。山径上马蹄下的落花，寺院里歌人遗落的琴韵，这两句很富张力，也颇有历史感，从南到北是何等景象？借助于"踏践的"和"破碎的"这两个修饰性词语令读者想得很多，也使之获取不少。落花遭踏残，琴韵被破碎，"秋天什么也没留下"这就成了题中应有之义。然而诗人笔锋一转，却说"只留下一个暖暖"，并进一步说："只留下一个暖暖/一切便都留下了。"先说"留下"，再说"没留下"，后说"只留下"，真是峰回路转，一波三折，令人寻味再三，回味无穷。这是一个戏剧性的转折，令人油然想起一句俗语："留得青山在，不怕没柴烧。"从这个意义上说，《秋歌》给读者心灵上的撞击既是伤感的，但又不全是伤感的，这也诚如台湾诗人叶珊所说："（痖弦）早期的《秋歌》和《山神》，仿佛济慈或三十年代中国新诗的回响，但通过他纯净的语言，投之六十年代的诗坛，依旧清澈美好。"

（葛乃福）

诗人小传

高缨

(1929—) 原名高洪仪，天津人。1942年入重庆育才学校学习。1945年开始发表诗歌。重庆解放后曾在市文化接管委员会、市团委、市委宣传部任职。1956年起在中国作协重庆分会从事专业创作。1960年任《星星》诗刊副主编。"文革"后历任四川人民广播电台编辑部副主任、四川省文联常委、中国作协四川分会副主席。

等　待

高缨

快来吧，同夜晚的雾一道来，我的木嘎，
快来吧，同天上的露一道来，我的木嘎，
阿大阿嬷睡着了，老牛在圈里不吭声了，
黄狗不再吠叫，公鸡也不再把翅膀拍打，
我悄悄地跨出门坎，走进这密林深处，
我像孤零的星儿，等待那迟出的月芽……

你是山上的青松，我就是枝上的松鼠，
你是宽阔的山坡，我就是坡上的山茶，
好像落叶飘进小河，已被流水冲走，
我的心早已掉进你的心，被它溶化，
好像你的猎枪打落了半天的飞雁，
我是那受伤的雁，凝着爱情的血花。

可是，木嘎哟，你可曾听说吗——
那一天我看见三块石头从山顶滚下，
有三个媒人，像乌鸦似的走进我的家，
他们夸奖我家的羊，夸奖我的美丽，
他们给我父母三十三两银子，三十三个荞粑，
喝完了一坛酒，吃光了一锅肉，

等待

高缨

父亲母亲抹抹嘴,答应把我出嫁……
哦,我哭泣,我叫嚷,我咒骂——
大凉山已经是个自由的天地,
为甚么还要把我的骨头换银子,
把我的血换酒喝,把我的肉换荞粑!①

快来吧,同林间的疾风一道来,我的木嘎,
快来吧,同山中的野羊一道来,我的木嘎,
我要跟你去那遥远的地方,再也不回家!
在森林里,我们盖一座小房屋,
你烧麂子让我充饥,我用涧水为你烧茶……

木嘎哟,我的嘴没有喊你,心儿却在喊你,
快来吧,难道你不知道我的心搅着乱麻?
我数着天上的星,摘着地上的草叶,
数了九十九遍星,摘了九十九根草,
可还是看不见你的影子啊,我的木嘎……

夜风在树叶上睡着了,露水吻着我的头发,
一只睡醒的甲虫,在我裙子边上悄悄地爬……
听,听,有人追我来了!追我来了!
我听见石头乱,我听见他们撞断树桠,
哦,哦,我全身颤抖,我心儿猛跳,
快来救我,快来救我,我的木嘎!
听,听,是一只老虎在大树背后叫……
哦,顽皮的老虎,可爱的老虎你出来吧,
上一次你骗了我,这一次我一点也不怕,
出来吧,快投进我的怀抱,我的好木嘎……

1957.6.昭觉
选自《大凉山之歌》,作家出版社1958年版

〔注〕①民主改革前,凉山彝族盛行买卖婚姻,即使在民主改革后一个相当长的时期中,仍然存在着买卖婚姻的残余。青年男女迫切要求婚姻自主。

这是一首爱情诗。

一个彝族少女,在一个没有月亮的夜晚,偷偷地去到山林里,带着复杂而激荡的感情,怀着爱的呼唤和对未来的朦胧愿望,等待着她至亲至爱的情人。

这又不仅仅是一首爱情诗,它通过这爱的等待,反映了大凉山社会生活的一个侧面。我在原诗的注释里说过,凉山即使进行了民主改革,即使奴隶已经翻身,但旧社会的残余——买卖婚姻,还桎梏着青年人渴望自由的心。凉山还需要从传统观念中来一个思想的解放。从这一点来说,这又是一首具有强烈的现实意义的抒情诗。

我写这首诗采用的是抒情与叙事相结合的描写手法,力求塑造一个美丽纯朴、渴求自由的彝族少女的形象,并表现她的丰富而变幻的内心世界。我以为,彝族少女等待情人的过程,也是她心理发展的过程;而我叙述一出买卖婚姻的悲剧过程,同时也是叙述一次反抗而可能胜利的喜剧过程。对这个过程,我是通过一句紧似一句、一段强似一段的情绪来表达的,有纤缓,有曲折,有起伏,有高潮,有柳暗花明的戛然而止。这一点,有些类似小说中的"意识流"。

由于诗句和所表现的人物、人物心理、环境气氛的浑然一体,加之吸取了不少彝族民间歌谣成分,并把民歌成分与新诗形式交融起来,所以这首诗的语言现在看来还比较生动朴素,具有一种形式的美。

这首诗选自我的诗集《大凉山之歌》,这本诗集是我当时深入大凉山区生活的产品,它一出版,立即受到不公正的批判,谓之"资产阶级美学倾向"。我说明这一点,对于读者了解这首诗及其产生的背景,或许会有一点帮助。(高 缨)

【诗人小传】

林子

(1935—) 女,原名赵秉筠,江苏泰兴人。1956年毕业于云南大学。1957年开始发表诗作。曾任《新港》《哈尔滨文艺》月刊社编辑。后在哈尔滨文联从事专业创作。

爱情诗十一首 林子

给 他

只要你要,我爱,我就全给,

给你——我的灵魂、我的身体。
常春藤般柔软的手臂,
百合花般纯洁的嘴唇,
都在等待着你……
爱,膨胀了它的主人的心;
温柔的渴望,像海潮寻找着沙滩,
要把你淹没……
再明亮的眼睛又有什么用,
如果里面没有映出你的存在;
就像没有星星的晚上,
幽静的池塘也黯然无光。
深夜,我只能派遣有翅膀的使者,
带去珍重的许诺和苦苦的思念,
它忧伤地回来了——你的窗户已经睡熟。

作于 1958 年
选自《诗刊》1980 年第 1 期

林子的《给他》是一组爱情诗,共十一首,这里选用了一首。

这是一篇少女的内心独白,令人想起《叶甫盖尼·奥涅金》中达吉亚娜给奥涅金的长信。此诗一改爱情诗中常见的运用隐喻、暗示等迂回曲折的表达情感的方式,一开始就开门见山地表达了为所爱的人奉献全身心的赤诚愿望。法国女作家西蒙·波伏娃在《第二性——女人》一书中说:女人要"使她自己和她敬仰的男人合而为一,她唯一的办法是奉献她自己的身体和灵魂,对她而言,他代表绝对的权威和重要性"。诗中的"我"正是这样的女人。你听:"只要你要,我爱,我就全给,/给你——我的灵魂、我的身体。"何等朴素纯洁,何等真诚大胆!这是少女对爱情的誓言,简洁有力,表现了断然下定的决心。接下去的三句,女诗人用优美的形象比喻手臂和嘴唇,把"我的身体"具体化。常春藤与手臂,百合花与嘴唇,在外形上是无相似之处的,然而在柔软、纯洁这两个特点上却找到共同之处,经过联想的点化,使这两句诗新意顿出,奇趣横生。在这里,诗人精心地运用了不类为类的远取譬的手法,仅用两句诗就勾勒了一个张开双臂、翕动嘴唇的天使般美丽的少女形象。

"爱"和"渴望"都是抽象的概念。而诗人却赋予它们生命和活力。如果写成"我的心中充满爱"，便显得十分平庸。而"爱，膨胀了它的主人的心"，则顿使诗句活了起来，"爱"这个抽象的概念成了有生命的实体，富有动感。同样，"温柔的渴望，像海潮寻找着沙滩，/要把你淹没……"这就使"渴望"这个抽象的概念，具有不可遏制的、强大的生命和活力，使人从形象的比喻中具体感受到这种"温柔的渴望"的强烈和急迫程度。一句不无夸张的"要把你淹没"，将"我"对"你"的"爱"和"温柔的渴望"写到了极致。这种抽象概念具象化的手法，不仅恰当生动地表达了抒情女主人公的情绪心态，而且调动了读者的情感，使读者和"我"一同体验"爱"和"渴望"，感同身受。

　　处在热恋中的女子，认为她的容貌、身体都是属于她所爱的男子的，如果她所爱的男子不存在，那么她的美貌也就失去了存在的价值和意义。所以诗人写道："再明亮的眼睛又有什么用，/如果里面没有映出你的存在。"紧接着诗人又很恰当、生动、传神地用夜空的星星和幽静的池塘作比喻，把上述意思进一步诉诸幽美的视觉形象。人们常说眼睛是灵魂的窗户。诗人单单写眼睛是有深意的：眼睛是身体的一部分，又是灵魂的窗户。所谓"色授魂与"正说明眼睛和灵魂的紧密关系。

　　保加利亚伦理学家基里尔·瓦西列夫在《情爱论》一书中说："爱情产生的第一个表现是迷醉。它那明净的光辉甚至会照进梦境。"此诗的最后三行正表现了女主人公为爱情而迷离惝恍的迷醉状态。在万籁俱寂的深夜，"我"一心想着热恋中的"你"，"派遣有翅膀的使者，/带去珍重的许诺和苦苦的思念"去看望"你"。这"有翅膀的使者"指的是什么呢？不言而喻，那是"我"的一颗心，"我"的纯洁而美丽的灵魂。身虽在，而魂已去，为爱情而失魂落魄，好似掉了魂一样，这便是迷醉状态。然而，诗在最后却出其不意地陡然一转："它忧伤地回来了——你的窗户已经睡熟。"这里的"窗户"语含双关：既是事实上的窗户，因为夜深，"你"的"窗户"确已关上，"你"已睡熟；又是指的"你"的心灵的"窗户"、灵魂的"窗户"已经关闭。当然诗人所指更重于后者。仅这一句，就使以上灼热的情感、美艳的形象骤然为之一变，而透出一丝美丽忧伤的凄婉色彩。而"你的窗户已经睡熟"与上面"我"的眼睛"没有映出你的存在"正相映照。

（刘士杰）

【诗人小传】

李 瑛

（1926— ） 河北丰润人。1945年入北京大学中文系学习,开始发表诗歌。北平解放后,参加中国人民解放军,任新华社部队总分社记者,随军南下。后历任《解放军文艺》编辑,解放军文艺出版社社长,中国作协理事,《诗刊》编委、中国人民解放军总政治部文化部部长、全国文联执行副主席等职。其诗作多表现战士生活,抒发对祖国、对人民的深沉的爱,感情真挚、激昂,想象丰富,风格清新,具有刚健、豪放的韵味。

哨所鸡啼

李 瑛

是云？是雾？是烟？
裹着苍茫的港湾；
是烟？是云？是雾？
压着港湾的高山。

山上山下,一团混沌,
何时才能飞出霞光一片？
忽然间,哪里？在哪里？
一个生命在快乐的呐喊。

压住了千波万壑,
吐出了满腔喜欢；
嘀,是我们哨所的雄鸡,
声声啼破宁静的港湾！

看它昂立在群山之上,
拍一拍翅膀,引颈高唱；
牵一线阳光在边境降临,
霎时便染红了万里江山。

莫非是学习了战士的性格,
所以才如此豪迈、威严;
因为它是战士的伙伴,
所以才唱出了士兵的情感。

1960.12 于大孤山

选自《李瑛诗选》,四川人民出版社1981年版

中国新诗发展到20世纪50年代,有一种明显的倾向,那就是着重于现实场景的描绘,有时还有一些过程的铺排,乃至于单纯的情节描写。但是李瑛的这首《哨所鸡啼》在当时,却是富有独创性的。这首诗,前四节可以说是一种描绘,在描绘中追求色彩的富丽,在富丽的色彩中渗透着一种热情。最后一节则是一种情理交融的抒发。值得注意的是,李瑛的描摹常常有更强的想象性,他笔下的哨所的鸡啼,已具有更多的象征性质。诗人本来是要歌颂在海防前线哨所中的战士的,但却没有从战士现实形象的描摹开始,而是以哨所晨鸡的啼鸣为核心,来展开他的构思。从这里,我们可以看到李瑛想象的一些显著特点:他是一个崇尚现实主义的诗人,但是他又是一个追求精致的艺术想象的诗人。在50年代,由于历史潮流的客观特点,诗人们多少有点回避自我感情的直接抒发,李瑛不满足于描绘生活场景基础上的有限的超越,但是同时他也还没有成熟到敢用直接抒情的方式为主要手段更公开地表白自己的内心,其结果是他把自己内心的热情寄托到某一个客观对象上去,使之具有象征主义的意义。这种艺术方法本是象征派和现代派强调的为自我情感寻找"客观对应物"的方法,不过李瑛用得更灵活而已。还值得注意的是哨所鸡啼,并不带有象征主义和现代主义的诗歌那种随意性色彩,所赋予的意义也不像他们那样朦胧而含混,诗人的创造就在于把这个客观对应物,描绘得更具现实性,更像是对于生活场景的描绘,粗心的读者几乎看不出象征主义方法的痕迹。

除此之外,象征派和现代派还特别强调诗人的感觉的分解、转移和重新组合,这在英语、法语中叫做"契合",在汉语中叫做"通感"。通感,就是属于不同范畴的感觉的贯通,在这首诗中,则表现为视觉与听觉的贯通。本来,诗人刻意强调的是哨所鸡啼的嘹亮和雄浑。在通常情况下,用欲扬先抑的办法,大体是用听觉的模糊反衬出听觉的清晰。这首诗却首先提供一幅视觉图画,刻意渲染视觉之朦胧迷幻,然后引出一声鸡啼,以听觉之清晰、嘹亮,使朦胧迷幻之视觉境界变得清晰明亮,色彩鲜丽起来。这种贯通不同感觉的层次,以不同感觉层次的因果

变幻构成形象的统一性,达到了声画俱美的艺术效果,从而歌唱了海防战士,感染了读者。

(孙绍振)

黄 河 落 日　　　　　　　李　瑛

等了五千年
才见到这庄严的一刻
在染红一座座黄土塬之后
太阳,风风火火
望一眼涛涌的漩涡
终于落下了
辉煌的、凝重的
沉入滚滚浊波

淡了,帆影
远了,渔歌
此刻,大地全在沉默
凝思的树,严肃的鹰
倔强的陡峭的土壁
蒿艾气息的枯黄的草色

只有绛红的狂涛
长空下,站起又沉落
九万面旌旗翻卷
九万面鼙鼓云锣
一齐回响在重重沟壑
颤动的大地
竟如此惊心动魄

醉了,洪波
亮了,雷火

辛勤地跋涉了一天的太阳
坐在大河上回忆走过的路
历史已成废墟
草滩,燔火
峥嵘的山,固执的
裸露着筋络和骨骼
黄土层沉积着古东方
一个英雄民族的史诗和传说

远了,马鸣
断了,长戈

如血的残照里
只有雄浑沉郁的唐诗
一个字一个字
像余烬中闪亮的炭火
和浪尖跳荡的星星一起
在蟋蟀鸣叫的苍茫里闪烁

选自《中国当代名诗人选集·李瑛卷》,人民文学出版社2006年版

　　我国有五千多年的悠久历史。黄河是母亲之河,黄河流域是中华文化的摇篮。我国古代黄河流域历史名城的兴衰变迁,黄河均可一一见证。李瑛的这首《黄河落日》大气磅礴,气势恢宏,就是抒写并讴歌了我国这一古老而又年轻的河流,以及古老而又年轻的中华文化。

　　这首诗不是选择黄河上旭日东升,而是夕阳沉波,给人以历史的厚重感、沧桑感和再生感。见到了这一宏大场面,好像"见到这庄严的一刻"。

　　或许读者会问,诗人是从何处见到黄河落日的?根据诗中提示,或许是在黄河壶口瀑布。全诗就是从这一景点着笔,似乎可分为四节。第一节八行可看作是序诗,以下每节均以两个并列的句型开头。

　　第二节为十三行,以"淡了,帆影/远了,渔歌"起首,是写黄河落日时所见,运用了先静后动、以静衬动、动静结合的抒写方法,写得不同凡响,颇具震撼力。诗

中有"绛红的狂涛/长空下,站起又沉落"的描写,这不禁使人们想起苏东坡的名句"天外黑风吹海立"(《有美堂暴雨》)。海水直立和狂涛站起,这是多么地惊心动魄啊。这不是虚拟,而是实写,据见过黄河壶口瀑布的人说:"此处河流湍急……洪流从断层石崖上怒倒狂泻,形成落差30余米的瀑布,轰鸣声震数里,观瀑者莫不有惊心动魄之感。"我们认为用这一宏大景象来映照似水的历史流程是确当的,也是贴切的。

第三节十行,以"醉了,洪波/亮了,雷火"起首,"辛勤地跋涉了一天的太阳/坐在大河上回忆走过的路",诗人以高屋建瓴的态势,从回忆的角度去倒叙历史的风云变幻,黄河流域的沧桑巨变,笔力概括,着重虚写,要言不繁,点到为止,给读者再创作留有广阔的空间,堪称大手笔。古人说"景愈藏,境界愈大"(唐志契《绘事微言》),用在这里也是合适的。一个英雄民族曾有过的辉煌,至今流传的史诗和传说,读者并不陌生:"古今多少事,都付笑谈中。"有时诗中由实到虚要比由实到实为好。

第四节八行,以"远了,马鸣/断了,长戈"起首,写得耐人寻味。如果说第三节着重写"武功"的话,那么这最后第四节就着重写"文治"。诗人以饱蘸感情的笔触讴歌中华文化的精华之一——唐诗,称它是"雄浑沉郁",将它比喻为"余烬中闪亮的炭火",钟爱之情,溢于言表。

李瑛是位成就卓著的老诗人,他不仅撰写了大量的诗作,而且以其浑厚、深邃、凝重和新颖的风格见长。读了他的《黄河落日》,仿佛中华璀璨文化这一轮红日正从我们的心头冉冉升起。

(葛乃福)

【诗人小传】

韩笑

(1929—1994) 吉林省吉林市人。曾在佳木斯东北大学学习,后参加中国人民解放军,任报社记者、编辑。1949年南下,历任《部队生活画报》《战士文艺》主编,广州部队政治部文化部副部长等职。

登明月峰

韩笑

路陡风狂,
鹰在半天晃,

登明月峰

　　惊看我
　　脚踏白云，
　　汗洒漓江！

　　是哪里飘来
　　一只粉蝶，
　　落我枪口上，
　　引得山和水，
　　纷纷抬头望！

　　啊！蝴蝶呀，
　　蝴蝶！
　　莫非你
　　　偏爱硝烟
　　　胜似花香！？

　　还是想
　　　倚天赏风光，
　　纵有双
　　　美丽的翅膀，
　　也要借我
　　　闪亮的刀枪！？

1961年10月—1962年10月18日
选自《南国旅伴》，花城出版社1984年版

　　从1961年到1962年，韩笑因公多次到桂林。在古今诗人歌咏桂林山水的佳作面前，他不敢轻易动笔，有李白"眼前有景道不得，崔颢题诗在上头"般的感慨。经过长时间的酝酿和构思，他找到了自己的表现角度，那就是"善乘他人之隙，善翻古人之意"，即"用战士的眼睛看桂林"，以战士的心灵感受山水。

　　此诗开篇点题，正面写"我"登峰。以"路陡风狂"，鹰在半空、云在脚下，反衬明月峰的高耸险峻，从而写出登峰之艰难。但"我"无所畏惧，仍然挥汗攀登，连

雄鹰都惊奇地看"我"。"我"究竟是谁,如此异于常人?作品暂不点明,以便留有悬念。

接着,作品予以回答:原来"我"是战士。但作品并不直说——那样便会诗味索然,而用粉蝶"落我枪口上"的形象暗示出来。这种富有戏剧性的生活场景必然格外惹人注目。因此,"引得山和水,/纷纷抬头望"。能够"抬头望"的"山和水",可以视为山水的拟人,也可以看成游人的借代:即借指山上的游客和水边的行人。"纷纷"以见争睹者的众多,"抬头"以见被睹者的高远。他们争相观望的是粉蝶?是钢枪?还是战士?抑或兼而有之?游人在深思,读者也在深思。

而诗人别有所思。作为抒情主人公和解放军战士,"我"看见蝴蝶落到自己的枪口上,当然会想到"硝烟""胜似花香"。但蝴蝶有知,倒不一定这样去想。因此,"我"又猜测:也许蝴蝶借着刀枪的高度来"倚天赏风光"。这不仅写出了我军战士的自豪感,而且表达了人民军队的使命感。"纵有双/美丽的翅膀/也要借我/闪亮的刀枪!?""我"登上了明月峰巅,身背的刀枪成了这里的制高点,蝴蝶倘若居高临下、欣赏风光,立在上边最为相宜。然而,这只是作品的表面含义,更深的内蕴则是:蝴蝶也好,游人也罢,要想尽情地领略自然美景,只有依靠刀枪的威力。换句话说:没有人民军队的守卫,就没有祖国的和平与安宁,也就没有人民的幸福与快乐。这才是作品的主旨所在。

中国古人写诗注重"气象"。宋代词人晏殊说:"余每言富贵,不言金玉锦绣,惟说气象。"而外国一些诗人讲究"意象"。美国诗人庞德说:"意象""表现的是一刹那时间里理智与情感的复合","意象"就是"一个辐射束……从这里面产生观念"(这与中国古代文论所谓主观情意同客观物象结合的"意象"并不完全相同)。这首诗深得"意象"与"气象"的神髓,并且将这两种手法融而为一,妙合无垠。前两节侧重彩绘,专在意象创造和气象渲染。"鹰"与"我"、"蝶"与"枪"两组意象的巧妙组合及其气象描写,造成了奇特的艺术效果。由于"鹰在半天晃"和"我"在山上"登"两个视觉对象的并列对举,作品自然而然地产生双向比拟(隐喻)和互文见义的审美效应:"鹰"如"我"般勇敢,"我"如"鹰"般矫健,从而写出"我"的勇敢与矫健。一杆钢枪,足以显示"我"的战士身份和我国的强大军队;一只粉蝶,不仅点缀出明月峰的绮丽风光,而且渲染出安居乐业的美好景象。"枪"与"蝶"的意象组合与气象描述,很容易使读者联想到战争与和平。不言军威而军威已出,不言安宁而安宁自见。作品后两节偏于议论,颇多哲学思辨。但不是干巴巴的抽象说教,而是紧密结合诗中的意象与气象,出之以形象,伴之以情韵,充满生活气息。作品的哲理,既非空泛的概念演绎,又非生硬的主观拔高,确为诗中形象和情感的自然升华与诗意深化,是意象辐射出来的思想火花,也是气象渲染造成的理念氛围。

(丁国成)

【诗人小传】

张天民

(1933—) 河北涿县(今涿州)人。1946年在北平上中学。1951年开始文学创作。1954年到文化部电影剧本创作所工作。1956年任长春电影制片厂编剧。

爱情的故事

张天民

年青的白杨,绿色的长椅,
湖畔上并肩坐着我和你,
我们的双脚埋进青草窝,
我们的影子映在明镜里。

你磨着我讲一个故事,
还指定要关于爱情的,
我猛然想起一对夫妻,
好像和我们差不多年纪。

他们的身边也有一排白杨,
可是白杨树上缠着铁蒺藜,
他们也坐过一条长椅,
是老虎凳,啊,斑斑血迹!

他们的脚下没有青草缁索
只有那铁镣在沉重的叹息,
他们把爱人无邪的眼睛,

爱情的故事

张天民

当作能照见心灵的镜子。

他们的情话是"同志,坚持!"
他们的誓言是"不屈,胜利!"
放风的时候远远一望,
把万千情意彼此赠与。

就在他们第一个孩子降生时,
丈夫被拖到荒郊野地,
婴儿的呐喊是生命的破晓鸡啼,
"共产党万岁"的呼叫响彻在金鸡声里!

婴儿周年生日是母亲的刑期,
临刑前夜她把血书缝在婴儿衣襟里,
地下党的同志拆开血书,
闪灼光芒的是坚贞的意志!

有了他们的生死别离,
幸福和青春才有权并肩坐这长椅!
如果建设需要我爬冰卧雪,
分离那天让我们想想过去!

1961年12月长春
选自《诗刊》1962年第3期

　　这首描写爱情的诗篇,与读者通常见到的表现爱情之美妙、忠贞的情诗显然不同。在诗的第一节里,诗人简练地用年轻的白杨、绿色的长椅、湖畔、青草等景物,描绘出一种幽静、情意绵绵的环境,就在这样充满诗情画意的环境里,有一对正在谈情说爱的恋人;接着,诗人又用"磨""还指定"二词,生动地表现出女青年要听爱情故事的娇憨之态。这是一幅恋人情深意笃、沉湎于爱情的情景。

　　但是,作者却并没有继续描绘那种恋人间常有的关于爱情的浪漫的想象,而是随即猛地作了一个转折,由男青年的思绪使诗篇进入一个庄严而富有激情的历史环境中。作者抒写起一对革命烈士的爱情。由于紧扣着第一节诗中出现过的"白杨""青草""长椅""明镜"等展开铺叙,因而这一转折显得并不生硬,这正是诗人构思的巧妙。而且同是白杨等景物,在这里却渲染出了监狱的气氛,并突出了革命烈士在险恶环境中对革命的坚贞。于是,诗篇通过对类似景物的不同表现,通过前后几节诗不同情景的互相对比与衬托,为全诗主题的揭示作了充分的铺垫。而诗人随后写到的那个"婴儿",实际上寄寓了两重含意:一方面,这确实是指诗中"爱情故事"里的革命遗孤;但另一方面,"婴儿的呐喊是生命的破晓鸡啼"一句,则又暗示这"婴儿"也喻指整个革命后代,其中包括正坐在长椅上的这对幸福的青年男女。正由于诗人在这里用了暗喻的手法,所以诗歌结束时又转写到眼前的这对恋人就不显得突然了,"有了他们的生死别离,/幸福和青春才有权并肩坐这长椅"这一主题的点明就很顺理成章。至此,诗人又写出了全诗的最后两句:"如果建设需要我爬冰卧雪,/分离那天让我们想想过去!"这两句是对主题的深化,虽然用的是虚拟的语气,但确实表明了诗中的男主人公已决心继承先烈遗志,准备时刻响应党的号召,到艰苦的地方去工作。但这意味着可能会与热恋中的女友暂时离别,正是在这种思想的指导下,在这特定的情景中,"他"才讲述了革命先烈的"爱情的故事"。

  此诗着意描绘的两幅情景,存在着彼此间的因果联系,同时也形成一种鲜明的对比。显然,作者是有意比照着描绘、勾连两种相似又不相似的爱情生活,用以表现主题的。为此,诗中两次处理了从"现在"到"过去"与从"过去"到"现在"的时间上的大幅度跳跃,由于诗人运用了暗喻、象征等艺术手段,使得两次跳跃都浑然妥帖而不显斧凿痕迹。其间第一人称的运用,也便利了思绪的跳动与情景的转换,并使全诗更为情真意切。需要指出的是,诗作旨在强调今天的幸福生活来之不易,是革命先辈抛头颅、洒热血、英勇奋斗的结果,这种主题是20世纪60年代初许多文学作品中常见的;但诗人在艺术表现技巧方面,还是有其独到之处,不过旨意过于显露,因而韵味欠足,缺少足够的回味余地。 （漆璎）

晏　明

【诗人小传】（1920—2006）　原名郭灿之,湖北云梦人。1940年发表诗作,1941年后,先后任《诗丛》《武汉日报》文艺副刊编辑。新中国成立后历任《新民报》《北京日报》、北京出版社、《十月》编辑。

黄山印象

晏 明

山的腾飞,
峰的飘荡。

松的遐思,
瀑的狂想。

泉的和弦,
花的意象。

蜜蜂的憧憬,
彩蝶的翅膀。

太阳失踪了,
风,在寻觅太阳。

雨,追逐着瀑布,
满山满谷冲撞。

海在诉说,
云正远航。

神奇的世界,
童话里的梦想……

选自《故乡的栀子花》,湖北人民出版社 1983 年版

  晏明擅长写风景诗。《黄山印象》是诗人游览黄山归来后于 1962 年 6 月写的一首优美的风景诗。这首诗里,虽没有直接具体描绘黄山的自然景物,却烙印着审美主体通过对于黄山的自然景物的感知所获得的主观印象,是诗人对于黄山景物的表面现象所作出的抽象反映。如"山的腾飞,峰的飘荡","泉的和弦,花

的意象",都是诗人感知升华的结果,具有某种程度上的抽象倾向。诗人在遣词造句中体现了这首诗构思上总体思想——"印象",即内容上不作具体描绘,避免那些描绘性很强的词而有意选择带有抽象意味的语词,这不仅贴切、自然,而且使这首"印象"诗颇有主观性、不确定性和朦胧感。

诗人以其敏锐的感觉捕捉黄山自然景物"瞬间印象"中带有的本质特征,并且辅助于丰富的想象,因而使这些无灵性的静止的或富有动态的自然景观变得有生命、有思想、有品格:山驾云"腾飞",峰乘风"飘荡";松在"遐思",瀑在"狂想"……在这里,诗人所感知到的黄山印象是一瞬间很短暂的时间,虽是跳跃式或叠加式的印象,但透过这"瞬间印象",诗人得到的是整体印象:一个黄山的全貌。由于山、峰、松、瀑、泉、花等自然景物的形体线条,色彩姿态在黄山自然环境里互相呼应、和谐协调,形成了一个黄山的整体印象。这是整体印象在诗人心灵的再造,又确实是黄山世界精萃的真实写照。这是一个龙腾虎跃的动的世界,是一个瞬息变化着的神奇世界,也是一个充满着梦幻的童话世界。太阳"失踪"了,风在"寻觅";雨"追逐"瀑布,满山满谷"冲撞"。此景此情,只能在"神奇的世界""童话里的梦想"中才能见着,这使本来就带有朦胧感的"印象"又蒙上一层神秘的色彩。

拟人手法在童话里经常被采用。诗人在这首诗里将黄山景物人格化,如松有"遐思",瀑会"狂想",海在"诉说",云正"远航",而小蜜蜂却翘首"憧憬",并赋予它们以人的思想,情感和动作,全诗充盈着灵气和生机。广袤、混沌、雄奇、葱秀的诗的意境,把人们的思绪带到孩提时代曾经梦幻过的童话世界,使生活在喧嚣的大城市里的人永远浸润在这甜美的、眷恋的回忆之中。 (林唯民)

【诗人小传】

沙 白

(1925—) 原名理陶,江苏如皋人。1958年任上海《萌芽》杂志编辑。1962年到江苏南通市文联工作。后为作协江苏分会专业作家。

水 乡 行

沙 白

水乡的路,

水乡的路，
水云铺。
进庄出庄，
一把橹。

鱼网作门帘，
挂满树；
走近才见，
几户人家住。

榴火自红，
柳线舞；
家家门前，
锁一副！

要寻人，
稻海深处；
一步步，
踏停蛙鼓。

蝉去住，
水上起暮雾；
儿童解缆送客，
一手好橹。

选自《诗刊》1962年第2期

《水乡行》，是沙白早期小诗的代表作之一。

这是一首纯粹的田园风景诗，具有中国古典诗词特别是元人小令在构思和手法上的那种敏捷和轻巧，并配合以愉快的节拍，淡雅的色调，截然有别于当时流行的充满"火药味"的诗风。全诗五节，第一节便出手不凡："水乡的路，/水云铺。/进庄出庄，/一把橹。"第四节尤为一篇之精警："要寻人，/稻海深处；/一步步，/踏停蛙鼓。"读者喜欢这首小诗，恐怕主要是因为偏爱这两节。

水乡何所有？说来寻常，一是船，二是蛙。有船有蛙必有水，有水才成其为水乡。但若直接说出这番意思，便会招人发笑，因这属于一般常识的范围。《水乡行》的成功，恰在于它将船和蛙意境化了。诗人当然知道船是水乡的主要交通工具，但他拐了个弯，不直接说出船，却单单指出船上的一个小部件——"一把橹"，亦即修辞学上的借代——以部分代替整体。这不只是说法的转换，而是诗歌造境的需要。读者根据经验，由橹而想象及摇橹人，想象及摇橹人俯仰自如的姿态，想象及船因橹的摇动而摇动，水中的天光云影又因船的摇动而摇动。一幅水乡图景便在读者的想象中荡漾开来。末节的"儿童解缆送客，/一手好橹"，作为第一节"进庄出庄，/一把橹"的照应，语意略嫌重复，未能拓出新境。但它白描出一个摇橹者，使得那把橹动了起来，成为诗中的一个通灵体，却是不能轻轻放过的，好的诗，总善于抓住某些具有灵性的关捩，促使读者产生美的领悟，主动介入诗歌境界的再创造。

　　诗的第四节，在"蛙鼓"一词上出巧思。蛙鸣如鼓，故称。蛙和鼓，分开来各是一物；两个物名合为一词，这词中便包含着一种鸣声。是蛙的，又像是鼓的。诗人凭借他对语言的敏感，充分挖掘了这个词的内涵，得出了"一步步，/踏停蛙鼓"的妙句。锣鼓之类打击乐器，因与物相撞而生音响，照经验推想，脚步踏在鼓上只能使鼓咚咚作声；不会被"踏停"了的。但在这里被踏停了的是"蛙鼓"，即如鼓的蛙鸣。蛙惊于脚步声，脚步所至，蛙鸣辄止。不曾写出的一面是脚步走过，蛙声又起。于是，一阵阵蛙鼓，远远近近，此起彼落，看似宁静温馨的"稻海深处"，原也有着热闹而喧腾的生活。以反经验的措词，道出了经验中的情景，非善于运思者不能臻此。

　　橹，摇动着水乡的态势；蛙鼓，播扬着水乡的乐奏。动的、响的、景观的、风习的都融汇一道，构成了这首小诗完整而丰满的意境。但作为水乡一对传神"阿堵"的船与蛙始终未正面地直露其形，淡而弥深，隐而愈显，可谓巧取，亦是偶得。

（忆明珠）

红叶　　　　　　　　　　沙白

风，把红叶
掷到脚跟前。
噢，
秋天！
绿色的生命也有热血，

经霜后我才发现……

选自《南国小夜曲》,黑龙江人民出版社1983年版

"一叶落而知天下秋",这是人尽皆知的自然规律,也是古往今来文人雅士们爱说爱写的材料,可是一旦到了沙白笔下,却别开生面,翻出新意,成了这么一首隽永的小诗。

沙白写诗,很注意精炼,他诗中的语言常常节省到不能再节省的地步,《红叶》就是一个最好的例子。当然,此诗写的是自然界的一个镜头,所抒发的是诗人瞬间的一种感受,题材原本不大,无需浓笔挥洒,但其中既有自然界的"风"和"红叶",也有作为抒情主人公的"我",诗中由彼及此,几易其位,弄不好也会拖沓和啰唆的。而沙白则出手不凡,一个"风"字,一个"掷"字,写出了秋风劲吹、枝叶稀疏之状,可说是一幅简洁的秋景秋色图。接着轻轻地下了一个"噢"字,便委婉曲折地引出了诗人的一番领悟,这番领悟若细加分析,又可以分为两层,第一层是说"秋天到了"——正如本文开头所说,这是人尽皆知的,不足为奇,诗人所以要加以点明,目的是为了一下子就激发读者的同感和共鸣,让读者毫不费力地进入诗人所描写的特定情景中去,有了这第一层作基础,第二层就可以及时道出诗人的最新感受:"绿色的生命也有热血。"譬如行路,平坦处忽有奇景出现,譬如登山,到达山顶后又是一番景象。诗人这样安排,显得十分巧妙。论篇幅和字数,《红叶》共6行,不到30个字,确实是最精炼最节省也没有了。

精炼也好,节省语言也好,本身并不是目的,只有在节省语言的同时充实诗的意蕴,才能打动读者。《红叶》颇有古人绝句、小令般的风姿,要做到这一点实属不易,但更不容易的是它有着迥异于前人的新发现。人们向来把"绿色"当作和平的象征,植物蓬勃生长的象征,诗画中有了"绿色",便能赏心悦目,流连忘返,而一提到"红色",就不由得会想起流血、奋斗、牺牲之类,总觉得和"绿色"相去甚远,无法相提并论。可是诗人却独具慧眼,他从一片枫叶中发现了"绿色的生命也有热血",这就提高了诗的思想境界,不再是纯粹的咏物写景了。诗人说他是在"经霜"后才发现这一真谛的,这里的"经霜"语涉双关,它既是对枫叶经霜变红的实写,也是比喻诗人在十年动乱中所经受的风吹雨打、霜欺雪压等考验。咏物诗要写得好,关键在于所见者小,所寓者大,能让读者在简约精炼的诗行中自然而然地领会所蕴含的一番情思。

(丁 芒)

魏钢焰

(1922—1995) 原名魏开诚,曾用名辛毅,山西繁峙人。1937年太原成成中学初中毕业后参加八路军野战政治部宣传队。1940年曾在太行鲁迅艺术学校学习音乐,后至太岳纵队宣传队工作。1943年后在新四旅(即十七师)工作。解放战争时期开始创作歌曲、活报剧、话剧。1949年随军进入新疆。1955年转业到中国作协西安分会,任《延河》副主编。1958年从事专业创作。

江　南

魏钢焰

江南啊,
我没见过的亲娘!
我穿过你缀红缨的草鞋,
我戴过你画红星的斗笠;
我唱过你兴国的山歌,
我饮过你带血的乳浆!

革命从南方走来,
怀抱着整个北方:
洪湖女儿,
纵马跃漳河!
珠江男儿,
放歌在太行!

从江西政委的眼睛,
我见过井冈红旗舞!
从湖南旅长的战令,
我听过滔滔长江浪!

啊,江南!
谁说我没见过你?
我也是呵,
你亲生的子女!

1962年夏于广州

选自《灯海曲》,陕西人民出版社1978年版

风光旖旎的江南曾使多少人心驰神往,又曾引得多少诗人向她奉献出脍炙人口的赞美诗。不过以往的江南诗不是写"江南佳丽地"(谢朓《入朝曲》),就是写"烟柳画桥,风帘翠幕","市列珠玑,户盈罗绮,竞豪奢"(柳永《望海潮》),总是极力铺陈江南的风景秀丽、繁华丰饶。而这首诗却洗尽铅华,一扫绮丽。诗行中充溢着一股蓬勃的生气,阳刚的豪气。诗人把自己对革命老根据地和南方战友的深挚情感都熔铸在这首诗中,使此诗兼有战斗的豪情和深沉的骨肉之情。

诗人将"亲娘"作为江南的总体意象。这既是诗人深厚情感的自然流淌,而联想又很贴切,不觉得生硬:江南曾是革命的摇篮,由摇篮而联想到亲娘,那是再自然不过的了。既称"亲娘",却又"没见过",这就从平易中见出奇特,紧接着又一口气写下了四个排比句。前三句都是用的具象的、写实的手法,最后一句则用的是象征手法,表现了这位"没见过的亲娘"对"我"的无私的馈赠和哺育。"缀红缨的草鞋""画红星的斗笠""兴国的山歌"本是在革命历史题材的作品中屡见不鲜的,诗人似乎并不经心地随手拈来,却不想造成了很强的艺术效果。单是把这三者组合在一起,就立即勾勒出江西革命根据地那个特定的历史环境。更为奇妙的是,这三者又是和"亲娘"这个总体意象相统一的,成为这总体意象的组成部分,使"亲娘"这个富有象征意义的意象更加具象化,更加亲切动人。我们仿佛看到一位革命的母亲为即将出征的、当红军的儿子送上她亲手打成的"缀红缨的草鞋",亲手为儿子戴上"画红星的斗笠",深情地教儿子唱"兴国的山歌"……最后一句是对前三句的归结,这富有象征意义的诗句为我们矗立起一座须仰视才见的巨大雕像:一位刚毅的母亲正慈爱地用她那"带血的乳浆"哺育她的儿子。

第二节的头二句写得朴素、概括、形象。"革命"本是抽象名词,现在加以人格化,写"革命从南方走来,/怀抱着整个北方",这"走来""怀抱"两词,一下子就使这两句诗境界全出。"革命"作为人的姿态动作跃然纸上。这两句诗形象地概括了革命发祥于南方,又推向北方,进而扩大到全国的历史进程。这"怀抱"的动作依然与"亲娘"的总体意象相吻合,相呼应。如果说,这两句在宏观上是形象

的,在微观上是抽象的,那么以下四句则在微观上是形象的,作为这两句的形象的补充。你看,洪湖、珠江属于南方,而漳河、太行山则位于北方,"洪湖女儿,/纵马跃漳河!/珠江男儿,/放歌在太行!"这不正是"革命从南方走来"吗?这四句诗犹如对仗工整的词,动作性强,形象鲜明生动,并且富有节奏感。

  第二节是写革命由南方走向北方,南方的儿女战斗在北方,而第三节则是写北方战士的"我",从南方战友那里认识了南方。和第二节一样,这里的"江西政委""湖南旅长""井冈红旗""滔滔长江"看似实指,实为泛指,泛指南方和南方战友。在革命队伍中,南北方战士为了共同的革命目标,团结战斗,结下了同生共死的战斗情谊。北方的战士虽然没有到过南方,但从南方战友那里认识了南方,并且接受了南方的革命传统教育。这种对江南的爱就不仅是对其山水的爱了,而是对战友和革命老根据地的热爱,对战友和革命历史的缅怀。所以,毋宁说此诗是借江南唱一曲革命战争和战友的颂歌。

  这种对江南的爱,经过前面三节的不断烘托,终于形成了情感高潮。最后一节是诗人的情感爆发。诗人的呼喊"我也是呵,/你亲生的子女!"与第一节遥相呼应,为全诗的总体意象——"亲娘"完成了最后一笔。至此,诗人对江南的深厚情感贯穿始终。

(刘士杰)

【诗人小传】

阿 红

(1930—2015)　原名王占彪,陕西华阴人,后移居安徽颍上。1948年入南京中央大学学习。1950年开始文学创作,1952年大学毕业后到辽宁省本溪市任教,后任《鸭绿江》编辑部编辑、中国作协辽宁分会书记处书记、《当代诗歌》主编。

淮 河 啊

阿 红

  淮河啊!
  你是我心中的河,
  你是我梦中的河,
  你滔滔奔流的拍岸绿水,
  一古脑都淌到我的心窝。

　　　　啊！家乡的河！

淮河啊！
多少回一家人围上饭桌，
挟着菜儿就想起你淮河，
我想闻闻喷香的麦仁糟，
我想尝尝黄亮的鳌子馍①。
　　　　啊！家乡的河！

淮河啊！
多少夜想借一双飞天的翅膀，
搭月船渡向家乡的村落，
想看看共捉迷藏的朋友，
想瞧瞧出走时诱眼的渔火。
　　　　啊！家乡的河！

淮河啊！
一宿飞过五千里关山，
我扑向你，像振翅的天鹅。
我举起怀中幼儿嫩藕似的臂膀，
指点着你，说这就是淮河。
　　　　啊！家乡的河！

淮河啊！
让我弯腰掬一捧激流，
洗去那蔽眼的萧索景色，
让我俯身饮几口清水，
冲掉记忆中的血泪与饥饿。
　　　　啊！家乡的河！

淮河啊！
怎能一眼看遍千里美景，
让我抚抚红榴，摸摸绿禾，
怎能一朝访遍两岸人家，
让我吻吻婴儿，问候爷娘。
　　　啊！家乡的河！

淮河啊！
默记你长夜里的灾难，
曾走南闯北，我毫不畏缩，
想象你朝阳下的新姿，
离千里万里，我乐得雀跃。
　　　啊！家乡的河！

淮河啊！
你两岸有山南海北人的足迹，
山南海北也有你的儿女奔波，
珠江——长江，黄河——辽河，
谁不期待儿女心胸广阔！
　　　啊！家乡的河！

淮河啊！
你是我心中的河，
你是我梦中的河，
让我带一筒家乡的水，
走遍祖国的天涯海角！
　　　啊！家乡的河！

1962.8

选自《淮河，我心中的河》，安徽文艺出版社1985年版

〔作者原注〕 ①麦仁糟是用大麦仁做的甜酒酿,鏊子馍是在铁鏊子上烙的薄饼。

我的故乡是淮北平原上的一个小城。从南京大学毕业后到辽宁工作,多年未曾回去。"居常思土兮心内伤,愿为黄鹄兮归故乡",我时刻想念着家乡的亲人和风物。1962年7月,我终于携带妻儿返乡探亲。几天之后我回到辽宁,写成此诗。

诗从思乡写起,写到返乡,落到离乡,写了全过程中的情思。

因此,本诗内在发展逻辑属于循事运动型。为了表达对故乡的深情,我直接向着淮河倾诉衷肠。每节起句都是"淮河啊",结句都是"啊!家乡的河!"给人造成一种浓烈的思乡情绪的氛围。用这种办法组织诗情,属于变体链式构架。

诗共九节。前三节写思乡。第一节写淮河在我心理上的感觉,极言淮河同我的血肉联系。第二节写一家人对故乡风味小吃的怀念,把思乡之情具象化。客居异乡,人们是常常怀念家乡风味小吃的,可能这样写,容易激发别人相似的乡思。第三节写盼望回家。"多少夜想借一双飞天的翅膀,/搭月船渡向家乡的村落"。这意象我觉得婉转而美丽。比起全诗朴实的表现手法来,这两行也许会增加一点亮色。中间三节写返乡。"我举起怀中幼儿嫩藕似的臂膀,/指点着你,说这就是淮河",这是当时的实情,孩子虽不懂事,但作为孩子的父亲,我的一番深情却得到了较为有力的表现。第五、第六节连续四个"让我"的诗行,都是写久别乍见的喜悦之情。后三节写离乡。总起来一句话:男儿志在四方。炎黄儿女,心在祖国。"带一筒家乡水,/走遍祖国的天涯海角",岂能以憾事视之。全诗是写实的,但不是简单的再现。我在写作的时候,重视主体对客体的感觉、意绪;重视由主体与客体交融而成的意象创造;重视富有生活味人情味的细节描绘。这首诗发表后,一些读者给我来信,称赞它感情纯真、情韵浓厚,看来读者是喜欢这首诗的,这使我感到幸运。

(阿 红)

诗人小传

林 希

(1935—) 原名侯红鹅,天津人。50年代曾在天津《新港》月刊工作,并开始发表诗作。后为中国作协天津分会专业作家。

你曾经是我的舞伴　　　　林 希

你曾经是我的舞伴

你曾经是我的舞伴

林 希

我们踏着水一般清澈的华尔兹舞曲
在冰一般平滑的地板上旋转
那时,我像女孩子一样羞怯
你,又比男孩子还要大胆

你曾经是我的舞伴
纷扬的彩色纸条飘下来
缠住了我们的双肩
我想把它拨开
你说:缠着吧
直到永远,永远

啊,我真悔恨
悔恨我竟把舞步踏乱
那一声声温暖的节奏
敲碎了我心上平静的水面
我多么希望那乐曲再重复演奏一次
那乐曲里有一个音符
曾把我们的心弦拨颤

而最后
那缠绕着我们的绚丽纸条终于裂断
当旋律随夜风徐徐飘散
我悔恨又为什么分别得这样仓促
竟没有来得及说一声再见
只把那一个音符
留你心中一半
留我心中一半

选自《上海文学》1981年第6期

我不知自己在怀念什么,是昔日相聚时的欢乐,抑或是离别时的悲伤?甚至我无法得知自己怀念的是哪一个,是一个人,抑或是一些人?也许我怀念的仅只是属于我的往昔的自己,和属于自己的往昔。

于是,1981年我写了一首短诗,题名是《你曾经是我的舞伴》。这首短诗虽然只写就于一个春天的早晨,但它在我的心灵中早已经徘徊了二十年。这首诗的情愫和我年轻的心一起呼吸了二十年,这首诗的旋律在我的生命中环绕了二十年。二十年的风风雨雨,在无名河畔的劳改农场,我的一切哀怨,难道不都来自那个失去的"舞伴"?

现实生活是复杂的,20世纪50年代的人们很难预测以后的日子会怎样发展。而我们能感知到的,是那美好的舞曲旋律,是绽开着青春笑容的美丽面孔,是饱含着希望的年轻的心,是充满阳光的日子。直到后来是突来的风暴,是转瞬间就失去的一切,是严酷的现实人生中孤独的自己,是刑罚和屈辱。此时此际,能够残留给我们些许温暖的,只有那失去的"舞伴"!

这样就孕育了诗的生命,从感觉世界升华到情感世界,从拥抱人生到发扬自我,最后从主观高度,或者是称之为主体意识上成熟为艺术形象,于是才完成了一首有一定感染力的诗篇。

一位伟大的诗人曾经呼号:"人们啊,我爱你们,你们可要警惕!"最初听到这一呼唤时我还年幼,我不理解一颗爱人类的心何以要告诫人类警戒,那时我们不是认为有了可信赖的一切,人类便从此永远得救了吗?然而我和我的舞伴正就是被失去警惕的自己"出卖"了,留下来的只有一颗爱人类的心。这首题为《你曾经是我的舞伴》的小诗向人们展现的,正就是爱和警惕。

在人类历史的长河里,我们都将消失;在文学史、诗史的辉煌长卷中,我们的出现也不会荡起太久的涟漪。我们苛求于自己的,不外只有真诚二字而已。真诚是艺术的生命,唯于真诚中才有自我价值的真实实现,也只有真诚,即使是一点一滴,也有自己的重量。

《你曾经是我的舞伴》发表于1981年,感谢一些朋友将它译成外文介绍到国外,国外的读者在这首小诗中看到的,该不仅仅是我和我的舞伴的哀怨,他们也许能看到一个时代、看到一代人的遭遇,或许看得更深远、更全面。

人们啊,我爱你们,你们可要警惕! （林 希）

王尔碑

(1926—) 女,原名王婉容,四川盐亭人。1946年高中毕业,同年开始发表诗作。1948年入重庆南林学院。1951年毕业于北京新闻学校。后至《四川日报》社工作。

南　河

王尔碑

南河!我回来了!
桐树!我回来了!
可是,我底山孩呢?
你们可曾看见他?

"他已经不在这个世界,
像一只夜莺,
唱完爱底高歌,
死在黎明前的黑夜里。"

桐树低垂,
南河流泪,
我久久地立在河边,
犹如一块化石。

宛若往日黄昏,
我心激荡不宁,
怀着凄迷的幸福,
谛听他底脚音。

他踏着夕阳来了!
他披着春光来了!

南河

他挣脱枷锁来了！
他带着一卷诗章来了！

我又一次看见他，
那纯朴的微笑，
海燕的风神，
倔强的眼睛。

我又一次和他絮语，
倾听灵魂的启露：
"我俯下头又仰起，
监狱无法禁住我……"

我们默默地携手，
走过碧绿的河堤，
南河轻轻地喧笑着，
桐树为我们祝福。

我们走过洁白的沙滩，
走过宽阔的草原，
走向多花的旷野，
走向灿烂的明天。

南河，你不要哭泣，
桐树，你抬起头来，
我底山孩呵，
死亡永远不能把我们分开。

选自《诗刊》1962年第3期

初读《南河》，也许会感到平淡。不过这是"欲造平淡难"的平淡，是诗思从人之至情中喷涌而出,不事雕琢的平淡。读着读着,桐树旁、南河边,那一双倩影,抒情主人公"我"和大自然的儿子"山孩",会久久萦系于你心底,诗里终古沉痛的挚情,将久久颤动着你的心弦。

诗没有写相爱的场面,却从山孩的消逝落笔:大自然的胸怀里,绿桐荫荫,南河潺潺,景触心颤,"我"怀念,"我"呼唤:"我底山孩呢?"依旧是往日的桐树,依旧是往日的南河,情爱的见证犹在,独独缺少了他,自然要痴迷地问了:"你们可曾看见他?"

细味《南河》,从诗人漫不经心的暗示中去领受,将会发现,这首诗写得含蓄浑厚,耐人寻味。诗在前四行深情的呼问之后,是一个沉重的画外音:"他已不在这个世界……"这是浩渺的大自然的回应?还是"我"的心灵在回答?这其间,相爱、相聚、相别、相忆,有过多少经历,却尽在不言中。之后,笔底却流出"我"瞬间感觉中的画面:抒情主人——"一块化石"在"谛听他底脚音";山孩超越时空的归来,带来的依然是那"诗卷",是"爱的诗歌",还有那么熟悉的"纯朴的微笑""倔强的眼睛"——诗人通过这些久已沉入潜意识又浮上来的幻觉,深沉地抒发了无可挽回的"我"的失落的悲痛。

在诗的王国里,王尔碑是从血与火的20世纪40年代走来的,"山孩"也是时代之子,很自然地融入了同时代人的身姿。诗里本该有悲壮的故事,至少也该有戴望舒《狱中题壁》里那样的"残损的手掌"什么的,诗人却不这样处理,眼睛的倔强、头的俯仰,也许可算一点暗示,直接叙及的只有一句:"监狱无法禁住我……"其余全是苦苦思念,喁喁独白,连南河也为之"轻轻地喧笑",为之流泪。在"多花的旷野",在"灿烂的明天",山孩在深情的"我"的心底永生了,在他呼唤黎明的歌声所召唤和抚慰过的人群中永生了。

作为叙事诗,叙的事却很少,并写得含而不露。法国诗人、理论家马拉美说:"诗写出来,原就是叫人一点一点的去猜想,这就是暗示。"(《关于文学的发展》)《南河》只淡淡的写了怀恋、幻影出现等几个细节,却给人提供了广阔的想象空间。至于情侣何时、何故分开,山孩为何、怎样离世,也许可说是故事的关键,全留给读者去猜想了。于是从看似平淡的勾勒中,会心人能读出许多丰厚的内容来。《南河》以优美写悲壮,化叙事为抒情,越品味越觉诗未竟意,还有许多未露出来的象外之象。

诗写于20世纪60年代初。社会性与时代感灌注于山孩的形象里,可贵的是,同是处理这类题材,诗人却并不侧重事迹的摄取,人物的讴歌,而着力于超时空超生死的爱的抒发。这就使此诗有了独具的艺术特色。

(瘦　民)

忆明珠

(1927—) 原名赵镇瑞,又名赵俊瑞,山东莱阳人。1946年参加中国人民解放军。1950年参加中国人民志愿军。1953年后转业到公安部门,后在江苏仪征文化馆工作。1957年开始发表诗作。1980年后任中国作协江苏分会专业作家。

墨黑墨黑的小蝌蚪

忆明珠

说是要带给我
溪头的荠菜花,
或是山畔的朱樱,
或是陌上的一枝翠柳。

踏青的少女归来了,
真也料她不透。
笑说:"诗人,
怎样谢我?
好不容易为你邀来了
齐白石老人的朋友。"
她摇着个玻璃瓶儿,
瓶儿里装着几只
墨黑墨黑的小蝌蚪。

蓦地,
我面前,
抖落了一幅画轴——
"蛙声十里出山泉",
云烟窈窕深幽。

潮润的空气，
习习的风，
又仿佛快雨初收。
我打起赤脚，
踩滑滑的田埂，
追着蛙声走。
却发现独坐水边，
有须眉如雪的钓叟。
(莫非，
他就是当年那位
与花鸟相狎无猜的老画师吗?)
钓叟之意不在鱼满篓，
一丝如发，
悬起了半湖红藕。

而当月白风清，
田野，沉沉地入睡了，
一阵阵蛙鼓却擂得更紧更稠，
好像在催促那浮动于
夜雾里的稻花的暗香，
快凝聚成琥珀色的丰稔的酒。

啊，
你齐白石老人的知交，
也是农夫倾心的未来的鼓乐手；
欢迎你们的光临啊，
墨黑墨黑的小蝌蚪。
老实说，
虽然我"蓬门"常开，

而"座中佳士"如君者,
亦不可多有!
幸而我尚有一只洁白的盘盂,
供养着几颗雨花石——
　　如血滴,
　　如红豆!
请你们也暂游于这盘盂之中吧,
天地虽小尚可绕圈周游。
我相信那鲜红鲜红的小石子
一定会爱上你们的,
　——墨黑墨黑的小蝌蚪,
因为你们孕于春波,
来自清流,
跟雨花石一样的无尘无垢。

1982年4月17日,仪征
选自《诗刊》1982年第12期

　　墨黑墨黑的小蝌蚪在水中不停地游动,充满了无限生机,惹人喜爱,引人想起清脆的蛙声、连片的田野、丰收的稻子……问题是在今天,在不少人习惯于"快节奏"的日常生活中,蝌蚪还有足够的活动空间,或者说人们还有这份闲情雅致去欣赏它墨黑的身子和游动的姿态吗?

　　感谢诗人为读者带来了这首诗,带来了这首充满了诗情画意,凝聚了前辈艺术家和当今一部分知识分子的心态的诗。

　　看起来似乎出于偶然,诗人和"踏青的少女"事先都没有想到要把蝌蚪带回来,许是诗人同它暌离已久,多少显得有点陌生了?或是当地环境受到污染,蝌蚪早已另游他处,无法寻觅了?但这一切都不要紧,一旦少女摇起那个玻璃瓶儿,诗人面前便"蓦地""抖落了一幅画轴",这里的"蓦地"用得好,它表明不管岁月怎样流逝,人世怎样烦嚣,都没有削弱诗人的童心,没有压倒诗人对于美的追求和对于大自然的向往。当年齐白石钟情于蝌蚪,借助于使它们在一道清泉中自由游动的艺术构思,巧妙地暗示了"十里蛙声"的由来,今天诗人见到蝌蚪又立刻萌发了诗兴,打开了诗笺,真可谓"心有灵犀一点通",彼此都具有艺术家的气

质和禀性。

看着想着,想着看着,诗人居然开始了"返回自然"的神游活动。诗的第四节先写"我打起赤脚"在田埂上走,遣词造句富于实感,具有浓郁的生活气息,接着写"我"和"须眉如雪的钓叟"不期而遇,笔墨却又空灵之至,诗中说钓叟的钓丝"悬起了半湖红藕",更是亦虚亦实,似真似幻,激发了人们不尽的美好的情思。

诗人在想象中作了一番神游之后,目光又回到室内,面对玻璃瓶内的蝌蚪再作动情的歌吟。"'蓬门'常开"那几句语短意长,显然带有针砭时弊的意味,不过诗人并未正面道破,他大概无暇及此,也不想多写,而是一心一意地把美好的诗行献给了新来的朋友,用工笔描绘了一幅堪同"蛙声十里出山泉"媲美的画图:洁白端庄的盘盂,鲜艳欲滴的石子,一群蝌蚪在其间穿动周游,动静互见,红黑相映,格调高雅,生意盎然。谁能说这仅仅是诗人案头的装饰,而不是某种值得赞颂的理想和追求的象征呢?

此诗在语言上颇具功力。尽管篇幅略长,但由于一韵到底,并无松散之嫌,又由于长短句交叉运用,因此亦无呆板之感。从语言的格调来说,它既典雅庄重,又活泼流畅,把这两种似乎很难兼得的语言风格成功地统一了起来,诗中既有"我打起赤脚""追着蛙声走"这样纯粹的口语,也有一些脱胎于古人诗文的诗行,如"钓叟之意不在鱼满篓"(脱胎于"醉翁之意不在酒")、"催促那浮动于/夜雾里的稻花的暗香"(脱胎于"暗香浮动月黄昏")等,借鉴而非照搬,古词而非古调,使人耳目一新,别有一番情趣。

(孙光萱 朱倩)

诗人小传

昌 耀

(1936—2000) 湖南桃源人。1950年参加中国人民解放军。1952年开始发表诗作。转业后到青海。后在青海省文联工作。

峨日朵雪峰之侧

昌 耀

这是我此刻仅能征服的高度了:
我小心地探出前额,
惊异于薄壁那边
朝向峨日朵之雪彷徨许久的太阳

正决然跃入一片引力无穷的
山海。石砾不时滑坡,
引动棕色深渊自上而下的一派喑鸣,
像军旅远去的喊杀声。
我的指关节铆钉一样楔入巨石的罅隙。
血滴,从撕裂的千层掌鞋底渗出。

呵,真渴望有一只雄鹰或雪豹与我为伍。
在锈蚀的岩壁,
但有一只小得可怜的蜘蛛
与我一同默享着这大自然赐予的
快慰。

1962.8.2 初稿
1983.7.27 删定

选自《昌耀抒情诗集》,青海人民出版社1986年版

这是登山勇士的自我写照。

起句非常凝练:"这是我此刻仅能征服的高度了。""此刻"和"仅"两个词暗示了多重意思:这高度并非"一览众山小"的"绝顶",却是"我"尽了自己的全部努力所达到的;这并不意味着将来(或"下一刻")"我"不能达到新的高度,也不意味着此刻的高度微不足道,这毕竟已是一次历尽艰辛的征服。这个判断句还暗示了"我"身后已经陆续征服了的那些高度,暗示了"我"的目标与"我"的努力之间的差距,暗示了某种"先喘口气"的决定。仿佛是一切艰辛的一种报偿,"我"吃惊地看到一派壮丽的雪峰落日景象。一个宛转重叠绵密奇崛的长句,写那太阳彷徨久之终于突然向一片山海跃入。还未见过有人把落日的张力和动势如此精炼地组织在一个句子之中。长句极易写得或累赘或松散或拖沓,而这里意象的密度却显示了诗人锤炼的功力。在辉煌的视觉形象之上,诗人又叠加上一个宏大的听觉形象,滑坡的石砾引动深渊的喑鸣,如军旅的杀声渐远而去。这一音响的叠加使落日更显壮观。滑坡的动势与落日的动势都是下坠的,与攀登者的动势正好相反。于是视听合一的效果就不单产生审美意义上的"崇高",而且在读者的生理上引发一种紧张。那一片"引力无穷的山海"事实上也在竭力使我下坠。

千军万马般的厮杀声响在"我"身旁向深渊"自上而下"地远去时,"我"在这个高度上的坚持就绝非易事。诗句立即由"我"眼中的壮观景象转入自身状态的描述:手指插入岩缝,血滴渗出鞋底……也就是说,日落和滑坡都不是悠闲者赞叹或观赏的对象,而是此时此地贴身绝壁的登山勇士的生命体验!

那么,在这一艰苦卓绝的时刻,难道不应该有一只雄鹰或者雪豹与"我"为伍么?然而,这类意象也早因人们的滥用而黯淡无光了。诗人突然给出一个"特写镜头",一只小小的蜘蛛在岩壁上与"我"同在!这确实是出人意料之外的神来之笔。在这样的高度上,只有一只不起眼的蜘蛛与"我"为伴;在这样的高度上,即便一只小得可怜的蜘蛛,也享受着大自然赐予的快乐与荣耀。与前一诗节的宏阔与"嚣鸣"相对照,这里,"可怜"与"默享"两个词甚具分量。它们使前一诗节的辉煌壮丽不流于虚矫浮饰,使之凝定在一个谦卑而坚毅的高度之上。对生命的热爱、对生命力的赞颂,全由这只小小的蜘蛛得到表露。很多时候,不起眼的细小意象比司空见惯的"波澜壮阔"更有力量。唯有久经沧桑、创巨痛深的人生长途的攀登者,能写出这样结实而沉着的诗篇。

(黄子平)

回 忆

昌耀

白色沙漠。
白色死光。

西域道
汉使张骞凿空
似坎坎伐檀。
晋高僧求法西行,困进在小雪山的暴寒,
悲抚同伴冻毙的躯体长呼——命也奈何!

大漠落日,不乏的仅有
焦虑。枕席是登陆的
码头。
心源有火,肉体不燃自焚,
留下一颗不化的颅骨。
红尘落地,

大漠深处纵驰一匹白马。

1986.7.25

选自《西藏文学》1988年第5期

　　走进这一首诗的境界,展现在我们面前的是茫茫的人兽罕至的沙漠。诗的开头用八个字绘出了如此触目惊心的景象:"白色沙漠。/白色死光。"在中国西部生活的诗人对此有着深刻的感受。他本是湖南桃源人,但从硝烟弥漫的朝鲜战场负伤归来,却自愿来到青海,从此魂系高原。在那个使孱弱的心灵望而却步的如"沙漠"一般的生存环境里,诗人曾付出了沉重的代价。

　　因此,诗人对曾经历过艰难环境考验的历史上的英雄十分崇敬。他自己说过:"艺术的根本魅力其实质表现为——在永远捉摸不定的时空,求得了个体生存与种类繁衍的人类为寻求万无一失的理想境界而进行的永恒的追求和搏击的努力(我视之为人的本性),艺术的魅力即在于将此种'搏击的努力'幻化为审美的抽象。"(《诗的礼赞》)这可视为对此诗的注释。

　　诗题为"回忆",至少有两层意思。其一是此诗对以往历史的回顾,这种回顾虽然在诗中仅仅表现为推出两个人物:汉使张骞、晋高僧,但他们具有包容性,这并非是诗人怀古之幽情的寄托,而是通过他们展示了古往今来人与厄运的抗争。其二是诗人对自身的人生历程和精神经历的一种反思,亦可说是一种"回忆"。诗人曾被钉在"地狱"的十字架上达22年之久。那一片"沙漠"是自然环境,但何尝不是给诗人带来灾难的社会环境?诗人在苦难的逆境里依然将生命的小舟奋力划向精神的灯塔,这样,他的精神就在炼狱里得到了升华,他把苦难看作了净化和超度灵魂的"慈航"(《慈航》)。很清楚,诗人是把"回忆"作为情绪的切入口,从而将心灵的投影植入广阔的历史背景上,通过个体的灵魂骚动的轨迹,窥见了人类向着理想境界的艰难进军的足印。

　　成熟而多产的诗人,大都有着他们各自的意象系列,这首诗中的"马",就是昌耀常用的一个意象。他在《山旅》中将马喻为"一线古铜色的云彩/停留在天边,/像是碇泊在海上的战舰"。当诗人沉沦荒甸,"踏着蚀洞斑驳的岩原"向草原走去,明明触目荒凉,反弹回的却是如斯的景象:"在我之前不远有一匹跛行的瘦马。/听它一步步落下的踪足/沉重有如恋人之咯血。"(《踏着蚀洞斑驳的岩原》)——又是"马"!"马"之意象,已成了诗人奋然前行的灵魂的写照。《回忆》里的这一匹"马"亦然。诗的深度意蕴凭依这一匹"马"得到了强烈表现:人的肉体即便焚为碳水化合物,但因为抗争过、奋斗过,魂魄将化为"一匹白马",永远在

"大漠深处纵驰"！人死了，精神依然在历史的长河中拍水击浪，生命的涛声响彻其间！诗人对于生命的感受能因这样深刻的体验，只因他"心源有大"——这是照彻全诗的一道烛光。而"大漠落日，不乏的仅有/焦虑"，更是透露了诗人对于祖国命运和前途的关切，同样，也强化了每一个中国人的紧迫感和使命感。

（戴　达）

夜行在西部高原　　　　　　　　　　昌　耀

夜行在西部高原
我从来不曾觉得孤独。

——低低的熏烟
被牧羊狗所看护。
有成熟的泥土的气味儿。
不时，我看见大山的绝壁
推开一扇窗洞，像夜的
樱桃小口，对我要说些什么，
蓦地又沉默不语了。
我猜想是乳儿的母亲
点燃窗台上的油灯，
过后又忽地吹灭了……

1961 年初稿
选自《昌耀的诗》，人民文学出版社 1998 年版

昌耀因被错划为"右派"而被"放逐"到荒凉的西部高原。幸运的是，他注意到了面前的自然本性，它虽然像他自己一样荒凉、"孤独"（这是表象给人的直觉），被文明所抛弃，但是它却那样宁静、自然、自在、简单。呈现在他眼前的一户普通人家，虽然简单、粗糙、贫贱、艰难却又透明、亮堂、自然、自在，具有天人合一般的自然和谐的生存状态和生活方式，大山与小屋完全融合为一个鲜活的生命体。诗人欣赏的可能就是这种似乎有着传统文人们向往中的世外桃源的韵致，和西哲所阐发的"诗意地安居"的理想境界吧。诗人在诗中所感悟到的自然本性和人与自然的那种新型关系就是令他最终从"放逐"生涯的孤独情景中解脱出来

的重要思想与情感基础;所以他才有了这样一种全新的感觉:"夜行在西部高原/我从来不曾觉得孤独。"

　　这首诗在艺术手法上最鲜明的亮点,是运用水墨画那种大写意的手法。作大背景的西部高原的"大山的绝壁"用虚的手法,朦胧如一大片"空白"。"绝壁"深处的住家也不落印痕,只见"推开一扇窗洞,像夜的/樱桃小口,对我要说些什么"。顿时,整个西部高原因此而有了生命,有了气韵。随着窗洞里的一盏油灯的熄灭,诗人立刻联想到那里有乳儿与母亲甜蜜的生活情景。就这样,以荒凉的、广袤的西部高原之夜与油灯那一丁点火光下温馨的乳儿与母亲的强烈对比,昭示了令诗人"从来不曾觉得孤独"的情感源头是西部高原的自然本性与人性的力量。

(张　新)

致史前期一对娇小的彩陶罐　　　昌　耀

　　啊,自由的精灵,你们何时与遭难的姐妹
　　一同落入奴隶市场的围栏被当众标价拍卖。
　　好像由人捅开伤口再徒然撒上一把盐粒,
　　我听见那人正借自由之名欢呼私有制万岁。

　　你们,绝美的象征,秘藏史前期熏烟之气息,
　　如微汗沁出肤体敷一层远古农耕文明的薄霜粉,
　　使我加倍延伸的呼吸通向了历史湮灭的胎音,
　　感受一株人文花朵伴随曙光初露破土而出。

　　啊,请原谅孤处的我将你们赎身接到我的案头。
　　那刻我忽有所感悟,发现你们双臂支在腰臀,
　　恰是陌上歌舞队里身着赭红裙裾的窈窕淑女,
　　可随时继续排练你们秀色可餐的田园之歌。

　　然而所为何来,每当我工余凝目投去一瞥,
　　总见你们惊慌中匆忙还原于一个静态的舞姿,
　　永远留下了我不能与彼一时空融合的苦闷,

感慨走来的源头不可逆转地深隐在终古的日食。

1998.3.26

选自《昌耀的诗》，人民文学出版社1998年版

许多诗人都写陶罐，因为陶罐是史前期文化的生动符号，是"文化寻根"的极好的材料。昌耀也写了不少以陶罐为素材的诗歌，同样，他仍然遵循着他一贯的以自然史统摄文化史的思路。陶罐之所以令昌耀感动，是因为此时的陶罐附载了两种文化角色：一种是联想到的代表史前期文化符号的"文物"角色以及因此而衍生的被物化的财富角色；另一种角色则是与陶罐的自然、质朴的属性相似的、从远古社会的初民那里带来的一种人与自然和谐的生活方式和生存形态，他们对待陶罐的态度，是一种没有附加任何"文化"的、最自然的、最接近原生态的和体现自然天性的态度，因而也是最人性的态度。这首诗所要表达的就是这种观念。

诗人在诗中运用了一种递进式的双重比喻：其一，把流落在文物市场的"史前期一对娇小的彩陶罐"比作"遭难的姐妹"；其二，进而把文物市场比作血腥的奴隶市场，这对"遭难的姐妹"像任人宰割的黑奴那样，正无情地"一同落入奴隶市场的围栏被当众标价拍卖"。诗人站在自然本性的丧失也就意味着人性的丧失这样一种自然观念的立场，对彩陶罐被买卖现象所包含的人文意义进行深刻的揭示。

在此基础上，诗人进一步揭示了在这样一种被异化的金钱至上、物质主义盛行的社会里，个体的"拯救"彩陶罐行为是多么的无助和无奈！它必须遵循"体制内"的市场原则，因此诗人不得不慨叹："啊，请原谅孤处的我将你们赎身接到我的案头。"问题是，彩陶罐虽然被诗人从文物贩子的"奴隶市场的围栏"转手到自己的案头，并且得到善待与呵护。诗人希望"她们"在一个由诗人的想象造出的充满"自由"与"文化"氛围里，像"陌上歌舞队里身着赭红裙裾的窈窕淑女"，"随时继续排练你们秀色可餐的田园之歌"。然而，诗人终于感悟到，彩陶罐被扭曲的自然本性并没有因此而有根本性的改变："每当我工余凝目投去一瞥，/总见你们惊慌中匆忙还原于一个静态的舞姿，/永远留下了我不能与彼一时空融合的苦闷。"诗人是不是在暗示：彩陶罐已经永远失去了它们的生存环境？就像他在《莽原》里所担忧的那样，彩陶罐只能"在最后的莽原"里找到它们"诗意地安居"的环境？

（张　新）

【诗人小传】

金 波

（1935— ） 河北冀县（今冀州市）人。中国作家协会儿童文学委员会委员、北京儿童文学创作委员会主任。主要作品有诗集《回声》等，散文集《妈妈的爱》，童话集《树叶的童话》，儿童文学评论集《追寻小精灵》等，另有《金波诗词歌曲集》《金波儿童诗选》。诗作富有浓郁的抒情性及音乐性，想象丰富、意境优美。

如果我是一片雪花　　　　　　金 波

如果我是一片雪花，
你猜，我会飘落到
什么地方去呢？

我愿飘落到小河里，
变成一滴水，
和小鱼小虾游戏。

我愿飘落到广场上，
堆个胖雪人，
望着你笑眯眯。

我更愿飘落到妈妈的脸上，
亲亲她，亲亲她，
然后就快乐地融化。

选自《让太阳长上翅膀》，江苏少儿出版社 2010 年版

世上有很多文人墨客歌咏雪花，能让人们从他们对雪花的描述中经历自身从未经历过的精神体验的作家、诗人，安徒生是其中一位。他在他的童话《白雪皇后》中，将"雪花"比喻成"白色的蜜蜂"，充满童趣、童味和童心。那是在这篇童话讲述的"一个小男孩和一个小女孩"这第二个故事中，寒冷的冬日，天空飞着纷

纷扬扬的六角形雪花。年老的祖母指着窗外对小男孩加伊和小女孩格尔达说：

> 那是白色的蜜蜂在集合。

天下独一无二的比喻诞生了。

金波的《如果我是一片雪花》中的雪花，并不启用新颖奇妙的比喻，看似平淡写来，却一样地给人新颖奇妙的艺术感受。

诗人完全是以儿童观察、欣赏世界的方式观照全诗。游戏、顽皮、好动、幽默，儿童的天性奔流在雪花飞扬的时空。让雪花飘到河里去和小鱼小虾游戏，让雪花飘到广场上堆个雪人——都是儿童天性的自然流露。一个"胖"字，让雪人平添儿童式的滑稽，笑容可掬，而"望着你笑眯眯"更是进一步增加了童趣的喜剧效果。

全诗以设问句开头："如果我是一片雪花，/你猜，我会飘落到/什么地方去呢？"由此诗人展开了一系列的想象，飘到小河里、飘到广场上、飘落到妈妈脸上……虽说想象思接千载、飞越宇宙，实际上诗中的任何想象都是受到构思和要表达的感觉、主旨、诗情、哲思的制约。闻一多所谓的"戴着镣铐跳舞"，不仅在诗的形式上，亦是包含了对诗的想象的节制和规范。这样的说法换一个角度，就是说诗人要对自己丰腴的想象进行裁剪，金波显然深谙此道。雪花飘到小河里——大自然；雪花飘到广场上——人类；雪花飘落到妈妈脸上——人类的个体。每一层面展开的再想象都是循儿童心理发展的轨迹运行。

诗人在提笔时，定然是完成了诗的最后一节的构思：

> 我更愿飘落到妈妈的脸上，
> 亲亲她，亲亲她，
> 然后就快乐地融化。

前几节作铺垫（铺垫中不忘播种童趣，也不忘增添诗味），"项庄舞剑，意在沛公"。诗的最后一节才是诗人要表达的主旨，它是一曲流淌童味的母爱的颂歌啊！尤其值得回味的是，诗中的"我"——那一片飞舞的雪花，她的妈妈又是谁呢？应是大地母亲啊！诗人借雪花表达的是对养育人类的大地的感恩之情。

舒婷的《呵，母亲》咏叹道——

> 呵，母亲
> 我的甜柔深谧的怀念，
> 不是激流，不是瀑布，
> 是花木掩映中唱不出歌声的古井。

相比舒婷歌咏母爱的沉郁、凝重的颂歌，金波礼赞母爱的颂歌，跳跃着的是一颗活泼的童心,奔流着的是欢快、轻灵和馥郁的旋律,因了隐含崇拜大自然之意,平添深沉与哲理。

(戴 达)

> **诗人小传**
>
> **张秋生**
> (1939—) 天津静海人。1960年毕业于上海第一师范学校。历任《少年报》总编辑、编审,《童话报》主编,《好儿童画报》主编等职。1958年开始发表作品。著有儿童诗集《三个胡大刚的故事》《燃烧吧,篝火》及童话《小巴掌童话百篇》《张秋生童话精选》等。

爱读诗的鱼

张秋生

池塘里有一群
爱读诗的鱼
它们读写在草叶、花瓣
和水草丛里的诗句

每读一首,它们都
张大嘴巴说好——

于是,它们吐出的
一串串泡泡
也成了一行行
美丽的诗……

选自《当代抒情短诗千首》,人民文学出版社2008年版

这是一首童趣盎然的儿童诗。

鱼在池塘里游呀游——日常生活中一幅普普通通的场景,无论儿童是否亲历其境都能感受到的生活场景。诗人信手拈来,用生花妙笔,为小读者刻画了一幅多么生动的诗情画面,别具一格,既使人倍感亲切,又让人享用到一种艺术欣赏的惊奇美——

"哇噻！多棒的鱼！爱读诗的鱼！"

起首两行便开门见山，先声夺人，诗将"爱读诗的鱼"这一陌生而又新奇的形象推至读者的眼前。"爱读诗的鱼"，这既是诗的题目，也是全诗的主干意象。

诗攀援"爱读诗的鱼"这一主干意象，旁枝逸出，枝繁叶茂，仿佛银花火树，映亮童年的审美视野。

跟踪诗人攀援"爱读诗的鱼"这一主干意象的创作轨迹，我们看到的是鱼们"读写在草叶、花瓣／和水草丛里的诗句"，"它们吐出的／一串串泡泡／也成了一行行／美丽的诗"这样的奇观。这是化腐朽为神奇的奇观，质言之，是化寻常为美妙的奇观。

诗中所有的想象都是生活细节的变异和升华，尤其"每读一首，它们都／张大嘴巴说好"这两行诗句，更能看出诗人的匠心独运。鱼在水中游，一呼一吸本要张大嘴巴，诗人抓住这一细节，展开有益于诗的纵深开拓的想象与描摹——让鱼说话，而且说的是一个"好"字！这个"好"字的口形与人说"好"字的口型如出一辙。诗的想象源于生活，是在现实基础上展示的腾飞，它所展示的想象如水到渠成，在给人艺术真实感的同时，又为小读者自己展开进一步的想象铺垫了弹性的时空。

因为是儿童诗，诗的语言浅显，明白晓畅，但传送出的诗意，却是浓浓的呵！

（戴　达）

诗人小传

晓　雪

（1935—　）原名杨文翰，白族，云南大理人。1952年入武汉大学中文系学习，1954年开始写作。大学毕业后到云南省文联任《边疆文艺》编辑。"文革"后任云南省委宣传部文艺处处长、中国作协昆明分会副主席。

秋　色　赞

晓　雪

高远的天空，一片碧蓝；
深沉的大海，碧蓝一片。
清清的山泉像蓝色的水晶；

静静的湖水像蓝色的绸绢。
远山,远树,远方的道路,
仿佛都溶入淡蓝色的轻烟。
呵,秋天,我爱秋天,
——碧蓝、碧蓝的秋天……

八月的稻田,一片金黄;
九月的果园,金黄一片。
哪个村子没有几座黄金山?
哪个公社没有几个黄金海?
大地铺满了金色的阳光,
祖国处处是黄金的季节!
呵,秋天,我爱秋天,
——金黄、金黄的秋天……

首都的新松,一片翠绿;
边疆的竹林,翠绿一片。
刚出的菜秧青嫩可爱;
刚栽的晚稻绿得新鲜。
哪一个村庄没有长青的树?
哪一个城市没有长绿的街?
呵,秋天,我爱秋天,
——翠绿、翠绿的秋天……

北方的高粱,一片火红;
南方的桔子,火红一片。
二月桃花红不过九月苹果;
三月牡丹比不上十月红叶。
地上的红旗映得更红了,

天上的红霞映得更鲜艳!
呵,秋天,我爱秋天,
——火红、火红的秋天……

我从祖国的边疆走到首都,
我从祖国的高原走到海边,
这里在忙收割,那里在播种、耕田,
一边果实累累,一边花朵正开……
呵,秋天,秋天,我爱秋天,
——我的祖国的秋天呵,
你是多么成熟而又生气勃勃!
你是多么香甜而又多姿多彩!

1962年9月—11月 昆明—北京—昆明
选自《晓雪诗选》,四川民族出版社1983年出版

诗如其题,诗人是在赞颂祖国的秋色。

在很多诗人、作家的笔下,秋天总是只有一种颜色——金色,所以"金色的秋天"几乎已成为固定的词语,然而这首《秋色赞》却一反秋天的单一色彩,赋予秋天以丰富多彩的色调。

诗的第一节突出了碧蓝。诗人描绘了"高远的天空"、"深沉的大海"、"清清的山泉"、"静静的湖水"和"远山,远树,远方的道路"的碧蓝色,渲染出一个碧蓝澄澈的秋天。碧蓝是深沉寥廓的色调,是和平、宁静的象征,诗人是借此来赞美和平宁静的祖国。

第二节突出了金黄。诗人从稻田、果园的金黄引起诗兴,进而驰展视野,歌唱农村公社的"黄金山""黄金海",一片丰收的美景染于纸上。诗笔继续延伸,"大地铺满了金色的阳光,/祖国处处是黄金的季节",这已不仅仅是对秋色的描绘,而是拟喻性的象征了。金黄,是丰收、光明的同义语,诗人借此赞颂兴旺发达的祖国。

第三节突出了翠绿。诗人从"首都的新松"联想到"边疆的竹林",从"刚出的菜秧"联想到"刚栽的晚稻",向读者展现一片可爱的翠绿,进而将美景升华:"哪一个村庄没有长青的树?哪一个城市没有长绿的街?"翠绿是青春和生命的象

征。在这里,诗人抒发了对祖国——到处充满着蓬勃生命力的祖国的赞美之情。

第四节突出了火红。诗作将高粱、桔子、苹果、红叶、红旗、红霞,汇聚成"火红的秋天",来歌唱"火红"兴旺的祖国。

最后一节是"总结"。诗人热情地歌唱祖国"多么成熟而又生气勃勃","多么香甜而又多姿多彩"。

这首诗结构完整,层次分明,将景物描绘和抒情结合在一起,自然地表现了激动的情怀。它写于1962年。那时候,祖国尚未从三年经济困难中完全摆脱出来,诗人描绘出的这幅光辉灿烂的图景,理想主义的色彩显然是过于强烈了,不过作为诗的艺术来说,此诗仍有不少应予肯定的地方。

(杨光治)

【诗人小传】

李学鳌

(1933—1989) 河北灵寿人。1947年后相继在晋察冀边区银行印刷厂、北京人民印刷厂当工人。1954年开始发表诗作。1962年起在中国作协北京分会任专业作家。

太行树海

李学鳌

太行绿树如海,
海浪汹涌澎湃,
掩青峰,
盖山崖,
不倦不歇!

好一个广阔世界!
处处是路,
处处是"街",
处处人走脚印在!
树果多
——当饭菜!

树叶密
——遮风雪!
树皮作明灯
——八年抗日灯不灭!
曾引多少健儿,
在这里,
安营扎寨!

访遍太行树海,
看不尽英雄气概。
我问身边青松:
当年健儿
今何在?
青松不回答,
笑指青山外:
那里有长街十里
——和山路紧紧相接!
那里有广厦千间
——都取林中栋材!

太行绿树如海,
海浪汹涌澎湃。
我愿做小树一棵,
给大地挡风挡雪!
我愿做浪花一朵,
为英雄常年盛开!

1962年太行山——北京

选自《李学鳌诗选》,北京出版社1983年版

太行山,英雄的山,光荣的山。人们一提到它,便会想起《我们在太行山

上》中激越的歌声:"我们在太行山上,山高林又密,兵强马又壮……"而对于李学鳌来说,对于这个生长在太行山麓、早在抗日战争的艰苦年代就加入抗日儿童团的诗人来说,太行山更是他的朝思暮盼之地,神往魂系之乡。1962年他从北京回访太行山时写成的《太行树海》等诗篇,就集中地流露了他对太行山的真挚情怀。

《太行树海》共四节,第一节是鸟瞰,中间两节分别写过去和今天,用笔较多,篇幅较长,是诗作的主要部分,最后一节由树海联系到诗人自己,以诗人"愿做小树一棵"作结。全诗详略得体,层次井然,在结构和章法上显得完整而和谐。

李学鳌是擅长运用民歌体写作的诗人,《太行树海》就是一首典型的民歌体作品,它具有一种单纯、明朗、活泼、流畅的美。诗人对太行山的爱无疑是强烈的、执著的,但这种"爱"一旦来到笔端,诗人却没有急于和盘托出,而是像其他优秀的民歌那样,触景生情,融情入景,伴随着一系列简洁的白描,把一腔深情徐徐地展现出来。诗人先是远眺树海,但见海浪澎湃,"掩青峰,/盖山崖",短短两个对句,显得极有气势,接着把"不倦不歇"单独成行,有效地强化了树海翻滚的动态。通过第一节鸟瞰式的简洁描述,诗人的感情已经到了呼之欲出的地步,于是第二节便用赞叹语"好一个"领起底下的诗行,随即开始了对当年抗日健儿身影的追踪和回顾,其中在描写"树果""树叶""树皮"时,画面干净利落,节奏铿锵明快,诗人的赞叹之情尽在其中。第三节仍然扣住"树海"展开感情的脉络,不过场面已从过去转到现在,从艰苦的抗日战争转到火热的经济建设,与此相吻合,诗人采用和"青松"对答的形式,为质朴的诗篇增添了一道波澜和一份欢快愉悦的音调。

此诗在形式上也有创造,它的一个显著特点是突破了民歌体五七言的程式,诗行或长或短,均以感情的表达为依归,因而格外显得活泼、流畅。如第二节分写树果、树叶、树皮时,前两者是起始,是衬托,因此各用了两个简短的三言句,第三者"树皮"是归纳,是重点,因此扩充而为五言和七言,正式点出了太行树海在抗日战争中所起的作用。像这样的长短句,从视觉上说兼具整齐错综之美,从听觉上说则有疾徐抑扬之致,显然要比单纯的五七言诗歌更有表现力。

(孙光萱)

赵瑞蕻

（1915—1999） 原名赵瑞霭，浙江温州人。1935年入上海大夏大学中文系学习。1936年到青岛山东大学外文系学习。后至长沙入临时大学外文系学习。曾先后与西南联大同学组织南湖诗社、高原文学社。1940年大学毕业后，在中国正字学会（基本英语学会）工作。1941年到重庆，先后执教于南开中学、中央大学、女子师范学院。新中国成立后任南京大学教授。

梅雨潭的新绿（二）
——并怀念朱自清先生

赵瑞蕻

我到深秀的仙岩访问梅雨潭，
伫立梅雨亭前看瀑布的飞旋；
银白色的流泉从悬崖边泻下，
阵阵的乐音回荡在树梢山间。

深深的潭水仿佛澄碧的琉璃，
琉璃里嵌着鱼群，水藻的花枝；
鱼儿惊动，绿色的梦忽绽开了，
那是落入潭中的黄鹂的婉啼。

我到哪儿去寻找美丽的字眼，
描绘这天下第二福地洞天[①]？
那醉人的神奇的"女儿绿"啊！——
朱自清先生的文笔使我惊叹。

我眼前出现了先生可敬的面容，
那么和蔼，真挚，又那么坚贞！
忘不了南岳山中的雾雨和灯光，

忘不了昆明街头先生的背影。

忘不了先生那些动人的散文,
忘不了梅雨潭上有他的足印……
如今我独立亭前,看瀑布的飞旋,
满山的杜鹃啊,一片红焰的歌声。

荒凉的山谷变成了瓯茗的乐园,
桃花丛中有户户幸福的人间,
梅雨潭的绿水不再囚禁在潭中了,
它化作电力,灌溉着万顷稻田。

梅雨潭的新绿啊,水电站的红灯,
万家闪耀,一片光明的乡镇!
一切都过去了,那悲惨的日子,
潺潺的流泉和马达合奏着新声。

我挥一挥手,告别了梅雨潭,
林间鸟喧,在春天芳菲的傍晚——
该多好,请先生自己来写这首诗!
该多好,如果先生重到梅雨潭!

1963年8月12日,改写旧作于南京
选自《梅雨潭的新绿》,江苏人民出版社1983年版

〔作者原注〕 ① 温州仙岩寺中有碑称"天下第二洞天福地"。

　　诗人同名的诗有两首,这里选的是第二首。朱自清早年曾在浙江第十中学即现在的温州一中任教,写过一篇《踪迹》。其中第三章《绿》抒写温州的风景区仙岩的梅雨潭,是当时的散文名篇,曾给诗人留下相当深刻的印象。朱自清在温州时,诗人还不到九岁,可后来诗人上大学时,在南岳山中听过朱自清的课,并亲密地交谈过,朱自清曾说起过温州与仙岩梅雨潭。后来大学迁昆明,两人也常有

往来,诗人与同学成立诗社,办墙报,也得到过朱自清的支持。诗人写的诗也常常通过朱自清与沈从文两位教授,在他们办的刊物上发表。朱自清逝世后,诗人常常怀念他。1962年春节,诗人回到故乡温州,特地到仙岩梅雨潭,"喜见家乡山川风物新的光景",回来写了一首长诗,纪念朱自清逝世十五周年;第二年又写成了这一首诗。

诗人的第一首《梅雨潭的新绿》,写得比较散文化,第二首则写得紧凑得多,散文化的诗句虽然还有,可情感饱和在景色的描绘里,时时有新意"新绿"浮现在我们眼前。一开始诗人就伫立梅雨亭前看瀑布飞旋而下,看"深深的潭水仿佛澄碧的琉璃",嵌着鱼群、水藻,可黄鹂一啼,惊动鱼儿,绿色的梦就"绽开"了,叫他想起了朱自清的文采、面容;"忘不了南岳山中的雾雨和灯光,/忘不了昆明街头先生的背影"。自然,更忘不了朱自清那些动人的散文与他在梅雨潭上的足印……可现在,自己独立亭前看瀑布,看满山红艳艳的杜鹃,就也见到荒凉的山谷成了片片茶园,桃花丛中有幸福的户户人家;而潭中的绿水也化作电力,又在灌溉万顷稻田;水电站的红灯更叫这儿成了"一片光明的乡镇",一片梅雨潭的新绿在万家闪耀!

最后,"在春天芳菲的傍晚",诗人挥手向梅雨潭告别了,可他又想到:如果朱自清"先生自己来写这首诗",如果"先生重到梅雨潭",那该多好! 这个结尾有点出人意料,也有绵绵不尽之意,抒写得很出色。

(唐 湜)

诗人小传

巴·布林贝赫

(1928—2009) 蒙古族,内蒙古自治区赤峰人。1948年就读于冀察热辽联合大学鲁迅文学艺术院,同年参加中国人民解放军内蒙古骑兵部队。1949年开始诗歌创作。1958年转业到内蒙古大学蒙语系任教。后任中国作协内蒙古分会副主席、内蒙古大学蒙语系主任等职。

故 乡 的 风

巴·布林贝赫

人们常常谈论的
黄色的风哪里去了?
从青丝摇曳的垂柳那边,

故乡的风

巴·布林贝赫

轻轻吹来了淡绿色的风。
我故乡的风是绿色的,
我故乡的风是绿色的。

说唱艺人时时哀叹的
干旱的风哪里去了?
从碧波荡漾的水库上面,
徐徐飘来了湿淋淋的风。
我故乡的风是湿淋淋的,
我故乡的风是湿淋淋的。

行路人最最厌恶的
苦涩的风哪里去了?
从草原新城的街头,
姗姗送来了麝香味的风。
我故乡的风是芬芳的,
我故乡的风是芬芳的。

1963年4—6月
载《生命的礼花》,作家出版社1963年版

在一般人的心目中,故乡的风未必就有特色,也不一定值得歌唱,但这位蒙古族诗人却慧眼独具,从中发现了诗意,写成了诗。

诗共三节,不枝不蔓,全是写风:

黄色的风(夹带着黄沙的风)已不再肆虐,取而代之的是绿色的风回旋在故乡上空。绿,是春的使者,它使草原披上春装,使"我"的故乡满眼春光。

干旱的风不再吹荡,取而代之的是湿淋淋的风抚拂着"我"的故乡。"湿淋淋",对于长期干旱的草原说来,是非常令人欣慰的。它意味着草儿肥,牛羊壮的好景象。

苦涩的风无影无踪了,取而代之的是芬芳的风吹遍"我"的故乡。广袤的草原处处是一片甜香。

风在这首诗中不仅是自然的物象,而且是饱含着情意的象征体。诗人通过

风的变化,讴歌草原面貌的巨变,抒写了对故乡的热爱之情。

诗还叙写了各种美好的风的"来历",这是含有深意的构想:绿色的风是"从青丝摇曳的垂柳那边"吹来,湿淋淋的风是"从碧波荡漾的水库上面"飘来,芬芳的风是"从草原新城的街头"送来,它们来得不平常,"水库""街头"不就是故乡建设、发展的同义语吗?就这样,诗把"我"的故乡欣欣向荣的美景精炼地表达出来,这是对党、对新中国建设者的颂歌。

诗人写风,把感情寄寓在风中,这是"曲笔"。但"曲"而不隐晦,读者只要稍加咀嚼,就可体味到其中的内涵,这是这首诗的成功之处。

(杨光治)

【诗人小传】

黄淮

(1939—) 原名黄淮超,山东黄县(今龙口)人。1964年毕业于吉林大学中文系。先后担任吉林省戏剧创作室创作员,《长春》《作家》文学月刊编辑,《诗人》月刊编委、编辑部主任。60年代开始发表作品。著有诗集《爱的格律》《命运与爱》等。后居山东威海。

驼　峰

黄淮

骆驼像座移动的远山,
夕阳依偎着驼峰睡眠——
暮色是毛毯渐渐加厚,
驼铃比星星灿烂香甜……

穿过夜海又如期归来
地平线驶过驼峰如船——
朝阳是个活泼的顽童,
跳下驼峰又跃上云端。

选自《黄淮九言抒情诗》,中国文联出版公司1988年版

提到沙漠,人们眼前很快会浮现浩瀚无涯、人迹罕见的景象,耳边响起北风卷地、飞沙走石的声响……总之是荒凉极了,凄清极了。既然如此,又该怎样表

现我们当今时代"沙漠"所特有的生机和活力呢?且请看诗人黄淮的一首不同凡响的抒情短诗《驼峰》。

读完此诗,只觉得耳目一新,暖意盈怀。吟颂再三,发觉《驼峰》最重要的艺术特色是运用了大量巧妙的比喻,诗共两节八行,却用了六个比喻:骆驼——远山,夕阳——(依偎着睡眠的)孩子,暮色——毛毯,驼铃——星星,驼峰——船只,朝阳——顽童。每个比喻都很出色,加上诗人别出心裁地把这些比喻叠用连缀,一气呵成,就显得淋漓尽致,分外耀眼。

成功的比喻总是既贴切又新颖,不贴切就会隔靴搔痒,无法使读者产生形神兼备的联想,不新颖又会落套呆板,索然无味。《驼峰》的比喻堪称贴切而又新颖的范例,骆驼是庞然大物,把它比作"远山",令人顿生"厚实""稳重"之感,而山在"移动",又觉得奇妙无比,格外壮观。形容"夕阳"在"睡眠",还特地点出"依偎",这不是把"夕阳"比作可爱的稚气未脱的孩子是什么?请大家想想前人诗作中哪有这样比喻"夕阳"的?从这里可以看出使用比喻的创造性该有多大!形容"暮色"是逐渐加厚的"毛毯",化无形为有形,也不失为生动的诗句,读者说不定还会想到"毛毯"正由骆驼背上驮着,以便旅行者到了晚上拿下取暖……比喻的本体和喻体如此紧密相连,真可谓浑然一体了。

时间过得很快,"驼队"昼夜行进,"夕阳"变成了"朝阳",最妙的是诗人这时用了"顽童"之喻,突出了"顽童"的"跳下"和"跃上"的紧凑动作,一下子就使得一幅"大漠驼队行进图"增添了好多亮色和热闹的气氛,全诗也因此形成了一个有机的整体。

顺便还得补充一点,《驼峰》不是单纯的抒情诗,它主要是通过绘景寄托感情的,就"绘景"而言,它还有点面结合、远近对比的特色,像把身边的"驼铃"和天上的繁星对比,第二节第二行"地平线驶过驼峰如船",把移动的"驼峰"置于广阔的"地平线"之上,都有效地作用于读者的视觉,生动地体现了诗人的艺术功力。

(孙光萱)

【诗人小传】

王致远

(1925—1989) 陕西合阳人。1947年就读于北平华北文法学院。1949年在南下工作团总团部、第四野战军新华总分社工作。1950年后历任《新观察》杂志社编辑部副主任、作家出版社办公室主任、人民文学出版社现代文学编辑部副主任。

胡 桃 坡(原诗略)   王致远

《胡桃坡》(人民文学出版社 1965 年版)这首长诗共 18 章。主要人物是胡桃女冯灵秀和游击队长同飞虎。冯灵秀生下不久,她的父亲就为革命"血洒黄河滩",母亲"千般苦楚一身当",过着极其贫苦的生活。诗中没有交代冯灵秀母亲的姓名;她所住草房的崖背上有棵高大的胡桃树,所以人称"胡桃娘"。她和乡亲们好不容易在痛苦的煎熬中迎来了抗战胜利,那年冯灵秀 16 岁,长得美丽能干。由于国民党发动了内战,当地很快又成了敌我双方反复争夺、革命势力和反动势力犬牙交错的地区。长诗就是以此为背景,描写了胡桃女冯灵秀在严峻的考验中挺身而出、顽强战斗,终于由一个普通的农村姑娘成长为一个革命战士的曲折过程。在这中间,当年"去了延安"而今回到故乡坚持游击战争的同飞虎成了她的引路人。长诗从头至尾贯穿着冯灵秀和同飞虎在战火纷飞中产生的爱情,并描写了一个又一个既崇高激越又优美动人的场面:胡桃女被国民党士兵绑走的关键时刻,同飞虎和他的战友勇斗敌军,解救了她;敌军追赶在集市上做宣传的同飞虎等人时,胡桃娘母女又急中生智,给了同飞虎等人以有力的支援;冯灵秀缠着同飞虎,要求参军,同飞虎根据党的命令,赠给她一支手枪,要她留在当地坚持斗争;解放大军发起反攻,和同飞虎结婚不久的冯灵秀又毅然送他西征;在群众欢庆新中国诞生的热潮中,生下孩子不久的冯灵秀为了保护群众,和打黑枪的地主分子展开枪战,最后不幸中弹牺牲。

这首长诗在绘景状物、人物塑造和语言运用上都取得了较大成就。翻开诗集,陕西黄土高原上特有的自然景物和风土人情,立刻使读者如聆其音,如见其貌。试看第一章怎样为诗中的人物设置一个具有黄土高原特征的大舞台:

"黄河摆尾湾套湾,/万马奔腾闯潼关。//黄龙山莽莽盘高原,/羊群儿山顶舔蓝天。//一条带子公路线,/东牵大河西牵山。//秦腔声声响秦川,/五月风吹的花儿圆。//八百里金麦一把扇,搧的长空万里里蓝。"

第一节中的一个"闯"字,把黄河雄伟的气势,表现得淋漓尽致,活灵活现。前人描写大山的高峻的名句可说屈指难数,如"离天三尺三"等,但这里的"羊群儿山顶舔蓝天",不仅写出了莽莽黄龙山的高峻,而且一个"舔"字包含了更多的美感,道出了粗犷的黄土高原所包含的另一种妩媚的韵致。描写五月麦黄的丰收景象,最常见的是"金色的波浪"等等,但这里把"八百里金麦"化为人们生活中的"一把扇子",而这把扇子又魔力无穷,它可以把万里长空扇得没有一丝云彩!这是以小写大的表现手法,作者不说丰收,却跌宕出无尽的丰收美景!

长诗在人物塑造上具有较高的艺术功力,不管是冯灵秀和同飞虎,还是胡桃娘和邻家冯二农,都显得血肉丰满,各具异彩,如诗中写胡桃娘在丈夫灵位前的哭诉:"挡雨的草房倒了墙,/迷雾的孤雁断翅膀!/说是车儿呀,没轱辘,/说是船儿呀,丢了桨!//大河小河一路浪,/我的眼泪两行行;/不知你脚印在哪达?/我双眼不如萤火一星光!"作为一个旧社会的农家妇女,家里一贫如洗,丈夫死后,她虽有双眼,却不如萤火虫的光亮,只会流出比大河、小河"一路浪"还多的"两行泪",而看不见丈夫干革命的脚印!如此痛不欲生,胡桃娘哭诉得多么贴切、多么本色、多么动情!这不正是一幅令人落泪的悲惨情景吗?

再如冯灵秀听到同飞虎过黄河牺牲的消息(其实是误传),悲痛欲绝:"无处找,哪达寻,/十根肠子我断九根,/明日胜利门前缺他汗马立功人!//敌人钢刀两边刃,/一刃杀我引路人,/一刃剁碎了我的心!……"冯灵秀爱之至深、恨之至切,情重如山,意深似海,令人过目难忘。

长诗中写人物,有简洁的实写,也有概括的虚写,并不限于一种,囿于一体。如写我军出发西征,而送行人遥望时那一刹那的情景:"战马带走一路尘,/军号吹散满天云;/人说苍鹰飞的快,/追不着雄师脚后跟。"

显然,作者在这里对我军西征的雄姿,采取了"避实就虚"的笔法,以侧笔取其雄姿,借来高空苍鹰和风驰电掣的雄师作比,解放军西征的英雄气概也就不言而喻了!而送行的人们却生活在道路无尘土、天上无阴云的安静环境内,多么幸福!不过作者在这里不用和平、幸福、安宁等等一类的抽象词儿,可见其一丝不苟,重在创造意境。中国诗,历来重在意境,《胡桃坡》作者认真地、潜心地接受了这个传统,不仅上面引的几个表现时代特点的例子是如此,全诗也是如此,难怪有的画家说,这部长诗里,有画不完的画!

读《胡桃坡》,在通篇寓意深沉、洁净透彻的语言中,总有一种行云流水、通达酣畅之感。诗人手中的笔,是极为严谨的,又是非常放纵自由的。在历史事实上,以至细节的描写上,都是忠于生活的,而在思维方法和表现手法上却又是放纵自由的,使人物的情怀闪射着理想的光彩。这从以上引用的诗句中,也不难看出端倪。难怪诗人郭小川在20世纪60年代中期以他的慧眼看过《胡桃坡》之后,对作者说:"你是浪漫主义者,我也是浪漫主义者,但我们又有不同,你按照你的写下去!……"《胡桃坡》确实不愧为一部出色的富有浪漫色彩的叙事长诗。

(高占祥)

诗人小传

刘 征

（1926— ）原名刘国正，北京人。在北京大学学习期间，即发表诗作。新中国成立后主要从事教育和编辑工作，曾任人民教育出版社副社长。

海 燕 戒

刘 征

有一只小海燕在动物园里长大，
叫它海燕，只因它是海燕的后代，
它自己，且不必说冲击暴风雨，
压根儿就没见过真正的大海。

这一天，小海燕从园里飞出来，
飞到大海上，直累得东倒西歪。
它正在絮絮叨叨抱怨命运，
忽然看见海面上现出一座楼台。

小海燕一见打心眼儿里高兴：
"呵，这才是我理想的大海！
你看摩天的高楼和堂皇的大厦，
那是多么豪华的所在！

"里面定然有镶着宝石的金笼，
又舒服又暖和，不染一点尘埃；
里边定然有高等厨师制备宴席，
吃什么有什么，只要把嘴张开。

"有时也可以扇起翅膀飞几圈，
但那是为了消遣，完全自由自在；
有时也可以对着暴风雨吟唱，

但喧嚣和危险完全隔在玻璃窗外。

"你看那门前如水如龙的车马,
有多少人为欢迎海燕而来!
我这么飞呀飞的真是傻瓜,
幸福的生活已在眼前展开。"

有只老海燕打断了它的话:
"那是蜃楼,哪里是什么楼台!
快抓住闪电,跨上乌云的骏马,
看,猛烈的暴风雨就要到来!"

小海燕轻蔑地打了个口哨:
"我懂得了怎样为自己安排。
这大海上的风云瞬息万变,
我可不打算被大海葬埋。"

霎时间,海上涌起滔天巨浪,
无数海燕冲天起舞,多么豪迈!
小海燕跌跌撞撞向蜃楼飞去,
一头栽进大浪,再也没有回来。

* * *

不要以为海燕的子孙一定是海燕,
只有海燕的翎毛并不能驾驭大海。

选自《诗刊》1963年第7期

所谓寓言,用庄子的话来说,就是"寄寓之言"。作为寓言诗,不管是写什么题材,都要有耐人咀嚼的寓意。没有寓意,寓言诗和童话诗、讽谕诗就会划不清界限。这首诗好就好在有深刻的寄寓之言。它通过小海燕贪图安逸的生活,最后经不起风浪的考验被大海埋葬的故事,抨击了那种"龙生龙,凤生凤,老鼠生儿会打洞"的传统世俗观念,现在看来,这首写于"文革"前几年的诗,在当时无疑具有警世的意义。

寓言诗中动物的所作所为乍看起来是荒诞的,像《海燕戒》中的小海燕,它会抱怨命运,会"打心眼儿里高兴",从生物常识的角度看是不真实的。但小海燕没有经风雨见世面,一时贪图安乐,追求舒适的环境,这和现实生活中的某些年轻人颇为相似,因而诗人便将小海燕拟人化,让它登上寓言诗的舞台,扮演只图安逸享乐,不愿在斗争中锻炼自己的这么一个角色,是有现实依据的,是源于生活的真实反映。

寓言诗是叙事诗的一种,它多半记述一个故事,或截取故事的一个片断加以表现。《海燕戒》符合这个特点,它情节简单,形象单纯,注重通过海燕的独白或对话,展开描写。这首诗由前面写的小海燕看见蜃楼后所作的独白及它与老海燕的对话两大部分构成。其中小海燕的独白属于幻觉描写。这里讲的幻觉,从心理学的角度看,是现实经过化装后出现的一种特殊的心理现象,尽管小海燕面对蜃楼出现的幻觉显得新奇、怪诞,但它并不是作者以意为之的产物,而是和小海燕的生长环境及其缺乏大风大浪的经历有密切的联系。在这里,小海燕的每一句独白,每一个想入非非的念头,都是由于追逐豪华的享受所引起的奇谲幻影,都来自它那种特有的真实的内心活动。诗人之所以不惜篇幅写小海燕的幻觉,目的是引导读者进入小海燕的灵魂世界,认清它贪恋荣华富贵所产生的严重后果。至于老海燕的对话,不是用墨如泼,而是惜墨如金,也很符合它的身份和经历。

新中国成立以来,在诗歌的常青园里,寓言诗所栖的树林有些稀稀疏疏,远不如其他体裁的诗歌那样枝繁叶茂,硕果纷呈。在这种情况下,刘征以他的沉着坚韧,心甘情愿地选择一个不被人重视的角落开垦、耕耘,并写出了像《海燕戒》那样传诵一时的佳作,这是值得称赞的。

(古远清)

【诗人小传】

汪承栋

(1930—) 土家族,湖南永顺人。1951年参加中国人民解放军,任湖南永顺军分区文工队创作组组长。1953年开始诗歌创作,同年转业到中南民族歌舞团创作研究室工作。1955年任北京中央民族歌舞团创作研究室创作员。1956年后任《西藏日报》社副刊编辑、文联创作员、《西藏文艺》编辑等职。

拉萨河的性格

汪承栋

雪山是我阿爸，
云岭是我阿妈；
跃千丈悬崖，
穿百里深峡，
炼就我性格的浪花。

我爱新生的土地，
——羊群漫草坝，
　　金麦伴红荞，
　　春风追骏马；
流不完的诗和画。

我恋和平的村庄，
——炊烟舞云纱，
　　牧笛招山歌，
　　笑语缠情话；
泻不尽的锦和霞。

黄河长江是我的姐妹，
祖国土地是我的家。
我欢歌接待邻邦朋友：
"远方的客人请你留下。"
赏我抹红披绿，荡玉飘花；
览我半河林园，半河庄稼。
我愿溢出全部豪爽，
浇灌友谊的奇葩。

但谁敢欺我善良温柔,
风云变化我变化;
万柱波峰举尖刀,
千座浪山会爆炸,
谁敢夺我河中水,
谁敢套我铁锁枷;
且看湍急的漩涡,
就是铁硬的回答!

1963年1月

选自《拉萨河的性格》,西藏人民出版社1978年版

诗人长期生活在祖国西南边陲,与藏胞兄弟朝夕相处,对藏胞兄弟怀有崇高的敬意。终于,他按捺不住内心的激动,借这条与西藏人民息息相关的拉萨河,唱出了一支赞美西藏人民的歌。

在这首诗中,拉萨河是一条有生命、有感情、有个性的河。它吮云岭阿妈的乳汁,取雪山阿爸的精粹而长大;它具有大自然博大宽容的胸怀,热爱生活、热爱和平的美丽的心灵和豪爽、刚直、坚强而又不乏温柔、善良的性格;它深深懂得自己的生命是与祖国紧密相连,"黄河长江是我的姐妹,/祖国土地是我的家";它格外珍惜这"流不完的诗和画"的土地和"泻不尽的锦和霞"的村庄的来之不易。它对待垂涎祖国山河的窥伺者和来犯者的回答是"湍急的漩涡"它那"铁硬的回答";而对待睦邻友邦,它"愿溢出全部豪爽,/浇灌友谊的奇葩"。诗人歌颂拉萨河,其实是歌颂西藏人民。拉萨河这些可贵的性格和鲜明的形象,是正在建设家园和保卫家园的西藏人民崇高的精神写照。这首诗的强烈的艺术感染力,在于诗人撷取富于代表意义的自然物入诗,并用鲜明的形象,生动地刻画出拉萨河多重性格,从而热情地讴歌孕育拉萨河的崇高、伟大的民族精神。

这首诗的主要特点,是通篇采用拟人手法。诗人生活在西藏,对朝夕相伴的拉萨河产生了真挚深沉的感情,并且把自己的真情实感借拉萨河尽情地倾泻出来,把本来没有生命的拉萨河,拟人化为有生命的人。第一节,诗人把拉萨河比作"我",把雪山比作"阿爸",把云岭比作"阿妈",亲切、自然、富于人情味。第二至第四节,分别从各个角度写出了拉萨河性格的各方面的特征,从而完整地塑造了有血有肉的拉萨河的形象。

这首诗的另一个特点,是总体象征性和抒情味。诗人不仅通过无生命的拉

萨河比作有生命的人格化的"我",赋予它以思想、感情和性格,而且还把客观之物——河,同主观之情——"我"融化为一体,达到了情景交融、物我同一的艺术境界。诗人以河的口吻热烈地抒怀:我欢歌接待邻邦朋友,赏我抹红披绿,荡玉飘花;览我半河林园,半河庄稼。但谁敢欺我善良温柔,万柱波峰举尖刀,千座浪山会爆炸。象征,在这里不是构筑于一般意义上的个别言词上的比喻,而是从总体上通过河的自我表白,抒发了西藏人民的爱憎感情和豪爽坦率的情怀。拉萨河是西藏人民的象征,它的性格是西藏人民精神气质的缩影。隽永的象征意味在拉萨河浓郁热烈的抒怀里盈溢而出,令人回味,催人思索,给人以一种刚健和柔和之美感与力度。

(林唯民)

【诗人小传】

古苍梧

(1945—) 原名古兆申,广东茂名人。1967年毕业于香港中文大学。1981年赴法国巴黎索邦大学进修。先后担任《盘古》《文学与美术》《文美》《八方》等杂志的执行编辑。

二十五岁见雪

古苍梧

流浪了二十五年
云终于像木棉那样
一丝丝地散落下来了

我张开手臂
迎接它
像远方归来的游子
我是那父亲
年轻的时候
也曾厌倦过山
厌倦过水
厌倦过花草树木

厌倦过城市和人群
也曾向往过悠悠的穹苍
当我尚未了解那湛蓝背后的寂寞

可是云,我的孩子
你怎么会变得这么苍白
正待抚它,吻它
掌中竟满是血
　　　　无色透明,而且冰冷

啊!
归来的不是云
乃是云的魂魄

1971

选自《铜莲》,香港素叶出版社1981年版

　　雪,在香港是极其罕见的。这首诗中的雪,或许是虚拟的,但也可能是真实的。唯其真实,才倍觉可贵。因此,它化为诗人心中的憧憬与希冀。化为诗人的理想。诗人常常慨叹"我曾经是一片云/而仍然是一片云"(《铜莲·雨声》),漂泊不定。而本诗又以"流浪了二十五年"开端,增强了漂泊之感。然而当云变为雪飘飘洒洒地散落时,它竟化而为血,令人心惊目眩。故国神游,刻骨铭心的浓重乡愁始终萦绕在诗人的心头,直让人怦然心动。

　　本诗相当注重感受和体验。它并不以直抒胸臆的坦露,淋漓酣畅的独白见长,而是写得蕴藉、含蓄,耐人咀嚼,充满着理趣。诗虽题为"见雪",然而通篇不着一"雪"字,而又通篇充满了雪意,从中折射或暗示出游子思乡,渴望回归的绻绻情愫。其中"正待抚它,吻它/掌中竟满是血",以一抚一吻的动作性语言,化而为血的嬗递过程,更是隐隐地传递了游子思乡的痴迷、恍惚、醉心和执著的心境。措辞委婉而寄托深邃,体现了我国古典诗歌的言近而旨远的特色。

　　本诗的意象构筑精致而繁复。古苍梧是个具有现代艺术感的诗人,他承继了古典诗歌意境的长处,又借用并融合着现代电影艺术的表现方法,注重意象在空间上的转换与重合。本诗整篇所说的是雪。而雪的主意象似乎又是由两个相近或相似的属意象"云"和"游子"建构而成。诗人先是自喻为像木棉那样飘落

的云。尔后就由云的漂泊转换至游子的浪迹,最后则以"可是云,我的孩子/你怎么会变得这么苍白"一句,将两个意象叠合而为"云的魂魄"——雪。但是从深层说,雪的意象更暗合了,或者说更加强了游子的意象。这样,整首诗就显得更耐读,更耐人品味了。显然,意象在空间上的转换重合大大地加强了这首诗的现代艺术性。

(杜荣根)

【诗人小传】

牛 汉

(1923—2013) 原名史成汉,又名牛汀,山西定襄人。1943年入西北大学学习。1944年后在西安从事编辑工作。新中国成立后历任《空军卫士》报编辑、沈阳东北空军直属部队文化学校教务主任、人民文学出版社诗歌组组长。1955年受"胡风反革命集团"案株连,"文革"后平反,任《中国作家》主编。代表作有《华南虎》《汗血马》《鹰的诞生》等。

悼念一棵枫树　　　　　牛　汉

我想写几篇小诗,把你最后的绿叶保留下几片来。
——摘自日记

　　湖边山丘上
　　那棵最高大的枫树
　　被砍倒了……
　　在秋天的一个早晨

　　几个村庄
　　和这一片山野
　　都听到了,感觉到了
　　枫树倒下的声响

　　家家的门窗和屋瓦
　　每棵树,每根草

每一朵野花
树上的鸟,花上的蜂
湖边停泊的小船
都颤颤地哆嗦起来……
是由于悲哀吗?

这一天
整个村庄
和这一片山野上
飘忽着浓郁的清香

清香
落在人的心灵上
比秋雨还要阴冷

想不到
一棵枫树
表皮灰暗而粗犷
发着苦涩气息
但它的生命内部
却贮蓄了这么多的芬芳

芬芳
使人悲伤

枫树直挺挺的
躺在草丛和荆棘上
那么庞大,那么青翠
看上去比它站立的时候

还要雄伟和美丽
伐倒三天之后
枝叶还在微风中
簌簌地摇动
叶片上还挂着明亮的露水
仿佛亿万只含泪的眼睛
向大自然告别

哦,湖边的白鹤
哦,远方来的老鹰
还朝着枫树这里飞翔呢

枫树
被解成宽阔的木板
一圈圈年轮
涌出了一圈圈的
凝固的泪珠

泪珠
也发着芬芳

不是泪珠吧
它是枫树的生命
还没有死亡的血球

村边的山丘
缩小了许多
仿佛低下了头颅

　　　　　伐倒了
　　　　　一棵枫树
　　　　　伐倒了
　　　　　一个与大地相连的生命

　　　　　　　　　　　1973年秋
　　　　　　　选自《长安》1981年第1期

　　牛汉的这首诗写在"文革"期间被遣送到云梦泽"劳动赎罪"的时候。在乡村，他从大自然那里得到抚慰，但大自然也有创伤和痛苦，这使诗人想到自己的不幸的命运，于是，他以大自然的事象，作为诗的取材对象，来寄寓自己的人生体验。牛汉把这些作品称为"情境诗"。

　　这首诗写的是枫树，是这棵高大的枫树在秋天的一个早晨被伐倒，以及山野、村庄所产生的反应。诗自始至终是平白的，近乎散文式的陈述。找不到惊人的意象和比喻，没有对时空转换的经营，没有排比和对偶，也发现不了警句与"诗眼"。可以说，平白得近于"散漫"和几乎不见"技巧"。然而，有的是作为诗的生命的诚挚，这种诚挚的情感，匀称地流贯、浸润在诗行中，引领着读者从整体情绪上去感受和呼应。

　　这首诗的动人，首先根源于诗人写枫树，并非仅把事象作为负载、阐释某种观念的"符号"。他的情感、心灵，融入描写的对象，赋予自然物以生命，诗人的情感与作为这些情感、体验的映象的枫树之间，构成了超乎简单的比喻性质的关系。其次，正是因为用心去体验，正是因为生命的融入，使看似平常的描述，传达出来自心灵深处的颤动。枫树倒下时，家家的门窗、屋瓦，每棵树，每根草，连同鸟、小船，"都颤颤地哆嗦起来"：这既是真实情状的描写，又是诗人心灵的体验。说枫树的清香落在人的心灵上"比秋雨还要阴冷"，说叶片上挂着明亮的露水"仿佛亿万只含泪的眼睛"，说枫树被解成木板后流出的树脂，是涌出的"凝固的泪珠"——使这些描述，超越了对事象的介绍，而达到"落在人的心灵上"的效果。第三，诗的动人，还在于作者对总体情绪的把握上。全诗一再渲染枫树的浓郁芬芳，但这种芬芳能被强烈感受到，却是由于它的被伐倒。这种矛盾情境，构成了诗的悲伤、阴冷的基调。这是一种悲剧性的情绪。"阴冷"，是由于这本来扎根于大地、无限依恋大地的生命的毁灭。但是，它的死亡的悲剧，并不是以尖锐的痛苦和愤激的抗议的形态出现。相反，这种阴冷与悲哀，由于它的内在生命的美丽——"贮蓄了这么多的芬芳"的释放而得到反衬和证实。诗人含着没有滴落的滚烫的泪,哀悼那些被砍伐、被遗弃、被践踏然而正直、高贵的生命,而赋予诗的悲剧性以交织着感伤情绪的崇高感。

(洪子诚)

我是一颗早熟的枣子　　　　牛　汉

　　童年时,我家的枣树上,总有几颗枣子红得特别早,祖母说:"那是虫咬了心的。"果然,它们很快就枯凋。

——题记

人们
老远老远
一眼就望见了我

满树的枣子
一色青青
只有我一颗通红
红得刺眼
红得伤心

一条小虫
钻进我的胸腔
一口一口
噬咬着我的心灵

我很快就要死去
在枯凋之前
一夜之间由青变红
仓促地完成了我的一生

不要赞美我……
我憎恨这悲哀的早熟
我是大树母亲绿色的胸前

牛汉

凝结的一滴
受伤的血

我是一颗早熟的枣子
很红很红
但我多么羡慕绿色的青春

选自《牛汉诗文集》，人民文学出版社2000年版

这首诗写于1980年，诗人牛汉借"早熟的枣子"和"一条小虫"等意象，以冷峻而沉痛的笔调从生命的角度和社会的层面反思自己青春年华的厄难，以及那一代知识分子的命运遭遇。

这首诗如同一幅静物画，客观景物与主观情绪达到了高度融合的境界，那种景与情的吻合，物和思的统一产生一种隽永而深邃的意境。全诗分为三层，前两层是客观写实，最后一层是主观认知，三层之间过渡自然，呈现递进关系。

第一层包括开头的两小节，运用拟人手法，让诗人把浓郁的感伤情绪印在"早熟的枣子"上，物我浑然一体。因为"满树的枣子／一色青青／只有我一颗通红"，而且"红得刺眼／红得伤心"。"刺眼"和"伤心"乃是诗人深切的人生体验。红得让别人觉得"刺眼"，让自己觉得"伤心"。

第二层是中间的两小节，进一步回答了为什么"红得刺眼／红得伤心"，那是因为"一条小虫"在"噬咬着我的心灵"，从而"在枯凋之前／一夜之间由青变红／仓促地完成了我的一生"。诗中的"早熟的枣子"和"一条小虫"的意象具有象征性和暗示性。"早熟的枣子"象征了诗人牛汉，而"一条小虫"既是暗指国统区黑暗而凶险的社会环境，又隐喻长期以来对文艺界、对知识分子实行"改造"和迫害的党内左倾路线与"极左"流毒。众所周知，牛汉是胡风"七月诗派"的重要成员，后因"胡风案"的牵连，身心受折磨二十多年。诗中前两层的描述生动而形象地隐喻了诗人牛汉的不幸遭遇，他的青春年华如被"虫子"咬了心的枣子一样，很快由青变红，趋向"枯凋"。

诗的前两层为第三层最后两小节的议论和抒情作了铺垫。而诗前的"题记"是前两层写实的依据，通过诗人童年时的视点，描述了枣子"早熟"的自然现象，以此类比和影射诗人的不幸命运。同时，又为第三层的诗人的主观认知作了旁注和提示：不是由青变红之后被虫子咬的，而是先被虫子咬了之后才由青变红的。在第三层中，诗人转而以睿智老人的视点冷峻而客观地审察和反思了自己

的青春年华。当"胡风案"平反之后,社会上有人赞美胡风以及他的朋友们,赞美诗人牛汉的"早熟",而诗人牛汉的态度是:"不要赞美我……/我憎恨这悲哀的早熟。"如果把早熟当作成熟去赞美,简直是一种反讽。何况牛汉他们的"早熟",是被"虫子"咬过之后的早衰,是由青变红的"枯凋",曾为之付出了血和泪的沉重代价。他们的"悲哀"就是他们一生所追求的恰恰是与历史所加在他们身上的罪名相反;他们的"信而见疑,忠而被谤",成了中国许多文化灾难中的第一件大冤案,这是历史的悲剧啊! 这诚然是诗中所描绘的那样:"我是大树母亲绿色的胸前/凝结的一滴/受伤的血"。诗尾,诗人牛汉用判断句式深刻地认识了自己:"我是一颗早熟的枣子/很红很红。"一来点题,二来与开头的"红得刺眼/红得伤心"相呼应。"红"喻指心灵创伤,"很红很红"说明伤痕累累,而且很深很深,这就有力地控诉和批判了"极左"路线的莫大危害。诗人尽管未能拥有"绿色的青春",但他仍能以淡定的心态和复杂的心情抒发了对"绿色的青春"的"羡慕"之情,给全诗增添亮色、留有余味。

这是一首被剥夺"绿色的青春"的哀歌。诗中抒情主人公"我"不仅是单指诗人自己,而更是复指如牛汉那一代知识分子的群体,是一种"大我"的形象。在"我"的命运反思中具有一定的认识意义和教育作用,而诗意的表达又相当含蓄而隽永。

(毛阔宇)

汗血马　　　　　　　牛 汉

跑过一千里戈壁才有河流
跑过一千里荒漠才有草原

无风的七月八月天
戈壁是火的领地
只有飞奔
四脚腾空的飞奔
胸前才感觉有风
才能穿过几百里闷热的浮尘

汗水全被焦渴的尘砂舐光
汗水结晶成马的白色的斑纹

汗血马

汗水流尽了
胆汁流尽了
向空旷冲刺的目光
宽阔的抽搐的胸肌
沉默地向自己生命的（内部求援）
从肩胛和臀股
沁出一粒一粒的血球
世界上
只有汗血马
血管与汗腺相通
肩胛上并没有翅翼
四蹄也不会生风
汗血马不知道人间美妙的神话
它只向前飞奔
浑身蒸腾出彤云似的血气
为了翻越雪封的大坂
和凝冻的云天
生命不停地自燃

流尽了最后的一滴血
用筋骨还能飞奔一千里

汗血马
扑倒在生命的顶点
焚化成了一朵
雪白的花

一九八六年八月

选自《中国新诗 1916—2000》，复旦大学出版社 2001 年版

牛汉经历过大苦难、大悲辛的人生逆境，他在漫长的逆境中，始终保持着中

国知识分子的正直独立与顽强执著的品格。这一品格元素深深地影响着他的诗歌创作主题,即受难灵魂的挣扎与不屈的抗争!而《汗血马》既是诗人在社会逆境中生命遭际的真实写照,又是其坚强不屈的人格精神的生动展现。

汗血马具有勇猛、顽强、坚忍、抗争的品质,素有神骥宝马之称。诗的开头八行,描述了汗血马在戈壁与荒漠之间,在火的领地飞奔着的动人情景。自然环境是那么的恶劣,漫天浮尘的空气又是那么的干燥和闷热,无边无际的戈壁与荒漠都阻挡不了汗血马的飞奔。中间的九行,即"汗水全被焦渴的尘砂舐光"到"沁出一粒一粒的血球",抒写了汗血马的汗水和胆汁都流尽了,而它仍执著地向空旷发射出冲刺的目光,乃至"从肩胛和臀股/沁出一粒一粒的血球"。怎么会沁出血球呢?这是汗血马的一种生理特点,它的血管与汗腺相通。当汗血马的汗水和胆汁被焦渴的尘砂所吞噬时,尽管它的身体和灵魂遭受摧残和煎熬,但仍然坚持向前飞奔。诗的后半部分,即"肩胛上并没有翅翼"到"焚化成了一朵/雪白的花",描绘得惊心动魄,悲壮而奇美。"为了翻越雪封的大坂/和凝冻的云天",那彤云似的血气,在"生命不停地自燃"中浑身蒸腾,最后流尽了鲜血而"扑倒",在冰天雪地里"焚化成了一朵/雪白的花"。

好的诗是无形画,好的画是有形诗。这首诗描绘了汗血马从飞奔到"自燃"到扑倒的全过程,这一过程是一幅连续的动态画面,那画面浸润着诗人悲愤而激昂的情绪。这幅画给读者所展现的并非一幅单纯的汗血马的奔驰图,而是包孕着丰富的思想内涵的图画。核心意象"汗血马",可使人产生许多联想。它让我们联想到诗人牛汉,牛汉系蒙古族,他从小与大草原有缘,与汗血马有缘。他曾多次意味深长地把自己比喻成其童年时代所见的家乡的汗血马。到了晚年,他回顾自己所经历的战争、流亡、饥饿、囚禁的坎坷一生,以及几十年来对诗歌创作的苦苦追求的跋涉,认为只有在汗血马身上才能找到最贴切的寄托,也只有在汗血马身上才能把他所体验到的人生创伤和刚强予以最完美的表达,因此汗血马乃是他顽强与坚韧的人格化身。同时,它也会让我们联想到许许多多优秀的炎黄子孙坚执的人格美和不屈的尊严。因此,它所引发的联想具有了社会性的丰富内涵。《汗血马》一诗既是对诗人生命不息、奋斗不止的颂歌,更是对中华民族之魂深沉而尽情的吟唱。

《汗血马》是一首脍炙人口的情境诗,其艺术风格是粗犷与凄美相糅,力量与忧伤共现。它的粗犷,显示出生命的质感和心灵深处的呐喊,带着咸涩的汗味和鲜血的腥味,流动着澎湃的激情,那一行行充满汗和血的诗句能激发出读者不屈的尊严。诗句朴实而流畅,内在节奏强烈,在描述汗血马一路飞奔的过程中,染

上了一层凄美与忧伤的情感色彩,具有无限的艺术感染力。　　　　　(毛闯宇)

【诗人小传】

罗　青

(1948—　)　原名罗青哲。毕业于台湾辅仁大学,后赴美国华盛顿大学留学。后在台湾辅仁大学、明道大学执教。1975年曾参与创办《草根》诗刊。

水 稻 之 歌

罗　青

早晨一醒,就察觉满脸尽是露水
颗颗晶莹透明,粒粒清凉爽身

回头看看住在隔壁的大白菜
肥肥胖胖相偎相依,一家子好梦正甜

而远处的溪水,却是群刚出门的小牧童
推挤跳闹,赶着小鱼,吵醒了一座矮矮短短的独木桥

于是,我们便兴高采烈的前后看齐
学着那刚登上山顶司令台的老太阳

摇摇摆摆,把脚尖并拢
绿绿油油,把手臂高举

迎着和风
迎着第一声鸟鸣

成体操队形

散——开

一散,就是
千里!

选自《幼狮文艺》1973年第235期

《水稻之歌》是罗青的早期作品。

余光中认为罗青是一个"肯想、能想、想得妙、想得美的诗人",这确非过誉之论。作为富于想象力的诗人罗青,他的《水稻之歌》的想象力主要表现在形神毕现的拟人化与巧妙比喻的运用。本来是无知无情的"水稻",在诗中都具有了人的感觉和灵性。诗人选择了"早晨"这个特定的时间角度展开描绘,一开篇就把水稻写得栩栩如生,而且水稻眼中所见的"大白菜"与"溪水",不是具有好梦正甜的憨态,就是具有活泼泼的生命。最妙的是对水稻的体操队形的描写。水田中的秧苗插种时本来是很整齐划一的,在朝阳下,在和风中,那种景象确实也很美,但一般人不是习见为常,就是觉得难以言传描摹。而罗青却仍以拟人手法,写水稻内心是"兴高采烈",写他们的动作是"把脚尖并拢""把手臂高举",写他们的队形是"一散,就是/千里"。正是诗人的艺术敏感和出色生新的艺术想象,使他在葱葱茏茏的水稻和蓬蓬勃勃的年轻学生之间找到了某种美的联系,独特而强烈的审美感情移情于物,谱出了这一曲不同凡响的水稻之歌。

比喻,是诗的想象的独特形态之一,是诗美的一个重要范畴,而不只是一种修辞格或一种具体的艺术技巧。罗青是善于比喻的。从比喻的角度看,《水稻之歌》全篇的结构可以说是比喻结构,因为诗人是将水稻暗喻为上操的学生,取消了这一未加明说的暗喻,全诗也就不复存在。具体而言,诗中对"溪水"的比喻也极生动,"而远处的溪水,却是群刚出门的小牧童",这本来就是一个妙喻。接着又以"推挤跳闹,赶着小鱼,吵醒了一座矮矮短短的独木桥"的描绘,把"小牧童"的情态与情味补足,更觉生鲜活跳。

平凡的水稻景色,不平凡的《水稻之歌》!

(李元洛)

逃狱的月亮 罗 青

各式各样的烟囱
重重叠叠的
在空中竞相书写

各种新发明的化学方程式
把天空写得昏头胀脑
几乎无法呼吸

于是天空开始忽冷忽热扭曲变形
有如一块巨大无比的压克利玻璃
在要落未落将碎未碎之际
却隐约反映出
一轮误入工业园区的月亮
正急急忙忙
翻出高高的铁丝网
落荒而逃

选自《不明飞行物来了》,台湾纯文学出版社1984年版

  诗人兼散文家与画家的罗青,写过许多篇关于月亮的诗,《逃狱的月亮》即是其中之一。月亮而名之为"逃狱的",可见这一月亮不是普普通通的月亮。

  现代工业所带来的环境污染,物质文明所带来的对生态平衡的破坏,是当代世界最严重的社会问题之一,是对于人类生存一种潜在的日益巨大的威胁。许多敏感的诗人都触及这一题材和主题,余光中曾写有一首《控诉一支烟囱》,表现了他对这一重大社会问题的艺术思考。罗青的《逃狱的月亮》在思想取向和余光中是一致的,但却焕发出自己独特的艺术光彩。

  诗歌,是创造的艺术,是重在独特的艺术创造,就是要突破习惯性的思路和常规,力求有既不重复他人也不重复自己的艺术发现与艺术表现;独特,就是具有"抗压性",不与平常习见的"常态模式"重复,对于前人已经作出过的艺术表现具有"抗压"反应,力求表现出自己的个性。《逃狱的月亮》也写了烟囱,但在同类主题与题材的作品中,是创造的,独特的。角度与写法都有所不同。余光中的是"用那样蛮不讲理的姿态/翘向南部明媚的青空/一口又一口,肆无忌惮/对着原是纯洁的风景/像一个流氓对着女童/喷吐你满肚子不堪的脏话",而罗青则自出机杼,他写烟囱不是"一支",而是"各式各样的",因为是许多烟囱,所以它们才"重重叠叠",才"竞相书写"。更具妙思的是,罗青绝不直言什么"污染"之类,而是说它们竞相书写"各种新发明的化学方程式/把天空写得昏头胀脑/几乎无法呼吸"。天犹如此,人何以堪?批判控诉之意自然就见于言外了。在第二节将天

空比喻为一块玻璃,而第三节开始说玻璃"要落未落将碎未碎"之后,千呼万唤,诗的主人公——"月亮"终于出场了:"一轮误入工业园区的月亮/正急急忙忙/翻出高高的铁丝网/落荒而逃。"月亮有知也有情,对"误入"工业园区之"狱"心悸不已,诗人以"急急忙忙"与"翻出"写她的心态与动作。最后一句的"落荒而逃",本来是形容人,现在移之于月,十分生动传神,令人莞尔。诗题是"逃狱的月亮",全诗在最后才点明"逃"字,篇末点题,颇见诗心之妙。

在众多的写月亮的作品中,罗青的《逃狱的月亮》是一篇别开生面的佳构。

(李元洛)

【诗人小传】

石 祥

(1939—) 原名王石祥,河北清河人。当过教师。1959年参加中国人民解放军。1964年到北京军区战友文工团从事歌词创作。后任中国音乐文学学会副主席。所作歌词《十五的月亮》广为传唱。

骆 驼 草

石 祥

枝条如钢丝,
根须似铁爪。
顶沙的叶,生得壮,
迎风的杆,长得俏。
是翻滚在沙海的浪花?
是蹦跳在浪尖的海鸟?

旱不死,压不倒,
甘愿给骆驼作饲料。
吃一茬,长一茬,
新芽总在心中冒。
变成了驼上的绒?
变成了驼上的膘?

战士训练搞潜伏,
钻进草丛不见了!
军装和草色一样绿,
风吹草低见枪刀。
　　骆驼草像不像潜伏哨?
　　潜伏哨像不像骆驼草?

谁说沙漠无绿洲?
骆驼草组成了翡翠岛;
谁说春风不度玉门关?
战士到处春天到。
　　骆驼草是沙漠的迎春花,
　　战士是祖国的布谷鸟。

1973年
选自《骆驼草》,河北人民出版社1981年版

　　这是一首以骆驼草象征解放军战士,赞美骆驼草,更赞美战士的诗。
　　诗的第一、第二节写骆驼草。赞美它的健壮、挺实、坚韧、活泼。不怕大风刮,不惧砂粒打,像翻滚的浪花,像蹦跳的海鸟,只几笔就把骆驼草写活了。骆驼草还有人的灵性、高尚的奉献精神:"甘愿给骆驼作饲料。/吃一茬,长一茬,/新芽总在心中冒。"在这里骆驼草是歌颂的对象,也是一种象征物。象征是"自然的人化"的一种形式。它的本质在于暗示性。黑格尔指出:"象征所要使人意识到的却不应是它本身那样一个具体的个别事物,而是它所暗示的普遍性的意义。"(《美学》第二卷)骆驼草作为一种象征物,有"它所暗示的普遍性的意义",读者可以联想得很多,但诗人究竟何所指呢?这在第三节里作了回答。
　　诗的第三节写战士。战士训练搞潜伏,钻进骆驼草丛里不见了。"骆驼草像不像潜伏哨?/潜伏哨像不像骆驼草?"以比喻兼设问的形式说出,原来骆驼草是在象征我们的战士,比喻我们的战士。
　　诗的最后一节,用骆驼草与战士互相映衬,进一步歌颂了解放军战士给边疆带来了春天。"骆驼草是沙漠的迎春花,/战士是祖国的布谷鸟。"这一节博喻用

得好,前四句的设喻是"骆驼草"组成"翡翠岛"、组成"沙漠绿洲","战士"到来"春天"到、"春风"也到;后两句又把"骆驼草"比作"迎春花",把"战士"比作布谷鸟,这都是很贴切、很新鲜的。

  此诗写得很精美。它的象征物用得好,比喻也很巧妙,而且由象征到比喻,使诗的意蕴由不确定到确定,由隐匿而明显,有一个渐进的自然的发展过程,容易使读者接受和信服。这首诗的章法整饬:每节六句,前四句提行,后两句压行。句式多样,有对偶句如"枝条如钢丝,/根须似铁爪。/顶沙的叶,生得壮,/迎风的杆,长得俏。"还用了一些排比句,如"是翻滚在沙海的浪花?/是蹦跳在浪尖的海鸟?""变成了驼上的绒?/变成了驼上的膘?"这些疑问的口气比肯定的口气更发人联想,更富有意味。

(任 愫)

诗人小传

方 含

(1947—) 原名孙康。北京人。北京三十五中学高中毕业后,去北洋淀插队。60年代末开始诗歌创作。90年代在北京一工厂工作。

谣 曲　　　　方 含

我从天空慢慢地下降
梦轻盈地落在我的心上

姑娘,如果你去山里
请找到我的马儿
它是被光偷去的
我的影子
你紧紧系住它
用小溪的绿丝带
然后骑上它
像一阵风
跑回

这夜的暗绿的城市

我的一滴滴红色的眼泪
洒在秋天憔悴的脸上

姑娘,如果你去海边
请找到我的船儿
它是被风带走的
我的声音
你高高挂起帆
用天的蓝绸子
然后驾着它
像一片云
飘回
这夜的黑红的海岛

我的马尾松疲长的影子
斜斜地躺在沙滩上

让我的影子驮着你
飞快地跑
翻过大山的驼背
钻进森林浓密的胡须里
在野花的窝里玩捉迷藏
从衰老的大松树上
捡起一个
压得弯弯的月亮
我的心灵火红的果子
被夏天遗忘在生命的树上

谣　曲　　　　　　　　　　　　　　　　　　　　方　含〔877〕

　　　　让我的声音,抛下锚
　　　　停泊在你的门前
　　　　我的眼睛在水里歌唱
　　　　是散落在海里的星星
　　　　我的嘴唇
　　　　是风,是浪花
　　　　轻轻地吻着
　　　　我的手臂和肩膀

　　　　我从天空慢慢地下降
　　　　梦轻盈地落在我的心上
　　　　　　　　选自《榕树文学丛刊》1980年第2期

　　一首美妙无比的如歌谣一般可以吟唱的抒情诗。
　　"我从天空慢慢地下降/梦轻盈地落在我的心上"——诗的开场与结尾用的是同一诗句,循环往复,余音袅袅。这两行诗,中心词语是一个"梦"字,惹引人类遐思无限的"梦"呵!它自渺茫的天空而来,但它未曾归于人类栖息的大地,诗人的梦,落在了他的心上,且轻盈地。这一头一尾,凸显了诗人灵气飞扬的诗思运行的轨迹。
　　梦从天上抵达人间,潜入诗心,舒缓地绽放出奇异的诗花。
　　这诗花,是赠予一位姑娘的,也可看作是诗人对姑娘——诗中的"你"的娓娓倾诉。
　　除去首尾两节,诗的中间即主干部分,可分为两大部分。诗的第二至五节为第一部分,诗的第六、七节为第二部分。
　　且先看这第一部分。
　　因为是写梦,心孵化的梦,空灵、曼妙,如雾、如空气,便弥漫并且笼罩了梦中的景象。诗紧扣抒情主人公自身的形象特征(影子、声音),化抽象为具象:"我"的影子是马,"我"的声音是船。两两相对,赋以美丽的装饰,让"小溪的绿丝带"系住马儿——"我的影子",让"天的蓝绸子"挂上船帆——"我的声音",一任姑娘(诗中的"你")驾驭,将"我的影子"带回"这夜的暗绿的城市",将"我的声音"带回"这夜的黑红的海岛"。诗人借梦,抒发了流浪的身心急于归巢的情绪。两节诗所传达的心理诉求,各各以低沉和微含温暖的意象作结:"我的一滴滴红色的眼泪/洒在秋天憔悴的脸上","我的马尾松疲长的影子/斜斜地躺在沙滩上"。

再看这第二部分。

承袭上一部分的思路,诗继续紧扣"影子"和"声音"展开梦的延伸。与第一部分不同的是,本是行动实施者的"你"退居二线,"我"成为了自己心愿的行动者:"让我的影子驮着你/飞快地跑","让我的声音,抛下锚/停泊在你的门前"。这些行动,饱含诗意,因为是写梦,梦是不可能的可能,并不使人感到突兀,反而因为诗所满溢的诗意,使阅读者的心灵油然生出美感。

在"我的影子"奔跑的路上,令人怦然心动的是,"从衰老的大松树上/捡起一个/压得弯弯的月亮",让人怅惘长叹息的是,"我的心灵火红的果子/被夏天遗忘在生命的树上"。前者似乎在暗示青春已逝,豆蔻年华不再,但如"月亮"一样缺了又圆的回忆依旧可以朝花午拾;后者感慨青春曾经火红,然后却记不得了,生命之树是在"夏天"得上健忘症的。这后者带有更多的诗人个人的情绪记忆,但意象明朗,给人惆怅之感。两者叠加,缅怀风华正茂的年华,追忆如火如荼的青春。

"让我的声音,抛下锚/停泊在你的门前"以后,诗人让想象与情思比翼齐飞:"我的眼睛"是"散落在海里的星星",在水里歌唱,风和浪花是"我的嘴唇","轻轻地吻着/我的手臂和肩膀"。撷取的词汇都与"锚""停泊"一类词汇所指示的水域有关,所以就有了"海里的星星""水里""风""浪花"等景物的引入,一切的描摹显得那么自然妥帖,同时又是那么情真意美,看似平常的布局,给人的感觉很新鲜。不经意间,诗人完成了具有高潮意义的心灵倾诉和如歌的吟唱,一颗轻盈中见沉重,舒缓中显急促的诗心,流浪的诗心渐渐平静下来了。

诗人方含是和北岛等诗人崛起于20世纪70年代的北京诗人。方含的诗歌创作,深受西班牙现代诗人洛尔迦的影响。洛尔迦的诗,最初是被戴望舒介绍到中国来的,而包括方含在内的一批北京诗人读到戴望舒译的《洛尔迦诗抄》是在70年代初。北岛回忆当年这一情景时说:"当《洛尔迦诗抄》气喘吁吁经过我们手时,引起了一阵激动。洛尔迦的阴影曾一度笼罩北京地下诗坛。"北岛特别指出:"方含(孙康)的诗中响彻洛尔迦的回声。"(《洛尔迦:橄榄树里的一阵悲风》)洛尔迦的诗富于音乐性,仿佛可以吟唱的谣曲。极喜欢洛尔迦的方含,索性以《谣曲》作为诗题,写就此诗。有评论指出,《谣曲》几近是洛尔迦的仿制,有许多意象直接源于戴望舒译的洛尔迦的诗,但在音乐旋律的构造上与单纯的洛尔迦比起来,要略显绵长和复杂。诗中充满清新朴素的细节、想象与经历的混合,丰富多变的心灵流浪经历,都带有行吟诗人的那种特质,使青涩的青春在精确与模糊之间不停地摆动,并由此画出一条忧伤孤独的心灵轨道。

方含的《谣曲》是洛尔迦诗歌在中国的一个小小回响,虽然这个回响如今已经远逝。

(戴 达)

余光中

诗人小传

(1928—) 祖籍福建永春,生于南京。1947年后就读于金陵大学、厦门大学外文系。1949年后在台湾大学外文系求学。1953年与覃子豪等创立蓝星诗社。1956年后在东吴大学兼课。1957年主编《蓝星》周刊。1958年赴美国衣阿华大学进修。主编《现代文学》及《文星》。1959年任台湾师范大学英语系讲师,曾两次赴美国讲学,任西密歇根大学英文系副教授,以及美国科罗拉多州教育厅外国课程顾问。返台后相继任台湾师范大学副教授、教授,台湾政治大学西语系主任。1974年任香港中文大学教授,后兼任该校联合书院中文系主任。1984年返台任教。其诗作具有浓重的中国意识和深厚的历史感,构思奇巧,视域宽阔,意象新丽。其散文作品富于诗意,文字典雅,俊逸而雄浑。

碧　潭

余光中

十六柄桂桨敲碎青琉璃
几则罗曼史躲在阳伞下
我的,没带来,我的罗曼史
在河的下游

如果碧潭再玻璃些
就可以照我忧伤的侧影
如果舴艋舟再舴艋些
我的忧伤就灭顶

八点半。吊桥还未醒
暑假刚开始,夏正年轻

碧 潭

大二女生的笑声在水上飞
飞来蜻蜓，飞去蜻蜓

飞来你。如果你栖在我船尾
这小舟该多轻
这双桨该忆起
谁是西施，谁是范蠡

那就划去太湖，划去洞庭
听唐朝的猿啼
划去潺潺的天河
看你濯发，在神话里

就覆舟。也是美丽的交通失事了
你在彼岸织你的锦
我在此岸弄我的笛
从上个七夕，到下个七夕

选自《莲的联想》，台湾时报出版公司1980年版

　　这首《碧潭》是诗人和他夫人的爱情连理枝上所结的一枚金果。当然，仅仅将《碧潭》看作是诗人自己爱情生活的写真，那就太简单也太狭隘了。余光中的《碧潭》写爱情生活中的忧伤、喜悦和幻梦，将个人感受与普遍意义结合起来，表现了许多中国读者都可以共鸣共感的心灵世界，是爱情诗中格调脱俗、境界高华之作。

　　《碧潭》一诗，极尽时空交感之妙。所谓"交感"，就是将时间与空间作交糅错综的艺术处理。从空间看，全诗的空间由小而大，由近而远，由地下而天上，由地球而浩茫的广宇，构成了一个多层次的辐射性的深广空间结构。"碧潭"，是台北市南郊的名胜，湖水清碧，故名碧潭。诗的四节，围绕"碧潭"这一不大的特定空间落笔，以游湖的双双情侣与女大学生的笑声，来侧写诗中抒情主人公怀人不至的惆怅忧伤，以及想象中的伊人自远方来的喜悦。台湾与大陆之间本来有海峡阻隔，可是抒情主人公却妙想天开，将恋人比为西施和织女，将自己拟为范蠡与

牛郎。于是，谁谓海阔？一舟可渡。谁谓河广？一苇可航。在第五、第六节中，空间就由宝岛而大陆，由人间而太湖，由洞庭而上界的天河、碧落。与这种空间结构相适应，余光中的时间设计也颇见颖慧的诗心，从"八点半"和"夏正年轻"来看，诗人首先写的是夏日的早晨，然后以此为基点，一方面让时间逆向倒流，"听唐朝的猿啼"，"看你濯发，在神话里"，回到唐朝甚至混沌未分的神话时代，一方面让时间顺向超越，"从上个七夕，到下个七夕"，驰向无穷无尽的未来。这样，巧妙的时空设计与配合，就构成了这首诗艺术构思的主要框架，或者说诗的结构的主要框架。

这首爱情诗强调本土传统文化因素和历史神话背景，如化用古代诗人的名句，活用古典辞赋中的意象，运用言之凿凿而又渺渺难寻的神话传说，所以它的语言就自然呈现出古典的色彩与芬芳。"桂桨"，作为对芬芳华美的一种象征与暗示，就是从屈原《九歌·湘君》中的"桂櫂兮兰枻，斫冰兮积雪"中化出。"琉璃"用以状水，如欧阳修《采桑子》中就有"无风水面琉璃滑"之语，而余光中在"桂桨"与"琉璃"之间系之以"敲碎"这一词组，就富于动势而又颇具现代感。诗的第二节的"如果碧潭再玻璃些"与"如果舴艋舟再舴艋些"，也是李清照《武陵春》词的意象的点化与活用，至于划去"太湖""洞庭"而听"唐朝的猿啼"，"划去潺潺的天河"而"濯发""织锦"与"弄笛"，其想象之丰美，固然如早霞灿烂，其词语之雅致，也洋溢着古典的馨香。《碧潭》诗语的现代美，主要表现为矛盾语和倒装句法。例如已说"如果舴艋舟再舴艋些，/我的忧伤就灭顶"，而加上"栖在船尾"的恋人，诗人却反说"这小舟该多轻"，前后冲突，立即形成矛盾局面，不言欢快而欢快自见，这就是矛盾语奇妙的美学效果。又如"交通失事"本来绝对是悲剧性的，然而诗人却冠之以"美丽"，出人意料，富于谐趣而含意深长。倒装句法的运用，在《碧潭》中也数见而效果动人，如"我的，没带来，我的罗曼史/在河的下游""飞来你""看你濯发，在神话里"等句，就是将平顺的词序作适度与适当的颠倒组合，使句势劲健而饶有变化，显示出现代新诗的句法风采。

（李元洛）

乡　愁　　　　余光中

小时候
乡愁是一枚小小的邮票
我在这头
母亲在那头

长大后
乡愁是一张窄窄的船票
我在这头
新娘在那头

后来呵
乡愁是一方矮矮的坟墓
我在外头
母亲呵在里头

而现在
乡愁是一湾浅浅的海峡
我在这头
大陆在那头

选自《白玉苦瓜》,台湾大地出版社1974年版

  乡愁,是中国诗歌一个历久常新的普遍的主题,余光中多年来写了许多以乡愁为主题的诗篇,《乡愁》就是其中情深意长、音调动人的一曲。

  正像中国大地上许多江河都是黄河与长江的支流一样,余光中虽然身居海岛,但是,作为一个挚爱祖国及其文化传统的中国诗人,他的乡愁诗从内在感情上继承了我国古典诗歌中的民族感情传统,具有深厚的历史感与民族感,同时,台湾和大陆人为的长期隔绝、漂流到孤岛上去的千千万万人的思乡情怀,客观上具有以往任何时代的乡愁所不可比拟的特定的广阔内容。余光中作为一个离开大陆六十多年的当代诗人,他的作品也必然会烙上深刻的时代印记。《乡愁》一诗,侧重写个人在大陆的经历,那年少时的一枚邮票,那青年时的一张船票,甚至那未来的一方坟墓,都寄寓了诗人的也是万千海外游子的绵长乡关之思,而这一切在诗的结尾升华到一个新的高度:"而现在/乡愁是一湾浅浅的海峡/我在这头/大陆在那头。"有如百川奔向东海,有如千峰朝向泰山,诗人个人的悲欢与巨大的祖国之爱、民族之恋交融在一起,而诗人个人经历的倾诉,也因为结尾的感情的燃烧而更为撩人愁思了,正如诗人自己所说:"纵的历史感,横的地域感。纵横相交而成十字路口的现实感。"(《白玉苦瓜·序》)这样,诗人的《乡愁》是我国

民族传统的乡愁诗在新的时代和特殊的地理条件下的变奏,具有以往的乡愁诗所不可比拟的广度和深度。

在意象的撷取和提炼上,这首诗具有单纯而丰富之美。乡愁,本来是大家所普遍体验却难以捕捉的情绪,如果找不到与之对应的独特的美的意象来表现,那将不是流于一般化的平庸,就是堕入抽象化的空泛。《乡愁》从广远的时空中提炼了四个意象:邮票、船票、坟墓、海峡。它们是单纯的,所谓单纯,绝不是简单,而是明朗、集中、强烈,没有旁逸斜出意多文乱的芜蔓之感;它们又是丰富的,所谓丰富,也绝不是堆砌,而是含蓄。有张力,能诱发读者多方面的联想。在意象的组合方面,《乡愁》以时间的发展来绾合意象,可称为意象递进。"小时候""长大后""后来呵""而现在",这种表时间的时序语像一条红线贯串全诗,概括了诗人漫长的生活历程和对祖国的绵绵怀念,前面三节诗如同汹涌而进的波涛,到最后轰然而汇成了全诗的九级浪。

《乡愁》的形式美也令人瞩目。它的形式美一表现为结构美,一表现为音乐美。《乡愁》在结构上呈现出寓变化于统一的美。统一,就是相对地均衡、匀称;段式、句式比较整齐,段与段、句与句之间又比较和谐对称。变化,就是避免统一走向极端,而追逐那种活泼、流动而生机蓬勃之美。《乡愁》共四节。每节四行,节与节之间相当均衡对称。但是,诗人注意了长句与短句的变化调节,从而使诗的外形整齐中有参差之美。《乡愁》的音乐美,主要表现在回旋往复、一唱三叹的美的旋律,其中的"乡愁是——"与"在这头……在那(里)头"的四次重复,加之四段中"小小的""窄窄的""矮矮的""浅浅的"在同一位置上的叠词运用,使得全诗低回掩抑,如怨如诉。而"一枚""一张""一方""一湾"的数量词的运用,不仅表现了诗人的语言的功力,也加强了全诗的音韵之美。

《乡愁》,有如音乐中柔美而略带哀伤的"回忆曲",是海外游子深情而美的恋歌。

(李元洛)

寻　李　白　　　　　　　　　　余光中

——痛饮狂歌空度日
飞扬跋扈为谁雄

那一双傲慢的靴子至今还落在
高力士羞愤的手里,人却不见了
把满地的难民和伤兵

把胡马和羌马交践的节奏
留给杜二细细地苦吟
自从那年贺知章眼花了
认你做谪仙,便更加佯狂
用一只中了魔咒的小酒壶
把自己藏起,连太太都寻不到你
怨长安城小而壶中天长
在所有的诗里你都预言
会突然水遁,或许就在明天
只扁舟破浪,乱发当风
——而今,果然你失了踪

树敌如林,世人皆欲杀
肝硬化怎杀得死你?
酒入豪肠,七分酿成了月光
余下的三分啸成剑气
绣口一吐就半个盛唐
从开元到天宝,从洛阳到咸阳
冠盖满途车骑的嚣闹
不及千年后你的一首
水晶绝句轻扣我额头
当地一弹挑起的回音

一贬世上已经够落魄
再放夜郎毋乃太难堪
至今成谜是你的籍贯
陇西或山东,青莲乡或碎叶城
不如归去归那个故乡?
凡你醉处,你说过,皆非他乡

失踪,是天才唯一的下场
身后事,究竟你遁向何处?
猿啼不住,杜二也苦劝你不住
一回头囚窗下竟已白头
七仙,五友,都救不了你了
匡山给雾锁了,无路可入
仍炉火未纯青,就半粒丹砂
怎追蹑葛洪袖里的流霞?

樽中月影,或许那才是你故乡
常得你一生痴痴地仰望?
而无论出门向西笑,向西哭
长安都早已陷落
这二十四万里的归程
也不必惊动大鹏了,也无须招鹤
只消把酒杯向半空一扔
便旋成一只霍霍的飞碟
诡绿的闪光愈转愈快
接你回传说里去

选自《隔水观音》,台湾洪范书店 1983 年版

  李白,是中国诗史的旷代奇才,是中华民族的骄傲。余光中《寻李白》所寻寻觅觅的,如诗人自己所说的是一种"宛转的怀乡",也是我们民族所普遍共有的一种历史的情感。
  诗,应该讲究结构的美的经营,结构不具有美学价值的好诗,是不可思议的。《寻李白》的外部结构自由而严谨,造句、建节与成篇都比较自由舒展,是所谓自由诗体,但是,第一节与第三节各为十四行,第二节与第四节各为十行,基本格式有如扩展了的古典诗歌中的隔句对,这样,在参差错落的自由之中就不乏整饬之趣了。从内部构造而言,这首诗以"回旋"与"立体"构成它的间架的特色。诗以李白的"失踪"始,在叙写诗人的痛饮狂歌与坎坷遭遇之后,复以李白的乘风归去终篇,反复回旋,始终围绕"寻"字曲折成章,而避免作直线式的叙述。诗的开篇

"至今还落在"的"至今"是超越时空的奇想,古今并举,形成时空的立体感,其他如写李白作品"千年后"的魅力,写现代之谜的"霍霍的飞碟",都是古今互证,易地移时的手法,形成了全诗内在的立体构架,这样,全诗就不致停留在绝缘的古典的平面,而具有现代的浮雕式的美的效果。

《寻李白》的开篇轰然而起,破空而来,拟人的"傲慢"与"羞愤"出人意外地加诸"靴子"和"手"之上,"至今还落在"与"人却不见了"似真似幻,不仅活画出李白傲岸不群的神采,而且有广阔的艺术时空供读者神游遐想。诗的第二节关于李白及其作品的感人力量的描写,妙想奇情匪夷所思,在第三节"至今成谜的是你的籍贯""不如归去归那个故乡"的渲染和跌宕之后,第四节诗人更忽发奇想:"樽中月影,或许那才是你故乡/常得你一生痴痴地仰望?"民间盛传李白在采石矶长江中捉月而死的传说,而余光中的一阕"月光奏鸣曲",为读者奏响的竟是一个想象飞腾的奇妙尾声。李白诗的想象如行空天马,超逸绝尘,而余光中诗作丰富而具有创造性的想象,确实也颇有"太白遗风"。

余光中认为:"我敢断言,今日许多以诗自命的三流散文,其淘汰率不会下于六十年代那些以诗为名的魔咒呓语。"《寻李白》的语言,密度高而弹性大,炼字炼句具有"新鲜"与"新奇"的美学效果。如"把满地的难民和伤兵/把胡马与羌马交践的节奏/留给杜二细细地苦吟"一句,虚实互转,伸缩自如,凝练而繁富,它不仅生动地表现了杜诗的内容和风格的特色,与李白诗作了美的对照,同时又概括了安史之乱与以后的回纥入侵,时空阔大而包举众端。又如"怨长安城小而壶中天长",不仅是"小"与"长"运用了西方诗歌中常用的矛盾修辞法,而且"长安城小"与"壶中天长"又是无理而妙的反向的变形,加之一"怨",更觉文字向内紧凝而含意多面地向外延展,义有多解,令人咀嚼。如"酒入豪肠,七分酿成了月光/余下的三分啸成了剑气/绣口一吐就半个盛唐",这是全诗最光彩照人的笔墨,"七分""三分""半个"等数量词的运用各呈其妙,而"酿""啸""吐"这几个动词更可以说诗中之眼,没有这种雄奇骇俗之句,怎么解为我们民族的诗的"谪仙"写照传神?

(李元洛)

民　　歌

余光中

传说北方有一首民歌
只有黄河的肺活量能歌唱
从青海到黄海
　风　也听见

沙　也听见

如果黄河冻成了冰河
还有长江最最母性的鼻音
从高原到平原
　　鱼　也听见
　　龙　也听见

如果长江冻成了冰河
还有我,还有我的红海在呼啸
从早潮到晚潮
　　醒　也听见
　　梦　也听见

有一天我的血也结冰
还有你的血他的血在合唱
从A型到O型
　　哭　也听见
　　笑　也听见

选自《当代台湾诗萃》,湖南文艺出版社1988年版

　　这首"民歌",是所有炎黄子孙共同唱的中华民族文化不朽,中华民族精神不灭之歌。这首气势磅礴的中华文化赞,中华民族颂,只有"黄河的肺活量"才配发出这种阳刚之声。即使黄河——这中华民族文化的象征遭到了破坏,停止了"呼吸",冻成了冰河,"还有长江最最母性的鼻音"。即使长江再遭劫难,也还后继有人,"还有我的红海在呼啸"。总之,中华民族文化不朽,中华民族精神不灭,代有传人。

　　此诗继承了我国古代民歌章节复叠、层层递进、反复咏唱的艺术方法。且使用了"肺活量""鼻音""A型到O型"这些口头语,但它又不是传统民歌的翻版,而是融进了现代诗的表现手法,把民歌的格律体与新诗的自由奔放结合起来,把东方语汇与西方语汇糅合在一起。总之,《民歌》是传统精神与现代艺术意识的

联姻,是民歌形式与现代诗手法的合璧。在形式上,它将自由与格律、统一与多样结合在一起;在语言上,把高雅与通俗、文言与白话糅合在一起;在风格上,把朦胧与明朗、阳刚与阴柔融汇在一起,堪称民歌现代化的杰作。 （古远清）

【诗人小传】

洛 夫

(1928—) 姓莫,湖南衡阳人。1946年就读于岳云中学,开始新诗创作。1948年入湖南大学外文系。1949年去台湾。1954年与张默、痖弦创办《创世纪》诗刊。1969年组织诗宗社。1972年任《创世纪》总编。1975年任教于东吴大学。其诗作稍有阴冷艰涩,流露出低落情绪,但手法多变,较注意语言的锤炼。

长 恨 歌

洛 夫

> 那蔷薇,就像所有的蔷薇
> 只开了一个早晨
> ——巴尔扎克

一

唐玄宗
从
水声里
提炼出一缕黑发的哀恸

二

她是
杨氏家谱中
翻开第一页便仰在那里的
一片白肉
一株镜子里的蔷薇
盛开在轻柔的拂拭中
所谓天生丽质

一粒
华清池中
等待双手捧起的
泡沫
仙乐处处
骊宫中
酒香流自体香
嘴唇,猛子吸吮之后
就是呻吟
而象牙床上伸展的肢体
是山
也是水
一道河熟睡在另一道河中
地层下的激流
涌向
万里江山
及至一支白色歌谣
破土而出

三

他高举着那只烧焦了的手
大声叫喊:
我做爱
因为
我要做爱
因为
我是皇帝
因为
我们惯于血肉相见

四

他开始在床上读报、吃早点、看梳头、批阅奏折

盖章
盖章
盖章
盖章

从此
君王不早朝

五

他是皇帝
而战争
是一滩
不论怎么擦也擦不掉的
粘液
在锦被中
杀伐,在远方

远方,烽火蛇升天空哑于
一绺叫人惊心的发式

鼙鼓,以火红的舌头
舐着大地

六

河川
仍在两股之间燃烧
仗
不能不打
征战国之大事
娘子,妇道人家之血只能朝某一方向流
于今六军不发
罢了罢了,这马嵬坡前

你即是那杨絮
高举你以广场中的大风

一堆昂贵的肥料
营养着
另一株玫瑰
或
历史中
另一种绝症

七

恨,多半从火中开始
你遥望窗外
他的头
随飞鸟而摆动
眼睛,随落日变色
他呼唤的那个名字
埋入了回声

竟夕绕室而行
未央宫的每一扇窗口
他都站过
冷白的手指剔着灯花
轻咳声中
禁城里全部的海棠
一夜凋成
秋风

他把自己的胡须打了一个结又一个结,解开再解开,然后负手踱步,鞋声,鞋声,鞋声,一朵晚香玉在帘子后面爆炸,然后伸张十指抓住一部《水经注》,水声汩汩,他竟读

不懂那条河为什么流经掌心时是嘤泣,而非咆哮
他披衣而起
他烧灼自己的肌肤
他从一块寒玉中醒来

千间厢房千烛燃
楼外明白照无眠
墙上走来一女子
脸在虚无缥缈间

八

突然间
他疯狂地搜寻那把黑发
而她递过去
一缕烟
是水,必然升为云
是泥土,必然踩成焦渴的藓苔
隐在树叶中的脸
比夕阳更绝望
一朵菊花在她嘴边
一口黑井在她眼中
一场战争在她体内
一个犹未酿成的小小风暴
在她掌里
她不再牙痛
不再出
唐朝的麻疹
她溶入水中的脸是相对的白与绝对的黑
她不再捧着一碟盐而大呼饥渴
她那要人搀扶的手
颤颤地

指着
一条通向长安的青石路……

九

时间七月七
地点长生殿
一个高瘦的青衫男子
一个没有脸孔的女子
火焰,继续升起
白色的空气中
一双翅膀
又
一双翅膀
飞入殿外的月色
渐去渐远的
私语
闪烁而苦涩

风雨中传来一两个短句的回响

选自《台湾现代诗选》,春风文艺出版社 1987 年版

这是一首和唐代诗人白居易的《长恨歌》同题的叙事长诗。

洛夫尽管撷取的也是唐玄宗与杨贵妃的爱情生活的纵剖面,但写法不同,一方面,他删去了道士为杨贵妃招魂、代为传递信物等情节;另一方面,在与白诗的情节重叠之处,洛夫又不是一成不变的挪用,而是有很大的变化,如杨贵妃死后的栖身之地以及她和唐玄宗的互相思念,两首《长恨歌》都有不同的安排。不仅如此,白诗是顺叙;洛诗是倒叙,一开始出场的就是唐玄宗对杨贵妃之灵的哀悼,"唐玄宗/从/水声里/提炼出一缕黑发的哀恸",然后再回过头去,展开他们两人爱情命运的描写。

在想象的结构上,白诗基本上是古典的实写,再辅以浪漫的想象,采用触景生情、融情入景、借景生情、情景相衬等手法,栩栩如生地描摹诗中的故事和人物,使他们成为现实中人的复杂真实的再现。洛诗更多的是运用声音与色彩的

交感(如"黑发的哀恸""白色歌谣")、矛盾情景的酿造(如"她溶入水中的脸是相对的白与绝对的黑/她不再捧着一碟盐而大呼饥渴")、远距离比喻(如战争是一滩"粘液";象牙床上伸展的肢体"是山/也是水")、象征的运用与捕捉(如马嵬坡前,杨贵妃"即是那杨絮/高举你以广场中的大风";她死后,"不再出/唐朝的麻疹";唐玄宗与杨贵妃的春宵梦长是"一道河熟睡在另一道河中")、极度变形(烽火连天殃及京城依然沉湎酒色的唐玄宗是"高举着那只烘焦了的手",大喊"我做爱")、荒诞情境的制作(唐玄宗思念死去的杨贵妃,"他把自己的胡须打了一个结又一个结,解开再解开")、具象与抽象的嵌合(如"一堆昂贵的肥料/营养着/另一株玫瑰/或/历史中/另一种绝症"),等等。总之,诗基本上不是描述和直陈,而是以一系列具有象征与暗示的意象呈示诗中的故事和人物,使他们成为现实中的复杂真实的表现。

意象在诗人想象的心理图上往往呈现为一种审美直觉,它是诗人在一刹那间表现出来的理性和感性的复合体。如诗写唐玄宗在安史之乱平息后回到宫内,睹物思人的情景,白诗描摹成:"夕殿萤飞思悄然,孤灯挑尽未成眠,迟迟钟鼓初长夜,耿耿星河欲曙天。"融情入景,情景交融,诗人的感觉功能并无多大变异,想象的脉络清晰分明;而在洛诗中,则演化为"竟夕绕室而行/未央宫的每一扇窗口/他都站过/冷白的手指剔着灯花",基本上用的还是白描,但紧接着写道:"轻咳声中/禁城里全部的海棠/一夜凋成/秋风。"这就怪了!"轻咳声中","海棠"凋成"秋风":从听觉到视觉到触觉,诗人的感觉功能变异极大,想象的脉络断断续续,其断处(或可理解突兀处),正是最能容纳诗人知觉的、情感的和思维的容量的藏身之地,也是诗给读者留下的想象的空白:海棠是美景,以美景写思念之愁苦,秋风是悲风,以秋风衬思念之悲哀,从"海棠"凋成"秋风",又暗示了时间的悠长,更显出思念之无望。一个"凋"字,化无形的秋风为似乎摸得着的具象,使抽象的感情有了一种立体的质感,更显其真实。

在情感的结构上,洛夫和白居易也是各各有别。前者注入了更多的阴冷和悲苦。从诗的主旨来说,两者都一样扑朔迷离,或讽喻重色误国,或歌颂爱情专一,或既同情又谴责;从诗的人物形象来说,两者都塑造了一个因为爱情而丧失了权势还是要爱的痴皇帝,一个因为爱情丢掉了性命依然要爱的薄命妃子。但从诗的情感的结构来看,洛诗与白诗相比,前者的抒情基调注入了更多的阴冷和苦涩。不独是全诗的意象,洛诗更显得冷隽,就连杨贵妃死后的处境的设置,主要也是突出它的冷,冷得甚至有点阴森。对于杨贵妃,白诗将她升入仙境,洛诗则暗示她的归宿是阴间,一成仙,一为鬼,两者境遇相差十万八千里。洛诗的杨贵妃,从"墙上走来""隐在树叶中的脸/比夕阳更绝望":阴森和阴冷之鬼气弥漫诗尾。洛诗尽管成全了唐玄宗和杨贵妃生离后的一次会晤,但一是人("一个高瘦的青衫男子"),一是鬼("一个没有脸孔的女子"),且四周风雨潇潇,两人的"私语"竟是"闪烁而苦涩"!白诗中的唐玄宗和杨贵妃,虽未曾会面,但人与仙互递思念,忆及的"私语"是:"在天愿作比翼鸟,在地愿为连理枝。"虽然这是无望的希望,但毕竟有了希望。诚然,白居易和洛夫各自的《长恨歌》中的爱情悲剧的底色全都是浓黑的,但前者因缭绕了一丝仙气,多少呈现出一点亮色,后者因为弥漫着一股鬼气,更添凄凄惨惨戚戚!我们对两诗的比较,并不意味对白诗的贬低,实际上,作为叙事诗,它几乎是难以超越的。我们只是想通过这种比较,看到属于洛夫自己的东西。洛诗不仅仅是白诗的同一题目的诗的现代化阐释,它把浓郁的古典意味和强劲的现代风糅合一体,显示了诗人偏重现代,并且将传统和现代互为交融的追求。

(戴 达)

金龙禅寺　　　　　　洛　夫

晚钟
是游客下山的小路
羊齿植物
沿着白色的石阶
一路嚼了下去

如果此处降雪

而只见
一只惊起的飞蝉
把山中的灯火
一盏盏地
点燃

一九七〇·七·六

选自《魔歌》,中外文学月刊社 1974 年版

这一首诗,运用的是意象变形与错位的表现手法。变形是文学创作的重要

美学手段,任何艺术的创造,都是程度不同的变形的创造,在诗歌中尤其是这样,在审美主体感情强烈的诗人的作品中更是如此。艺术的变形和错位,就是为了充分表现审美主体的审美感情与审美体验,对审美客体的外形乃至性质作异于自然形态的变化。《金龙禅寺》的开篇写道:"晚钟/是游客下山的小路。"这就是听觉意象与视觉意象巧妙的转位与变形。"钟声"与"小路"本来是互不相干的事物,但钟声是宛转悠扬的,小路是曲折迂回的,而游客们又是在晚钟声中下山,所以在心理学的"遥远联想"的作用之下,"晚钟"就在诗人的审美错觉中变形错位为"小路"了。如果写成"游客在晚钟声中沿着小路下山",那种平庸的散文句式该是何等大煞风景!同样,"通向山下的白色石阶小路两旁长满了羊齿植物",也是非诗的平板叙述的散文句,诗人由羊齿植物之"齿"而联想到人或动物之"嚼",这是一种很自然的"接近联想",因此,"羊齿植物/沿着白色的石阶/一路嚼了下去",就是以动写静,就是化美为媚的高明笔法了。"石阶"本来是灰色的,但诗人以"如果此处降雪"的假设句补足,在想象中就变幻为"白色的",在暮色中更觉色彩鲜明。而"灰蝉"与"灯火""点燃"组合在一起,也是一种艺术错位,因为"灯火"不可能由"灰蝉"去点燃。然而,"灰蝉"之灰,强调了"晚"的暮色,而灰蝉的"惊起"又是极富动感的,这时已是山中灯火初燃的时分了,游客们下山后蓦然回首,忽见蝉的惊起与灯的亮起,在刹那间的幻觉与错觉中,就以为灯火是灰蝉点燃的了,套用台湾诗人郑愁予的名句,这也可以说是一个"美丽的错误"。

　　清新幽远,疑幻疑真,省略和压缩了许多叙述与说明的环节,语言组合一反常态而促人顿悟,艺术的变形与错位尤见诗人审美感受与体验,《金龙禅寺》是一首别具禅趣与风格的诗。

(李元洛)

边界望乡　　　　　　　　　　洛　夫

说着说着
我们就到了落马洲

雾正升起,我们在茫然中勒马四顾
手掌开始生汗
望远镜中扩大数十倍的乡愁
乱如风中的散发
当距离调整到令人心跳的程度

一座远山迎面飞来
把我撞成了
严重的内伤

病了病了
病得像山坡上那丛凋残的杜鹃
只剩下唯一的一朵
蹲在那块"禁止越界"的告示牌后面
咯血。而这时
一只白鹭从水田中惊起
飞越深圳
又猛然折了回来

而这时,鹧鸪以火发音
那冒烟的啼声
一句句
穿透异地三月的春寒
我被烧得双目尽赤,血脉贲张
你却竖起外衣的领子,回头问我
冷,还是
不冷?

惊蛰之后是春分
清明时节该不远了
我居然也听懂了广东的乡音
当雨水把莽莽大地
译成青色的语言
喏,你说,福田村过去就是水围
故国的泥土,伸手可及

但我抓回来的仍是一掌冷雾

　　后记：三月中旬应邀访港，十六日上午余光中兄亲自开车陪我参观落马洲之边界，当时轻雾氤氲，望远镜中的故国山河隐约可见，而耳边正响起数十年未闻的鹧鸪啼叫，声声扣人心弦，所谓"近乡情怯"，大概就是我当时的心境吧。

一九七九·六·三

选自《时间之伤》，台湾时报出版公司1981年版

　　洛夫的《边界望乡》，是一阕动人情肠的乡愁变奏曲。

　　这首诗中的情感是个人的，同时又从个人通向人生、世界和时代，从而获得一种能引起许多人感应与感通的普遍性的美质。例如同是"乡愁"，从近乡情更"怯"（"手掌开始生汗"），从乡愁之"大"（"望远镜中扩大数十倍"）和"乱"（"如风中的散发"），从乡愁之沉重悲苦（"把我撞成了／严重的内伤""像山坡上那丛凋残的杜鹃……咯血"），从乡愁之激越沸腾（"我被烧得双目尽赤，血脉贲张"），以及乡愁之偿愿无望（"抓回来的仍是一掌冷雾"），这是洛夫对"乡愁"这一母题个人的独特表现，绝不雷同于其他诗人。同时，诗中所表现的"乡愁"这种情感，不仅可以从古典诗歌中找得到它的历史渊源，与古代的心灵有千丝万缕的联系，而且它更是当代千千万万游子情怀的艺术概括，具有当代意义的普遍性情境。

　　这首诗令人感到新颖而奇妙、精粹而鲜活的意象络绎而来。洛夫访港时，余光中正在香港中文大学任教，他为作客的洛夫导游，载驰载驱，前往边界。在"说着说着／我们就到了落马洲"的必要叙述，与"雾正升起，我们在茫然中勒马四顾／手掌开始生汗"的如实描写之后，那新颖不凡的意象就笔下生花了："望远镜中扩大数十倍的乡愁／乱如风中的散发。"拟虚为实，虚的不具形的"乡愁"在动态化的呈现中具有了实的体积与重量，并且有了如鬓发之缭乱的形态。底下还有更加匪夷所思的意象扑面而来："当距离调整到令人心跳的程度／一座远山迎面飞来／把我撞成了／严重的内伤。"这种化美为媚的变形动态意象，像电影中的蒙太奇镜头，大大地压缩了诗人和故国青山之间的距离，把诗人的乡愁表现得刻骨铭心。诗人还有两个"原型意象"，即"杜鹃"与"鹧鸪"，诗人写杜鹃之"咯血"即是写人，写心灵的对象化，对象化的心灵，而鹧鸪居然以火发音，啼声竟然冒烟，诗人又居然被烧得眼红血沸，这是听觉通于视觉与触觉的奇妙通感，可以看到，现代诗人运用这种具有民族文化沉积的原型意象，可以扩大和加深诗的纵深内涵，激发读者历史的与现实的联想。

在语言的配置与组合上,诗人力求突破那些习惯性的陈陈相因的词语组合方案,摒除那种流行的缺乏生机的语言模式,使词语结合时置于令读者意想不到的位置上,从而获得新奇而刺激读者想象的美学效果。如"内伤"本来是与医学有关的名词,常是外物撞击所致,但诗人却出人意料地把它和一座飞来的远山组合在一起,"蹲"与"咯血"本是人的动作与行为,然而诗人却赋之予杜鹃花,富于象征意义地表现了那种摧肝裂肺的乡愁,鹧鸪的啼声"冒烟",啼声"烧"得诗人"双目尽赤,血脉贲张",却也是令人百思不到的语言组合。又如,清明时节雨纷纷,这该会引起读者多少历史的与现实的联想,诗人竟然将"雨水""大地""语言"组合在一起,以"译成"赋予动态,以"青色"赋予色彩,就构成了脱俗的意象语言。全诗的收束也是十分精彩而意味深长的,"但我抓回来的仍是一掌冷雾","冷雾"不仅与开篇的"雾正升起"构成了回应,和"冒烟的啼声""烧得我双目尽赤"形成了反讽,"抓回来"与"一掌冷雾"的语言配置也是独特而警动的,同时,这一句与上句"故国的泥土,伸手可及"又构成了诗学中所谓的"矛盾语",本来可及而终不可及,相反的矛盾的意象语获得了强大的张力,给读者的心以恒久的震撼。

(李元洛)

与李贺共饮　　　　　　洛　夫

石破
天惊
秋雨吓得骤然凝在半空
这时,我乍见窗外
有客骑驴自长安来
背了一布袋的
骇人的意象
人未至,冰雹般的诗句
已挟冷雨而降
我隔着玻璃再一次听到
羲和敲日的叮当声
哦!好瘦好瘦的一位书生

瘦得

犹如一支精致的狼毫
你那宽大的蓝布衫,随风
涌起千顷波涛

嚼五香蚕豆似的
嚼着绝句。绝句。绝句。
你激情的眼中
温有一壶新酿的花雕
自唐而宋而元而明而清
最后注入
我这小小的酒杯
我试着把你最得意的一首七绝
塞进一只酒瓮中
摇一摇,便见云雾腾升
语字醉舞而平仄乱撞
瓮破,你的肌肤碎裂成片
旷野上,但闻
鬼哭啾啾
狼嗥千里

来来请坐,我要与你共饮
这历史中最黑的一夜
你我显非等闲人物
岂能因不入唐诗三百首而相对发愁
从九品奉礼郎是个什么官?
这都不必去管它
当年你还不是在大醉后
把诗句呕吐在豪门的玉阶上
喝酒呀喝酒

今晚的月，大概不会为我们
这千古一聚而亮了
我要趁黑为你写一首晦涩的诗
不懂就让他们去不懂
不懂
为何我们读后相视大笑

选自《时间之伤》，台湾时报出版公司1981年版

　　这首诗是以古代人物和作品为素材的。对人物，诗人只能取其神韵而寄一己之情思，对作品，诗人只能择而用之并另出新意。因此，诗人写李贺是"以虚写实"，表现他的人品、遭际以及诗风，注意虚实之掩映相生，对李贺的作品，注意传神地"引用"和古今融汇的"再铸"。且看李贺出场的前奏，"石破/天惊"是原文引用，而"秋雨吓得骤然凝在半空"则是再铸，其艺术作用至少有二：一是暗示李贺不同凡响的诗有石破天惊的震撼力，二是为这位诗人的出场创造一种不平常的情境与氛围。下面是写李贺的出场，李贺生活在千年前的中唐，活动中心在出生地昌谷与帝都长安，诗人生活在当今的台湾省台北市，时间邈远，空间旷阔，诗人却将时空压缩，而且起死回生，于是李贺竟然出现在他的面前。"乍见窗外"，如真如幻，颇能传达出那种惊喜心情，而"古锦囊"化为布袋的口语化，实的"诗句"以虚的"意象"代之的空灵化，都是现代诗的本色。"羲和敲日玻璃声"，这是李贺《秦王饮酒》诗中的名句，到了诗人笔下，羲和敲日之声依旧，只是"玻璃声"化为了更具听觉美感的"叮当声"，"玻璃"一词仍在，只是"我隔着玻璃"，巧妙地成了洛夫所在地点实有的窗玻璃了，如此奇幻变化，真是气氛十足，把李贺的诗在当代敏感的心灵中所引起的震颤，曲曲传出。如果说前面还是远镜头，那么下面则是近距离的特写了，妙不可言的是诗人的一个比喻："瘦得/犹如一支精致的狼毫。""狼毫"是古代的书写工具，可说是和诗人文士结下不解之缘，以之形容李贺既确切又新颖传神。"你那宽大的蓝布衫，随风/涌起千顷波涛"，前面极言瘦小，这里极言阔大，瘦小是诗人的形体，阔大是诗人的世界，"一支"与"宽大"，"精致的狼毫"与"涌起千顷波涛"，大小反形，巨细映照，形象鲜明警动而内蕴深厚。

　　李贺的绝句十分出色，而洛夫以小小的"五香蚕豆"比喻体制短小而韵味深长的绝句，可说是比喻中的奇喻。三个"绝句"之后均用句号断开，意在从意象与节奏上加强"绝句"与"蚕豆"的某种形似之感，至此，"酒"开始出现："你激情的眼中/温有一壶新酿的花雕/自唐而宋而元而明而清/最后注入/我这小小的酒杯。"

"眼光"与"酒光"在"光"上有相通之处,眼中之"泪"与壶中之"酒"都从水,这大概是洛夫的奇特想象的依据吧?不仅如此,诗人更作匪夷所思之想:"我试着把你最得意的一首七绝/塞进一只酒瓮中/摇一摇,便见云雾腾升/语字醉舞而平仄乱撞。"兴到而笔随。第二节结尾几句,以不平庸的想象表现李贺不平庸的诗风,传达李贺的愁情悲慨,也是传神的笔墨。

千呼万唤之后,诗人更发奇想,邀请李贺"共饮"。"来来请坐/我要与你共饮"喝醒题目,又生发出第三节这一段妙诗。清代孙洙编《唐诗三百首》居然落选李贺,李贺终其一生也只做个从九品的芝麻官——奉礼郎,因此,诗人壮言慷慨:"你我显非等闲人物/岂能因不入唐诗三百首而相对发愁/从九品奉礼郎是个什么官?/这都不必去管它。"这里表现的是对诗歌艺术的高度自信,对走马长安的权贵的极度轻蔑,以及对沦落不遇的诗人的深厚同情。"当年你还不是在大醉后/把诗句呕吐在豪门的玉阶上",诗人不仅以"呕吐"将"诗句"与"玉阶"组合起来,其新奇令人百思不到,过目难忘,而且活画出李贺傲岸不谐的形象。全诗结尾,并非以"不懂"为荣,主要是表现诗人与李贺"相视大笑"的心心相印,互相默契、理解与期许,这正是诗的一种风趣与幽默。

(李元洛)

【诗人小传】

彭邦桢

(1919—2003) 湖北黄陂(今属武汉)人。曾就学于楚材中学。抗日战争期间到印度作战。1949年去台湾,在国民党军队中任职。1951年开始发表诗作。1969年倡议成立"诗宗社"。1975年移居美国,次年当选为世界诗人资料中心主席。

冬兴四首

彭邦桢

咏　松

振衣高岗,仰观一株虬松怎样拔地而起
立任巉崖,处依幽壑,即令在冰天雪令
　之时:苍劲依然神逸。仿佛愈寒犹愈觉
风仪清爽,不屈时序的变易。

朝出云,午生烟,暮宿雾,夜来又常伴
孤月和疏星。它的周身竟著有龙鳞、虎斑
豹钱,且披箭带戟。当风吹呼呼,雨落
萧萧,而它终是轩昂的面貌

看它就是千秋万岁而不朽。兹因它盘根
错节,抓住那里就不放松,就不动摇
仿佛是那鹤趾,又是那鹰爪。

中国凡是有高山的地方就必有它的存在
因山有松则奇,有松则秀,仿佛凡是
有松之处,这才是中华民族

选自《清商三辑》,台湾瑞德出版社1986年版

  《咏松》,是组诗《冬兴四首》之一。这首诗是民族精神与现代意识的融汇,从诗歌发展的历史来看,借用瑞士心理学家荣格和苏格兰人类学家弗莱泽关于"原型"的观点,松的意象可说是"原型意象",它作为民族心理特征的象征,有着深厚的中华民族传统文化精神的积淀,沉积了中华民族的心理气质和审美意识,以及对生活的审美理想。早在两千多年前,"松"就在《诗经》中初呈它的风采,而在汉魏时刘桢《赠从弟》与齐梁时范云《咏寒松》诗中,中国的"松"开始有了象征的意蕴和深层的美学意义。然而,中国当代诗人写松,就必须以当代意识去处理古典的传统的题材。

  当代意识,包括当代思想观念和当代艺术观念。《咏松》一诗,首先描绘虬松"振衣高岗"的刚健苍劲的形象,接着由"松"而联想到"龙",它们不仅读音相近,而且外形与精神也有许多相似之处。第三节赞美松的生命力的旺盛和久远,"看它就是千秋万岁而不朽",最后由此过渡,升华到一个更高的具有超越感的境界:"中国凡是有高山的地方就必有它的存在/因山有松则奇,有松则秀,仿佛凡是/有松之处,这才是中华民族。"中国千千万万当代海外游子的情感,洋溢在这一传统意象之中,全诗构成了具有当代性同时又具有普遍意义的情境,有如音乐中的华彩乐段,全诗至此顿然大放异彩。

  《咏松》显示了诗人的现代艺术观念,说明彭邦桢立足于纵向的继承,同时又注意横向地向西方借鉴,并努力使二者结合起来,形成属于他自己的独特的

诗风。这首诗运用的是外来的诗歌形式,即"十四行诗",而且是每首诗由两个四行组与两个三行组构成的"意大利式"。但是,诗人远渡重洋将这一诗体移植到自己的诗作中时,他却吸收了汉魏六朝以来中国古典抒情小赋"诗赋欲丽"的特色,如抒情之细腻,词藻之绮丽,对偶之工整,排比之气势,音节之浏亮,等等。从句法看,彭邦桢除铺张排比外,又注意吸收中国古典之赋与律诗的对偶句法,加强诗的意象之间的对比和照应,使得句法整饬和谐,读来铿锵可诵,但与此同时,诗人又大量采用了西方诗歌的常见句式,即奔行句,这种句式是一句诗在一行中未完,又从待续的另一行提起,诗行往往缺乏结构上的完整性和独立性,但句式却可以突出语意,活跃气势,变整齐为参差,化板滞为劲健。在音韵节奏方面,彭邦桢追求他所谓的"音色、音质、音量的变奏之美",在《咏松》一诗中,一是大致调和平仄,一是句中韵脚和韵的安排。如"立任巉崖,处依幽壑"之"崖"为平声,"壑"则为仄声,平仄相谐,音韵流美。"朝出云,午生烟,暮宿雾,夜来又常伴/孤月与疏星。"其中"云""烟""星"为平声,"雾"与"月"为仄声,平仄相间,低昂有节。全诗四节,分押三脚韵,即一七辙、摇条辙和姑苏辙,其中第一节"神逸"与"变易"句中相押,第二、第三节之"萧萧"与"面貌"及"鹰爪"为句中及隔段相押,第四节"有松则秀"与"中华民族"之"秀"和"族",虽然分别为油求辙和姑苏辙,但韵母的收音都是 u。以上音韵之美,读者当可自行领略。

(李元洛)

诗人小传

叶维廉

(1937—) 广东中山县人。1948 年到香港。1955 年到台湾,就读于台湾大学外文系,1959 年毕业后入台湾师范大学英语研究所学习。1963 年赴美国衣阿华大学诗创作研究班学习,1964 年转普林斯顿大学攻读比较文学。1967 年赴加利福尼亚大学任教。1980 年任香港中文大学比较文学和翻译中心教授。1982 年回加利福尼亚大学任教。

箫孔里的流泉

叶维廉

鸟鸟鸟鸟
一片织得密不通风的鸟声

随着朝霞散开
透明
便肌肤似的
延伸起来

城市渺小了

最后的一颗晨星淡灭

高山上
泉水穿入一只巨大的横箫的体内
从箫孔里
流出
红木凝听
溪石拏奏
山翠浓浅浓浅的伴着
入谷出谷
入云出云
谷凝云
云拏奏

直到

瀑布一泻
泻入洗衣洗菜洗肉洗化学染料洗机身车身的
一片密不通风的马达的人声
人人人马达马达人人人马达人
响彻云霄

选自《当代台湾诗萃》,湖南文艺出版社 1988 年版在晨光熹微到朝霞初露的这一段时间，诗人放飞了一群鸟，让它们在城市的上空翱翔、欢叫，诗人写鸟而紧紧扣住鸟声，用一个"织"字，使读者不仅听到了鸟声，也"见"到鸟声，仿佛看到了一片茂密的鸟声正铺天盖地扑入大自然辽阔的胸怀。诗人进而又让鸟织就的"密不透风的鸟声"融入朝霞，并且"随着朝霞散开"，整幅大自然的晨景图因此而获得了一股灵性，诗人的内心喜悦和对大自然的天然之美的挚爱，充溢于山水之间。

全诗最精彩之处，莫过于将高山流泉说成是从"一只巨大的横箫"的"箫孔"里流出。顺着诗人的奇思妙想，我们仿佛看到，那漫山的清清涧水，悠悠溪水、粼粼泉水，伴着或浓或浅的山岚翠微，融合一起，正汇入一只巨箫，横箫试吹，大自然就是那吹箫人！诗人的这一个意象生成过程并不是无迹可寻的，按照常理，横箫吹乐，响起的应是箫声袅袅，诗人在这里将"响"变为"流"，一字之改，将听觉挪移为视觉，是通感的巧妙运用，但这"流"字作用于"泉水"，却正是泉水的"本色"。

推出一个诗的主干意象，诗人当然不会轻易放下它，他让这箫孔里流出的泉水"入云出云""云擎奏"：写活了天上的云睡在泉水里，以及泉水穿过云的梦乡的情态。原本是泉水叮咚，现在，诗人这么一写，仿佛这清澈的泉声的一股，是潮湿的云的倒影发出的，它在惊梦中还在和着泉声奏鸣哩。

诗以"直到"两字单独为一节，如异峰突起，推出别一画面：比鸟声还要优美的箫声一般的泉水，汇成烟波浩渺的"瀑布"，却被"泻入洗衣洗菜洗肉洗化学染料洗机身车身的／一片密不通风的马达的人声"里；"鸟鸟鸟鸟"和"人人人马达马达人人人马达人"，这两行诗的排列在视觉感受上形成的对比，也仿佛使人目睹了美丽的大自然受到现代化工业社会蚕食的图景。这首诗表达了人类的这种两难的尴尬处境，或是还有什么弦外之音。

（戴　达）

【诗人小传】

罗　门

（1928—　）广东文昌（今属海南）人。1948年入国民党杭州笕桥空军飞行学校学习。1949年去台湾。1950年退役后曾任台湾民航局图书管理员、高级技术员。1967年曾去美国民航失事调查学校学习。曾与女诗人蓉子合编1962年《蓝星》诗页、1964年《蓝星诗刊》。诗作在技巧上倚重比喻、意象、象征、超现实手法乃至直接投射的手法。

流 浪 人 　　　　　　罗　门

　　被海的辽阔整得好累的一条船在港里
　　他用灯拴自己的影子在咖啡桌的旁边
　　那是他随身带的一条动物
　　除了它安娜近得比什么都远

　　椅子与他坐成它与椅子
　　坐到长短针指出酒是一种路
　　　空酒瓶是一座荒岛
　　他向楼梯取回鞋声

　　带着随身带的那条动物
　　让整条街只在他的脚下走着
　　一颗星也在很远很远里
　　　带着天空在走

　　明天当第一扇百叶窗
　　将太阳拉成一把梯子
　　他不知往上走还是往下走

选自《小诗三百首》，台湾尔雅出版社 1977 年版

《流浪人》的起首一句"被海的辽阔整得好累的一条船在港里"，从实处说，它是对于"流浪人"的职业的暗示，他很可能就是那条船上的海员。这第一行诗的意思，也可理解为是一种简单象征，象征着诗的主人公——流浪人，他就像一条船被生活的大海折腾得好累，好不容易才来到避风港。再看第二句："他用灯拴自己的影子在咖啡桌的旁边。"两行诗中的"灯"和"海"、"影子"和"船"、"咖啡桌"和"港"、动词"整"和"拴"，它们在含义和情绪上都是结为对子的。两者的差别在句式上，一为被动句式，意在强化流浪人身不由己的生活窘境；一为主动句式，意在突出流浪人拴自己的影子这一动作的主动性，他实在是在举目无亲、无可奈何之余，竟拴自己的身影为伴，两行诗的结合活画出"流浪人"的一颗孤寂的灵魂！

夜幕降临了。流浪人来到城里的一座咖啡馆。如果说"他用灯拴自己的影子在咖啡桌的旁边"是一个怪句,那么紧接着的"那是他随身带的一条动物"这一句就更怪了。从诗人的联想思路上看,后一句是顺延着"拴"之藤长出的一颗奇果,也是流浪人那茕茕孑立、形影相吊的神态的极致表现。不独如此,当流浪人在咖啡桌上入席,"椅子与他坐成它与椅子","他"竟变成了非人的"它"。这表明,流浪人连同他的影子都已经产生了异化,这种人的异化现象正是异化的现实的一种折射。

最难排遣的是已经在流浪人精神里生根的那种孤寂情绪,诗中"安娜近得比什么都远"一句透露了这一点。"安娜"是女招待一类人的泛称。对于流浪人来说,她们"近得"可以随时花钱买来以满足自己的精神所需,但这一切却又"比什么都远",因为这种刺激些微不能摆脱他精神上的痛苦。诗的这种矛盾语句,造成一个既谬且真的语境,突显了流浪人无可救药的孤寂。看来只好以酒浇愁了:"坐到长短针指出酒是一种路。"长短针所指的明明是时间,现在居然说"指出酒是一种路",这只能说明流浪人不计时间,拼命喝酒,以致醉中只觉得"整条街只在他的脚下走着",甚至很远很远的星星,也"带着天空在走",意象经营中的远取譬(酒是路、空酒瓶是荒岛)及现实世界里的关系换位(他的脚在街上走着变成街在他的脚下走着,星星在天空走变成星星带着天空在走),荒诞而又逼真地写出了酒对流浪人所起的麻醉作用,"人是注定带着各种酒瓶流浪了"(罗门《死亡之塔》),流浪人将一颗沉寂的心浸在酒里,浮起的依然是无边的孤寂!

流浪人离开咖啡馆时,很可能是最后一名顾客了,不然楼梯上不会响着他的回声,嘈杂的人声会淹没他的脚步。诗人这样写更突出了流浪人的"孤寂"。但当这情景出现在诗中时,诗人贡献的依然是全新的体验:"他向楼梯取回鞋声。""鞋声"是全诗中唯一的响声,他是属于流浪人的。既然流浪人连他的影子——一条动物都拴着、牵着,那么,他也理所当然地要取回这属于自己的鞋声,像对待"那条动物"那样,带在自己身边,与自己为伴,一起走进漫漫长夜里。整首诗的意象环环相扣,层层剥露,直至完全倒尽流浪人灵魂里的孤寂的苦水,当明天的太阳透过百叶窗,将明暗分明的光影投在地上、墙上像一把梯子时,流浪人还是"不知往上走还是往下走"。诗人以这样新颖的诗行替孤寂的流浪人肖像添加了最后的一笔。

(戴达)

伞

罗门

他靠着公寓的窗口
　看雨中的伞

　　　　　走成一个个
　　　　　　孤独的世界
　　　想起一大群人
　　　每天从人潮滚滚的
　　　　　公车与地下道
　　　　　裹住自己躲回家
　　　　　　　　把门关上

　　忽然间
　　公寓里所有的住屋

　　　　　全都往雨里跑
　　　　　　直喊自己
　　　　　　　也是伞

　　他愕然站住
　　把自己紧紧握成伞把
　　　　而只有天空是伞
　　　　　雨在伞里落
　　　　　　伞外无雨

　　　　　选自《罗门精品》，人民文学出版社2001年版

　　《伞》是一首描写在"都市你一身都是病"的环境里人被异化的带有荒诞意味的诗作，是一首对台湾都市社会渗透着西方不良意识而有所批判的诗作。这样的诗在不止一位诗人的笔下出现过，主题都是表现现代人的孤独感、寂寞感和安全危机感。

　　罗门这首《伞》区别于他人写的同题诗，相异之处首先在于它的独特视角。第一个视角是鸟瞰式的居高临下："他靠着公寓的窗口/看雨中的伞/走成一个个/孤独的世界"，公寓窗下撑伞人的一举一动他均了然于胸，印象最深的是孤独的世界，使他惊愕的是人不见了，伞代替了人，人被异化了。接着视角由俯视转为平视，他想起记忆里一群人"每天从人潮滚滚的/公车与地下道/裹住自己躲回

家/把门关上",这就从出行这个层面上和担心害怕的心理承受的层面上,写出了人们的安全危机感。一个"裹"字和一个"关"字,将"躲"的心态诠释得出神入化了。最后诗以平视来收束。"雨在伞里落"表明是平视,而"伞外无雨"则是猜测,因为"只有天空是伞",雨是从天而降的。

其次是它的荒诞性。荒诞性是超现实主义的一种表现方式。要说荒诞性,诗中先写见伞不见人。伞代替了人也好,人握成伞把也好,都说的是人的异化。接着"全都往雨里跑/直喊自己/也是伞",最后天空也成了伞,但那是一把"雨在伞里落/伞外无雨"的破伞、怪伞,既然如此,伞同虚设,有等于无。人们最关心的安全感至此已无以复加。有人说,罗门每写一首诗,总希望击中人的内心,读诗至此,的确内心有被击中的感觉。

再次是它递进式的结构。第一节所写的为人们所常见,为都市的常态。尽管熟视无睹,但已经是够严重的了。接下来写住屋成了伞,天空成了伞,是写都市的负面趋势。就像一个病了的人一样,小病不治,大病难医。诗中表现了诗人对都市给人类精神压迫的切肤之痛。诗人要唤起的是读者的思考:如何消解都市对人类精神的压迫?如何早日实现"城市让生活更美好"的愿望?从这个意义上来说,罗门称得上是台湾诗人中最早意识到都市的种种弊端,并通过批判来体现自己现代意识的诗人之一。

台湾诗人辛郁说:"罗门的诗不是要读者去知道什么,而要读者去感受,经由感受而悟;罗门称此为一种'灵视'活动。"明乎此,相信对深入理解本诗旨意定有所裨益。

(葛乃福)

蓉 子

【诗人小传】(1928—) 女,原名王蓉芷,江苏涟水人。大学肄业。1950年开始发表诗作。为台湾蓝星诗社成员、国际诗人协会荣誉会员、国际笔会会员、台湾省"中国新诗学会"理事兼研究组长、台湾省"中国青年写作协会"和"中国妇女写作协会"常务理事。主要诗集有《青鸟集》《七月的南方》等。

晨的恋歌

蓉子

不知道夜莺何时收敛起它的歌声,

晨星何时退隐——
你轻捷的脚步为何不系带铜铃?
好将我早早从沉睡中唤醒!

让朝风吹去我浓浓的睡意,
用我生命的玉杯,
祝饮尽早晨的甜美。

早晨的空间是宽阔而无阻滞的,
紧随着它欢欣与骄傲的步履,
我要挽起篾筐,
将大地的彩虹收集!

啊!你轻捷的脚步为何不系带铜铃,
直等我自己从沉睡中醒来,
晨光已扫尽山岭。

猛记起你有千百种美丽,
想仔细看一看你的容颜,
——日已近午
何处再追寻你的踪影!

选自《蓉子自选集》,黎明文化事业股份有限公司1978年版

  一日之计在于晨。对晨的描写可看作是诗的永恒主题之一。诗一开头用"收敛""退隐"两个动词很有张力。是昼夜交替的"情态化"的拟人表述。当诗人起来漱洗的时候,已风停雨住,晨星退隐,因此有些责怪晨为何不将她从睡梦中唤醒。"你轻捷的脚步为何不系带铜铃?"这是美丽的想象,而"沉睡"和"浓浓的睡意"会令人想到唐人诗句"春眠不觉晓"(孟浩然《春晓》),大概他们都是在抒发对春晨的感受吧。

  虽然早晨的脚步未将诗人唤醒,朝风却吹去了诗人的"浓浓的睡意",诗人在睡梦中醒来,环视周边,看到一派秀色可餐的美丽景象。诗人对早晨情有独钟,像饮酒一样将这些美丽景象一股脑儿装进肚里,表达了诗人此刻的欢欣。这里

"玉杯"可解释为"玉樽",不过里面装的不是佳酿美酒,而是"早晨的甜美"。诗人接着做的又一件事情是紧随春天的脚步,挽起篾筐去收集大地的彩虹,读者会意识到这是去收集因昨夜风雨而吹落的园中花和花瓣吧。让我们将"彩虹"和"歌声"联系起来想象,正是由于昨夜的风雨,才有早晨这特有景象——大地彩虹,这里也同样表达了诗人无比欢欣的心情。

照此说来,这首诗岂不是古诗《春晓》的翻版吗?非也。我们可以肯定地说,今天诗人写的这一题材与古诗《春晓》的题材颇为接近,或者是在不同历史时期的"撞车"而已,并非翻版。历史毕竟行进了一千多年,生活在20世纪的女诗人在写这首诗的时候的环境、心境、语境以至诗境都不一样,毫无疑问,《晨的恋歌》已加进了现代社会的现代意识,也加进了现代人对生活的独有感受和得心应手的表达方式,如"轻捷的脚步为何不系带铜铃",如"用我生命的玉杯,/祝饮尽早晨的甜美",再如"我要挽起篾筐,/将大地的彩虹收集",等等,这些都真实而典型地道出了现代女性的大胆、率真、果断和价值取向,而非古代女性所思所感的复制。因此这两首诗是不能跨越历史相提并论的,但诗中一以贯之所表达的那种"空灵的美感"和对"晨的愉悦"却是基本上一致的。

诗的最后两节从失落的角度去强化诗的主旨。"晨光已扫尽山岭""日已近午",何来晨的"踪影"?正因如此,《晨的恋歌》这首诗至此来了个美丽转身,被涂上了些许低沉感伤的色彩,古人说:"欢愉之辞难工,而穷苦之言易好也。"(韩愈语)或许这种有"残缺"的结尾更能打动读者吧。至于诗中写的早晨,有人认为它既可以理解为时间意义上的早晨,也可以理解为人生意义上的青春年华,所谓"一生之计在于春",这一看法可供参考。

(葛乃福)

【诗人小传】

周梦蝶

(1920—) 原名周起述,河南淅川人。早年就读于开封师范学校、宛西乡村师范学校。参加过青年军,后到台湾。1956年退伍后,一度在街头卖书。曾加入蓝星诗社。

十　月

周梦蝶

就像死亡那样肯定而真实

十月

你躺在这里。十字架上漆着
和相思一般苍白的月色

而蒙面人的马蹄声已远了
这个专以盗梦为生的神窃
他的脸永远是没有褶纹的

风尘和忧郁磨折我的眉发
我猛叩着额角。想着
这是十月。所有美好的都已美好过了
甚至夜夜来吊唁的蝶梦也冷了

是的,至少你还有虚空留存
你说。至少你已懂得什么是什么了
是的,没有一种笑是铁打的
甚至眼泪也不是……

选自《小诗三百首》,台湾尔雅出版社 1977 年版

  这首诗绘出一幅月夜坟景:"就像死亡那样肯定而真实/你躺在这里。""你"指的是诗人的亡友。诗人通过将"月色"喻为"苍白的",且是相思一般,将他对亡友的哀思凄惨地表现了出来。尤其是动词"漆"字;让那"相思一般苍白的月色",漆上了坟头上的十字架上,更是为月夜下的孤魂献上了深深的悼念。伴之而来的是诗人对死亡的迷惘。死亡对于人生来说是一个谜,它给人带来的是一种与生俱来的神秘感,所以诗才有了"而蒙面人的马蹄声已远了"之句。这里的"蒙面人",显然是指掠去人的生命的死神。现在,死神无情地夺去了"你"的生命,骑马远去了,因他戴着面具,所以人们至今不认识他。"这个专以盗梦为生的神窃"一句,再次强调了死神之威力,无论人睡还是醒,他是连流动的一分一秒都不会放生的。而唯有死神青春常在,所以诗才有了"他的脸永远是没有褶纹的"之句。这一句诗的另一层意思是,人生是有限的,死亡是无限的,所以死神的脸永远没有褶纹。

  诗中"我猛叩着额角"的这一形体动作,不仅挟拌着诗人对死亡的沉思,也融

合了诗人对生命的感悟。"这是十月"一句,规定了诗的情境的特定时空。十月,从自然季节上说,是秋天与冬天相遇的门槛;从人生季节上说,是中年向晚年迈进的过道。"所有美好的都已美好过了",青春已逝,年华不再,跨过十月,离开生命的尽头就不远了。诗人由友朋之死想到生命的短促,进而又顾怜自身,不禁写下了这么一行诗:"甚至夜夜来吊唁的蝶梦也冷了。"这里的"蝶梦"之典故,出自庄子《齐物论》:"昔者庄周梦为蝴蝶,栩栩然蝴蝶也。自喻适志与!"诗人笃信老庄哲学,他索性将自己的名字周起述改成了周梦蝶。可见,诗中的"蝶梦"即是诗人自身,同时,"蝶梦"也是一种憧憬的象征。一个"冷"字,沉淀了诗人的惆怅、哀叹和悲苦。

诗的最后一节,诗人宕开一笔,实写"你"之境界,意在照诗人之情怀。诗人童年失怙,颠沛流离,后开始习佛,一句"你还有虚空留存",正是以禅入诗的明证。佛经中有"犹如虚空,无有湖畔"(《坛经·般若品第二》)说亡友"有虚空留存",是说他死了却留存了"虚空",死亡即是永生,他也就进入了佛教中的永恒境界,这样就能"懂得什么是什么了",意即大彻大悟。透过诗人心灵的阴影,我们看到的是诗人那领略悲苦、淡泊人生的善良愿望和对为命运所左右的人的一份爱心。

(戴 达)

[诗人小传]

舒 兰

(1930—) 原名戴书训,江苏邳县人。毕业于台湾"中国"文化大学。曾任记者、编辑、《布谷鸟》儿童诗刊发行人。著有诗集《抒情集》《乡色酒》及诗评诗话十余种。

瓶　竹

舒 兰

虽然
我生活的很好
而且
仅凭一点清水
虽然
在有限的日光中

瓶竹

　　我的枝叶

　　仍能行光合作用

　　虽然

　　根须伸了又伸

　　却总不能触及

　　生我的乡土

选自《当代台湾诗萃》，湖南文艺出版社 1988 年版

　　小诗的作者舒兰，是一位被称为"怀乡诗圣手"的台湾诗人。说到"怀乡诗"，在中国古典诗歌中，有着非常悠久的写作传统，自《诗经》《楚辞》开端，不同时代、不同身份、不同个性的"游子"，都用富于个人特色的方式表达过这共通恒久的乡土之恋。而到了台湾新诗诗人这里，"怀乡"则有了更为特定、具体而丰富的时代情绪，诗人余光中将这种情绪命名为"乡愁"。

　　舒兰的家乡邳州，人杰地灵、物阜民丰，诗人对于自己童年时代的人事风貌，充满了情真意切的回忆，其中最脍炙人口的是《乡色酒》。而这首《瓶竹》，就是一首非常典型的"乡愁诗"。它选择吟咏的意象，看上去非常单纯，就是一株插在瓶子里的竹子。诗句也非常简洁明朗，并无朦胧晦涩的修辞和典故。但这看似一目了然的作品，却同样蕴含了作者精致的构思。

　　作者只笼统地点到供在瓶中的是一株"竹子"，却并不描绘细化它的品种和形态。我们都知道，台湾是盛产竹子的地区，既有从大陆引入的品种，也有本土独特的品种，台湾人对于竹子的钟情，与大陆民众是如出一辙的。用"竹子"这一具有包容性的统称，很巧妙地表现出两岸人民在文化精神方面息息相通。

　　诗歌开篇，先强调自己"生活的很好"，就好像背井离乡的游子，写回故乡的信中，第一句总是报平安，让挂念的人先放下心来，奠定了"哀而不伤"的情绪基调。可接下来的递进，却让刚放下的心立刻又抽了起来，"一点清水""有限的日光"，都说明了生活境遇的困顿和局促。不过，这些都不足以让竹子气馁，它凭借着有限的条件，坚强地生存得很好。而最不能让它忍受的，是"瓶子"隔绝了它与土地的联系，使它如浮萍般根无所系，漂泊无依，又被牢牢固定在狭小的空间中失去了回归土地的自由。诗歌写法上有一点值得注意，全诗除了题目，并没有一个字直接描绘过"瓶子"，它在本诗中是"透明无形"的，需要读者自行联想，它也暗示了，真正的隔阂，并不是实在的、物质的屏障，而是某些无形的、更难逾越的阻力。

这株竹子,是诗人形象的自比。它的品格清俊幽雅而又坚韧,"依依似君子,无地不相宜";它思恋故土、魂牵梦绕,却因为无可奈何的外力阻隔,归期遥遥。在外国文学传统中,也有类似的思乡的主题,叫做 nostalgia,或者 homesickness,词意中都直接含有"痛苦"的意思,可见故土难归,对于全人类的心灵,都是很真切的伤痛。而若是人为地酿成这类悲剧,则是有悖人性人情的了。

　　本作品虽是新诗,却使用了《诗经》体一唱三叹的形式格局,直溯古典诗歌源头,且"辞约而旨丰",洋溢着朴素自然的清新美感,无论结构形式及审美趣味上,都不失为指向中国古典传统的"寻根"之作。

(王宏图　方　铁)

【诗人小传】

柯　岩

(1929—2011)　女,原名冯恺,广东南海人。1948年就学于苏州国立社会教育学院戏剧系。新中国成立后到北京青年艺术剧院工作,开始发表作品。1956年到中国儿童艺术剧院从事创作。除作诗外,还写有儿童文学作品和报告文学作品。

周总理,你在哪里?

柯　岩

周总理,我们的好总理,
你在哪里呵,你在哪里?
你可知道,我们想念你,
——你的人民想念你!

我们对着高山喊:
周总理——
山谷回音:
"他刚离去,他刚离去,
革命征途千万里,
他大步前进不停息!"

周总理,你在哪里?

我们对着大地喊:
周总理——
大地轰鸣:
"他刚离去,他刚离去,
你不见那沉甸甸的谷穗上
还闪着他辛勤的汗滴……"

我们对着森林喊:
周总理——
松涛阵阵:
"他刚离去,他刚离去,
宿营地上篝火红呵,
伐木工人正在回忆他亲切的笑语。"

我们对着大海喊:
周总理——
海浪声声:
"他刚离去,他刚离去,
你不见海防战士身上
他亲手给披上的大衣……"

我们找遍整个世界,
呵,总理,
你在革命需要的每一个地方,
辽阔大地,
到处是你深深的足迹。

我们回到祖国的心脏,
我们在天安门前深情地呼唤:

周——总——理——
广场回答：
"呵，轻些呀，轻些，
他正在中南海接见外宾，
他正在政治局出席会议……"

总理呵，我们的好总理！
你就在这里呵，就在这里。
——在这里，在这里，
在这里……

你永远和我们在一起，
——在一起，在一起
在一起……

你永居住在太阳升起的地方，
你永远居住在人民心里，
你的人民世世代代想念你！
想念你呵＜想念你＞
想＞念＞你……

选自《周总理，你在哪里？》，四川人民出版社1978年版

周恩来逝世一周年之际，正是江青反革命集团被粉碎不久，全国人民思念如潮，涕泣如雨，一时间出现了不少悼念周恩来的佳作，此诗就是其中突出的一首。

可贵的是这首诗并不袭用悼诗的通常写法，即不拘泥于对死者生平事迹的真实描写和抒情，而是运用大胆的想象，将思念之情灌注其内，别开生面地抒发了对周恩来的镂骨铭心的怀念。

诗一开始运用的是对白与设问的句式，既表明了抒情主人公"我们"与抒情对象周恩来这两者之间的关系，呈现了全诗的抒情基调，又凸显了全诗的抒情脉络："找总理"——"周总理，你在哪里?"第二至第五节用结构一致的诗节推出"我们"的深情呼唤，对着"高山"、"大地"、"森林"、"大海"，寻找总理。诗人的

构思是精心组织的。"高山"的回答是对周恩来一生光辉业绩的总提,其余三者的回答则分别代表着农民、工人和士兵。这样的布局不无概念化的痕迹,但由于诗人的想象比较丰富,多少弥补了这种缺陷。诗人由大地想到麦穗进而又想到总理流下的汗水;由森林想到篝火,进而又想到伐木工人回忆总理的情景,由海浪想到边防战士,进而又想到总理为战士披大衣的细节,联想自然,抒情场面亲切感人。

全诗最精彩的一笔在于:当"我们"四处寻找周总理终未知他的去向,不得不回到天安门广场时,诗人再次运用拟人化手法,让广场作答:"呵,轻些呀,轻些,/他正在中南海接见外宾,/他正在政治局出席会议……"(省略号意味着周总理还有许多工作要做。)这实在是一种虚拟描写,是生者对去世的伟人的极度怀念所产生的幻觉,同时也可以说是生者的心理真实,因为周总理永远活在人民心中。诗人的这种描写是很自然的,她说过这样一段话:"一个伟大的人,总是虽死犹生,何况总理!他对我们既是伟人,又是亲人,亲人总是不会离去的。因此,他不但活在我们心里,还活在我们生活里,活在他的岗位上,继续领导我们;仍是那样微微侧着头,笑吟吟地注视着我们,在为我们日夜操劳……"(柯岩《关于〈周总理,你在哪里〉的通信》)。

此诗语句平实、流畅,多处运用复沓句式,一唱三叹,使抒情诗充满了回肠荡气的音乐美和律动感。

(戴　达)

月亮会不会搞错　　　　　柯　岩

电视里说:
日本小朋友
和我们长得差不多。
是这样么?是这样么?
月亮,月亮,你告诉我!

每天你升起来的时候,
是先照他,是先照我,
还是同时照着我们两个?
你每天这样照来照去,
会不会把我们搞错?!

月亮，月亮，你告诉我！

选自《月亮会不会搞错》，新蕾出版社1984年版

这是一首题画诗。

1981年我生重病，医生不准工作，也不让读书。可病榻也不可能浮于真空之中。生活中一切美好与丑恶的事物，不但仍不断发生在我的周围，也时时萦回在我的记忆与梦中，引我感念，使我激动。职业的习惯更是毫不费力地把我投掷于艺术遐想之中，要写的人物、场景、声音笑貌往往使我无法安眠。深夜辗转、构思与病情同步进展。

医生大为"恼火"。

为了转移我的注意力，亲人和朋友们给我找来大量美术与摄影作品，教我观赏、教我卧游。

在这些画中有一个名叫卜镝的孩子的画，常常导我游回美丽的童年。

一次，在许多的画幅中卜镝的一张金色满月下站着几个孩子的画，突然跳了出来，令我目不转睛。

月亮这样大，这样黄，占了二分之一的画面，下边是皑皑白雪，头上是湛湛蓝天，色调极为明丽的背景前兀立着几间爱斯基摩式的雪屋，雪屋前并立着几个装束各异的孩子。中心部位仍是卜镝和他的妹妹，紧挨着的是两个日本孩子……

只有孩子才会这样画。

生活中有没有这种事情、会不会出现这种景色并不重要，他画的是他心中所想，是他感觉中的世界，或者可以说：是他的愿望与思考。

这感觉，这愿望，这思考是这样稚气，又这样美好，一看即令人神清气爽、再看会使你如涤心肺，久久注目，我自己也恍惚起来，有许多疑惑要问月亮，向月亮请教。

于是，我提笔写下了这首小诗。

（柯 岩）

【诗人小传】

廖公弦

（1937—2003） 原名廖华钊。贵州绥阳人。1956年就读于遵义第四中学，并开始发表诗作。1961年毕业于贵阳师范学院，后任贵阳市川剧团编辑、中国作协贵州分会副主席等职。

赶　场　去　　　　　廖公弦

半山飘着弯弯路,
飘出茫茫云,又钻迷迷雾。

挑挑担儿雾中去,
背篓、竹筐云里出。

雾里闪过花头巾,
云中隐现蓝衣服。

雾里脚步响,
云中有人呼:

"我卖了药材和棕片,
女娃们帮我选花布。"

"好哇!老爹爱啥花,
买来准备啥用处?"

"我老伴这几年也讲究,
要穿件素净的花衣服。"

爽朗的笑声应山响,
茫茫云雾裹不住。

卖山货的人马翻山去,
丢一半笑声在山谷。

选自《山中月》,贵州人民出版社 1978 年版贵州多山，山间多雾，又常下雨，因而有"地无三尺平，天无三日晴"的民谚流传于世。廖公弦此诗抓住贵州多山多雾这一特点，但一反民谚那种感叹和怨尤的语气，饶有情趣地绘出了一幅"赶场"的图景，不禁使人赞叹，令人神往。

开头一节便不同一般。一个"飘"字，既是诗人远望这一带山路时的实感，又切合诗人那种愉快、乐观的心境和活泼、飘逸的情思，颇具功力。这还不够，第二行又扣住"飘""钻"二字，补足了一句："飘出茫茫云，又钻迷迷雾"，这么一来，上一行的"弯弯路"就有了着落，也更富于动态了，而三组叠词的连用，不用说也有效地增强了诗行的抒情气息。

到过山区的人都知道，重山叠岭一经云遮雾绕，那里的光线或明或暗，景物时隐时现，就会格外掩映多姿，诗人长期生活在贵州山区，提笔写诗时自然不会忘掉"云雾"独特的审美作用，因此《赶场去》以下各节把"云""雾"并提，运用"互文"的修辞手法，为人物的活动提供了绝妙的环境和气氛，有时是但闻其声而不见其人："雾里脚步响，/云中有人呼"；有时是见色彩而不见其他："雾里闪过花头巾，/云中隐现蓝衣服"；当然也有为了突出"赶场"的性质而特意写物不写人的："挑挑担儿雾中去，/背篓、竹筐云里出。"这一切组接在一起，显得是那样的飘忽、活泼，使原来白描的诗行平添了几分空灵之气。

不过只从旁边进行勾勒，给人的印象终究不深，于是诗人又精心选择了几番对话，放在诗篇的中心部位。犹如画龙点睛，有了这些对话，那些在读者眼前——云雾中一晃而过的人物就显得音容毕现、神采焕发了。更有趣的是这番"老爹"和小伙的对话，中心话题是老爹为老伴买花布。小伙子的好奇，老爹的风趣，以及通过这些对话可以想见的老年夫妻之间的恩爱、老年人和青年人之间的和睦，等等，都从这里得到了虽然简洁但却明显的展示。

诗的结尾也很出色。赶场和卖山货的人是爱热闹、爱打趣的，他们一路上笑声不断，话声不断，"人马"已经翻山而去，留下来的笑声还在山谷间回响，这既写出了空间的辽阔，也渲染了人物热闹、乐观的性格，特别引人注意的是诗人特意用了一个"丢"字，显得多么潇洒，多么轻松！莫非是这些卖山货的人想让山谷里永远充满青春的笑声和热闹的气氛？莫非是他们想让接着而来的赶场人受到笑声的感染，忘掉赶路时的疲乏和劳累？对此，读者尽可以作多方面的联想，好在诗人已经完成"启发"的任务了。

（孙光萱）

【诗人小传】

舒巷城

(1923—1999) 原名王烙,广东惠阳人。抗日战争时期曾就读于香港英文书院,并开始文学创作。1948年开始在香港经商。业余从事文学创作,作品以小说为主。

山顶缆车

舒巷城

它不能高飞

像那空中的铁鸟

它羁泊于山上

戴着钢缆的脚镣

于是它爬行

在倾斜的岁月间

看脚下的沧桑

于是它爬行

在十里的红尘边

看摩天楼上的斜阳

选自《舒巷城选集》,香港文学研究社1979年版

建造山顶缆车,是一项伟大工程。工程完成以后,那种"看山不远走山远"的情形便一去不返,人们也用不着再发"行路难"之叹。这是山顶缆车所具有的尽人皆知的实用价值,不过,它一旦被诗人摄入眼中,流于笔端又有什么样的审美价值?而它的实用价值与审美价值又是否全然一致?对于这个饶有兴趣的问题,诗人从香港人的目光和心态出发,作出了自己的回答。

诗不分节,而从感情的脉络上去把握,则似可分为两层。前四句为第一层,后六句为第二层。第一层写缆车外形。从山脚往上望,山顶缆车的形状就像"铁鸟"一样,对于初来乍到的游客来说,这无疑是颇为新鲜而又壮观的景象。但对于久居香港的诗人来说,缆车毕竟不是"铁鸟",能在空中高飞,而那系住缆车滑动的钢缆,在诗人的眼中又成了"脚镣"。这也许是享受了高度的物质文明但终究感到不够自由、不能尽如人意的香港诗人的独特感受吧。不能自由自在地飞

翔,当然只能"爬行"了,诗人连用两个"于是",表示了前后之间的因果关系,并把诗作所蕴含的感情推向第二个层次。

如果说诗的第一层是静态描述,诗人在表现缆车的外形时寄寓了自己的一份情思,那么,第二层就改为动态描写,诗作的感情也变得强烈多了。这几行诗中的主语"它",从表面上看是缆车,其实是指乘缆车的人,包括诗人在内。"倾斜的岁月"运用时空转换和叠加的手法,把缆车岁岁月月在倾斜的山坡间穿行的情景予以浓缩,无晦涩之弊,有空灵之美,堪称难得的佳句。红尘、斜阳常见于古人诗词,新诗作者也常常援用,以便使自己的诗作增添一些古色古香的情调,此诗却又另辟蹊径,特意让它们紧挨着20世纪的"摩天楼"出现,这就在气氛上构成了强烈的反差和对比,读者也不由得会问:尽管地上增添了许多摩天楼,十里红尘中增加了不少摩登的服饰,但人间沧桑,世上沉浮是否仍同以往的年代一样难以避免?

诗人没有回答,也无需回答,只有一点是肯定的,诗人没有把山顶缆车孤立和静止起来,而是把它置于香港社会之中,使之成为当地社会的旁观者和见证人。

(孙光萱)

【诗人小传】

管用和

(1937—) 湖北孝感人。1955年毕业于孝感师范学校。曾在汉阳县从事教育和群众文化工作。1957年开始发表诗作。后在武汉市文联工作。历任武汉市文联副主席、武汉市作家协会主席。

纤索的歌

管用和

多少诗人将我吟哦,唱诵,
一声声,倾注了真挚深厚之情。

有激励,有欣喜,也有歌颂,
有轻薄,有惆怅,也有苦痛。

唱我拉过几千年的岁月,拽雨牵风,

却拉不走落后呵，拖不走贫穷；

吟我是刚毅，顽强，坚韧的象征，
却有损于当今时代的光荣……

是呵，有谁比我更熟知：束缚的沉重，
有谁比我更清楚：步履倥偬；

有谁比我更明白：已逝岁月之峥嵘，
有谁比我更向往：未来美好之前程。

啊！我有喜，我有乐，我有爱憎，
我有愁，我有怨，我有苦衷。

然而，我更多的是奋发，振作，勇猛，
然而，我更多的是倔强，坚毅，持重。

当身边驶过飞速前进的轮船、舰艇，
我不会因羞愧而自卑，消沉，放松。

啊！我怎能躺下去，一味寻求美梦，
前面的逆风逆水呀，还等待我去抗争。

走！面对现实，走完眼前的路程，
鼓劲！绷紧所有的肌肉与神经！

1979 年 10 月 19 日
选自《上海文学》1979 年第 12 期

　　拉纤者迈着沉重的步伐，踩着沙，蹚着泥，一步一步奔赴预定的码头。面对此情此景，有人在一边聆听着溢汗滴血的号子声，一边欣喜地赞颂道："拉纤者倾斜的姿态具有雕塑的美!"有人却在船边不住地摇头叹息:"这太原始、太落后,有损当今时代的光荣!"

对这不同的议论,诗人陷入了沉思。他以纤索的自白表达了自己的看法:旁观者那陶醉式的语言并不能使号子更加雄浑;而轻薄者的嘲讽,更不会缩短拉纤者脚下行程的距离;我们不应该像外来者那样看我们现实中客观存在着的落后现象,而应以主人翁的姿态,想想自己应尽的职责。我们急需的是振作和奋发:

"走! 面对现实,走完眼前的路程,
鼓劲! 绷紧所有的肌肉与神经!"

诗人对纤索曾一再倾诉过自己真挚深厚的感情。他曾写过一首题为《拉纤者》的散文诗,赞扬拉纤者"咬紧牙,走自己的路"的跋涉精神。在这首《纤索的歌》中,他又认为纤索是"刚毅,顽强,坚韧的象征",不能全盘否定。这些诗都是针对20世纪70年代末在一部分人中滋长的因祖国的贫困落后而产生的羞愧、自卑和颓丧的情绪而写的。诗人无疑不赞成丧失民族自信心,而主张以发愤图强的精神改变我们祖国的落后面貌。

诗人对生活的这种独特理解和发现,并不是通过干巴巴的说教表现出来,而是通过拟人化的手法,体现出自己从生活中获得的新鲜思想和深刻哲理。在借物言志,托物寄情方面,此诗真正做到了陆机所说的袭故弥新,沿浊更清。本来,纤索是大河两岸常见的事物,没有什么奇特之处,但诗人却从中勃发出新奇的联想。作者巧作比喻,把纤索看作坚韧的民族性格的象征,已不同一般;诗人再进一步看到它"束缚的沉重"与"步履倥偬"的另一面,这就把自己与旁观者的陶醉区别开来,颇有独到之处。纤索既然是坚强的象征,它就不会在飞速前进的轮船面前自卑消沉;纤索既然有"束缚的沉重"的一面,它就必然如逆水行舟,和因袭的重负作斗争。正是选取了独特的纤索形象,作者才寄托了自己对时代、对现实的独特理解,激励人们既要继承我们民族的光荣传统,又要以振作和奋发的精神超越传统。这种寄托,发人之未发,给人耳目一新之感。

此诗写纤索而没有止于纤索,而是透过事物的表层,作深入的开掘,做到既入乎其内又出乎其外,即既处处是写纤索,又能站在时代的高处,从历史生活深处,把纤索的特性与祖国的形象结合起来,赋予寻常的纤索以不寻常的内涵,使这首短诗鲜明地体现了诗情与哲理相结合的特色,从而取得了以小见大、以实喻虚的艺术效果。

(古远清)

许达然

(1940—) 原名许文雄,台湾台南人。1962年毕业于台湾东海大学,留校任教。1965年后留学美国哈佛大学、芝加哥大学,英国牛津大学。曾任教于美国西北大学。

路

许达然

阿祖的两轮前是阿公　拖载日本仔
拖不掉侮辱　倒在血地

阿公的两轮后是阿妈　推卖熟甘薯
推不离艰苦　倒在半路

阿爸的三轮上是阿爸　踏踏踏踏踏
踏不出希望　倒在街上

别人的四轮上是我啦　赶赶赶赶赶
赶不开惊险　活争时间

一九七九年八月

选自《违章建筑》,台湾笠诗刊社1986年版

《路》是一篇对不平人生的控诉状。全诗分为四节,每节写一个历史时代或历史时期。第一节写的是台湾日据时代祖辈的命运,他们用两轮车拖载日本仔而死于非命;第二、第三两节分别写"阿妈"和"阿爸",表现台湾光复后父辈为生活而劳碌奔波的情景;第四节出现的是诗的抒情主人公"我",他驾驶着出租汽车而在艰险丛生的环境中争分夺秒。全诗以"路"作为一个具有典型意义的横截面的背景,在这一背景之前,作者从历史的纵面选择了具有象征性的事物作集中的描绘,这就是"阿祖的两轮""阿公的两轮""阿爸的三轮""别人的四轮",时间的跨度不同,但同为"轮"则一。这样,作者就以"路"为经,以"轮"为纬,以人物为中心,纵横交织地创造了一幅令人惊心而深思的生活场景,写出了劳苦大众的悲剧

命运和作者对他们的深厚同情。

《路》的语言简约精炼,句法也颇有特色。全诗四节,每节均为两行,每两行又都是由两个短句构成,每一节各自独立,彼此之间又构成了严格的对仗。在每一节中,首先出现的是车轮和人物,其次出现的是人物的动作行为,再次是现实的情况和人物的感受,最后则是结果。每一节的两行四句之中,句型是长——中——中——短,和生活的节奏与诗人情绪的律动完全一致。这种对仗整齐而变化灵活的诗句,充分表现了诗人的匠心安排。在句法中,"顶真"与"重复"两种修辞手段的运用也很成功。前者如"拖""推""踏""赶",是顶真句法,而"拖不掉侮辱""推不离艰苦""踏不出希望""赶不开惊险",则是相同的否定句式的重复,它们又置于每段相同的位置上,醒目而有力度。前三节中的"倒在血地""倒在半路""倒在街上"的句式,也可作如是观。

(李元洛)

【诗人小传】

韩 瀚

(1935—) 山东苍山人。1956年入中国人民大学学习,1960年毕业后任《人民中国》杂志记者。后在中国作协安徽分会工作。

重 量

韩 瀚

她把带血的头颅,
放在生命的天平上,
让所有苟活者,
都失去了
——重量。

选自《清明》1979年第2期

这首诗很短,读后却给人一种沉甸甸的感觉,确是一首有"重量"的诗作。

诗贵精炼。这首短诗,极为浓缩,只有五行,二十七个字,可思想内涵却是丰富的。诗人歌颂了与"四人帮"作坚决斗争而英勇牺牲的张志新烈士。烈士可歌可泣的事迹,几千字也难以写完。当时确也出现了不少诗歌,而此诗却独辟蹊径,另立新意,给了人们深刻的印象。开头两句,出语不凡:"她把带血的头颅,/放在生命的天平上。""带血的头颅",这是充溢着悲壮之情、使人战栗的词语。它使人不由想起江青反革命集团的凶残,想起张志新烈士大义凛然的英雄气概。"生命的天平"是衡量人的生命价值的天平,它将衡量出一个人的死,是轻于鸿毛,还是重于泰山。如今,"带血的头颅"一放在这天平上,就"让所有苟活者,/都失去了/——重量",可见"带血的头颅"何等重,"苟活者"何等轻。强烈的反差,充分显示出张志新烈士与"苟活者"之间的生命价值的巨大差距。诗使用了"她把……"的句式,表现了"她"的主动,突出了烈士为真理而赴汤蹈火视死如归的大无畏精神。诗既歌唱了伟大的张志新,也鞭挞了软弱的苟活者。不过,这里值得注意的是,"苟活者"既是指那些贪生怕死之徒,也包括了许多缺乏认识、不敢斗争的群众,在一定程度上也包括了诗人在内,只有这样理解,才能深切体会此诗振聋发聩的意义。

　　诗贵创新。在现实生活中,任何人都不可能把自己那颗"带血的头颅"放在天平上称斤论两,世界上也不存在什么"生命的天平",也不可能把"所有的苟活者"一起都放在天平的另一端,但诗却恰恰这样写了,因而给人一种新鲜感。诗人大胆地驰骋想象,创造出饱含着情思而又高于生活真实的具体形象来表达自己的鲜明的憎爱。

　　乍一看来,诗人的想象悖于常理,其实并不是胡思乱想,而是来自生活:为正义而牺牲者抛头颅、洒热血,广大人民群众对他们是十分崇敬和景仰的,因此可以说,人民群众的心里确实存在着一架"生命的天平",这架"天平"能够衡量历史上的"是"与"非",伟大和卑鄙。

　　此诗通过这个巧妙的构思,将"虚"与"实"结合起来,从人们的意念中提炼出具体的形象,创造出精警而新奇的诗篇。

(杨光治)

【诗人小传】

李发模

(1949—)　贵州绥阳人。1966年中学毕业后到农村劳动,后到县文化馆工作。1981年后在贵州遵义地区文化局工作。著有诗集《呼声》《偷来的正午》《魂啸》《李发模诗选》等。

呼　　声(原诗略)　　　　李发模

《呼声》(载《诗刊》1979年第2期)没有曲折的情节,没有华丽的语言;但它却以独特的书信体叙事结构和人物复杂细腻的内心独白,显示了较高的艺术价值。

《呼声》的故事内容相当简单:一对在农村插队的男女知青,相互产生了爱慕之情,但由于一个出身于工人家庭,一个出身于地主家庭,始终不能结合在一起,最后,女青年饱受创伤,跳崖自尽。

诗开始是"序",最终是"尾声"。"序"和"尾声"中作为男主人公的"我",既是爱情悲剧中不可或缺的人物,又在诗篇结构中起到了穿针引线的作用,他前来悼念埋在黄土下受冤而死的姑娘,从而引出了姑娘的五封来信。

第一封信从姑娘的爱情纠葛,揭开了悲剧冲突的第一章:姑娘正面对着心上人大胆的追求,她又喜又忧,喜的是男友的来信催开了她心中的花蕾;忧的是出身不好,无法接受那一份真挚的感情。因此,作为回信,她只能表达自己矛盾的心态,现实地掩起心灵的窗户。诗人通过对姑娘这一违背情感逻辑抉择的刻画,表现一个充满了偏见的社会,是如何粗暴地压抑了纯洁善良姑娘的心理性格的。

第二封信,对姑娘不敢抬头做人,"只有躲在屋角里暗暗哭泣"的心理背景,作了充分的描述。姑娘曾有过美好的童年和充满憧憬的中学时代,是"文革"把她"推进了无底的深坑",从此,她饱尝了生活的折磨,只能"含泪咽进肚,暗自隐在心"。做人的权利既已丧失,又怎敢尝试爱情之果?

然而,人的情感毕竟是复杂的,难以压抑的,犹如重压下的小草,遇到空隙必然会向上生长。在第三封信中,诗人展示了1975年期间,国家一度出现了转机,同时,在男友的一再鼓励下,姑娘心头的积雪便随之悄悄融化:"啊!是您把我从痛苦中摇醒,/燃起了我生命的千度热情。/爱情的花朵,我已悄悄移栽在心田,/那神秘的害羞哟袭上我少女的心。"当爱情的花朵绽开、姑娘有了直面人生的勇气以后,在第四封信中,她已能向恋人倾诉积久的思慕和曾经绝望了的往事了。在人物心理和性格表现上,这无疑是一次极为重大的转折。也就是说,在适宜的政治气候以及恋人的信任下,姑娘完全有着自我超越的可能。这超越,是对社会强加于人的不平等待遇的大胆否定,是对人的神圣情感的积极追求。

第三、第四封信,在整个悲剧结构的冷色调中,增添了一分暖色,诗的情绪也由此掀起了更多的波澜。姑娘一度跃出了情感的低谷,到头来却又被再度打入低谷,直至粉碎所有的希望;冷热反差,前后对比,诗情就在巨大的滑坡中产生出更为强大的悲剧震撼力。

呼　声　　　　　　　　　　　　　　　　　　李发模

在高潮来临之前,诗人已铺下了一个特殊的时代氛围:"总理去世","天安门前,息了四月清明的怒潮"。这样,在愈来愈残酷的阶级斗争中,姑娘被剥夺了"教'民办'""搞农种实验""考学校"以及恋爱结婚所有的权利。她痛苦至极,绝望地呼喊道:"人世啊,给我的难道只有失望"。而当那位披着人皮的"主任","半夜里,竟敢蹂躏我少女最珍贵的青春"以后,姑娘的绝望便被推到了顶点。她只能以死来作最后的反抗。当她站在高崖顶端的时候,她终于向她深爱着的祖国和亲人呼出了不平的呐喊:

　　不是我想死,不是我想死啊,祖国,
　　我怎能割舍你生我养我的深情:
　　我还年轻,我要活,我要活啊,祖国,
　　我是千万个同命运的孩子中的一人!

　　隔着千山我看不见你的脸庞啊,我爱过的人,
　　隔着万水你听不见我在高崖上的呼声:
　　我有冤,我有仇,我有恨啊,但愿我的呼声能在你的心上引起共鸣……

姑娘临死前的呼喊,喊出了诗作的真正立意。如果说,在前面四封信中,诗人的笔墨尚能有控制地在人物自诉中叙事,那么第五封信,随着悲剧冲突的激化,诗人就完全是借着女主人公的口在直抒愤懑了。

叙事诗,既要具备相当的叙事功能,又要发挥一定的抒情特长。单纯地追求情节,或者游离于人物形象的抒情,在本质上都是非诗的东西。在《呼声》中,诗人所以能使叙事与抒情得到有机的结合,关键在于他创造了独特的叙事角度"我"。这样,在情节安排上,诗人略去了许多外观的事件的描述,而侧重渲染的是"我"复杂的内心世界,"我"的情感与外部世界的冲突。

《呼声》在语言上的成功之处,在于充分发挥了中国传统诗歌中比兴和炼字的手法。就铺设背景来说,诗人非常善于利用自然景象来起兴,象征地暗示出一种时代氛围和人物心境。比如"序"一开头,就以"大地醒了""春花开了"这拟喻性意象来起兴,形象而又含蓄地点出时代的严冬已经过去。第四封信中,以"秋风哟,又把红叶捎给枫林,/叶尖蘸着银露,逗引小鸟啼鸣",兴出了"政治气候,带来了自然界的美",把人物感情和自然景观和谐地对应起来。

　　　　　　　　　　　　　　　　　　　　　　　　　　　(金乐敏)

诗人小传

雷抒雁

(1942—2013)　陕西泾阳县人。1959年开始发表作品。1962年就读西北大学中文系。1973年后任《解放军文艺》社编辑,1981年转业进北京《人才》杂志社工作。主要作品有诗集《沙海军歌》《小草在歌唱》《云雀》《父母之河》等。

小草在歌唱

——悼女共产党员张志新烈士

雷抒雁

一

风说:忘记她吧!
我已用尘土,
把罪恶埋葬!
雨说:忘记她吧!
我已用泪水,
把耻辱洗光!

是的,多少年了,
谁还记得
　　这里曾是刑场?
行人的脚步,来来往往,
谁还想起,
他们的脚踩在
　　一个女儿、
　　一个母亲、
　　一个为光明献身的战士的心上?

只有小草不会忘记。
因为那殷红的血,

已经渗进土壤；
因为那殷红的血，
已经在花朵里放出清香！

只有小草在歌唱。
在没有星光的夜里，
唱得那样凄凉；
在烈日暴晒的正午，
唱得那样悲壮！
像要砸碎礁石的潮水，
像要冲决堤岸的大江……
二
正是需要光明的暗夜，
阴风却吹灭了星光；
正是需要呐喊的荒野，
真理的嘴却被封上！
黎明。一声枪响，
在祖国遥远的东方，
溅起一片血红的霞光！
呵,年老的妈妈，
四十多年的心血，
就这样被残暴地泼在地上；
呵,幼小的孩子，
这样小小年纪，
心灵就刻下了
　终生难以愈合的创伤！
我恨我自己，
竟睡得那样死，
像喝过魔鬼的迷魂汤，

让辚辚囚车，
碾过我僵死的心脏！
我是军人，
却不能挺身而出，
像黄继光，
用胸脯筑起一道铜墙！

而让这罪恶的子弹，
　　射穿祖国的希望，
　　打进人民的胸膛！
我惭愧我自己，
我是共产党员，
却不如小草，
让她的血流进脉管，
日里夜里，不停歌唱……

三

虽然不是
面对勾子军的大胡子连长，
她却像刘胡兰一样坚强；
虽然不是
在渣滓洞的魔窟，
她却像江竹筠一样悲壮！
这是二十世纪，七十年代，
社会主义中国特殊的土壤里，
成长起的英雄
——丹娘！

她是夜明珠，
暗夜里，

放射出灿灿的光芒；
死,消灭不了她,
她是太阳,
离开了地平线
却闪耀在天上!

我们有八亿人民,
我们有三千万党员,
七尺汉子,
伟岸得像松林一样,
可是,当风暴袭来的时候,
却是她,冲在前边,
挺起柔嫩的肩膀,
掮起民族大厦的栋梁!

我曾满足于——
月初,把党费准时交到小组长的手上；
我曾满足于——
党日,在小组会上滔滔不绝地汇报思想!
我曾苦恼,
我曾惆怅,
专制下,吓破过胆子,
风暴里,迷失过方向!

如丝如缕的小草哟,
你在骄傲地歌唱,
感谢你用鞭子
　抽在我的心上,
让我清醒!

让我清醒!
昏睡的生活,
比死更可悲,
愚昧的日子,
比猪更肮脏!

四

就这样——
黎明。一声枪响,
她倒下去了,
倒在生她养她的祖国大地上。

她的琴呢?
那把她奏出过欢乐,
奏出过爱情的琴呢?
莫非就此成了绝响?
她的笔呢?
那支写过檄文,
写过诗歌的笔呢?
战士,不能没有刀枪!
我敢说:她不想死!
她有母亲:风烛残年,
受不了这多悲伤!
她有孩子:花蕾刚绽,
怎能落上寒霜!
她是战士,
敌人如此猖狂,
怎能把眼合上!
我敢说:她没想到会死。
不是有宪法么,

民主，有明文规定的保障；
不是有党章么，
共产党员应多想一想。
就像小溪流出山涧，
就像种子钻出地面，
发现真理，坚持真理，
本来就该这样！

可是，她却被枪杀了，
倒在生她养她的母亲身旁……
法律呵，
怎么变得这样苍白，
苍白得像废纸一方；
正义呵，
怎么变得这样软弱，
软弱得无处伸张！
只有小草变得坚强，
托着她的身躯，
抚着她的枪伤，
把白的、红的花朵，
插在她的胸前，
日里夜里，风中雨中，
为她歌唱……

五

这些人面豺狼，
愚蠢而又疯狂！
他们以为镇压，
就会使宝座稳当；
他们以为屠杀，

就能扑灭反抗！
岂不知烈士的血是火种，
播出去，
能够燃起四野火光！
我敢说：
如果正义得不到伸张，
红日，
就不会再升起在东方！
我敢说：
如果罪行得不到清算，
地球，
也会失去分量！

残暴，注定了灭亡，
注定了"四人帮"的下场！

你看，从草地上走过来的是谁？
油黑的短发，
披着霞光；
大大的眼睛，
像星星一样明亮。
甜甜的笑，
谁看见都会永生印在心上！
母亲啊，你的女儿回来了，
她是水，钢刀砍不伤；
孩子呵，你的妈妈回来了，
她是光，黑暗难遮挡；
死亡，不属于她，
千秋万代，

人们都会把她当作榜样!

去拥抱她吧,
她是大地的女儿,
太阳,
给了她光芒;
山岗,
给了她坚强;
花草,
给了她芬香!
跟她在一起,
就会看到希望和力量……

选自《诗刊》1979年第8期

也许是因为人们常常自觉不自觉地把自己隐蔽起来,所以敢于敞开心灵的作品更容易为读者欢迎。《小草在歌唱》渗透和交融着多种真挚复杂的情感。一是对张志新烈士的痛惜与崇敬,诗人把张志新比作刘胡兰、江竹筠和丹娘,她们都为了追求真理而从容赴死。然而,历史上的三位巾帼英烈在刑场上已经望见了正义的胜利曙光,张志新却死在人妖颠倒的时期。举世混浊,尽人皆醉,独有她清醒地孤军作战,在极端孤立和千夫所指中走向刑场。这是张志新悲剧之所在。她是黑暗中熠熠闪光的夜明珠,是永生的大地的女儿,是普照人间的太阳。痛定思痛,长歌当哭,诗人把对烈士的痛惜和敬仰化作美好的形象。与此相对的情感是对"四人帮"残暴的愤怒和痛恨。为张志新烈士的被害愤怒得不能自已。天地茫茫,为什么眼看人类精英被残杀而沉默无语!诗人的批判锋芒已经指向更深的层次。

爱与恨是情感的两极,正如善与恶是道德的两极一样。两极相距越远,爱与恨的反差便会越大。当这两极相融,就能迸出明亮的火花,照亮人们的心灵。诗人因此而看到了自己的欠缺和弱点,于是便作为严厉的法官,来拷问自己的灵魂,历数自己心脏的"僵死",审讯自己曾有过的"惆怅"和"怯懦",判定自己"昏睡"和"愚昧"的生活之可鄙可弃。诗人自审出的丑恶,几乎人人都有,那一时期的人们往往会蒙蔽自己的良知而听任或助长邪恶横行。但诗人的自审意识和忏悔勇气,却未必人人都有。正视自身,否定自我,显示出诗人人格力量的健全,从而赋予这首诗以深沉坦诚的内在气质。人不必惧怕沉沦,只需能时时弃旧图新;有出息的民族更应该有勇气救治自己的痼疾,清除自己的劣根性,特别是自己制造了一场灾难的民族。作品中的自审意识具有强烈的感染力,促使人们反思自身,因而别有光彩。

选择"小草"作为贯穿全诗的形象,是这首诗成功的艺术创造。小草青青,沁心爽目;小草芊芊,遍生田野;小草柔弱却坚韧,卑微但正直。小草本无知无觉,诗人赋予它以生命以情感以灵性。最终成了一个含有多义的象征物,可以从不同的角度理解。不过我觉得,如果把它视作良知,似乎较能切近这首诗的意旨。只有未被泯灭的良知才能够歌赞英雄,抚慰英魂,拥抱烈士高傲的身躯,绽放灿烂的人性之花。它浸透了烈士的血和诗人的泪。它是拨响真善美的六弦琴。它是全诗的核心和纽带。以"小草"这几乎不可替代的形象结构全诗,不但把彼此极不容易共处的诸种情愫牢固地焊接在一起,从而使全诗成为一个有机整体,而且使"小草"和诗获得了更为深沉的意蕴,并超越了它们自身。

将几种冰炭不容的情感推到极致,又让它们相互撞击,是这首诗的又一艺术特点。以爱撞击恨,爱与恨更见强烈;以痛惜撞击忏悔,两者平添了沉重;以讴歌撞击诅咒,讴歌远离浮泛,诅咒分外深沉。它们相吸相斥,相反相成,形成多声部的复合情感,扭结成一股合力,撞击读者心魂,产生了震撼人心的力量。

这首诗的第三个艺术特点是排比句式的大量使用。由第一章起,便由"风"和"雨"组成第一个排比。之后,在诗行之间,诗节之间,排比句式大量出现,它们有的造成诗意的反衬,有的是对情感的强化,有的为了铺陈,有的旨在思想的递进。它们分别是一个个情感的团块,或低沉,或激越,或厚重而坚实,增强了诗的质感,合起来就使诗具有了澎湃奔涌的气势。

(刘延庆)

雨中谒郑成功墓   雷抒雁

如果,雨是在远山落下
从云遮雾罩的山谷
流进这条叫晋江的河
也许,我还不会这样激动

今天,雨落自我的头顶
一丝丝湿润着我的眼睛

又一滴滴落在你的祭坛
叫我怎么能不动感情
烈士的人生是慷慨的悲歌
可以唱彻历史,唱彻古今
海风吹动你的衣襟
你的心你的剑仍在鞘里跳动

一块土地因你的站立而有了高度
有了期待和骄傲
南安——郑成功,郑成功——南安
一个人的两个名字,在世上永生

选自2006年9月9日《人民日报》

郑成功是明清之际收复台湾的著名将领。1661年,台湾被荷兰殖民者所占,为此,台湾人民进行了不间断的反抗活动。在民众抵抗精神的激励下,郑成功率数万将士自厦门出发登陆台湾,经8个月浴血奋战终于击溃守岛及增援的敌军。1662年2月1日,荷兰总督揆一宣布投降,宝岛又回到祖国怀抱。仅仅过了5个多月,郑成功便不幸病亡,给后人留下一世英名。

《雨中谒郑成功墓》是一首记游的短诗。诗歌采用的是先抑后扬的写法,第一段只是衬托,为写郑成功的墓做一个铺垫。第二段进入正题,写诗人在雨中来到了郑成功墓,祭拜古代英烈。那丝丝的雨帘滴湿了祭坛和诗人的眼睛,雨滴就成了某种媒介物,使诗人仿佛和古人有了心灵的沟通。当诗人承受墓地的雨滴时,诗人眼前仿佛又上演了历史上那悲壮的一幕,但是诗人此时感受到的已不是悲凉而是兴奋,似乎英烈的心脏和宝剑都仍在跳动,仍在激发我们民族反抗侵略的不屈精神。这种精神不会也不应随历史的逝去而消亡,它应该永远激励我们自强不息。第三段笔锋一转进入议论,把墓地主人郑成功和郑成功的家乡南安联系起来。在雷抒雁的笔下,景物和土地都因人物而有了活力,有了意义,因为"一块土地因你的站立而有了高度"。郑成功是福建南安人,南安如果没有郑成功或许永远默默无名,可是现在,它和一位民族英雄的名字联在了一起,南安成了郑成功的另外一个名字,它便获得了永生。好在南安这个地名未改。如若地名被改,则地名上所承载的人文精神也将荡然无存,我们不希望这样的事情发生。看到南安,我们就想到郑成功,想到台湾是祖国可爱的宝岛,不能容忍他人染指。

　　雨中拜谒古人的墓,这种题材的记游诗可以有各种写作手法、各种风格,或描写,或记叙,或议论,或清新,或惆怅……这首诗显然是以议论为主,作者追求的不是景观而是思考,风格上则是严肃的。

(任丽青)

【诗人小传】

汤世杰 (1944—) 湖北宜昌人。1967年毕业于长沙铁道学院铁道工程系。历任昆明铁路分局政治部宣传干事、秘书,《昆明铁道报》副刊编辑,《文学界》副主编、云南省作家协会副主席。1962年开始发表作品。著有诗集《第一盏绿灯》,长篇小说《情感债务》《情死》,中短篇小说集《高原的太阳》,长篇散文《殉情之都——见闻、札记与随想》,长篇报告文学《土地诗篇》,电影文学剧本《大峡谷》等。

隧　道　群

汤世杰

这里浓缩时间
这里延伸生命

几分钟一个子夜
一小时几次黎明

如逝去的岁月
是真实的梦境

漫长而又迅急
黑暗伴着噪音

终于冲出重峦
听风笛一声长鸣

快让眼睛习惯吧
天阔、水绿、山青
选自《于细微处见功夫》，上海文艺出版社2009年版

　　当前科学技术迅猛发展，物质生活丰富多彩，有些人干脆称我们进入了"数字社会"。这样一来，就产生了明显的矛盾和问题：科学技术讲究实用价值，诗歌艺术属于审美范畴；数字严谨、简明、确定，诗歌则灵活多变、富于想象力。试问：怎样才能使科技和诗歌两者相互促进、共存共荣，而不是此消彼长、互相抵触呢？

　　与其泛泛而谈，还不如举例说明，举一反三。请看汤世杰的《隧道群》这首诗。

　　诗人早期毕业于长沙铁道学院，对铁路、隧道情有独钟，因此后来写起这类题材的作品也不同凡响，令人深思。一般人乘车过隧道，是在理所当然地享受现代化的科研成果，他们开始也许感到新鲜，以后便会觉得："进隧道一片黑暗，出隧道又见光明，就是这样简单。"但诗人却从这个尽人皆知的感受出发，作了大跨度的变化和升华。诗的开头就很精彩，其中"浓缩时间""延伸生命"十分耐人寻味。修通了隧道，便利了交通，这不正是缩短了大量时间，无形中等于延长了旅客的生命吗？此其一；再推而广之，我们不管做什么事，倘若都能"浓缩"即抓紧时间，不也可以"延伸生命"——生活得更加丰富多彩吗？诗人面对"隧道"这个科研成果提炼出了富于哲理的诗情，真可谓"独具慧眼"！

　　底下各节还有不少可圈可点之处。第二节中，"子夜"何其长，"几分钟"何其短，诗人却要让它们搀起手来。世人皆知"黎明"一天一次，诗人却偏要分成"几次"。可以看出，作者不是呆板地、就事论事地形容"隧道"的断而相续、遥远绵长，而是抓住自己的瞬间视觉感受，进行大胆的、奇特的描写，牢牢地吸引读者。仅此一例，其"诗艺"之高鲜明可见。第三节把"岁月"和"梦境"并提，同样给人以似真似幻、似信未信的强烈感觉，一下子就引导读者沉浸在浓郁的诗情中了。

　　此诗的结尾三节和开头一样，有着很大的包容性——使读者在体会过隧道的同时，还能够领会到其他的意味。读诗既要"入乎其内"，又要"出乎其外"。那就让我们在"入"和"出"两方面下点功夫。先看第四节，路程"漫长"怎么办？火车用"迅急"的姿态去克服。寂静常与"黑暗"相伴，火车偏用"噪音"进行挑战。读着这样富于张力的诗句，人们的心能不怦怦作跳吗？更进一步，还会坚定向困难挑战的决心吗？同样，听着"冲出重峦"以后长鸣的"风笛"，人们也一定会联想到战胜困难以后各种激动人心的场面：万众欢呼，锣鼓喧天……此诗结尾处的一声召唤，是对隧道外面美丽景色的简洁勾勒，其实又何尝不是号召人们不要满

足和停步,而要热情洋溢地去迎接更多更美的风光景色!

总而言之,《隧道群》高超的艺术性就在于它处处写"隧道",但又不限于"隧道"本身。诗人敢于超越"隧道"工程实用的功利的层面,进行大幅度的变化和联想,最终升腾起富于哲理的诗情,容纳更多的人生况味。写到这里,我们不禁要呼吁:诗人们,不要在科学技术面前无所事事,束手无策,而是要大胆地迎向前去,进行创造性的诗歌创作,不仅让广大读者得到全新的艺术享受,还能让科研工程专家深切体会到:"原来我们所从事的工作如此富于诗情!" （孙光萱）

【诗人小传】

刁永泉

(1945—) 陕西洋县人。1989年毕业于西北大学中文系作家班。历任陕西勉县中小学教师、县文化馆文学组长、陕西省汉中市文艺创作研究室创作研究员、汉中市文联副主席。1978年开始发表作品。著有诗集《山谣》《梦游者》《情感与理解》《回归家园》《神·鬼·人启示录》《虎白室吟稿》(古体诗词),以及散文、诗论等作品。

往事与随想

刁永泉

居住在天国的不一定都是神。
居住在人间的不一定都是人。
居住在地狱的不一定都是鬼。

神到了人间一定比人更平凡。
人到了地狱一定比鬼更微贱。
鬼上了天堂一定比神更神气。

选自《诗刊》1979年10月号

这首诗虽短,却有格言的魅力。

"居住在天国的不一定都是神。"这里的"天国"可以理解为"高位",也可理解为"神坛"。造神或者自我神化是人类社会异化的突出现象,由此滋生了个人迷信,点燃了无尽的香火。然而历史常常在瞬间将被神化的人放回到凡人之列,使人洞察天国的虚幻。这犹如庙里的神像一旦倒塌,露出的只能是泥胎草筋。

"居住在人间的不一定都是人。"芸芸众生,貌似同类,但画出魂魄,气象便各不相似了。这一句看似平常,却最能引人共鸣。

"居住在地狱的不一定都是鬼。"蒲松龄的一部《聊斋志异》,道尽"鬼域"的感人之处。而现实生活中曾被划为"牛鬼蛇神"的沦落者,比起曾叱咤风云的执鞭人,又多么具有人的善和真!

上面三句,皆属警世之笔,抹去涂在人世外壳上的迷彩,道出其中的本相。笔触冷峻练达,构成诗歌深邃的思想内涵。

"神到了人间一定比人更平凡。"被神化的人一旦还原为人,巨大的反差更能显示出其平凡的本性。此时此刻,人们才会惊奇地大悟:世上的你我他,都是一个种属!

"人到了地狱一定比鬼更微贱。"人妖颠倒之时,小鬼得志之日,人岂能不被妖风鬼气所窒息!社会最大的悲哀,是正邪的颠倒,此时人间即是地狱,鬼魅行使对人的专政。从浩劫中走过来的人们对此怎能不记忆犹新!

"鬼上了天堂一定比神更神气。"神气来自何乡?小人得志的猖狂、无法无天的恣睢、耀武扬威的咄咄逼人。但这种神气仿佛雪人的炫目,是断不能持久的,一旦春风拂地,那个鬼胎就大白于天下。

第二节的三句,从"变"的角度,淋漓尽致地揭示了"神""人""鬼"的本质。每一句与上一节都有相对应的含义,而且更有力地推进了思想意指。因此,全诗虽然寥寥数行,但使人感到完整,有层次,尤其是有思想大解放年代的醒世之音。

(梁永安)

[诗人小传]

敻 虹

(1940—) 女,原名胡梅子,台湾台东人。1958年毕业于台东女子中学,考入台湾师范大学。1962年毕业后一直在中学任教。1974年赴美国衣阿华大学国际写作班从事研究,次年回台湾。

殒 星　　　　　　　　　　敻 虹

爱情光化而去了
遗下点点的点点的,啊!为什么是

葡萄灯盏之明灭
为什么是回忆,是一窗细雨
是一窗泪!

让我,啊! 轻声问你
问你问你问你
再问你:
那里去了呢?
我少年时代的第一曲恋。

选自《夐虹诗集》,台湾大地出版社 1979 年版

  初恋,是美好的。因此,初恋无论成功还是失败,总是令人难忘的。也许,失败的初恋比成功的初恋更令人难忘!
  这是一首描写初恋失败的诗。诗人把失败的初恋比作殒星,意在表明那初恋虽然破灭了,但它却有过明亮的闪光,给人留下了难忘的印象。这首诗着重表现了多少年以后对那奇妙的初恋进行回顾时的意识活动,采用的是一种意识流手法,是一种在意念闪动下的情感奔放,而不是一种具体的恋爱活动。诗一开头便是"爱情光化而去了",告诉人们这是过去的事情了。然而这过去的事情,却永远不能从心中消失。它忽隐忽现,若即若离。诗人把这种感觉意象呈现得非常贴切而美丽。它一点点,一点点地闪着光,那跳跃的形象如葡萄灯盏,如一窗细雨如一窗泪。这形象是一步一步深入的,由灯盏到泪,由外界入内心,此时,多情的主人公已经泪眼模糊了。于是诗的第二节便脱开纷纭的意象,直逼核心。主人公再也按捺不住,情急意切地站出来发问了:"问你问你问你/再问你……"人们透过这急促的一连串发问声,看出主人公寻觅那失去的初恋的心情已经如火烧火燎,无法遏制。但细心的读者不会忽略,冠在一连串发问前的"轻声"两个字,虽然那么急迫,但还没有忘记羞怯,这"轻声"二字既表现了主人公的情态的节制,也压抑了情感的流量,使诗有一种别致感。

(古继堂)

【诗人小传】

周良沛

(1933—) 江西九江人。1949 年参加中国人民解放军,开始诗歌创作。1953 年调西南军区入藏创作组。1955 年后在昆明军区政治部任创作员。"文革"后在云南省文联工作。

珍　珠

周良沛

已经不知道什么是光明，
牢黑得不知道自己可有眼睛，
一天，放风开禁，打开窗门，
反被阳光突然戳得眼花头晕。

我一直——等，等，等，
我总是——信，信，信，
相信地上的房子都能打开窗门，
等见到阳光不会眼花头晕。

像沙在珠蚌里磨磨磨，
像珠在蚌沙里滚滚滚，
在等得难熬中，还等，
在信得难以相信中，还信。

对同志友爱，对长者尊敬，
有难相互支持，只有一片真心，
流逝的岁月，当人遇不幸，
时光只像珠沙磨珠磨得越珍。

最终，它只能是无价的，
生活的信念，真理的追求，
璀璨纯净的感情——
一颗真的珠，真的心……

选自《大海行》，广东人民出版社 1979 年版

这是一首咏物诗。诗人在 1979 年 3 月访问海南岛的珍珠养殖场，珍珠艰难的生长过程激发了他的灵感，并由此联想到人在长期的逆境和等待中情感的磨

炼。于是,他以珍珠喻人,写下了这首讴歌人在苦难中高尚情操和坚定信念的抒情诗篇。

全诗分五节。第一节描写珍珠长久的水下生活和今天的喜见天日。这是黑暗与光明对比鲜明的两个世界、两种生活。作者把珠蚌比作黑牢,"黑得不知道自己可有眼睛",既夸张又真实,眼睛由于久不使用而似乎变得不存在了。作者又将珍珠的取出喻为"放风开禁","反被阳光突然戳得眼花头晕",既写出光明之强烈,又表现了习惯于黑暗的眼睛不能适应光明。以眼睛的感觉功能为线索,以黑与亮、禁与放为对比,这一节诗描绘了珍珠命运的变化,隐喻着粉碎"四人帮"后生活出现的历史性转折。第二、第三节诗围绕着珍珠在长期的黑暗生活中两个主要的心理活动,即等待和信念,表现了它坚韧和执著的思想性格。两节诗各有侧重。第二节通过"一直""总是"的时间性状语和"等,等,等""信,信,信"的反复手法运用,突出了时间之长和感情的执著;第三节则以两个"难"字("难熬中","难以相信中")和两个"还"字("还等","还信")的强调,反映出境遇之艰难与信念之坚韧。第四、第五两节是全诗的最后部分,主要点明了"等"与"信"的具体人生内蕴,并赞美了它的情感和个性价值。这两节诗之间是具体与一般、铺垫与升华的关系。第四节将等待与信念具体化,表明了正常合理的人际关系应该是这样的:"对同志友爱,对长者尊敬,/有难相互支持,只有一片真心。"这一理想和愿望是很有针对性的,它渗透着对"文革"中以阶级斗争为纲所造成的病态社会现象的批判意识。第五节把珍珠的高尚品格上升到追求真理的人生高度加以认识和讴歌,点出了全诗的题旨:"一颗真的珠,真的心……"即借珠喻人,赞美人在苦难中结晶的纯净、真诚、无价的情感。

这首诗最大的艺术特色在于人和珠之间的对应描写及互为喻比。一方面,作者大量运用明喻修辞手法,如"像沙在珠蚌里磨磨磨,/像珠在蚌沙里滚滚滚","时光只像珠沙磨珠磨得越珍",从而在人珠之间建构起想象的对应关系。另一方面,作品又贯穿着拟人化手法,将珍珠的生成过程和外部特征充分人格化,赋予人的情感和品质,如用"放风开禁,打开窗门"写珠从蚌壳内取出,以"眼花头晕"写珠的感觉,通过"等"与"信"表现珠的思想活动。以珠喻人的艺术构思,使本诗具有巨量的思想内涵和深刻的现实意义。我们从珠的生成环境,可以联想到人在"文革"十年中的命运和情感经历,可以反思人生的意义和价值,可以悟到苦难与心灵净化的辩证哲理。此外,本诗在反复和排比手法的运用上也较为成功。前者如"等,等,等","信,信,信","磨磨磨","滚滚滚",强化了情感的浓度和表现的力度;后者使诗句显得整齐匀称,造成一定的气势,易于诵读。

(方克强)

【诗人小传】

流沙河

(1931—) 原名余勋坦,四川金堂人。1948年在高中读书期间开始发表诗歌和短篇小说等。1950年任《川西日报》编辑。1952年到川西文联任编辑。1978年到金堂县文化馆工作。

故 园 六 咏
——写在十年浩劫中

流沙河

哄小儿

爸爸变了棚中牛,
今日又变家中马。
笑跪床上四蹄爬,
乖乖儿,快来骑马马!

爸爸驮你打游击,
你说好耍不好耍。
小小屋中有自由,
门一关,就是家天下。

莫要跑到门外去,
去到门外有人骂。
只怪爸爸连累你,
乖乖儿,快用鞭子打!

选自《诗刊》1980年第9期

《哄小儿》是组诗《故园六咏》中的一首,作于"文革"中诗人遭受迫害之时。

题作"故园",其实并无楼阁亭台之胜,曲径通幽之美。不过是指当年诗人赖以安身的一个"荒园",是诗人挣扎于风雨飘摇中的一个"窝巢",它充满着诗人的血泪和辛酸,当然,也留下了和诗人共患难的妻儿的身影与足迹。

流沙河曾经说过:"诉苦说愁之词,宜简不宜繁,宜白不宜文,繁了文了,听来就不真了。"(《隔海说诗》)这确是一个精辟的见解。如果说流沙河的诗向来以明朗、通俗取胜,那么,《哄小儿》就表现得格外明显,它通篇是大白话,没有一个僻字难句,但诗愈"白",情愈真,通过哄小儿的亲切口吻,人们不难发现诗人的慈爱心肠。

诗的开头直截了当:"爸爸变了棚中牛,/今日又变家中马。"看似两个较为整齐的对句,其实实质完全不同,前者出于被迫,是"左"的路线造成的恶果,后者出于自愿,是诗人在极其困难的情况下想方设法尽一点做父亲的天职。明乎此,人们才会懂得第三行中"笑跪"的分量有多重。鲁迅诗云"俯首甘为孺子牛",一语道出了文化先驱的宽阔胸怀,读之令人动容。不过那是比喻,而今却是实写,虽非泛指天下的"孺子",仅限于诗人自己的孩子,但由于道出了人间不可缺少也不该剥夺的亲子之情,不也同样感人至深吗?

第二、第三节的句式和写法同第一节相仿,诗人的感情就像一道宽广的河流,徐缓地平静地向前展开,不过细细咀嚼,又可以发现其中同样有着波澜和变化。"小小屋中有自由,/门一关,就是家天下。"是诗人面对无情现实所发出的自我宽慰之辞,语气肯定,态度高扬,读到这里,读者的心也仿佛为之一宽。"只怪爸爸连累你,/乖乖儿,快用鞭子打!"则是诗人想到可怕的"株连"时所作出的自我谴责之辞,仿佛由此可以多少减轻一些自己内心的痛苦,读到这里,读者的心又不禁骤然收紧。这前后的一宽一紧,一放一收,不就生动地突出了诗人始终不渝的爱子之情吗?

诗人具有豁达乐观的胸襟,即使长期处于逆境也没有忘掉对亲子之爱和人情美的向往和追求。很难说这是一首专写愁苦的诗,尽管愁思处处可见,也很难说这是从正面鞭挞极"左"路线的作品,尽管"左"的危害处处在人耳目,可以说《哄小儿》是"寓历史脉搏于家园琐细,寄悲愤哀叹于闲情逸兴"(吴嘉《流沙河归来辞》)的诗篇,它的独特的魅力正在于此。

(雪 怀)

故 园 六 咏

——写在十年浩劫中

流沙河

芳 邻

邻居脸上多春色,
夜夜邀我作客。
一肚皮的牢骚,

满嘴巴的酒气,
待我极亲热。

最近造反当了官,
脸上忽来秋色。
猛揭我的"放毒",
狠批我的"复辟",
交情竟断绝。

他家小狗太胡涂,
依旧对我摇尾又舔舌。
我说不要这样做了,
它却听不懂,
语言有隔阂。

选自《诗刊》1980年第9期

《芳邻》是诗人的组诗《故园六咏》中的一首。是一首揭露动乱年代的特殊产物——造反起家的新贵的短诗。通篇采用直说明言的赋体,全凭淡淡几笔白描,却活脱脱地再现了当年不可一世的造反升官图中人物的丑恶嘴脸。

诗的题目取得文雅、严肃,意味深长。"芳邻"者,好邻居之谓也。"芳邻"是个褒义词,题目当然是个正面题目。作品的妙处,就在于反面文章正面做,不露声色地寓贬于褒,一本正经地为"好邻居"画像。

诗的第一小节,紧紧扣住《芳邻》这个题目,极写邻居之"芳"(好):开头一句,赋中有比,"邻居脸上多春色",指的是邻居和颜悦色,一脸喜气。接着诗人选择了足以显示人物性格特征的两个生活细节:"一肚皮的牢骚,/满嘴巴的酒气。"尽管"牢骚"和"酒气"透露了一点点小市民习气,但是此公待人和气、"亲热"的特点,还是给读者留下了不愧为"好邻居"的印象。然而,这位"芳邻"脸上的"春色",却像六月的天气,说变就变。第二小节第一句开门见山,点出了"芳邻"造反升官的身份。接着由此生发开去,写"芳邻"的突然变化:平日脸上颇"多"的"春色"转为"秋色"。这"秋色"指的是"冷若冰霜"的冷色和"肃杀之气"。"芳邻"的脸色变了,随之而来的是待人态度的变化。当日"夜夜邀我作客","待我极亲热",一下子变作"猛揭我的'放毒',/狠批我的'复辟',/交情竟断绝"。前后两段白描,构成了一个强烈的对比,有力地衬托出这位"好邻居"两面人的嘴脸和灵魂。这首诗如果结在这里,揭露造反升官者的丑恶嘴脸的目的,似乎已经达到,但是诗人并没有在这里止步,结尾一段,忽然写到"芳邻"家的"小狗",乍看,好像是可有可无的闲笔,仔细一品味,闲笔非但不闲,而且是诗味隽永的出人意料之笔。在表达主题上,成功地表现了诗人不动声色的幽默。

诗人写"芳邻"其人是褒中寓贬,或者说是欲贬却褒,较好地收到了冷嘲的艺术效果;写"芳邻"家的小狗,却是寓褒于贬,以埋怨的口吻,写"他家小狗太胡涂",笔端却带着感情:狗对人有情,人对狗有意,生怕"小狗"因"胡涂",和"我"划不清界限,而受到连累。诗人真诚地告诫它"不要这样做了",然而,"它却听不懂,/语言有隔阂。"诗到这里,戛然而止。全诗三个小节,只是客观地写了"芳邻"其人和"他家小狗"对"我"的态度,对"芳邻"人品的是非曲直未加一字评论;然而,诗人对人对狗的鲜明的倾向性,却从极其平淡的白描文字中,自然而然地流露出来。结尾一节,又是一个对比,狗和人的对比。狗和人本来是不能对比的,让他们相比,似乎有点荒唐,然而诗人的荒唐笔墨,却运用得自然贴切,恰到好处地起到了深化主题的作用。

(杨金亭)

朱子奇

【诗人小传】

(1920—2008) 又名朱智麟、朱大可、朱文,湖南汝城人。1936年就读于江苏省农业职业学校。1937年去延安,先后在抗日军政大学、军委俄文学校学习。毕业后留抗大延安分校政治部工作。1940年到中央军委直属政治部工作。曾参加延安的山脉诗歌社、新诗歌社。1945年任张家口《北方文化》社秘书、编辑,并曾在华北联大文艺学院工作。新中国成立后曾任任弼时的秘书、中国人民保卫世界和平委员会副秘书长、中国亚非团结委员会副主席。1978年后任中国人民对外友好协会常务理事。

听肖邦的钢琴声响

朱子奇

一九八〇年二月二十日,在北京举行了世界著名的波兰音乐家、爱国者肖邦诞生一百七十周年纪念会。两位中国青年钢琴手演奏了肖邦的钢琴协奏曲。波兰驻华使馆和在京的许多波兰朋友出席了纪念会。波兰小朋友还向演奏者献了花。

听肖邦深情明朗的钢琴声响，
是听维斯杜拉河的流水欢唱。
我的心又被引到华沙郊野，
引到阔别多年的波兰友人身旁。
我仿佛又闻到了音乐家墓地上[①]
那只银杯里的故乡泥土散发着芳香。

听肖邦激昂雄壮的钢琴响声，
是听原野上千军万马在奔腾。
一串串琴的音符，诗的语句，
犹如一颗颗愤恨的子弹飞去！
华沙起义者们呼唤着自由，
向异族统治者沙皇尼古拉进军……

听肖邦充满生气的钢琴响声，
是听田野里飘荡着百鸟齐鸣。
那纯朴的民谣风味亲切感人，
激励着每一个爱国者的心灵。
它给勤奋的人们以力量和信心，
它给自由的追求者以温暖和友情。

选自诗集《春鸟集》，人民文学出版社 1980 年版

〔作者原注〕① 按照肖邦的遗嘱，肖邦在巴黎死后，友人把他的心脏运回祖国埋葬，并把他珍藏着的银杯中的故乡泥土撒在他的墓地上。

这首诗平实厚重、明快畅达，看似随口吟出、信笔写来，实则蕴含着诗人的缅怀之情，是一首成功的抒情诗篇。

肖邦是波兰音乐家、爱国主义斗士。他后半生流亡国外，生活极端孤寂。他痛苦地自称为"远离母亲的孤儿"。肖邦怀念祖国、思念亲人，他用自己的生命谱写了很多具有爱国主义思想的钢琴曲，以此抒发自己的思乡情、亡国恨。在肖邦诞生 170 周年纪念会上，诗人被肖邦那充满生命的活力、战斗的激情和乐观的情

绪所深深打动,他沉浸在那时而宁静温柔、时而热情明朗、时而轻松欢快的旋律之中,浮想联翩。

诗人抓住肖邦钢琴协奏曲"思乡情、亡国恨"的内在主旋律,化抽象的音乐为一幅幅带有时代与地方色彩的生活画面,不仅高度概括了肖邦爱祖国、爱人民和为自由独立而战的一生,而且使整首诗具有动感和形象性。诗人熟习和喜爱肖邦音乐,他把肖邦钢琴曲"深情明朗""激昂雄壮""充满生气"三个特点在构思上具体化为三节,随着乐曲旋律之变化把读者带进诗情画意的艺术境界:流水淙淙的维斯杜拉河;散发着故乡泥土芳香的音乐家墓地;万马奔腾、子弹嘶叫的旧战场;百鸟齐鸣、欢腾喜庆的节日场面……同时也随着诗人情绪之消长诱发起读者对这位伟大的音乐家感情的升华:从肃穆敬重到热血沸腾到亲切感人,一种"给勤奋的人们以力量和信心","给自由的追求者以温暖和友情"的感觉油然而生。这是肖邦音乐的力量所在,也是这首诗的艺术成功之处。

为了尽兴抒发诗人的感情,同时给全诗造成一种活泼流畅的气氛,诗人用了排比和暗喻等修辞手法。这首诗的每节开头两句都用了"听……是听……"的句式。这个排比式反复的运用,恰到好处地把诗人浮想联翩的纷乱思绪连成一个和谐统一的整体:诗人的思绪是纷乱的,但全诗却是整齐和谐的。它加强了诗的语气和感情色彩,使本来平淡无奇的诗句增添了诗的节奏感,而这种节奏感又是随着肖邦乐曲之变化和诗人情绪之消长而时高时落,此起彼伏。"听……是听……"这个句式,从比喻角度看,它采用的是暗喻。诗人在聆听肖邦音乐,根据自己对肖邦音乐所产生的联想,抓住肖邦音乐三个特点,通过暗喻把抽象深奥的东西化为具体生动的画面,使读者对肖邦乐曲有了进一步的理解。　　(林唯民)

【诗人小传】

顾　工

(1928—　)　原名顾菊楼,上海人。1934年在北平读书,1944年回上海参加晓钟剧团。1945年到苏北新四军军部文工团工作。1949年开始发表剧本。1950年随军入四川剿匪,1951年随军进入西藏。1954年到西南军区创作室工作,1955年任八一电影制片厂编剧。1958年起任《解放军报》编辑。后在解放军总后勤部文化部创作组从事创作。诗作数量多,题材广,较有影响的是描写藏民生活的诗篇。

回忆像潇潇雨丝

顾　工

从我生出第一颗稚牙，
到我揪下第一根白发，
这中间度过了、经历了
多少纷乱而艰辛的年华……

回忆像秋天的潇潇雨丝，
回忆像冬天的片片雪花，
回忆像春天解冻的冰河，
回忆像夏天舒展的枝丫……

要不要再写摇篮边的歌曲？
要不要再写梦幻中的童话？
要不要再写战争中的英雄？
要不要再写行军踏遍的天涯？

我不想去翻旧时的日记，
我不想去抓历史的伤疤，
我的泪滴，我的血流，我的瀑布，
在心灵的深处冲激和悬挂……

难道许多遭遇都是历史的误会？
难道生活的颠簸都是阴错阳差？
难道允许我重新诞生，重新行走，
我将选择另一条路，另一座山崖？

时代的浪潮总会卷去枯枝败叶，
历史的波涛总会滤出粒粒金砂；

怀疑论者也许会变成疾飞的快艇,
危机论者也许会登上最高的脚手架!

八十年代是个生死存亡的年代,
在这年代不能耸立,就会倒塌;
当年冲锋陷阵夺取摩天岭的儿郎,
今天定能率领子孙兴建摩天大厦!

我还是喜爱我们的乐章,
我还是赞美我们的云霞,
当眼帘和生命的幕布徐徐关闭,
希望的交响诗仍在绿荫中喧哗……

选自 1980 年 6 月 23 日《人民日报》

  诗人步入生命的晚秋,面对徐徐沉落的夕阳,回首平生,感慨系之。诗中的抒情主人公"我"的话音、神态如闻如见,跃然纸上。第一节看似平淡无奇,但却概括了人生的个中况味,只要稍稍回顾一下已经逝去的岁月,就不难体味到其中所蕴含的内涵是何等丰富!
  接着诗人用铺陈排比句的手法,虚实相间地写了两节诗。第二节是虚写,第三节是实写。第二节虽未具体写出回忆的内容,但用秋天的雨丝、冬天的雪花、春天解冻的冰河和夏天舒展的枝丫来加以比附象征,则又是用的具象化的实写手法。从这四季的明丽、充满动感和活力的形象中,我们分明感受到了抒情主人公在回忆时愉快而亲切的情感色彩。这里,令人联想起普希金的《当生活欺骗了你》那首名诗。无论是欢乐和痛苦,一切都会过去,"而过去了的一切,便将成为亲切的回忆"。接下去诗人一连用了四个"要不要再写"的问句。"要不要再写"?回答自然是肯定的,诗人意在提醒人们:对于过去的美好事物和传统是不能也不该忘记的。
  那么,何以诗人紧接着又写了"我不想去翻旧时的日记,/我不想去抓历史的伤疤"这样的诗句呢?这岂非自相矛盾?其实并不矛盾。第一,"不想去翻""不想去抓",并不意味着忘记,也许正因为不能忘记,烙印太深,才没有勇气去翻,去抓。第二,否定和忘记过去的美好事物和传统固然不好,但一味沉溺在抚摸"历史的伤疤"而不能自拔,则也是不足取的。诗人写"我不想去翻""我不想去抓"正是要从个人的痛苦中解脱出来,而将"泪滴""血流""瀑布"深藏心底,"在心灵的深处冲激和悬挂"。这正表现了抒情主人公的宽广的胸怀。接下去的三个反诘句是以上思想的延伸和深化。如果说第三节问句的言外之意是肯定的回答,那么这一节反诘的言外之意则是否定的回答。这里诗人假设了一个耐人寻味的问题:"难道允许我重新诞生,重新行走,/我将选择另一条路,另一座山崖?"诚然,选择人生道路,机缘会起一定的作用,有时甚至是决定性的作用,偶然性的因素是不可否认的;但是,那是就历史和生活的宏观角度而言的,而如果从某人的经历、性格等方面的微观角度去考察,那么他所作出的某种选择又是必然的。既然如此,那又何必怨天尤人,牢骚满腹呢?这一节诗极平易,却蕴含了令人深思的深邃的哲理。

如果说以上的诗句表现了"我"从个人创伤和痛苦中解脱出来的宽广胸怀,那么以下两节诗则表现了他认清时代潮流的敏锐而远大的目光。诗人坚信"时代的浪潮总会卷去枯枝败叶,/历史的波涛总会滤出粒粒金砂",他相信一切都会变,人自身也是不断变化的:"怀疑论者也许会变成疾飞的快艇,/危机论者也许会登上最高的脚手架!"因此他对改革事业是乐观的,充满信心的:"当年冲锋陷阵夺取摩天岭的儿郎,/今天定能率领子孙兴建摩天大厦!"

最后一节写得情真意切,诉说了"我"对社会主义祖国的热爱。这种情感之所以不像有的平庸之作那样流于空泛,是因为有以上诗句中情感的层层铺垫,或者毋宁说是上面诗句中情感流向的自然归宿。因为诗人摒弃了说教的形式,而是用"我"的亲身体验和情感流程,很自然地使情感得到进一步的深化和升华。

严格说来,此诗属于政治抒情诗,但是避免了同类诗所常有的空泛、政治色彩过浓、缺乏形象的弊病。此诗始终不脱离形象,并且以个人的情感灌注其中。诗人以"我"作为抒情主人公,是以写个人抒情诗的方式来写政治抒情诗,使政治抒情诗更富个性色彩。因为是政治抒情诗,所以在艺术上就不以新奇的形式、诡谲的想象、密集的意象以及由象征、跳跃等手法造成的朦胧晦涩取胜,而是追求一种明丽隽永的风格,语言平易亲切,晓畅生动,意象信手拈来,自然清新,而炽热的情感、深邃的思想皆寓于其中,融为一体。

(刘士杰)

【诗人小传】

刘 章

(1939—) 原名刘玺,河北兴隆人。曾任代课教师和农村基层干部。1977年到河北省歌舞院工作。1982年任石家庄市文联专业作家。

北 山 恋

刘 章

乡 音

八方语，
乡音亲！

男带泥土味，
女有山石音。
小伙说笑水出山，
姑娘唱歌鸟在林。
大娘的唠嗑，婶子的哄孙，
声音也带好音韵！

乡亲音，
乡亲心：

说话守信用，
办事讲认真。
土地入社心交党，
二十多年见丹忱。
胜利也前进，困难也前进，
一双泥手写新春。

思乡音，
忆乡音：

当年被批斗，
骄阳似火盆。
大叔厉声喊打倒，

推我倒入绿树荫。
披二尺树影,享千尺情深,
乡音在耳头不晕。

忆乡音,
试乡音。

乡音常在唇,
说话讲情真。
我以我手写我心,
谱出新歌献人民。
不失泥土味,不丢山石音,
愿似山花吐芳芬!

1980.2.14

选自《诗刊》1980年第4期

  刘章早在20世纪五六十年代即以"农民诗人"成名。他长期生活在河北省兴隆县的一个小山村。后来被调到石家庄市文联工作。但他怀恋故乡,逢节尤甚。1980年除夕,爆竹声声,乡思绵绵,挥笔写成组诗《北山恋》,这里选介的是其中的一首。

  这首诗选材严谨,构思精巧。思恋故乡,怀念乡亲,特别是生活了那么久的家乡,定然会有许多的山川景物、人情事理值得回忆和抒写。但诗人笔不旁骛,只选取最能表达他的乡思乡恋的乡音来结撰全篇。作品始终围绕乡音,写出诗人的所见所闻所历所感,达到了形象的单纯与内容的丰富的辩证统一。先写"乡音亲"。因为乡音朴实——带着"泥土味"、清脆——有着"山石音"、优美——如"水出山"、动听——似"鸟在林",甚至连"唠嗑""哄孙"都有"好音韵",所以让人感到亲切。再写"乡亲心"。由乡音而见乡心:乡亲们说话算话,办事认真,爱党爱国,执著前进。继写"忆乡音"。当年"我"无端遭到批斗,乡亲们暗中予以保护,把"我"从骄阳下推到树荫里,免其曝晒,喊声虽厉,用心却好,致使"我"铭记不忘。后写"试乡音"。表明诗人是泥不改土性、为人不忘乡心的志向,坚持"说话讲情真""我手写我心"。全诗虽分八节,实为四段:三言两行的一小节,承上启下,与五七言六行的一大节构成一段。段段相衔,环环紧扣,一气呵成,天衣无缝。

  诗人注意向我国古典诗歌和民歌学习,广泛吸取营养,使之化为自己血肉。《乡音》不仅讲究意境创造,而且着力语言的锤炼和韵律的安排。"蒙太奇"手法见于现代电影,更早见于中国古诗;《乡音》对此运用自如,令人不觉。"八方语,/乡音亲!"六个字两短句的恰当组合,产生了奇妙的艺术效果:既有八方语音的声调对比,又有不同方言的感情衬托,从而突出渲染了乡音的美与亲。"小伙子说笑水出山,/姑娘唱歌鸟在林。"应读作:"小伙子说笑——水出山,/姑娘唱歌——鸟在林。"作品将人事与自然两种不同的意象对接起来,尽管省略了其中的连接词,却绝不会造成误解。读者一看便知其为比喻无疑。形象极其鲜明,语言异常凝练,乃至不能增减一字。诗人还把律诗中的对仗引入《乡音》:"男带泥土味,/女有山石音。""披二尺树影,享千尺情深"。对仗工稳,但句式有所变化,诗作语言因而显得严整而不板滞,活泼而不散漫,富有韵律美。

(丁国成)

【诗人小传】

食 指(1948—) 原名郭路生。祖籍山东,从小在北京长大。1968年去山西杏花村插队。60年代开始诗歌创作。因患病长期在家和在北京的福利院休养。出版诗集《相信未来》《诗探索金库·食指卷》等。

相 信 未 来

食 指

当蜘蛛网无情地查封了我的炉台,
当灰烬的余烟叹息着贫困的悲哀,
我依然固执地铺平失望的灰烬,
用美丽的雪花写下:相信未来。

当我的紫葡萄化为深秋的露水,
当我的鲜花依偎在别人的情怀,
我依然固执地用凝露的枯藤,

在凄凉的大地上写下：相信未来。

我要用手指那涌向天边的排浪，
我要用手掌那托住太阳的大海，
摇曳着曙光那枝温暖漂亮的笔杆，
用孩子的笔体写下：相信未来。

我之所以坚定地相信未来，
是我相信未来的人们的眼睛——
她有拨开历史风尘的睫毛，
她有看透岁月篇章的瞳孔。

不管人们对于我们腐烂的皮肉，
那些迷途的惆怅，失败的苦痛
是寄予感动的热泪，深切的同情，
还是给以轻蔑的微笑，辛辣的嘲讽。

我坚信人们对于我们的脊骨，
那无数次的探索、迷途、失败和成功，
一定会给予热情、客观、公正的评定，
是的，我焦急地等待着他们的评定。

朋友，坚定地相信未来吧，
相信不屈不挠的努力，
相信战胜死亡的年青，
相信未来，热爱生命。

选自《食指的诗》，人民文学出版社 2000 年版

《相信未来》写于 1968 年。那年诗人 20 岁，他从家乡北京去了山西杏花村插队。在离开北京之前，他挥毫写下的《相信未来》，堪称是他的代表作。

1968年,那个群魔乱舞、人妖颠倒的年代,一代又一代人陷入了深深的迷惘之中。青年食指不甘沉沦,在诗中标举人类的良知和尊严,虽然对命运的思索是单纯的,甚至还带有一点孩子气,但对当时苦闷地面对一片晦暗的年轻人来说,这首诗不啻是他们的精神慰藉。

　　诗的前三节排山倒海般地推出诗的主旨:相信未来。第一节紧扣"灰烬"这一意象,因为"灰烬"是万念俱灰的象征,但诗人最终铺平灰烬,吼一声:相信未来。第二节的起句"当我的紫葡萄化为深秋的露水"极富诗意,而"葡萄"和"露水"的转换因了其形象的同质,一切都显得那么自然。秋去冬来,注定了"深秋的露水"的稍纵即逝,伤感、惆怅、失落,全由这一诗句汩汩溢出!而"凝霜的枯藤"的紧随,更加重了诗所渲染的失望气氛,但诗人接下来笔锋一转,又吼一声:相信未来!第三节诗人一反沉闷的笔调,用了"排浪""太阳""大海""曙光"等有力度的和暖色调的词汇,推出宏大的画面:"用手指那涌向天边的排浪""用手掌那托住太阳的大海",尔后吼一声:相信未来。

　　说是"吼",其实在诗中表现为"写下"。第一次写下"相信未来"是用"美丽的雪花";第二次写下"相信未来"是"在凄凉的大地上";第三次写下"相信未来"是"用孩子的笔体"。雪花终究会融化,"相信未来"并不能长久生存;孩子的笔体稚嫩得很,怎负荷"相信未来"的重量;倒是"凄凉的大地",也许更能承托起"相信未来"的一片丽日晴空。三度写下"相信未来",与其说可以看出诗人的底气稍嫌不足,毋宁认定此乃诗人一颗诗心的烂漫表露。

　　如果说诗的前三节是抒怀,抒发在逆境、困境、厄境中生活的人们"相信未来"的情怀,那么诗的后四节则是言志,将"相信未来"的情怀凝固成牢不可破的坚实信念。所以,诗的后三节不以形象取胜,而以劲健挺拔、铿锵有力的警句见长;比如说"未来人们的眼睛"有"拨开历史风尘的睫毛""看透岁月篇章的瞳孔",所以"相信未来";说"我们的脊骨",经历"无数次的探索、迷途、失败和成功",后人"一定会给予热情、客观、公正的评定",所以相信未来。

　　第七节是收尾,诗人以一连串的排比作结:"相信不屈不挠的努力,/相信战胜死亡的年青,/相信未来,热爱生命。"质朴的语句却有极强的感染力。

　　《相信未来》的外在形式和思维框架,虽然仍是一般的政治抒情诗的范式,但已经挣脱了那个年代诗歌沦为政治传声筒的羁绊,因此此诗一问世就被人们谱成歌曲,传唱四方。

(戴 达)

这是四点零八分的北京　　　　　　　食　指

这是四点零八分的北京，
一片手的海浪翻动，
这是四点零八分的北京，
一声雄伟的汽笛长鸣。

北京车站高大的建筑，
突然一阵剧烈地抖动。
我双眼吃惊地望着窗外，
不知发生了什么事情。

我的心骤然一阵疼痛，一定是
妈妈缀扣子的针线穿透了心胸。
这时，我的心变成了一只风筝，
风筝的线绳就在母亲的手中。

线绳绷得太紧了，就要扯断了，
我不得不把头探出车厢的窗棂。
直到这时，直到这时候，
我才明白发生了什么事情。

——阵阵告别的声浪，
　　就要卷走车站；
　　北京在我的脚下，
　　已经缓缓地移动。

我再次向北京挥动手臂，
想一把抓住她的衣领，

然后对她大声叫喊：
永远记着我，妈妈啊北京！

终于抓住了什么东西
管他是谁的手，不能松，
因为这是我的北京，
这是我的最后的北京。

选自《食指的诗》，人民文学出版社 2000 年版

食指的诗质朴明了，在十分经济的篇幅里，包容了极为丰富的内涵，往往能给人以较多的想象空间，因此，特别受到同时代青年人的喜爱。《这是四点零八分的北京》就体现了这一特色。

"多情自古伤离别"，这首诗写的就是离别。全诗共七节，第一、第二、第五节主写所见所闻，其余几节主写即时的感受；七个诗节之间依次交错，相互叠现，淋漓尽致地刻画了即将离别亲人的知识青年们的情感世界和丰富的心理活动，生动地表现了发生在 20 世纪 60 年代末北京火车站那稍纵即逝的一瞬，令人回味无穷。

诗歌一开始，诗人以"这是四点零八分的北京/……"这样富有力度的排比句式，重重地推出了"四点零八分"这一列车启动的特殊的时刻，给人以深深的印象。这些十七八岁的"学生娃"，昨天还在校园里，在父母的怀抱里无忧无虑地生活，今天却要告别亲友，远离家乡，去到一个完全陌生的地方独立生活。这对他们意味着什么？他们在想些什么？这正是诗人极力想要表现的东西。但诗人并没有用更多的语言来作细琐的描述，而只是以"手的海浪翻动"六个字轻轻点到，渲染站台上送别的人之多；又以"汽笛长鸣"暗示列车即将开始启动。但人们却可以从寥寥数语所给予的形象意蕴中想见，在这个亲人即将分离的时候，车站一定有许多人，亲友的叮咛嘱托，千情百态。

第二节紧承头一节，表现列车开动时"我"的感觉。车轮转动了，可"我"并没有觉得车在动，而是"高大的建筑"在"剧烈地抖动"。乍一看，似乎只是一种相对运动的结果，并没有什么特殊的地方，但细细地品味一下"吃惊"的眼神和"不知发生了什么事情"的惘然，就不难看出，"我"此时此地的所思所感。接下来的几节对此作了生动的描述。

诗人化用"慈母手中线"的意境，把特定时代的离别之情用"心的骤然疼痛"

来形容,并解释为:"一定是/妈妈缀扣子的针线穿透了心胸。"进而巧妙地把自己的心比喻为风筝,把风筝的线绳交给母亲,使母子之间的深厚感情在"两点一线"的联系中物象化了。但是,"我"很快就觉得:这根绳"绷得太紧了,就要扯断了"。诗歌在此形成了一股蓄势,使人觉出了一种马上就会发生的变异,想要知道到底为什么这根线绳会有"扯断"之虞。但我们马上就觉出——火车要开了!

随着车轮的转动,"我"和"母亲"之间的距离被拉长了,并且还在拉长着,拉长着。同亲人分离已成事实,尽管这真让人难以接受。处在这种矛盾煎熬中的"我"终于"明白发生了什么事情"。于是,在"阵阵告别的声浪"中,他"挥动手臂",他要"抓住"母亲的衣领!他要尽其所能来弥补感情上的缺憾:"我再次向北京挥动手臂,/想一把抓住她的衣领,/然后对她大声叫喊:/永远记着我,妈妈啊北京!"欲哭无泪,欲喊无声,只能用"挥动手臂"这个动作来表达自己的心愿。是呵,车已经开了,对于一个坐在开动了的车厢里的人来说,他对于自己与亲友们的分离又能做些什么呢?无可奈何之下,只能把一切的愿望和希冀都溶融于"想",因为只有"想"才是现实的,可以做到的。

诗歌结尾处,那种对故乡的依恋和热爱之情更是溢于言表,在一系列富于动作感的形象意蕴中得到了有力的升华。列车缓缓地离开了车站,"我"离故乡北京和亲爱的妈妈越来越远了,"我"实在不愿意相信这是真的,于是,拼命地用手一抓,抓住了一件自己也不知道叫什么的东西,以期改变这一事实。但这又有什么实际意义呢?"管他是谁的手,不能松",这是一种近似"精神胜利法"的自我宽慰;"这是我的北京,/这是我的最后的北京。"则是对自己的一种肯定,一种自我宽慰。从这种急切的语气中,从这种紧紧抓住了什么的手势里,我们似乎看到了抒情主人公"我"那张泪眼模糊的脸,那种悲伤和失落,使我们的心也被紧紧地抓住了。

(张克平)

北 岛

【诗人小传】(1949—) 原名赵振开,浙江湖州人,生于北京。1978年与诗人芒克创办民间诗歌刊物《今天》。为朦胧诗的代表诗人。1990年旅居美国,后任教于加利福尼亚大学戴维斯分校。为美国艺术和文学院终身荣誉院士。著有诗集《北岛诗选》《太阳城札记》《北岛与顾城诗选》,中短篇小说集《波动》,散文集《失败之书》等。译著有《现代北欧诗选》。

回 答

北 岛

卑鄙是卑鄙者的通行证,
高尚是高尚者的墓志铭。
看吧,在那镀金的天空中,
飘满了死者弯曲的倒影。

冰川纪过去了,
为什么到处是冰凌?
好望角发现了,
为什么死海里千帆相竞?

我来到这个世界上,
只带着纸、绳索和身影,
为了在审判之前,
宣读那被判决了的声音:

告诉你吧,世界,
我——不——相——信!
纵使你脚下有一千名挑战者,
那就把我算做第一千零一名。

我不相信天是蓝的;
我不相信雷的回声;
我不相信梦是假的;
我不相信死无报应。

如果海洋注定要决堤,
就让所有的苦水都注入我心中;

> 如果陆地注定要上升，
> 就让人类重新选择生存的峰顶。
>
> 新的转机和闪闪的星斗，
> 正在缀满没有遮拦的天空，
> 那是五千年的象形文字，
> 那是未来人们凝视的眼睛。

选自《北岛诗选》，新世纪出版社1987年版

此诗写于1976年4月。

1976年4月，中国一个特殊的月份。"四人帮"一手制造的天安门事件就发生在那一个时段。

此诗狭义上锋芒直指"四人帮"一手制造的天安门事件；广义上是对十年浩劫的鞭笞。

这是解读《回答》关键之所在。有了这把钥匙，一切似乎都迎刃而解了。

《回答》是对那个时代滋生的残暴、肆虐、黑暗所作出的"回答"——黎明终究要从黑暗的肩上升起！

《回答》起首两句"卑鄙是卑鄙者的通行证，/高尚是高尚者的墓志铭"，充满了哲理和义愤，俨然已成诗人北岛不朽的警句。在那个时代，卑鄙因卑鄙而通行无阻，高尚因高尚而屡屡罹难。所以才有了紧接的两句："看吧，在那镀金的天空中，/飘满了死者弯曲的倒影。"

全诗充满怀疑，愤怒，一连串的"为什么"："冰川纪过去了，/为什么到处是冰凌？/好望角发现了，/为什么死海里千帆相竞？"矛头直指那个人妖颠倒的岁月；一连串的"不相信"，不相信"天是蓝的"，不相信"雷的回声"，不相信"梦是假的"，不相信"死无报应"，锋芒直对那个人祸翻天的年代。

在怀疑和愤怒的背后，是诗的主人公"我"作为一个审判者的睿智，以及作为一个挑战者的大无畏的英雄气概。诗人没有在对现实的怀疑和否定中陷入虚无，而是挺身而出，自觉承担起挑战者应尽的义务："如果海洋注定要决堤，/就让所有的苦水都注入我心中；/如果陆地注定要上升，/就让人类重新选择生存的峰顶。"我们透过诗行，窥见了挑战者高大的身影。

整首诗直抒胸臆，但并非平铺直叙，而是选择了多个有象征意味的物象来表达情绪，如过去了的"冰川纪"，对应的却是"到处都是冰凌"，峰回路转、豁然开朗

的"好望角",对应的竟是"死海里千帆相竞",形成悖论,增强了意象所蕴含的内容和力度,使诗变得犀利而又发人深省。

末了,和首节遥相呼应,仍以天空作结,从诗的开头所描述的"飘满了死者弯曲的倒影"的"镀金的天空中",回归到"新的转机和闪闪的星斗,/正在缀满没有遮拦的天空",两两相对,斗转星移,光明终究要战胜黑暗,黎明终究要从黑夜的肩上升起。

而更令人拍案叫绝的是,诗的结尾再一次表现了诗人高超的建构意象的能力和才情,那天空闪闪的星斗在诗人的审美直觉的观照下成了"五千年的象形文字",成了"未来人们凝视的眼睛"。

文字万古不灭,记载历史;眼睛是人类心灵的窗户,良知永存。以此"回答"那个罄竹难书的十年浩劫,如抽刀断水,余意绵绵,流水不尽。

这就是北岛。这就是北岛的《回答》。不朽的《回答》。

(戴 达)

一 切

北岛

一切都是命运
一切都是烟云
一切都是没有结局的开始
一切都是稍纵即逝的追寻
一切欢乐都没有微笑
一切苦难都没有泪痕
一切语言都是重复
一切交往都是初逢
一切爱情都在心里
一切往事都在梦中
一切希望都带着注释
一切信仰都带着呻吟
一切爆发都有片刻的宁静
一切死亡都有冗长的回声

选自《北岛诗选》,新世纪出版社1986年版

北岛的《一切》写于20世纪70年代中期。这位被人们称为唤醒了整整一个

时代中国人沉睡的良知的朦胧诗代表诗人,他的《一切》是对刚刚过去的那个十年浩劫的回眸,这回眸里有沉思、愤慨、迷惘、诅咒、呐喊,其色调是冷峻的。

全诗十四行,一连十四个"一切",形成排山倒海似的排比,情感的潮水一浪高过一浪,其忧思沉重,沉重得令人透不过气来,但读罢全诗,却又觉得酣畅淋漓,大快人心!

诗人的情绪如饱满的弓,射出的箭携带着机智,一箭中的,鞭辟入里。十四个"一切",有对人生的感受和认识,有对多灾多难的那段岁月的揭示,有对人妖颠倒、群魔乱舞的那个时代的斥责,有对人性扭曲的忧虑。

全诗十四个排比,一气呵成,句句精彩,句句犀利。除了起首两句单纯、直率:"一切都是命运,一切都是烟云",余下十句,句句都是悖论或是反讽,形成情绪和哲思的张力,极具批判锋芒——

"一切都是没有结局的开始":说是"开始",却没有"结局";

"一切都是稍纵即逝的追寻":说是"追寻",却是"稍纵即逝";

"一切欢乐都没有微笑":说是"欢乐"却与"微笑"无缘;

"一切苦难都没有泪痕":无泪的"苦难"是怎样的一种苦难呵;

"一切语言都是重复":作为人类交流的工具,语言原本是鲜活的,日复一日地"重复",这世界,这民族,将沦为一种怎样的枯燥、尴尬和可怕的境地呵;

"一切交往都是初逢":人与人的关系变得如此陌生,人心难测;

"一切爱情都在心里":说是"爱情"但却不能示爱,只存在心里,情爱如水中月、镜中花;

"一切往事都在梦中":"往事"只能靠梦去追思,这往事真的是一片空虚;

"一切希望都带着注释":说是"希望",却充满坎坷,不然怎要"注释";

"一切信仰带着呻吟":说是"信仰",却要遭受摧残,不然,怎会"呻吟"?

"一切爆发都有片刻的宁静/一切死亡都有冗长的回声"——这是诗的最后两句,"爆发"与"死亡"、"片刻"与"冗长"、"宁静"与"回声",两两相对,形成词义的反差。同时揭示了凡"爆发"都是犹豫不决的,这片刻的宁静暗喻世事的艰难;揭示了凡"死亡",都是冤魂不散的,活人和死者的反应使"回声"冗长。

就这样,十四个"一切"拱就了诗人反思历史的天空。忧患意识如天际的浮云,映入人们的心里。

《一切》的格调是低沉的,揭露的是那个时代的负面,是诗人对历史的现实作出的一种情感反应。作为回声,朦胧诗另一位代表诗人舒婷以"答一位青年朋友的《一切》"为副题,写下了《这也是一切》,诗中写道:"不是一切真情/都流失在人心的沙漠里","不是一切梦想/都甘愿被折掉翅膀","不是一切深渊都是灭亡","不是一切后果都是眼泪血印,而不展现欢容"……女诗人以另一种情绪方式切入了北岛的《一切》,和《一切》形成诗情和诗意的互补。

舒婷的《这也是一切》写于1977年5月,晚于北岛的《一切》。两首诗的写作背景已经有了很大的变化,一明亮、一晦暗,这是时代所折射的光,也是诗人心境的反应。舒婷的《这也是一切》因北岛的《一切》,遂成名篇,这也反过来证实了北岛的《一切》的特异、杰出,乃至不朽。

它是过去了的那个年代的诗的化石。

(戴 达)

履 历

北 岛

我曾正步走过广场
剃光脑袋
为了更好地寻找太阳
却在疯狂的季节
转了向,隔着栅栏
会见那些表情冷漠的山羊
直到从盐碱地似的
白纸上看见理想
我弓起了脊背
自以为找到表达真理的
唯一方式,如同
烘烤着的鱼梦见海洋
万岁!我只他妈喊了一声
胡子就长出来
纠缠着像无数个世纪
我不得不和历史作战
并用刀子与偶像们
结成亲眷,倒不是为了应付
那从蝇眼中分裂的世界
在争吵不休的书堆里

我们安然平分了
倒卖每一颗星星的小钱
一夜之间,我赌输了
腰带,又赤条条地回到世上
点着无声的烟卷
是给这午夜致命的一枪
当天地翻转过来
我被倒挂在
一棵墩布似的老树上
眺望

选自《北岛诗选》,新世纪出版社1987年版

  北岛有一首题为《青春》的两行诗:"红波浪/浸透孤独的桨"——它是诗题《履历》的极好注释:履历,是指人生青春期的中国一代人生存在"红波浪"(暗喻"文革")里的"履历"。

  北岛《履历》的审美视角,用北岛自己的诗说,是"倒挂在/一棵墩布似的老树上/眺望"。真是一个绝妙而又沉重的审美向度啊。

  诗人写《履历》时,"文革"已经过去七八年了,对于它,"有人不想旧事重提,有人不能不旧事重提"(巴金《随想录·旧事重提》)。北岛属于后者。

  诗人像从自己青春期的身体撕下伤痕斑斑的皮肤似的撕下了刻在噩梦上的这一段青春"履历",将它还原为被浩劫之火点燃后的一堆有着余温的灰烬。

  对于"文革",诗人仅仅从十年岁月里勾勒出两个场面。

  其一是"我曾正步走过广场/剃光脑袋"——这正是当年剃着光头的狂热的红卫兵,像高烧的"红波浪"涌向天安门广场的写照。

  其二是"我弓起了脊背"——这一场面和前一场面是同质异构的关系:所谓同质,是指两者都是"文革"的产物,所谓异构,是指两者的表现方式的不同,前者是事物的表象,后者是事物的本质;抑或说是诗人是从两个不同的角度,切入同一个走向。

  诗人笔触并没有滞留在这两幅视觉效果极强的动态画面上,他在使一个画面的单个意象具备自身的独立和自足的同时,又使得它和相隔很远的另一个画面的一个或数个意象之间产生共振,如同现代滚石音乐,旨在传达整体感觉上的旋律。

如诗的第一个画面有这样一个意象:"隔着栅栏/会见那些表情冷漠的山羊。"当它和"我弓起了脊背"这幅画面浮生的意象——"万岁!我只他妈喊了一声/胡子就长出来","我不得不和历史作战/并用刀子与偶像们结成亲眷"——碰撞,便可发现,两者其实是脉断峰连,"山羊"和"偶像"是同一类物的不同面目的表现,冷漠的山羊长满了胡子(这是暗示的意义),"我"一声"万岁",胡子便传染给"我",顷刻之间"我"也胡子满腮,其弦外之音是:蔓延几千年的封建"瘟疫"在刹那间繁殖了"我"的劣根性,"我"已病入膏肓!

意象与意象辐射出的横向意绪的连接,传达出一种整体效果。诗人用愤怒的剑戟挑开了黑色梦魇的面纱,裸露出一代人的处女般的灵魂横遭异端诱奸的惨景。

《履历》可以说是陈列在未来"'文革'博物馆"(巴金语)里的一块历史的用象形文字孵化出的化石,是诗人忧患意识的凝固物。

人类的忧患与生俱来。孔子首先提出忧患在人生道路上的重要性和必要性:"人无远虑,必有近忧。"(《论语·卫灵公》)孟子甚至提出"生于忧患"的著名命题(《孟子·告子下》)。正是残酷的现实对人类的捉弄构成人类不能摆脱的忧患意识,它,浸染着世世代代的中国知识分子,现在又深深扎根在青年北岛的心灵。忧患意识正是北岛的诗的感性动力,抑或说是这首诗的情绪基调。

诗中的锋芒所指向的现代封建迷信,它是封建意识形态的凸显,已经积淀为民族的无意识并腐蚀着民族的灵魂,是民族灾难的命运最深刻的根源之一,如果不真正从根子上彻底否定"文革",产生动乱的社会环境的不复存在并不意味着动乱不会发生,说不定在某一个早晨,灾难又会降临。——这正是"众人皆醒他独醉"的诗人所深深忧患的。

诗人的忧患意识不仅表现为对历史的犀利反思,更重要的是表现了对自我的清醒审视,并且通过自审,深化了对人性的审视。诗人对佩戴红卫兵袖章的一代人切开其精神血管,将血涂抹历史的愚昧和疯狂残酷而又沉重地重现。诗里,北岛没有把他自己划在其外,而是看作是其中的一个。

诗的深刻在于,他不仅写出是历史欺骗了"我",同时他坦陈自己的受骗也是具有一定的主动性的,并且在受骗后,"在争吵不休的书堆里/我们安然平分了/倒卖每一颗星星的小钱",对知识真理的追求被愚弄,于是产生了畸形瓜分的赌博心理,成为一个赌徒:"一夜之间,我赌输了/腰带。"在被历史玩弄的同时也在玩弄自己!这正如诗人在《同谋》一诗中所说的:"我们不是无辜的/早已和镜中的历史成为/同谋。"

这首诗通过揭示出期望与实现之间、表象与真象之间、发出的信息与收到的信息之间存在着的讽刺性的差距,形成一种反讽的意义。如诗人写"我"剃光脑袋,正步走过广场去寻找太阳(期望),结果是在盐碱地似的白纸上看见理想(实现);写"我"弓起了脊背表达真理(表象),实质是"烘烤着的鱼梦见海洋"(真象);写"我"喊了一声万岁(发出的信息)却长出胡子(收到的信息),两者的因果关系的悖逆和漏洞形成讽刺性的差距,诗人用意象把它们表现出来,其间夹有戏谑的成分(如写"我"隔着栅栏与山羊"会见"),夹有的戏谑因含过度的悔恨和忧愤迸发出的一点粗鄙(如"他妈的"一词在诗中的运用),突现荒诞年代里的荒诞,从而达到一种深刻的反讽效果,使诗的抒情携带着强烈的自嘲意味。

诗人的自审意识正是通过自嘲得到了强劲的体现。

沉淀狂热和迷惘,泛起的是苏醒和沉思。

"并用刀子与偶像们/结成亲眷"透露了苏醒的先声;"点着无声的烟卷/是给这午夜致命的一枪"是沉思的剪影;《履历》呈示了趟过浩劫之火的一代人的心路历程。

诗的结尾,诗人推出了极具象征意味的特写镜头:"当天地翻转过来/我被倒挂在/一棵墩布似的老树上/眺望"!

——将一代人在"文革"中的"履历"浓缩在时空定格。倒着"眺望"翻转的天地,既透露了《履历》的抒情视角,同时也揭示了整体的北岛诗的一个辽阔视角。

(戴 达)

古　寺　　　　　　　　北 岛

消失的钟声
结成蛛网,在裂缝的柱子里
扩散成一圈圈年轮
没有记忆,石头
空濛的山谷里传播回声的
石头,没有记忆
当小路绕开这里的时候
龙和怪鸟也飞走了
从房檐上带走喑哑的铃铛
荒草一年一度

生长，那么漠然
不在乎它们屈从的主人
是僧侣的布鞋，还是风
石碑残缺，上面的文字已经磨损
仿佛只有在一场大火之中
才能辨认，也许
会随着一道生者的目光
乌龟在泥土中复活
驮着沉重的秘密，爬出门坎

选自《北岛诗选》，新世纪出版社 1987 年

这是一首具有深刻思想意义的诗。

在表现形式上，它运用了象征的艺术手法。《古寺》所融合和融入的象征，不是局部的，而是整体的，质言之，《古寺》所呈示的是整体性的象征，它以一个中心意象结构象征关系，藉此表达诗人对历史的反思，对现实的质疑和对世界的忧患，一以贯之地凸显了这个时代思想型诗人北岛冷隽、深邃、凝重的艺术风格。

什么是这首诗的中心意象？诗题揭示了这一发问——古寺。

古寺正是这首诗的中心意象。全诗围绕"古寺"，展开了一系列的蕴含象征意味的描写。

解读这首诗的关键在于怎么理解"古寺"这一中心意象？作为整体性象征的中心意象的"古寺"，它究竟象征什么？

象征大于比喻。象征的审美向度呈辐射状，且含多义性。通读全诗，寻"古"入"寺"，寻微探幽，我们大致可窥测《古寺》这首诗中的"古寺"这一中心意象的象征的审美向度，即它象征着中国古老传统的负面部分，包括封建专制、封建迷信等。当这样的解读通过细细地阅读文本最终顺畅地被读者所接受，那么，读者对全诗的深度解析的顺畅也就水到渠成了。

《古寺》开篇即意象不凡。体现时光脚步的"钟声"如长出青苔似的"结成蛛网"，昭示了时光是如此的古老。古老的时光延入柱子，且是开了裂缝的柱子，此处延续古老之意，"古寺"形象呼之欲出。钟声"扩散成一圈圈年轮"，这里，"一圈圈"与"蛛网"对应，"蛛网"本就是圆圆的，令这一串意象凭依细节的真实感并不让人感到突兀，"古寺"这一形象就此站住了脚，它给人初步的印象是苍老、苍凉、陈旧，并且日渐残败和腐朽。

紧接着对"石头"的描摹是对"古寺"周边环境的描写,延续并且进一步渲染了苍老、苍凉、陈旧,并且日渐残败和腐朽的气氛。"龙和怪鸟也飞走了"一句中的"龙和怪鸟",可以理解它们是中华民族的图腾,可是现在"也飞走了",它们或许也忍受不了这陈旧和腐朽得令人窒息的氛围,悄然出走,也可解释不愿与中国古老传统思想中的糟粕为伍而毅然离去,那曾唱响漫长的中国古代社会的"铃铛"已经"喑哑",意味中国古老传统思想中的精华的流失;"当小路绕开这里的时候"一句,"古寺"的封闭、封塞暴露无遗,连小路也不愿光顾这里。

说是俱往矣,实乃并未俱往矣,君不见"荒草一年一度／生长,那么漠然"。"古寺"所代表的中国古老传统的负面部分,包括封建专制、封建迷信等,虽然已成为历史但仍然在发酵,一如岁岁年年的离离荒草,它们以一种惰性的力量影响并且腐蚀着现实。"风"吹拂荒草——时光在流逝;"僧侣的布鞋"("僧侣"一词切合"古寺"的总体意象)踏过——信奉和朝拜"古寺"的人们踩踏荒草:"那么漠然"! 这漠然,来自荒草,也来自"风"所象征的流逝时光,来自信奉和朝拜"古寺"的人们。麻木和愚昧像瘟疫从"古寺"传染开去。至此,诗人对"古寺"刻画的封闭、麻木和愚昧的形象特征并未就此打住,而是令"古寺"的这些特征更形象化了:"石碑残缺,上面的文字已经磨损／仿佛只有在一场大火之中／才能辨认。"

全诗的唯一亮色是"一道生者的目光",它试图(诗中用的是"也许")穿透"古寺"所包孕和散发的一切,隐晦地表达了诗人渴望有一次新的思想启蒙的愿望。诗人所祈求的来一次新的思想启蒙,它并不意味对中国传统思想的全盘否定,而是弃其糟粕,取其精华,并且在精华的基础上天马行空,来一次思想大解放。"乌龟"这一生灵的赫然出场,如果依照本文的上下文的解读,它象征的似应是古老的中国传统思想,现在,"乌龟在泥土中复活"。这复活,是在"一道生者的目光"里复活的,所以,它就不是传统意义上的复活,此乌龟非彼乌龟也,它所象征的古老的中国传统思想应是"生者的目光"里的注视物。这注视物,它所驮着的秘密,正是诗人心目中的新的思想启蒙的产物,它来自于未来,无人知晓其为何物,所以称之为"秘密"。说秘密"沉重",是觉之不易,"古寺"新生不易,所以觉得沉重。

最后,乌龟终究"爬出门坎",人们似可吐出长长的一口压抑之气。且慢! 这一切,仅仅是"也许"而已。如同乌龟驮着的秘密是沉重的,诗人的心也是沉重的。

(戴 达)

舒 婷

【诗人小传】 舒 婷（1952— ） 女,原名龚佩瑜,福建泉州人。1969年厦门第一中学初中毕业,后到上杭县插队落户,开始写诗。1972年返回厦门当工人。1979年起发表诗作,1980年调福建省文联创作室从事专业创作。

船

舒 婷

一只小船
不知什么缘故
倾斜地搁浅在
荒凉的礁岸上
油漆还没褪尽
风帆已经折断
既没有绿树垂荫
连青草也不肯生长

满潮的海面
只在离它几米的地方
波浪喘息着
水鸟焦灼地扑打翅膀
无垠的大海
纵有辽远的疆域
咫尺之内
却丧失了最后的力量

隔着永恒的距离
他们怅然相望
爱情穿过生死的界限
世纪的空间

交织着万古常新的目光
　　难道真挚的爱
　　将随着船板一起腐烂
　　难道飞翔的灵魂
　　将终身监禁在自由的门槛

1975.6

选自《双桅船》，上海文艺出版社1982年版

　　这是写距离的痛苦，由于情的"搁浅"，产生了空间（"咫尺"）的距离和时间（"没褪尽"，"已经折断"）的距离，观念和性格（"焦灼地扑打翅膀"和"丧失了最后的力量"）的距离，最后上升到现实和想象的距离。诗的总体具有险恶形势的象征。

　　第一节写船，第二节写海，第三节进入人事和哲理，上升到对爱情和自由的疑问和感叹。诗的力量在第三节。距离既是永恒，只能怅然相望，自由也就有了门槛了！这是人生一大悲哀！热情要有流通口，也要有宣泄口，诗就是这种入口和出口。解脱只能以精神的形态，穿过生死的界限和世纪的空间；诗就是这样地通过痛苦宣扬欢乐，萌动感人的力量。

　　搁浅岸上的船和咫尺距离的海，是一对矛盾。世界总是由矛盾组成。没有光明，显不出黑暗。没有痛苦，欢乐无由见到。好诗大多要呈现矛盾双方，所以对比是一切艺术技巧的基础。这首诗在对比中注意描绘船和海的细节（没有细节就没有艺术，个性化和典型化同处在细节中）。这些细节都是一种心境的外延，用形象、色彩、动作、音响、氛围来渲染。作者为感情找到了客观对应物，处处用形象说话。为了节奏的迅速，诗人有时也减缩一些细节，加大联想的跨度，造成时空跳跃。同时，被诗情的火焰炼过的语言，使词汇和形象有机结合，并运用了相当多的艺术表现手段，诗的美就显得丰富多彩。

（蔡其矫）

致　橡　树　　　　　　　　　舒　婷

　　我如果爱你——
　　绝不像攀援的凌霄花，
　　借你的高枝炫耀自己；
　　我如果爱你——
　　绝不学痴情的鸟儿，

为绿荫重复单纯的歌曲；
也不止像泉源，
常年送来清凉的慰藉；
也不止像险峰，
增加你的高度，衬托你的威仪。
甚至日光。
甚至春雨。
不，这些都还不够！
我必须是你近旁的一株木棉，
做为树的形象和你站在一起。
根，紧握在地下，
叶，相触在云里。
每一阵风过，
我们都互相致意，
但没有人
听懂我们的言语。
你有你的铜枝铁杆
像刀，像剑，
也像戟；
我有我红硕的花朵，
像沉重的叹息，
又像英勇的火炬。
我们分担寒潮、风雷、霹雳，
我们共享雾霭、流岚、虹霓；
仿佛永远分离，
却又终身相依。
这才是伟大的爱情，
坚贞就在这里：
爱——

> 不仅爱你伟岸的身躯,
> 也爱你坚持的位置,足下的土地。

1977年3月27日

选自《诗刊》1979年第4期

  这是一首爱情诗。在这首《致橡树》中诗人把自己的抒情主体,化作一株木棉的形象,作为爱的另一方是橡树的形象。诗人以"致橡树"作为诗的题目,表明诗的中心是爱的一方对另一方的倾诉。这种倾诉,不仅表白对爱的诚挚、坚贞和炽热追求,更主要在于表现对爱的理解和信念。这样,这首沉浸着浓烈感情色彩的爱情诗,便具有清醒的理性倾向。

  这是舒婷诗歌创作的一种普遍的观照方式。她总是在比较单纯的爱的外观下,蕴藉着比爱情本身更丰富的社会内涵。

  传统的爱情观,总是要受到它所处的时代的政治、经济、文化心理和伦理观念的干扰和制约。因此,爱的结合,往往并不是人的感情和价值的平等的结合,而是权势和财势的结合,结合的双方也往往变成主导和从属、统治和被统治的关系,从而失去爱的本质。诗人在这首诗里,所摒弃的便是这种陈腐的观念。她否定了那种依附性的爱情观:如凌霄花之于高枝,痴情鸟之于绿荫;也否定了那种奉献性的爱情观:如源泉送出慰藉,险峰衬托威仪。这两种爱情观都以牺牲一方作为爱的前提,这些爱情观都反映出漫长的封建社会在我们民族心理中的历史积淀。她所追求的爱,是双方的彼此平等:"我必须是你近旁的一株木棉,/做为树的形象和你站在一起。"这个平等的基础,是彼此的人格独立。形象可以迥异:"你有你的铜枝铁杆,/像刀,像剑,/也像戟","我有我红硕的花朵,/像沉重的叹息,/又像英勇的火炬"。但重要的是它们都必须是"树的形象","根,紧握在地下","叶,相触在云里"。只有在这样人格价值的各自独立上,才能有真正平等基础上的互相理解,既"分担寒潮、风雷、霹雳",又"共享雾霭、流岚、虹霓"。这是作者所理解和追求的"伟大的爱情",也是这首诗所以引起无数读者对价值观重新思考的原因。

  诗不是理论,即使具有理性倾向的诗篇,也是在充满感情色彩的语言中,透过诗人所创造的形象来表现。因此,诗的意象所覆盖的,往往有着更深广的内蕴和外延。在这首诗里,饱含着诗人主观情绪的"木棉"和"橡树"这两个意象,是新颖而妥切的。两种树不但茁壮高大,更易使读者感到内在的强大的力量,并表现出一种崇高的人格。与此相对应的"凌霄花""鸟儿"等显得渺小可怜。诗人采用象征的寓意和几个排比的对应，为感情的递进形成高潮，从而具有一种强烈的艺术感染力。如果我们还愿意进一步思索的话，这首诗还表现了诗人对理想的人际关系的一种向往。人与人之间也应当这样：彼此独立和平等。这种尊重人格独立和平等的价值观，并为它献出诚挚的歌唱，对于刚刚结束的那个轻蔑人的尊严，把人分等划级的年代，无疑有着深刻的现实意义。

（刘登翰）

双桅船

舒婷

雾打湿了我的双翼

可风却不容我再迟疑

岸呵，心爱的岸

昨天刚刚和你告别

今天你又在这里

明天我们将在

另一个纬度相遇

是一场风暴，一盏灯

把我们联系在一起

是另一场风暴，另一盏灯

使我们再分东西

不怕天涯海角

岂在朝朝夕夕

你在我的航程上

　我在你的视线里

选自《舒婷精选集》，北京燕山出版社2009年版

　　舒婷的《双桅船》，是一首非常典型的"朦胧诗"。20世纪70年代初兴起的"朦胧诗派"，最鲜明的特点，就是借鉴西方现代派的诗歌美学理念，摆脱中国传统新诗浅近直白的风格，换而采用朦胧的意象，以象征、隐喻、通感、幻觉、艺术变形为主要手段，增加描写对象的不确定性，从而使诗歌的内涵更为复杂、深刻、丰富。像这首《双桅船》，若从不同的视角切入，就能够获得完全不同的解读。

　　作为一名女性诗人，舒婷的诗句单纯细腻的风格和明快热烈的韵律，具有童话般的温婉意境，往往能让人联想起爱情。在雾气中漂流的双桅小船，像是柔弱

的诗人自比,而宽广稳固的岸,正比喻了恋人温暖的怀抱。两个人的感情是坚定而忠诚的,任何风暴艰险,也无法将他们分离。那"双桅",也正与《致橡树》中比肩而立的木棉树与橡树相似,象征了恋人间彼此平等、相互扶持的关系。如果了解舒婷与丈夫陈仲义之间,在"文革"未竟的时代风暴中相互平静守望,直到风暴平息才喜结连理,且一直相濡以沫,生活美满,就更能了然诗歌的第二节,想必是意有所指了。

而由于诗中"船"与"岸"的意象,写得很朦胧隐晦,未有一字直言爱情,我们同样可以将它看作是一首带有乡愁意味的诗作。将要启程的双桅船,像是一位即将远行的游子,"雾"与"风"渲染了离情别绪。而"岸"则代表了游子深深眷恋的祖国,漫长的海岸线就跟天上的月亮一样,时刻勾起游子对家乡的记忆。"你在我的航程上,/我在你的视线里",这两句十分感人地勾勒出:即使相距万里,家乡与远游人之间依旧充满了千丝万缕不可分割的牵连。将对祖国的爱,比喻成爱情,这样的写法也是不少的,像刘半农的《情歌》,同样是以称呼恋人的口气,诉说自己在海上遥望祖国时,不可抑制的怀乡之情。

当然,我们也可以对这首诗,作一种相对抽象的,一般意义上的阐释。"船"与"岸"的相遇和分离,是诗人对于命运变化无常的感叹。本诗写于1979年,国家正处于大变革的时代中,巨大的国家命运尚且摇摆动荡,个人微小的生活,在这巨大的风暴中,更似一艘小船,天涯海角、朝朝夕夕,充满了矛盾性与不确定性,时时会感到焦灼、惶惑与不安。但是,虽然外部世界充满了多变而不可控的不如意,人依然能够把握自己的信念,确定自己的方向。即使不是一时一地,可终究还是能回到属于自己的轨道上,就像徐志摩在《偶然》中那样,以淡定而泰然的态度,从容面对"偶然"的无常。

从《双桅船》我们可以看到,"朦胧诗派"在创作实践中,讲究复归诗歌本身的艺术性,对于新时期文学的创作理念,有着十分积极的意义。

(王宏图　方　铁)

神　女　峰　　　　　舒　婷

在向你挥舞的各色花帕中
是谁的手突然收回
紧紧捂住了自己的眼睛
当人们四散离去,谁
还站在船尾

衣裙漫飞,如翻涌不息的云
江涛
　　高一声
　　　低一声

美丽的梦留下美丽的忧伤
人间天上,代代相传
但是,心
真能变成石头吗
为了眺望天上来鸿
而错过无数人间月明

沿着江峰
金光菊和女贞子的洪流
正煽动着新的背叛
与其在悬崖上展览千年
不如在爱人肩头痛哭一晚

选自《舒婷的诗》,人民文学出版社1994年版

　　1981年初夏,舒婷从宜宾乘船沿长江而下,途中目睹神女峰,感慨万千,柔肠寸断,一个女性诗人心中那根最柔软的心弦无风自鸣,悠悠琴声般的诗句从舒婷笔端涌出,铸就佳作《神女峰》。

　　神女峰位于重庆市巫山县城东约15千米处的巫峡长江北岸。一根巨石突兀于青峰云霞之中,宛若一个亭亭玉立、美丽动人的少女,故名神女峰。每当云烟缭绕峰顶,那人形石柱,像披上薄纱似的,更显脉脉含情,妩媚动人。

　　船经巫峡,神女峰引得旅客驻足瞻望,在瞻望神女峰的众人中,诗人独独拈出向神女峰挥舞"花帕"的女性人群,将特写镜头对准了她们。这不仅仅是因为和诗人本身是个女性有关,更关键的是,它和本诗的主旨有关。女诗人站在女性的视角上对自身进行反省,在众女性对神女峰欢呼雀跃时,她却抽身而出,不仅仅是离去,而是痛心疾首——为神女峰前女同胞们啧啧赞叹神女的爱情这一行为所凸显的愚昧。以至当神女峰渐渐远去,游人散去,诗人还呆立船尾,一任衣

裙如翻涌不息的云,漫飞,心潮澎湃,似"江涛/高一声/低一声"。

众人皆醉她独醒。

这"醒"字,锋芒直逼男权本位的人类社会。在男权本位的人类社会,女性自古就处于被动和从属的地位,男性按照自己的价值体系和审美标准要求和改造着女性,派定给她们"贤妻良母孝妇"的角色,并且打造和删削出一些"永远的女性"——如神女峰上的这一个"神女"——以此作为妇道妇德的标准和典范,使女性不但认同着这些规范和界定,而且逐渐将其内化为自我道德律令。女诗人舒婷以她的犀利的《神女峰》一诗,向世人宣告了现代女性对生命本体自由和解放的追求。

《神女峰》思想表现之深刻,得力于舒婷用现代意义对"神女峰"这一原型意象的改造。

原型批评理论奠基人、瑞士心理学家荣格认为:原始意象即原型——无论是神怪、是人,还是一个过程,都是在历史进程中反复出现的一个形象,在创造性幻想得到自由表现的地方,也会见到这种形象。根据荣格的原型理论,人的大脑在历史中不断进化,社会经验在人脑结构中留下了生理的痕迹,形成了各种无意识的原型,它们不断向下遗传,成为"集体无意识"。原型隐藏在人的集体无意识里。因此,现代意识对诗的原型的楔入,并不是简单的模拟或复制成原型意象,而是对原型作强有力的改造,质言之,是一种再创造,其强悍目的在于对集体无意识中的惰性因子起改造作用。

舒婷的《神女峰》即为此一往情深。诗人在众多的关于神女的神话传说中,舍去楚襄王梦与巫山神女相遇,或神女化鹊为织女造桥等情节,独独拈出这样一个形象:神女,一个忠贞于爱情的贫家渔女,盼夫未成成石人,"为了眺望天上来鸿/而错过无数人间月明"。

当长江从诗人的肩上流过,众多游客涌向甲板瞻仰神女风采,舒婷却面壁神女——紧紧捂住了自己的眼睛,在向神女"挥舞的各色花帕中"突然收回自己的手,换言之,当众人把神女作为坚贞爱情的象征心向往之时,诗人却对民族的集体无意识中的那种已成为历史惰力的思古之幽情产生了困惑:神女不是神,而是人,她理应得到人所应该得到的幸福与爱情,于是,用心灵雕塑的原型意象发出了振聋发聩的呼喊——

> 与其在悬崖上展览千年
>
> 不如在爱人肩头痛哭一晚

是的,即使作为道德展览的载体流芳千古,又怎比得上一宿牵肠挂肚、海誓山盟的真实的爱情倾诉呢？诗人看到了神女的悲剧所在，在民族的集体无意识遗存的封建意识的洋面上，舒婷借东风——即以现代意识改造原型进而创造出崭新的原型意象——扬起了逆行的白帆。

（戴 达）

> **诗人小传**
>
> **顾 城**
> （1956—1993） 上海人。1969年到山东农场劳动。1974年回北京，做过木工、油工。1977年开始发表诗作。1988年移居新西兰。

一代人

顾 城

黑夜给了我黑色的眼睛
我却用它寻找光明

选自《黑眼睛》，人民文学出版社1986年版

英国批评家、美学家瑞恰慈这样谈现代诗的意义："重要的不是诗所云，而是诗本身。"这句话相当深刻地道出了现代诗的价值取向。顾城的《一代人》，通共只有两行，其意旨也未见得多么深刻，但我们读后却难以忘怀。原因是什么？因为它首先从审美上打动了我们，不是诗歌以外的"思想"，而是"诗本身"！是深层意象这个精灵坚实地呈现在我们面前，它唤起了我们更广阔的联想空间，引爆了我们的情感！意象在这里，是完成了内容的形式。

"黑夜给了我黑色的眼睛／我却用它寻找光明。"诗人为这短短的两行诗冠以《一代人》这个博大的标题，这就为我们规定了进入此诗的视角——社会评判性质的视角。但诗人没有"说明"，他是在"呈现"。"黑夜"象征着那场空前的浩劫；"黑色的眼睛"在这里具有双重寓意：一是指这双眼睛曾被"黑夜"所欺骗、所熏染，一是指这双眼睛在被欺骗之后发生了深刻的怀疑，它在黑暗中，渐渐培养起一种觉悟，一种适应力和穿透力，它具有全新的品质，最终成为"黑夜"的叛逆，成为"寻找光明"的生命意志的象征。在"黑色的眼睛"这个深层意象中，受骗和觉醒被神奇地结成一体，它们互为因果，互为向度相悖（肯定和否定），这正是庞德所说的："不把意象用于装饰，意象本身就是语言，意象是超越公式化了的语言的道。"（转引自彼德·琼斯《意象派诗选·序》）这首诗体制短小，但有筋有肉有骨

有气,是深层意象诗中的佼佼者。 　　　　　　　　　　　(陈　超)

眨　眼　　　　　顾　城

在那错误的年代里,我产生了这样的"错觉"。

我坚信,
我目不转睛。

彩虹,
在喷泉中游动,
温柔地顾盼行人,
我一眨眼——
就变成了一团蛇影。

时钟,
在教堂里栖息,
沉静地嗑着时辰,
我一眨眼——
就变成了一口深井。

红花,
在银幕上绽开,
兴奋地迎接春风,
我一眨眼——
就变成了一片血腥。

为了坚信,
我双目圆睁。

选自《黑眼睛》,人民文学出版社1986年版

　　错觉是人在刺激物直接作用下所产生的对时间、距离、方位等不准确的知觉,在一定条件下是不会消失的。这种心理现象,经常被用于审美过程和艺术创

作中。以错觉入诗,竟成佳句,古已有之。这首诗写的是一种"错觉",一种眨眼之间产生的"错觉"。诗人将"错觉"写入诗中,他抒发的是一种心理的真实情绪,真实,真实得可以使人摸得着的感受。与通常描写审美过程的错觉的诗的不同之处是,顾城是意识到这是一种"错觉"而故意为之的,并且将它凝固在诗行中:诗除了直截了当地点明作者写的就是"错觉",还在开头和结尾重复地呼喊"坚信"!遥相呼应,有意造成一种戏剧性的效果,从"坚信"出发,"怒目圆睁",可是"眨眼"之间,看到的却是严重的变态。诗人这样写无疑为的是强化"错觉"。诗人带着理性的思索楔入"错觉"之中,他是借助"错觉"驱使读者进入他的思考的领地,一起去思索这种"错觉"产生的原因。对这种原因,诗人实际上已经作了回答:那是一个"错误的年代",这种表白是过于直露了,但也可理解为诗人对那个"错误的年代"的愤慨,以致这愤慨之情情不自禁地溢于言表。

  诗人写"错觉"只不过是为了表明那个错误年代的错误,所以很难避免不囿于理念,好在他选择的形象很得体,因此人们信服诗人笔下的"错觉":彩虹——蛇影,时钟——深井,红花——血腥:两两相比,由前一个感觉跳到后一个感觉,并不显得突兀,两者之间或在形状,或在色彩,或在质感上都有某种相似之处,所以这种"错觉"容易被读者接受;它的成功之处还在于,和它们各各所对应的物体相比,"蛇影""深井""血腥"给人一种触目惊心的感觉,人们从中可以清晰地看到那个错误的年代在诗人心灵上投下的阴影。

(戴 达)

回 归

顾 城

不要睡去,不要
亲爱的,路还很长
不要靠近森林的诱惑
不要失掉希望

请用凉凉的雪水
把地址写在手上
或是靠在我的肩膀
度过朦胧的晨光

撩开透明的暴风雨

我们就会到达家乡
　　一片圆形的绿地
　　铺在古塔近旁

　　我将在那儿
　　守护你疲倦的梦想：
　　赶开一群群黑夜
　　只留下铜鼓和太阳

　　在古塔的另一边
　　有许多细小的海浪
　　悄悄爬上沙岸
　　收集着颤动的音响……

选自《朦胧诗选》，春风文艺出版社 1985 年版

　　在回归的旅途上，一对恋人互相依偎，度过了沉沉的黑夜。周围是陌生、荒凉而不无诱惑的环境，在遥远的地方，熟悉而又可爱的家乡在召唤。他们疲倦、困顿、孤独，心上留下了一路的坎坷和过去的阴影。但另一方面，他们又满怀着信念和梦想，憧憬着美好的未来。这就是本诗所创造的充满诗情画意的艺术境界。它通过情人间倾诉衷肠的抒情方式，写得情意真切、浓郁，似耳畔的喁喁情话；又含蓄蕴藉，隐示着人生的内涵和真义。

　　全诗共五节。第一节连用四个"不要"，因为"路还很长"，从而奏出了全诗的一个主旋律，即回归的艰难。我们不知道他们从哪里来，不知道他们沿途经历过怎样的困苦曲折，但几个"不要"的具体内容却透露了他们此时此地的心境，从反面表现了他们的疲倦、失望和动摇，并暗示出一路风尘和坎坷。这不是一次轻松的旅行，一次寻常的回归。正由于此，才突现了回归主题的人生意义。第二节总写他们回归路上的两大精神支柱，即理想的力量和爱情的力量。"把地址写在手上"，"地址"是理想的隐喻，"写在手上"则是不要丢失理想的形象而婉转的表示；"靠在我的肩膀"，意指爱情力量的互相汲取。面对艰难而又漫长的人生旅程，唯有对理想的追求和对爱情的信念才是他们遇难而进、取之不尽的心理动力。这也是本诗主题的聚焦。最后三节对理想和爱情作了具体升华和铺写，表现得不

仅诗意浓烈,而且富有层次。先写家乡的理想境界:"一片圆形的绿地/铺在古塔近旁。"这幅优美的画面,是由象征着悠久的文化传统的古塔与象征着充满生机、青春活力的绿地相映而成,显示了一种历史感与现代感交融的文化选择和理想。其次,描写理想与爱情的双重叠合:"我将在那儿/守护你疲倦的梦想。"梦想的实现离不开爱情的力量,爱情本身包容着为所爱的人扫清理想障碍的意义。这一节是理想之歌,也是爱情心曲。再次,专写爱情甜蜜的境界:海滩上,海浪"悄悄爬上沙岸/收集着颤动的音响……"虽然画面中没有正面描写这一对热恋中的主人公,但我们却能感受到与大海的辽阔、沙滩的寂静融为一体的爱情的气息,能想象到海浪收集的正是他们心灵的颤动和情语缠绵的声响。本诗前两节主要写回归路上的现实,后三节侧重于表现回归路上的想象。因此,旅途与目的地、困难与光明、现实与未来之间的对比和结合,构成了作品艺术构思上的内在张力。

这首诗最显著的艺术特点是象征和多种感觉的交融渗透。森林、地址、家乡、绿地、古塔、黑夜、铜鼓和太阳等意象,都具有本义之外的象征意蕴,它们交织成全诗的象征网络,从而赋予作品的主干——旅途和回归以人生道路和人生追求的隐喻意味,并表现了理想和爱情作为人生精神力量之源的永恒价值。语言的形象化是诗歌的普遍要求,但本诗的特点在于调动人的多方面的感觉,不仅诉诸于视觉形象,如圆形的绿地、细小的海浪,而且还诉诸于听觉形象和触觉形象,如凉凉的雪水、颤动的音响。此外,作者还善于化抽象为具体,将拟人化的修饰语与较为空泛的意象嵌合在一起,起到出人意料的强化形象性的效果,如"疲倦的梦想","一群群黑夜",当它们与人的主体性动作"守护""赶开"联在一起时,更突现了其形象的人格化。

(方克强)

罗 洛

【诗人小传】

(1927—1998) 原名罗泽浦,四川成都人。1946年就读于成都华西协合大学,参加《呼吸》《荒鸡》《奔星》的编辑工作。新中国成立后曾任上海《青年报》记者、新文艺出版社编辑。1955年受"胡风反革命集团"案株连。1958年到青海,转入科学部门工作,后任中国科学院西北高原生物研究所副所长、中国科学院兰州图书馆馆长。1984年起任中国大百科全书出版社副总编辑、中国作协上海分会副主席。诗风自然亲切,舒展明朗。

给诗人

罗 洛

当我还是一个十七岁的少年
曾幻想缪斯赠我一张竖琴
而今我已经两鬓斑白
却渴望倾听你复活的歌声

你曾诅咒过寒冬的夜
你曾赞美过初夏的星
你曾跋涉过坎坷的路
你曾叩响过光明的门

你曾采集过南海的珍珠
你曾放牧过天山的羊群
你曾翻耕过北大荒的黑土
你曾测量过珠穆朗玛的云层

你和你的歌曾被抛进忘川的漩涡
你的名字像撒旦一样成为禁忌
大地醒来了,春风又传播着你的歌
你的歌给世界显示了一个奇迹

你可曾见过,一枝洁白的昙花
永不萎谢,昼夜吐出芳香
你可曾见过,成林的青松与翠柏
覆盖着悬崖,高耸在雪线之上

你可曾见过,从受伤的心里
流出的不是呻吟,而是创造的欢乐

罗 洛

给诗人

你可曾见过，在地狱的火里
炼出的不是灰烬，而是黄金的号角

时间在你额上刻下的每一道皱纹
都化作智慧：你的歌像大海一样深沉
镣铐在你手上留下的每一个印痕
都化作勇气：你的歌像春雷一样轰鸣

当严寒统治着黑暗的中国
你的歌是摧毁奴役的烽火
当阳春的曙光照暖万里河山
你的歌是在蓝空飞翔的白鸽

当你戴着用梨花织成的帽子
仰望着雪峰，歌声在你的心里回旋
当你穿着用蒺藜编成的鞋子
凝视着旷野，你的歌把希望撒向人间

当叫春鸟的鸣声又响彻群山和平原
你噙着泪欢唱着走进劳动者的行列
听着你的歌，我又成了十七岁的少年
在我的心头又不禁沸腾着青春的热血……

1979年

选自《诗刊》1980年第4期

这是一首内涵丰富而显得气象万千的诗，它烙刻着时代的印痕，再现了初生的共和国的欢欣，响彻着日后发自炼狱的歌声……不同的读者都可以从这里得到启迪，领悟到"诗人"之所以是"诗人"的根本之点。

据说，缪斯是钟情于少年的，不少诗人都在少年时期开始握笔写诗，并把它作为宝贵的人生一页一页地珍藏在心间。"当我还是一个十七岁的少年／曾幻想缪斯赠我一张竖琴"，诗篇一开头就通过诗人特殊的经历和感受，对这种普遍的现象和情绪作了典型的写照。还是在抗日战争后期,年仅十七岁的罗洛就和好朋友梁南等人一起,在成都的一所中学里成立了诗社,创办了诗刊《彼方》,写着向往"光明的北国"(《赠梁南》)的诗篇。可是新中国成立以后由于"左"的路线的干扰,诗人从1955年起就被迫中断了歌唱,时间一晃就是二十几年,"而今我已经两鬓斑白/却渴望倾听你复活的歌声"。怎样才能成为真正的诗人?道路不同,回答殊异,不过最主要的是不变初衷,不管历经多少磨难和考验仍然保持对缪斯的一片真情,诚如王国维所说:"词人者,不失为赤子之心者也。"(《人间词话》)此诗通过"渴望倾听"这样的诗行,多么深刻典型地表达了无数真正诗人的操守和愿望!

底下,诗篇转入了深情的回顾和咏叹。第二和第三节,整饬的诗行饱含着优美的情思,绚丽的形象表现了火热的生活。诗和美是不可分的,"南海的珍珠""天山的羊群""北大荒的黑土""珠穆朗玛的云层",既可以理解为新中国成立初期建设者们的开拓壮举,也可以看成是缪斯对现实生活中美好事物的追求和向往,它们可睹可闻而又不板不滞,显得优美、和谐。第四节写诗人连同诗歌一起遭到了厄运,值得注意的是诗人无意于客观地展示诗人所受到的苦难,他仅仅用"抛进漩涡""成为禁忌"作了最简略的交代,转而即瞩目于诗人那颗九死不悔的爱国爱民之心。当然,这时的缪斯不再满足于对单纯的"美"的追求,她看得更多,想得更深,竖琴上弹拨的也远非小夜曲一般的旋律了。没有疑问,在地狱里炼成的号角比一般的号角更动人,从受伤者心里溢出的欢乐比一般的欢乐更有生命力,更不要说高耸于雪线之上的苍松翠柏和昼夜吐出芳香的昙花是如何耀人眼目、令人神往了。

此诗作于1979年第四次文代会期间,当时作者尚未正式平反和"归队",只是由于一个偶然的机会,他方在北京见到了部分出席文代会的代表。十一届三中全会吹拂的春风,和文艺界朋友的重逢,使他激动得不能自已,万千思绪,满腹语言,终于在诗中结晶成一个崇高而坚定的诗人形象:戴上桂冠时"仰望着雪峰"——追求更高更大的目标;"穿着用蒺藜编成的鞋子"时"凝视着旷野"——永远不背离养育自己成长的土地和人民。这不是别的,这是作者心目中诗人的极致和典范,也是他对诗歌界无数战友的热切期待和对自己的深长勉励!

"叫春鸟的鸣声"已经响起来了,无数受尽江青反革命集团摧残而终于获得新生的诗人又"噙着泪欢唱着走进劳动者的行列",作者衷心地为他们祝福,另外,尽管自己暂时还处于诗歌队伍之外,但"青春的热血"已经在胸中翻滚,丰收的季节定会再一次来到。《给诗人》这个深情的结尾告诉我们：只要具有"赤子之心"，诗人们就能够做到青春长驻，诗情不衰！

(孙光萱)

我 和 时 间

罗 洛

> 时间是什么？时间就是生命
> 是生命留在世界上的脚印
> ——录自旧作

当我还是个婴儿，躺在摇篮里
时间是妈妈的笑容和奶汁

当我学会走路和淘气
时间是捉迷藏的游戏

当我背着书包，上学校去
时间是老师传授的知识

当我能分辨出声音、颜色和文字
时间是《月光曲》、《思想者》和《楚辞》

当我读完马克思和列宁的传记
时间是延河的流水，曾家岩的红旗

当我背着行李，走进刚解放的村子
时间是贫雇农分到的两亩土地

当我眼见第一个五年计划变成现实
时间是一列火车向前奔驰

当我在人的密林中分不清南北东西

我和时间

罗洛

时间是一个陀螺和一根鞭子

当我在生活的海洋中载沉载浮
时间是希望和失望养育的儿女

当我第一次和高原的群山相遇
时间是岩上的松,花下的泥

当我在辽阔的草原寻找一寸立锥之地
时间是高利贷者索取的利息

当我重温中世纪教会的历史
时间是伽利略面前的真理

当我梦见在宗教法庭接受火的洗礼
时间是红衣主教恩赐的一枚伪币

当我跨进封建法西斯统治的地狱
时间是用荆棘编结的囚衣

当我在"牛棚"中真诚地忏悔罪孽
时间是扔在地上的一张破纸

当我在清明节的金水桥畔陷入沉思
时间是钢铸的花圈,血写的诗词

当我看到手持白花的少女穿上镣铐制成的铁履
时间是一组正在演算的方程式

当我又一次看见春回大地
时间是喃喃的燕语，鸣叫的汽笛

1979年

选自《白色花》，人民文学出版社1981年版

  作家写什么，总是和他的生活经历分不开的。我只能写我在生活中感受到的东西。而当我回顾自己的生活经历时，深深感到：个人的命运是和国家的命运紧密相连的。个人的历史，如果和国家的历史联系起来，应该是值得一写的。

  然而，要在一首诗里容纳尽可能多的内容，就必须选取最具有特征的细节，用最凝练的语言来写。这首诗，时间跨度超过半个世纪，我只写了19节，每节2行，共38行。无论国家的历史，或是个人的历史，都有一个共同点：都是在一定的时间范畴之内。时间，好比是一个链环，可以把各种各样的事件联结在一起。这首诗的每一节的第二行都用"时间"两个字来开头，这就大大节省了语言，做到诗所要求的简洁。时间就是历史，而历史是人创造的，在这一意义上，时间也就是生命。于是我从我在1948年写的一首题为《时间》的短诗中摘引了两行作为题词："时间是什么？时间就是生命/是生命留在世界上的脚印。"这首诗的前三节写的是童年和幼年时代。第四节写的是我在学生时代的爱好：音乐、艺术和文学。贝多芬的激情和抗争，罗丹的深邃和独创，屈原的忧愤和忠贞，使我看到了另一个世界，一个从现实世界升华出来的艺术世界。第五节——大约在1944年左右，我和一些共产党人交上了朋友。延安和中共驻重庆办事处所在地曾家岩，便成为我们这些年轻人心目中的圣地。第六、第七两节写的是新中国成立初期，随着社会主义改造的完成，社会主义建设也逐步走上顺利发展的轨道。当时，整个国家是欣欣向荣的，人们的心情也是振奋的。1955年，一大批革命作家突然被宣布为"反革命"，这就是有名的"胡风事件"。我也被牵连在内，而我对此是完全没有思想准备的。因此，不能不感到痛苦和惶惑。在黑白不分、是非难辨的情况下，我觉得自己的确像是一个被鞭子抽打的陀螺。从第八节到第十七节，写的就是1955—1976年间我的经历、感受和心境。在此期间，运动一个接着一个，而且越来越"左"，到"文革"就发展到了登峰造极的地步。这样，我所写的就不仅是我个人的感受，而是许多人共有的感受了。我于1958年到了青海，这就是第十节写到的"当我第一次和高原的群山相遇"。辽阔的高原使人胸襟开阔，"岩上的松，花下的泥"只是当时心情的一种写照。尽管我已身入另册，但我仍想到龚自珍的诗："落红不是无情物，化作春泥更护花。"当"文革"开始的时候，我对

它还是缺乏认识的。尽管已身入"牛棚",我确实是在真诚地交代那些莫须有的"罪行"。随着岁月的推移,我才逐步认识到江青之流口里讲的是"革命",而实际上实行的却是封建法西斯专政。大约是物极必反吧,1976年清明节爆发了天安门事件。人民大众用"钢铸的花圈,血写的诗词"来提出抗议了。1976年元月,我在一首词中表达了这样的愿望:"伤国事,看金瓯,几沉浮。倩谁收拾,剩水残山,重写春秋!"当时在我心中,中国往何处去,仍是一个悬而未决的问题。这就是第十七节写的:"时间是一组正在演算的方程式。"粉碎江青反革命集团以后,中国还经历了两年左右的徘徊,"凡是"派还在人们心里投下阴影。然而,大地春回已是大势所趋,中国进入了新的时期,"归来"的诗人们也和人民一起进入了新的时期。我另一首诗《给诗人》,有这样几行:"你可曾见过:从受伤的心里/流出的不是呻吟,而是创造的欢乐/你可曾见过:在地狱的火里/炼出的不是灰烬,而是黄金的号角。"它们可以和《我和时间》的最后两节参看。因而它是在走向"四化"的征途中一阕响亮的前奏曲。

(罗洛)

信　念　　　　　　罗　洛

信念是一株树
一株坚强的高山柏

　在险峻的群峰中
高山柏站在崖层上
长年不息的风
像无数发怒的雄狮
向它奔袭而来
高山柏站立着
不弯腰,不屈膝
它的带着绿叶的树梢
向上扬起

　在它头上
是祖国的蓝天

在它脚下
是祖国的崖层
它的根牢牢地
扎在崖层深处

信念是一株树
一株坚强的高山柏
永远站立在
坚实的崖层上

1980年

选自《阳光与雾》,黑龙江人民出版社1983年版

  十年动乱之后,出现了所谓的"信仰危机"。有一些人,特别是一些年轻人,除了相信自己之外,世界上似乎再也没有什么是值得相信的了。这首诗,就是有感于此而写的。因为,当一些人失去信念的时候,更多的人,包括那些曾经身处逆境、经历坎坷的人,却始终保持着坚定的信念。他们相信:社会主义的中国,无论遇到过什么样的困难,遭受过什么样的挫折,付出过什么样的牺牲,一定会通过一代又一代有志之士的艰苦奋斗,走向繁荣和富强。

  信念是一种精神力量,是使一个人、一个国家、一个社会站立起来并迈步向前的精神支柱。它具有丰富的内涵,然而又是一个抽象化了的概念。就诗而言,是不能用抽象的语言来表达抽象的概念的。这首诗采用了比喻的手法,赋予它一个具体的形象:信念是一株柏树,一株坚强的高山柏。柏树,是每个读者都熟悉的,它坚韧挺拔,郁郁葱葱,四季常青。这样,读者脑子里就会立刻形成一个可感知的形象。然而这里写到的并不是一般的柏树,而是一种特殊的柏树:高山柏。1980年6月,我在喜马拉雅山区旅行的时候,曾亲眼看到过这种高山柏。它的生长环境是十分严酷的。它的根从岩石缝中伸向岩层深处,昼夜不息的大风击打着它的躯干,而它的带着绿叶的树梢却始终向上扬起,向着蓝天,向着阳光。本诗第二节可以说完全是写实。

  人的一生不可能是一帆风顺的。人的信念也不可能像温室里的花朵一样,始终处在风和日丽的环境中。它往往要经受各种各样的考验。甚至可以说,只有经受过严格考验的信念才会是坚定的。因而用高山柏来比喻人的信念,比用一般的柏树更为贴切。可是,信念是从哪里来的呢?本诗第三节回答了这个问

题：它来自对祖国的深沉的爱。当然，在诗中不宜这样直截了当地回答，而用了比较形象的说法：在它头上是祖国的蓝天，在它脚下是祖国的岩层。这既是写实，和第二节的形象描绘比较自然地相联系，又能使诗的思想内涵深入了一步，或者说提高了一步。而通过第二、第三节的描绘和铺垫，末尾一节重复了第一节的两行："信念是一株树／一株坚强的高山柏。"诗中的重复，一般都是为了加深读者的印象。读者对高山柏已有所了解，因而这次得到的印象，就会比初读这两行诗时得到的印象更为丰富、更为具体。结尾两行抒写的也是一种信念：高山柏永远站立在坚实的岩层上，它是不可动摇的。人的信念只要和祖国的命运和前途相联系，也是永远不会动摇的。

（罗 洛）

【诗人小传】

赵 恺

(1938—) 山东人。1955年毕业于南京晓庄师范学校。后到苏北农村教学，1958年后到井冈山劳动。曾任淮阴市（今淮安市淮阴区）文联主席。

第五十七个黎明

赵 恺

一位母亲加上一辆婴儿车，
组成一个前进的家庭。
前进在汽车的河流，
前进在高楼的森林，
前进在第五十六天产假之后的
第五十七个黎明。

五十七，
一个平凡的两位数字，
难道能计算出什么色彩和感情？
对医生，它可能是第五十七次手术，
对作家，它可能是第五十七部作品；

可能是第五十七块金牌，
可能是第五十七件发明。
可是，对于我们的诗歌，
它却是一片带泪的离情：
一位海员度完全年的假期，
第五十七天，
在风雪中启碇。

留下了什么呢？
给纺织女工留下一辆婴儿车和一车希望，
给孩子留下一个沉甸甸的姓名。
给北京留下的是对生活的思索，
年轻的母亲思索着向自己的工厂默默前行：

"锚锚"，多么独特的命名，
连孩子都带着海的音韵。
你把铁锚留在我身边，
可怎么停靠那艘国际远洋货轮？
难道船舶，
也是你永不停泊的爱情？
但愿爱情能把世界缩小，
缩小到就像眼前的情景：
走进建外大街，
穿过使馆群。
身边就是朝鲜，接着又是日本，
再往前：智利、巴西、阿根廷……
但愿一条街就是一个世界，
但愿国际海员天天回家探亲，
但愿所有的婴儿车都拆掉车轮，

纵使再装上,
也只是为了在花丛草地间穿行。

可是,生活总是这样:
少了点温馨,
多了点严峻。
许多温暖的家庭计划,
竟然得在风雪大道上制定:
别忘了路过东单副食商店,
买上三棵白菜、两瓶炼乳、一袋味精。
别忘了中午三十分钟吃饭,
得挤出十分跑趟邮电亭:
下个季度的《英语学习》,
还得趁早续订。
别忘了我们海员的叮咛:
物质使人温饱,
精神使人坚定……

这就是北京的女工:
在前进中盘算,
盘算着如何前进。
劳累吗?劳累;
艰辛吗?艰辛。
温饱而又艰辛,
劳累而又坚定:
这就是今日世界上,
一个中国工人的家庭。

不是吗?放下婴儿车,

就要推起纱锭。
一天三十里路程，
一年，就是一次环球旅行。

环球旅行，
但不是那么闪烁动听。
不是喷气客机，
不是卧铺水汀。
它是一次只要你目睹三分钟，
就会牢记一辈子的悲壮进军：
一双女工的脚板，
一车沉重的纱锭，
还得加上一册《英语学习》、
三棵白菜、两瓶炼乳、一袋味精。
青春在尘絮中跋涉，
信念在噪音中前行。
漫长的人生旅途上，
只有五十六天，
是属于女工的
一次庄严而痛苦的安宁。
今天，又来了：
从一张产床上走来两个生命。
茫茫风雪，
把母亲变成了雪人，
把婴儿车变成了雪岭。
一个思索的雪人，
一座安睡的雪岭。
雪人推着雪岭，
在暴风雪中奋力前行。

路口。路口。路口。
绿灯。绿灯。绿灯。
绿色本身就是生命,
生命和生命遥相呼应。
母亲穿过天安门广场,
长安街停下一条轿车的长龙:
一边是"红旗""上海""大桥""北京",
一边是"丰田""福特""奔驰""三菱"……
在一支国际规模的"仪仗队"前,
我们的婴儿车庄严行进。
轮声辚辚,
威震天庭。

历史博物馆肃立致敬,
英雄纪念碑肃立致敬,
人民大会堂肃立致敬:
旋转的婴儿车轮,
就是中华民族的魂灵!

1980 岁末·风雪中的北京小关
选自《诗刊》1981 年第 3 期

《第五十七个黎明》作于 1980 年岁末。诗人在一个飞雪的傍晚,看到一位女工一手推着自行车,一手推着婴儿车,慢慢朝前走去,头上、肩上是雪,婴儿车上也是雪。于是,诗人从眼前的景象联想到他所熟悉的纺织女工,由此而萌动了强烈的创作愿望。为了增加关于背景的实感,他还特地骑着自行车,先后穿过使馆区、历史博物馆、人民大会堂……

这首诗描写的是这样一幅平凡而又令人怦然心动的画面:一位度过五十六天产假的母亲,送别了远航的丈夫,在第五十七天——一个风雪弥漫的黎明,推着一辆婴儿车上班。生活中的实景在诗中得到了强化和升华:"茫茫风雪,/把母亲变成了雪人,/把婴儿车变成了雪岭。"这里的"风雪"象征着"一位母亲加上一辆婴儿车"组成的家庭在前进道路上的困难和阻力。这困难和阻力包含了这位纺织女工生活的劳累和艰辛。所有这些无疑带有一种苦涩之感,但苦涩沉淀之后,泛起的却是对生活的乐观和奋发有为:"雪人推着雪岭,/在暴风雪中奋力前行。"于是,诗人以这一个小家庭为窗口,使我们窥见了今日的中国千千万万普通百姓的现实处境和生活态度,这就是"温饱而又艰辛,/劳累而又坚定"。显然,无论是各级干部,还是广大群众,都可以从中得到启发,受到感染。

以往我们常常无条件地赞美人们的忘我劳动和献身精神,而不敢稍稍触及人物对和平环境和家庭生活的向往,似乎那样写了就会降低人物的思想境界,可是此诗却毫不犹豫地写道:"但愿国际海员天天回家探亲,/但愿所有的婴儿车都拆掉车轮,/纵使再装上,/也只是为了在花丛草地间穿行。"当然,"年轻的母亲"并不天真,并未把向往当作现实,她懂得"生活总是这样:/少了点温馨,/多了点严峻"。现实是人们最好的教员,诗人以高度的艺术概括力,把我们时代所具有的活生生的辩证法化作了这位纺织女工内在的信念和情操。

以往,我们习惯于写人们踏着庄重的步伐,前去瞻仰英雄纪念碑,参观历史博物馆,可是此诗却一反常态地写道:"历史博物馆肃立致敬,/英雄纪念碑肃立致敬,/人民大会堂肃立致敬:/旋转的婴儿车轮,/就是中华民族的魂灵!"这是何等雄伟庄严的场面! 我们知道,历史博物馆、英雄纪念碑象征着已经逝去的光荣历史,而历史是要发展的,是指向未来的,为了替未来着想,替国家的前途着想,它们完全应该向"旋转的婴儿车轮"致敬,更应该向孕育了代表未来的婴儿母亲致敬。因此,我们不妨说这是一首献给母亲们也是献给祖国未来的颂歌。

把这首诗和过去有些描写工人的诗篇相比较,就可以更明显地看到其中的差别,过去我们读过不少描写婴儿车加苹果般脸庞的诗篇,但从未发现谁曾有过将手推的婴儿车和先进的轿车加以对照的艺术构思;过去我们也许会从某些描写田野风光、农家乐趣的诗篇中找到奶牛、蔬菜之类,但不记得有谁曾将白菜、味精这样平凡琐碎的生活用品相继写入诗内。看来,诗人不只是从高大的英雄身上获得灵感,不只是留心罕见的事物,绚烂的色彩,优美的形象,而是善于从普通人物那里觅取诗意;从事物矛盾的严峻对比中发掘新意;从生活的底层汲取崇高的动人的美。

《第五十七个黎明》是一首含有叙事成分的抒情诗,它正视现实和矛盾,感情有些沉重,气氛颇为悲壮,而这正是此诗的感人所在。

(孙光萱)

【诗人小传】

圣 野

（1922— ）浙江东阳人。1950年毕业于浙江大学师范学院英语系。历任《大众日报》通讯员，《中国儿童时报》编辑，《天行报》《原野诗》主编，浙江游击总队金萧支队《金萧报》《群众报》编辑，少年儿童出版社《小朋友》编辑部主任，《诗之国》编审委员，《儿童诗》编委、顾问。1942年开始发表作品。著有诗文集60余种，主编选集《台湾儿童诗精品选评》《黎明的呼唤》《中华儿童散文诗丛》等10余部。

磨刀石

圣野

月亮把夜天
当做一块
蓝幽幽的
磨刀石

磨亮了镰刀
她就要去收割
像麦粒一样成熟的
满天的星星了

选自《欢迎小雨点》，湖北少儿出版社2006年版

诗将磨刀石比喻为夜晚的天空，这真是一个新奇的远取譬，这一远取譬，令《磨刀石》熠熠生辉。

所谓"远取譬"，是指本体和喻体越不同越好，拉开的距离越远越好。尺度的把握是"远取譬"成功与否的关键。此诗将"夜天"比作"磨刀石"，新鲜而又形象，有质感。此一比喻，诗中的中心意象产生了：夜天——磨刀石。

诗由此一中心意象拓展开去。有了磨刀石，便有磨刀人。磨刀人是谁？月亮。拟人手法。诗的此一技巧用得很特别，月亮借夜天去磨镰刀，镰刀并非它物，是月亮自身，换言之，磨刀人磨的是自己：弯弯新月似镰刀，月亮自己磨自己，此处既充满童趣，又饱含新意和诗意。

圣野写诗，特别注重结尾。此诗结尾用的是通感。磨亮镰刀似的弯弯新月，

收割星星("收割"两字,水到渠成,此动词令全诗摇曳茂茂盛盛的诗情画意),而星星像麦粒(又是一个远取譬)一样成熟啊!"成熟"两字,隐含麦香,使"星星"这一视觉物象向嗅觉感受挪移,滋润审美空间。

浩瀚天空,新月如镰刀,星星似麦粒,月揽星如镰割麦;仰望天空,麦浪滚滚,丰收在望——

这,就是《磨刀石》展现在我们眼前的优美的画面,诗的意境是迷濛又阔大的。

(戴 达)

【诗人小传】

张万舒

(1938—) 安徽肥西人。曾就读于合肥第一中学。1958年开始发表诗作。中学毕业后到工厂当车工。1961年到合肥市手工业局工作。1964年调新华社安徽分社任记者,后任采编主任、副社长、新华总社国内部副主任、新华出版社社长。

黄　山　松

张万舒

好,黄山松,我大声为你叫好,
谁有你挺的硬,扎的稳,站的高;
九千里雷霆,八千里风暴,
劈不歪,砍不动,轰不倒!

要站就站上云头,
七十二峰你峰峰皆到,
要飞就飞上九霄,
把美妙的天堂看个饱!
不怕山谷里阴风的夹袭,
你双臂一抖,抗的准,击的巧!
更不畏高山雪冷寒彻骨,
你折断了霜剑,扭弯了冰刀!

谁有你的根底艰难贫苦啊，
你从那紫色的岩上挺起了腰；
即使是裸露着的根须，
也把山岩紧紧的拥抱！

你的雄姿像千古高峰不动摇，
每一根针叶都闪烁着骄傲；
那背阳的阴处，你横眉怒扫，
向着阳光，你迸出劲枝万千条！

啊！黄山松，我热烈地赞美你，
我要学你艰苦奋战，不屈不挠；
看！在这碧紫透红的群峰之上，
你像昂扬的战旗在呼啦啦地飘。

选自《黄山松》，上海文艺出版社 1980 年版

  在当代诗歌中，张万舒的《黄山松》是一首具有浓郁的浪漫主义色彩的抒情佳作。吟读这首诗，我们首先被它那博大宏伟的场面和磅礴雄浑的气势所震撼所激荡。大自然中的风雨、雷电、霜雪，统统奔入笔底，构筑成壮阔的形象体系。大自然在这里被充分人格化，诗人赋予这些自然界的事物以强悍的生命意识和飞动的色彩。而居于全诗中心位置的是生长在悬崖峭壁上的虬松——黄山松，它具有驱使宇宙风雨雷电之伟力，因为它"挺的硬，扎的稳，站的高"。即使在大自然的两军对垒的矛盾冲突中，任凭"九千里雷霆，八千里风暴"，黄山松也照旧"劈不歪，砍不动，轰不倒"，以其气吞山河的雄姿，巍然挺立，这场面，这气氛，多么震撼人心！

  强烈而沛的诗情，高昂激越的音节，是这首诗另一个特点。《黄山松》是一首时代感很强的咏物诗，诗人托物言志，通过对黄山松的赞美，表达自己对我们的祖国、我们的人民在困难面前百折不挠，勇往直前精神的由衷敬佩。诗一开始，诗人就用一股憋不住的强烈感情冲口而出，一下子把我们震慑住："好！黄山松，我大声为你叫好。"诗人这种热烈、昂扬的激情始终贯注于整首诗之中。第二节至第四节，诗人情绪略有转折，从"高、硬、稳"三个方面，分节赞美黄山松。第

五节从"你的雄姿像千古高峰不动摇"开始,诗人情绪直线上升,再度高扬。到最后一节,诗人立下誓言"我要学你艰苦奋战,不屈不挠"时,情绪达到了热烈的顶点。最后以"你像昂扬的战旗在呼啦啦地飘"作结,在高昂的气氛中结束。诗人这种昂扬激越的感情,又借助于第二人称对话式的拟人手法,显得更加集中,更加强烈,震撼人心。

诗的另一个特点是,诗人运用丰富的想象和通体象征手法塑造了黄山松高大、刚健和自强不息的形象。诗人以松为象征,表现了时代精神和中华民族的气度品格,因而,黄山松可以说象征着中国人民团结奋发,齐心协力,战胜天灾人祸的革命精神。当然,象征具有宽泛性和不确定性,加之读者的理解的多样性,黄山松也未尝不可以作为一位坚强的斗士和革命者形象来理解。 (林唯民)

【诗人小传】

梁　南(1925—2000)　原名李启纲,四川峨眉人。1943—1945年在《成都快报》上自编自写《文艺周刊》,与罗洛在《成都晚报》上办《新诗副刊》。曾参加中国人民解放军,任空军政治部记者等职。1958年后在东北林区劳动。1979年后到《北方文学》编辑部工作。

野 百 合 花　　　　梁　南

疠疫,终于消退了
新世纪的风吹过
吹开悲剧年代死去的
花朵——野百合

你见过这样风貌凄迷的花吗?像坠鸟,
像怨女渗血的嘴唇,像无字的眼泪,
像炼狱烧红了的愤死挣扎的游魂
像捏碎太阳的色素又涂上月的冰莹……
失落薄暮的微光,枪声尖冷。

野百合花

黑暗播完种,野百合花滴血诞生,
是花吗？从无坟的坟地开到我脚前,
呈现她心的形状,喷溅着她的悲愤。

没有一种花富有如此值得赞美的生命。
花瓣倾泻着恋歌,冲决一角黑夜;
低昂在风雨中,恍若要撞出天晴;
我想起喉头的血浆,铮铮的琴声,
想起短发女子像失母的孩子寻找真理,
想起被铐的手摇曳红花……花落入坟茔!
想起喝着泪水的母亲祖国昨天走来,
抱起这束野百合花,火化着民族的悲辛。

她倒下去了,神灵们也粉碎了铜身。
今天她又满地如落照,满地如火云,
开得我记忆如新,开得我悲恸如焚。
难道她还有什么悠悠心思要转告大地,
才年年依恋在这春草离离的北国思忖?
我永远永远看见:红滴滴的百合花,
呵!我不知道,是我站在坟头开了花,
还是不死的英雄们相思不绝的歌声?!

　　一朵野百合花开在心上
　　我要叩问：她为什么
　　开在这个灼热的地方
　　哦,血红的野百合花!

选自《野百合花》,江苏人民出版社 1981 年版

　　这是一首悼念张志新烈士的诗作。全诗并没有出现她的名字,诗人只是紧紧围绕"野百合花"这一诗的形象展开想象和抒情。在诗中,"野百合花"就是张

志新烈士的形象的化身。

诗前以类似题记的形式作有一首小诗,诗人将"文革"喻为"疠疫",将消灭"疠疫"的历史新时期喻为"新世纪的风",这样,诗人就以简洁的笔墨交代了诗的抒情的历史环境,接着扣住诗题,推出了诗的抒情客体:"悲剧年代死去的花朵——野百合。"它奠定全诗的感情基调,撩开了抒情的帷幕。

世界上竟有这样的野百合花——像"坠鸟",像"怨女渗血的嘴唇","像无字的眼泪"……诗人一连用了五个远取譬,它们都远远超出了野百合花本身所固有的形象特征。生长在诗中的野百合花浸透了诗人的主观情绪,她喷溅着诗人强烈的悲愤。诗人对野百合花所作的博喻,每一个比喻都容纳了深刻的内涵,它们就像聚光灯的一道道灯光,照见了烈士的灵魂,那是"炼狱烧红了的愤死挣扎的游魂"啊!为了不使诗的抒情流于空泛,诗人注意从烈士的生平事迹中汲取养料,将它们化为诗的语言。他抓住了烈士平时喜爱拉小提琴以及烈士就义前被割去喉管这两个细节,写出了这样触目惊心的诗行:"我想起喉头的血浆,铮铮的琴声。"这两个形象,一个诉之于读者的视觉,一个诉之于读者的听觉,它们并置在一起,给读者以强烈的震撼。同时他们又和烈士英勇就义的悲壮场面互为呼应:"失落薄暮的微光,枪声尖冷。"枪声掩埋了铮铮琴声,喉头的血浆浇灌了足下的大地,"黑暗播完种,野百合花滴血诞生"。于是,这样的看似虚拟的描写,就显得十分厚实和沉重了!这厚实和沉重正得力于诗人对这一悲剧沉甸甸的反思。

(戴　达)

【诗人小传】

宫　玺

(1932—　)　原名垂玺,山东崂山人。曾在省立即墨中学就读。1951年参加中国人民解放军空军,曾任南京部队空军政治部文化科副科长。1955年开始发表诗作。1978年转业至上海文艺出版社工作。

最后的飞翔

宫　玺

一只受伤被缚的鹰,
　终于挣脱绳索,
　　奋力冲上了天空!

可是绳索撕去它一条腿,
鲜血淋漓,
心肝如迸!

为了重获自由,
即使只有片刻,
它也甘愿付出被缚的生命;

为了最后的飞翔,
它聚集起周身的力量,
忍受着难以忍受的剧痛!

盘旋着,盘旋着,
一圈、一圈、一圈……
向大地倾洒无尽的柔情!

啊!……
山河收留了它的羽毛和血肉,
蓝天拥抱了它不死的魂灵!

一九八一年一月六日夜至翌日凌晨
选自《上海文学》1981年第3期

  这首诗,内涵极富。一开头,悲壮的情调就抓住心弦,令人仰叹!受伤而又被缚,假如不是鹰,而是一只小鸟,它的命运,该是怎样的悲惨!

  鹰,终于挣脱绳索,冲上天空,但却撕去一条腿。这形象,是刚烈的。生命诚可贵,自由价更高,为了飞翔,它甘愿付出被缚的生命。为了最后的飞翔,它忍受难以忍受的剧痛,盘旋着,一圈一圈,向大地倾洒无尽的柔情……"柔情"二字,蕴蓄极致,显示了诗人的艺心独造。在这里,如果用"倾洒无尽的爱",这就落入寻常之笔了!

  全诗从头到尾,鹰的立体感极强!这只鹰,悲愤惨烈,它给人情绪上的感染,不是消沉,乃是亢奋。从形象中流出来的历史感,是多角的。这受伤而又被缚、然后又挣脱绳索,冲向蓝天作最后飞翔的,仅仅是鹰吗?小者,我们可以联想到个人;大者,我们可以联想到我们的民族,我们的国家许许多多的人和事……

这是一支悲壮的自由之歌。

(黎焕颐)

【诗人小传】

丁 芒

(1925—) 原名陈炎、陈轶明,江苏南通人。1943年开始发表诗作。曾在华中建设大学学习,后任《新华日报》编辑。1946年参加中国人民解放军,继续从事新闻工作。1970年复员当工人,后至江苏人民出版社工作。出版有诗集《欢乐的阳光》《寒村》等。

江南烟雨

丁 芒

这被雨水浸融了的江南,
哪儿是桃花,哪儿是杨柳?
绿叶儿都淡成了烟雾,
笼罩着远处依稀的红楼。

只有燕子像遗落的墨点,
在蒙茸细雨中来往穿梭,
翅上驮着湿漉漉的春天,
为她寻觅个落脚的处所。

呵,燕子,你别再唧啾,
春已随稻谷播下了田畴,
你不见秧苗的连天翠色,
已经把乳白的云幔染透!

1980.7.11

选自《枫露抄》,黑龙江人民出版社1983年版诗人犹如一位丹青高手，他手中的诗笔也兼画笔，点染挥洒。《江南烟雨》宛如一帧清丽的水彩，描绘了江南早春的风光，给人以美的享受。

诗的语言美，首先是具象之美，而在具象之美中，色彩美是一个重要的方面。古罗马诗人兼批评家贺拉斯和古希腊诗人艾德门茨，就分别提出过"诗歌就像图画""画为不语诗，诗是能言画"的看法，而中国古代的画家方薰在《山静居画论》中称赞杜甫"使笔如画"，诗评家王嗣奭在《杜臆》中也赞美杜甫"以画法为诗法"。丁芒继承了中国古典诗歌讲究绘画美的传统，充分发挥中国文字摹形绘色的功能，刺激读者的有关色彩的审美联想。"绿叶儿都淡成了烟雾，/笼罩着远处依稀的红楼"，诗的开始的画面是由两种色调构成的，一种是大片的淡绿，一种是点状的鲜红，红绿相映成趣，正是所谓"万绿丛中一点红"。"只有燕子像遗落的墨点，/在蒙茸细雨中来往穿梭"，在淡绿远红的背景之上，墨黑的燕子就分外醒目了，而"你不见秧苗的连天翠色，/已经把乳白的云幔染透"，是"翠色"与"乳白"的又一重色彩的反差与映衬，使春田漠漠的景象如在读者目前。诗人正是注意了语言的色彩美，将表颜色的形容词用在诗句中的各不相同的位置，才富于色彩地表现了生活的美，也丰富了读者的美的感受。

这首诗，还成功地运用了艺术对比的手法。这里有大与小的对比，如"秧苗的连天翠色"和"像遗落的墨点"的燕子的对比；有淡与浓的对比，如"绿叶儿都淡成了烟雾"，而"红楼"与"墨点"则是醒目的浓红与浓黑；有静与动的对比，诗中所描绘的许多自然景物都是静态的，但蒙茸细雨和来往穿梭的燕子却是动态；有实与虚的对比，诗中的植物与飞禽都是如实描写，但燕子的"翅上驮着湿漉漉的春天，为她寻觅个落脚的处所"，"春已随稻谷播下了田畴"，却是出之于作者的想象也诉之于读者的想象的虚写。上述多种多样的艺术对比，加强了这一作品的表现力与感染力。

（李元洛）

写给当炮兵的儿子　　　　　　丁　芒

信里先不寄家乡一撮土，
也不寄亲友故旧的叮咛，
不寄屋前杏花三两瓣，
不寄水井旁的笑语殷殷。

既然跨出了家乡的门槛，

写给当炮兵的儿子

丁 芒

既然帽子缀上了红星，
你还是收拾起纤细的锚链，
把心儿碇泊在祖国边境。

我只寄你一缕硝烟，
和电一样的刀光，霞一样的血影，
寄给你，我的战友的雄姿，
寄给你，战壕里泥土的温馨。

把还在燃着的青春的记忆，
把闪耀着壮岁风华的梦境，
把囊括我一生的巨大的爱情，
寄给你，作为父亲的礼品！

也寄给你春天的溪流，
饮饱冰雪的柳芽已经发青，
寄给你雷霆似的脚步，
寄给你汗气熏蒸的白云。

把涌流在土地上的金黄的蜜，
把烟囱向天空喷吐的欢欣，
把重新出现的战争年代的信念，
寄给你，作为祖国的关情。

让你去把握革命未来的节奏，
让你去呼吸时代飞迸的火星，
让辽阔的国土贴紧你的胸膛，
让千山万水都来向你叮咛。

写给当炮兵的儿子　　　　　　　　　　　　　丁　芒

> 你再去寻觅家乡的云树，
> 像从百花园中采一朵芳馨，
> 你才会有深沉壮阔的爱，
> 激发你炮弹样饱孕着的热情！
>
> 　　　　　选自《解放军文艺》1981年第5期

这是一位老战士写给驻守边境的儿子的一封家书，表现了情真意切的亲子之情。

家书，在中国古典诗歌中是经常咏叹的题材，如"青鸟不传云外信，丁香空结雨中愁"，如"马上相逢无纸笔，凭君传语报平安"，如"夫戍边关妾在吴，西风吹妾妾忧夫。一行书寄千行泪，寒到君边衣到无"，等等，都是可传可诵的俊句佳篇。但是，丁芒的这封"家书"无论是内涵或是表现艺术都是一种全新的创造。内涵固不待言，那种特定的新时代的生活与思想感情的内容，是古典诗歌所无法比较的；在艺术上，诗人也继承了古典诗歌的某些表现方法而作了新的创造与发展，这主要表现在构思、结构和语言三个方面。

构思是诗歌创作的重要环节，缺乏新颖的巧妙的构思，就不可能有出色的诗篇，陆游说"诗无杰思知才尽"，由此可见构思的重要。古典诗歌中抒写书信这一题材的作品，一般是在家的女方寄在外的男方，诗人的"家书"则是父亲寄给儿子，时代之情与个人之情交融，祖国之爱与父子之爱交织，从"父与子"这一特定的角度展开诗的构思，使得构思本身具有相当的新颖性与创造性。

这首诗，有和谐完整的结构。这首诗的内结构是由诗人的感情抒发所决定的，诗的抒情主人公对儿子的拳拳之情，殷殷之望，谆谆之嘱，自始至终贯串全篇，像一根红线串起了颗颗珍珠；它的外结构也是完整的，这里有两点特别值得注意，一是首尾的呼应，全诗以"信里先不寄家乡一撮土"始，以"你再去寻觅家乡的云树"终，"家乡"一词首尾呼应，贯串始终，细针密线，一丝不走；二是相似而又层层递进的句式，如"寄给你，战壕里泥土的温馨"，"寄给你，作为父亲的礼品"，"寄给你，作为祖国的关情"，反复咏叹，步步提升，相似的句式置于不同节段的最后一行，加强了艺术整体的和谐感和一唱三叹的旋律美。

在语言上，这首诗的最主要的特色，就是及物动词"寄"与抽象的名词、形容词的组合。"寄"这一动词之后，一般是跟以具体名词如"书""信""礼品"之类，但在这首诗中，与"寄"相搭配的大都是抽象名词或抽象形容词，如"故旧的叮咛"

"笑语殷殷""雄姿""温馨""记忆""梦境""爱情""欢欣""信念",等等,这种语言的实与虚的组合,就使诗作获得了诗所必具的空灵之美,也加强了让读者求索的诗的情味。

(李元洛)

【诗人小传】

屠岸

(1923—) 原名蒋壁厚,笔名叔牟,江苏常州人。1946年毕业于上海交通大学铁道管理系。1949年任上海英文周刊《密勒氏评论报》通讯编辑。新中国成立后,先后在上海市军管会文艺处、《戏曲报》、上海《人民文化报》副刊、《人民戏剧》《人民诗歌》工作。1953年起任《剧本》编辑,《戏剧报》编辑、常务编委兼编辑部主任,中国戏剧家协会研究室副主任。1973年调人民出版社,历任现代文学编辑部副主任、主任、总编辑、编审委员会副主任兼《当代》杂志顾问。著有诗词集《萱荫阁诗抄》《屠岸十四行诗》等,译作《鼓声》《莎士比亚十四行诗集》等。

丁 香

屠 岸

一条山路,两旁栽满了丁香:
长得这样高,是媲美乔木的花树。
迎着这漫山遍野流荡的芬芳,
每天薄暮,我都到这里来散步。

那时候,困于一项艰难的任务;
来山脚撰写我不愿撰写的文章。
我白天伏案,像个忧郁的囚徒,
到黄昏我夺门投入丁香的汪洋。

月色给花树穿上朦胧的衣裳,
我只见一片如梦的白光和紫雾。
窈窕的小径用浓香诱我去徜徉——

心战的疲惫消融在锦绣的国度。

违心和安心的斗争早成为过去，
丁香却还在我耳边低唱安魂曲。

选自《屠岸十四行诗》，花城出版社1986年版

此诗写作于1985年5月。

丁香是一种芳香袭人，让人钟爱的花。然而，在诗人心中，它是一种镇定剂、安魂曲，它是一种心灵的境界，是一种精神的象征。

"那时候"，虽然不能肯定是"文革"时代，但至少可以从"违心和安心的斗争"中知道，那是一段黑暗的不幸的岁月。作者"困于一项艰难的任务"，不是个人追求或人生信念使然，也不是个人感情的困惑使然，而是因为外界的某种强制无理的压迫。作者"像个忧郁的囚徒"，唯有黄昏的丁香花丛才是解脱困境的地方。在月朦胧、花朦胧的如梦如雾的丁香的汪洋中，心战的疲惫才消融无遗。意象的焦点在丁香。它看起来是散步、消愁、赏景的对象，其实，丁香是一种象征，它象征着一种超脱的精神境界。正如陶渊明的"桃花源"，丁香路也是另一种"世外桃源"，它可以使人忘却尘世的喧嚣、烦恼和忧郁，让人进入自为的缥缈自由的状态，进入一种闲适飘逸的精神境界。丁香路的精神意蕴正在于此。诗人刻意追求的也是这种空灵而宁静的诗歌境界。值得提出的是，丁香的精神象征还没有达到极致，因为"丁香却还在我耳边低唱安魂曲"。这种结尾总让人回复到过去的某种境界，耐人寻味。

象征使诗超越诗的意象本身而展示事物本质的内涵。《丁香》的象征通过写景式抒情创造诗歌氛围来完成象征，读者需要从氛围圈定的境界中去体味诗歌的底蕴。作者曾在丁香的园林里挣扎、奋斗，也可以说是曾借丁香作为逃避、消沉的场所。但是，作者最终超脱了自身的存在和心灵的困境，找到了打开精神枷锁的钥匙，就是一种胜利，而不是懦弱的失败。因此，丁香有一层象征意义，即高洁自由的生存方式。作者的人生体验、心灵感受都曾在这种境域中冶炼过，净化过。作者寄情于丁香，是为着追求精神的自我解放。它是自由精神的象征，这就是诗歌追逐的真正内涵。

（陈耀忠）

冀汸

[诗人小传]

（1920— ）原名陈性忠，湖北天门人，生于印度尼西亚。1924年回国。青年时代开始诗歌创作，曾参与编辑诗刊《诗垦地》。1947年毕业于复旦大学历史系。曾任中小学教员和会计。1950年后做过文艺编辑和行政工作。1955年受"胡风反革命集团"案株连。1977年后曾任浙江海宁翁家埠乔农中学教务主任，后得到平反，不久到省文联工作。

回　响

冀汸

我听到了，我听到了你们的呼唤，
听到了怀念与信任，听到了友谊和温暖。
我们被隔开了：隔着山，隔着水，
隔着颠倒的岁月。
似乎隔得太久了吧？四分之一世纪！

不，那算不了什么的。
在历史的长河里，那不过是
无关轻重，难以计算分量的一星半点！
风吹雨打，只能把
灰沙卷走，污泥冲掉，
玄武岩会留下来，变成矗立的高峰。
它和云彩在一起，它同太阳更亲近。

我听到了，我听到了你们的呼唤，
听到你们到处寻访的足音。
日复一日，年复一年，我在干什么呢？
我从来没有停歇，一直在劳动，搬砖运瓦；
我从来没有喑哑，一直在歌唱，不过用的超声波；
我从来没有泄气，更谈不上绝望；

——那是懒汉的把戏,懦夫干的勾当!
我有一个不渝的信念:
黑夜的尽头是黎明,一定是黎明,
沸腾的海上,浮起绚丽的霞光。

我的模样变了吗?没有。
我还是你们记忆里的那个样子:
一头卷发,不过已经斑白;
一双深陷的鹰眼,不过有些老花;
还是容易激怒,说话不会拐弯;
苦难的历程使我老了,
但那颗跳动的心,还像从前一样年轻。

寂寞吗?是的,我只是一个人。
我没有家,只有一处住所。
我唱完劳动号子,回到十二平方米的房间,
又开始另一种生活——
读完一天收到的报纸、杂志,
听收音机报告南海喷出了原油……
何况伴随我的
还有画家笔下的花朵,翱翔长空的雄鹰,
还有司马迁、李、杜和辛稼轩……
还有巴尔扎克,契诃夫……

他们热情地向我介绍了许多人物:
有的可恨,因为那是渣滓,那是敌人;
有的我愿意亲近,很想同他们交谈。
莎士比亚介绍的
那个优柔寡断的哈姆雷特,我却想教训他一顿!

屠格涅夫介绍的
那个夸夸其谈的罗亭,如果还在人世,我一定劈他
　　两记耳光!
我倒确实欢喜塞万提斯介绍的
那个吉诃德先生,尽管傻头傻脑,但绝对真诚……
寂寞,我不怕!泥土里的种子
不就是在寂寞里萌芽,在寂寞里生长,又开花?
何况眼下的日子,正像收音机唱的那样:
《我们的生活充满阳光》!

我听到了你们的呼唤,这就是我的回答。
一匹伏枥老骥,已起步驰奔,
在新长征的行列里,紧跟前面飘扬的红旗。
我这回答,声音也许太轻微吧!
不要紧,我会在千山万壑中回答,
定将引起回响,一个回响接一个回响,
一声比一声更响,一声比一声更大。
战友们,你们都会听到它。

1979年11月18日
选自《白色花》,人民文学出版社1981年版

　　诗人在1955年受所谓"胡风事件"株连而获罪,从此与世隔绝。雨过天霁,已经"隔"了"四分之一世纪",曾经患难与共的朋友们到处打听他的下落。诗人得知此事,甚为感动,便写了这首诗,作为回答。

　　"我听到了,我听到了你们的呼唤",此句脱口而出,格外真切。诗人抑制不住内心的冲动,来不及将思索化为艺术形象,而以反复的句式表达对朋友的感激之情。诗人噙着热泪,咽着苦水,颤抖着双臂,向"隔得太久了"的友人倾吐衷肠,回答友人最关心的问题。

　　"我在干什么呢?"日复一日,年复一年,诗人"一直在劳动,搬砖运瓦",接受"改造"。但是诗人"从来没泄气,更谈不上绝望",更没有忘记"歌唱""黎明"的神圣天职,具有一个文化战士不屈的意志和乐观主义精神。"我的模样变了吗?"寥

寥数笔勾勒了一幅自画像:"一头卷发,不过已经斑白;一双深陷的鹰眼,不过有些老花。"笔墨简洁而传神。尽管苦难的历程可以使人衰老,但诗人"那颗跳动的心,还像从前一样年轻"。生活"寂寞吗"?诗人坦率地说,生活是寂寞的,物质是贫乏的。但是诗人的精神生活是异常丰富的,这是诗人的精神支柱。诗人以文化人特有的方式,从古今中外的名著中汲取滋养和补益。

在历次政治运动中,我国许多正直善良的知识分子都逃脱不了"残酷迫害,无情打击"的厄运,他们妻离子散,家破人亡,从人变成了"鬼"。诗人是他们中的一员,他的遭劫受难有着典型意义。因此,诗中的"我"是历经磨难、永不气馁、执著追求、起步驰奔的革命知识分子的形象。

诗歌采用自问自答的形式,回答友人的呼唤,给人以亲切感,在心理上和关心他的命运的朋友们缩短了距离。诗中"我听到了你们的呼唤",重复三次,而又连成一气,并且层层递进,感情渐深。"这就是我的回答"一句,收拢全诗,并点明诗题的寓意,诗人"轻微"的回答,必然会震荡山谷,引起巨大的"回响"。全诗成功地熔记叙、说明、论析、抒情于一炉,大大增强了诗的感染力和艺术效果。

(戴思源)

【诗人小传】

韦 丘

(1923—2012) 原名黎思强,笔名辛远茶、白江生等。广东清远人。初中时辍学参加抗日战争。1939年在国民党军队内做地下工作,开始发表诗作和剧评。1945年开始,担任东江纵队武工队政工组长、政治指导员,文工团戏剧股副股长、剧作组长等。1955年任中南军区文工团创作室创作员,同年转业到中国作协广州分会。曾任《作品》编辑部主任、副主编,作协广东分会副秘书长、副主席等职。主要著作有独幕剧本《回家》,诗集《红花集》《瀑声》等。

焦 灼

韦 丘

1

血液,像煮开了的水,
而精力,却在不断地降温。

多么想多作几个冲刺啊，
而膝关节却灌满了铅……

琴，继续弹着，
弦，却已到达金属疲劳状态。
歌，还在唱着
可惜因中气不足而喑哑。

2

我曾经试图去敲碎一个环，
却发现环套着环连成一条链，
——一条首尾都看不见的链，
一条比钢铁还坚牢的链。

动它一下，哗啷、哗啷……
从看不见的那边，
响到看不见的另一边，
反弹回来，打肿了嘴脸。

3

如果我现在是三十岁，
不，四十、五十也行，
我会用我的牙齿去再咬，
——不是齿崩，就是链断！

如果我手中有一根权杖，
不是普普通通的手杖。
而是象征至高无尚的权杖，
……唉！自己又给自己添了一个环。

4

还是先把自己敲个粉碎吧！

——这是我的最新发现。
　　然而这是痛苦的。
　　——不经火炼，怎能涅槃？

　　但是，精力快要降至零度了，
　　　关节越来越酸软。
　　只好望着那无尽的连环，
　　　干着急，光瞪眼……

选自《新诗选读105首》，花城出版社1989年版

　　诗写于1986年的广州，一开头，就写了"焦灼"的原因——愿望强烈，却精力下降。诗以"煮开了的水"来形容热血沸腾，以精力"不断地降温""膝关节却灌满了铅"来表达精力的不足，很形象。

　　第二小节是第一小节的发挥。以弹琴、唱歌为喻，进一步表达了由于精力下降而未能实现热切的愿望的遗憾。

　　究竟"我"的愿望是什么？诗在第二段告诉读者："我曾经试图去敲碎一个环。"但这个"环"非同小可，环环相连，组成了一条"首尾都看不见的""比钢铁还坚牢的链"，因此不但敲不碎，反而被它们"反弹回来，打肿了嘴脸"。难怪"我"这么"焦灼"了。

　　这条"链"象征什么？是那"首尾都看不见的""比钢铁还牢"的关系网吗？诗没有点明，任凭读者去思考。

　　总之，"我""焦灼"的原因，不是为了个人的名利。

　　第三段从两个"如果"出发，继续紧扣着"环"来抒情。"我会用我的牙齿去再咬／——不是齿崩，就是链断"，表达出"我"对"环"的无比憎恨及与它誓不两立的决心。可是这仅仅是"如果"而已，我年纪已老，不再是三十、四十或五十岁，精力已下降！诗行中流露出深沉的无奈情绪。这正表明"我"对人民、对社会具有强烈的责任感。

　　第二个"如果"也仅是幻想，因为"我"的手中，并没有"象征至高无尚的权杖"，所以不可能把"环"敲碎。最后一句很耐人寻味——希望自己有权杖，就是"自己又给自己添了一个环"，就是说，具有这种仰仗权力去解决问题的想法，说明自己已陷入"环"状的怪圈中了；反过来说，这个"环"及它们所组成的"链"，正与权力戚戚相关，难怪"我"不但敲链不碎，反而被"打肿了嘴脸"。

这时候,"我"的情绪不止是无奈,而是悲哀了。但这"悲哀"同样不是为着个人名利。

"还是先把自己敲个粉碎吧",这一"最新发现"是悲壮的。但是"精力快要降至零度了/关节越来越酸软",连敲碎自己的能力也没有了。这一来,"只好望着那无尽的连环/干着急,光瞪眼……""我""焦灼"到了极点。

暴露了矛盾却没有能力去解决,"我"有点绝望。但我们不会也不应因此而责怪诗中的"我"。怎么办?诗人把这个问题留给读者去思索。

这首诗语言并不深奥,却感情强烈,含意深刻,使人读后感叹不已,寻思不已。

(杨光治)

【诗人小传】

邵燕祥

(1933—) 浙江绍兴人。肄业于北平(今北京)中法大学法文系。1949年起在北平新华广播电台工作。1978年任《诗刊》编辑部主任和副主编。诗作主要表现社会主义建设题材,语言朴素,手法简洁,风格自然。同时也致力于杂文写作。

沉 默 的 芭 蕉　　　　邵燕祥

芭蕉
你为什么沉默
伫立在我窗前
枝叶离披
神态矜持而淡漠

从前你不是这样的
在李清照的中庭
在曹雪芹的院落
你舒卷有余情
绿蜡上晴光如泼

近黄昏，风雨乍起
敲打着竹篱瓦舍
有约不来
谁与我相伴
一直到酒酣耳热

呵，沉默的芭蕉
要谈心请拿我当朋友
要争论请拿我当对手
在这边乡风雨夜
打破费尔巴哈式的寂寞

芭蕉啊我的朋友
你终于开口
款款地把幽思陈说
灯火也眨着眼睛
一边听，一边思索

芭蕉，芭蕉
且让我暖了搁冷的酒
凭窗斟给你喝
夜雨不停话不断
孤独，不是生活

1980年4月6日
选自《在远方》，花城出版社1981年版

　　这是诗人于1980年春天旅行云南，住在"竹篱瓦舍"旅店里所作。一个远方的游子，倾听黄昏时骤雨敲打着青瓦绿蕉，唤起了一种身在异乡的寂寞之情，进而作出了富于诗意的表现。

　　诗的第一节是具象描写，但已赋予芭蕉以生命和性格："神态矜持而淡漠。"

这为以后诗情的发展作了准备和铺垫。第二节是诗人的联想,与上节末句"从前你不是这样的"相对照,举出李清照中庭和曹雪芹院落中的芭蕉作例子,在这两位古代文学家的作品中,多次写到芭蕉,如李清照的芭蕉词:"窗前谁种芭蕉树?阴满中庭。阴满中庭,叶叶心心,舒卷有余情。"但由于所处的环境不同,感受不同,移情就有所不同。用古代文人对芭蕉的描写,来进一步反衬诗人此时此地的心境。当黄昏风起雨落,相约的人不来,诗人只有独斟自慰。"谁与我相伴/一直到酒酣耳热"。一种落寞孤独之情油然而生,无人对话排遣宣泄,诗人客居他乡无比孤寂的形象跃然纸上。情景交融,构成了边乡风雨夜特有的氛围,感染了读者。

后面三节,诗人与雨中芭蕉直接对话,实际上,是诗人借物抒发他的感受和心境。在醉醺醺的诗人眼前,芭蕉也完全活了起来:"芭蕉啊我的朋友/你终于开口/款款地把幽思陈说。"这样,就打破了前面清静冷漠的气氛,而且是边暖酒边与芭蕉对喝,"夜雨不停话不停",显得热闹而充满活力,一位飘逸旷放、豁达脱俗的诗人形象展现在读者面前。最后一句,可算神来之笔:"孤独/不是生活!"所有前面抒发的情怀,原来在此,与《沉默的芭蕉》题目对应,反点其题。令人感到意料之外,又在情理之中,这正是这首诗构思巧妙之处。

可以说,《沉默的芭蕉》的艺术构思,是汲取了我国古典诗词名作的精华,当我们读到诗人斟酒与芭蕉共饮对话,不禁就想到唐代大诗人李白饮酒邀月的诗篇:"花间一壶酒,独酌无相亲。举杯邀明月,对影成三人。"同样孤独,同样豪情,同样具有浪漫主义色彩,但是时代和背景已截然不同。李白虽能一人自得其乐,但诗中却透露出一种凄凉之感;而在20世纪80年代的现代诗人,却是与芭蕉共饮对话,热热闹闹。最后冒出一句"孤独/不是生活",将诗人热爱生活的感情和盘托出,激励读者热情地去拥抱生活,珍惜现在。

(宁 宇)

青　海　　　　邵燕祥

这是一个高寒的地方
又是一个紫外线强烈照射的地方

一个干旱而渴望云霓的地方
一个孕育了大河与长江的地方

青海

邵燕祥

　　一个满身历史创伤的地方
　　一个肌腱有如青铜的地方

　　一个山鹰折断翅膀的地方
　　一个骏马放蹄奔驰的地方

　　一个亿万年前的珊瑚成为化石的地方
　　一个千百年来的血泪沉淀为盐矿的地方

　　一个囚禁罪犯的地方
　　一个流放无辜的地方

　　一个磨砺你为宝剑的地方
　　一个摈弃你如废铁的地方

　　一个诈称有过亩产小麦八千八百斤的地方
　　一个确实看到小麦亩产二千斤的地方

　　一个饥饿夺去无数生命的地方
　　一个新生婴儿茁壮成长的地方

　　一个海市蜃楼出现又幻灭的地方
　　一个日月山日月双照的地方

　　一个在酥油灯下五体投地的地方
　　一个为理想与科学而献身的地方

　　一个望不到边的荒漠贫瘠的地方
　　一个隐匿着万千珍宝的地方

一个埋藏着先人遗产的地方
一个吸引着后人目光的地方

一个老死流刑犯的地方
一个呼唤开发者的地方

一个使弱者望而却步的地方
一个向强者捧献高山雪莲的地方

一个过去与未来相会的地方
一个沉寂与喧哗交响的地方

一个在往事的废墟上悲歌往事的地方
一个在希望的基地上铸造希望的地方

青——海——啊！

选自《诗刊》1983年第9期

歌咏一座城市的诗作很多，但歌咏一个省的作品似颇为少见，这大概是后者需要有更高的概括力和洞察力的缘故吧。

《青海》这首诗饱含着诗人本身的生活体验和感受，是诗人人生经验和深刻认识的结晶，因此具有一定的历史的高度和时代的深度，虽然诗人过去并未去过青海，但一踏上这块具有"悲歌"和希望的土地，诗人过去坎坷的命运便与这块独特的地方产生共鸣，爆发出诗的灵感。因此，这首诗就格外引人注目了。

首先，诗的时空感很强。诗人采用地域与历史这两束空间与时间的经纬线，相互交织成这个地区特有的画面。位于大西北青藏高原的青海，在地理上，"是一个高寒的地方/又是一个紫外线强烈照射的地方/一个干旱而渴望云霓的地方/一个孕育了大河与长江的地方"。开头几句，概括了它的地域特征，突出了它与其他省份的不同之处，令人想到孕育了我国两大水系黄河、长江的青海，是一个干旱、贫瘠、穷苦的地方。这个地方，"满身历史创伤"，是"亿万年前的珊瑚成为化石"的古海，"埋藏着先人遗产"，近代则是"囚禁罪犯""流放无辜"的地方，这种时空跳跃,经纬交织的写法,给读者留下了极大的感受和想象的空间,稍有历史和地理知识,以及了解新中国成立后社会发展曲折进程的人,都会产生联想,并进行生动的再创造,加深青海在我们头脑中的印象。

其次,这首诗采取两句一小节的艺术形式,而每小节的上下两行,大都是对立矛盾的双方。如"一个山鹰折断翅膀的地方/一个骏马放蹄奔驰的地方";"一个在酥油灯下五体投地的地方/一个为理想与科学而献身的地方";"一个在往事的废墟上悲歌往事的地方/一个在希望的基地上铸造希望的地方"……这些有着强烈反差的对比,既有具体形象的实写,又有抽象议论的虚写,将青海这个地区充满各种不协调的矛盾而又共处于一体的现象真实地揭示了出来,给了读者深刻的印象。同时,通过对矛盾双方的揭示,鲜明地传达了诗人的爱憎倾向,使诗作具有一定的批判力量和赞歌的性质。最后的结句是:"青——海——啊!"拖长的语音和惊叹号,表达出诗人感慨万千的情绪,使读者造成一种余音袅绕,尽在不言中的感受。

另外,为了涵盖这么庞大和众多的内容,诗人除了选择典型的形象细节外,还采用了诗歌常用的象征手法,以揭示某些事物的本质。如"一个满身历史创伤的地方/一个肌腱有如青铜的地方",明喻为人,身上既有痛苦的创伤,又强健得肌腱闪耀出青铜的色彩。暗喻则是指过去黑暗的岁月和荒谬的历史,选用"青铜"这一词,准确贴切,含有中华民族历史特点的象征性,具有多义性。又如"一个磨砺你为宝剑的地方/一个摈弃你如废铁的地方",宝剑和废铁都是象征当年去青海的人或者被命运不公正地放逐的流放者,他们或是磨砺得更坚强,或是变得颓废消沉,这里既有赞美之情又有鞭挞之意,像这种象征性的诗句,在整首诗中还有多处,令人玩味无穷。

(宁 宇)

致 空 气

邵燕祥

星光因你而闪烁
波光因你而摇曳
我的质朴到透明的朋友
你无所不在
又难寻踪迹
光明离我而去时
我沉在黑暗里

致空气

人们离我而去时
我沉在孤独里
失眠时，我从鼻鼾听到了你
只有你不肯把我抛弃
在我将要窒息的时候
掀动我的鼻翼
在我生命如丝的时候
陪伴着我呼吸
哪怕那污浊的地牢
使你也染上污浊
但你轻轻嘘着我的面颊
许我以湿咸的海风
森林草野的青气
直到走上自由的街头
路灯照着垂拂的柳丝
我怀疑是布景和道具
你把丁香的芬芳吹送给我
这才是真的，真的春天的气息
踪迹难寻又无所不在
厮守身边却默无一语
影子会有离开的时候
你从不离开我，我也离不开你
永不分离，永不分离，到最后的一息

1984年5月13日

选自《二十世纪中国诗歌精选》，人民文学出版社2005年版

"文革"期间，邵燕祥因写作了呼吁保护人的生命、权利和尊严的《贾桂香》一诗和若干批判性诗文，被认定为毒草，划入另册。在被迫沉默20年后，诗人终于获得平反，复出诗坛，《致空气》正是这样一首有着特定时代所指的诗歌。

"光明离我而去时／我沉在黑暗里／人们离我而去时／我沉在孤独里"，

这可以说是那个时代许多人共同的心理感受,自己仿佛成了时代与社会的弃儿,感到凄凉、寂寞而无望。而邵燕祥对于这种仿佛被抛入深渊的孤苦境遇尤为敏感,有人评价他"对异样的声音、微小的动静和远处的磷火都能迅速察觉"。对一个具有社会良知的知识分子来讲,人生最尖锐的痛苦,就是被剥夺了感时议事的"话语权",有话想说却无处可说、无人可说,一腔热情融化于无形的空气之中。在《沉默的芭蕉》里,诗人明言自己的渴望,想找一个可以谈心、争论的朋友,最后却只能将芭蕉当作知己。像这样为了烘托自己寂寞却不乏高洁的心境,而将"月亮""松""竹"等具有象征意味的事物拟人化,作为自己倾吐曲衷的对象,在中国传统诗歌中是很多见的。本诗也采用了相同的手法。

不过,本诗以"空气"作为倾诉对象,却又是非常新颖而具有现代气息的。诗人在作品中,主要写了空气的四个特点:第一,"无所不在"显示了它具有强大的力量,因而能够在诗人"生命如丝"时成为可靠的支撑;第二,它"透明质朴",正给予人直面事实的坦诚与勇气,而这正是诗人在"文革"后,重新思考历史、反省自我所需要的;第三,"踪迹难寻"表现了它的谦逊与清雅飘逸,宛若古代君子,幽人自来去;第四,是它的"不离不弃",忠诚地陪伴作者忍受"地牢的污浊",又温柔而坚定地向作者许诺光明、温暖与自由的美好图景。

可以说,诗人如此由衷地赞美空气的可贵品质,具有多重的意义:既是对"文革"时代那孤立人、压抑人、桎梏人的痛苦境遇的控诉,也表达了他对于恒常、忠贞情谊的热忱需求,所谓"孤独,不是生活"。而在《说"寂寞"》中,邵燕祥又说,人之所以感到寂寞,是因为"人和人的灵魂并不沟通",那么,透明而清新的空气,正能擦去尘心上的蒙蔽,在灵魂间传递"丁香芬芳的春天气息",所以,他也在对空气的颂扬中,寄托了营造真诚、密切、和谐的人际氛围的社会理想。诗人自己对于这份理想是充满了希望与激情的,结尾段呼应了开头的诗句,并发出"永不分离,永不分离,到最后的一息"的反复咏叹,给人悠长而感人的回味。

(王宏图　方　铁)

杨　炼

(1955—)　北京人。1973年高中毕业,次年赴农村插队落户。1977年回北京,后在中央广播文工团工作。

屈 原

杨 炼

太 阳①

疯了吗？辗转在黄昏的火刑柱上
无辜被击碎，灼热是一声呼喊
缰绳终于从强劲的手里挣脱
天空践踏成阵阵暮色——神谕远去
而六条龙倒下

骤然松开
狂暴背后的黑色时间
乌鸦渲染着那个记忆犹新的暗示
无处栖落，孤零零追逐
巨大的呼号在苍茫沉沦中高悬

此刻应当到那儿沐浴
死亡指定的方位，缓缓漂移
又一次隐没，日暮荒芜了
岩石却在山巅痛苦洁白着渴望的心
深渊为每颗失明的灵魂怒放
这夜晚：浑圆、充血
如庆典

选自《诗风》1984 年第 115 期

〔作者原注〕 ① 中国古代神话：太阳是羲和驾驭六条龙拉的车所护送，途中，浴于咸池，入于虞渊。

《太阳》作为组诗《屈原》之一《天问》中的一首，后来被诗人同他的其他组诗《半坡》《敦煌》等，在 1981 年集为一个诗系列——《礼魂》。《太阳》与《礼魂》中的其他诗一起，通过对结构了中国历史文化的神话、宗教、黄土、巨人的"根"系统的重新发掘和审视，建立一种与现实生存的呼应关系，使历史中那些已被湮没的辉煌部分在我们现实的精神生存空间"展开另一重天地"。

这是远古神话中那颗乘坐六龙车辇巡行天空的太阳。但当诗人放弃了对神话故事的复述,为这颗太阳设置了一个毁灭的结局,将暮色中太阳殉难时碎涌出来的笼罩一切的悲怆氛围推置给我们时,我们会立即沿着该诗副题指示的方向想起中国历史上那颗思想、诗歌巨星屈原的悲剧。事实上,太阳只是作为该诗依托的一个神话原型。"辗转在黄昏的火刑柱上/无辜被击碎",只要我们想起神话中的太阳并无此一结局时,便会确定这无辜被击碎的当然是屈原了。诗的开头首先给我们展示了形体粉碎后充斥天空的血的烟焰,施暴者的凶残和殉难者的悲怆具有同等的震撼力。第二段是形体粉碎之后灵魂在黑暗的悬置状态的呼号。值得注意的是诗人把屈原放大到天空中进行抒写。这既是写屈原,更是把屈原作为一个与太阳等同的民族大星,一个汇聚了所有愤怒、痛苦与崇高的巨魂。第三段形象从太阳转换到沉浸在黑暗中的、由岩石象征着的渴望光明的众生身上,这个众生含有一种"延"的因素,既是彼在,亦是此在。诗人于此建立了那种前边说到的与现实生存间的呼应关系。这是一片热泪满面的众灵的呼喊,诗人用悲愤的笔触将太阳的毁灭一直顿挫到深沉的黑夜:"深渊为每颗失明的灵魂怒放/这夜晚:浑圆、充血/如庆典。"从"浑圆、充血",那种高度紧张的力的萌动,到"如庆典"的最终大潮式的波发,诗末所暗示的,正是巨星殉难之后所唤醒的灵魂的群体觉醒。

太阳、屈原、巨魂三重艺术形象的叠加,使诗人在一个支撑点上旋转出圆周性的思想射线。诗歌语言的速度感、暴力感及旷远的涵盖力,增强了这首仅十七行短诗的艺术感染力。

(燎　原)

大　雁　塔　　　　　　　　杨　炼

5. 思 想 者

我常常凝神倾听远方传来的声音
闪闪烁烁,枯叶、白雪
在悠长的梦境中飘落
我常常向雨后游来的彩虹
寻找长城的影子,骄傲和慰藉
但咆哮的风却告诉我更多崩塌的故事
——碎裂的泥沙、石块,淤塞了
运河,我的血管不再跳动

我的喉咙不再歌唱

我被自己所铸造的牢笼禁锢着
几千年的历史,沉重地压在肩上
沉重得像一块铅。灵魂
在这有毒的寂寞中枯萎
灰色的庭院
寥落、空旷
　　燕子们栖息、飞翔的地方……
我感到羞愧
面对这无边无际的金黄色土地
面对每天亲吻我的太阳
手指般的,雕刻出美丽山川的光
面对一年一度在春风里开始飘动的
柳丝和头发,项链似的
树枝上成熟的果实
我感到羞愧
祖先从埋葬他们尸骨的草丛中
忧郁地注视着我
成队的面孔,那曾经用鲜血
赋予我光辉的人们注视着我
甚至当孩子们来到我面前
当花朵般柔软的小手信任地抚摸
眸子纯净得像四月的湖
我感到羞愧

我的心被大洋彼岸的浪花激动着
被翅膀、闪电和手中升起的星群激动着
可我却不能飞上天空、像自由的鸟

和昔日从沙漠中走来的人们
驾驶过独木舟的人们
欢聚到一起
我的心在郁闷中焦急地颤栗

就让这渴望、折磨和梦想变成力量吧
像积聚着激流的冰层,在太阳下
投射出奔放的热情
我像一个人那样站在这里,一个
经历过无数痛苦、死亡而依然倔强挺立的人
粗壮的肩膀、昂起的头颅
就让我最终把这铸造恶梦的牢笼摧毁吧
把历史的阴影、战斗者的姿态
像夜晚和黎明那样连接在一起
像一分钟一分钟增长的树木、绿荫、森林
我的青春将这样重新发芽
我的兄弟们呵,让代表死亡的沉默永久消失吧
像覆盖大地的雪——我的歌声
将和排成"人"字的大雁并肩飞回
和所有的人一起,走向光明
我将托起孩子们
高高地、高高地,在太阳上欢笑……

选自《荒魂》,上海文艺出版社1986年版

  杨炼以新时期的"朦胧派"诗人而闻名,而他的不少作品也呈现出明显的"史诗性"特征。一般认为江河和杨炼是新时期较早对民族传统表现认同倾向,并积极进行新史诗创作的青年诗人。江河的《纪念碑》《从这里开始》,杨炼的《大雁塔》《乌篷船》等诗篇,蕴涵了对民族历史文化的诸多思考、体现出反思与探求意识,颇具史诗的凝重感。

  大雁塔始建于公元652年(唐高宗永徽三年),系玄奘法师为供奉从印度带回的佛经和佛像、舍利而建,武则天时代重建,后又经过多次修整。大雁塔在唐

代就是著名的游览胜地,留下了大量文人雅士的题记,历代诗人都有吟咏之作。唐代诗人岑参称赞"塔势如涌出,孤高耸天宫",其恢弘气势可见一斑。在历史的进程中,大雁塔渐渐地被赋予了更多文化层面的含义。诗人杨炼笔下的"大雁塔"这一意象,早已超越了本来的建筑物形象,而成为社会历史的见证者,同时也是民族苦难经历的象征。大雁塔所具有的感情抒发方式,由初建时的"回首叫虞舜,苍梧云正愁",变成了"我被自己所铸造的牢笼禁锢着/几千年的历史,沉重地压在肩上",其间承载着沉甸甸的过往。

诗人采用了拟人的手法,将大雁塔和抒情主人公"我"合二为一,同时也是诗人人格力量的外化。以大雁塔的自我经历为主线,让其直抒胸臆,通过其情感体验折射出中华民族的历史和文化渊源。大雁塔从盛唐时期就开始站在那里,阅尽了千余年的风云变幻,其形象被赋予了某种崇高感、神圣感。杨炼的诗歌中往往蕴含着强烈的生命意识,高原、山林、壁画等在其笔下都成为充满着生命力的意象。诗中大雁塔的形象是立体的,它已不再是物化的古迹,而是民族的化身,凸显出作为主体存在的精神苦痛。

从美学价值取向看,朦胧诗往往具有英雄气质和心态,诗歌中的话语主体是一种集体的经验主体,力图审视民族历史,把握时代走势,充满对社会、对现实人生的人文关怀精神。这首诗气势磅礴,切合了中华民族从灾难中清醒过来之后,沉郁悲怆的反思和渴望奋进的理想,折射出了鲜明的时代特征。诗以"我将托起孩子们/高高地、高高地,在太阳上欢笑……"收梢,营造了乐观积极的氛围。诗人在对历史文化进行观照的同时,也将自己的理想寄托在民族的未来之上,实现了民族意识与个人情思的融合。

(孟 晖)

诗人小传

梁小斌

(1955—) 山东荣成人。曾下乡插队落户,后当工人。1979年开始发表诗作。

中国,我的钥匙丢了

梁小斌

中国,我的钥匙丢了。

那是十多年前，
我沿着红色大街疯狂地奔跑，
我跑到了郊外的荒野上欢叫，
后来,我的钥匙丢了。

心灵,苦难的心灵,
不愿再流浪了,
我想回家,
打开抽屉、翻一翻我儿童时代的画片,
还看一看那夹在书页里的
翠绿的三叶草。

而且,
我还想打开书橱,
取出一本《海涅歌谣》,
我要去约会,
我向她举起这本书,
做为我向蓝天发出的
爱情的信号。
这一切,
这美好的一切都无法办到,
中国,我的钥匙丢了。

天,又开始下雨,
我的钥匙啊,
你躺在哪里?
我想风雨腐蚀了你,
你已经锈迹斑斑了。
不,我不那样认为,

我要顽强地寻找，
希望能把你重新找到。

太阳啊，
你看见了我的钥匙了吗？
愿你的光芒，
为它热烈地照耀。

我在这广大的田野上行走，
我沿着心灵的足迹寻找，
那一切丢失了的，
我都在认真思考。

1979年12月—1980年8月
选自《诗刊》1980年第10期

　　这首诗的核心意象是"钥匙"。"钥匙"，无论从其表意还是隐意上来说，都是一个强烈的寻求关系的名词。当这个词出现在我们眼前的时候，我们就会联想到"锁"。因此诗人说"中国，我的钥匙丢了"，这就为我们打开了一个宏阔的期待视野；而"钥匙"则被置放在博大的语境中，并因这语境的压力而变形。这首诗的标题是很讲究的，需要我们在解读时放进"关系"。在第二节，诗人用了一个理性负荷最重的词"红色大街"，暗示给我们这首诗产生的大人文环境。经历过十年动乱的人，不难体会出"红色大街"的象征性内涵。这首诗里，这是唯一的带有理念性的语词，犹如一道强光洞彻全篇，规定了此诗的性质。这是诗人较好地处理了现代诗中"藏与露"的辩证关系的结果。这样，我们就将遗失的钥匙与"红色大街"联系起来，整首诗的精神内核便豁然明朗了。

　　诗人用疯狂——失落——怅惘——焦虑——寻找的情感流程灌注到"钥匙"这一复现语象上，展示了生命内部的冲突。这样，我们感悟到的就不仅是一代人寻找灵魂归宿和忏悔过往行动的简单思想，而是一种"具象的抽象"的心灵图画。我们仿佛看到了一个"红卫兵"那渐渐清醒的灵魂的模样，听到了他温热的鼻息和心音，触到了那枚锈斑苍然的苦难的"钥匙"！这种被"直接感觉"到的视像所涵括的意蕴，显然要比抽象的议论强烈得多。

这首诗在语言的运用上是漂亮的。诗人追求一种语势的舒缓和语境的简洁、隽永、明晰,这是为了造成独白式沉吟的效果。我们注意到,这首诗在短小的体制中,频繁地出现了十八个"我"。在许多情况下,这种第一人称的出现是不具有语法的意义的,如"我沿着红色大街疯狂地奔跑/我跑到了郊外的荒野上欢叫","我想回家/打开抽屉、翻一翻我儿童时代的画片","我要去约会/我向她举起这本书","我在这广大的田野上行走/我沿着心灵的足迹寻找"等。这里的"我",成为一种纯粹的声音效果,控制了诗歌的速度,形成一种喃喃低语般的、抚摸伤痛的语势,是那样撼动了我们的心,犹如一个人在极度痛苦的忏悔中所惯常使用的絮烦的语势那样。这种舒缓的语势与诗人的关系,不是选择与被选择的关系,而是两者的相互发现,或者说,它是和诗人的感情同时呈现的!语势的独特使用,是诗人对诗歌充分本体自觉的表现,声音在此就组织了意义,成为意义的重要部分。语境的简洁、隽永、透明在某种意义上决定了此诗的情感态度,诗人是以一个单纯的"大孩子"的姿势进入诗歌的,这样一来,整首诗的背景被处理为简单的日常化情境,"大街""荒野""抽屉""画片""三叶草"等等,这更容易为不同层次的读者加入进去。比起那些采用意象撞击、叠加、时空错位、玄思、暗过渡的复杂诗歌背景的诗来,更具有一种透明的、素朴的品质。而且,这种"大孩子"式的倾诉衷肠,还容易收到深致哀婉的共鸣——就像我们生活中常常遇到的那样。 (陈　超)

【诗人小传】

莫文征

(1933—　)　原名莫文珍,曾用名莫维,笔名闻征,广西义宁县(今临桂)人。1949年考取广西省立桂林高级中学,因家境贫寒,入学半年即辍学回家务农。1951年参加军事干校,先后担任广州防空司令部作战室标图员、见习参谋。1955年复员,考入中山大学中文系。翌年大学毕业,任人民文学出版社编辑。1961年在《人民日报》发表处女诗作《幸福河》。曾任作家出版社诗歌编辑及《农村文化》编辑。1983年任人民文学出版社诗歌散文组副组长。主要作品有诗集《海思》《季节河》等,中篇历史小说《焦桂英》,诗歌评论集《意象的魅力》。

海　雾

莫文征

日在哪儿?月在哪儿?

光被无数的白絮捆缚；
天在哪儿？地在哪儿？
色被一张巨大的白纱包束。

摸不着，打不着，
不能挥掉，不能驱逐，
沾附着一切，
笼罩着万物！

美丽的和丑陋的差不多，
反正是影影绰绰模模糊糊；
高大的和渺小的差不多，
反正你我的形象都并不清楚。

前进的和静止的差不多，
彼此相安，各自知足；
静止的姿态很像前进，
前进的都是降低速度。

暗黑的变得鲜明起来，
鲜明的却变得似有似无，
能闪光的都在一齐闪光，
有真金纯玉的也有鱼目混珠。

隐多少险恶的礁石，
藏多少劫掠的怪物，
鸥鸟在凄叫中撞落崖石，
远行的航船哟可当心樯橹！

海 雾

莫文征 〔1039〕

当心！那明亮的航道，
可不能在雾中重重受阻，
仔细！那金色的彼岸，
可不是在银色中晃动飘浮……

也许，它原也是正常的水滴，
曾和海溶合一起喧腾奔突；
也许，它来自十分久远的年代，
在时间的空间里随风飘舞！

今天，我要呼唤阳光，呼唤风暴，
挥动起来吧那强力的神工鬼斧！
是时候了，它该有自己的归宿；
归还吧，还大海的清朗、坦途。

选自《星星》1980年第4期

诗写于1980年1月。先从内容上来说说。此诗的主旨是通过对自然景观"雾"的刻画与描绘，暗示出现实社会与人生的思虑和隐忧，表现了一种不能自控的命运感和无奈的情绪。诗的开头就以极其突兀的问话，把读者带入雾的氛围，你想连天地都不知去向，可见雾的浓重；紧接着是从视觉、感觉、触觉几个方面揭示雾的特征，已状描了无奈感；再下来是四组既描写雾景的特征又暗示社会人生现象的双关具象；然后是抒情主人公对前程险恶的告诫；最后以呼唤归还大海以清朗与坦途结束全诗。表面看，诗作是逼真地呈现了雾和雾中海洋的情状，表现对前程的忧心，因为行文中每一形象都符合雾的形态，乍一看这是首风景诗和风物诗。其实不然，写景不过是诗的表象，而其内核则是社会人生，确切地讲这应是一首写社会人生的诗，其意义与价值也正在此。说它是一首写社会的诗，因为其中的意象使人联想到其时代背景，"美丽的和丑陋的差不多""高大的和渺小的差不多""暗黑的变得鲜明起来""鲜明的却变得似有似无"四组意象，就使人忆起一场大动乱之后的狼藉和新希望孕育中的躁动；忆起外来意识的冲击和历史思绪的沉淀；忆起传统遭到轻蔑和未来带着迷惘的那些日子。那个特定的时期的纷至沓来的现状激荡起诗人的忧思和诗情。这可以说是诗的第一重主题；由于社会总是与人生相关，所谓人生，无非是过去、现在、未来三部分组成，过去是一片废墟，未来这块基石又捉摸不定，就出现现在在美丑、爱恨、善恶、正邪上的暂时错位，社会的失衡，自然带来人生的努力与执著不可抗拒的失落，哪怕是美好未来到达前的失落，以及因失落而引起的忧虑，这便是本诗的第二主题了。但从诗的指向看，诗人并没有失去信心，这不仅从诗作末段的"呼唤"看是如此，从诗的整体看也是如此。也许正是由于对前程有过分自信，才对眼前些许不尽如人意之处产生杞人之忧，通过对种种现象的敏感，使人体味到未来之可贵。这当然是诗人的独特感受，但又绝不仅仅是个人感受，其所包容的思绪是深刻的，字句是凝重的。之所以这么说，因为它可牵动一代人的思绪，提取一个时代的缩影。由于诗所具有的容量和厚度，阅读时会产生由表（自然景观）及里（社会现象）、由浅（短暂气候）及深（人生旅程）的美妙共鸣过程，使人获得一种"再创作"后的愉悦。也许这便是这首诗的价值所在，难怪它得到许多诗评家、遴选家的注意。

如果按照象征主义大师马拉美的说法，"象征就是一点一滴地把对象暗示出来，借以表现一种心灵状态"，那么，这首诗则很有些象征味道，但它仍不同于象征诗，象征诗是纯意象化了的，而此诗的抒情成分较浓，而且还保留一些直抒胸臆成分，使你可以直接感受到诗人情感的脉搏。当然即使在每个意象的呈现中，也压缩着冷却了的情感，但那毕竟是在进行分析和沉淀后方可捉摸。那么，这是一首以景寓情（由景而注入情）还是以情寄景（因情而设景）的诗呢？这也是个有趣的问题。如单从诗的文字是很难区别的，但如果从诗的整体倾向和可揣摩的创作意图考虑则是可鉴别的。就意图而言，作者明显借雾景来吐露自己对社会人生的一些思考，如此看，此诗属前者；就倾向来说，全诗写景形象占主导地位，这样讲，这诗又应属后者。其实，在写作过程中，情景互动，意象离合，很难将二者加以区别的。但此诗是包括八首诗的组诗《海思》中的一首，八首一气写成，一次发表，所以它不是即景生情的作品，它离开作者最近看到海的时间相距甚远，写作前诗人只觉得有不少生活的感触无以表达，后来偶然在杂志上看到一首写海的诗，把许多主观色彩很浓的词语硬加到海上，觉得那是败笔，但却受到以海抒情的启示，既然觉得别人写得不好，自己何不借此试试。于是，只经过短短的酝酿，竟一夜间完成八首诗的设题、立意，两天写出初稿，略加文字上的修饰后就交给《星星》诗刊发表。它们是《海虹》《拾取》《海》《归帆》《慈》《狂涛》《海雾》《海市》八首，每首均以海为对象，可以说寄情于海。如果细说起来，这首《海雾》则还有一个来路，它在艺术上多少受到前人的影响，作者记得构架此诗时，曾想到旧小学课本上一篇描绘晨雾的散文及20世纪40年代几位诗人写雾的诗作。由于前人便有以景致嫁接社会现象，作者便也在此迈开诗艺步伐。当然，说"嫁接"不过是借词，其结合乃是说不清道不明的有机的复杂过程。它虽得之于偶然，却蓄之以长久，那些早早呈现于心空上的思考轨迹，燃起诗人揭示、鞭笞的欲望，这把运行的地火，几年之后才在"海"上找到喷发之口。诗与其说"写"出来的，不如说"熬"出来的。

  关于它的特点，还有几点可以交代：其一，时代感较强，这是比照许多无时代特征的诗而言的，诗中所写的现象，只要是过来人都能读懂其内涵，即使年轻读者也大体可揣度其内容，更何况许多社会现象至今仍在延续。但如果将社会感隐去，以写人生感为主，也许更动人，这是一个遗憾；其二，表现上讲究含蓄，使用大量暗示语言，既符合物象特征又有言外之意，即所谓双关语，应用是成功的。但也有不尽如人意之处，即在意象化追求上不够彻底，特别在最末一节加进明显的直抒成分，纯属画蛇添足，全诗如在第七节末句，即"仔细！那金色的彼岸，/可不是在银色中晃动飘浮"处结束，定比现在精彩，这又是一个遗憾；其三，全诗文字、节奏、音韵比较讲究，工整、鲜明，很有格律感，足见作者诗艺的技巧与功力，但正因为此，使诗行失之于流畅、自然、浑然一体，如是音乐已非天籁，如是舞蹈则带着镣铐，为诗人后来所追求的品质所难容，此为第三个遗憾矣！其实，所谓成败、遗憾都不过是闲话罢了，一个艺术品的产生是作者当时情绪的物化，早已是一个客观存在。

（洲　水）

【诗人小传】

高伐林

（1950—　）原名高法霖，湖北武汉人。当过工人、农民、宣传干部。1972年开始发表诗作。1977年入武汉大学中文系学习，毕业后至团中央工作。

燧　石　　　　　高伐林

  我是燧石
  我棱角分明

  我没有金刚石和祖母绿雍容华贵

也不如汉白玉或者翡翠典雅
我不曾雕成印玺　由诸侯拼命地争夺
也不配戴在摩登女郎的纤纤手指
或者在她们奶油般的脖子上悬挂
我更比不上漂移的冰川砾石
能成为地质论文里沉甸甸的砝码

我是燧石
我只有一个请求
请拾起我
——敲打

是的　狠狠地敲打！
一瞬间　真正的我挣开灰白的茧壳
从心灵深处　彩色的生命之光迸发
敲打吧　敲打会证明我
即使一万年沉睡在沼泽　山洼
也决不是　一粒废渣
而是一点凝固的火
一颗沉默的星
一朵坚硬的花
敲打吧　敲打会重现那一片往事
绚丽得像梦境中的朝霞
人类正是找到了我
才在荒芜中创造了文化
从楔形文字到金字塔
从彩陶　大乘佛教到徐悲鸿画马……

我是燧石

>   请记住我的体会吧
>   智慧之火　不是天外飞来
>   本来就埋在你的他的或她的脚下……
>
> 选自《当代》1981年第4期

燧石,是人类童年的取火工具,是人类文明发端的标志,它伴随着人类度过了漫长的岁月。以燧石为诗题,本身就具有一种追怀远古的深沉的历史感。同时,燧石作为人类长期对象化的工具和生活必需物,属于"人化的自然"。诗人在此基础上将它人格化,表现人的主题和生命的象征内涵。

本诗采用了燧石自述的方式,在内容上分为三个部分,即燧石的个性,燧石的价值和燧石的启示。首先,作者抓住了燧石"棱角分明"的外形特征,揭示了它粗犷、朴实和平凡的个性。在作品中,这是通过燧石与其他岩石的比较表现出来的。金刚石和祖母绿的雍容华贵,汉白玉和翡翠的典雅,是人们的审美评价和出于功利目的而赋予的,当它们被打制成印玺、戒指和项链后,更显得身价高贵,充满诱惑力。就是冰川砾石,也由于它的学术意义而备受重视。相比之下,燧石随着文明的发展而被现代人冷落了。事实上,这是现代人对粗犷和朴实个性的冷落,对原始生命活力的冷落。其次,诗人由燧石的用途在于敲打起火,抒写了它的价值和意义。这里包含着三层意思。一是燧石只有在敲打中才能实现自我的生命价值:"从心灵深处　彩色的生命之光迸发。"二是燧石只有经过敲打才能向人类证明自己的存在和内在价值,它的沉睡并不说明它的无价值,而是人们没有发现和使用它的价值,它不是"一粒废渣","而是一点凝固的火"。三是敲打燧石会唤起人类对童年的记忆,认识到它对人类曾经做过的贡献和开创性意义:"人类正是找到了我/才在荒芜中创造了文化。"再次,作者最后写出了燧石的启示:"智慧之火不是天外飞来/本来就埋在你的他的或她的脚下。"这就是说,人的个性和价值的实现在于自己,在于生命的不断的"敲打"。这样的主题,无疑是富于时代精神和现实意义的。

本诗运用的主要艺术手法是象征。人的个性、生命和价值是燧石丰富的象征内蕴。我们从"棱角分明","狠狠地敲打"中看到的是人的个性,从"请求""沉睡""往事""体会"中品味到的是人的生命运动,从"一颗沉默的星/一朵坚硬的花"悟出的是人的价值的尚未实现。即使金刚石、祖母绿、汉白玉和翡翠,它们也是作为人的品格的对象化来刻画的,也黏附着象征含义。此外,作者不注重诗的形式的外在整齐匀称,而追求诗的内在情感的变化和节奏,这也是本诗的一个艺术特点。诗句短到两个字,长到十几个字;有的一句拆成两行,如"请拾起我/——敲打",有的又两句挤在一个诗行;诗节少到两行,多到十五行;有时连续都押韵,有时整节诗都不押韵。所有这些,都以情感的波动、运行为转移,体现了一种情绪的节奏。这种形式上的无拘无束、奔放自如,也是现代新诗引人注目的一个特点。

(方克强)

【诗人小传】

周嘉堤

(1947—) 浙江绍兴人,出生于贵州遵义。"文革"中遭迫害导致双目失明。后学习诗歌创作,在《诗刊》《星星》等报刊发表过诗作。先后担任遵义市文联副主席、中国作家协会贵州分会理事,中国盲人聋哑人协会委员等。著有诗集《我和小草》《复活的琴声》《蓝与黑》等。

请为冤者起诉
——被黑布蒙住眼的人(组诗之一)

周嘉堤

曾经有过明亮的星星,
在我心灵的窗户;
曾经有过清澈的潭水,
在我灵魂的深处。

就因为我爱读,
爱读今天少年都爱读的书;
就成为射箭的靶,
我倒下了,心贴紧大地的胸脯。

昏迷中,星星被强盗剜去,
成为银河里两颗泪珠。
我醒来,我的潭水!
我的潭水已经干枯。

我没有被戴上手铐，
然而我被扔进永世的黑狱；
我只能用心灵的辐射，
去探索人生的长途。

检察院同志，请为冤者起诉——
祖国大地就是法庭，
我的存在，就是物证，
我就是变作化石，后人定来考古。

选自《诗刊》1981年6月号

　　这是一位"冤者"蘸着血泪写下的诗，读后不由你不悲愤不震惊，不由你不回忆起那个逝去不久的年代。

　　作者生于1947年，可以说他的童年是在阳光下度过的，从小学起他就爱上了文学，可是谁知道"文革"开始后，仅仅因为他担任校刊《向阳》主编就被打成"小邓拓"，受到残酷迫害，以致双目因眼底毛细血管破裂而失明。这个身子沐着阳光、心中向着阳光的年轻人就这样被扔进了"永世的黑狱"！

　　和那些生下来就失明的盲人不同，作者忘不了往昔"明亮"的岁月，这就是此诗用"曾经"开头的原因所在。人们常说"眼睛是心灵的窗户"，此诗第一节即由此化出，不过因为作者创深痛剧，他宁可不点出"眼睛"，而改说天上明亮的星星闪烁在他的心灵里，地上"清澈的潭水"荡漾在他灵魂深处。是啊，还有什么比那满天灿烂的繁星和一尘不染的潭水更让人赏心悦目、魂飞神驰呢？作者在这里深情地赋予"星星""潭水"以丰富的象征意义，它们实际上已经代表了世间所有可睹可感的美好景象。

　　诗人没有实写他在"文革"中挨斗的具体情况。既然整个共和国都遭到了践踏，既然悲剧并不局限于少数地域少数人，那又有什么必要照直写来，点滴不遗呢？何况作者是在写诗，不是在写报告文学作品，完全可以写得概括一些，给人留下更多想象的余地。你要知道作者何以会挨斗吗？"就因为我爱读，/爱读今天少年都爱读的书"，这两行诗已经道出了事件的极端荒谬性。你要知道作者"挨斗"的结果吗？"倒下"二字即已不言而喻，而"心贴紧大地的胸脯"，则既是作者昏迷倒地的实写，又是比喻作者对祖国忠贞不渝的感情，读来倍觉真挚而凄楚!

第三节写作者失明以后的瞬间感受,最为惊心动魄,作者和开头一节相呼应,仍从"星星""潭水"处落笔。在现实生活中双目失明的形象一定让人惨不忍睹,而诗人偏偏加以"诗化":"成为银河里两颗泪珠。"把满腔悲愤包裹在"银河"这样优美的形象里面,这显然要比血淋淋的描写更具有震撼力!

诗篇到最后来了一个转折:诗人站在祖国的大地上,向"检察院同志"实即"历史老人"提出了庄严的起诉。诗人斩钉截铁地宣告,即使自己变作"化石",也要让千百年以后的人们从这里找到答案,知道我们祖国曾经发生过怎样巨大的悲剧。"化石"之喻一出,作者强烈的爱憎和坚定的决心就尽在不言中了,读者也可以从此知道作者不仅是一名受尽折磨的"冤者",而且是一位忧国忧民、面对未来的"强者"!

(孙光萱)

【诗人小传】

杨 牧

(1944—) 原名杨模,四川渠县人。初中肄业。1958年开始发表诗作。1964年到新疆石河子农场工作。曾任石河子文学工作者协会主席、《绿风》诗刊主编。1991年任四川省作家协会党组副书记,继任该会副主席、《星星》诗刊主编。

我骄傲,我有辽远的地平线

——写给我的第二故乡准噶尔

杨 牧

我常想,多难的人生应当有张巨伞,
这张巨伞应该是一片辽阔的蓝天;
我常想,郑重的生命应当有只托盘,
这只托盘应该是一片坚实的地面;
我常想,灵魂的宫殿应当有个窗口,
这个窗口应该是一双明哲的锐眼;
我常想,生命的航船应当有条长纤,
这条长纤,应该是辽远的地平线……

我得到了。从我亲爱的准噶尔；
从我的向往，从我的思念。
从那一条闪烁迷离的虚线之中，
从这一片沧桑变幻的天地之间。
云朵和牧歌，总是我不肯抛弃的乘骑，
车辙与大道，总是我不肯折曲的翎箭；
即使天边浅露的雪峰，也像白帆，
让我想到茫茫大海最远的边缘！

我博大广袤的准噶尔呵，
你给了我多少恢弘的画展！
黄沙，黄尘，黄风，黄雾……
曾经是这个风沙王国威虐的"皇冠"！
当第一顶帐篷搭进这历史废墟的时候，
我见到过。并为发黄的白骨心寒。
那时的天地像只猛兽大张的巨口，
——地平线，千百年来的死亡线……

黑沙。黑尘。黑风。黑雾。
也曾在这片处女地上肆无忌惮。
我见到过。见到过那个疯狂的年月；
见到过恐怖，见到过劫难。
当罪恶与冤孽蒲公英似地乘风撒播，
我也曾为大漠的晨昏感到迷乱。
我记得那时天地间像座血腥的牢狱，
——地平线，冷得发青的一条锁链……
但这一切都没有扼死准噶尔。
真的，没有。你看那炊烟。
你看那条田，看那条田娇嫩的葱翠；

你看那湖水,看那湖水深沉的湛蓝。
自然的风暴不曾堵塞金秋的通道,
人为的风暴也没有战胜绿色的必然。
而地平线呵,复又闪动少女的青睐,
——深情眷恋着时代的变迁!

这里变了。真的,变了。
你看那苗圃。你看那果园。
你看那林带,从那浓淡交融的纵深;
你看那长渠,向那美学透视的焦点。
也许正是经历了历史狭窄的胡同,
人们才更爱直率和平坦;
人们才发现天地豁开了理想的门扉,
——地平线,好一道诱人拥抱的光环!……

荒野的路呵,曾经夺走我太多的年华,
我庆幸:也终于夺走了我的闭塞和浅见;
大漠的风呵,曾经吞噬我太多的美好,
我自慰:也吞噬了我的怯懦和哀怨。
于是我爱上了开放和坦荡,
于是我爱上了通达和深远;
于是我更爱准噶尔人的发达的胸肌,
——每一团肌肉都是一座隆起的峰峦!

准噶尔人呵,失去的恐怕比别人更多,
因为他偏僻;但也失去了华贵的缱绻。
准噶尔人呵,得到的恐怕比别人更少,
因为他边远;但却得到了难得的辽远。
于是我赞美粗犷和爽快,

于是我敬重豪放与乐观；
于是我不信看不到辽远能"看透"一切，
——因为我愿将阻隔明天的一切看穿！

说什么"明天太虚"呢！看不到的未必虚幻。
道什么"人生如梦"呢！梦想也常常是理想的先遣。
地球上固然有太多的坎坷，（真的，太多！）
从太空望下——还不是一个旋转的椭圆？
而地球对人们是公道的，
每一个生命都给予一条地平线；
只要你走着，结结实实地向前走着，
未来的天地——不是：无缘；而是：无限！

呵，不出茅舍，不知世界的辽阔！
呵，不到边塞，不觉天地之悠远！
准噶尔呵，感谢你哺育了我的视力——
即使今后走遍天南地北的幽谷，
我也能看到暮云的尸布、朝晖的霞冠；
——日落和日出都在迷人的地平线上，
——死亡与新生，都是信念。
我骄傲，我有辽远的地平线！

1980年于准噶尔
选自《上海文学》1981年第3期

  杨牧总是亲切地把准噶尔称作自己的"第二故乡"，这首诗便是诗人献给她的一支心曲。这是一首壮美的诗。贯穿全诗的那条闪烁迷离的地平线，是诗人情思的引爆线，也是诗人情思发展的牵引线。诗作始终围绕着这条具有象征意义的地平线，展开想象和联想的翅膀，让诗人的思绪在自然——社会——人所组成的复合空间中纵横驰骋，从而多角度多层次地观照生活与人生，揭示生活的本质与人生的哲理。诗作在描写准噶尔时，采用实境和虚境相结合的手法，展示了两幅不同的画面。一幅是由黄沙、黄尘、黄风、黄雾和"发黄的白骨"所组成的自然图景,"那时的天地像只猛兽大张的巨口,/——地平线,千百年来的死亡线",这就形象地表现出准噶尔未开垦时的荒凉和死寂。另一幅画是由黑沙、黑尘、黑风和黑雾所组成的社会图景,象征着"那个疯狂的年月",到处都是"恐怖"和"劫难"。"我记得那时天地间像座血腥的牢狱,/——地平线,冷得发青的一条锁链……"这样的画面渗透着诗人强烈的生活感受,是诗人对生活实境的一种变形描绘,艺术地表现出那场"人为的风暴"给准噶尔带来的巨大的灾难。

从诗的艺术构思上看,诗人描绘这两幅昏暗的画面,决不是为了展览自然的灾难和人生的苦难,而是有意造成一种"蓄势",为下面诗思的突转和推进作好铺垫。"但这一切都没有扼死准噶尔";"自然的风暴不曾堵塞金秋的通道,人为的风暴也没有战胜绿色的必然",这一突转,使诗情陡然掀起大波,诗的基调便由低沉趋向昂扬。在开拓者的心目中,地平线永远是"一道诱人拥抱的光环!"任何艰难和坎坷都阻挡不了人们追求希望和美好的步履。诗人还由此联想到自己所走过的人生之路:"荒野的路呵,曾经夺走我太多的年华,/我庆幸:也终于夺走了我的闭塞和浅见/大漠的风呵,曾经吞噬我太多的美好,/我自慰:也吞噬了我的怯懦和哀怨。"诗人以一种达观的态度看待自己投身边疆的得与失,体现了生活的辩证法,诗中洋溢着一种积极向上的精神。随着诗情的推进,诗人还进一步抒发出自己对"开放和坦荡""通达和深远"的热爱之情,表达出对"粗犷和爽快""豪放和乐观"的赞美之意,并且郑重地表示"愿将阻隔明天的一切看穿!"不仅如此,诗人接下来又调转笔锋,驳斥那种"明天太虚"、"人生如梦"等消极落后的人生观,引导人们正确看待生活与人生。"地球上固然有太多的坎坷,(真的,太多!)/从太空望下——还不是一个旋转的椭圆?"这是从微观和宏观、局部和整体、现象和本质的哲学高度去启迪人们正确把握人生的真谛,从而激励人们树立起进步的人生观。"而地球对人们是公道的,/每一个生命都给予一条地平线;/只要你走着,结结实实地向前走着,/未来的天地——不是:无缘;而是:无限!"这质朴明朗的诗句道出了人生的至境至理,将全诗的思想和情感升华到更高的境界。到诗的最后,诗人不仅满怀深情地感谢准噶尔"哺育了我的视力",而且以豪迈的情怀唱出了高亢激越的尾声:"我骄傲,我有辽远的地平线!"从而把诗情推向高潮。全诗就这样把描写、抒情和议论有机地结合起来,把对历史的回顾,对现实的展望和对未来的沉思交织起来,显得激情奔放而又哲理横生,境界开阔而又气势雄浑,诗思跌宕起伏而又层层推进,能给人以一种豪放雄壮的诗美感受。

这首诗大量采用了排比、对偶、反复等手法,造成一种奔放的气势,使全诗获得一种开合自如而又一气贯注的艺术效果,还给全诗增加了一种整齐对称,流畅回环之美。如开头一节诗,诗人一连用了四个"我常想",把排比和对偶巧妙地糅合在一起,使这节诗既有排比句那种奔放的节奏,又有隔句对那种对称的美感,能行云流水般地展示出事物之间的承接转换,揭示出事物内在的本质联系。诗中还灵活地运用了反复的艺术手法。如:"我见到过。见到过那个疯狂的岁月;/见到过恐怖,见到过劫难。"这里,诗人运用了词语反复的手法,一连用了四个"见到过",如暴雨直泻,淋漓尽致地抒发了诗人的满腔愤恨。再如:"地平线,千百年来的死亡线";"地平线,冷得发青的一条锁链";"地平线,好一道诱人拥抱的光环!"诗人运用了间隔反复的手法,对地平线进行反复吟咏,既有利于把各节诗行黏合在一起形成有机的整体,又有利于强化感情,深化主题,从而使诗取得了一唱三叹、回环往复的审美效果。

(姚国建)

【诗人小传】

江 河

(1949—) 原名于友泽。北京人。1968年高中毕业后分配到北京一家工厂工作。70年代开始诗歌创作。

星星变奏曲

江 河

如果大地每个角落都充满了光明
谁还需要星星,谁还会
在夜里凝望
寻找遥远的安慰
谁不愿意
每天
都是一首诗
每个字都是一颗星
像蜜蜂在心头颤动
谁不愿意,有一个柔软的晚上
柔软得像一片湖

萤火虫和星星在睡莲丛中游动
谁不喜欢春天
鸟落满枝头
像星星落满天空
闪闪烁烁的声音从远方飘来
一团团白丁香朦朦胧胧

如果大地每个角落都充满了光明
谁还需要星星，谁还会
在寒冷中寂寞地燃烧
寻求星星点点的希望
谁愿意
一年又一年
总写苦难的诗
每一首是一群颤抖的星星
像冰雪覆盖心头
谁愿意，看着夜晚冻僵
僵硬得像一片土地
风吹落一颗又一颗瘦小的星
谁不喜欢飘动的旗子
喜欢火
涌出金黄的星星
在天上的星星疲倦的时候——升起
照耀太阳照不到的地方

选自《从这里开始》，花城出版社1996年版

"变奏曲"是音乐的一个术语，意指音调不同变化的曲子。诗，题为《星星变奏曲》，以"星星"作为歌咏（抒情）的对象，诗裁为两节，两节对"星星"的歌咏（抒情）的角度各各有别，形成乐曲中的所谓"变奏"，诗情画意由此生成，诗绪情愫由此弥漫开去……

诗的两节开头都是一样的:"如果大地每个角落都充满了光明/谁还需要星星,谁还会……"这就好比一首乐曲,上下两段的前奏都是一样的。诗的变化的关键一句是上节和下节的第5行,上节是"谁不愿意",下节是"谁愿意",一个是否定句式,一个是肯定句式,情绪的变化和抒情的方式由此变化——诗人机智地将它们称为"变奏",其源盖出于此。音乐和诗本不分家,都是抒情的,高雅的艺术,诗人挪移音乐的概念于其诗中是再自然不过的了。

诗人对诗的句式或变化的处理既是一种形式的变化,也是内容的延宕,它使诗更富有内在的韵律和节奏的变化。

比形式的革新更令人瞩目的是诗围绕"星星"所作出的一系列描绘、铺排、渲染和塑造。其中尤为精彩的是,将星星喻为在心头颤动的"蜜蜂";将落满天空的星星喻为落满枝头的鸟;而星"瘦小"得能被风吹落,而满天的星空会飘来闪闪烁烁的声音,并且如白丁香一样朦朦胧胧——这样的充满人的五官感觉互为挪移的凄迷的描摹,令诗处处生春,诗意盎然,诗情丰沛。

诗的第一节是暖色调的,推出的场景迷离、静美:是春天,春天的夜晚,如湖泊一样柔软的春夜,打着灯笼的萤火虫和满天繁星结伴而行,将它们美丽的倩影倒映在长有睡莲的湖水之中……

诗的第二节是冷色调的,推出的场景冷隽、凄美:是冬天,冬天的夜晚,如冰雪覆盖在心头一样寒冷的冬夜,土地铺满冻霜,僵硬的风吹落一颗又一颗瘦小的星星,以致诗人写的诗都是苦难的,每一首都是一群颤抖的星星……

对于暖色调的描写,诗人以一句"谁不愿意",予以否定之否定——肯定;对于冷色调的描写,诗人以一句"谁愿意",予以坚决的否定。两个场景产生碰撞,内容上是一种互补,从而形成了这样一种诗歌的情绪方程式,如著名诗评家谢冕所指出的,江河的《星星变奏曲》在浓重的失落感中萌发出来的追求与寻找,既给诗篇蒙上一片迷惘与感伤的情调,又浸透着不甘湮没与泯灭的内在力的冲击与奔突。

(戴 达)

[诗人小传]

柯 原

(1931—) 原名章恒寿,天津人。1948年后曾在河北工业学校、华北大学学习。1949年参加中国人民解放军,曾任广州部队政治部文化部文艺科副科长。后为中国作协广东分会专业作家。

无 题

柯 原

一百个聪明人
回答不了
一个傻瓜提出的问题;

一根棍棒
却能够回答
一百个聪明人提出的问题。

选自《花城·诗增刊》1982年第5期

"文革"时期,诗人柯原带着满腹的愤怒与茫然若失的惆怅意绪,被残酷无情的现实从美丽如花的羊城,驱逐到浓雾笼罩的洞庭湖畔,虽然禁锢的心灵因失去自由而备受折磨,但是苦难绞杀不了他对于信念的追求,正如他当时在一首《焚稿》诗中所吟哦的:"诗魂在火焰中起舞翩翩,待明日,依然是笔如宝刀歌如潮!"他那机智的诗心是不甘寂寞的,洞庭湖的涟漪依然激起了诗人的创作冲动,他的笔不间断地倾诉着心头的爱与恨。《无题》诗便是这一时期极富时代感的一首佳作。

读了这首洗练、幽默的诗以后,顿使人感觉到这首诗有一股沉甸甸的分量,它蕴含着极其丰富的思想、历史内容,启人思索不止;同时又强烈地折射出了诗人智慧的投影。此诗虽则《无题》,题旨却在人人心中。

全诗二节六行,共三十九个字,短小精悍,在现代白话诗中诚为少见。但它用寓言式的诗句,形象地叙述了我们社会生活中的莫大悲哀。"一百个聪明人,/回答不了/一个傻瓜提出的问题。"这是不能不让人乍一听引起发笑的故事,然而只要对疯狂的年代有多少良知惨遭炼狱的蹂躏的历史稍作回忆,这刚要跌落的笑声就会化作苦涩的泪滴了。诗人不是在编造一个哗众取宠的可笑至极的童话,他正是着意刻画所深深体会到的现实生活的缩影。因此在第二节诗里,诗人愤怒地回答了那个是非颠倒的年代里,人们的正常形象被扭曲的根源在于一根发疯的"棍棒"。"棍棒"无疑是指江青反革命集团所掌握的那部分权力,短短的诗行里凝固着社会空气的沉闷,让人感到难耐的窒息。应该指出诗人用了反语,字面上用了"却能够回答",实际上是说不敢回答。在文字背后清晰地听到诗人代表人民在做不屈的呐喊。第二节诗是神来之笔,于冷嘲热讽中蕴含了深邃的思想容量,达到了扣人心弦的创作效应。

《无题》诗通过聪明人、傻瓜与棍棒之间的纠葛关系,制造了强烈的戏剧气氛,从而也就增强了感染力。诗虽短小却完整丰满,形象生动,耐人咀嚼;在诗人近乎诉说社会笑话的背后,为读者提供了展开想象力的空阔余地,任你去再创作,再思考,去获得人生有益的启示。

(施圣扬)

【诗人小传】

韩 东

(1961—) 江苏南京人。8岁随父母下放苏北农村,1982年毕业于山东大学哲学系。历任陕西财经学院、南京审计学院教师,1992年辞职成为自由写作者,受聘于广东省作家协会,后转聘于深圳尼克艺术公司,为职业作家。1980年开始发表作品。1985年组织"他们文学社",曾主编《他们》1—5期。是"第三代诗歌"的主要代表。著有小说集《西天上》《我的柏拉图》,中篇小说集《美元硬过人民币》,长篇小说《扎根》《我和你》,诗集《吉祥的老虎》《爸爸在天上看我》,诗文集《交叉跑动》,散文集《爱情力学》,访谈录《毛焰访谈录》等。

山　民

韩　东

小时候,他问父亲
"山那边是什么"
父亲说:"是山"
"那边的那边呢?"
"山,还是山"
他不作声了,看着远处
山第一次使他这样疲倦

他想,这辈子是走不出这里的群山了
海是有的,但十分遥远
所以没等他走到那里
就会死在半路上

死在山中

他觉得应该带着老婆一起上路
老婆会给他生个儿子
到他死的时候
儿子就长大了
儿子也会有老婆
儿子也会有儿子
儿子的儿子还会有儿子
他不再想了
儿子也使他很疲倦

他只是遗憾
他的祖先没有像他那样想过
不然，见到大海的就是他了

选自《新诗三百首》，中国青年出版社2000年版

  韩东一般被认为是"新生代"诗人中的代表性人物，出现在"朦胧诗"之后的"新生代"诗歌，有着与前者全然不同的审美内涵。诗人常以精炼的口语来描述日常生活，笔调显得客观而冷静，却又往往使人于平淡之中见奇崛，感受到了独特的哲理意蕴。《山民》的母题似来自中国古代经典寓言"愚公移山"，但与"愚公移山"讴歌人们锲而不舍的奋斗精神的主旨相比，此诗显然多了几分反讽意味。

  "山"与"海"在这里代表的并不是物理层面上的本义，而是一种符号，被赋予了明显的象征意义。"山"是凝重沉滞的、喻示着保守闭塞的传统文化，与世隔绝、陈陈相因而让人感到"疲倦"。而"海"是流动变化的、生生不息的，象征先进开阔的文明，也蕴含着超越现实的美好希望，但又显得遥不可及。距离的远近，很多时候其实是心理层面上的，即佛教所谓"境由心造"。在诗中可能没有人真正到过海边，自然也无人知道海到底有多远，所谓"没等他到那里／就会死在半路上／死在山中"，或许只是山民的想象而已，浸染着对未来的困惑和对环境变化的恐惧。

  诗的主人公乍看上去与他视界狭窄的父辈和祖先们有所不同，经常在思考

些"形而上"的问题,多了几分理想主义色彩,有走出大山的愿望,但给人的感觉是想法大于行动,连想到生儿子也使他"疲倦",可见其懒于改变的心理。其祖先们未必就没有过"走出大山去"的想法,偶尔也会产生幻想和遗憾,结果是还在代复一代地重复着单调的生活。诗的最后一节更点明了主题,主人公遗憾和抱怨:如果生活在大山里的祖先早就像他这样想,见到大海的或许就是他本人了,读到这里人们似乎感到了一种轮回。理想与现实之间的落差总是使他很疲倦,而疲倦的他多半是不会真正上路的。

诗人借"山民"这一形象表达了对民族命运及个体生命意义的喟叹和思考。诗从头到尾弥漫着"疲倦"的情绪,这深刻地传达出"他"真实的内心感受:困惑、迷惘、焦灼而无助、乃至无望。一代又一代山民那样浑浑噩噩地生活着,使愚昧代复一代地流传下去。在作者看似平静的叙述中,隐藏着强烈的批判激情。在叙述语调上,诗人用的是一种不露声色的冷基调,语流的停顿和迂回恰到好处地传达出诗歌情感的凝重深沉。如第三节中,诗人有意运用了单调的句式,并用字句的重复来营造一种沉闷、单调的气氛,这与大山给人带来的毫无变化的生活是相吻合的。口语化的风格与深刻意蕴的完美结合,是《山民》一诗在艺术表现上的鲜明特色。

(孟　晖)

【诗人小传】

傅天琳

(1946—) 女,四川资中人。1961年重庆电力技术学校毕业后,到缙云山农场工作,并开始创作诗歌。1980年到重庆出版社少儿编辑室任编辑。

七层塔顶的黄桷树　　　　傅天琳

七层塔顶的黄桷树
像一件高高晾着的衣衫
旷野
拖着它寂寞的影子

许是鸟儿口中

偶而失落的一粒籽核
不偏不倚
在砖与灰浆的夹缝里
萌发了永恒的灾难

而它稀疏的桠枝上
麻雀吵闹着
正在筑巢
而它伸直的手臂
像要抓住破碎的云片
捎去
并不破碎的盼望

它盼望什么呢？我不知道
犹如我不知道
它摇曳的枝叶
是挣扎，还是舞蹈
是的，它活得多别扭
但绝不会死去

它在不断延伸的岁月
把孤独者并不孤独的宣言
写在天空

选自《花溪》1982年第10期

简括地说，"七层塔顶的黄桷树"这一意象，写出了有着不幸遭际并在异常环境中生长着的一类人，隐喻着一种错位的、被扭曲的人生。

全诗共分五节。第一节写"黄桷树"的形象，突出它的"错位"和"寂寞"。黄桷树当然应该生长在大地的土壤上，不管这土地是肥沃还是贫瘠；但严峻的现实是，它竟被置于"七层塔顶"，"像一件高高晾着的衣衫"。这是非常荒谬的现象。于是，离开了家乡（土壤）、离开了同伴（树林）的黄桷树，只能寂寞地投下它孤单的影子。第二节写"黄桷树"的遭际,表现了命运的难以捉摸及其造成的个体的不尽的苦难。鸟儿的口偶尔洒落一颗树籽,便注定了黄桷树一生的命运。对鸟儿来说,它完全是无意的,并不明了它的无意将造成怎样的后果。但正由于此,才暗示出命运充满着随机性、偶然性和巧合性。黄桷树只能在"砖与灰浆的夹缝里"求生存,它的一生意味着灾难。第三节写"黄桷树"在灾难中的盼望。恶劣的生活环境使它发育不良,只长出"稀疏的桠枝"。然而最大的痛苦还不在于此,而在于麻雀自由自在的生活与它形成的鲜明对比。它在逆境中还没有泯灭希望,还想抓住什么,寄托什么。可是,一切都是茫然的幻想。第四节写"黄桷树"的矛盾。它在盼望,但盼望什么却不为人知;它在"摇曳",但这是苦难的挣扎还是自娱的舞蹈?同样难以理解。它的内心世界是锁闭的,与人隔绝的,但有一点却是肯定的,即它的存在就是一个最大的矛盾,它不能畅快地活,但也不会绝望地死,它永远处于半死不活的尴尬境地。第五节写"黄桷树"所寓示的人生意义。它的半死不活状况历史地存在着,就像"七层塔"作为古老的历史遗迹存在着一样。作为一棵树它永远是孤独者,但作为一种人生的象征却"并不孤独",它能在人间找到众多的认同者和共鸣者。因此,它存在的意义在于把"宣言写在天空",激发起人们对自身或他人命运的关注和思考。这也就是本诗所揭示的意蕴深广的人生主题。

  与以树写人的题旨相契合,本诗艺术上的最主要特点是移情于物。"拖着它寂寞的影子"、"萌发了永恒的灾难"等,都明显地投射着诗人主体的情感。黄桷树在人的对象化、情感化过程中,与人的形象和命运达成了某种程度的同一。"像要抓住破碎的云片/捎去/并不破碎的盼望"则更进了一层,诗人的情感和想象赋予黄桷树以人的追求与内心欲望,从而在心理层次上建构起人与树的象征关系。当然,诗人"入乎其内,又出乎其外",掌握着恰当的分寸感。也就是说,诗人并没有将物我浑然一体,而是保持着对象与主体之间一定的审美观照距离。如诗人点到"盼望",但"它盼望什么呢?我不知道",这就从上面的情感的观照转入这一节的理智的思考,从情感的移入过渡到意义的发掘,作者移情于物,体现了女性情感的细腻和富于想象的特征;而强调作为思考主体的"我"的存在,则又表明诗人追求哲理性的一贯志趣。

  在语言的运用上,本诗注意口语化。全诗不讲究诗行的整齐,诗节的匀称,诗句的押韵。作者追求的是语从口出,自然天成,但我们却能从看似随意的诗句中体味到诗意的浓缩,从异常朴素的语言中感受到清新的气息和力量。其原因在于,诗人不在语言的句型和形式层次上下大功夫,而在语言的内在意蕴层次上

追求新巧和诗味。 （方克强）

红 草 莓

傅天琳

在你的弦上摘了一颗
我就成为你的歌谣
红草莓的歌谣
感人而又感情的 红草莓

我和你只有一个太阳
六月的莱茵河畔的太阳
照不化我,照不化你
多汁的太阳滴出怀念
古典的少年维特式的
怀念中的红草莓

草莓有一棵菩提树
菩提树有一段被汽车扔下的路
路边有一个小酒店
小酒店有一张蓝餐巾
蓝餐巾写着很多草莓
我和你同采一颗草莓

你这德语字母
你这哲学
你这多汁的鸟儿,你这
穿越植物音波的红草莓
愈走愈生
而你仅仅是一颗草莓
草莓仅仅为心儿红

选自《红草莓》,作家出版社1986年版

傅天琳是20世纪80年代的多产诗人之一。她写了果园的生活，写了孩子和母亲的世界，也写了女性的情怀和文化的差异。创作于1986年的《红草莓》是一首朦胧诗，此时的诗人有了大海之行和异域之旅，她的诗已经告别了早期较为单纯的赞美或者哀怨而转入更加开阔的发现及思考。朦胧诗的主要诗体特征是意象蕴含的丰富性和主题的不确定性。在《红草莓》短短的诗行中，出现了"红草莓""琴弦""歌谣""太阳""莱茵河""少年维特""菩提树""小酒店""蓝餐巾""德语"和"德国哲学"等好多个意象。这些意象可能导出怎样的主题呢？如果我们像通行的阅读理解考试那样给出唯一的一个答案，那就太愚蠢了。朦胧诗的主题是不能也不应该被确定的，每一个读者都有他阅读和思考的自由，这也是朦胧诗存在的理由。但假如只有文字的玩弄，就不是一首诗，更不是一首好诗。

　　在我看来，"红草莓"是一个文化符号，是一个蕴含着不同的价值判断和情感色彩的文化符号。在这个主要的意象统领下，其他的意象都代表德国文化。在80年代，德国的科学技术和艺术人文精神曾强烈地冲击着中国知识分子的心灵，最触动诗人的则是德意志的艺术人文文化因素。诗歌所传达的理念是，中德两种艺术人文文化只是互相影响的关系罢了，不能说谁战胜谁或取代谁。那"六月的莱茵河的太阳，照不化我，照不化你"，而且"你这穿越植物音波的红草莓愈走愈生"。由此看来，可以理解为这首诗有一个关于两种文化之关系的主题。

　　一首诗歌有无艺术魅力，主要取决于诗歌的语言艺术，更确切地说就是音乐性的体现。徐志摩的《再别康桥》和戴望舒的《雨巷》令人久久难以忘怀，在很大程度上靠的就是音节——节拍体现出来的音乐性。流传更广的朦胧诗句也无不具有美妙的节奏，譬如北岛的《回答》："卑鄙是卑鄙者的通行证，／高尚是高尚者的墓志铭"，又譬如舒婷的《双桅船》："不怕天涯海角／岂在朝朝暮暮／你在我的航线上／我在你的视线里。"相比之下，《红草莓》逊色一些，不过，它却有独特的修辞——顶真，"草莓有一棵菩提树／菩提树有一段被汽车扔下的路／路边有一个小酒店／小酒店有一张蓝餐巾／蓝餐巾写着很多草莓"……菩提树／菩提树……路／路边……小酒店／小酒店……蓝餐巾／蓝餐巾……这就是傅天琳展示出来的语言技巧。语言技巧有的显得自然，有的显得雕琢，读起来舒服的就是自然，不舒服的就是雕琢。

（任丽青）

诗人小传

黄襄

(1957—) 原名黄志光,广东中山人。香港理工学院电机系毕业后任电讯技术员。曾在《香港文学》等多种刊物上发表诗歌作品。

情歌四章

黄 襄

一

真想把你的长发
泼在
荒凉死寂的沙漠上
化作千条万条
奔腾的河流
让我啜饮
让我呼吸
只因为有了你
就有绿色生长

二

真想把你的眼睛
深藏于
晶莹冰澈的天池里
让你默默凝视
千年万年
天山不溃的积雪

而我愿意
做一头多情的麋鹿
每当夜深时
悄然到你身旁喝水

三

真想把你的唇片

刻在

沙漠中奇异的石窟内

甜甜的秘密

只有我知道

如何追寻你的声音

任天涯海角

任水阔山高

只要我躺下来

贴着土地

就听到

你底遥远的呼唤

四

真想把你的耳朵

贴向呼号的万里黄沙

然后叫你

轻轻贴向我胸前

告诉我

它们说的是什么故事

不知道是欢乐还是悲哀

只是我深信

呼号了千年万年啊

定然有一种深情在内

一九八二年五月

选自《香港当代诗选》，人民文学出版社 1989 年版

人们通常认为，东方尤其是中国的情诗讲究委婉含蓄、吞吐有致，不违反"发乎情，止乎礼义"的信条。但这首爱情诗不同，它写得热烈而粗放，以火般的语言

表达灼热的情感,以奇异的想象写相思之久和相思之苦,给人留下了深刻难忘的印象。

组诗由四章组成。每章开头总是发端突兀,出人意料。"真想把你的长发/泼在/荒凉死寂的沙漠上",这里对亲爱者长发的赞美,几乎是通过"诅咒"来表达的。秀发本与"荒凉死寂的沙漠"毫无相似之处,然而作者硬是让它们联系在一块,然后顺着"沙漠"的比喻,引出千条万条让我啜饮的河流:变荒凉为喧腾,化沙漠为绿洲,真可谓是"置之死地而后生"。其他如"真想把你的眼睛/深藏于/晶莹冰澈的天池里""真想把你的唇片/刻在/沙漠中奇异的石窟内",初读也使人感到作者把"眼睛""唇片"限制得过"死"了,然而这"死"正是为了表现后面的"生"和"活"。作者从无情的天池与"多情"的"麋鹿"、苦涩的沙漠与"甜甜的秘密"这对立的两个方面加以限制,同时就从这限制生发出另一奇特的联想,并让读者沿着这线索去追寻诗人内心的秘密和真正的声音,"我"对"你"的一片痴情便被写得如在眼际,如在耳畔,如在唇边,如在身旁!

诗篇采用"真想把你的"身体上的某一部分如何如何处置的结构形式。这种方式及由此带来奇妙的效果也就是诗歌的内容。每段的结构虽然相似但写法略有变化。如第一段的结构程序为:长发→沙漠→河流→啜饮;第二段为:眼睛→天池→积雪→麋鹿→喝水。这其中多处蕴含着换喻和暗喻,所不同的是第二段多出了一个动物。这种同中有异的结构,使诗思顿时变得活跃起来。

全诗基本上是用口语写成,显得质朴自然,非常亲切,但又不是散漫的口语翻版,而是经过了加工和提炼。此诗的另一艺术特色是想象新颖奇特。如第三段写把唇片刻在奇异的石窟内,这种写法本身就非常奇异独特。最后一段写"真想把你的耳朵/贴向呼号的万里黄沙"。这里所产生的诗意魅力,也正是靠石破天惊的奇想构成。由此也可见:想象驰骋,感情横溢,是形成诗的魅力不可缺少的一个要素。

(古远清)

【诗人小传】

黎焕颐

(1931—2007) 贵州遵义人。曾任报纸编辑、记者。1955年到上海少年儿童出版社工作。1957年后到青藏高原劳动。1979年后回上海《文学报》工作,曾任《中国诗人》主编。

赠一个藏族兄弟   黎焕颐

烈性的酒。
烈性的骑。
烈性的飘风骤雨。
烈性的大草原的气质。

四分骑士的风貌,
三分行吟者的不羁。
还有三分,是难得的
傻子气……
哎! 人,如果都精得像猴子,
生活的花果山,哪里还有
这许多红桃绿李?
好啊! 你嗜酒成癖,
好啊! 我爱诗成疾。
纵然我不会豪饮,
纵然你不会写诗。
但,这又有什么要紧呢?
诗和酒,历来是难兄难弟……
来! 让我以诗代酒,
献给你一个情感的旋律……

来吧! 我愿为你而醉,
尽管,除了仓央嘉措的诗,
对西藏的庙宇,对庙宇中的
一切大大小小的天神地祇,
我心灵的门窗处于封闭状态,
没给他们准备一席精神领地。

> 然而,对朋友,对同志,
> 我从来也不吝惜肝胆——
> 一生肝胆照须眉……
>
> 假若我因你而烂醉如泥,
> 那么,好!请你把我扶上马背,
> 向第三女神疾驰而去,
> 然后,你再陪着我,
> 醉卧于世界屋脊……
> 啊!人生难得几回醉;
> 要醉,也应醉在屋脊第一梯!

选自《星星》1983年第8期

1982年,诗人曾和其他几位作家一起访问西藏,此诗即作于赴藏访问之后。题作"赠一个藏族兄弟",这个藏族兄弟是谁?他有怎样的经历?这些在诗中都没有交代,读者也不必深究,因为诗人笔下的这个藏族兄弟,实际上是藏族人民的化身,是诗人所要歌唱的汉、藏民族的团结和友谊的象征。

诗的第一节扣住"烈性"下笔,切合藏族人民强健的体魄和刚烈的性格,显得突兀而遒劲。当然,光提"烈性",终究有些空泛,为此诗人接连用了四个排比句,把"烈性"加以具象化,从身边的"酒"、胯下的"马"推广至于"飘风骤雨"(气候)和"大草原"(环境),这就达到了虚实结合,既生动又概括地勾勒了藏族兄弟的神采风貌,给读者留下了深刻的"第一印象"。

第二节除了承接前者,进一步点明和补足"藏族兄弟"的"骑士""行吟者"的身份之外,还特地突出了"傻子气",这是颇有深意的一笔。各民族的生活环境和风俗习惯各不相同,如有的长于骑射,有的善于歌舞;有的生活于草原,有的居住在海滨,但他们都具有的"傻子气",即坦率、憨厚、热情好客、舍己为人等品格,却使他们超越了语言和生活方面的障碍而紧紧连接起来。诗人也正是从此出发,禁不住站出来发感叹(猴子之喻),挥舞诗笔,要"以诗代酒",欲引"藏族兄弟"为知音了。自古以来,不少诗人都和酒结下了不解之缘,他们或饮酒赋诗,或把酒话旧,或劝酒赠别,留下了说不尽的趣闻轶事,诗人这一次面对善于豪饮的藏族兄弟而把诗、酒并提,更可谓恰到好处,独具一番新的时代色彩和民族情谊。

最后一节写的是诗人想象中的情景,显得相当浪漫和新奇。不过这也并非突兀而来,从诗人的感情上说,它是前面"以诗代酒"的发展和升华,从诗的结构上说,它又巧妙地和开头相呼应相契合:有了"烈性的酒",何愁不能使远道而来的客人"烂醉如泥"? 有了"烈性的骑",何患不能把热情坦诚的诗人"扶上马背"? "疾驰"在"大草原"上,也许会再一次遇到"飘风骤雨",不过这也没有什么要紧,"人生难得几回醉",何况又是醉在具有三分"傻子气"的藏族兄弟身边,醉在珠穆朗玛峰的脚下! 诗人所以有这样的表现,也许是因为他受到了藏族兄弟的感染,或多或少具备了"大草原的气质"的缘故吧!

　　这是一首歌颂藏族兄弟的诗,也是一首直抒诗人怀抱的诗,它具有"烈酒"般的热量和力度,使人兴奋,使人沉醉。

(孙光萱)

【诗人小传】

孙静轩

(1930—2003) 原名孙叶河,山东肥城人。当过小学教导主任、报刊编辑。1956年到中国作协重庆分会从事专业创作。1958年到农村劳动。1962年后在四川省文联、四川省社会科学研究所工作。后在中国作协四川分会从事专业创作,曾任副主席。

媚　态　观　音　　　　　　孙静轩

厌倦了千年不变的钟鼓之声
和那千篇一律的佛法经文
法规虽严,却关不住一片情思
你赤着双脚,跨出了天堂的大门
你侧身于神与人之间
大胆地穿一件透明的纱裙
你扭动着窈窕的身段
似乎要翩翩起舞
突然,又陷入神秘的沉默
你羞涩地微笑着
凝视着朦朦胧胧的凡尘

> 为了这叛逆的婀娜媚态
> 你全不顾背后怒目而视的护法之神

选自《诗刊》1983年第3期

四川大足石窟，大小雕像数万尊，规模恢宏，气势壮观。《媚态观音》是诗人游览大足时拾到的一首诗。

观音是佛教一菩萨名，阿弥陀佛的左胁侍，男性。佛教把他描写为大慈大悲的菩萨，女相观音造像则约始于南北朝，盛行于唐代以后。在佛教创造的众多的菩萨形象中，观音在中国已经家喻户晓。这显然为诗人的创作设置了难题：如何化熟悉为陌生，以激起读者共鸣？

一开篇，诗人就以不同寻常的想象，堵住人们对观音已形成心理定势的联想："厌倦了千年不变的钟鼓之声/和那千篇一律的佛法经文"——原本是闻声而至，救苦救难的观音，现在，她对钟鼓之声相伴，佛法经文相缠的生活也"厌倦"了！这以后的一行诗，可以说是全诗的"诗眼"："法规虽严，却关不住一片情思。"它既点明了观音产生"厌倦"的原因，又为进一步写观音"厌倦"之后的神态拉开了帷幕。一个"关"字，使人想起古诗中"满园春色关不住，一枝红杏出墙来"之句。孙静轩在这里也用"关"，使抽象的"情思"通过一个动词而具象化了，它跃动在观音柔情绵绵的心里、眼内。观音，正是探出这森严法规之墙的"一枝红杏"。沿着这样的抒情思路，诗人把伫立大足的观音，想象是"跨出了天堂的大门"，即挣脱了佛门法规之藩篱，来到人间的。虚拟的想象如果完全不凭依一点事实，诗的抒情就可能流于空泛。为避免这点，诗人不失时机地捕捉住观音身穿"透明的纱裙"这一细节，它一方面为"关不住"观音的"一片情思"作了旁证，一方面又着眼于观音的"婀娜媚态"，点明了题意。

一尊雕像，作为一个客观的物象，不会动也不会想，而一经诗人将自己的沉思注进，它就变成了一个受抒情主体调遣的抒情客体。观音这一石雕，竟可以"侧身于神与人之间"，可以"扭动着窈窕的身段"翩翩起舞，她的神色既会"陷入神秘的沉默"，又会"羞涩地微笑着"。诗人在塑造他独创的观音形象时，紧紧抓住一个妩媚的"媚"字，在对观音的"媚态"的刻画中，又紧紧抓住一个情思的"思"字，意在表明：与其说观音是神，一个关注尘世痛苦的神，毋宁说观音是人，一个女人，一个充溢着丰沛感情的女人！诗人深情赞颂她的叛逆精神——为追求和表现自己的人性和人的真情，"全不顾背后怒目而视的护法之神"。神犹如此，何况人乎？诗人虽没有明说，但我们分明听到了藏在诗作背后的轻轻呼唤。

（戴 达）

【诗人小传】

林泠

(1938—) 女,原名胡云裳,广东开平人。曾就读于台湾基隆女中。1958年毕业于台湾大学,后赴美国留学、定居。

阡陌

林泠

你是纵的,我是横的
你我平分了天体的四个方位

我们从来的地方来,打这儿经过
相遇。我们毕竟相遇
在这儿,四周是注满了水的田陇

有一只鹭鸶停落,悄悄小立
而我们宁静地寒暄,道着再见
以沉默相约,攀过那远远的两个山头遥望

(——一片纯白的羽毛轻轻落下来——)
当一片羽毛落下,啊,那时
我们都希望——假如幸福也像一只白鸟——
它曾悄悄下落。是的,我们希望
纵然它是长着翅膀……

选自《林泠诗集》,台湾洪范书店1983年版

这是一首爱情诗,描写一对恋人不期相遇时的心理活动。诗的开头就交代环境:"你是纵的,我是横的。"即说你从南北方向来,我从东西方向到;你我平分了天体的四个方位。他们相遇在四面是水田的小路上,由于心灵的打击和压抑太重,在只有他们两个人的情况下,也只敢静静寒暄,道着再见,而不敢有越轨动作。他们很想借这一次偶然相遇的机会,使他们的爱情之花得到滋润,但各自却又受着自我心灵的束缚,心中的话儿不敢尽情倾吐,只能以沉默相约。当他们分

别后,再回头张望,两人的心中充满幸福感。诗中插入的一个白鹭鸶,是爱情与吉祥的象征,他们互相张望时,有一片洁白的羽毛落下,这羽毛是一种幸福的感觉,是双方的意念和憧憬的转化物。

在诗的最后一节,诗人干脆点明"假如幸福也像一只白鸟"——他们虽然此时没能结合,但他们希望,幸福像那只白鹭鸶一样飞临他们面前。看来诗人在诗中描写的是一对比较保守的恋人。他们既受外界的压力,也受自我的束缚;既向往幸福又缺乏创造幸福的勇气。如果外部条件不变化,这将是一出爱情悲剧。

这首诗最成功的地方就是意境的创造和意象的捕捉,真正做到情景交融、内外吻合,人物与环境相一致;在悲剧性的爱情中升起了希望的曙色,抑制的气氛中弥漫着幸福的感觉,因而成为爱情诗中的佳品。(古继堂)

【诗人小传】

杨 山

(1924—2010) 四川南充人。1941年开始创作新诗。新中国成立后,历任重庆育才学校戏剧组主任、西南人民艺术学院戏剧系教师、西南人民艺术剧院创作员。曾在《红岩》编辑部工作。

雨 天 的 信(选一首) 杨 山

听雨在巴山的楼头
雨点儿敲开了记忆的门扉
我想起我们在那小小的屋里
雨点儿和油墨香将两颗心沁醉

我们不时地望着窗外
一朵乌云在江上低低的飞
而我们不给秋天一声叹息
心中装有个偌大花园盛开玫瑰

我们刻着蜡纸刻着愤怒的惊叹号

要给予贫困者重重的一锤
我们轻轻哼着曲儿,哼着
曲子里有着太阳的光辉

几十年过去了,雨点儿将青鬓染白
你可曾斜倚楼头将昔日情景回味
雨天,我多想你打着伞前来并肩倾吐
倾吐寻梦者风中雨中寻梦的故事……

然后,相互微微的一笑
久久看那窗外两只布谷在春雨中飞

选自《寻梦者的歌》,重庆出版社1983年版

情感与形象是诗的两大要素,所谓"情动于中而形于言"就是指此而言。诗的不同抒情方式,实质上就是情感与形象的不同关系。赋,作为抒情方式,其特点就是直接性。它"铺采摛文",或直接叙事描状,或直接言志抒情。在作为抒情方式的赋中,常常离不开作为艺术手法的比兴,如同作为抒情方式的比兴中也常常离不开作为艺术手法的赋一样。《雨天的信》这组诗就是直接叙事描状的"赋"。

这里选的是其中的第二首。在这首诗中,诗人并不隐藏起来,而是站在读者面前歌唱。诗人对"寻梦者风中雨中寻梦的故事"的回味,对"整整寻觅了三十五年"的友人的思念,一切的一切,都化为缠绵的雨珠。雨珠,就是《雨天的信》主要的诗歌形象。诗人选择昔日生活中最富情感浓度的物象,但不是借端托寓,而是直接铺陈其事。昔日,诗人曾在雨中和友人一起刻写传单,"刻着蜡纸刻着愤怒的惊叹号"。今天,几十年后的今天,"听雨在巴山的楼头/雨点儿敲开了记忆的门扉"。雨珠,把今天和昨天联系起来了;雨珠,把诗人和友人联系起来了;雨珠,把诗人的老年时代和青春岁月联系起来了。诗人的强烈情感虽然"动于中",但在"形于言"时却让情感的锋芒稍稍后退一步,给技巧以有所作为的机会,雨珠的选择就达到了诗人的强烈情感在直接奔泻中的含蓄化和内在化。从形状着眼——雨珠是连绵不断的,正与缠绵的情思相和谐;从色泽着眼——雨珠是明亮的,正像诗人和友人的心;从声音着眼——雨珠落地的节奏,正是一曲思念的歌的节奏。于是,雨珠就有着饱满的诗情。于是,诗人的直接抒情就直而不白,抒

而不空。加之诗篇从视觉上和听觉上造成的节奏感,给缠绵的诗情增添了一唱三叹的韵味。

《雨天的信》实际是过去时代的寻梦的颂歌。既可作友谊礼赞来读,亦可作革命礼赞来读。而这个颂歌是由雨珠—昨天—友人—斗争—今天—雨珠的往复回旋的抒情逻辑谱写的。雨珠,是关键的落墨处,是诗情寄丰富于单纯的着力处,是直接铺陈其事的工巧之所在。虽然青鬓已白,虽然脚步蹒跚,只要胸中有这晶亮的雨珠,青春就会永驻。

(吕 进)

【诗人小传】

章德益

(1946—) 浙江吴兴(治今湖州)人。1972年开始诗歌创作。1980年到乌鲁木齐《新疆文学》编辑部工作。

我与大漠的形象

章德益

大漠说:你应该和我相像

它用它的沙柱、它的风沙
　它的怒云、它的炎阳
设计着我的形象
——于是,我的额头上,有了风沙的凿纹
——于是,我的胸廓中,有了暴风的回响

我说:大漠,你应该和我相像

我用我的浓荫、我的笑靥
　我的旋律、我的春阳
设计着大漠的形象
——于是,叶脉里,有了我的笑纹
——于是,花粉里,有了我的幻想

我与大漠的形象

> 大漠有了几分像我
> 我也有几分与大漠相像
> 我像大漠的：雄浑、开阔、旷达
> 大漠像我的：俊逸、热烈、浪漫
>
> 大漠与我
> 在各自的设计中
> 塑造着对方的形象
>
> 生活说：我以我的艰辛设计着你的形象
> 我说：我以我的全部憧憬设计着世界的形象

选自《大漠和我》，湖南人民出版社1983年版

这首诗以"我"与"大漠"作为贯穿全诗的中心意象，一个是作为主体的人，一个是作为客体的大漠。诗人通过"移情"的手法，将主观情思转移到客观外物上，使本来不具生命的大漠具有了人的生命，使人与大漠之间有了情感的交流，思想的碰撞，行动的呼应，从而艺术地完成了一次人与自然的对话，表现了诗人对人与自然、人与世界、人与生活等辩证关系的沉思。

这首诗在构思上别具一格。诗人写我与大漠的形象，却没有正面用笔墨去描绘茫茫大漠，也没有写大漠给人类带来的灾难，没有写人类征服大漠的艰难历程。诗人把这一切都省略了，而只是运用创造性的想象，不仅将大漠拟人化，而且将人与大漠一同推入一种戏剧性的情境，以便于它们能够面对面地完成一次戏剧性的对话。诗的第一节就直写大漠向人类发出呼唤："你应该和我相像。"至于相像的内涵是什么，诗人暂时秘而不宣。接着，诗的第二节便写大漠用它的沙柱、风沙、炎阳等为代表着人类的"我"设计形象，使得人类的额头上，"有了风沙的凿纹"；人类的胸廓中，"有了暴风的回响"。这既写出了茫茫沙漠以它艰辛的雕刻刀，来为它的开拓者们雕塑新的形象，也暗示出人类将在大自然的千锤百炼之中，不断凝聚起一股巨大的原始创造力。诗的第三节转写人类向大漠发出呼唤："你应该和我相像。"至于相像的内涵是什么，诗人同样是悬而不答。诗的第四节，诗人接写新一代的开拓者们用浓荫与笑靥，旋律与春阳为大漠设计形象，使得荒凉死寂的大漠一下子变成了生气盎然的人类家园，甚至连叶脉里都有了人的"笑纹"，花粉里都有了人的"幻想"。与前面相比，诗人的情思明显地跃入了

新的天地。它旨在启迪人们,虽然大自然创造了人,虽然人能不断地从大自然中汲取力量,但人的最终目的不是做自然的奴隶,不是受自然的支配与摆布,而是要做自然的主人,用人类的双手把自然装扮得新美如画。如果说前四节诗,诗人创造了一种戏剧性的情境,让人与自然在这种情境里完成了一次意味深长的对话,那么诗的五、六两节,则是写这种对话后的结果,也照应诗的一、三两节,回答了"相像"的内涵。在诗人梦寐以求的理想境界里,人与大漠之间不仅可以沟通交融,甚至还可以来一个"优势互换",使人能像大漠那样"雄浑、开阔、旷达";使大漠能像人那样"俊逸、热烈、浪漫"。在诗人看来,人与大漠之间都是在用各自的设计"塑造着对方的形象",因而人与自然之间最终也能在更高的层次上趋向美的和谐与统一。在这一点上,这首诗同样应和着西部诗歌的主旋律——寻求大自然粗犷的境界与人的慓悍的创造力的新结合。

按理,这首诗写到第六节也可以成篇。但是诗人没有满足于对诗意已有的发掘,他的情思也不只是在"我"与"大漠"之间盘绕,而是从中超脱出来,飞入更广阔的思维空间,从而写出了最后一节闪烁着哲理光芒的诗行:"生活说:我以我的艰辛设计着你的形象/我说:我以我的全部憧憬设计着世界的形象。"这两行诗是诗人在思索"我"与"大漠"关系的基础上产生的一种联想,一种顿悟,从而把诗的情思升华到对人与生活,人与世界关系的思考,使得这首诗在内涵上获得了一定的广度和深度。

(姚国建)

西部太阳

章德益

  哗剥燃烧的西部太阳
  汩汩流淌的西部太阳
  伐古歌谣为薪的西部太阳
  用黄土捏就用血汗揉就用黄河水塑就的西部太阳
  古朴浑穆,铸进五千年古铜的光芒

  悬于旷野,嵌于山口,运行于恢恢天穹
  有时从长城垛口望你
  宛如历史充血的瞳孔
  一滴
  自莽莽大高原膨胀出的鲜红血球

西部太阳

章德益

拱生于黄土
像一颗饱含浆汁的金黄色球茎
一点点骑影，一丛丛树影
仿佛就在这球茎上发芽丛生

沉溺于山野之海
仿佛一颗硕大的金色圆蚌
被群山的烟波反复拍打
默默孕育着一代代精神之珠

庄严地，旋转
五千年如一瞬
一瞬间又包孕着五千年
超越无数代生死的痛苦
旋转为一团燃烧的民族魂

西部太阳
熊熊运行于时空
那原是五千年熔汁般的血水泪水汗水
倾泻进一颗民族心的巨大铸型
而浇铸出的辉煌的渴望

选自《西部太阳》，上海文艺出版社 1986 年版

　　全世界的太阳只有一个，不存在特殊的地域性的太阳。这西部太阳自是诗人的杜撰。不过，虽是同一个太阳，在相异的背景下，在不同的眼睛中，感觉是不太一样的。如："长河落日圆"中之日，不同于"翠影红霞映朝日"中之日，前者粗犷，后者娇媚；又"蓝田日暖"予人愉悦，"时日曷丧"则视之若仇，情感色彩也截然相反。太阳进入人类生活，就不能不被"人化"。于是，有西部太阳在西部诗歌中冉冉升起。

　　那是一轮什么太阳呢？诗一开篇，用四个排比句来形容它。"哔剥燃烧"状光之强烈，"汩汩流淌"绘光之动感，有色有形且有声。这声是诗人凭第六感觉听

到的,近于通感了。"伐古歌谣为薪"接第一句,原来燃烧的不是什么气体,而是从夸父追日以来,桃林般生生不已的古代歌谣。这已超出感觉之外,跨越悠悠时空,上溯到我们祖先的生命历史了。太阳与之同构,因此,正像女娲抟土为人,太阳也是用黄土捏就,又糅进去了五六千年来人类流下的无数血汗。"用黄河水塑就"与"汩汩流淌"相应,同时把黄河的发源地与西部太阳重合,暗含"黄河之水天上来"之意。这是西部的地理、历史造就的太阳,因而"古朴浑穆",像一座古老的钟,闪耀着"五千年古铜的光芒",传响着古老文明的宏音。它超离了真实的太阳,却更接近西部太阳的真实。

第一节是直咏太阳,第二节就宕开一步,把它放置于西部特有的各种背景之上:在长城垛口,像"历史充血的瞳孔";在"莽莽大高原",是一滴"鲜红血球";在黄土之上,如一颗"金黄色球茎";在山野之海,成了一枚"硕大的金色圆蚌"。这一连四个比喻,均以西部太阳为对象,状其形色,传其精神。西部自古多战场,有多少浴血的悲壮故事染得残阳如血,前两个比喻把我们引向沉重的历史回忆;而今绿影婆娑,牧群徜徉,生活已结出甜蜜的果、育出光洁的珠,有物质的,更有精神的,后两个比喻又把我们从历史拉回现实。诗人善用比喻,尤善博喻,层峦叠嶂,云诡波谲,一个又一个瑰丽奇伟的意象加到吟咏对象上,如众星拱月,仪态万千。加上"悬""嵌""膨胀""拱生""沉溺"等动词的精确生动,把西部太阳的各种姿色勾画绘制得辉煌异常。

至此,诗人又进一步进行超时空的想象:自然的太阳诞生了亿万年,人类的太阳却只有五六千年历史,与亿万年相比自然是一瞬,但这一瞬包含多少代生死的痛苦,永恒即刹那,刹那自永恒。"旋转为一团燃烧的民族魂"上承"哔剥燃烧",是燃烧古歌谣的发展;"血水泪水汗水"浇铸上承"汩汩流淌",是滔滔黄河水的延伸。诗中的太阳沿着人化的轨迹,由自然而历史,而生活,而精神,而哲理,层层升华,最后浇铸出一颗巨大的红彤彤的民族心,这就是诗人为西部太阳所作的本质定型。

(袁忠岳)

【诗人小传】

陈千武

(1922—) 原名陈武雄,笔名恒夫,台湾南投人。曾在台湾林场管理处任职,后调任台中市文化中心主任、文英馆馆长。1964年参与发起成立《笠》诗社。1988年在台中主办"亚洲诗人会议"。

雨　中　行　　　　　陈千武

　　一条蜘蛛丝　　直下
　　二条蜘蛛丝　　直下
　　三条蜘蛛丝　　直下
　　千万条蜘蛛丝　　直下
　　　　包围我于
　　　　——蜘蛛丝的槛中

　　被摔于地上的无数的蜘蛛
　　都来一个翻劲斗，表示一次反抗的姿势
　　而以悲哀的斑纹，印上我的衣服和脸
　　我已沾染苦斗的痕迹于一身

　　母亲啊，我焦灼思家
　　思慕你温柔的手，拭去
　　缠绕我烦恼的雨丝——

选自《文学界》1983年第5期

　　以绵绵细雨表现无尽愁肠，是自古以来的手法。但此诗不落俗套处，在于新奇的意象和表达形式。诗人不以比喻的方式出现，而在诗中不写本体直写喻体。从一条蜘蛛到无数条蜘蛛丝，都是直下、直下。人们将题目与诗句一照应，便明白，这蜘蛛丝就是细细的雨丝。但雨丝那么细，怎么会都是直下直下呢？即使没有风，那细丝飘下来也早成了一堆乱麻。原来象征中还套着象征。蜘蛛丝象征雨丝，那么蜘蛛丝下面必有蜘蛛，那蜘蛛是什么呢？是坠在雨丝头上的小雨点。每条丝有个小雨点坠着，因而它便直了。如此，蜘蛛吐丝的方式，便跃然纸上，仿佛每条细丝下端都有一个小蜘蛛，在不断倾吐，那直直的丝也在不断延长似的。人们从中既看到雨的横向的密集状，也看出那纵向的连续状。这雨虽然下得不大，但却甚紧。接下去是千万条"包围我于／——蜘蛛丝的槛中"。

　　第二节虽仍然用蜘蛛的意象，但表达的意义却深入了一层。它描写主人公对外部环境的斗争和反抗。这种斗争与反抗如果离开了蜘蛛的意象，诗的结构就要破裂了,诗人的才华在于他在蜘蛛的意象中又发现了与抗争相吻合的形象,那就是雨点落地后,由于反弹的力量,要跳跃一下,然后再消失。诗人把这种跳跃比作主人公对被困在蜘蛛的槛中(暗示困愁)的不屈,既贴切,又鲜活。虽然进行了挣扎与反抗,但因愁城太高太厚,终是无济于事,不但没有从愁城中跳出,而且沾染了一身苦斗的痕迹。

最后一节从蜘蛛的意象中跃出,去呼吁解除忧愁的救星——母亲。只有妈妈那温暖而体贴的手,才能拭去眼前的愁云。诗最后归结到歌颂母亲的主题上。初初看来,这首诗仿佛有点近似文字游戏,但深读,却有动人的内涵。把它看作一首忧愁诗不如把它看作是一首母爱的颂歌。如果将母亲的形象再放大,那诗的内涵就更深了。

(古继堂)

诗人小传

刘祖慈

(1939—) 安徽肥西人。做过医生。1973年到《安徽文学》编辑部工作。1983年任中国作协安徽分会专业作家。

龙 湾 湖

刘祖慈

龙湾湖在长白山区三岔子林业局境内,碧波潋滟,为火山口湖。

狂热之后是深沉。
深沉,不是死灰。
深沉下淀积着大地的隐痛,
深沉是说不清楚的滋味。

深沉,不是绝望。
就算是绝望、绝望、绝望,
只要不死,又慢慢升积起
脉脉春水,阳光下低徊。

深沉,不是健忘。

深沉是内心独白,
是负重的记忆,
是从不轻易断言的剖析,
是对往日狂热的追悔。
哦,狂热早已消逝,
飘风乱雨也已敛迹。
风雨中有新的萌发,
深沉,孕育了新的葳蕤和苍翠。

深沉,也不是软弱,
不是没完没了的赎罪。
为了森林的繁茂,
为了山花的温馨,
为了鸟儿的鸣啭,
让火山永远死去吧!
深沉,是扼住它咽喉的警惕!

选自《我们是大运河的子孙》,江苏人民出版社1983年版

龙湾湖,是一个美丽的风景区!夏天,清澈的湖泉下林涛阵阵,山花朵朵,鸟语声声;而当冬天,长白山头白雪皑皑,湖面上仿佛飞起漫天白鸽……这一切,诗人仅在题记中以"碧波潋滟"四字一笔带过,对于龙湾湖的自然景色的描绘,诗中也极少涉及。诗人不经意地腾挪出这一空白,读者可以凭想象去填补。诗题为《龙湾湖》,但这实在不是一首风景诗,诗人无意着力于此,他只不过是借题发挥罢了。全诗通篇都似内心独白却不囿于一己的忧乐。质言之,是诗人对历史与现实作哲学式的一种思考。

诗人与龙湾湖猝然相遇撞击出来的火花,在诗人的眼中是"狂热之后是深沉"。这领首的一句是此诗感情的脉络,诗人在全诗的四节中,都紧紧围绕它展开抒情,以"深沉,不是……"的同一句式,即"深沉,不是死灰","深沉,不是绝望","深沉,不是健忘","深沉,也不是软弱,/不是没完没了的赎罪",思绪层层递进,和盘托出了思考的果实。这种富有诗意的思考,是借助象征实现的,其象征客体便是龙湾湖。

龙湾湖在诗人的笔下几乎未经变形处理,似乎缺少象征客体本应生成的空泛性和不确定性,多少关闭了读者一些想象的天地,这可能是诗人有意而为之。他将自己的情绪和意识单向的、直接的辐射于龙湾湖:"深沉下淀积着大地的隐痛","深沉"是负重的记忆","是对往日狂热的追悔",等等。他实在是急于要把自己的心里话告诉读者以致不忌讳直露了。这样,在他完成了对龙湾湖这一象征客体的创造后,他也就通过它简单而又明了地裸露了一代人从"文革"至今的心灵历程。从十年浩劫的泪与血中趟过来的诗人,理所当然地要强调付出了惨重代价才辨析出的心灵轨迹,这也许是诗人采用这种简单象征的缘由吧。

(戴 达)

【诗人小传】

任彦芳

(1937—) 河北容城人。1950 年开始发表诗作。1960 年毕业于北京大学,后在中国曲协、长春电影制片厂、中国作协吉林分会工作。

烈士的眼睛

任彦芳

——在烈士纪念馆,有个传闻……

走进烈士纪念馆肃穆的大厅,
就能听到每个人的心跳声;
传说照片上烈士的眼睛,
竟能变换出不同的感情。

有时候,见到的是忧虑的眼睛,
有时候,它们是愤怒的眼睛,
有时候,它们是欣喜的眼睛,
有时候,它们是期待的眼睛……

这传闻,我百分之百相信:
因为烈士在人民心里永生!

今天，我们又凝望着烈士照片，
先烈！您眼睛里传出什么叮咛？

1980.5.29

选自《心声》，花山文艺出版社1984年版

    身为烈士后代的诗人，写过不少真挚感人的缅怀先烈的诗篇。这首诗很可能因构思之巧妙而具有长久的魅力。每一座烈士纪念馆，其内容、布局各有不同；对于瞻仰者来说，重要的是与烈士灵魂的交流。《烈士的眼睛》没有细写纪念馆的外观，从大厅肃穆的氛围——"能听到每个人的心跳声"，写到"照片上烈士的眼睛"，这就抓住了瞻仰者的典型感受。大约每个到过类似场合的人皆有这样的印象：照片上那些已经属于另一时代、另一世界的面孔，那些人的神情、着装、气质往往使你产生一种陌生感，可那些眼睛——不管是清灵还是沉重，明亮还是暗淡，却可以与你沟通起来。自然，纯个人视角，"眼睛"引发的联想要受到局限。诗人机智地借助一个"传闻"：烈士们的眼睛"竟能变换出不同的感情"，大大扩张了体验的范围。"忧虑的眼睛""愤怒的眼睛""欣喜的眼睛""期待的眼睛"……急促的排比，醒豁的语气，什么人面对烈士会感受到什么样的情绪，诗人并未一一点出，但聪明的读者不难领会其中丰富的内涵。

    不必讳言新的生活重心对传统的超离。诗中问得好："先烈！您眼睛里传出什么叮咛？"的确有不少人将革命年代已经开始遗忘了，但也存在着未曾遗忘、不会遗忘的人们。纪念者，完全可以从这首诗找到心灵的共鸣点；遗忘者，则又多少会受到一点意味深长的警策吧！

（朱　晶）

【诗人小传】

孔孚

（1925—1997）　原名孔令恒，山东曲阜人。1947年毕业于山东师范学校，后任《大众日报》编辑。1950年开始发表诗作。1979年后在山东师范大学任教。

海上日落

孔　孚

青苍苍的海上

铺条玛瑙路

太阳走了
像喝醉了酒

果然跌倒了
在天之尽头

选自《星星》1982 年 11 月号

  中国诗画相通,都不在于满足画面、场景的逼真,而在于追求神似和情景交融的意境的发掘。在这首诗中,诗人不仅仅以海上日落这一场景的形象化描绘为满足,而是紧紧抓住最能凸显这一情景的神韵与境界的细节加以奇妙的想象。第一节,用"玛瑙路"(联想到希腊女神赫拉把自己的乳汁喷洒到天上而成的"奶路"(the Milky Way),即中国所称之"银河")形容落日映在大海上的余晖。而一个"铺"字,则不仅把落日拟人化,赋予其生命,而且使日落的画面动态化,起到化静为动的效果。第二节,诗歌把日落的过程想象为离席而去的"像喝醉了酒"的醉汉,一路"走"得踉踉跄跄。另一方面,则暗示日落时的太阳像醉酒人那样"酡红",画面非常感性而富有生气。更要紧的是,用人的踉踉跄跄的醉态巧妙而自然地与第三节的情景相衔接,于是,"在天之尽头"沉落的仿佛不是太阳,而是"跌倒"的一个憨态可掬的醉汉!至此,与通常日落情景用以表现略含伤感情绪的"夕阳无限好,只是近黄昏"意境的诗歌不同,这首诗传递出一种乐观、豁达的精神。

(张　新)

春　风 　　　　　　孔　孚

蜜蜂似乎嗅到了花的香气,
掀动这有些麻木的翅膀。
老桑树做着一个染紫孩子牙齿的梦,
纸鸢老是觉得它在天上。
那脚步连蛇也听到了,
眼睛里闪一丝幽光。

选自《孔孚集》,中国社会科学出版社 2008 年版在"风乍起,吹皱一池春水"里,风、春水之间的关系相当微妙:水起涟漪,微波荡漾是有形,而春风"乍起"则是无形,用有形暗示无形,用"皱"暗示"乍起"的强度与质感,这正是这句词暗示方法的玄妙之处。孔孚的《春风》深谙此种方法的个中况味。诗写的是春风,却寻不见一个春与风字;处处写春风,又处处不留痕迹。

第一、第二句,用蜜蜂采蜜的季节暗示春天,"似乎嗅到"这个不肯定的用词,是在表现蜜蜂对"暗香浮动"的敏感,即便是春风无力,仍然"薰得"蜜蜂似醉地掀动"有些麻木的翅膀",去追逐香气的源泉。

第三句,桑树在中国文化中的象征意义很多,可以象征女子、爱情、美好事物等。孩子染齿在有些少数民族那里则是一种美丽的成年礼俗。那么依据诗歌的情景,诗人或许是在暗示,一个老女人看着孩子们沐浴在和煦的春风里,正举行着成人染齿礼的幸福情景,这不由得也让她做起了"枯木逢春"的美梦呢。而放风筝的民间习俗,也渲染着浓郁的轻松、欢快气氛。当然,有了"觉得"这一点睛之词,纸鸢便顿然生机勃勃地活了起来。春天,赋予万物以生命。

第五、第六句,明写的是"那"(仍然不肯露春风的痕迹)"脚步"惊动了蛇,暗写的却是因春风而"打草惊蛇",着力点仍然在春风。

(张　新)

兵马俑一号坑即景　　　　　孔　孚

　　走了两千一百八十五年,
　　看到了太阳……

　　有人在耳语,
　　传来那个人的脚步声……

选自《于细微处见功夫》,上海文艺出版社 2009 年版

　　谁观赏过西安兵马俑一号坑的雄伟景象,准会从胸中涌起强烈的自豪感:我国历史何等悠久,秦王朝的军队何等强大,而当时制造陶俑的工艺又是多么精美绝伦!

　　孔孚这首两节四行的小诗却作了迥异于众人的表述。看,明明是游客(包括诗人)在看兵马俑,到了诗人笔下却成了兵马俑在看人,在为自己深埋土地 2 100 多年之后得以重见天日("看到了太阳")而兴奋异常。明明是游客(包括诗人)通过那庞大的兵马俑队伍,在追思历史的足迹和风云,在诗中却成了兵马俑竖起耳

朵，正在倾听远处传来的脚步声。真是出人意料，妙不可言！

为什么诗人能写出这首好诗？无疑是因为诗人打破了常人习惯性的思维方式，进行了创造性的逆向思维的结果。这首诗还有一点值得注意：究竟是谁的脚步声使得兵马俑高度紧张，以致频频耳语，互相招呼？答案只能是秦军的最高统帅秦始皇。看来，兵马俑与世隔绝太久了，即使一旦看到了太阳，找到了光明，也仍然心有余悸，未能使自己的头脑真正得到解放，不难看出，这番含意丰富的潜台词正是诗人逆向思维的核心，也是此诗得以独领风骚的保证。　　　　（孙光萱）

【诗人小传】

李勤岸

生年不详。台湾台南人。曾在台湾中山大学、新竹师范学校执教。著有《李勤岸台语诗集》《黑脸》《唯情是岸》等。

夫　妻

李勤岸

倘若你是美丽的岛屿
我是那环绕你周围
生生世世
为你勤劳护守的海岸

在东边
我是岩岸
让你所有的疑虑和惊惧
停靠在我坚强的臂弯里

在西边
我是沙岸
温柔而细腻
不断为你抚平受伤的痕迹

倘若我是孤单的岛屿
你是那环绕我周围
世世生生
和我相依相恋的海洋

在东边
你是胸怀宽阔的太平洋
接纳我的每条水流
也接纳水流里所有的泥沙

在西边
你是深邃的海峡
温婉而保守
让我安心在爱里徜徉

爱,使我们相聚
如天地般久长

选自《一九八三台湾诗选》,台湾前卫出版社1984年版

《夫妻》的比喻,美在创造性。李勤岸生长在台湾,对岛屿、海和海洋以及它们的相互关系十分熟悉,他正是从原有的审美感知出发,建立他新颖的关系联想。他把妻比为"美丽的岛屿",将自己比为"勤劳护守的海岸",而"在东边"则是"岩岸","在西边"则是"沙岸",重在写"象",这是虚中有实之比;而"让你所有的疑虑和惊惧/停靠在我坚强的臂弯里","温柔而细腻/不断为你抚平受伤的痕迹",重在写"情",则是实中有虚之比。这些单一的比喻("岛屿"和"海岸")或繁复的比喻(海岸又分比为东之"岩岸"与西之"沙岸"),本身固然分别呈现出单纯美与复合美,但它们之所以给人以美的感受,给人以新颖的出乎意料的感觉,就是因为它们并非因袭而是创造。此外,这首诗后三节将自己比为"孤单的岛屿",将妻比为"相依相恋的海洋",与前三节构成了反比,有变化开合之妙,有相映相生之姿。

《夫妻》一诗,除了最后两行之外,全诗共分六节,前三节与后三节的比喻稍

加变化形成艺术的对照,如同题目"夫妻"这个联合词组所呈示的那样,是一阕和谐的爱情二重奏,遗落了其中的任何一部分,整个诗的间架就会倾斜,而二重奏也就变为单相思了。

(李元洛)

【诗人小传】

孙友田

(1936—) 安徽萧县人。1957年淮南煤矿学校毕业后分配至徐州贾汪煤矿工作。1973年调到江苏省文化局从事专业创作。1978年到《雨花》编辑部任编委、诗歌组长。90年代后期任江苏省作家协会诗歌工作委员会主任,《扬子江》诗刊执行主编。主要著作有诗集《煤海短歌》等十余部,散文集《在黑宝石的家里》等。

护 城 河

孙友田

你是条有血有泪的河,
你是条失去自由的河,
皇帝叫你躺在城墙下
不叫你死,也不叫你活!

挡住百姓反抗的烈火,
锁住宫女凄凉的悲歌,
你日日向往着奔腾和浩瀚,
不愿充当这耻辱的角色。

虎视眈眈的皇城压抑着你,
春风吹不起一层微波,
你愤然暴露宫廷的肮脏,
泛起三宫六院流去污浊!

他们夸你是条玉带,

你却自比一圈绳索,
你多么羡慕那白绫呵,
勒死了一个王国……

选自《中国当代抒情短诗选》,贵州人民出版社1984年版

护卫皇城,拥戴天子,在世俗的眼光里,该是何等的荣耀。听满城笙歌,映一池华彩,在荒鄙山溪看来,又是何等令人神往。然而,热爱自由,憧憬远方,向往奔腾和浩瀚,是一切河流的天性。"郴江幸自绕郴山,为谁流下潇湘去?"诗家迂阔了,流下潇洒,流下洞庭,流向大海,郴江不为别的,只为自由的意志,只为远方的召唤。"青山遮不住,毕竟东流去",浩浩长江当感谢诗人的理解和鼓励。20世纪80年代第一春。北京。紫禁城。金水河。是在参观了那座明、清故宫,领略了皇家的专制余威、黑暗阴影和腐败气息之后吧,诗人仓皇逃出那座梦魇般的宫殿,对着城外那条环抱帝居的卑微哀怨的护城河大发感慨。古谚云,水能载舟,亦能覆舟。诗人觉着这条金水河既能装饰、卫护一座王宫,也应能勒死一个王朝。诗中所谓"白绫",即李自成攻陷北京时,明朝崇祯皇帝煤山自缢时所用。

此诗题咏皇城之下的那条护城河,采用的是传统的写景咏物以寓讽喻的手法,护城河在这里应是皇家禁卫军或朝中官宦的象征。而关于写景咏物诗,中国古代诗论一向强调寄托寓意,如唐代白居易《与元九书》云:"至于梁、陈间,率不过嘲风雪、弄花草而已。噫!风雪花草之物,《三百篇》中岂舍之乎?顾所用何如耳!设如'北风其凉',假风以刺虐也;'雨雪霏霏',因雪以愍征役也;'棠棣之华',感华以讽兄弟也;'采采芣苢',美草以乐有子也。皆兴发于此而义归于彼。反是者,可乎哉!然则'余霞散成绮,澄江净如练','离花先委露,别叶乍辞风'之什,丽则丽矣,吾不知其所讽焉。"这里,白居易贬斥了南朝梁、陈时代诗风,以《诗经》中风雪花草之咏皆有寄托,抨击梁、陈间绮词丽句不存讽喻,斥之为"嘲风雪、弄花草"而已。此论与初唐陈子昂张扬"汉魏风骨",指斥"齐梁间诗,彩丽竞繁,而兴寄都绝"之论相呼应,对于当时诗坛标榜现实主义诗风,无疑是有积极意义的,对后世诗歌也影响甚深。但这种对于诗中寄托(兴寄)的一味强调,亦即强调诗歌的载道功能、讽喻功能,不免失之片面,实际上完全漠视了纯粹礼赞自然美的诗歌的存在意义。"余霞散成绮,澄江净如练",礼赞自然美,堪为千古绝唱,为何一定要"知其所讽"呢?而且,这种强调使诗歌可能仅仅成为载道、寓讽的工具,从而导致诗美的损害乃至取消。陈子昂、白居易自己实践其诗观的某些作品便不免此病。后世诗歌理论家业已认识到这种刻意追求思想寄托的弊病,如清

人况周颐《蕙风词话》指出:"词贵有寄托,可贵者流露于不自知,触发于弗克自已。身世之感,通于性灵。即性灵,即寄托,非二物相比附也。横亘一寄托于搦管之先,此物此志,千首一律,则是门面语耳。"此即图解概念之弊,其特征是情思游离于形象,寄托强附于景物。但现代诗人仍多因袭载道、寓讽的传统,其诗往往负荷过重,殊少蕴藉与性灵。

以是反观孙友田《护城河》一诗,我们在充分肯定其思想锋芒之余,也不难觉悟到其在艺术表现上的成败得失。

(毛 翰)

【诗人小传】

熊召政

(1953—) 湖北英山人。中学毕业后到农村插队落户。后在中国作协湖北省分会从事专业创作。历任《长江文艺》副主编、湖北省作家协会副主席。

渔 暮

熊召政

这暮色,又被觅草的孤鹭剪乱
慵惘的舞翅抹暗了放倒的青山
借与晚风作韵的莲花
一支支,斜斜地篸出水面
朦胧,亦如湖空冰盘的姣美啊
清香与暮色揉成的江南

小舟从山浦中荡出了
桨影铺成的长廊,绿荷正自盈栏
栏外,视线停落的地方
曲曲屏山已不见浮动
船底下,游鱼戏逐的浮萍
却在将波浪的方向交换

选自《痔地上的樱桃》,四川人民出版社1984年版诗人以浓郁迷离的笔触,描绘出一幅恬静闲雅的山乡渔暮图:夏日的傍晚,夕阳西下,远山烟霭四起,湖上莲花袅娜,随波轻漾,孤鹭低飞,一群渔民荡舟摇桨,捕鱼作业。

　　诗题为"渔暮",纳入诗中的物象都是和"渔"、和"暮"契合。诗分两节,前一节扣住"暮",后一节观照"渔",珠联璧合,推出《渔暮》。但两者又不是截然分开,而是在侧重中脉通峰连。如诗的起首一句,"这暮色,又被觅草的孤鹭剪乱":"暮色"绘出首节诗(也是全诗)的景物色调,但那"觅草的孤鹭",又分明暗示了与鱼有关,鱼,鹭鸶,更是渔人捕获的对象呵!首节写水,写水上的莲花,写湖,写湖中的皎月,这水,这湖,正是渔人大显身手的赛技场地;写暮,而始终为"渔"作铺垫。第二节从诗人笔下涌出的景物几乎都是第一节已经出现过的景物的重现,但又不是重复,"青山"成了"屏山","莲花"成了"绿荷","水草"成了"浮萍",诗人以一句"视线停落的地方/曲曲屏山已不见浮动",点明了这些景物在暮色里随着时间推移的变化:暮色缓缓加浓,景色渐渐加深,以致在首节出现过的暗淡的"青山"在水中的倒影,在此刻已不见它的"浮动"——浓重的暮色剪断了视线。乍一看,诗人似乎还在渲染"暮",其实,着墨的重心已经转移到了"渔",穿梭于画面的是渔人的"小舟",这景物也是通过渔人的视线才发生效应的呵!——写渔,但却是以"暮"作依托的。

　　诗人很注意从中国古典诗词的艺术宝库汲取营养,如诗中动词的活用,使山野风景情趣盎然,诗不写弥漫山岚的暮色渐次朦胧,而说暮色被孤鹭"剪"乱;诗不写倒映水中的青山在雾霭里变暗,而说孤鹭的舞翅"抹"暗了放倒的青山;开在晚风里的水莲在诗人的笔下是"借与晚风作韵的莲花/一支支,斜斜地簪出水面"。诗中运用了不少古色古香的词汇,如"慵悃""簪""水盘"(圆月)、"盈栏""屏山",等等,使这一幅现代乡村风情画平添典雅、深邃的艺术魅力。

　　此诗表现的是一种婉约、清丽的美,整个画面呈现一片宁静、安谧。但这并不是一个完全无声的空间。他不单单是让我们看到了画面上的一个个视像(这是主要的),而且不失时机地推出了一个声音:"小舟从山浦中荡出了!"那"桨影铺成的长廊"里,回响起的应是一声声欸乃的桨声!这桨声,使《渔暮》的时空成为一个真实的空间。

(戴　达)

诗人小传

吕贵品

（1957— ）吉林通化人。"文革"期间到农村插队。1978年入吉林大学中文系学习。毕业后留校工作。后又至《深圳青年报》当编辑。

流泪的男人和女人

吕贵品

小木屋搬走了

她对着大山
呼唤一个男人的名字

她永远也忘不了她呼唤的男人
尽管只见过一次面

那是一个多雪的冬天
雪盖住了整个大山
她迷路了
恐惧是满天雪花
冰凉而默默地飘落下来

她拼命呼喊着人
他出现了
他是一个人
反而更增加了她的恐惧
他是一个粗大的男人

她有一种感觉
那比死亡还坏的事就要发生

他把她带进一间小木屋

那是一个男人的世界
墙上钉满兽皮
还挂着一把猎枪

那一夜男人守在门外
炉火一直在微笑
她没想到能睡了很好的一觉

当那个男人
把她送走的时候
红着脸说出了自己的名字
还说应该理解他
他不是那种男人

春天
她准备把自己交给那个男人
却找不到他
小木屋已经搬走了

她急得流泪
对着大山
呼唤一个男人的名字

选自《青春》1984年第5期

　　《小木屋搬走了》是组诗《流泪的男人和女人》中的一首。这首诗呈现的现在时态只是一个瞬间，即一个女人对着大山呼唤一个男人的名字。她为什么要呼唤他？诗对此作了详尽的回答：一个山中迷路的女人受一个猎人关照，在他小木屋里过了一夜，那一夜男人守在门外，她在屋内美美地睡了一觉，翌晨两人分道扬镳，后来她想再去找他，小木屋已搬走了。显然，这里发生的一切都是追叙，诗并不以情节的复杂和曲折取胜，它所裸露的事件是呈粗线条的，包括诗中人物的形象、动作，都是泼墨如水的大写意，如这样的诗句——"她拼命呼喊着人","他是一个粗大的男人","她准备把自己交给那个男人"——强烈而又简洁。诗的首尾重复呈现女人对着大山呼唤一个男人的名字这样一个特定的瞬间,在这一瞬间以后,将发生什么事情呢?诗没有交代,读者尽可以自由想象。

在《小木屋搬走了》中,我们可以看到诗人让每一个人物动作都饱含着巨大的心理能量,以揭示人物内心隐秘的活动。譬如那个男人守护着那个女人纯洁地在深山里度过一夜之后,"把她送走的时候/红着脸说出了自己的名字",这一个动作透视了粗犷的男人内心细腻的一面,他在女性面前的局促,他对这个女人的微微的好感和依依不舍,他为自己善良的举动尚不知对方是否能够理解而感到的不安,等等,都依凭"红着脸说"这一动作表现了出来。诗尤其注意让环境、氛围笼罩着浓郁的诗情画意:这山,是寂寞的大山;这夜,是飘满雪花的夜;那一个女人孤身涉入山中,"恐惧是满天雪花/冰凉而默默地飘落下来";但是男人点燃了微笑着的炉火,用身躯挡住了漫天飞舞的雪花,留给女人一片和煦的梦的天地,驱散了女人对"比死亡还坏的事就要发生"的惧怕感。黑的夜,红的火,白的雪,温暖的人情从这画中自然流出……

除了小木屋的"墙上钉满兽皮/还挂着一把猎枪"点明男人的身份是一个狩猎者以外,人们对诗中的这两位主人公的其他情况一无所知。诗人是故意除去了这两个人的一切社会性标记,只留下了赤裸裸的符号:男人、女人,让他们在大自然中心灵和心灵碰撞,双向交流,意在表明"除了相互的爱慕以外,再也没有别的动机存在"(恩格斯《家庭、私有制及国家的起源》)。诗的结尾,当那个女人为寻找那个不知所终的男人时,诗人一方面是借助那个女人之口呼唤人性美和人情美的复归,一方面也是表达了在人生的单行道上,呼唤的和被呼唤的很少能够相互应答这样一种惆怅,这就使得全诗蒙上了一层哀婉的色彩,读之令人心颤。

(戴 达)

诗人小传

李 钢

(1951—) 陕西韩城人。1968年到海军南海舰队当水兵。1973年退伍到重庆,当过工人和厂校教师。1979年开始发表诗作。

蓝 水 兵

李 钢

舰 长 的 传 说

传说舰长诞生在海底一条大峡谷
所以至今腮边还生长松针状的水草
并且是水草中最具魅力的一种

传说他喜欢骑在鲸鱼背上做游戏
在动物喷泉的沐浴下堆垒礁石积木
他随意翻阅海浪书页
学会了各种海风的语言
常常跟许多爬上膝盖的小海兽攀谈
直到培养出潇洒的海洋骑士风度
他便去结识海的女儿
开始和她进行漫长的恋爱
(舰长对此事总是缄口不言
这就使得传说神秘乃至神圣)

他的呼吸带着咸味儿,走在岸上
会把任何一处空气染上海腥
传说他的心脏是铁锚形的
注定让他属于海
注定让他当上水兵,注定让他
年青时轻轻地违犯一条舰规
在一艘木壳艇的锚链舱里禁闭三天,
然后注定让他来当我们舰长
(如今那木壳老艇早就退出现役喽
青春也从舰长的额头驶出好些海里喽)
传说舰长有三次见到海魂

蓝水兵

传说　舰长　有三次见到　海魂！

问他海魂是什么形状的他也不说
(海星样的？水母样的？美人鱼样的吗？总之他不说)
而他那双眼睛肯定是海魂赋予的
那两颗藏在椰树叶下的小行星
常常是夜里升起在海面，饱吸了太阳风
制造一些神奇的百慕大三角以外的哑谜
使海盗们无声无息地消失
永远躲进某几条不明去向的鲨鱼肚里
我们舰长，这海盗的天敌

至今他仍然单独去赴海洋的约会
他一人踱步海湾，在沙滩上坐着或者躺下
点燃那根海柳木的黑烟斗，这时我看见
一八四〇远远地燃烧

传说好多年前有个渔姑送给舰长
一些奇异的贝壳跟小螺蛳，每天晚上
贝壳们就在他枕头底下唱着优美的渔歌
为此我曾在夜里溜进舰长舱
结果我看见他的胸脯像浪一样起伏，我听见了
甲午年隆隆的回声

于是我幻想他英雄般牺牲过三次
每一次血都渗入他的髭须
像松针上挂着的一缕缕晨曦
而每一次他又英雄般复活
(这事我当然没有跟别人讲过

否则又将成为舰长最新的传说）

但我们舰长是个老猎人
这不是传说
他喜欢吞吃各种新版海图
他一剃胡子就是要出海了
这不是传说
有一次在舷边,他喃喃自语
他说:脚下是——液体的——祖国
这是我亲耳听到的
决不是传说

选自《白玫瑰》,重庆出版社1984年版

  李钢当过五年水兵,在军舰上与大海结下了不解之缘。即使退役地方,耳畔仍回响海风的呼啸,胸中仍起伏汹涌的波涛。有一年,他重访南海后,写下了组诗《蓝水兵》。《舰长的传说》就是其中一首。

  既然是"传说",就具有传奇的色彩。为此,诗人构思新颖,力避对舰长作一般化的正面铺叙和描画。诗一开头,就不同凡响:"传说"舰长生长在海底峡谷,胡子长得像"小草",与鲸鱼做游戏,和小海兽攀谈,翻阅海浪书页,"培养出潇洒的海洋骑士风度"。诗人用特定的海洋环境和海中的种种物态,运用超越现实的神话般想象,与舰长的具体形象相结合,使之具有大海的特性,显得格外生动、奇特,给读者留下较为深刻的印象。这种借物象征的手法贯穿于整首诗作,显示出与众不同的艺术构思。

  当然,描绘舰长形象,仅仅从外形上着笔是远远不够的。那样容易流于肤浅,有鉴于此,诗人在整首诗的形象流动中,进一步表现了舰长的性格与感情。如舰长当水兵时,也曾违反舰规,关过禁闭,但他终于随着海军的壮大成长了。他参加过战斗,消灭过"海盗",平时爱"一人踱步海湾"沉思,与大海对话。而"一剃胡子就是要出海了",因为大海是舰长的家乡。这种对舰长性格特点的观察和感情的挖掘,可谓绘声绘色,精致入微,远非他人所能道及,有了这一番从外形到性格的刻画,舰长的形象就显得有血有肉,富于立体感了。

  至此,读者必然会问:什么是舰长热爱祖国海洋的动力?诗中借助于一些生活细节,展开了大幅度的时空跳跃,当舰长在河滩上坐着或者躺下抽烟时,"这时我看见／一八四〇远远地燃烧",从袅袅烟雾,联想到1840年的鸦片战争的烽火,舰长在舱室里睡眠时,"我看见他的胸脯像浪一样起伏,我听见了／甲午年隆隆的回声",联想到甲午海战的壮烈。今天和昨日挂钩,现实和历史结合,想象大胆而又自然,转折突兀而又在人意中,真可谓画龙点睛之笔,使全诗生色不少。

诗作在结尾处写道:"他说:脚下是——液体的——祖国。"好一个"液体的祖国",比之于常说的"祖国领海",相差不能以道里计。此语一出,舰长的报国之心,爱国之性,立刻跃然纸上了。

这首诗在语言艺术和韵律上颇有特色。作者摒弃了常用的一般化的词语,着重运用海洋的专用名词来表现人物和环境,构成一种"染上海腥"的氛围。在韵律上采用长短句交叉,以长句为主,犹如海浪起伏滚滚涌来,造成了一种特有的情绪。如"传说舰长有三次见到海魂／传说 舰长 有三次见到 海魂!"加重语气的重复,回肠荡气,叩人心扉,朗读效果更好。

(宁　宇)

【诗人小传】

马丽华

(1953—　)女,山东济南人。1970年到山东郯县文具厂工作。1974年入山东临沂师专中文系学习。1976年去西藏工作,同年开始发表诗作。曾任《西藏文学》编辑、西藏文学艺术界联合会副主席,后任中国藏学出版社总编辑。

我的太阳

马丽华

日　暮

隔着遥遥的时空之距
凝视
目光交流用宇宙的语义
或许还该笑,唱支送别的歌
请灰天鹅做信使衔起它
金色地融入夕光
或许该实现非分之想了
将那小船驶往黄金的岸

每天每天经历爱的潮汐
感情也变成大海

悲壮之美
静穆之美
别了,我的太阳
摇动晚霞斑斓的手帕
一路珍重,一路
　珍重

牧歌唱晚
我叹息心中的宁静
遂关闭心扉步入恒夜的相思

谁耽于幻想而倦于守候
谁就不免错过
夜,只为缄默地等待而夜
不再吟咏月光,再不吟咏
那片容易迸裂的薄薄的冰

从未相许的是我的太阳
永不失约的是我的太阳

选自《诗刊》1984 年第 8 期

马丽华以组诗《我的太阳》饮誉诗坛。这一组诗用《等待日出》《日既出》《日午》《日暮》四首诗,概括从日出到日落的全过程,抒发了诗人对太阳的挚爱。这是女性对她心中的阿波罗的大胆直率的爱,"太阳太阳/我对你永不设防"(《等待日出》);是诗人对其生命对象的别无选择的爱,"造物主为我创造了你/又因你而设计了我……我选择诗笔原只为太阳/只为太阳你呀"(《日既出》);是一种物我无间、天人合一、主客相融的更为深沉宁静的爱,"只要不张开眼睛/便与阳光融作一体"(《日午》)。你只有理解了这种富有人性而又超越人间的爱,你才能理解

《日暮》这首诗。它是这组诗的最后一首,是四部曲的尾声。告别的时间来临了,那颗负载着如许沉重的爱的心灵,将向我们诉说什么呢?

相伴一天的太阳远去了。若是人的分别,可以"执手相看泪眼,竟无语凝噎"(柳永《雨霖铃》)。可是现在分别的是太阳,离开地球十万八千里,无法"执手",只能"隔着遥遥的时空之距/凝视"了。人间的语言太阳是不懂的,只有用"宇宙的语义",即是不出声的目光交流。人与太阳,感情相通,却有天地之遥、物人之别。诗表现了这种既近又远,既亲近又陌生的悲哀。在《等待日出》中,诗人曾写道:"太阳升起半圆/如眉眼的微笑。"那是相逢,现在面临的是离别,这种感情自然没有了。笑不出,"还该笑",只能是不由衷的强笑,以掩饰离别的哀伤。那支送别的歌却是无法掩饰的,但又不敢直接献给太阳,非请灰天鹅转交不可,活现出钟情少女离别时难舍而又矜持的内心复杂的神态。"金色地融入夕光"一句中,"金色地"一词用得精巧,使人似见天鹅远去,由灰变金,消融于阳光之中,有较强的影视效果。这也许是真景,也许仅是诗人的想象。

"或许该实现非分之想了/将那小船驶往黄金的岸",与组诗第一首中"真该最后作一次非分之想/朝向他黄金的岸远航"呼应,愿望向现实又迈进了一步,表达了对太阳的由倾慕而献身的深切感情。但是,太阳朝起暮落,哪儿是他永驻之岸呢?黄金之岸无涯,可望而不可即,诗人只能在相逢与离别中永远忍受爱的潮汐的折磨,周而复始,永无尽期,这是怎样的一种痛苦无望的爱。"悲壮之美/静穆之美",就是这种心情的表露,又恰与夕阳西下的景色相合,静穆中含悲壮,抽象内寓具象,是景融于情,不是情融于景。告别的口吻是平静的,那是把一阵滔天的感情风暴强抑下去后的平静,深藏内心的却是一片多么不平静的海!

日没以后,诗进入第二层,敞开的心扉渐渐关闭,如夜幕之落,最后沉入彻夜的相思。夜是宁静的,心是不宁静的,"叹息心中的宁静"是反说,真宁静就不会叹息了。第四节是自己对自己的劝慰与叮咛,一切离别都是为了重逢,就像夜每天降临都是为了黎明一般。重要的是等待,有耐心的等待,切不可耽于幻想,切不可迷失方向。等待吧! 只要善于守候,就不会把幸福错过。那薄冰般的月亮怎能替代炽热的太阳! 越是劝自己耐心地等待,越说明自己内心是何等的心猿意马。于是诗人赶快打坐入定,进入佛界,赋一偈曰:"从未相许的是我的太阳/永不失约的是我的太阳。"太阳夜夜归去,故"从未相许";太阳天天升起,又"永不失约"。既然如此,又为什么喜,又为什么悲呢? 诗人的躯壳向超然境界飘去,飘不走的是那颗像太阳那样光明透亮,燃烧着爱的火焰而又并不超然的心。

诗把人与物之间难以相通却又充满人性的爱,写得曲折、缠绵、动人。这种悲剧之美不仅属于爱情,人生的一切追求无不处于这辉煌的悲壮之中。整个组诗以等待始,又以等待终,人生就是等待,等待的就是太阳升与落。《日暮》与《等待日出》首尾相衔,使组诗四首构成一圈日出日落的金蚀环,那是诗人奉献给读者的大宇宙的一枚闪耀希望之光的戒指。

(袁忠岳)

【诗人小传】

张　枣

(1962—2010)　湖南长沙人。先后就读于湖南师范大学、四川外语学院。1985年赴德国留学,后长期寓居西方,获德国特里尔大学文哲博士。曾任教于德国图宾根大学,为欧盟文学艺术基金会评委。21世纪初回国,曾在河南大学任教,后任中央民族大学文学与新闻传播学院教授。出版有诗集《春秋来信》,论著《中国文化现代性研究》(德文),译作《史蒂文斯诗文集》(合译)、《月之花》《暗夜》等,主编《德汉双语词典》《黄珂》等书。

镜　中

张　枣

只要想起一生中后悔的事
梅花便落了下来
比如看她游泳到河的另一岸
比如登上一株松木梯子
危险的事固然美丽
不如看她骑马归来
面颊温暖
羞惭。低下头,回答着皇帝
一面镜子永远等候她
让她坐到镜中常坐的地方
望着窗外,只要想起一生中后悔的事
梅花便落满了南山

选自《张枣的诗》,人民文学出版社2010年版

《镜中》一亮相,便亮出全诗最华彩的诗句——

  只要想起一生中后悔的事

  梅花便落了下来

  这诗的起首两句,没来由地拈合一起,令人费尽思量。何以一想起一生中后悔的事,那梅花便会落了下来呢?无理而妙,妙在情真。诗中所谓的"后悔的事",当是一段恋情,湮灭在岁月深处的恋情,这从紧接着的诗的叙述便可看出端倪:"看她游泳到河的另一岸","看她骑马归来",或看"登上一株松木梯子",那时的"我"(诗的叙述主角)充分地享有这一爱情的主动权,诗中的那位"她",面对着"我"——诗自喻为"皇帝"的我(得意之情,溢于言表),"她""面颊温暖/羞惭。低下头"——这情景,恰如徐志摩的名诗《沙扬娜拉》中的那位"日本女郎":"最是那一头的温柔,/像一朵水莲花不胜凉风的娇羞。"

  诗人既是"后悔",该是这恋情如过眼烟云,稍纵即逝,一切都成了水中月、镜中花。诗中的"一面镜子",是现实的镜子,更是心灵的镜子,印证了这爱情的虚幻。"一面镜子永远等候她/让她坐到镜中常坐的地方",既加重了爱情的虚幻成分,又平添了诗人的追悔,同时也于此点题。爱情不再,"曾是惊鸿照影来",镜中虚空,"此情可待成追忆,只是当时已惘然"。

  诗人张枣酷爱传统。他说,"历来就没有不属于某种传统的人,没有传统的人是不可思议的";他又说,"而传统从来就不尽然是那些家喻户晓的东西,一个民族所遗忘了的,或者那些至今为之缄默的,很可能是构成一个传统的最优秀的成分"(《中国当代实验诗选·作者的话》)。以此观《镜中》,诗看似很现代,骨子里是古典的。上述提及的诸如"骑马""皇帝"一类的词汇,还只是停留在表面,但"梅花"一词却是中国古代文人最喜欢的植物之一,也是古代诗文中常歌咏的对象。而与诗的起首两句遥相呼应,诗的结尾更是意味绵长——

  望着窗外,只要想起一生中后悔的事

  梅花便落满了南山

  诗中的"南山"突兀而来,细究却发现这是晋代诗人陶渊明的《归园田居》中反复出现的地名:"种豆南山下,草盛豆苗稀";"采菊东篱下,悠然见南山"。陶渊明归隐山野,凭依"南山",荷锄吟诗,"南山"因陶渊明而成了古代文人闲适、恬淡、隐逸的一个"意象",亲近和拥抱大自然的一个象征,储存和寄托乡愁的场所。张枣将"南山"挪移到他的《镜中》,那不可追回的"后悔",那魂牵梦绕的爱,那刻骨铭心的相思,因了落满梅花的南山,变得迷离幽深,不可名状。

(戴 达)

深秋的故事 张 枣

向深秋再走几日
我就会接近她震悚的背影
她开口说江南如一棵树
我眼前的景色便开始结果
开始迢递;呵,她所说的那种季候
仿佛正对着逆流而上的某个人
开花,并穿越信誓的拱桥

落下一片叶
就知道是甲子年
我身边的老人们
菊花般升腾、坠地
情人们的地方蚕食其他的地方
她便说江南如她的发型
没有雨天,纸片都叠成了乳燕

而我渐渐登上了晴朗的梯子
诗行中有栏杆,我眼前的地图
开始飘零,收敛
我用手指清理着落花
一遍又一遍地叨念自己的名字,仿佛

那有着许多小石桥的江南
我哪天会经过,正如同
经过她寂静的耳畔
她的袖口藏着皎美的气候
而整个那地方

也会在她的脸上张望
　　也许我们不会惊动那些老人们
　　他们菊花般升腾坠地
　　清晰并且芬芳

选自《张枣的诗》，人民文学出版社2010年版

　　诗人张枣俨然是一闲云野鹤。这"闲"，当是指他的创作心境。他的诗，绕开纷繁与喧嚣的现实，亲昵古色古香的古典，亲近大自然，其一首首华美眩目、声色俱佳的诗作，恰如"鹤之眼"里面"有待冲洗的底片"。这个带有点晦涩然而又是有意味的比喻，源自张枣在他的《大地之歌》里的悠然吟哦："鹤之眼：里面储存了多少张有待冲洗的底片啊！"

　　2010年人民文学出版社为英年早逝的张枣出版的《张枣的诗》，约请张枣的学生颜炼军撰写后记《鹤之眼》。该文称张枣的诗句是"白鹤晾翅般的"，"绵绵不绝般地发出风声鹤唳"。尤是如下的评析，令诗人诗品清晰可见："在一件件对称于人境之物中，他心态肥润地紧捏着最少的词，谵狂而袅娜地镀化着事物激烈的优雅，让它们环环相扣地浸透事物自身的风情。为了让这风情往事般温暖事物的果核，他也孜孜不倦地敲打，甚至敲碎自己的句子，在风平浪静的孤独中，哗哗地命令它们舍生取义。"——如果将此番对张枣的诗的宏观评析移植于此，即鉴赏他的《深秋的故事》，那是多么妥帖、深刻和鞭辟入里啊。

　　且让我们将《深秋的故事》这一诗人的"鹤之眼"里"有待冲洗的"一张"底片""冲洗"，一睹它的绰约风姿！

　　诗劈头两句，"向深秋再走几日/我就会接近她震悚的背影"：张枣典型的抒情句式。清淡的古典意味，句子明白晓畅，两句合起来阅读还不算晦涩，但令人颇费思量，思量的深浅因人而异，这诗句本身容量够大，容纳得下受众广阔的想象空间。一叶知秋。上述对诗的开头两句的分析，也可看作是对全诗阅读的指南。回过头来再看这两行诗，说是"向深秋再走几日"，张枣对"深秋"有偏爱，此诗题目中便将"深秋"嵌入了。"深秋"被中国古代文人反复吟咏，它有忧郁的因子。往深秋"再走几日"，走到初冬？不会吧，题目限死了。"向深秋再走几日"，秋风秋雨愁煞人，往深秋更深处走去，该是比悲秋更悲秋吧，所以才有了"我就会接近她震悚的背影"一句。此诗的两位主人公从深秋的层面浮出："我""她"。"我"站在诗的审美视角上，"她"是这审美视角观照下的主角。诗人写其"背影"，

易引读者遐思,"震悚"两字,与更深的"深秋"对应,两者的审美向度和矢量大致吻合。

这第一节的诗句紧接着开头两行的是,"她开口说江南如一棵树/我眼前的景色便开始结果/开始迢递;呵,她所说的那种季候/仿佛正对着逆流而上的某个人/开花,并穿越信誓的拱桥"。"江南""拱桥",依旧是古典味儿十足的物象,柔婉乍泄。起始两句不可匆匆掠过,它们透露了两人的关系:"她"言"江南如一棵树","我"则回应看到的景色"开始结果",心心相印的心灵感应的两个男女,是什么关系不是很明了了吗!至此,我们大致看出此诗的情感流向了,它说的是发生在深秋里的一对年轻的情人卿卿我我的故事。

据此观照全诗篇,如打着灯笼在"拱桥""乳燕""小石桥""菊花"组成的雾中江南,窥见了一出爱情的悲喜剧——

"穿越信誓的拱桥","我"接近了"她"震悚的背影,爱的背影。

"她"说江南如"她"的发型,那避开雨天在江南飞舞的纸乳燕,应是"她"写给"我"的情书吧。作为回应,"我"手写"我"诗,让有栏杆的诗行搭建晴朗的梯子,抵达"她"的心扉……

"此情可待成追忆,只是当时已惘然。""当时"即是"深秋",这也是故事发生的季节。故事即往事。深秋的往事。冥冥之中,注定了这场爱情戏剧,伤感大于欢欣。惘然与伤感织就诗的迷离、轻曼中见沉郁的意象,以致让我们看到了诗的女主人公"袖口藏着皎美的气候"这样雅而美的形象,未曾料,她的耳畔却是寂静的,那些他(即诗中的我)和她留情的地方,也只能"在她的脸上张望"呵。

幸好爱情是不灭的。那些曾经在锦绣江南演绎的一出出爱情戏剧,尽管男女主人公都已渐渐老去,但他们比翼双飞的爱心早已烙印在了江南大地,"他们菊花般升腾坠地/清晰并且芬芳"。诗人并不想去"惊动"他们,只是用自己的一颗诗心,铸就情与爱的"水中月""镜中花",诚如诗人的"夫子自道":"我用手指清理着落花/一遍又一遍地叨念自己的名字。"

(戴 达)

王家新

（1957— ） 出生于湖北。1977年考入武汉大学中文系,翌年开始发表作品。1981年加入中国作家协会湖北分会,同年大学毕业后到湖北郧阳师范专科学校任教。1985年借调到北京《诗刊》编辑部工作。1988年加入中国作家协会,为湖北分会理事。1992—1994年旅居英国,回国后任教于北京教育学院。著有诗集《纪念》《游动悬崖》《王家新的诗》,诗论集《人与世界的相遇》《夜莺在它自己的时代》,文学随笔集《对隐秘的热情》等。另有编著《中国当代实验诗选》(合编)、《当代欧美诗选》《中国诗歌:九十年代备忘录》(合编)及翻译多种。

星空：献给一个人

王家新

你高悬于旷野之上的星空
每天都悄悄出现在我们头顶上的星空
从最深邃的历史的河岸里缓缓升起
在蟋蟀的遍地鸣唱中,把夜的苍穹
　　布置成一座渐渐透亮的光的大厅的星空
今夜,我从每一条道路上向你走来
我沉重的灵魂,已从石头的阴影下
　　从岁月的清凉晚风中为你徐徐苏醒
你这从黑夜中升起的光洁璀璨的圣坛呵
你这像众神一样闪闪地注视我的星空
我醒来了! 我和那些昏迷的灵魂一同醒来
我就是
　　那个被你征服了
　　　　但还反抗着的人!
我又一次是像面对命运一样面对你的存在
我又恍然记起那随着夜雾一起到来的寻求
是的! 我一直在寻求着一个人,一个
第一次从大地上站起来,默默向你顶礼

星空：献给一个人

　　又翘首向你发出震撼千古的"天问"的人
一个被你无情唤醒又永久放逐的人
一个从龙舟跳上岸来悲壮起舞
　　使石头和群星再一次惊呆的人
星空呵，今晚我就这样想起了他
我再一次地听到了
　　他的衣袖在夜风中有力摆动的声音
我从黑暗中伸出手来，可我怎么也无法
把他唤回到我的面前、我的星空下呵
……他就那样走了——头戴着荆冠走了
直到夜雾渐渐收起那一飘一闪的身影
直到他不屈的诗，在黑色的波涛上
　　闪烁成一个可望而不可即的星系
直到陨星四散，天空竟下起一阵阵光雨
我们才突然感到失去了他！他真的
就那样走了吗——伟大的询问者
我生命中的谜
为每个醒来的灵魂呼唤着银色王国的人呵
他去了。他留下曲折地穿过暗夜的道路
留下星星点点在风中荡漾的光明
留下了有着无数入口
　　　　　　　和出口的迷宫似的星空
留下了一部仍在期待着回答的"天问"……
你依然像两千年前那样闪烁迷离的星空呵
你更加密集地环绕着人类运转不息的星空
你悄悄地掠过我的屋顶，又以
　　巨大的缄默唤起更多的渴求者的星空
你照耀着我，迫使我屈服而又奋起吧
这是我的道路和命运！我将走下去

在不可抗拒的召引下我将随你到处流动
直到向你挑战的人最终体现了你的威力
直到我听到前方又传来他沙沙响的足音
直到我的灵魂,我的孤零零的世界
不再像独木舟一样被你的光的深渊所折磨
直到你最终变成一首
　人类在夜的黑板上写下的水晶般的诗
恍如一个梦——那时我将再次隐入夜雾
而你,星空呵星空
　就在我缓缓倒下时更美丽地形成

选自《纪念》,长江文艺出版社1985年版

星空,无垠而深邃的星空,古往今来引起人们多少遐想、感慨和沉思!望着灿烂的星空,多少诗人发出宇宙永恒、人生短暂的喟叹!这也许可以说是诗歌的永恒主题之一了。

然而,青年诗人王家新却并未停留在这种传统的喟叹之中,他的这首《星空:献给一个人》突破了这一永恒主题。

这首诗中的抒情主人公"我",已经不是少不更事、涉世未深的少年,所以,望着迷离的星空,已经不再有太多的天真的幻想和神奇的想象,但也不是饱经忧患、历尽沧桑的老人,所以,望着永恒的星空,也不会有人生苦短的低沉的慨叹和无奈的惆怅。这里的"我"是这样一代青年的代表:他们在动荡不安的年代中出生、成长,因此有过早成熟的青春期,当他们提前告别青春期的浮躁与激动时,又躬逢并经历了新时期思想解放运动的洗礼,并有条件接触西方各种文化、哲学、艺术流派。他们是幸运的一代,早熟的一代。他们虽然生不逢辰,但却长于盛世。他们比他们的父兄眼界开阔,思想解放,知识丰富。他们没有他们父兄那样沉重的因袭,却有比他们父兄更坚定的自信。他们以忧患、沉静、庄严、崇高塑造一尊"思想者"的雕像,作为自己的青春偶像。《星空:献给一个人》这首诗,正是用瑰丽雄健的诗句,沉郁悲壮的激情,塑造了一座具有忧患意识和使命意识,具有倔强个性的一代青年的雕像。

此诗采用抒情主人公"我"与星空"你"对话的方式抒发了诗人的情怀。这种方式使人感到亲切。我们仿佛可以看见诗人向星空倾吐衷曲。诗人一开始就以恢弘、崇高的形象形容星空:"把夜的苍穹/布置成一座渐渐透亮的光的大厅的星

空""你这从黑夜中升起的光洁璀璨的圣坛""你这像众神一样闪闪地注视我的星空"。在写星空的伟大崇高之后,诗人并未像他的前辈诗人那样,接着就写作为个体的人——"我"的渺小,而是充满自信地、毫不怯懦地向星空宣告:"我就是/那个被你征服了/但还反抗着的人!"并且敢于"像面对命运一样面对你的存在"。在无垠永恒的星空下,诗人以强者和挑战者的自我形象与之抗衡,这正是此诗的突出之处。

诗题《星空:献给一个人》,诗中写道:"是的!我一直在寻求着一个人。"这"一个人"指的是谁呢?诗人没有明说,但从以下诗句中,已经作了明确的暗示:"一个/第一次从大地上站起来,默默向你顶礼/又翘首向你发出震撼千古的'天问'的人/一个被你无情唤醒又永久放逐的人/一个从龙舟跳上岸来悲壮起舞/使石头和群星再一次惊呆的人。"从以上诗句中的"天问""龙舟",我们不难看出,诗人要"献给一个人""寻求着一个人",这"一个人"就是我国古代第一个伟大的诗人屈原。众所周知,屈原不仅是位伟大的诗人,而且还是一位忧国忧民的爱国者。爱国诗人屈原忧愤沉江的故事,千百年来震撼人心。诗中的"我"执著地寻求着屈原,尽管"我怎么也无法把他唤回到我的面前"。诗人写道:虽然"他去了",但"他留下曲折地穿过暗夜的道路/留下星星点点在风中荡漾的光明/留下了有着无数入口/和出口的迷宫似的星空/留下了一部仍在期待着回答的'天问'……"诗中的"我",如此热情、执著地寻求屈原,追步前贤,分明表现了"我"的以天下为己任的忧患意识和使命意识。当然,"我"也知道,星空、宇宙永恒,而人生短暂,星空最终会"征服"个体的人。但是"我"不因此消沉,"被你征服了/但还反抗着","迫使我屈服而又奋起"。消极、悲观与"我"无缘,诗中的"我"永远是积极入世者。

此诗强调觉醒的自我,颇具现代诗的色彩;但是以爱国诗人屈原入诗,表明诗人对数千年东方文明、民族文化的关注与审视,从而使此诗具有一种沉郁的历史感和壮丽的史诗精神。

18世纪的英国美学家伯克曾说:"无限具有使精神充满某种令人愉快的恐惧的倾向,这是崇高最真实的效果与最可靠的检验。"又说:"黑夜比白天更显得崇高庄严。"诗人所表现的对象——黑夜里无垠的星空,本身就具有一种崇高美,而诗中壮阔的时空、庄严的形象、沉郁悲壮的情感、雄健刚劲的风格,与此十分和谐。诗人正是在悠远的时间——"最深邃的历史的河岸"、无限的空间——"密集地环绕着人类运转不息的星空"中,展现他和命运抗争的不屈的灵魂,以及他对于人生真谛和哲理的沉重的思索。

(刘士杰)

鱼
——观画

鱼在纸上
一条鱼,从画师的笔下
给我带来了河流

就是这条鱼
从深深的静默中升起
它穿过宋元、龙门
　和墨绿的荷叶
向我摇曳而来

淙淙地,鱼儿来了
而在它突然的凝望下
干枯的我
被渐渐带进了河流……

选自《于细微处见功夫》,上海文艺出版社 2009 年版

我国的国画独树一帜,常常寥寥几笔而境界全出,在世界绘画艺术中堪称奇葩。与此相关的是,咏画和观画之作也自当另出机杼,进行崭新的创造。

王家新写过好几首生动的"观画诗",其中尤以《鱼》最为出色。此诗共三节,第一节写开始观画时的瞬间感受。明明只是"一条鱼",诗人却说"给我带来了河流",为何能够"带来"?原来,这正好表明了我国传统写意画的一个重要特色:看似只有一条鱼,几茎水草,落墨不多,别无他物,却能从侧面表现出那清澈的河流正随着摇头摆尾的鱼儿迎面涌来。顺便不妨补充一点:大家都熟悉国画大师齐白石,倘能联想到他所画的河虾和蝌蚪等,也是着墨不多而意味无穷,就一定能领略此中"形神兼备"的韵味。诗的第二节先是用"就是"二字承接上一节,很快就展开想象的翅膀,同时从广袤的空间和悠远的时间着眼,设想这条鱼游过了宋、元、明、清……穿过了黄河的龙门和江南的荷池,然后带着黄河浑厚的气息和南方荷叶的清香,向"我"摇曳而来,读到这里,谁会不被眼前这条永不停息的河

流(须知在我国的传统意象中,"山"是庄重、肃穆的象征,"水"有活泼、流动的意蕴)所感动,不被这条具有顽强生命力的鱼儿所折服呢?

最妙的是诗的结尾。如果光是前两节展示的境界,一般读者和观众或许都能感受到,但诗人并不就此止步,而是宕开一笔,特别拈出"突然"二字,刻意突出了"干枯的我"和"活泼的鱼"的对照和反差。本来嘛,"我"观"鱼",应当是以"我"为主,以"鱼"为宾,如今却反过来成了"鱼"望"我"——"鱼"启发"我"、提高"我",把"我"带入清净活泼的"河流"中了。人们不禁会问:如此易宾为主、不落俗套的描写根据何在?看来,符合情理的解释是:在我国的现实生活中,人们的工作如此紧张,节奏如此快速,闲暇如此难得,大家多么希望文学艺术能够使紧张的心灵得到调剂和休息,进而达到提高和净化啊!这也许就是诗中"干枯"一词的真实含义所在。换个角度,我们也不妨这样说:诗人正期待着和广大读者、观众携起手来,共同到艺术和绘画博物馆去品味精妙绝伦的国画艺术。 (孙光萱)

【诗人小传】

芒 克

(1950—) 原名姜世伟,出生于沈阳,1956年全家迁居北京。1969年到河北白洋淀插队,翌年开始写诗。1978年与北岛共同创办文学刊物《今天》。先后出版诗集《心事》《阳光中的向日葵》《芒克诗选》《今天是哪一天》等,并著有长篇小说《野事》。

阳光中的向日葵

芒 克

你看到了吗
你看到阳光中的向日葵了吗
你看它,它没有低下头
而是把头转向身后
就好像是为了一口咬断
那套在它脖子上的
那牵在太阳手中的绳索

你看到它了吗

你看到那颗昂着头
怒视着太阳的向日葵了吗
它的头几乎已把太阳遮住
它的头即使是在太阳被遮住的时候
也依然在闪耀着光芒

走近它
走近它你便会发现
它脚下的泥土
每抓起一把
都一定会捏出血来

选自《诗歌报》1985年7月6日

  向日葵作为一种常见的植物，历来是诗人们咏唱的对象。又由于向日葵与太阳之间具有一种特定的自然联系，因而许多以向日葵为题的诗篇，借物抒情，托物言志，大都是着眼于此：不管对太阳赋予何种象征意义，也不管把向日葵比作什么，总是强调向日葵对太阳的某种依附关系。例如"五四"以来的新诗中就有著名诗人王亚平的题为《向日葵》的名篇："金黄的、庄严的向日葵／把花朵朝着太阳开放／……／夜里，风雨打落她的花瓣／早晨，她依然朝着太阳。"

  相比之下，芒克的这首《阳光中的向日葵》的构思立意则完全是独特的，不落俗套的，语言上也摒弃了陈词滥调。

  诗的第一节出现的向日葵的形象是：在阳光下，它没有低头，"而是把头转向身后／就好像是为了一口咬断／那套在它脖子上的／那牵在太阳手中的绳索"。从生物的自然现象来说，向日葵花盘有时确是背着太阳的，因而这一形象是可信的，由此其含义也就不难品味。

  诗的第二节则是描绘向日葵的另一种神态：在阳光下，它昂着头，怒视着太阳，"它的头几乎已把太阳遮住／它的头即使是在太阳被遮住的时候／也依然在闪耀着光芒"。在这里，那被写滥了的向日葵昂首向阳的动作，化为了一种新的意象。不消说，这一个意象的内涵又是相当深刻的，至少，它所蕴涵的"向日葵可以而且应当相对太阳而独立"的意念，足以令人耳目一新，并产生丰富的联想。

  更值得欣赏的是全诗的最末一节，即诗人的一个"发现"："它脚下的泥土／每抓起一把／都一定会捏出血来。"虽说诗无达诂，但一般的读者从这几句诗中，显然可以领悟到：向日葵之所以不愿意在阳光中"低下头"，而有时却又"昂着头""怒视着太阳"，其主要原因在于它是扎根在那块能够"捏出血来"的土地上的。

通观全诗，诗人从独特的视角捕捉了向日葵的新的意象，同时又融入了对于自然的思考，对于人生社会的不为传统意见所囿的理解与感受，因此整篇作品明显地透露出一股清新的艺术气息，也折射出一种新的时代精神。惟其如此，即使苛刻的批评家可以指摘它在艺术上的某些不足（如语言似乎还可更精炼些），但就凭这首诗所创造出来的具有深刻内涵的，化腐朽为神奇的新的诗歌意象来说，却无法否认它的价值。

(朱文华)

诗人小传

陆萍

（1949— ）女，笔名冬至、萍子，江苏常熟人。1982年毕业于华东纺织工学院纺织工程管理系。1968年参加工作，历任上棉二厂技术员，《上海法制报》记者、副刊部主任，上海作家协会第四届理事。1969年开始发表作品。1991年加入中国作家协会。著有诗集《梦乡的小站》《细雨打湿的花伞》等，纪实文学集《狱墙内外》《一个政法女记者的手记》等，长篇纪实文学《黑色蜜月》等。

冰着的

陆　萍

我的痛苦是一块绝望的冰，
因为绝望，才冷得透明；
渴念、希求，流动的眸子，
已在无情的晶莹中得到安宁……

朋友，你如看见它，可千万别碰，
世界上它最怕的是你的手温！
我不愿让它轻轻溶化——
因为它在绝望中冰着我最初的纯真……

选自《梦乡的小站》，福建人民出版社1985年版在青年女诗人陆萍的数以千计的诗篇中,《冰着的》一诗影响甚大,流传甚广。1988年3月,她应邀赴印度参加亚洲诗会,登台朗诵了这首诗,被誉为"亚洲诗坛的明星"。《冰着的》已译成英、法、德、日等多国文字,《中国新诗鉴赏》、法文版的《中国女诗人诗选》等国内外二十几本诗集收了这首诗。

也许是诗人涉世未深时的一次彻底的投入,也许是心灵旅次中漫长的纯情积累,陆萍以自己独特的审美角度、独特的才能、洞开的方式,来展示自己那一段刻骨铭心的人生历程。在浓烈的诗意中,充满着失意所带来的痛苦、不幸、迷惘,以至梦幻般的疯狂。《冰着的》便是笼罩着凄迷、高洁、冷峻的氛围。"最初的纯真"曾经为诗人所拥有,但却终因未成"正果"而令诗人陷入"绝望"。看,诗人为这种失去,内心的一切"渴念、希求、流动的眸子"宁可永远冰封在"无情的晶莹"之中,长享绝望中的安宁,也不愿由于"你"的带着"手温"的触摸,让其"溶化"而改变初衷,诗人面对"失去"这一残酷的现实,宁让爱情在永葆鲜润的"冰"之中永远"定格",可见爱之深、情之烈。没有至尊至高的追求,没有感情上的煎熬,诗人是无法"看似容易成却难"地准确而深刻地捕捉到"冰"这一意象的。冰是寒冷的、凝滞的、死寂的,用它来表现"失意"的痛苦情绪,真有入木三分的效果;冰又是晶莹的、透明的、纯净的,用它来表现女子对爱的痴情,真是"文章做到极处,无有他奇,只有恰好"。

写诗之难,最难莫过于意象的遴选。诗人以"冰"这一意象贯穿全篇,堪称别出机杼,独具一格,它为全诗营造了一种高雅的意境。明明内心喷吐着火一样的灼热情爱,却以"冰"这一具象出现,热到极致乃为寒,它已异化成感觉深处的绝望的"冰"而不再是自然本义上的"冰"了。在这富有表现力和感染力的意象面前,任何华丽的词藻,都是多余的;任何情感上的铺垫,都是苍白的。

陆萍曾经在这首诗的创作谈中说:"感情王国中最敏感的区域是爱情,而失意较之热恋在心理上、情感上有更大的力度和深度。"诗人在用文字倾泻心灵深处的感情大潮之前,或之后,有着如此理性的选择与取向,使人对此诗后面的更为广阔的诗人心理的与时代的背景,不得不有另一番思忖与解读。这种"失去",看来不仅仅限于个体人生中之不幸(失意的痛苦),更为宽泛的内涵所带来的些许迷惑、怀恋,却会令读者伴随着诗人敏感的情弦,受到剧烈的震颤。

这首诗看似安宁实为炽烈,看似解脱实为投入,看似平静实为骚动,人们从凄绝委婉的诗行中似乎领悟到诗人的坦然自信,也从它通篇缠绵悱恻的旋律中,略识诗人坚贞不渝的追求。

(沈栖)

【诗人小传】

戴 天

（1937— ） 广东大埔人。曾在中国大陆、香港、毛里求斯、台湾、美国等地就学。定居香港后，曾任今日世界出版社总编辑、《读者文摘》远东公司高级编辑。

童诗四帖

戴 天

祖 父

爸爸说祖父看不见东西了
我从来就不相信
妈妈说那的确是真的事
我始终不愿意承认

老师说：双亲的话要听
（但不是祖父的眼睛）
友伴问：你为什么说谎
（但我以为最诚实）

比如那天我替祖父读报
标题上写着"家乡新事"
老人家便诉说三十年来
一笔一笔辛酸的家国

比如那天我替祖父读诗
只念到"少小离家"四个字
就看见祖父好像望远
从千百里外含来了一滴泪

选自《联合文学》1985年第11期

《祖父》是组诗《童诗四帖》之四，全以一个孩子的口吻写出。

"祖父看不见东西了"。爸爸、妈妈、老师、友伴，都这么对"我"说，——这无疑强调了"祖父看不见东西了"这一事实的确凿性。并且这种强调，语气是越来越重，层层递进："祖父看不见东西了"（爸爸）——"那的确是真的事"（妈妈）——"双亲的话要听"（老师）——"你为什么说谎"（友伴）。而"我"断然拒绝"祖父看不见东西了"的说法，态度也越来越坚决，可说是"水涨船高"，如对于友伴的诘问，"我"的回答是："但我以为最诚实"！对同一现象为什么会有如此截然不同的感受？诗一开始就产生了这样一个疑问，这无疑增强了诗的可读性，使原本是平直浅显的诗的语言饱孕着一股诱惑力，促使读者饶有趣味地去寻找其中答案。诗中持不同看法的双方如一架天平，一边是多数，一边是少数。显然，天平倾斜于持"祖父看不见东西了"这一态度的多数派。但诗情的发展表明，诗所肯定的恰恰是"我"的态度。诗人在这里运用的是欲扬先抑，先抑后扬的手法，以此突出和强化"我"感受的真实性。

既然双方分歧的焦点是祖父究竟是否丧失视力，所以紧接着诗对"祖父"形象的刻画也就围绕着这一焦点展开。祖父实在是看不见东西的，不然，何以要"我替祖父读报""我替祖父读诗"？祖父实在是看得见东西的，不然，何以"我"只读了标题"家乡新事"，祖父"便诉说三十年来／一笔一笔辛酸的家国"？何以"我"只念到"少小离家"四个字，祖父就望见了千百里外的故乡？这无疑是一个悖理。个中奥秘在于：祖父双目失明了——这是事实，是一种理性的认识，否认"祖父看不见东西了"，换句话说，也就是肯定祖父看得见他亲身体验过的东西。"我"的这种独特感受正是一颗纯洁无邪的童心活泼泼的表现。诗中的抒情主人公"我"和祖父朝夕相处，祖孙情深，"我"对祖父的感情肯定是"友伴"无法拥有的，所以，尽管"友伴"也具有儿童思维的特征，由于缺少"感情"这一催化剂，他们就不可能像"我"一样，以对祖父的深情为内心世界的辐射点，将情感投射在祖父身心上，生成"我"所独有的主观感受，并认定此乃真正的客观现实。诗的结句是《祖父》的唯一奇句，不说祖父流泪，而说祖父"从千百里外含来了一滴泪"，这依旧是儿童天真烂漫的奇思遐想的流露。《祖父》自始至终没有游离抒情主人公——"我"的特定身份。诗既刻画了祖父的形象，又捧献出了"我"的一颗未经世俗污染的童心，诗人似乎更钟情于后者。

（戴达）

诗人小传

宋 琳

(1959—) 福建厦门人。1979年考入华东师范大学,毕业后留校任教。为80年代"城市诗"的代表人物之一,后随妻移居巴黎,并入法国籍。曾就读巴黎第七大学,先后在新加坡、阿根廷等多个国家生活。回国后任教于沈阳师范大学。著有诗集《城市人》(合集)、《门厅》、《断片与骊歌》(汉法双语),另与人合编诗集《空白练习曲》。

淘金者与豹

宋 琳

西部高原。一只黑斑白额的雪豹向死沼方向潜逃了
它的残忍幻成一张美丽动人的豹皮
跳荡在大脑深处的眼睛里

这是一双人的眼睛
可能是一双六十岁左右的衰老的眼睛
痛苦、麻木和后悔使它因高度充血而浑浊
它已经死去
它的来历和被风化的硬度
只有在解剖刀下才能得以验证
但这是一双
人的眼睛
是被不能忘记的仇恨钉死的窗

眼睛摄住了耻辱
摄住了破窗而去的杀人犯失踪前的最后一个镜头

曾经有过另一双眼睛含情脉脉向你走近
从此你被命名为幸福的人到西部盐地淘金去了
马车上那双躲在头巾后面的眼睛

用灼热的爱情燃烧你的背部
狠狠地燃烧直到你像一粒金沙完全融化

死沼附近
矗起了营帐和一柱孤烟

这是一部悲剧的起源

悲剧不仅是美的毁灭
也是生的毁灭祈求与渴望的毁灭
是那双安睡中被雪豹的前爪踏陷的眼睛
永远地踏陷下去
成为一口复仇的深阱
愤怒的淘金者啊你要在此终生厮守吗
罪衍之窗已经钉死
昨日之客仍不见来

当所有生命随高原的流沙归于平寂和黯淡
雪豹巡游的蹄影在淘金者最后的意念中
结下生生不灭的世冤
给儿孙们

选自《城市人》，学林出版社1986年版

《淘金者与豹》是有叙事内容的现代抒情诗。
诗的主人公，一是死了的"淘金者"，一是活着的"雪豹"。
诗采用倒叙结构——
淘金者遇难。雪豹逞凶后逃遁。
回忆。死者的回忆。
回忆里有淘金者行踪的孤独（"死沼附近/矗起了营帐和一柱孤烟"）；回忆里有淘金者怀旧的温馨（"马车上那双躲在头巾后面的眼睛/用灼热的爱情燃烧你的背部/狠狠地燃烧直到你像一粒金沙完全融化"）；回忆里有淘金者遇难时的壮

烈("是那双安睡中被雪豹的前爪踏陷的眼睛/永远地踏陷下去/成为一口复仇的深阱")……

回忆不是单色调的,生活的苦涩、幸福、艰难,因诗人对"回忆"的多面的铺排,令诗的抒情主人公——淘金者的形象丰满起来了。

意味深长的是,淘金者所有对往事的回忆,都是通过他的一双眼睛实现的,而这一双眼睛原本"它已经死去/它的来历和被风化的硬度/只有在解剖刀下才能得以验证"。死了的眼睛能够"回忆",这怪诞而又并不很越轨的一笔,令全诗陡生魔幻的意味,平添三分艺术的魅力。

从文学发展的规律看,文学是从"不文"转化为"文",又从"文"转化为"诗",正如小说、戏剧追求诗化一样,诗吸取戏剧的手法,也是顺乎规律的创造。早在新诗草创初期,不少诗人就为制作诗的戏剧性进行探索。闻一多就强调诗应尽量采取小说戏剧的态度,利用小说戏剧的技巧。稍后的卞之琳,更是主张通过西方的"戏剧性处境"而作"戏剧性台词"写抒情诗。

宋琳的《淘金者与豹》正是一首具有"戏剧性"的抒情诗。它具有鲜明的戏剧冲突——淘金者与豹的生死搏斗。这一"生死搏斗",是通过一系列戏剧动作的设计体现出来的。它有两个特点:

一是虚实结合。诗这样写淘金者与豹的生死搏斗:淘金者的"眼睛摄住了耻辱/摄住了破窗而去的杀人犯失踪前的最后一个镜头",豹的"残忍幻成一张美丽动人的豹皮/跳荡在大脑深处的眼睛里"。这里。尽管"摄住""破窗而去""跳荡"等都是动作感显著的动词,但这一切毕竟是虚无。死去的淘金者的生前生活却被诗人实实在在地凝固在跃动的诗行里:"马车上那双躲在头巾后面的眼睛""含情脉脉向你走近/从此你被命名为幸福的人到西部盐地淘金去了。"虚实相生的戏剧动作,合演了一出英雄戏剧。

二是注重对动作呈现时的场景的描绘和气氛的渲染。宋琳的诗里那"死沼",那矗起的"营帐和一柱孤烟",甚至那淘金者出征前,情人为他送行,"用灼热的爱情燃烧"他的背部,"像一粒金沙完全融化"等细腻描写,这一切都是在人物动作呈现时的场景描绘或气氛渲染。其结果使《淘金者与豹》里淘金者与豹的生死搏斗——这所有的戏剧行动,平添悲壮的色彩。

淘金者死了。悲剧生长力量。

就这样,《淘金者与豹》的戏剧冲突情境,将生与死、奋斗与献身、悲剧与喜剧叠加一处,充满象征意味的淘金者与豹这两个"意象",赋予诗深广的容量,使人们身临失败和死亡的氛围却依然触摸到奋斗者坚忍不拔的脉跳。 (戴达)

致埃舍尔

宋 琳

> 我想加入世界的角逐
> ——题记

我从你的背面异乎寻常地看见你的脸
反光球里你眼球的反光
抽着你的雪茄正抽在你嘴里
书房的和平与头发的愤怒
我轻轻地喊了你一声埃舍尔
我曾在哪条街道上看见你
并在你营造的城中与你面对着喝了一会儿咖啡
一群蜥蜴在阳光下做游戏
另一群僧侣在默祷中上上下下爬楼梯
又幽默地回到原处
坦率地说我同情他们埃舍尔
你不该让他们为难

我想把你称作年迈的怪兽同时又是生活之父
埃舍尔
听见了吗我在你的画廊下想入非非
我梦寐突破人间格局
到你的城廓里退化为一只寄居蟹
用一只长鳌张牙舞爪
少女们因为我美丽如自由神
如蓝眼珠的飞鸟
煽落白天与黑夜编造的永恒之谜
我渴望充满温情地与你对话埃舍尔
你不是孤独的你有我

致埃舍尔　　　　　　　　　　　　　　　　　　宋　琳

但我必要重复那句话埃舍尔
你将不幸,你正不幸
你强有力地打向世界的黑色拳击手套
不偏不倚打中了自己
你脸上的青肿色块其实很像梵·高的《星夜》
你只是不便明说而已
最终人们把水车下的瀑布回流鉴定为什么
有谁知道
我经历了千辛万苦踩着你后跟的影子
在上回那条街道又与你奇遇
我十分亲昵地喊了你一声埃舍尔老爹
你却不理我
原来你已在一只空盒里死去良久

百年之后又是谁从背后喊我先生你早
吓了我一跳

选自《城市人》,学林出版社1986年版

　　这是诗人对一位名叫埃舍尔的外国人的致敬之作,也可看作是诗人对这位名叫埃舍尔的外国人的倾诉。
　　意象繁富,寓怪诞、幽默、反讽、戏谑、华彩、抒情、言志于一身,并且稍稍带点魔幻与晦涩,受众所能感受到的是杂色画面的应接不暇,五味情感的酣畅淋漓,审美感官的新鲜刺激以及青春情怀的勃然呈示。
　　诗所向我们提供的这位名叫埃舍尔的外国人是怎样的一个人啊——
　　"我从你的背面异乎寻常地看见你的脸":双面人吗?!
　　"反光球里你眼球的反光/抽着你的雪茄正抽在你嘴里":诗句很拗口(诗人故意的!)。循着诗所描绘的形象逡巡,会给人一种荒诞美——这个人的眼球在反光球里闪烁反光,他的嘴里抽着雪茄也被雪茄抽着:雪茄抽着一个人,怎么抽呀!?
　　"书房的和平与头发的愤怒/我轻轻地喊了你一声埃舍尔":是个知识分子吧。"头发的愤怒"可理解为此人乃情感丰富、疾恶如仇。

这个人能营造城,竟令"我"在他"营造的城中"与他"面对着喝了一会儿咖啡"。

奇怪!此人为难蜥蜴、僧侣,让"一群蜥蜴在阳光下做游戏/另一群僧侣在默祷中上上下下爬楼梯"。

以上是诗的第一节诗人对埃舍尔的诗意的勾勒。

第二节一开头"我想把你称作年迈的怪兽同时又是生活之父/埃舍尔/听见了吗我在你的画廊下想入非非"三行,"天机"泄露,从"画廊"两字可知埃舍尔乃是一位画家。回过头去再重读第一节,那"营造的城"、那阳光下做游戏的"蜥蜴"、那在默祷中上上下下爬楼梯的"僧侣",都是作为画家埃舍尔的画中的物和人呵。

与第一节不同的是,诗的第二节并不着力于对埃舍尔的画的意会的诉说,而是诗意地表达诗人对埃舍尔的艺术品位和品格的仰慕与激赏。埃舍尔的画的世界应是一个具有无限艺术魅力的世界,留给人们的亦是欣赏的无限时空,这样的画家,终其一生,都具有无限的创新意识。对画家埃舍尔如此这般的理解,是诗的文本提供给我们的。诗人把埃舍尔称作"年迈的怪兽同时又是生活之父","年迈""父",这两个词语透露出埃舍尔已垂垂老矣,"怪兽"是一种友善的戏谑,是对埃舍尔无限创新意识的别一种赞誉。艺术源于生活而又高于生活,诗人将埃舍尔尊称为自己的"生活之父",这一简洁而又看似平凡的称呼使得诗人对埃舍尔的崇敬之情备感亲切。

诗人的澎湃之情一发而不可收——"听见了吗我在你的画廊下想入非非",能让人想入非非的画廊是因为画廊本身想入非非,紧接着"我梦寐突破人间格局"一句,也是因为"画廊"本身已经"突破人间格局",所以才有了追随者的"突破人间格局"的梦寐。"突破人间格局"意味着超现实的想象。至此,诗人通过对埃舍尔的艺术世界由衷的赞美,借以言志,即以埃舍尔的独步天下的艺术创新精神为榜样,对诗的艺术追求力图在审美力度与矢量上向埃舍尔看齐。言志未尽,辅以抒情,所以便孵生了如此洋溢青春激情的诗句:"到你的城廓里退化为一只寄居蟹/用一只长鳌张牙舞爪/少女们因为我美丽如自由神/如蓝眼珠的飞鸟/煽落白天与黑夜编造的永恒之谜。"此节末了两句"我渴望充满温情地与你对话埃舍尔/你不是孤独的你有我",关键词是"孤独",意在表明艺术的探险人和先行者都是孤独的,但诗人甘愿追随埃舍尔的足迹,与孤独为伍,此一抒怀与此节传达的主旨一脉相承。

第三节承袭第二节末了两句传达的诗思,想象和描绘埃舍尔的艺术探险的艰难,尤其是"你强有力地打向世界的黑色拳击手套/不偏不倚打中了自己"两句,振聋发聩,入木三分。

艺术的创新不被人理解的痛苦,显露于诗,黑色幽默油然而生。此节延续了第二节言志抒怀的思路,诗人追随画家埃舍尔跋涉的足迹这一行动在继续,"我经历了千辛万苦踩着你后跟的影子/在上回那条街道又与你奇遇"。但结果是,"你却不理我/原来你已在一只空盒里死去良久"。画家埃舍尔早已辞世,他和诗人并不处于同一时代。他与他的对话是阴阳两界的对话,准确地说,是诗人对他所热爱和尊崇的那个不朽的亡灵的单向交流。至此,回眸在这句以前的奔流梦幻与激情的嶙峋诗行,仿佛都蒙上了荒诞与迷离的色彩。

第四节只有两行:"百年之后又是谁从背后喊我先生你早/吓了我一跳"——依旧是荒诞与迷离的笔触,置于全诗之尾,犹如袅袅余音,每一个闪烁的音符跳动着的依旧是诗人对埃舍尔的热爱与迷恋:来生一定要与埃舍尔结伴而行。有意思的是,这回是换位回应,不是诗人招呼画家,而是画家召唤诗人。诗人吓了一跳。欣喜若狂的一吓。

对埃舍尔的了解会有助于对诗歌文本深一层次的鉴赏。

埃舍尔,全名毛里茨·科内流斯·埃舍尔(1898—1972),荷兰画家。他是世界艺术史上最特别的绘画奇才。他从事物的数学特性中发掘美,创造出空前绝后的奇妙之作。听一听他对他的《圆极限3》这部作品的描述吧:"同一系列的鱼都具有同一种颜色,它们彼此首尾相接,沿着环形路线从这边到那边,游个不停。越游近中间。就变得越大。一串串鱼像火箭一样,从无穷远的边缘以直角发射出来,又跌落到所来的地方,没有一条鱼能最终到达边缘,因为在那之外是绝对的无。然而,这个圆的世界如果没有周围的虚空也不可能存在,不仅仅因为内的前提是外,而且因为,由这种几何精确地制定的、建构起整个框架的圆弧的圆心,就在无的领地之中。"(《埃舍尔的不可能世界》)一叶知秋。埃舍尔的画的玄思、奇幻,它所展示的博大精深,由此可见一斑。

《致埃舍尔》一诗,隐晦地提及了埃舍尔的两幅代表作:《瀑布》(最终人们把水车下的瀑布回流鉴定为什么)、《画廊》(听见了吗我在你的画廊下想入非非)。《瀑布》是最早介绍到中国的埃舍尔的作品,刊登在80年代初期的甘肃《读者文摘》的中心插页上。在《画廊》这幅画里,倘若我们从右下角画廊的入口走进画廊,会看见左下角有一年轻人在观看墙上一幅画,他看到一个港口,海上有货船,岸上有房屋,房屋向右侧延伸,他看到一个妇女倚在窗前,下面是一个画廊,然后……他赫然发现自己竟站在自己所观看的画中!《画廊》是埃舍尔最为得意的作品,难怪《致埃舍尔》的作者宋琳会在画廊下想入非非!

埃舍尔特立独行,几乎是孤身一人进行着他的发现之旅(所以才有了此诗中的"你不是孤独的你有我"这样的表白)。作为画家的埃舍尔其实是一位思想家,只不过他的思想不是用语言来表达,而是用画面来表达。他给友人一封信中的一段话可作为解释他作品的一把钥匙:"我们中没有一个人会怀疑有一个非真实的、主观的世界存在。但是就我个人而言,我怀疑是否存在一个真实的、客观的世界。所有的感官只是向我们揭示了一个主观的世界;我们所能做的只是思考,并且得出结论认为我们是生活在一个客观的世界里。"(《埃舍尔大师图典》)他的画是一个巨大的谜语,一个艺术自足的世界。埃舍尔的作品就如经典童话,每个人都能从中看到自己的故事。《致埃舍尔》的作者宋琳也在埃舍尔创造的非人间的超现实的艺术世界里看到了自己的故事。他用诗诠释了自己对埃舍尔作品深邃意蕴的理解。埃舍尔艺术世界那真作假时假亦真的迷离朦胧,那将人两次踏进同一条河流的不可能变为可能——感受的"欺骗",那颠倒时空、揉碎现实的一切制作的魔幻、怪诞,那你中有我、我中有你,时空与物我的循环往复,《致埃舍尔》一诗将它们表现得淋漓尽致。"我从你的背面异乎寻常地看见你的脸/反光球里你眼球的反光/抽着你的雪茄正抽在你嘴里……"这些个读似艰深微含晦涩的诗句,其实是多么传神地表达了诗人对埃舍尔的堪称知音的理解!

诗的题记"我想加入世界的角逐"意味深长。诗人写作此诗时还是一个刚跨出大学校门的年轻人。《致埃舍尔》展示了青年宋琳风华正茂,踌躇满志的心怀。

(戴 达)

诗人小传

周 涛

(1946—) 山西潞城人。1965年入新疆大学学习。1979年参加中国人民解放军。后在乌鲁木齐部队从事专业创作。

这是一块偏心的版图

周 涛

若干世纪以来所发生的事情
都在证明这家族的分配不均
多山的北方多高原的北方多雪的北方

这是一块偏心的版图

周涛〔1123〕

用脚掌暖化冰雪却无奈它向东倾注的北方
眼见那河流在南方养育三角洲
却在北方用中原廛生群雄并起的纷争

北方坐在马鞍上透过风扬的黑鬃俯视河水
听远行的商旅带来的秦淮河传说
满地珠宝城廓，十万富贵人家
楼头有红衣女倚栏拨琴低唱
便对这偏心的版图产生妒恨和野心
黄河粗野的浪头就从血脉中腾起

饮马长江从来是一句诱人的口号
游牧者的劳动是战争，追逐水草是天性
奴役人如同奴役畜牲
发起一次战争像围猎一支兽群
但是南方却用一个宫女就解了围
用一曲幽怨的琵琶引去遍野铁骑

在南方水池里依旧游动着红鲤
亭台畔假山旁青翠的竹林不生荒草
凭一江天险守富庶的和平
等五十年后躁动的马蹄又叩响长城
三千年不息的内战证明这版图的偏心
——偌大的中国东南倾斜而失去平衡①

选自《中国西部文学》1985年第1期

〔作者原注〕① 此句系引用杨牧的诗句。

  这是一首带有强烈主观情绪的诗，诗人把他对北方的热爱之情涂抹在荒凉和贫瘠的北方土地上，让它流淌着沉郁悲愤的声调。并不是版图"偏心"，而是诗人有"偏爱"。所以，在诗人眼里，西北高东南低这一天然的中国地貌特征，对他足下的北方土地来说，简直是一种"罪过"，诗的抒情的铺张、渲染和推进,全都由此而来,由此生发开去。这种偏执的情感,甚至可以说是一种偏见,失之于理,但却合之以情,引起读者的一点小小的惊讶,反而可以起到感染人的作用。

但诗人并不以为自己是指鹿为马,他有他的根据,那就是作为中华民族的生命之脉的长江、黄河,它们都是从(西)北流向东南的,所有的非人工挖掘的江河都是从(西)北流向东南的,这一活生生的水文地理事实成了诗的悖理的唯一凭证,诗人紧紧抓住这一点,但出现在他笔下的并不是干巴巴的说教,而完全是诗化的语言:"用脚掌暖化冰雪却无奈它向东倾注的北方/眼见那河流在南方养育三角洲。""用脚掌暖化冰雪"是诗人情感的天平上的沉重砝码,它是对北方民族几千年的苦难和抗争的高度概括,是抽象的,也是具体可感的。透过这七个字,我们仿佛看到北方人民千百年来迎着风沙,艰难跋涉在历史的地平线上,他们赤着脚,"用脚掌暖化"足下的茫茫冰雪,让春水从皑皑雪山淙淙流向远方,去灌溉南方的土地……诗人有这样的本事,他已在不知不觉中让我们离开理智的历史判断,而使感情的天平也发生倾斜了!

古往今来,人事纷争,南北战争频繁。评说千秋功罪,史家多以南方为主、以北方为客,诗人既然以为版图"偏心",他对南北干戈相见的历史的评头论足,当然理所当然地要以北方为主,以南方为客了。因此,既然南方的江水也是浸透了北方人民的体温的,那么,饮马长江有何不可?"追逐水草是天性"啊!这种与传统不同的感情色彩和全新的立场依然源于诗人的固执己见。他的感情的触角已深入茫茫历史之中,拓宽了诗的抒情视角。

诗人为了加深感情的密度,避免抒情的空泛,注意运用蕴有深厚的民族文化积淀的文学典故或历史传说。据罗大经《鹤林玉露》卷十三云,金主完颜亮闻宋柳永描写临安胜景的《望海潮》一词,"欣然有慕","遂起投鞭渡江之志"。周涛在诗中袭柳永一词之意,将"东南形胜、三吴都会,钱塘自古繁华。烟柳画桥,风帘翠幕,参差十万人家",浓缩为"满地珠宝城廓,十万富贵人家"。远嫁匈奴的汉朝宫女王昭君,她的出塞,化干戈为玉帛,给汉匈边境带来了几十年的和平,结束了南北长期战争的局面,诗对此写为:"但是南方却用一个宫女就解了围/用一曲幽怨的琵琶引去遍野铁骑。"诗人抚今思昔,将历史长河的片片风帆导入他的情感的河面,这情感的河面永远朝北方一边倾侧,诗人在诗的末尾依然念念不忘:"三千年不息的内战证明这版图的偏心"!它与诗题互为呼应,用悲歌吟唱了一曲苍凉的对北方偏执的爱之奏鸣曲。

(戴 达)

王小妮

(1955—) 女,吉林长春人。1974年中学毕业后到农村插队落户。1977年入吉林大学学习。毕业后在长春电影制片厂工作,后在深圳工作。

印象二首

王小妮

我感到了阳光

我从长长的走廊
走下去……

——啊,迎面是刺眼的窗子
两边是反光的墙壁
阳光,我
我和阳光站在一起!

——啊,阳光原是这样强烈
　　暖得人凝住了脚步,
　　亮得人憋住了呼吸。
全宇宙的阳光都在这里集聚。

——我不知道还有什么存在
　　只有我,靠着阳光
　　站了十秒钟
十秒,有时会长于一个世纪的四分之一。
终于,我冲下楼梯,推开门,
奔走在春天的阳光里……

　　　　　　选自《朦胧诗选》,春风文艺出版社1985年版

《我感到了阳光》是组诗《印象二首》的第一首,表现的是诗人对阳光的主观

印象。印象是人们感受事物的一种方式,是认识世界的一个阶段。它往往与人在一瞬间的直觉和情感体验相联系,并总是伴随着形形色色的感性意象而闪现。因此,印象带有深层情绪的强烈个性色彩,是瞬间启开的可以窥见心灵真实的一扇小窗。同时,由于印象尚未经过理性的梳理和升华,它保留着更多的生活和情感的原生状态及鲜活程度,其思想内涵具有更大的伸缩性和丰富性。在我国传统新诗中,虽然也不乏直觉和印象的痕迹,但它们总是被循规蹈矩的理性牢牢捆缚,总是被提炼或上升到理性的高度去加以表现,这就把许多宝贵的瞬间感受失落在诗门之外。而王小妮所属的新时期"朦胧诗派"却重视捕捉和表现瞬间的感受、直觉、印象乃至由这些组合的情绪,他们宁愿把理性思考的飞跃留给读者去继续完成。

《我感到了阳光》表现了一个特定地点——长长的走廊,特定时间——穿过走廊的瞬间,诗人对阳光的直觉感受。全诗共五节。首尾两节描写诗人走过长廊、冲出门外的动作过程,运用的是客观写实的手法。中间三节主要抒写诗人的主观印象,分三个层次,传递出内心世界潜意识领域的直觉、幻觉和错觉。"我和阳光站在一起!"是将阳光拟人化的直觉联想。"全宇宙的阳光都在这里集聚"。与其说是夸张手法的运用,不如说是诗人瞬间出现的幻觉。"十秒,有时会长于一个世纪的四分之一。"这里,心理时间与现实时间形成巨大的反差和对比,也是诗人情感作用下的一个内心错觉。三个印象层层递进,由阳光的贴近到阳光的强烈再深入到阳光具有历史性意义的珍贵,从而含蓄地暗示出主题。阳光几乎天天都能见到、感到。诗人之所以"感到了阳光"而作文章,为之感动,为之欣喜,是因为这十秒钟的瞬间印象渗透着异乎寻常的意蕴。事实上,"长长的走廊""一个世纪的四分之一"和"阳光",在诗中都粘合着丰富的象征意义。这十秒的感受,是等待已久却不期而来的忽发的喜悦,是人在一生中难得出现几次的人生体验的抒写,是情绪最强烈最浓缩的高潮。它使我们联想起自己听到粉碎"四人帮"时的瞬间感受,或者自己曾有过的具有人生转折意义的最激动人心的时刻。正因为诗人什么都没有明说,所以读者尽可以用自己的经验和理解去丰富、补充它,在诗所提供的印象之上再创造出它的理性的主题意蕴。 (方克强)

一块布的背叛

王小妮

我没有想到
把玻璃擦净以后
全世界立刻渗透进来。

最后的遮挡跟着水走了
连树叶也为今后的窥视
纹浓了眉线。

我完全没有想到
只是两个小时和一块布
劳动,忽然也能犯下大错。

什么东西都精通背叛。
这最古老的手艺
轻易地通过了一块柔软的脏布。
现在我被困在它的暴露之中。

别人最大的自由
是看的自由
在这个复杂又明媚的春天
立体主义者走下画布。
每一个人都获得了剖开障碍的神力
我的日子正被一层层看穿。

躲在家的最深处
却袒露在四壁以外的人
我只是裸露无遗的物体。
一张横竖交错的桃木椅子
我藏在木条之内
心思走动。
世上应该突然大降尘土
我宁愿退回到
那桃木的种子之核。

>只有人才要隐秘
>
>除了人现在我什么都想冒充。

选自《半个我正在疼痛》,华艺出版社 2005 年版

  这首诗表达了"我"企盼有一个清净的个人空间与自由家园的强烈愿望而不可得的苦恼、无奈与寂寞情绪,背后蕴含了"我"对纷乱、浮躁的人世间的拒绝、逃避和反抗。

  诗中的"玻璃"象征"我"与外部世界的屏障。作为"最后的遮挡",它阻挡着人们对"我"的"窥视"。但是由于一次清洁劳动,"全世界立刻渗透进来","现在我被困在它的暴露之中","我的日子正被一层层看穿"。从社会心理学上讲,这种极端的自闭心理很大程度上来源于对外部世界的恐惧。当然,这只是一个隐喻,它暗示现代社会中被扭曲的人与人、人与社会的关系。

  回到诗的首节,"我"一边责怪着"一块布的背叛",但是把"玻璃擦净"的细节则透露了"我"的心思,或者说是潜意识:人天性具有合群的特质,"我"其实并非心甘情愿地"躲在家的最深处",而拒绝了解、亲近"这个复杂又明媚的春天"。之所以违背人的天性而选择孤独和自我放逐,甚至"宁愿退回到/那桃木的种子之核",折射出"我"对充斥着物质主义和精神危机的现实世界的失望与抗争。至于"我"莫名地迁怒于布的"背叛",其实也反映了扭曲的人与人、人与社会的关系对"我"的心理不仅是伤害,还有扭曲。

(张　新)

诗人小传

李小雨

(1952—　)　河北丰润(今属唐山市)人。曾就读于北京第一女子中学。1969年到农村插队落户。同年开始创作诗歌。1971年参加中国人民解放军。1976年复员到北京《诗刊》社工作。

红 纱 巾

李小雨

我要戴那条
红色的纱巾……

那轻柔的、冰冷的纱巾，
滑过我苍白的脸庞，
仿佛两道溪水，
清凉凉地浸透了我发烫的双颊、
第一根白发和初添的皱纹。
（真的吗，苍老就是这样临近？）
呵，这些年，
风沙太多了，
吹干了眼角的痕，
吹裂了心……

红纱巾。
我看见夜风中
两道溪水上燃烧的火苗，
那么猛烈地烧灼着
我那双被平庸的生活
麻木了的眼神。
一道红色的闪电划过，
是青春的血液的颜色吗？
是跳跃的脉搏的颜色吗？
那，曾是我的颜色呵！

我惊醒。
那半夜敲门声打破的噩梦，
那散落一地的初中课本，
那闷热中午的长长的田垄，
那尘土飞扬的贫困的小村，
那蓝天下给予母亲的第一个微笑，
那朦胧中未完成的初恋的纯真，

那六平方米住房的狭窄的温暖，
那排着长队购买《英语讲座》的欢欣，
呵，那闪烁着红纱巾的艰辛岁月呀，
一起化作了
深深的，绵长的柔情……

祖国啊，
我对你的爱多么深沉，
一如这展示着生活含义的纱巾，
那么固执地飞飘在
又一个严冬的风雪中，
点染着我那疲乏的、
并不年轻的青春。

那悲哀和希望糅合的颜色啊，
那苦涩和甜蜜调成的颜色啊，
那活跃着一代人的生命的颜色啊！

今天，大雪纷纷。
我仍然要向世界
扬起一面小小的旗帜，
一片柔弱的翅膀，
一轮真正的太阳，
我相信，全世界都能

看到它，感觉到它，
因为它和那
插在最高建筑物上的旗帜，
是同样的、同样的

热烈而动人!

我望着伸向遥远的
淡红锴的茫茫雪路,
一个孩子似的微笑
悄悄浮上嘴唇:
我正年轻……

我要戴那条
红色的纱巾……

1981年2月于北京
选自《红纱巾》,四川文艺出版社1985年版

　　《红纱巾》是为纪念诗人自己29岁生日而作,也是为了被"文革"夺去了整个花样年华的一代人而作。诗歌描写了50后一代人不堪回首的过去:偌大的国家放不下一张平静的书桌,青年人被驱赶到农村,毫无人格尊严地去忍受各种"锻炼"。用"平庸的生活"来概括这样的生活,实不为过。但是,荒唐的生活并未完全消磨青年人的热血,有人在6平方米的小屋里品尝初恋的温暖,有人在"读书无用论"仍然盛行的时候,排着长队去购买《英语讲座》。正如朦胧诗人顾城在《一代人》的短诗里写的那样:"黑夜给了我黑色的眼睛/我却用它寻找光明。"当黑暗达到极致,就必然会酝酿出寻找光明的眼睛。红纱巾,就是光明的象征、理想的象征,即使是在严冬的风雪中,它也固执地飘舞,点燃着疲乏中的青春之光。

　　《红纱巾》在意蕴上包含两个方面,一个是"文革"动乱时期青年人荒唐悲凉的生活,一个是从"文革"后期萌发、到"文革"结束后迸发出来的批判和反思。在艺术上,诗人更多地通过一些具体的细节去描述和回忆过去,比如散落一地的初中课本、半夜的敲门声、打破的噩梦、尘土飞扬的贫困小村、严冬的风雪、太多的风沙、苍白的面庞、初添的皱纹、麻木的眼神和吹裂的心灵。这些细节和片段组合出李小雨他们那一代人充满苦涩的青春。另一方面,诗人用红纱巾这个意象赋予很多积极的精神追求,较为抽象,它可以像火苗、像闪电、像红旗、又像青春的血液、像跳动的脉搏,总之,它象征诗人对生活的热爱和对祖国的坚贞。正因为如此,可以认为这首诗在艺术的表现上较为含蓄,却并不是朦胧诗。朦胧诗的

题旨是多义的或不确定的,而《红纱巾》的主题非常鲜明。这首诗无疑是悲壮的、以冷色调为主的,它用回顾青春的方法批判了"左"的极端政治带给一代青年和整个民族的深重的灾难。然而这首诗又是昂扬而不乏热烈的,诗中出现的太阳和反复提到的红纱巾,如同插在最高建筑物上的一面旗帜,激励人们去怀疑、去求索,它预示光明必将驱散黑暗,真理终会战胜谬误。

《红纱巾》基本上是自由体诗,语言是散化而朴实的,虽然有那么一点对韵脚的考虑,但是并不讲究。诗歌用第一人称来写,在结构上首尾呼应,通过对"我要戴那条/红色的纱巾"的反复呼唤,强化抒情主体意志的力量,有利于使读者、特别是同龄人产生情感的共鸣。

(任丽青)

陶　罐
——半坡之一

李小雨

据说
第一只陶罐是女人做的
因此,她塑一条
浑圆的、隆起的曲线
朴拙而安详地立于
万古苍凉之上

我披发的母亲
裹着兽皮的母亲啊
她指向
啊那纯粹的泥土、水和火焰
世界就这样诞生
诞生成
一条有孕的曲线
一个婴儿在腹内蠕动
一枚果实正在成熟
一轮太阳
一个人死去重又复生

一个星序的倒转轮回
一个四野与天穹的完美闭合
一只陶罐

于是一切生命
便都有了密密麻麻的指纹
于是许多声音都在天地间
流浪着,喊着母亲
于是陶罐便朴拙而安详地立于
万古苍凉之上
以她的宽容
以她的淳厚
以她的丰盈
以她的披风沐雨的牺牲
饮母亲低沉温存的心跳声
饮鼻音的摇篮曲
饮乳汁流成的滔滔黄河
饮一根骨针的细如丝线的声音
当赤脚的母亲站起身来
开始最初的第一次播种时
陶罐倾倒了
从里面涌流出无数
金色的小小的种子
——人

1985年10月于西安半坡
选自《节日朗诵诗选》,湖南文艺出版社2004年版

《陶罐》是一首感怀人类文明起源,富有哲理意味的诗歌,是《半坡组诗》中的一首。半坡文化,属于中国新石器时代黄河中游地区的仰韶文化,是北方农耕文化的典型代表,1952年发现于陕西省西安市半坡村,其中,红底黑彩,具有几何、

鱼形图案的陶器制品是较有代表性的器物。而诗人正是选择了一只陶罐,作为诗歌吟咏的起点。

史前时期并无确切的文献记录,因而所有的情景都要依靠诗人放飞自由的想象力。李小雨既抓住了陶罐泥土的质地,说其与土地、母亲本就连为一体,又抓住它的外部特征,"浑圆""隆起",与孕育着胎儿的母腹有着极为相似的形象这一点,非常自然地将陶罐与"地母"的意象联系了起来,当然也暗合了半坡文化的母系社会特征。

从披着头发,裹着兽皮,一身原始装束的人类"母亲"那里,诗人的思考又了无痕迹地过渡到了对于"世界本源"的感叹上。这个亘古恒常的问题,困扰了许许多多的哲人和思想家,无论是古希腊的泰勒斯、毕达哥拉斯、普罗泰格拉还是我国古代的庄子,就到底是水、火或是泥土才是世界的本源,都进行过深刻的思考。而对于本诗的作者来说,她的理解则更为诗意,也许构成世界的不是哪个特定的元素,而是一道弯曲的弧线。

的确,从母腹中小小的婴儿或枝头小小的果实,到巨大的太阳,浩瀚的天穹四野,或是伟大的生命与星序的轮回,生命与圆形是分不开的,最终,又都可以归结到一只由母亲抟土塑造的陶罐上。当人类母亲在陶土上留下指纹的时候,也在这块土地上千千万万的生命里,留下了共同的印迹,这也是对女娲抟土造人的传说的一种呼应。因此,我们也可以说,这个陶罐,成了我们民族的一个文化符号,它是承载了悠久的中原文明的容器,在万古的苍凉中,宽容而淳厚地接纳了黄河流域各种自然与人文的元素,成为华夏民族共同的精神源头之一。"从里面涌流出无数/金色的小小的种子/——人",诗篇用形象化的语言,向我们展示了生命与文明的起源。

相应的,中外文学史上都不乏通过吟咏容器,来追怀人类悠久的时间中的著名篇章。如英国诗人济慈的《希腊古瓮颂》,历史在古瓮上凝固为永恒的一瞬;美国诗人史蒂文森《田纳西的坛子》,坛子使得凌乱的荒原获得了秩序。

《陶罐》这首诗,既是对母亲的感念,对民族祖先的追怀,也是对于生命的歌颂和祖国悠久文明的赞美,所包含的思想、精神气韵是很博大的。

(王宏图　方　铁)

海子

(1964—1989) 原名查海生,安徽怀宁人。1979年考入北京大学法律系。1983年毕业后任教于中国政法大学。1989年3月26日在河北山海关卧轨自杀。短诗的影响最大,在青年中流传最为广泛,比较著名的有《亚洲铜》《麦地》《以梦为马》《黑夜的献诗——献给黑夜的女儿》等。出版长诗《土地》,短诗选集《海子骆一禾作品集》《海子的诗》《海子诗全编》。

【诗人小传】

女孩子

海子

她走来
断断续续地走来
洁净的脚印
沾满清凉的露水

她有些忧郁
望望用泥草筑起的房屋
望望父亲
她用双手分开黑发
一枝野樱花斜插着默默无语
另一枝送给了谁
却从没人问起

春天是风
秋天是月亮
在我感觉到时
　她已去了另一个地方
　那里雨后的篱笆像一条蓝色的
　小溪

选自《海子诗全编》,上海三联书店1997年版海子写于1987年10月17日的一篇题为《朝霞》的诗论,用三行诗作结:"国度。滚动在天空,掉下枪枝和蜜——/却围着美丽夫人和少女燃烧/仿佛是营火中心,漂泊的路。"(《土地》)我们注意到诗人栽入这诗行中的"少女"这一词汇,海子的诗,不乏对"少女"诗意的刻画,如《女孩子》这首,便是例证。

诗人骆一禾在评说海子的《太阳·但是水,水》时说,这"是他感性最为充沛,具有母性滋润力"的一首诗。(《海子诗选〈土地〉代序:〈我考虑真正的史诗〉》);而《女孩子》这首诗,亦可看作是海子感情最为充沛,同时也是具有女性滋润力(这里改动了一个字,审美方向却是一致的)的一篇佳作。

海子曾写下多首诗歌,呈送给他精神世界中的少女,譬如《四姐妹》:"荒凉的山冈上站着四姐妹/所有的风只向她们吹/所有的日子都为她们破碎",譬如《村庄》:"芦花丛中/村庄是一只白色的船/我妹妹叫芦花/我妹妹叫美丽",譬如摆在我们眼前的《女孩子》。

人的精神世界不仅仅是对物质世界的反映,它更是对物质世界的主动反应。海子的《女孩子》一诗,呈现的更多的是后者,即对物质世界的主动反应。这反应,糅入审美的直觉、浪漫的想象,使得笔下的《女孩子》个性十足,诗味独具,如朝露,饱孕初升的红日,嫩嫩的、湿湿的、鲜鲜的,陶冶我们审美的视野。

海子在安徽安庆市郊的乡村长大,在那里生活了十五年。乡村生活是他的生命和创作的根。海子曾认为,关于乡村,他至少可以写作十五年。(见西川《我们时代的神话:海子》)虽然他未及写满十五年便过早地离去了,但留下了许多尽染乡风的诗作,譬如摆在我们眼前的《女孩子》。诗中的女主人公,蕴含着海子对乡村怀有的憨厚又带点迷离的情绪记忆。整首诗充溢着淳朴的诗意,弥漫着泥土的清香;因为笔力所致是乡村的一位女孩子,纯洁的气息如乡间的野樱花,力透纸背,沁人心脾。

纵览《女孩子》的全貌,像是在阅读一首叙事诗,但情节是淡淡的,淡淡的情节的背后,是浓浓的抒情,而这浓浓的抒情,诗人全用简朴、平实的语言娓娓道来,而诗味却愈发蓊郁起来。这就是海子的诗的魅力。

诗的末尾一节"在我感觉到时"一句,透露了这一首诗的抒情与叙事的视角:第一人称"我"。所有被乡村的土地和公众所忽略和忽视的女孩子的生活和情感的画面包括细节,都被"我"多情或说是饱含深情的眼睛捕捉到了。女孩子活在乡树干枯的风里,形象却因之而变得清新和可爱。

诗的第一节是女孩子的一个特写镜头,动态的、由远而近,直至布满整个画面,连女孩子的脚印都清晰可见。一个"走"字,用"断断续续"形容,拉长了"走"

的距离,使得这一特写镜头有了淡淡的象征意味,象征着女孩子经历的岁月就是这么"走"过来的。"洁净"两字,是对女孩子经历的岁月的注释。末尾"沾满清凉的露水"一句,让女孩子的这一特写镜头倍添美感。

  诗的第二节诗人忍不住在一开始就将女孩子的精神和物质生活,或可理解为是女孩子的气质,用"忧郁"概括,不是忧愁,是忧郁。忧郁不同于欢乐,忧郁是一种或可久长的珍贵的气质。诗中的这"忧郁"两字,看似突兀,实则上承"沾满清凉的露水"一句("清凉的露水"可能会给人一种生活的苦涩感),下有"望望用泥草筑起的房屋"一句作依托("泥草筑起的房屋"肯定会给人一种生活的苦涩感)。乡村物质生活的贫穷让诗中的女主人公"有些忧郁",这是原因但也许并不是主要的原因,主要的原因应是精神层面的。诗的第二节的下半部分对此作了交代。因为是诗,所有的故事情节都隐匿在诗句的背后,就像被大水冲了的桥,桥面冲走了,浮起的是桥墩,这桥墩,便是所剩无几的诗句。这所剩无几的诗句,情节依稀可辨,连起来,大致是讲女孩子的爱情的失落。"望望父亲"一句,似可推测父亲这个角色扮演的是女孩子的爱情生活的阻击者。斜插女孩子头上的一枝野樱花的"默默无语",无限哀怨,尽在其中;另一枝送与他人的野樱花"却从没人问起",表明女孩子的爱情被冷落和遗落在了一个黑洞洞的地方。此句牵出了诗的最后一节谜一样的结局:"她已去了另一个地方"。就像象征着女孩子的秘密爱情的那朵野樱花"却从没人问起"一样,女孩子最终去了哪一个地方也无人知晓。

  诗的第三节的精彩之处,一是它的开局:"春天是风/秋天是月亮"——时光是如此美丽,在这美丽的时光里,女孩子和她的鹅黄的爱情愈发显得美丽,时光的流逝也不能减弱这样的美丽呵。二是它的结局:"那里雨后的篱笆像一条蓝色的/小溪"——女孩子的归宿,诗人用了一个远取譬:篱笆像小溪。此比喻新颖,乡土味浓,切合女孩子的身份和追求。此外,篱笆用"雨后"装饰,小溪被赋予"蓝色",前者着意于诗意的氛围,后者以艺术的真实创造艺术的陌生化效果,两者叠加,神秘、幽远、迷人,为女孩子的身世、生活和爱情画上了一个梦幻般的句号,也为全诗画上了一个意味隽永的句号。

(戴 达)

诗人叶赛宁之六:醉卧故乡   海 子

  故乡的夜晚醉倒在地
  在蓝色的月光下
  飞翔的是我

感觉到心脏,一颗光芒四射的星辰
醉倒在地,头举着王冠
头举着五月的麦地
举着故乡晕眩的屋顶
或者星空,醉倒在大地上!
大地,你先我而醉
你阴郁的面容先我而醉
我要扶住你
大地!

我醉了
我是醉了
我称山为兄弟、水为姐妹、树林是情人
我有夜难眠,有花难戴
满腹话儿无处诉说
只有碰破头颅
霞光落在四邻屋顶
我的双脚踏在故乡的路上变成亲人的双脚
一路蹒跚在黄昏 升上南国星座
双手飞舞,口中喃喃不绝
我在飞翔
急促而深情的
飞翔的是我的心脏
我感觉要坐稳在自己身上
故乡,一个姓名
一句
美丽的诗行
故乡的夜晚醉倒在地

选自《海子的诗》,人民文学出版社 1995 年版在海子的诗情世界里,"麦地"占据了非常重要的位置。"麦地"作为一个意象,一个象征符号,它几乎蕴含了海子所有的情感寄托。"麦地"同时包含了现实与理想两个栖息之所。在海子心中,"麦地"承载了宗教圣地,理想境界,故乡情结,诗意的栖居之所等等理想化的内容意义。

　　"故乡的夜晚醉倒在地",诗人与故乡的麦地遂融为一体。在我醉、地醉、一切皆醉的忘我状态下,我即是天、地、星辰,"山为兄弟、水为姐妹、树林是情人"。这是一种带有泛神论与天人合一色彩的理想主义。当然,诗人其实非常清醒,本来"麦地"是他倾诉的对象,灵魂的归宿之处,情感的慰藉之源,而此时他看到的却是,"麦地""阴郁的面容先我而醉"。既然作为现实与理想双重寄托的故乡"麦地"也因"阴郁"而"先我而醉",那么索性将她安置于诗的王国,受缪斯的庇护,让她化作一句"美丽的诗行"。因为诗歌的境界,诗意地栖居的理想之所,乃是诗人理想世界最后一片净土。

　　这首诗是诗人最大气的作品之一。诗歌的想象力借助于浪漫主义、泛神论和天人合一精神的魔力,意象翻涌,气韵生动。诗中佳句处处可见,例如:"大地,你先我而醉,/你阴郁的面容先我而醉/我要扶住你/大地!"一个"扶住",怎生了得! 这是一个多么痴狂、多么奇妙、瑰丽、传神的想象!

(张　新)

面朝大海,春暖花开　　　　海　子

　　从明天起,做一个幸福的人
　　喂马,劈柴,周游世界
　　从明天起,关心粮食和蔬菜
　　我有一所房子,面朝大海,春暖花开

　　从明天起,和每一个亲人通信
　　告诉他们我的幸福
　　那幸福的闪电告诉我的
　　我将告诉每一个人

　　给每一条河每一座山取一个温暖的名字
　　陌生人,我也为你祝福
　　愿你有一个灿烂的前程

>　　愿你有情人终成眷属
>　　愿你在尘世获得幸福
>　　我只愿面朝大海，春暖花开
>
> 选自《海子诗全编》，上海三联书店 1997 年版

海子出生在安徽省怀宁县高河镇查湾村，他说他是"查湾村里的一条船"，他在《村庄》一诗中写道："村庄中住着母亲和儿女／儿子静静地长大／母亲静静地注视／／芦花丛中／村庄是一只白色的船。"这只从查湾村驶出的小船，携带着村庄的麦子和土地的芳香，从中国新诗的园地一路驶来，在他身后，诗情如浪，如潮，澎湃而又烂漫。

写于 1989 年 1 月 13 日的《面朝大海，春暖花开》，是其中灿烂的一朵诗花。

"从明天起，做一个幸福的人"——这起首一句是全诗的情绪"中枢"，以下所有的诗句，都由此生发。在本质上，诗人是一个田园诗人：他的诗，属于他所生活的村庄；他所理解的幸福，是简朴的、单纯的，带有农业社会的烙印。他所向往的幸福生活，就是"喂马，劈柴，周游世界"，就是"关心粮食和蔬菜"，就是有一所海边的房子。单纯的理想，配以纯朴的词汇，简单中却孕育着丰富和深刻，对于商业社会盛行的享乐主义，不啻是一帖清醒剂。

诗人急于将自己的幸福告诉他的至爱亲朋，告诉每一个人；不独如此，他还要将他的幸福所带来的喜悦和兴奋从人类扩展到大自然，他要"给每一条河每一座山取一个温暖的名字"，这种由个人的幸福感延伸至对全人类的爱和祝福，进一步扩展为对自然界万事万物的爱，凸显了诗人宽厚的情怀和纯朴的精神品质，令人肃然起敬。

海子所憧憬的房子，坐落在海边。面朝大海，可见蓝天白帆，可见碧波荡漾，可见雪浪滔天，可见海鸥翩飞，可是作者偏偏不这样写，却选择了世界上无人形容过的独一无二的场景，令人心旌摇曳——

>　　面朝大海，春暖花开

这"春暖花开"和"面朝大海"一经碰撞，诗意油然而生：浩瀚的海面如一望无垠的土地，澎湃的浪花似春天的花朵。幸福是春，于是"春暖花开"，在蔚蓝的大海。这一组意象既新奇又极富画面感，既是一幅凝固的油画，又是一阕流动的乐声。

此诗所有质朴的诗句因此句而熠熠生光。

诗人显然很喜欢自己的这一句诗，不但在结尾予以重复，且将此作为诗题。

人们争相传诵,《面朝大海,春暖花开》遂成名篇。

　　亲近海子的诗人西川对包括《面朝大海,春暖花开》在内的海子的诗,有一个精辟的分析:"每一个接近他的人,每一个诵读过他的诗篇的人,都能从他身上嗅到四季的轮转、风吹的方向和麦子的成长。泥土的光明与黑暗、温情与严酷化作他生命的本质,化作他出类拔萃、简约、流畅又铿锵的诗歌语言,仿佛沉默的大地为了说话而一把抓住了他,把他变成了大地的嗓子。"(《怀念》)

　　海子25岁便离开了人世。著名诗评家谢冕说:"这颗新星的陨落给人以震撼……他的一生似乎只是为了发光。他把非常有限的生命浓缩了,让他在一个短暂的时间内,显示生命的全部辉煌。"(《不死的海子·序言》)

　　《面朝大海,春暖花开》是海子生命之歌中的一颗闪亮的音符。　　(戴　达)

【诗人小传】

吉狄马加

（1961—　　）彝族。1982年毕业于西南民族学院中文系。后任凉山文艺社编辑、凉山州文联副主席、《凉山文学》主编、中国作家协会四川分会副主席。出版诗集《吉狄马加的诗》《吉狄马加诗歌选集》《天涯海角》等。

自　画　像

吉狄马加

　　风在黄昏的山冈上悄悄对孩子说话
　　风走了,远方有一个童话等着它
　　孩子留下你的名字吧,在这块土地上
　　因为有一天你会自豪的死去
　　　　　　　　　　——题记

我是这片土地上用彝文写下的历史
是一个剪不断脐带的女人的婴儿
我痛苦的名字
我美丽的名字
我希望的名字
那是一个纺线女人

千百年来孕育着的
一首属于男人的诗

我传统的父亲
是男人中的男人
人们都叫他支呷阿鲁
我不老的母亲
是土地上的歌手
一条深沉的河流
我永恒的情人
是美人中的美人
人们都叫她呷玛阿妞

我是一千次死去
永远朝着左睡的男人
我是一千次死去
永远朝着右睡的女人
我是一千次葬礼开始后
那来自远方的友情
我是一千次葬礼高潮时
母亲喉头发颤的辅音

这一切虽然都包含了我
其实我是千百年来
正义和邪恶的抗争
其实我是千百年来
爱情和梦幻的儿孙
其实我是千百年来
一次没有完的婚礼

其实我是千百年来
　一切背叛
　　一切忠诚
　一切生
　　一切死
呵,世界,请听我回答
我——是——彝——人

选自《初恋的歌》,四川民族出版社1985年版

　　此诗题为"自画像",不仅画出了诗人的心态,更主要的是画出了一个民族的情绪记忆,勾勒出了一个民族的性格。诗人是彝族人,他的心曲中流动着对本民族的纯洁的爱,彝族的人性美又源源不断地输送给他爱的甘霖,这种感情的双向流通的结晶便是诗人奉献给读者的这一首诗。

　　由于对本民族的生活和感情非常熟悉,所以诗人能游刃有余地选择典型的生活场景,多角度地刻画彝族人民的生存状态的历史。诗开宗明义就宣称:"我是这片土地上用彝文写下的历史",紧接着便挥洒笔墨,从"我"的出生(包括名字的组成)、家族的成员、葬礼、婚礼等诸方面写尽彝族人的欢乐和痛苦。其着重点在写生与死,写彝人的生命力的顽强表现,并且点出了彝族人的情绪源:"其实我是千百年来/正义和邪恶的抗争/其实我是千百年来/爱情和梦幻的儿孙。"坚持正义,抗击邪恶,怀有热烈的爱情,永远对未来存有梦幻般的憧憬,这正是彝人的民族性格的根本之所在。彝人的命运是十分悲惨的,由于多种原因,愚昧、闭塞几乎窒息了他们的生命,这从诗人精心选择的一个细节中可以看得很清楚:我"是一个剪不断脐带的女人的婴儿"。诗行里更多的是涌动着彝族人民刚勇和爱的血液,它支撑起彝人艰苦命运的脊梁,充溢着对生命的活泼泼的追求。

　　全诗意象含有丰腴的象征,增强了精神蕴含的弹性美。诗中处处写"我",即以"我"为审美视角,但处处观照彝族人民的民族心态和感情,凡是以"我"牵出的抒情诗句,虽然都包含了我,但又是彝族的象征,熔铸传统与现代,并以现代意识为主干。

　　此诗的艺术风格质朴、明朗,语言自然而有力度,全诗排比句式的运用,一贯到底,为诗作增添了酣畅的活动感。那首嵌在"题记"里的小诗,为全诗蒙上了一层纯朴、朦胧的诗情画意。

(戴　达)

严 力

诗人小传

（1954— ）生于北京。1985年留学美国，1987年在纽约创立"一行诗社"，出版诗刊《一行》，任主编。后定居纽约。出版诗集《严力诗选(1976—1985)》《这首诗可能还不错(1985—1989)》《黄昏制造者(1989)》《严力诗选(1990)》《严力诗选(1991—1994)》《多面镜旋转体(1989—1999)》，中短篇小说集《纽约不是天堂》《与纽约共枕》等，画集《从我开始修补》。

还 给 我

严 力

请还给我那扇没有装过锁的门
哪怕没有房间也请还给我
请还给我早晨叫醒我的那只雄鸡
哪怕被你吃掉了也请把骨头还给我
请还给我半山坡上的那曲牧歌
哪怕被你录在磁带上了也请还给我
请还给我
   我与我兄弟姐妹的关系
哪怕只有半年也请还给我
请还给我爱的空间
哪怕被你用旧了也请还给我
请还给我整个地球
哪怕已经被你分割成
  一千个国家
  一亿个村庄
  也请还给我

选自《严力诗选》，上海文艺出版社1995年版

  排比。六个排比。一排到底。排山倒海的气势，酣畅淋漓，大有动天地、泣鬼神的气魄与伟力。

诗题为《还给我》，诗中展开的一系列"还给我"，前面加了一个"请"字，洗尽羞辱显自尊。理不在声大。以有风度有礼节的"请"打头，更见说理者内心的自信和强大。

理，气壮山河的理，开门见山，第一个"请还给我"的，似乎是一件微不足道的小事："请还给我那扇没有装过锁的门。"一扇门，而且是没有装过锁的门，也许是家庭纠纷吧。纵览全诗，这一些看似细枝末节的琐事，都带有一种象征意义，带上这样一幅"火眼金睛"读之，便可抵达诗人心灵深处，观察到其冷峻如铁、炽热如火的心境，换言之，就是诗的真实情景和意境。照此，回眸阅读诗人的第一个排比，审美的视野豁然开朗："请还给我那扇没有装过锁的门／哪怕没有房间也请还给我"——讨还者的语气透露尊严但同时也是卑微的，即便"没有装过锁的门"的后面没有房间，讨还者请求被讨还者也要将它归还，此一句一方面说明讨还者意志的坚决，另一方面也看出被讨还者是多么横蛮和霸道。"没有房间"的门，这门是"没有装过锁的"，这是一种怎样的房间？不可理喻的现实唯有通过艺术的放大镜和显微镜才能窥测到它的庐山真面目。在这里，我们以"象征"这一艺术创作的手段测度之，便可得出这么一个结论，这里的"门""房间"，其实是象征着家、家园，这家、家园，是个人的，往深一层联想，也可理解为是人类的家、家园。讨还者向被讨还者请求的是：请归还我的家、家园吧！被糟蹋和蹂躏得支离破碎、一片狼藉，那也是我的家、家园呀，请还给我吧！

照此一排比的鉴赏，对其余五个排比进行类推，其义自明。

那"早晨叫醒我的那只雄鸡"，象征着新鲜自由的思想、蓬勃向上的生命力；

那"半山坡上的那曲牧歌"，象征着包括音乐在内的陶冶情操的人类美好的艺术；

那"我与我兄弟姐妹的关系"，象征着至爱亲朋的亲情、友情；

那"爱的空间"，象征着人类的幸福；

那"整个地球"，象征着人类的生存权。

所有这一切，被掠夺、霸占、亵渎的这一切，请还给我吧！

六个排比，一个比一个强烈，看得出，诗人是在用自己的骨头、热血，连同整个诗心在呐喊！仿佛一个英雄的斗士，赤手空拳，捶打着紧闭着的黑暗之门。

至此，讨还者和被讨还者的象征意义清晰地呈现在我们眼前，那就是：正义和邪恶。光明和黑暗。人类的大同理想和人类的专制制度。人类的良知和人类的丑恶。

（戴达）

诗人小传

刘畅园

（1932— ）女，黑龙江肇东人。1951年开始创作新诗。曾做过文工团员、《北方文学》编辑。1962年后任中国作协黑龙江分会专业作家。

写在抱月湾的信

刘畅园

　　给 L——

你　不　来
临水小楼
可垂钓
一尾尾
拉碎了
湾里的月亮。

你不来
钓丝也冷了。

夕阳疲倦了
懒散下山去
游艇也累了
跳板斜横。

你不来
月亮说
今夜
她也不出来了。

1985年8月于镜泊湖抱月湾
选自《女作家》1985年第4期

女诗人刘畅园曾于1985年8月游览镜泊湖抱月湾，当时吟出组诗《写在抱月湾的信》。抱月湾的信写给谁? 诗题下有个副题——"给L"。这L就是她的丈夫鲁琪。

这对夫妻有很真挚、很深厚的爱情。鲁琪曾被错打成"反革命分子",可是刘畅园几十年来坚信鲁琪是无辜的,对他始终不渝,患难与共。她在诗集《青青草》中就有给鲁琪的诗,如《送》《劝》《忘忧草》《海蟹》等,有的写送别怀念,有的写真诚劝诫,有的写勿忘忧患,有的写纯美情怀。这"抱月湾的信"又集中地写了四首,真诚地表现出远游他乡的妻子对家中丈夫的思念之情,而《你不来》则是其中的一篇代表作。

《你不来》这个题目用得好。它的言外之意亦即全诗的主题:你不来,所有良宵美景都使人感到淡然无味了。

第一节写来抱月湾游玩最令人快意的事——钓鱼。在这里钓鱼有三美:一是景美。小楼临水,水波碧清,天气晴朗,明月当空。二是鱼美。这里的鱼多是湖鲫,个大体宽,肉质细嫩,味道鲜美,曾是向封建帝王进贡的珍品。三是垂钓美。不咬钩时看水上的鱼漂儿、天上的明月,咬钩时拉起大鱼、拉碎水中的圆月。这一切充满了诗意,是很使游人高兴的。可是,来到镜泊湖的这位女诗人又怎样呢? 她另有情怀:因为爱人未能来此,她没有兴致,心冷了,钓丝也冷了。第三节顺着第二节这"冷"字接连写了夕阳、游艇、跳板之类。本来,夕阳下山,游艇停泊,平常之至,可是经过诗人一点拨,仿佛它们也都解人意,充满了无可奈何的感情色彩。最后,第四节又写到了月亮,谁都可以想象,明月当空,水光接天,湖畔夜景,全靠月色打扮,可是如今连月亮也不出来了,更遑论月下垂钓、月夜泛舟,等等,这真是扫兴之至!

这首诗"状难写之景,如在目前,含不尽之意,见于言外"(梅尧臣《六一诗话》)。这是值得称道的。而更值得称道的是对这"难写之景""不尽之意",不是用繁缛的笔墨描绘出来,而是用冲淡的笔墨勾画出来的。全诗仅用五十九字,只几笔就使湾里的优美景色"如在目前",深婉的思念之情"见于言外"了。诗人在《青青草·后记》中曾经发问:"我苦苦追索的诗行呵,你们究竟有多少醇度? 可替我向人间诉说了,我那痛苦的,至死不渝的爱么?"我们欣赏这首《你不来》和其他许多诗后,可以肯定地说,刘畅园的诗是有"醇度"的,只是这"醇度"不在重彩浓墨之中,而在轻描淡写之内。苏轼主张"寄至味于淡泊"。这"寄至味于淡泊"是要靠"苦苦追索"才能得到的。

这首诗表现出清淡的特色。它意象清而情感浓,语言淡而意味深。许奉恩在《文品》中对"清淡"作了形象的描绘:"秋水半潭,游鳞四旋。桐阴过雨,月出娟娟。"刘畅园的艺术风格,就是这样清淡隽永的。

（任愫）

【诗人小传】

宁 宇

（1935— ） 原名王宁宇,江苏无锡人。1949年参加中国人民解放军。1954年开始发表诗作。1955年复员后到上海纺织工厂当工人。1957年后历任《萌芽》《上海文学》编辑,上海市文联研究室主任。

倒下的黄山松

宁 宇

是的！你被天光一闪
在深谷中轰然一声埋葬
从此不站在悬崖绝壁
与风争吵,与雨较量

你失败了！垂下头颅
千针万叶发枯发黄
乌云骄傲地向世界宣布
你在大地从此消亡

年年风雨,年年骄阳
龙的虬躯鳞片剥光
然后腐烂,然后朽透
化为一层厚厚的乌黑土壤

你去了！却悄悄留下种籽
飞播在黄山千仞万岗
待岁月验证你的生命

分身十亿，个个站在云头之上

1983年6月黄山

选自《竹梦》，上海文艺出版社1985年版

  壮丽峻险的黄山有四绝景：云海、怪石、飞泉与松树。黄山的松树与别处松树不同，它扎根岩石隙缝，上仰云风，下瞰深壑，靠云雨山露哺育，长得遒劲坚实，或盘曲，或挺拔，透出一股生命的力度，常令游人深恋不已，感叹万千。诗人们更是触物生情，吟诵歌咏。

  1983年初夏，我第二次上黄山，常常面对黄山松，手抚它那遍布龙鳞般的树皮，站立良久，沉思默想。我想到什么呢？生命，自然，社会，人生……千头万绪，理不出个所以然来。我想写黄山松，但写它的人太多了，出现过不少优秀诗作。"眼前有景道不得，崔颢题诗在上头"，我放弃了落笔的念头。

  从北海翻到后山，在千级石磴上，我偶然被一个景观吸引住了：一棵百年老松从悬崖峭壁的裂隙间倒下，发焦的树根朝天，弯曲的枝干迎着山风发出挣扎的怒吼，看样子是多年前因为遭到狂风暴雨电劈雷击的浩劫，而失去了蓬蓬勃勃的生命。它死了，死得顽强而又悲壮！我又站立良久，泪珠不知不觉滴落在它身上……以前对黄山松的感受刹那间全涌上心头，一首诗的构思，成熟了！

  很多诗人歌唱黄山松悬立在众山之巅云头之上，赞美它战风斗雨顽强不屈，表现它生命之美、生命之力。我何不反其道而行之，歌唱它的死，它的毁灭？生生死死是自然的规律，但是死并不是消失，有一种生命和精神是永恒不死的，它在发展和延续，并且更加光大。于是我俯下身子仔细打量这棵倒下的黄山松时，发现在它身旁岩隙石缝中，就冒出许多株青嫩的幼苗，针叶上挂缀着露珠，充满了生长的活力。我惊讶了，感动了！抬头眺望黄山七十二峰，似乎每座峰巅茁壮的新松，都是这棵母树留下的种籽长出的。在与大自然的搏斗中，最终它是胜利者！

  正义和邪恶的搏斗，何尝不是如此！

  为了达到诗歌艺术感染力的效果，我采取了先抑后扬的手法。前面三节极力渲染倒下的黄山松的失败和死亡，夸张地描绘了象征恶势力的风雨雷电的骄横和猖狂。"然后腐烂，然后朽透/化为一层厚厚的乌黑土壤"，给人以绝望之感。最后一节才笔锋陡转，点出诗的题旨："待岁月验证你的生命/分身十亿，个个站在云头之上。"

（宁　宇）

【诗人小传】

王辽生
（1930—2010） 辽宁辽阳人。1949年参加中国人民解放军。1958年至江苏新沂劳动。后在新沂县（今新沂市）文化馆工作。著有诗集《天安门的红墙》《夜过鞍山》《雪花》《王辽生的诗》等。

自　然　之　恋

王辽生

从原始碧茵摘一片滴露草叶
从现代沃野摘一朵黑郁金香
我扬帆远航

我的目标是大自然，
那儿的山色不加修饰所以永葆纯真
那儿的云彩不受污染所以长存洁光
我原是从那儿来的所以我要回去
我将粉碎阻碍我前行的名波利浪

不料你居然敢于此时此际大胆出现
并且扇你黝黑的羽翼企图剪断我的畅想
我忍无可忍：以草叶和黑郁金香作武器
武器失败，我又掷出我的心脏
我教你和我一同死亡
你果然中计，也掏出一颗向我掷来
你我拥抱着倒进船舱
望着那两颗重叠为一的心脏
飞进了自然之乡

选自《延河》1985年第8期

　　这首诗表面上好像是写生态平衡，实际不是。当然，也可以理解为一种社会的"生态平衡"。它以抛却名利、返璞归真、眷恋自然为主题，既有一种抽象的超时空意义,又有一种现象写真的具象感。这样的主题内容如果直抒或铺叙则索然寡味,而作者在艺术表现上显示了自己的个性色彩。它采取人称变换(从第一、第二节第三人称换作第三节的第二人称),伴随意识大幅度移动的结构方式,造成读者视觉上的变异和判断上的疑虑,诗作就颇耐咀嚼了。

第二节给人以一种立体视网感。自然现象和社会现象的交错变异,炫人眼目。山色不加修饰永葆纯真、云影不受污染长存洁光,与社会上名利思想和"一切向钱看"等腐败现象的扩散,形成鲜明的对比和强烈的映衬,造成人的视觉上的叠印和重影,以及心灵上的强刺激,从而增强了诗的意象氛围和思想力度。

第三节的人称变换显得突兀。关键是对"你"的判别颇费寻思。这里的"你"须经过揣度才能断作"名波利浪"的化身(承接第二节末句),无论"原始"的或"现代"的武器,都无法将其击败。只有将自我的名利观念和孳生"名波利浪"的本体(包括某些体制、制度等)一同摈除、异化,才得以进入诗人追求的那种非人工(或不露"人工"痕迹)的高层次美的境地。这首诗显得有些难懂,原因也在这里——包括语言的"怪异"、意识的闪跳、结构的位移以及意象化等。顺便说一句,这首诗不至于使人赤裸地感受到它直宣的哲理观念,正是在于它意象化的结果。"两颗心脏"的相互抛掷、拼搏和重叠为一乃至异化,造就了一种名利观念和名利"本体"同归于尽的组合意象。这种具象的抽象化,给读者留下了揣测、思索的难度,以及一旦领悟之后得到艺术享受的欢欣。

(刘　强)

【诗人小传】

刘湛秋

(1935—　)　安徽芜湖人。1955年毕业于哈尔滨外语专科学校,后任俄文翻译、厂报编辑。"文革"后到《诗刊》编辑部工作。1987年任《诗刊》副主编。

中国的土地　　　　刘湛秋

你可知道这块神奇的土地
埋藏着黄金般的相思
一串串杜鹃花嫣红姹紫
激流的三峡传来神女的叹息

刘湛秋

中国的土地

冬天从冻土层到绿色的椰子林
蔷薇色的海浪抚爱着砂粒

你可知道这块神奇的土地
黄皮肤,黑头发是那样美丽
敦厚的性格像微风下的湖水
顽强勇敢又如长江一泻千里
挂霜的葡萄下跃动着欢乐
坚硬的核里已绽开复兴的契机

选自《无题抒情诗》,重庆出版社1986年版

歌颂祖国,礼赞人民,这是重大题材和古老主题,在一首十二行的抒情小诗中予以容纳,并且翻旧为新,难度极大,需要很高的艺术功力。诗人知难而进,努力创造,不懈耕耘,终于在这片感情的沃土上,培植出一枝独秀的心灵之花。

作品先写中国这块土地的"神奇"——"埋藏着黄金般的相思"。凡是华夏人民,无论久居故土,还是云游他乡,都永远思恋着这块土地。它之所以牵动着炎黄子孙的"相思",是因为它拥有壮丽的山川、广阔的沃土、悠久的文化、丰富的物产、绵长的海岸线……这是中华民族得以繁衍生息的发祥之地,也是他们大展身手的用武之地。杜鹃花、三峡、神女峰、冻土层、椰子林、海浪……这些细节,可以视之为写实,也可以视之为写意,把中国的东西南北、古往今来全都概括进去。似乎随意拈来,其实经过精心选择,内涵丰富,诱人遐想。正是所谓"信手新诗落珠贝"。

作品后写中国土地上人民的"美丽"。神奇的土地固然动人相思,美丽的人民尤为惹人爱恋。他们的外貌是美的:"黄皮肤、黑头发";他们的性格也是美的:"敦厚"温柔、"顽强勇敢";他们的思想更是美的:葡萄挂霜,并且核里"绽开复兴的契机",表明已经成熟;犹如中国人民饱经风雨的洗礼,摆脱了幼稚和愚昧,走向了改革与开放。而成熟意味着新的生长与繁荣,亦如中国的复兴与昌盛。作品由外貌写到性格,再写到内心。层次井然有序,思想逐步加深。直把抒情推向高潮,作品便戛然而止。

这首诗的前一节写土地,后一节写人民,结构完整,艺术浑成。中国的神奇,不止在于地大物博、人口众多,更在于人民已经成熟,挣脱了有形的和无形的各种枷锁,思想解放,勇于开拓。地灵由于人杰,天宝基于物华。因此,中华神龙腾飞在即,复兴有望。而这,更加使人思恋。

刘湛秋十分注重意象的创造,把对中国土地的讴歌、对中国人民的礼赞寄寓在典型新颖的意象之中,避免了这类诗作最易出现的弊病:空泛抽象,大而无当。如"激流的三峡传来神女的叹息",由长江三峡中巫峡的神女峰而联想到帮助大禹治水的神女传说,既写出了祖国山川的神奇秀美,又自然而然地暗示出中华民族的悠久历史和古老文化,使作品具有横的地域感和纵的历史感。再如,"微风下的湖水"和"一泻千里"的"长江",是喻体,也是意象,概括出中国人民性格中敦厚的一面和顽强的另一面,有柔有刚,具体地传达出民族性格的突出特征。以"挂霜的葡萄"象征中国人民的思想成熟,更属典型的意象手法。

诗人在《无题抒情诗·心灵的波动(也算是序)》中说:"人的感情和人的思想一样,是一片美丽、神奇而富饶的大地。但是,它同样需要开垦、耕耘。"《中国的土地》正是诗人在中国"人的感情和人的思想"这片沃土上辛勤"开垦、耕耘",用心血浇灌出来的艺术花朵。

(丁国成)

【诗人小传】

木 斧

(1931—) 原名杨莆,回族,宁夏固原人。1946年开始文学创作。曾参加《学生半月刊》编辑工作。新中国成立后曾任四川省广汉县(今广汉市)团委书记、省团委宣传部科长、绵阳地区文教局办公室主任、四川人民出版社文艺室副主任。

垂　钓　　　　　　　　木　斧

岁月滔滔地流去
积成烟波浩渺的湖
那湖中泛起波影
谁能一网收尽?

我坐在湖边垂钓
钓钩上挂着兴趣
让它到波光闪闪的湖中去吧
看看能不能钓起一串记忆?

突然钓起一节童年的笑声
笑声扬着荒唐的韵味
可怜那羞红的脸蛋
找不到胡须的遮蔽

愈来愈浓的兴趣
拖住了我的钓钩
我一古脑儿落入湖中
全身浸透了记忆

不甘心消逝,我
等着,等着机会
等着明天的我
又来湖边垂钓

到那个时候
我已化为记忆
我将沿着钓钩
再爬回岸上去

选自《回族文学》1986年第1期

这是一首饶有趣味的小诗。

名为"垂钓",其实并未写钓鱼——"渔翁"之意不在鱼,而在乎垂钓之趣,这,才是小诗的旨趣所在。

能够亲自去体会垂钓之乐的人毕竟不多,但人们可以从旁体会沉浸在垂钓之中的垂钓者的乐趣。甩线撒网,是一乐;鱼儿咬钩,是一乐;钓起鱼儿,更是一乐;即便静候良久,毫无鱼儿上钩迹象,但欲罢不忍,终抱期冀的心境,仍然不失为一乐。"垂钓"一诗写的正是后一种乐事。

不过,真写这种垂钓之乐又未免有些拘泥和呆板,因为诗中的"垂钓之乐",其实不过是一种象征。请看这些意象:"烟波浩渺的湖"是"滔滔流去"的"岁月"积成;面对这片大湖,"钓翁"产生"兴趣"——要去"钓起一串记忆"。把这些意象连在一起的是"钓钩"以及由此而来的"钓"字。这样,垂钓就成为对记忆、对逝去岁月、对美好童稚欢乐的寻觅和追忆。"钓"字成为全篇的诗眼。

接着,诗中呈现出这样一个意象:"突然钓起一节童年的笑声/笑声扬着荒唐的韵味。"——是诗人忆起了童稚的欢笑,还是此时的笑声变成童年?是为了钓起一条小鱼儿,还是为了想起孩提时伙伴们垂钓中的嬉闹?竟然"羞红脸蛋",顾不得"胡须的遮蔽"!那是怎样一番乐趣呵。

那是一种心灵的幻化——现实的诗人与往昔的记忆融成一体,"我一古脑儿落入湖中/全身浸透了记忆"。虽然有点荒唐,却颇有情致。诗人要全身心在岁月的烟波湖中遨游,追索。看来,它很够我们"想入非非"一番了。

如果诗就此打住,也不能说不够味儿。但是诗人又推出令人惊讶的意象:此时他把自我幻化为二——一是沉浸在记忆之湖中的"我",二是"明天又来湖边垂钓的我",要让"已化为记忆"的"我"再被垂钓的"我"钓起:"我将沿着钓钩/再爬回岸上去。"今与昔、现实与记忆如此纠结缠绞,这几近荒谬的意象构成出人意表的境界,不禁令人咂舌。

这意境与开篇"谁能一网收尽"岁月沉积之湖的慨叹连成一体,愈发有对往昔的追寻"剪不断,理还乱"、沉而不溺、舍而不止的韵味,朦胧而不模糊,给读者留下绵长回味的余地。

当然,古今写垂钓的诗篇不计其数。如果说前人的垂钓诗是以景写情,那么,此诗则是因情设"景"——垂钓只不过是一种比喻和象征,从这角度看,此诗可以说写得别开生面,恰到好处。

(张德厚)

【诗人小传】

非 马

(1936—) 原名马为义,广东潮阳人。毕业于台北工业专科学校。毕业后到屏东糖厂任职。1960年后留学美国马开大学、威斯康辛大学。曾在美国芝加哥阿冈国家研究所从事研究工作。

秦　俑　　　　非　马

捏来捏去
还是泥巴做的东西

最听话可靠

你看万世之后
这些泥人泥马
仍雄赳赳气昂昂
或跪或站
(虽然也有几个经不住考验
断头折腿地扑倒)
仍忠心耿耿地捍卫
腐朽不堪的地下王朝

一九八六年九月十五日

选自《非马短诗精选》,海峡文艺出版社 1990 年版

  秦始皇陵及兵马俑坑位于西安市临潼区骊山北麓,是我国首批世界文化遗产,全国重点文物保护单位。此处地下文物是 1974 年农民打井抗旱时意外发现的,现已开出一、二、三号坑,分步、弩、车、骑等四个兵种,共有近万个陶塑兵马俑(含铜车马俑)对外展出,并于 1979 年建立了秦始皇陵兵马俑博物馆,外国名人政要及国内外广大游客络绎不绝地去那里参观游览。

  这首诗最大的亮点是它的立意与视点的与众不同。当人们异口同声地赞叹秦俑所代表的传统文化的恢宏与灿烂的时候,诗人却透过秦俑这个"文化密码"解读出值得我们深思的历史本质。首先吸引诗人的是兵马俑的质地,它是陶塑的,也可以说是"泥巴做的东西"。诗人的着眼点不是它的工艺如何精巧,而是直奔主题,道出兵马俑的内在属性即可以"捏来捏去""最听话可靠"。秦俑称得上"最听话",但"最可靠"则未必,秦始皇苦心孤诣经营了 30 余年的陵墓,堪称世界上规模最大的帝王陵墓,它的广袤地面建筑焚毁于项羽入关后,秦王朝最后也被刘邦、项羽等反秦起义军所推翻。

  古代以三十年为一世,"万世"是个很长的时间概念,从秦始皇时代至今已经有两千多年的历史了,这些埋藏在地下的泥人泥马却保存完好,"仍雄赳赳气昂昂/或跪或站",真是不简单。或许诗人认为这样一路写来过于严肃,所以来个"幽它一默",于是诗中出现了两行加括号的文字:"虽然也有几个经不住考验/断头折腿地扑倒。"幽默文字"它运用智慧、聪明,与种种招笑的技巧,使人读了发笑"(老舍《什么是幽默》)。俗话说,理不歪,笑不来。秦俑中有几个"断头折腿地

扑倒",并非"经不住考验",而是因为历经两千多年的结果。我们赞赏诗人寓严肃于幽默之中的笔法,耐人寻味。

卒章显其志。至此诗人道出了诗的主题,即对封建道德愚忠和所谓听话的深刻批判。表面上看,诗人的批判锋芒直指秦俑,实质上批判锋芒是指向数千年的封建统治阶级的,他们动辄祭起"民可使由之,不可使知之"的法宝,给黎民套上"三纲五常"的精神枷锁,愚弄百姓,为其效忠,甚至到了令人发指的程度。从这个意义上说,这首诗不是咏物诗,而是一首内容极其深刻的咏史诗,它以小见大,亦庄亦谐,对封建主义进行犀利的揭露和有力的控诉。

(葛乃福)

蓬松的午后

非 马

轻手轻脚
怕惊动
树下一只松鼠
在啃嚼
早春鲜嫩的
阳光
却仍引起
一声告警的鸟叫
但它急急爬上树梢
显然不是为了惊恐
在它纵跃过的枝桠上
灿然迸出
春风得意的
绿

选自《非马的诗》,花城出版社 2000 年版

非马是位擅长"以最少的文字负载最多的意义"的诗人。诗人从早春某一天的午后切入,以物(松鼠、大树等)拟人,表现了春天的蓬勃景象,树儿经过祁寒终于放出了生命的异彩。

诗首先展现在读者面前的是这样一幅画面:可爱的小松鼠在树下津津有味地进食,春鸟警觉地在树周围飞来飞去,作为场景中心的树则枝繁叶茂、欣

欣向荣、绿意灿然，而视点聚焦的小松鼠则因其活泼、机灵、温顺而格外引人注目。

松鼠食松子、胡桃等果实本是司空见惯的现象，但在诗人笔下却表现得充满诗意，给人以审美的愉悦："树下一只松鼠/在啃嚼/早春鲜嫩的/阳光。"倘若实写松鼠在噬食食物，就会使读者回味的余地锐减。因此，诗人写诗要"从平凡的日常事物里找出不平凡的意义"，诗人非马是这么说的，也是这么做的。

更有兴趣的是，"告警的鸟叫"与松鼠"急急爬上树梢"这两个动作不约而同，几乎是同时进行的，但是松鼠"显然不是为了惊恐"，这就给读者留了一个想象的空间，既然不是为了惊恐，而又是为了什么呢？这一悬念在诗的结尾终于有了解答："在它纵跃过的枝桠上/灿然迸出/春风得意的/绿。"松鼠忙忙碌碌，食昆虫，吃鸟卵，或许对护林有功，才使得树林灿然出绿，茂然苗壮，生机盎然。这诗句中的"迸"字信手拈来，用得很传神。"迸"者，喷射溅出之谓也，堪称诗眼，一字之精当，满篇而生辉。

诗的结尾出现"春风"一词，会使读者联想到古诗名句，如"春风得意马蹄疾""春风又绿江南岸""春风更比路人忙"，从而对"绿"乃至以"绿"为主体的春景有了更真切的认知，并调动积累——印证。

有资料解释说："（松鼠）尾蓬松，长16—24厘米。"诗人运用修辞中"借代"的手法，这里"蓬松"就是指松鼠。因此，诗的标题《蓬松的午后》，可以读作《松鼠的午后》，我们完全可以如是去理解。

（葛乃福）

【诗人小传】

梅绍静

（1948—　　）　女，重庆人。1967年毕业于北京大学附中。1967年赴延安插队落户。1977年入陕西师范大学学习，后因病退学，到无线电厂工作。后在延安地区文联工作。历任延安地区作家协会副主席、《诗刊》编辑。

三片叶子

梅绍静

三片嫩叶像三只绿色的小鸟儿，
骄傲地站在树桩上。

树桩只发出这一条绿茎,
绿茎上只有这三只小鸟。

多可爱的小东西啊,
它们还要为砍断的树桩歌唱。

即使只有这三片绿叶也要向世界呼喊,
让人们永远憧憬那被剥夺的满树春光。

1981年

选自《她就是那个梅》,作家出版社1986年版

  枝叶繁茂的大树被无情地砍伐了,然而在残留的树桩上却生长出新的生命——一条绿茎、三片嫩叶。它们尽管非常弱小,却显现出生命力的延续和顽强;它们尽管是一场灾祸后的产物,却依然骄傲而乐观地歌唱;它们虽然还未繁衍为一片绿荫,却已经透露了春光回归的信息。这就是本诗创造的意境。诗人之所以描写和歌咏"三片叶子",并灌注自己的赞美和向往之情,就是因为要表现劫难后出现的新的生机和新的希望,表现自己对历史动乱和现实转机的思考、评价以及生活理想。

  这首诗最主要的艺术手法是比拟和象征。诗人把三片绿叶比喻为三只绿色的小鸟,同时,又将小鸟拟人化,写它们的骄傲,写它们的歌唱和呼喊,并通过"还要为""也要向"等诗人的移情和想象之词,赋予它们人格化的自觉意识。诗中的大树、树桩、三片嫩叶是三位一体的连续性意象,大树被砍伐后留下树桩,树桩又长出新的幼芽,它们统一于生命,是整体的生活、现实中的人和人的心灵世界的象征,也是横遭摧残而又悄然复苏的生活变动和人生过程的象征。"满树春光"的被剥夺和被憧憬,也因上述三个主干意象的象征意味而具有隐喻和暗示的艺术效应。读者联想到"文革"中的种种不幸和灾难,联想到历史性转折后人们重新充满的新的希望,既是很自然的事,也是本诗题中应有之义。

  本诗的另一个艺术特点是语言清新、朴实、优美,具有一种民族的气息和韵味。梅绍静长期生活在延安,深受陕北民歌"信天游"形式的影响,她曾经表示:"让民歌的音韵,让来自我心灵的虔诚和诗意,让我独特的智慧和欢悦给予我这至高无上的荣誉吧!"(《她就是那个梅·后记》)这首诗也和她创作的大部分诗歌一样,采用了两行一节的"信天游"结构方式,语言上追求民歌体的明白易懂,情

真意切,句式简洁、自然,不过于修饰。因此,这首诗既抒写出情意互渗、交融的传统意境,又内蕴着现代意味的象征色彩。

(方克强)

【诗人小传】

叶延滨

(1948—) 黑龙江哈尔滨人。1969年赴延安插队落户。1971年后在地方和部队当过工人、创作员、新闻干事。1975年开始发表诗作。1978年入北京广播学院学习。毕业后到四川《星星》诗刊工作,任编辑、副主编、主编。1994年调入北京广播学院任文学艺术系主任。1995年调任中国作家协会任《诗刊》副主编。

唐朝的秋蝉和宋朝的蟋蟀

叶延滨

唐朝来的秋蝉
不太讲究平仄,它毕竟不是
李白,李白只有一个而唐朝的秋蝉
很多,很多的秋蝉
就让天地间高唱前朝盛世调
冰河铁骑兮大河孤烟
四方来朝兮长安梦华
啊,风光过的蝉是在用歌唱
为那个盛夏而唱
气韵还好,气长气短仍然高声唱
只是毕竟秋了
秋蝉的歌,高亢而渐凉

宋朝的蟋蟀无颜
北宋无院
南宋无庭
无院无庭的蟋蟀躲在墙根下

也要哼哼,也要叽叽
丢掉江山的宋朝也哼哼叽叽
忙着为歌女们填词
难怪躲进墙根的蟋蟀也要唱
小声小气
长一句再短一句
虽是声轻气弱
却让闺中人和守空房的美人
失眠,然后在蟋蟀的抚慰里
养出美女作家,凄凄切切烈烈!

唐去也,唐蝉也远了
宋去也,蟋蟀也远了
无蝉也无蟋蟀的现代都市
只有不知从哪儿来的风
吹弹着水泥楼间电话线的弦
请拨唐的电话,请拨宋的电话——
忙音!忙音!忙音!……

2001年

选自《叶延滨文集》,光明日报出版社2004年版

  诗人分别用秋蝉与蟋蟀为诗歌形象的载体,隐喻中国历史上两个相近而又反差颇大的唐朝与宋朝的社会历史形态的基本内涵,并且通过从唐朝"来"的这样一个矢量词而接通了历史与现代的联系,从而不仅用秋蝉与蟋蟀浓缩了历史上的一段重要史实,而且也为中国现代社会提供了一面借鉴的镜子。

  "唐朝来的秋蝉"是一个象征的形象。用"秋"之"蝉",时空把握得恰到好处。它对应着的历史维度正是唐朝经"安史之乱"之后由盛转衰的那个重要历史节点。此时,秋蝉虽然仍然"高唱前朝盛世调",如第一节里所展示的那些盛世的辉煌场景,然而这已经不能掩盖住"安史之乱"后唐朝整体的衰败之象了。因此,秋蝉的歌唱尽管"气韵还好","只是毕竟秋了/秋蝉的歌,高亢而渐凉"。诗人在这里既是表达了对曾经辉煌的唐朝盛世的由盛而衰的慨叹和无奈,同时也是以现

代反思的立场,通过"风光过的蝉是在用歌唱/为那个盛夏而唱"这种诙谐却不无反讽意味的语境,对仍然沉浸在盛世表象中的人们给予深刻而痛切的抨击。

"秋蝉"之声虽"渐凉",但毕竟余威犹存。相对而言,宋朝的蟋蟀简直"无颜"之极了。结束了五代十国分裂割据局面的北宋统一全国后,虽然社会相对安定,经济发展的程度比起唐朝来并不逊色。但北宋不仅未能像汉唐一样在草原上大展雄风,而且连本属于汉地的幽云十六州都未收回,与契丹签订"澶渊之盟",后终被金国所灭。南宋则更加屈辱,"绍兴和议"向金称臣,后被蒙古所灭。在一定意义上说,宋朝乃是一个丧权辱国的朝代。"北宋无院/南宋无庭",恰是活生生的写照。然而正所谓"近墨者黑",与"直把杭州作汴州"的南宋人一般,"无院无庭的蟋蟀躲在墙根下/也要哼哼,也要叽叽",用"声轻气弱"的声音,"抚慰"着"闺中人和守空房的美人"!这是多么辛辣的嘲讽!

末节,诗以"唐去也,唐蝉也远了"句,一下子把诗境从历史的深处拉回到眼前。在钢筋水泥堆起的现代都市里,人们尽情享受着现代文明带来的福祉,但是物质主义产生的社会与人的异化,使人们忽视并忘却了唐朝的秋蝉和宋朝的蟋蟀带来的丰富信息,面对着冥冥之处传来的"请拨唐的电话,请拨宋的电话"的呼声,整个都市上空回荡着"忙音!忙音!忙音!"的凄婉之声。现代都市已经沦落为"无蝉也无蟋蟀的"没有灵魂的荒原。这是诗人给我们的严重警示!

整首诗以戏谑、调侃的声音发言,以机智、幽默的格调进行书写。具体物象的描述富有图画感和空间感,时空的转换与物象的衔接灵活自如,生动自然。例如,在叙述蟋蟀"小声小气/长一句再短一句"时,其实已经为引出宋词(长短句)打下了伏笔。而"养出美女作家,凄凄切切烈烈!"则暗藏着一个玄机:即用"隔江犹唱后庭花"的"美女作家"与写出"悽悽惨惨戚戚"的哀愁之词的女词人李清照作一个强烈的对比,同时也是对现存的一些负面的文艺样态的一个暗讽。总之,这是一首风格独特、概括力强、富有张力、思想深邃的好诗,能留给读者广阔的想象空间与回味空间。

(钱朝阳)

驮炭的毛驴走在山道上 叶延滨

道路有道路的性格:坑洼。
毛驴有毛驴的性格:疲塌。
我的性格,走山路爱唱歌
——脸厚不怕嗓子哑!

"青线线来蓝线线,
蓝格英英的采呀……"
"挎洋枪,骑白马,
当红军的哥哥回来啦……"
"解放脚走起来一阵风,
大辫子剪成个齐刷刷……"

老驴,破筐,少年,
虽也似"古道西风瘦马",
这心境偏偏潇洒,
——像走入黄胄的风俗画!

这路,走过赤卫队的兵马。
这筐,装过保育院的娃娃。
莫非扛梭标的父辈也唱这些歌,
声音山路录下,
心劲山沟留下,
儿子来走,踩着录音机的闸?!

拾野菜的光屁股娃,
听愣了,荆条篮子滚下山崖。
"这知青哥哥疯啦,
还唱哩,穿一件露肉的褂……"

山道上有一个赶驴的少年,
天苍苍地茫茫,一幅千年古画。
不对,扎白羊肚手巾的脑袋里——
装着哥白尼,司汤达,
斯特劳斯《蓝色的多瑙河》,

黑格尔的辩证法……

道路坑洼,毛驴疲塌,
咱偏不唱"断肠人在天涯"!
苦日子,吹醒发昏的脑瓜,
感谢你,延安,穷家!!

选自《实用语文》第三册,华东师范大学出版社2001年版

这是一首反映"文革"期间知识青年"上山下乡"的佳作。

叶延滨的父母喝过延河的水,住过延安的窑洞,诗人则在1948年出生于哈尔滨,后随父母南下到四川求学,对未来充满着热烈的憧憬和幻想。不料"文革"风暴袭来,他的父母很快受到炮轰审查,他也"驮着一个'狗崽子'的档案袋"(叶延滨《干妈》)到延安插队劳动。和别的青年学生不同,他虽未到过延安,但早已从父母那里了解了延安的山山水水,可谓别有一番滋味在心头。还有,延安这个曾经接待过无数知识青年的"革命圣地"也和偏僻闭塞的乡村有所区别,即使对叶延滨这个"狗崽子"也同样伸出了无数粗糙而又温暖的手。总之,诗人特殊的经历产生了特殊的感受,特殊的感受又进而升腾起特殊的诗情,最后形成了《驮炭的毛驴走在山道上》这首情深意切的诗篇。

诗人没有在贫困落后的农村面前闭上眼睛,他勇于面对现实,勤于思考和探索,当然这一切不是通过泛泛的叙述,而是经过了精巧的酝酿和构思。诗的开头不写别的,专门从"性格"切入,立刻显得以少胜多、触目惊心,试想:道路"坑洼",毛驴"疲塌",当地农村贫瘠落后、交通不便等状况不就尽在不言中了吗?而"我"那"走山路爱唱歌"的模样,则是生动地表明"我"不怨天尤人、自暴自弃,而已经乐观洒脱地和当地融成一片了。

有了以上这个好的开头,底下第二至第五节就围着"唱歌"多方展开了。第二节引用了一些信天游的歌词,生动明快,使人恍如回到了战争年代。第三节转换笔锋,举出元代散曲名句"古道西风瘦马",和当代著名画家黄胄的陕北风情画相对比,从风土上升到"心境",从生活进入了"艺术",读后感到别开生面,余味不尽。第四节索性把历史和现实衔接起来,既然"山路"录下了"父辈的歌",山沟留下了"父辈的(干)劲",那放在今天青年人面前的答案只能是承前启后,继续向前。第五节出现了一个"拾野菜的光屁股娃"的特写镜头,既幽默生动,也增加了活泼的生活气息,表明并不是诗人一个人在现场自演自唱。作为一首具有一定

叙事成分的抒情诗,适当增加一些特写镜头,是有助于增强表现力的。

有了以上大量的描写和铺垫,诗的最后两节起到了画龙点睛的作用。别看"我"照旧"扎白羊肚手巾","我"的头脑里已经装着哥白尼、司汤达、斯特劳斯、黑格尔……可见尽管革命和建设受到挫折,但今非昔比,时代毕竟向前发展了。尽管延安地区依然贫穷,但知识青年到延安也决不会白跑一趟,他们正在觉醒起来,大声呼唤:"苦日子,吹醒发昏的脑瓜!"

贫苦而不泄气,认真而不死板,自嘲而不油滑,幽默而不失豪迈,就是这首诗的特殊风格。

(孙光萱)

【诗人小传】

张学梦

(1940—)河北丰润(今属唐山)人。曾在唐山机铁铸件厂做工。1979年开始发表诗作。后至唐山市文联工作,并任中国作协河北分会副主席。

绿　　灯

张学梦

根据我对人性、偏见和政治的观察,
邪恶不仅仅存在,而且制造着战争与裂罅
因此我们生起烘炉、锻造盾矛
给祖国城市的平宁披上坚甲。

根据我与人们、花卉和历史的交谈,
善良不仅仅存在,而且屡次把冰雪围
　　歼,
因此我们建造宾馆,生产甜酒,
为迎送客人与朋友扎制花环。

根据我对美与恶的比较,他们势均力
　　敌

悲惨的教训与和平的生活轮番交替，
但如果我们团结一致、加深理解，
这一批橄榄树的绿荫就会延续。

那么请来吧，为了商事，了解和友谊，
既然道路相通，心灵就不该隔离，
我已学会把黄油和果酱抹在面包片上
我的眼睛任何语言都能翻译。

信息像葡萄秧覆盖在天穹
越来越多的酱果把阻扼变为联系。
我知道。并为了屋檐上白色鸽子，
一座城市或一个诗人都不是一粒珍珠
可以闭锁在贝壳，孤独地孕育。

选自《诗神》1986年第1期

　　我们的这个星球，烽火连天。每天都在发生战争。流血。呻吟。暴力。我们的这个星球，五彩缤纷。每时都有鲜花开放。笑声。友谊。爱情。黑和白相杂；恶与善并存。诗人将人类的感情和行为的这两极，加以鲜明的对比，并郑重地推到人们眼前。在他的笔下，邪恶是在恶的"人性"，无知且无耻的"偏见"之上繁殖出来的；作为邪恶的对立面的"善良"，拥有她的是纯洁的"人们"，与幸福为伴的"花卉"和人民谱写的"历史"。诗的第一节勾勒"邪恶"的脸谱，第二节讴歌"善良"，每一节的每一行诗都互为对衬，如果"邪恶"的果实是"制造战争与裂罅"，那么，"善良"对付"邪恶"的办法则是"屡次把冰雪围歼"。但诗人借诗说理的重点是以善制恶。诗的第三节是全诗的主旨，善与恶呈势均力敌状，"但如果我们团结一致、加深理解，/这一批橄榄树的绿荫就会延续"。"橄榄树"是和平的标志，它的绿荫流泻的浓重的绿色，象征着生机和希望，诗题《绿灯》应是取意于此。诗的第五、第六节，诗人强调了理解比什么都重要。地球变得越来越小，心距不应该变得越来越大，"既然道路相通，心灵就不该隔离"。诗暗示和诱发我们作这样的想象：一盏"绿灯"亮在人类相互沟通的心灵（"理解"）所造就（"延续"）的"橄榄树的绿荫"里，"屋檐上白色鸽子"沿着绿色的光芒向远天飞去……

诗看似说教而又不是说教。张学梦运用了富有现代色彩的语言,如这样的诗句:"信息像葡萄秧覆盖在天穹/越来越多的酱果把阻扼变为联系。"意味深长的是诗的尾声:"一座城市或一个诗人都不是一粒珍珠/可以闭锁在贝壳,孤独地孕育。"它似乎跳出了单纯扬善抑恶的说理圈圈,使诗的主题更加丰富,从而拓宽了诗的内涵。

(戴 达)

诗人小传

陈所巨

(1948—2005) 安徽桐城人。武汉大学中文系毕业后在桐城县文化局工作。1976年开始创作诗歌。

摇 篮 曲

陈所巨

母亲把自己的心剖成两半,
一半变成摇篮,一半变成摇篮曲。
没有比睡在母亲心瓣里更幸福的了,
没有比母亲嘴里的摇篮曲更甜蜜的了。
有一片云彩,那是母亲的头发;
有一汪湖泊,那是母亲的眸子;
有一抹红霞,那是母亲脸颊上淡淡的血色;
有一片开花的原野或神秘的大海,
那是母亲的微笑。
世界不是上帝创造的,而是母亲创造的。
人生最初的节奏,是从摇篮曲中获得的;
人生最初的乐感,是从摇篮曲中获得的;
人性中所有真与善的美德,是从母亲的微笑中获
得的。
当母亲默默赶去一个小小的蝇子的时候,
当母亲悄悄摘来一朵小小的野花的时候,
当母亲把自己温暖的嘴唇,轻轻压在孩子明亮的额头

的时候,

喧嚣的世界便会戛然静止于母爱的幽馨之中。

选自《阳光·土地·人》,人民文学出版社1986年版

诗人陈所巨说:"我想用自己的嘶哑的嗓子唱出这个时代的我自己的真实的村歌。"他的诗歌确实较多地赞美了勤恳朴素的劳动者,他不愧是20世纪80年代上半期田园牧歌的代表性诗人。《摇篮曲》是一首深情的母爱的颂歌。诗人心中的母爱由物质和精神两方面组成。物质的代表是摇篮,精神的代表是摇篮曲,而更温馨、更伟大的是母亲口中唱出的摇篮曲。正是在一天天的摇篮曲中,孩子感受了母爱,认识了母亲,也体验到了生活的真善美。因此,"世界不是上帝创造的,而是母亲创造的"。是母亲的一声声吟唱、一次次近距离的凝视和一个个细微的动作伴随孩子幸福成长。受到过爱的滋润的孩子长大后更易于拥有爱心和感恩的心。因此,母爱也是对整个人类的贡献。

《摇篮曲》是一首自由诗,诗的语言朴实无华,妙的是新奇的比喻和排比的句式。母亲把心剖成两半,我睡在母亲的心瓣里,母亲的头发是云彩,母亲的眸子是湖泊,母亲脸上淡淡的血色那是天上的一抹红霞,这种种鲜活的比喻令人难忘。但是好的修辞如果没有好的音节来组织,那就只是漂亮的文字堆砌而不是优美的诗歌。在《摇篮曲》里,排比句式差不多是一组接着一组,这形成了一种整齐的节奏。但为了避免节奏的单调,在排比句之间,诗人又安排一两个散化的句子,从而使诗歌呈现出整散结合、同中有异、抒情又舒缓的美妙风格。它也像母亲的摇篮曲,深情而绵长,娓娓动听。

(任丽青)

【诗人小传】

白 灵

(1951—) 原名庄祖煌,福建惠安人。毕业于台北工业专科学校,后赴美国新泽西州史蒂文斯理工学院留学。后任教于台北工业专科学校、台北科技大学。曾主编《草根》诗刊。

长 城

白 灵

常常想,如果中国人都坐定一节城垛

握一支长长的木桨,看扬起的鼓锤
击下!划,用力划,咦呀一声
将长城从群山中,划入渤海湾
帝王将相抛之不管,纵游太平洋去也
吆喝活泼,会是多么快乐的中国龙舟
又常常想,如果中国人都排在城墙下
握起一节长长的竹杆,当放响的鞭炮
乱窜!顶,用力顶,吱嘎两下
将长城自万山脊上,奋力撑起
舞入呵野阔的高原,结彩江南,挂灯东北
繁华喧闹,会是何等壮丽的彩龙
后来我又想,如果,如果有个盘古
寄籍在现代,能不能请他
左脚踏阴山,右脚秦岭踩住
俯身出手,从山海关那头
将长城连高山纵谷用十亿马力
浑身竖起,镇在甘肃——神州之心
让,让天下人都景仰,抬头望
盘转迂回,看不尽的
青烟缭绕——耸入古代的云端
那将是古苍苍,多么昂然的

一身龙柱!

选自《大黄河》,台湾尔雅出版社 1986 年版

  在中国的新诗中,以"长城"为题材的诗作不少,如果把写长城的诗作汇集起来,可以构成一阕宏大的交响乐。白灵生于台北万华,虽没有到过长城,但是他对长城也心向往之。
  《长城》一诗之妙,就在脱俗的出色的"诗想"。第一想是开篇六句,诗人的"常常想"领起,把长城想象为"快乐的中国龙舟";第二想是中间七句,以"又常常想"转折,把长城想象为"壮丽的彩龙"。前六句与中间七句想象的具体形态有所

不同,但在艺术表现与语言形式上却有两点特别值得提出,一是化静为动,一是呼应对仗。古老的长城本来是静态的,诗人却以动写静,把长城写成划入渤海湾、纵游太平洋的龙舟,写成舞入高原、结彩江南而挂灯东北的彩龙。如此化美为媚,便觉兴会神情一齐飞动于纸上,道前人所未道。在语言形式上,前六句与中七句的建行、句法与节奏大致相似,它们之间构成了对仗和呼应,又与后面一部分构成了变化和反差。第三想以"后来我又想"开始,直到终篇的"一身龙柱"。如果说前面的"二想"都是出色的比喻,那么,这第三想更是出人意外,同时诗人也不再用比喻,而是请开天辟地的盘古用他的神力将长城直竖入云,让天下人景仰。诗人着意将最后一行单独列为一节标出,为的是突出长城的"一身龙柱"的形象,也寄寓了诗人对于中华民族的热切期待与希望。

白灵在《大黄河》的"后记"中说,"诗人一直就是文学的梦想家","诗常能予人以意外的想象出尘的想象入微的想象快慰的想象",可见他对于想象的重视。他对于长城的三种审美想象,脱俗而新创,充分表现了天风海涛般的阳刚之美。

(李元洛)

【诗人小传】

许德民

(1953—) 江苏宜兴人。1970年赴江西农村插队落户。1975年后上过两年中专。曾在九江工厂工作。1979年入复旦大学学习,毕业后到中共上海市委宣传部工作。

墙
许德民

我在一堵非常好看的墙上踩上几个脚印
那堵墙在过去拆走了
不知道又砌在哪里
我知道它肯定到处找我
给我看它的脸皮和额角的一块青苔
我给它看鸡胸和腹部下的那片丘陵

墙

许德民

墙把城市抽象为一格一格的空间
水泥抽屉里存放肉体和年龄
还设档案、画册、结婚证明、病假条和侦探小说
那里鲜艳的口红吻得古典作品昏昏晕晕
干瘪的裸体也充分自信
墙把我们当成瞎子我们把墙当成聋子
我敢肯定我的一部分灵魂已砌进墙
每天晚上就用缄默同我交心
挂在墙上的抽象画十分像我
没有事干我就敲墙
敲墙的时候准能听到隔壁的回音
隔壁住着一个疯子
我没有病,我对医生说我不是疯子
我用体温召集血性
围过来一群苍蝇,戴着红帽子
它们用朋友的语言询问我
邀我跳舞
我找不到出去的门
四周的白墙壁温文尔雅
白手套在客厅里飞来飞去
墙庇护着我们的犯罪动机
墙面前我们可以自由而快乐地痉挛
交换的条件是必须交出眼睛
墙把我们宰割成扑腾的鱼
又不让我们游走
没有法庭能够接受我们的状词
制造墙的罪犯,是我们自己

选自《诗刊》1986年第10期

现代城市诗试图用全新的、多方位的表现观念来投射城市生态和心态,体验

现代人的情绪与意趣,用以观照他们内心世界的命运曲线,以达到最大限度的平衡。诗人通过"我"和世界对话,来进行对自身生命奥秘的勘探。现代文明进化的副产品是"城市文明病"的出现。在城市繁杂而有限的空间,人的欲望日益膨胀,人性却遭受异化的蹂躏;每天日程与路线的规定性使身心感到压抑;人与人之间的关系因生态环境变化而日趋淡漠,孤独感蔓延着。生命不断改变着嗅觉,祈求获得完整的生存意识,但残缺难以避免,于是,人们陷入自身的沼泽,难以自拔。

诗是诗人对现实生存的体验与表现,而不是解释和说教。因此,诗不能提供结论,而是呈示一个体验过程,读者必须调动自身的生存理解与审美能力,重新组合自己的审美构架,以自身的感悟为诗打上句号。诗人在写《墙》时,力求在诗的语言、结构与节奏中,渗入现代观念,在自然真实的情绪表露中追求语言的模糊效果和多义象征;在结构上,采用归纳法,通过不同的感觉面来表现主题,当然,所谓主题也是意向性的,并非是精确的;在节奏上,诗行与诗行之间,不强求逻辑联系,利用时空转换来增大诗意的弹性,并较为注重节奏的随意性,做到形散神聚。

诗中墙与"我"是一对矛盾,但这对矛盾中包含着理性与感性、道德与本能、个人与社会、灵魂与肉体等多方因素,所有这一切既相互对峙又相互渗透,既冲突又互补,既分裂又包容。从形上来看是"我"与墙两个方面,从质上来言很可能是两位一体,是人格的自我分裂或生命的自渎显现。诗中的墙既是有形的也是无形的。无论是有形的还是无形的墙,对人来讲至少有两种功能,排斥和被排斥。当"我"站在一道道形形色色的高墙面前,"我"想进入但不得逾越,"我"是被排斥者。"我"为被排斥而痛苦而忧郁而孤独。当"我"站在墙里,别人敲门时我会故意不开门,我是排斥者。"我"为排斥而踌躇而自喜而得意。因此,可以说在墙的面前,人既是排斥者也是被排斥者。

人生在世是巧合也是机遇,生命不复返,人与人之间的同情、理解和互爱尤为重要。但墙的存在使我们彼此隔膜与疏远。对墙的感情是复杂的。多少次我们面墙而坐、而思、而悲泣、而愤慨,期望有朝一日时间能捏成拳头,将所有的墙推倒。但是,当我们受到冷遇、怠慢、欺负、侮辱,我们也渴望躲进墙里,关上门窗,让四堵墙与天花板把我们与外界隔绝。我们常常会自问:墙的出现究竟是人类文明的进化还是退化。如果进化是必然的,那么墙的出现也是必然的。于是,我们得到这样的认识,人具有排他性,自私是人的本能之一。理性告诉我们自私是虚伪丑恶的,而人又无法逃脱本能和天性,于是,生命怪圈就形成了。正视人类自身的弱点并不是为了标榜,恰恰相反,只有正视这一点,人类理性才能得以升华。这大概就是《墙》所要表现的主题意向。 （许德民）

【诗人小传】

伊 蕾（1951— ） 女,原名孙桂贞,天津人。1969年到河北海兴县插队。1971年进河北武安一铁道兵工厂工作。1974年开始发表诗作。1982年进河北廊坊地区文联工作。

黄果树大瀑布

伊 蕾

白岩石一样砸下来
　砸
　下
　来
砸碎大墙下款款的散步
砸碎"维也纳别墅"那架小床
砸碎死水河那个幽暗的夜晚……
砸碎那尊白腊的雕像
砸碎那座小岛,茅草的小岛
砸碎那段无人的走廊
砸碎古陵墓前躁动不安的欲念
砸碎重复了又重复的缠绵失望
砸碎沙地上那株深秋的苹果树
砸碎旷野里那幅水彩画
砸碎红窗帘下那把流泪的吉他
砸碎海滩上那迷茫中短暂彷徨

把我砸得粉碎粉碎吧

> 我灵魂不散
> 要去寻找那一片永恒的土壤
> 强盗一样去占领、占领
> 哪怕像这瀑布
> 千年万年被钉在
> 　　悬
> 　　崖
> 　　上

选自《诗神》1986年第2期

黄果树大瀑布是中国贵州省境内的一大奇观。

这首诗将黄果树大瀑布奇崛地喻为"白岩石",在色彩上与瀑布吻合,质感上与瀑布贴近,但因巧妙地将液体(水)换为固体(岩石),更增强了瀑布这一形象的力度。因为巧设了这样一个比喻,所以成功地推出了一个动词:砸。于是第一行"白岩石一样砸下来",就成功地为女诗人淋漓酣畅的抒情铺平了道路,可以说它是全诗的一个"诗眼"。全篇中,诗人一连用了十二个"砸碎",让感情的瀑布如黄果树大瀑布一样从万丈悬崖飞泻而下。这一连串的排比,几乎使人透不过气来,但可以看出诗人在选择瀑布所"砸碎"的对象时,是经过精心选择的。它们有虚、有实,如"砸碎古陵墓前躁动不安的欲念""砸碎重复了又重复的缠绵失望"(虚),"砸碎大墙下款款的散步""砸碎那段无人的走廊"(实):虚实相生。它们是诗人情绪的客观对应物,这些客观对应物隐去了背景,留下空白让读者思索,如"砸碎那尊白腊的雕像""砸碎'维也纳别墅'那架小床"。从诗人选择的这些客观对应物中,我们也可以摸到她的些微惆怅和悲凉,如"那棵深秋的苹果树"是生长在无法生长的"沙地上","那幅水彩画"是悬挂在野风晓月的"旷野里",而"砸碎死水河那个幽暗的夜晚"中的"死水河"和"幽暗","砸碎红窗帘下那把流泪的吉他"中的"流泪",更是透露了她的忧伤之感。诗人是欲借黄果树大瀑布浇心中之块垒。所以诗人在第一节蓄足了气后,紧接着第二节再次撩开心帘时,她对着瀑布呼喊:"把我砸得粉碎吧"——依然是围绕一个"砸"字,抒发一发而不可收的感情,其最终归宿是"去寻找那一片永恒的土壤",在那一片土壤上,即使是"海滩上那迷茫中短暂的彷徨"也不会再发生了,让心灵自由地飞翔吧!诗人为了加强她对生活的执著与果敢的投入,在此处用了"强盗"一样去占领,表明了她对"那一片永恒的土壤"的拼死占有的决心,为她的抒情力度增添了慓悍之气!

诗人作为创作主体,她对生活的执著追求全部寓于黄果树大瀑布像"白岩石一样砸下来"这一主干意象之中。因此,为了强化这一意象,诗人在形式上也作了尝试,她不但在开头将"砸下来"予以重复,还将这三个字排成竖行;结尾处"哪怕像这瀑布/千年万年被钉在"(一个"钉"字,镂刻出诗人的坚硬意志)——悬崖上,诗人又将"悬崖上"这三个字排成竖行:两个竖行,在视觉上仿佛给人以黄果树大瀑布飞流直下之感。诗人的这一形式上的构思,实际上正是诗的内容的延伸。我们仿佛从诗人的内心深处,听到了黄果树大瀑布的轰鸣! (戴达)

诗人小传

于 坚

(1954—) 云南昆明人。1980年入云南大学学习。1981年开始发表诗作。1984年毕业后到云南省文联文艺理论研究室工作。

南 高 原

于 坚

太阳在高山之巅
摇着一片金子的树叶
怒江滚开一卷深蓝的钢板
白色的姑娘们在江上舞蹈如春天之鹤
天空绷弯大弓
把鹰一只只射进森林
云在峡谷中散步
林妖跑来跑去拾着草地上的红果
阳光飞舞着一群群蓝吉列刀片
刮亮一块块石头 一株株树干
发情的土地蜂拥向天空
蜂拥向阳光和水
长满金子的土地啊
长满糖和盐巴的土地啊
长满神话和公主的土地啊

风一辈子都穿着绿色的筒裙
绣满水果白鹭蝴蝶和金黄的蜜蜂
月光下大地披着美丽的麂皮
南高原的爱情栖息在民歌中
年轻的哲学来自大自然深处
永恒之美在时间中涅盘
南高原　南高原
在你的土地上
诗人和画师都早已死去
或者发疯
南高原　南高原
多情的母兽　人类诞生之地
生命之弦日夜奏鸣
南高原　南高原
那一天我在你的红土中睡去
醒来时我已长出绿叶

选自《人民文学》1986年第4期

　　诗人生在云南,那里是元谋人的故乡。怀着对生育自己的土地和民族的深深眷恋和挚爱之情,诗人把笔触伸向红土高原,绘出了一幅旷达豪放、坚韧厚重的风景图。波涛滚滚的怒江,长满红果的土地,翱翔的鹰,高悬在高原上空的亘古不变的太阳,这一切,都在这一幅风景图上奔泻、摇曳、鼓荡或辐射着蓬勃的生机。诗人很注重颜色的运用,红土高原所特有的斑斓、绚丽的色彩,从他的调色盘里筛落在诗行之中:太阳摇着金子的树叶,怒江是一卷深蓝的钢板,白色的姑娘在江上舞蹈,草地上长满红果,阳光飞舞着蓝吉列刀片,风是穿着绿色筒裙,且绣满白鹭,绣满金黄的蜜蜂——大自然是颜色组成的呵!诗作强调:这色彩斑斓的南高原,曾吸引了一代又一代的"诗人和画师"为之献身。
　　这首诗没有滞留于山川风貌的表层,而是力求表现它们内在的变化和动态;也没有滞留于表层的时空变化,而是凸显山川风貌在生长中的行动轨迹。在这一幅自然风景图中,出现的人尽管只有如春天之鹤的白色姑娘,但我们分明看到了到处都是生活着的生命物体,到处都有生命的呼吸、身影、声音和足迹:天空绷紧大弓,把一只只鹰射进森林,云在峡谷中散步;林妖跑来跑去拾着红果;阳光刮亮一块块石头,一株株树干;风穿着筒裙,裙上绣满蝴蝶;大地披着麂皮……只有人的形体才有的动作,现在都赋予了自然,这在作诗技巧上称为"拟人化",它大剂量地贯注和运用在这首诗里,使《南高原》获得了超常的意义和审美价值。

瞩目《南高原》,诗人笔下的自然意象充满了人的欲望、人的力量和人性,实际上是使自然人化了,从而揭示了红土高原蕴藏着的强盛的生命力,并以此作为人的本质的对象化,并使人看到了自身的存在。

这是一曲宏大的生命礼赞!诗一开始,出场弹奏"生命之歌"的是南高原,人的影子如水中之盐,体匿性存,闪耀在粗犷古拙的琴弦上;压轴戏却是人的直接亮相——诗人深情的吟唱:"那一天我在你的红土中睡去/醒来时我已长出绿叶"——这真是万顷红土一点绿。这绿色——正是万物之灵长的人的生命力的象征,它结为饱满的生命之音符,在红土高原的时空里蔓衍,生生不息!

(戴 达)

一只蝴蝶在雨季死去　　　　　　　　于 坚

一只蝴蝶在雨季死去　一只蝴蝶
就在白天　我还见她独自在纽约地铁穿过
我还担心　她能否在天黑前赶回家中
那死亡被蓝色的闪电包围
金色茸毛的昆虫　阳光和蓝天的舞伴
被大雷雨踩进一滩泥浆
那时叶子们紧紧抱住大树　闭着眼睛
星星淹死在黑暗的水里
这死亡使夏天忧伤　阴郁的日子
将要一直延续到九月
一只蝴蝶在雨季死去
这本是小事一桩
我在清早路过那滩积水
看见那些美丽的碎片
心情忽然被这小小的死亡击中
我记起就在昨夜雷雨施暴的时候

我正坐在轰隆的巨响之外
怀念着一只蝴蝶

1987年

选自《于坚的诗》,人民文学出版社2000年版

  这首诗描述了一只蝴蝶"误"入或者说是城市占有了蝴蝶的生存空间而产生的悲剧,体现了都市文明与以蝴蝶意象所代表的自然本性的冲突。
  在大都市纽约繁华的地铁车站,仅仅一天时间,一只"金色茸毛的昆虫 阳光和蓝天的舞伴"——蝴蝶,就在和这个城市人之一的"我"匆匆地邂逅之后,"被大雷雨踩进一滩泥浆",结束了它美丽而短暂的一生。
  对于生活在繁华的纽约城里行色匆匆的都市人而言,一只蝴蝶的死去,简直微不足道、"小事一桩"。然而,尽管人们熟视无睹,习以为常,事实却是,在都市向大自然野蛮征服与贪婪索取的过程中,城市本身也变得那么的脆弱和不堪一击。一场大雷雨,就把纽约城搅得天昏地暗,"叶子们紧紧抱住大树 闭着眼睛"、"星星淹死在黑暗的水里";而"水泥森林"本来就缺乏大自然的天籁之音,以至于一只蝴蝶的死亡,更使"夏天忧伤"。
  诗歌不仅真实地展示了这种畸形"城市化"带来的严重后果,而且更通过"我"的视界和被这"死亡击中"而升华的心理体验,深刻揭示了都市人的集体性冷漠心态和隔膜的精神特征。在这方面,诗人对都市人是一种暗处理,重点在巧妙地通过"我"的一系列的视觉映像和心理描写来呈现的。这里特别要强调的是,诗中两次出现蝴蝶死亡地点的细节:第一次,"我"看见蝴蝶"被大雷雨踩进一滩泥浆";第二次看见"那滩积水"中被路人碾踏成"美丽的碎片"的蝴蝶残骸。如果说,"我"第一次看见蝴蝶"被大雷雨踩进一滩泥浆"时,更多的是为死于大雷雨的蝴蝶感到伤心,那么,第二天清早复又看见已经成为"美丽的碎片"的蝴蝶残骸时,"忽然被这小小的死亡击中"的心情就包含着更复杂、丰富的内容。除了伤心之外,是否还有谴责甚至自责? 城市人对一只蝴蝶的生命与美丽的消失所表现出来的那种轻慢与置若罔闻,难道不正是异化的现代都市文明的生态环境里那种冷漠的人与自然、人与社会、人与人关系的真实写照吗?这或许正是"我"深深"怀念着一只蝴蝶"时的真切的心境吧!
  诗人在诗中调动了"插叙""倒叙"和"蒙太奇"等一系列通常出现于小说、影视里的手法,用来渲染蝴蝶短促的生命过程和"我"的心路历程的戏剧化情景。例如,首句即出现"一只蝴蝶在雨季死去"的结局,形成悬念,又如诗中并存着两

个镜头:一个是"昨夜雷雨施暴的时候",一个是"我正坐在轰隆的巨响之外"。而通过"我记起"的剪辑,产生一种强烈的对比效应,产生的时空转换与对接的张力,使得"我"的视景紧凑而生动。另外,特别是在描写第二次目睹蝴蝶场景时,诗歌仍然保持有一些《罗家生》里那种收敛、甚至"压抑"着情感火苗过度迸发的"冷叙事"特征,从而产生意想不到的反向效果。

(张　新)

我梦想着看到一只老虎　　　　于　坚

我梦想着看到一头老虎
一头真正的老虎
从一只麋鹿的位置　看它
让我远离文化中心　远离图书馆
越过恒河　进入古代的大地
直到第一个关于老虎的神话之前
我的梦想是回到梦想之前
与一头老虎遭遇

1994年

选自《于坚的诗》,人民文学出版社2000年版

　　在这首诗中,所谓"真正的老虎",是指与保存在神话中的、图书馆里的、一切经由人类的文字、图片、影视等信息记录下来的,"知识""文化"化了的老虎,不同于大自然中真实的老虎。诗人的这个梦想与探秘自然界的动物世界之类的想法无关,在诗中,真实的老虎与"知识""文化"化的老虎是作为两个对立的隐喻出现的。而诗人的这个具有强烈感情色彩的"梦想",则表达了诗人对于"知识"与"文化"的严重质疑。

　　我们知道,几百年来,西方的启蒙运动和工业革命激活了强大的生产力,创造了一个前所未有的现代文明。因此,"知识就是力量"这个观念已经牢固地扎根在我们人类的知识系统中。但是,一味地对"知识"的崇拜,也可能走向反面。事实上,第一次世界大战后,首先在工业革命的腹地——欧洲,有识之士就开始警惕物质主义和技术主义的现代文明的异化问题。而到了今天,"知识"崇拜的异化程度已经到了触目惊心的程度,以至于"真正的老虎"在大自然中濒临灭绝,或许将来只能在图书馆这样的知识信息库里才能看到它们的存在。因此,对"知识""文化"的质疑,就是对隐藏在它们背后的现代文明的异化现象的质疑。

被人类知识诠释过的"老虎"已经变形、失真,甚至完全失去本来面目,它不再是一头真正的老虎。真正认识老虎,必须从被人为"知识""文化"化的老虎概念中解脱出来,"从一只麋鹿的位置 看它",而不是从"人"的立场看它。为什么?康德说:"人为自然界立法";启蒙者认为:"人是万物之灵长"。人类必须彻底地放弃人的这种优越感,对自己的知识进行批判性反思,掸去遮蔽认识世界的"文化积尘",才能以平等的立场对世界作出真实的反映。

整首诗的意象鲜明,对比强烈。从"梦想着看到一头老虎"开始,到"与一头老虎遭遇"结束,其间由近入远,从今及古,把"知识"与"文化"的代表性意象串连起来,结构完整,逻辑清晰。

(张　新)

【诗人小传】

张　烨

(1947—　) 女,浙江奉化人。1978年入复旦大学分校文献信息系学习,毕业后留校任教。1985年开始发表诗作。著有诗集《诗人之恋》《彩色世界》《绿色皇冠》等。

求乞的女孩,阳光跪在你面前　　　　张　烨

淡黄的长发披散着
宛如玉蜀黍的缨穗遮掩
珍珠般的脸盘
为着小小的愿望
你低垂着稚嫩的脖颈
默默地跪在阳光下
你是否觉得阳光也跪在你面前
就像树跪在落叶的苦难面前

选自《诗人之恋》,花城出版社1986年版

这首诗写得很短,但感情真挚,文笔质朴,颇耐人寻味。

在这首诗的画面上出现的"珍珠般的脸盘","稚嫩的脖颈"是个多么幼小可爱的生命;而大自然赋予她生的权利,却没有给她赖以生存的恩泽,使得她长发

枯萎，像玉蜀黍的缨穗一般，披散着，默默地跪在阳光下。这幅看似寻常而实不寻常的画面，足以激发悲悯，赢得同情。

诗人用工笔描绘阳光下跪着求乞的女孩，观察细致，感受深切；进而用夸张手法写跪着的阳光，构思大胆新奇，表现了诗人赋予表现对象以强烈的感情色彩的创作才能。在这首诗中"阳光"是个博大的意象，她将无量的光辉普洒大地，她将博大的恩泽广施人间。对比之下，"女孩""落叶"则是渺小的意象。然而诗中的"女孩"却是"阳光"的衍生物，就像树和落叶一样。阳光则是女孩的"上帝"，是"母体"。为了使这两个不同性质的意象能够沟通，诗人巧妙地运用了一个"跪"字。"跪"是全诗的诗眼，它使博大与渺小相联结，明朗与灰暗相交织，虚写与实写相呼应，从而铸成一个相反相成的美的和谐。

这一极富情感穿透力的"跪"字，是在倾诉求乞女孩淡淡的哀怨，还是吐露诗人对苦难和不幸的深切同情？是对阳光的谴责，还是阳光的自身的歉疚？是愤慨于阳光对女孩的寡恩，还是赞美阳光的博大爱心的回归？诗眼之妙，妙就妙在给读者留下一串颇有深刻思想内涵的问号，表现了诗人对时代生活的深沉思索。含不尽之意，让欣赏者得之，或许正是女诗人的用心所在吧。 （殷 仪）

诗人小传

翟永明

（1955— ） 女，河南孟县（今孟州）人。1982年开始发表诗作。后在一研究所工作。

女　人

翟永明

世　界

一世界的深奥面孔被风残留，
一头白燧石
　让时间燃烧成暧昧的幻影
太阳用独裁者的目光保持它
　愤怒的广度
并寻找我的头顶和脚底

女人

虽然那已是很久以前的事，我
　　在梦中目空一切
　　　　轻轻地走来，受孕于天空
在那里乌云孵化落日，我的眼眶
　　盛满一个大海
　　从纵深的喉咙里长出白珊瑚

海浪拍打我
好像产婆在拍打我的脊背，就这样
　　世界闯进了我的身体
使我惊慌，使我迷惑，使我
　　感到某种程度的狂喜

我仍然珍惜，怀着那伟大的
　　野兽的心情注视世界深思熟虑
　　　　我想：历史并不遥远
于是我听到了阵阵潮汐，带着
　　古老的气息
从黄昏，呱呱坠地的世界性死亡之中
　　白羊星座仍在头顶闪烁
犹如人类的繁殖之门，母性
　　贵重而可怕的光芒
　　在我诞生之前，就注定了为那些
　　原始的岩层种下黑色梦想的根
　　它们，靠我的血液生长
　　我目睹了世界
因此，我创造黑夜使人类幸免于难

选自《诗选刊》1986年第11期

仅就标题来看，此诗就足以牵动我们广阔的期待空间了。而作为组诗《女人》中的一首,它真正的命意在于:这是女人的"世界"。

一开始,诗人并置了两个核心意象:燃烧的"白燧石"和独裁者的"太阳"。后者是雄性的象征,前者则是雌性的象征。从远古起,月亮("白燧石"的本体)就成为女性的象征。中国文化性格中"阴阳"的概念如此,西方的神话阿芙罗狄蒂、赫加特,近东的神话伊师塔、阿斯塔尔忒、茜伯莉等都是月神。在这里,诗人暗示了一种难言的悲郁。太阳是悍厉的、向外的、有着某种"愤怒的"侵犯性,而月亮却是柔和的、向内的、"暧昧的"受虐者。两者共同支撑着博大的天空,但太阳中心的意识却支配了整个人类人文精神的历程!这是每一个具有精神独立性的女人所不断面临的现实命运和心理感受。在这一节,语词的重量全都压在"暧昧的幻影"和"独裁者的目光"这两个偏正词组上了。前者虚,后者实,道出了人类精神历程的极度不平衡。

接下来,诗人改造了有关女性受孕的神话,"我/在梦中目空一切/轻轻地走来,受孕于天空"。在犹太教和基督教教义中,夏娃违反了上帝的戒律,偷食禁果,被逐出乐园,成为人类罪恶之源。在这里,"我"成为夏娃的同义语,"我"改造了这一神话固有的意旨,成为人类之母、大地灵长之源。"我"本无罪,是"我""孵化落日",划开了人的天地。最大的自豪和最深的苦难集于女性一身,咸涩的泪在"我的眼眶盛满一个大海",长出纯洁而无言的"白珊瑚"。这一节与前一节造成逆向反动,极度的不平衡在"我"这一"世界"里被打破捣毁!整首诗开始出现深度反讽,社会意识的"有序"被化入个体生命体验的"无序"。

"海浪拍打我/……使我惊慌,使我迷惑,使我/感到某种程度的狂喜。"这里的"海浪",既是整个生存圈的象征,又是个体生命内部几种不同的感悟造成的场,它们包括精神和生理上的所有感觉,是寻求也是享受,是主动又是被动,是"伟大的野兽的心情"。传统的性别歧视在诗中化为一种深深的繁殖的自豪,这是对女性生命价值的某种肯定。关于这种生命体验,翟永明名之为"黑夜意识"——一种独立的、充分个人性的"世界",她说:"它是人类最初的也是最后的本性。就是它,周身体现出整个世界的女性美,最终成为全体生命的一个契合。"(《黑夜的意识》)

最后,诗人由黑夜的"白燧石"衍化成黑夜的"白羊星座"。羊性柔,近乎动物中的"雌性"(从借喻上说),但它是"人类的繁殖之门",闪烁着"母性贵重而可怕的光芒",这种生来就有的光芒,"注定了"它成为受难和诞生的双重源头。人类在母性的"血液"中"生长",永恒的生命之源默默啜饮下了一切,"目睹了世界"。正是这种被"创造"的"黑夜","使人类幸免于难",虽然,"在你的面前我的姿态就是一种惨败"(《女人·独白》),但这是一种高贵的"惨败",这就是女人的"世界"。

(陈　超)

【诗人小传】

车前子

(1963—　) 原名顾盼,江苏苏州人。初中毕业后做过营业员,后在民办学校任教。1982年开始发表诗作。

一 颗 葡 萄

车前子

一颗葡萄被结实的水
胀得沉甸甸沉甸甸后,坠落了。

坠落就是展开的过程。

这颗葡萄像一架绿色的软梯一直
　拖到了大地上。

结实的水被泥土吮干。
那些核就仿佛是从一扇门里出来
又开始爬向梯顶。
葡萄更多更多了乱哄哄地说
跳呵跳呵一起往下跳。

从很遥远的地方
跳下。　　跳下
我们。　　我们
一直跳到大地上

梯子从自己的影子中探长双手叉开两腿。
梯子把黑暗的影子从身上脱下。

从很遥远的地方
我们跳下后又爬上梯顶超越墙头眺望天外。

接近天堂的是梯子穿过地狱的是门。

星球转动我们生生死死。
但有一颗葡萄不会消失。
这颗葡萄像一架绿色的软梯从高处展开
　一直拖到了大地上。

选自《诗刊》1986年第11期

　　这首诗揭示了死亡与新生即坠落和升华这两种生命情调的共存。诗人通过自上而下又自下而上的,客观的又主观的流动视角,讲述了一个美妙的"故事"。一颗坠落的葡萄和"一架绿色的软梯"之间有着精神上的呼应。葡萄是实在的,"绿色的软梯"则是无形的,纯粹精神性的。"这颗葡萄像一架绿色的软梯一直/拖到了大地上",绿色的软梯用来形容葡萄坠落和重新生长的过程,实在是太微妙了。粗心的读者如果没有感到这里诗行配置的奇兀,那是因为,他轻易地放过了由"像"而点出的极为关键的关系,而自然联想到了绿色的葡萄藤。如果这样,这首诗就整个被败坏了。此诗的两个复现意象一颗葡萄和一架绿色软梯,造成的是虚实相应、平行推进的结构,前者是"事态"的具象发展,而后者则是"事态"的抽象进程。前者用诸多短句进行简洁的"交代",后者着意采用绵长的句型完成无限弥散的"具象的抽象"。诗歌结构的复杂、深入和孤立,于此可见一斑。这里如果再进一步借用立体派的审美眼光来看此诗的结构,我们会发现此诗的外形是格外考究的。这里有端凝的诗行像一串串沉甸甸的葡萄,有绵长絮叨的诗行像一架绿色的软梯,而第五节的排列形式则像一篷葡萄架! 这些视觉形式在这里是为了追求阅读快感,也是为了一下子就以"整体"的结构扑入你的眼帘。

　　从语言上看,本诗在文本接受方面几乎一无障碍。这里的语言态度不是一般的"体验"式的,而是一种冷客观的"讲说"。诗人没有"进入"葡萄,也无意于"移情",说来说去他只是做一个"窥视者",说来说去那只是一颗葡萄。在诗人看来,葡萄不一定非得和人的意志有关才显得重要,葡萄本身的生命力就足够他赞美了。这本身就是一种"精神",诗人不是"发现",而只是"呈现"罢了。这种不动声色的客观化处理,使诗的语言成为不可穷尽的东西,因为它没有表现更多,反而有着更多的东西被读者表现出来。

(陈　超)

【诗人小传】

多　多

(1951—　) 原名栗世征,祖籍辽宁。自幼在北京长大。后任《农民日报》记者。70年代开始诗歌创作。

致　太　阳

多　多

给我们家庭,给我们格言
你让所有的孩子骑上父亲肩膀
给我们光明,给我们羞愧
你让狗跟在诗人后面流浪
给我们时间,让我们劳动
你在黑夜中长睡,枕着我们的希望
给我们洗礼,让我们信仰
我们在你的祝福下,出生然后死亡
查看和平的梦境、笑脸
你是上帝的大臣
没收人间的贪婪、嫉妒
你是灵魂的君王
热爱名誉,你鼓励我们勇敢
抚摸每个人的头,你尊重平凡
你创造,从东方升起
你不自由,像一枚四海通用的钱!

选自《探索诗集》,上海文艺出版社 1986 年版一看这首诗的标题,便给人庄严、豪迈、无比自信的感受,带着先行的情绪读完全诗,直至读到最后一行才顿生困惑,于是又急急地想从头再来,去捕捉字里行间的奥义,一切都似乎太清晰,不由得让人生疑,作者的冒险几近成功。

历来,太阳被视作光明、正义、真理的化身,在古希腊神话中,光辉四溢、不知疲倦的太阳神阿波罗的权力极大,他主管光明、青春、医药、畜牧、音乐和诗歌等,并代表主神"宣召神旨"成为"掌管预言的神"。德国哲学家尼采在他的美学著作中认为日神精神是"某种类似梦境的、静态的、造型的美",人类赋予太阳至高无上的荣誉,甚至在人类文明进展中,太阳始终带有形而上的主宰意义。它既笼罩一切,扭曲一切,消磨一切,又无时无刻地酝酿一切,塑造一切,激励一切,面对这至尊的君主,人类除了感恩以外,还能渴求什么呢!多多的《致太阳》就是在芸芸众生对太阳的由衷赞美声中展开的。太阳把它无边的恩泽播给人类,它使人类永远倾向和睦、善良、勤勉,"给我们家庭,给我们格言","给我们光明,给我们羞愧","给我们时间,让我们劳动";它也使人类倾向执著、磊落、热爱和平,"给我们洗礼,让我们信仰","查看和平的梦境、笑脸","没收人间的贪婪、嫉妒";它还使人类倾向自尊、平等,"热爱名誉","抚摸每个人的头",它创造着一切,亘古不变。然而太阳无私奉献的境界越是崇高越是难以逆转它不自由的命运,因为面对人类赋予它的崇高使命,它别无选择,太阳的悲剧在于它毫无选择的自由,诗人用了一个形象的比喻"像一枚四海通用的钱"使整首诗无论是在内容还是结构上产生巨大的倾斜,这意味着太阳越是伟大,它的悲剧性也越强,因而全诗的反讽效果也越强烈。

总观全诗的意象结构是呈链型,大密度的意象成列成行向你逼来,使读者的知觉几乎发生超载。诗的语言也很直白,类似警句的简明、深刻,在节奏上造成一种短促、有力的感觉。在诗的整体结构上,前句与后句、上句与下句排列很工整,这正好与全诗的语言达到某种默契,造成一种思维定势,使每个读者不知不觉地误入诗人有意布置的迷津,直至真相大白。由此我们也许悟到在审美过程中的一个事实:当我们以为沿真理的航线自豪地行进时,我们也许已经毫无偏差地驶入谬误的水域。

(赵 奔)

春 之 舞　　　　　　　多 多

雪锹铲平了冬天的额头
树木
我听到你嘹亮的声音

我听到滴水声——一阵化雪的激动：
太阳的光芒像出炉的钢水倒进田野
它的光线从巨鸟展开双翼的方向投来

巨蟒，在卵石堆上摔打肉体
窗框，像酗酒大兵的嗓子在燃烧
我听到大海在铁皮屋顶上的喧嚣

啊，寂静
我在忘记你雪白的屋顶
从一阵散雪的风中，我曾得到过一阵疼痛

当田野强烈地肯定着爱情的芬芳
我的喊声淹没在栗子滚下坡的巨流中
我怕我的心啊，会由于快乐而变得无用！

选自《北京青年现代诗十六家》，漓江出版社 1988 年版

这是一阕用诗的音符敲击出的春之奏鸣曲。

全诗五节，三行一节，形式工整。

首节首句"雪锹铲平了冬天的额头"，犹如一朵报春花，它所塑造的形象既新鲜刺激，又寓含丰富的信息，宣告了击溃冬天的春天的首战告捷。有意思的是，写春之来临，却不着一个春字，意象乃阔大且厚实。那雪锹，是那么的势不可挡，而"铲平"两字，尽显其气势的凌厉，此句将冬天拟人化，令冬天在"雪锹"面前溃不成军的狼狈愈发形象。

首句如春之奏鸣曲的前奏，乐声由此澎湃开去——"树木／我听到你嘹亮的声音"。寒冬将退未退，早春的脚步还在路上，树木的吐绿尚在萌发之中，显然，诗人是在为春天的来临造声势，与其说是听到了树木内部发出的"嘹亮的声音"，毋宁说这"嘹亮的声音"来自诗人心中，是诗人内心的一种精神体验，一种对春天的企盼。

第二节延续第一节的抒情思路，仍然抓住冬天的尾巴不放，并且沿袭了首节末句写声音的诗脉："我听到滴水声——一阵化雪的激动。"此乃实写，引出的是

虚实相生的宏大的场景:"太阳的光芒像出炉的钢水倒进田野/它的光线从巨鸟展开双翼的方向投来。"这里,将太阳比作巨鸟、阳光比作钢水,形象而又新鲜。

第三节的意象最为奇崛,并且具有强烈的陌生化的艺术效果。那"在卵石堆上摔打肉体"的"巨蟒",那"像酗酒大兵的嗓子在燃烧"似的"窗框",那"在铁皮屋顶上的喧嚣"的"大海",奇异而令人闻所未闻的景象,如果再联想到诗的题目是《春之舞》,或许真让读者有丈二和尚摸不着头脑的感觉:如此这般的描述与春天有关吗? 法国当代结构主义美学家罗兰·巴特指出:"诗歌的字词永远不可能是虚假的,因为,它本身就是完整的。它闪烁着无限的自由之光,时刻准备照耀那些不确定而有可能呈现的千姿百态的关系。"(《写作的零度》)因此,读者在读这样的想象的弹性十足,即"闪烁着无限的自由之光"的诗句时,一定要集中精气神,打开自己的想象的阀门,随着诗所闪烁的自由之光一起翱翔。这里需要作一点提示的是,这一节同样也是抓住"声音"(再一次重复首节"我听到"这样的字眼,即重复或说是保持这一审美姿势,沿袭对"声音"的表现),展开不说是石破天惊也是别开生面的描摹,极力渲染春天与朔风搏斗,和冰雪鏖战,突出被冬天的重重包围时的声势。在这一节,声音的分贝达到了全诗的最高度,意在表明,春天不可阻挡地呼啸着、咆哮着,奔突而来。

第四节"寂静"两字,既是为前三节诗人抒写声音的思路作了一个证明,同时也为前三节抒写的声音画上了一个休止符。接下来"我在忘记你雪白的屋顶/从一阵散雪的风中,我曾得到过一阵疼痛"两句,是回忆,回忆冬给诗人带来的疼痛。从情绪脉络上分析,为春的喧哗共时呈示的冬的疼痛,是一种扬之后的抑,而这抑,是为了随之而来的更强健的扬。未见春而先闻其声。春在路上。春之声在路上。终于,我们见到春了! 诗的末尾一节由此铺垫后呼啸而出——

  当田野强烈地肯定着爱情的芬芳
  我的喊声淹没在栗子滚下坡的巨流中
  我怕我的心啊,会由于快乐而变得无用!

爱情的芬芳席卷田野!

终了,诗的末尾仍然回归"声音":"我"那欢欣无比的喊声淹没在栗子滚下坡时所迸发出的巨大的声音里,纷纷然,哗哗然。诗人对春的喜悦达到了高潮,扑入诗人视野的是春满人间的景象!

五节诗,除第四节宕开一笔,用倒叙以增加诗的厚度,其他四节,节节写声音,春之声。

春之舞是在春之声的音符上跳的。

(戴 达)

【诗人小传】

席慕蓉

（1943— ） 女，原名穆伦·席连勃，蒙古族，内蒙古乌兰察布市达尔罕茂明安联合旗人。1949年由内地到香港。1956年入台北师范学校学习。毕业后入台湾师范大学学习。1964年赴比利时布鲁塞尔皇家艺术学校学习。1970年回台湾，任教于新竹师范专科学校。

泪·月华

席慕蓉

忘不了的，是你眼中的泪
映影着云间的月华

昨夜，下了雨
雨丝侵入远山的荒冢
那小小的相思木的树林
遮盖在你坟上的是青色的荫
今晨，天晴了
地萝爬上远山的荒冢
那轻轻的山谷里的野风
拂拭在你坟上的是白头的草

黄昏时
谁会到坟间去辨认残破的墓碑
已经忘了埋葬时的方位
只记得哭的时候是朝着斜阳

随便吧
选一座青草最多的
放下一束风信子
我本不该流泪

明知地下长眠的不一定是你
又何必效世俗人的啼泣

是几百年了啊
这悠长的梦　还没有醒
但愿现实变成古老的童话
你只是长睡一百年　我也陪你

让野蔷薇在我们身上开花
让红胸鸟在我们发间做巢
让落叶在我们衣褶里安息
轻瞬间就过了一个世纪

但是　这只是梦而已
远山的山影吞没了你
也吞没了我忧郁的心
回去了　穿过那松林
林中有模糊的鹿影
幽径上开的是什么花
为什么夜夜总是带泪的月华

选自《无怨的青春》，花城出版社1987年版

　　这首诗的题旨，可理解为悼亡，抒写了爱的失落感；更深一层的理解，是表现爱的永恒。

　　开头的"忘不了"已奠定了全诗的情调。"忘不了"的是"映影着云间的月华"的"你眼中的泪"，所表露的凄婉情思颤动着人的心弦。泪，是痛苦的象征，被月华映影的泪，晶莹闪烁，"你"的痛苦是美丽的。诗的起笔两行，就创造了浓郁而优美的抒情境界。

　　然后是对"远山的荒冢"的描绘，诗尽情地渲染了悲凉。而"我"对"你"的祭奠，更充满着迷惘的哀伤："明知地下长眠的不一定是你"，却"放下一束风信子"来表达心意，同时又流下了泪（"我本不该流泪"正是流了泪的证明）。这种作为

真是痴得可爱！但这种痴情，正表明了"我"对你可谓一往情深。

接着续写"我"希望"你"没有死去，"只是长睡一百年"，"我"决心陪伴着"你"过一个世纪，等待着醒来的欢聚，这痴情的幻想，发自心坎深处的爱。然而"我"又清醒地认识到，这只是一个"古老的童话"，"只是梦"，是不能实现的，"我"的心情是多么矛盾和痛苦。这些痛苦沁入读者的心灵中了。

最后两句回应开头而又有所变化。既然花"夜夜总是带泪的月华"，那么，花也就是"我"心中的"你"了。

这首诗，无论是对景物的描绘、心理的刻画和动作的记叙，用笔都是细腻的，每一笔都饱含着感情。

（杨光治）

十六岁的花季　　　　席慕蓉

在陌生的城市里醒来
唇间仍留着你的名字
爱人我已离你千万里
我也知道
十六岁的花季只开一次

但我仍然在意裙裾的洁白
在意那一切被赞美的
被宠爱与抚慰的情怀
在意那金色的梦幻的网
替我挡住异域的风霜

爱原来是一种酒
饮了就化作思念
而在陌生的城市里
我夜夜举杯
遥向着十六岁的那一年

选自《台港百家诗选》，江苏文艺出版社 1990 年版

席慕蓉的诗，在诗歌体例上，属于自由体的抒情小诗。这类诗，一般没有什

么繁复的意象,拗口的辞句,轻盈而不艰涩,柔美而不深奥,蕴有某些思想火花,含有某些人生哲理,使人感到亲切可爱。这类抒情小诗,曾在五四时期的中国颇为流行,从冰心的《春水》《繁星》到"中国第一才女"林徽因的诗作,大体上走的都是这一路子。20世纪30年代以后,这一中国女诗人所擅长的诗歌传统,逐渐为残酷的战争和严峻的社会现实所湮没。40年代后期虽有"九叶诗人"中的二叶——陈敬容、郑敏的出现,但她们温婉沉思的声音,终究不敌《马凡陀山歌》《宝贝儿》之类时事打油诗的尖刻、粗犷与痛快淋漓,抒情小诗在中国遂陷于沉寂。席诗的出现及其轰动效应,倒使人看到了这类抒情小诗在诗坛的复苏。

毋庸讳言,席慕蓉的诗作所表现的思想主题以及诗歌意象,是相当单纯的,无论是奠定其诗名的《七里香》也好,《无怨的青春》《时光九篇》也罢,作者所反复吟诵的,无非是对逐渐逝去的青春岁月的频频回首,以及对自己所拥有的美满爱情的痴痴眷恋。这两种"惜春"的情绪体验几乎构成了席慕蓉诗的主要的题材和内容(另一个重要内容是乡愁,如《七里香》集中的《隐痛》《乡愁》《出塞曲》《长城谣》诸篇,但这类乡愁诗在席诗中所占的比重并不很大)。席慕蓉无疑是一位敏感而细心的"恋旧"型女诗人,她珍惜过去的每一滴眼泪,每一回欢笑,咀嚼一次次刻骨铭心的离别和重逢,一个个回味无穷的企盼与失落,借此传达自己生命历程中那些"甘如醇蜜,涩如黄连的感觉与经验"(张晓风《一条河流的梦》)。

于是,我们在《十六岁的花季》中,读到的第一节诗,从表面看来,诗人是在离别了所爱的人之后,不无伤感地对纯洁美好的恋情的哀悼,"十六岁的花只开一次",其实不然,作者所要表达的乃是千山万水无法阻隔爱情的坚贞、专一与穿透力,所以,虽然远隔重洋,可"在陌生的城市里醒来/唇间仍留着你的名字"。倘若没有第一节中对于离别的爱人刻骨铭心的思念和眷恋,决计不会出现第二节整段由表(衣裙)及里(情怀)、凭梦织网的倾诉衷肠。这里,"异域"二字显然与上文"陌生的城市"相呼应,而"风霜"则意味双关,既形容异国他乡的风寒霜冷,也暗指远离爱人的凄清孤寂,因为前者只需添衣御寒,唯有后者,才会"在意裙裾的洁白",重温"被宠爱与抚慰的情怀",抖开"那金色的梦幻的网"。因而,第三节一起头便出现了可圈可点的警句:"爱原来是一种酒/饮了就化作思念。"如果诗有诗眼之说,那么此句便是点睛之笔,"酒",正是上承"风霜"二字而来。原来,诗人踏入陌生的城市,面对"异域的风霜",她自有驱寒之方:斟一杯满满的爱情之酒,饮下,可以回味无穷;醉了,"唇间仍留着你的名字"。难怪"在陌生的城市里/我夜夜举杯/遥向着十六岁的那一年"。整首诗表述的就是这样一种对爱情之醇酒的眷恋、赞美之意。

不过,这里有一个问题,如此缠绵悱恻、忠贞不渝的爱情表白,似乎与"十六岁的花季"的题目不太谐调,尤其是每当诗人提起对远方的爱人的思念时,就接上一句"十六岁的花季,只开一次",或是"遥向着十六岁的那一年"。席诗中常常出现"十六岁"字样,如"弹箜篌的女子也是十六岁吗"(《古相思曲》)以及"想起她十六岁时的那个夏日"(《青春·之二》),这就容易给人一种错觉,以致读者为席慕蓉的"十六岁的花季"所眩惑。然而,正如一年深知席慕蓉的台湾评论家曾昭旭指出的:"她所说的十六岁并不是现实的十六岁,她所说的别离并不是别离,错过并不是错过,太迟并不是太迟,则当然悲伤也不是真的悲伤了。……其实诗人虽说流泪,却无悲伤;虽说悲伤,实无苦痛。她只是借形相上的一点茫然,铸成境界上的千年好梦。"(《无怨的青春》跋——《光影寂灭处的永恒》)

所以,"十六岁的花季"也好,"十六岁的那一年"也罢,无非代表了人生中最美丽的金色年华——青春而已。于是,我们又一次看到了席慕蓉那些"惜春"诗中青春与爱情的合二为一。

(钱 虹)

【诗人小传】

李 琦

(1956—) 女,黑龙江哈尔滨人。曾到农村插队落户,做过中学教师,大学毕业后在哈尔滨体育学院执教。后为黑龙江文学院院长、黑龙江省作协副主席。

雪 山

李 琦

只一眼便想忘掉你
忘掉!
忘不了你终生怎么平静

你雍容于远方
远方明哲而温柔了
那少妇静卧的曲线呵——
美丽的乳胸下

软蠕美丽的腰腹
每个小小的起伏都如此销魂
你辟煌得曲高和寡
你高洁得让我绝望

在我的来路与去路间耸起
你的圣洁其实只是无意
阳光下你一闪一烁
那是永远神秘的文字
那是你对世纪的凝语

男人望你而思圣洁的女人
女人望你而想庄严的男人
你的寓意早已超出了自身
神话与幻想
原来就是这样诞生

我向北你的美丽悲怆向北
我向南你的美丽悲怆向南
有过这样的时刻是否叫作幸福——
望着你我忍不住
泪流满面
你这额如白岩石的
仪表堂堂的哲人啊

千呼万唤我的雪山啊
一言不发我的雪山啊

选自《诗刊》1987年第7期

这首诗是女诗人在甘肃河西走廊沿丝绸之路旅行时所作。雪山,即指祁连山,当然又不仅仅是指祁连山。诗一开头,就赋予雪山以生命和鲜明的性格:"只一眼便想忘掉你/忘掉!/忘不了你终生怎么平静。"雪山的蜿蜒起伏,逶迤千里,犹如"少妇静卧的曲线",裸陈在碧空旷野之中,是非常美丽的。"你辟煌得曲高和寡/你高洁得让我绝望",诗人的倾慕赞美之词,脱口而出,使人想到雪山之崇高辉煌,洁白无瑕,高耸于蓝天白云之间,给人一种高不可攀的感觉。

  第三节是诗人与人格化了的雪山的对应,雪山在诗人的"来路与去路"之间耸立,一闪一烁显示出它的圣洁,似乎在昭示着诗人的感悟。因为雪山是不能言语的,但它本身巍峨崇高的形象,就是一个自我说明。由此发展联想到后面一节诗句:"男人望你而思圣洁的女人/女人望你而想庄严的男人/你的寓意早已超出了自身。"寓意是什么,诗人并未说出,每一个人生阅历和人生经验不同的人,会有不同的感受和体验,诗人留下创造的空间,让读者自己去补充和诠解。

  最后两节是诗人的自我观照和心理剖析。当结尾两句呼喊出"千呼万唤我的雪山啊/一言不发我的雪山啊",一种由衷的赞美和渴望之情,跃然纸上。读到这里,令人怦然心跳。挥之再三而又排遣不去的眷恋之情,渴求而又得不到的绝望之感,回荡在字里行间,产生了回味无穷的艺术效果。

  《雪山》这首诗在艺术表现上采用了象征手法。诗人在字面上是歌唱雪山,实际上是赞美人生中的一种真、善、美的境界,这可以从诗人运用的"辟煌""高洁""圣洁""庄严"等词汇看出来。这种境界可能是友谊、爱情,或是事业、理想,等等。由于生活中不可能尽善至美,理想和现实充满了距离和矛盾,诗人方感到一种沉重的失落感。这种心绪贯穿在整首诗中,造成了一种明丽而又悱恻的、鲜朗而又缠绵的氛围。

  在语言上,诗人汲取了古典诗词中的语汇,与现代口语相结合,准确妥帖,恰到好处。如"辟煌",《尔雅·释诂》中释为:"辟,君也。"煌,则是明亮貌。用以形容雪山之威武辉煌,可谓确切。其余如"雍容""明哲""曲高和寡""悲怆"等,都是如此。可见诗人在用词遣句、提炼推敲上是下了功夫的。

(宁　宇)

诗人小传

吕德安

(1960—)　福建福州人。大学毕业后分配到福建省外文书店工作。80年代开始诗歌创作。后往返于纽约与福州两地生活。

父亲和我

吕德安

父亲和我
我们并肩走着
秋雨稍歇
和前一阵雨
像隔了多年时光

我们走在雨和雨的间歇里
肩头清晰地靠在一起
却没有一句要说的话

我们刚从屋子里出来
所以没有一句要说的话
这是长久生活在一起
造成的
滴水的声音像折下的一支细枝条
像过冬的梅花

父亲的头发已经全白
但这近乎于一种灵魂
会使人不禁肃然起敬

依然是熟悉的街道
熟悉的人要举手致意
父亲和我都怀着难言的恩情
安详地走着

选自《中国当代实验诗选》,春风文艺出版社 1987 年版

这是一首抒写父子情深的抒情诗。

吕德安在1982年曾组建过一个民间诗社"星期五诗群"。他在宣言中这样写道："我们把'星期五'这个大家都清闲的文字命名于诗群。从某种意义上讲，这个名称跟我们写诗的动机有一定关系，即带有一种愉快的倾向。这也使我们尽量以平凡而简洁的态度让诗歌处于正常的关系中。我们没有自称什么流派，近乎是为了能更自然地窥视出诗属于每个人自己的那部分。"(《中国现代主义诗群大观》)

《父亲和我》正是吕德安对自己的诗歌观的一个完美的实践。

全诗"以平凡而简洁的态度让诗歌处于正常的关系中"，让读者"更自然地窥视出"诗人创作的诗是属于诗人"自己的那部分"，"带有一种愉快的倾向"。

平淡的生活，平淡的生活细节，诗人用平淡的语调像拉家常一样娓娓道来。虽然诗人笔墨用力平淡，但父与子的生活的剪影在时间的流水里，却显得那么清晰，个中缘由，一是选择了一个意味隽永的动作：走("父亲和我／我们并肩走着")；二是选择了一个意味隽永的场景：秋雨。"父亲和我"，"走在雨和雨的间歇里"，这雨，这秋雨，"和前一阵雨／像隔了多年时光"。显然，"父亲和我"在秋雨和秋雨的间歇里并肩走着的情景寓有淡淡的象征意味。秋雨，丰收时节的雨；秋雨，寒冬来临前夕的雨。人生如秋雨。而"父亲和我都怀着难言的恩情／安详地走着"，走在秋雨和秋雨的间歇里。这里的所谓"难言的恩情"，指的是父子两代人对包括秋雨在内的大自然的感恩，同时也是儿子对抚养自己成人的父亲的感恩。

诗人将有节制的、发自内心的感情泼洒诗行，全诗通篇以白描见长，唯"滴水的声音像折下的一支细枝条／像过冬的梅花"这两行诗，集通感(声音像折下的细枝条、过冬的梅花：听觉向视觉挪移)、抽象化为具象(抽象的声音化为可观的具象的细枝条、梅花)和远取譬于一身，表面上是写秋雨滴水的声音，实质是倾情歌咏父爱。那带有诗人个人独特的生活烙印和情绪记忆的"折下的一支细枝条""过冬的梅花"，寄托的是诗人对自己父亲深深的爱呵！

(戴 达)

桂兴华

【诗人小传】

(1948—) 浙江宁波人。1982年毕业于上海电视大学中文系。1970年赴乡村插队务农，后历任凤阳师范学员，定远县文化局创作员，上海市蔬菜公司职工学校教师，《文学报》记者、编辑，《上海文化报》副刊部副主任，《开放月刊》总编室主任等职。1976年开始发表作品。著有诗集《第一次诱惑》，散文诗集《长长的街》《美人泉》，报告文学集《上海夜生活众生相》《命运的眼神》，长诗《跨世纪的毛泽东》《邓小平之歌》等。

父 亲

桂兴华

——题罗中立同名油画

一

一道道牛车的辙印,
化成了你额上的皱纹。
那是你拖着小村的贫困,
绕过了弯弯曲曲的田埂——
既犁下了对早春的爱,
又犁下了对寒冬的恨……

二

这碗清亮亮的井水,
是你赤裸着古铜色的背脊,
一次,又一次,
从荒岗深深的岩层下吊起。
在这烫得快要冒烟的炎夏呵,
我多想,多想成为一口井,
盛满了你的梦,供你汲取。
让我清澈的心愿,
留在你干枯的瞳仁里……

三

你的沉默是凝固的话,
像这黄土一样板实。
沉默,在记录风的纷乱;
沉默,在活埋雨的腥热;
沉默呵,在迎接开垦的季节。
终于,春天扛着木犁来了,来了!
你坦开了郁积多年的相约:
撒一把种子,

就有一树红高粱的喜悦……

四

别再让烟
熏焦你枯枝般的指头。
最后吸一口吧,
最后缓缓地吸一口。
然后,把愁思抛丢——
看!霞一般的苹果园里,
不正点起红艳艳的秋?
这飘动缕缕香馨的秋呵,
将在你的栽培下燃个不休!……

选自《第一次诱惑》,学林出版社1987年版

  诗人在给画家的同名油画题诗。写得诗中见画,画中见情。在题画诗里不可多得。

  诗中再现清晰生动的画面,传达出黄土高原特有的风情:土地的板实,"小村的贫困"、"弯弯曲曲的田埂"、"一道道的辙印"、"清凉凉的井水"、"深深的岩层"。在这充满地域特色的背景上活动着形象丰满、个性突出的人物——扶犁开垦的饱经沧桑的一位山区老农,他赤裸着古铜色的背脊,额上镌刻道道皱纹,瞳仁干枯,指头熏焦,在"烫得快要冒烟的炎夏"里,"坦开了郁积多年的相约",扶犁开垦,播撒希望。那碗"从荒岗深深的岩层下吊起"的"清凉凉的井水",映照着他甜美的梦。

  诗人绝不满足于再现画面,他充分领悟画家题旨,发挥丰富想象,把它挥写得淋漓尽致。"那是你拖着小村的贫困,/绕过了弯弯曲曲的田埂——/既犁下了对早春的爱,/又犁下了对寒冬的恨……""霞一般的苹果园里,/不正点起红艳艳的秋?/这飘动缕缕香馨的秋呵,/将在你的栽培下燃个不休!……"这些联想丰富的诗句,其内涵远远超越画面本身,却又是画面的自然延伸。诗歌又通过时隐时现的"我"的形象,抒写了诗人、艺术家对哺育自己的劳动人民的赤子之心。尤其是第二节诗句:"我多想,多想成为一口井,/盛满了你的梦,供你汲取。/让我清澈的心愿,/留在你干枯的瞳仁里……"这是深情的内心独白,这是膜拜的赤子,向"父亲"奉献的一颗诚挚的爱心。这些都是原画所难以包含的,诗歌却表达得情辞恳切,含义深厚。

这首题画诗很有特色,诗人熟练地运用了移像手法,把多种不同的物象沟通起来,创设一种既深沉又空灵的独特意境。诗的第一节从"一道道牛车的辙印"到"你额上的皱纹",到"弯弯曲曲的田埂",诗人抓住物象的共同特征:一条条,弯曲,把它们融成一体,使读者感受到一种多层次的现代诗的底蕴。第二节从"清亮亮的井水"到"赤裸着古铜色的背脊",第三节从人的"沉默"到"黄土的板实",都包含了从客体的物到了主体的人的迁移融合,写得灵动厚实,意境独具。

诗人又运用虚实相生的写法,既清晰勾画人物的形貌,又充分展示人物的内心,密切结合,相得益彰,使"父亲"的形象得到完整凸显。比如,"我"要成为一口井去盛满"父亲"的梦;又如春天来临,"父亲"坦开了郁积多年的相约。特别是"飘动缕缕香馨的秋",将在"父亲"的栽培下"燃个不休"。这"燃个不休"的又何止是缕缕的香馨,丰收的秋色,更是"父亲"那多年的梦想,不息的追求。从这些诗句,我们不难体会那古铜色身躯里燃烧着一颗不同寻常的心。

这不正是世世代代劳动人民的共同追求吗?很平常,又何其伟大!

(周忠乔)

【诗人小传】

陆忆敏

(1962—) 江苏南通人,出生于上海。上海师范大学中文系毕业。做过中学教师,后为公务员。"第三代诗人"代表之一。诗作多表现物质与现象的抽象联系,风格优雅而节制。

美国妇女杂志

陆忆敏

从此窗前望去
你知道,应有尽有
无花的树下,你看看
那群生动的人

把发辫绕上右鬓的
把头发披覆脸颊的

目光板直的,或讥诮的女士
你认认那群人,一个一个

谁曾经是我
谁是我的一天,一个秋天的日子
谁是我的一个春天或几个春天
谁？谁曾经是我

我们不时地倒向尘埃或奔来奔去
夹着词典,翻到死亡这一页
我们剪贴这个词,刺绣这个字眼
拆开它的九个笔划又装上

人们看着这场忙碌
看了几个世纪了
他们夸我们干得好,勇敢,镇定
他们就这样描述

你认认那群人
谁曾经是我
我站在你眼前
已洗手不干

选自《中国当代实验诗选》,春风文艺出版社1987年版

　　和陆忆敏同时期的女诗人翟永明这样评析陆忆敏的诗:"读她的诗总是给我的心重重一击,于是我的心里总似有一道指痕来自于她目光的注视和穿凿。她的力量不是出自呼喊,而是来自磨尖词语的、哽咽在喉式的低声诉说,这诉说并不因了她声音的恬淡平静而弱化,恰恰相反,她那来自生命内部的紧张、敏感与纯粹,从她下意识的深处扶摇上升,超越词语和意象,就像她本人柔而益坚的形象,'用眼睛里面的黑色(或咖啡色)瞳仁向你微笑'(陆忆敏语)。"(《在一切玫瑰之上》)

陆忆敏的《美国妇女杂志》一诗，恰是印证了翟永明这样的一语中的的评析。

和将所有的女性处理成一个整体，向男权的整体作出挑战的翟永明等现代女诗人不同，作为生于1962年的现代女诗人的陆忆敏，她着力诉说的是自己作为一个女性个体在现实生活中的感触、感悟，以及置身现实所体悟到的困惑和困境。而这一切凸显于诗的表述，如翟永明所评析的，声音是"恬淡平静"的，是一种"磨尖词语的、哽咽在喉式的低声诉说"。

陆忆敏的《美国妇女杂志》便是这样的诗作。

诗题为《美国妇女杂志》，诗的首句"从此窗前望去"，"此窗"，指的便是《美国妇女杂志》，顾名思义，它应是一本报道和反映妇女生活的刊物。诗人将它作为一扇窗，看世界，准确说，是看这世界的女性。美国是当今世界上市场经济最发达的国家之一。《美国妇女杂志》报道和反映的女性，一定是令人眼花缭乱的。在市场经济最发达的时空，作为女性，在许多场合，是被物化了的。女诗人的"我"，她看到了什么呢？表面上看只不过是一幅普通的女性生活的场景，且冠以"生动的"这样的形容词，很容易让没有现代诗阅读经验的读者从正面去理解，得出女性生活精彩丰富的结论。好在诗人写下了一个明白无误的告示，这一幅女性生活的场景，发生在"无花的树下"。女性如花，女性的生活不能没有花。发生在"无花的树下"的女性生活是扭曲的、畸形的。"生动"也就变成了扭曲的、畸形的"生动"了。不经意间，此一解读成了解读全诗主旨的一个关键点。由此一个关键点解读下去，第二节"把发辫绕上右鬓的／把头发披覆脸颊的／目光板直的，或讥诮的女士"，所有这些对女性的描摹，带给读者的是一种冰冷的、凌乱的、呆滞的，甚至是嘲谑的感觉。

第三节的描述，表明身在其中的女诗人自己，也不能摆脱作为一个女性在纷繁的世界所直面的性别的尴尬，不能摆脱作为一个女性在商业大潮和消费主义的冲击下所遭遇的困惑和困境。"我"是女性。女性是"我"。"我"是女性中的一员。女性中的一员就是"我"。女性度过的"一个秋天的日子"，也就是"我"度过的"一个秋天的日子"，岁月绵延，女性的"一个春天或几个春天"，在"无花的树下"的日子里有"我"蹒跚的身影。值得注意的是，这一节用的全是设问句，既表现了女诗人的内省意识，也是对女性自身命运真相的拷问。每个女性的困惑和困境不仅仅是她个人的困惑和困境，也是绵延几个世纪的全体女性生存的困惑和困境。

红尘滚滚，人生匆匆，女性生存的困惑和困境至死也未能摆脱，悲凉之雾，遍及全诗。第四节诗人抒情的关节点即在于此。令人惊奇的是，诗人在写死亡时是那么冷静,这是陆忆敏处理此一题材的一贯风格。譬如她的《死亡是一种球形糖果》:"死亡肯定是一种食品/球形糖果圆满而幸福";再譬如她的《可以死去便死去》:"幼孩在阳台上渴望/在花园里奔跑/就抬脚迈出。"在《美国妇女杂志》这首诗里,诗人将"死亡"两字,用"剪贴""刺绣""拆开""装上"等动词,赋予它不同的表现形式。经诗人此一处理,死亡变得随和而又简单了。死的表现形式再怎么变化也还是死,这里并不是指单个女性的生命的结局,而是指人类整体女性的宿命。

观览女性在"无花的树下"的"生动"的人生戏剧,弃女性生存的困惑和困境至死也未能摆脱的现状于不顾,或说是此一现状的不被世人所认识,所以才有了"他们夸我们干得好,勇敢,镇定"这样的看似轻松实则沉重的描述。世人皆醉了。诗的第五节我们看到了诗人"目光的注视和穿凿",诗人对现实的质疑充溢诗的字里行间。随即,诗人"目光的注视和穿凿"、诗人对现实的质疑,这一切都变成了从她置身其内的那个麻木的群体抽身而出的举动,诗的末尾霍然拔出匕首似的诗句:

  我站在你眼前
  已洗手不干

陆忆敏说过,"即使在涉及死亡问题的时候,我也并不处于消沉之中"(《中国当代实验诗选》)。我们有理由认为,抽身而出以前的陆诗人已死,抽身而出以后的陆诗人获得了新生。所谓的"洗手不干"并不是不干,而是不再退回到抽身而出以前的生命存在的方式,是以新的生命存在的方式安身立命于这个世界。

(戴 达)

【诗人小传】

芦 萍

(1931—) 原名杨风翔,黑龙江巴彦人。1949年开始发表作品。1951年入东北人民大学学习。毕业后在吉林大学执教,后任《长春》月刊编辑部副主任、吉林省出版局副处长。曾任中国作协吉林分会副主席、《诗人》杂志主编。

没有靠岸的船   芦 萍

你用感情编织着一块洁白的绢

送给我做了航行的帆
我不怕浪花打湿了双脚
大风摇晃着支撑事业的桅杆
我是一条远航的船

真希望你等待在岸上
看航标灯伸延过来的思念

多少个不眠的日日夜夜
在大江里捕捞着生活的夙愿
事业与爱情是两只船桨
我曾把残月摆渡成浑圆
可我离岸还很远,很远

真希望你伫立在岸边
宛如一座雕像在我心间

选自《下弦月》,中国文联出版公司1987年版

  《没有靠岸的船》是一首意味隽永的爱情诗。诗人以"船"作为喻体,就此展开联想,倾吐对事业与爱情的眷恋。在第一节里,爱人"用感情编织"的"洁白的绢","给我做了航行的帆":爱情是"帆";而事业,就是那支撑全船的"桅杆"。在第三节里,事业和爱情又成了"两只船桨",缺少一个,"船"就不能沿着既定的方向破浪向前。缠绵于爱情不问事业,那样的心灵过于自私与狭小;只求事业规避爱情,那样的心灵又必定单调而不健全。诗人没有提出事业与爱情的取舍问题,而是肯定爱情与事业同样重要,这就显示了一种摈弃虚伪的坦诚,一种更加自然更加成熟的人生态度。

  为了强化诗人情愫的张力,全诗采取"五二、五二"变奏格式,在迂缓而紧凑的吟咏之后,以简短的祈望"真希望……"收束,两次叠唱:"等待"变为"伫立","航标灯伸延过来的思念"化作"一座雕像在我心中",益发深沉,颇有余音绕梁的效果。

  这条"没有靠岸的船",并无企盼靠"岸"之意。它经受着"浪花""大风"的考

验,"多少个不眠的日日夜夜",它"曾把残月摆渡成浑圆",可"离岸还很远,很远",这就升华了全诗的格调,使抒情主人公对爱人的思恋进入一种达观的境界——它既是事业的依托,又是不可避免的人生痛苦与欢乐的来源!

(朱　晶)

> **【诗人小传】**
>
> **欧阳江河**
>
> (1956—)　原名江河,四川泸州人。1975年高中毕业后下乡插队,后到军队服役。1986年到四川省社科院工作,1993年曾赴美国,后居北京。著有长诗《悬棺》、诗集《谁去谁留》等。

纸上的秋天

欧阳江河

秋天和月亮来到纸上
老去的人们相见如初
重新迷恋日出时的理想
月落时散步,叹息天空的深邃

这是一个正在结束的秋天
但在开始之前,有更远的开始
通向一个难以反复的下午
哪儿,情绪被秋风写遍

而我微笑着,去掉眼中之人
以一本书的速度谈论南方
快到死亡时,停住,回头
烈烟和白雪夺眶而下

城市的街道灿烂
墨水从肉体流向笔端

>   但在乡村,在一天的四季里
>   婴孩和果实不停地掉落
>
>   我看见田野里稻草人的舞蹈
>   夕阳无声,十面埋伏
>   尽管纸撕碎了千里外的耳朵
>   我还是能听到光,寂静,或逝者
>
> 选自《诗刊》1988年第8期

20世纪80年代后期,朦胧诗大潮逐渐式微,这派诗人在诗情与诗艺两方面寻求突破。《纸上的秋天》一改早期朦胧诗对现实生活过度的激情与贴近,将情感体验提升到形而上的哲学层面加以思考,而在诗艺上,则间离了诗情内涵与诗的外显形态的过度联系,在保持了以象征为基础的创作方法的同时,借鉴了多种现代修辞手法,一如诗人自己所说,尽量能使一事物中包藏众多事物,能使一个瞬间演变成无穷瞬间的多重理解。因此,这首诗虽然略显晦涩,但是却包容了丰富的意蕴。

诗的首句"秋天和月亮来到纸上"就大体包含了解读这首诗的基本方法。秋天和月亮代表一年和一昼夜的尾声,结合第二句"老去的人们相见如初",就知道这是"老去的人们"对暮年重逢的喜悦和对逝去岁月的追忆。串起下面出现的"一本书的速度谈论南方""墨水从肉体流向笔端""纸撕碎了千里外的耳朵"等句子,"纸上"这"一事物中包藏众多事物"的内涵大体可以勾勒出来了。它的多重含义可能包括:从实景讲,可能是"老去的人们"在借助于画与文字(也可能是作画与写作)追忆历史;它也可以代表老者思绪的虚拟"载体"。以这一逻辑,老者迷恋的"日出时的理想"当然是指年轻时纯真的或爱情、或亲情、或友情以至于年轻时的愿景。"往者不可谏,来者犹可追",在"叹息天空的深邃"的同时,唯有珍惜执手"月落时散步"的时光!

不说"很久""遥远"之类的词,而说"开始之前,有更远的开始",这是一种化静为动、表现动态时间流的很新颖、很诗化的修辞手法。而且它还和首句的"来到"、第二节首句的"正在结束的秋天"相呼应,都旨在表现追忆的动态进程。"情绪被秋风写遍"又是一个诗化的意象,"秋风"既代表季节,又暗蕴愁绪。它铭刻着老者一个难以忘怀的、伤感的历史情景断片,在那个"下午"。

往事如烟,如今"我"以微笑抹去重新浮现在"眼中之人"。"以一本书的速度

谈论南方",那个"南方"可能是"故事"的实景,也可能是虚指:以柔情似水、多愁善感的南方气质象征那个记忆空间。"一本书的速度"是容积与速度不同概念的兼容,是异质属性的意象叠加。在语义上本来不能成立偏正结构,然而,这种"无理之理"的高度省略式手法却使得内涵的表现既经济又丰富。"一本书"是老者的记忆故事的容量,也可以是"眼中之人"的全部人生,甚至可以是"谈论"时主体情绪倾诉的难以平息。因此,当"一本书"与"速度"奇妙组合时,它可以表示"谈论"内容的丰富(容量)、"谈论"时间的漫长(时间)以及"谈论"主体情绪的缠绵。正因为包含了容量与时间的内容,所以就又有下一句"快到死亡时,停住,回头",这是追忆的触角快接近那个"人"的"死亡"情景时的不堪回首。此时,老者热泪盈眶,用"烈烟和白雪"两个意象暗喻情愫的炽烈与纯真。"墨水从肉体流向笔端",则是一种刻骨铭心的情感流露。

此时,情景从城市转换到农村,一派日出而作、日入而息、周而复始的农耕社会景象。这里,时间凝固、消失了,"时间隧道"复让他们心灵沟通,使"千里外"的声音呼应一气。诗人在"尽管纸撕碎了千里外的耳朵/我还是能听到光,寂静,或逝者"这样的句子里运用了诗学上的感觉交错的通感手法,遂产生不可能为可能的奇妙诗境。

注意,诗中的"老去的人们"和"我"是交替、重叠出现的。诗人写这首诗时还是个年轻人,这说明,诗人不仅是在说一个"老去的人们"的故事,从形而上的哲学层面,它具有多重的象征和联想涵义,对人生、生命、现实与理想,等等,都具有认识意义。

(张 新)

履 历

欧阳江河

一群朝圣归来的年轻人
举起笔和愤怒的双拳
抗议玫瑰色的谎言
他们刚刚从黑夜中醒来
眼珠和飘动的毛发都是乌黑的

他们在语言的象牙塔内雕塑自己的形象
历史却在象牙塔外
旋出五光十色的鸟群
从此每一种表情只诉说晕眩

光把他们的眼神用七种颜色到处涂抹
这颜色无可挽回地燃成一大片迷惘的火
挣扎着，抽搐着，舐噬空气和肺叶
每一阵风过都吹落一只眼睛
每一只眼睛都分泌着矿物的汁液
临终的时辰被瞳孔无限放大

直至化为乌有
一个牙雕的世界坍塌了
他们的自画像枯萎、凋残，如落叶
他们长大了——感情被太阳晒成青铜

他们感到冻土的寒冷
因为他们有体温
他们的呼吸和眼泪和心之颤动都是炽热的
还有他们的血
那粘稠的血、呼啸的血、岩浆的血

选自《朦胧诗二十五年沉思》，上海社会科学院出版社2002年版

  欧阳江河的诗《履历》是生于1956年的欧阳江河们的履历，是整整一代人的履历；是恰如诗人顾城的代表作《一代人》中所描绘的"黑夜给了我黑色的眼睛／我却用它寻找光明"那一代人的履历。确切地说是趟过十年浩劫之火的那一代青年的"履历"。质言之，欧阳江河的《履历》，是对十年浩劫的责难、诘问与反思。
  凝重、犀利、冷峻，是《履历》的情绪基调。
  全诗通篇均以意象组成，含义深邃、隽永，委婉中见直率，在诗的语言和意象的表层蕴藏深意，令人在咀嚼、玩味之后，产生振聋发聩之感。
  第一节第一句便将一代人推至追光灯映照下的舞台中心："一群朝圣归来的年轻人。""朝圣"应是暗喻红卫兵在"文革"中盲目的疯狂。紧接着的是写这群年轻人在"朝圣"后的进一步疯狂，他们"举起笔和愤怒的双拳／抗议玫瑰色的谎言"：口诛笔伐还动武，所打击的对象竟是"玫瑰色的谎言"，因此，这一句实质上表明了作者对红卫兵的"革命"行动的自省与彷徨。首节作结的两句"他们刚刚

从黑夜中醒来/眼珠和飘动的毛发都是乌黑的","黑夜"暗喻噩梦般的十年浩劫,当红卫兵们从十年浩劫中走出,他们依然年轻,而此前,年轻的他们因为年轻,所以易于轻信、冲动,易于被人利用。

诗的第二、第三节续写一代人在十年浩劫中的所作所为。众所周知,"文革"是一场以文字为先锋的所谓的"文化革命运动",大字报是"文革"中与棍棒、拳头一样重要的武器,在"语言的象牙塔内雕塑自己的形象"中的"语言的象牙塔"当指这一层含义。历史却并不像那些颠倒黑白的大字报上的文字亦即"语言的象牙塔"所污蔑的,所以"历史却在象牙塔外/旋出五光十色的鸟群"——在那个混淆视听的年代,历史被匆匆来去的政客弄得面目全非,扑朔迷离,以致使人们"晕眩"。第三节应了第二节的最后一行"光把他们的眼神用七种颜色到处涂抹",承上启下,带出"这颜色无可挽回地燃成一大片迷惘的火",诗句的含义是第二节的整体含义的延伸,历史是真实的,但被居心叵测者歪曲,指鹿为马,一代青年因此陷入了"迷惘"。"迷惘"两字是诗的第三节的"诗眼",这一节的所有的描写都由此生发开去。

诗的第四节真正进入了对十年浩劫大火熄灭后的一代青年的情态的描写。从狂热、迷惘进而沮丧、失望,一句"他们的自画像枯萎、凋残,如落叶",是一代人彼时彼地的形象与心态的写照。而"他们长大了——感情被太阳晒成青铜",当指这一切都成历史这一冷酷的事实。

最后一节略露亮色。经历了疯狂、迷惘、沮丧和失望的一代人,身心在逆境和厄境中长大的一代人,不甘沉沦地以体温、热血,去抵挡"冻土的寒冷",尽管那份狂热的感情已被太阳晒成青铜。

朦胧诗的代表诗人北岛有一首同题诗,结尾写道:"当天地翻转过来/我被倒挂在一棵墩布似的老树上/眺望。"欧阳江河对那段灾难历史的眺望显然并非倒着眺望,是直面,是正视。追悔、沉思、奋起,是直面与正视的结果,也是《履历》的抒情节奏。

(戴 达)

赵丽宏

【诗人小传】

(1951—) 上海崇明人。1968年中学毕业后下乡插队。1977年考入华东师范大学中文系。1982年毕业后到《萌芽》杂志社工作,曾任编委、诗歌散文组组长。1987年起担任上海作家协会专业作家。曾任上海作家协会副主席、华东师范大学客座教授。著有散文集《生命草》《爱在人间》,诗集《珊瑚》《沉默的冬青》《抒情诗151首》,报告文学集《心画》等。

帘

赵丽宏

——《故宫随拾》之一

不是瀑布
奏不出令人神往的
山之交响
不是墙
隔不断窥探历史的
好奇的目光

风来时
悉悉索索
珠子和珠子相撞
缝隙里飘着紫烟
依稀旧梦登场
网里的狡诡
笼中的跋扈
花花绿绿的皇袍里
有不可一世的骄横
也有孤苦
也有怅惘

消失了风
消失了烟
只有成串的珠子
让你一粒一粒数
让你的目光去穿透
让你想……

选自《沉默的冬青》,上海文艺出版社 1988 年版诗是隐喻，而"喻"是诗的语言，一旦想象力参与，触景生情有所感应，诗句也就脱口而出。赵丽宏这首咏物诗《帘》的诞生便是如此。纵观全诗，它像一朵饱和雷电的云，沛然挥洒出中国近代史中那段不堪回首的梦魇。帘子、大墙、珠子、皇袍……凡被诗人感知的物象，顷刻间全部变成意象，朦朦胧胧能感觉到，有一个浑厚的、涌动着的、弥漫和耗散结构的坚韧的理性层面，像一面凹凸镜一样，折射出这段锦衣玉食、穷奢极侈的漫长罪恶历史，并接纳和包蕴着诗人的所有感觉，那真像是一个酿造的容器，那是酿造的酵母和激素。

"帘"本是用布、竹子、苇等做成的遮蔽门窗的用具，然而在近代历史的舞台上，这面垂下的帘，曾使那位搔首弄姿的慈禧，主宰了中国长达半个世纪。"不是瀑布/奏不出令人神往的/山之交响/不是墙/隔不断窥探历史的/好奇的目光"，谁说那面"帘"不是瀑布？否则它怎可能写下一个民族的盛衰兴亡、荣耀与耻辱呢？谁又能说"帘"不是一堵令人透不过气的墙？统治者从"墙"那一边主宰历史，人民又要从墙的这一边窥视这明清两朝20多个帝王的神秘家园——紫禁城。这里，"帘"已经变成一个空濛的放大了的意象，是一条意味深长的精神纽带，是一个巨大的精神悬念。从葡萄架上剪下一串葡萄也许是容易的，酿造葡萄酒大概困难得多。意义的发现和对意义的诗意的表述，的确是一种智慧。

"风来时/悉悉索索/珠子和珠子相撞/缝隙里飘着紫烟"，珠子的相撞，撞出了战场上的硝烟，撞出了圆明园的熊熊之火，撞出了屈辱与泪水，更撞出了罪恶。是啊，帝王傀儡们曾有过"不可一世的骄横"与"跋扈"，但是在"花花绿绿的皇袍背后"却"也有孤苦/也有怅惘"。诗人联想之力飞舞盘旋，心目中自有高山流水，挥洒自如，审美知觉如同群蝶飞舞，婉转圆熟而又流动。于是想象升起再升起，终于"消失了风/消失了烟/只有成串的珠子/让你一粒一粒数/让你的目光去穿透/让你想……"珠子依旧是珠子，历史却不再重演，故宫里的古柏放出青春的香气，风不再来，只有令人目眩的阳光，故宫新生了。最后两句"让你的目光去穿透/让你想……"给人以多层次的启迪，近代的历史在一面"帘"中展开，却在人们的思索中收拢。新鲜的意象包容着丰富的精神内涵，容着物质世界、精神世界的无穷奥秘，甚至也包容着社会发展与自然发展的内在规律。

《帘》这首诗的创作，不是对历史表象的汇聚，也不是平朴的类型化的语言的组合，而是主观与客观相融合的过程中新颖而精美的意象群的诞生——这才是阵痛的辉煌。

（赵　颖）

诗人小传

向 明

(1928—) 原名董平,湖南长沙人。曾在国民党空军服役,后任台湾《蓝星》诗刊主编。

湘 绣 被 面

向 明

四只蹁跹的紫燕
两丛吐蕊的花枝
就这样淡淡的几笔
便把你要给大哥说的话
密密绣在这薄薄的绸幅上了

好耐读的一封家书呀
不著一字
折起来不过盈尺
一接就把一颗浮起的心沉了下去
一接就把四十年睽违的岁月捧住

迟疑久久,要不把封纸拆开
一拆,就怕滴血的心跳了出来
最是展开观看的刹那
一床宽大亮丽的绸质被面
一展就开放成一条花鸟夹道的路
仿佛一走上去就可以回家

能这样很快回家就好
海隅虽美,终究是失土的浮根
久已呆滞的双目
终需放纵在家乡无垠的长空

只是,这绸幅上起伏的折纹
不正是世途的多舛
路的尽头仍然是海
海的面目,也仍
狰狞

后记:日前细毛二妹自湖南老家辗转托来亲绣被面一幅,未附只字说明,因有感而草作此诗寄之。

选自《水的回想》,台湾九歌出版社1988年版

这首诗写得明朗但耐人寻味,有深度然而不晦涩,是中国传统抒情诗的韵味,却又呈现代的风貌。

明代诗人徐熥有一首《寄弟》诗:"春风送客翻愁客,客路逢春不当春。寄语莺声休便老,天涯犹有未归人。"向明的《湘绣被面》却是寄给他妹妹的。"湘绣",是湖南的特产,这本来就颇富地方色彩,赠之以湘绣,更是亲人间私相授受的礼物。作为湘人而且是"有弟皆分散,无家问死生"的向明,面对一幅远自故乡来的绣品,自然有他独特的别人无法替代的心理撞击与艺术感受。但是,向明并未向隅咀嚼一己之悲欢,而是在广阔的时空背景下,艺术地处理这一特殊的题材与感受,从而创造一种普遍性的情境,达到特殊性与普遍性的统一,社会性与艺术性的和谐。"一接就把一颗浮起的心沉了下去/一接就把四十年睽违的岁月捧住",这是向明殊异的心境和感触,不也是千千万万流浪的炎黄子孙情怀的概括?"能这样很快回家就好/海隅虽美,终究是失土的浮根/久已呆滞的双目/终需放纵在家乡无垠的长空",这是向明的心声,不也是一种典型的时代心理与时代情绪的凝聚?

《湘绣被面》的结构特色,就是笔法的正反跳荡构成情境的逆转开合。诗的首节正面描写被面,这本来是拆开封纸所见的结果,但第二、第三两节却以反笔逆接,抒写"迟疑久久,要不把封纸拆开"的矛盾复杂的心理,这样既造成了情境的逆转,也形成了结构上的跌宕波澜。第三节的末尾本来说"一展就开放成一条花鸟夹道的路/仿佛一走上去就可以回家",第四节开始的四句也是如此一厢情愿,然而,"只是"一词顿挫而急转,"狰狞"作为圆周句置于全诗的最后一行,构成情境的更强烈的逆转。——如此正反激荡,矛盾逆折,才使篇幅不长的抒情诗具有纵深感与波澜感,也使全诗的整体结构充满内在的张力。

象征，是中国诗歌自屈原以来常用的艺术手段，也是西方诗歌特别是西方现代诗人用武的领域。着意吸收中国传统诗歌与西方诗歌长处的向明，自然不会拒绝这一诗艺的馈赠。"湘绣被面"本来是生活中的实物，并非一种通用的象征符号，在一般情况下并不具有普遍象征的意义，但向明却对之作了诗化的变形，使之成为一种特殊的象征，或是一封家书："好耐读的一封家书呀/不著一字/折起来不过盈尺。"或是一条道路："一床宽大亮丽的绸质被面/一展就开放成一条花鸟夹道的路/仿佛一走上去就可以回家。"或是人生世途："只是，这绸幅上起伏的折纹/不正是世途的多舛。"在向明的笔下，"湘绣被面"的种种意象超越了表现具体联想的比喻层次，而成了他百感丛生的情意的多元象征。　　（李元洛）

【诗人小传】

梦　如

(1955—　)　女，姓杨，生于印尼，1960年迁居福建泉州，1979年移居香港。1986年开始写诗。出版诗集《季节的错误》等。

季节的错误　　　　梦　如

她打阳春走过
眼睛省略了路旁的草
　　　草尖的露
　露中的阳光　省略了微笑
　　　　省略了问候
再走过已是萧瑟的秋
　　　路旁草已黄
珠露不复临照阳光
心窗锈满重叠的感叹

　　　　　　　一九八七·一一·三

选自《季节的错误》，香港文学报社出版公司1991年版

《季节的错误》表现的是"文革"对人性的摧残和对美丽的嘲弄。这里的"季节"就是一个核心意象。它象征着"文革"的社会生态与政治风云。而关键

意象则是花季少女"她"在这种人生境遇中的三次被动"省略",这是诗的灵魂。首先,主体的"省略"可以理解为因客体的荒芜造成的视觉与心觉"空白",暗示一份失落的本该属于"她"那个生命花季里拥有的美丽与幸福。"省略"更深刻的内涵是,当它作为一种动态过程时,它是一种"强加"行为,人的自由意志、人生价值在反自然的人为的"错误的季节"里,变得无足轻重。这是人与社会(季节)关系极度扭曲的反映。当然,在那样一个崇尚"个人崇拜"的政治生态中,"省略"还可以是一种主动态,当错误的季节被当成正常的季节的时候,丧失自由意志的个体还会以"自觉"的"主动"的姿态去适应错误的季节,这是自由精神的异化。

"文革"结束以后,百废待兴。错误的"季节"也渐趋正常。古诗云:"我看青山多妩媚,料青山看我应如是。"这在文艺心理学上被称之为双向的"移情"作用。然而此时花季少女却已人到中年。这样的"季节"怎不令她百感交集、唏嘘不已?还纠结在那个"季节的错误"情境里的"她",产生"再走过已是萧瑟的秋"的"移情",发出"心窗锈满重叠的感叹",是再自然不过的了。当然,从整首诗的情感轨迹和诗情发展逻辑而言,第二节的情感倾诉不能仅仅理解为是一种对命运多舛的人生慨叹,也是进一步对"季节的错误"的荒谬性的历史影响力的警示。

(张 新)

【诗人小传】

刘向东

(1961—) 河北兴隆人。1978年入伍,1987年毕业于河北师范大学中文系。中国作家协会会员。曾任《诗选刊》主编、中国诗歌学会副会长。主要作品有诗集《母亲的灯》《顺着风》和杂著《白纸黑字》《诗与思》等。作品入选《中华人民共和国五十年文学名作文库:新诗卷》等选本,并被翻译成英、法、德、捷等国文字。

母 亲 的 灯

刘向东

那灯是泥的 那灯
是在怎样深远的风中
微微的光芒

母亲的灯

豆儿一样

除了我谁能望见那灯
我见它端坐于母亲的手掌
一盘大炕　几张小脸儿
任目光和灯光反复端详

夜啊夜啊　多么富裕
寰宇只剩了一盏油灯
于是吹灯也成了乐趣
而吹灯的乐趣　必须分享

"好孩子,别抢
吹了　妈再点上"
……点上　吹了
吹了　点上……

当我写下这些诗行
我看见母亲粗糙的手
小心地护着她的灯苗儿
像是怕有谁再吹一口
她要为她写诗的儿子照亮儿

哦　母亲的灯
豆儿一样　在我模糊的泪眼中
蔓延生长
我看见茫茫大野全是豆儿了
金黄金黄　金黄金黄的
涌动的乳汁啊

我今生今世用不完的口粮

一九九三年秋

选自《诗刊》1993年12月号

刘向东在谈及《母亲的灯》的创作缘由时说,一个停电的夜晚,眼前忽然亮起母亲的灯。之所以如此,是有着深沉的根源的。诗人出生于燕山深处的一个农家,自幼做过农家孩子该做的一切,经受过艰辛岁月的磨砺,深知大地的贫瘠和生活的重负。乡村的一草一木,一山一石,那历经沧桑的屋舍和一代代流逝的人群,比梦幻更虚渺,比生命更真切,形成了他活动的背景,使他无法不面对和切入此在的一切。这种切入是对深度时空的一种探询和追忆,作为在场者,他力求让复述与显现交融,让人分不清远近和彼此。他借助母亲的灯,从现实这唯一的入口历经过去和未来。至于其中的细节,看似经过提炼,其实是现成的,本来就是那样,"点上,吹了,吹了,点上……"

以"母亲的灯"为题的此诗,颇具非凡的艺术魅力。其主体意象如题所云,即"母亲的灯"。"那灯是泥的 那灯/是在怎样深远的风中",首二句一下子将这盏灯推至极远,如电影远至又远的远镜头;"深远"之前又以"怎样"这一疑问代词用作修饰此"一灯如豆"在"风中"颤动,微弱且小,但历历在目,再大的风也无法吹灭。

第二节写"我"洞若观火,灯竟"端坐于母亲的手掌",乃直觉或心见,于点题之外,一句"任目光和灯光反复端详"传神写照,"灯光"或拟人化为母亲的隐喻,与炕上的几个孩子的目光融合在一起了——之后,"夜啊夜啊 多么富裕/寰宇只剩下这一盏油灯",颇为反讽。在那物质贫瘠的时代,农村孩子的游戏只有一盏油灯,"几张小脸"与母亲一起分享起"吹灯"的乐趣,点上,吹了,吹了,点上,不亦乐乎;行文至此笔锋一转,母亲为"我"写诗"护灯",小心护着她的"灯苗儿",再为"母亲的灯"点题——紧接一句"哦 母亲的灯/豆儿一样",诗思绵密,照应首节"微微的光芒/豆儿一样",由此直至情感的峰巅,"我"被母亲的爱深深感动。"豆儿一样"(光芒),"在我模糊的泪眼中蔓延生长",抑或为母爱的光芒:"我看见茫茫大野全是豆儿了/金黄金黄",梦境一般似的,乃为造境。

最后一节三句,意象的嬗变,"金黄金黄"豆儿的光芒成了"涌动的乳汁"(暗喻"母爱"之深广),成了"我今生今世用不完的口粮"——其意象均由"一灯如豆"而来,反而观之,其变化由微小且深远,渐近"端坐于母亲的手掌",

最后若"茫茫大野全是豆儿了/金黄金黄"。从"那灯"如豆的语言内部始,最后为"母亲的灯"的光芒深远浩大,乃是照彻"我"诗心永不枯竭的光明,亦如诗人刘向东所说:"我的几乎所有诗,其实都是献给母亲的,母亲就是大地,就是爱。"

诗人牛汉也曾为刘向东的《母亲的灯》(诗集)写序,序中说:"母亲的灯,这四个字真神真美!熠熠生光!一下子照亮并显示出一种神圣的美丽的境界。我对这首诗的境界和所有的细节都异常熟悉,来到人世上第一眼看见的光,不是来自太阳,是一盏摇曳着红亮光芒的油灯,还有油灯一般的母亲的眼神。人生长长的画卷和诗篇在母亲的灯光下打开了。"

《母亲的灯》是一首情感浓郁的诗,意为表现母亲对诗人诗歌创作爱的呵护与再造之恩,其诗的起承转合,以豆灯为喻,意象奇特嬗变不测,貌似乡土,内里颇具特朗斯特罗姆超现实主义风格。

(李天靖)

【诗人小传】

戈 麦

(1967—1991) 原名褚福军,黑龙江人。1985年考入北京大学中文系。毕业后在《中国文学》杂志社工作。1991年9月24日自沉于北京西郊万泉河。出版有诗集《戈麦诗全编》等。

影 子

戈 麦

月亮里有几个美丽的影子
固守着永恒的青春
肉体灰飞烟灭
我突然看自己血肉模糊
丰满的影子于暗夜之中
千娇百媚
古老的河面没有皱纹
此时我一定光洁非凡
我仰起额头

毫无顾忌地接触月光

选自《戈麦诗全编》，上海三联书店1999年版

读这首诗，我们的耳边突然会响起陶渊明在《影答形》中的诗句和李白吟哦"举杯邀明月，对影成三人"(《月下独酌》)的声音，感受到诗人在那种独与不独的虚幻与现实交织的情景中孤苦无告的心境。诗人赞美"影子"，因为月亮是圣洁的，而月亮里的影子，是嫦娥的寂寞而婀娜多姿的美丽影子。月光下，"我"也变得"光洁非凡"，孤独得圣洁而美丽。诗人并没有在体验孤独的层面上停止，他进一步将肉体的"血肉模糊""灰飞烟灭"与影子的"千娇百媚"、青春永驻加以强烈的对比，让我们隐隐约约联想到王尔德在《道林·格雷的画像》中述说的那个关于画家的肉体死亡，而画家用精神力量注入的画像则永存的故事中的理念。那是一种诗人要将孤独当作唯美，将死亡当作永恒的信仰敬奉的理念。这种理念和海子在描写叶赛宁、马雅可夫斯基等诗人的死亡之旅的诗篇中所传递的信息是相似的。戈麦20世纪80年代中期毕业于北大中文系，1991年9月24日自沉于北京西郊万泉河。像海子一样，诗人的自杀身亡，是否是在象征性地表达他们对追求诗意地存在的理想毁灭的绝望？

(张　新)

【诗人小传】

骆一禾

(1961—1989)　北京人。1979年考入北京大学中文系，毕业后任《十月》编辑，主持《十月之诗》栏目。1983年开始发表作品。出版诗集《骆一禾诗全编》等。

黑　豹

骆一禾

风中，我看见一付爪子
站在土中，是
黑豹。摁着飞走的泥土，是树根
是黑豹。泥土湿润
是最后一种触觉
是潜在乌木上的黑豹，是

一路平安的弦子
捆绑在暴力身上
是它的眼睛谛视着晶莹的武器
邪恶的反光
将它暴露在中心地带
无数装备的目的在于黑豹

我们无辜的平安,没有根据
是黑豹,是真空里的
煤矿,是凛冽,是背上插满寒光
是四只爪子留在地上
绕着黑豹的影子 然后影子
绕着影子
天空是一座苦役场
四个方向
里,我撞入雷霆

咽下真空,吞噬着真空
是晒干的阳光,是晒透了太阳
是大地的复仇
一条张开的影子
像野兽一样动人,是黑豹

是我堆满粮食血泊的豹子内部
是我寂静的
肺腑

1988.6.8—20

选自《骆一禾全编》,上海三联书店1997年版

这首诗通过人类肆意捕杀黑豹以及它们赖以生存的环境而终使人类自己陷

入生存困境的事实,警示人类应该深刻反省,为创造一个人与自然的和谐世界而努力。

第一节,诗歌展示了一个被人类肆意破坏的大自然的荒芜场景和人类对黑豹的暴行。在展示这样一幅惨景时,诗人避免作静止的描写,而是以黑豹为中心,围绕它的行为细节的动态过程来下笔,遂将其与自然环境和人类构成一种有机的联系。例如"一付爪子","摁着飞走的泥土,是树根"这样的句子,一个"摁"字,不仅把大自然水土流失的残酷现状暴露无遗,而且更把黑豹"拟人化",凸显了黑豹对命运的抗争和无奈。

第二节,诗歌鞭挞了人类的虚伪。明明是对黑豹的掠杀,却以反抗黑豹的"暴力"和维护自身的"无辜的平安"为借口。而荒芜的世界注定要对人类"复仇":"天空是一座苦役场",大地是"真空里的煤矿",整个世界如真空一般,没有动物、植物,最终包括人类自己。

奥地利诗人里尔克有一首著名的诗,名字就叫《豹》。那首诗通过诗人对被囚禁在动物园铁笼里的豹的"生存环境"的冷峻观察和细腻描写,象征性地暗示了人类就像囚禁于铁笼里的豹一样,从而揭示了人类面临的生存环境问题。骆一禾这首《黑豹》为以"豹"为命题的诗歌提供了新的内容。 (张 新)

柏 桦

【诗人小传】

(1956—)重庆人。1982年毕业于广州外国语学院英语系,先后在中国科技情报研究所重庆分所、西南农业大学英语系、四川外国语学院英语系工作。1986年考入四川大学中文系攻读世界文学研究生,1987年退学。1988年去南京农业大学外语系工作,1992年辞职。后任教于西南交通大学。出版诗集《表达》《望气的人》,散文文论集《地下的光脉》《左边:毛泽东时代的抒情诗人》等。

家 居

柏 桦

三日细雨,二日晴朗
门前停云落寞
院里飘满微凉

家　居

　　秋深了
　　家居的日子又临了

　　古朴的居室宽敞大方
　　祖父的像挂在壁上
　　院子很旧,但干干净净
　　屋里屋外都已打扫
　　几把竹椅还摆在老地方
　　仿佛去年回家时的模样

　　父亲,家居的日子多快乐
　　再让我邀二、三知己
　　酒约黄昏
　　纳着晚凉
　　闲话好时光

选自诗集《表达》,漓江出版社1998年版

　　诗人的家在乡间。
　　那是贺知章"少小离家老大回"的乡间。
　　那也是陶渊明"采菊东篱下"的乡间。
　　乡间,淡泊而又宁静的乡间。
　　乡间,古朴而又简陋的乡间。
　　诗人离家出远门已经一年了("仿佛去年回家时的模样"已做提示)。
　　当深秋来临的时候,诗人风尘仆仆回家来了,回到生他养他的家乡来了。
　　诗题为《家居》,写的就是诗人阔别家乡后回乡探亲居住的这段日子的生活和心境。
　　第一节写足归家前诗人的心绪,这心绪,诗人并不直抒胸臆,而是借景抒怀,寓情于景。那景,是乡间自然的景,诗人信手拈来,素朴、冲淡,懒散而又宁静,"落寞""微凉""秋深"诸词,从字面上看,给人一种悲秋之感、怅惘之意,这与诗人临秋风而思故居的心境是吻合的。

第二节舍弃"近乡情更怯"的还乡的心路历程,直接写回家后的所见。笔法依旧素朴、冲淡,只是多了一点怀旧,含了些许温暖和爱。"古朴"两字,既是对自己的家的描绘,也打通了诗人笔下的故里与中国农耕社会的田园和家庭两者在时空上的阻隔,显现一脉相承的渊源。先人已逝,"祖父的像挂在壁上"一句,对祖宗的怀念由此弥漫开去,令诗人家居的日子增添了一分厚重感,且表露了诗人对祖先的感恩之意。

第一、第二节铺垫之后,第三节家居的恬淡、闲适,诗人从容写来,寄至味于淡泊,寓悠然于简古。一句直呼"父亲,家居的日子多快乐",一家人其乐融融的氛围尽显无遗。在这样的田园牧歌般氛围的家居日子里,没有代沟,只有心的平静。在这一节诗里,一个"闲"字,串起家居所有温馨的日子。现代人的浮躁与都市的喧嚣全都被挡在"酒约黄昏/纳着晚凉"这样一个特写镜头以外的地方了。

(戴 达)

诗人小传

朱金晨

(1947—) 江苏阜宁人。曾任《文学报》副刊部主任、文汇出版社艺术总监、上海作家协会理事、诗歌专业委员会副主任。出版诗集《山高水长》《红红白白》《茫茫海》《无关风月》,报告文学集《海上画坛》,长篇传记《胡鸿飞传》,散文集《一蓑烟雨》,电影剧本《安全帽的故事》等。

日 光 浴[①]

朱金晨

赤裸着自己
枕着浪花,在这海滩上
你才会感到自己
本来也该是一片海
过往的日子像鱼
游来游去

我不再怕会像水一样蒸发
会像浪花一样凋零

世界在眼前流淌着
不再是一个个秘密
它们是彩云的云朵
它们是漂亮的帆船

深深地藏着自己的我们
赤裸着自己
才会发觉过去
将一切都看得太深了
太深了,又不能如海
悠然地潮来潮去

选自《草原》1992年4月号

〔注〕① 本次选录时,经作者建议,对原文有所删改。

  春夏季节,在海边的沙滩上,常可以见到晒日光浴的人群。他们赤裸着身子,或仰卧,或嬉戏着海浪,尽情地享受着阳光与海水。这是一种很常见的休闲活动。然而,诗人一次在海边晒日光浴时,忽然有所感悟,联想到了人生与自身,写下了这首诗。

  诗从自己晒日光浴开始,却不展开,只用了"赤裸着自己/枕着浪花",寥寥数字,非常简洁,然后便转入自己:把自己的身子比为"一片海",又把"过往的日子"比为"游来游去"的"鱼"。这实际上也是诗人赤裸身子、头枕浪花时的真实联想与感受。这种感受与联想,恐怕也只有在日光浴时才可能引起;如果离开了这一特定环境,就很难引发这种联想。平心而论,这种比喻既觉奇特,又让人感到非常新鲜。

  随后,诗人又从自己转入世界,而"世界在眼前流淌着"。这"流淌着"三字也用得非常奇特,因为我们平时所见的形容世界的词多为开阔的、变化的、流动的,而从未见过"流淌的"世界。这又与诗人的特殊环境分不开了。因为诗人周边所见,多为刚从海水里走出的赤裸的身体,海水、汗水都在他们浑身上下流淌着,从而联想到眼前所见仿佛就是一个流淌着的世界,也就顺理成章了。如果离开了这一特殊环境,他也很难想到这一形容词。也正由于眼前所见都是一个个"赤裸的"身体,所以世界"不再是一个个秘密"。再说,由于诗人

"枕着浪花",仰躺海滩,眼前所见,皆为天上飘动的云朵和海中驰过的帆船,所以"飘动的云朵"和"漂亮的帆船"也并非空穴来风,也是日光浴场景的真实写照,也是顺理成章的事。

赤裸着自己,再加上坦荡的世界和宽广的大海,才发现我们过去都是"深深地藏着自己","将一切都看得太深了",于是,诗人进一步从中深化诗意,感悟人生:面对赤裸、流淌的世界和坦荡的大海,我们的为人处世也可以超然坦荡一些;一切都毫无秘密可言,一切都是微不足道的;我们既应像大海一样广博深沉,又应像海那样"悠然地潮来潮去",这正是诗人所希冀的人生态度,也正是诗人所感悟的人生真谛。

朱金晨比较好的诗作,大多都比较轻松自然。此诗题意集中,有构思而不露构思之痕,有多处转折而又自然而然,有深意而不故作高深,通篇完妥,了无痕迹。算得好诗。

(孙琴安)

【诗人小传】

西 川

(1963—) 江苏徐州人。1985年毕业于北京大学英文系。大学毕业前开始诗歌创作。曾任新华社编辑、中央美术学院教师。著有诗集《隐秘的汇合》《虚构的家谱》《大意如此》《西川的诗》,随笔集《让蒙面人说话》和游记散文《游荡与闲谈——一个中国人的印度之行》等,并翻译庞德、博尔赫斯的作品。

夕光中的蝙蝠

西 川

在戈雅的绘画里,它们给艺术家
带来了噩梦。它们上下翻飞
忽左忽右;它们窃窃私语
却从不把艺术家叫醒

说不出的快乐浮现在它们那
人类的面孔上。这些似鸟
而不是鸟的生物,浑身漆黑

夕光中的蝙蝠

与黑暗结合,似永不开花的种籽

似无望解脱的精灵
盲目,凶残,被意志引导
有时又倒挂在枝丫上
似片片枯叶,令人哀悯

而在其他故事里,它们在
潮湿的岩穴里栖身
太阳落山是它们出行的时刻
觅食,生育,然后无影无踪

它们会强拉一个梦游人入伙
它们会夺下他手中的火把将它熄灭
它们也会赶走一只入侵的狼
让它跌落山谷,无话可说

在夜晚,如果有孩子迟迟不睡
那定是由于一只蝙蝠
躲过了守夜人酸疼的眼睛
来到附近,向他讲述命运

一只,两只,三只蝙蝠
没有财产,没有家园,怎能给人
带来福祉?月亮的盈亏褪尽了它们的
羽毛;它们是丑陋的,也是无名的

它们的铁石心肠从未使我动心
直到有一个夏季黄昏

> 我路过旧居时看到一群玩耍的孩子
> 看到更多的蝙蝠在他们头顶翻飞
> 夕光在胡同里布下了阴影
> 也为那些蝙蝠镀上了金衣
> 它们翻飞在那油漆剥落的街门外
> 对于命运却沉默不语
>
> 在古老的事物中，一只蝙蝠
> 正是一种怀念。它们闲暇的姿态
> 挽留了我，使我久久停留
> 在那片城区，在我长大的胡同里
>
> 选自《西川的诗》，人民文学出版社1999年版

和于坚的《我梦想着看到一只老虎》一样，西川的《夕光中的蝙蝠》也是一首对知识反思的著名作品。首先在结构上，诗歌分为前后两部分，前部分是展开蝙蝠在人类知识系统中被描绘与被叙述的面貌，这里包含了人对蝙蝠的基本认识。后部分是诗人与蝙蝠的一次亲近的接触，从而以自己真实的现场体验推翻了人类关于蝙蝠的种种叙事，纠正了强加给它们的"不实之词"。

在诗中，人类对蝙蝠的诠释被赋予了知识霸权的隐喻。在被视为真理的知识结构中，在无数个有关蝙蝠的"叙事"中，蝙蝠是恐怖、邪恶、丑陋的象征。诗歌从18世纪西班牙著名画家弗朗西斯科·戈雅的名画开始：这幅画的前景是一张书桌，一个人趴在桌上沉睡着，面前凌乱地摊放着一些书籍。无数只硕大的蝙蝠在他的身后飞翔。下面有一行题字："当理智沉睡时，心魔可会出现。"这幅画创作于欧洲崇尚知识与理性的启蒙主义时代。画家通过沉睡中的人与乱舞的蝙蝠黑影构成鲜明的情景对比，用书籍与蝙蝠代表理智与心魔两个相反的精神状态。它非常简明地传递了这样一个信息：人要靠知识的力量才能摆脱愚昧无知的心魔的困扰。画中蝙蝠占据了多半的空间，说明蝙蝠的"反面"意象对于表达意义的作用。

接下来诗人在纵与横的维度上，对构成蝙蝠形象意义的信息来源进行描述："这些似鸟/而不是鸟的生物，浑身漆黑/与黑暗结合，似永不开花的种籽"，"有时又倒挂在枝丫上/似片片枯叶，令人哀悯"，"月亮的盈亏褪尽了它们的/羽毛；它们是丑陋的，也是无名的"。而有关它们的传说更令人战栗："它们会强拉一个梦

游人入伙/它们会夺下他手中的火把将它熄灭",关于蝙蝠在夜晚吸人血的故事,则会使恐怖的"孩子迟迟不睡"。

我们从来没有怀疑过人类自己赋予蝙蝠的这些特性和行为。因为它长久地活在人们的口头上、文学作品中,甚至堂而皇之地出现在科学类书籍里。颠覆这一知识霸权其实也很简单,仅仅是诗人的一次与蝙蝠的直面接触,以及在事实面前坚定自己由亲身体验获得的理性判断就可以做到。但是有时候,我们宁肯相信"知识"的力量,而不相信自己的经验。可见,当知识被当然地作为绝对真理,甚至作为崇拜的对象的时候,知识霸权就会自然而然地成为对"自由意志"的摧残。"启蒙是人类摆脱自己加之于自己的不成熟状态",所谓"不成熟"指"我们在需要运用自己理性的领域却接受别人的权威"(康德语)。《夕光中的蝙蝠》想要告诉我们的恰恰是这样一种理念。

(张 新)

我跟随一位少女穿过城市　　　　西　川

我跟随一位少女穿过城市
我踩着她的脚印
却并不踩住她的影子

我跟随一位少女穿过城市
我陪伴她走过
人生一段短短的路程

她并不回头,好像这样
就能伤害我的自尊心
她错了:她的香味使我着迷

她的头发变成蓝色
她的双臂在练习飞翔
太阳已经对准她的乳房

而我却来不及走进花店

买一朵玫瑰花——啊
多少玫瑰花枯萎在花店里!

一辆救护车风驰电掣
在她的眼睛里开赴死亡
而我在她身后已经口干舌燥

眼见得走过了城市
最后一道围篱,她的脚步
更轻盈,我的心中有了恐惧

我跟随一位少女来到郊外
穿过密林,我发现
我是一个人来到旷野里

选自《西川的诗》,人民文学出版社 1999 年版

  这是一首象征型的诗歌。"穿过城市"的少女形象模糊,行踪飘忽,一如幽灵般在城市里稍纵即逝,她不顾跟随者的"自尊心",她的双臂像在"练习飞翔","不回头"地一直前行,最终消遁在城市郊外的旷野之中。一方面,"我"与少女,少女与城市,构成了理想与现实,城市与旷野的对比与冲突;另一方面,少女又暗喻"我"心目中的一种与城市不同的朦胧的理想愿景。

  诗中有两处城市意象值得注意:跟随着自己爱慕的少女的"我""来不及走进花店/买一朵玫瑰花",可是"多少玫瑰花枯萎在花店里!"另一处,"一辆救护车风驰电掣/在她的眼睛里开赴死亡"。玫瑰花代表着美丽与希望,而救护车则代表着死亡。这一组对比强烈的概括城市生态的情景,正好昭示了所谓现代文明的城市和城市人在精神层面上的荒芜和空虚。

  我们还必须注意诗人在描绘"我"跟随少女穿过城市之途中的心理与行为的微妙变化。从"我"不在乎少女对我的不屑一顾而仍然为她的香味着迷,到一路对她进行美丽的想象性的欣赏,转而竟然买不到一朵玫瑰花,以及"我在她身后已经口干舌燥",都在暗示追寻理想愿景之路的坎坷。直到"走过了城市",来到象征城市与旷野分野处的"最后一道围篱"时,诗歌所内涵的冲突元素更加明显:

少女的脚步变得"更轻盈",而"我的心中有了恐惧","我"发现,"我是一个人来到旷野里"。这样一种情景,表达了城市人在异化的现代都市中的孤独、迷茫的精神状态。

(张　新)

诗人小传

林新荣

(1970—　) 浙江瑞安人。20世纪80年代后期开始创作。著有诗文集《拧亮书灯》《抵达》,诗集《羞涩的厚土》《涉水之痕》等。

初　恋　　　　　　林新荣

所有的蛙鸣都没有差别
如果你听出了不同
那么你　懂得了一种农事

所以我说
有关感情的一切
　都属于春天

春天总会破壳
雨中的鸭子在沙地上蹒跚走来
就是那个清新的意象

所以我说
在一切柔情的吹拂下
能够狂欢地生长
包括茶枝树下的那只
　蜥蜴

选自《诗歌报》1993年第10期

林新荣是浙江温州人，生长在江南，他的诗中表现出来的思维方式和审美情趣也带着浓郁的"江南味"，作品风格清新、温婉、细腻、精致，这首《初恋》亦是如此。"初恋"是美好的情感，此前以之为主题的文学作品也不少，而林新荣这首诗的独特之处是并不直接歌颂爱情的纯洁、热烈，抑或恋人间生死不渝的情怀，而是选用了一系列别具一格的意象，将初恋那种懵懂青涩的感觉，惟妙惟肖地传递了出来。

　　蛙鸣、春天、雨中的鸭子、茶树下的蜥蜴这几个意象，乍看毫无出奇之处，简单而又略显零乱，似乎与"初恋"没有明显的联系，故诗中那两个"所以我说"，也仿佛来得比较突兀。但是细细品来，诗中的各个意象并不是散乱无章的，它们给人的共同感觉是那样的清新、自然，可爱而充满童趣。整首诗充溢着万物花开、蓬勃向上的生命质感。也可以说诗人是把"初恋"这一比较抽象的概念具象化了，用一系列清新的物事来映照初恋的况味，突出的是他们在"质"上的共通之处。"雨中的鸭子在沙地上蹒跚走来"，那种朦胧、湿润而略显笨拙的情态，不正是初恋的感觉吗？而"茶树下的蜥蜴"，是胆怯的小动物，一不留神就会悄悄溜走，更是将初恋时节稚嫩羞涩的心态刻画得细致入微。

　　林新荣的不少诗歌构思别致，联想独特。他擅长捕捉生活中那些看似寻常的细节，用白描的手法加以表现，平淡质朴的语言中透出机智，形成了个性化的抒情风格。我们可以感觉到，诗中清新的意象和词句，正是诗人对初恋情态准确把握后自然流出的，让人有耳目一新之感，从中也可看到诗人感受力的敏锐与心思的纤巧。诗人写道："所有的蛙鸣都没有差别／如果你听出了不同／那么你，懂得了一种农事。"此处表面上在写"蛙鸣"与"农事"，实际上意在描摹"初恋"，因为初恋也是一种情感萌芽，当你体味到这种情感"差别"时，初恋也就开始了。

　　林新荣的诗歌另一特点是具有整体感，诗里似乎没什么有冲击力的句子，都是平白如说话，但是整体读来却是新颖别致的，这得力于他善于把握细节和营造意境。他的诗不太适于一句一句地拆开来读，这样会破坏其整体性，而应该用心感受它那种难以言传的意趣之美。林新荣注重对自然、生活的深入体验与感悟，其诗歌意境优美、短小精炼，给人以和谐、安宁、脱俗之感，充分体现出其热爱生活、在大自然中捕捉诗意的艺术追求。

（孟　晖）

诗人小传

黑大春

(1960—) 原名庞春清,祖籍山东,生于北京。1983年发表处女作《绿岛》。出版诗集《圆明园酒鬼》《食指黑大春抒情诗合集》等。

当我在晚秋时节归来

黑大春

当我在晚秋时节归来
纷纷落叶已掩埋了家乡的小径
山峰像一群迷途难返的骆驼
胸前佩着那只落日的铜铃

背着空囊,心却异常沉重
不过趁暮色过来要感到点轻松
这样,路上的熟人就不会认出
我垂入晚霞中的羞愧的面容

目送一辆载满石头的马车
吱吱哑哑地拐进一片灌木林
那印在泥泞中的车辙使我想起
我所走过的暴风雨中的路程

在那些闯荡江湖的岁月
我荒废了田园诗而一事无成
从挥霍青春的东方式的华宴中
我只带回贴在酒瓶上的空名

所以,我不敢轻易靠近家门
仿佛那是一块带着裂缝的薄冰
茅屋似的母亲呃!我叹息

我就是你那盏最不省油的灯

已不再是无所顾忌的孩提时代
贪耍归来，随意抓起灶中大饼
现在，不管我是多么疲乏
也不能钻进羊皮袄的睡梦

于是，像怕弄出一点声响的贼
我弓身溜出了篱笆的阴影
那只孤单的压水机，鹤一般
沉湎在昔日的庭院之中

只有夜这翻着盲眼的占卜老人
在朝我低语：流浪已从命中注定
因为，当你在晚秋时节归来
纷纷落叶已掩埋了家乡的小径

选自《食指 黑大春现代抒情诗合集》，成都科技大学出版社1993年版

  诗如其人。黑大春是一个极富浪漫主义气息的抒情诗人。传统的浪漫主义过于强调个性，从而使诗人过于简单粗糙地将自己的直接情感与诗所表现的情感等同起来。而黑大春则始终能在这两种不同情感之间保持平衡，没有流于个人情感宣泄，也没有因为整合而破坏感觉的原生态。黑大春的诗充满了在隐秘心灵活动基础上的高尚人格魅力，以具有音乐性和呼唤感的诗句衬托出他紧张的精神探索，透过周围飘忽不定的世相触摸到更为坚实可靠的东西。

  《当我在晚秋时节归来》是黑大春充满浪漫主义气息的代表作。

  时令是晚秋。黄叶落地，花自飘零，流水落花，一年绿色将尽，故而晚秋常令人悲秋。晚秋，秋风萧萧，果实归仓，初冬将至，远方的游子要回家了。

  诗人选择了"晚秋"这一有意味的时节，聊以抒情，抒发自己思乡的情愫，状写自己归家的情状，这极易引起读者的共鸣。

  秋深了，游子要回家了。诗的劈头一句，也就是诗的题目："当我在晚秋时节归来"——它一下子就把读者带入了情境。

当诗人在晚秋时节归来,归到哪里?家乡。

家乡呵!诗人魂牵梦萦的家乡。诗的第二行诗人就把"家乡"搬入读者视野:"纷纷落叶已掩埋了家乡的小径。"此句在诗的篇末一字未改地再现,依旧是一个特写镜头:"纷纷落叶已掩埋了家乡的小径。"加上它在篇中还遮遮掩掩地呈现了一回"我不敢轻易靠近家门",那么,是否可以这么理解:"家乡"是贯穿全诗的一条红线,是整首诗的核心意象,这一意象,它已近乎原型意象?一个词必须和更大的事物(氛围、语义场)发生对应关系,从而从语法的原始系统中解脱出来变成特指时,亦即将词语的修饰作用变成了观念和事物本身,并经过诗人长期的精神痛苦的冶炼,与他的生命结构具有了全息对应关系时,才成为原型意象。它所照亮的不仅是一组词,一段文本,而是整个存在的幽暗,并衍生出所有可见不可见的心理事件和实体。

《当我在晚秋时节归来》里的"家乡"便是具有这般审美功效与作用的意象。诗中所出现的事物都和"家乡"有着直接和间接的联系,诗人所奔泻的情感,都流往"家乡"。"家乡"是诗人的生命之根、精神归宿、心灵的栖息地。如果说黑暗能够铆住灵魂的银河,那么,是家乡的星星,燃亮了银河的水面呵!

秋深了,游子回家来了,回到细雨梦回的家乡来了。

是怎样的心境呵!是衣锦还乡的荣耀?不是。是仕途腾达的显赫?也不是。质本洁来还洁去。依旧是一贫如洗,"背着空囊";回眸看,生涯坎坷,"那印在泥泞中的车辙使我想起/我所走过的暴风雨中的路程";长叹兮壮志未酬,"在那些闯荡江湖的岁月/我荒废了田园诗而一事无成";岁月往矣,今朝有酒今朝醉,"从挥霍青春的东方式的华宴中/我只带回贴在酒瓶上的空名"。

秋深了,游子回家来了,终于抵达养育善良和贫穷的家乡了。

悲剧比喜剧更能撩拨人的心绪。

诗中的这一个"游子"的形象并不是诗人刻意制作的,诗人黑大春精神和物质生活的影子大致是和这一个"游子"的形象重合的。据媒体报道,本名庞春青的诗人黑大春,为了保持最大的心灵自由和生命自尊,他一直没有选择一个可以给他带来固定收入的职业,而是过着居无定所、风雨飘摇的生活。他坦言,诗使人无法安居乐业或安守本分,一个诗人很难长时间处于一件与诗不相干的工作。这就注定他无法融入所谓主流生活状态,注定要为诗歌风雨兼程,受尽人间苦难。(《诗人的贫困是应该被祝福的吗?》,《文学报》2007年11月16日)尼采说过,轻度的贫困是应该被祝福的。《当我在晚秋时节归来》正是诗人黑大春安贫乐道,在孤寂和困厄中不断求索而磨砺出的杰作。诚如最好的蜜是从蜂巢中自然而然地流出来的一样,此诗的真挚、凝重而又微含悲苦的诗情是从诗人黑大春的心灵深处自然而然地流出来的。就连诗中"从挥霍青春的东方式的华宴中/我只带回贴在酒瓶上的空名"这一描写,也是他生活的写照:他常常腰间挂着酒壶,走到哪儿喝到哪儿。人们也许并不完全认同诗人以这样的生活方式积累心理能量去创作诗歌,但并不否认这样的诗人是珍稀的。

秋深了,游子回家来了,怀揣一颗负疚和内省的心探望家乡来了。

与其说是因为孑然一身且身上满是为人生奔波和劳顿烙下累累伤疤,还不如说是因为对故乡刻骨铭心的相思,对亲人牵肠挂肚的思念,所以才携带了沉甸甸的心理负荷踏上还乡之途。"沉重""羞愧""叹息"等心理和情态的描绘是负荷了这样的涵义的。对此,诗人还嫌"沉重""羞愧""叹息"等词语不能完全传达本意,不惜自毁,将自己的面目抹上丑陋的色彩:"于是,像怕弄出一点声响的贼/我弓身溜出了篱笆的阴影"——所有这些,其源盖出于爱,对家乡的爱呵!即便自己再怎么受伤,再怎么落魄,再怎么穷困潦倒,诗人对故乡的爱没有减弱,随着时光的流逝,离开家乡越久,对家乡的爱越深。黑大春用他一波三折、百川归海般的既澎湃又沉缓、既奔泻又内敛的抒情诗句,为我们演绎了这一切。其中最感人肺腑的莫过于诗人对母亲的爱的咏叹:"所以,我不敢轻易靠近家门/仿佛那是一块带着裂缝的薄冰/茅屋似的母亲呵!我叹息/我就是你那盏最不省油的灯"。忆起黑大春在《圆明园酒鬼》中对母亲的悼念:"这一年我永远不能遗忘/这一年我多么怀念刚刚逝去的老娘/每当我看见井旁的水瓢我就不禁想起她那酒葫芦似的乳房/每当扶着路旁的大树醉醺醺地走在回家的路上我就不禁这样想/我还是一个刚刚学步的婴儿的时候一定就是这样紧紧抓着她的臂膀/如今我已经长大成人却依然摇摇晃晃地走在人生的路上而她再也不能来到我的身旁。"母亲用贫穷养育了诗人,诗人用纯真而又丰腴的心灵感恩母亲。

《当我在晚秋时节归来》并不诉诸理性思辨,而采用形象直观。诗人对细节的观察具有画家般的准确入微,如"山峰像一群迷途难返的骆驼/胸前佩着那只落日的铜铃"。他的敏锐感受力让人惊叹,如"那只孤单的压水机,鹤一般/沉湎在昔日的庭院之中"。拟人化的比喻新颖且意味绵绵,如"只有夜这翻着盲眼的占卜老人/在朝我低语:流浪已从命中注定"。

意味深长的是,当诗人在晚秋时节踏上归途,踏上回家之路,乘着暮色进村,靠近家门,溜出了篱笆的阴影,凝望庭院——但,始终未入家门!是近乡情更怯吗?家乡近在眼前,家乡触手可碰。但诗人却未入其内。"家乡"这一意象在此彰显了它作为一个原型意象的厚实而又深刻的意蕴,触及的是现代人无法从根本上返回家园的隐痛。

"当我在晚秋时节归来/纷纷落叶已掩埋了家乡的小径"：迷离而又充溢伤感的画面拨动现代人思乡的心弦。那"纷纷落叶"，是现代人精神和情感失落的象征，"掩埋"两字，深含着诗人的忧虑，乡愁由此弥漫开去……

（戴 达）

【诗人小传】

韩作荣

（1947— ）河北丰润（今属唐山市）人。1963年初中毕业后考入黑龙江农业机械化学校，1968年毕业分配到黑龙江牡丹江市拖拉机修造厂工作。1969年应征入伍，在解放军工程兵部队任战士、排长、师文化干事等职。1978年到《诗刊》编辑部工作。1981年调入《人民文学》杂志社。1972年5月在《解放军文艺》复刊号上发表第一首诗。主要作品有诗集《万山军号鸣》《北方抒情诗》，散文诗集《六角的雪花》《少女和紫丁香》等。

纸上的风景

韩作荣

在水干涸的地方
留下赭红、黛绿与枯紫
水在墨迹的空白处流动
一些花朵在纸上盛开
树在色彩中绿意纷呈
根深深扎进虚无，枝干
由于水的浸润而发黑

这是秋天的树林
在暮霭中昏晦暗淡
它把自己交给一只淋漓挥洒的手
将风景罩上一层孤寂与迷离

可谁能砍下这林地的一角
是裁纸的刀还是画家的笔
当树木用伤口吻着刀斧
一些树被磨成纸浆
而另一些树已成为灰烬

山林一片一片消失
动物在裸露中奔走
于是野兽变成野味
一位身披兽皮的画家
用餐巾纸抹拭着嘴唇
再用羊毫与狼毫
描绘动物与山林的影子

纸上,仍留着树木与草浆的气味
有如山林的尸布
生命在死亡中制造虚假的生命
只留下乱真的线条、色彩与墨痕
哦大自然,面对天灭绝的族类
或许,我们只能在画幅中
探究虚假的生物学……

选自《纸上的风景》,北方文艺出版社 2000 年版

  诗的第一节所呈示的是画家正在作一幅山水画的生动情景。但是末两句里已经隐隐透露出一种不祥的气息:"根深深扎进虚无,枝干/由于水的浸润而发黑。"表面上只是画面的细节,其实暗示了玄机:画面虽美,毕竟是活在纸上的生命。

  第二节进入到诗人作画时对自然对象的观照与审视。眼前的"秋天的树林/在暮霭中昏晦暗淡",但是在诗人"淋漓挥洒的手"中,这片景色被"罩上一层孤寂与迷离"的情绪。当然,这是诗人对于这片景色的"移情"。第三、第四节,诗歌一下子转换了场景,由作画的工具刀、笔、纸跳跃到砍伐树林的场景和由此带来的

严重后果:"山林一片一片消失/动物在裸露中奔走/于是野兽变成野味";"一些树被磨成纸浆/而另一些树已成为灰烬"。于是,一种美的创造者同时又是美的毁灭者的荒诞逻辑链形成了:画家"身披兽皮","用餐巾纸抹拭着嘴唇","再用羊毫与狼毫","描绘动物与山林的影子"。

  末节,又切回到画家作画时的场景。但是,随同诗人一起领略过这段一幅画生产的真实旅程之后,我们将如何来鉴赏画家在"如山林的尸布"一样的纸上制造的"虚假的生命"呢?或许正如诗人所言,"我们只能在画幅中/探究虚假的生物学……"。

  这首诗巧妙地运用了自然美与人工美的强烈对比手法,在结构上层层递进、首尾呼应,荒诞性的深刻主题隐藏于习以为常的"合理性"的思维定势之中,立意高远,具有明显的警示作用。

(张　新)

【诗人小传】

朱增泉

(1939—　) 江苏无锡人。曾任国防科工委政治部主任、总装备部副政委等职。曾率部参加边境自卫反击战,1987年在老山前线开始诗歌创作。

北京猿人头盖骨

朱增泉

突起的眉骨下
从史前投来两束目光

为了我们今天的相会
他从七十万年前赶来
开始是匍匐,随后直立行走
他走得好苦啊

脚底长满老茧
之后,渐渐磨损

一路上磨掉了双脚和胫骨
最后，一直磨损至下腭
只剩下这具头盖骨

他以如此的坚韧
走了七十万年长路
才获得了一半做人的资格
另一半仍是猿

哦
那两束史前投来的目光
永远注视着前方
路，永无尽头的路啊……

选自《诗刊》1997年1月号

  本诗是组诗《国都》中的第一首。在组诗中，作者以热切自豪的情绪，分别吟咏了北京周边最为著名的人类文明遗址：周口店猿人、山顶洞人、匽侯墓、长城，北京城因为有了这些人类遗迹，"文明史才显得完整"，才能成为一座当之无愧的历史文化名城。而其中，以1929年，在北京周口店发现的猿人头盖骨历史最为悠久，距今已有70多万年的历史，从而毫无疑问地证明了"我国国都历史文化底蕴之深厚，由此可见其源焉"。

  其实，本诗从题材来说，沿袭了中国古代"怀古诗""咏史诗"的传统，不过由于诗歌形式的变化、吟咏对象的新颖，所以具有了现代性的面貌。中国古典的"怀古诗"，大多借着叙述历史事件、描绘历史遗迹、怀念历史人物，来抒发个人的情感，本诗也不例外。作者借着描绘一颗偶然被发掘出土的猿人头盖骨，展开了对于人类进化进程、历史文明发展的思考，以及对于祖国首都悠久历史的衷心赞美。

  诗歌描写猿人头盖骨时，充满了浪漫主义色彩的想象力。"突起的眉骨"，一语点出猿人最为鲜明的外表特征——还未进化完全的"史前"特征。这凭吊"史前"人类的情怀，以往的中国诗人由于社会科学发展的局限，还未曾有过。诗中不厌其烦地一一写到了猿人脚底的老茧、双脚、胫骨、下颚，将一个空虚枯槁的头骨,还原成了一个有血有肉的生命,让人不再觉得渺远的时间带来的隔阂,而是与之产生了亲切的勾连,不禁也由内心生发出对于人类童年时代的向往。而这个生命,既是普通的,又是伟大的,既代表个人,又代表人类整个群体。它的存在是"为了我们今天的相会",因为它还未区分种族,是全人类共同的祖先,一种博大、包容的人文气韵从文字间扑面而来。

诗人又打破了时空的界限,将人类几十万年漫长而艰苦的进化过程,凝聚在这一个具有代表性的生命之上。那缓慢的跋涉和逐渐湮没消失的身体是一种象征:我们的生命呈现出今天这样高度文明的形态,都是人类祖先经受磨砺、长途跋涉的结果。北京周口店猿人的发现,确认"猿人"代表了人类进化中的重要阶段,为人类正确认识自己的由来和历史做出了巨大的贡献,有哲人也说,"人类尚未进化完全,就被抛到了这个世界上",故而作者写道,它"才获得了一半做人的资格/另一半仍是猿",深奥的进化论科学和哲学思想,在本诗中,以明朗形象的方式被诠释了出来。

作为一名军旅作家,朱增泉尤其擅长历史文化大散文的写作,他思考过许多古今中外伟人的个人际遇及其历史意义。他看待历史的目光是理性而深邃的,是具有发展性的,既看到了历史长河的漫漫洪流,也看到其中的"个体生命"对于历史产生的影响。诗篇结尾处,那投向远方的目光,与永无尽头的路,默默地融合在了一起,也意味着,人个体的生命与整个人类历史的命运,是相互依存的。诗歌的意境整体上从赞美国都的初衷又进一步升华,像作者自己总结的那样,表达了"尊重历史,顺应时势,珍惜人生,把握命运"的感悟。　　　(王宏图　方　铁)

【诗人小传】

俞　强

(1966—　)　浙江奉化人。曾任职于慈溪日报社。浙江省作家协会第八届全委委员、诗创委成员。1985年开始写作,出版有诗集《大地之舷》《食指与拇指》《钟形岁月》,散文集《滴水沧海》等。

大　地　之　舷　　　　　　　　　　　俞　强

梦见大地之舷
满载五谷、风俗与农谚

在流逝的时间里沉浮
梦见弯曲的河道沉积千年的瓷片
被波光磨砺得更加质朴与沉着
发酵的阳光　披裹远方的村落
和每一个孤独的坡面
黧黑的泥土　黧黑的睡眠和古谣
弥漫在大地的肌肤内
祖先的经历被风中的麦芒静静叙述
被犁铧反复咀嚼的泥土
在植物的根须下长久沉睡的泥土
桃花。绿茵。黄叶。飞雪
这四季的波浪
在大地厚实的胸膛上　此起彼伏
饱览沧桑的天空下面
升起一道深黑的脊梁

1993.10.26
选自《绿风》1997年第6期

对我们所生存的这颗星球,脚下的这片土地,自古以来也不知有多少诗人和作家描绘过,比喻过,想象过,梦见过,各有妙思,各得其美。俞强也曾梦见过,但他所梦见的是大地之舷,并用诗的方式把梦见的一切记了下来。

诗人开门见山——梦见大地之舷。言外之意,我们所生活的地球,就犹如茫茫苍穹和星宿之海中的一艘航船,而他所梦见的,便是这艘航船的船舷。所谓船舷,就是船边之意。尽管是船边,未必是星球的中心地带,但仍然满载着"五谷、风俗与农谚",在流逝的岁月之河里沉浮,一切都是那么丰饶、富庶、充盈、满足、美好。

然而,无论是河道内沉积千年的瓷片,还是远方的村落、孤独的坡面、黧黑的泥土,这一切都是弥漫在"大地的肌肤之内"的。从"风中的麦芒静静叙述"开始,诗人转入对大地之舷的表层的描述:除了风、麦芒,还有犁铧对泥土的"反复咀嚼",有着"桃花。绿茵。黄叶。飞雪"的四季"波浪",在大地"厚实的胸膛上"此起彼伏地轮换着。

其实,诗人在梦中所见、诗中所及之物,无论是河道、瓷片、村落、坡面,还是泥土、犁铧、麦芒等,也多为寻常之物,然而奇妙的是,经过诗人对这些物象特殊而又精准的修饰与描绘,却又生出了另一番意味。如他称阳光为"发酵的",坡面是"孤独的",村落是"远方的",泥土是"黧黑的",犁铧翻地则为"反复咀嚼",风吹麦芒则为"静静叙述",春、夏、秋、冬则分别以"桃花""绿茵""黄叶""飞雪"来比附。更妙的是,他把"风俗""农谚""古谣"这些古老的传统文化也融纳了进去。如此组构而成的画面与图像,显然是富有魅力和诗意的。但其所体现的诗意,主要的不在于柔美、秀气与清丽,而在于深沉、沧桑与厚实。这也是诗人希望能传递给读者的一种感受。最后又以"一道深黑的脊梁"作结,既紧扣题意,与首句"梦见大地之舷"相呼应,又有象征意,使人很容易把脊梁与舷这两个相类似的形象联系在一起。

托梦言志,这是文学作品中常见的手法。此诗亦然。通过对大地之舷的梦境描写,表达了诗人对生养哺育他的大地的一种深厚情感,对祖国、对土地、对故乡一片深深的挚爱之情,在充满着感激和沧桑情怀的同时,也在赞美着我们的星球、我们的大地和我们的生活。俞强的佳作多有大气而精妙的特色,此诗具备了这一风格,读后的确能给人一种沧桑感、深沉感与厚重感。而语言不失精妙。

(孙琴安)

诗人小传

彭国梁

(1957—) 湖南长沙人。1981年毕业于湖南师院零陵分院中文专业。历任湖南冷水滩耐火材料厂子弟学校教师,长沙县文化馆文学专干,《空中之友》报编辑、记者,《新创作》杂志主编。1980年开始发表作品。著有诗集《盼水的心》,散文集《浮光掠影》。

茶青色的池塘　　　　彭国梁

池塘的主人是一只蜻蜓
一只热爱残荷的蜻蜓
荷叶上散散步
与一尾鲫鱼
讨论黄昏

茶青色的月亮
曾经丰满地躺在池塘
现在瘦瘦地离开了
茶青色的太阳是月亮的兄长
总是灼热地盯住荷花
蜻蜓的拳头
发出马蹄的声响
池塘慢慢地变了颜色
茶青色的皮肤
也许
意味着一种内伤

选自《诗歌月刊》2002年第9期

　　这首诗细腻而形象地展示了一个曾经充满生机的池塘终究难逃被污浊的残酷场景,感情真切,表现内敛。

　　这首诗借鉴了传统田园诗和现代乡土诗的元素,非常注意营造一种自然风光恬静、平和的气氛以及内涵的生命意蕴与人文气质。像"一只热爱残荷的蜻蜓/荷叶上散散步",像"与一尾鲫鱼/讨论黄昏"这样的佳句,化静为动,诙谐有趣,把一派大自然的生机勃勃的生命气息展示得玲珑剔透。这种情景传递的是不可名状的生命律动,是大自然蕴含的天人合一的精神本质。具有"小荷才露尖尖角,早有蜻蜓立上头"(杨万里《小池》)这样的诗句里的气韵。

　　诗人热爱大自然,对被破坏的自然环境充满忧患意识,这就令他比常人多有一份细致与敏感。因此诗歌的细节挖掘与形象再现也就既准确又富有想象力。例如,"茶青色的月亮/曾经丰满地躺在池塘/现在瘦瘦地离开了"句,其中"丰满"与"瘦瘦"这两个词极其生动传神,是池塘由清澈而污浊的变化在月亮的水面映像的艺术化呈现。

(张　新)

【诗人小传】

娜　夜

(1964—)　女,满族,原名刘夏萍,祖籍辽宁兴城,在西北长大。毕业于南京大学中文系。1985年开始诗歌创作。出版有诗集《回味爱情》《冰唇》《娜夜诗选》等。《娜夜诗选》曾获第三届鲁迅文学奖。

幸　福　　娜　夜

丝瓜藤上的秋天还剩下一半

我得到了

想要的

神秘的风来了

我听见裙摆上的花

对蜜蜂说：多好

与以往不同　幸福

它落到实处

落到一把青菜　一块豆腐的

精神上

被炊烟传得更远

——当它是陈旧的

这些尘埃比它新鲜

选自《娜夜诗选》，甘肃文化出版社2003年版

　　娜夜一首《幸福》，有别于当下人们追逐的幸福观。但她的幸福也离不开物质性，诗的前三行，就写了她在中秋"得到了/想要的"，在丝瓜藤上摘下几根丝瓜，刨了皮，炒一盘新鲜可口的瓜菜，确是实实在在的舌尖上的幸福；但她更在意心灵的另一种幸福——"听见裙摆上的花/对蜜蜂说：多好"，这种对神秘的风，"裙摆上的花"会说话的感知，对采不到蜜的"蜜蜂"而言，幸福的隐喻远不止是物质；当然，"蜜蜂"只是女诗人心灵的一个他者；诗中，女诗人对精神性幸福的有意味的掘进——"幸福/它落到实处/落到一把青菜　一块豆腐的/精神上/被炊烟传得更远"……具有一种形而上的意味。我们还要注意诗里的一个含有隐喻性的对比："裙摆上的花"和"丝瓜藤上的秋天"。前者代表人为意志的物化形态；后者代表朴素的自然原生态。之所以对"裙摆上的花""感觉"到"与以往不同"，因为幸福观发生了嬗变。说到"一把青菜"，在娜夜的一首《母亲》"黄昏。雨点变小"，她与母亲在雨中嘈杂的菜市场中相遇，"母亲将手中最鲜嫩的青菜/放进我的菜篮/母亲"。无须质询母爱"还能源于什么"——但它具体而深刻，润泽心灵的是质朴的亲情，是无处不在的甘泉。于是，"我"内心轻轻的一声"母亲"——不

止是感动自己。如果文学有一百种"功能","使看不见的东西被看见",这是文学跟艺术最重要、最本质、最核心的一个作用。

因此,娜夜说起一段往事,有一年,她在去河西走廊跑采访,在回兰州报社的路上,一路的雪越下越大,白茫茫的一片,对于大西北这块干旱的土地,她颇有感触地写了一首同题的《幸福》:"大雪落着 土地幸福/相爱的人走着/道路幸福",面对这片苍凉的世界,她说内心的感受非常丰富,她看到了:"光秃秃的树 光秃秃的/树叶飞成了蝴蝶//花朵成了果实/光秃秃地/幸福";沿路见走着的人中,还看见了一个孕妇——怀着孩子的女人,"一个孩子 我看不见他——还在母亲的身体里/母亲的笑/多幸福"。女诗人娜夜内心孜孜不倦地追求物质与精神性双重的幸福的同时,更在意精神性的幸福追求,那是建立在平凡朴质的物质性的基础上,一种幸福的慰藉,它"被炊烟传得更远",是一种由物质至精神力量传播的价值。"——当它是陈旧的/这些尘埃比它新鲜",这正是娜夜所持的独特的视角,且富有哲思。她更关注的是那些卑微如尘埃般百姓的幸福,关注他们由物质而嬗变为精神性不时跃动的新鲜感受,以及生发出对万物悲悯的情怀,这些在她其他诗中也屡屡所见;于看似日常性的叙述中,她能刹那间攫住意念中动人的诗意。此诗语言质朴,意象空灵且跳跃,又给人一种精神的穿透力。　　(李天靖)

【诗人小传】

马　非

(1971—　)　原名王绍玉,辽宁抚顺人。1985年随父母迁居青海。1993年毕业于陕西师范大学中文系。曾任职于青海某出版社。中国作家协会会员,青海省作家协会诗歌创作委员会主任。著有诗集《一行乘三》(合著)、《致全世界的失恋书》。

雨　夜

马　非

雨夜
在幽僻的小巷
我的身后
有一人尾随
他越走越快

我感到恐惧
不由加快脚步

另一个雨夜
在同样的小巷
我尾随一人
我并无恶意
只是有点害怕
想与他并肩而行
他奔跑起来
转眼消失在拐角处

选自《青海湖》2003年5月号

"口语诗"很难写。之所以难写,是因为"口语诗"不但较一般新诗更疏离中国传统诗歌的韵律系统,而且它那种非紧凑型的文字和言语表达方式也难调用传统诗歌以"兴象"为核心的意象营造体系的丰富手段。"口语诗"必须有自己的表现方法以适应这种言语表达方式。卞之琳、袁可嘉等提出的"戏拟化"方法对于一般新诗不失为一种有效方法,对于"口语诗"而言,更应该是一种重要的方法。"口语诗"的言语表达方式虽然难负载高信息量的诗歌意象,却在架构整体情景与叙事方面并不逊色。从于坚的《罗家生》到这首《雨夜》,它们成功的原因之一就是运用了这种"戏拟化"方法。

诗歌设置了两个相同的场景:雨夜的一条幽僻的小巷。人物也简单:第一个场景中,"我"与身后"尾随"的某个"他";第二个场景中,某个"他"与身后"尾随"的"我"。于是,两幕极富戏剧性的情景剧在这条雨夜的幽僻小巷里精彩演绎。

读这首诗不妨分两个步骤:先单独地按不同场景读,然后把不同场景合起来读。

诗人着力表现"我"在两个不同情景中的不同的心理反映。在第一个情景中,"我"先是对身后尾随之人产生警觉,而后应对"他""越走越快"的行为,因"恐惧"而"不由加快脚步"。这是一种自然本能的应急反应,是直接经验与间接经验,以及社会集体心理和文化的潜移默化浸润等综合性影响的结果。这是一种以"他"为恶人为前提的防范心理。合理性中也预设了产生"反向情境"和恶性循环的可能性。在第二个情景中,"我"成为第一个情景中的"他"的角色。"我""并无恶意"却"有点害怕"。"并无恶意"是觉得自己与第一个情景中的"他"不同,不是坏人;"有点害怕",是因孤单,于是"想与他并肩而行"而求得安全感。而"他奔跑起来/转眼消失在拐角处"。"他"的反应同样是合理的。一如"我"在第一个情景中的反应。设想一下"我"的此刻的心理感受:"我"一定在感受孤独、恐惧的同时,还在因"他"的误解与冷漠而委屈、怨恨吧。

当我们把两个场景合起来时,这种场景与结构性安排产生的戏剧性效果立刻就凸显出来。因为"我"的角色的转换,即刻改变了"我"的心理基础。"我"的不同的现场角色之间产生不可调和的矛盾,"我"便处在一个多重性矛盾的悖论的尴尬位置上。先前所有"我"对"他"的心理体验和应急情绪都在后一情景中反弹到自己身上:恐惧成为被恐惧,怨恨成为被怨恨。"并无恶意"的人格自我认同与评估在此情境中彻底瓦解。令我们深思的是,在每一个单独的情景中,"我"与"他"的心理与行为似乎都存在合理性,当改变了"我"与"他"的情境之后,这种合理性就受到质疑。诗歌的逻辑恰恰是不动声色地通过"我"的两种处境所形成的互为"逆证明"和趋向"反向情境"的戏剧化态势的建构,在反讽中,形成一种批判与自我批判的启发性路径,让习以为常的"合理性"受到质疑。换句话说,一个人经历的情景越丰富,体验就越真实,认知也越接近真相。

(张新)

【诗人小传】

李天靖

(1945—) 安徽南陵人。中国作家协会会员。1982年毕业于华东师范大学中文系,曾任《上海诗人》杂志编辑。出版诗集《等待之虚》《李天靖短诗选》《秘密》《你成为你诗歌的猎物》及《森林中的一棵树——李天靖随笔、访谈、评论集》等。主编(合作)《海上诗坛60家》《上海诗人30家》《有意味的形式》等。

乌 衣 巷

李天靖

浅浅巷子
深深深　深得野草花没了
斜着的夕阳

乌衣巷

像踩着自己的影子
突然抽身
随乌衣人而去

朱雀的翅膀血溅一屋子
描红家具
残忍得奢华

晋代衣冠
于封闭、低矮的床笫
有人说——
更隐于寻欢

颓废的气息上
留下指纹　像触摸一次
女仕箴图
怪诞、暧昧的鸟身

一切虚妄
风声鹤唳已遥不可及
惟谢安落子
静若惊雷

出了乌衣巷
突然撞见
怀中飞出的那只燕
掠过街景

选自《星星》2005年第6期

有关"乌衣巷"题材都绕不过刘禹锡的同名佳作。李作偏偏又冒险地在素材选择和结构布局上多有模仿刘作之处。但细细看来,虽然在耀眼的经典之下,李作仍然有其独到与创新的东西。

粗一看,第一节的乌衣巷意象从刘氏诗句里化来。但在细节变化上,悄悄显现出诗人预设的诗歌主题的端倪。"浅浅巷子"是实景,"深深深"是历史的幻景与诗人主体的历史感驱动的心理感觉。"野草花"——刘氏诗歌里用来作为反衬曾经繁华的荒芜意象,以及暗示"物是人非、沧海桑田"意境的重要元素,"没了"。这不仅仅是当下实景的再现,其深意更是作为诗人将要挖掘的反经典的"乌衣巷"主题的铺垫。

当下的"我""踩"着夕阳下长长的恍若连接历史长廊的"影子",进入历史的时空隧道。这里又巧妙地嵌入了作为沿袭乌衣巷典故即三国时吴国戍守石头城的黑装兵士"乌衣人"素材,由他引进乌衣巷,情趣盎然。而乌衣人与影子在色彩上的类同性而实现了"自己的影子"与乌衣人在情景上的大跨度衔接。这样,"我"即可以现代人与乌衣人双重角色进入历史,同时进行贴近历史的真实体验和以现代人的批判意识给予的审视。

接下来的四节,借助于对展示的历史陈迹的细腻描绘,重构起一幅"残忍得奢华"以及颓废、怪诞、暧昧得"一切虚妄"的图景。这里穿插了以挽救东晋王朝危局的"淝水之战"背景的"惟谢安落子/静若惊雷"的情景。一个"惟"字,凸显其不过是腐败里的一点亮色,作为整体的反衬,更强化了无可挽回的历史宿命。这部分所占的权重和它的批判力度,超越了千百年来咏叹"物是人非、沧海桑田"那同一种感慨的命题视界,为"乌衣巷母题"提供了另一种文化诠释。

如同千古名句"旧时王谢堂前燕,飞入寻常百姓家"一样,此诗的收尾亦是点睛之笔。这是一个奇妙的空间转换的情景:乌衣人重又现身为当下的"我",怀中不经意间带出了这只"旧时王谢堂前燕"。既然是从"我"的怀中飞出,难道没有感染上"我"对乌衣巷的批判性情愫?抑或那只燕就是"我"的另一个"影子"?那么,还要在"王谢堂前"和"寻常百姓家"之间作无谓的奔波吗?于是,燕子"掠过街景",穿越了历史轮回的时空,飞向"我"的愿景,一片现代文明的新天地。

(张　新)

【诗人小传】

柳沄

（1958— ）辽宁大连人。出生后随父母迁居沈阳。1974年下乡到盘锦胡家农场。1977年应征入伍，1986年复员后分配到辽宁省作家协会，担任文学刊物《鸭绿江》编辑。已出版《柳沄诗选》《落日如锚》《阴谋与墙》《瓷器》《墙·与墙无关》等多部诗集。

眺望森林

柳沄

被斧子追赶着
森林越逃越远
如今，它们那粗枝大叶的低语
已难以被我听见

当我举手加额，森林
正退向另一座更高远的山脉
似乎每走一步
就会在我的心中倒下
目睹这一切，落日逐渐降低高度
而没有什么比落日更像一只
将熄的烟斗

接下来，斧子一闪
我眺望的目光便断了
这个世界，有许多生命死得不明不白
然而面对斧子这类凶狠的事物
森林从来都不去设防，斧子
总是以勤劳、憨厚的形象
出现在森林面前
尤其是在夜晚，斧光

谦逊得如一片月色
大概只有我知道
斧柄曾是森林的一根肋骨

春雨一催，枝头的鸟声又开花了
许多熟悉的面孔
争相自林中浮现，又慌忙躲藏
哦　我的祖先曾以森林为家
那时他们不会走而只会爬
爬着爬着，就爬成了人
反正他们越爬越聪明

斧子仍在追赶
从石器到青铜再到钢铁
它一步比一步锋利
苦难的森林呵将逃往何方
你们昔日的恩泽
深于今日的沧海

最后的时刻，我被允许回头
一棵最粗壮的树倒下
一种被劈开的疼痛弥漫
失去支撑和搀扶的世界
拐杖将是你惟一的根
这时肯定有另一把斧子在另外的地点
斫击你的双腿

选自《柳沄诗选》，时代文艺出版社 2005 年版

济慈诗曰，墙上的芦苇已经枯萎，也没有鸟儿歌唱！
地球人所遭遇的生存环境，正变得越来越恶劣。

很多年以来，人类提出的口号是"征服大自然"，在人类眼里，大自然仅仅是人类征服的对象而非保护的对象。人类的这种意识大概起源于洪荒的原始年月，一直持续到20世纪。1962年，美国女学者蕾切尔·卡森以一部《寂静的春天》对这一人类意识的正确性提出了质疑，为人类对自己生存环境的破坏发出了第一声警报。

显然，《眺望森林》一诗，是对《寂静的春天》的隔空响应，是一首荡气回肠、针砭时弊的环保诗。

诗的首节即推出全诗的两个重要物象："斧子"和"森林"，它们以各各包含的内蕴，两者形成对比。"斧子"代表了一种破坏的力量，"森林"代表了环境。象征虽淡，意味却浓。忧心忡忡的诗人《眺望森林》，长叹息曰："它们那粗枝大叶的低语／已难以被我听见"，"森林越逃越远"！而这一切，全因"斧子追赶"！

诗的第二、三节着力描写"斧子"对"森林"的破坏："这个世界，有许多生命死得不明不白／然而面对斧子这类凶狠的事物／森林从来都不去设防"，"森林／正退向另一座更高远的山脉"。

诗的第四、五节则伸延和回溯历史，"从石器到青铜再到钢铁"，"我的祖先曾以森林为家"，如今，斧子对森林的穷凶极恶的砍伐，生态环境遭到毁灭性的破坏，"苦难的森林呵　将逃往何方"？具有反讽意义的是，苦难的森林对于人类来说，"昔日的恩泽，深于今日的沧海"啊！人类显然遗忘了。诗由此传达的主旨不啻是对人类毁林的揭露，更是一种警告，是对人性中的负面，即其劣根性所进行的批判。

人类生于赖以生存的环境，但对生存的环境，一味索取，肆意糟蹋，不保护，不感恩。人类已经并且正在受到严厉的惩罚，这是不争的严峻事实。诗的第六节即最后一节，将此种后果裸示：森林中"最粗壮的树倒下"，弥漫"被劈开的疼痛"，"支撑和搀扶的世界"从此将会"失去"！多么触目惊心！诗人似乎意犹未尽，进一步"扩张"毁林破坏环境的后果：需要支撑和搀扶的世界只剩下"拐杖"，拐杖为"唯一的根"。若如此这般，这世界不就崩塌了吗！

"这时肯定有另一把斧子在另外的地点／砍击你的双腿"——全诗结句振聋发聩，将毁林破坏环境的后果推向极致。这种后果，环境遭破坏在其次，人心不记灾难，不追悔，故态复萌，才是险境、厄境的根源。瞧瞧，"斧子"在"另外的地点"再次显身，这一回，你有"拐杖"也无济于事，"砍击"的是"你的双腿"！

诗人借《眺望森林》一诗所展示的情怀，颇与E.B.怀特的警句契合："我对人类感到悲观，因为它对于自己的利益太过精明。我们对待自然的方法是打击并使之屈服。如果我们不是这样的多疑和专横，如果我们能调整好与这颗行星的关系,并心怀感激之心对待它,我们本可有更好的存活机会。"(转引自蕾切尔·卡森《寂静的春天》,上海译文出版社 2008 年版)　　　　　　　　(戴　达)

【诗人小传】

萧　融

(1958—　)　女,原名杜小蓉,四川成都人。1985 年毕业于西南民族大学。中国作家协会会员,四川省文联全委会委员。曾任《星星》诗刊编辑部主任。著有诗集《行走或者回眸》,作品收入数十种选本。

高原牧场

萧　融

在高原　亦在尘埃之上
黄昏的牧场消散在静默中
鹰翅下,经幡飘动

一道道栅栏　高过天空
仿佛在我们抵达之前
已将尘俗抑或喧嚣挡在外面

太阳下山了,牛羊已然归栏
天上人间,明媚而遥远
这是世上最美丽的孤独

那个手执牧鞭的孩子,明眸皓齿
风吹动他天堂般的笑脸
我看见他小小的内心轻轻一闪
世界小了　他长大了

选自《四川诗歌地图》,四川美术出版社 2007 年版

女诗人萧融说:"我喜欢高原。高原对于我,是宗教,是图腾,是心怀敬畏。

我曾经无数次走过高原，西藏、青海、甘肃、云南、以及四川的甘孜、红原藏地。在高原，有着永远的蓝天白云，阳光是明媚的，空气是通透的。特别是走在高原牧场，常常可以看到夕照下炊烟袅袅，经幡飘动，仿佛在诵读唵嘛呢呗咪吽的六字真言。那些晚归的牛羊，自在悠闲，让人感觉空气中弥漫的牛粪味都是香的。"萧融的这首《高原牧场》，首句"在高原 亦在尘埃之上"就给人一种出尘之美：写黄昏时分的静默，"消散"一词，尤为精准，细腻地刻画了高原牧场于暝色渐浓时趋于静穆的动态之美；"鹰翅下，经幡飘动"，更衬托出高原牧场的寂静，又微妙地暗示并表现出女诗人内心掀起的微澜——"幡动，在于心动"。第二节首句"一道道栅栏 高过天空"，此高蹈的一笔甚为难得，是对首句的实而虚之，又为下两句张目，"将尘俗抑或喧嚣挡在外面"，一个"挡"字，表现了牧民信奉宗教的内心力量，意味深长；此时太阳下山，牛羊归栏，"天上人间，明媚而遥远"，是世上"最美丽的孤独"，此刻对高原牧场的赞美油然而生，这也是内心情感的发展；从写牧场的经幡、栅栏、牛羊等，再由物写到人，一个明眸皓齿、天堂般的笑脸"那个手执牧鞭的孩子"，至此环境与人物的完美统一，相得益彰；"我看见他小小内心轻轻一闪/世界小了 他长大了"，于绝域高原，天地人神共处的佛界天堂，它的纯净与美丽孤独，在落日光线踯躅的一瞬间，女诗人明心见性，那个牧羊孩子的心性，就是女诗人一颗金子般的心；她的感动，莫如说找到了内心的一种渴望——人类睽违的家园，那么遥不可及，又那么贴近。女诗人萧融说："偶见脸有高原红的牧童，明眸皓齿，羞涩地远远看着我们，我相信此刻他们是在憧憬外面的世界。高原牧场，远离尘嚣，辽阔而寂静。在我的心里，那里的尘埃也是干净的，它们有着真正意义上的干净。在那里，我们可以卸下世俗的烦恼和忧伤，卸下平日的劳顿和琐碎，把心安放……"

　　守护你的内心，它是一片净土；只要守护它，任何外部的力量都无法进入。

（李天靖）

【诗人小传】

陈东东

（1961—　）上海人。1981年开始诗歌创作。是"第三代诗人"代表之一。曾担任民间诗刊《作品(1982—1984)》《倾向(1988—1991)》和《南方诗志(1992—1993)》的编辑工作。主要诗歌作品有《海神的一夜》《明净的部分》。

雨 中 的 马

陈东东

黑暗里顺手拿一件乐器。黑暗里稳坐
马的声音自尽头而来
雨中的马

这乐器陈旧，点点闪亮
像马鼻子上的红色雀斑，闪亮
像树的尽头
木芙蓉初放，惊起了几只灰知更鸟

雨中的马也注定要奔出我的记忆
像乐器在手
像木芙蓉开放在温馨的夜晚
走廊尽头
我稳坐有如雨下了一天

我稳坐有如花开了一夜
雨中的马。雨中的马也注定要奔出我的记忆
我拿过乐器
顺手奏出了想唱的歌

选自《明净的部分》，湖南文艺出版社 1997 年版

诗的起首一句"黑暗里顺手拿一件乐器"，仿佛突兀而来——和诗题《雨中的马》似乎风马牛不相及，但它恰恰是敷住诗题的关键一笔。它烛照全诗，向读者袒露，此乃抒写对音乐艺术的感觉的一首诗，是诗人对音乐艺术的独特体验所产生的超验性联想，"雨中的马"正是这一联想所产生的产物，也是全诗的中心意象。

乐器弹奏的音乐，空灵、缥缈、抽象，诗人将它具象化了，化为了"雨中的马"。雨中的马——雨声。马蹄声。雨声是副旋，马蹄声是主旋。一匹骏马披着夜色在雨中奔驰。雨声淅沥。马蹄嘚嘚。

踏雨夜行的骏马是乐声给诗人所产生的联想，也是诗人记忆的影子。"雨中

的马也注定要奔出我的记忆",此语"泄露天机"——"雨中的马"来自诗人的记忆,是打上了诗人个性的烙印的产物。乐声响起,记忆中的雨中的马在音乐中复活,在诗人用笔记下这一艺术直觉的那一瞬间,"雨中的马"已经以诗人的个人记忆变成了公众(读者)所接纳的艺术形象。

"雨中的马"在诗中不是独立无援的意象,诗人巧妙地将乐器比喻成"点点闪亮"的"马鼻子上的红色雀斑",这就使得"雨中的马"更形象、更具个性,从而也使抽象的音乐更具质感和容易捕捉。

音乐是一种听觉感受,诗人将它化为"雨中的马",成了听觉和视觉糅合在一起的艺术感受。为了凸显这一中心意象,诗人拓展了它的背景,或说是进一步延宕了从听觉转为视觉乃至触觉与嗅觉的进程,扩大了联想域,于是就有了这样一些美丽的诗句:"像树的尽头/木芙蓉初放,惊起了几只灰知更鸟","像木芙蓉开放在温馨的夜晚"。

至此,我们从阅读进入了诗人的音乐殿堂,从视觉(读)闯入了听觉(音乐),进而置身于"通感"——即听觉、视觉、嗅觉、味觉与触觉糅合在一起的艺术境界——黑夜。黑夜里的"我"。"我""在黑暗里稳坐",顺手弹奏起了乐器。悠悠乐声像雨中的马在黑夜里奔跑,嘚嘚马蹄声中,木芙蓉竞相绽放,马蹄声溅起花香,而"花开了一夜",知更鸟在温馨的夜空飞翔……

当"雨中的马""奔出我的记忆",木芙蓉开放的温馨的夜晚消失,音乐戛然而止,一切复归沉寂时,那乐声,那乐声的速度、力度、旋律,以及它所包孕的情绪,却永久留在了读者心中。

(戴 达)

【诗人小传】

郑小琼

(1980—) 女,四川南充人。2001年南下广东打工,并开始写诗。后居东莞。出版诗集《夜晚的深度》《郑小琼诗选》。诗作多表达打工生涯中的感悟,语言锐利而富想象。

方　言

郑小琼

卑微而胆怯的方言,低拉着头
从工业区的灯光下走过

从车间的拉线上走过
从商店的琳琅的货物中走过
它们低萎着的身子，小心翼翼地
挤着，像工业区间隙里伸出头颅的
庄稼，它的生长，显得有些不合时宜
它小心的长着，在异乡
它小心的隐藏着，在南方的工服里
但是它总会从吃力的普通话中
探出头，张望了一下
又缩了进去，像做错事似的
只有等到坐上回家的那趟车上
它才可以昂首挺胸的坐着
然后随口吐出
"回家，真好！"

选自《诗刊》2006年第10期

  诗人郑小琼用借代手法，以"方言"代指农民工（民工）是富有新意的。有人说，要辨别一个人是否是农民工，只要看他们的衣着、肤色和方言即可，这有一定的道理。其中通过方言最易识别，他们当中许多人都是第一次离开家乡，带有浓重的乡音。

  他们自己往往胆怯，而在别人看来，他们还有些卑微，或许这两者构成了他们的心理特征。胆怯大可不必。不管别人如何去看待他们，他们得自己看得起自己，有位农民工诗人说得好："生存可以低矮，但灵魂决不卑微。"由于存在卑微胆怯的心理，久而久之他们就养成了一个习惯性的姿态，即"低拉着头"，或曰耷拉着脑袋。

  他们"从工业区的灯光下走过/从车间的拉线上走过/从商店的琳琅的货物中走过"，上述三个地方与其说是他们的生活区，不如说是他们来城市后的工作区，在工业区、车间和商店均有他们忙碌的身影，"他们从内心深处渴望得到别人的认同与安慰的意识特别强烈，渴望有人看到他们的存在，关注他们的现实状态。然而，这一现实却遭到了普遍的漠视"（马忠《有感民工诗歌的现状及写作》），这就是使他们产生卑微胆怯心理的客观原因。

  巴尔扎克说得好："唯有细节将组成作品的价值。"这首诗里也写了两个细节,一个是他们"小心翼翼地/挤着,像工业区间隙里伸出头颅的/庄稼,它的生长,显得有些不合时宜",一个是"在异乡/它小心的隐藏着,在南方的工服里/但是它总会从吃力的普通话中/探出头,张望了一下/又缩了进去,像做错事似的"。以上两个细节使"它们低萎着的身子"具象化了,也使这首诗更具张力和视觉的冲击力。我们为诗人的精心描绘而惊叹。

  诗人采用先抑后扬的手法,使这首诗的结尾很出彩。同时也运用了首尾呼应和前后对比的手法。前者"低萎着的身子",后者"昂首挺胸的坐着";前者"小心翼翼",后者"随口吐出",之所以如此,盖出于"回家"的感觉真好。俗话说,在家千日好,出外一时难。又曰:"金窝,银窝,不如自家穷窝。"这首诗令人酸楚,产生同情甚至流泪,但更多的是促人昂扬,令人奋进。农民工是我们的骨肉同胞。为了让他们免除离乡之愁,免受打工之苦,我们要励精图治,加倍努力,把我们伟大的祖国建设好,使它真正强大起来,富裕起来,使我们的民工们早日过上小康生活。

(葛乃福)

【诗人小传】

陈忠村

(1975—) 原名陈忠强,安徽萧县人。1991年初中毕业后回家务农,1992年开始用笔名陈忠村发表诗歌。出版《城市的暂居者——一位诗歌圣徒的温度》等多部诗集,主编、合编《中国打工诗歌年鉴》《安徽现代诗选》等。

大 树 移 植

陈忠村

大树移植是我来城市后
认为最新鲜的业务

十年后砍倒 乡下父亲栽的树
给我盖一处娶新娘的瓦房
二十年后刨掉给妹妹
打一套优质的家具做嫁妆
三十年后伐下给爷爷
做一口上等的棺材

走出养我几十年的农村
眼泪,我不会让它出现
阳光的强烈却难以把我晒干

城里。移植的大树
我真的不知道能活多少
是否像我漂泊却又留恋着故乡

选自《诗·城》,上海文艺出版社 2009 年版

  《大树移植》是一首表现农民与土地、城市与乡村关系这一中国现当代史上重大命题的作品。首先他与臧克家《三代》中所表现的农民与土地那种"剪不断,理还乱"的复杂情感和土地给农民带来的或喜或悲的历史命运有着某种血缘传承的关系。新中国成立以后,农民在政治上翻了身,但是文化与文明状态却不是轻易能够改变的。加上某种制度设计上的原因,农民在相当长的时期中仍然被牢牢地束缚在土地上。这就有了《大树移植》第二节中所描述的情景:父亲用自己亲手栽种的大树想使"我"在农村深深地扎下根;而妹妹的嫁妆则将在另一个村庄陪伴她度过一生;而大树最终成为爷爷的棺材一同被深埋在土中,从而完成了"大树"也是人生的一个轮回!在文化与文明的层次上,"我"与妹妹、父亲以及爷爷在重复着《三代》里那种中国农民千百年世袭的生活方式。三代人围绕大树演绎的人生戏剧似乎是在重复着《三代》里的经典故事。因此,在这个极其具有农村特征(自给自足的而非商品化的经济行为)的情景,并且通过作者那种收敛式的冷抒情方式,我们一方面体会到在父亲无言的行动中透露出来的亲情,另一方面也感觉到一丝的凝重、伤感与苍凉。

  如果这就是"我"一家的全部人生轨迹,那么《大树移植》与《三代》在文化与文明发展的层次上没有本质的区别。改革开放大潮开始冲击着阻碍如《三代》里所揭示的那种影响农民命运的更深层次的桎梏。"我"的命运终于能够不再被动地被"大树"的根系紧紧地拴牢,"我"可以"走出养我几十年的农村",走一条与父辈不同的道路了。这不仅对于"我",甚至对于中国农民都是一件翻天覆地的大事。

  然而这条路注定将是艰难而坎坷的。"我"最终成为夹在农村与城市之间的漂泊者,丧失了归宿感和安全感。这难道是一种历史的宿命吗?以作者打过工的上海为例,几乎所有上海人的三代以上都是来自农村。他们同样也"留恋着故乡"。但是他们决没有漂泊感。故乡仅仅是祖辈生活的地方,是血脉的某个朦胧

的源点,如今他们这棵"大树"早已在上海扎根,可能还已经蔚然成林。"留恋着故乡"不能取代他们对上海的归宿感。因此,取得农民历史上这一翻天覆地的大变革的成功,一定要完成从大树的"移植"到"扎根"的艰巨任务。问题是,对大多数像"我"那样的农民工,他们最无奈、困惑、恐惧的就是不能扎根的无归宿感和漂泊感。农民工这一尴尬的身份最恰当地反映了他们处于农村与城市、农耕文明与工业文明之间的尴尬位置。这棵"大树"虽然有着"阳光的强烈却难以把我晒干"的心志,但是无根的大树难免也会被烤干!我们真不希望像"我"和千千万万个农民工那样的已经"移植"的"大树"以"真的不知道能活多少"的心情去"留恋着故乡",那才是悲哀的呢。

新诗史上,表现都市中的边缘人或者陌路人形象是一个深受诗人关注的主题。一种类型是如20世纪30年代现代派诗人罗大冈的《无法投递》。它传递的是城市人对被物质主义异化的都市的迷茫与困惑;另一种类型是左翼诗人袁水拍在《理发匠》中所讽刺的那种情景:带着农村气息的乡下人如何被象征城市的理发匠"整理"得一干二净的。在夸张的喜剧性的表象下,表达了诗人对城市销蚀农村现象的担忧。《大树移植》展示了城市与农村冲突的另一视界。一方面是"乡下人"被农村城市化的历史大潮席卷而走,另一方面"乡下人"则犹如潮汐中的浮萍,很难被冲上城市的滩涂。

从这个意义上说,《大树移植》综合了《三代》《无法投递》和《理发匠》的诗情内涵,丰富了表现都市中的边缘人形象的诗情主题,拓展了处于在城市化历史进程中的"乡下人"命运的表现空间。

(张 新)

【诗人小传】

季振邦

(1947—) 上海崇明人。曾任《朝花》副刊副主编、《上海诗人》执行主编。中国作家协会会员,中国诗歌学会理事。主要作品有诗集《飞向明天》《三叶草》《今宵属于你》,散文随笔集《现代人调侃》《谁能与我同侃》《室内步行街》《美人指》《微生活》等。主编《朝花五十年作品精选》以及报告文学集等。作品在美国、加拿大、日本、新加坡、韩国发表。

断 桥 的 苦 楚　　　　　　季振邦

断桥的苦楚

在于一个断裂的传说
轰然跌入西湖起伏的思绪
而碎成一截断肠

桥畔有柳叶如刀
但所有的手术都失败了

为此,多年来,我回避所有的桥
有路的地方就走路
临水的去处便回头
然而,避无可避啊
回头时,总见自己长长的身影
又桥一样
横亘在脚下

桥,注定是我的宿命
当时间迫近人生的午后
徐志摩不期而至
用一低头的温柔告诉我
他的那一行诗
可以架设成另一种桥
于是,久久的怔忡之后
我终于认定
可以渡至彼岸

一线彼岸其实是一线眼睑
或睁或闭
都是罕见的雾中明月、梦里森林

> 然而,这桥也会断吗?
> 断成西湖边一个新的故事
> 也许,要断也要断成一截莲藕
> 还有丝
> 悬在心上

选自《上海文学》2009 年 7 月号

五千年的文明在中国的土地上流淌。横亘大地的山川名胜古迹如片片白帆,它们和古老的大陆和人民一起生,一起长,召唤一代又一代的"鸥鸟"(诗人)云集白帆周围,共同组成生生不息的生命的"壮观"。那些轰轰然突兀而生的历史事件,随着时间的流逝凝固成天边烟云,一任后来者仰天发问。

正因如此,现代诗人畅游历史长河,以具有民族文化积淀或历史容量的山川、名胜古迹和神话传说为基础,建构诗创作中的主干意象,则是自然而然的事了。

《断桥的苦楚》亦可作如是观。

"断桥的苦楚/在于一个断裂的传说/轰然跌入西湖起伏的思绪/而碎成一截断肠":诗的开篇即敷住诗题,凸显"断桥"这一主干意象。

"断桥"乃源自中国古代《白蛇传》的传说,故事初见明代冯梦龙所著的《警世通言》,讲述了千年白蛇白素贞与许仙的爱情故事,是一出具有浓厚神话色彩的爱情悲剧。"断桥"乃是这出爱情悲剧高潮中的一个场景,它位于杭州西湖白堤东端。诗人寥寥四行,说尽《白蛇传》多少伤心事!尤将"断桥"引申为"断肠",平添肝肠寸断之意。

"断桥"在唐代已建成,时人张祜《题杭州孤山寺》诗中就有"断桥"一词。断桥称为"断桥",有一说法最有意境,因为《白蛇传》中许仙白娘子缘断于此,故名断桥。

《白蛇传》中的"断桥"一折戏,千百年来哀音袅袅。

断桥享誉天下,很大程度上得益于《白蛇传》几段重要故事情节就发生在这里。白娘子与许仙相识在此,同舟归城,借伞定情;后又在此邂逅,言归于好。越剧《白蛇传》中白娘子唱道:"西湖山水还依旧……看断桥未断,我寸肠断,一片深情付东流!"历来催人泪下。难怪诗人季振邦意犹未尽,二、三节继续聚焦"断桥",声称桥畔如刀的柳叶,割不去对断桥之沧然涕泪,即便"回避所有的桥",仍"避无可避","回头时,总见自己长长的身影/又桥一样/横亘在脚下"。

解读完诗人引入"断桥"的良苦用心,可窥其诗心如月,朗照可瞻望的视野。

不料诗从第四节始,笔锋一转,诗意柳暗花明,又是别一番滋味涌出诗行,抑或说是诗人"断桥"情愫才下眉头,"康桥"思绪又上心头。这所谓的"康桥",诗虽未着一字释之,但"徐志摩不期而至/用一低头的温柔告诉我/他的那一行诗/可以架设成另一种桥"——季振邦的这几行诗,裸露端倪。这里提及了徐志摩的两首诗,《沙扬娜拉》和《再别康桥》。"一低头的温柔"出自《沙扬娜拉》;"桥"应是《再别康桥》中的"桥"。重心在"桥"——还是紧紧敷住诗题,不过,这回偏重的不是"断",而是一个"桥"字。

从"断桥"步上"康桥",从对爱情的悲苦的抚摸到对去国离乡的乡愁的回眸,情感的域面一步步扩张,最终从此岸渡至"彼岸","向青草更青处漫溯",那里,"沉淀着彩虹似的梦"(徐志摩《再别康桥》)。

一行"一线彼岸其实是一线眼睑",泄露心机,广阔的心灵才是诗人情感的栖息地,幻化成"雾中明月、梦里森林"。

诗的尾节呼应首节,依然落实在"断桥",又从"断桥"延展,去往更广阔的心地,一座断桥变为"一截莲藕",桥断就断了,藕断却丝连,"丝/悬在心上"!

至此,诗人巧借"断桥",优美地完成了一次九曲回肠的情感旅程。

(戴达)

[诗人小传]

孙思

(1963—) 女,江苏响水人。毕业于复旦大学中文系作家班、复旦大学新闻学院新闻系。后任高校讲师,《上海诗人》诗刊编辑部主任。著有诗集《剃度》、随笔集《走进大学生心里》等。

阿炳与《二泉映月》　　　　孙思

北方因山而凝重
南方因水而飘逸
但那天,你丝弦上竖起的江南
重过了北方

阿炳与《二泉映月》

孙 思

所谓江南,就是
你丝弦上的一潭水
当它如丝绸般
从你的指尖下滑过
每个人听了,脚下都会
下出一场雨来

所谓江南,就是
你丝弦上的月
当它在你的指尖下
被打磨得发白时
每个人看了,都知道
那是你永远看不到阳光的
眸子

于是,那个夜晚
当水和水做的月
在你的丝弦上一同立起

你的手指如一条闪电
从地面腾空而起,直达九霄
刺破天空的心脏,让天空
也滴出血来

选自《上海诗人》2009 年第 5 期

  说起阿炳和《二泉映月》,我眼前就会映现出无锡惠山脚下那一汪清泉——天下第二泉,就会映现出那一个曲了又圆,圆了又曲的冰轮、玉盘,甚至眼前也会幻化出衣衫褴褛、肩背琵琶、手持二胡,被一妇人以竹竿牵绳着踯躅于无锡暗巷小弄的枯槁的阿炳。因为《二泉映月》陪伴了我的初中时代!

  我父母早逝,十岁时就寄养于哥嫂家中,家庭贫困,读书只能带很少的芋艿、山芋权作充饥的午餐,常常躲在见不着人的角落里胡乱吞咽!而这时学校广播站播放的《二泉映月》则如一缕月光朗照着我,也如一泓流泉流注我的心田。乐曲那低低的诉说、无奈的叹息、徐徐怨泣和无法抑制的激愤,常常使我心弦颤动、涕泪纵横。我不是瞎子,可是命运也并不比阿炳好多少!

当然,那时我只有心头的沉重而没有诗。多少年后的今天,当我试着以古筝来演奏《二泉映月》时,我的手指似乎拨动了心琴弦,诗《阿炳与〈二泉映月〉》就蓦然跳了出来。于是,我倾吐了凝积于生命中的沉重。

这里,我要说,诗的起句"北方因山而凝重"是有根据的。冬天里,北方的山石如握紧的拳头,看上去真的特别的凝重,更何况还有"重如泰山,轻如鸿毛"的成语?而世世代代的文人雅士谁不"忆江南"?"春来江水绿如蓝,能不忆江南"(白居易)?江南的飘逸不都是因为有"水"吗?但我要表现的是这飘逸变成了沉重:"但那天/丝弦上竖起的江南/重过了北方。"这个"重"是我的主观感受和认知(诗人的情思常常是主观的),我觉得瞎子阿炳坎坷而悲惨的人生,有时代、环境、人生际遇以及他不能自控的性格原因。这种种原因既玉成了他天才的创造,又毁弃了他天才的本身。他的《二泉映月》从诉说到激愤的控诉的音乐语言,抒写的即是这种复杂原因所造成的生命悲剧。重,也就重在这里。

不过,这只是诗的开头,虽蕴含诗的哲思,但更多的是理性的判断,要将这个"重"进一步表达出来,还需要恰当的诗的语言和意象。于是,我依持"江南"这个意象,扣住他操琴演奏的动作以及《二泉映月》中的"水"和"月"。先写"水":"所谓江南,就是/你丝弦上的一潭水/当它如丝绸般/从你的指尖下滑过/每个人听了,脚下都会/下出一场雨来。"我将"水"和"泪"联系起来,描写乐曲所表达的阿炳的命运,或者说旧社会下层人民的悲惨命运,让人感动得不止是泪湿衣襟,而是泪湿脚下土了!接着再写"月":"所谓江南,就是/你丝弦上的月/当它在你的指尖下/被打磨得发白时/每个人看了,都知道/那是你永远看不到阳光的/眸子。"这里揭示了一个永远无法克服的矛盾:阿炳心中有月,但瞎眼再也无法见那月的银辉了。我这里用的"那是你永远看不到阳光的/眸子",而没有用永远看不到"月光",因为一个以街头卖艺为生的瞎子阿炳,岂止是看不到月光,他的整个生活中只有黑暗而没有了阳光。我觉得这样写来,基本上把我心中的"重"的意念表达出来了。

最后两节,呼应乐曲而表达情感的高潮:"于是,那个夜晚/当水和水做的月/在你的丝弦上一同立起/你的手指如一条闪电/从地面腾空而起,直达九霄/刺破天空的心脏,让天空/也滴出血来。"这里用夸张的手法,表达阿炳在乐曲高潮时出现的激愤控诉的力度,也是进一步揭示我所说的"重"。同时表示,阿炳这个民间艺人,此时怨恨的是"天",是"命",而"天"呢也因此流血。血是热的,也有对阿炳的同情,尽管"天"也无奈。至于"水和水做的月",那是暗合《二泉映月》,泉映的月。

(孙　思)

【诗人小传】

黄礼孩

(1971—　) 广东徐闻人。后居广州。著有诗集《远远的雨》《我对命运所知甚少》《一个人的好天气》《热情的玛祖卡》和评论集《午夜的孩子》等。

秋日边境

黄礼孩

直到秋日,我才看清时间的面容
果实的花蒂
摇摆旅途的影子

过去的,现在的,无所适从的
从大海的斜面
连接没有边际的生活

那里杂草丛生,好天气不多
你在暗处起舞,夏天已越过
多雨的季节

你在经历异乡人的冒险
几次改变回家的念头。那里草原明丽
没有角落,也没有边缘
你携带的爱,多了一些迟疑

选自《花城》2011年11月号

这是一首表现"异乡人"在异乡与故乡之间情感纠缠的别具一格的乡恋之作。

为什么"在经历异乡人的冒险"之旅，怀着漂泊者对故乡魂牵梦绕的情愫而踏上回乡之途的时候，会"几次改变回家的念头"，即使满满的"携带的爱"的分量也丝毫不能减轻"迟疑"的程度？这仅仅是近乡情怯的情绪在泛滥吗？

请留意标题中的"边境"这个词。诗人出生地在广东省湛江市徐闻县，那是雷州半岛也即中国大陆最南端的一片面向大海的"边境"土地。"边境"一词，很好地传递了回乡之途的空间想象。那是一个相对落后的地方："那里杂草丛生，好天气不多"，"你在暗处起舞"，则暗示了异乡人在那片土地上曾经的碌碌无为的生存状态。远比生活状态窘困更糟糕的是："从大海的斜面／连接没有边际的生活"——又是一个与"边境"相关联的词"边际"——这种地域情境特征象征了漫无边际而缺少目标的困境，同时，从"时间"的原点出发，面向的将是一个充满希冀与未知的世界。这正是走出"边境"，作"异乡人的冒险"努力的重要理由。

那么，"异乡人的冒险"经历又如何呢？让我们回到诗歌首节的情景。这既是"异乡人"回乡之旅的实景，又高度浓缩了"异乡人的冒险"经历和心路历程。"直到秋日，我才看清时间的面容"。"秋日"的时间节点多半蕴含着希望与伤感参杂的情愫。一个"才"字，说尽了之前"时间"的"无所适从"的迷茫。而当"时间"定格在回乡之旅这个"秋日"的"面容"上，呈现的仍然是人生经历的两面：一面是代表希望的"果实的花蒂"，另一面则是显示恍惚与困顿的"摇摆旅途的影子"。诗人以这种时间（冒险经历）与空间（面容：具体情景）维度的转换方式，具象化地浓缩了"异乡人"漂泊经历的坎坷与幸福二者互见的丰富内容。

诗的末尾，在"几次改变回家的念头"之后，呈现了一个概括性的图景："那里草原明丽／没有角落，也没有边缘"。这个"那里"或许是某个异乡，也可能是故乡。更可能是经过"异乡人"情感过滤后的一种现实与想象的图景。这里同样充满着混沌。即使在"草原明丽"的情境中，还是出现了"角落""边缘"这些蕴含目标朦胧和不确定意义的词。从"边境""边际""角落""边缘"这些相关联的词组成的核心意象暗示的意义上说，无论是"异乡人"的回乡之旅，还是"异乡"的"冒险"，都是一场寻找"边境"，希冀超越"边际"的寻梦苦旅。这是近乡情怯更深层的内涵。

（张　新）

小海

（1965— ）本名涂海燕，江苏海安人，后居苏州。毕业于南京大学中文系。著有诗集《必须弯腰拔草到午后》《村庄与田园》《北凌河》《大秦帝国》（诗剧）、《影子之歌》（英中双语版）、《男孩和女孩（小海诗集 1980—2012）》，随笔集《旧梦录》等。《他们》创始人及代表诗人之一，主编《〈他们〉十年诗歌选》。作品获《作家》杂志 2000 年诗歌奖、2016 第五届"长江杯"江苏文学评论奖一等奖、江苏省紫金山文学奖等。

鸟儿的原野

小 海

鸟巢，从冬天
光秃的树梢上
逐一现身
却难觅鸟儿的踪影
大路上
偶尔可见
孤独的行人

春天里
树叶长出来
鸟儿们渐渐飞回
它们的巢
便再也看不到了

选自《诗潮》2015 年第 2 期

在诗人小海名为《鸟巢》的散文中得知，少年的他对鸟声的敏感，曾循声于初夏麦田的深处发现过布谷的巢。"一只无比精巧的洁白得晃眼的窝就在麦丛中……椭圆的，持挂在四周略显粗壮的，但靠得紧致的麦秆上……那种细密的质地像丝绸的，或者一个放大了五六倍的蚕茧。"他还写树上的鸟巢，"鸟儿筑巢的工具就是自己身体，它们从外面用嘴衔来适用的材料交叉搭起粗陋的支撑架后，让它变得柔软、顺服，这些草梗、细枝最后服帖成精致的毛毯，不经过鸟儿用胸脯去千万次的撞击、碾压,用自己体温去熨平,获得其需要的结实的曲线,几乎是不可能的。"他的小诗《鸟儿的原野》写于90年代,他回忆说,80年代末到90年代初,租住于城郊,道路两旁有不少高大的树木。上班路上不时会听到各种鸟儿的鸣叫,感触很深。树木为人类蔽荫,也护佑着鸟儿们。一年四季,树叶的生长到飘零,直至落尽,鸟儿们和它们的巢最有感触。另一方面,在自然界中存在的鸟巢或也像人们那样通灵,寻它千百度,却在不经意中自性显露,又在自然的节律中隐藏不见。《鸟儿的原野》写树上的鸟巢,于乡间乃是平常之物,却由他的生花妙笔,展现出魔术般的魅力。他先写了冬季在光秃秃树上鸟巢的逐一现身,"却难觅鸟儿的踪影",孤独的行人,只是作为衬托;这里让人去想象的是树叶渐渐落光了;与之相对的是春天,树叶长出来了,"鸟儿渐渐飞回",而后来鸟巢便再也看不到了——鸟巢被渐渐长出的树叶遮蔽了。刘熙载在《艺概》中说:"山之精神写不出,以烟霞写之,春之精神写不出,以草木写之。"此诗写树叶随冬春两季的变化,鸟巢或现身,或被遮蔽,鸟儿随季节的变化,亦忙不迭飞走又飞回,运用了有些令人晕眩的对比修辞,鸟巢无论看得见或看不见,却自足而孤独地存在;鸟巢作为自然的造物,它永远是候鸟们永远的居所,于永恒时间中的显隐,仿佛是一种神性的存在。

此诗的语言背后,诗人不动声色地以两个不同季节的关于鸟巢与周边环境的情景对比说话,与鸟形成对自然、世界的认知与情绪反映的对比。在对待自然上,人其实远远不及鸟那么"顺其自然",于是将其栖息出没的地方称作"鸟儿的原野",也是恰如其分的。

(李天靖)

【诗人小传】

余秀华

(1976—) 女,湖北钟祥人。高中毕业。1998年写下了第一首诗《印痕》,先后创作2000多首诗。2014年9月在《诗刊》发表诗作。著有《月光落在左手上》《摇摇晃晃的人间》等诗集。2015年当选湖北省钟祥市作家协会副主席。2016年获"农民文学奖"特别奖。

我 爱 你

余秀华

巴巴地活着,每天打水,煮饭,按时吃药

阳光好的时候就把自己放进去，像放一块陈皮
茶叶轮换着喝：菊花，茉莉，玫瑰，柠檬
这些美好的事物仿佛把我往春天的路上带
所以我一次次按住内心的雪
它们过于洁白过于接近春天

在干净的院子里读你的诗歌。这人间情事
恍惚如突然飞过的麻雀儿
而光阴皎洁。我不适宜肝肠寸断
如果给你寄一本书，我不会寄给你诗歌
我要给你一本关于植物，关于庄稼的
告诉你稻子和稗子的区别

告诉你一棵稗子提心吊胆的
春天

2014年1月13日

选自《月光落在左手上》，广西师范大学出版社2015年版

  诗人余秀华是《诗刊》"抓举"而一举成名的。

  "《诗刊》是天下人的诗刊"，《诗刊》常务副主编商震曾发出这样的征集令。2014年的一天，《诗刊》编辑刘年在诗歌博客上读到了余秀华的诗，内心一震，从中午一点到下午六点半，刘年在余秀华的诗歌博客上翻翻检检，不等联系到余秀华，就准备发稿。当年9月的《诗刊》下半月刊推出了余秀华的组诗《在打谷场上赶鸡》以及随笔《摇摇晃晃的人间》；11月10日，《诗刊》另一位编辑彭敏把余秀华的诗搬到了《诗刊》微信公众号上。纸质媒体加上网络传播的双重力量，把余秀华的诗推向全国。

  余秀华是一位农民女诗人。她在随笔《摇摇晃晃的人间》中这样"夫子自道"："当我最初想用文字表达自己的时候，我选择了诗歌。因为我是脑瘫，一个字写出来也是非常吃力的，它要用我最大的力气保持身体平衡，并用最大力气左手压住手腕，才能把一个字扭扭曲曲地写出来。"

  余秀华的这种写诗的姿势让人敬佩。

她的诗更让人感佩。

她写得最好的诗是她的爱情诗。

《我爱你》是诗人的代表作。

比起令女诗人暴得大名的《穿过大半个中国去睡你》，同样是抒发女性自我爱欲的痛苦，《我爱你》并不以诗的标题的"出格"来吸引读者的目光，相反，诗的字里行间，表达的是一种清纯胆怯、略带羞涩的情爱，并且不局限于对女性自我欲望的抒写，而是将对自然、环境、人性的关切熔铸于自身的生存体验和生命经验之中，从而与《穿过大半个中国去睡你》的审美向度一样，裸现了对生存困境的言说和对情爱的追逐，同时也淡淡显露了对理想的向往与追求。

诗一开始便从平常生活写起，"巴巴地活着，每天打水，煮饭，按时吃药"，"茶叶轮换着喝：菊花，茉莉，玫瑰，柠檬"，这种对日常生活场景的勾勒，看似流水账，其实经过精心选择："吃药"，透露了诗人被疾病所累的厄境，茶叶的变换暗示作者是有追求的。两行诗中夹着一句"阳光好的时候就把自己放进去，像放一块陈皮"，承上句，启下句：把自己比作"陈皮"，有甜有苦，"阳光"，无疑是一抹亮色。诗人自嘲中有幽默，自述中见乐观，且乐观居多，不然她不会把这一切看作是"美好的事物"，并且"把我往春天的路上带"。

首节的末尾两句更是于平静中掀波澜："所以我一次次按住内心的雪／它们过于洁白过于接近春天"。毕竟生存的现实是窘迫的，所以雪压心头，这"雪"，寄寓着冷的情绪，诸如不快乐、愁苦，甚至忧伤，但它们决不是这一类情感的代名词，在这种冷的情绪的背后，是温暖和温情，或者说，这种冷的情绪的内核，跳动着的是一颗热的心啊！这"内心的雪"——"过于洁白过于接近春天"，后面十个字，无疑是对"内心的雪"寄寓着温馨的热度这一种情怀的有意味的注释。

头节说"我"，第二节"你"静静出场——通过"我"的臆想。

作者眼中的"你"，是一位诗人。

女诗人爱上的是诗人。

女诗人是爱上诗人的诗歌，爱屋及乌，才爱上诗人的。

诗人是象牙塔里的弄潮儿。

爱上诗人的作者是一个食尽人间烟火味的农村劳动者。

所以，在作者看来，"这人间情事／恍惚如突然飞过的麻雀儿"。这样的比喻，符合作者生存的环境，洋溢着世俗生活慵懒而又平淡的气息。显然，作者对这一份爱，是怯怯的，与其她说她自己"不适宜肝肠寸断"，毋宁认定她不能"肝肠寸断"，即不能投入全部的感情。不是作者真的不肯投入全部的感情，而是怕遭拒绝啊！女诗人对这一份情感的怕和爱，凭依曲尽回肠的抒怀，最终在情感的天平上得到了短暂的平衡。

情感归情感。生活归生活。空中楼阁里的爱情最终还得回归大地，所以有了"如果给你寄一本书，我不会寄给你诗歌/我要给你一本关于植物，关于庄稼的/告诉你稻子和稗子的区别"这样的诗句。

女诗人自比"稗子"，骨子里的自卑感在诗的结句显露无遗："告诉你一棵稗子提心吊胆的/春天"；而结句中的"春天"一词，则把女诗人对待这一份乌托邦式的爱的执着与痴恋显露无遗。

行文至此，不禁令人想起女诗人说的一段话，可看作是《我爱你》这首诗的一段"引言"："于我而言，只有在写诗歌的时候，我才是完整的、安静的、快乐的。其实我一直不是一个安静的人，我不甘心这样的命运，我也做不到逆来顺受，但是我所有的抗争都落空，我会泼妇骂街，当然我本身就是一个农妇，我没有理由完全脱离她的劣根性。但是我根本不会想到诗歌会是一种武器，即使是，我也不会用，因为太爱，因为舍不得，即使我被这个社会污染得没有一处干净的地方，而回到诗歌，我又干净起来。诗歌一直在清洁我、悲悯我。"（见《月光落在左手上》，广西师范大学出版社2015年版）

——由此，我们是否窥见了女诗人余秀华笔下的《我爱你》一诗中的这被爱的对象——"诗人"——所包含的象征意味和辐射的人性光芒？　　　　（戴达）

【诗人小传】

叶舟

（1966— ）原名叶洲，甘肃兰州人。毕业于西北师范大学中文系。做过教师、记者和编辑，后任甘肃省作家协会副主席。著有诗集《大敦煌》《练习曲》和诗歌小说合集《第八个是铜像》等。作品曾获第六届鲁迅文学奖、《十月》诗歌奖等。

怀　想

叶　舟

那时候　月亮还朴素
像一块　古老的银子
不吭不响　静待黄昏

怀 想

那时候的野兽　还有牙齿
微小的　暴力
只用于守住疆土　丰衣足食

那时候　天空麇集了凤凰和鲲鹏
让书生们泪流不止
写光了世上的纸

那时候的大地　只长一种香草
名曰君子　有的人入史
有的凋零

那时候　铁马秋风
河西一带的　炊烟饱满
仿如一匹广阔的丝绸

那时候的汉家宫阙
少年刘彻　白衣胜雪
刚刚打开了一卷羊皮地图

那时候　黄河安澜
却也白发三千　一匹伺伏的鲸鱼
用脊梁拱起了祁连

那时候还有关公与秦琼
亦有忠义　和然诺
事了拂衣去　一般不露痕迹

那时候　没有磨石　刀子一直闪光

怀 想

　　　　　拳头上可站人　胳膊上能跑马

　　　　　那时候的路不长　足够走完一生
　　　　　谁摸见了地平线　谁就在春天称王

选自《芳草》2016 年第 3 期

　　诗人叶舟在他的散文集《漫山遍野的今天》中反复提到一个情境：风雪之夜他骑车穿过兰州一广场时，看到一少年赶着羊群经过。他好奇地问：去哪？少年答：去肉铺，去挨刀子。叶舟震撼，写下《午夜入城的羊群》：午夜入城的羊群——"迎着刀子/走向肉铺"；"像一部圣经/随便摊开"；"让城市空着/接下牺牲的灯笼"；"一半黑着，一半白着/像黎明之下的爱情"。

　　叶舟在他的诗中经常写到羊。

　　"东山顶上的月亮，/其实是一只走散的羔羊"；"那一只/寡妇羊，终于怀了身孕"；"头巾里的二月，像一只白羊"；"羊年一到，每个人都满嘴酥油"；"西北偏北，羊马很黑"——羊，一如汉字，烙印在叶舟的诗行。这也许与诗人生活在大西北有关。羊曾是以游牧为生的大西北居民的优美牲灵，羊大为美嘛。尼采说过，诗人是面孔朝后的生灵。诗人叶舟回眸抚摸历史风云，滤去羊作为受难者和牺牲者的苦楚，凸显羊的超越其生物属性而具备的精神和审美特征，熔铸意象，驱羊入诗，令诗因苦难而超拔。

　　这是体察叶舟诗作的一个有意味的审美向度。

　　无独有偶。《怀想》一诗亦呈示与羊有关的意象："那时候的汉家宫阙/少年刘彻　白衣胜雪/刚刚打开了一卷羊皮地图"。

　　诗人出生的兰州市一只船街道，相传是一群江南亡人的墓园。当年清廷重臣左宗棠跨越黄河，准备入疆平叛时途经此地，赞其风水奇佳。后来，一批批将士阵亡。左宗棠就在此为他们修了一座船形的墓园，船头向着南方，遥望故乡。对一只船街道的怀念，是诗人最美好的少年时代的记忆："街的尽头住着一位活佛……每年秋天的时候，藏族同胞千里迢迢来这里朝拜活佛……夕阳西下的时候，阳光打在他们的袍子上，羊毛的翻领上闪着光，那就是信仰的力量，信仰的光泽。这可能是儿时埋下的种子吧，那种神秘的因果。"（见《一只船的烙印》，2014年10月18日《兰州晨报》）

　　诗人温暖的记忆里又出现"羊"的字样（"羊毛的翻领"）。

　　记忆通向了更广博的视野。

诚如有评论所指出的,叶舟诗歌的"出色之处在于为自己找到了一个很好的背景,一块有力的诗歌版图,一个心灵的领地,一片才华驰骋的疆土。这个背景足以安妥诗人狂热不安的灵魂:以敦煌为诗歌首都,东起长安,西至中亚,北抵蒙古,南及西藏。在这个大背景下安身立命,诗人拥有了筑居和游牧的双重身份,命名和重构成为可能"(见沈苇《读叶舟的诗》,《人民文学》2015年第6期)。

花了如此的笔墨奏鸣鉴赏的前奏曲,实是在试图奏鸣《怀想》这一小小交响乐的背景音乐啊!

这一背景音乐,流淌整首诗的一行一趋的进程乃至全过程……

在这背景音乐的强力伴奏下——

《怀想》苍鹰飞鸣,天马行空。

《怀想》苍凉中携带雄健和潇洒。

《怀想》放任、孤立、高蹈与决绝同在。

《怀想》一展诗人奔放自如的诗心:爱与哀愁、生与死,激情和豪情———起进射。

《怀想》诗意沛然而虎尾撞钟,词语载诗思水到渠成。

《怀想》的"大西北"特征依旧是诗人的标签("河西""祁连""丝绸"这些"大西北"的标志性物象一一入诗)。

从狭长的兰州城中奔流而过的黄河也流入了《怀想》(那时候 黄河安澜/却也白发三千)。

历史的风云汇集《怀想》中的"大西北"(那时候 铁马秋风/河西一带的 炊烟饱满/仿如一匹广阔的丝绸//那时候的汉家宫阙/少年刘彻 白衣胜雪/刚刚打开了一卷羊皮地图//那时候 黄河安澜/却也白发三千 一匹伺伏的鲸鱼/用脊梁拱起了祁连)。

古朴、淳厚,如洪钟大吕,回荡《怀想》(那时候 月亮还朴素/像一块 古老的银子/不吭不响 静待黄昏//那时候的野兽 还有牙齿/微小的 暴力/只用于守住疆土 丰衣足食)。

绮丽、阔大,似炭描雪景,惊现《怀想》(那时候 天空麇集了凤凰和鲲鹏/让书生们泪流不止/写光了世上的纸)。

"大西北"的风俗、风骨,《怀想》寥寥数行,便已蓄足浓浓的诗意勾勒(那时候的大地 只长一种香草/名曰君子 有的人入史/有的凋零;那时候 没有磨石 刀子一直闪光/拳头上可站人 胳膊上能跑马;那时候的路不长 足够走完一生/谁摸见了地平线 谁就在春天称王)。

"刘彻""关公""秦琼"等历史人物的入诗,更令《怀想》平添几多人文内涵!

诗人叶舟对自己的诗有着清醒的认识和执着的追求:"我力践于一种简约、奔跑、义无返顾和戛然中止,像一把断裂的刀子,锈迹缠身,镶刻了可能的诗句。需要重铸的依旧是内心的飞行、吹鸣、隐忍和迎头痛击——因此,我执义于诗歌的正义和血,吟唱深处的速度和加速度,泥沙俱下,坚守甚至退却,即使含有隐约的失败和微明的真理。"(叶舟《可能的诗篇》,载《诗探索》1998年第1期)

这,亦可看作是诗人自己对《怀想》的诗思、诗意和诗艺的整体概括,抑或说是意味深长的注解。

(戴 达)

附 录

新诗大事记
(1917—2016)

1917年 1月1日,《新青年》第2卷第5号刊出胡适的文论《文学改良刍议》。 2月1日,《新青年》第2卷第6号刊出胡适的《白话诗八首》。

1918年 1月15日,《新青年》第4卷第1号刊出胡适《鸽子》、沈尹默《人力车夫》、刘半农《相隔一层纸》等诗9首。4月15日,《新青年》第4卷第4号刊出胡适的文论《建设的文学革命论》。

1919年 5月,《新青年》第6卷第5号刊出胡适的《尝试集》自序《我为什么要做白话诗》。 9月11日,《时事新报·学灯》刊出沫若(郭沫若)的诗《抱和儿浴博多湾中》《鹭鸶》。10月10日,《星期评论》纪念号刊出胡适的诗论《谈新诗——八年来一件大事》。

1920年 1月,新诗社编辑部编辑的《新诗集》(第一编)由新诗社出版部出版。 3月,胡适的诗集《尝试集》由亚东图书馆出版。 8月8日,许德邻编的《分类白话诗选》由崇文书局出版。

1921年 1月4日,文学研究会成立。3月,胡怀琛编的评论集《尝试集批评与讨论》由上海泰东书局出版。6月,创造社成立。 8月5日,郭沫若的诗集《女神》由上海泰东图书局出版。

1922年 1月1日,《晨报副刊》刊出冰心的小诗《繁星》;15日,《诗》月刊在上海创刊。 3月,俞平伯的诗集《冬夜》、康白情的诗集《草儿》由亚东图书馆出版。 4月,湖畔诗社在杭州成立,诗集《湖畔》由湖畔诗社出版。 6月,朱自清、周作人等合著的诗集《雪朝》由商务印书馆出版。8月,汪静之的诗集《蕙的风》、北社编的《新诗年选》(一九一九年)由亚东图书馆出版。

1923年 1月,冰心的诗集《繁星》由商务印书馆出版。 5月,冰心的诗集《春水》由新潮社出版。 6月3日,《创造周报》第4号刊出闻一多的诗评《女神之时代精神》。　　7月，陆志韦的诗集《渡河》由亚东图书馆出版。　　9月，闻一多的诗集《红烛》由上海泰东图书局出版。　　12月，宗白华的诗集《流云》由亚东图书馆出版；诗集《春的歌集》由湖畔诗社出版。

1924年　　3月，刘大白的诗集《旧梦》由商务印书馆出版。　　4月，俞平伯的诗集《西还》由亚东图书馆出版。　　12月，朱自清的诗与散文合集《踪迹》由亚东图书馆出版。

1925年　　1月，朱湘的诗集《夏天》由商务印书馆出版；蒋光赤（蒋光慈）的诗集《新梦》由上海书店出版。　　2月16日，《语丝》第14期刊出李淑良（李金发）的诗《弃妇》。　　8月，徐志摩的诗集《志摩的诗》出版。　　11月，李金发的诗集《微雨》由北新书局出版。

1926年　　3月16日，《创造月刊》第1卷第1期刊出郭沫若《论节奏》、穆木天《谭诗》、王独清《再谭诗》等诗论3篇。　　4月1日，《晨报副刊·诗镌》创刊，徐志摩任主编。　　5月13日，《晨报副刊·诗镌》第7号刊出闻一多的诗论《诗的格律》。　　10月，于赓虞的诗集《晨曦之前》由北新书局出版。　　11月，李金发的诗集《为幸福而歌》由商务印书馆出版。　　12月，王独清的诗集《圣母像前》由光华书局出版；刘大白的诗集《邮吻》由开明书店出版。

1927年　　1月，蒋光赤（蒋光慈）的诗集《哀中国》由长江书店出版。　　4月1日，郭沫若的诗集《瓶》、穆木天的诗集《旅心》由创造社出版部出版；冯至的诗集《昨日之歌》由北新书局出版。　　5月，李金发的诗集《食客与凶年》由北新书局出版。　　7月，鲁迅的散文诗集《野草》由北新书局出版。　　8月，朱湘的诗集《草莽集》由开明书店出版。　　9月，徐志摩的诗集《翡冷翠的一夜》由新月书店出版。

1928年　　1月，闻一多的诗集《死水》由新月书店出版。　　2月10日，郭沫若的诗集《前茅》由创造社出版部出版。　　3月10日，《新月》月刊创刊。　　4月20日，冯乃超的诗集《红纱灯》由创造社出版部出版。5月5日，邵洵美的诗集《花一般的罪恶》由金屋书店出版。

1929年　　3月15日，蓬子的诗集《银铃》由水沫书店出版。　　4月，戴望舒的诗集《我底记忆》由水沫书店出版。6月20日，蒋光慈的诗集《战鼓》由北新书局出版。　　8月20日，冯至的诗集《北游及其他》由沉钟社出版。11月，周作人的诗集《过去的生命》由北新书局出版。

1930年　　2月20日，蒋光慈的诗集《乡情集》由北新书局出版。　　3月2日，中国左翼作家联盟在上海成立。7月，于赓虞的散文诗集《孤灵》由北新书局出版。　　12月，曹葆华的诗集《寄诗魂》由震东印书馆出版。

1931年　　1月20日，《诗刊》在上海创刊，新月书店发行；是月，陈梦家的

《梦家诗集》由新月书店出版。　2月7日,胡也频、殷夫等五位左翼作家被杀害。　8月31日,蒋光慈病逝;是月,徐志摩的诗集《猛虎集》由新月书店出版。　9月,陈梦家选编的《新月诗选》由新月书店出版。11月19日,徐志摩因飞机失事遇难。

1932年　2月13日,刘大白病逝。5月1日,《现代》杂志创刊。　7月,徐志摩的诗集《云游》由新月书店出版。　9月,中国诗歌会在上海成立。　11月,曹葆华诗集《落日颂》《灵焰》由新月书店出版。

1933年　2月11日,《新诗歌》在上海创刊,中国诗歌会编辑出版。　4月16日,《诗歌》创刊,中国诗歌会广州分会主编。　5月5日,卞之琳的诗集《三秋草》出版;14日,应修人逝世。　7月,臧克家的诗集《烙印》出版。　8月15日,戴望舒的诗集《望舒草》由现代书局出版。　是年夏,林庚的诗集《夜》出版。　10月2日,《北平晨报·诗与批评》在北平创刊。　11月1日,《诗篇月刊》在上海创刊,朱维基主编。　12月5日,诗人朱湘投水自杀。

1934年　3月15日,路易士(纪弦)的诗集《易士诗集》出版。　4月1日,《诗歌月报》在上海创刊,由上海诗歌月报社编辑;20日,蒲风的诗集《茫茫夜》由国际编译馆出版。　5月1日,《春光》第1卷第3号刊出艾青的诗《大堰河——我的保姆》;是月,孙毓棠的诗集《海盗船》出版。　6月,于赓虞的诗集《世纪的脸》由北新书局出版;朱湘的诗集《石门集》由商务印书馆出版。　7月14日,刘半农病逝。　9月1日,《诗帆》在南京创刊,土星笔会编辑发行。　10月,臧克家的诗集《罪恶的黑手》由生活书店出版。　12月15日,《诗歌季刊》在青岛创刊,诗歌季刊社出版;20日,诗刊《火山》在上海创刊,路易士(纪弦)任编辑。

1935年　1月1日,《当代诗刊》在上海创刊,由当代诗刊社编辑出版。2月,梁宗岱的诗论集《诗与真》由商务印书馆出版。　6月1日,王亚平的诗集《都市的冬》由国际书店出版。　10月10日,《现代诗风》在上海创刊,戴望舒任编辑;15日,朱自清选编的《中国新文学大系·诗集》由上海良友图书印刷公司出版。　12月1日,田间的诗集《未明集》由每月文库社出版;是月,卞之琳的诗集《鱼目集》由文化生活出版社出版。

1936年　2月22日,林庚的诗集《北平情歌》由风雨诗社出版。　3月,陈梦家的《梦家存诗》、金克木的诗集《蝙蝠集》由上海时代图书公司出版,卞之琳编的诗集《汉园集》由商务印书馆出版。　6月1日,诗刊《小雅》在北平创刊。　7月,臧克家的长诗《自己的写照》由文学出版社出版。　9月20日,《菜花诗刊》在苏州创刊,路易士(纪弦)、韩北屏任编辑。　10月10日,《新诗》月刊在上海创刊,编委为卞之琳、孙大雨、梁宗岱、冯至、戴望舒；19日，鲁迅病逝。11月5日，《诗志》双月刊在苏州创刊，路易士（纪弦）、韩北屏任编辑；10日，艾青的诗集《大堰河》自费出版。

1937年 1月1日，《文学》第8卷第1号刊出新诗专号；是月，胡风的诗集《野花与箭》由文化生活出版社出版，戴望舒的诗集《望舒诗稿》出版。2月，《广州诗坛》创刊。 4月25日，中国诗人协会在上海成立。5月15日，《诗场》创刊，诗场社编辑出版。 7月1日，玲君的诗集《绿》、路易士（纪弦）的诗集《火灾的城》由新诗社出版，穆木天的诗集《流亡者之歌》由上海乐华图书公司出版；25日，诗场社刊出《诗场号外·卢沟桥事件专刊》。 8月1日，任钧的诗集《战歌》由上海乐华图书公司出版；25日，《高射炮》诗刊创刊，征军、王亚平、戴西勿任主编；30日，《救亡日报》刊出《中国诗人协会抗战宣言》。 10月，郑振铎的诗集《战号》由生活书店出版。 11月1日，《时调》半月刊在武汉创刊，穆木天、蒋锡金任主编；15日，《广州诗坛》改为《中国诗坛》在广州出刊。

1938年 1月16日，《七月》第7期刊出艾青的诗《雪落在中国的土地上》。2月，高兰的《高兰朗诵诗集》由大路书店出版。 3月27日，中华全国文艺界抗敌协会在汉口成立。 6月，臧克家的诗集《从军行》由生活书店出版。 7月，田间的诗集《呈在大风砂里奔走的岗卫们》由生活书店出版。 8月7日，柯仲平、田间等在延安发起街头诗运动；10日，《中国诗艺》在长沙创刊，由中国诗艺社编辑。

1939年 1月，艾青的诗集《北方》出版。 7月10日，诗刊《顶点》在桂林创刊，艾青、戴望舒任主编。 9月，孙毓棠的诗集《宝马》由文化生活出版社出版。 11月，艾青的诗集《他死在第二次》由上海杂志公司出版。

1940年 1月28日，《行列》诗歌半月刊创刊，朱维基、沈孟天任编辑。 2月，《诗》新1卷第1期在桂林出刊，由诗社编辑。 6月，艾青的长诗《向太阳》由海燕书店出版。 7月，臧克家的诗集《呜咽的云烟》由创作出版社出版。 8月3日，王独清病逝。 9月1日，《新诗歌》出刊，由延安战歌社和山脉文学社编印。是年，卞之琳的诗集《慰劳信集》由明日社出版部出版。

1941年 4月20日，任钧的诗集《后方小唱》由上海杂志公司出版。 5月30日，中华全国文艺界抗敌协会举行首次诗人节。 6月15日，《诗创作》在桂林创刊，胡危舟、阳太阳、陈迩冬任编辑。 9月，艾青的诗论集《诗论》由三户图书社出版。11月5日，《诗垦地丛刊》在重庆创刊，邹荻帆、姚奔任主编。

1942年 4月，臧克家的诗集《向祖国》由三户图书社出版。 5月，冯至的诗集《十四行集》、卞之琳的诗集

《十年诗草》由明日社出版；彭燕郊的诗集《春天——大地的诱惑》由诗创作社出版。 8月13日，蒲风病逝；是月，孙钿的诗集《旗》、亦门（阿垅）的诗集《无弦琴》由南天出版社出版。 12月，绿原的诗集《童话》由南天出版社出版。

1943年 5月，艾青的诗集《黎明的通知》由文化供应社出版。 6月10日，《诗月报》在四川创刊，蒂克任编辑；是月，臧克家的诗集《泥土的歌》由今日文艺社出版。 7月，鲁藜的诗集《醒来的时候》由南天出版社出版；孙望、常任侠选编的《现代中国诗选》由南方印书馆出版。 10月，彭燕郊的诗集《战斗的江南季节》由水平书店出版；胡风选编的诗集《我是初来的》出版。 11月，田间的诗集《给战斗者》由南天出版社出版。 12月，艾青的诗集《反法西斯》由华北书店出版。

1944年 3月，《诗领土》在上海创刊，路易士（纪弦）任主编。 6月，郭沫若的诗集《凤凰》由明天出版社出版。 9月，曾卓的诗集《门》、力扬的诗集《我底竖琴》由诗文学社出版。10月1日，孙望选编的《战前中国新诗选》由绿洲出版社出版；是月，汪铭竹的诗集《纪德与蝶》由诗文学社出版。 11月20日，冯文炳（废名）的诗论集《谈新诗》由新民印书馆出版。 12月，臧克家的《十年诗选》由现代出版社出版。

1945年 1月，穆旦的诗集《探险队》由文聚社出版。 2月8日，陈辉牺牲；是月，《诗文学》在重庆创刊，邱晓崧、魏荒弩任主编；何其芳的诗集《预言》由文化生活出版社出版。 4月，路易士（纪弦）的诗集《三十前集》由诗领土社出版。 5月，何其芳的诗集《夜歌》由诗文学社出版。 6月，艾青的诗集《献给乡村的诗》由北门出版社出版。

1946年 5月20日，臧克家的诗集《宝贝儿》由万叶书店出版。 6月，任钧的《新诗话》由新中国出版社出版。 7月1日，《诗激流》在重庆创刊；15日，闻一多被杀害；25日，陶行知病逝。 9月22—24日，《解放日报》刊出李季的长篇叙事诗《王贵与李香香——三边民间革命历史故事》。 10月，马凡陀（袁水拍）的讽刺诗集《马凡陀的山歌》由生活书店出版；杜运燮的诗集《诗四十首》由文化生活出版社出版。 11月，李季的长诗《王贵与李香香》由东北书店出版。

1947年 1月1日，《诗地》在汉口创刊，李一痕任主编。 2月15日，《新诗歌》在上海创刊，薛汕、李凌、沙鸥任编辑。 4月，臧克家的诗集《生命的零度》由新群出版社出版。 5月，穆旦的《穆旦诗集》自印出版。 7月，《诗创造》在上海创刊，由诗创造社编辑。 10月，臧克家主编的《创造诗丛》由星群出版公司出版，有杭约赫（曹辛之）《噩梦录》、青勃《号角在哭泣》、唐湜《骚动的城》、苏金伞

《地层下》等诗集12种。　12月，朱自清著《新诗杂话》由作家书屋出版。

1948年　1月，《新诗潮》在上海创刊，由新诗潮社编辑出版；辛笛的诗集《手掌集》由星群出版公司出版。　2月，穆旦的诗集《旗》由文化生活出版社出版；戴望舒的诗集《灾难的岁月》由星群出版社出版。　5月，森林社编辑的《森林诗丛》由星群出版社出版，有杭约赫（曹辛之）《火烧的城》、唐祈《诗第一册》、唐湜《英雄的草原》、陈敬容《交响集》等诗集8种。　6月，《中国新诗》在上海创刊，由辛笛、杭约赫（曹辛之）等编辑。　8月1日，《诗号角》在北平创刊。　10月10日，《异端》诗刊在上海创刊，纪弦编辑。　11月，陈敬容的诗集《盈盈集》由文化生活出版社出版。

1949年　1月，苏金伞的诗集《窗外》由文化生活出版社出版。　3月，杭约赫（曹辛之）的长诗《复活的土地》由森林出版社出版。　4月，郑敏的诗集《诗集1942—1947》由文化生活出版社出版。　5月1日，《太行文艺》第1期刊出阮章竞的诗《漳河水》。　7月2—19日，中华全国文学艺术工作者代表大会在北平召开。　10月1日，《人民日报》刊出郭沫若的诗《新华颂》。

1950年　1月1日，《大众诗歌》在北京创刊，由大众诗歌编辑委员会编辑；15日，《人民诗歌》月刊在上海创刊，由上海诗歌工作者联谊会编辑委员会编辑；是月，胡风的长诗《欢乐颂——时间开始了！第一乐篇》《光荣赞——时间开始了！第二乐篇》由海燕书店出版。　2月28日，戴望舒病逝。　3月10日，《文艺报》第1卷第12期刊出笔谈《新诗歌的一些问题》。　4月16日，上海诗歌工作者联谊会成立。　5月，张志民的诗集《死不着》由知识书店出版。　9月，阮章竞的长诗《漳河水》由新华书店出版。　12月，艾青的诗集《欢呼集》由新华书店出版。

1951年　1月，胡风主编的《七月诗丛》由泥土社出版，有冀汸《有翅膀的》、绿原《集合》、牛汉《彩色的生活》、孙钿《望远镜》等诗集。　4月，纪弦的诗集《在飞扬的时代》由宝岛文艺社出版。　7月，李莎的诗集《带怒的歌》由诗木文艺社出版。　8月，李瑛的诗集《野战诗集》由上杂出版社出版；邵燕祥的诗集《歌唱北京城》由华东人民出版社出版。　9月，贺敬之的诗集《并没有冬天》由泥土社出版。　11月5日，《自立晚报·新诗》周刊在台湾创刊，纪弦任主编。

1952年　3月，余光中的诗集《舟子的悲歌》由野风出版社出版。　4月，严辰的诗集《战斗的旗》由人民文学出版社出版。　5月，何其芳的诗集《夜歌和白天的歌》由人民文学出版社出版；纪弦的诗集《纪弦诗甲集》由暴风雨社出版。　7月，李瑛的诗集《战场上的节日》由上杂出版社出版；纪弦的诗集《纪弦诗乙集》由暴风雨社出版。　8月1日，《诗志》在台湾创刊，纪弦任主编。　9月，萧三的诗集《和平之路》由人民文学出版社出版。　11月，人民文学出版社编辑出版《中国人民志愿军诗选》。

1953年　1月，彭邦桢的诗集《载着歌的船》由中兴文学出版社出版。2月1日，《现代诗》季刊在台湾创刊，纪弦任主编。　3月，郭沫若的诗集《毛泽东的旗帜迎风飘扬》《新华颂》由人民文学出版社出版。　4月，覃子豪的诗集《海洋诗抄》由新诗周刊社出版。　6月，艾青的诗集《宝石的红星》由人民文学出版社出版。　11月，蓉子的诗集《青鸟集》由中兴文学出版社出版。

1954年　3月，蓝星诗社在台北成立；公刘的诗集《边地短歌》由中南人民文学艺术出版社出版。　5月，牛汉的诗集《爱与歌》由作家出版社出版；纪弦的诗集《摘星的少年》由现代诗社出版。　6月17日，《公论报·蓝星周刊》在台湾创刊，覃子豪任主编。　10月10日，《创世纪》在台湾创刊，张默、洛夫任主编，后痖弦加入；是月，余光中的诗集《蓝色的羽毛》由蓝星诗社出版。　12月，公木的诗集《中华人民共和国颂歌》由作家出版社出版。

1955年　3月8日，《人民文学》1955年3月号刊出闻捷的组诗《吐鲁番情歌》。　4月1日，林徽因病逝。　5月13日，《人民日报》刊出《关于胡风反党集团的一些材料》；14日，牛汉因"胡风反党集团"案被捕，此后，本月因此案被捕的诗人有胡风、徐放、绿原、杜谷、阿垅、鲁藜、芦甸、罗洛、化铁、冀汸、方然、彭燕郊、曾卓、郑思等；25日，中国文学艺术家联合会主席团、中国作家协会主席团联席扩大会议决议：开除胡风的中国作家协会会籍。　9月，覃子豪的诗集《向日葵》由蓝星诗社出版。　11月，艾青的长诗《黑鳗》由作家出版社出版。

1956年　1月15日，由纪弦创导的"现代派"在台北召开第一届年会，宣布成立。　2月4日，中国作家协会创作委员会诗歌组举行座谈会讨论诗歌创作等问题；是月，中国作家协会编的《诗选（1953.9—1955.12）》由人民文学出版社出版。　4月，郭小川的诗集《投入火热的斗争》由作家出版社出版。　6月，蔡其矫的诗集《回声集》由作家出版社出版。7月，邵燕祥的诗集《到远方去》由作家出版社出版。　8月，臧克家编选的《中国新诗选（1919—1949）》由中国青年出版社出版。　9月，闻捷的诗集《天山牧歌》由作家出版社出版。　10月，纪弦的《新诗论集》由大业书店出版。　11月，何其芳的诗论集《关于写诗和读诗》由作家出版社出版。　12月，公刘的诗集《黎明的城》、张志民的诗集《家乡的春天》由中国青年出版社出版。

1957年 1月1日,《星星》诗歌月刊在成都创刊,由星星编委会编辑;25日,《诗刊》在北京创刊,臧克家任主编;是月,贺敬之的长诗《放声歌唱》由中国青年出版社出版。 4月,徐迟的诗集《美丽·神奇·丰富》由作家出版社出版。 6月,中国作家协会编的《诗选(1956)》由人民文学出版社出版。 7月25日,《诗刊》第7期刊出"反右派斗争特辑"。 8月20日,《蓝星诗选》丛刊在台北创刊,覃子豪任主编。 9月,公刘的诗集《在北方》由作家出版社出版。 10月,艾青的诗集《海岬上》由作家出版社出版。 11月29日,王统照病逝;是月,蔡其矫的诗集《涛声集》由新文艺出版社出版。 12月,洛夫的诗集《灵河》由创世纪诗社出版。

1958年 2月,冯至的诗集《西郊集》由作家出版社出版。 3月22日,毛泽东在成都会议上讲话提出"收集民歌问题"。 4月3日,中共云南省委宣传部发出"立即组织搜集民歌"的通知;9日,徐玉诺病逝;14日,《人民日报》刊出社论《大规模地收集全国民歌》。 5月,罗门的诗集《曙光》由蓝星诗社出版。 6月1日,《红旗》创刊号刊出周扬的文章《新民歌开拓了诗歌的新道路》;是月,陈辉的诗集《十月的歌》由作家出版社出版。 7月1日,《处女地》1958年7月号刊出何其芳《关于新诗的"百花齐放"问题》、卞之琳《对于新诗发展问题的几点看法》等文;是月,郭沫若的诗集《百花齐放》由人民日报出版社出版。 8月,康白情病逝。 10月,《安徽诗歌》创刊,由安徽诗歌编辑委员会编辑。

1959年 1月5日,《人民日报》召开诗歌座谈会;16日,《人民日报》召开诗歌问题的第二次座谈会。 4月25日,《文学评论》1959年第2期刊出何其芳《再谈诗歌形式问题》、卞之琳《谈诗歌的格律问题》等文。 8月,郭小川的诗集《月下集》由人民文学出版社出版。 9月,郭沫若、周扬编的《红旗歌谣》由红旗杂志社出版。 11月8日,《人民文学》1959年11月号刊出郭小川的诗《望星空》。

1960年 1月,张志民的诗集《礼花集》由作家出版社出版。 5月,光未然(张光年)的诗集《五月花》由作家出版社出版。 6月,纳·赛音朝克图的诗集《狂欢之歌》由作家出版社出版。 8月,余光中的诗集《万圣节》由蓝星诗社出版。 10月1日,《星星》诗歌月刊停刊;是月,余光中的诗集《钟乳石》由中外画报出版。

1961年 1月,张默、痖弦编的诗集《六十年代诗选》由大业书局出版。 6月15日,《蓝星季刊》在台北创刊,覃子豪任主编;是月,严阵的诗集《江南曲》由上海文艺出版社出版。 12月,郭小川的长诗《将军三部曲》由作家出版社出版;贺敬之的诗集《放歌集》由人民文学出版社出版;蓉子的诗集《七月的南方》由蓝星诗社出版。

1962年 2月24日,胡适病逝。4月19日,刚刚参加了第二届第三次全国人民代表大会的诗人和北京的诗人在人民大会堂就当前诗歌问题进行座谈,朱德、陈毅、郭沫若、周扬、柯仲平、萧三、冰心、袁水拍、冯至、卞之琳、田间等参加;是月,陆棨的诗集《灯的河》由重庆人民出版社出版;覃子豪的诗集《画廊》由蓝星诗社出版;何其芳的诗论集《诗歌欣赏》由作家出版社出版。 7月15日,《葡萄园》诗刊在台湾创刊,文晓村任主编。

1963年 3月,张志民的诗集《西行剪影》由百花文艺出版社出版。 4月,纪弦的诗集《摘星的少年》由现代诗社出版。 5月,罗门的诗集《第九日的底流》由蓝星诗社出版;叶维廉的诗集《赋格》由现代文学社出版。8月14日,于赓虞病逝。 9月,李瑛的诗集《红柳集》由作家出版社出版。 10月10日,覃子豪病逝;是月,郭小川的诗选《甘蔗林——青纱帐》由作家出版社出版;纪弦的诗集《饮者诗钞》由现代诗社出版。

1964年 5月5日,力扬病逝。 6月15日,《笠诗刊》在台湾创刊,林亨泰任主编;是月,《蓝星》在台北创刊,罗门、蓉子任主编;余光中的诗集《莲的联想》由文星书店出版。 8月,李瑛的诗集《献给火的年代》由作家出版社上海编辑所出版。 10月20日,柯仲平病逝;是月,张默的诗集《紫的边陲》由创世纪诗社出版。12月1日,《诗刊》11—12月合刊出版后停刊。

1965年 1月,洛夫的诗集《石室之死亡》由创世纪诗社出版。 2月,郭小川的诗集《昆仑行》由作家出版社出版。 5月,蓉子的诗集《蓉子诗抄》由蓝星诗社出版。 7月25日,周梦蝶的诗集《还魂草》由文星书店出版。 10月,桓夫(陈千武)《不眠的眼》、白萩《风的蔷薇》等诗集由笠诗社出版。

1966年 1月,雁翼的诗集《激浪集》由百花文艺出版社出版。 3月,翱翱(张错)的诗集《过渡》由星座诗社出版。 8月3日,吴兴华逝世。9月3日,陈梦家逝世。 10月,郑愁予的诗集《衣钵》由台湾商务印书馆出版。 11月,诗集《毛主席,我们心中的红太阳》由云南人民出版社编辑出版。

1967年 2月,张默、痖弦编的《中国现代诗选》由创世纪诗社出版。3月17日,阿垅病逝;是月,诗刊《南北笛》在台北创刊。 4月,余光中的诗集《五陵少年》由文星书店出版。5月6日,周作人病逝。 6月,纪弦的诗集《槟榔树甲集》由现代诗社出版。 7月,洛夫的诗集《外外集》由创世纪诗社出版。 8月,武汉钢工总宣传部、红司(新华工)宣传部、新湖大红八月公社编印的白桦诗集《迎着铁矛散发的传单》印行;纪弦的诗集《槟榔树乙集》由现代诗社出版。　　9月,洛夫、张默、痖弦编的《七十年代诗选》由大业书店出版。10月,纪弦的诗集《槟榔树丙集》由现代诗社出版;钢二司武汉水利电力学院、钢工总新人印东方红兵团编印的诗集《江城壮歌》出版。

1968年　　1月,钢九·一三武钢分团《武钢战报》、钢二司红武测总部、钢工总青印兵团编印的诗集《狂飙曲》出版。　　春,郭路生(食指)写作《相信未来》一诗。　　5月6日,邵洵美病逝。　　8月,吉林师大革命造反大军、八一八红卫兵《革命造反军报》编辑部编印的诗集《战地黄花——八一八诗选》出版。　　9月,上海工人革命文艺创作队编的诗选《红太阳照亮安源山》由上海文化出版社出版。　　10月,郑愁予的诗集《窗外的女奴》由十月出版社出版。11月2日,李广田逝世。　　12月20日,郭路生(食指)创作《这是四点零八分的北京》一诗;是月,痖弦的诗集《深渊》由众人出版社出版;首都大专院校红代会《红卫兵文艺》编辑部编印的诗集《写在火红的战旗上》出版。

1969年　　4月,纪弦的诗集《槟榔树丁集》由现代诗社出版。　　5月,余光中的诗集《天国的夜市》由三民书局出版。　　6月,罗门的诗集《死亡之塔》由蓝星诗社出版。　　10月,商禽的诗集《梦或者黎明》由十月出版社出版。　　11月,蓉子《维纳丽沙组曲》、向明《狼烟》、余光中《敲打乐》等诗集由纯文学出版社出版。

1970年　　1月24日,《诗宗》在台湾出刊。　　3月,洛夫的诗集《无岸之河》由大林出版社出版。　　5月4日,绿蒂主编的《中国新诗选》由长歌出版社出版。　　8月,仇学宝的长诗《金训华之歌》由上海市出版革命组出版。　　9月27日,韩北屏逝世;是月,梅新的诗集《再生的树》由惊声文物公司出版;诗集《颂歌献给毛主席》由上海市出版革命组编辑出版。　　10月,张默的诗集《上升的风景》由巨人出版社出版。

1971年　　1月13日,闻捷逝世。3月,洛夫编的《一九七〇诗选》由仙人掌出版社出版。　　6月1日,沈尹默病逝。　　7月,《白萩诗选》由三民书局出版。　　10月,穆木天逝世。　　12月,叶维廉的诗集《醒之边缘》由环宇出版社出版。

1972年　　1月,白萩、洛夫编的《中国现代文学大系·诗》由巨人出版社出版。　　4月,李瑛的诗集《枣林村集》由北京人民出版社出版。　　5月,李学鳌的诗集《放歌长城岭》由人民文学出版社出版。　　6月,《诗风》双月刊在香港创刊,黄国彬等编。8月,白萩的诗集《香颂》由笠诗社出版。　　9月,贺敬之的诗集《放歌集》由人民文学出版社出版。

1973年　　1月,李瑛的诗集《红花满山》由人民文学出版社出版。　　5月,纪鹏的诗集《蓝色的海疆》由人民文学出版社出版。　　6月,龙族诗社编的《龙族诗选》由林白出版社出版。12月,采刈社编的《中国新诗选集(1918—1969)》由波文书局出版。

1974年 1月,蓉子的诗集《横笛与竖琴的响午》由三民书局出版。 3月15日,《光明日报》刊出张永枚的诗报告《西沙之战》。 6月,纪弦的诗集《槟榔树戊集》由现代诗社出版。 7月,余光中的诗集《白玉苦瓜》由大地出版社出版。 9月,诗集《理想之歌》由人民文学出版社出版。 12月,洛夫的诗集《魔歌》由中外文学月刊社出版;《小靳庄诗歌选》由天津人民出版社编辑出版。

1975年 2月,章德益、龙彼德的诗集《大汗歌》由上海人民出版社出版。 6月,张默的诗集《无调之歌》由创世纪诗社出版。 7月,李瑛的诗集《北疆红似火》由人民文学出版社出版。 8月,杨牧的诗集《瓶中稿》由志文出版社出版。 9月19日,毛泽东同意《诗刊》复刊。 10月31日,《大海洋诗刊》在台湾高雄创刊。

1976年 1月1日,《诗刊》在北京复刊;25日,《人民日报》刊出北京大学中文系七二级创作班工农兵学员集体创作的长诗《理想之歌》;31日,冯雪峰病逝。 4月5日,北京爆发天安门诗歌运动;是月,《十二级台风刮不倒——小靳庄诗歌选》由人民文学出版社出版;《小靳庄诗歌选》(第二集)由天津人民出版社编辑出版。 5月,洛夫的诗集《众荷喧哗》由枫城出版社出版。 9月,余光中的诗集《天狼星》由洪范书店出版。 10月18日,郭小川逝世。 12月25日,李金发病逝;是月,《罗盘》诗双月刊在香港创刊。

1977年 1月7—9日,诗刊社在北京举行"周总理永远活在我们心中"诗歌朗诵音乐会。 2月26日,穆旦病逝;是月,北京第二外国语学院汉语教研室童怀周编的《革命诗抄》(第一集)出版。 7月24日,何其芳病逝。 9月,陈义芝的诗集《落日长烟》由德馨室出版社出版。 12月,叶维廉的诗集《花开的声音》由四季出版事业有限公司出版。

1978年 3月,杨牧的诗集《北斗行》由洪范书店出版。 6月12日,郭沫若病逝。 8月18日,李白凤病逝;是月,梁秉钧的诗集《雷声与蝉鸣》由大拇指半月刊出版。 9月20日,曹葆华病逝;是月,蓉子的诗集《雪是我的童年》由乾隆图书无限公司出版。 12月23日,《今天》在北京创刊,第1期刊出舒婷《致橡树》、芒克《天空》、北岛《回答》等诗;是月,童怀周编的《天安门诗抄》由人民文学出版社出版。 是年,北岛自印诗集《陌生的海滩》;芒克自印诗集《心事》。

1979年 1月14—20日,诗歌座谈会在北京召开,胡耀邦到会讲话。 4月,余光中的诗集《与永恒拔河》由洪范书店出版。 5月,诗刊《赤子心》油印出刊,吉林大学中文系七七级"言志"诗社主办。 6月,白灵的诗集《后裔》由林白出版社出版。8月10日,《诗刊》1979年8月号刊出雷抒雁《小草在歌唱》、叶文福《将军,不能这样做》等诗。 10月,《星星》诗刊在成都复刊。

1980年 3月8日,李季病逝。 4月7—22日,全国当代诗歌讨论会在广西南宁召开;是月,人民文学出版社编辑部编辑出版《台湾诗选》。5月7日,《光明日报》刊出谢冕的诗论《在新的崛起面前》;是月,艾青的诗集《归来的歌》由四川人民出版社出版。 7月20日—8月21日,诗刊社举办青年诗作者创作学习会。9月20—27日,诗刊编辑部在北京召开诗歌理论座谈会;是月,《海韵》在广州创刊,由广东人民出版社出版。10月,杨牧的诗集《禁忌的游戏》、郑愁予的诗集《燕人行》由洪范书店有限公司出版。 12月,《诗探索》在北京创刊,中国当代文学研究会编辑。

1981年 3月10日,《诗刊》1981年3月号刊出孙绍振的文章《新的美学原则在崛起》。 5月25—30日,新诗评选发奖大会在北京举行,舒婷《祖国啊,我亲爱的祖国》、梁小斌《雪白的墙》等诗获奖。 6月,洛夫的诗集《时间之伤》由时报出版公司出版。 7月,辛笛等者的诗集《九叶集》由江苏人民出版社出版。 8月,绿原、牛汉编的诗集《白色花》由人民文学出版社出版。

1982年 2月,舒婷的诗集《双桅船》由上海文艺出版社出版。 9月,邵燕祥的诗集《为青春作证》由云南人民出版社出版。 10月29日,袁水拍病逝;是月,《舒婷、顾城抒情诗选》由福建人民出版社出版。 11月,向明的诗集《青春的脸》由九歌出版社出版;萧萧的诗集《悲凉》由尔雅出版社出版。 是年,阎月君等编的《朦胧诗选》由辽宁大学中文系印行。

1983年 1月15日,《当代文艺思潮》1983年第1期刊出徐敬亚的长文《崛起的诗群》;是月,《海韵》改为《青年诗坛》,创刊号出刊,由花城出版社出版。 2月4日,萧三病逝。 3月24日,中国作家协会主办的全国优秀新诗(诗集)获奖作品授奖大会在北京举行,艾青、张志民、李瑛、公刘、邵燕祥、流沙河、黄永玉、胡昭、傅天琳、舒婷的诗集获奖。 4月6日,王亚平病逝;19—25日,牡丹诗会在洛阳举行。 6月,谢冕的诗论集《共和国的星光》由春风文艺出版社出版。 9月1—9日,绿风诗会在新疆石河子市举行;9月,冯乃超逝世。 10月4—9日,重庆召开诗歌讨论会;是月,陈敬容《老去的是时间》、曾卓《老水手的歌》等诗集由黑龙江人民出版社出版。 11月6日,梁宗岱病逝。

1984年 1月10日,《绿洲》改为诗歌双月刊《绿风》在新疆石河子出刊。4月13日,天蓝逝世。 5月,牛汉的诗集《温泉》由上海文艺出版社出版。6月,《钟山》诗刊在台湾创刊,钟云如任主编。 8月,《诗选刊》在呼和浩特创刊。 9月25日,《诗歌报》在合肥试刊。 10月,《诗林》在哈尔滨创刊;《诗人》在长春创刊。

1985年 1月,《诗潮》双月刊在沈阳创刊;《诗神》双月刊在石家庄创刊;《当代诗歌》在沈阳创刊。 3月6日,傅仇病逝;7日,《他们》在南京创刊;9日,《华夏诗报》在广州创刊。 5月,绿原的诗集《另一只歌》、牛汉的诗集《海上蝴蝶》由四川文艺出版社出版;纪弦的诗集《晚景》由尔雅出版社出版;《中国新文学大系(1927—1937)·诗集》由上海文艺出版社出版。 6月8日,胡风病逝。 7月,《黄河诗报》在济南创刊。 8月30日,田间病逝;是月,孙玉石著《中国初期象征派诗歌研究》由北京大学出版社出版。 9月1日,《西藏文学》第8—9期刊出昌耀的诗《慈航》;5日,孙毓棠病逝。 11月,阎月君等编的《朦胧诗选》由春风文艺出版社出版。 是年,老木编的《青年诗人谈诗》《新诗潮诗集》由北京大学五四文学社印行。

1986年 1月,《散文诗刊》试刊号在湖南益阳出刊,邹岳汉任主编。 3月10日,《诗刊》1986年3月号刊出第二届全国优秀新诗(诗集)评奖结果,艾青、杨牧、牛汉、邵燕祥等的16部诗集获奖;是月,《昌耀抒情诗集》由青海人民出版社出版;顾城的诗集《黑眼睛》由人民文学出版社出版。5月,《非非》杂志出刊,周伦佑任主编;郑敏的诗集《寻觅集》由四川文艺出版社出版;《北岛诗选》由新世纪出版社出版。 6月10日,罗门、张健主编的《星空无限蓝——蓝星诗选》由九歌出版社有限公司出版;18日,西南师范大学中国新诗研究所成立;27—30日,"新诗潮研讨会"在北京举行。 7月16日,沙蕾病逝。8月,傅天琳的诗集《红草莓》由作家出版社出版。 9月,杨炼的诗集《荒魂》由上海文艺出版社出版。10月21日,《诗歌报》总第51期刊出"中国诗坛1986'现代诗群体大展"第一辑,《深圳青年报》刊出第二辑,24日,《深圳青年报》刊出第三辑。12月6—9日,"中国·星星诗歌节"在成都举办;20日,宗白华病逝;是月,《中外诗歌交流与研究》试刊号在重庆出刊;牛汉的诗集《沉默的悬崖》由北京十月文艺出版社出版。

1987年 1月20日,《淮风》诗季刊在安徽怀远创刊,刘钦贤任主编。 2月,《大河》诗刊在郑州创刊。 4月,江河的诗集《太阳和他的反光》由人民文学出版社出版。 5月,诗刊《一行》在美国纽约创刊。 6月29日,高兰病逝;是月,唐晓渡、王家新编的《中国当代实验诗选》由春风文艺出版社出版。 7月,张错编的《千曲之岛——台湾现代诗选》由尔雅出版社出版。 9月15日,《当代诗坛》在香港创刊,傅天虹主编。10月27—29日,"新诗走向研讨会"在北京召开。11月3日,梁实秋病逝。

1988年 1月,袁可嘉的诗论集《论新诗现代化》由三联书店出版。春,《倾向》出刊。 4月,罗门的诗集《整个世界停止呼吸在起跑线上》由光复书局出版。 5月3—10日,全国当代新诗研讨会(运河笔会)在淮阴—扬州举行;10日,沈从文逝世;《诗刊》1988年5月号刊出第三届(1985—1986)新诗(诗集)评奖获奖篇目,叶延滨、绿原、吉狄马加、郑敏、北岛等的诗集获奖。 6月,洛夫的诗集《因为风的缘故》由九歌出版社出版。 7月,胡燕青的诗集《日出行》由山边公司出版。 8月,《中国诗人》在上海创刊,黎焕颐任主编。 9月,商禽的诗集《用脚思想》由汉光文化事业公司出版;徐敬亚等编的《中国现代主义诗群大观(1986—1988)》由同济大学出版社出版。 12月,北京大学中国新诗研究中心成立。

1989年 2月,《芒克诗选》由中国文联出版公司出版;洛夫、李元洛编《大陆当代诗选》由台湾尔雅出版社有限公司出版;杨牧、郑树森编的《现代中国诗选》由洪范书店出版。 3月26日,海子卧轨自杀;是月,《银河系诗刊》在重庆创刊,谢冕著《诗人的创造》由三联书店出版。 5月31日,骆一禾病逝;是月,吴欢章主编的诗集《中国现代十大流派诗选》由上海文艺出版社出版。 6月,白萩的诗集《风吹才感到树的存在》由光复书局出版。 8月1日,《诗双月刊》在香港创刊,由诗双月刊出版社编辑;是月,李松涛的长诗《无倦沧桑》由中国华侨出版公司出版;杨炼的诗集《黄》由人民文学出版社出版;陈超编著的《中国探索诗鉴赏辞典》由河北人民出版社出版。 9月6日,李学鳌病逝。 11月8日,陈敬容病逝。 12月,《牛汉抒情诗选》由青海人民出版社出版。

1990年 1月20日,唐祈病逝。 2月6日,《诗歌报》改为《诗歌报月刊》。 3月,洛夫的诗集《月光房子》由九歌出版社出版。 5月,《我爱——公木自选诗集》由时代文艺出版社出版;《林莽的诗》由中国妇女出版社出版;零雨的诗集《城的连作》由现代诗季刊社出版。 6月,韩作荣的诗集《雪季·梦与情歌》由百花洲文艺出版社出版;余光中的诗集《梦与地理》由洪范书店出版。 10月15日,俞平伯病逝;是月,简政珍、林燿德主编的《台湾新世代诗人大系》由书林出版有限公司出版。 11月,海子的诗集《土地》、骆一禾的诗集《世界的血》由春风文艺出版社出版。12月,《澳门现代诗刊》创刊;《中国新文学大系(1937—1949)·诗卷》由上海文艺出版社出版。

1991年 2月,郑敏的诗集《心象》由人民文学出版社出版;张默编的《台湾青年诗选》由人民文学出版社出版。

3月,谢冕著《地火依然运行——中国新诗潮论》由上海三联书店出版。春,《现代汉诗》在北京出刊,芒克、唐晓渡、林莽编。 5月2日,"1991:中国现代诗的命运和前途"学术讨论会在北京召开;10—18日,"全国诗歌座谈会"及第三届漓江诗会在桂林召开。 7月,郑敏的诗集《早晨,我在雨里采花》由突破出版社出版;《艾青全集》由花山文艺出版社出版。8月25—28日,艾青作品国际研讨会在北京举行。 11月,公木主编的《新诗鉴赏辞典》由上海辞书出版社出版。

1992年 5月4日,张默编的《台湾现代诗编目》由尔雅出版社出版。 9月,文晓村主编的《葡萄园30周年诗选》由文史哲出版社出版;赵天仪等编的《混声合唱——笠诗选》由文学台湾杂志社出版。 11月,孙玉石著《中国现代诗歌艺术》由人民文学出版社出版。 12月,《台湾诗学季刊》在台中创刊;梅新的诗集《家乡的女人》由联合文学出版社出版。

1993年 2月22日,冯至病逝。 3月5日,洛夫的诗集《隐题诗》由尔雅出版社出版。 5月18日,食指、黑大春的《现代抒情诗合集》出版作品研讨会在北京举行;是月,洪子诚、刘登翰合著的《中国当代新诗史》由人民文学出版社出版。 8月,万夏、潇潇主编的《中国现代诗编年史·后朦胧诗全集》由四川教育出版社出版。 9月30日,《锋刃》诗报出刊。 10月8日,顾城杀妻后自缢;是月,谢冕、唐晓渡主编的《当代诗歌潮流回顾·写作艺术借鉴丛书》由北京师范大学出版社出版。12月,于坚的诗集《对一只乌鸦的命名》由国际文化出版公司出版。

1994年 5月6—9日,《诗探索》编辑部组织白洋淀诗歌群落寻访活动;20日,沈奇编的《鲜红的歌唱——大陆当代女诗人小集》由尔雅出版社出版。 6月,《半个世纪的脚印——袁可嘉诗文选》由人民文学出版社出版;陈仲义的《诗的哗变——第三代诗面面观》由鹭江出版社出版。8月,昌耀的诗集《命运之书》由青海人民出版社出版。 10月,张同道、戴定南主编的《二十世纪中国文学大师文库·诗歌卷》由海南出版社出版。 11月,《舒婷的诗》由人民文学出版社出版。 12月29日,沙鸥病逝。

1995年 3月4日,"台湾现代诗史研讨会"在台北举行,至5月27日共举行六场。 4月14日,《罗门创作大系》由文史哲出版社出版。 5月19日,曹辛之病逝;20日,"当代女性诗歌:态势与展望座谈会"在北京召开。 6月,《双子星》人文诗刊在台北创刊,杨平任主编;顾工编的《顾城诗全编》由上海三联书店出版。7月,《韩作荣自选诗》由百花文艺出版社出版。 8月15日,《诗世界》在香港创刊,张默任主编。 9月5日,邹荻帆病逝;20日,张默、萧萧编的《新诗三百首》由九歌出版社出版。　10月,北岛的诗选《午夜歌手》由九歌出版社出版。　12月6日,"罗门、蓉子创作世界学术研讨会暨《罗门、蓉子文学创作系列》推介礼"在北京举行。

1996年　1月8日,林燿德病逝。　3月17日,方敬病逝。　4月,《呼吸》诗刊在香港创刊。　5月5日,艾青病逝。　7月16—21日,中国·西岭雪山诗会在四川举行。8月,郑炜明(苇鸣)编的《澳门新诗选》由澳门基金会出版。9月,李方编的《穆旦诗全集》由中国文学出版社出版。　10月10日,汪静之病逝;是月,谢冕、孟繁华编的《中国百年文学经典文库·诗歌卷》由海天出版社出版。　11月,北岛的诗集《零度以上的风景》由九歌出版社出版。12月13日,徐迟逝世。

1997年　1月5日,孙大雨病逝;24日,苏金伞病逝。　2月,西川编的《海子诗全编》、张玞编的《骆一禾诗全编》由上海三联书店出版。　3月1日,《诗》出刊,道辉任主编。　7月26—30日,首届现代汉诗学术研讨会在福建武夷山召开;是月,灰娃的诗集《山鬼故家》由人民文学出版社出版;《曲有源白话诗选》由作家出版社出版。　9月10日,蓉子的诗集《黑海上的晨曦》由九歌出版社出版。　10月,谢冕主编的《中国女性诗歌文库》由春风文艺出版社出版,有傅天琳、海男、蓝蓝、林雪、唐亚

平、王小妮、阎月君、翟永明诗集8种。　11月,邹荻帆、谢冕主编的《中国新文学大系(1949—1976)·诗卷》由上海文艺出版社出版。

1998年　1月,李铁城、苏湲编的《苏金伞诗文集》由河南文艺出版社出版。2月10日,鲁迅文学奖揭晓,李瑛、匡满、韩作荣、沈苇、张新泉、王久辛、辛茹、李松涛的诗集获优秀诗歌奖;是月,《牛汉诗选》由人民文学出版社出版;程光炜编的诗选《岁月的遗照》由社会科学文献出版社出版。　3月20—22日,"后新诗潮研讨会"在北京召开。　4月3日,张志民病逝。6月,林莽、刘福春编的《诗探索金库·食指卷》由作家出版社出版。7月,谢冕主编的《中国女性诗歌文库》第二卷由春风文艺出版社出版,有杜涯、虹影、李琦、李小雨、林珂、张烨、张真诗集7种。　9月12日,罗洛病逝。　10月30日,公木病逝。　11月12—16日,全国诗歌座谈会在江苏张家港召开。　12月,《昌耀的诗》由人民文学出版社出版。

1999年　1月13日,鲁藜病逝。　2月28日,冰心逝世;是月,《大陆先锋诗丛》由唐山出版社出版;杨克主编的《1998中国新诗年鉴》由花城出版社出版。　3月10日,北岛的诗集《开锁》由九歌出版社出版。　4月16—18日,"世纪之交:中国诗歌创作态势与理论建设研讨会"在北京平谷召开;是月,唐晓渡主编的《现代汉

诗年鉴·1998卷》由中国文联出版社出版。　7月,《扬子江》诗刊在南京创刊,由江苏省作家协会主办。9月,痖弦主编的《天下诗选》由天下远见出版公司出版;谢冕主编的《中国当代文学作品精选·诗歌卷》由北京十月文艺出版社出版;卞之琳主编、牛汉副主编的《中华人民共和国五十年文学名作文库·新诗卷》由作家出版社出版。　10月,首都师范大学中国诗歌研究中心在北京成立。11月12—14日,99中国龙脉诗会在北京召开。　12月,《冯至全集》由河北教育出版社出版;姜耕玉编的《20世纪汉语诗选》由上海教育出版社出版。

2000年　1月1日,《诗神》改为《诗选刊》,郁葱任主编;18日,《诗歌与人》在广州创刊,黄礼孩任主编;是月,《郭小川全集》由广西师范大学出版社出版;诗刊社选编的《'99中国年度最佳诗歌》由漓江出版社出版。2月11日,阮章竞病逝。　3月23日,昌耀逝世。　7月,诗刊《下半身》在北京创刊;《昌耀诗文总集》由青海人民出版社出版。　8月5日,金克木病逝。　12月1日,《诗歌月刊》在合肥出刊,王明韵任主编;2日,卞之琳逝世;25—27日,"大连·2000年中国当代诗歌研讨会"在辽宁大连举行;是月,《郑敏诗集》由人民文学出版社出版。

2001年　1月,《诗刊》选编的《2000中国年度最佳诗歌》由漓江出版社出版。　3月,芒克的诗集《今天是哪一天》由作家出版社出版。　6月,黄礼孩编的《'70后诗人诗选》由海风出版社出版。　7月,杨克主编的《2000中国新诗年鉴》由广州出版社出版。　8月,马悦然、奚密、向阳主编的《二十世纪台湾诗选》由麦田出版出版。　9月22日,第二届鲁迅文学奖颁奖典礼在绍兴举行,杨晓民、曲有源、朱增泉、西川、曹宇翔的诗集获全国优秀诗歌奖。　10月1日,《大众诗歌》在太原创刊。12月15—17日,中国新诗理论国际学术研讨会在北京举行。是年,胡国贤编的《香港近五十年新诗创作选》由香港公共图书馆出版。

2002年　1月28日,张光年病逝;是月,《诗刊》下半月刊正式出刊。　2月,《诗网络》在香港创刊。　3月29日,"春天送你一首诗"活动在北京启动并分别在北京、上海、广州举行。4月10日,曾卓病逝;是月,《中西诗歌》在澳门创刊;罗门的诗集《全人类都在流浪》由文史哲出版社出版。7月16日,杜运燮病逝。　8月,黄翔的《狂饮不醉的兽形·受禁诗歌系列》由唐山出版社出版。　9月,《蔡其矫诗歌回廊》由海峡文艺出版社出版。　10月,《敦煌》诗刊在兰州创刊。　11月,杨克主编的《2001中国新诗年鉴》由海风出版社出版。　12月,《臧克家全集》由时代文艺出版社出版;马新朝的诗集《幻河》由中原农民出版社出版。

2003年 1月7日,公刘病逝;是月,《北岛诗歌集》由南海出版公司出版;成幼殊的诗集《幸存的一粟》由山东画报出版社出版。 4月12日,首届华文青年诗人奖颁奖仪式在长沙举行,江一郎、刘春、哑石获奖;19—20日,牛汉诗歌作品研讨会在廊坊举行。 5月,《台湾诗学》在台湾创刊。 6月30日,孙静轩病逝。 9月6日,严辰病逝;是月,《唐湜诗卷》由人民文学出版社出版。 10月,王光明著《现代汉诗的百年演变》由河北人民出版社出版。 11月19日,施蛰存病逝。

2004年 1月8日,王辛笛病逝;是月,《于坚集》由云南人民出版社出版。 2月5日,臧克家病逝。 4月,沈浩波的诗集《心藏大恶》由大连出版社出版。 5月22日,第二届华文青年诗人奖颁奖仪式在海口举行,江非、雷平阳、北野获奖;是月,康城、黄礼孩、朱佳发、老皮编的《'70后诗集》由海风出版社出版。 7月,《叶延滨文集》由光明日报出版社出版。 9月15日,驻校诗人江非入校仪式在首都师范大学举行;是月,《鲁藜诗文集》由作家出版社出版。 12月18日,首届当代汉语诗歌研讨会在海南举行。

2005年 1月28日,唐湜病逝;是月,《多多诗选》由花城出版社出版;《王小妮的诗》由华艺出版社出版;《中国诗歌研究动态》在北京创刊。 2月,《吴兴华诗文集》由上海人民出版社出版。 4月,《新诗评论》在北京创刊。 5月13日,第三届华文青年诗人奖颁奖仪式在晋江举行,路也、卢卫平、田禾获奖;26日,第三届鲁迅文学奖颁奖典礼在深圳举行,老乡、郁葱、马新朝、成幼殊、娜夜的诗集获奖;是月,《空旷在远方——牛汉诗文精选》由时代文艺出版社出版。 7月2日,痖弦与二十世纪华文文学研讨会在武汉召开。 8月18日,中国新诗一百年国际研讨会在北京召开。 9月,《复旦诗派诗人诗集》由复旦大学出版社出版。 10月25日,第一届中国诗歌节在安徽马鞍山举办。 11月18日,中国当代乡土诗歌研讨会在武汉召开;是月,《林莽诗选》由时代文艺出版社出版。

2006年 1月,李亚伟的诗集《豪猪的诗篇》由花城出版社出版。 4月9日,第四届华文青年诗人奖颁奖仪式在宁波举行,王夫刚、李小洛、牛庆国获奖;是月,李方编的《穆旦诗文集》由人民文学出版社出版。 5月10日,人民的诗人——艾青逝世十周年纪念会在北京举行。 6月,刘福春编撰的《中国新诗书刊总目》由作家出版社出版。 8月,《海拔》在海口创刊。 9月,《诗歌现场》在广州创刊;《诗友》诗刊在辽宁鞍山创刊;洛夫长诗《漂木》由国际文化出版公司出版;田禾的诗集《喊故乡》由人民文学出版社出版。 10月4日,林庚病逝;14日,中国新诗学术研讨会在北京大学开幕。11月,《芙蓉锦江》诗刊在成都创刊;于坚的诗集《只有大海苍茫如幕》由长征出版社出版。

2007年 1月3日,蔡其矫病逝;23日,《诗刊》创刊50周年纪念座谈会在北京举行。 3月,《绿原文集》由武汉出版社出版。 4月21—22日,邵燕祥诗歌创作研讨会在廊坊举行。5月11—13日,新诗研究的问题与方法研讨会在北京举行。 7月,《上海诗人》在上海创刊。 8月7—10日,首届青海湖国际诗歌节举行;30日,黎焕颐病逝。 9月,郑玲的诗集《过自己的独木桥》由花城出版社出版。 10月28日,第四届鲁迅文学奖颁奖典礼在绍兴举行,田禾、荣荣、黄亚洲、林雪、于坚的诗集获诗歌奖。 11月12日,首届中坤国际诗歌奖颁奖典礼在北京举行,翟永明、伊夫·博纳富瓦、顾彬、绿原获奖;是月,谢冕、孙绍振等著的《回顾一次写作——〈新诗发展概况〉的前前后后》由北京大学出版社出版。

2008年 1月,《当代国际诗坛》在北京创刊。 3月31日,彭燕郊病逝;是月,《汉诗》丛书在武汉出刊。 4月,《杜涯诗选》由花城出版社出版。5月,苏历铭、杨锦编的《汶川诗抄》由群众出版社出版;诗集《有爱相伴——致2008·汶川》由人民文学出版社出版。 6月,诗刊社编的《奥运诗典》由作家出版社出版。 7月7日,时代的鼓手——诗人田间诞辰90周年学术研讨会在北京举行。 9月19日,第六届华文青年诗人奖颁奖仪式在北京举行,邰筐、李寒、熊焱获奖。 10月,《李琦近作选》由时代文艺出版社出版。 11月8日,袁可嘉病逝。 是年,《诗江南》双月刊在杭州创刊。

2009年 3月,《诗林》双月号在深圳出刊;西川编的《海子诗全集》由作家出版社出版;谢冕主编的《中国新文学大系(1976—2000)·诗卷》由上海文艺出版社出版。 4月,《商禽诗全集》由INK印刻文学生活杂志出版有限公司出版;柏桦著《左边:毛泽东时代的抒情诗人》由江苏文艺出版社出版。 5月23日,第二届中国诗歌艺术节在西安开幕;是月,《灰娃的诗》由作家出版社出版;《芒克的诗》由人民文学出版社出版;刘禾编的《持灯的使者》由广西师范大学出版社出版。 6月,《大河》(诗歌)在郑州复刊。 8月7—10日,第二届青海湖国际诗歌节在青海举行;是月,《星河》大型新诗丛刊在杭州创刊。 9月2—3日,纪念当代杰出诗人郭小川诞辰90周年学术研讨会在承德举行;29日,绿原病逝;是月,车延高的诗集《向往温暖》由人民文学出版社出版。 10月3日,雁翼病逝;是月,《大陆先锋诗丛》第2辑由唐山出版社出版。11月12日,第二届中坤国际诗歌奖颁奖典礼在北京举行,北岛、阿多尼斯、赵振江获奖;26—29日,香港国际诗歌之夜在香港举行；是月，刘立云的诗集《烤蓝》由解放军文艺出版社出版；《新的美学原则在崛起——孙绍振新诗论集》由语文出版社出版。　12月，傅天琳的诗集《柠檬叶子》由上海文艺出版社出版；雷平阳的诗集《云南记》由长江文艺出版社出版。

2010年　1月16日，诗人郭小川90周年诞辰纪念会暨学术研讨会在北京举行；是月，《中国诗歌》在武汉创刊；《骆寒超诗学文集》由人民文学出版社出版。　3月8日，张枣病逝；25日，艾青百年诞辰纪念座谈会在北京举行。　4月27日，陆耀东病逝；是月，顾乡编的《顾城诗全集》由江苏文艺出版社出版；方明编的《大河的对话——诗魔洛夫访谈录》由兰台出版社出版。　6月26—27日，中国新诗：新世纪十年的回顾与反思——两岸四地第三届当代诗学论坛在北京召开；是月，《河南诗人》在郑州创刊，杨炳麟任主编。　7月，《张枣的诗》由人民文学出版社出版。　9月12日，北京大学中国诗歌研究院成立；22日，2010年度诗探索·华文青年诗人奖在上海松江区颁奖，黑枣、徐俊国、林莉荣获奖；是月，谢冕总主编的《中国新诗总系》由人民文学出版社出版。　10月，刘福春主编的《牛汉诗文集》由人民文学出版社出版。　11月9日，第五届鲁迅文学奖在绍兴颁奖，刘立云、车延高、傅天琳、李琦、雷平阳的诗集获诗歌奖；是月，《孙玉石文集》由北京大学出版社出版。

2011年　1月，《读诗》创刊，潘洗尘等主编；吴思敬、宋晓冬编《郑敏诗歌研究论集》由学苑出版社出版；《千高原诗系2010》由重庆大学出版社出版。　5月28日，2011诗探索·中国年度诗人诗会暨深圳大望诗歌节在深圳举行；是月，《诗建设》创刊，泉子任主编。　7月20日，张默编《现代女诗人选集》（新编）由台北尔雅出版社有限公司出版。　9月24日，首届红高粱诗歌奖在山东高密颁奖。10月22—23日，新诗与浪漫主义学术研讨会在北京召开；是月，洛夫的诗集《禅魔共舞——洛夫禅诗·超现实诗精品选》由台湾秀威资讯出版。11月7日，2011年度诗探索·华文青年诗人奖在上海颁奖；是月，林贤治著《中国新诗五十年》由漓江出版社出版。　12月6日，第三届中坤国际诗歌奖在北京颁奖；是月，《70后·印象诗系》由阳光出版社出版。

2012年　1月，王光明编选《2011中国诗歌年选》由花城出版社出版。4月，《郑敏文集》由北京师范大学出版社出版。　6月，《谢冕编年文集》由北京大学出版社出版；赵敏俐、吴思敬主编的《中国诗歌通史》由人民文学出版社出版。　7月30日，中国首届海子青年诗歌节在德令哈市举行；是月，《新诗研究丛书》由北京大学出版社出版。　9月，唐晓渡、张清华编《当代先锋诗三十年：谱系与典藏》由江苏文艺出版社出版；

陈仲义著《现代诗：语言张力论》由长江文艺出版社出版。10月20—21日，"诗歌批评与细读"学术研讨会在北京召开。12月15日，北京朝阳区文化馆、《诗探索》编辑委员会主办的"打开窗户"系列诗歌活动在北京举行；31日，第七届天问·新诗新年峰会暨两岸1960诗人高峰论坛在台北开幕。

2013年 1月6日，梁秉钧（也斯）病逝；是月，潘洗尘、颜艾琳主编的《生于六十年代两岸诗选》由台湾文讯杂志社出版。2月14日，雷抒雁病逝。3月22日，云南师范大学西南联大新诗研究院成立；是月，洪子诚、程光炜主编的《中国新诗百年大典》由长江文艺出版社出版；刘福春著《中国新诗编年史》由人民文学出版社出版。7月22日，纪弦逝世。9月29日，牛汉病逝；是月，《洛夫诗全集》由江苏文艺出版社出版；诗刊社编的《第29届青春诗会诗丛》由漓江出版社出版。10月，《诗歌风赏》创刊，娜仁琪琪格任主编；《标准诗丛》由作家出版社出版。11月12日，韩作荣病逝；23—24日，"中国现代诗歌语言与形式学术研讨会"在北京召开；29日，郑玲病逝。

2014年 1月，林莽主编的《2013中国年度诗歌》由漓江出版社出版。5月1日，周梦蝶病逝；24—28日，2014海峡两岸青年诗歌创作座谈会暨海峡诗会在福州举行。7月，北岛选编的《给孩子的诗》由中信出版社出版。9月，诗刊社编的《"青春诗会"三十年诗选》由作家出版社出版。10月14日，首届三亚国际诗歌节在海南三亚开幕；18日，创世纪60年社庆雅集在台北举行；31日，陈超离世。31日—11月3日，如何现代，怎样新诗——中国诗歌现代性问题学术研讨会在北京召开；是月，《徐迟文集》由作家出版社出版。11月22日，背离与回归——洛夫诗歌创作70年研讨会在南京举行；29日，首都师范大学驻校诗人十年回顾研讨会在北京召开。12月，何言宏主编的《二十一世纪中国文学大系（2001—2010）·诗歌卷》由南京师范大学出版社出版。

2015年 1月2日，吕剑病逝；26日，首届"人民文学诗歌奖"在武汉颁奖。2月，张清华主编的《中国当代民间诗歌地理》由东方出版社出版。5月23日，首届"李白诗歌奖"颁奖典礼在绵阳举行。6月，《北岛集》由三联书店出版。7月，洪子诚、奚密主编的《百年新诗选》由三联书店出版；沈奇主编的《当代新诗话》丛书由陕西人民教育出版社出版。8月15—16日，首届武汉诗歌节在武汉举行。9月，《杨炼创作总集1978—2015》由华东师范大学出版社出版。10月31日—11月1日，纪念新诗诞生百年：新诗形式建设学术研讨会在北京举行；是月，《两岸诗》在台北创刊，林德俊、黄梵任总编辑；吴思敬主编的《20世纪中国新诗理论史》由人民文学出版社出版。12月,吕周聚等著《网络诗歌散点透视》由中国社会科学出版社出版。

2016年 1月,中国当代文学研究会诗歌委员会选编的《2015中国年度作品·诗歌》由现代出版社出版。3月5日,"中国新诗百年论坛·扬州暨'虹桥书院'系列诗学活动启动仪式"在扬州举行。 4月6日,《诗刊》2015年度"陈子昂诗歌奖"颁奖大会在四川遂宁举行;16日,《星星》诗刊六十周年精品诗歌分享会在成都举行;是月,《吕贵品诗文集》由海天出版社出版;刘福春、李怡主编的《民国文学珍稀文献集成·新诗旧集影印丛编》由台湾花木兰文化出版社出版。 5月21日,北岛诗歌创作研讨会在廊坊召开;是月,《草堂》诗刊创刊,梁平任主编。 8月17日,首届上海国际诗歌节在上海举办。9月3日,马新朝病逝;23日,"人天华文青年诗人奖"颁奖典礼在武汉举行。 10月3日,"八六现代诗群体大展"三十周年纪念诗会在四川德阳举行;21日,2016凤凰·鼓浪屿诗歌节在鼓浪屿开幕。 11月19—20日,百年新诗与今天学术研讨会在北京举行。 12月7日,田间百年诞辰纪念座谈会在北京举行。

(刘福春)

新诗书目

说　明

1. 本书目收录 1920—2016 年出版的全国(包括港台地区)新诗作品,共分三部分。第一部分为个人专集,第二部分为合著,第三部分为多人合集。
2. 收录的诗集以初版本为主,初版本一时查不到的,则收录再版本。
3. 专集按作者姓氏笔画排列,笔画相同的以起笔〔一〕〔丨〕〔丿〕〔丶〕〔乛〕为序。合著按第一作者姓氏笔画为序排列。合集以编者、出版单位名称笔画为序排列。同一诗人专集以出版日期先后为序。

专　集

外　文

河边恋歌	A·M	上海诗创造社 1931 年版
浪花	CF 女士	北新书局 1924 年版
我们的心,我们的七月	OM	上海亚东书局 1924 年版

一　画

夜快车	一　信	台湾世界画刊社 1961 年版
时间	一　信	台北中国青年诗人联盟会 1967 年版

二　画

向阳花开	丁　一	黑龙江人民出版社 1975 年版
丁一散文诗合集·少年	丁　一	华夏出版社 1989 年版
红叶	丁　丁	北平海音社 1926 年版
过去的恋歌	丁　丁	群众图书公司 1926 年版
我俩的心	丁　丁	北平海音社 1928 年版
未寄的诗	丁　丁	上海群众书局 1929 年版
召唤	丁　力	南京正风图书公司 1948 年版

俯首集	丁　力	上海新文艺出版社 1955 年版
北京的早晨	丁　力	北京人民出版社 1959 年版
踏天曲	丁　力	河南人民出版社 1982 年版
社会主义的山歌	丁　丹	浙江人民出版社 1956 年版
家乡呵，家乡	丁庆友	四川文艺出版社 1986 年版
对一座雕像的歌唱	丁庆友	作家出版社 1998 年版
静静的水杉	丁汗稼	江苏人民出版社 1962 年版
怀念	丁　芒	北京解放军文艺社 1981 年版
我是一片绿叶	丁　芒	四川文艺出版社 1985 年版
诗的追求	丁　芒	花城出版社 1987 年版
依然戈壁	丁　芒	广西民族出版社 1994 年版
消息	丁　图	上海南极出版社 1948 年版
星底梦	歌青春（丁景唐）	沪江书屋 1945 年版
我俩的心	丁　淼	北平海音社 1928 年版
未寄的诗	丁　淼	上海群众出版社 1929 年版
过去的恋歌	丁　淼	上海群众出版社 1931 年版
第五季的水仙	丁　颖	台湾蓝灯出版社 1971 年版
五年集	七等生	台湾林白出版社 1972 年版
情与诗	七等生	台湾远行出版社 1977 年版
梦湖的鹿	刁永泉	长安诗家编委会 1984 年版
高原的牧铃	力　匡	香港高原出版社 1955 年版
枷锁与自由	力　扬	昆明诗文学社 1939 年版
我底竖琴	力　扬	昆明诗文学社 1944 年版
射虎者及其家族	力　扬	新文艺出版社 1951 年版
力扬集	力　扬	中国社会科学出版社 2008 年版

三　画

控诉	三　川	北平黎明书店 1948 年版
北极星	三　川	北平黎明书店 1948 年版
台湾人民盼解放	三　川	新华书店东北总分店 1950 年版
白桦林随想曲	万忆萱	吉林人民出版社 1983 年版
欢歌集	万里浪	江西人民出版社 1960 年版
党的颂歌	万里浪	江西人民出版社 1976 年版

本质	万 夏	作家出版社2001年版
淡霞和莎叶	万 曼	上海新文化出版社1924年版
换火柴的少妇	万斯年	北平人文书店1936年版
创世纪	上官予	带枪者诗社1945年版
海	上官予	带枪者诗社1945年版
十年诗选	上官予	台湾明华书局1960年版
千叶花	上官予	台湾商务印书馆1968年版
爱的暖流	上官予	台湾商务印书馆1979年版
春至	上官予	台湾中央日报社1983年版
雷声与蝉鸣	也 斯	香港大拇指半月刊1978年版
盘溪草	于人俊	宁波世界书局1930年版
青春的冒渎	于 归	长春益智书局1944年版
霜叶集	于 刚	湖南人民出版社1980年版
诗六十首	于 坚	云南人民出版社1989年版
于坚的诗	于 坚	人民文学出版社2000年版
诗集与图像	于 坚	青海人民出版社2003年版
在漫长的旅途中	于 坚	作家出版社2008年版
彼何人斯	于 坚	重庆大学出版社2013年版
第一行足迹	于 沙	湖南人民出版社1984年版
山的女儿	于宗信	群众出版社1984年版
相思花	于宗信	群众出版社1987年版
红罗女	于 波	黑龙江人民出版社1987年版
牧笛集	于冠西	东海文艺出版社1960年版
骷髅上的蔷薇	于赓虞	北京古城书局1926年版
晨曦之前	于赓虞	上海北新书局1926年版
落花梦	于赓虞	上海北新书局1927年版
魔鬼的舞蹈	于赓虞	上海北新书局1928年版
孤灵	于赓虞	上海北新书局1930年版
世纪的脸	于赓虞	上海北新书局1934年版
于赓虞诗文辑存(上下)	于赓虞	河南大学出版社2004年版
山雨欲来风满楼	凡 路	人民文学出版社1976年版
再度辉煌	大 仙	中国文联出版公司1991年版
存愁	大 荒	台湾创世纪诗社1972年版
台北之枫	大 荒	台湾永和采风出版社1990年版

第一张犁	大荒	台中市立文化中心1996年版
剪取富春半江水	大荒	台北九歌出版社有限公司1999年版
回音	子凡	马来西亚鼓手出版社1979年版
北方·南方	子页	未来出版社1985年版
月弦	子页	浙江文艺出版社1985年版
雪魂	子页	天津百花文艺出版社1986年版
回忆曲	小民	台北林白出版社1978年版
影子之歌	小海	重庆大学出版社2013年版
始祖鸟	小野	台北文豪出版社1978年版
放开嗓子大声唱	山川	陕西人民出版社1956年版
水落坡	飞雪	山东人民出版社1973年版
坍塌的古城	马子华	春蚕社1934年版
骊山之歌	马子华	每月诗歌社1937年版
青松	马云鹏	中国青年出版社1936年版
在祖国的东方	马加	作家出版社1955年版
新生的光辉	马加	作家出版社1955年版
红鸟	马永波	香港文光出版社有限公司1991年版
以两种速度播放的夏天	马永波	唐山出版社1999年版
冰山草	马冰山	湖南人民出版社1984年版
春天的恋歌	马各	重庆人民出版社1943年版
荒村小唱	马各	上海巾满楼书屋1948年版
问津草	马合省	解放军文艺出版社1984年版
红枣歌	马安信	陕西人民出版社1977年版
草原的故事	马安信	陕西人民出版社1980年版
马兰的歌声	马达	辽宁人民出版社1973年版
花开草原	马达尔罕	内蒙古人民出版社1976年版
忧郁	马作楫	上海光华出版社1948年版
汾河春光	马作楫	山西人民出版社1962年版
马作楫诗选	马作楫	山西人民出版社1985年版
高岗集	马君玠	贵阳交通书局1936年版
青涧集	马君玠	贵阳交通书局1937年版
北望集	马君玠	香港中国诗云社分社1940年版

回忆	马国亮	上海良友图书公司 1931 年版
启明与阿霞	马金星	新蕾出版社 1984 年版
前哨春曲	马绪英	江苏人民出版社 1975 年版
石碑坊的传说	马萧萧	中国青年出版社 1963 年版
翠笛引	马萧萧	中国文联出版公司 1987 年版
魔城花絮	马博良	南京流砂文艺社 1947 年版
沟	马瑞麟	重庆火种诗社 1948 年版
"咕咚"来了	马瑞麟	云南人民出版社 1979 年版
松树姑娘	马瑞麟	云南人民出版社 1981 年版
响器	马新朝	中国青年出版社 2016 年版

四 画

海洋与爱情	中 申	吉林人民出版社 1982 年版
松花江短笛	中 流	上海文艺出版社 1958 年版
鹿哨	中 流	黑龙江人民出版社 1983 年版
枫叶	中 流	中国文联出版公司 1986 年版
歌唱田森村	丹 米	南方通俗出版社 1955 年版
少女春泉	之 华	新亚书店 1969 年版
向阳的眼睛	云 从	台湾海洋诗社 1969 年版
摘星集	井岩盾	作家出版社 1958 年版
爱的旋律	亢 进	广西人民出版社 1986 年版
英雄的画像	元 辉	人民文学出版社 1978 年版
鸟枪的故事	公 木	东北书店 1947 年版
哈喽胡子	公 木	五十年代出版社 1951 年版
十里盐湾	公 木	人民文学出版社 1953 年版
中华人民共和国颂歌	公 木	作家出版社 1954 年版
崩溃	公 木	新文艺出版社 1957 年版
黄花集	公 木	作家出版社 1957 年版
我爱——公木自选诗集	公 木	时代文艺出版社 1990 年版
人类万岁	公 木	解放军文艺出版社 1999 年版
边地短歌	公 刘	中南人民文艺出版社 1954 年版
黎明的城	公 刘	中国青年出版社 1956 年版
望夫云	公 刘	中国青年出版社 1957 年版

在北方	公 刘	作家出版社 1957 年版
白花·红花	公 刘	上海文艺出版社 1979 年版
离离原上草	公 刘	人民文学出版社 1980 年版
骆驼	公 刘	上海文艺出版社 1984 年版
相思海	公 刘	花城出版社 1987 年版
梦蝶	公 刘	湖南文艺出版社 1991 年版
上元月	公孙嬿	北平辅仁义苑 1941 年版
大兵谣	公孙嬿	台湾中央文物供应社 1954 年版
长虹	化 石	作家出版社 1957 年版
三秋草	卞之琳	上海新月社 1933 年版
鱼目集	卞之琳	上海文化生活出版社 1935 年版
芦叶船	卞之琳	北京立达 1936 年版
慰劳信集	卞之琳	香港明月社 1940 年版
十年诗草	卞之琳	桂林明月社 1942 年版
翻一个浪头	卞之琳	上海平明出版社 1951 年版
雕虫纪历	卞之琳	人民文学出版社 1979 年版
中国现代作家选集·卞之琳	卞之琳	三联书店(香港)有限公司 1990 年版
中国新诗库·卞之琳卷	卞之琳	长江文艺出版社 1991 年版
中国现代作家选集·卞之琳	卞之琳	人民文学出版社 1995 年版
海滨组曲	天 河	台湾现代潮出版社 1970 年版
预言	天 蓝	泥土社 1942 年版
中华人民共和国像太阳般升起	天 蓝	新文艺出版社 1953 年版
队长骑马去了	天 蓝	新文艺出版社 1954 年版
山水清音	孔 孚	重庆人民出版社 1984 年版
孔孚山水诗选	孔 孚	明天出版社 1991 年版
孔孚集	孔 孚	中国社会科学出版社 1996 年版
一束芙蓉花	孔 林	山东人民出版社 1959 年版
百灵	孔 林	山东人民出版社 1983 年版
枯燥	少 斐	上海文化生活出版社 1936 年版
飞龙杖	尹一之	吉林人民出版社 1960 年版
生命的礼花	巴·布林贝赫	作家出版社 1962 年版
星群	巴·布林贝赫	内蒙古人民出版社 1977 年版
龙宫的婚礼	巴·布林贝赫	内蒙古人民出版社 1981 年版

命运之鸟	巴·布林贝赫	江苏人民出版社 1983 年版
美的草原	巴·敖斯尔	内蒙古人民出版社 1959 年版
草原	巴·敖斯尔	内蒙古人民出版社 1979 年版
南行集	巴 牧	新文艺出版社 1958 年版
笛声	巴 牧	春风文艺出版社 1959 年版
北行集	巴 牧	春风文艺出版社 1962 年版
鲜奶与花朵	巴彦布	黑龙江人民出版社 1980 年版
爱的倾吐	巴彦布	黑龙江人民出版社 1983 年版
巴彦布诗歌近作选——巴彦布诗文集(上)	巴彦布	哈尔滨出版社 1995 年版
春风啊,带去我的问候吧	忆明珠	江苏人民出版社 1979 年版
沉吟集	忆明珠	四川文艺出版社 1986 年版
格拉茨姆	戈阿干	云南民族出版社 1980 年版
查热丽恩	戈阿干	北京民族出版社 1983 年版
戈麦诗全编	戈 麦	上海三联书店 1999 年版
烈火集	戈 枫	广东人民出版社 1960 年版
将军的马	戈 茅	新文艺出版社 1956 年版
浅草	戈 非	内蒙古人民出版社 1982 年版
田野的歌	戈振缨	上海新文艺出版社 1956 年版
歌唱红旗	戈振缨	山东人民出版社 1959 年版
延河照样流	戈壁舟	中国青年出版社 1956 年版
岩上青松	戈壁舟	东风文艺出版社 1958 年版
青松翠竹	戈壁舟	作家出版社 1958 年版
我迎着阳光	戈壁舟	人民文学出版社 1959 年版
登临集	戈壁舟	作家出版社 1963 年版
延安诗抄	戈壁舟	陕西人民出版社 1978 年版
三弦响铮铮	戈壁舟	陕西人民出版社 1979 年版
春天的爱情	文武斌	山西人民出版社 1981 年版
春天从远方归来	文武斌	山西人民出版社 1983 年版
绿色的边境	文 牧	新蕾出版社 1981 年版
红色的弹道	文哲安	湖南人民出版社 1979 年版
文晓村诗选	文晓村	团结出版社 1995 年版
九卷一百首	文晓村	台湾诗艺文出版社 1996 年版
文晓村短诗选	文晓村	银河出版社 2002 年版

井岗山诗抄	文莽彦	作家出版社 1958 年版
井岗山颂	文莽彦	上海新文艺出版社 1960 年版
天仙配	方大伦	广西人民出版社 1957 年版
人的改造	方之中	天津新华书店 1952 年版
战斗的乡村	方 冰	作家出版社 1957 年版
飞	方 冰	春风文艺出版社 1961 年版
大海的心	方 冰	春风文艺出版社 1985 年版
访苏诗文集	方 纪	中国青年出版社 1956 年版
不尽长江滚滚来	方 纪	长江文艺出版社 1957 年版
大江东去	方 纪	作家出版社 1958 年版
朝阳	方 艮	台湾青年诗联社 1967 年版
水乡	方 艮	台湾大千文化出版社 1968 年版
杨和同志打虎记	方 里	南方通俗出版社 1951 年版
玮德诗文集	方玮德	上海时代图书馆 1936 年版
受难者的短曲	方玮德	上海星群出版社 1948 年版
生之胜利	方玮德	上海文化生活出版社 1948 年版
时间	方 思	台北中兴文学出版社 1953 年版
夜	方 思	台北现代诗社 1955 年版
竖琴与长笛	方 思	台北现代诗社 1958 年版
娥眉颂	方娥真	台北四季出版公司 1977 年版
平凡的夜话	方 殷	上海商务印书馆 1942 年版
方殷诗选	方 殷	人民文学出版社 1984 年版
膜拜	方 莘	台湾现代文学社 1963 年版
雨景	方 敬	上海文化生活出版社 1942 年版
声音	方 敬	桂林文化工作社 1942 年版
受难者短曲	方 敬	上海新群出版社 1948 年版
行吟的歌	方 敬	上海文化生活出版社 1948 年版
拾穗集	方 敬	四川人民出版社 1981 年版
花的种子	方 敬	西南师范大学出版社 1989 年版
飞鸟的影子	方 敬	重庆出版社 1990 年版
哀歌二三	方 旗	1966 年自刊
端午	方 旗	1972 年自刊
云雀叫了一整天	木 心	广西师范大学出版社 2009 年版
醉心的微笑	木 斧	四川人民出版社 1983 年版

缀满鲜花的诗篇	木　斧	海峡文艺出版社 1987 年版
乡思乡情乡恋	木　斧	四川民族出版社 1990 年版
我用那清清的笔	木　斧	四川民族出版社 1994 年版
书信集	木　斧	香港银河出版社 1999 年版
车到低谷	木　斧	中国三峡出版社 2003 年版
晨风	木　青	福建人民出版社 1980 年版
山乡集	毛正之	广西人民出版社 1960 年版
云帆集	毛　锜	陕西人民出版社 1983 年版
两种力	毛翰哥	上海泰东图书公司 1926 年版
温泉	牛　汉	上海文艺出版社 1984 年版
沉默的悬崖	牛　汉	十月文艺出版社 1986 年版
牛汉抒情诗选	牛　汉	青海人民出版社 1989 年版
牛汉诗选	牛　汉	人民文学出版社 1998 年版
牛汉诗文补编	牛　汉	作家出版社 2000 年版
牛汉短诗选	牛　汉	香港银河出版社 2001 年版
空旷在远方——牛汉诗文精选	牛　汉	时代文艺出版社 2005 年版
河——献给一个人	牛　波	漓江出版社 1988 年版
牛波诗集	牛　波	作家出版社 1991 年版
白河小英雄	牛雅杰	河南人民出版社 1979 年版
我歌唱绿色的太阳	王一义	浙江科学技术出版社 1983 年版
鄱湖渔歌	王一民	江西人民出版社 1964 年版
落星	王义修	台湾昌文书局 1936 年版
我的诗选	王小妮	时代文艺出版社 1989 年版
我的纸里包着我的火	王小妮	春风文艺出版社 1997 年版
王小妮的诗——半个我正在疼痛	王小妮	华艺出版社 2005 年版
有什么在我心里一过	王小妮	作家出版社 2008 年版
扑朔如雪的翅膀	王小妮	浙江文艺出版社 2016 年版
月光	王小妮	东方出版社 2016 年版
红蔷薇	王中朝	河南人民出版社 1984 年版
乡土集	王书怀	辽宁人民出版社 1956 年版
桦林曲	王书怀	上海文艺出版社 1959 年版
山川集	王书怀	北方文艺出版社 1960 年版
花朵集	王书怀	北方文艺出版社 1962 年版

青纱集	王书怀	作家出版社1964年版
行吟集	王书怀	黑龙江人民出版社1979年版
折箭赋	王今斩	台南世英出版社1977年版
情冢	王　幻	台湾绿萼书屋1958年版
情爱,在香港	王心果	海峡文艺出版社1986年版
江户流浪曲	王文川	上海开明书店1929年版
金泉	王文绪	山西人民出版社1973年版
红色的铆钉	王方武	人民文学出版社1965年版
锤声集	王方武	吉林人民出版社1973年版
雁回岭	王主玉	人民文学出版社1976年版
晚晴集	王兰馨	云南人民出版社1979年版
美的呼唤	王尔碑	重庆出版社1983年版
寒溪的路	王尔碑	四川文艺出版社1994年版
影子	王尔碑	四川民族出版社1994年版
狮子吼	王平陵	上海南京书店1931年版
少女与诗人	王正义	台湾光明出版社1972年版
颠沛诗集	王汉倬	1961年自刊
去国草	王礼锡	中国诗歌社1939年版
雪花	王辽生	江苏人民出版社1983年版
王亚凡诗抄	王亚凡	作家出版社1962年版
都市的冬	王亚平	上海国际书店1935年版
十二月的风	王亚平	上海联合书局1936年版
中国兵的画像	王亚平	重庆文艺研究会1938年版
红蔷薇	王亚平	长沙商务出版社1940年版
青春的中国	王亚平	桂林文化工作社1942年版
火雾	王亚平	重庆春草诗社1945年版
中国,母亲的土地呵	王亚平	上海新丰出版公司1947年版
灿烂的星辰	王亚平	上海文艺出版社1960年版
情诗	王任叔	宁波青风学社1923年版
雨与泪	王在军	台湾葡萄园诗社1969年版
带组入社	王老九	西北人民出版社1954年版
王保京	王老九	陕西人民出版社1956年版
燕栞诗稿	王聿均	台北世界文物出版社1969年版
在寂寞中谢去的花朵	王西艾	台北中华书局1964年版

蝉之曲	王佐才	上海真美善书店1929年版
背水姑娘	王 余	中国青年出版社1957年版
翻身民歌	王希坚	山东新华书店1946年版
黑板报上写诗歌	王希坚	山东新华书店1946年版
自由歌	王希坚	山东新华书店1950年版
迎春曲	王希坚	中国青年出版社1955年版
远方集	王希坚	作家出版社1957年版
荒原的风	王志杰	四川文艺出版社1985年版
柚灯	王良和	香港诗双月刊出版社1991年版
天涯浩歌	王谷君	1960年自刊
周槐亭	王 凯	山东新华书店1950年版
青春短笛	王宗仁	天津人民出版社1986年版
秋风娃娃	王宜振	陕西人民出版社1982年版
摇篮里的歌	王宜振	未来出版社1983年版
野百合花	王尚义	台北水牛出版社1967年版
落霞与孤鹜	王尚义	台北水牛出版社1969年版
锤炼	王 岩	台湾高雄新创作出版社1953年版
萌渚吟	王建文	湖南文艺出版社1986年版
列车奔向北方	王忠瑜	北方文艺出版社1959年版
拾荒者手记	王贯英	台北联经出版事业公司1978年版
甜蜜的时代	王雨谷	云南人民出版社1981年版
看瓜记	王青华	山东人民出版社1978年版
走索者	王宪阳	台北蓝星诗社1962年版
千灯	王宪阳	台湾作品杂志社1970年版
水兵的歌	王 恺	新文艺出版社1956年版
醒灵集	王映湘	台湾联勤出版社1966年版
草原新歌	王树田	人民文学出版社1977年版
山水新歌	王洪涛	天津人民出版社1976年版
山情水韵	王洪涛	山东文艺出版社1983年版
苏醒的情思	王洪涛	百花文艺出版社1986年版
圣母像前	王独清	上海光华图书公司1926年版
死前	王独清	上海创造社1927年版

独清诗集	王独清	新宇宙书店 1928 年版
暗云	王独清	上海光明书局 1931 年版
锻炼	王独清	上海光华图书公司 1932 年版
零乱章	王独清	上海乐华图书公司 1933 年版
王独清诗歌代表作	王独清	亚东图书馆 1935 年版
中国新诗库·王独清卷	王独清	长江文艺出版社 1988 年版
童心	王统照	上海商务印书馆 1925 年版
良夜	王统照	上海商务印书馆 1925 年版
她的生活	王统照	上海文化生活出版社 1934 年版
夜行集	王统照	上海生活书店 1936 年版
横吹集	王统照	上海文化生活出版社 1938 年版
江南曲	王统照	上海文化生活出版社 1940 年版
荒漠甘泉	王家械	台湾中央文物供应社 1959 年版
纪念	王家新	长江文艺出版社 1985 年版
游动悬崖	王家新	湖南文艺出版社 1997 年版
王家新的诗	王家新	人民文学出版社 2001 年版
未完成的诗	王家新	作家出版社 2008 年版
忠贞的心血	王家麟	台湾蓝天出版社 1966 年版
枇杷树	王家麟	台湾葡萄园诗社 1966 年版
北京的声音	王恩宇	天津人民出版社 1978 年版
心泉集	王恩宇	北京十月文艺出版社 1986 年版
昨天与今天	王振佳	山西人民出版社 1978 年版
北京的歌	王振荣	北京出版社 1977 年版
士兵与命运交响曲	王晋军	北岳文艺出版社 1987 年版
边防线上的歌声	王 浩	陕西人民出版社 1957 年版
脚户哥	王 浩	青海人民出版社 1980 年版
患病的太阳	王润华	台湾星座诗社 1966 年版
高潮	王润华	台湾星座诗社 1970 年版
南洋乡土集	王润华	时报文化出版公司 1981 年版
胡桃坡	王致远	作家出版社 1965 年版
长歌行	王致远	人民文学出版社 1984 年版
冰冷的歌	王逢吉	重庆出版社 1941 年版
谚语哲理诗	王陶宇	内蒙古教育出版社 1984 年版
王寅诗选	王 寅	花城出版社 2005 年版

向旷野这边开一个窗子	王晨牧	湖南文艺出版社 1986 年版
起点	王　梁	新文艺出版社 1951 年版
春雨	王清风	台湾北大书局 1959 年版
桃色三三曲	王皎我	上海大东书局 1931 年版
小路的足迹	王维洲	长江文艺出版社 1983 年版
天涯采英	王绶青	文化艺术出版社 1985 年版
抒情短诗集	王　野	黑龙江人民出版社 1985 年版
绣花巾	王　鸿	江苏人民出版社 1955 年版
运河边的歌	王　鸿	上海文艺出版社 1959 年版
西梅朵合塘	王　琰	中国青年出版社 2016 年版
伟大的母亲	王禄松	台湾改造出版社 1960 年版
海的吟草	王禄松	台湾明光出版社 1961 年版
归意集	王禄松	台湾明光出版社 1962 年版
彩色的画	王舒水	1980 年自刊
春华集	王　锐	台湾知行出版社 1964 年版
红缨	王群生	解放军文艺出版社 1958 年版
新兵之歌	王群生	作家出版社 1965 年版
火凤	王群生	人民文学出版社 1976 年版
圣女·战马·枪	王　蓝	重庆红蓝出版社 1942 年版
七月，拒马河	王　磊	河北人民出版社 1957 年版
马背上的歌	王　磊	吉林人民出版社 1973 年版
大刀歌	王　磊	内蒙古人民出版社 1978 年版
路啊，脚下的路	王燕生	湖南人民出版社 1981 年版
心花	王燕生	群众出版社 1984 年版
走向地平线	王燕生	重庆出版社 1986 年版
百子歌	王　燮	长江文艺出版社 1957 年版
冬饮庐诗稿	王　瀣	南京市通志馆 1948 年版
今天和明天	贝　岭	漓江出版社 1988 年版
主题与变奏	贝　岭	台北黎明文化事业股份有限公司 1994 年版
纸梯	车前子	上海人民出版社 1989 年版
孤鸾曲	邓中夏	四川文艺出版社 1987 年版
青山的恋歌	邓海南	宁夏人民出版社 1979 年版
机器与雕像	邓海南	上海文艺出版社 1985 年版

蓝色小夜曲	邓禽平	台北野风出版社 1951 年版
我存在,因为歌,因为爱	邓禽平	台北纯文学出版社 1983 年版
招魂	长 庚	上海印刷所 1935 年版
行云之歌	韦云生	台湾青年写作协会 1953 年版
金凤凰	韦文俊	广西人民出版社 1985 年版
红花集	韦 丘	广东人民出版社 1959 年版
万水千山总是情	韦 丘	湖南人民出版社 1985 年版
迈出窗口	韦 丘	新世纪出版社 1987 年版
粤北关山现代风	韦 丘	花城出版社 1994 年版
韦丘作品选萃	韦 丘	花城出版社 1995 年版
解不开的情结	韦 丘	花城出版社 1997 年版
生命树	韦 丘	中国文联出版社 2000 年版
君山	韦丛芜	北平未名社 1927 年版
冰块	韦丛芜	北平未名社 1929 年版
故乡和亲人	韦君宜	作家出版社 1959 年版
百鸟衣	韦其麟	中国青年出版社 1956 年版
凤凰歌	韦其麟	广西人民出版社 1979 年版
寻找太阳的母亲	韦其麟	广西民族出版社 1984 年版
故乡的月季	韦 野	湖北人民出版社 1981 年版
有翅膀的歌声	风美村	台湾书评书目社 1976 年版

五 画

通过封锁线	冬 池	新文艺出版社 1954 年版
在红色的季节里	冬 池	新文艺出版社 1955 年版
红纱灯	冯乃超	上海创造社出版部 1928 年版
倪善人	冯乃超	长风书店 1928 年版
中国新诗库・冯乃超卷	冯乃超	长江文艺出版社 1988 年版
水边	冯文炳	北平新民书店 1944 年版
抗战长歌	冯玉祥	汉口华中出版社 1938 年版
抗战诗歌集	冯玉祥	桂林三户书店 1942 年版
囚徒之歌	冯白鲁	杭州北新书局 1936 年版
昨日之歌	冯 至	上海北新书局 1927 年版
北游及其他	冯 至	沉钟社 1929 年版

十四行集	冯至	桂林明月社1942年版
西郊集	冯至	作家出版社1958年版
十年诗抄	冯至	人民文学出版社1959年版
立斜阳集	冯至	工人出版社1989年版
中国新诗库·冯至卷	冯至	长江文艺出版社1990年版
冯至全集(第一、二卷)	冯至	河北教育出版社1999年版
冯至短诗选	冯至	香港银河出版社2004年版
天河的水声	冯青	台北尔雅出版社1983年版
梦后	冯宪章	上海紫藤出版部1928年版
真实之歌	冯雪峰	重庆作家书屋1943年版
灵山歌	冯雪峰	上海作家书屋1946年版
雪峰的诗	冯雪峰	人民文学出版社1979年版
没落集	冯腾	汉口华中公司1938年版
苦难与欢乐	冯毅之	山东新华书店1950年版
热士清风	冯麟煌	花城出版社1987年版
爱在深秋	凸凹	四川文艺出版社1993年版
人在五行中	凸凹	辽宁民族出版社1998年版
镜	凸凹	云南民族出版社1999年版
桃花的隐约部分	凸凹	南海出版公司2004年版
虹	包玉堂	广西人民出版社1956年版
歌唱我们的民族	包玉堂	新文艺出版社1958年版
回音壁	包玉堂	人民文学出版社1984年版
春歌不歇	包玉堂	广西人民出版社1990年版
山花寄语	包玉堂	广西民族出版社1991年版
红水河畔三月三	包玉堂	漓江出版社1991年版
惨痛的世纪	包白痕	诗播种社1932年版
抱砖之歌	包白痕	昆仑诗社1992年版
蛾的追求	包白痕	昆仑诗社1994年版
北岛诗选	北岛	新世纪出版社1986年版
北岛诗集	北岛	台湾新地出版社1988年版
在天涯	北岛	香港牛津大学出版社1993年版
午夜歌手——北岛诗选(1972—1994)	北岛	台湾九歌出版社有限公司1995年版

零度以上的风景——北岛(1993—1996)	北 岛	台湾九歌出版社有限公司1996年版
开锁——北岛(1996—1998)	北 岛	台湾九歌出版社有限公司1999年版
2000文库——当代中国文库精读·北岛	北 岛	香港明报月刊、明报出版社有限公司1999年版
北岛诗歌集	北 岛	南海出版社2003年版
春雨	卢 前	上海开明书店1927年版
绿篇	卢 前	上海开明书店1930年版
露珠和星星	厉 风	春风文艺出版社1981年版
收获集	古 丁	台湾葡萄园诗社1963年版
星的故事	古 丁	台湾长歌出版社1975年版
古丁诗集	古 丁	秋如诗刊社1983年版
低能儿	古之红	1945年自刊
彷徨,彷徨	古之红	文艺青年社1948年版
湖滨	古之红	文艺奖金委员会1951年版
追随太阳步伐的人	古 月	台湾葡萄园诗社1967年版
月之祭	古 月	台湾艺术家画廊1975年版
火祭场	古 贝	台湾蓝星诗社1963年版
剪裁	古添洪	台湾笠诗社1973年版
晚霞的超越	古添洪	台湾国家书店1977年版
背后的脸	古添洪	台湾笠诗社1984年版
归来	古添洪	台湾国家出版社1986年版
山笛	古 笛	漓江出版社1982年版
向永恒的超越	史作柽	1964年自刊
失落的跃升	史作柽	1964年自刊
时间中的寻索	史作柽	台湾中国月刊社1972年版
世纪的苦索者	史作柽	1974年自刊
在我里面世界之中	史作柽	1975年自刊
白衣血泪	史 轮	上海泰东书局1933年版
紫忱诗集	史紫忱	北平中国诗社1932年版
文学人	史紫忱	台湾星光出版社1978年版
山恋	叶文福	天津人民出版社1978年版
天鹅之死	叶文福	花城出版社1986年版

苦恋与墓碑	叶文福	广东人民出版社 1986 年版
月夜恋歌	叶日松	台湾绿穗杂志社 1958 年版
读星的人	叶日松	台湾野风出版社 1964 年版
乡愁	叶日松	台湾元杰出版社 1965 年版
紫色的爱	叶日松	台湾葡萄园诗社 1965 年版
海上日记	叶日松	台湾中兴出版社 1969 年版
人生小语	叶日松	东海出版社 1970 年版
天空是一册诗集	叶日松	台湾葡萄园诗社 1980 年版
挥亮明天的中国	叶日松	台湾秋水诗刊社 1983 年版
爱的童话	叶圣华	长江文艺出版社 1987 年版
箧存集	叶圣陶	作家出版社 1960 年版
城市书	叶匡政	花城出版社 1999 年版
不悔	叶延滨	湖南人民出版社 1983 年版
二重奏	叶延滨	花城出版社 1985 年版
沉吟	叶延滨	百花文艺出版社 1987 年版
囚徒与白鸽	叶延滨	人民文学出版社 1988 年版
蜜月箴言	叶延滨	湖南文艺出版社 1990 年版
血液的歌声	叶延滨	四川文艺出版社 1991 年版
现代九歌	叶延滨	四川大学出版社 1993 年版
叶延滨文集·诗歌卷	叶延滨	光明日报出版社 2004 年版
叶延滨自选集	叶延滨	长江文艺出版社 2011 年版
大敦煌	叶 舟	敦煌文艺出版社 2000 年版
烈日下的雪花	叶 枫	1953 年自刊
榕树的歌	叶知秋	广东人民出版社 1979 年版
阳光的踪迹	叶 金	花城出版社 1984 年版
水之湄	叶 珊	台北蓝星诗社 1960 年版
花季	叶 珊	台北蓝星诗社 1963 年版
灯船	叶 珊	台北文星书店 1965 年版
非渡集	叶 珊	台北仙人掌出版社 1969 年版
传说	叶 珊	台北志文出版社 1970 年版
瓶中稿	叶 珊	台北志文出版社 1975 年版
北斗行	叶 珊	台北洪范书店 1978 年版
禁忌的游戏	叶 珊	台北洪范书店 1980 年版
第一声汽笛	叶晓山	天津人民出版社 1976 年版

风笛颂	叶晓山	天津人民出版社1977年版
朝圣之舟	叶曼沙	台湾星座诗社1966年版
蚕豆花	叶　淘	昆明浪花出版社1946年版
饥饿	叶　淘	诗星火社1947年版
向民主进军	叶　淘	诗星火社1947年版
考验	叶　淘	诗战线社1948年版
零下四十度	叶　淘	乌拉草社1948年版
紫色的歌	叶　笛	台湾青年图书公司1954年版
少女的太阳	叶　笛	贵州人民出版社1985年版
赋格	叶维廉	台北现代文学社1963年版
愁渡	叶维廉	台北仙人掌出版社1969年版
醒之边缘	叶维廉	台湾环宇出版社1971年版
野花的故事	叶维廉	台北中外文学月刊社1975年版
花开的声音	叶维廉	台北四季出版社1977年版
松鸟的传说	叶维廉	台北四季出版社1981年版
惊驰	叶维廉	台北远景出版公司1982年版
移向成熟的年龄	叶维廉	东大图书公司1993年版
叶维廉诗选	叶维廉	中国友谊出版公司1993年版
冰河的超越	叶维廉	三民书局2000年版
雨的味道	叶维廉	台湾尔雅出版社2006年版
叶维廉诗选	叶维廉	人民文学出版社2008年版
昨日之衣	叶菲洛	沙龙社1935年版
蓝色多瑙河	叶　琪	台湾国华出版社1959年版
红色的小路	叶槐青	上海文化出版社1956年版
火凤凰的预言	叶德伟	台湾星座诗社1967年版
啄木鸟	圣　野	旗社1947年版
小母亲	圣　野	小草丛刊社1947年版
列车	圣　野	星社1948年版
小灯笼	圣　野	小草丛刊社1948年版
黎明的呼唤	圣　野	四川人民出版社1982年版
写在早晨的诗	圣　野	宁夏人民出版社1985年版
雷公公和啄木鸟	圣　野	少年儿童出版社1986年版
不睡觉的火车头	圣　野	中国文学出版社1990年版
春天的乐章	圣　野	花山文艺出版社1998年版

金萧情	圣　野	百家出版社1998年版
海琴	宁　宇	四川人民出版社1984年版
尼米希依提诗选	尼米希依提（戈鹰译）	新疆人民出版社1981年版
天山南北马蹄忙	左曙萍	沙漠出版社1947年版
浪花·火焰·爱情	弘　征	湖南人民出版社1983年版
苜蓿花	旦　如	杭州湖畔诗社1925年版
诅咒之歌	未　冉	哈尔滨光华书店1948年版
祖国，我回来了	未　央	长江文艺出版社1953年版
杨秀珍	未　央	中国青年出版社1956年版
大地春早	未　央	湖南人民出版社1959年版
大渡河支流	玉　杲	上海建文书店1947年版
人民的村落	玉　杲	华东人民出版社1950年版
起点	玉　杲	上海星群出版社1951年版
向前面去	玉　杲	上海新文艺出版社1953年版
开拓者	玉　杲	中国青年出版社1957年版
红尘记	玉　杲	陕西人民出版社1981年版
数星星的人	玉　珍	中国青年出版社2016年版
第一颗星	甘永柏	作家出版社1957年版
木樨集	甘永柏	四川文艺出版社1986年版
囊萤集	田一文	花城出版社1984年版
江户之春	田　汉	上海少年中国学会1922年版
田汉诗选	田　汉	人民文学出版社1982年版
告别	田　地	上海星群出版社1947年版
忆景	田　地	上海星群出版社1948年版
南瓜花	田　地	北京三联书店1951年版
轮船就要开了	田　地	上海启明书局1953年版
佛子岭组诗	田　地	上海平明出版社1954年版
复活的翅膀	田　地	浙江人民出版社1982年版
未明集	田　间	群众书店1935年版
中国牧歌	田　间	诗人社1935年版
中国农村的故事	田　间	诗人社1936年版
良夜	田　间	上海商务印书馆1936年版
呈在大风砂里奔走的岗卫们	田　间	汉口生活书店1938年版

给战斗者	田　间	希望社 1939 年版
孟平英雄歌	田　间	晋察冀边区教育阵地社 1946 年版
戎冠秀	田　间	东北画报社 1946 年版
赶车传	田　间	新华书店 1949 年版
马头琴歌集	田　间	中国青年出版社 1957 年版
天安门赞歌	田　间	北京出版社 1958 年版
东风歌	田　间	作家出版社 1959 年版
非洲游记	田　间	作家出版社 1964 年版
清明	田　间	河北人民出版社 1978 年版
云南行	田　间	云南人民出版社 1982 年版
离宫及其他	田　间	花山文艺出版社 1984 年版
田间诗文集(第1～2卷)	田　间	花山文艺出版社 1989 年版
中国新诗库·田间卷	田　间	长江文艺出版社 1991 年版
修堤	田　奇	上海文艺工作社 1951 年版
十辆水车	田　奇	新华书店西北总分店 1951 年版
苏艾兰	田　奇	西北《群众日报》图书出版社 1951 年版
洛河曲	田　奇	上海文化工作社 1952 年版
失去的地平线	田晓青	漓江出版社 1988 年版
风雨集	田　湜	福建人民出版社 1942 年版
翠竹诗稿	田翠竹	湖南文艺出版社 1987 年版
战震曲	申　身	河北人民出版社 1977 年版
山高水长	申　身	花山文艺出版社 1986 年版
红荷	申爱萍	百花文艺出版社 1985 年版
敬礼,亲爱的勇士	白　刃	哈尔滨兆麟书店 1948 年版
前进的回声	白　刃	作家出版社 1956 年版
野草集	白　刃	福建人民出版社 1982 年版
夜夜集	白　宁	上海典雅书局 1935 年版
英雄的国土	白　沉	华北人民出版社 1954 年版
后裔	白　灵	台北林白出版社 1979 年版
没有一朵云需要国界	白　灵	台北书林出版有限公司 1993 年版

白灵·世纪诗选	白　灵	台北尔雅出版社有限公司 2000 年版
爱与死的间隙	白　灵	台北九歌出版社有限公司 2004 年版
白灵诗选	白　灵	作家出版社 2008 年版
逆光劳作	白连春	百花文艺出版社 1998 年版
十里风光	白　夜	华东人民出版社 1950 年版
心塬	白　夜	山东文艺出版社 1990 年版
白采的诗——赢疾者的爱	白　采	上海中华书局 1925 年版
动乱的年头	白　虹	上海陇钟书局 1932 年版
十月	白　原	五十年代出版社 1951 年版
第三时期	白晓光	北平文学导报社 1936 年版
在航道上前进	白　朗	人民文学出版社 1956 年版
金沙江的怀念	白　桦	中国青年出版社 1955 年版
鹰群	白　桦	中国青年出版社 1956 年版
孔雀	白　桦	中国青年出版社 1957 年版
热芭人之歌	白　桦	中国青年出版社 1957 年版
晚歌与欢歌	白　桦	河南人民出版社 1978 年版
情思	白　桦	江苏人民出版社 1980 年版
白桦的诗	白　桦	人民文学出版社 1982 年版
白桦十四行抒情诗	白　桦	广东旅游出版社 1992 年版
白鸥书	白浪萍	台湾中国青年诗歌联谊会 1967 年版
停云的山	白浪萍	1973 年自刊
寒月集	白浪萍	1978 年自刊
还乡集	白　特	上海中国诗歌社 1934 年版
漓江组歌	白　珩	广西人民出版社 1953 年版
英雄花	白　珩	广西人民出版社 1953 年版
钢水沸腾	白得易	新文艺出版社 1954 年版
解放战争诗抄	白得易	东海文艺出版社 1958 年版
帆影	白　渔	青海人民出版社 1981 年版
白渔诗选	白　渔	青海人民出版社 1992 年版
他从天边来	白　渔	人民文学出版社 1995 年版

历史的眼睛	白　渔（署名周问渔）	中国文联出版社 2004 年版
蛾之死	白　萩	台湾蓝星诗社 1958 年版
风的蔷薇	白　萩	台湾笠诗社 1965 年版
天空象征	白　萩	台湾田园出版社 1969 年版
白萩诗选	白　萩	台湾三民书局 1971 年版
香颂	白　萩	台湾笠诗社 1972 年版
诗广场	白　萩	热点文化公司 1984 年版
风吹才感到树的存在	白　萩	台湾光复书局股份有限公司 1989 年版
白蕉	白　蕉	上海励群书局 1932 年版
琴声泪路	白　薇	上海北新书局 1929 年版
无题集	石元健	台湾海洋诗社 1960 年版
少年石匠	石天河	重庆出版社 1983 年版
和平的最强音	石方禹	中国青年出版社 1956 年版
良夜与恶梦	石　民	上海北新书局 1929 年版
摘星集	石　瑛	台湾作家杂志社 1965 年版
青叶集	石　瑛	台湾作家杂志社 1967 年版
晚草集	艾　山	香港人生出版社 1956 年版
艾山诗选	艾　山	澳门国际名家出版社 1994 年版
幸福的矿工们	艾　芜	辽宁人民出版社 1955 年版
大堰河	艾　青	1936 年自刊
他死在第二次	艾　青	上海杂志公司 1939 年版
向太阳	艾　青	香港海燕书店 1940 年版
旷野	艾　青	重庆生活书店 1940 年版
火把	艾　青	重庆烽火社 1941 年版
北方	艾　青	上海文化生活出版社 1942 年版
黎明的通知	艾　青	桂林文化供应社 1943 年版
雪里钻	艾　青	新群出版社 1944 年版
献给乡村的诗	艾　青	北门出版社 1945 年版
宝石的红星	艾　青	人民文学出版社 1953 年版
黑鳗	艾　青	作家出版社 1955 年版
春天	艾　青	人民文学出版社 1956 年版
海岬上	艾　青	作家出版社 1957 年版

归来的歌	艾青	四川人民出版社1980年版
落叶集	艾青	浙江人民出版社1982年版
艾青全集(第1～5卷)	艾青	花山文艺出版社1991年版
艾青诗全编(上中下)	艾青	人民文学出版社2003年版
艾青诗选	艾青	人民文学出版社2004年版
碑的立影	艾雷	台湾青年诗联社1966年版
三角帆月	边国政	中国文联出版公司1987年版
春华集	龙彼德	黑龙江人民出版社1978年版

六　画

森吉德玛	乔正宏	内蒙古人民出版社1983年版
白兰花	乔林	作家出版社1956年版
留下的脚印	乔林	广东人民出版社1957年版
基督的脸	乔林	台北林白出版社1972年版
海之歌	亚汀	台湾新中国出版社1951年版
问大地	亚汀	台北龙门出版社1957年版
云阁新诗词	亚汀	台北葡萄园诗社1984年版
西窗秋色	亚嬿	台中蓝灯出版社1973年版
牧草流烟	亚嬿	台中蓝灯文化公司1980年版
白岩山上	亚歌	台北长歌出版社1968年版
无弦琴	亦门	桂林希望社1942年版
行列	任禾	长江文艺出版社1984年版
烽火中的花蕾	任红举	陕西人民出版社1980年版
枪带上的花瓣	任红举	江苏人民出版社1984年版
帆	任彦芳	春风文艺出版社1964年版
钻塔上的青春	任彦芳	人民文学出版社1975年版
心声	任彦芳	花山文艺出版社1984年版
女娲的语言	任洪渊	中国友谊出版社1993年版
战歌	任钧	乐华图书公司1936年版
冷热集	任钧	上海诗人俱乐部1936年版
战争颂	任钧	上海华美书店1939年版
后方小唱	任钧	上海杂志公司1941年版
为胜利而歌	任钧	重庆国民图书出版社1943年版

春满西沙	任海鹰	北京人民出版社 1975 年版
大海琴声	任海鹰	广西人民出版社 1979 年版
阿蓉和略刚	任略阿养悠	贵州人民出版社 1959 年版
歌从雪山来	任耀庭	四川人民出版社 1976 年版
婚礼颂	伊丹才让	上海文艺出版社 1963 年版
雪山集	伊丹才让	甘肃人民出版社 1980 年版
饿死诗人	伊沙	中国华侨出版社 1994 年版
伊沙这个鬼	伊沙	诗参考编辑部 1998 年版
我终于理解了你的拒绝	伊沙	青海人民出版社 1999 年版
我的英雄	伊沙	河北教育出版社 2003 年版
伊沙诗选	伊沙	青海人民出版社 2003 年版
期待	伊索	台湾自由世界画刊社 1971 年版
青春边缘	伊路	海峡文艺出版社 1991 年版
行程	伊路	作家出版社 1997 年版
看见	伊路	中国文联出版社 2004 年版
爱的方式	伊蕾	中国文联出版公司 1981 年版
爱的火焰	伊蕾	花山文艺出版社 1987 年版
独身女人的卧室	伊蕾	漓江出版社 1988 年版
女性年龄	伊蕾	人民文学出版社 1990 年版
伊蕾诗选	伊蕾	百花文艺出版社 2010 年版
归鸟之歌	伐冰	台湾正兴出版社 1959 年版
雷	光未然	北门出版社 1944 年版
阿细的先鸡	光未然	北门出版社 1945 年版
光未然歌诗选	光未然	人民文学出版社 1990 年版
光未然诗存	光未然	作家出版社 1998 年版
黄河大合唱	光未然	解放军文艺出版社 2000 年版
剪影	关钧陶	花城出版社 1986 年版
万岁,我的共和国	关振东	广州文化出版社 1959 年版
王岭笙歌	关振东	广东人民出版社 1960 年版
流霞	关振东	花城出版社 1984 年版
寒茄	关萍	广益书局 1933 年版
太平洋上的歌声	关露	上海生活书店 1936 年版
泉韵集	农冠品	漓江出版社 1984 年版
浪花	冰夫	山东人民出版社 1957 年版

萤火	冰 夫	上海文艺出版社1984年版
梦与非梦	冰 夫	百家出版社1993年版
繁星	冰 心	上海商务印书馆1923年版
春水	冰 心	新潮社1923年版
冰心选集	冰 心	人民文学出版社2000年版
冰心短诗选	冰 心	香港银河出版社2004年版
冰心文选·诗歌卷	冰 心	福建教育出版社2007年版
旧梦	刘大白	上海商务印书馆1923年版
邮吻	刘大白	上海开明书店1926年版
卖布谣	刘大白	上海开明书店1929年版
再造	刘大白	上海开明书店1929年版
秋之泪	刘大白	上海开明书店1930年版
飘泊者的心弦	刘子兆	1953年自刊
心声	刘子兆	1959年自刊
草民	刘小放	中国文联出版公司1987年版
雪花飘飘	刘中枢	百花文艺出版社1960年版
人间集	刘心皇	人间出版社1943年版
平原诗草	刘心皇	力行出版公司1946年版
伟大的日子	刘心皇	台湾军友报社1957年版
柳笛集	刘文玉	辽宁人民出版社1956年版
猛虎岗	刘文玉	辽宁人民出版社1958年版
乡土的赞歌	刘文玉	春风文艺出版社1959年版
送你一支歌	刘文玉	春风文艺出版社1985年版
绿色的情丝	刘文玉	中国文联出版公司1986年版
滏阳河的儿女	刘艺亭	冀南新八年书店1948年版
苦尽甜来	刘艺亭	沈阳东北书店1949年版
八月家书	刘艺亭	北京工人出版社1951年版
爱的情潮	刘世远	长江文艺出版社1984年版
荒原雨	刘北汜	花城出版社1984年版
扬鞭集	刘半农	北京北新书局1926年版
瓦釜集	刘半农	北京北新书局1926年版
中国新诗库·刘半农卷	刘半农	长江文艺出版社1990年版
千梦湖	刘占魁	1964年自刊
黑罂粟	刘立云	解放军文艺出版社1990年版

红色沼泽	刘立云	百家出版社 1990 年版
沿火焰上升	刘立云	敦煌文艺出版社 1998 年版
低飞	刘立杆	河北教育出版社 2003 年版
苍茫时分	刘伟雄	作家出版社 1997 年版
告别	刘再复	福建人民出版社 1983 年版
人间·慈母·爱	刘再复	人民文学出版社 1988 年版
刘再复散文诗合集	刘再复	华夏出版社 1988 年版
寻找的悲歌	刘再复	湖南文艺出版社 1988 年版
刘宇诗选	刘 宇	上海北新书局 1932 年版
刘延陵诗文集	刘延陵	复旦大学出版社 2002 年版
山花	刘廷蔚	上海北新书局 1930 年版
我的杯	刘廷蔚	上海女青年会全国学会 1932 年版
忘却的美	刘血花	花城出版社 1984 年版
飘泊在酒国里	刘行之	上海东方出版社 1932 年版
盲人三部曲	刘行之	上海东方出版社 1932 年版
西伯利亚的梦	刘行之	桂林新知书店 1939 年版
狂飙	刘行之	桂林三户书店 1940 年版
烽火集	刘行之	中原书店 1942 年版
溧马的故乡	刘克襄	台湾前卫出版社 1984 年版
和平的前哨	刘岚山	作家出版社 1955 年版
乡村与城市	刘岚山	人民文学社 1983 年版
毛泽东的战士	刘 佳	战士出版社 1958 年版
山丹又红了	刘国尧	宁夏人民出版社 1978 年版
午寐的河	刘国荃	台湾纵横诗社 1962 年版
在国际饭店大门前	刘国萍	湖南人民出版社 1983 年版
丰盈季	刘建化	台湾葡萄园诗社 1966 年版
胜利前奏曲	刘建化	台北雅典出版社 1968 年版
海燕戒	刘 征	山东人民出版社 1980 年版
春风燕语	刘 征	陕西人民出版社 1983 年版
花神与雨神	刘 征	花城出版社 1986 年版
刺和花——刘征十年集卷一	刘 征	文心出版社 1989 年版
刘征寓言诗	刘 征	上海教育出版社 1993 年版
诗画合璧	刘 征	文心出版社 2000 年版

树叶与小溪	刘畅园	黑龙江人民出版社1979年版
青青草	刘畅园	黑龙江人民出版社1983年版
运河的桨声	刘绍棠	新文艺出版社1955年版
笨拙的颂国	刘 金	华东人民出版社1951年版
幸福歌	刘 勇	作家出版社1959年版
忧伤的月亮	刘 春	中华工商联合出版社1998年版
幸福像花儿开放	刘 春	天津社会科学院出版社2004年版
竹林青青	刘春光	山西人民出版社1977年版
晒晒黄沙梁的太阳	刘亮程	浙江文艺出版社2013年版
芦笙战歌	刘祖培	人民文学出版社1978年版
阿佤山和澜沧江的歌	刘祖培	云南人民出版社1980年版
年轮	刘祖慈	上海人民出版社1982年版
我们是大运河的子孙	刘祖慈	江苏文艺出版社1983年版
红色的花朵	刘宸耀	江西人民出版社1965年版
我忆念的山村	刘益善	长江文艺出版社1984年版
春天,燃烧的花朵	刘 虔	文化艺术出版社1984年版
青春之花	刘梦苇	上海新文化社1924年版
新月派著名诗人刘梦苇诞辰一百周年纪念集	刘梦苇	2000年自印
葵花集	刘 章	百花文艺出版社1962年版
映山红	刘 章	河北人民出版社1973年版
燕山春	刘 章	天津人民出版社1978年版
南国行	刘 章	云南人民出版社1979年版
北山恋	刘 章	四川文艺出版社1986年版
长相思	刘 章	北岳文艺出版社1987年版
新歌谣	刘 御	延安教育厅1939年版
延安短歌	刘 御	通俗读物出版社1955年版
写在早春的信笺上	刘湛秋	上海文艺出版社1979年版
温暖的情思	刘湛秋	花城文艺出版社1981年版
抒情与思考	刘湛秋	春风文艺出版社1983年版
生命的欢乐	刘湛秋	人民文学出版社1984年版
带露的玫瑰	刘湛秋	长江文艺出版社2001年版
陌生的黄昏	刘湛秋	长江文艺出版社2001年版

书名	作者	出版信息
大自然之恋	刘湛秋	长江文艺出版社 2001 年版
岳云贵之歌	刘 琦	山西人民出版社 1973 年版
黄莲歌	刘 琦	山西人民出版社 1984 年版
季节病	刘祺裕	台湾中华文艺出版社 1963 年版
醉侄诗钞	刘源深	南京市通志馆 1947 年版
草村的秋天	刘 溪	新文艺出版社 1954 年版
一簇野蔷薇	刘 溪	新文艺出版社 1955 年版
春花集	刘溪杰	福建人民出版社 1984 年版
我的爱在南方	刘 滨	四川文艺出版社 1985 年版
收获季节	刘瑞祥	山西人民出版社 1984 年版
红色的云	刘 镇	春风文艺出版社 1978 年版
眼泪与微笑	刘 镇	春风文艺出版社 1984 年版
如梦的青山	匡国泰	香港金陵书社出版公司 1990 年版
鸟巢下的风景	匡国泰	湖南文艺出版社 1992 年版
青山的童话	匡国泰	湖南少年儿童出版社 1993 年版
我歌唱在十二层楼	匡 满	四川文艺出版社 1986 年版
初恋的歌	吉狄马加	四川民族出版社 1985 年版
一个彝人的梦想	吉狄马加	民族出版社 1989 年版
罗马的太阳	吉狄马加	四川民族出版社 1991 年版
吉狄马加的诗	吉狄马加	四川文艺出版社 2004 年版
阳光山集	向 阳	台湾阳光山集编委会 1973 年版
银杏的仰望	向 阳	台湾故乡出版社 1977 年版
向明自选集	向 明	黎明文化公司 1988 年版
随身的纠缠	向 明	台湾尔雅出版社 1994 年版
写在情人卡上的诗	向 明	广东人民出版社 2007 年版
兰花吟	吕云松	江西人民出版社 1986 年版
金筑集	吕亮耕	重庆独立出版社 1940 年版
吕亮耕诗选	吕亮耕	湖南文艺出版社 1989 年版
草芽	吕 剑	上海海燕出版社 1950 年版
英雄碑	吕 剑	上海华东出版社 1951 年版
诗歌初集	吕 剑	人民文学出版社 1954 年版
溪流集	吕 剑	中国青年出版社 1957 年版
喜歌与酒歌	吕 剑	内蒙古人民出版社 1979 年版

书名	作者	出版信息
东方岛	吕贵品	四川文艺出版社 1987 年版
吕嘉行诗抄	吕嘉行	台北新地出版社 1987 年版
南方以北	吕德安	漓江出版社 1988 年版
另一半生命——1987—1989 短诗选	吕德安	1989 年自印
顽石	吕德安	中国工人出版社 2000 年版
适得其所	吕德安	重庆大学出版社 2011 年版
里程——多多诗选	多多	1988 年自刊
行礼：诗 38 首	多多	漓江出版社 1988 年版
阿姆斯特丹的河流	多多	北岳文艺出版社 2000 年版
多多诗选	多多	花城出版社 2005 年版
精神与爱的女神	孙大雨	上海新月社 1928 年版
自己的写照	孙大雨	上海新月社 1928 年版
中国新诗库·孙大雨卷	孙大雨	长江文艺出版社 1990 年版
孙大雨诗文集	孙大雨	河北教育出版社 1996 年版
白天鹅	孙大梅	香港天马图书有限公司 1988 年版
失落的回声	孙大梅	中国妇女出版社 1991 年版
远方的蝴蝶	孙大梅	国际文化出版公司 1994 年版
雨和笋之歌	孙中明	安徽人民出版社 1982 年版
绿树与花	孙中明	解放军文艺出版社 1984 年版
煤海短歌	孙友田	作家出版社 1959 年版
矿山锣鼓	孙友田	作家出版社 1960 年版
金色的星	孙友田	江苏人民出版社 1965 年版
带血的泥哨	孙友田	江苏人民出版社 1979 年版
花雨江南	孙友田	江苏人民出版社 1979 年版
孙友田煤矿抒情诗选	孙友田	中国文联出版公司 1988 年版
地图上的旅行	孙文波	改革出版社 1997 年版
给小蓓的俪歌	孙文波	文化艺术出版社 1998 年版
孙文波的诗	孙文波	人民文学出版社 2001 年版
泥泞集	孙艺秋	桂林诗创作社 1942 年版
雪山下的小河	孙华文	甘肃人民出版社 1980 年版
剎度	孙思	学林出版社 2002 年版
生命的火焰	孙荃	北平孤星社 1920 年版

尖兵	孙贻荪	陕西人民出版社1957年版
山河吟	孙　钢	中国旅游出版社1984年版
湄南诗简	孙家骏	台北长歌出版社1976年版
爱的火焰	孙桂贞	花山文艺出版社1986年版
爱的方式	孙桂贞	中国文联出版公司1986年版
彩色的星	孙海浪	江西人民出版社1979年版
橄榄树下	孙　涛	湖北人民出版社1960年版
丹丹遨游水晶宫	孙祥林	河南人民出版社1980年版
旗	孙　钿	桂林希望社1942年版
襄樊颂	孙　陵	桂林前线出版社1940年版
小春集	孙　望	重庆独立出版社1940年版
山海关红绫歌	孙　犁	天津知识书店1951年版
白洋淀之曲	孙　犁	百花文艺出版社1964年版
寒星集	孙道毅	中华书局1923年版
村风	孙　瑞	山东文艺出版社1987年版
海盗船	孙毓棠	上海立达书局1933年版
宝马	孙毓棠	上海文化生活出版社1939年版
唱给浑河	孙静轩	长江文艺出版社1956年版
沿着海岸，沿着峡谷	孙静轩	长江文艺出版社1957年版
黄河的儿子	孙静轩	湖北人民出版社1978年版
七十二天	孙静轩	四川人民出版社1979年版
抒情诗一百首	孙静轩	四川人民出版社1983年版
孙静轩诗选	孙静轩	四川文艺出版社1990年版
世界我对你说	孙静轩	作家出版社1999年版
兰州战斗	安十坡	甘肃人民出版社1951年版
回声	安　危	长江文艺出版社1957年版
时间在前进	安　林	山东人民出版社1961年版
雷锋颂	安　波	春风文艺出版社1963年版
歌·水上红月	安　琪	香港讯通出版社1993年版
奔跑的栅栏	安　琪	作家出版社1997年版
像杜拉斯一样生活	安　琪	作家出版社2004年版
桦哨	安　谧	内蒙古人民出版社1958年版
手拉手	安　谧	内蒙古人民出版社1993年版
通天树	安　谧	中国文学出版社1995年版

我爱边疆	巩惠民	广东人民出版社1959年版
天池曲	庄心在	台北中新出版社1966年版
土壁虎	庄宗伟	黑眼睛文化事业有限公司2009年版
乡土与明天	庄金国	台北大汉出版社1978年版
记忆在上午	庄骅	1972年自刊
突围令	庄涌	上海海燕书局1947年版
给淳淳的诗	庄锡钊	台湾德华出版社1981年版
流浪吾	成仿吾	上海创造社出版部1927年版
使命	成仿吾	上海创造社出版部1928年版
成仿吾诗选	成仿吾	中共中央党校出版社1994年版
友谊集	朱子奇	作家出版社1955年版
北京——莫斯科	朱子奇	作家出版社1956年版
春鸟集	朱子奇	人民文学出版社1980年版
春草集	朱子奇	人民文学出版社1984年版
山河颂	朱门	1968年自刊
诅咒之歌	朱丹(署名未冉)	哈尔滨光华书店1948年版
朱丹诗文选	朱丹	作家出版社1990年版
康奶大	朱元	新华书店西北总分店1950年版
苏里特峰	朱戈	内蒙古人民出版社1981年版
他们不得不从河堤上走回去	朱文	台北唐山出版社1999年版
寻找胜利的少年	朱叶	重庆人民出版社1956年版
爱与歌	朱汉	作家出版社1954年版
空中报童	朱伟民	台北龙泉出版社1973年版
唱歌的星星	朱兆雪	人民文学出版社1974年版
广州好	朱光	广东人民出版社1959年版
第一件产品	朱光弟	江苏文艺出版社1958年版
子余的树	朱光熹	台北葡萄园诗社1978年版
枯草上的盐	朱朱	人民文学出版社2000年版
皮箱	朱朱	广西师范大学出版社2005年版
踪迹(诗与散文合集)	朱自清	上海亚东书局1930年版
朱自清全集(第5卷·诗歌编)	朱自清	江苏教育出版社1990年版
净界	朱沉冬	台湾殷雷出版社1970年版
山水诗抄	朱沉冬	台湾殷雷出版社1974年版

朱沉冬诗画集	朱沉冬	台湾殷雷出版社 1975 年版
乡野情歌	朱谷忠	百花文艺出版社 1985 年版
三叶螺线	朱学恕	台湾创世纪诗社 1962 年版
海嫁	朱学恕	台湾读者书局 1971 年版
海之组曲	朱学恕	台湾山水诗社 1975 年版
三个小羊倌	朱述新	河北人民出版社 1974 年版
大山歌	朱金晨	上海人民出版社 1976 年版
山高水长	朱金晨	上海文艺出版社 1980 年版
门	朱修华	1975 年自刊
畲家盘歌	朱秋枫	浙江人民出版社 1979 年版
世纪的孩子	朱维基	上海永祥印书馆 1946 年版
夏天	朱 湘	上海商务印书馆 1925 年版
草莽集	朱 湘	上海开明书店 1927 年版
石门集	朱 湘	上海商务印书馆 1933 年版
永言集	朱 湘	上海时代图书公司 1936 年版
中国新诗库·朱湘卷	朱 湘	长江文艺出版社 1988 年版
朱湘诗全编	朱 湘	浙江文艺出版社 1994 年版
绿扬短笛	朱福桂	江苏扬州人民出版社 1960 年版
奇想	朱增泉	解放军文艺出版社 1988 年版
国风	朱增泉	作家出版社 1990 年版
黑色的辉煌	朱增泉	文化艺术出版社 1990 年版
世纪的玫瑰	朱增泉	北方文艺出版社 1992 年版
前夜	朱增泉	解放军文艺出版社 1992 年版
世纪风暴	朱增泉	百花文艺出版社 1994 年版
地球是一只泪眼	朱增泉	解放军文艺出版社 1999 年版
侧影	朵 思	台湾创世纪诗社 1963 年版
窗的感觉	朵 思	1990 年自印
心痕索骥	朵 思	台湾创世纪诗社 1994 年版
飞翔咖啡馆	朵 思	台湾尔雅出版社 1997 年版
从池塘出发	朵 思	台湾嘉义市立文化中心 1999 年版
曦日	朵 思	台湾尔雅出版社 2004 年版
朵思集	朵 思	台湾文学馆 2008 年版
布日固德的故事	毕力格太	内蒙古人民出版社 1978 年版

掘金记	毕焕午	上海文化生活出版社1936年版
从这里开始	江 河	花城出版社1986年版
太阳和他的反光	江 河	人民文学出版社1987年版
一束小野花	江 南	湖南教育出版社1987年版
淮水谣	江 流	新文艺出版社1956年版
风雨不再来	江 萍	陕西人民出版社1986年版
男人河	江 堤	百花文艺出版社1989年版
祭海	江 零	台湾草叶社1950年版
窗上夜	江聪平	台湾纵横诗社1964年版
多刺的玫瑰	池北偶	人民日报出版社1981年版
冷嘲热讽集	池北偶	人民日报出版社1994年版
海外奇谈	池北偶	人民日报出版社2000年版
第一盏绿灯	汤世杰	云南人民出版社1981年版
水上"吉普赛"	汤养宗	海峡文艺出版社1993年版
黑得无比的白	汤养宗	作家出版社2000年版
尤物	汤养宗	重庆出版社2004年版
情海集	牟心海	辽宁民族出版社1986年版
风采集	牟心海	辽宁民族出版社1987年版
谈T诗集	牟甲珠	1965年自刊
银色的夜晚	牟崇光	新文艺出版社1956年版
天空是个秃子	祁 国	中国城市诗歌艺术研究所2003年版
热带诗抄	米 军	香港赤道出版社1950年版
当绿满郊野时	米若路	台湾葡萄园诗社1967年版
爱情·生命及希望	米思及	云南人民出版社1981年版
浪花集	红樵子	湖南人民出版社1959年版
季节·日记	纪 舟	台湾现代诗社1959年版
把目光投向明天	纪 学	解放军文艺出版社1984年版
纪弦诗选	纪 弦	中国友谊出版社1993年版
半岛之歌	纪 弦	台北现代诗季刊社1993年版
纪弦精品	纪 弦	人民文学出版社1995年版
第十诗集	纪 弦	台北九歌出版社有限公司1996年版
年方九十	纪 弦	台湾文史哲出版社2008年版

书名	作者	出版社/年份
为了金色的理想	纪　鹏	解放军文艺出版社 1959 年版
铁马骑士	纪　鹏	百花文艺出版社 1962 年版
溪流集	纪　鹏	四川文艺出版社 1985 年版
茉莉花集	纪　鹏	湖南文艺出版社 1986 年版
爱的交响乐	纪　鹏	湖南人民出版社 1987 年版
月浴	羊子乔	台湾浩瀚出版社 1975 年版
血的告示	羊令野	台湾南北笛诗社 1968 年版
贝叶	羊令野	台湾南北笛诗社 1968 年版
雪花的约会	羊令野	台湾天华出版公司 1978 年版
玲珑的伫望	羊　城	台湾纵横诗社 1964 年版
夜行吟	羽　虹	台湾战斗文艺社 1956 年版
五月之恋	羽　虹	香港远东出版社 1958 年版
摇篮船曲	羽　虹	香港远东出版社 1961 年版
失眠的向日葵	老　刀（署名万里平）	漓江出版社 1993 年版
打滑的泥土	老　刀	中国文联出版社 2002 年版
窗内的歌声	老　六	台湾曙光文艺社 1966 年版
碎石路之歌	老　六	台湾嵩台企业出版社 1976 年版
堤	老　凯	台湾新堤出版社 1951 年版
心事	芒　克	《今天》编辑部 1980 年版
阳光中的向日葵	芒　克	漓江出版社 1988 年版
芒克诗选	芒　克	中国文联出版公司 1989 年版
今天是哪一天	芒　克	作家出版社 2001 年版
芒克的诗	芒　克	人民文学出版社 2009 年版
行知诗歌集	行　知	北京三联书店 1981 年版
中国的玫瑰	西　川	中国文联出版公司 1991 年版
隐秘的汇合	西　川	改革出版社 1997 年版
虚构的家族	西　川	中国和平出版社 1997 年版
西川诗选	西　川	人民文学出版社 1997 年版
大意如此	西　川	湖南文艺出版社 1997 年版
西川的诗	西　川	人民文学出版社 1999 年版
个人好恶	西　川	作家出版社 2008 年版
够一梦	西　川	重庆大学出版社 2013 年版
浪花	西中扬	广东人民出版社 1959 年版

心灵的彩翼	西 彤	花城出版社 1983 年版
春的魅力	西 彤	新世纪出版社 1987 年版
雪景中的柏拉图	西 渡	文化艺术出版社 1998 年版
草之家	西 渡	新世界出版社 2002 年版
连心锁	西 渡	中国友谊出版公司 2005 年版
风雨吟	许士杰	湖南文艺出版社 1986 年版
藏在衣柜里的	许世旭	台北林白出版社 1971 年版
旅情	许正宗	台北掌握诗社 1983 年版
秀明诗草	许秀明	上海北新书局 1936 年版
葱叶笛	许间诚	百花文艺出版社 1986 年版
半天鸟	许其正	台湾葡萄园诗社 1964 年版
菩提心	许其正	高雄三信出版社 1976 年版
港内的浮标	许宝铭	香港创作书社 1978 年版
大板井	许幸之	上海联合出版社 1936 年版
万里长城	许幸之	上海联合出版社 1945 年版
北方森林曲	许 淇	湖南人民出版社 1983 年版
野火集	许道琦	长江文艺出版社 1983 年版
玉壶冰	许蓝山	高雄德馨室出版社 1978 年版
无弦琴	许蓝山	台南金川出版社 1981 年版
光祖的诗	邢光祖	上海艺文公司 1936 年版
海	邢光祖	菲律宾长城出版社 1951 年版
鼓声 120 年作品集	邢 野	百花文艺出版社 1960 年版
大山传	邢 野	百花文艺出版社 1962 年版
英雄岩	那 沙	安徽人民出版社 1960 年版
关于自己的广告	那 沙	安徽人民出版社 1986 年版
圈套	阮章竞	北京新华书店 1949 年版
漳河水	阮章竞	北京新华书店 1950 年版
虹霓集	阮章竞	作家出版社 1958 年版
迎春橘颂	阮章竞	人民文学出版社 1959 年版
勘探者之歌	阮章竞	作家出版社 1963 年版
南方·游牧家园	阳 阳	中国广播出版社 1996 年版
战地上的一束芙蓉花	齐 克	湖北人民出版社 1954 年版
巍峨的泰山	齐 勉	安徽人民出版社 1984 年版

七　画

酒故事	严　力	1987年自印
黄昏制造者	严　力	南京大学出版社1993年版
严力诗选	严　力	上海文艺出版社1995年版
多面镜旋转体	严　力	青海人民出版社1999年版
悲哀也该成人	严　力	浙江文艺出版社2016年版
晨露	严廷梁	上海群众图书出版公司1927年版
金色的飘带	严成志	安徽人民出版社1960年版
美人松	严成志	四川文艺出版社1988年版
雪山魂	严成志	中国文联出版公司1989年版
淮河上的姑娘	严　阵	中国青年出版社1955年版
樱花集	严　阵	安徽人民出版社1959年版
江南曲	严　阵	上海文艺出版社1961年版
长江在我窗前流过	严　阵	安徽人民出版社1963年版
花海	严　阵	宁夏人民出版社1981年版
卷葹	严　阵	四川人民出版社1982年版
山盟（上下卷）	严　阵	人民文学出版社1989年版
谁能与我共醉	严　阵	作家出版社2002年版
严阵短诗选	严　阵	香港银河出版社2004年版
生命的春天	严　辰	北京天下图书公司1949年版
唱给延河	严　辰	文化生活出版社1950年版
最好的玫瑰	严　辰	作家出版社1957年版
繁星集	严　辰	人民文学出版社1959年版
青青的林子	严　辰	作家出版社1960年版
山丹集	严　辰	北方文艺出版社1963年版
春满天涯	严　辰	作家出版社1964年版
玫瑰与石竹	严　辰	江苏人民出版社1980年版
伊甸园外	严杰人	诗创作社1947年版
藐姑射山神人	严思椿	上海商务印书馆1926年版
于立鹤	严慰冰	作家出版社1962年版
生死阅读	辰　水	中国青年出版社2016年版

书名	作者	出版信息
罗裙带鸟	何士敏	四川人民出版社 1957 年版
梦见苹果和鱼的安	何小竹	四川民族出版社 1989 年版
回头的羊	何小竹	四川民族出版社 1991 年版
6 个动词,或苹果	何小竹	河北教育出版社 2002 年版
碧血笺	何与明	台湾明光堂印书馆 1961 年版
蓝梦	何中一	香港海洋出版社 1956 年版
波浪	何 为	上海文学社 1947 年版
秋的独白	何 方	野风杂志社 1950 年版
南沙之歌	何 方	台湾创世纪诗刊 1951 年版
七根辫子的姑娘	何 方	台湾现代诗刊 1952 年版
我们开会	何 达	台湾中兴出版社 1949 年版
洛美十友诗集	何 达	香港上海书局 1969 年版
长跑者之歌	何 达	人民文学出版社 1980 年版
仰天长啸集	何志浩	台湾新中国文化出版社 1955 年版
蓬莱唱和集	何志浩	台湾联勤出版社 1959 年版
大地回春集	何志浩	台湾联勤出版社 1960 年版
何迟诗选	何 迟	百花文艺出版社 1923 年版
刻意集	何其芳	上海文化生活出版社 1938 年版
预言	何其芳	重庆文化生活出版社 1945 年版
夜歌	何其芳	诗文学社 1945 年版
夜歌和白天的歌	何其芳	人民文学出版社 1952 年版
何其芳佚诗三十一首	何其芳	重庆出版社 1985 年版
中国新诗库·何其芳卷	何其芳	长江文艺出版社 1991 年版
何其芳诗全编	何其芳	浙江文艺出版社 1995 年版
未实现的诺言	何 欣	台湾惊声文物出版社 1973 年版
海神之树	何香久	花山文艺出版社 1986 年版
唱一唱农村	何 理	作家出版社 1955 年版
喜报	何 理	新文艺出版社 1958 年版
天涯风雪	何 理	花山文艺出版社 1982 年版
大江边的歌	何晴波	江苏人民出版社 1977 年版
农家的草絮	何植之	上海亚东书局 1929 年版
蓓蕾集	何瑞雄	台湾北极星诗社 1958 年版
龙的访问	何福仁	香港素叶出版社 1979 年版

山的儿子	何锜章	1961年自刊
诗神的圣歌	何锜章	台湾广东出版社1973年版
德明诗选	何德明	上海北新书局1930年版
幸福的哀歌	何德明	上海北新书局1933年版
劳动之歌	何 鹰	长江文艺出版社1957年版
西窗随想录	余玉书	香港中国笔会1979年版
舟子的悲歌	余光中	台北野风出版社1952年版
蓝色的羽毛	余光中	台北蓝星诗社1954年版
万圣节	余光中	台北蓝星诗社1960年版
在冷战的年代	余光中	台北纯文学出版社1969年版
白玉苦瓜	余光中	台北大地出版社1974年版
天狼星	余光中	台北洪范书店1976年版
与永恒拔河	余光中	台北洪范书店1979年版
隔水观音	余光中	台北洪范书店1983年版
梦与地理	余光中	台北洪范书店1990年版
安石榴	余光中	台北洪范书店1996年版
莲的联想——余光中诗歌选集 第一辑	余光中	时代文艺出版社1997年版
白玉苦瓜——余光中诗歌选集 第二辑	余光中	时代文艺出版社1997年版
隔水观音——余光中诗歌选集 第三辑	余光中	时代文艺出版社1997年版
中国当代名诗人选集·余光中	余光中	人民文学出版社2006年版
余光中集	余光中	台湾文学馆2008年版
扬帆集	余 修	山东人民出版社1962年版
鹊华诗草	余 修	山东人民出版社1984年版
守夜人	余 怒	唐山出版社1999年版
余怒诗选集	余 怒	华文出版社2004年版
自强不息斋吟草	余祖明	1978年自刊
辣椒集	余微野	重庆出版社1983年版
红叶集	余醒魂	1965年自刊
徒步穿越半个城市	邰 筐	中国青年出版社2016年版
克里木霍加诗选	克里木霍加	新疆人民出版社1983年版
长明灯	克 明	天津知识书店1951年版

母亲的歌	克　明	通俗读物出版社 1955 年版
落花集	冷　冷	台湾新新文艺社 1957 年版
天津之歌	劳　荣	百花文艺出版社 1959 年版
超象楼诗	吴万谷	台湾商务印书馆 1974 年版
春声阁诗存	吴天声	台湾春声阁 1965 年版
早春	吴长城	河北人民出版社 1957 年版
回首	吴宏一	台湾蓝星诗社 1965 年版
绣风集	吴宏一	台湾光启出版社 1973 年版
菱塘岸	吴　汶	中国诗社 1935 年版
蓬草心情	吴明兴	采风出版社 1986 年版
劫乱集	吴　若	武汉文艺社 1935 年版
天堂之鸟	吴青玉	台湾葡萄园诗社 1979 年版
星期日的列车上	吴柳彬	1960 年自刊
浊流干草集	吴浊流	台湾集文书局 1963 年版
浊流诗草	吴浊流	台湾文艺杂志社 1973 年版
秋山草	吴秋山	诗歌译作社 1934 年版
游击者之夜歌	吴秋山	建国出版社 1938 年版
水手之歌	吴顺良	中国青年诗友社 1965 年版
黄河诗钞	吴烟痕	东风文艺出版社 1954 年版
峡谷灯火	吴烟痕	河南人民出版社 1957 年版
三门峡诗钞	吴烟痕	上海文艺出版社 1960 年版
玫瑰城	吴望尧	台湾蓝星诗社 1958 年版
地平线	吴望尧	台湾蓝星诗社 1958 年版
塞上山水	吴淮生	宁夏人民出版社 1979 年版
英雄树	吴　秾	新美术出版社 1959 年版
奴隶解放之歌	吴琪拉达	作家出版社 1959 年版
最后的星	吴　越	上海星群出版公司 1947 年版
原始的心声	吴　楚	台湾长风出版社 1955 年版
水手之歌	吴慕适	台湾新新文艺社 1958 年版
画室	吴德亮	高雄德馨室出版社 1978 年版
生活诗集	吴瀛涛	台湾英文出版社 1953 年版
瞑想诗集	吴瀛涛	台湾笠诗社 1965 年版
东风集	宋协周	山东人民出版社 1962 年版
声情集	宋协周	山东人民出版社 1983 年版

骑驴绕过芦茅山	宋达思	山西人民出版社1984年版
南北行草	宋承书	台湾成熟出版社1965年版
门厅	宋琳	北岳文艺出版社2000年版
灵心意境	宋稚青	台南闻道出版社1976年版
眼睛和橄榄	岑桑	花城出版社1986年版
向导	岑琦	新文艺出版社1957年版
闻一多之歌	岑琦	花城出版社1986年版
从小毡房走向全世界	库尔班阿里	作家出版社1962年版
初航集	张力生	解放军文艺社1981年版
黄山松	张万舒	上海文艺出版社1980年版
刹那的安慰	张子深	上海流星社1930年版
五月风景线	张为军	台湾殷雷出版社1975年版
大雁高飞	张之涛	内蒙古人民出版社1973年版
翠绿的星辰	张之涛	天津人民出版社1978年版
荒火的高原	张之涛	内蒙古人民出版社1980年版
张凤岐自选集	张凤岐	台湾黎明文化事业公司1979年版
北方漫步集	张天民	新文艺出版社1957年版
七月抒情诗	张天民	吉林人民出版社1959年版
澜沧江之歌	张长	上海文艺出版社1960年版
勐巴纳西	张长	云南人民出版社1979年版
凤尾竹的梦	张长	人民文学出版社1981年版
边寨的爱	张长	云南人民出版社1982年版
银水淀的荷花	张兰丁	辽宁人民出版社1961年版
醒·阳光流着	张台坤	台北创世纪诗社1980年版
新春	张永枚	湖北人民出版社1954年版
骑马跨枪走天下	张永枚	中国青年出版社1957年版
雪白的哈达	张永枚	上海文艺出版社1961年版
螺号	张永枚	作家出版社1963年版
边塞花月夜	张永枚	云南民族出版社1980年版
边塞的笑容	张永枚	云南人民出版社1983年版
绿叶的深情	张永枚	云南人民出版社1984年版
宝刀和珊瑚串	张训	青海人民出版社1958年版
春天的诗	张庆田	文化生活出版社1955年版

行踪吟草	张执一	湖北人民出版社 1982 年版
黎明集	张自英	1950 年自刊
圣地	张自英	台湾黎明书屋 1951 年版
有一位姑娘	张自英	台湾思文出版公司 1951 年版
宝岛之歌	张自英	台湾文化书店 1953 年版
船	张自英	台湾当代青年出版社 1962 年版
天晴了	张志民	天津读者书店 1949 年版
死不着	张志民	天津知识书店 1950 年版
将军和他的战马	张志民	五十年代出版社 1951 年版
村风	张志民	人民文学出版社 1961 年版
西行剪影	张志民	百花文艺出版社 1963 年版
边区的山	张志民	江苏人民出版社 1980 年版
祖国,我对你说	张志民	河南人民出版社 1981 年版
江南草	张志民	上海文艺出版社 1982 年版
今情·往情	张志民	四川人民出版社 1984 年版
自选小集	张志民	文化艺术出版社 1989 年版
我和十三妹——根据某君与十三妹通信写成	张 报	漓江出版社 1982 年版
清晨	张秀中	北平海音社 1927 年版
动的宇宙	张秀中	北平海音社 1927 年版
秋池畔	张秀亚	台中光启出版社 1966 年版
长江·黄河	张良火	长江文艺出版社 1986 年版
浪花	张近芬	上海北新书局 1927 年版
适心亭诗集	张连蒲	1978 年自刊
生之疲乏——李金髪的诗	张国岚编	河北人民出版社 1990 年版
转眼	张国瑞	上海泰东书局 1929 年版
海愁	张国瑞	上海泰东书局 1929 年版
现代化和我们自己	张学梦	江苏人民出版社 1983 年版
四月草	张宝申	北京出版社 1982 年版
五彩的风	张建华	重庆出版社 1984 年版
玫瑰雨季	张建华	重庆出版社 1987 年版
太行月	张承信	山西人民出版社 1984 年版
狂歌·恋曲	张承源	德宏民族出版社 1985 年版
五月狩	张拓无	香港五月出版社 1962 年版

春秋来信	张　枣	文化艺术出版社 1998 年版
张枣的诗	张　枣	人民文学出版社 2010 年版
桃子树下	张泽易	台湾正风出版社 1950 年版
英雄三唱	张泽易	华东人民出版社 1953 年版
爱的笛音	张诗剑	海峡文艺出版社 1985 年版
五月里的天气	张　品	海外孤鸿社 1929 年版
最前沿的战士	张　洁	作家出版社 1959 年版
黑珊瑚	张洪波	中国文联出版公司 1987 年版
火车向着韶山跑	张秋生	上海人民出版社 1973 年版
校园里的蔷薇花	张秋生	湖南少年儿童出版社 1982 年版
蜜蜂·天狗·月亮	张秋生	重庆出版社 1986 年版
张茜诗钞	张　茜	四川人民出版社 1980 年版
不眠的青春草	张香华	台湾星光书报社 1978 年版
爱荷华诗钞	张香华	台湾林白出版社 1985 年版
千般是情	张香华	台湾锦德图书事业有限公司 1987 年版
张香华诗选	张香华	陕西人民出版社 1990 年版
燃烧的星	张香华	春风文艺出版社 1998 年版
秋千上的假期	张　健	台湾蓝星诗社 1959 年版
春安,大地	张　健	台湾蓝星诗社 1966 年版
画中的雾季	张　健	台湾水牛出版社 1968 年版
屋里的雪花	张　健	高雄德馨室出版社 1978 年版
水晶圆	张　健	台湾蓝星诗社 1981 年版
雨花台	张　健	台湾蓝星诗社 1982 年版
微笑的秋荷	张　健	台湾中国文化大学出版社 1984 年版
是	张　健	台湾时报文化出版企业有限公司 1986 年版
饮水集	张家麟	花莲华光书局 1965 年版
里程	张家麟	台湾黎明文化事业公司 1978 年版
晓风自选集(九辑)	张晓风	台湾黎明文化事业公司 1980 年版
敫上	张殊明	上海新时代出版社 1930 年版

诗人之恋	张　烨	花城出版社 1986 年版
彩色世界	张　烨	华夏出版社 1989 年版
绿色皇冠	张　烨	沈阳出版社 1992 年版
生命路上的歌	张　烨	春风文艺出版社 1998 年版
万里长江唱颂歌	张继楼	四川人民出版社 1978 年版
醒,阳光流着	张　堃	台湾创世纪诗社 1980 年版
水手之歌	张崇廉	台湾中台书局 1957 年版
山虎子	张象吉	山东人民出版社 1978 年版
铁道赞歌	张登峰	苏州人民出版社 1959 年版
劫余吟草	张雄文	1973 年自刊
天女散花	张雅歌	湖北人民出版社 1979 年版
朱伯儒之歌	张雅歌	长江文艺出版社 1983 年版
把蓝色的旗帜升起	张雅歌	解放军文艺出版社 1985 年版
男中音和少女的吉它	张新泉	四川文艺出版社 1985 年版
初航	张福源	台湾田原出版社 1976 年版
海外诗钞	张腾蛟	台湾黄埔出版社 1960 年版
红旗颂	张蒲家	北方文艺出版社 1964 年版
错误十四行	张　错	台湾时报文化出版公司 1981 年版
双玉环怨	张　错	台湾时报文化出版公司 1984 年版
飘泊者	张　错	台湾尔雅出版社 1986 年版
春夜无声	张　错	台湾汉研色艺文化事业有限公司 1988 年版
槟榔花	张　错	台湾大雁书店 1990 年版
沧桑男子	张　错	台湾麦田出版有限公司 1994 年版
春夜无声	张　错	台湾书林出版社 1996 年版
细雪	张　错	台湾皇冠文学出版有限公司 1996 年版
张错诗选	张　错	台湾洪范书店 1999 年版
另一种遥望	张　错	台湾麦田出版公司 2004 年版
美丽的年龄	张德强	四川人民出版社 1984 年版
紫的边陲	张　默	台湾创世纪诗社 1964 年版

书名	作者	出版信息
上升的风景	张 默	台湾巨人出版社1970年版
无调之歌	张 默	台湾创世纪诗社1975年版
爱诗	张 默	台湾尔雅出版社1988年版
张默精品	张 默	人民文学出版社1996年版
张默·世纪诗选	张 默	台北尔雅出版社有限公司2000年版
张默诗选	张 默	作家出版社2007年版
独钓空濛	张 默	台湾九歌出版社2007年版
欢乐的手鼓	怀 宇	天津人民出版社1977年版
向秀丽	李士非	广东人民出版社1959年版
颗颗红心紧相连	李士非	广东人民出版社1962年版
北大荒之恋	李士非	花城出版社1985年版
跋涉	李子士	台湾中元出版社1961年版
拾贝集	李子昂	山东人民出版社1978年版
心印集	李子超	山东人民出版社1979年版
雁翎歌	李小雨	上海文艺出版社1979年版
东方小光	李小雨	作家出版社1981年版
红纱巾	李小雨	四川文艺出版社1983年版
玫瑰谷	李小雨	沈阳出版社1992年版
李小雨自选集	李小雨	贵州人民出版社1993年版
声音的雕像	李小雨	春风文艺出版社1998年版
春城集	李广田	作家出版社1958年版
中国新诗库·李广田卷	李广田	长江文艺出版社1991年版
女人诗眼	李元贞	台北县立文化中心1995年版
李元胜诗选	李元胜	重庆出版社1994年版
在战地里	李升如	台湾维新书局1952年版
复国吟	李升如	台湾大众书局1953年版
时代魂	李升如	台中北辰出版社1955年版
旭日	李升如	台湾文坛社1959年版
少石遗诗	李少石	三联书店1979年版
金色的光环	李心田	人民文学出版社1978年版
摆渡者之谣	李文邦	台北文化一周社1972年版
冯巧梅	李方立	冀鲁豫书店1948年版
高原的月	李方立	上海文化工作出版社1951年版

梅花	李无隅	上海开明书店1929年版
太阳红	李木朱	新华书店西北总分店1950年版
赞美	李　火	山东人民出版社1960年版
夜宴	李长之	北平文学评论社1934年版
星的颂歌	李长之	重庆独立出版社1942年版
倚月楼吟草	李加勉	台北区天佑印行1976年版
我在每一个早晨诞生	李加健	人民文学出版社1984年版
呼声	李发模	贵州人民出版社1982年版
偷来的正午	李发模	漓江出版社1989年版
有人醒在我梦中	李发模	南海出版公司1990年版
如网的掌纹	李发模	广西民族出版社1990年版
第三只眼睛	李发模	花城出版社1992年版
李发模诗选	李发模	贵州人民出版社1994年版
散淡之吟	李发模	人民文学出版社1999年版
净心而坐	李发模	贵州人民出版社2016年版
行歌集	李尔重	陕西人民出版社1979年版
白洋淀渔歌	李永鸿	天津百花文艺出版社1961年版
红菱传	李永鸿	河北人民出版社1977年版
痕迹	李汉龙	台湾新生出版社1956年版
北风辞	李白凤	上海潮锋出版社1949年版
春天,花朵的春天	李白凤	点滴书屋1954年版
豪猪的诗篇	李亚伟	花城出版社2006年版
小村及小城	李亚群	山东文艺出版社1987年版
生命之流	李仲秋	1969年自刊
履痕	李仲秋	台北领导出版社1979年版
柳笛	李先轶	安徽人民出版社1978年版
晒太阳的人	李光斗	台湾国风出版社1972年版
赵巧儿	李　冰	新华书店1950年版
花开季节	李　冰	湖北人民出版社1955年版
刘胡兰	李　冰	中国青年出版社1956年版
火龙衫	李　冰	长江文艺出版社1956年版
波涛集	李　冰	上海文艺出版社1963年版
南风集	李　冰	长江文艺出版社1986年版
雪山红梅开	李刚夫	四川人民出版社1961年版

书名	作者	出版信息
赶海集	李华岚	上海文艺出版社 1978 年版
心歌集	李延禄	北方文艺出版社 1962 年版
延边之歌	李 旭	作家出版社 1957 年版
长白山下	李 旭	作家出版社 1959 年版
探宝之歌	李 志	春风文艺出版社 1959 年版
火花集	李 志	北方文艺出版社 1960 年版
长征诗草	李志明	中国青年出版社 1957 年版
昆仑草	李来予	青海人民出版社 1964 年版
纪念母亲	李 男	高雄德馨室出版社 1978 年版
小蓬船	李苏卿	西安东风出版社 1959 年版
小船之歌	李佩徵	台北世界文物出版社 1977 年版
旅美诗抄	李佩徵	台湾葡萄园诗社 1980 年版
雕刻家的石像	李佩徵	台湾葡萄园诗社 1984 年版
王贵与李香香	李 季	太岳新华书店 1946 年版
短诗十七首	李 季	中南人民文学艺术出版社 1952 年版
玉门诗抄	李 季	作家出版社 1955 年版
菊花石	李 季	长江文艺出版社 1957 年版
玉门诗抄(二集)	李 季	作家出版社 1958 年版
西苑诗草	李 季	作家出版社 1958 年版
当红军的哥哥回来了	李 季	作家出版社 1959 年版
难忘的春天	李 季	人民文学出版社 1959 年版
海誓	李 季	作家出版社 1961 年版
石油诗(第一集)	李 季	作家出版社 1965 年版
石油诗(第二集)	李 季	作家出版社 1965 年版
细雨集	李季和	上海商务印书馆 1933 年版
北京晨曲	李学鳌	北京出版社 1962 年版
太行炉火	李学鳌	人民文学出版社 1965 年版
乡音集	李学鳌	北京人民出版社 1976 年版
回太行	李学鳌	北京人民出版社 1976 年版
白求恩的赞歌	李学鳌	人民文学出版社 1978 年版
燕子	李宗伦	台北秋风诗刊社 1983 年版
中国	李宗伦	台北秋风诗刊社 1984 年版
鹰笛	李宝生	新疆人民出版社 1985 年版

午夜的诗祭	李岳南	知更书局 1947 年版
绍康诗存	李建光	1961 年自刊
太阳与旗	李　放	南京正风图书公司 1948 年版
萌芽集	李昌松	华南人民出版社 1954 年版
加工区诗抄	李昌宪	台湾德华出版社 1981 年版
裸睡的民工	李明亮	作家出版社 2012 年版
第一缕炊烟	李松涛	上海文艺出版社 1978 年版
诗的脚印	李松涛	春风文艺出版社 1981 年版
云影和松风	李松涛	解放军文艺出版社 1984 年版
凝固的涛色	李松涛	人民文学出版社 1986 年版
雨的故事	李　果	台北野风出版社 1964 年版
三月梨花飞	李武兵	百花文艺出版社 1979 年版
瑰宝集——献给引滦入津工程的建设者	李武兵	百花文艺出版社 1983 年版
蓝色的恋情	李武兵	解放军文艺出版社 1987 年版
绝壁上的情歌	李经伦	花城出版社 1987 年版
凯旋的拱门	李育中	桂林新潮社 1941 年版
微雨	李金发	北新书局 1925 年版
为幸福而歌	李金发	商务印书馆 1926 年版
食客与凶年	李金发	北新书局 1927 年版
李金发诗选	李金发	长江文艺出版社 2003 年版
碧海红旗	李养正	上海文化出版社 1955 年版
萍踪集	李剑白	北方文艺出版社 1987 年版
花的原野	李　映	吉林人民出版社 1983 年版
枕流歌	李春林	江苏人民出版社 1984 年版
夏夜的风	李春林	江西人民出版社 1986 年版
战斗之歌	李春潮	泥土社 1955 年版
挥不散的云雾	李荣川	台北华冈出版部 1973 年版
从太阳来的诗草	李荣川	台北文坮社 1974 年版
骑士魂	李荣川	台北见闻文化公司 1977 年版
白玫瑰	李　钢	重庆出版社 1984 年版
春天的歌怎么唱	李音湘	江西人民出版社 1986 年版
生命之复活	李健吾	上海中华书局 1933 年版
奔腾的马蹄	李健葆	山东人民出版社 1983 年版

鸟岛除害记	李　振	青海人民出版社 1980 年版
秦川短歌	李晓白	陕西人民出版社 1956 年版
烟囱	李根宝	上海文艺出版社 1960 年版
征尘拾遗	李　桢	四川文艺出版社 1987 年版
远了，伊甸	李　素	香港高原出版社 1957 年版
不眠的雨	李　耕	江西人民出版社 1986 年版
骊歌	李　莎	重庆商务日报文化信托部 1945 年版
太阳与旗	李　莎	南京正风图书公司 1948 年版
带怒的歌	李　莎	台湾诗人文艺社 1951 年版
霉	李　莎	台湾现代诗社 1956 年版
心鸽	李　莎	台湾布谷诗社 1973 年版
影	李唯健	新时代出版社 1933 年版
祈祷	李唯健	新月书店 1933 年版
暗房	李敏勇	台湾笠诗社 1986 年版
野生思考	李敏勇	台湾笠诗社 1990 年版
戒严风景	李敏勇	台湾笠诗社 1990 年版
倾斜的岛	李敏勇	台湾圆神出版社 1993 年版
心的奏鸣曲	李敏勇	台湾玉山社出版公司 1999 年版
如果你问起	李敏勇	台湾圆神出版社 2001 年版
自白书	李敏勇	台湾玉山社出版公司 2009 年版
高粱叶	李曼琳	上海杂志公司 1935 年版
婴儿的诞生	李博程	上海星群出版公司 1947 年版
青春的花瓣	李富祺	花城出版社 1987 年版
七色的童话世界	李富祺	新世纪出版社 1987 年版
三代诗钞	李　敦	台湾布鲁出版社 1984 年版
名城的青苗	李　瑛	唐山出版社 1944 年版
野战诗集	李　瑛	上海杂志公司 1951 年版
天安门上的红灯	李　瑛	人民文学出版社 1954 年版
早晨	李　瑛	作家出版社 1957 年版
静静的哨所	李　瑛	解放军文艺社 1963 年版
红花满山	李　瑛	人民文学出版社 1973 年版
难忘的一九七六	李　瑛	上海人民出版社 1977 年版
早春	李　瑛	人民文学出版社 1979 年版

我骄傲,我是一棵树	李　瑛	江苏人民出版社 1980 年版
南海	李　瑛	上海文艺出版社 1982 年版
望星	李　瑛	百花文艺出版社 1985 年版
江和大地	李　瑛	作家出版社 1986 年版
红豆	李　瑛	湖南文艺出版社 1988 年版
日本之旅	李　瑛	日本(株)德间交流公司 1990 年版
睡着的山和醒着的河	李　瑛	华艺出版社 1992 年版
生命是一片叶子	李　瑛	解放军出版社 1995 年版
李瑛近作选	李　瑛	人民文学出版社 2000 年版
倾诉	李　瑛	作家出版社 2001 年版
出发	李　瑛	华文出版社 2004 年版
野豆荚集	李　瑛	长征出版社 2005 年版
怀念	李谦祥	群众出版社 1961 年版
歌漫山乡路	李雁红	北岳文艺出版社 1986 年版
我们的手	李鲁人	上海民社 1936 年版
红灯	李满红	福建国民出版社 1944 年版
准噶尔诗草	李　瑜	新疆人民出版社 1984 年版
太阳花	李鉴尧	云南人民出版社 1978 年版
灵骨塔及其他	李魁贤	台湾野风出版社 1963 年版
枇杷树	李魁贤	台湾葡萄园诗社 1964 年版
南巷诗抄	李魁贤	台湾笠诗社 1966 年版
欧洲之旅	李魁贤	台湾林白出版社 1971 年版
永久的版图	李魁贤	台湾笠诗社 1990 年版
秋与死之忆	李魁贤	人民文学出版社 1993 年版
祈祷	李魁贤	台湾笠诗社 1993 年版
李魁贤诗集	李魁贤	"文建会"2001 年版
希望三重奏	李霁宇	云南人民出版社 1981 年版
海河集	李霁野	上海文艺出版社 1960 年版
今昔集	李霁野	百花文艺出版社 1963 年版
乡愁与国瑞	李霁野	重庆出版社 1986 年版
永恒的追求	李　震	台南闻道出版社 1970 年版
淡言斋诗钞	李　篯	南京市通志馆 1948 年版
向北京致敬	李曙光	湖北人民出版社 1955 年版

火中钢	李曙光	作家出版社 1955 年版
洞庭诗抄	李曙初	湖南文艺出版社 1987 年版
在呼伦贝尔草原	李 翼	作家出版社 1955 年版
踩红砖的雨季	杜文靖	台湾哲志出版社 1969 年版
赋碑	杜文靖	凤凰城图书公司 1982 年版
哨所风雪夜	杜志民	内蒙古人民出版社 1977 年版
阵地上的小花	杜志民	解放军文艺出版社 1984 年版
泥土的梦	杜 谷	湖南文艺出版社 1986 年版
诗四十首	杜运燮	上海文化生活出版社 1946 年版
南音集	杜运燮	新加坡文学书屋 1984 年版
晚稻集	杜运燮	作家出版社 1988 年版
你是我爱的第一个	杜运燮	马来西亚霹雳文艺研究会 1993 年版
杜运燮诗精选一百首	杜运燮	1995 年自印
杜运燮六十年诗选	杜运燮	人民文学出版社 2000 年版
蛙鸣集	杜国清	台湾现代史文学社 1963 年版
岛与湖	杜国清	台湾笠诗社 1965 年版
雪崩	杜国清	台湾笠诗社 1972 年版
伊影集	杜国清	台湾笠诗社 1972 年版
望月	杜国清	台北尔雅出版社 1978 年版
心影集	杜国清	时报出版公司 1983 年版
甘工鸟	杜 桐	广东人民出版社 1960 年版
剑壁楼诗纂	杜 衡	广州诗学社 1949 年版
台旅吟草	杨一峰	台北正中书局 1978 年版
剑塵诗钞	杨子涧	台湾兴国出版社 1977 年版
愁兴	杨子涧	台湾云林风灯诗社 1981 年版
阿依舍	杨小青	宁夏人民出版社 1984 年版
寻梦者的歌	杨 山	重庆出版社 1983 年版
黎明期的抒情	杨 山	黑龙江人民出版社 1983 年版
春的旋律	杨 山	重庆出版社 1983 年版
探寻者的歌声	杨 山	重庆出版社 1983 年版
允达诗选	杨允达	台北南北笛诗社 1972 年版
我们战斗过的地方	杨允谦	吉林人民出版社 1956 年版
想你,在火车上	杨元兆	台湾曙光文艺社 1965 年版

北疆风情	杨文林	甘肃人民出版社 1981 年版
空山灵雨	杨　平	诗之华出版社 1991 年版
年轻感觉	杨　平	诗之华出版社 1991 年版
云游四海	杨　平	唐山出版社 2005 年版
花园	杨正宗	上海创造社 1927 年版
美在都市里的塑像	杨永年	四川文艺出版社 1986 年版
山情集	杨伊达	云南人民出版社 1981 年版
无花果	杨光中	台湾野风出版社 1956 年版
少女与诗人	杨光中	台北正中出版社 1969 年版
香园	杨光中	台北水芙蓉出版社 1974 年版
云霞	杨在兴	台北华兴实业社 1975 年版
篱畔集	杨汝洄	重庆出版社 1986 年版
飘渺小曲	杨丽生	台湾拔提书局 1953 年版
太阳鸟	杨　克	广西民族出版社 1985 年版
图腾的困惑	杨　克	漓江出版社 1990 年版
向日葵和夏时制	杨　克	广西人民出版社 1990 年版
陌生的十字路口	杨　克	人民文学出版社 1994 年版
笨拙的手指	杨　克	北岳文艺出版社 2000 年版
杨克短诗选	杨　克	香港银河出版社 2003 年版
吻波诗集	杨吻波	中国诗社 1933 年版
散弱的树羽	杨志中	台北林白出版社 1971 年版
二十四曲桥	杨极华	台北立志出版社 1976 年版
如梦令	杨极华	台湾枫城出版社 1977 年版
雨天集	杨际光	香港华英出版社 1951 年版
仿佛在君文的城邦	杨　泽	台湾龙田出版社 1979 年版
彩色的星	杨　牧	新疆人民出版社 1980 年版
复活的海	杨　牧	人民文学出版社 1983 年版
塔格莱丽赛	杨　牧	新疆人民出版社 1986 年版
雄风	杨　牧	上海文艺出版社 1987 年版
完整的寓言	杨　牧	台北洪范书店 1991 年版
黑咖啡　紫咖啡	杨　牧	广西民族出版社 1993 年版
杨牧诗集Ⅱ(1974—1985)	杨　牧	台北洪范书店 1995 年版
时光命题	杨　牧	台北洪范书店 1997 年版
杨牧文集(上卷·诗)	杨　牧	重庆出版社 2003 年版

介壳虫	杨　牧	台北洪范书店 2006 年版
沧桑集	杨　述	四川人民出版社 1982 年版
静听流水	杨　亭	台湾大升出版社 1978 年版
月是故乡明	杨俊青	山西人民出版社 1983 年版
雪松	杨星火	上海新文艺出版社 1957 年版
拉萨的山峰	杨星火	西藏人民出版社 1973 年版
无愧的歌	杨　树	新疆人民出版社 1984 年版
荒魂	杨　炼	上海文艺出版社 1986 年版
太阳与人	杨　炼	湖南文艺出版社 1991 年版
大海停止之处	杨　炼	上海文艺出版社 1998 年版
火把节	杨美清	作家出版社 1958 年版
风景	杨　唤	台北现代诗社 1954 年版
水果们的晚会	杨　唤	台北纯文学出版社 1976 年版
夏夜	杨　唤	伟文图书公司 1979 年版
香港三叶集	杨贾郎	海峡文艺出版社 1985 年版
心潮集	杨第甫	湖南人民出版社 1983 年版
北河沿畔	杨晶华	星花文艺社 1926 年版
凯歌	杨植霖	内蒙古人民出版社 1960 年版
两地集	杨植霖	青海人民出版社 1965 年版
心曲	杨　骚	上海北新书局 1929 年版
春之感伤	杨　骚	上海开明书店 1933 年版
乡曲	杨　骚	上海图书公司 1936 年版
海边散歌	杨稚诚	陕西人民出版社 1957 年版
没有尾巴的狐狸	杨靖壁	新疆人民出版社 1980 年版
彩石情	杨鹤楼	漓江出版社 1985 年版
挑滑车	轩辕轼轲	中国青年出版社 2016 年版
卞和	汪玉岑	台湾新力出版社 1946 年版
米拉朵黑	汪玉良	甘肃人民出版社 1981 年版
梦中之河	汪启疆	台北黎明文化事业公司 1979 年版
海洋姓氏	汪启疆	台湾尚书出版社 1990 年版
海上的狩猎季节	汪启疆	台湾九歌出版社 1995 年版
蓝色水手	汪启疆	台湾黎明出版社 1996 年版
人鱼海岸	汪启疆	台湾九歌出版社 2000 年版

台湾,用诗拍摄	汪启疆	台湾春晖出版社2009年版
年轻的潮	汪国真	学苑出版社1990年版
年轻的思绪	汪国真	文化艺术出版社1990年版
年轻的风	汪国真	花城出版社1990年版
年轻的季节	汪国真	中国人民大学出版社1991年版
岁月的河	汪国真	金安出版社1993年版
从五指山到天山	汪承栋	湖北人民出版社1956年版
雅鲁藏布江	汪承栋	长江文艺出版社1959年版
昆仑垦荒队	汪承栋	作家出版社1960年版
边疆颂	汪承栋	湖南人民出版社1960年版
高原放歌	汪承栋	上海文艺出版社1961年版
黑痣英雄	汪承栋	中国青年出版社1964年版
拉萨河的性格	汪承栋	西藏人民出版社1978年版
雪山风暴	汪承栋	湖南人民出版社1978年版
菊园	汪剑余	上海新文化出版社1923年版
山岳,江河万万年	汪振堂	台湾四四出版社1966年版
金门行	汪振堂	台北黎明文化事业公司1979年版
春暖梅玛	汪 涛	浙江人民出版社1978年版
自画像	汪铭竹	重庆独立出版社1940年版
纪德与蝶	汪铭竹	昆明诗文学社1944年版
蕙的风	汪静之	上海亚东图书馆1922年版
寂寞的国	汪静之	上海开明书店1927年版
诗二十一首	汪静之	作家出版社1958年版
中国新诗库·汪静之卷	汪静之	长江文艺出版社1991年版
六美缘——诗因缘与爱因缘	汪静之	北京十月文艺出版社1996年版
伐木集	汪 震	北平著者书店1933年版
秋天的白桦林	沈仁康	新文艺出版社1958年版
延安道上	沈仁康	长江文艺出版社1963年版
南疆风	沈仁康	广东人民出版社1979年版
沈从文全集(第15卷·诗歌)	沈从文	北岳文艺出版社2002年版
秋雨之后	沈心芜	文化学社1931年版
古城的叹息	沈 冬	台湾野风出版社1953年版
爱底赞歌	沈 冬	台湾野风出版社1955年版

黎明的旗	沈 冬	台湾野风出版社 1955 年版
弦柱	沈 冬	台北现代诗社 1966 年版
锦之歌	沈 冬	台北现代诗社 1969 年版
洛桑单增颂	沈巧耕	解放军文艺社 1975 年版
放歌雅鲁藏布江	沈巧耕	西藏人民出版社 1978 年版
黎明的前奏曲	沈 旭	当代诗歌社 1936 年版
太平洋诗草	沈达夫	高雄达风出版社 1958 年版
风人绝句	沈达夫	高雄达风出版社 1958 年版
风人诗草	沈达夫	1972 年自刊
思念集	沈启无	汉口火禁报社 1945 年版
五月狩	沈 甸	香港五月出版社 1963 年版
水仙花的心情	沈花末	台湾国家书店 1978 年版
在瞬间逗留	沈 苇	百花文艺出版社 1995 年版
高处的深渊	沈 苇	新疆青少年出版社 1997 年版
我的尘土 我的坦途	沈 苇	新疆人民出版社 2004 年版
和声	沈 奇	陕西人民教育出版社 1989 年版
生命之旅	沈 奇	陕西人民教育出版社 1992 年版
寻找那只奇异的鸟	沈 奇	台北尔雅出版社有限公司 2001 年版
沙漠	沈 明	上海星群出版公司 1947 年版
甜歌 77 曲	沈秉廉	上海商务印书馆 1933 年版
借命	沈 鱼	中国青年出版社 2016 年版
泰玛手记	沈临彬	台中普天出版社 1972 年版
沈祖棻创作选集	沈祖棻	人民文学出版社 1985 年版
一把好乳	沈浩波	2001 年自印
心藏大恶	沈浩波	大连出版社 2004 年版
向命要诗	沈浩波	中国青年出版社 2016 年版
微波辞	沈紫蔓（署名绛燕女士）	重庆独立出版社 1940 年版
月光的塑像	沉 思	台中光启出版社 1960 年版
海湾	沉 思	台中光启出版社 1971 年版
红日	沐 鸿	上海泰东书局 1924 年版
狭的囚笼	沐 鸿	上海泰东书局 1926 年版
天河	沐 鸿	上海光华出版社 1927 年版

夜风	沐　鸿	上海泰东图画公司 1928 年版
走向生活	沙　白	上海新文艺出版社 1956 年版
河品	沙　白	台北现代诗社 1966 年版
杏花·春雨·江南	沙　白	百花文艺出版社 1979 年版
大江东去	沙　白	上海文艺出版社 1980 年版
砾石集	沙　白	江苏人民出版社 1980 年版
南国小夜曲	沙　白	黑龙江人民出版社 1983 年版
沙军诗选	沙　军	台湾葡萄园诗社 1972 年版
永恒的脚印	沙　牧	台湾海岛文艺社 1953 年版
雪地	沙　牧	台北诗歌文化社 1963 年版
新纪元开始了	沙　金	上海文艺书店 1951 年版
祖国我歌唱你	沙　金	新文艺出版社 1956 年版
矿工之歌	沙　金	上海文艺出版社 1958 年版
农村的歌	沙　鸥	重庆春草社 1945 年版
化雪夜	沙　鸥	重庆春草社 1947 年版
林桂清	沙　鸥	上海春草社 1947 年版
红花茶	沙　鸥	三联书店 1951 年版
北京短歌	沙　鸥	文光书店 1951 年版
红花	沙　鸥	作家出版社 1955 年版
蔷薇集	沙　鸥	作家出版社 1957 年版
故乡	沙　鸥	作家出版社 1958 年版
初雪	沙　鸥	北方文艺出版社 1963 年版
梅	沙　鸥	黑龙江人民出版社 1981 年版
心跳进行曲	沙　蕾	上海开明书店 1933 年版
风砂	沙　穗	台湾盘古诗社 1969 年版
燕姬	沙　穗	高雄德馨室 1979 年版
阳光山集	沙　穗	台湾阳光山集编委会 1979 年版
彩壁集	玛　金	安徽人民出版社 1964 年版
玛金诗选	玛　金	安徽人民出版社 1983 年版
珍贵的礼物	纳·赛西雅拉图	内蒙古人民出版社 1957 年版
第一个早晨	纳·赛西雅拉图	内蒙古人民出版社 1976 年版
我们的雄壮呼声	纳·赛音朝克图	内蒙古人民出版社 1955 年版
幸福和友谊	纳·赛音朝克图	作家出版社 1956 年版
狂欢之歌	纳·赛音朝克图	作家出版社 1960 年版

和平之路	萧 三	人民文学出版社1952年版
友谊之歌	萧 三	作家出版社1958年版
伏枥集	萧 三	作家出版社1963年版
难忘的岁月	肖也牧	新文艺出版社1958年版
前往和返回	肖开愚	1990年自印
动物园的狂喜	肖开愚	改革出版社1997年版
学习之甜	肖开愚	中国工人出版社2000年版
肖开愚的诗	肖开愚	人民文学出版社2004年版
联动的风景	肖开愚	重庆大学出版社2011年版
眼泪河	肖甘牛	作家出版社1958年版
红军不怕远征难	肖 华	人民文学出版社1978年版
铁流之歌	肖 华	山东文艺出版社1986年版
罗桃莲歌传	肖 驰	江西人民出版社1977年版
格桑花	肖国松	长江文艺出版社1979年版
剑	肖 放	江苏文艺出版社1958年版
远行	肖振荣	中国文联出版社1987年版
月夜	肖 殷	北京出版社1958年版
归国之歌	肖 琦	广西人民出版社1955年版
且行	肖 寒	中国青年出版社2016年版
我们是幸福的	芦 甸	上海文化工作社1950年版
东海之歌	芦 芒	新文艺出版社1955年版
红旗在城市上空卷动	芦 芒	新文艺出版社1956年版
东方升起朝霞	芦 芒	上海文艺出版社1959年版
奔腾的马蹄	芦 芒	上海文艺出版社1962年版
大江行	芦 芒	作家出版社上海编辑所1964年版
桑野	芦 荻	诗场社1937年版
驰驱集	芦 荻	诗场社1939年版
远讯	芦 荻	桂林象山出版社1942年版
旗下高歌	芦 荻	香港人间书屋1949年版
海南颂	芦 荻	广东人民出版社1957年版
田原新歌	芦 荻	广东人民出版社1957年版
芦荻抒情诗	芦 荻	花城出版社1981年版
乡村的早晨	芦 萍	吉林人民出版社1959年版

长白燕	芦　萍	吉林人民出版社 1962 年版
北方	芦　萍	吉林人民出版社 1979 年版
莉莉的梦	芦　萍	吉林人民出版社 1981 年版
秋	芮家智	1973 年自刊
黑色的沙与等待	苇　鸣	香港华南图书文化中心 1988 年版
无心眼集	苇　鸣	香港诗双月刊出版社 1995 年版
西沙哨兵	苏方学	湖北人民出版社 1977 年版
关于爱	苏叔阳	重庆出版社 1984 年版
茫茫集	苏绍连	台湾大升出版社 1978 年版
童话游行	苏绍连	台北尚书文化出版社 1990 年版
河悲	苏绍连	台中县立文化中心 1990 年版
隐形或者变形	苏绍连	九歌出版社 1997 年版
我牵着一匹马	苏绍连	台中文化中心 1998 年版
台湾乡镇小孩	苏绍连	九歌出版社 2001 年版
草木有情	苏绍连	秀威科技公司 2005 年版
地层下	苏金伞	星群图书出版公司 1947 年版
窗外	苏金伞	上海文化生活出版社 1949 年版
入伍	苏金伞	上海华东人民出版社 1951 年版
苏金伞诗文集	苏金伞	河南文艺出版社 1998 年版
明澈集	苏　凌	台北星座诗社 1969 年版
蝶歌	苏　凌	台湾书林出版公司 1981 年版
怒吼的铜铃	苏振邦	台湾台大海洋诗社 1970 年版
红河波浪	苏　策	新文艺出版社 1955 年版
闪亮的银河	苏辑黎	江西人民出版社 1975 年版
老监督岗	苏　鹰	东风文艺出版社 1959 年版
四个少女和春天	谷　禾	诗神编辑部 1997 年版
飘雪的阳光	谷　禾	作家出版社 2004 年版
爱不是梦	谷志坚	四川大学出版社 1993 年版
山里人的歌	谷志坚	成都出版社 1995 年版
夜行列车	谷　雨	漓江出版社 1993 年版
内心的风景	谷　雨	新华出版社 1993 年版
初歌集	赤　叶	上海新文艺出版社 1958 年版
致故乡	赤　叶	北方文艺出版社 1959 年版

掘进集	赤 叶	北方文艺出版社 1964 年版
捧血者	辛 劳	上海星群出版社 1946 年版
散落的树羽	辛 牧	台北林白出版社 1971 年版
辛郁·世纪诗选	辛 郁	台北尔雅出版社有限公司 2000 年版
撷星录	辛 鱼	台北蓝星诗社 1956 年版
手掌集	辛 笛	上海星群出版社 1947 年版
印象·花束	辛 笛	上海文艺出版社 1986 年版
诗集	辛笛（署名王辛笛）	香港专业出版社有限公司 1989 年版
王辛笛短诗选	辛笛（署名王辛笛）	香港银河出版社 2002 年版
三唱集	远千里	百花文艺出版社 1962 年版
古巴速写	远千里	百花文艺出版社 1964 年版
回望之鸟	远 村	香港新世纪出版社 1993 年版
方位	远 村	西北大学出版社 1993 年版
异样的眼睛	连水淼	台湾一元出版社 1970 年版
生命的树	连水淼	台北创世纪诗社 1980 年版
台北，台北	连水淼	台北创世纪诗社 1983 年版
创花室诗集	连 横	台北台湾银行 1960 年版
从火到水	邱华栋	漓江出版社 1991 年版
花朵与岩石	邱华栋	接力出版社 1993 年版
十年拾穗	邱淼锵	台中中央书局 1955 年版
琴川诗集	邱淼锵	1967 年自刊
都市的夜	邵冠华	上海当代诗刊社 1934 年版
天堂的五月	邵洵美	上海光华书局 1927 年版
花一般的罪恶	邵洵美	上海金屋书局 1928 年版
诗二十五首	邵洵美	上海图书公司 1936 年版
到远方去	邵燕祥	新文艺出版社 1955 年版
给同志们	邵燕祥	作家出版社 1956 年版
献给历史的情歌	邵燕祥	人民文学出版社 1980 年版
含笑向七十年代告别	邵燕祥	江苏人民出版社 1981 年版
迟开的花	邵燕祥	北京十月文艺出版社 1984 年版
也有快乐 也有忧愁	邵燕祥	作家出版社 1988 年版

邵燕祥自选集	邵燕祥	贵州人民出版社1993年版
邵燕祥诗选	邵燕祥	百花文艺出版社1994年版
邵燕祥短诗选	邵燕祥	香港银河出版社2001年版
尘土集	邹荻帆	上海文化生活出版社1937年版
在天安	邹荻帆	烽火社1938年版
木厂	邹荻帆	上海文化生活出版社1940年版
意志的赌徒	邹荻帆	桂林希望社1942年版
雪与村庄	邹荻帆	上海文化生活出版社1948年版
走向北方	邹荻帆	作家出版社1954年版
都门的抒情	邹荻帆	上海文艺出版社1962年版
如果没有花朵	邹荻帆	江苏人民出版社1981年版
布谷鸟与紫丁香	邹荻帆	人民文学出版社1982年版
爱与死的搏斗	邹荻帆	花城出版社1988年版
邹荻帆诗选	邹荻帆	人民文学出版社1997年版
金沙云霞	里沙	四川人民出版社1976年版
布谷鸟	闵一强	山东人民出版社1959年版
枫叶集	闵人	百花文艺出版社1982年版
春深了	闵之	上海群众书局1926年版
飞扬的山脉	闵根	台湾葡萄园诗社1976年版
绿叶	阿红	春风文艺出版社1963年版
梭磨河	阿来	四川民族出版社1991年版
阿来文集·诗文卷	阿来	人民文学出版社2001年版
金色的阳光下	阿坦	台北野风出版社1953年版
无弦琴	阿垅	桂林希望社1942年版
无题	阿垅	湖南文艺出版社1986年版
无弦琴	阿垅	中国文联出版社1997年版
长翅膀的歌	陆伟然	黑龙江人民出版社1978年版
流云集	陆伟然	黑龙江人民出版社1979年版
柔梦贴	陆印泉	上海诗歌社1934年版
渡河	陆志韦	上海亚东图书馆1923年版
茅屋	陆志韦	上海新文艺书社1924年版
渡河后集	陆志韦	1932年自刊
申酉小唱	陆志韦	1933年自刊
鸽哨响了	陆志萍	黑龙江人民出版社1977年版

书名	作者	出版信息
天机	陆健鸿	香港诗风社1971年版
城市的赞歌	陆海嘉	辽宁人民出版社1958年版
梦乡的小站	陆 萍	福建人民出版社1985年版
细雨打湿的花伞	陆 萍	知识出版社1990年版
有只鸟飞过天空	陆 萍	上海文艺出版社1993年版
低诉	陆晶清	上海神州国光社1932年版
高处和低处	陆辉艳	中国青年出版社2016年版
灯的海	陆 棨	重庆人民出版社1962年版
重返杨柳村	陆 棨	作家出版社上海编辑部1964年版
长江桥头	陆 灏	工人出版社1955年版
落日长烟	陈义芝	高雄德馨室出版社1977年版
青衫(诗及评论)	陈义芝	高雄德馨室出版社1978年版
大风集	陈大远	百花文艺出版社1963年版
饱尊集	陈大远	湖南人民出版社1980年版
宇宙之谜	陈子鹄	东流文艺出版社1935年版
报国集	陈 山	新文艺出版社1957年版
擂鼓集	陈 山	上海文艺出版社1962年版
谷雨集	陈 山	浙江人民出版社1965年版
游牧者的恋情	陈广斌	百花文艺出版社1986年版
海神的一夜——陈东东诗选	陈东东	改革出版社1997年版
明净的部分	陈东东	湖南文艺出版社1997年版
即景与杂说	陈东东	中国工人出版社2000年版
夏之书 解禁书	陈东东	重庆大学出版社2011年版
心曲	陈北鸥	北平著者书店1933年版
剑客	陈宁贵	台北秋水诗社1977年版
商怨	陈宁贵	台北德华出版社1980年版
面包山	陈宁贵	幼福文化公司1984年版
心中的慈湖	陈正义	台湾全台文化公司1979年版
剑庐诗钞	陈仲陶	香港草原出版社1979年版
春天的死亡之书	陈先发	安徽文艺出版社1994年版
前世	陈先发	复旦大学出版社2005年版
迈子中英文合刊诗选	陈迈子	1976年自刊
骑鲸少年	陈克华	兰亭书店1986年版

书名	作者	出版信息
我捡到一颗头颅	陈克华	台湾汉光文化公司1988年版
与孤独的无尽游戏	陈克华	台北皇冠文学出版有限公司1993年版
美丽深邃的亚细亚	陈克华	台湾书林出版公司1997年版
新诗心经	陈克华	欢熹文化1997年版
因为死亡而经营的繁复诗篇	陈克华	探索文化1998年版
给从前的爱	陈克华	小知堂2004年版
手套与爱——渡也情诗集	陈启佑	台北故乡出版社1980年版
茅屋	陈志辛	新文化出版社1924年版
严峻的考验	陈 沂	贵州人民出版社1983年版
树的哀乐	陈秀喜	台湾笠诗社1971年版
灶	陈秀喜	台湾春晖出版社1981年版
玉兰花	陈秀喜	台湾春晖出版社1989年版
陈秀喜全集(诗集一、二)	陈秀喜	新竹市立文化中心1997年版
含忧草	陈芳明	台北大江出版社1973年版
绿色的竹风	陈谷一	贵州人民出版社1986年版
啊,水仙	陈进化	春风文艺出版社1983年版
杉树林	陈佩芸	贵州人民出版社1984年版
云雀	陈佩芸	内蒙古人民出版社1987年版
记者的歌	陈其安	中国文联出版公司1987年版
爱的旅程	陈咏华	山西人民出版社1983年版
水乡梦	陈咏华	百花文艺出版社1983年版
白雪与针叶	陈国屏	黑龙江人民出版社1983年版
无言的小草	陈坤仑	台湾高雄三信出版社1974年版
人间火宅	陈坤仑	高雄春晖出版社1980年版
秋水集	陈学英	福建诗之页社1936年版
纪念的日子	陈学昭	文化生活出版社1954年版
小军号	陈官煊	四川人民出版社1976年版
金翅膀	陈官煊	湖南人民出版社1980年版
勘测短笛	陈官煊编	青海人民出版社1958年版
红信封	陈忠村	中国文联出版社2000年版
蓝港湾	陈忠村	团结出版社2001年版
黄月亮	陈忠村	作家出版社2002年版
一株站着开放的花	陈忠村	青海人民出版社2003年版

壁画中流淌的河流	陈忠村	重庆出版社 2004 年版
短夜	陈忠村	上海文艺出版社 2011 年版
在阳光下	陈所巨	宁夏人民出版社 1984 年版
阳光·土地·人	陈所巨	人民文学出版社 1986 年版
回声与岸	陈所巨	安徽文艺出版社 1990 年版
孤独的位置	陈明台	台湾笠诗社 1972 年版
木匠王小山	陈 牧	诗号角诗丛 1948 年版
长寿草	陈玮君	文化生活出版社 1955 年版
白果树	陈茂欣	百花文艺出版社 1983 年版
苦夏	陈茂欣	北岳文艺出版社 1986 年版
最后的失败	陈迩冬	桂林生活书店 1939 年版
黑旗	陈迩冬	桂林诗创作社 1943 年版
乡愁	陈金莲	台湾新生出版社 1956 年版
长夜灯	陈 香	东南诗丛社 1947 年版
石榴花的图案	陈 香	国务文化公司 1947 年版
大地之歌	陈 香	世界文艺社 1948 年版
洞澜集	陈 香	花莲华光书局 1974 年版
夜奔	陈家常	台湾东林文学社 1975 年版
雨落在全世界的屋顶	陈家常	台湾东林文学社 1980 年版
慕萱诗稿	陈家添	台北天山出版社 1981 年版
燕京掠影	陈 容	中国旅游出版社 1986 年版
日历纸上的诗行	陈浩泉	香港青年出版社 1973 年版
第二道脚印	陈浩泉	波文书局 1982 年版
诗恋	陈浩泉	海峡文艺出版社 1986 年版
春痕·秋迹·梦	陈得次	台北枫城出版社 1977 年版
雏菊	陈敏华	台湾葡萄园诗社 1967 年版
水晶集	陈敏华	台湾葡萄园诗社 1970 年版
琴窗诗钞	陈敏华	台北三民书局 1971 年版
晨海的风笛	陈敏华	台北世界文物出版社 1973 年版
梦家诗集	陈梦家	上海新月书店 1931 年版
不开花的春天	陈梦家	上海良友书局 1931 年版
陈梦家作诗在前线	陈梦家	北平晨报社 1932 年版
铁马集	陈梦家	上海开明书店 1933 年版
梦家诗存	陈梦家	上海时代图书公司 1936 年版

在前线	陈梦家	上海现代出版社 1936 年版
中国新诗库陈梦家卷	陈梦家	长江文艺出版社 1988 年版
陈梦家诗全编	陈梦家	浙江文艺出版社 1995 年版
期响	陈鸿森	台湾笠诗社 1970 年版
雕塑家的儿子	陈鸿森	台湾笠诗社 1976 年版
重返家园	陈惠芳	广西民族出版社 1990 年版
交响曲	陈敬容	上海星群出版社 1947 年版
盈盈集	陈敬容	上海文化生活出版社 1948 年版
老去的是时间	陈敬容	黑龙江人民出版社 1983 年版
远帆集	陈敬容	花城出版社 1984 年版
新鲜的焦渴——陈敬容诗选	陈敬容	人民文学出版社 2000 年版
山村	陈 犀	四川人民出版社 1969 年版
田园抒情诗	陈 犀	重庆出版社 1984 年版
春的夜曲	陈翔冰	秋星社 1929 年版
十月的歌	陈 辉	作家出版社 1958 年版
雨后集	陈 鹄	1960 年自刊
点个火	陈槐秋	台湾海鸥诗社 1964 年版
玫瑰底神话	陈锦标	台湾现代诗社 1958 年版
无法掩藏的时候	陈肇文	台北林白出版社 1984 年版
青春梦曲	陈 慧	台湾省市师范学院诗歌研究社 1952 年版
多角城	陈慧桦	台湾星座诗社 1968 年版
云想与山茶	陈慧桦	台北国家书店 1976 年版
春之诗	陈鹤吟	北平紫白诗社 1935 年版
庙前	陈 黎	台湾东林文学社 1975 年版
动物摇篮曲	陈 黎	台湾东林文学社 1980 年版
追寻	陈凝秋	上海励群书店 1928 年版
紫色的歌	陈凝秋	哈尔滨笑山书店 1930 年版
战鼓集	饮 可	湖南人民出版社 1958 年版
接近盲目	麦 芒	作家出版社 2005 年版
乡旅散曲	麦 穗	台湾艺声出版社 1954 年版
森林	麦 穗	台北长歌出版社 1979 年版
孤峰	麦 穗	台北采风出版社 1988 年版
荷池向晚	麦 穗	台湾秋水诗刊社 1993 年版

麦穗诗选	麦　穗	台湾团结出版社 1995 年版
追梦	麦　穗	台北诗艺文出版社 2005 年版

八　画

刘三妹	侬易天	作家出版社 1960 年版
哈梅	侬易天	上海文艺出版社 1979 年版
晒衣场	凯　若	台湾笠诗社 1971 年版
黑桥颂	周以才	江苏扬州人民出版社 1960 年版
革命花	周民钟	上海美术书局 1927 年版
飘流	周民钟	上海华通书局 1932 年版
眷顾	周仿溪	上海商务印书馆 1934 年版
追忆苍茫时刻	周伟驰	香港天马图书有限公司 1993 年版
在刀锋上完成的句法转换	周伦佑	台北唐山出版社 1999 年版
夜行集	周而复	上海文学丛报 1936 年版
过去的生命	周作人	上海北新书局 1927 年版
中国新诗库·周作人卷	周作人	长江文艺出版社 1991 年版
紫绢记	周灵均	上海创造社出版社 1927 年版
枫叶集	周良沛	作家出版社 1957 年版
饮马集	周良沛	云南人民出版社 1980 年版
雪兆集	周良沛	人民文学出版社 1982 年版
往昔的时光	周良沛	上海人民出版社 1982 年版
挑灯集	周良沛	四川人民出版社 1983 年版
雨窗集	周良沛	江苏人民出版社 1983 年版
爱国诗歌	周近新	上海大光书局 1936 年版
石溪山人诗集	周若愚	台北汉华文化事业公司 1977 年版
在沙漠	周雨明	内蒙古人民出版社 1984 年版
开垦	周洁夫	人民文学出版社 1954 年版
山山水水	周　钢	解放军文艺社 1959 年版
大渡河情思	周　钢	四川人民出版社 1983 年版
草原之星	周恩广	长江文艺出版社 1987 年版
八月的果园	周　涛	新疆人民出版社 1979 年版

神山	周　涛	解放军文艺出版社 1984 年版
云游	周　涛	新疆人民出版社 1987 年版
尼玛夏	周艳炀	西藏人民出版社 1978 年版
森林里的审判会	周艳炀	西藏人民出版社 1980 年版
小鹿格桑	周艳炀	西藏人民出版社 1980 年版
幽静的灵魂	周曼君	台湾诗木文艺社 1956 年版
孤独国	周梦蝶	台湾蓝星诗社 1959 年版
还魂草	周梦蝶	台湾文星书店 1965 年版
周梦蝶·世纪诗选	周梦蝶	台湾尔雅出版社有限公司 2000 年版
十三朵白菊花	周梦蝶	台北洪范书店 2002 年版
红松	周　蒙	中国青年出版社 1956 年版
我爱美丽的黄浦江	周嘉俊	新文艺出版社 1958 年版
复活的琴声	周嘉俊	中国青年出版社 1984 年版
我和小草	周嘉堤	贵州人民出版社 1981 年版
复活的琴声	周嘉堤	中国青年出版社 1984 年版
蓝与黑	周嘉堤	华夏出版社 1988 年版
梦想,或自我观察	周　瓒	1999 年自印
火	孟天雄	湖南人民出版社 1979 年版
英雄像	孟伟哉	百花文艺出版社 1958 年版
本世纪的一个生者	孟　浪	漓江出版社 1988 年版
连朝霞也是陈腐的	孟　浪	唐山出版社 1999 年版
残梦	孟　超	上海青野书店 1929 年版
孟瑶自选集	孟　瑶	台湾黎明文化事业公司 1979 年版
孤帆的歌	孤　帆	青岛诗歌社 1936 年版
会飞的伙伴	宗介华	福建人民出版社 1984 年版
流云小诗	宗白华	上海亚东书局 1923 年版
野蔷薇	宗　鄂	十月文艺出版社 1983 年版
摘星者的死亡	屈　楚	春草诗社 1945 年版
狂欢的节日	屈　楚	上海文艺书店 1951 年版
激流	岩　上	台湾笠诗社 1972 年版
冬尽	岩　上	台湾明光出版社 1980 年版
台湾瓦	岩　上	台湾笠诗社 1990 年版

岩上诗选	岩　上	台湾南投县立文化中心1993年版
岩上八行诗	岩　上	台湾派色文化1997年版
更换的年代	岩　上	台湾春晖出版社2000年版
岩上集	岩　上	台湾文学馆2008年版
剖影	巫本添	台湾顺达出版社1975年版
通往阳光密布的所在	巫　昂	山东文艺出版社2016年版
时辰与花园	庞　培	1999年自刊
榴花如火	承　霓	福建人民出版社1962年版
大鹏鸟的歌	放　平	湖南人民出版社1962年版
高峡横笛	放　平	湖南人民出版社1984年版
昌耀抒情诗集	昌　耀	青海人民出版社1986年版
命运之书——昌耀四十年诗作精品	昌　耀	青海人民出版社1994年版
一个挑战的旅行者步行在上帝的沙盘	昌　耀	敦煌文艺出版社1996年版
昌耀的诗	昌　耀	人民文学出版社1998年版
昌耀诗文总集	昌　耀	青海人民出版社2000年版
重庆之歌	明秋水	重庆光华书局1945年版
骆驼诗集	明秋水	1951年自刊
骨髓里的爱情	明秋水	台湾野风出版社1953年版
阳明山之恋	明秋水	台湾东方文物供应社1953年版
左手对右手的倾诉	易　行	中国青年出版社2003年版
君左诗选	易君左	1953年自刊
热嘲集	易和元	四川人民出版社1983年版
玲珑曲	易和元	重庆出版社1984年版
我是个支那人	易椿年	上海时代风景社1935年版
噩梦录	杭约赫	上海星群出版公司1947年版
火烧的城	杭约赫	上海星群出版公司1948年版
复活的土地	杭约赫	上海星群出版公司1949年版
独唱	林力安	1978年自刊
给他	林　子	香港南华出版社1983年版
诗心不了情	林　子	沈阳出版社1992年版
新的土地	林　山	作家出版社1958年版

树的象征	林 广	台湾德华出版社 1981 年版
登月集	林仁超	香港新雷诗坛 1970 年版
澄辉集	林文月	台湾文星书店 1967 年版
罂粟花开	林 木	香港文光出版社有限公司 1991 年版
生活书简	林 木	2002 年自印
我热爱过的季节	林火火	中国青年出版社 2016 年版
绿色的火焰	林乐山	山东文艺出版社 1987 年版
睡地图的人	林央敏	台北兰亭书店 1984 年版
菽庄诗稿	林尔嘉	1973 年自印
星期	林兴华	台湾大升出版社 1974 年版
澳南悲歌	林华洲	台湾远流出版公司 1983 年版
林亨泰诗集	林亨泰	台湾时报文化出版事业有限公司 1984 年版
林亨泰全集（文学创作卷一、卷二、卷三）	林亨泰	彰化县立文化中心 1998 年版
芒果园	林佛儿	台湾中国诗友月刊社 1961 年版
重云	林佛儿	台北林白出版社 1974 年版
林冷诗集	林 冷	台北洪范书店 1982 年版
高高的白杨树	林 希	百花文艺出版社 1955 年版
无名河	林 希	江苏人民出版社 1983 年版
海的诱惑	林 希	上海文艺出版社 1983 年版
柳哨	林 希	花城出版社 1984 年版
无语的春天	林良雅	高雄三信出版社 1979 年版
长城	林良雅	台北秋水诗刊社 1980 年版
绿屋诗抄	林 间	台湾创世纪诗社 1985 年版
力的建筑	林宗源	台湾笠诗社 1965 年版
食品店	林宗源	台湾笠诗社 1966 年版
补破网	林宗源	高雄春晖出版社 1984 年版
力的舞蹈	林宗源	高雄春晖出版社 1984 年版
夜	林 庚	上海开明书店 1933 年版
春野与窗	林 庚	上海开明书店 1934 年版
北平情歌	林 庚	风雨诗社 1936 年版
空间的驰想	林 庚	北京大学出版社 2000 年版

妈妈的眼睛	林建助	台北德华出版社 1980 年版
崇高的忧郁	林　林	桂林文献社 1942 年版
同志攻进城来了	林　林	上海文化生活出版社 1947 年版
阿莱耶山	林　林	人间书屋 1948 年版
印度诗稿	林　林	作家出版社 1958 年版
在植物与幽灵之间	林　泠	台北洪范书店 2003 年版
给我们自己	林绍仑	广州青年作者会 1935 年版
故乡的路	林绍仑	广州青年作者会 1936 年版
晨曲	林绍仑	广州青年作者会 1936 年版
青春曲	林绍梅	台湾亚洲书局 1960 年版
驰骋的梦	林绍梅	台北中国书局 1979 年版
蝙蝠屋	林英强	上海日刊社 1936 年版
骆驼和星	林贤治	花城出版社 1984 年版
消息	林　郊	台北布谷诗社 1964 年版
伞之外	林　南	1969 年自刊
夜空下	林　南	台湾正业书局 1973 年版
黑夜来前	林　南	台湾春晖出版社 1981 年版
让爱统治这块土地	林　南	台湾春晖出版社 1984 年版
梦要去旅行	林　彧	台北时报文化出版企业有限公司 1984 年版
单身日记	林　彧	希代出版有限公司 1986 年版
敦煌的月光	林　染	重庆出版社 1986 年版
窗内的建筑	林　泉	台湾笠诗社 1967 年版
心灵的呼唤	林　泉	台湾笠诗社 1972 年版
新东西集	林荣德	台湾开开书店 1969 年版
星星的母亲	林钟隆	台湾成文出版社 1980 年版
暗草集	林振述	香港九龙人生出版社 1956 年版
扬帆集	林晓峰	台湾大学诗歌研究社 1953 年版
林莽的诗	林　莽	中国妇女出版社 1990 年版
滴漏的水声	林　莽	1997 年自印
穿透岁月的光芒	林　莽	百花文艺出版社 2001 年版
林莽短诗选	林　莽	香港银河出版社 2003 年版
林莽诗选	林　莽	时代文艺出版社 2005 年版
失落的海	林　梵	台北环宇出版社 1975 年版

散荒	林淡秋	人民文学出版社 1955 年版
残月	林清泉	1958 年自刊
寂寞的邂逅	林清泉	台湾高大出版社 1972 年版
心帆集	林清泉	台湾笠诗社 1974 年版
牧云初记	林焕彰	台湾笠诗社 1967 年版
斑鸠的陷阱	林焕彰	台北田园出版社 1969 年版
历程	林焕彰	台北林白出版社 1972 年版
公路边的树	林焕彰	台湾布谷出版社 1983 年版
在新的路上	林维仁	上海南极出版社 1948 年版
十二月的绝响	林 绿	台湾星座诗社 1966 年版
手中的夜	林 绿	台湾星座诗社 1969 年版
覆信	林 绿	台湾乾隆图书公司 1978 年版
林野的诗	林 野	台湾北极星诗社 1978 年版
传说	林 野	台北德华出版社 1982 年版
淡蓝色的星	林 雪	春风文艺出版社 1985 年版
蓝色的钟情	林 雪	沈阳出版社 1992 年版
在诗歌那边	林 雪	春风文艺出版社 1997 年版
羞涩的厚土	林新荣	香港金陵书社出版公司 1992 年版
拧亮书灯	林新荣	中国文联出版社 1999 年版
纯情的心扉	林新荣	诗选刊策划部 2000 年版
涉水之痕	林新荣	中国文联出版社 2001 年版
亲情诗集	林锡嘉	台北长歌出版社 1979 年版
影儿集	林 憾	上海北新书局 1929 年版
中国新诗库・林徽因卷	林徽因	长江文艺出版社 1988 年版
白蔷薇	林徽因	上海北新书局 1929 年版
林徽因诗集	林徽因	人民文学出版社 1983 年版
你不了解我的哀愁是怎样一回事	林燿德	台湾春晖出版社 1988 年版
都市终端机	林燿德	书林出版公司 1988 年版
都市之薨	林燿德	汉光文化事业出版公司 1989 年版
欧外鸥诗集	欧外鸥	桂林新大地出版社 1944 年版
透过词语的玻璃	欧阳江河	改革出版社 1997 年版

谁去谁留	欧阳江河	湖南文艺出版社 1997 年版
事物的眼泪	欧阳江河	作家出版社 2008 年版
黎明前之歌	欧阳俊法	新文艺出版社 1958 年版
梦幻集	欧阳柳	台湾曙光文艺社 1965 年版
上弦月集	欧阳翎	花城出版社 1983 年版
落花集	泠 泠	台湾新新文艺社 1957 年版
黑脸	牧 尹	台湾大升出版社 1978 年版
鹰姿	牧阳子	台南德华出版社 1978 年版
曙光	罗 门	台北蓝星诗社 1958 年版
第九日的底流	罗 门	台北蓝星诗社 1963 年版
死亡之塔	罗 门	台北蓝星诗社 1969 年版
隐形的椅子	罗 门	台北环宇出版社 1975 年版
旷野	罗 门	台北时报文化出版事业公司 1980 年版
日月的行踪	罗 门	台北蓝星诗社 1984 年版
谁能买下这条天地线	罗 门	台北文史哲出版社 1993 年版
《麦坚利堡》特辑	罗 门	台北文史哲出版社 1995 年版
都市诗	罗 门	台北文史哲出版社 1995 年版
题外诗	罗 门	台北文史哲出版社 1995 年版
在诗中飞行——罗门诗选半世纪	罗 门	台北文史哲出版社 1999 年版
罗门精品	罗 门	人民文学出版社 2001 年版
全人类都在流浪	罗 门	台北文史哲出版社 2002 年版
整个世界停止呼吸在起跑线上	罗 门	台北光复书局股份有限公司 1988 年版
有一条永远的路	罗 门	尚书出版社 1990 年版
海滨夕唱	罗 光	香港新生出版社 1950 年版
罗玛晨钟	罗 光	台南目萧斋 1963 年版
纤手	罗吟圃	上海泰东书局 1928 年版
海峡情思	罗 沙	广东人民出版社 1979 年版
东方女性	罗 沙	花城出版社 1984 年版
龙涎	罗念生	时代图书公司 1936 年版
月末记	罗 英	1959 年自刊
捕鱼的手	罗 英	台北林白出版社 1982 年版

我爱早晨	罗迦	上海新潮诗社1948年版
吃西瓜的方法	罗青	台北幼狮文化公司1977年版
隐形艺术家	罗青	台湾崇伟出版社1978年版
水稻之歌	罗青	台北大地出版社1981年版
不明飞行物来了	罗青	台北纯文学出版社1984年版
春天来了	罗洛	上海新文艺出版社1953年版
阳光与雾	罗洛	黑龙江人民出版社1983年版
雨后	罗洛	四川人民出版社1983年版
海之歌	罗洛	上海文艺出版社1984年版
山水情思	罗洛	知识出版社1990年版
罗洛文集(诗歌卷)	罗洛	上海社会科学院出版社1999年版
沉醉着的栖霞	罗哲	上海开明书店1945年版
杀人交响曲	罗痕	上海海星诗社1947年版
画册	罗智成	台湾鬼雨书院1975年版
光之书	罗智成	台北龙田出版社1979年版
倾斜之书	罗智成	台北时报出版公司1981年版
划流集	罗锡平	1977年自刊
香台诗稿	罗璋	1976年自刊
初秋的风	耶草	上海两间书屋1946年版
待日	苗芒	新加坡新诗月刊社1968年版
旱苗得雨	苗得雨	新华书店1950年版
从荆河到沂河	苗得雨	新文艺出版社1955年版
第一支歌	苗得雨	作家出版社1957年版
青春辞	苗得雨	山东人民出版社1959年版
沂蒙春	苗得雨	山东人民出版社1979年版
衔着春光飞来	苗得雨	天津百花文艺出版社1982年版
李白的梦魇	苦苓	台北文津出版社1975年版
紧偎着淋淋的雨意	苦苓	台北德华出版社1981年版
躺在地上看星的人	苦苓	台湾兰亭书店1983年版
还魂草	范方	花城出版社1986年版
孤星集	范亚伦	台湾新新文艺社1950年版
侠的身世	范杨松	台湾采风出版社1981年版
寻梦曲	诗静	1955年自刊

书名	作者	出版信息
啊！太阳	郁林	台北地下线 1970 年版
蓝海岸	郁葱	中国文联出版公司 1987 年版
郑小琼诗选	郑小琼	花城出版社 2008 年版
蝴蝶结	郑仰贵	台湾笠诗社 1968 年版
回旋梯	郑仰贵	台湾现代潮出版社 1971 年版
喜报	郑成义	上海新文艺出版社 1956 年版
鼓点集	郑成义	上海文化出版社 1958 年版
万弦琴	郑成义	宁夏人民出版社 1984 年版
湖岛	郑成义	上海文艺出版社 1986 年版
让我背负你的忧郁	郑玲	中国青年出版社 2016 年版
锤之歌	郑南	广东人民出版社 1979 年版
归途	郑炯明	台湾笠诗社 1971 年版
悲剧的想象	郑炯明	台湾笠诗社 1976 年版
蕃薯之歌	郑炯明	高雄春晖出版社 1981 年版
战号	郑振铎	上海生活书店 1937 年版
铜像	郑晓刚	山东人民出版社 1981 年版
散落的花瓣	郑晓刚	四川人民出版社 1982 年版
郑敏诗集	郑敏	上海文化生活出版社 1949 年版
寻觅集	郑敏	四川文艺出版社 1986 年版
心象	郑敏	人民文学出版社 1991 年版
早晨，我在雨里采花	郑敏	香港突破出版社 1991 年版
郑敏诗集	郑敏	人民文学出版社 2000 年版
郑敏短诗选	郑敏	香港银河出版社 2005 年版
泽余吟集	郑鸿善	台北中华诗学月刊社 1969 年版
微尘	郑愁予	台北现代诗社 1955 年版
草鞋与筏子	郑愁予	台北现代诗社 1955 年版
梦土上	郑愁予	台北现代诗社 1955 年版
衣钵	郑愁予	台北商务印书馆 1966 年版
窗外的女奴	郑愁予	台湾十月出版社 1968 年版
长歌	郑愁予	1968 年自刊
郑愁予诗选集	郑愁予	台北志文出版社 1974 年版
郑愁予诗集	郑愁予	台北洪范书店 1979 年版
燕人行	郑愁予	台北洪范书店 1980 年版
莳花刹那	郑愁予	香港三联书店 1984 年版

雪的可能	郑愁予	台北洪范书店1985年版
寂寞的人坐着看花	郑愁予	台北洪范书店1993年版
梦土上	郑愁予	台北洪范书店1996年版
郑愁予的诗：不惑年代选集	郑愁予	江苏凤凰文艺出版社2016年版
忘川之水	采　石	上海北新书局1929年版
小溪小溪	金　本	江西人民出版社1984年版
我是人民宣传员	金玉廷	春风文艺出版社1965年版
碑	金　军	台湾诗木文艺社1949年版
歌北方	金　军	台湾诗木文艺社1950年版
蝙蝠集	金克木	上海时代图书公司1936年版
雨雪集	金克木	湖南文艺出版社1986年版
中国新诗库·金克木卷	金克木	长江文艺出版社1990年版
林中的鸟声	金　波	新蕾出版社1979年版
会飞的花朵	金　波	四川人民出版社1980年版
金波儿童诗选	金　波	人民文学出版社1983年版
红苹果	金　波	宁夏人民出版社1985年版
红蜻蜓	金　波	中国文学出版社1990年版
带雨的花	金　波	福建少年儿童出版社1996年版
我们去看海——金波十四行儿童诗	金　波	浙江少年儿童出版社1998年版
紫色的果	金　剑	台北闻道出版社1973年版
边疆的心	金　哲	延边人民出版社1956年版
东风万里	金　哲	延边人民出版社1958年版
风云三部曲(第一部黎明)	金　哲	辽宁人民出版社1978年版
山乡之路	金　哲	延边人民出版社1979年版
风云三部曲(第二部日出)	金　哲	辽宁人民出版社1980年版
风云三部曲(第三部破晓)	金　哲	辽宁人民出版社1982年版
伽倻琴集	金　哲	人民文学出版社1982年版
花语	阜　东	台湾山水诗社1974年版
玉香集	陌上尘	台湾高雄德馨室出版社1978年版
秋天里的独白	雨　田	香港新世纪出版社1993年版
最后的花朵与纯洁的诗	雨　田	广西民族出版社1993年版
雪地中的回忆	雨　田	四川大学出版社1994年版

十二月的独步	青 芬	台北蓝星诗社1958年版
号角在哭泣	青 勃	上海星群出版公司1947年版
巨人的脚下	青 勃	上海中兴出版社1949年版
鼓声	青 勃	上海文化工作社1950年版
乐园集	青 勃	作家出版社1957年版
引玉集	青 勃	河南人民出版社1979年版
绿叶的声音	青 勃	百花文艺出版社1981年版
绿色的梦	青 勃	百花文艺出版社1989年版
青勃诗选	青 勃	大众文艺出版社2005年版
在风城	非 马	台湾笠诗社1975年版
白马集	非 马	台北时报出版公司1984年版
非马短诗精选	非 马	海峡文艺出版社1990年版
飞吧！精灵	非 马	台中晨星出版社1992年版
非马自选集	非 马	贵州人民出版社1993年版
微雕世界	非 马	台中市立文化中心1998年版
没有非结不可的果	非 马	书林出版公司2000年版
非马的诗	非 马	花城出版社2000年版

九　画

囚	侯汝华	上海时代图书公司1933年版
海上谣	侯汝华	上海时代图书公司1936年版
淞涟集	侯佩尹	上海南京书屋1931年版
单恋	侯觉民	上海诗歌研究会1934年版
黄河西岸的鹰形地带	侯唯动	东北书店牡丹江分店1948年版
劳动英雄刘英源	侯唯动	光华书店1949年版
美丽的杜甫川淌过的山谷	侯唯动	新文艺出版社1951年版
西北高原黄土变金的日子	侯唯动	新文艺出版社1953年版
寥音阁集	俞大纲	台北九思出版社1977年版
灵魂大面积降临	俞心焦	1991年自印
冬夜	俞平伯	上海亚东图书馆1922年版
西还	俞平伯	上海亚东图书馆1924年版
忆	俞平伯	北平朴社1925年版
燕知草	俞平伯	上海开明书店1930年版

书名	作者	出版信息
中国现代作家选集·俞平伯	俞平伯	三联书店(香港)有限公司 1989年版
中国新诗库·俞平伯卷	俞平伯	长江文艺出版社 1990 年版
俞平伯诗全编	俞平伯	浙江文艺出版社 1992 年版
牧笛集	冠 西	东海文艺出版社 1960 年版
七月雨	冠 西	浙江人民出版社 1979 年版
奶泉	剑 羽	内蒙古人民出版社 1978 年版
气死李白	南 人	1999 年自印
南方雁的诗	南方雁	台湾北极星诗社 1978 年版
石像辞	南 星	上海新诗社 1937 年版
刘胡兰	南 昭	天津人民出版社 1978 年版
非现实主义之手	南 野	湖北省青年诗歌学会 1992 年版
纯粹与宁静	南 野	长江文艺出版社 1992 年版
在时间的前方	南 野	人民文学出版社 2000 年版
水的手语	南蛮玉	华艺出版社 2004 年版
故乡	哈·丹碧扎拉桑	内蒙古人民出版社 1959 年版
英雄的摇篮	哈·丹碧扎拉桑	内蒙古人民出版社 1978 年版
游牧之歌	哈尔曼·阿克提	作家出版社 1957 年版
心之歌	哈斯巴拉	吉林人民出版社 1979 年版
备忘录	复 宇	1984 年自刊
山塬春	复 羊	甘肃人民出版社 1976 年版
唐人街	奎 曼	台北现代诗社 1957 年版
彩色的春鸟	姚业涌	吉林人民出版社 1983 年版
劳模嫁女	姚北全	广东人民出版社 1964 年版
东渡使者	姚江滨	百花文艺出版社 1980 年版
给爱花者	姚 奔	福建改进出版社 1944 年版
痛苦的十字架	姚 奔	重庆诗垦地社 1944 年版
阳光之外	姚家俊	台北星座诗社 1967 年版
纯真集(与散文合集)	姚家俊	台湾时代文化杂志社 1972 年版
我唱我的主题歌	姚振函	中国文联出版公司 1987 年版
迷恋	姚振函	百花文艺出版社 1990 年版
感觉的平原	姚振函	花山文艺出版社 1991 年版
时间的擦痕	姚振函	花山文艺出版社 1998 年版
故乡诗草	姚绿野	吉林人民出版社 1962 年版

人流三千里	姚散生	桂林诗创作社 1945 年版
大海和白云	姚辉云	江西人民出版社 1987 年版
银铃	姚蓬子	上海水沫书店 1929 年版
剪盼集	姚蓬子	上海良友图书公司 1934 年版
行吟人生	姜明渭	台湾博大书局 1981 年版
遥远的秋色	姜金城	上海文艺出版社 1987 年版
欢乐集	姜强国	花山文艺出版社 1983 年版
拾梦	姜 穆	台湾战斗文艺社 1958 年版
冰唇	娜 夜	百花文艺出版社 1995 年版
娜夜诗选	娜 夜	甘肃文化出版社 2003 年版
个人简历	娜 夜	中国青年出版社 2016 年版
我爱连队我爱家乡	宫 玺	春风文艺出版社 1960 年版
蓝蓝的天空	宫 玺	春风文艺出版社 1965 年版
空军诗页	宫 玺	解放军文艺社 1980 年版
无声的雨	宫 玺	四川文艺出版社 1985 年版
抒情的原野	宫 玺	上海文艺出版社 1986 年版
宫玺诗稿	宫 玺	上海文艺出版社 1998 年版
冷色与暖色	宫 玺	中国工人出版社 2000 年版
宫玺世纪诗选	宫 玺	香港银河出版社 2005 年版
阳光之外	施清文	台湾万年书店 1978 年版
伞季	施善继	台北田园出版社 1969 年版
施善继诗选	施善继	台湾远景出版社 1981 年版
宇宙之谜	星 郎	上海泰东图书公司 1926 年版
闲吟集	映 芝	中国友谊出版公司 1984 年版
迎春曲	春 晖	台湾青年生活杂志社 1960 年版
柏杨诗抄	柏 杨	香港四季出版社 1982 年版
红井火花	柏果良	辽宁人民出版社 1978 年版
表达	柏 桦	漓江出版社 1988 年版
望气的人	柏 桦	唐山出版社 1999 年版
往事	柏 桦	河北教育出版社 2002 年版
山水手记	柏 桦	重庆大学出版社 2011 年版
秋变与春乐：柏桦诗集(2014)	柏 桦	华东师范大学出版社 2016 年版
爱的哈达	查 干	内蒙古人民出版社 1977 年版
春草集	查 干	内蒙古人民出版社 1980 年版

彩石	查　干	民族出版社 1984 年版
历史与风景	柯　平	四川文艺出版社 1987 年版
写给小白的 71 首诗	柯　平	海南出版社 1994 年版
诗人毛泽东	柯　平	浙江文艺出版社 1993 年版
海夜歌声	柯仲平	上海光华书局 1927 年版
边区自卫军	柯仲平	重庆读书·生活出版社 1940 年版
平汉路工人破坏大队	柯仲平	重庆读书·生活出版社 1940 年版
从延安到北京	柯仲平	三联书店 1950 年版
长着翅膀的朱银鸟	柯　岗	湖北人民出版社 1954 年版
小诗集	柯　岗	上海文化出版社 1954 年版
掠影集	柯　灵	世界书局 1939 年版
钓梦集	柯叔宝	平津书局 1947 年版
颂大汉魂	柯叔宝	黎明文化公司 1979 年版
周总理，您在哪里	柯　岩	四川人民出版社 1978 年版
寻找回来的时间	柯　岩	群众出版社 1984 年版
中国式的回答	柯　岩	四川文艺出版社 1985 年版
荷的王国	柯　岩	中国文学出版社 1990 年版
柯岩文集(第四卷)	柯　岩	青岛出版社 1996 年版
姑娜	柯　炽	漓江出版社 1982 年版
露营曲	柯　原	广东人民出版社 1958 年版
岭南红桃歌	柯　原	广州文化出版社 1959 年版
南国诗情	柯　原	上海文艺出版社 1979 年版
送你一缕月光	柯　原	花城出版社 1984 年版
现代求索者	柯　原	学林出版社 1989 年版
少女与雪季	柯　原	哈尔滨出版社 1991 年版
爱的国土	柯　原	广西民族出版社 1993 年版
柯原抒情诗精选	柯　原	花城出版社 1994 年版
柯原作品选萃	柯　原	花城出版社 1995 年版
柯原短诗选	柯　原	香港银河出版社 2001 年版
柯原世纪诗选	柯　原	香港银河出版社 2003 年版
行矣！流浪客	柯振中	香港风雨文社 1971 年版
太阳从地心升起	柯愈勋	四川人民出版社 1984 年版

迟开的玫瑰	柯 蓝	百花文艺出版社 1984 年版
踏着星光远行	柯 蓝	长江文艺出版社 1992 年版
柯蓝文集(6)	柯 蓝	河北人民出版社 1996 年版
从深处出	柳 风	北平海音社 1927 年版
生命底微痕	柳 倩	上海生活出版社 1934 年版
自己的歌	柳 倩	上海乐华图书公司 1936 年版
无花的春天	柳 倩	上海中国诗歌社 1937 年版
单独者	树 才	华夏出版社 1997 年版
旅踪咏拾	段 云	北岳文艺出版社 1986 年版
塞外两支歌	洋 羽	新疆青华出版社 1962 年版
丝路情丝	洋 羽	新疆人民出版社 1984 年版
灵河	洛 夫	台湾创世纪诗社 1957 年版
石室之死亡	洛 夫	台湾创世纪诗社 1965 年版
魔歌	洛 夫	台北中外文学社 1974 年版
众荷喧哗	洛 夫	台湾枫城出版社 1976 年版
时间之伤	洛 夫	台北时报文化出版事业公司 1981 年版
酿酒的石头	洛 夫	台湾九歌出版社 1983 年版
因为风的缘故	洛 夫	台湾九歌出版社 1988 年版
月光房子	洛 夫	台北九歌出版社有限公司 1990 年版
天使的涅槃	洛 夫	台北尚书文化出版社 1990 年版
隐题诗	洛 夫	台北尔雅出版社有限公司 1993 年版
梦的图解	洛 夫	台湾书林出版公司 1993 年版
雪崩	洛 夫	台湾书林出版公司 1994 年版
雪落无声	洛 夫	台北尔雅出版社 1999 年版
形而上的游戏	洛 夫	骆驼出版社 1999 年版
洛夫精品	洛 夫	人民文学出版社 1999 年版
漂木	洛 夫	联合文学出版社 2001 年版
洛夫诗歌全集	洛 夫	普音文化公司 2009 年版
寄语诗情	洛 卡	台湾欣大出版社 1984 年版
浪子情怀	洛 卡	广东旅游出版社 1991 年版
天涯花	洪三泰	花城出版社 1981 年版

孔雀泉	洪三泰	花城出版社 1984 年版
野性的太阳	洪三泰	新世纪出版社 1987 年版
孤舟一系故国心	洪士范	台北政工干校 1955 年版
大串连	洪士范	台湾"新中国"出版社 1972 年版
雨后新叶	洪 迪	浙江文艺出版社 1984 年版
海洋之歌	洪 洋	中国青年出版社 1956 年版
欢呼吧,扬子江	洪 洋	长江文艺出版社 1958 年版
歌声满宇宙	洪 洋	湖北人民出版社 1959 年版
八月的火焰眼	洪流文	台湾星座诗社 1966 年版
诗	洪素丽	台北田园出版社 1969 年版
十年诗草	洪素丽	台湾时报出版公司 1981 年版
盛夏的南台湾	洪素丽	台北前卫出版社 1986 年版
扎西	洪 源	西藏人民出版社 1979 年版
芳草路	洪 源	长江文艺出版社 1986 年版
一头黑发令我羞耻	祝立根	中国青年出版社 2016 年版
绿	玲 君	上海新诗社 1937 年版
情诗	珂 特	台湾兴文斋书局 1968 年版
火之蛹	秋 声	台湾知音出版社 1981 年版
山泉与红叶	秋 原	吉林人民出版社 1983 年版
也频诗选	胡也频	上海红黑出版社 1929 年版
胡也频诗稿	胡也频	四川人民出版社 1981 年版
野花与剑	胡 风	上海文化生活出版社 1937 年版
为祖国而歌	胡 风	桂林海燕书店 1942 年版
时间开始了	胡 风	北京天下图书公司 1950 年版
欢乐颂	胡 风	上海海燕书店 1950 年版
光荣颂	胡 风	北京天下图书公司 1950 年版
胡风诗全编	胡 风	浙江文艺出版社 1992 年版
胡风全集(1)·诗	胡 风	湖北人民出版社 1999 年版
语花·春谷	胡北离	1967 年自刊
当代人	胡 平	江西人民出版社 1986 年版
乡下人的歌	胡 里	鸿业印刷文具公司 1947 年版
隽园诗稿	胡国伟	台北菩提文艺出版社 1976 年版
主席台	胡 征	重庆西南人民出版社 1951 年版
胡征诗选	胡 征	陕西人民出版社 1984 年版

胡征诗集	胡　征	陕西人民出版社 1984 年版
胡征长诗选	胡　征	解放军文艺出版社 1998 年版
朝鲜妇	胡明树	上海诗群社 1939 年版
胡品清译诗及新诗选	胡品清	中国文化研究所 1962 年版
梦的船(诗、散文、小说合集)	胡品清	台北皇冠出版社 1964 年版
人造花	胡品清	台北文星书店 1965 年版
晚开的欧薄荷	胡品清	台北水牛出版社 1968 年版
最后一曲圆舞	胡品清	台北水牛出版社 1969 年版
芒花球	胡品清	台北水牛出版公司 1970 年版
玻璃人	胡品清	台湾学人文化公司 1978 年版
另一种夏娃	胡品清	台湾中国文化大学出版部 1984 年版
胡思永的遗诗	胡思永	上海亚东书局 1924 年版
光荣的星云	胡　昭	作家出版社 1955 年版
草原夜景	胡　昭	中国青年出版社 1956 年版
小白桦树	胡　昭	作家出版社 1957 年版
山的恋歌	胡　昭	吉林人民出版社 1982 年版
从早霞到晚霞	胡　昭	江苏人民出版社 1983 年版
瀑布与虹	胡　昭	人民文学出版社 1984 年版
杨靖宇	胡　昭	吉林人民出版社 1985 年版
尝试集	胡　适	上海亚东图书馆 1920 年版
胡适诗存	胡　适	人民文学出版社 1989 年版
宁远诗集	胡钝俞	台北夏声杂志社 1969 年版
开山鼻祖	胡　宽	中国新诗文库出版中心 1988 年版
胡宽诗集	胡　宽	漓江出版社 1996 年版
春花彩雨	胡　笳	四川人民出版社 1977 年版
油海飘香	胡　笳	四川人民出版社 1979 年版
绿水红帆	胡　笳	四川人民出版社 1983 年版
我的心	胡毓瑞	北平中国诗社 1932 年版
她的一生	胡毓瑞	北平中国诗社 1937 年版
河	荒　牧	重庆诗焦点社 1947 年版
伦敦,危险的幽会	虹　影	中国文联出版公司 1993 年版
快跑,月食	虹　影	唐山出版社 1999 年版

三龙潭	费　林	上海文化出版社1955年版
带刺刀的爱神	贺东久	解放军文艺出版社1984年版
秋声赋	贺志坚	台北葡萄园诗社1981年版
再会了，美国	贺祥麟	五十年代出版社1951年版
笑	贺敬之	五十年代出版社1951年版
并没有冬天	贺敬之	上海泥土社1951年版
朝阳花开	贺敬之	作家出版社1954年版
放声歌唱	贺敬之	中国青年出版社1956年版
乡村之夜	贺敬之	作家出版社1957年版
放歌集	贺敬之	人民文学出版社1961年版
雷锋之歌	贺敬之	中国青年出版社1963年版
回答今日的世界	贺敬之	四川文艺出版社1990年版
神秘谷	贺羡泉	安徽文艺出版社1986年版
火热的歌	赵七星	吉林人民出版社1960年版
异种的企求	赵乃定	台湾大众文摘社1956年版
望海潮	赵卫民	台北大汉出版社1978年版
英雄纪事	赵卫民	台湾前卫出版社1981年版
巨人族	赵卫民	台湾前卫出版社1984年版
星花集	赵之洵	甘肃人民出版社1982年版
新诗歌集	赵元任	台湾商务印书馆1960年版
我爱我的祖国	赵元瑜	敦煌文艺出版社1961年版
果园的造访	赵天仪	台北双叶画廊1962年版
牯岭街	赵天仪	高雄三信出版社1978年版
小麻雀的游戏	赵天仪	台湾欣大出版社1984年版
四月草	赵日升	北京出版社1982年版
在金色的阳光下	赵玉明	台北野风出版社1953年版
梦痕	赵同和	台湾商务印书馆1970年版
晓星集	赵　扬	黑龙江人民出版社1981年版
珊瑚	赵丽宏	重庆出版社1982年版
沉默的冬青	赵丽宏	上海文艺出版社1988年版
抒情诗151首	赵丽宏	三联书店上海分店1993年版
落英缤纷	赵丽宏	中国友谊出版公司1993年版
赵丽宏诗选	赵丽宏	上海文艺出版社2008年版
疼痛	赵丽宏	人民文学出版社2016年版

心中的歌	赵国增	山西人民出版社1977年版
新绿诗篇	赵宗信	台湾笠诗社1975年版
我爱	赵恺	江苏人民出版社1983年版
共命鸟：赵恺诗集	赵恺	人民文学出版社2016年版
飞翠的山野	赵政民	山西人民出版社1984年版
荷花	赵景深	上海开明书店1928年版
乐园	赵景深	上海新教育书社1934年版
故乡雨	赵越	山西人民出版社1984年版
梅雨潭的新绿	赵瑞蕻	江苏人民出版社1983年版
香宋诗前集	赵熙	台北台湾学生书局1976年版
香宋诗抄	赵熙	四川人民出版社1986年版
追寻	钟天心	上海北新书局1930年版
游子吟	钟天心	中国文艺社1932年版
我爱上了这新世界	钟华	贵州人民出版社1953年版
乌江歌	钟华	贵州人民出版社1984年版
月魂	钟声扬	山西人民出版社1982年版
群山呼唤我	钟玲	台湾远景出版社1981年版
芬芳的海	钟玲	大地出版社1988年版
奇迹	钟钦	台北自强出版社1984年版
六点三十分	钟顺文	台北德华出版社1981年版
蕉叶上的诗	钟宽洪	云南人民出版社1979年版
细说	钟晓阳	台北三三书坊1983年版
金门颂	钟梅音	台湾中外文化出版公司1963年版
偶然草	钟敬文	国立中山大学出版部1928年版
海滨的二月	钟敬文	上海北新书局1929年版
未来的春	钟敬文	上海言行社1940年版
三年	钟鼎文	安徽省文化工作会1940年版
行吟者	钟鼎文	台湾诗坛社1951年版
山河诗抄	钟鼎文	台北正中书局1956年版
白色的花束	钟鼎文	台北蓝星诗社1957年版
雨季	钟鼎文	"台湾省新闻处"1967年版
我是初来的	钟瑄	桂林希望社1947年版
第一曲凯歌	钟锵	上海文艺出版社1958年版

书名	作者	出版信息
渤海渔歌	钟锵	辽宁人民出版社 1958 年版
赞歌集	钟锵	春风文艺出版社 1963 年版
红烛	闻一多	上海泰东书局 1923 年版
死水	闻一多	上海新月书店 1928 年版
闻一多全集（第 1 卷）	闻一多	湖北人民出版社 1993 年版
闻一多诗全编	闻一多	杭州文艺出版社 1995 年版
红烛 死水	闻一多	人民文学出版社 1998 年版
闻一多诗	闻一多	浙江文艺出版社 2000 年版
天山牧歌	闻捷	作家出版社 1956 年版
河西走廊行	闻捷	作家出版社 1959 年版
生活的赞歌	闻捷	人民文学出版社 1959 年版
复仇的火焰（第一部）	闻捷	作家出版社 1959 年版
复仇的火焰（第二部）	闻捷	作家出版社 1962 年版
闻捷全集（第 1~3 卷）	闻捷	北岳文艺出版社 2001 年版
中国当代名诗人选集·闻捷	闻捷	人民文学出版社 2006 年版
相信未来	食指	漓江出版社 1988 年版
诗探索金库·食指卷	食指	作家出版社 1998 年版
食指的诗	食指	人民文学出版社 2000 年版
中国当代名诗人选集·食指	食指	人民文学出版社 2006 年版
山雀子衔来的江南	饶庆军	长江文艺出版社 1958 年版
草原集	饶阶巴桑	作家出版社 1960 年版
石烛	饶阶巴桑	云南人民出版社 1980 年版
爱的花瓣	饶阶巴桑	人民文学出版社 1984 年版
对生叶之恋	饶阶巴桑	四川文艺出版社 1986 年版
泥人集	饶孟侃	1929 年自印
饶孟侃诗文集	饶孟侃	四川大学出版社 1997 年版
金色的年代	骁骑	台湾青年诗联社 1968 年版
世界的血	骆一禾	春风文艺出版社 1990 年版
骆一禾诗全编	骆一禾	上海三联书店 1997 年版
弃的故事	骆以军	广西师范大学出版社 2016 年版
一颗红心为革命	骆文	中南人民文学艺术出版社 1950 年版
露水草	骆文	长江文艺出版社 1981 年版
原形毕露	骆驼英	真理出版社 1946 年版

初春集	骆宾基	江南人民出版社1982年版
乡村的风	骆晓戈	湖南人民出版社1983年版
不满	骆耕野	湖南人民出版社1983年版
东海之滨	倪贻德	光华书局1925年版

十　画

乡音	凌文元	重庆出版社1983年版
凌文明诗选	凌文明	江西人民出版社1960年版
天地人	凌至江	香港诗风社1977年版
平原极目(诗散文)	唐文标	台湾环宇出版社1973年版
荒蛮月亮	唐亚平	贵州人民出版社1987年版
月亮的表情	唐亚平	沈阳出版社1992年版
唐亚平诗选	唐亚平	贵州人民出版社1996年版
黑色沙漠	唐亚平	春风文艺出版社1997年版
劳歌行	唐祈	花城出版社1986年版
唐祈诗选	唐祈	人民文学出版社1990年版
北风集	唐绍华	镇江朝霞社1931年版
忘忧草	唐绍华	南京拨提书店1935年版
生之战争	唐绍华	南京拨提书店1935年版
骚动的城	唐湜	上海星群出版社1947年版
英雄的草原	唐湜	上海星群出版社1948年版
飞扬的歌	唐湜	上海平原社1950年版
海陵王	唐湜	江苏人民出版社1980年版
幻美之旅	唐湜	宁夏人民出版社1984年版
泪瀑	唐湜	人民文学出版社1985年版
遐思	唐湜	漓江出版社1987年版
霞楼梦笛	唐湜	人民文学出版社1993年版
春江花月夜	唐湜	中国文联出版公司1993年版
蓝色的十四行	唐湜	北京燕山出版社1995年版
唐湜诗卷(上下)	唐湜	人民文学出版社2003年版
腹语术	夏宇	现代诗季刊社1991年版
磨擦,无以名状	夏宇	现代诗季刊社1995年版
夏宇诗集	夏宇	2000年自印

微笑的墙	夏 秋	1959年自刊
钟声	夏 渌	上海春草社1947年版
静静的林间	夏 菁	台北蓝星诗社1954年版
喷水池	夏 菁	台北明华书局1957年版
石柱集	夏 菁	台北中外文化事业1960年版
少年游	夏 菁	台北文星书店1964年版
山	夏 菁	台北纯文学出版社1977年版
涧水淙淙	夏 菁	台湾九歌出版社1998年版
雪岭	夏 菁	台北未来书城股份有限公司2003年版
夏菁短诗选	夏 菁	香港银河出版社2004年版
白杨树和战士	峭 石	河北人民出版社1958年版
麦苗青青	峭 石	百花文艺出版社1960年版
驰骋集	峭 石	山西人民出版社1961年版
高尚的人	峭 岩	江西人民出版社1977年版
红星与黑浪	峭 岩	山西人民出版社1980年版
星星,母亲的眼睛	峭 岩	解放军文艺出版社1984年版
绿色的情诗	峭 岩	江西人民出版社1987年版
画诗	席慕容	台湾皇冠出版社1979年版
七里香	席慕容	台湾大地出版社1981年版
无怨的青春	席慕容	台湾大地出版社1983年版
在那遥远的地方	席慕容	台北圆神出版社1988年版
漂泊的湖	席慕容	四川文艺出版社1989年版
献给女孩儿	席慕容	台声出版社1989年版
生命的滋味	席慕容	台声出版社1990年版
席慕容抒情诗合集	席慕容	花城出版社1991年版
河流之歌	席慕容	东华书局1992年版
边缘光影	席慕容	台北尔雅出版社1999年版
席慕容·世纪诗选	席慕容	台北尔雅出版社有限公司2000年版
迷途诗册	席慕容	作家出版社2010年版
奇幻世界	徐士钦	大溢出版社1982年版
将来之花园	徐玉诺	上海商务印书馆1922年版
土地改革及抗美援朝	徐玉诺	开封市文联1953年版

书名	作者	出版信息
志摩的诗	徐志摩	中华书局1925年版
翡冷翠的一夜	徐志摩	上海新月书店1927年版
猛虎集	徐志摩	上海新月书店1931年版
云游	徐志摩	上海新月书店1932年版
徐志摩诗全编	徐志摩	浙江文艺出版社1990年版
徐志摩全集	徐志摩	学林出版社1992年版
我等候你——徐志摩情诗精选	徐志摩	台北桂冠图书股份有限公司2001年版
再别康桥——徐志摩诗歌全集	徐志摩	线装书局2003年版
徐志摩诗精萃	徐志摩	花城出版社2008年版
荒城笛音	徐玛琳	台北水牛出版社1978年版
二十岁人	徐迟	上海时代图书公司1936年版
最强音	徐迟	桂林白虹书店1941年版
战争·和平·进步	徐迟	作家出版社1956年版
美丽·神奇·丰富	徐迟	作家出版社1957年版
共和国的歌	徐迟	作家出版社1958年版
中国新诗库·徐迟卷	徐迟	长江文艺出版社1990年版
徐迟诗选	徐迟	长江文艺出版社1992年版
淡水河	徐和邻	台湾葡萄园诗社1966年版
留在红叶上的梦	徐国志	四川文艺出版社1986年版
南城草	徐放	长春同化印书馆1942年版
起程的人	徐放	重庆群益出版社1945年版
野浪湾	徐放	五十年代出版社1950年版
赶路记	徐放	作家出版社1955年版
鱼水集	徐明	百花文艺出版社1959年版
招魂的夜笛	徐柏坚	台湾诗之华出版社1997年版
中国童年	徐柏坚	香港天马图书有限公司2002年版
北向吟	徐家骏	台湾现代诗社1956年版
似水流年	徐朔方	学林出版社1986年版
四十诗综	徐訏	上海怀正出版社1948年版
鞭痕集	徐訏	上海夜窗书屋1948年版
灯笼集	徐訏	上海夜窗书屋1948年版
借火集	徐訏	上海怀正出版社1948年版

书名	作者	出版信息
诗录集	徐讦	上海夜窗书屋 1948 年版
进香集	徐讦	上海怀正出版社 1948 年版
轮回	徐讦	香港大公书局 1952 年版
时间的去处	徐讦	香港亚洲出版社 1958 年版
原野的呼声	徐讦	黎明文化事业公司 1977 年版
耕耘期的抒情	徐康	四川文艺出版社 1983 年版
扑朔的狂歌	徐敬言	泰东图书局 1928 年版
生之恋歌	徐蒙	台南人文出版社 1955 年版
雉的心	徐雉	上海新文化书局 1923 年版
酸果	徐雉	上海光华书局 1929 年版
望夫云	徐嘉瑞	中国青年出版社 1957 年版
心园的玫瑰	徐懿美	台北学海出版社 1979 年版
栖真之地	桑子	中国青年出版社 2016 年版
三月的夜	晏明	上海新诗歌社 1947 年版
收割的日子	晏明	北京自强书局 1953 年版
北京抒情诗	晏明	百花文艺出版社 1959 年版
春天的竖琴	晏明	四川人民出版社 1983 年版
故乡的栀子花	晏明	长江文艺出版社 1983 年版
铁匠抒情曲	晓凡	春风文艺出版社 1961 年版
灿烂的青春	晓凡	辽宁人民出版社 1978 年版
小熊远征	晓凡	云南人民出版社 1982 年版
铜像	晓刚	山东人民出版社 1981 年版
散落的花瓣	晓刚	四川人民出版社 1982 年版
巫女	晓音	文广出版社有限公司 1992 年版
白鸽子·蓝星星	晓桦	解放军文艺出版社 1986 年版
祖国的春天	晓雪	云南人民出版社 1976 年版
采花节	晓雪	云南人民出版社 1979 年版
月是故乡明	晓晴	山西人民出版社 1983 年版
五束花	晓晴	北京十月文艺出版社 1985 年版
爱的夙愿	晓晴	百花文艺出版社 1985 年版
流泉与彩贝	柴德森	百花文艺出版社 1981 年版
不虚此行	格式	香港金陵书社出版公司 1993 年版
牧笛悠悠	格桑多杰	青海人民出版社 1982 年版

附录

书名	作者	出版社
缤纷的情韵	桂汉标	花城出版社 1987 年版
第一次诱惑	桂兴华	学林出版社 1987 年版
长长的街	桂兴华	北岳文艺出版社 1989 年版
跨世纪的毛泽东	桂兴华	江苏文艺出版社 1993 年版
邓小平之歌	桂兴华	江苏文艺出版社 1996 年版
中国豪情	桂兴华	上海文艺出版社 1999 年版
不眠的眼	桓 夫	台湾北诗社 1965 年版
野鹿	桓 夫	台北田园出版社 1967 年版
妈祖的缠足	桓 夫	台湾笠诗社 1974 年版
剖伊诗稿	桓 夫	台湾笠诗社 1974 年版
密林诗抄	桓 夫	台北现代文学出版社 1963 年版
孩儿塔	殷 夫	人民文学出版社 1958 年版
中国新诗库·殷夫卷	殷 夫	长江文艺出版社 1990 年版
和我交谈	殷龙龙	汉语诗歌资料室 2002 年版
江水悠悠	殷建波	台北政治大学 1979 年版
浪鼓耶琴	殷 勤	花城出版社 1984 年版
农村夜曲	流沙河	重庆人民出版社 1956 年版
告别火星	流沙河	作家出版社 1957 年版
游踪	流沙河	黑龙江人民出版社 1983 年版
故园别	流沙河	四川人民出版社 1983 年版
独唱	流沙河	花城出版社 1989 年版
毛泽东的战士	流 笳	战士出版社 1958 年版
乡情	浪 波	百花文艺出版社 1979 年版
花与山泉	浪 波	河北人民出版社 1979 年版
爱之河	浪 波	花山文艺出版社 1986 年版
还魂鸟	海 上	太白文艺出版社 1998 年版
死,遗弃以及空舟	海 上	台北唐山出版社 1999 年版
人海	海 上	香港世界华人艺术出版社 2002 年版
海上短诗选	海 上	香港银河出版社 2003 年版
发现,或者谛听亘古	海 上	香港世界华人艺术出版社 2005 年版
土地	海 子	春风文艺出版社 1990 年版
海子的诗	海 子	人民文学出版社 1995 年版

书名	作者	出版信息
海子诗全编	海子	上海三联书店 1997 年版
中国当代名诗人选集·海子	海子	人民文学出版社 2006 年版
风琴与女人	海男	沈阳出版社 1992 年版
是什么在背后	海男	春风文艺出版社 1992 年版
凯旋	海稜	西南人民出版社 1950 年版
夜曲	涂陶然	青海人民出版社 1983 年版
织虹的人	涂静怡	台北长歌出版社 1975 年版
从苦难中成长	涂静怡	台北水芙蓉出版社 1980 年版
历史的伤痕	涂静怡	台北长歌出版社 1980 年版
饮水思源	涂静怡	采风出版社 1986 年版
萍踪诗草	祥云	台湾狮子吼杂志社 1971 年版
立体交叉	秦巴子	青海人民出版社 1999 年版
流星群	秦岭雪	花城出版社 1987 年版
夏日·幻想节的佳期	秦岳	台中普天出版社 1970 年版
原始之黑	秦松	台湾现代绘画艺术协会 1967 年版
唱一支共同的歌	秦松	香港海洋文艺社 1978 年版
高山顶上有一小鹰	秦裕权	广西人民出版社 1975 年版
荒原的声音	索开	重庆春草诗社 1945 年版
歌手乌卜兰	索开	上海星群出版公司 1947 年版
元旦	聂绀弩	上海求实出版社 1949 年版
金秋集	聂索	云南人民出版社 1979 年版
地面和地底的开拓	聂鑫森	湖南人民出版社 1983 年版
南国恋情	莎蕻	长江文艺出版社 1987 年版
海思	莫文征	广西人民出版社 1985 年版
季节河	莫文征	文化艺术出版社 1990 年版
时间的落英	莫文征	中国文联出版公司 1994 年版
芽与根的和弦	莫文征	人民文学出版社 1999 年版
叛乱的法西斯	莫洛	温州海燕诗歌社 1938 年版
渡运河	莫洛	上海星群出版社 1948 年版
无语的春天	莫渝	台湾高雄三信出版社 1979 年版
长城	莫渝	台北秋水诗刊社 1980 年版
浮云集	莫渝	台北笠诗刊社 1990 年版
水镜	莫渝	台北笠诗刊社 1995 年版

莫渝诗集	莫 渝	"苗栗县文化局"2005年版
人民	袁水拍	新诗社1940年版
冬天、冬天	袁水拍	桂林远方书店1942年版
马凡陀的山歌	袁水拍	上海生活书店1946年版
沸腾的岁月	袁水拍	上海新群出版社1947年版
马凡陀的山歌(续集)	袁水拍	生活书店1948年版
解放山歌	袁水拍	新群出版社1949年版
今年新年大不同	袁水拍	香港新诗歌社1949年版
春莺颂	袁水拍	人民文学出版社1959年版
政治讽刺诗	袁水拍	作家出版社上海编辑所1964年版
沉思集	袁圣梧	台湾农家乐杂志1959年版
飞鸣宿食图	袁则难	台北林白出版社1974年版
青果	袁德星	台北驼峰出版社1966年版
康白情新诗全编	诸孝正、陈卓团编	花城出版社1990年版
千万遍阳光	谈 莹	台北星座诗社1966年版
单人道	谈 莹	台北星座诗社1968年版
致埃及	谈 微	天津人民出版社1957年版
空白	贾平凹	花城出版社1986年版
水磨集	贾 芝	北平泉社1935年版
敕勒草	贾 勋	内蒙古人民出版社1986年版
美的奏鸣曲	贾梦雷	安徽文艺出版社1986年版
春风出塞	贾 漫	百花文艺出版社1963年版
中流击水	贾 漫	内蒙古人民出版社1973年版
野茫茫	贾 漫	内蒙古人民出版社1982年版
溶化的太阳	逄 阳	中国文联出版公司1987年版
春夏秋冬	郭子雄	金屋书店1928年版
平原老人	郭小川	中南新华书店1950年版
雪与山谷	郭小川	中国青年出版社1958年版
鹏程万里	郭小川	作家出版社1959年版
月下集	郭小川	人民文学出版社1959年版
将军三部曲	郭小川	作家出版社1961年版
两都颂	郭小川	春风文艺出版社1961年版
甘蔗林——青纱帐	郭小川	作家出版社1963年版

昆仑行	郭小川	作家出版社 1965 年版
痛悼敬爱的周总理	郭小川	河南人民出版社 1977 年版
郭小川全集(第 1～3 卷)	郭小川	广西师范大学出版社 2000 年版
白鸟	郭文圻	台湾诗与音乐双月刊社 1955 年版
雪地歌声	郭正伍	新疆人民出版社 1959 年版
淡渍集	郭汉城	百花文艺出版社 1984 年版
绿岸	郭玉山	新世纪出版社 1987 年版
深沉的恋歌	郭光豹	花城出版社 1983 年版
少女少男	郭光豹	新世纪出版社 1987 年版
红楼新梦	郭光豹	新世纪出版社 1987 年版
华山斧	郭守义	山西人民出版社 1957 年版
蔷薇的血迹	郭成义	台湾笠诗社 1975 年版
生命的琴键	郭成堂	环球图书服务中心 1972 年版
第一颗星	郭 妙	台湾文镜文化公司 1984 年版
穿越世纪的情歌	郭志杰	中国文联出版社 1999 年版
宇宙对人类的审判	郭志杰	远方出版社 1999 年版
报春鸟歌	郭宝臣	河北人民出版社 1981 年版
郭枫诗选	郭 枫	台湾新枫出版社 1971 年版
第一次信仰	郭 枫	台湾新地出版社 1985 年版
女神	郭沫若	上海泰东图书局 1921 年版
星空	郭沫若	上海泰东图书局 1923 年版
瓶	郭沫若	上海创造社出版部 1927 年版
前茅	郭沫若	上海创造社出版部 1928 年版
恢复	郭沫若	上海创造社出版部 1928 年版
沫若诗全集	郭沫若	上海现代书局 1930 年版
蜩螗集(附《战声集》)	郭沫若	上海群众出版社 1948 年版
毛泽东的旗帜迎风飘扬	郭沫若	北京人民文学出版社 1953 年版
百花齐放	郭沫若	作家出版社 1958 年版
蜀道奇	郭沫若	重庆人民出版社 1963 年版
邕漓行	郭沫若	广西人民出版社 1965 年版
东风第一枝	郭沫若	四川人民出版社 1978 年版
郭沫若少年诗稿	郭沫若	四川人民出版社 1979 年版
郭沫若闽游诗集	郭沫若	福建人民出版社 1979 年版

书名	作者	出版信息
《女神》及佚诗	郭沫若	人民文学出版社 2008 年版
村野散歌	郭瑞章	安徽人民出版社 1958 年版
美的追求	郭蔚球	江西人民出版社 1981 年版
爱的长河	郭蔚球	江西人民出版社 1986 年版
张开翅膀飞呀	郭墟	中国青年出版社 1955 年版
怀乡的笛子	郭德楷	台湾国华出版社 1962 年版
水晶座	钱君匋	上海亚东图书馆 1929 年版
素描	钱君匋	神州国光社 1932 年版
饿人和饥鹰	钱杏邨	现代书局 1928 年版
暴风雨的前夜	钱杏邨	泰东图书局 1928 年版
荒土	钱杏邨	泰东图书局 1929 年版
天渊集	钱静人	江苏人民出版社 1961 年版
和平之歌	铁依甫江·艾里耶夫（任运昌译）	作家出版社 1956 年版
歌颂我的祖国	铁依甫江·艾里耶夫	新疆人民出版社 1963 年版
歌与锤	陶世绵	湖北人民出版社 1977 年版
行知诗歌集	陶行知	上海儿童书局 1933 年版
段赤诚	陶阳	云南人民出版社 1980 年版
蹒跚	陶里	五月诗刊 1991 年版
筑地黄昏	陶映霞	黎明书局 1934 年版
喜马拉雅山下	顾工	中国青年出版社 1955 年版
重逢	顾工	上海文化出版社 1956 年版
这是成熟的季节啊	顾工	作家出版社 1957 年版
寄远方	顾工	上海文艺出版社 1958 年版
鲜花、乐器、酒杯	顾工	百花文艺出版社 1959 年版
在生活的海洋里	顾工	春风文艺出版社 1959 年版
战神和爱神	顾工	河南人民出版社 1980 年版
爱情交响诗	顾工	广西人民出版社 1987 年版
春来更相思	顾文	广西人民出版社 1987 年版
流浪之歌	顾青海	北平大学出版社 1933 年版
顾城诗集	顾城	台北新地出版社 1988 年版
顾城童话寓言诗选	顾城	海燕出版社 1993 年版

顾城新诗自选集——海篮	顾　城	百花文艺出版社1993年版
顾城诗全编	顾　城	上海三联书店1995年版
顾城的诗	顾　城	人民文学出版社1998年版
走了一万一千里路	顾　城	北京十月文艺出版社2005年版
中国当代诗人选集·顾城	顾　城	人民文学出版社2006年版
咪吉尔歌	高大鹏	1974年自刊
独乐园	高大鹏	台北时报文化出版公司1980年版
闪光	高长虹	狂飙社1925年版
心的探险（诗与散文合集）	高长虹	上海北新书局1926年版
给	高长虹	上海光华书局1927年版
献给自然的女儿	高长虹	上海泰东图书局1928年版
燐火	高　风	台湾绿州出版社1953年版
我采撷秋光	高东旭	春风文艺出版社1984年版
高兰朗诵诗	高　兰	汉口大路书店1937年版
高兰朗诵诗集	高　兰	成都越新书局1938年版
朗诵诗集	高　兰	香港长沙商务印书馆1940年版
高兰朗诵诗新辑	高　兰	重庆建中出版社1943年版
牧笛	高　兰	重庆诗焦点社1944年版
用和平力量推动地球前进	高　兰	山东人民出版社1951年版
秋天里的春天	高加索	江苏人民出版社1985年版
珠穆朗玛	高　平	上海新文艺出版社1955年版
拉萨的黎明	高　平	重庆人民出版社1957年版
大雪纷飞	高　平	作家出版社1958年版
川藏公路之歌	高　平	西藏人民出版社1978年版
古堡	高　平	甘肃人民出版社1979年版
冬雷	高　平	甘肃人民出版社1980年版
年轻的心	高伐林	湖南人民出版社1983年版
破冰船	高伐林	长江文艺出版社1983年版
早春交响曲	高伐林	中国青年出版社1984年版
燃烧的青春	高伐林	四川文艺出版社1986年版
赤道集	高　扬	上海联合书社1936年版
夜风	高沐鸿	上海泰东图书局1928年版
天河	高沐鸿	上海光华书店1928年版

黄河——澄清	高沐鸿	火花文艺出版社 1956 年版
太行吟	高沐鸿	山西人民出版社 1957 年版
回春室诗抄	高沐鸿	山西人民出版社 1980 年版
吃石头的鳄鱼	高洪波	人民文学出版社 1983 年版
鹅鹅鹅	高洪波	宁夏人民出版社 1985 年版
喊泉的秘密	高洪波	中国少年儿童出版社 1987 年版
我喜欢你 狐狸	高洪波	湖北少年儿童出版社 1990 年版
鸽子树的传说——高洪波儿童诗自选集	高洪波	安徽少年儿童出版社 1997 年版
心帆	高洪波	北方文艺出版社 2002 年版
阳光心情	高洪波	作家出版社 2010 年版
远方的苹果花	高 钫	浙江文艺出版社 1984 年版
丁香结	高 准	台北海洋诗社 1961 年版
七星山	高 准	台北中国文化学院 1964 年版
高准诗抄	高 准	台中光启出版社 1970 年版
葵心集	高 准	台中蓝灯文化公司 1979 年版
路漫漫	高 深	宁夏人民出版社 1981 年版
美的瞬间	高 颖	辽宁美术出版社 1986 年版
丁佑君之歌	高 缨	重庆人民出版社 1951 年版
狮子滩人	高 缨	重庆人民出版社 1957 年版
大凉山之歌	高 缨	作家出版社 1958 年版
三峡灯火	高 缨	作家出版社 1960 年版

十一画

梦或者黎明	商 禽	台北十月出版社 1969 年版
用脚思想	商 禽	台北汉光文化事业股份有限公司 1988 年版
梦或者黎明及其他	商 禽	台北书林出版有限公司 1988 年版
商禽·世纪诗选	商 禽	台北尔雅出版社有限公司 2000 年版
商禽诗全集	商 禽	印刻文学生活杂志有限公司 2009 年版

屠岸十四行诗	屠岸	花城出版社1986年版
哑歌人的自白	屠岸	人民文学出版社1990年版
诗爱者的自白	屠岸	人民文学出版社1999年版
深秋有如初春——屠岸诗选	屠岸	人民文学出版社2003年版
潮声	崔合美	湖南人民出版社1983年版
飞翔的花	崔合美	百花文艺出版社1983年版
蝉珍吟集	崔百城	台中明光出版社1971年版
毋忘草	常任侠	南京土星笔会出版社1935年版
常任侠文集（卷五）	常任侠	安徽教育出版社2002年版
绿色的诗笺	常安	花山文艺出版社1983年版
穷途	康夫	香港罗盘诗社1977年版
野丁香	康平	云南人民出版社1984年版
草儿	康白情	上海亚东图书馆1922年版
草儿在前	康白情	上海亚东图书馆1923年版
河上集	康白情	上海亚东图书馆1924年版
掘火者	康定	上海星群出版公司1947年版
康城的速度	康城	2002年自印
从森林眺望北京	康朗甩	中国青年出版社1957年版
傣家人之歌	康朗甩	上海文艺出版社1962年版
流沙河之歌	康朗英	云南人民出版社1959年版
风雨集	敏歧	漓江出版社1984年版
夜之歌	曹介甫	台北爱眉文艺社1971年版
塞上散诗	曹世钦	河北人民出版社1957年版
潇亭诗集	曹华青	台北大汉出版社1977年版
蘅诗钞	曹经允	台北正中书局1962年版
青春流派	曹剑	四川文艺出版社1986年版
曹桂梅小集	曹桂梅	中南人民文学艺术出版社1953年版
曹桂梅诗选	曹桂梅	新文艺出版社1956年版
微痕	曹唯非	上海泰东图书局1926年版
爱的花园	曹雪松	上海群众图书公司1929年版
五味集	曹瑛	湖南人民出版社1983年版
抒情十三章	曹葆华	1929年自刊
寄诗魂	曹葆华	震东印书馆1930年版

无题草	曹葆华	上海文化生活出版社 1937 年版
悟空失宝	曹毅前	湖南人民出版社 1959 年版
曼晴诗选	曼　晴	河北人民出版社 1981 年版
喧腾的高原	梁上泉	中国青年出版社 1956 年版
云南的云	梁上泉	中国青年出版社 1957 年版
我们追赶太阳	梁上泉	上海文艺出版社 1960 年版
大巴山月	梁上泉	重庆人民出版社 1962 年版
春满长征路	梁上泉	四川人民出版社 1978 年版
山海抒情	梁上泉	四川人民出版社 1979 年版
梁上泉诗选	梁上泉	四川文艺出版社 1993 年版
六弦琴	梁上泉	重庆出版社 1993 年版
献给母亲的石竹花	梁上泉	成都出版社 1994 年版
少女军鼓队	梁小斌	中国文联出版公司 1988 年版
碎叶集	梁云坡	台北中山出版社 1954 年版
射手	梁云坡	1967 年自刊
山风流　人风流	梁　平	西南师范大学出版社 1989 年版
拒绝温柔	梁　平	漓江出版社 1993 年版
梁平诗选	梁　平	重庆出版社 2001 年版
巴与蜀：两个二重奏	梁　平	作家出版社 2005 年版
三十年河东	梁　平	四川文艺出版社 2008 年版
现实诗集	梁次如	1962 年自刊
黑瀑布	梁志宏	北岳文艺出版社 1987 年版
晚祷	梁宗岱	上海商务印书馆 1924 年版
诗棋	梁宗岱	上海商务印书馆 1925 年版
野百合花	梁　南	江苏人民出版社 1981 年版
爱的火焰花	梁　南	花城出版社 1983 年版
天鹅栖息地的情歌	梁　南	黑龙江人民出版社 1984 年版
下降	梁春生	台北田园出版社 1970 年版
自然的微笑	梁　格	广州中大图书馆 1930 年版
宇宙的统治	梁　格	广州中大图书馆 1935 年版
春的回忆	梁　格	广州中山大学图书馆 1936 年版
春莺曲	梁　格	广州中山大学图书馆 1936 年版
兰珍子	梅绍静	陕西人民出版社 1975 年版
唢呐声声	梅绍静	湖南人民出版社 1983 年版

书名	作者	出版信息
女娲的天空	梅绍静	北方文艺出版社 1990 年版
灵闪	梅济民	当代文学研究社中国文学研究组 1984 年版
听雨楼诗集	梅嵩高	台北三民书局 1971 年版
再生的树	梅新	台北惊声文物供应社 1970 年版
椅子	梅新	台北成文出版社 1979 年版
季节的错误	梦如	香港文学报社出版公司 1991 年版
穿越	梦如	香港获益出版有限公司 1996 年版
不落的星辰	梵扬	花城出版社 1983 年版
婚事	梵阳	华南人民出版社 1952 年版
西南行	殒星	上海前夜书店 1929 年版
痖弦诗钞	痖弦	香港九龙国际图书公司 1959 年版
深渊	痖弦	台北众人出版社 1968 年版
如歌的行板	痖弦	台北洪范书店有限公司 1996 年版
栽柳集	章长石	解放军文艺社 1960 年版
深誓	章衣萍	上海北新书局 1928 年版
种树集	章衣萍	上海北新书局 1928 年版
钓鲨的人们	章明	长江文艺出版社 1950 年版
三支赞歌	章明	广东人民出版社 1957 年版
椰树翩翩	章明	花城出版社 1982 年版
铁昭的诗	章铁昭	大漠社 1933 年版
珊瑚岛	章斌	台湾青年写作协会 1956 年版
绿色的塔里木	章德益	人民文学出版社 1980 年版
大漠和我	章德益	湖南人民出版社 1983 年版
生命	章德益	新疆人民出版社 1986 年版
西部太阳	章德益	上海文艺出版社 1986 年版
黑色戈壁石	章德益	花城出版社 1986 年版
大时代的诗人	符节合	台北正中书局 1961 年版
生命之歌二十一首	符节合	台北正中书局 1973 年版
绿纱窗	绿地	春风文艺出版社 1985 年版

书名	作者	出版信息
夜行吟	绿 茵	战斗文艺月刊社 1956 年版
童话	绿 原	桂林希望社 1942 年版
集合	绿 原	上海泥土社 1951 年版
另一支歌	绿 原	四川文艺出版社 1986 年版
我们走向海	绿 原	知识出版社 1990 年版
绿原自选诗	绿 原	人民文学出版社 1998 年版
捕影集	绿 绮	台湾大众文摘社 1968 年版
流浪船	绿 绮	青年诗人联谊会 1968 年版
蓝星	绿 蒂	1960 年自刊
绿色的塑像	绿 蒂	台北野风出版社 1963 年版
风与城	绿 蒂	协成出版社 1991 年版
坐看云起时	绿 蒂	秋水诗刊社 1998 年版
风的捕手	绿 蒂	秋水诗刊社 2000 年版
绿蒂诗选	绿 蒂	台湾商务印书馆 2006 年版
春风谣	萍 之	江苏人民出版社 1979 年版
当暮色渐蓝	萨仁图娅	春风文艺出版社 1986 年版
绿叶	逸 峰	台北野风出版社 1963 年版
社会主义的春天	野 谷	长江文艺出版社 1954 年版
小姑娘的梦	野 谷	重庆人民出版社 1955 年版
爱的潜流	野 曼	花城出版社 1982 年版
迷你情思	野 曼	新世纪出版社 1987 年版
布谷鸟	阎一强	山东人民出版社 1959 年版
沂蒙赞	阎一强	上海人民出版社 1974 年版
阎妮的诗	阎 妮	广东人民出版社 1983 年版
阎振瀛的诗	阎振瀛	台湾中国文化大学出版部 1981 年版
王者的演出	阎振瀛	台湾中国文化大学出版社 1984 年版
上弦月	雪 兵	中国文联出版公司 1986 年版
梦呓	雪 迪	漓江出版社 1988 年版
颤栗	雪 迪	工人出版社 1989 年版
黄花魂之歌	黄人和	台湾"陆军出版社"1977 年版
人间笔记	黄人和	台北时报出版公司 1984 年版
献心	黄天石	广州受匡社 1928 年版

竹崖诗选	黄文陶	1967年自刊
停云集	黄文博	广州万国书局1935年版
山歌集	黄火兴	广东人民出版社1966年版
冬娃	黄东城	江苏人民出版社1980年版
花魂吟	黄东城	江苏人民出版社1984年版
青春的旋律	黄东城	百花文艺出版社1985年版
九月的太阳	黄宁婴	诗歌出版社1938年版
荔枝红	黄宁婴	桂林诗创作社1943年版
民主短简	黄宁婴	香港文生出版社1946年版
溃退	黄宁婴	香港人间书屋1948年版
我的心,只有我的心	黄永玉	四川文艺出版社1985年版
曾经有过那种时候	黄永玉	江苏人民出版社1987年版
花衣吹笛人	黄永玉	湖南文艺出版社1988年版
呢喃集	黄永武	学兴书局1956年版
心期	黄永武	1958年自刊
无果花	黄 用	台北蓝星诗社1959年版
远远的雨	黄礼孩	国际文化出版公司1996年版
我对命运所知甚少	黄礼孩	海风出版社2004年版
风笛	黄 旭	台北现代诗社1957年版
风沙集	黄伯飞	香港九龙人生出版社1957年版
天山集	黄伯飞	香港九龙人生出版社1959年版
祈响集	黄伯飞	台湾商务印书馆1969年版
流云的梦	黄怀云	台北纵横诗社1963年版
世界的隐喻	黄灿然	文化艺术出版社1998年版
游泳池畔的冥想	黄灿然	中国工人出版社2000年版
我的灵魂	黄灿然	重庆大学出版社2011年版
莲花落	黄进莲	台北林白出版社1971年版
攀月桂的孩子	黄国彬	台北林白出版社1975年版
指环	黄国彬	香港诗风社1976年版
地劫	黄国彬	香港诗风社1977年版
宛在水中央	黄国彬	台湾皇冠出版社1984年版
航向星宿海	黄国彬	香港天琴出版社1993年版
披发跣足	黄国彬	香港天琴出版社1993年版
雪魄	黄国彬	香港香江出版有限公司1998年版

雨岸灯火	黄昏星	台湾神州诗社1978年版
爱与血之歌	黄肃秋	北平人文书店1933年版
生命树	黄郁铨	台北林白出版社1975年版
残夜集	黄 雨	香港新诗歌社1948年版
啼笑皆非集	黄 雨	花城出版社1985年版
山河声浪	黄 青	漓江出版社1984年版
恋中心影	黄 俊	上海新文化书社1923年版
秋声集	黄恒洁	1974年自刊
葫芦的心事	黄恒秋	台湾笠诗社1981年版
深圳风华	黄施民	花城出版社1984年版
春晖寸草集	黄树则	河南科学技术出版社1982年版
黑夜来前	黄树根	高雄春晖出版社1981年版
让爱统治这块土地	黄树根	高雄春晖出版社1984年版
舞宫前	黄药眠	光华书局1925年版
黄花岗上	黄药眠	上海创造社出版部1929年版
桂林底撤退	黄药眠	广州群力书店1947年版
悼念	黄药眠	陕西人民出版社1980年版
面向着生活的海洋	黄药眠	花城出版社1983年版
黄药眠抒情诗集	黄药眠	长江文艺出版社1990年版
听雨集、秋声录合刊	黄 逊	1975年自刊
花期	黄海凤	广东韶关五月诗社1987年版
朦胧的你和我	黄海凤	广东旅游出版社1990年版
弹奏阳光	黄海凤	春风文艺出版社1997年版
聆听清远	黄海凤	花城出版社2004年版
触觉生活	黄荷生	台湾现代诗社1943年版
落叶集	黄 崇	书林出版有限公司1984年版
初调	黄 曼	台北林白出版社1976年版
等待青春消失	黄 梵	江苏文艺出版社2009年版
爱的格律	黄 淮	延边教育出版社1985年版
命运与爱	黄 淮	时代文艺出版社1986年版
人之诗	黄 淮	中国文联出版公司1987年版
我和咪咪	黄 淮	香港南洋出版社1991年版
诗人花园	黄 淮	时代文艺出版社1993年版
星花集	黄 淮	香港雅园出版公司1998年版

魂瓶	黄　淮	香港雅园出版公司2000年版
茉莉家乡	黄维君	东林文学社1980年版
狂饮不醉的兽形	黄　翔	1986年自印
黄翔禁毁诗选	黄　翔	香港明镜出版社1999年版
非纪念碑——一个弱者的自画像	黄　翔	台北唐山出版社2002年版
我在黑暗中摇滚喧哗	黄　翔	台北唐山出版社2002年版
独自寂寞中悄声细语	黄　翔	台北唐山出版社2002年版
诗——没有围墙的居室	黄　翔	台北唐山出版社2003年版
爱的地平线	黄蒲生	新世纪出版社1987年版
女孩子	黄锦堂	台北大明王氏出版公司1972年版
灿烂的敦煌	黄雍廉	台北新中国出版社1969年版
长明的巨星	黄雍廉	台北水芙蓉出版社1976年版
火凤凰的预言	黄德伟	台湾星座诗社1967年版
来自灵山的一朵花	龚显荣	1968年自刊
榴红的五月	龚显荣	台北立志出版社1969年版

十二画

象棋步法	傅义正	高雄德馨室出版社1978年版
森林之歌	傅　仇	四川人民出版社1955年版
雪山谣	傅　仇	中国青年出版社1956年版
种籽·歌曲·路	傅　仇	新文艺出版社1958年版
钢铁江山	傅　仇	中国青年出版社1960年版
竹号	傅　仇	四川人民出版社1964年版
绿色的音符	傅天琳	四川人民出版社1981年版
音乐岛	傅天琳	人民文学出版社1983年版
红草莓	傅天琳	作家出版社1986年版
太阳的情人	傅天琳	北方文艺出版社1990年版
另外的预言	傅天琳	沈阳出版社1992年版
结束与诞生	傅天琳	春风文艺出版社1997年版
傅天琳诗选	傅天琳	重庆出版社1998年版
哭城传奇	傅承得	1984年自刊

云的语言	傅 敏	台北林白出版社 1969 年版
短歌	喻丽清	台中光启出版社 1975 年版
雪乡	寒 风	山西人民出版社 1978 年版
远方有客来	寒 星	贵州人民出版社 1982 年版
截面与回声	寒 烟	中国文联出版社 2003 年版
水木集	彭一民	自然文艺社 1936 年版
日出之前	彭子蕴	女子书店 1923 年版
载着船的歌	彭邦桢	台北中兴文学出版社 1953 年版
恋歌小唱	彭邦桢	高雄大业书店 1955 年版
花叫	彭邦桢	台北华欣文化事业中心 1974 年版
爱的小屋	彭国梁	湖南文艺出版社 1989 年版
黄昏的情歌	彭国梁	云南人民出版社 1989 年版
流浪的根	彭国梁	广西民族出版社 1993 年版
盼水的心情	彭国梁	太白文艺出版社 1998 年版
边防之鹰	彭香最	广东人民出版社 1979 年版
绿瓦集	彭家驹	台北重光文艺出版社 1966 年版
唯情集	彭家驹	香港条风出版社 1975 年版
水乡	彭 捷	台北蓝星诗社 1956 年版
春天——大地的诱惑	彭燕郊	桂林诗创作社 1940 年版
战斗的江南季节	彭燕郊	桂林水平书店 1943 年版
妈妈,我,和我唱的歌	彭燕郊	萌芽社 1943 年版
第一次爱	彭燕郊	桂林山水出版社 1945 年版
彭燕郊诗选	彭燕郊	湖南人民出版社 1984 年版
混沌初开	彭燕郊	1996 年自印
当代湖南作家作品选·彭燕郊卷	彭燕郊	湖南文艺出版社 1997 年版
夜行	彭燕郊	山东友谊出版社 1998 年版
光阴的梯子	普 珉	河北教育出版社 2003 年版
蟾江水波	晴 霓	通俗读物出版社 1955 年版
爱的三部曲	曾今可	新时代书局 1931 年版
平澜诗集	曾平澜	上海群众书局 1930 年版
露珠	曾妙蓉	台湾文教出版社 1974 年版
纸船	曾妙蓉	台湾文教出版社 1976 年版

门	曾　卓	重庆诗文学社 1944 年版
悬崖边的树	曾　卓	四川人民出版社 1981 年版
老水手的歌	曾　卓	黑龙江人民出版社 1983 年版
曾卓抒情诗选	曾　卓	中国文联出版公司 1988 年版
给少年们的诗	曾　卓	湖北少年儿童出版社 1990 年版
曾卓文集(第 1 卷)	曾　卓	长江文艺出版社 1994 年版
透明升降机内	棕色果	台湾春晖出版社 1981 年版
手套与爱	渡　也	故乡出版社 1980 年版
阳光的眼睛	渡　也	成文出版社 1982 年版
愤怒的葡萄	渡　也	台北时报文化公司 1983 年版
硝河曲	温民法	百花文艺出版社 1959 年版
彩虹	温玉波	上海文艺出版社 1962 年版
我爱这生活	温承训	北京大众出版社 1956 年版
母亲的城	温承训	北京出版社 1960 年版
温流诗选	温　流	广东人民出版社 1958 年版
山河录	温瑞安	台北时报出版社 1979 年版
楚汉	温瑞安	台湾尚书出版社 1990 年版
夜之歌	焦惟思	长虹书店 1940 年版
夜哭	焦菊隐	北平北新书局 1926 年版
他乡	焦菊隐	上海北新书局 1929 年版
内蒙十年颂	芭　杰	内蒙古人民出版社 1958 年版
金蛹	琼　虹	台北纯文学出版社 1976 年版
红珊瑚	琼　虹	台北大地出版社 1983 年版
三色梦境	禄　琴	中国文联出版社 2000 年版
星光下	程元白	台湾云青杂志社 1966 年版
白沙戏笔诗	程双雨	台北水芙蓉出版社 1970 年版
女儿的诗说和我说	程兆熊	香港鹅湖出版社 1970 年版
不朽的琴弦	程光锐	江苏人民出版社 1981 年版
三歌集	程纪贤	香港华实出版社 1979 年版
笑容在黎明前凝固	程步涛	山东文艺出版社 1984 年版
美神	程显谟	贵州人民出版社 1987 年版
风铃集	程　铮	重庆独立出版社 1943 年版
激流之歌	程锡级	北方文艺出版社 1959 年版
恬庐诗稿	程懋圻	1958 年自印

书名	作者	出版信息
海堤诗草	童晴岚	福建人民出版社 1957 年版
马回转头来	童蔚	漓江出版社 1988 年版
五岭笙歌	粟鹤皋	湖南人民出版社 1960 年版
抒情集	舒兰	台北野风出版社 1962 年版
乡色酒	舒兰	台北布谷出版社 1984 年版
舒兰童诗选	舒兰	台北布谷出版社 1989 年版
我的抒情诗	舒巷城	香港伴侣杂志社 1965 年版
回声集	舒巷城	香港中流出版社 1970 年版
都市诗钞	舒巷城	七十年代杂志社 1972 年版
舒笛的诗	舒笛	台湾北极星诗社 1978 年版
双桅船	舒婷	上海文艺出版社 1982 年版
会唱歌的鸢尾花	舒婷	四川文艺出版社 1986 年版
始祖鸟	舒婷	海峡文艺出版社 1992 年版
舒婷的诗	舒婷	人民文学出版社 1994 年版
舒婷诗文自选集	舒婷	漓江出版社 1997 年版
舒婷文集·最后的挽歌	舒婷	江苏文艺出版社 1997 年版
致橡树	舒婷	江苏文艺出版社 2003 年版
流云集	葛宝戢	台北实践出版社 1978 年版
常住峰的青春	葛贤宁	1949 年自刊
凤凰的新生	葛贤宁	台湾中华文化出版事业社 1958 年版
草原的风,飘去	董龙生	中国文艺联合出版公司 1984 年版
落叶集	董荣	台湾书林出版有限公司 1984 年版
游击草	董鲁安	作家出版社 1956 年版
小兰花	蒂克	成都莽原出版社 1942 年版
新梦	蒋光慈	上海书店 1925 年版
哀中国	蒋光慈	汉口长江书店 1927 年版
哭诉	蒋光慈	上海春野书店 1928 年版
光慈诗选	蒋光慈	上海现代书局 1928 年版
战鼓	蒋光慈	上海北新书局 1929 年版
乡情集	蒋光慈	上海北新书局 1934 年版
无谱之曲	蒋青山	上海泰东图书公司 1927 年版
蒋勋诗选	蒋勋	友谊出版公司 1981 年版

书名	作者	出版信息
蒋彝诗集	蒋彝	友谊出版公司 1983 年版
海洋诗抄	覃子豪	台北新诗周刊社 1953 年版
向日葵	覃子豪	台北蓝星诗社 1955 年版
画廊	覃子豪	台北蓝星诗社 1962 年版
夜明珠	谢文礼	长江文艺出版社 1981 年版
夜笛	谢东壁	四维印务馆 1953 年版
幽兰留给你	谢光云	四川文艺出版社 1987 年版
黑眼睛的少女	谢克强	北岳文艺出版社 1986 年版
遗忘之歌	谢秀宗	台湾笠诗社 1967 年版
赏风会	谢秀宗	台湾大升出版社 1974 年版
春	谢武彰	书评书目编委会 1975 年版
天空的衣服	谢武彰	台湾书店 1976 年版
越搬越多	谢武彰	汉京书店 1979 年版
我们去看湖	谢武彰	汉京书店 1979 年版
春天的脚印	谢武彰	台北布谷出版社 1983 年版
荒山野唱	谢采江	北京海音社 1926 年版
梦痕	谢采江	北京明报社 1926 年版
宝石花园	谢采筏	安徽人民出版社 1980 年版
春天的港	谢青	台湾新诗周刊社 1953 年版
星星的聚会	谢星涛	台南德华出版社 1976 年版
铁冲诗草	辛铁冲	蓝青社 1935 年版
幸福没有地址	道辉	诗歌信息服务部 1991 年版
爱·水伤	道辉（署名陈道辉）	香港金陵书社出版公司 1992 年版
大巴山的早晨	雁翼	重庆人民出版社 1955 年版
在云彩上面	雁翼	中国青年出版社 1956 年版
黄河剪影	雁翼	长江文艺出版社 1958 年版
雪山红日	雁翼	重庆人民出版社 1960 年版
抒情诗草	雁翼	重庆人民出版社 1962 年版
奴隶颂	雁翼	四川人民出版社 1979 年版
白杨林风情	雁翼	人民文学出版社 1981 年版
南国的树	雁翼	上海文艺出版社 1982 年版
献给上海的玫瑰	雁翼	江苏人民出版社 1983 年版
子夜灯影	雁翼	百花文艺出版社 1984 年版

书名	作者	出版信息
韩友鹿诗选	韩友鹿	青海人民出版社 1961 年版
北京的节日	韩忆萍	北京出版社 1959 年版
铁匠传及其他	韩忆萍	北京出版社 1962 年版
走窑人的歌	韩忆萍	北京出版社 1965 年版
白色的石头	韩 东	上海文艺出版社 1992 年版
爸爸在天上看我	韩 东	河北教育出版社 2002 年版
人民之歌	韩北屏	桂林前线出版社 1939 年版
和平的长城	韩北屏	广东人民出版社 1959 年版
夜鼓	韩北屏	上海文艺出版社 1980 年版
静静的白桦林	韩作荣	春风文艺出版社 1983 年版
六角的雪花	韩作荣	黑龙江人民出版社 1984 年版
少女和紫丁香	韩作荣	安徽文艺出版社 1988 年版
雪季·梦与情歌	韩作荣	百花洲文艺出版社 1990 年版
玻璃花瓶	韩作荣	上海文艺出版社 1991 年版
瞬间的野菊	韩作荣	明天出版社 1991 年版
纸上的风景	韩作荣	北方文艺出版社 2000 年版
秋夫诗选	韩秋夫	青海人民出版社 1986 年版
从松花江到湘江	韩 笑	新文艺出版社 1955 年版
战士与孩子	韩 笑	广东人民出版社 1956 年版
边防军情歌	韩 笑	广东人民出版社 1959 年版
南国旅伴	韩 笑	花城出版社 1984 年版
白山黑水	韩 笑	北方文艺出版社 1985 年版
我唱白云,我唱绿树	韩 笑	海南人民出版社 1987 年版
春神集	韩嗣仪	北岳文艺出版社 1986 年版
凤凰鸟	韩静雯	上海文艺出版社 1979 年版
足球队的特别队员	韩静雯	陕西人民出版社 1979 年版
月琴弦上的传说	韩静雯	陕西人民出版社 1980 年版
山歌有余韵	韩燕如	内蒙古人民出版社 1959 年版
寸草集	韩 瀚	百花文艺出版社 1979 年版
阳春的白雪	韩 瀚	上海文艺出版社 1979 年版
苦难与欢乐	鲁 风	山东新华书店 1950 年版
扬帆集	鲁灵光	山东人民出版社 1963 年版
地质勘探之歌	鲁 放	陕西人民出版社 1956 年版
胶东歌谣	鲁 杰	通俗文艺出版社 1956 年版

北大荒	鲁琪	新文艺出版社 1950 年版
北大荒的故事	鲁琪	五十年代出版社 1951 年版
一个朝鲜小姑娘	鲁琪	东北人民出版社 1951 年版
海外诗抄	鲁蛟	台湾黄浦出版社 1960 年版
纪念叶子	鲁溪	长江文艺出版社 1993 年版
扑火者	鲁煤	五十年代出版社 1952 年版
望夫云	鲁凝	云南人民出版社 1956 年版
醒来的时候	鲁藜	上海希望社 1943 年版
星星的歌	鲁藜	新文艺出版社 1952 年版
红旗手	鲁藜	作家出版社 1954 年版
天青集	鲁藜	江苏人民出版社 1983 年版
鹅毛集	鲁藜	百花文艺出版社 1983 年版
鲁藜诗选	鲁藜	花城出版社 2001 年版
鲁藜诗文集(第 1~2 卷)	鲁藜	作家出版社 2004 年版
圆明园酒鬼	黑大春	漓江出版社 1988 年版
清唱	黑野	台北牧童出版社 1976 年版
天外,还有天	塞风	北方社 1946 年版

十三画

被牵引的灵魂	嵩山鹤	新疆印务公司 1960 年版
拾梦	微蓝	台湾战斗文艺社 1958 年版
散步的山峦	楚戈	台湾纯文学出版社 1984 年版
生之讴歌	楚卿	台湾文艺生活出版公司 1953 年版
鸳鸯子	楼栖	香港人间书屋 1949 年版
岁月的回声	满锐	黑龙江人民出版社 1979 年版
橄榄园的晚祷	瑞帮	台湾野火诗社 1962 年版
投影集	碎石	四川人民出版社 1983 年版
前进曲(诗文集)	福庚	上海文艺出版社 1956 年版
上海组诗	福庚	中国青年出版社 1956 年版
新安江之歌	福庚	上海文艺出版社 1960 年版
梦	窦隐夫	1931 年自刊
米色花	筱敏	花城出版社 1983 年版
瓶中船	筱敏	新世纪出版社 1986 年版

倾听阳光	简　宁	解放军文艺出版社 1990 年版
天真	简　宁	华艺出版社 1991 年版
简宁的诗	简　宁	人民文学出版社 1997 年版
诗梦遗痕	简　孙	1975 年自刊
轮子	简　孙	台北建胜出版社 1978 年版
落叶的遗书	简安良	高雄三信出版社 1978 年版
转社歌	蒙光朝	广西人民出版社 1955 年版
"红十月"农庄之歌	蒙光朝	广西人民出版社 1955 年版
茫茫夜	蒲　风	上海国际编译馆 1934 年版
六月流火	蒲　风	1935 年自印
灯船	蒲　风	引擎社 1936 年版
抗战三部曲	蒲　风	上海诗歌出版社 1936 年版
摇篮集	蒲　风	上海诗歌出版社 1937 年版
真理的光泽	蒲　风	上海诗歌出版社 1938 年版
黑陋的角落	蒲　风	上海诗歌出版社 1938 年版
林肯，被压迫民族救星	蒲　风	上海诗歌出版社 1939 年版
二千年间	蒲　风	上海开明书店 1947 年版
青鸟集	蓉　子	台北中兴文学出版社 1953 年版
蓉子诗抄	蓉　子	台北蓝星诗社 1965 年版
横笛与竖琴的晌午	蓉　子	台北三民书局有限公司 1974 年版
天堂鸟	蓉　子	台北道声出版社 1977 年版
蓉子自选集	蓉　子	黎明文化公司 1978 年版
这一站不到神话	蓉　子	台北大地出版社 1986 年版
只要我们有根	蓉　子	台北文经出版社有限公司 1989 年版
蓉子诗选	蓉　子	中国社会科学出版社 1995 年版
千曲之声——蓉子诗作精选	蓉　子	台北文史哲出版社 1995 年版
黑海上的晨曦	蓉　子	台北九歌出版社有限公司 1997 年版
牧鹅女	蓝　丁	台湾新新文艺社 1957 年版
魔笛	蓝　丁	台湾现代文艺社 1963 年版
汪洋	蓝　马	1986 年自印
肤色风	蓝　马	北方文艺出版社 1990 年版

书名	作者	出版信息
萌芽集	蓝　云	台湾自强出版社1962年版
少女抒情诗	蓝　天	中国文联出版公司1987年版
静云朵星	蓝祥云	台湾自由钟周刊1956年版
生命的注脚	蓝祥云	台湾笠诗社1967年版
老梢公	蓝　曼	中国青年出版社1956年版
绿野短笛	蓝　曼	作家出版社1957年版
海阔山高	蓝　曼	解放军文艺出版社1960年版
坦克奔驰	蓝　曼	作家出版社1965年版
第十四的星光	蓝　菱	台北蓝星诗社1961年版
露路	蓝　菱	台北蓝星诗社1964年版
对答的枝桠	蓝　菱	台北创世纪诗社1973年版
回音书	蓝　野	作家出版社2006年版
呜咽的音符	蓝　蓝	台中蓝灯出版社1969年版
含笑终生	蓝　蓝	百花文艺出版社1990年版
情歌	蓝　蓝	接力出版社1993年版
睡梦,睡梦	蓝　蓝	河北教育出版社2003年版
燕麦草	蓝　蓝	中国华侨出版社2008年版
七面鸟	蓝　影	1967年自刊
湖风	虞　琰	上海现代书局1930年版
三十前集	虞　琰	上海诗领土社1945年版
鲛人	裘柱常	上海现代书局1928年版
绿血球	詹　冰	台湾笠诗社1965年版
太阳、蝴蝶、花	詹　冰	台北成文出版社1981年版
有翅膀的歌声	詹　澈	洪建全文化基金会1976年版
土地,请站起来说话	詹　澈	台湾远流出版公司1983年版
初航	赖庆雄	台北林白出版社1971年版
红花向阳开	赖国进	赣南人民出版社1960年版
彷徨	赖清水	台湾启文出版社1959年版
赖敬文诗集	赖敬文	台湾绿野书屋1974年版
风生来就没有家	路　也	百花文艺出版社1997年版
心是一架风车	路　也	作家出版社1997年版
一个异乡人的江南	路　也	2005年自印
易士诗集	路易士	1933年自刊
行过之生命	路易士	上海未名书屋1935年版

火灾的城	路易士	上海新诗社1937年版
出发	路易士	上海太平书局1944年版
上海漂流曲	路易士	上海诗领土社1945年版
夏天	路易士	上海诗领土社1945年版
在飞扬的时代	路易士	台北现代诗社1951年版
饮者诗抄	路易士	台北现代诗社1952年版
摘星的少年	路易士	台北现代诗社1952年版
无人岛	路易士	台北现代诗社1956年版
五八诗草	路易士	1971年自刊
飞跃与超越	路易士	台湾基金会1974年版
寄给死去的爱情	路茫	贵州人民出版社1985年版
蝴蝶帆	鄢家发	四川文艺出版社1986年版
城的连作	零雨	台北现代诗季刊社1990年版
消失在地图上的名字	零雨	台北时报文化公司1992年版
特技家族	零雨	台北现代诗季刊社1996年版
春天来到了鸭绿江	雷加	作家出版社1954年版
站在最前列	雷加	作家出版社1956年版
国际纵队	雷石榆	广州中国诗歌社1937年版
新生的中国	雷石榆	中国诗歌出版社1938年版
小蛮牛	雷石榆	桂林文化供应社1942年版
漫长的边境线	雷抒雁	百花文艺出版社1978年版
小草在歌唱	雷抒雁	江苏人民出版社1980年版
云雀	雷抒雁	上海文艺出版社1982年版
绿色的交响乐	雷抒雁	春风文艺出版社1983年版
父母之河	雷抒雁	春风文艺出版社1984年版
雷抒雁抒情诗百首	雷抒雁	作家出版社1992年版
会说话的草	雷抒雁	安徽文艺出版社1996年版
秋魂——雷抒雁散文诗选	雷抒雁	华文出版社1998年版
勇士与死神	雷铎	花城出版社1979年版
牛车	雷雯	新文艺出版社1952年版
沉船	雷霆	中国文联出版公司1986年版
佛子岭的曙光	靳以	新文艺出版社1955年版
热情的赞歌	靳以	上海文艺出版社1960年版
五弦琴	蜀弓	台湾蓝星诗社1967年版

圣夜	蜀雯	华国出版社1956年版
重渡松花江	鲍明路	中国青年出版社1956年版
夜渡大凌河	鲍明路	江苏文艺出版社1959年版
浪花集	鲍明路	江苏人民出版社1961年版
奔向绿岛	鲍家琳	1964年自刊

十四画

青春之歌	嘉扬	台北正中书局1966年版
处女之泉	嘉扬	台北新亚出版社1969年版
漫长的雨季	嘉嘉	四川文艺出版社1987年版
震天鼓	歌晨	江苏人民出版社1985年版
爱结	夐虹	大地出版社1991年版
观音菩萨摩诃萨	夐虹	大地出版社1997年版
向宁静的心河出航	夐虹	佛光出版社1999年版
山中月	廖公弦	贵州人民出版社1978年版
美人醒来	廖公弦	贵州人民出版社1985年版
雨夜	廖俊翔	台湾曙光文艺社1956年版
谱	廖俊翔	台北一元出版社1971年版
运军粮	廖晓帆	正风出版社1950年版
土改山歌	廖晓帆	通俗文化出版社1951年版
祖国的春天	廖晓帆	棠棣出版社1951年版
在深山	熊召政	长江文艺出版社1983年版
痨地上的樱桃	熊召政	四川人民出版社1984年版
为少女而歌	熊召政	中国文联出版公司1987年版
爱神曲	碧汉	台南综合出版社1970年版
宾语小诗	碧汉	台湾综合出版社1985年版
碧沛诗文选	碧沛	福建人民出版社1984年版
秋·看这个人	碧果	台北创世纪诗社1959年版
湛蓝的海	碧野	新新出版社1947年版
欢乐的农村	管用和	湖北人民出版社1960年版
露珠集	管用和	中国文联出版公司1988年版
恋情初萌 自然·情思	管用和	长江文艺出版社1991年版
荒芜之脸	管管	台中普天出版社1972年版

青发或者花脸	管　管	台湾香草出版社1976年版
管管·世纪诗选	管　管	台北尔雅出版社有限公司2000年版
女人	翟永明	漓江出版社1988年版
在一切玫瑰之上	翟永明	沈阳出版社1992年版
翟永明诗集	翟永明	成都出版社1994年版
黑夜里的素歌	翟永明	改革出版社1997年版
称之为一切	翟永明	春风文艺出版社1997年版
终于使我周转不灵	翟永明	河北教育出版社2002年版
炉边	臧云远	重庆群益出版社1943年版
静默的雪山	臧云远	重庆商务印书馆1944年版
苗家月	臧云远	重庆东方出版社1944年版
云远诗草	臧云远	上海群海联合发行1947年版
霜	臧亦蘧	青岛书店1931年版
烙印	臧克家	1933年自刊
罪恶的黑手	臧克家	生活书店1934年版
运河	臧克家	文化生活出版社1936年版
自己的写照	臧克家	上海生活书店1936年版
从军行	臧克家	上海生活书店1938年版
泥淖集	臧克家	上海生活书店1939年版
淮上吟	臧克家	上海杂志公司1940年版
古树的花朵	臧克家	东方书社1942年版
泥土的歌	臧克家	今日文艺社1943年版
生命的零度	臧克家	上海新群出版社1947年版
欢呼集	臧克家	人民文学出版社1959年版
凯旋	臧克家	作家出版社1962年版
今昔吟	臧克家	山东人民出版社1979年版
落照红	臧克家	花城出版社1984年版
中国新诗库·臧克家卷	臧克家	长江文艺出版社1990年版
臧克家全集(第1～4卷)	臧克家	时代文艺出版社2002年版
战栗	臧海英	中国青年出版社2016年版
燕园纪事	臧　棣	文化艺术出版社1998年版
王子	臧　棣	云南人民出版社1999年版
风吹草动	臧　棣	中国工人出版社2000年版

书名	作者	出版信息
新鲜的荆棘	臧棣	中国工人出版社 2002 年版
宇宙是扁的	臧棣	作家出版社 2008 年版
慧根丛书	臧棣	重庆大学出版社 2011 年版
红旗颂	蔡天心	春风文艺出版社 1959 年版
晴雪集	蔡天心	湖南人民出版社 1981 年版
梦想活在世上	蔡天新	中国大百科全书出版社 1993 年版
星光下的情怀	蔡丽双	香港文学报社出版公司 2002 年版
蔡丽双短诗选	蔡丽双	香港银河出版社 2003 年版
感恩树	蔡丽双	香港文学报社 2003 年版
心笛	蔡丽双	人民日报出版社 2004 年版
圆圆的梦	蔡丽双	香港文学报出版社 2004 年版
燕语	蔡丽双	香港风采出版社 2005 年版
不屈的树	蔡似彦	山东人民出版社 1955 年版
回声集	蔡其矫	作家出版社 1956 年版
回声续集	蔡其矫	作家出版社 1958 年版
祈求	蔡其矫	江苏人民出版社 1980 年版
双虹集	蔡其矫	上海文艺出版社 1981 年版
生活的歌	蔡其矫	人民文学出版社 1982 年版
迎水集	蔡其矫	四川文艺出版社 1984 年版
醉石	蔡其矫	花城出版社 1986 年版
蔡其矫抒情诗	蔡其矫	香港现代出版社 1993 年版
蔡其矫诗选	蔡其矫	人民文学出版社 1997 年版
伊水的美神	蔡其矫	海峡文艺出版社 2002 年版
醉海	蔡其矫	海峡文艺出版社 2002 年版
翠鸟	蔡其矫	海峡文艺出版社 2002 年版
南曲	蔡其矫	海峡文艺出版社 2002 年版
风中玫瑰	蔡其矫	海峡文艺出版社 2002 年版
雾中汉水	蔡其矫	海峡文艺出版社 2002 年版
微笑的城	蔡宗周	台湾新世纪出版社 1987 年版
初啼	蔡忠修	台北德华出版社 1981 年版
变种的红豆	蔡炎培	台湾远景出版公司 1984 年版
秋之歌	蔡淇津	台湾笠诗社 1965 年版

涸辙之芒	谭延桐	香港新闻出版社1991年版
夏天的剖面图	谭延桐	作家出版社1997年版
狂涛集	谭宜武	台湾建国出版社1961年版
天渊集	静 人	江苏人民出版社1961年版
生命的注角	静 云	台湾笠诗社1967年版
策马者	静 修	台湾野水出版社1962年版

十五画

自由的火焰	墨 人	1950年自刊
哀祖国	墨 人	台北大江出版社1952年版
山之礼赞	墨 人	台北秋水诗刊社1980年版
土香草	德 有	高雄春晖出版社1984年版
在人之叹息	滕 固	上海光华书局1925年版
佛像在悄悄移动	潘万提	北岳文艺出版社1983年版
故乡的恋情	潘万提	北岳文艺出版社1986年版
多情的土地	潘万提	黄河文艺出版社1986年版
小歌曲	潘伯英	上海商务印书馆1933年版
吹响我的金芦笙	潘俊龄	贵州人民出版社1981年版
海外庐诗	潘 受	海峡文艺出版社1986年版
爱的雕塑	潘 秋	鹭江出版社1986年版
在莒集	潘 浩	台湾大道半月刊1960年版
拂晓	潘梦秀	台湾中兴出版社1957年版
微沁著汗的太阳	潘 皓	台湾大道半月刊社1955年版
伟大中华颂	潘葵邨	台北黎明文化事业公司1981年版
心曲	磊 落	台湾新生出版社1955年版
转运翻身	黎 之	上海杂志公司1949年版
夜路	黎先耀	上海星群图书出版公司1947年版
午夜的风	黎焕颐	上海文艺出版社1988年版
爱在荒原	黎焕颐	百花文艺出版社1990年版
黎焕颐抒情诗选	黎焕颐	作家出版社1992年版
黎焕颐自选集	黎焕颐	贵州人民出版社1993年版

黎焕颐诗选	黎焕颐	贵州人民出版社1999年版
滨岸	黎焚薰	诗歌与木刻社1942年版
跃动的夜	冀汸	桂林希望社1942年版
我赞美	冀汸	江苏人民出版社1983年版
灌木年轮	冀汸	人民文学出版社1995年版

十六画

寒螀	凝冰	流露文艺社1930年版
旅心	穆木天	上海创造社1927年版
流亡者之歌	穆木天	上海乐华图书局1931年版
新的旅途	穆木天	重庆文座出版社1942年版
中国新诗库·穆木天卷	穆木天	长江文艺出版社1988年版
探险者	穆旦	昆明文聚社1945年版
穆旦诗集	穆旦	1945年自印
旗	穆旦	上海文化生活出版社1948年版
穆旦诗全集	穆旦	中国文学出版社1996年版
亡灵书	穆青	2005年自印
过渡	翱翔	台湾星座诗社1966年版
死亡的触角	翱翔	台湾星座诗社1967年版
鸟叫	翱翔	台湾创意社1970年版
洛城草	翱翔	台中蓝灯文化公司1979年版

十七画

西天的云彩	戴安常	四川人民出版社1983年版
独叶草	戴安常	上海文艺出版社1986年版
春的女儿	戴砚田	花山文艺出版社1982年版
我的记忆	戴望舒	上海水沫书局1929年版
望舒草	戴望舒	上海现代书局1933年版
望舒诗稿	戴望舒	上海时代书局1937年版
灾难的岁月	戴望舒	上海星群书局1948年版
戴望舒诗全编	戴望舒	浙江文艺出版社1989年版
我的恋人	戴望舒	人民文学出版社1989年版

中国新诗库·戴望舒卷	戴望舒	长江文艺出版社 1990 年版
残花的泪——戴望舒的诗	戴望舒	河北人民出版社 1990 年版
戴望舒诗	戴望舒	浙江文艺出版社 2001 年版
我的王国	戴惠华	台湾永芳书局 1980 年版
夜交响诗	戴鹤清	台湾德春印刷厂 1950 年版
我的马群	戴鹤清	台湾德春印刷厂 1950 年版
脱缰的马	穗　青	作家出版社 1955 年版
赤泥岭	魏钢焰	作家出版社 1957 年版
灯海曲	魏钢焰	东风文艺出版社 1965 年版
草鞋进行曲	魏钢焰	东风文艺出版社 1968 年版
黎明风景	魏　巍	作家出版社 1963 年版

十八画

望你多把勋章挂	瞿　钢	中南文艺出版社 1953 年版
洪湖曲	瞿　钢	春风文艺出版社 1959 年版
铜锣颂	瞿　钢	中国青年出版社 1964 年版
无尽的思念	瞿　琮	解放军文艺社 1978 年版
羊肚女	瞿　琮	广东人民出版社 1978 年版
花的情思	瞿　琮	长江文艺出版社 1979 年版
杜鹃姑娘	瞿　琮	广东人民出版社 1979 年版
我爱你啊！祖国	瞿　琮	山西人民出版社 1982 年版
地球，谜一样的诗	瞿　琮	科学普及出版社广州分社 1987 年版

合　著

中华诗塔	丁　元、黄　淮	文化艺术出版社 1994 年版
扫云集	丁　芒、冯　明	长江文艺出版社 1992 年版
浊流溪畔	丁　颖、方　艮、彩　羽	台中蓝灯文化公司 1979 年版
我们狂欢的日子	上官予、王平陵等	台湾改造出版社 1961 年版
十年诗选	上官予、王志健等	台北明华书局 1960 年版
啊，黄浦江	于之等	上海文艺出版社 1958 年版

春云	于赓虞等	天津新教育书社1923年版
始祖鸟	小野、近人	台北文豪出版社1978年版
双帆	马恒祥、姚焕吉	山东人民出版社1983年版
春之歌	飞雪、韩青	山东人民出版社1983年版
大雁高飞	飞雁、刘克玲	河北人民出版社1978年版
七人诗选	王幻等	台湾葡萄园诗社1965年版
爱情交织图	王文兵、高焰	天津人民出版社1958年版
星群	王亚平等	文风书局1945年版
岭泉春	王吉厚、高潮	黑龙江人民出版社1978年版
北大荒的春天	王成军、彩斌等	解放军文艺社1960年版
五月之夜	王林等	作家出版社1955年版
良夜	王统照等	上海商务印书馆1925年版
她的一生	王统照等	上海文化生活出版社1934年版
大学生诗选	王润华等	台湾大学生杂志社1965年版
霜叶集	王敏求等	春风文艺出版社1984年版
三人集	王维洲等	辽宁人民出版社1956年版
彩霞万里	王慎行等	陕西人民出版社1977年版
飞向明天	王慧琪、叶文彬	内蒙古人民出版社1979年版
山中黎明	公刘等	作家出版社1955年版
绿野诗笺	公刘等	安徽文艺出版社1986年版
海洋乐章	公刘等	新世纪出版社1987年版
阿诗玛	公刘等整理	中国青年出版社1954年版
绿色的底层	公浦等	云南人民出版社1954年版
英雄的土地	冈夫等	山西人民出版社1957年版
汉园集	卞之琳等	商务印书馆1936年版
报春集	孔林、阎一强	山东人民出版社1964年版
透明的恋歌	孔祥雨、姜建国	山东人民出版社1980年版
沸腾的农村	巴牧等	上海文艺出版社1959年版
迟熟的高粱	文丙、王德安	江苏人民出版社1983年版
海岛渔歌	方泽泉等	上海文化出版社1956年版
桔色的浪	方牧、梁雄	浙江文艺出版社1983年版
青春之歌	方思、李莎、纪弦、杨念慈	台北虹桥书店1953年版
颗颗红心紧相连	韦丘等集体创作	广东人民出版社1960年版

浅草集	风　迟、李英利、春晖	台北现代诗社 1957 年版
飞虹曲	冯　云、孙　涛	内蒙古人民出版社 1987 年版
五人诗选	北　岛、江　河、舒　婷、顾　城、杨　炼	作家出版社 1986 年版
北岛、顾城诗选	北　岛、顾　城	瑞典好书出版社 1983 年版
城之梦	北　岛、舒　婷等	广东人民出版社 1987 年版
囚歌	叶　挺等	重庆人民出版社 1960 年版
烽火吟	甘运衡、旷中玉	台湾天视月刊社 1956 年版
春华初集	田　奇等	东风文艺出版社 1958 年版
黄河源书情诗	白　渔、石　纪	青海人民出版社 1988 年版
青空草	石　瑛、佘其濂等	台湾天视月刊社 1956 年版
春的雕像	边国政、萧振荣、尧山壁、刘小放	花山文艺出版社 1990 年版
哀恸有时	亚　飞、姜　涛、扎西合	清华文学社 1994 年版
我的三月八日	冰　凌等	浙江文艺出版社 1983 年版
山寨水乡集	刘不朽、管用和	湖北人民出版社 1963 年版
三人集	刘文玉等	北方文艺出版社 1960 年版
钢铁齐鸣	刘月枫、谢其规	上海文艺出版社 1960 年版
红杜鹃紫杜鹃	刘立云、钟祖基	江西人民出版社 1986 年版
流星雨	刘再光等	湖南人民出版社 1983 年版
友声集	刘　征、程光锐等	云南人民出版社 1980 年版
生命之歌	刘思慕等	生活书店 1935 年版
歌与花	刘　浏、和　谷	陕西人民出版社 1980 年版
五凤山之歌	刘　章等	上海文艺出版社 1959 年版
我们仨：诗上庄诗抄	刘　章、刘向东、刘福君	长江文艺出版社 2016 年版
桃花歌	刘　琦等	山西人民出版社 1960 年版
工人诗歌	华　含等	河北人民出版社 1950 年版
七人诗选	后　颖等	台湾葡萄园诗社 1965 年版
五弦琴	向　明、郑　林等	台北蓝星诗社 1976 年版
山海情	孙绍振、刘登翰	福建人民出版社 1979 年版

书名	作者	出版信息
雪潮	朱自清等	上海商务印书馆1922年版
玫瑰的上午	朱沉冬、罗英	台北现代诗社1961年版
五人抒情集	江芬等	台湾一元出版社1960年版
江非、李小洛诗选	江非、李小洛	天津社会科学院出版社2005年版
浪花集	江俊涛等	甘肃人民出版社1979年版
客家情歌	江城等	上海文艺出版社1955年版
诗歌方阵·江堤、彭国梁、陈惠芳卷	江堤、彭国梁、陈惠芳	湖南文艺出版社2000年版
人迹	江滨、凸凹、胡可、黄亮、战云	武汉大学学刊部大学诗丛编委会1988年版
蒺藜集	池北偶等	人民文学出版社1980年版
飞跃与超越	纪弦、罗青	台湾基金会1974年版
星光点点	许青荷、杨笛等	台北政大1979年版
一行乘三	严力、伊沙、马非	青海人民出版社1995年版
新作品	何小竹、杨黎	1996年自印
汉园集	何其芳、李广田、卞之琳	上海商务印书馆1936年版
三棱镜	何昌正等	浙江文艺出版社1984年版
发烫的土地	余新庆等	重庆出版社1987年版
地上的星星	初军、立林	解放军文艺出版社1986年版
鸭绿江之歌	吴奔星、王学奇	北京师范大学出版社1951年版
雨中行	吴顺良、清凉	台北野风出版社1963年版
三门峡短歌	吴烟痕等	山西人民出版社1957年版
浪花集	吴敏星等	台湾青年生活社1962年版
蓝潮	宋庆平等	学林出版社1987年版
城市人	宋琳、张小波、孙晓刚、李彬勇	学林出版社1987年版
三星草——汉式十四行诗三百首	岑琦、唐湜、骆寒超	浙江文艺出版社1997年版
修人漠华诗全编	应修人、潘漠华	浙江文艺出版社1995年版
湖畔	应修人等	湖畔社1922年版

书名	作者	出版信息
春的歌集	应修人等	湖畔社 1923 年版
第一次佩上肩章	张 及等	福建人民出版社 1957 年版
鸡毛上天歌	张庆明、李木生	河南人民出版社 1976 年版
七镇娘	张志民等	文字改革出版社 1959 年版
英雄颂歌	张志民等	群众出版社 1960 年版
彩虹明珠	张良火、李道林	长江文艺出版社 1980 年版
五彩的风	张建华等	重庆出版社 1984 年版
赤道线上的歌唱	张昆华等	广东人民出版社 1958 年版
姑娘的考题	张振河、米俊成	河南科学技术出版社 1982 年版
浣沙集	张捷缨、张捷发	台湾新新文艺社 1958 年版
密密的小树林	张德强等	浙江人民出版社 1982 年版
嫩芽	时 速等	江西人民出版社 1956 年版
三人行吟：时东兵·文生·陈忠村诗歌自选集	时东兵、文 生、陈忠村	上海文艺出版社 2011 年版
我的三姐妹	李小洛、苏 浅、唐 果	天津社会科学院出版社 2005 年版
满天飞霞	李代生、刘镇等	春风文艺出版社 1961 年版
剑的握手	李 男、德 亮	高雄德馨室出版社 1977 年版
始祖岛	李 远、李 近	台北文豪出版社 1978 年版
第一声春雷	李 季、闻 捷	敦煌文艺出版社 1958 年版
银川曲	李 季等	通俗文艺出版社 1957 年版
放歌山水间	李武兵、谢克强	湖北人民出版社 1979 年版
山山水水寄深情	李 瑛等	南京文化局创作组 1977 年版
燃烧的诗情	杜心元等	陕西人民出版社 1987 年版
农村散歌	杨永可等	通俗读物出版社 1956 年版
五色土	杨永年等	重庆出版社 1984 年版
边塞三人集	杨 牧、周 涛、章德益	新疆人民出版社 1993 年版
香港三叶集	杨贾郎等	海峡文艺出版社 1985 年版
新作品	杨 黎、何小竹	1996 年自印
汪国真彭俐诗选	汪国真、彭 俐	文化艺术出版社 1993 年版
心灵的呼唤	沈士俊、徐本智、郭德楷	台湾青年写作协会 1953 年版
沈祖棻程千帆新诗集	沈祖棻、程千帆	武汉大学出版社 1992 年版

献上一束金色歌	赤　新、张天民等	春风文艺出版社 1959 年版
生命之歌	阿　来等	四川文艺出版社 2008 年版
农民诗人作品选	陈印三等	山东人民出版社 1960 年版
日出金色	陈克华、柯顺隆、林燿德、也　驼、赫胥氏	文镜文化公司 1986 年版
把炉火烧得通红	陈国屏等	黑龙江人民出版社 1976 年版
乡村诗草	陈所巨、郭瑞年	安徽人民出版社 1982 年版
两栖人	陈惠芳、江　堤	安徽文艺出版社 1991 年版
绿叶集	陈　犀、唐大同、赁常彬	四川人民出版社 1959 年版
唱随集	陈雄勋、何傅必	台湾商务印书馆 1971 年版
潮声	陈瑞统等	福建人民出版社 1981 年版
眷顾	周仿溪等	上海商务印书馆 1925 年版
蜃景	周伟驰、雷武铃、冷　霜	世界知识出版社 2008 年版
雪潮	周作人等	上海商务印书馆 1922 年版
乡旅散曲	季　予、麦　穗	台湾艺声出版社 1954 年版
无尽灯	季　实、稽　律	香港庐山诗文社 1978 年版
水边	废　名等	北平新民印书馆 1944 年版
南国诗情	易　征等	上海文艺出版社 1979 年版
冬祭颂歌	林　林等	广东人民出版社 1957 年版
二重奏	林家柏、谯达摩	国际文化出版公司 1996 年版
日月集	罗　门、蓉　子	台北蓝星诗社 1968 年版
罗门·蓉子短诗精选	罗　门、蓉　子	台北殿堂出版社 1988 年版
太阳与月亮	罗　门、蓉　子	花城出版社 1992 年版
从荆河到沂河	苗得雨、阎一强	新文艺出版社 1955 年版
第一支歌	苗得雨、阎一强	作家出版社 1957 年版
上海组诗	郑成义、福　庚	中国青年出版社 1956 年版
烟囱下的短歌	郑成义、福　庚	作家出版社 1958 年版
河山春色	郑成义、福　庚	上海文艺出版社 1958 年版
哀歌·金别针	侯　马、徐　江	中国华侨出版社 1994 年版
我的这双手	侯维杰等	北京出版社 1964 年版

同题三色抒情诗	宫　玺、黎焕颐、姜金城	学林出版社 1988 年版
城市四重奏	柯　平、伊　甸、宫　辉、力　虹	浙江文艺出版社 1988 年版
南国诗情	柯　原等	上海文艺出版社 1980 年版
他们怎样玩诗？	洛　夫等	二鱼文化事业公司 2004 年版
含泪忆彭总	胡　笳、戴安常	四川人民出版社 1979 年版
淌泪的琴弦	胡　笳、戴安常	四川人民出版社 1980 年版
昨天的悲歌	胡　笳、戴安常	群众出版社 1984 年版
爱情的故事	胡　康、刘镇坤	贵州人民出版社 1979 年版
社会主义祖国颂	贺敬之等	文字改革出版社 1961 年版
四月草	赵日昇等	北京出版社 1982 年版
宝岛风采	钟鼎文等	"台湾省政府新闻处"1996 年版
花环	闻　捷、袁　鹰	作家出版社 1963 年版
食指　黑大春现代抒情诗合集	食　指、黑大春	成都科技大学出版社 1993 年版
北京抒情	倩　晴、陈　容	北京出版社 1981 年版
烂漫之国	徐　芳等	北京烂漫社 1923 年版
在远方	栾纪曾、宋绍明	山东人民出版社 1982 年版
出岫集	桑恒为、苏文河	山东文艺出版社 1984 年版
同名故事	海　上、谢春池	香港天马图书有限公司 2002 年版
海子、骆一禾作品集	海　子、骆一禾	南京出版社 1991 年版
红旗、红马、红缨枪	莎　蕻、沈　沙	上海杂志公司 1949 年版
渔笛恨	袁　子、孟敦和	江苏人民出版社 1983 年版
寄给顿河上的向日葵	袁水拍等	上海文化出版社 1957 年版
亮了出发的信号	袁明云等	安徽人民出版社 1981 年版
高原上的歌	袁　勃等	云南人民出版社 1957 年版
云霄壮歌	贾　漫、布林巴赫	内蒙古人民出版社 1976 年版
科学的旋律	郭　昉、王一义	黑龙江科技出版社 1984 年版
唱给大自然的歌	郭　昉、杜志民	科学普及出版社广州分社 1983 年版
飞跃吧 China	郭　昉等	江苏科技出版社 1984 年版
新潮	郭沫若、陈明远	中国文联出版公司 1992 年版
芳草集	郭　廓、刘辉考	山东人民出版社 1981 年版

书名	作者	出版信息
诗情花意	陵江、黎明	台湾一元出版社1973年版
礼花赞	陶嘉善、何玉镇、寇宇鄂	北京人民出版社1973年版
新云集	高小云、曾新如	1952年自刊
钢城黎明	高伐林、董宏量	长江文艺出版社1979年版
灯海和星海	梁芒等	新蕾出版社1985年版
海韵	梦影等	台大海洋诗社1959年版
塞风集	章叶频、武达平	内蒙古人民出版社1981年版
大汗歌	章德益、龙彼德	上海人民出版社1975年版
握紧武器	阎一强、苗得雨	山东人民出版社1955年版
如火如风	黄子平等	广东人民出版社1977年版
诗合集	黄灿然、张曙光、肖开愚、孙文波、臧棣	2004年自印
香港诗歌	黄国彬、姜安道	朗斯德尔出版社1997年版
中华诗塔	黄淮、丁元	文化艺术出版社1994年版
宝镜	黄淮等	黑龙江人民出版社1981年版
月琴新歌	傅德明、邓洪平	四川民族出版社1978年版
老水手的歌	曾卓等	黑龙江人民出版社1983年版
相聚在雨后的密林	程光炜、孔令更	中国文联出版公司1986年版
乌云和太阳	舒波等	群众出版社1958年版
舒婷、顾城抒情诗	舒婷、顾城	福建人民出版社1982年版
避债集	谢锡、谢妹	台北古亭书屋1975年版
赤裸神的昏眩	道辉、阳子	吉林人民出版社2002年版
霸天六重奏	韩忆萍等	中国文联出版公司1986年版
海蓝蓝的年龄	韩国强、毛毛、紫光、江堤	湖南教育出版社1989年版
雏鸣集	韩钟昆、王文绪	山西人民出版社1962年版
食指 黑大春现代抒情诗合集	黑大春、食指	成都科技大学出版社1993年版
繁花集	蓝曼等	陕西人民出版社1980年版
勇士与死神	雷锋等	广东人民出版社1979年版
神奇的土地	嘉昌等	甘肃人民出版社1982年版
细流与暮雨	管用和、楼肇明	湖南人民出版社1983年版
真挚与奔放	管管、吴晟	台北现代诗社1975年版

春潮曲	缪文心等	上海文艺出版社 1960 年版
上海组诗	樊福庚等	中国青年出版社 1956 年版
长春藤诗稿	滕 云、于春生	人民中国出版社 1993 年版
三蓝诗选	澄 蓝、蓝海文、舒 兰	江苏文艺出版社 1991 年版
在祖国的土地上	黎汝清等	上海文艺出版社 1959 年版
最初的蜜	冀 汸等	福建文艺社 1943 年版
工厂短歌	穆 仁、杨 山	重庆人民出版社 1957 年版
田野新歌	霍满生等	春风文艺出版社 1961 年版
现代三家诗精品	戴望舒、徐志摩、李金髪	安徽文艺出版社 1995 年版
红日照中原	魏世祥等	河南人民出版社 1977 年版
铜锣颂	瞿 纲、芦 笙	中国青年出版社 1964 年版

多人合集

80后诗歌档案	丁 成编	中国海洋大学出版社 2008 年版
四五诗选	七机部五○二所中国科学院自动化研究所《四五诗选》编辑组编	中国青年出版社 1980 年版
我握着毛主席的手		人民文学出版社 1960 年版
怀安诗选		人民文学出版社 1979 年版
台湾诗选		人民文学出版社 1980 年版
红杏集		人民文学出版社 1981 年版
恋歌		人民文学出版社 1981 年版
白色花		人民文学出版社 1981 年版
清清的泉水		人民文学出版社 1987 年版
加热炉之歌		人民文学出版社上海分社 1965 年版
萌芽诗选		人民文学出版社上海分社 1965 年版

1990—1992三年诗选	人民文学出版社编辑部编	人民文学出版社1994年版
中国现代诗歌	人民文学出版社编辑部编	人民文学出版社1995年版
我和春天有一个约会——台湾现代、后现代诗选	力　践编	中国友谊出版公司1990年版
中国现代诗·编年史后朦胧诗全集(上下卷)	万　夏、潇　潇主编	四川教育出版社1993年版
灿烂的明天		上海文艺书店1951年版
上海大学生诗选		上海文艺出版社1959年版
我们的队伍向太阳		上海文艺出版社1978年版
中国现代抒情短诗100首		上海文艺出版社1981年版
百家诗会选编(1981)		上海文艺出版社1982年版
探索诗集		上海文艺出版社1986年版
八十年代诗选	上海文艺出版社编	上海文艺出版社1990年版
当代青年诗人十家	上海文艺出版社编	上海文艺出版社1993年版
海星星		上海复旦大学出版社1983年版
配画新诗词典	上海辞书出版社编	上海辞书出版社1994年版
您喜爱的诗	大方出版社编	台湾大方出版社1973年版
中国网络诗人100家	小鱼儿、陈忠村主编	纽约一行诗社2004年版
他们——《他们》十年诗歌选	小　海、杨　克编	漓江出版社1998年版
农民的诗	山　川、洛　河编	西北人民出版社1951年版
工人文艺创作选集(诗卷)		工人出版社1954年版
红珊瑚		广东人民出版社1978年版
永不收拢的翅膀		广东人民出版社1978年版
浙江先锋诗歌	飞　沙主编	华艺出版社2004年版
当代青年诗选	马启代编	《探海石》杂志社1989年版
二十世纪台湾诗选	马悦然、奚　密、向　阳主编	麦田出版2001年版
现场——网络先锋诗歌风暴	马铃薯兄弟编选	江苏文艺出版社2005年版

中国当代校园诗歌选萃	马朝阳编	作家出版社 1990 年版
少数民族诗人作品选	中央民族学院汉语文学系民族文学选编组编	四川民族出版社 1980 年版
青年诗选（79—80 年，81—82 年，83—84 年）	中国青年出版社编	中国青年出版社 1981、1983、1986 年版
诗创作集	"中国青年写作协会"编	台北复兴书局 1957 年版
现代诗歌（中国回族文学作品选）	《中国回族作品选》选编小组编	宁夏人民出版社 1980 年版
诗选	中国文联出版公司编	中国文联出版公司 1987 年版
1997 年中国诗歌精选	中国作协创研部编	长江文艺出版社 1999 年版
2003 年中国诗歌精选	中国作协创研部编	长江文艺出版社 2004 年版
诗选（53—55 年、56 年、57 年、58 年）	中国作家协会编	人民文学出版社 1956、1957、1958、1959 年版
山城颂	中国作家协会、重庆市文学艺术界合编	重庆人民出版社 1960 年版
2003 中国年度最佳诗歌	中国作家协会《诗刊》编	漓江出版社 2004 年版
2004 中国年度诗歌	中国作家协会《诗刊》选编	漓江出版社 2005 年版
2005 中国年度诗歌	中国作家协会《诗刊》选编	漓江出版社 2006 年版
跨越	中国作家协会编	作家出版社 2008 年版
光辉的年代	中国作家协会新疆维吾尔自治区分会编	新疆人民出版社 1965 年版
新诗选·1980 年	中国社会科学院文学研究所当代文学研究室编	江苏人民出版社 1981 年版

新诗选·1981年	中国社会科学院文学研究所当代文学研究室编	中国社会科学出版社1984年版
中国新诗年编(1983)、(1984)	中国社会科学院文学研究所当代文学研究室编	花城出版社1985年版
中国新诗年编(1985)、(1986)	中国社会科学院文学研究所当代文学研究室编	花城出版社1986、1987年版
中国现代经典诗库(第1—10卷)	中国社会科学院文学研究所现代文学研究室编	北岳文艺出版社1996年版
全国诗歌报刊十年作品精选	中国诗坛编辑部编	百花文艺出版社1995年版
中国诗歌年选	中国诗歌研究中心主编	花城出版社2008、2009年版
中国诗歌年选2010	中国诗歌研究中心主编	花城出版社2011年版
中国诗歌年选2011	中国诗歌研究中心主编	花城出版社2012年版
当代大学生诗选	中国青年出版社编	中国青年出版社1988年版
青年诗选(1985—1986)、(1987—1988)、(1989—1990)、(1991—1992)	中国青年出版社编	中国青年出版社1988、1990、1992、1993年版
新中国50年诗选(第1—3卷)	中国新诗研究所编	重庆出版社1999年版
云岭山茶朵朵开		云南人民出版社1972年版
诗潮	云　鹤主编	台湾菲以同社1962年版
新诗鉴赏辞典	公　木主编	上海辞书出版社1991年版

中华人民共和国五十年文学名作文库·新诗卷	卞之琳、牛汉主编	作家出版社1999年版
中国新诗选	尹肇池编	大地出版社1975年版
中国诗歌选(1997年版)	文晓村、潘皓主编	台北诗艺文出版社1996年版
葡萄园30周年诗选	文晓村主编	文史哲出版社1992年版
葡萄园诗选	文晓村编	台湾自强出版社1982年版
20世纪中国新诗分类鉴赏大系	毛翰主编	广东教育出版社1998年版
新诗三百首(三卷)	牛汉、谢冕主编	中国青年出版社2000年版
东方金字塔——中国青年诗人13家	牛汉、蔡其矫主编	安徽文艺出版社1991年版
风中站立	牛汉主编	大众文艺出版社2000年版
中国诗歌选(1996年版)	王幻主编	台北诗艺文出版社1996年版
香港当代文学精品·诗歌卷	王心果、红叶主编	长江文艺出版社1994年版
九叶之树长青——"九叶诗人"作品选	王圣思编	华东师范大学出版社1994年版
中国诗歌年选2002—2003	王光明编	花城出版社2004年版
2004中国诗歌年选	王光明编	花城出版社2005年版
六十年诗歌选	王志健编	台北正中书局编辑出版1972年版
顿悟菩提树	王宝大、罗振亚主编	中国青年出版社1996年版
黄皮肤的旗帜	王宝大、罗振亚主编	中国青年出版社1996年版
燃烧的圣火	王宝大、罗振亚主编	中国青年出版社1996年版
人与世界的交响	王宝大、罗振亚主编	中国青年出版社1996年版
2003年中国散文诗精选	王剑冰主编	长江文艺出版社2004年版
老爷歌	王崙编	香港潮州图书公司1949年版
中国现代爱情诗选	王家新等编选	长江文艺出版社1981年版
二十世纪中国新诗鉴赏辞典	王彬主编	中国文联出版公司1991年版
二十世纪中国新诗选	王彬、顾志成编	大众文艺出版社1998年版

新诗三十年	王翊、康铸编选	香港文学研究社1973年版
海外华人作家诗选	王谕编	花城出版社、三联书店香港分店1986年版
二十世纪中国诗歌经典	王富仁主编	北京师范大学出版社2004年版
中国诗歌选(1994年版)	王禄松主编	台北汉艺色研文化事业有限公司1994年版
两岸女性诗歌三十家	王禄松、文晓村主编	诗艺文出版社1999年版
镜子说——南洋文艺1995诗年选	王锦发编	马来西亚南洋商报1996年版
世界华人诗存	王耀东主编	中国文联出版社2003年版
港澳台诗歌精品	冯力编	春风文艺出版社1994年版
新诗年选	北社编选	亚东图书馆1922年版
新诗选	北京大学中文系中国现代文学教研室等主编	上海教育出版社1979年版
十年灯——当代青年实力诗人32家	古马、张岩松、萧融主编	敦煌文艺出版社2003年版
台港朦胧诗赏析	古远清编著	花城出版社1989年版
海峡两岸朦胧诗品赏	古远清编著	长江文艺出版社1991年版
台港现代诗赏析	古远清编著	河南人民出版社1991年版
台湾女诗人三十家	古继堂编	湖南文艺出版社1987年版
柔美的爱情	古继堂编	春风文艺出版社1987年版
台湾女诗人五十家	古继堂编著	湖南文艺出版社1991年版
二十世纪中国现代诗大展(第1辑)		台中大升出版社1976年版
台北风光图诗选		台北区中小企业银行1978年版
秋叶红了——校园诗人诗选	叶延滨、魏志远编	湖南教育出版社1988年版
星星抒情诗精选(1979—1989)	叶延滨编	四川大学出版社1990年版
启明星的眼睛	四川省民族事务委员会编	四川民族出版社1987年版
黎明的呼唤	圣野等编	四川人民出版社1982年版
变声期——全国中学生诗选	宁宇编	湖南教育出版社1988年版

书名	编者	出版信息
当代女诗人情诗选	未 凡编	中国文联出版公司1989年版
民族诗坛	民族诗坛编辑委员会编	台北"自由中国"诗人联谊会1957年版
新诗二十家	白 灵编	台湾九歌出版社1998年版
新诗30家	白 灵主编	台湾九歌出版社2008年版
九十年代诗选	白 灵等主编	台湾创世纪杂志社2001年版
中华现代文学大系·台湾1989—2003诗卷	白 灵编	台湾九歌出版社2003年版
现代百家诗(1919—1949)	白崇义、乐 齐编	宝文堂书店1984年版
女性爱情诗抄	石 湾、林金荣编	作家出版社1990年版
现代朦胧诗150首	艾 子编	花城出版社1990年版
舵手颂	艾 青编	香港海洋书局1948年版
七家诗选	艾 青等	中国友谊出版公司1993年版
蓓蕾初绽——首届中学生"蓓蕾杯"校园诗大奖赛获奖作品集	边国政编	花山文艺出版社1988年版
龙族诗选	龙族诗社编	台北林白出版社1973年版
诗歌集	全国少数民族文学创作获奖作品丛书编辑组编	人民文学出版社1983年版
当代大学生散文诗选	农 耘编	广西民族出版社1988年版
新世纪诗典·第五季	伊沙编选	浙江人民出版社2016年版
新世纪文学作品选·诗歌卷	冰峰主编	中国文联出版社1999年版
初期白话诗稿	刘半农编	星云堂1932年版
当代精短散文诗	刘 阳编	新疆青少年出版社1994年版
当代青年散文诗	刘 阳编	新疆青少年出版社1994年版
青春散文诗	刘 阳编	新疆青少年出版社1994年版
人生哲思散文诗	刘 阳编	新疆青少年出版社1994年版
柔情散文诗	刘 阳编	新疆青少年出版社1994年版
70后诗歌档案	刘 春编	中国海洋大学出版社2008年版
银翠同芳	刘载福编	台南慈晖出版社1976年版
跨世纪之歌——"露露"杯郭小川诗歌大奖赛诗选	刘 章、何 理主编	中国文联出版社2000年版
春华与秋实	向 阳编选	台湾中国文化大学1984年版

小叙事诗	向　明编	花城出版社1986年版
七十九年诗选——年度诗选第九集	向　明编	台北尔雅出版社有限公司1991年版
可爱小诗选	向　明、百　灵编	台北尔雅出版社有限公司1997年版
八十一年诗选	向　明、张　默主编	现代诗社1993年版
咏花诗品	孙书安编	江西人民出版社1986年版
象征派诗选	孙玉石编选	人民文学出版社1986年版
中国新文学大系(1937—1949)·诗卷	孙党伯编	上海文艺出版社1990年版
战前中国新诗选	孙　望选辑	江西人民出版社1983年版
朦胧诗二十五年·沉思	孙琴安选评	上海社会科学院出版社2002年版
朦胧诗二十五年·恋情	孙琴安选评	上海社会科学院出版社2002年版
朦胧诗二十五年·漂泊	孙琴安选评	上海社会科学院出版社2002年版
朦胧诗二十五年·追寻	孙琴安选评	上海社会科学院出版社2002年版
牵手——"东方杯"全国爱情诗大奖赛获奖作品集	孙　瑞、张　雯主编	时代文艺出版社2001年版
太阳神的雕像	孙静轩编	四川文艺出版社1988年版
1985年全国诗歌报刊集萃	安徽文艺出版社编	安徽文艺出版社1986年版
1986年全国诗歌报刊集萃	安徽文艺出版社编	安徽文艺出版社1987年版
1988年全国诗歌报刊集萃	安徽文艺出版社编	安徽文艺出版社1989年版
1990年全国诗歌报刊集萃	安徽文艺出版社编	安徽文艺出版社1991年版
1991年全国诗歌报刊集萃	安徽文艺出版社编	安徽文艺出版社1992年版

书名	编者	出版信息
醇美集——1980—1999的中国诗歌	师农编	1999年自印
红太阳颂	延安大学中文系编	人民文学出版社1977年版
延安颂	延安大学中文系编	陕西人民出版社1977年版
延安晨歌	朱子奇、张沛	陕西人民出版社1984年版
中国新文学大系·诗歌	朱自清编	上海良友图书公司1935年版
新锐的声音	朱沉冬等编	高雄三信出版社1975年版
地球村的诗报告——台港澳暨海外华人生态环境诗选	江天编	中国文联出版公司1999年版
江河集	《江河集》编委会编	甘肃人民出版社1984年版
二十世纪九十年代诗选	江水编	上海文艺出版社2000年版
'90青年新诗大赛集萃		江苏文艺出版社1990年版
家园守望者——青年新乡土诗群力作精选	江堤、陈惠芳、彭国梁主编	香港文学报社出版公司1992年版
世纪末的田园——青年新乡土诗群诗选	江堤、陈惠芳、彭国梁主编	安徽文艺出版社1992年版
新乡土诗派作品选	江堤、彭国梁、陈惠芳主编	湖南文艺出版社1998年版
八十年代诗选	纪弦等编	台北濂美出版社1976年版
乱都之恋	羊子乔、陈千武主编	台北远景出版事业公司1982年版
广阔的海	羊子乔、陈千武主编	台北远景出版事业公司1982年版
森林的彼方	羊子乔、陈千武主编	台北远景出版事业公司1982年版
龙族的声音	羊令野、张默主编	台北黎明文化事业公司1980年版
开放的天空——最新中国校园诗歌选萃	西马编	北京师范大学出版社1992年版
大陆青年诗人国际诗展	西安、白烨主编	阅读与评论杂志社1991年版

书名	编者	出版信息
太阳日记	西 渡编	南海出版公司1991年版
先锋诗歌档案	西 渡、郭 骅编	重庆出版社2004年版
复旦诗派诗歌(前锋)	许德民主编	复旦大学出版社2005年版
复旦诗派诗歌(经典)	许德民主编	复旦大学出版社2005年版
分类白话诗选	许德邻编	上海崇文书局1920年版
奉献的经典——中国当代人梯诗人百家(上卷)	邢 晔编	新疆青少年出版社1994年版
中国解放区文学书系·诗歌编(三卷)	阮章竞主编	重庆出版社1992年版
世纪末的花名册——中国90年代青年诗人短诗选	阳 飏、古 马编	敦煌文艺出版社1997年版
诗歌卷(延安文艺丛书)	严 辰、田 间主编	湖南人民出版社1984年版
第七度	余光中等著	台北大林书店1970年版
八十五年诗选	余光中、萧 萧主编	现代诗季刊社1997年版
诗风录	作家出版社编辑部编	作家出版社1958年版
不屈的国魂	吴兴人主编	四川人民出版社2008年版
中国诗人成名作选	吴欢章、徐如麒主编	上海文化出版社1986年版
中国现代十大流派诗选	吴欢章主编	上海文艺出版社1989年版
当代抒情诗拔萃	吴奔星主编	漓江出版社1987年版
冲撞中的精灵——中国现代新诗卷	吴思敬编著	陕西人民教育出版社1994年版
1983年台湾诗选	吴 晟主编	台湾前卫出版社1984年版
中国当代短诗萃	张永健编	长江文艺出版社1983年版
七十六年诗选——年度诗选第六集	张汉良编	台北尔雅出版社有限公司1988年版
二十世纪中国文学大师文库·诗歌卷	张同道、戴定南主编	海南出版社1994年版
当代短诗选	张志民、雁 翼、林 呐编	百花文艺出版社1984年版
当代诗人处女作	张俊山、冯团彬选	花城出版社1986年版

书名	编者	出版信息
河南新文学大系·诗歌卷	张俊山主编	河南大学出版社1996年版
中国现代诗	张健编著	台湾五南图书出版公司1984年版
现代中国诗选	张曼仪等编辑	香港大学出版社1985年版
2001中国最佳诗歌	张清华主编	春风文艺出版社2002年版
2007年诗歌	张清华主编	春风文艺出版社2008年版
2008年诗歌	张清华主编	春风文艺出版社2009年版
1978—2008中国优秀诗歌	张清华主编	现代出版社2009年版
五十年花地精品选：诗歌卷	张维主编	花城出版社2008年版
中国科学诗选	张锋、王一义编	福建科学技术出版社1983年版
中国新诗（1916—2000）	张新颖编	复旦大学出版社2001年版
中国当代十大诗人选集	张德中等主编	台湾源成图书社1977年版
中外哲理诗精选	张德明、胡小跃编	浙江文艺出版社1987年版
剪成碧玉叶层层	张默编	台北尔雅出版社1981年版
感月吟风多少事	张默编	台北尔雅出版社1982年版
七十七年诗选——年度诗选第七集	张默编	台北尔雅出版社有限公司1989年版
台湾青年诗选	张默编	人民文学出版社1991年版
八十八年诗选	张默、白灵主编	创世纪诗杂志社2000年版
七十年代诗选	张默、洛夫、痖弦编	台湾大业书店1967年版
中国新诗选辑	张默、洛夫编	台北创世纪诗社1956年版
六十年代诗选	张默、痖弦编	台湾大业书店1961年版
中国现代诗选	张默、痖弦编	台湾大业书店1967年版
新诗三百首（1917—1995）上、下册	张默、萧萧编	台湾九歌出版社1995年版
孔雀翎	志鹏等选编	德宏民族出版社1983年版
回答	李双编	中国文学出版社1993年版
朦胧诗后——中国先锋诗选	李丽中、张雷、张旭选评	南开大学出版社1990年版
创世纪诗选（1994—2004）	李进文等编	台湾尔雅出版社2004年版
大家文学选·诗卷	李进发、廖莫白编选	台湾明光出版社1981年版

当代新诗读本(1949—2004)	李荫远编纂	中国文联出版社2005年版
21世纪诗歌精选	李少君主编	长江文艺出版社2011年版
伤口的花：二二八诗集	李敏勇编	台湾玉山社出版事业股份有限公司1997年版
西南联大现代诗钞	杜运燮、张同道编	中国文学出版社1997年版
过目难忘·诗歌	杨光治编	花城出版社1999年版
90年代实力诗人诗选	杨克主编	漓江出版社1999年版
1998中国新诗年鉴	杨克主编	花城出版社1999年版
1999中国新诗年鉴	杨克主编	广州出版社2000年版
2000中国新诗年鉴	杨克主编	广州出版社2001年版
2001中国新诗年鉴	杨克主编	海风出版社2002年版
2002—2003中国新诗年鉴	杨克主编	天津社会科学院出版社2004年版
台湾当代爱情诗选	杨际岚、朱谷忠编	上海文化出版社1987年版
台湾校园诗	杨际岚选编	广西人民出版社1987年版
现代中国诗选(上下)	杨　牧、郑树森编	台北洪范书店有限公司1989年版
囚歌	杨顺仁编注	重庆出版社1983年版
九十年代台湾诗选	沈奇主编	春风文艺出版社1998年版
现代诗三百首	沙灵主编	台中大升出版社1974年版
朦胧诗300首	肖　野编	花城出版社1989年版
八十四年诗选	辛　郁、白　灵主编	现代诗社1996年版
九叶集	辛　笛等	江苏人民出版社1980年版
20世纪中国新诗辞典	辛　笛主编	汉语大词典出版社1997年版
21世纪的中国诗歌(第一卷)	远　人主编	新疆人民出版社2004年版
爱的沼泽地——《散文诗》刊作品精选	邹岳汉主编	漓江出版社1993年版
2003中国年度最佳散文诗	邹岳汉主编	漓江出版社2004年版
中国现代格律诗选	邹　绛编选	重庆出版社1986年版
中国新文艺大系·诗集(1976—1982)	邹荻帆主编	中国文联出版公司1986年版
世界反法西斯文学书系·中国卷(10)	邹荻帆编	重庆出版社1994年版

中国诗卷	邹荻帆、杨金亭编	青岛出版社1991年版
中国新文学大系(1949—1976)·诗卷	邹荻帆、谢冕主编	上海文艺出版社1997年版
尔雅诗选——尔雅创社二十五年诗菁华	陈义芝编	台湾尔雅出版社有限公司2000年版
快餐馆里的冷风景	陈旭光编	北京大学出版社1994年版
1999中国最佳诗歌	陈树才编	辽宁人民出版社2000年版
2000中国最佳诗歌	陈树才编	辽宁人民出版社2001年版
粤海新诗	陈残云编	广东人民出版社1963年版
新月诗选	陈梦家编	上海新月书店1931年版
20世纪中国探索诗鉴赏	陈 超编著	河北人民出版社1999年版
当代名诗人选Ⅲ	麦 穗主编	台北丝路出版社1997年版
打开肉体之门——非非主义:从理论到作品	周伦佑编	敦煌文艺出版社1994年版
亵渎中的第三朵语言花——后现代主义诗歌	周伦佑编	敦煌文艺出版社1994年版
中国诗歌选(1995年版)	周伯乃主编	台北文史哲出版社1995年版
新诗选读111首	周良沛选编	花城出版社1983年版
香港新诗	周良沛选析	花城出版社1986年版
老山诗	周良沛编	文化艺术出版社1988年版
中国新诗库(1—5集)、(6—10集)	周良沛编	长江文艺出版社1993、2000年版
北京青年现代诗十六家	周国强编	漓江出版社1986年版
2007中国最佳诗歌	宗仁发主编	辽宁人民出版社2008年版
2002中国最佳诗歌	宗仁发编	辽宁人民出版社2003年版
2003中国年度最佳诗歌	宗仁发编	辽宁人民出版社2004年版
当代青年诗100首导读	宗 鄂编	安徽文艺出版社1988年版
新月派诗	岳洪治选析	花城出版社1989年版
五月的殇咏	岳麓书社选编	岳麓书社2008年版
中国新诗选	林明德等编	台湾长安出版社1980年版
中国新诗赏析	林明德等编著	台湾长安出版社1981年版
旷野	林贤治、肖建国主编	花城出版社2008年版
2010中国年度诗歌	林 莽主编	漓江出版社2011年版

书名	编者	出版信息
建设南回铁路征诗选集	林锡牙、张福星评选	花莲华光书局1977年版
新时期大学生诗潮		河南大学出版社1986年版
大潮	罗洛等	学林出版社1991年版
世纪之光	罗洛编	上海文艺出版社1991年版
当代校园诗精选精评	罗振亚、于军编著	黑龙江教育出版社1991年版
旅台诗抄	罗敦伟辑	台北畅流半月刊社1954年版
从甘蔗林到大都会——当代诗歌卷	苗雨时编著	陕西人民教育出版社1994年版
海那边的玫瑰——台港及海外现代华文诗赏析	范明编著	成都出版社1994年版
禁果——《诗歌报》首届爱情诗大奖赛获奖作品集	《诗歌报》社编	中国文联出版公司1989年版
青发或者花脸	诗人画会编	台北香草山出版公司1976年版
中华诗歌百年精华	《诗刊》编辑部编	人民文学出版社2002年版
2002中国年度最佳诗歌	诗刊社选编	漓江出版社2003年版
大海行	诗刊社编	广东人民出版社1979年版
湘江夜	诗刊社编	上海文艺出版社1981年版
诗选	诗刊社编	人民文学出版社1980、1981、1982、1983、1985、1986、1987年版
一九八八年诗选	诗刊社编	人民文学出版社1990年版
'99中国年度最佳诗歌	诗刊社选编	漓江出版社2000年版
2000中国年度最佳诗歌	诗刊社选编	漓江出版社2001年版
2001中国年度最佳诗歌	诗刊社选编	漓江出版社2002年版
花之声	诗宗社编	台湾晨钟出版社1971年版
雪之脸	诗宗社编	台湾晨钟出版社1971年版
2010华文青年诗人奖获奖作品	《诗探索》天问中国新诗会所编	漓江出版社2010年版
2013华文青年诗人奖获奖作品	《诗探索》编辑部编	漓江出版社2013年版
当代诗坛·十人诗选	郁静主编	香港天马图书有限公司2002年版

黄河柳	郑州市文化馆创作组编	河南人民出版社1976年版
澳门新诗选	郑炜明编	澳门基金会1996年版
穿越世纪的声音——笠诗选	郑炯明主编	台湾春晖出版社2005年版
少年叙事诗	金　波编	少年儿童出版社1990年版
抗战诗选	金重子编	战时文艺出版社1938年版
台湾现代诗四十家	非　马编	人民文学出版社1989年版
台湾诗选	非　马编	花城出版社1990年版
台湾现代诗选	非　马编	香港文艺风出版社1991年版
等你，在雨中——台湾情诗选	侯吉琼编	中国友谊出版公司1989年版
雨花台革命烈士诗抄	南京雨花台烈士陵园管理处史料室编	花山文艺出版社1982年版
把青青水果擦红——中国新时期现代诗·湖北卷	南　野编	大连出版社1993年版
星星诗人档案·2016年卷	《星星》诗刊编辑部编	四川民族出版社2016年版
中国当代大学生诗选	哈尔滨师范大学"北斗"文学社、北方文艺出版社编	北方文艺出版社1985年版
香港当代诗选	姚学礼、陈锦德编	人民文学出版社1989年版
'92华文诗精选	姜耕玉主编	江苏文艺出版社1993年版
20世纪汉语诗选(1—5卷)	姜耕玉编	上海教育出版社1999年版
中国现代散文诗100篇	宫　玺编	上海文艺出版社1988年版
琴与炉	施　玮主编	中国广播电视出版社2008年版
在爆炸的星空下	柏　桦、席永君主编	巴蜀书社2008年版
与史同在——当代中国新诗选（上下卷）	柯　岩、胡　笳主编	作家出版社2005年版
先锋派诗	残　星、义　海等选析	花城出版社1991年版
中国现代文学大系(诗选)	洛　夫主编	台湾巨人出版社1972年版

创世纪四十年诗选（1954—1994）	洛夫、沈志方主编	创世纪诗社1994年版
百年华语诗坛十二家	洛夫主编	台海出版社2003年版
1970年诗选	洛夫编	台湾仙人掌出版社1971年版
诗选	洛夫编	台北大林出版社1971年版
旅美巡回朗诵诗集	洛夫等	创世纪诗社1993年版
爱河寻梦	洛夫等	台湾高雄市立中正文化中心管理处1994年版
大陆当代诗选	洛夫、李元洛编	台北尔雅出版社有限公司1989年版
朦胧诗新编	洪子诚、程光炜编	长江文艺出版社2004年版
香港近五十年新诗创作选	胡国贤编	香港公共图书馆2001年版
现代中国诗歌选	胡适等	上海亚细亚书局1933年版
鲸鱼出没的黄昏	赵丽宏主编	上海文艺出版社2007年版
惊天地 泣鬼神	赵丽宏、吴谷平主编	华东师范大学出版社2008年版
天使在泪光中远去	赵丽宏主编	上海文艺出版社2008年版
中国的十月	赵青勃、马际融编	天津大众书店1949年版
中国当代女诗人诗选	钟文选编	贵州人民出版社1984年版
与永恒对垒	钟玲主编	九歌出版社1998年版
原则诗选：浙江诗坛原色风景展示	俞强等主编	上海三联书店2016年版
现代诗抄	闻一多编	开明书店1948年版
香港散文诗选（1998年度）	香港散文诗学会主编	香港文学报社出版社1999年版
中国当代实验诗选	唐晓渡、王家新编选	春风文艺出版社1987年版
灯芯绒幸福的舞蹈——后朦胧诗选萃	唐晓渡编	北京师范大学出版社1992年版
在黎明的铜镜中——"朦胧诗"卷	唐晓渡编	北京师范大学出版社1993年版
先锋诗歌	唐晓渡编	北京师范大学出版社1999年版
现代汉诗年鉴·1998卷	唐晓渡主编	中国文联出版社1999年版
粤港散文诗精选	夏马等主编	大世界出版社2003年版

海防战士诗选	夏　果辑	中南文艺出版社 1954 年版
当代中国青年诗选	夏　雨主编	山东文艺出版社 1991 年版
燃烧的麦穗：维吾尔青年先锋诗人诗选	夏依甫·沙拉木编	长江文艺出版社 2016 年版
二十世纪台湾诗选	奚　密编选	中国社会科学出版社 2003 年版
南方诗人作品选	徐文实主编	香港南洋出版社 1991 年版
南方青年诗人佳作赏析	海　湛编著	漓江出版社 1994 年版
中国诗歌选（1998 年版）	秦　岳、金　筑主编	台北诗艺文出版社 1996 年版
现代新诗选	笑我编	启智印务公司 1937 年版
台湾新诗	翁光宇选析	花城出版社 1985 年版
台湾爱情诗选	耘　之编选	中国文联出版公司 1987 年版
内心生活	耿占春编	春风文艺出版社 1997 年版
莲社二十周年纪念册	莲社干事会编	花莲华光书局 1975 年版
写给妻子的情诗	袁　忠编	花城出版社 1987 年版
海内外青年诗人诗歌导读	袁泉、李庆福、周瑟瑟编著	南洋出版社 1992 年版
颂歌	贾芝等编	中国青年出版社 1959 年版
当代台湾诗人选	郭成义编	台湾金文图书公司 1984 年版
当代诗人手稿集	郭　廓、王　展主编	中国戏剧出版社 2001 年版
大河风——中国当代青年诗人诗选评	高春林主编	中国文联出版社 2004 年版
21 世纪中国诗歌档案 2	高春林主编	重庆大学出版社 2013 年版
鲁迅文学奖获奖作品丛书·诗歌	高洪波、朱先树编	华文出版社 1998 年版
第二届鲁迅文学奖获奖作品丛书·诗歌	高洪波、林　莽编	华文出版社 2002 年版
世界华人诗歌鉴赏大辞典	高　巍主编	书海出版社 1993 年版
八十七年诗选	商　禽、焦　桐主编	创世纪诗杂志社 1999 年版
苹果上的豹——女性诗卷	崔卫平编	北京师范大学出版社 1993 年版
中国情诗选	常　茵编	台湾青山出版社 1980 年版

中国先锋诗歌档案	梁晓明、南野、刘翔主编	浙江文艺出版社2004年版
八十二年诗选	梅新等主编	现代诗季刊社1994年版
当代中国新文学大系·诗	痖弦编选	台湾天视出版社1980年版
创世纪诗选	痖弦等编	台北尔雅出版社1984年版
天下诗选Ⅰ、Ⅱ、(1923—1999台湾)	痖弦主编	台北天下远见出版股份有限公司1999年版
美丽岛诗集	笠诗社编	台湾笠诗社1979年版
革命烈士诗抄	萧三编	中国青年出版社1959年版
革命烈士诗抄续编	萧三主编	中国青年出版社1982年版
七十二年诗选	萧萧编	台北尔雅出版社1984年版
2005台湾诗选	萧萧编	二鱼文化公司2006年版
感人的诗	萧萧编著	台湾希代出版公司1984年版
国际华文诗人百家手稿集	野曼主编	广州出版社1995年版
后朦胧诗选	阎月君、周宏坤编	春风文艺出版社1994年版
她们的抒情诗	阎纯德主编	福建人民出版社1984年版
当代讽刺诗	黄灿、黎洪溢选析	花城出版社1990年版
南方诗人自选集	黄承基主编	漓江出版社1991年版
穿过早晨	黄祖民编	南海出版公司1991年版
超越世纪——当代先锋派诗人四十家	黄祖民编	山西高校联合出版社1992年版
当代潮人新诗精品	黄荣章主编	花城出版社1992年版
澳门新生代诗钞	黄晓峰、黄文辉编	澳门五月诗社1991年版
神往——澳门现代抒情诗选	黄晓峰编	花城出版社1988年版
浪花集	黄桐海主编	台湾青年生活社1962年版
一二·一诗选	龚纪一编	人民文学出版社1983年版
中国2009年度诗歌精选	梁平、韩珩主编	四川文艺出版社2010年版
金色的太阳	傅仇选辑	重庆人民出版社1955年版
中国诗选	彭邦桢、默人编	台湾大业书店1956年版
当代散文诗选	森森编	春风文艺出版社1988年版
湖南新时期十年优秀文艺作品选·诗歌卷		湖南文艺出版社1990年版

书名	编者	出版社及年份
九十年诗选	焦桐编	台湾尔雅出版社2002年版
时间的钻石之歌——中国新锐诗人诗选	程光炜、肖茗主编	长江文艺出版社2000年版
当代青年散文、散文诗一千家（上）	程显漠编	漓江出版社1992年版
天安门诗抄	童怀周编	人民文学出版社1978年版
天安门诗抄一百首	童怀周编	百花文艺出版社1978年版
青青草原	落蒂编著	台湾青青草地杂志社1981年版
无终站列车——台港澳暨海外华文文学大系·诗歌卷（一）	谢冕等编	中国友谊出版公司1993年版
中国百年诗歌选	谢冕编	山东文艺出版社1997年版
相信未来——百年百篇文学精选读本·诗歌卷	谢冕主编	天津教育出版社2002年版
中国新诗萃（50年代—80年代）	谢冕、杨匡汉主编	人民文学出版社1985年版
中国新诗萃（20世纪初叶—40年代）	谢冕、杨匡汉主编	人民文学出版社1988年版
中国百年文学经典文库·诗歌卷	谢冕、孟繁华编	海天出版社1996年版
中国当代文学精选·诗歌卷	谢冕主编	北京十月文艺出版社1999年版
中国新诗萃（台港澳卷）	谢冕、杨匡汉主编	人民文学出版社2001年版
二十世纪著名华语青年实力诗人代表作选	雁飞主编	香港文学报社出版公司1993年版
光的赞歌（上下）	韩作荣主编	新世纪出版社1999年版
南下之歌	韩笑编辑	中国文艺出版社1950年版
爬山歌选（三集）	韩燕如编	人民文学出版社1956年版
新加坡当代华文文学大系·诗歌集	新加坡文艺协会编	中国华侨出版公司1991年版
保卫世界和平		新华书店1950年版
新诗集	新诗社编	上海新诗社出版部1920年版
第三代诗人探索诗选	溪萍编	中国文联出版公司1988年版
矿工诗歌选	煤炭工业出版社编	煤炭工业出版社1959年版
香港诗选		福建人民出版社1980年版

台湾新时代诗人大系(上下)	简政珍、林燿德主编	台北书林出版有限公司1990年版
漫画诗三百首	蓝海文编著	台湾阿尔泰出版社1984年版
当代台湾诗萃(上下)	蓝海文编	湖南文艺出版社1988年版
现代派诗选	蓝棣之编	人民文学出版社1986年版
当代诗醇——获奖诗集名篇选萃	蓝棣之编	北京师范大学出版社1989年版
新月派诗选	蓝棣之编	人民文学出版社1989年版
九叶派诗选	蓝棣之编	人民文学出版社1992年版
分居	蓝棣之编	春风文艺出版社1995年版
"解放军文艺"百期诗歌选	解放军文艺出版社编	解放军文艺出版社1960年版
解放军文艺1951—1979诗歌选	解放军文艺出版社编	解放军文艺出版社1979年版
边塞新诗选	雷茂奎等编	新疆人民出版社1984年版
中国新诗选·1919—1949	臧克家编	中国青年出版社1956年版
1998中国最佳诗歌	臧棣编	辽宁人民出版社1999年版
北大诗选(1978—1998)	臧棣、西渡编	中国文学出版社1998年版
激情与责任	臧棣、肖开愚、孙文波编	人民文学出版社2002年版
2002年大学生最佳诗歌	谭五昌主编	春风文艺出版社2003年版
2015年中国新诗排行榜	谭五昌主编	时代文艺出版社2016年版
九人诗选	谯达摩、林童编	华艺出版社2000年版
第三条道路——21世纪中国第一个诗歌流派(第一卷)、(第二卷)	谯达摩、海啸主编	九州出版社2004、2005年版
中国当代哲理诗选	潘大华编	长江文艺出版社1987年版
现代诗展手册	潜石等	诗展筹委会1966年版
中国新时期朗诵诗选	黎风等编	陕西师范大学出版社1986年版
当代学院诗选	薛建农、吴斐、朱耀宗编	同济大学出版社1988年版
遗忘的脚印	魏荒弩、吴朗编	花城出版社1985年版
晋察冀诗抄	魏巍编著	中国青年出版社1959年版
瀛洲诗选	瀛洲诗社编	台北瀛洲诗社1963年版

(任丽青、张祖健、陈伟娟、周成璐、赵兵、钱朝阳、黄乐琴、慕池)

索 引

篇目笔画索引

一 画

一个小农家的暮 …… 7
一个高大的背影倒了
 …………………… 454
一切 …………… 968
一只蝴蝶在雨季死去
 ………………… 1177
一代人 ………… 984
一朵野花 ……… 293
一块布的背叛 … 1126
一念 …………………… 1
一颗葡萄 ……… 1184

二 画

〔一〕

二十五岁见雪 … 859
二十四岁 ……… 700
二月之窗 ……… 430
十二月十九夜 … 393
十五娘 …………… 69
十月 …………… 912
十六岁的花季 … 1192
十四行集(什么能从我
 身上脱落) …… 215
十四行集(从一片泛滥
 无形的水里) … 217
丁香 …………… 1014
七层塔顶的黄桷树
 ………………… 1057

〔丿〕

八路军进行曲 … 479
人与时 ………… 17

〔一〕

力的前奏 ……… 653
又一名哥伦布 … 770

三 画

〔一〕

三片叶子 ……… 1158
三代 …………… 303
三弦 ……………… 13
土地祠 ………… 792
大地之舷 ……… 1241
大树移植 ……… 1259
大战行进中一插曲
 ………………… 319
大堰河——我的保姆
 ………………… 499
大雁塔 ………… 1031
大渡河支流 …… 647
与李贺共饮 …… 899

〔丨〕

上海 …………… 662
上海夜歌 ……… 780
小小儿的请求 … 101
小河 ……………… 19
小诗 ……………… 5
小草在歌唱 …… 932
小船 ……………… 85
小楼 …………… 419
小溪 ……………… 88

口供 …… 144	无题 …… 611	月下的练江 …… 789
山中所见——一棵树 …… 423	无题 …… 1054	月光 …… 113
山民 …… 1055	无题曲 …… 108	月夜 …… 12
山里的小诗 …… 117	云与月 …… 34	月夜渡湘江 …… 203
山顶缆车 …… 923	五月之夜呵 …… 572	月亮会不会搞错 …… 919
山和海 …… 656	五月的鲜花 …… 346	月亮里的声音 …… 735
	太行树海 …… 843	风沙 …… 691
〔丿〕	太阳礼赞 …… 60	风雨之夕 …… 314
夕光中的蝙蝠 …… 1226	太阳吟 …… 137	风景 …… 425
	车水 …… 445	乌衣巷 …… 1248
〔丶〕		乌篷船 …… 471
门 …… 526	〔丨〕	凤凰涅槃 …… 48
义勇军进行曲 …… 344	日光浴 …… 1224	
	中国,我的钥匙丢了 …… 1034	〔丶〕
〔一〕	中国的土地 …… 1151	方入水的船 …… 37
也许 …… 145	贝壳 …… 464	方言 …… 1257
女人 …… 1181	水乡行 …… 812	火灾的城 …… 429
女犯监狱 …… 631	水手 …… 93	为祖国而歌 …… 447
女孩子 …… 1135	水手 …… 406	忆菊 …… 140
乡愁 …… 881	水的怀念 …… 328	心象组诗 …… 670
	水稻之歌 …… 870	心象组诗 …… 672
四 画		心跳 …… 149
〔一〕	〔丿〕	
王贵与李香香 …… 625	午夜图 …… 540	〔一〕
井 …… 635	手推车 …… 513	尺八 …… 389
天与海 …… 650	长城 …… 1168	双虹 …… 586
天上的市街 …… 63	长城之巅 …… 95	双桅船 …… 980
天狗 …… 49	长恨歌 …… 888	
夫妻 …… 1084	父亲 …… 1199	五 画
无法投递 …… 332	父亲和我 …… 1197	〔一〕
无题 …… 388	公园里的一张椅 …… 321	正是江南好风景 …… 97

索 引

篇目笔画索引 〔1445〕

甘蔗林——青纱帐
　…………………… 759
古寺 ………………… 973
古神祠前 …………… 243
古镇的梦 …………… 378
龙湾湖 ……………… 1078

〔丨〕

北山恋 ……………… 958
北京猿人头盖骨 …… 1239
北海白塔 …………… 353
北戴河 ……………… 666
田主来 ……………… 74

〔丿〕

生命的零度 ………… 307
失落的笑声 ………… 751
白兰花 ……………… 731
他 …………………… 16
印象二首 …………… 1125
冬 …………………… 564
冬兴四首 …………… 902
冬夜 ………………… 658
鸟儿的原野 ………… 1269

〔丶〕

半夜深巷琵琶 ……… 182
写在抱月湾的信 …… 1146
写给当炮兵的儿子
　…………………… 1011
议决 ………………… 269

〔一〕

民歌 ………………… 886
出航 ………………… 661
阡陌 ………………… 1069
加煤 ………………… 229
边界望乡 …………… 896
发现 ………………… 559
台城上 ……………… 342
母亲 ………………… 663
母亲 ………………… 752
母亲的灯 …………… 1216

六　画
〔一〕

老马 ………………… 299
老妓女 ……………… 629
老鸦 ………………… 4
地之子 ……………… 373
地球，我的母亲！ …… 54
过旧居 ……………… 251
再生 ………………… 110
再别康桥 …………… 184
西去列车的窗口 …… 725
西北哨兵 …………… 536
西部太阳 …………… 1074
西盟的早晨 ………… 779
在天池的下面 ……… 469
在云彩上面 ………… 712
有的人 ……………… 311
有感 ………………… 172
有赠 ………………… 530

死水 ………………… 147
成都，让我把你摇醒
　…………………… 367

〔丨〕

当我在晚秋时节归来
　…………………… 1233
团泊洼的秋天 ……… 766
因我心未死 ………… 258
回忆 ………………… 832
回忆像潇潇雨丝 …… 955
回归 ………………… 986
回延安 ……………… 715
回响 ………………… 1016
回答 ………………… 966
肉搏 ………………… 582

〔丿〕

延安与中国青年 …… 476
延河散歌 …………… 462
自由，向我们来了 …… 460
自画像 ……………… 1141
自然之恋 …………… 1150
伊底眼 ……………… 107
血字 ………………… 267
向日葵 ……………… 349
伞 …………………… 908
负情 ………………… 104

〔丶〕

壮士心 ……………… 300
冰着的 ……………… 1111

米色的鹿 …… 118	苍黄的古月 …… 235	我的太阳 …… 1096
灯塔守者 …… 347	苍蝇 …… 23	我的记忆 …… 245
汗血马 …… 867	求乞的女孩,阳光跪	我的欢乐 …… 665
江南 …… 28	在你面前 …… 1180	我是一条小河 …… 210
江南 …… 416	还给我 …… 1144	我是一颗早熟的枣子
江南 …… 816		…… 865
江南烟雨 …… 1010	〔丨〕	我是少年 …… 33
军帽底下的眼睛 …… 710	坚壁 …… 459	我骄傲,我有辽远的
诀绝 …… 271	时间 …… 400	地平线 …… 1046
	吴淞 …… 350	我爱 …… 483
〔一〕	里昂车中 …… 165	我爱你 …… 1270
	旷野 …… 257	我爱这土地 …… 511
寻李白 …… 883	邮吻 …… 77	我梦想着看到一只
阳光中的向日葵 …… 1109	听肖邦的钢琴声响	老虎 …… 1179
如果我是一片雪花	…… 952	我常常注视着 …… 729
…… 837	吻 …… 734	我得掌握我自己 …… 645
妈妈和孩子 …… 574	别了,哥哥 …… 264	我跟随一位少女穿
欢乐 …… 361	别丢掉 …… 287	过城市 …… 1229
红叶 …… 814		我遥望 …… 534
红纱巾 …… 1128	〔丿〕	兵马俑一号坑即景
红草莓 …… 1060		…… 1083
驮炭的毛驴走在山道上	钉子 …… 621	兵车向前方开 …… 302
…… 1162	我与大漠的形象 …… 1072	但丁墓旁 …… 192
纤索的歌 …… 924	我不知道风── …… 186	你的名字 …… 431
	我从CAFÉ中出来……	你曾经是我的舞伴
七 画	…… 190	…… 821
〔一〕	我为少男少女们歌唱	邻女 …… 404
	…… 366	
麦酒 …… 325	我们开会 …… 682	〔、〕
走向北方 …… 466	我用残损的手掌 …… 249	
赤潮曲 …… 135	我记起你的一双眼	这是一块偏心的版图
护城河 …… 1086	…… 208	…… 1122
花环 …… 362	我和时间 …… 992	这是四点零八分的
苍白的钟声 …… 200		

索 引

篇目笔画索引 〔1447〕

北京	963
序诗	132
弃妇	162
沙扬娜拉	177
没有靠岸的船	1204
沪杭车中	178
沉默的芭蕉	1022
怀想	1273
牢狱篇	618
启示	678
初恋	1231

〔一〕

灵奇	283
阿炳与《二泉映月》	1264
鸡鸣寺的野路	295
纸上的风景	1237
纸上的秋天	1206
纸船	123
纸船	790
纽约城	273

八 画

〔一〕

青海	1024
玫瑰花	194
拉萨河的性格	857
幸福	1245
招魂	281
苦难的中国有明天	643

苹果树下	738
茗雪的溪水上	414
松花江上	409
画像	680
雨天的信	1070
雨中行	1077
雨中的马	1256
雨中谒郑成功墓	940
雨同我	387
雨后	651
雨夜	1246
雨巷	237
雨雪	402
雨景	227
雨景	411
到邮局去	105

〔丨〕

| 非洲三题 | 522 |
| 呼声 | 929 |

〔丿〕

垂钓	1153
牧	519
季节的错误	1215
季候	354
侧关尼	336
往事与随想	944
金龙禅寺	895
金黄的稻束	674
采莲曲	223
周总理,你在哪里?	916
鱼	1108
鱼化石	515

〔、〕

变与不变	181
夜	127
夜行在西部高原	834
夜步十里松原	62
夜巷	436
夜景	704
卷毛芦花马	580
炉中煤	52
法兰西与红睡衣	317
泪·月华	1190
泥土	463
泥土的梦	537
波浪	588
宝马	489
帘	1211
诗八首	549
诗人叶赛宁之六:醉卧故乡	1137
祈求	587
祈祷	152

〔一〕

屈原	1030
孤山听雨	80
孤岛	612
妹妹你是水	102
姑娘	575

驼峰 ………………… 850

九　画
〔一〕

春 …………………… 504
春与光 ……………… 126
春之舞 ……………… 1187
春天的心 …………… 315
春水(三三) ………… 123
春风 ………………… 1082
春鸟 ………………… 304
春莺曲 ……………… 65
春晓 ………………… 207
珍珠 ………………… 947
草儿 ………………… 25
茶青色的池塘 ……… 1243
故乡 ………………… 91
故乡 ………………… 167
故乡 ………………… 727
故乡的风 …………… 848
故园六咏 …………… 949
故园六咏 …………… 950
胡桃坡 ……………… 852
荔枝湾上卖唱的姑娘
　………………… 395
南方的夜 …………… 213
南河 ………………… 824
南高原 ……………… 1175
相思 ………………… 125
相信未来 …………… 960
相隔一层纸 ………… 6

面朝大海,春暖花开
　………………… 1139
残诗 ………………… 179
残烛 ………………… 233
轻！重！ …………… 742

〔丨〕

背夫 ………………… 412
盼望 ………………… 517
眨眼 ………………… 985
星 …………………… 392
星的歌·晨星 ……… 340
星空:献给一个人
　………………… 1104
星星变奏曲 ………… 1051

〔丿〕

秋 …………………… 641
秋日边境 …………… 1267
秋色 ………………… 260
秋色赞 ……………… 840
秋的味 ……………… 377
秋晚的江上 ………… 78
秋歌 ………………… 763
秋歌 ………………… 794
重读《圣经》 ……… 773
重量 ………………… 928
信念 ………………… 995
追求 ………………… 693
追物价的人 ………… 633
逃狱的月亮 ………… 871

〔丶〕

哀中国 ……………… 129
美国妇女杂志 ……… 1201
送客黄浦 …………… 30
洗衣歌 ……………… 154
祖国,我回来了 …… 696
神女峰 ……………… 981

〔乛〕

给一个战士 ………… 219
给岁月的答复 ……… 600
给诗人 ……………… 989
骆驼草 ……………… 873

十　画
〔一〕

秦俑 ………………… 1155
珠有泪 ……………… 333
珠和觅珠人 ………… 655
赶场去 ……………… 921
埋葬了的爱情 ……… 437
桂林山水歌 ………… 720
桥 …………………… 434
夏夜 ………………… 364
烈士的眼睛 ………… 1080
致太阳 ……………… 1186
致史前期一对娇小的
　彩陶罐 …………… 835
致空气 ……………… 1027
致埃舍尔 …………… 1118
致橡树 ……………… 977

〔丨〕

哨所鸡啼 ………… 801
哭亡女苏菲 ………… 591
峨日朵雪峰之侧 …… 830
圆宝盒 ……………… 383

〔丿〕

铁匠铺中 …………… 99
铁栏与火 …………… 527
铁路行 ……………… 279
铁蹄下的歌女 ……… 548
敌后催眠曲 ………… 608
透明的夜 …………… 496
笑 …………………… 285
倒下的黄山松 …… 1148
射虎者及其家族 …… 605
航 …………………… 422
爱读诗的鱼 ………… 839
爱情的故事 ………… 808
爱情诗十一首 ……… 798

〔丶〕

凄然 ………………… 82
恋的透明体 ………… 417
高原牧场 ………… 1254
离家 ………………… 112
唐朝的秋蝉和宋朝的
　蟋蟀 …………… 1160
瓶竹 ………………… 914
海上日落 ………… 1081
海上的声音 ………… 275

海雾 ……………… 1037
海燕戒 ……………… 854
流亡者的悲哀 ……… 198
流泪的男人和女人
　………………… 1090
流浪人 ……………… 907
家居 ……………… 1222
请为冤者起诉 …… 1044

〔一〕

陶罐 ……………… 1132
难民 ………………… 297
预言 ………………… 356

十一画

〔一〕

理发匠 ……………… 623
推菜车的人 ………… 686
教我如何不想她 …… 10
黄山印象 …………… 811
黄山松 …………… 1004
黄果树大瀑布 …… 1173
黄昏 ………………… 262
黄河落日 …………… 803
萧红墓畔口占 ……… 255
梦 …………………… 14
梦的自白 …………… 684
梅雨潭的新绿（二）
　…………………… 846
殒星 ………………… 945
雪 …………………… 748
雪山 ……………… 1194

雪花的快乐 ………… 175
雪夜 ………………… 420
雪落在中国的土地上
　…………………… 507
雪落满了你黑色的
　大氅 …………… 338

〔丨〕

晨的恋歌 …………… 910
眺望森林 ………… 1251
眼 …………………… 399
悬崖边的树 ………… 533
野百合花 ………… 1006
晚祷 ………………… 158
距离 ………………… 695
距离的组织 ………… 381
蛇 …………………… 212
唱 …………………… 397
唱不完的歌 ………… 756

〔丿〕

第一盏灯 …………… 386
第一站 ……………… 371
第五十七个黎明 …… 997
偶然 ………………… 188
假如我战死了 ……… 578
假使我们不去打仗
　…………………… 458
船 …………………… 976
鸽子 ………………… 2
脚步 ………………… 359

〔、〕

望星空 ………………… 758
断指 …………………… 240
断桥的苦楚 …………… 1261
断章 …………………… 385
淮河啊 ………………… 818
渔夫 …………………… 491
渔暮 …………………… 1088
淘金者与豹 …………… 1115
深闭的园子 …………… 248
深秋的故事 …………… 1101
情思 …………………… 744
情歌四章 ……………… 1062
悼念一棵枫树 ………… 861
寄远 …………………… 441
寄冥 …………………… 782

〔一〕

隐居者 ………………… 494
骑马挂枪走天下 ……… 702
绿灯 …………………… 1165

十二画

〔一〕

散后 …………………… 157
葬我 …………………… 226
葡萄成熟了 …………… 740
落花 …………………… 115
落花 …………………… 196
棘之歌 ………………… 487
雁儿呵,永不衔一片

红叶再飞来! ………… 160
雁子 …………………… 294
裂纹 …………………… 558

〔丨〕

最后的飞翔 …………… 1008
喷水池 ………………… 323
赋别 …………………… 708
黑豹 …………………… 1220
黑暗 …………………… 39

〔丿〕

智慧之歌 ……………… 566
等待 …………………… 796
答梦 …………………… 221
焦灼 …………………… 1019
街头 …………………… 391
鲁迅逝世两周年祭
  ……………………… 474

〔、〕

童诗四帖 ……………… 1113
湘绣被面 ……………… 1213
温柔 …………………… 169
游牧人 ………………… 627
窗 ……………………… 375
窗口 …………………… 754
窗外 …………………… 27
谣曲 …………………… 875

〔一〕

媚态观音 ……………… 1067

登雨花台有感 ………… 481
登明月峰 ……………… 805

十三画

〔一〕

摇篮曲 ………………… 1167
蓝水兵 ………………… 1093
蓬松的午后 …………… 1157
雷诺阿的《少女画像》
  ……………………… 669
雾中汉水 ……………… 584
雾季诗抄 ……………… 603

〔丨〕

睡了的村庄这样说
  ……………………… 450
路 ……………………… 927
跟随者 ………………… 89

〔丿〕

错误 …………………… 707
毁灭 …………………… 43
鼠嫁女 ………………… 327

〔、〕

新月 …………………… 617
滇缅公路 ……………… 637

十四画

〔一〕

静院 …………………… 289
静息 …………………… 440

碧潭 ……………… 879	影 ……………… 276	〔丿〕
墙 ……………… 1170	影子 …………… 1219	镜中 …………… 1099
歌声 …………… 615	影答形 ………… 330	赞美 …………… 555
殡仪 …………… 544	蝴蝶、蜜蜂和常青树	
〔丨〕	……………… 426	〔丶〕
蝈蝈,你喊起他们吧	墨黑墨黑的小蝌蚪	磨刀石 ………… 1003
……………… 542	……………… 827	燧石 …………… 1041
〔丿〕	〔丿〕	十七画
箫孔里的流泉 …… 904	黎明鸟 ………… 569	〔一〕
〔丶〕	〔一〕	磷火 …………… 598
旗 ……………… 561	履历 …………… 970	〔丿〕
漳河水 ………… 688	履历 …………… 1208	繁星(一) ……… 120
演出 …………… 563	十六画	繁星(四八) …… 121
〔一〕	〔丨〕	十九画
隧道群 ………… 942	赠一个藏族兄弟	〔一〕
十五画	……………… 1065	警报 …………… 473
〔丨〕	赠友 …………… 41	
题照相册 ……… 676		

诗人笔画索引

二 画

丁　芒 ………… 1010
刁永泉 ………… 944
力　扬 ………… 603

三 画

于　坚 ………… 1175
于赓虞 ………… 276
小　海 ………… 1269
马子华 ………… 342
马丽华 ………… 1096
马　非 ………… 1246

四 画

王一心 ………… 444
王小妮 ………… 1125
王尔碑 ………… 824
王辽生 ………… 1150
王亚平 ………… 347
王独清 ………… 190
王统照 ………… 95
王致远 ………… 851
王家新 ………… 1104
井岩盾 ………… 598
韦　丘 ………… 1019
木　斧 ………… 1153
车前子 ………… 1184
戈　麦 ………… 1219
戈壁舟 ………… 727

牛　汉 ………… 861
公　木 ………… 479
公　刘 ………… 779
丹辉 ………… 572
卞之琳 ………… 378
方令孺 ………… 283
方　冰 ………… 615
方　含 ………… 875
方玮德 ………… 274
方　敬 ………… 410
忆明珠 ………… 827
巴·布林贝赫 ………… 848
孔　孚 ………… 1081

五 画

玉　杲 ………… 647
未　央 ………… 696
艾　青 ………… 495
古苍梧 ………… 859
石　民 ………… 262
石评梅 ………… 160
石　祥 ………… 873
北　岛 ………… 965
叶延滨 ………… 1160
叶　舟 ………… 1273
叶维廉 ………… 904
田　汉 ………… 344
田　地 ………… 790
田　间 ………… 458
白　灵 ………… 1168

白　桦 ………… 742
冯乃超 ………… 233
冯　至 ………… 210
冯雪峰 ………… 115
玄　庐 ………… 69
宁　宇 ………… 1148
圣　野 ………… 1003

六 画

吉狄马加 ………… 1141
芒　克 ………… 1109
西　川 ………… 1226
成仿吾 ………… 132
光未然 ………… 345
吕贵品 ………… 1090
吕　剑 ………… 729
吕亮耕 ………… 330
吕德安 ………… 1196
朱大枬 ………… 229
朱子奇 ………… 952
朱　丹 ………… 650
朱自清 ………… 38
朱金晨 ………… 1224
朱　湘 ………… 221
朱增泉 ………… 1239
乔　林 ………… 731
任　钧 ………… 472
任彦芳 ………… 1080
伊　蕾 ………… 1173
向　明 ………… 1213

索引

多　多 …… 1186	杜　谷 …… 537	沈紫曼 …… 328
冰　心 …… 120	李小雨 …… 1128	宋　琳 …… 1115
刘大白 …… 74	李广田 …… 371	张万舒 …… 1004
刘半农 …… 6	李天靖 …… 1248	张天民 …… 808
刘延陵 …… 93	李白凤 …… 419	张　长 …… 750
刘向东 …… 1216	李发模 …… 929	张永枚 …… 701
刘畅园 …… 1146	李　季 …… 625	张志民 …… 684
刘　征 …… 854	李金髮 …… 162	张　枣 …… 1099
刘祖慈 …… 1078	李学鳌 …… 843	张学梦 …… 1165
刘梦苇 …… 279	李　钢 …… 1092	张秋生 …… 839
刘　章 …… 957	李　瑛 …… 801	张　烨 …… 1180
刘湛秋 …… 1151	李　琦 …… 1194	张寒晖 …… 409
江　河 …… 1051	李勤岸 …… 1084	陆忆敏 …… 1201
汤世杰 …… 942	杨　山 …… 1070	陆志韦 …… 85
许达然 …… 927	杨　牧 …… 1046	陆　萍 …… 1111
许幸之 …… 547	杨　炼 …… 1029	阿　红 …… 818
许德民 …… 1170	杨　唤 …… 700	阿　垅 …… 611
阮章竞 …… 688	吴秋山 …… 420	陈千武 …… 1076
孙大雨 …… 271	何　达 …… 682	陈东东 …… 1255
孙友田 …… 1086	何其芳 …… 356	陈江帆 …… 325
孙　思 …… 1264	余光中 …… 879	陈忠村 …… 1259
孙静轩 …… 1067	余秀华 …… 1270	陈所巨 …… 1167
孙毓棠 …… 489	邹荻帆 …… 466	陈梦家 …… 292
纪　弦 …… 428	应修人 …… 100	陈敬容 …… 651
	辛　笛 …… 421	陈　辉 …… 573
七　画	汪承栋 …… 856	邵洵美 …… 354
	汪铭竹 …… 317	邵燕祥 …… 1022
严　力 …… 1144	汪敬熙 …… 36	纳·赛音朝克图 …… 754
严　阵 …… 788	汪静之 …… 107	
严　辰 …… 336	沙　白 …… 812	**八　画**
芦　萍 …… 1204	沙　鸥 …… 616	
苏金伞 …… 436	沈尹默 …… 12	青　勃 …… 643
杜运燮 …… 633		林　子 …… 798

林 希 …… 821	赵丽宏 …… 1210	聂绀弩 …… 453
林 林 …… 645	赵 恺 …… 997	莫文征 …… 1037
林 庚 …… 313	赵瑞蕻 …… 846	桂兴华 …… 1198
林 泠 …… 1069	胡也频 …… 256	贾 芝 …… 352
林新荣 …… 1231	胡 风 …… 447	顾 工 …… 954
林徽因 …… 285	胡 昭 …… 710	顾 城 …… 984
杭约赫 …… 676	胡 适 …… 1	晓 雪 …… 840
欧阳江河 …… 1206	南 星 …… 439	晏 明 …… 810
非 马 …… 1155	柯仲平 …… 476	铁依甫江 …… 756
昌 耀 …… 830	柯 岩 …… 916	徐玉诺 …… 89
罗大冈 …… 331	柯 原 …… 1053	徐志摩 …… 175
罗 门 …… 906	柏 桦 …… 1222	徐 迟 …… 414
罗 青 …… 870	柳 沄 …… 1251	徐 訏 …… 680
罗念生 …… 399	柳 倩 …… 577	殷 夫 …… 264
罗 洛 …… 988	侯汝华 …… 406	高 兰 …… 591
季振邦 …… 1261	俞平伯 …… 80	高伐林 …… 1041
金克木 …… 402	俞铭传 …… 493	高 缨 …… 796
金 波 …… 837	俞 强 …… 1241	郭小川 …… 758
周作人 …… 19	食 指 …… 960	郭沫若 …… 47
周良沛 …… 946	饶阶巴桑 …… 752	席慕蓉 …… 1190
周 涛 …… 1122	饶孟侃 …… 281	唐 祈 …… 627
周梦蝶 …… 912	闻一多 …… 137	唐 湜 …… 665
周嘉堤 …… 1044	闻 捷 …… 738	海 子 …… 1135
废 名 …… 391	洛 夫 …… 888	流沙河 …… 949
郑小琼 …… 1257	宫 玺 …… 1008	
郑振铎 …… 32	娜 夜 …… 1244	**十一画**
郑 敏 …… 668	贺敬之 …… 715	黄礼孩 …… 1267
郑愁予 …… 707	骆一禾 …… 1220	黄 淮 …… 850
宗白华 …… 126		黄 襄 …… 1062
	十 画	萧 三 …… 608
九 画		萧 融 …… 1254
玲 君 …… 321	袁水拍 …… 621	梦 如 …… 1215
	袁可嘉 …… 658	

梅绍静 …… 1158	雁　翼 …… 712	廖公弦 …… 920
曹葆华 …… 535	黑大春 …… 1233	翟永明 …… 1181
常任侠 …… 350	程光锐 …… 569	熊召政 …… 1088
痖　弦 …… 792	傅天琳 …… 1057	
康白情 …… 25	傅　仇 …… 704	**十五画**
章德益 …… 1072	舒　兰 …… 914	黎焕颐 …… 1064
商展思 …… 580	舒巷城 …… 923	黎·穆特里夫 …… 600
梁上泉 …… 733	舒　婷 …… 976	滕　固 …… 208
梁小斌 …… 1034	番　草 …… 434	潘漠华 …… 110
梁宗岱 …… 157	鲁　迅 …… 14	
梁　南 …… 1006	鲁　煤 …… 618	**十六画**
屠　岸 …… 1014	鲁　藜 …… 461	冀　汸 …… 1016
绿　原 …… 770	曾　卓 …… 525	穆木天 …… 196
	温　流 …… 397	穆　旦 …… 549
十二画		
彭邦桢 …… 902	**十三画**	**十七画**
彭国梁 …… 1243	蒲　风 …… 395	戴　天 …… 1113
彭燕郊 …… 544	蓉　子 …… 910	戴望舒 …… 236
蒋光慈 …… 128	雷抒雁 …… 932	魏钢焰 …… 816
韩　东 …… 1055		魏　巍 …… 540
韩北屏 …… 519	**十四画**	寒先艾 …… 206
韩作荣 …… 1237	蔡其矫 …… 582	
韩　笑 …… 805	臧克家 …… 296	**十八画**
韩　瀚 …… 928	管用和 …… 924	瞿秋白 …… 135
覃子豪 …… 693	复　虹 …… 945	

图书在版编目(CIP)数据

新诗鉴赏辞典：新一版／上海辞书出版社文学鉴赏辞典编纂中心编. —上海：上海辞书出版社，2017.8（2023.9重印）
ISBN 978-7-5326-4979-2

Ⅰ.①新… Ⅱ.①上… Ⅲ.①新诗-鉴赏-中国-词典 Ⅳ.①I207.25-61

中国版本图书馆CIP数据核字（2017）第127993号

新诗鉴赏辞典（新一版）
上海辞书出版社文学鉴赏辞典编纂中心　编

责任编辑	吴艳萍
封面绘图	卢辅圣
封面设计	姜　明

出版发行	上海世纪出版集团 上海辞书出版社（www.cishu.com.cn）
地　址	上海市陕西北路457号（200040）
印　刷	苏州越洋印刷有限公司
开　本	890×1240毫米　1/32
印　张	47
字　数	1 640 000
版　次	2017年8月第1版　2023年9月第6次印刷
书　号	ISBN 978-7-5326-4979-2/I·383
定　价	108.00元

本书如有质量问题，请与承印厂联系。T：0512-68180638